I0126666

NOBILIAIRE

DE

NIVERNOIS

FAMILLES DE GENTILSHOMMES

FIXÉES EN NIVERNOIS ET Y ÉTANT EN POSSESSION DE LA NOBLESSE AVANT 1560,
AVEC NOTICES NIVERNAISES DE LEURS ALLIANCES

PAR

M. Adolphe DE VILLENAUT

Avec la collaboration de M. DE FLAMARE

Ne quid falsi audeat, ne quid veri taceat.

Deuxième Volume

NEVERS

IMPRIMERIE DE LA NIÈVRE

G. VALLIÈRE

24, Avenue de la Gare

MDCCCC

NOBILIAIRE DE NIVERNOIS

h193

fol. Lm²
504

NOBILIAIRE

DE

NIVERNOIS

FAMILLES DE GENTILSHOMMES

FIXÉES EN NIVERNOIS ET Y ÉTANT EN POSSESSION DE LA NOBLESSE AVANT 1560,
AVEC NOTICES NIVERNAISES DE LEURS ALLIANCES

PAR

M. Adolphe DE VILLENAUT

Avec la collaboration de M. DE FLAMARE

Ne quid falsi audeat, ne quid veri taceat.

Deuxième Volume

ACQUISITION
277 323

NEVERS

IMPRIMERIE DE LA NIÈVRE

G. VALLIÈRE

24, Avenue de la Gare

MDCCCC

PRINCIPALES ABRÉVIATIONS.

all., all^{ce}	alliance	h^{te}	haute
ann.	anniversaire	inh^6	inhumé
arch.	archives	inh^{ion}	inhumation
av	aveu	inv.	inventaire
av^{at}	avocat	l^t	lieutenant
av^t	avant	maage	mariage
baage	bailliage	m^{and}, m^d	marchand
bap^{sé}, b^{sé}	baptisé	m^{al}	maréchal
b^{nie}	baronnie	mss	manuscrits
bib.	bibliothèque	m^{tre}	maître
bord^{ge}	bordelage	m^t, m^{te}	mort, morte
Bgogñe	Bourgogne	moy^t	moyennant
cap.	capitaine	nat	national
cav., cav^{ie}	cavalerie	nat^{el}	naturel
ch. des cptes	chambre des comptes	Nev., Niv.	Nevèrs, Nivernais
ch^{eau}, ch.	château	n.	noble
chât^{ie}, ch^{nie}	châtellenie	off^r	officier
chlr	chevalier	ord^{ne}	ordonnance
c^{té}	comté	orig.	originaire
c^{at}	contrat	orig^{le}, orig^x	originale, originaux
dam^{eau}	damoiseau	par^{se}	paroisse
dén.	dénombrement	p^{ien}	paroissien
écr, escr	écuyer, escuyer	parois.. par^x	paroissiaux
él^{ion}	élection	p^{ie}	partie
ép^a, ép^6	épousa, épousé	p^{té}	postérité
f.	fait, font, feu, fille	prés^t, p^t	président, présent
fme	femme	pp^{al}	principal
g^d	grand	prob^t	probablement
gouv^r	gouverneur	p^t	puissant
gouv^t	gouvernement	reg.	registre
g^{al}	général	s.	sans
gent^{me}	gentilhomme	sgr. sgrie	seigneur, seigneurie
h.	homme	v^a	veuve
hmage	hommage		

ꞐOBILIꞀIRE

DE

NIVERNOIS

FAMILLES DE GENTILSHOMMES

FIXÉES EN NIVERNOIS ET Y ÉTANT EN POSSESSION DE LA NOBLESSE AVANT 1560, AVEC NOTICES NIVERNAISES DE LEURS ALLIANCES.

ꞀꞐDRꞀS DE MꞀRCY

EMBLENT originaires d'Écosse.

I. — PIERRE ANDRAS, écr, est parmi les « escorcheurs » de l'Auxois, 1438 ; écuyer d'écurie du Dauphin (depuis, Louis XI) par Lettres de celui-ci du 2 avril 1451, confirmées en 1461(*) ; en reçoit l'office de capitaine-châtelain de Chasteauneuf de Mazent, 1451 ; mort av. 1473 ; épousa Agnès *Lasne* (1), fille de Guill^{me}, bourgeois de La Charité, laquelle fait des donations, sous scel de Sancoins, 1479 et 1483, à son fils unique, qui suit :

II. — JEAN ANDRAS, écr, sgr (**) de Changy (c^{ne} Chevannes), 1481-1503, de Turigny en p^{ie} (c^{ne} St-Germain-d.-Bois), 1494 ; grenetier de La Charité-sur-Loire, 1478 ;

(1) LASNE. — *Nivernois.* — Humbert Lasne, garde du scel prév^{té} Clamecy, 1288-96. — Jean, sgr de Saligny (chât^{le} Clamecy), dont il prit le nom, 1309-1435 ; son fils Pierre, écr, sgr de Saligny, eut : Jean, « de Saligny dict L'Asne », h^{e} d'armes, sgr de St-Germain-des-Bois (c^{on} Tannay), 1463. — Étienne, h^{e} d'armes, sgr de Courcelles en p^{ie} (c^{on} Varzy), 1309-39. — François, archer, 1469. — François, licencié-en-lois à La Charité, 1481-1511. — Barthélemy,

Henry fils de Philippe, et Pasquette, fme de Jean de Garchy, actent avec Jean ANDRAS, 1503. — Barthélemy, baille près Varzy, 1592. — Jean, lieut¹ part^{er} Donzy, 1628-48.

Écu : fascé de six pièces, à une bordure. (Clairambault, v. 100, p. 7737.)

Sources : Inv. Marolles. — D. Caffiaux, 1234. — *Carrés* de d'Hozier, 22 et 61.

Éteints.

(*) Les mss. de d'Hozier (dits : les *Carrés*), v. 22, donnent des Lettres du 2 avril 1451, du Dauphin de Viennois, fils aîné du roi, « à nostre amé Pierre Andras, escuier » portant nomination « en l'office d'escuier de nostre escurie » ; et le lendemain, autres Lettres, à son trésorier gén^{al} d'avoir à payer par an 600 l. t. à Pierre Andras, comme tel.
Le 13 déc. 1461, nouvelles Lettres de Louis, devenu roi, données à Amboise, portant retenue « en l'office de nostre escuier d'ecuierye » pour le même.
(**) Voir la table des abréviations, à la fin de l'Introduction de cette 2⁰ partie.

confirmé par Lettres de Charles VIII, 1483 ; capitaine d'Auxonne, 1503 ; m^t av. 1507 ; épousa à La Celle-sur-Nièvre, 1er mai 1481, da^{elle} Gervaise du Gué ⁽²⁾, dame de Changy, ayant biens à Parigny-la-Rose et Brinon, fille de feu n. h. Jean du Gué et de da^{elle} Jeanne de Montaigu-le-Blain ; elle fit en 1507 une fondation dans l'église de Changy pour feus Jean son mari, Agnès sa mère et François son fils. Il eut : 1º François, qui suit ; 2º Pierrette, épousa 1511 Jean DE LA BARRE ^(*), écr, sgr de la Vernière ; 3º Edmée, mariée av. 1511 à Pierre DE LA BARRE, écr, frère de Jean ; 4º, 5º, Bonne et Marie, mineures en 1511.

III. — FRANÇOIS ANDRAS, écr, sgr de Changy, 1507-1526, Villiers-sur-Yonne (c^{on} Clamecy), 1525 ; étudiant en l'Université de Paris, 1502 ; assassiné, 1526, par ses beaux-frères ; arrêt du Parlement en faveur de sa veuve et mineurs, leur donnant l'usufruit de Serre (c^{ne} Parigny-la-Rose) et Breuillote (id.) 1527 ; épousa à Chassy, 4 mars 1519, Louise du Chastel ⁽³⁾, fille de n. h.

(2) DU GUÉ. — Nivernois. — JEAN DU GUÉ, écr, sgr de Chazeuil (c^{on} Brinon) et Changy, a des biens à Authiou (id.), St-Martin-de-Vaux (id.) et Parigny-la-Rose (c^{on} Varzy), 1325-30. — Joceran, écr, dénombre près Brinon, 1351. — Jean, écr tranchant de Louis Cte Nev., châtelain de Montenoison et St-Saulge, 1382-86. — Guyot, écr, hmage pour le Tremblay (c^{ne} Oulon), 1406. — Maurice, brigandinier, 1467. — Jean, écr, sgr du Gué (c^{ne} Prémery) et Changy, m^t av. 1481, eut de Jeanne de Montaigu-le-Blain : Jean, qui partage Changy avec sa sœur Gervaise au c^{nt} maage, 1481, de celle-ci avec Jean ANDRAS ; ce Jean, écr, sgr de Chazeuil, ép^a 11 sept. 1489 Adrienne D'ANLEZY. — Josserand, écr, sgr du Gué, « par^{ze} Prémery », est à acte Andras, 1555. — Da^{elle} Perronne, dame du Gué, veuve de Cassien de Balorre, écr, dénombre Chazeuil et cens au Gué, près Lurcy-le-Bourg, 1571 et 1575, et paraît la dernière (**).

Sources : D. Villevieille, 45. — *Inv.* Marolles. — Arch. Nièv., E. — D'Hozier, reg. II. — Arch. ch^{an} de la Belouze.

Éteints.

(3) DU CHASTEL. — Nivernois. — VINCENT DU CHASTEL, écr, gouv^r de Nevers et Donzy, reconnaît avoir reçu les comptes du receveur de Niv., 1326 ; est du conseil de Louis Cte Nev., 1335, en reçoit Malnoue (chât^{ie} Cuffy), 1330. — Guillaume, écr., a procès à cause de Jailly venant de sa fme Jacquette D'ANLEZY, 1381 ; acte 1383 ; sa veuve se remarie, 1384, à Jean DE CHASSY, sgr du Marais. — Bertrand, proc^t de Jean, sgr des Bordes, 1408. — Jean, docteur en décret, vicaire g^{al} de Cluny, mandataire de la Ctesse Marie d'Albret, 1475. I. BERTHIER DU CHASTEL, écr, sgr de Villiers-sur-Yonne (c^{on} Clamecy), Jailly en p^{ie} (c^{on} St-Saulge),

1455-82, grand écuyer du Cte Nev. 1480 ; épⁿ av. 1455 Jeanne *Carré*, dame de Chassy (c^{ne} Ourouër) fille de Jean, écr, sgr d'id. et de Marg^{te} DE CHASSY, dont : 1º Guillaume, écr, sgr de Chassy en p^{ie}, 1482, mort sans post^é vers 1491 ; 2º Miles, suit ; 3º Adrien, mort av. 1487 ; 4º Jean, sgr de Chassy en p^{ie}, Averly-s.-Yonne (chât^{ie} Clamecy), 1480-1519, père de : Jean, religieux à St-Martin Nev., 1531, prieur de Tracy-s.-Loire, curé d'Ourouër 1545-72, vendit à ses cousins ; 5º N..., fme d'Étienne de Couches ; 6º Claude, épⁿ 1480 Pierre DE CHARRY, écr, sgr de Charry ; 7º peut-être Philibert, chantre de l'abbaye de St-Léonard Corbigny, 1525.

II. MILES, écr, sgr de Villiers-s.-Yonne, Chassy en p^{ie}, Breuille (c^{ne} Prémery) ; partage avec Jean, 1520 ; épⁿ Marg^{te} Vizier, fille de Bernard et de Claude DE ROFFIGNAC-MEAUCE, dont : 1º François, suit ; 2º Charles, épⁿ Jeanne de Demeurs ; 3º Joachim, étudiant théol^{ie}, tous trois députés à Paris 1526 pour meurtre de Fr^s Andras ; 4º Louise, dame de Villiers et Averly, ép^a 1519 Fr^s ANDRAS, écr, sgr de Changy, remariée av. 1532 à Fr^s de Villaines, écr, sgr de la Motte et Presle ; 5º Catherine, ép^a 1530 Bon DE LANGE, écr, sgr de Château-Renaut.

III. FRANÇOIS, écr, sgr de Chassy et Serre, épⁿ, 15 nov. 1524, Louise Potin, fille de Méry, écr, sgr de Mauléon et d'Anne de Nancray ; décapité à Paris, 28 juillet 1526, laissant :

IV. FRANÇOIS, écr, sgr de Saligny (chât^{le} Corvol-l'Org.) 1546, de Chassy 1554 ; hme d'armes des ord^{ces} 1551-54 ; gouv^r de Chatel-Censoy ; ép^a, 8 mars 1545, Marie DE LANGE, fille de Bon, et d'Isabeau de Chateau-Renaut qui se remaria, 1559, à Pierre BERTHIER, écr, sgr de Vannay ; il eut : 1º, 2º Jeanne et Gabrielle, célib. ; 3º Gilberte, dame de Chassy en p^{ie}, 1575, ép^a 1562 Jacques BERTHIER, écr, sgr de Vannay ;

(*) Les familles en lettres capitales sont l'objet d'une des généalogies principales de cet ouvrage, et celles en italiques ont une notice généalogique d'alliances.

(**) Une famille du même nom, aux envir. Decize et Cercy, semble différente et tirer son nom du Gué, près Montigny-s.-Canne : Jean du Gué, damoiseau, dénombre au sgr du Creuzay, le Gué et terres près Diennes, 1361 ; son père : Guillemin, avait été « exécuté pour ses démérites ». — Perrin, écr de la par^{ze} Diennes, dénombre à Châtillon, 1381, vend le Gué à Jean de Lancray, 1396 ; sa fille Jeanne, fme de Charles DE CHARRY, dénombre à H. de St-Gratien, 1410.

M^{tre} Jean du Gué, al. Dugué, licencié-en-lois, garde du scel Decize, est sgr de la Brosse et Monviel, 1540-66. — Au XVIIe s., des Dugué m^{nnés} à Decize. — (*Inv.* Marolles. — Arch. Nièv., E. — D. Villevieille. — Arch. S^{té} Niv. — Reg. par^x Decize.)

Miles, écr, sgr de Chassy et Villiers et de da^elle Marguerite Vizier; Louise se remaria av. 1532 à Fr^s *de Villaines*(4), écr, sgr de la Motte-les-Sagonne et Presle. Il eut : 1° Annot qui suit ; 2° Antoine, écr, sgr de Changy en p^ie, épousa Jeanne Le Comte, du dioc. d'Orléans, dont : Marie Andras fme de Guill^me Le Gruel, écr, sgr de Morville ; 3°, 4° Jean, et Jean le jeune, sous la tutelle de leur mère en 1529, et morts jeunes.

IV. — ANNOT ANDRAS, écr, sgr de Changy, 1539-83, Serre, 1558 ; vend Breuillote pour s'équiper pour la guerre, 1542 ; hommage pour Changy, 1540, 1575; teste à Serre, 1583; reçut de sa mère, Serre, à son contrat mariage à la Mothe-les-Sagonne, 12 août 1539, avec Catherine *de Villaines*(4), fille de Fr^s, écr, sgr de la Motte-lès-Sagonne, et de Marie *de Bar*,

4° Jacqueline, dame de Chassy en p^ie, mariée 1582 à Fr^s ANDRAS, écr, sgr de Serre.

Armes : Fascé de sable et d'argent de huit pièces, la première d'argent alaisée.

Sources : D. Villevieille, 27, 28 et 80. — *Inv.* Marolles. — Arch. ch^aux de la Belouze et de Vauzelles. — C^et Titres, *dossiers bleus*. — Arch. comm^ales de Montigny-aux-Am. — D. Caffiaux, 1234. — Preuves St-Cyr, 295 : Berthier.— *Carrés* de d'Hozier, 22.

Éteints.

(4) DE VILLAINES. — *De Berry, puis Bourbonnais.* -- Philippe de Villaines, écr, sgr de Villaines (c^on Nérondes) 1398, eut : 1° Philippe, écr, sgr de V. et de Menetou-Couture, 1434, père de Philiberte mariée, 1445, à Antoine D'ANLEZY qui devint sgr de Menetou; 2° Jean, écr, sgr de Villaines, 1434, père de :

I. FRANÇOIS, écr, sgr de Villaines et la Motteles-Sagonne, ép^a, v. 1480, Catherine Franc, dont : 1° Charles, auteur br. de Bourb^ais dont descendent Anne de V., mariée, 1597 à Luc BERTHIER, écr, sgr du Veuillin, et Nicolas, sgr de la Condamine, qui ép^a, 1682, Madeleine *Desprez*, veuve de Fr^s Douet, cons^er baage St-Pierre-le-M^er; 2° François, suit.

II. FRANÇOIS, écr, sgr de la Motte-lès-Sagonne et Presle (Berry), 1513 ; m^tre d'hôtel de la Ctesse Nev., 1523 ; servit en Italie, 1522 ; sgr de Villiers-s.-Yonne (c^on Clamecy) et Averly (chât^lie Clamecy), 1540 ; ép^a : 1° Marie *de Bar* ; 2° av. 1532 Louise *du Chastel*, dame de Serre, veuve de Fr^s ANDRAS, écr, sgr de Changy ; il eut du 1er lit : 1° Guillaume, suit ; 2° Catherine, mariée, 1539, à Annot ANDRAS, écr, du 2me lit : 3° François, page du duc Nev., reçu chlr de Malte 1555 ; 4° Eugénie, fme de Nardin de Pergues, écr, sgr de Villiers-s.-Yonne et Averly, 1575.

III. GUILLAUME, écr, sgr de Fleury-sur-Loire (c^on S^t-

Pierre), 1537-50, par son mariage avec Anne-Louise Trousseau (*), eut : 1° Nicolas, sgr de Fleury, 1560, et de la Motte-Farchat (c^ne Fleury-s.-L.), 1579, sans posté ; 2° Jean, suit ; 3° Madeleine, ép^a, 1580, Gilles DE CHARRY, écr., sgr de Bona.

IV. JEAN, écr, sgr de Fleury, la Motte-Farchat, ép^a, av. 1572, Louise Duret, fille de Jacques, cons^er prés^ial Moulins, dont : 1° Pierre, suit ; 2°, 3° Jean et Hilaire, sgrs de Fleury en p^ie, qu'ils vendent, 1601.

V. PIERRE, écr., sgr de Fleury, ép^a, 1592, Angélique de Brasey, dont :

VI. JACQUES, écr, sgr Fleury, 1631, m^tre des eaux et forêts du duché Niv., 1645, ép^a av. 1631 Marie *Roux*, fille de Guill^me, receveur tailles él^ion Nev., dont entre autres :

VII. JACQUES, écr, b^on de Givry (chât^lie Cuffy), sgr de Sermoise (c^on Nevers), Bois et Peuilly (c^ne Nevers), 1656-64 ; ép^a 1654 Gabrielle *de Bonnet*, dame de Givry, fille de Louis, écr, sgr de Lupy, dont : 1° Madeleine, dame de Givry, mariée av. 1686 à Edme DE LA BARRE, écr, sgr de Bréviandes ; 2° Gabrielle, dame de Sermoise, Peuilly, etc., qu'elle porta, 1677, à Jean-G^et de Chantelot. (**)

Armes : Ecartelé, aux 1 et 4 d'azur, au lion d'or ; et aux 2 et 3 de gueules, à neuf losanges d'or, 3, 3, 3.

Sources : *Carrés* de d'Hozier, 365. — *Inv.* Marolles. — Preuves Pite-Écurie, 291. — Arch. Niév., E : Pierre. — Arch. dépt Allier, B. — D. Caffiaux, 1234. — Arch. ch^aux des Gouttes et de Rimazoir. — D'Hozier, reg. II. — Reg. par^x de Nevers, St-Pierre-le-M^er et Sermoise.

Éteints.

(5) GUILLAMBERT. — *Nivernois.* — HENRI GUILLAMBERT, bourg^s de Varzy, 1489. — André (*id.*), mari de Marie Barat qui a des biens à Marcy et

(*) TROUSSEAU. — *De Berry.* — Jacques Trousseau, chlr, sgr de la vicomté de Bourges, 1386, eut de Marie de St-Germain : Artaud, écr, sgr de St-Verain en p^ie (c^on St-Amand), 1449, de la Maisonfort en p^ie (Puisaye), 1455; acheta Rosement (c^ne Luthenay) à Jean de Gamaches, 1444; ép^a, av. 1431, Marie de St-Palais, dont : Louis, écr, v^te de St-Just, sgr de Rosemont, 1486-1503, h^e d'armes des ord^ces ; vendit sa part de St-Verain au Cte Nev., 1489 ; ép^a, av. 1486, Hélène de Baligny, dont : 1° Jacques, écr, sgr de Rosemont, 1540-48, m^t sans enfants d'Antoinette de Viersac, 1548 ; 2° Louis, écr, sgr de Luthenay (c^on St-Pierre), Fleury-s.-Loire *(id.)*, la Motte-Farchat (c^ne Fleury-s.-Loire) et Rosemont, 1530-58 ; ép^a, 1423, Gaillarde Fumée, dont : Anne-Louise, fme de Guil^mo *de Villaines*, et Louis, chanoine de Nev., qui fit donation de Rosemont au duc de Nevers, 1577.

Armes : De gueules, à la fasce d'azur chargée de trois fleurs de lys d'or et accompagnée de trois trousseaux d'or, 2 et 1. (Clairambault, r. 108, p. 8441; et vitraux cath. de Bourges.)

Sources : D. Villevieille, 88. — *Inv.* Marolles. — La Thaumassière. — Arch. Niév., E. — Orig^aux St^é Nivernaise. -- Leboeuf, H^re d'Aux., I. *Éteints.*

(**) Des de Villaines et de Villènes, dans le N.-O. et le N.-E. du Nivernois, aux XIVe et XVe s., paraissent d'une autre famille.

dont : 1° Antoine, écr, sgr de Changy en p^ie, 1584-1606 ; hommage pour moitié de Changy, 1598 ; épousa à Concressault, 29 oct. 1582, Jeanne DE LA BUSSIÈRE, fille d'Edme, écr, sgr de la Crollais, dont : Edme, d'abord sgr de Changy en p^ie, épousa : 1° en 1604, Charlotte *du Deffand*, dont trois fils morts jeunes, 2° en 1639, Suzanne de Bonnard ; il quitta le Nivernois et forma la branche du Montoy en Auxerrois ; 2° François, qui suit ; 3° Nardin, écr, sgr de Charreaux, acte à Changy, 1584, maintenu par la Gén^té d'Orléans, 12 juin 1586 ; 4° Claude, épousa vers 1595 Fr^s *d'Escorailles*, sgr de Turigny et la Gibaudière.

V. — FRANÇOIS ANDRAS, écr, sgr de Serre et Changy en p^ie, 1582-97 ; maintenu par M^r d'Amboise en la Gén^té d'Orléans, avec ses frères, 12 juin 1586 ; épousa à Chassy, 3 déc. 1582, Jacqueline *du Chastel*(3), fille de feu Fr^s, écr, sgr de Chassy, et de Marie DE LANGE ; elle eut

---

Chivres (c^ne Courcelles), 1570. — Raoulet, bourg^s de Varzy, élu él^ion Clamecy, a des biens à Chivres, 1580, ép^a Rachel Barat, dont : 1° Marie, ép^a à Varzy 1604 Claude *Boulé*, sgr de Marcilly (c^ne St-Pierre-du-Mont) ; 2° Marg^te, fme de Fr^s ANDRAS.

Sources : D. Caffiaux, 1234. — Reg. par^x Varzy.

Éteints.

(6) GENTIL DE LA BREUILLE. — *D'Auxerrois.*—JEAN GENTIL garde du ch^au de la Rivière, 1413. — Élie, anobli par Lettres de 1515, eut : Léonard, écr, sgr du Mas, marié 1556 à Jacquette Gueuble (*), dont : Raimond, écr, sgr de la Breuille et des Barres (Puisaye, c^ne Sainpuits), Moulot (c^ne Clamecy) et Sembrèves (c^ne Oisy), qui de Marie du Deffand eut : Iriès, écr, sgr des Barres, le Boulay (c^ne Perroy), maintenu C^eil d'État, 9 mai 1669, ép^n 1648 Marie ANDRAS, dont : Fr^s et Edme-Jean, écrs, sgrs des Barres, le Boulay, Sembrèves, partagent à Druyes 1682, maintenus 1702, ce dernier père de Fr^s, sgr de la Breuille, et de Marie, fme de Pierre *Boulé*, écr, sgr de Marcy en p^ie.

Armes : De gueules, au lion d'or.

Sources : D. Villevieille, 45. — D. Caffiaux, 1234. — Minut. notres Clamecy. — *Maintenues*, Ch. Hubert. — *Nobil. d'Orléans*, 757. — Reg. par^x Clamecy et Billy.

Existants dans l'Yonne.

(7) DE LENFERNA. — *De Brie, puis Auxerrois.*— Connus depuis 1368. — Jean DE LENFERNA, écr, accompagna le duc d'Orléans en Lombardie, 1403. — En 1442, n. h. Jean, vend comme mari de Mahaut *de Champs*, des biens à Montreuillon (c^on Ch^au-Chinon), sgr de Turigny (c^ne St-Germain-des-Bois), et Chatel-du-Bois (c^ue d'Entrains), inhumé à Dornecy, 1464.

Anne de Lenferma, fille de Georges, écr, sgr de Pruniers et de Fr^ise *d'Estampes*, ép^a v. 1570 Charles DE LANGE, écr, sgr de Villemenant (c^ne Guérigny).

La branche de Guerchy (chât^ie St-Sauveur) descend de Louis, écr, sgr de Gurgy, marié, 1539, à Madeleine Tribolé, dont : 2° Nicolas, écr, sgr de Guerchy, 1595-1604, habita d'abord Billy-s-Oisy, eut de Cl. de Bracques : Mathurin, sgr Guerchy, 1612-50, qui de Louise *du Roux* eut : Marie, qui porta Guerchy, 1653, à Cl. de Vathaire, écr, sgr de Boistaché, et 1° François, écr, sgr de Gurgy, ép^n 1° 1571 Catherine DU VERNE de Cuy, 2°, 1585, Et^te de Morant, dame de la Resle, dont : 1° Edme, sgr Gurgy, chevau-léger de la garde 1622, entré aux États de Dijon, 1632 ; ép^a, 1608, Nicole DE LA BUSSIÈRE, fille de Claude, écr, sgr d'Angeliers (c^ne Dampierre-s.-Bouhy), dont : Edme de L., lieut^l-colonel, tué 1672, fut sgr d'Angeliers en p^ie et père de Marg^te, mariée, 1695, à César *Berthier* (de Surgy), cap^ne d'inf^ie ; 2° Claude, auteur rameau de la Resle, ép^n à Andryes, 1611, Phill^te *de Masquin*, fille de Fr^s, écr, sgr Malfontaine (chât^ie St-Sauveur), dont le petit-fils, Charles (frère de Madeleine, fme d'Antoine *Berthier*, à Surgy), garde-du-roi, eut de Barbe d'Anstrude : Charlotte-Fr^se, mariée, 1714, à Gabriel-Fr^s DE CERTAINES, écr, sgr de Vilmolin, et Gabriel-André, sgr de la Resle, cap^ne rég^t Bassigny, qui ép^a, 1732, Constance de Massol, dont : *a*, Joseph-Guil^me, père de Joseph-Georges, marié, 1771, à Fr^se DE MULLOT DE VILLENAUT ; *b*, Georges-Odon, chevau-léger, 1769, dont le petit-fils, Jean-D.-Alexandre, cap^ne d'inf^ie, ép^a, 1845, Nathalie *Vyau de La Garde*, dont : Albert-Georges, ép^a, 1887, Madeleine Delamalle (**), et Marg^te, mariée, 1866, à Victor DU VERNE.

Anne-Louise de Lenferna, fille de Charles, mariée à Pierre ANDRAS, 1669, est de la br. des sgrs de la Jacqueminière (près Courtenay), dont les alliances sont :

(*) GUEUBLE. — *De Puisaye.* — Cette Jacquette était probabl^t petite-fille de Lancelot Gueuble, qui fait hage au duc de Nev., 1540, et dont le fils Louis, écr, sgr du Boulay, habitant Druyes 1546, lieut^t du fort d'Ambreteil, ép^a, 1537, Blanche de Blondeaux, et fut décapité, 1550, avec son père Lancelot, pour assassinat de Pierre Née, juge de Druyes. — Jacques de Gueuble, écr, était sgr de Bouhy (c^on St-Amand), 1585. — (*Inv.* Marolles. — Née, de La Rochelle, p. 242.)

(**) Gaspard-Gilbert Delamalle, cons^er d'État, reçut, 25 févr. 1813, un majorat reporté à Tronsanges (c^on La Charité) ; titre héréditaire d'écuyer 17 février 1816 ; eut : Aimé, colonel des chasseurs de la garde avant 1830, rang de général, chevalier St-Louis, commeur Légion-d'H^eur, titré vicomte, 1830 ; père de Louis, président trib^al Nev., marié 1857 à Emma Gréban de Pontourny, dont : Léon, ép^a 1884 Madeleine Batbédat ; Madeleine, fme d'Albert *de Lenferna* ; et d'autres filles. — (Arch. de la famille. — *Dictionre des anoblis*, Bachelin, 1875.)

moitié de Chassy (c^ne d'Ourouër) et Cognant (id.), dont elle dénombre veuve, 1598. Il eut pour fils unique :

VI. — FRANÇOIS ANDRAS, né à Serre, 1588, écr, sgr de Serre, Chassy, Cognant, Boisrousseau (c^ne St-Pierre-le-M^er) ; hommage pour moitié de Cognant, 1613 ; obtient lettres à terrier pour Chassy et Cognant en p^ie, 1621 ; acquiert l'autre moitié de Chassy et Cognant, 1641 ; maintenu par l'élection de Clamecy, 1634 ; m^t à Chassy, 1654 ; épousa à Varzy, 2 sept. 1613, da^elle Marguerite *Guillambert* (5), fille de n. m^tre Raoulet, élu en l'élection Clamecy, et d'Edmée Bredeau ; dont : 1° Guillaume, écr, sgr de Serre, 1665-93 ; lieutenant en la c^ie de Ruère, 1645 ; fait donation de tout usufruit à Antoinette Lemaitre, 1673 ; m^t sans postérité, 1694 ; 2° Jean, écr, sgr de Chappes (c^ne Laché), et Chassy en p^ie, au service avec ses trois frères en 1654 ; reçoit don de son frère Guillaume, 1693 ; m^t à Varzy, à soixante-huit ans, 1694 ; épousa avant 1659 Elisabeth DE VEILHAN,

du Plessis, 1635 ; de La Baye, 1597 ; *de Saint-Phalle*, 1573, etc.

Armes : D'azur, à trois losanges d'or.

Sources : C^el Titres, *p^ces originales*, 422, 893 à 95. — *Inv.* Marolles. — Arch. Nièv., E. — Preuves P^ite-Écurie, 12. — Preuves St-Cyr, 297, 308. — C^el Titres, *dossiers bleus*. — Arch. ch^aux de Guerchy, Beauvais et la Croix. — Reg. par^x Billy-s.-Oisy et Surgy.

Existants.

(8) DESPREZ. — *Nivernois.* — I. GUILLAUME DESPREZ, bourg^s Nev., eut de Marie Galoppe : 1° Pierre, qui suit ; 2° Guill^me, chanoine Nev., m^t 1540 ; 3° Marie, veuve, 1562, de Jean d'Aultry, contrôl^r Nev.

II. PIERRE, m^and bourg^s Nev., 1540 ; échevin Nev., 1545-46 ; sgr de la Motte-Latigny (c^ne St-Sulpice), et Cougny en p^ie (c^ne St-Jean), qu'il achète, 1540 ; m^t 1553 ; ép^a Made^ne Perron, dont : 1° Jacques, suit ; 2° Michel, auteur br. de Bruzeaux, suivra ; 3° Jean, auteur br. de Cougny, suivra ; 4° Anne, mariée, 1542, à Étienne *Gascoing*, fils de Girard, m^and Nev. ; 5° Made^ne, veuve, 1575, de Léonard *Goussot*, proc^r du roi à St-Pierre.

III. JACQUES, sgr de la Motte, Charly (c^ne Chaulgnes), la Pointe (c^ne La Charité), les Barres (c^ne Chasnay), 1562-83 ; élu él^ion Nev., m^lre des c^ptes du duc, 1565-69 ; eut de Marie Grêne : 1° Pierre, suit ; 2° Anne, aut^r du ram. de Charly, suivra ; 3° André, aut^r ram. la Pointe, suivra ; 4° Guill^te, fme de F^rs Garnier, grenetier de Nev.

IV. PIERRE, sgr de la Motte, contrôleur él^ion Nev. 1578 ; échevin 1561, 87, 88 ; ép^n, 10 nov. 1578, Anne *des Jours*, dont : 1° Gaspard, suit ; 2° Guil^me, sgr de la Motte, Chaillant (c^ne Poiseux), Poisson (*id.*), 1618-38 ; échevin Nev. 1620, 34 ; eut de Félice *Gascoing* : *a*, Guill^me-F^rs, sgr de Poisson, 1638-54 ; marié, 16 avril 1647, à Jeanne *Gascoing*, dont : *aa*, Etienne, écr, sgr de Lancray (c^ne Montigny-s.-Canne), ép^a, 23 sept. 1700, Marg^te DE TROUSSEBOIS, dont : Guil^me, écr, sgr de Montigny-s.-Ganne, Lancray, Tonnin (c^ne Montigny), la Loge (c^ne Beaumont-Sardolles), 1718-58 ; cap^ne rég^t

Mortemart 1735 ; sans post^d ; *bb*, Guil^me, écr, sgr Montigny ; m^t av. 1720 ; ép^a 24 mai 1700 Charl^te *Millin*, dont : Anne-Charl^te, mariée 1720 à Eustache DE CHÉRY, sgr de Beaumont-Sard. ; b, Made^ne, dame de Chaillant, ép^a *10*. 1645, Eustache DU LYS, b^on de Poiseux, 2°, 1647, Adrien DE CHÉRY, sgr de Mongazon ; 3° Made^ne, ép^n, 1600, F^rs *de Champs*, élu él^ion Nev. ; 4° Anne, fme d'Hiéronyme *Galtine*, sgr de Bois-Rozerin ; 5° Marie, ép^a v. 1624 F^rs *de Farou*, sgr des Reguins ; 6° Jeanne, bénédictine Nev.

V. GASPARD, sgr de la Motte, Roche-s.-Aron (c^ne Champvert), 1626-48 ; écr, lieut^t des maréchaux Nev. ; ép^n, 11 mai 1617, Jeanne *Desprez*, fille de Guil^me, sgr Cougny, dont : 1° Pierre, suit ; 2° Hiérosme, m^t 1637 ; 3° F^rse, relig. ; 4° Claudé.

VI. PIERRE, écr, sgr de Roche, la Motte, colonel cav^io rég^t Condé, m^t av. 1684 ; maintenu Gén^lé Moulins, 19 mars 1669, avec ses cousins des branches de Charly, Bruzeaux et Cougny (*), ép^a 5 juin 1652, Claude *Pernin*, dont : 1° Charles, écr, sgr de Roche, 1665, chevau-léger 1684, m^t av. 1710, célib. ; 2° Charles, suit ; 3° F^rse, mariée 1683 à Jean Chappelain ; 4° Cath^ne, mariée av. 1711 à Claude DE CHARGÈRES, sgr de Tourny.

VII. CHARLES, écr, sgr de la Motte, Roche, Marcy (c^ne Champvert), Vesvre (*id.*), reçu chevau-léger 1692 ; sous-brig^er 1717, chlr Saint-Louis ; aveu avec son frère Charles, pour Roche, 1684 ; ép^a *10* 10 juillet 1708 Cécile ANDRAS, fille de Pierre, 20 17 février 1711 Gabrielle DU CREST de Villaines ; du 2me lit : 1° Charles, écr, sgr de Roche et Vauvrille (c^ne Champvert), dit : Marquis des Prez de Montagnano (**), reçu à P^ite-Écurie 1758 ; s.-aide-major de Royal-Lorraine, 1773 ; assiste à assemblée nobl. Nev. 1789 ; émigra ; ép^a, 15 juin 1784, Adelaïde-Hortense *Leroy de Prunevaux*, fille du gr^d bailli, laquelle divorça ; m^t sans post^d, 1801 ; 2°-4° Elisabeth, Jacques, Charles, m^ts jeunes ; 5° Gabriel, né 1751, chanoine Nev.; député du clergé 1789, gr^d-vicaire d'arch. Paris, massacré aux Carmes, 2 sept. 1792.

IV. ANNE DESPREZ (2e fils de Jacques), sgr de Charly,

(*) Parmentier (*Inv.*, c. 35) mentionne des Lettres de relief de noblesse (qui portaient ordin^t la clause d'anoblissement « en tant que *besoin sera* ») obtenues en 1632, par « messieurs » Desprez, sans indication de prénoms. C'est ce qui explique la maintenue de 1669.
(**) Sur la prétention, non fondée, d'avoir reçu le marquisat de Montagnano, au royaume de Naples, sous Charles VIII.

fille de Charles, écr, sgr de Digongne et d'Hilaire d'Esterlin, dont : *a*, François, mort jeune ; *b*, Catherine épousa Eustache DU VERNE, sgr de Jailly, 1695, m^te 1695 ; 3° Dominique, écr, sgr de Chassy et Cognant ; né 1633 ; partagea avec frères et sœur, 1663 ; au service et encore célibataire comme ses trois frères en 1654 ; maintenu, 1667 ; m^t av. 1724 sans post^é de Catherine *Dugon*, qu'il épousa av. 1683 ; 4° Pierre, qui suit ; 5° Marie, épousa à Varzy, 1648, Iriès *Gentil*[6], écr, sgr des Barres.

VII. — PIERRE ANDRAS, écr, sgr de Boisrousseau, Chassy, Cognant, Serre et Changy en p^ic ; recueillit la succession de ses trois frères ; maintenu avec eux par Mr de Machault en la Gén^té d'Orléans, le 2 avril 1667 ; m^t à Chassy, 1707 ; épousa, 8 juillet 1669, Anne-Louise *de Lenferna*[7], fille de Charles, sgr de la Jacqueminière, et de Marie-Claude du Plessis ; dont : 1° Pierre qui suit ; 2° François, garde-du-corps, 1697-1704, mort célib. 1705 ; 3° Jean-Charles, m^t à dix-sept ans, 1699 ; 4° Edme-Charles, né 1676, chlr, sgr de Boisrousseau, Chassy en p^ic et Cognant ; garde-du-corps, 1697-1707 ; m^t célib. 1746 ; 5° Marie-Anne, mariée 1712, à Jean de La Trollière (Bourb^nais), chlr, sgr de Beauvallon ; 6° Elisabeth, mariée, 1713, à Phil^pre de La Trollière, sgr de. Gozinière, cousin du précédent ; 7° Cécile, mariée, 1708, à Charles *Desprez*[8], écr, sgr de Roche–sur-Aron.

VIII. — PIERRE ANDRAS, chlr, sgr de Chassy, Cognant, Changy en p^ic , Serre, Marcy (c^ne Parigny-la-Rose), Poiseux (c^on Pougues) ; dit : comte de Marcy, baron de Poiseux ; né 1671 ; partage avec frères et sœurs, 1711 ; achète Poiseux, des Briçonnet, 1707, et Marcy, du c^te de Tavannes, 1715 ; m^t à Poiseux, 1741 ; épousa, 27 avril 1705, Françoise-Marg^te *Desprez*[8], fille de

1599-1620 ; comm^re ord^re des guerres ; échevin Nev. 1594, 1610 ; ép^n 1°, vers 1602, Marie Lallement ; 2° 14 janv. 1607, Marthe Duchemin, fille de Michel, m^tre d. cptes Nev. ; du 2me lit eut : 1° Jacques, suit ; 2° Marie, fme de Cl. *Prisye*, médecin Nev.

V. JACQUES, sgr de Charly, la Boue (c^ne Rémilly), 1638-52 ; ép^a 11 janv. 1638 Anne DE MAUMIGNY, maintenue avec ses fils 1669, dont : 1° Eustache , écr, sgr de la Boue, 1667-1712, cornette du ban de Niv. 1694, ép^a vers 1665 Marg^le *de Mathieu*, dont M^le-Charl^te mariée, 1689, à Lazare DE CHARGÈRES, sgr de la Creuzille ; 2° Fr^s, écr, sgr de Charly, Couz (c^ne Donzy), 1682-94, eut de M^le de Bonnestat : M^le-Anne et Nicolas, m^ts sans post^é ; 3° Pierre, suit ; 4° quatre filles.

VI. PIERRE, écr, sgr de Charly, Beauregard (c^ne Champvoux), cap^ne du ban, 1694 ; ép^a 11 août 1679 M^le Le Barbier, dont : Pierre-Fr^s, sgr Beauregard ; m^t 1709 ; ép^a 1702 Marg^le Gars de Colombières, dont : Louis, cap^ne rég^t Picardie, 1734, père de Guil^me-Joseph, major de dragons, chlr St-Louis 1784, m^t célib., et Victor-Armand, cap^ne rég^t La Rochefoucauld, 1780, m^t sans post^é.

IV. ANDRÉ DESPREZ (3e fils de Jacques), écr, sgr de la Pointe, les Barres, 1590-1632, h^me d'armes c^te d'Entragues , cap^ne gens de pied , un des cent gentilsh^es m^on du roi ; ép^n 1595 Renée DE CLÈVES, fille de Jean , sgr de Fontaine, dont : 1° André, m^t jeune ; 2° Claude, suit ; 3° Gabriel, écr, sgr de la Pointe, ép^a 1628 M^le *de La Grange-Montigny*, se fixa en Berry.

V. CLAUDE, écr, sgr des Barres et Mouron (c^ne Mêves), 1632-65 ; ép^a v. 1629 Anne de Laage, dont : 1° Jean , suit ; 2° Marit, sgr de la Pointe ; 3°, 4° Anne et Marie.

VI. JEAN, écr, sgr de Mouron, Neuville en p^ic (c^ne

Bulcy), et Couz ; ép^a : 1° v. 1656 Anne d'Orléans , 2° 1669, Anne de Liverneau, dont : 1er lit, Nicolas, sgr Neuville, 1580 ; 2me lit, Claude-Fr^s, et Jean, sgr Neuville, m^t après son frère, 1732, sans post^é.

III. MICHEL DESPREZ (2° fils de Pierre), auditeur au baage Nev., sgr de Bruzeaux (c^ne Mars) ; tué 1568 ; ép^a Cath^ne Cherpaigne, dont : 1° Jacques, suit ; 2° Étienne, auteur rameau de Bligny, suivra.

IV. JACQUES, licencié-en-lois, av^at Nev. 1583, enquesteur au baage St-Pierre-le-M^er 1591-1601 ; ép^n, 23 avril 1583, Made^ne *Rapine de Sainte-Marie*, fille de Guy, lieut^l-g^al baage Nev., dont : Marie, fme d'Ét. Pyon, lieut^l part^er St-Pierre, et :

V. Louis, av^al du roi à St-Pierre, 1626 ; maire de St-Pierre, 1627 ; sgr de Bruzeaux en p^ie, 1656 ; ép^n, av. 1620, Gabr^le *Gascoing*, dont : 1° François, suit ; 2° Charles, sgr de Sornay (c^ne Mars), 1658 ; 3° Madeleine, ép^a Jean Douet, cons^er St-Pierre, puis en 1663 Nicolas *de Villaines*, trésorier Fr^ce Moulins ; 4° trois filles.

VI. FRANÇOIS, 1er av^at du roi, 1656 ; sgr Br^x et Sornay, 1656-88 ; maintenu 1669 ; ép^n, av. 1656, Marie *Alixant*, dont : 1° Louis, suit ; 2° Fr^s, 1665-88 ; 3° Gabriel, curé de St-Genest Nev., 1689-1737 ; 4° des fils et filles, m^ts jeunes.

VII. Louis, av^at du roi St-P., 1694 ; sgr Br^x, 1687-1715 ; ép^a : 1° Jeanne *Pierre*, 2° 26 janv. 1711, M^le *Brothier*, dont : Fr^a, sgr Br^x ; ép^a, 1711, M^le Paillot, dont une fille unique, L^se-Augine, morte 1726.

IV. ÉTIENNE DESPREZ (2° fils de Michel), sgr de Bruzeaux en p^ie et Bligny (c^ne St-Firmin) ; ép^n, 4 mars 1590, Florimonde *Gascoing*, dont : Claude, mariée, 1640, à Claude Mareau, et :

Charles, sgr de Bruzeaux, et de Fr^{se}-Anne Mabire, dont : 1° Edme, né 1707, chlr, sgr de Serre, m^t célib. 1794; 2° Pierre, né 1708; lieut^t rég^t de Béthune-cav^{ie}, 1729; m^t célib. 1734; 3° Charles, qui suit ; 4° Louis-Antoine, prêtre du dioc. de Saintes, 1746-55 ; 5° Charles-François, capit^{ne} rég^t du Roi-inf^{ie}, 1746-50; chlr de St-Louis, m^t célib. ; 6° Françoise-Marg^{te}, mariée, 1731, à Michel DE CHARRY v^{te} de Beuvron; 7° Marie-Anne, mariée, 1745, à L^s-Gaspard *de Sauvage*, chlr, sgr de St-Thibault.

IX. — CHARLES ANDRAS, chlr, c^{te} de Marcy, b^{on} de Poiseux, sgr de Serre, Parigny-la-Rose, Mhères (c^{ne} Cuncy), Vertenay (*id.*), la Grange-Rouge (*id.*), Vesvre (*id.*), Changy en p^{ie}, Treigny (c^{ne} Chevannes), Cougny (c^{ne} St-Jean), Bongrands (*id.*) Chassy, Cognant, Chaillant (c^{ne} Poiseux), et Boisrousseau ; lieut^t rég^t d'Anjou-cav^{ie}, 1741, donataire de son oncle Edme ; rachète Cognant, 1759; m^t av. 1784; épousa à Poiseux, 13 février 1741, Madeleine *Desprez* (8), fille de Gilbert, sgr de Cougny, et de Madeleine *Desprez*, dont : 1° Pierre-Charles, chlr, b^{on} de Poiseux; né 1746 ; reçu page de la Petite-Ecurie, 1762; épousa à Paris, 9 mai 1779, Suzanne-Louise Guillaume de Chavaudon, fille d'un président en la Ch^{re} des comptes Paris, m^{te} en 1780, et lui en 1790, sans post^é ; 2° Edme, qui suit; 3° Charles-François, chlr, sgr de Poiseux, Changy et Treigny ; hérita de son frère Pierre, 1790; épousa à Moulins, 14 janvier 1793, Pierrette-Nicole *Pierre de Saint-Cy*, fille de Jean-Jacques, guillotiné même année, et de Catherine-Cabrielle *de Maulnoury*, dont un fils unique : Cl.-Jos.-Ant.-Gabriel Andras de Poiseux, m^t sans alliance en 1845; 4° Marguerite Madeleine, née 1741, m^{te} jeune.

X. — EDME ANDRAS c^{te} DE MARCY, sgr de Serre, etc. ; mousquetaire noir de la garde av. 1784; chlr St-Louis, 1816; épousa à Challement, 18 sept. 1784, M^{ic}-Anne-Antoinette DE LA

V. ÉTIENNE, sgr Br^x en p^{ie} et Bligny ; ép^n, 17 juin 1648, Catherine Roise, dont : Claude-Marg^{te}, et :

VI. CHARLES, écr, sgr Br^x en p^{ie} et Bligny, 1674-1714; off^{er} rég^t Tonnay-Charente, 1697 ; ép^a, 20 déc. 1674, Anne Mabire, dont : 1° Nicolas-Charles, écr, sgr de St-Firmin (c^{on} d'Azy), Bligny et Montgazon (c^{ne} St-Franchy), 1711-47; m^t 1747 sans post^é ; 2° Louis-Ant^{ne}, écr, sgr de Bussy (c^{ne}-St-Firmin), 1729 ; ép^a, 28 sept. 1714, Fr^s Brunet, dont : *a*, Élisabeth, mariée, 1747, à Pierre-René de Charry, sgr de Lurcy ; *b*, Dieudonnée-L^{se}-Fr^{se}, reçue à St-Cyr, 1732 ; 3° Fr^{se}-Marg^{te}, ép^n, 1705, Pierre ANDRAS, sgr de Serre ; 4° Made^{ne}, ép^a son cousin Gilbert *Desprez*, sgr de Cougny.

III. JEAN DESPREZ (3e fils de Pierre), m^{and} bourg^s de Nevers, 1556-61, receveur des aides et tailles él^{ion} Nev. 1564-95, sgr de Cougny en p^{ie} (c^{ne} St-Jean), 1556-1611, de Châlons (c^{ne} Chaulgnes) et le Grateix (c^{ne} Azy-le-Vif), 1600-07; achète le Péroux (c^{ne} St-Jean), 1573, et le ch^{au} de Cougny, 1584; échevin Nev. 1592 et 1601 ; ép^a 1° Charl^{te} TENON, 2° av. 1577, M^{le} *Ducoing*; eut : 1er lit, 1° Jean, prévôt des maréchaux Nev. 1604-11, sgr du Grateix et Torteron 1620-29; ép^a v. 1598 Fr^{se} *du Broc*, dont : *a*, Jean, sgr Torteron, m^t 1639, eut de Made^{ne} *Delaporte* : Made^{ne}, fme de Pierre DE NOURY, sgr de Turigny ; *b*, Étienne, chan^{ne} Nev. 1640-65 ; 2° Fr^{se}, épousa d'abord N. Lithier, puis av. 1604 Pierre *Gascoing*, proc^r roi él^{ion} Nev. ; 3° Jeanne, dame de Ménetreau (c^{on} Donzy) fme d'Aré *Brisson*; et du 2e lit : 4° Guil^{me}, suit ; 5° Pierre, écr, trésorier de Fr^{ce} Moulins, 1609-46, sgr de Marigny (c^{ne} Sauvigny), les Coques (c^{ne} Chaulgnes) et Châlons, 1607-45 ; ép^n Fr^{se}

TENON, dont : Anne, fme de Noël Le Boultz, cons^{er} Parl^t Paris ; 6° Claude, ép^a av. 1604 Cl. *Gascoing*, sgr de la Belouze.

IV. GUILLAUME, receveur tailles él^{ion} Nev. 1600-10 ; contrôl^r g^{al} au domaine de Bourb^{nais}, 1611-46 ; échevin Nev. 1605 et 1616, sgr de Cougny, Roche-s.-Aron, Aubigny-le-Chétif (c^{on} Decize) et Léperon (c^{ne} Nevers); ép^a av. 1600 Fr^{se} *de La Chasseigne*, dont : 1° Christophe, suit ; 2° Jeanne, fme de Gaspard *Desprez*, sgr de la Motte ; 3° Marg^{te}, mariée av. 1646 à Léonard *Maulnoury*.

V. CHRISTOPHE, écr, sgr de Cougny, 1647-55 ; ép^a av. 1649 Louise *Millin*, maintenue avec son fils, 1669, dont : 1° Claude, suit ; 2° Marg^{te}, ép^n, 1668, Fr^s BOURGOING, sgr de Sichamps.

VI. CLAUDE, écr, sg de Cougny et des Bongrands (c^{ne} St-Jean), 1675-85; ép^n, 8 juillet 1673, Marie Alexandre de Beausson, dont : 1° Gilbert-Al^{re}, suit : 2° Louis-M^{le}, écr, sgr du Péroux, 1707-36; ép^a av. 1734 Fr^{se} *de Challudet*, sans post^é ; 3° Marg^{le}, dame des Bongrands, célib.

VII. GILBERT-ALEXANDRE, écr, sgr de Cougny, 1702-31, eut de Madeleine *Desprez*, fille de Charles, sgr de Bligny : Marie-Made^{ne}, qui ép^a, 1741, Charles ANDRAS, c^{te} de Marcy.

Non rattachés : Guillaume Desprez, greffier baage St-Pierre, 1380. — Jean, prêtre de l'égl. Nev. 1401. — Guil^{me}, receveur de la ville Nev., 1464. — Michel, échevin Nev., 1480. — Jacques, m^{and}, bourg^s Nev., échevin, 1520-30. — Pierre, le jeune, m^{and} Nev. 1549, échevin 1561-88.

Au XVIe s., des Desprez, issus d'un Philibert, enquesteur au baage St-Pierre, 1518, sont à Clamecy, où autre Philibert est élu

FERTÉ-MEUN, fille d'Anne, v^{te} de La Ferté, sgr de Challement, et d'Antoinette-Pri.-Virg. de Clermont-Tonnerre, dont : 1° Anne-M^{ie}-Pierre, qui suit; 2° Anne-Fr^{se}-Charlotte, mariée, 1809. à Jacques-Victor *Maublanc de Lavesvre* (9), ancien chef de bataillon, chlr de St-Louis; 3° Charlotte-Elisabeth, mariée, 1814, à Charles DU VERNE, ancien officier, chlr de St-Louis ; 4° Joséphine, mariée, 1824, à Félix-César-Robert Dauphin b^{on} de Leyval, député du Puy-de-Dôme.

XI. — ANNE-M^{ie}-PIERRE ANDRAS Cte DE MARCY, chef d'escadrons de dragons, chlr Légion-d'H^{eur}; épousa, 22 juin 1819, Elisabeth-Pauline *de Seguins–Pazzis* (10), fille de Paul-Louis-Ant^{ne} et d'Angélique de La Briffe, dont : 1° Edme, cons^{er} g^{al} de la Nièvre, chlr Légion-d'H^{eur}, m^t célib. 1877; 2° Paul, m^t célib. 1890; 3° Pierre-Charles, qui suit :

XII. — PIERRE-CHARLES ANDRAS Cte DE MARCY ; né 1824 ; m^t 1890 ; épousa, 7 mai 1849, Zoé-Ch^{te}-Blanche *de Bouillé*, fille de Fr^s-Alb.-Cl.-A.-René, et de Pierrette-Adélaïde *de Forestier,* dont : 1° Pierre-Albert, épousa, 1882, Marie Planta de Wildemberg, dont il a : Pierre-

1566-75 et est sgr de Taconnay, ainsi que son fils Guil^{me}, 1579 (*).

Armes : D'azur, au chevron d'argent accompagné de trois coquilles d'or.

Sources : Carrés, d'Hozier, 516 et 517. — Arch. Nièv. E et B. — *Inv.* Parmentier, c. 5 et 35. — Arch. hospit. Nev., B ; munici., et d'abb. St-Martin Nev. — Arch. ch^{aux} de Poiseux, le Tremblay, Vandenesse, la Chasseigne, le Veuillin. — Cab. Titres, *dossiers bleus :* Tenon et Bourgoing. — D. Caffiaux, 1234. — *Statist.* monum^{ale}, c^{te} de Soultrait. — Preuves St-Cyr. — Minut. not^{res} Moulins-Engilbert, Dienne. — Reg. par^x de St-Pierre-le-M^r, Nevers, Chaulgnes, Mesves, Poiseux, Ourouër, La Charité, Champvert, Verneuil, St-Honoré, Nolay, etc. — *Cahier d'assée Nevers, 1789.*

Éteints.

(9) MAUBLANC DE LAVESVRE. — *Du Charolais.* — JACQUES MAUBLANC, écr, sgr de Martenet, la Vesvre, Chizeuil, secrétaire du roi, maison-cour^{ne} de Fr. et des finances, par Lettres de 1719, eut : Jacques-Al^{re}, cap^{ne} rég^t d'Aquitaine, chlr St-Louis, marié, 1747, à M^{ie}-Charl^{te} DU CREST, fille d'Henri, sgr de Villaine, dont : 1° François, b^{on} de Chizeuil, 1813, cap^{ne} dragons, ép^{n} vers 1787 Henriette DE LA BARRE, fille de Michel, sgr des Troches, dont : François, père d'Ernestine, mariée, 1865, à Édouard *Vyau de Fontenay ;* 2° Jacques-Victor, sgr de la Vesvre, lieut^t rég^t d'Anjou, émigré, maire de Nevers 1818, chlr St-Louis, ép^n d'abord Anne-P^a *Prisye*, puis en 1809 Anne-Charl^{te} ANDRAS DE MARCY, dont : *b*, Louise, ép^n, 1838, Victor *du Pré de St-Maur*, et *a*, Edme, ép^n, 1840, Hélène DU VERNE, fille de Charles, dont il eut : Jules, marié, 1890, à Gilberte Andrieu ; Henri ; Louise, mariée, 1865, à Alfred Lemaire de Marne ; Élisabeth,

mariée, 1865, à Adolphe DE MULLOT DE VILLE-NAUT.

Armes : De contre-hermines plein.

Sources : Inv. Peincedé, VI, XI et XII. — Arch. dép. Saône-et-Loire, E. — Minut. Rérolle, à Autun. — Arch. ch^{aux} de Chiseuil et de Clamour.

(10) DE SEGUINS-PAZZIS. — *De Provence.* Les DE SÉGUINS sont connus à Tarascon depuis 1387. — Esprit-François, fils de Fr^s, capit^{ne} célèbre sous Henri IV, ép^a Gabrielle de Pazzis, famille venue de Florence à Avignon vers 1420. — Aubignan fut érigé en marquisat par Clément IX, pour Cl. de Seguins-Pazzis, 1667. — Catherine de Laverdy, fme d'Arnauld, m^{is} de La Briffe, acheta Ougny (c^{on} Châtillon), 1791, du chlr Save, et le donna à sa fille Angélique, mariée, 1796, à Paul de Seguins-Pazzis, m^{is} d'Aubignan, qui eut : 1° Xavier, suit ; 2° Élisabeth, mariée, 1819, à Pierre ANDRAS Cte DE MARCY.

XAVIER, m^{is} de Seguins-Pazzis, cap^{ne} lanciers de la garde, ép^a, 1828, Léonide *Fournier d'Armes*, dont : 1° Henri, ép^a, 1858, Mathilde d'Aubigny, dont : Paul ; René ; Madeleine, mariée, 1889, à René de Larminat ; 2° René, lieut^t hussards, ép^a, 1865, Maria Labbe de Champgrand, dont : Henri ; Pierre ; Jean ; Marie, fme Paul de Montarby ; et Marg^{te} ; 3° Antoinette , mariée à Ernest Claret c^{te} de Fleurieu ; Marie, mariée à Léon de Mareschal.

Armes : Parti, au 1 d'azur, à la colombe d'argent accompagnée de 7 étoiles d'or, 4 en chef et 3 en pointe, qui est de Seguins ; et au 2, d'azur semé de croix recroisettées d'or, à deux dauphins adossés aussi d'or, crêtés et oreillés de gueules, qui est de Pazzis.

Sources : D. Caffiaux, 1245, p. 147. — Arch. ch^{au} d'Ougny.

(*) Une famille féodale des Prés, à laquelle celle ci-dessus chercha à se rattacher, exista aux XIV° et XV° s. dans le centre-ouest du Nivernais. On trouve des hommages par : Huguenin des Prés, damoiseau, pour biens près Langy, 1292. — Renaud, écr, à Metz-le-Cte, 1296. — Perrin, écr, sgr de Cuy et biens à Tannay et Poussignol, 1351-76. — Guil^{me}, écr, à Épiry, 1353. — Othelin, écr, et son fils Étienne, à Champallement, 1377. — Guil^{me}, écr, sgr de Cuy, 1401-05. — Guil^{me} et Perrin, écrs, sont au siège de Ch^{au}-Chinon, 1412. — Pierre, écr, sgr des Prés, relevant de Châtillon-en-Bazois, 1427. — Guil^{me}, écr, à Clamecy, 1494. (Orig^{aux} Sté Niv. — *Inv.* Marolles. — D. Plancher.)

Edme, né 1886; 2° Xavier-Mⁱᵉ-Roger, épousa, 1877, Marie Billard de Sᵗ-Laumer; 3° Jean, chanoine de Loretto; 4° Fernand-Joseph, lieutᵗ de chasseurs à pied, épousa, 1891, Margᵗᵉ Pommeret des Varennes, dont il a : Charles-Pierre, né 1892.

Non rattachés : Guichard ANDRAS, écr, sgr de Garchy, mari de Bonne *de Champlemy*, fait bail pour biens parˢᵉ Narcy, 1482. — Thibault et Guillaume ANDRAS, écrs, frères, sgrs de la Motte-de-Laire (cᵒⁿ Paray-le-Monial), probablᵗ fils d'un 1ᵉʳ lit de Pierre, écuyer d'écurie du Dauphin, actent 1474 et 1488. — Catherine ANDRAS, religieuse à La Fermeté, 1713.

Armes : D'argent, au chevron de gueules accompagné de trois tourteaux de même. — Pl. I.
Sources : Arch. dép. Nord, informations d'Auxois, 1444. — Hubert, VI, 8. — Inv. Peincedé, II, XI et XVII. — *Carrés*, de d'Hozier, 22 et 61. — Preuves Pⁱᵗᵉ-Ecurie, 292. — *Inv*. Marolles. — Nobil. Bourges, 15, p, 315. — Arch. Nièv., E et B. — Cab. Titres, *dossiers bleus*. — Arch. chᵃᵘˣ de la Belouze, Poiseux, Clamour et Vauzelles. — Preuves de Malte, II : de La Barre, et III : Aubery. — D. Caffiaux, 1234. — P. Anselme, II et VII. — Preuves Sᵗ-Cyr, 303. — Reg. parˣ d'Ourouër, Varzy, Sᵗ-Jean, Azy, Poiseux, Chaillant, Nevers, Nuars, Beuvron, Lurcy-le-Bourg, Beaumont-la-Fʳᵉ, etc.

Existants dans la Nièvre.

❧❧❧❧❧❧❧❧❧❧❧❧❧
❧❧❧❧❧❧❧❧❧
❧❧❧

𝕬𝕹𝕯𝕽𝕬𝖀𝕷𝕿 𝕯𝕰 𝕷𝕬𝕹𝕲𝕰𝕽𝕺𝕹

ORIGINAIRES de Limousin, puis en Bourbonnais.

Étienne ANDRAULT, clerc des comptes en la vicomté de Limoges, 1336. — Jean, reçoit mandement du sénéchal de Limousin, 1354. — Jean, commis aux comptes en Bourbⁿᵃⁱˢ, 1422. — Pierre, secrétaire du cᵗᵉ de Clermont, 1425. — Une branche reste à Bourbon-l'Archᵗ et en Bourbⁿᵃⁱˢ jusqu'au XVIIᵉ s.: bourgeois, notaires, etc.

I. — LAURENT ANDRAULT, notaire-juré sous le scel de Bourbⁿᵃⁱˢ, sgr de Langeron (cᵒⁿ Sᵗ-Pierre-le-Moûtier) 1420-22 (*); épousa vers 1400 Jeanne Duillon, fille de Jean, sgr de Langeron, et de N... *Baudereul* (1), dont : 1° Jean qui suit ; 2° Pierre, sgr de Langeron, 1447-57,

(1) BAUDEREUL. — Peut-être origin. du Bourbⁿᵃⁱˢ, où Jean Baudereu, doyen du chap. d'Hérisson, est consᵉʳ du duc Louis II de Bᵒⁿ, 1370-1407. — Autre Jean Baudereu, chanoine Nevers 1405. — Durand, bourgeois de Sᵗ-Pierre-le-Moûtier, 1406.
I. DURAND BAUDEREUL (**) (fils de Jean), bᵒⁱˢ de Sᵗ-Pierre, garde du scel de la prévôté, 1428-53, avait biens à Verpillière (Allier), épousa d'abord Jeanne de Bard, mᵗᵉ av. 1446, puis Marie BOURGOING, fille de Pierre, veuve 1471 ; eut du 1ᵉʳ lit : 1° Jean, suit;

et du 2ᵐᵉ: 2° Durand, mineur 1471, licencié en lois 1486, prieur de Pomponne; 3° Margᵗᵉ; 4° Jean sgr de la Motte (cⁿᵉ Louchy, Allier) et Bonyolles (*id.*), maître d'hôtel du duc de Longueville 1523-29, épⁿ 1482 Marie de Bard, fille de Charles, consᵉʳ du duc de Bᵒⁿ, dont : Pierre « de Bauldreul », sgr de la Motte-Baudreuil et Boncourt, mᵗʳᵉ d'hôtel de Longueville 1529-42, dont les enfants se fixent en Picardie ; 5° François, sgr de Beaulieu (cⁿᵉ Neuville-les-Decize), mᵗ av. 1523, épⁿ Jeanne Chaspeau, dont : Étienne, sgr de Beaulieu,

(*) Il devait être le principal notaire du duc de Bourbon, car il passa les articles de mariage, 1425, de Charles, son fils, avec Agnès, sœur du duc de Bourgogne, régent du Nivernois. Des mentions du Cabinet des Titres le qualifient à tort « écuyer » ; mais, pour ce qui est de son petit-fils, les *Carrés* de d'Hozier, 23, donnent des lettres *originales* sous scel Sᵗ-Pierre-le-Mᵉʳ, du 12 août 1470, portant bail de terres près Varry (cⁿᵉ Langeron), pour « noble homme Laurent Andrault, *escuier*, sgr de Langeron » ; et d'autres, de 1472, portent ces mêmes qualifications, que les minutes du XVIᵉ s. de l'étude Regnault à Sᵗ-Pierre, donnent aussi à ses descendants. Nous n'avons pas trouvé trace d'un Geoffroy Andrault qui, d'après le cᵗᵉ de Soultrait, aurait été « vers 1500, sgr de Langeron et *maître praticien* à Sᵗ-Pierre » ; nous pensons qu'il y a confusion avec un Andrault du Bourbⁿᵃⁱˢ.
(**) Le nom s'est écrit : Baudereu, Baudereul, Bauldreul et de Beaudreuil. — N'ont jamais possédé Baudreuille (cⁿᵉ Sᵗ-Pierre), mais ajoutèrent leur nom au fief de la Motte (près Sᵗ-Pourçain) au XVIᵉ s. et s'appelèrent : de La Motte-Baudreuil, puis : de Baudreuil.

48

dont il fait hmage 1452 ; trésorier d'Auvergne, 1449 ; grenetier de St-Pierre-le-M^{er}, 1451 ; épousa, 1447, Éléonore Cauchon (de Berry), sans posté.

II. — JEAN ANDRAULT, sgr de Langeron après son frère, jusqu'à 1474 ; m^{tre} des cptes de Charles, duc de Bourbon, 1431 ; clerc-auditeur en Ch^{re} des cptes Paris 1434-74 ; m^t avant 1476 ; épousa Jeanne de *Druy* (2), dont il eut : 1º Laurent, suit ; 2º Charles, sgr de Langeron en partie, clerc-auditeur cptes Paris, 1465-1501 ; m^t 1501 (*) ; eut de Marie Gencien, entre autres : Jacques, aussi clerc des cptes, qui fait encore hmage pour Langeron en p^{ie}, 1510, puis n'a plus de rapport avec le Nivernois ; 3º Geoffroy, curé de St-Gervais-Paris.

III. — LAURENT ANDRAULT, écr, sgr de Langeron, écuyer du duc de Bourbon, baille à Varry (c^{ne} Langeron) 1470, et en la par^{se} de Chantenay 1472 ; tué en Italie ; épousa : 1º Marie de Martigny, fille de Pierre, écr, et de Jeannette Gencien (d'où l'écartelure de Gencien) ; 2º Gilberte d'Aisnay ; eut, du 1er lit : 1º Pierre, suit ; 2º Jacques, cons^{er} auditeur en ch^{re} cptes Paris 1521, sgr de Langeron en p^{ie} dont hmage 1510, m^t 1523 sans posté ; 3º Guillaume, protonotaire du S.-Siége, fait don à chartreuse d'Apponay, 1520.

IV. — PIERRE ANDRAULT, écr, sgr de Langeron, les Bordes, Contencin (c^{ne} Chantenay), acte 1505-40 ; obtint sentence baage St-Pierre contre le sgr d'Aligny, 1530 ; teste, 1540 ; épousa, 8 mai 1500, Claude Brandest, dont : 1º Geoffroy, suit ; 2º Jeanne, mariée 1540, à Gilles de

1561-63 marié à Ant^{te} Legruier ; 6º Guy, licencié en droits 1486, prieur de St-Marc 1482, abbé de St-Martin-aux-Bois (pr. Beauvais) 1523-30, prieur de St-Révérien 1524, abbé de St-Léonard-Corbigny 1530, chef du conseil du duc de Longueville ; 7º Étienne, prieur de St-Marc 1523-39.

II. JEAN, bois, et garde scel St-Pierre, 1465-94, eut de Marie N... : 1º Pierre, suit ; 2º Marie, ép^a 1485 Jean *de Vaux*, b^{ois} Decize ; 3º Jeanne, testa 1528, veuve de Jean Berthomier, b^{ois} St-Pierre.

III. PIERRE BAUDEREUL, b^{ois}, garde-scel S^t-P^{re} 1495-1528, eut : Pierre, bachelier en lois, garde-scel St-Pierre, 1529-38 ; Laurent ; Gabriel ; Jean, prêtre ; et François, religieux, tous vivants 1528 ; sans posté connue.

JEAN BAUDEREUL, contrôleur grenier à sel St-Pierre, 1515, eut d'Anne Boudet : Jacques, abbé de Corbigny 1530-52 ; Jeanne, mariée 1517 à Guil^{me} *Rapine de Ste-Marie* ; et probab^t Pierre, protonotaire du St-Siége, prieur de St-Révérien, 1543.

Armes : D'argent, à trois cœurs de gueules, couronnés de même.

Sources : Le *Bourbonnais*, A. Allier. — Minut. ét. Regnault, à Saint-Pierre. — *Inv.* Marolles. — Arch. Niè. E, G et H. — Dom Caffiaux. — *Carrés* de d'Hozier : 69 ; 23 : Andrault ; 124 : Bourgoing. — Arch. ch^{aux} de Polseux et du Tremblay.

Sortis du Nivernois.

(2) DE DRUY. — De Nivernois. — Nom du lieu d'origine : la b^{aie} de Druy, dont ils ne furent jamais seigneurs. — Jean de Druy, sgr de Marancy en p^{ie} (c^{ne} Bona) 1356.

I. PIERRE DE DRUY, lieut^t de la châtnie Decize, sgr de Sougy en p^{ie} (c^{on} Decize) qu'il acheta des Ferrechat (**), possède à Teintes (c^{ne} Sougy), 1389-95, eut :

II. JEAN, licencié en lois, sgr de Sougy, 1407-08, père de : 1º Hugues, licencié en lois, garde du scel St-Pierre 1429-36, cons^{er} du Cte Nev., sgr de Tors (c^{ne} Decize), achète la Motte-s.-Loire (*id.*) 1431, m^t av. 1444, eut de Jeanne *Le Clerc*, fille du chancelier de Fr. : *a*, Vincent, licencié, 1443-54 ; *b*, Antoine, licencié, échevin de Decize, 1460, m^t av. 1464, ép^a 1455 Jeanne Moreau (Bon-Lancy) ; *c*, Achille, sgr de la Motte, fut au ban de 1469 ; *d*, Jean, écr, sgr de Ris (c^{ne} Cossaye), la Motte, Marancy en p^{ie}, 1453-92, seul héritier de ses frères, au ban de 1469, m^t av. 1493, ép^a 26 janvier 1491 d^{elle} Philiberte *du Chaillou*, fille de Guiot, sgr dud. l., eut un fils naturel, m^{and} à Decize, qui eut postérité ; *e*, Colas, écr, sgr de Chappeaux (c^{ne} Devay), la Bouloise (*id.*), les Ecots (c^{ne} La Machine), la Motte-s.-Loire, 1453-69, sert aux bans de 1467 et 69 ; *f*, Guillemette, mariée à Pierre Rocques (St-Pourçain) ; *g*, Huguette ; *h*, Guyotte ; 2º Elyon, suit ; 3º Jeanne, femme d'Hugues *de Pougues*, recev^r gén^{al} du Cte Nev. ; 4º Marguerite, mariée av. 1441 à Philibert Regnier.

III. ELYON, d'abord contrôleur à Decize, écr, sgr d'Avril-les-Loups en p^{ie} (c^{ne} d'Aubigny-le-Chétif), Mirebeau (c^{ne} Decize), Villecray (c^{ne} Champvert), Marcy (*id.*), m^t 1490, h^{me} d'armes aux montres de 1467 et 69, ép^a Jeanne *de Veaulce*, fille de Pierre, lieut^t du bailli de St-Pierre, dont il eut : 1º Bertrand, prêtre, m^t av. 1502 ; 2º Charles, prieur d'Augerolles ; 3º Victor, écr, sgr de Villecray et Amanges en p^{ie} (c^{ne} Bona), 1480-88, ép^a Jeanne *de Paris*, dont : Christophe, curé de Nan-sous-Thil 1527, et Antoinette, femme de Hugues du

(*) Son épitaphe était gravée dans l'église St-Méry à Paris : « Cy-gist noble homme et sage m^{tre} Charles Andrault, sgr de Langeron, clerc... » avec ses armes : A trois étoiles. — (Les *épitaphes*, II, 131.)

(**) Cette famille a donné son nom à la Motte-Farchat qu'elle posséda jusqu'au milieu du XIVe s.

Bollart, écr, sgr de Chanqueille, d'où la v^{tesse} de Melun ; 3° Marie, mariée 1539 à Jean de L'Isle (*), écr, sgr de Buy ; 4° Michelle.

V. — GEOFFROY ANDRAULT, écr, sgr de Langeron, les B^{es}, Cⁱⁿ, Chauvinières (pr. Bourbon-l'Arch^t) ; servit sous François Ier ; acte 1540-49 ; hmage p. Langeron, 1541 et 44 ; m^t av. 1564 ; épousa 21 février 1532 Gabrielle Racquet, fille de Louis, sénéchal de la Marche, dont : 1° Pierre, suit ; 2° Thomas, écr, sgr de Langeron en p^{ie} et Buy (c^{ne} St-Pierre), archer de la c^{ie} du Duc Niv. 1570, ép^a 1571 Gabrielle de Lisle, fille de Jean, sgr de Buy, mari en secondes n. de Marie Andrault, dont : a, b, Isabeau et Gabrielle ; c, Pierre, écr, sgr de Buy, né 1576, h^{me} d'armes, n'eut qu'un fils naturel, Jean, marié 1623 à Charlotte Jaumin ; il passa en Pologne sous Marie de Gonzague ; d, Jean, écr, sgr de Buy, marié à Geneviève de Bauldin (Berry) ; 3° Philippe, auteur de la branche de Maulévrier, né 1561, cap^{ne} rég^t d'Auvergne, chlr de l'ordre 1616, ép^a 1591 Charlotte de Crémeaux, baronne d'Oyé, Minardière, etc. ; leur petit-fils : François, épousa

Merlier, mar^{al} logis de la reine ; 4° Pierre, suit ; 5° Jeanne, femme de Jean de Thaix.

IV. PIERRE, écr, sgr d'Avril-les-Loups et Mirebeau, 1488-1513, m^t av. 1531, ép^a Marie de Lescart, dont : 1° François, suit ; 2° Pierre, sgr d'Avril 1519-23, m^t sans post^é ; 3° Gilberte, femme de Léonard de La Forest.

V. FRANÇOIS, écr, sgr d'Avril 1519, ép^a Charlotte de Lisle, dont il eut : Gervais, m^t jeune, et :

VI. GILBERT, écr, sgr d'Avril 1564-70, assiste au maage de Claude Andrault de Langeron 1567, ép^a Marie DE BRÉCHARD, dont : 1° Balthazar, suit ; 2° Jeanne, mariée à Jean DE BERTHIER, sgr de Navenon.

VII. BALTHAZAR, écr, sgr d'Avril-les-Loups, épⁿ av. 1595 Françoise de N..., dont : 1° Claude suit ; 2° Esmée, mariée 1614 à François DU VERNE, sgr de Marancy.

VIII. CLAUDE, écr, sgr d'Avril, 1614-41, testa 1641, épⁿ Perrette Jacob, fille de Paul, sgr d'Ougny, dont : 1° Jean, sgr d'Avril 1637-83, ép^a 3 mars 1642 Louise DE MAUMIGNY, fille d'Antoine, sgr de la Boue, dont : a, Anne, dame de St-Michel (c^{ne} Rémilly), mariée à Charles Quarré, sgr de Millery ; b, Claudine, m^{te} célib^e 1668 ; 2° Louis, suit ; 3° Antoine, écr, sgr de Monplaisir (c^{ne} La Charité ?), Orbec (c^{ne} Nolay), les Pierrots (id.), commissaire de l'escadron du ban 1690, m^t 1696, ép^a 12 août 1646 Madeleine DU VERNE, fille d'Edme, sgr de la Varenne, dont : a, Louis, tué 1671 ; b, Anne,

dame d'Orbec 1686-1725, mariée à Jean des Brandons, écr, garde-du-corps, sans post^é ; c, Madeleine, ép^a 1699 François D'ESTUT, sgr de Talon ; 4° Marguerite, novice à La Fermeté, 1628.

IX. LOUIS, écr, sgr d'Avril, le Marais (c^{ne} Diennes) ; partagea ses enfants, 1675 ; ép^a v. 1630 Marie de Champs, fille de François, sgr de Champcour, dont : 1° François, sgr d'Avril, ép^a 1679 Antoinette de Mathieu, fille de Pierre, sgr de l'Échenault, dont : Louis, m^t sans post^é, Jacques et Louise, m^{ts} jeunes ; 2° Claude, 1653-77 ; 3° Charles, sgr du Marais, Champdoux (c^{ne} Diennes) et Chazault (c^{ne} Ville-les-Anlezy), mort 1695, ép^a 14 juillet 1686 Gabrielle Mareschal (Berry), dont François mort à quinze ans 1702 ; 4° François, suit ; 5° Esmée, mariée 1674 à Claude des Manchins, sgr de Chassy en Berry.

X. FRANÇOIS, écr, sgr d'Avril, m^t 1706, ép^a 1702 Marie DE CHARGÈRES, fille d'Antoine, sgr de Tourny ; dont : 1° Eustache-Fr^s, suit ; 2° Louise, mariée 1729 à Philippe Michel (**), av^{at} à St-Pierre, sgr de Fonjay.

XI. EUSTACHE-FRANÇOIS, écr, sgr d'Avril, m^t à trente-six ans 1743, ép^a 16 février 1733 Mlle-Marguerite d'Assigny, fille de Léon, sgr de la Motte-d'Ouanne (Yonne), dont : 1° Jacques-M^{ie}, suit ; 2° Eustache-Loup ; 3° Jeanne-M^{ie}, ép^a 1756 Claude Chevalier, sgr de Minières.

XII. JACQUES-M^{ie}, chlr, sgr d'Avril, la Motte-d'Ouanne, officier au rég^t d'Auvergne, ép^a 1757 Thé-

---

(*) Famille des sgrs de l'Isle-de-Mars. — Geoffroy DE L'ISLE, chanoine Nev., achète une dîme à Mars, 1275. — Guill^{me} et Jean de L'Isle, achètent à Cuffy, 1513. — Devinrent sgrs de Buy (c^{ne} St-Pierre-le-M.), fin du XVe s. — Le mari de Marie Andrault était en 1539 h^{me} d'armes c^{ie} d'ord^{ce} du duc de Nivernois, et père de la fme de Thomas Andrault qui devint sgr de Buy. — S'allièrent aux de Druy et aux de Lanvaulx au XVIe s. — (Inv. Marolles. — Cab. Titres, dossiers bleus.)

(**) MICHEL. — Aux XVIe et XVIIe s^{es} : marchands, procureurs, notaires, à St-Révérien, Aubigny, etc. — Jean Michel, bailli de St-Révérien, 1694, eut de Marie Petit : 1° Révérien, cont^r actes à St-Rⁿ ; ép^a, 1742, Marie Lejault, dont entre autres : Geneviève, femme de Jean DE VEILHAN, sgr de Chappes, et Jean, proc^r fiscal de St-Rⁿ ; ép^a, 1772, Louise Desfossés ; 2° Laurent, chanoine de Nevers, 1713-62 ; 3° Jean, proc^r du roi élection Nev. ; ép^a, 1743, Madeleine Alixand, fille de Jacques, sgr de Maux, dont : Charlotte, mariée, 1762, à Claude-Laurent Chambrun, écr, sgr d'Uxeloup ; 4° Agnès, mariée 1732, à Nicolas Méline (Lorraine). — Jean Michel, m^{and} à Aubigny, 1696, eut de Jeanne Robillot : 1° Philippe-Jean, av^{at} à St-Pierre, sgr de Fonjay (c^{ne} Decize), Chazault, le Marais ; ép^a, 1729, Louise de Druy, dont entre autres : Jean-Ph^e-Fr^s, juge à Decize, puis lieut^t part^{er} baage Nev. ; ép^a, 1760, Madeleine Mauclerc ; 2° Jean-Etienne, sgr des Préfays, lieut^t-assesseur au baage St-Pierre, 1726-63.

D'autres Michel, sans jonction avec ceux-ci : Olivier, cons^{er} baage St-Pierre, 1600-14, eut : Jean, garde du scel d'id., 1633-66. Alliés aux Masuer, Vyau, Jaudot, etc.

Sources : Arch. Nièv., E, minut. not. Decize. — Reg. par^{aux} St-Révérien, Aubigny, Diennes, Decize, Nevers, St-Pierre.

1668 Madeleine *de Bourbon-Busset* (3) de Vésigneux ; cette branche fixée en Charolais a donné un maréchal de Fr., un premier chef d'escadre, etc. ; 4° Claude, mariée à Langeron 1567 à Gilbert des Ages, écr, sgr de Selligny (Berry) ; 5° Renée, m^{te} av. 1567.

VI. — Pierre ANDRAULT de LANGERON, chlr, sgr de Langeron, Varry, Chauvinières, Alligny (c^{on} Montsauche), lieut^t de chevau-légers, 1569 ; gentilh^e ordr^e chr^e du roi et du Duc Nev., chlr de St-Michel, gouv^r de La Charité-sur-Loire, 1586-96 ; bailly d'épée de St-Pierre-le-M^er, reçoit de Henri IV un droit de péage à La Charité, 1594 ; m^t 1614 ; épousa à Cougny, 14 décembre

rèse de Moncorps, fille de Dieudonné, sgr de Chéry, et sa postérité resta en Auxerrois.

Armes : De gueules, à la fasce d'argent accompagnée de trois canettes de même.

Sources : Arch. Nièv., B et E, terrier de Druy, minutes notr^{es} Decize. — *Inv.* Marolles. — *Noms féodaux.* — D. Ville-vieille, 35 et 26267. — *Carrés* de d'Hozier, 130 et 635. — D. Caffiaux, 1234. — Minutes notr^{es} Mius-Engilbert, St-Pierre, Montreuillon. — Arch. ch^{aux} de Vandenesse, la Baratte, Vauzelles. — Reg. par^x d'Aubigny, Decize, Diennes, Rémilly, Cercy, Nolay.

Éteints.

(3) DE BOURBON-BUSSET. — *De Bour-bonnais.* — Cette maison descend des ducs de Bourbon. La branche de Busset a pour auteur Louis de Bourbon, évêque de Liège 1456, dont descend (*) :

A. César de BOURBON-BUSSET, comte *de Bour-bon-Busset* (fils de Claude et de Marg^{te} de La Roche-foucault), b^{on} de St-Martin-du-Puy (c^{on} Lormes), sgr de Vésigneux (c^{ne} St-Martin-du-Puy), Berges (*id.*), Chalaux (c^{on} Lormes), Brassy (*id.*), Empury (*id.*), Dun-les-Places (*id.*), St-André-en-M^{aul} en p^{ie} (*id.*), Mazignien (c^{ne} Mari-gny-l'Église), Razout (c^{ne} Brassy), Brugny (c^{ne} Empury), Vignes-le-Haut-et-le-Bas (c^{ne} Neuffontaines), Mont-sabot (*id.*), etc., par son mariage 21 juin 1588 avec Louise *de Montmorillon,* dame desd. lieux, fille unique

de Saladin, sgr de Vésigneux ; il fut chlr de l'ordre, mourut 1631, eut entre autres, outre une fille naturelle mariée 1607 à Quintien *de Pons,* écr, sgr du Grip-pel (**) : *a,* Charles, c^{te} de Bourbon-Busset, auquel sa mère donna 1631 tous ses biens en Morvand, m^t 1632 sans post^é de Marg^{te} de La Baume de Suze, mais ayant eu hors mariage de Marg^{te} Magdelénat : Louis, dit *de Razout* (***) ; *b,* Jean-Louis, suit.

B. Jean-Louis, b^{on} de St-Martin-du-Puy, sgr de Vési-gneux, etc., plus : du Meix-de-Chalaux et Mont-de-Marigny (c^{nes} Chalaux et Marigny), achetés par sa mère 1647, né 1597 ; chlr de l'ordre, refait terrier 1641, dénombre Mont-de-Marigny et Chassagne (c^{ne} Moux) 1650, m^t 1667 ; ép^a Hélène de La Queuille-Fleurac, dont : 1° Louis, suit ; 2° Anne, ép^a 1672 Jean, m^{is} *de Saulx-Tavannes ;* 3° Madeleine, ép^a 1668 François ANDRAULT de LANGERON de Maulévrier, ci-dessus.

C. Louis Ier, sgr d'*id.,* né 1648, général d'artillerie, fait hmage pour Dun-les-Places, etc., 1771 ; tué au siége Fribourg 1677 ; ép^a 13 janvier 1672 Madn^e de Ber-mondet, qui vend Dun 1680, et dont il eut : 1° Louis, suit ; 2° Louise-Madn^e, ép^a 1703 Nicolas de Quélen, prince de Carency ; 3° Antoine-Fr^s, m^t à Vésigneux 1742.

D. Louis II, sgr d'*id.,* né 1672, refait terrier en Morvand 1696 et 1707, m^t 1728 ; ép^a 31 déc. 1719

(*) Nous répétons ce que nous avons déjà exposé dans la préface : cette étude étant *exclusivement nivernaise,* nous ne donnons pas la généalogie complète des familles qui ont simplement détaché un rameau en Nivernois ou bien sont venues s'y fixer à une date relati-vement récente ; nous ne parlons que des personnages qui y ont possédé des fiefs ou y ont exercé des charges, y ont eu des alliances, etc.

(**) DE PONS. — *D'Auvergne.* — Gaspard-Annet de Pons, écr, fils de Quintien et d'Antoinette ci-dessus, se fixa à Chalaux (c^{on} Lormes) par mariage 1636 avec Jeanne Magdelénat, fille d'Adrien, m^{and} à Chalaux ; fut gentilh^{me} servant maison du roi, maintenu 1670, lieut^t louvetier au baage St-Pierre-le-M^{er} 1656 ; eut entre autres : Pierre, chanoine de Vézelay ; Pierrette, fme de Jean Magde-lénat ; Claude, écr, chevau-léger de la garde, lieut^t de vénerie du grand Condé, né 1667 Claudine Le Bègue de La Place, dont Gaspard, inhumé 1707 à Chalaux, où il possédait l'Huis-Barat et les Mouilles, ép^a 1695 Louise *de Razout* (de St-Martin-du-Puy), et leur petit-fils Jean-Louis de Pons, capit^{ne} rég^t de Touraine, échangea 1773 ses biens en Morvand au c^{te} de Bourbon-Busset de Vésigneux.

Armes : Fascé d'or et de gueules de six pièces.

Sources : Arch. Nièv. B. — *Le Morvand,* Baudiau. — Arch. ch^{au} Vésigneux. — Reg. par^x de Chalaux.

Sortis du Nivernois.

(***) DE RAZOUT. — Louis, bâtard de Bourbon-Busset, baptisé à Chaumot (c^{on} Corbigny) 1625, reçut plus tard le nom de Razout, fief de la m^{on} de Bourbon, qu'il ne posséda pas ; fut capitaine de Chalus ; ép^a 1661 Françoise Magdelénat, veuve Morizot, dont : 1° Charles, av^{at}, bailli de St-Martin-du-Puy 1693-99, ép^a 1690 Louise Caillat (d'Avallon, où il se fixa) ; 2° Louis, écr, sgr des Roches, chevau-léger-garde 1697-1714, ép^a 1712 Anne Gounot, dont Louis, ancien officier 1777 ; 3° Clément, suit ; 4° Marg^{te}, ép^a 1685 Gabriel *de Thomassin,* écr, sgr du Vivier ; 5° Louise, ép^a 1695 Gaspard de Pons ; 6° Anne, ép^a 1701 Jean *Dorlet,* sgr de Palmaroux. — Clément, bailli de St-Martin-du-Puy 1700-35, sgr de Prégras, ép^a 1697 Fr^{te} Regnaudot, dont entre autres : François, notaire à St-Martin 1735-57, ép^a Marg^{te} Rousset de Jailly, et Gaspard, proc^r fiscal de St-Martin-du-Puy 1726-53, ép^a 1735 Pierrette Robin, dont entre autres : Pierre-Gaspard, mari de Clarice Manceau, dont post^é subsiste en Avallonnais, et Louis-Antoine, né 1737, ayant des biens à Seneux (c^{ne} St-Martin) 1778, notaire à St-Martin-du-Puy, qui de Suzanne Manceau eut : Louis-Alexandre de Razout, né 1773, fit guerres de l'Empire, général de division, gr^d officier Légion-d'Honr, créé baron 1810, comte 1814, m^t 1820, ép^a Marie Formé, dont le père acheta Lantilly (c^{ne} Cervon), qui passa à la nièce du gén^{al} de Razout : Eglantine Formé, femme du v^{te} Al^s de Gabriac. (Arch. Nièv. B. — Reg. p^x St-Martin-du-Puy, Brassy et Marigny. — Arch. ch^{au} de Vésigneux. — Feller.)

Éteints en Nivernois.

1572, Esmée *de Colombier* (4), fille de Jean, écr, sgr de Cougny, et d'Antoinette de Cléron, dont : 1º Jean, suit ; 2º Arthur, tué au siége d'Amiens ; 3º Françoise, épousa 1604 Melchior *des Crotz* (5), bᵒⁿ d'Uchon.

VII. — JEAN ANDRAULT DE LANGERON, chlr, bᵒⁿ de Cougny (cⁿᵉ Sᵗ-Pierre-le-Mᵉʳ), Vaux (cⁿᵉ La Collancelle) et Alligny, sgr de Langeron, Varry, l'Isle-de-Mars, Champlois (cⁿᵉ Quarré), Mont (cⁿᵉ Alligny), Gouloux (cᵒⁿ Montsauche), Moux (*id.*), Bazole (cᵒⁿ Châtillon) ; chlr de l'ordre, mestre de camp d'un régᵗ d'infⁱᵉ de son nom, bailly d'épée de Nivˢ et Donzˢ, 1612 ; gouvʳ de La Charité, 1615 ; consᵉʳ d'Etat, 1615 ; gentilhᵉ ordʳᵉ chʳᵉ du roi, 1613 ; député de la noblesse du Nivernois aux Etats de 1614 ; achète Vaux, 1615 ; Cougny est *érigé* en baronnie par Lettres de 1615 ; mᵗ à l'armée de Savoie, maréchal de camp, 1630 ; épousa, 18 février 1602, Marguerite DE LA TOURNELLE, fille de Lazare, sgr de la Tournelle, Arleuf, et de Jeanne de Courcelles, dont : 1º Charles, né 1608, gouvʳ de La Charité, 1631 ; mestre de camp, 1630 ; bailly d'épée de Nivˢ et Donzˢ, 1632 ; mort à Langeron, 1645, sans alliance (*) ; 2º Philippe, suit ; 3º Jeanne, mariée av. 1645 à Robert vᵗᵉ de Richecourt, gouvʳ de la Cassine ; 4º Esmée, dᵉˡˡᵉ d'hᵉᵘʳ de Marie de Gonzague qu'elle suivit en Pologne, y épousa le palatin de Plosko ; 5º Gabrielle, abbesse de N.-D. de Nevers, 1642-98 ; 6º et 7º Agathe et Madeleine, religieuses clarisses.

VIII. — PHILIPPE ANDRAULT cᵗᵉ DE LANGERON, sgr des mêmes terres ; vend Alligny 1637 ; Lettres d'*érection* de Langeron en comté, d'août 1656, enregistrées au Parlᵗ, 30 juillet 1660 ; né 1613, chlr des ordres, mestre de camp, 1643 ; maréchal de camp en Picardie, 1644 ; gouvʳ de La Roche-sur-Yon, 1636 ; gouvʳ de La Charité, 1645 ; bailly d'épée de Nivˢ et Donzˢ ; lieutᵗ de roi en Nivernois, 1649 ; du parti des princes, 1652 ; gentlhᵉ du duc d'Orléans, 1637, puis 1ᵉʳ gentilhᵉ du prince de Condé, 1664 ; préside l'assemblée de Nevers, 1649, pour les Etats-Génᵃᵘˣ d'Orléans, et est nommé député ; maintenu le 18 mars 1669 ; consᵉʳ d'Etat 1673 ; mᵗ 1675 ; épousa, 26 octobre 1641, Claude-Marie Faye d'Epesses, dᵉˡˡᵉ d'hᵉᵘʳ de la reine-mère, fille de Charles, mⁱˢ d'Epesses, consᵉʳ d'Etat, ambassadeur en Hollande ; dont : 1º Joseph, suit ;

Anne de Gouffier, dont : 1º Frˢ-Lˢ-Ant., suit ; 2º Louise, abbesse de Sᵗᵉ-Croix ; 3º Henriette-Fˢᵉ, épᵃ 1747 Paul DE GRIVEL, cᵗᵉ d'Auroy.

E. FRANÇOIS-LOUIS-ANTOINE, qui en 1760 est, en Nivernois : sgr de Vésigneux, Sᵗ-Martin-du-Puy (barⁿⁱᵉ relevant du roi), Chalaux, Berges, Brugny, Mazignien, Mont-de-Marigny, Meix-de-Chalaux, Razout, Empury, Sᵗ-André-en-Mᵃⁿᵈ en pⁱᵉ, Athée, Moncrecon, Meix-de-Brassy, Razelot, Urbigny, Chassagne, Meix-Richard, Mallerin, Viel-Fol, Valletoy, Bonnaré, Vignes-le-Haut-et-le-Bas, Montsabot, Flez-Flancourt ; né 1722 ; premier gentilhᵐᵉ chʳᵒ du cᵗᵉ d'Artois, maréchal-de-camp 1761, lieutᵗ génᵃˡ armées 1781 ; refait terrier 1760, dénombre Mont-de-Marigny 1779, vend partie du Meix-de-Chalaux 1762 et l'Huis-Forlot 1790, mᵗ 1793 ; épᵃ ℓo 18 avril 1743 Madⁿⁿ-Lˢᵉ-Jeanne de Clermont-Tonnerre, fille du maréchal de Fr. ; 2º 1773 Jeanne de Moreton-Chabrillant. Il eut du 1ᵉʳ lit, entre autres : 1º Louis-Frˢ-Joseph, qui continua la br. aînée en Bourbⁿᵃⁱˢ et Berry, et 2º :

F. LOUIS-ANTOINE-PAUL cᵗᵉ DE BOURBON-BUSSET, sgr

d'*id.*, né 1753, colonel régᵗ d'Artois, élu des États de Bgogne 1787, lieutᵗ génᵃˡ de cette province 1789, incarcéré sous la Terreur, mᵗ 1802, épⁿ 1796 Margᵗᵒ-Lˢᵒ de Lordat, qui lui porta Lignières, d'où :

G. EUGÈNE vᵗᵉ DE Bᵒⁿ-Bᵉᵗ, né à Vésigneux, 1799, mᵗ 1863, eut de Mˡᵉ-Claire de Nédonchel : Margᵗᵉ-Lˢᵒ, mˡᵒ 1870, mariée 1857 à Amable, mⁱˢ *de Chabannes*, auquel elle porta Vésigneux et dépendances.

Armes : D'azur, à trois fleurs de lis d'or, au bâton de gueules péri en bande, au chef d'argent chargé d'une croix de Jérusalem.

Sources : Arch. Nièv. B et E. — Arch. chᵃᵘ de Vésigneux. — *Le Morvand*, Baudiau. — Reg. parˣ Sᵗ-Martin-du-Puy, Chalaux, Marigny-l'Église. — Lachesnaye-des-Bois. — De Courcelles, *Pairs.*

Éteints en Nivernois.

(4) DE COLOMBIER. — *De Bourgogne.* — GUILLAUME DE COLOMBIER, chlr, sgr d'Oigny, eut de Belle d'Acy : Claude, écr, sgr de Verou en pⁱᵉ (cⁿᵉ Thaix), 1439, père de Guillaume, écr, aussi sgr de Verou en pⁱᵉ 1454-66. — Arthur de Colombier, écr, sgr de Chastel-

(*) Le dossier du cabinet des Titres lui donne une fille naturelle qu'il avait eue de la princesse Marie de Gonzague : c'est Marie-Casimire qu'Henri de La Grange-d'Arquien aurait consenti à faire passer pour sa fille et qu'il fit élever en son château de Prie ; Marie de Gonzague la fit venir près d'elle en Pologne, où elle épousa en 1665 le grand Sobiesky. Les titres cités à l'appui n'existant plus, nous ne pouvons nous prononcer sur l'exactitude du fait, qui ne semble pas improbable.

2° François, prieur d'Anzeline, lecteur des Enfants de France ; vendit Gouloux ; 3° Louise-Marie, abbesse de N.-D. de Nevers après sa tante, m^{te} 1704 ; 4° Charlotte, 1re d^{elle} d'h^{eur} de la princesse de Condé, m^{te} célib^e, 1724 ; 5° Marie-Anne, célib^e.

IX. — JOSEPH ANDRAULT c^{te} DE LANGERON, sgr de la plupart des mêmes terres, né à Langeron 1649 ; commandeur de St-Louis, 1703; cordon-bleu, gouv^r de La Charité, capit^{ne} des vaisseaux, 1675 ; chef d'escadre, 1689 ; lieut^t-gén^{al} des armées navales, 1697 ; lieut^t de roi en Basse-Bretagne ; Pontchartrain lui écrit en 1707 : « Vous avez fait des merveilles, M^r, et vous êtes digne de toutes louanges... » ; m^t 1711 ; épousa, 22 juillet 1684, Jeanne-Madeleine du Gouray, fille de Fr^s, m^{is} de La Coste (Bretagne) ; dont : 1° Louis-Théodore, suit ; 2° Sylvie-Angélique, dame de Vaux, Bazolles et Baye (c^{ne} Bazolles), mariée, 1720, à Claude de Thiard c^{te} de Bissy (Bgogne), lieut^t chevau-légers-garde.

X. — LOUIS-THÉODORE ANDRAULT c^{te} DE LANGERON, b^{on} de La Ferté-Chauderon (c^{ne} Chantenay), et Cougny, sgr de Langeron, l'Isle-de-Mars, Livry (c^{on} St-Pierre), Chantenay (id.), Aligny (c^{ne} Livry), Précy (id.), Toury-s.-Jour (c^{on} Dornes), Colmery (c^{on} Donzy) ; né 1694 ; chlr St-Louis, gouv^r de La Charité, brigadier de cav^{ie}, 1734 ; maréchal de camp, 1739 ; lieut^t-gén^{al} des armées, 1744 ; commandant en chef en Guyenne, 1761 ; lieut^t de roi en Basse-Bretagne ; fit hmage pour Langeron, 1717 ; refit terrier 1765 ; reçu chanoine d'hon^r à St-Cyr, comme b^{on} de La Ferté, 1752 ; m^t à Langeron, 1779 ; épousa, 1°, 23 août 1751, Augustine-Marie *de Menou* (6), fille de Fr^s-Charles, m^{is} de Menou et de Marie-Thérèse Cornuau de La

---

lenot (Auxois), ép^a, 1° vers 1536, Edmonde de Vingles, dame d'Alligny-en-Morvand en p^{ie}, 2° en 1572, Charlotte de St-Belin ; il fut sgr d'Alligny, Gouloux (c^{on} Montsauche), la Tour-d'Ocle (c^{ne} d'Alligny), Mont (id.), mourut sans post^é, 1583, et ses biens passèrent à son neveu, fils de Jean de Colombier, m^t av. 1572, qui d'Antoinette de Cléron avait eu : 1° Jean, écr, héritier en Morvand de son oncle, 1583, ép^a 2 avril 1562 Anne DE BRÉCHARD, fille de Pierre, sgr de Cougny, qui lui porta Cougny, l'Isle-de-Mars et Buy, écr ; Gilbert, m^t sans post^é ; 2° Esmée, mariée 1572 à Pierre ANDRAULT DE LANGERON, dont le fils devint, par elle, possesseur des sgries ci-dessus.

Armes : De gueules, au chef d'argent chargé de trois coquilles du champ.

Sources : Arch. Nièv. E, titres de Cougny. — Inv. Marolles. — *Dossiers bleus*, cab^{et} Titres, Andrault. — *Le Morvand*, Baudiau.

Éteints.

(5) DES CROTZ. — *De l'Autunois.* — I. PIERRE PELLETIER, sgr des Crotz-lès-Montcenys, eut de Perrette Belin : 1° Fr^s, suit; 2° Perrette, mariée 1561 à Léger *Berger*, sgr de Rivière (c^{ne} La Roche-Milay).

II. FRANÇOIS DES CROTZ, écr, sgr des Crotz et d'Uchon (châ^{nie} Luzy), dont hmage au Duc Nev. 1598 ; obtint lettres de Henri III, 1584, pour substituer à son nom celui de des Crotz ; ép^a 1564 Phil^{te} Doyen, dont : 1° Melchior, suit ; 2° Charles, écr, sgr des Crotz, dont la fille Marie ép^a av. 1653 Charles *de Marcelanges*, écr, sgr de la Grange et Cossaye.

III. MELCHIOR DES CROTZ, écr, b^{on} d'Uchon, dont hmage 1615, gendarme de la c^{ie} de Biron, ép^a 12 sept. 1604 Françoise ANDRAULT DE LANGERON, fille

---

de Pierre, dont : 1° Jean, écr, sgr d'Estrées et du Péage, ép^a 1637 Jeanne Daval, d'où : Hector, capit^{ne} rég^t du roi, ép^a à Decize 12 déc. 1671 Etiennette DE REUGNY, fille de Georges, sgr du Tremblay ; 2° Fr^s, suit ; 3° Charles, reçu à Malte 1632 ; 4° René.

IV. FRANÇOIS, écr, b^{on} d'Uchon, sgr de Neuvy-le-Barrois (châ^{ie} Cuffy), dont hmage au Duc Niv. 1629, lieut^t aux gendarmes de Berry, maintenu avec ses frères 25 mars 1669 ; ép^a 5 janvier 1628 Gabrielle Popillon du Ryau, fille de Claude, sgr d'Avrilly (B^{nais}) et de Marg^{te} DE GRIVEL, dame de Neuvy par son père, dont : 1° Gabriel, suit ; 2° Edme, reçu à Malte 1652 ; 3° Charles, prieur de N.-D. d'Uchon ; 4° François, mort officier de marine ; 5° Claudine ; qui font hmage au Duc Niv. pour Neuvy-le-Barrois 1688 ; 6° et peut-être Gilbert, prieur de St-Pierre-le-Moûtier 1685.

V. GABRIEL, dit c^{te} de Neuvy, b^{on} d'Uchon, capit^{ne} chevau-légers, m^t après 1685 à Langeron, ép^a 17 janvier 1669 Charlotte de Richecourt, fille de Robert et de Jeanne DE LANGERON, dont : 1° Charles, aide-de-camp du duc de Vendôme 1702, m^t av. 1710 sans post^é ; 2° Louis, lieut^t vaisseau 1710, vendit 1725 Neuvy à à Pierre *Pierre*, sgr de Frasnay.

Armes : D'azur à la bande d'or chargée de trois écrevisses de gueules, accompagnée de trois molettes d'or.

Sources : Inv. Marolles. — *Preuves Malte*, Arsenal : de Marcelanges. — Arch. Nièv. B. — Preuves St-Cyr, 297 et 299. — D'Hozier, reg. Ier. — Arch. ch^{au} Tremblay. — Reg. par^x Cossaye, Langeron, Decize.

Sortis du Nivernais.

(6) DE MENOU. — *De Beauce, puis en Berry.* — Connus depuis le XIIe s. : Nicolas de Menou, chlr, bailly de Bourges 1256, était à bat^{lle} Damiette 1250. —

Grandière ; 2°, 7 septembre 1761, Marie-Thérèse DE DAMAS, fille de Louis-Alexandre c^te de Damas-Crux, et de Marie-Louise de Menou ; 3°, 21 avril 1764, N... de St-Pierre. Il n'eut qu'un fils :

XI. — LOUIS-ALEXANDRE ANDRAULT c^te DE LANGERON, fit la guerre d'Amérique, colonel rég^t d'Armagnac, 1789 ; lieut^t de roi en Basse-Bretagne ; fut à l'assemblée de Nevers, 1789 ; émigra ; lieut^t-gén^al en Russie, gouv^r d'Odessa, où il mourut, 1831 ; épousa, 1°, 22 mai 1784, Thérèse-Diane, m^te, 1790, fille de Pierre Maignard, m^is de Vaupalière, et de Diane de Clermont-d'Amboise ; 2°, 1804, Anastasie Troubetskoï, veuve du prince Kachingstzow ; 3°, 1819, Louise Brummer. Il eut du 1er lit une fille unique : Diane, mariée au c^te Trackzewski ; il eut, en Russie, un fils : Théodore, qui y fut conseiller d'Etat, créé comte par lettres de Louis XVIII de 1822, et dont le fils aîné est colonel des Cosaques du Don.

Armes : D'azur, à trois étoiles d'argent. — Pl. II.
Sources : Arch. Niév., B et E, et de l'Allier, B. — *Dossier,* Cab^et Titres. — Minutes not^re St-Pierre-le-M^er. — *Carrés* de d'Hozier, 23. — Inscription église Langeron. — *Inv.* Parmentier, ch. 19, 24. — Bétencourt. — *Inv.* Marolles. — *Tablettes,* Chazot, IV. — Arch. de Chastellux et de M. Roubet à La Guerche. — D'Hozier, reg. I. — Reg. par^x de Langeron, Livry, St-Pierre, Nevers, Menou.

Sortis du Nivernois.

Jean, chlr, pris à Poitiers 1356. — Jean, amiral de Fr. sous Charles VII. — Philippe, ambassadeur en Espagne 1492. — Dans la branche des m^is de Charnizay, le 2me fils de François s'établit en Nivernois, c'est :

A. FRANÇOIS DE MENOU, chlr, sgr de Charnizay et Chiron (Berry), Nanvigne (Menou, c^on Varzy), Ménestreau (c^on Donzy), Néronde (c^ne Ménestreau), Villiers (*id.*), Ronceau (*id.*), Colmery (c^on Donzy), servit au siège de La Rochelle 1628, capit^ne cav^le, commandant d'Oléron, gentilh^e chl^re roi, m^t 1646 ; ép^a 2 sept. 1625 Marie *Brisson*, dame de Nanvigne, etc., veuve de Claude de *Choiseul* b^on d'Esguilly, et fille d'Aré Brisson et de Jeanne Desprez, dont : 1° Armand-Fr^s, suit ; 2° Jeanne, ép^n 1654 Charles *de Las*, sgr de Valotte ; 3° Alphonsine-Louise, célib^e.

B. ARMAND-FRANÇOIS, m^is de Menou et de Charnizay, sgr des mêmes terres, né 1627, lieut^t aux gardes 1656, enseigne des gendarmes-garde, m^t 1703 ; Lettres d'*érection* de Menou en marquisat (*) de juin 1697, enregistrées au Parl^t 5 mars 1698 ; ép^a av. 1666 Françoise de Clère (Normandie), fille de Charles, sgr de Goupillières, dont : 1° François-Charles, suit ; 2° Philippe-Louis, né 1670, enseigne chevau-légers, célib^e ; 3° Louis, né 1672, grand-bailly de Malte, ambassadeur de Malte à Bruxelles ; 4° Jacques-Joseph, né 1673, chlr Malte ;

comm^r de Castres ; 5° Augustin-Roch, né 1681, évêque de La Rochelle 1729, m^t 1767 ; 6° André dit le c^te de Charnizay, né 1687, eut les sgries hors du Nivernois, maréchal-de-camp, gouv^r de Nantes, ép^a à Menou 23 oct. 1720 Marie-Angélique *Brisson*, fille de François, dont : *a*, N..., lieut^t de roi au ch^au de Nantes ; *b*, M^ie-Fr^se ép^a 1740 le b^on de Caupène ; *c*, Charl^te-Louise, mariée 1747 à Jean-Antoine DE CHARRY, m^is des Gouttes, chef d'escadre ; 7° et 8° deux filles religieuses ; tous nés à Menou.

C. FRANÇOIS-CHARLES, m^is de Menou, né 1669, chlr St-Louis, capit^ne-lieut^t chevau-légers, brigadier des armées 1719, m^t 1731 ; ép^a 16 avril 1703 Thérèse Cornuau de Meurcé, dont : 1° Fr^se-Armande, ép^a 1731 Pierre Chapelle m^is de Jumillac, capit^ne mousquetaires ; 2° Marie-Louise, ép^a 1734 Louis-Al^re c^te DE DAMAS-CRUX, m^is de Menou par sa femme ; 3° Louise-Thérèse, ép^a 1740 le m^is de Lambert, lieut^t-gén^al ; 4° Augustine-Marie, ép^a 1751 Louis-Théodore ANDRAULT c^te de Langeron, lieut^t-gén^al, m^te 1761 sans post^é (**).

Armes : De gueules à la bande d'or.
Sources : D. Caffiaux, 1234. — Arch. Niév. E. — Arch. ch^au Tremblay. — Preuves, Chérin, 134. — Reg. par^x de Menou, Colméry, Ménestreau, Varzy. — Lach.-des-Bois.

Éteints en Nivernois.

(*) Changeant le nom de la paroisse de Nanvigne en celui de Menou, décernées en sa faveur et non pour son fils François-Charles, comme le disent des auteurs modernes ; elles portent que le père de l'impétrant servit au siége de La Rochelle.

(**) Au XVIII° s^e, près Pouilly (arr^t Cosne) : Charlotte-Marg^te DE MENOU de Champlivaut (du Berry), ép^a Claude Dodart, chlr, mestre de camp cav^le, sgr de St-Andelain, le Nozet, les Ecuyers, dont les filles épousèrent à Pouilly : 1785, Henri de Bonnaut-Villemenard, et 1788, Jean d'Escorailles.

D'ANLEZY

SONT de Nivernois.

Tirent leur nom de leur sgrie d'Anlezy (c^{on} St-Benin-d'Azy). — Agnès, femme de GEOFFROY D'ANLEZY et fille de Hugues de Lurcy (*), fait don à abb. de Bouras 1192.

— HUGUES D'ANLEZY reconnaît tenir du Cte de Nev. son ch^{au} d'Anlezy qui dorénavant sera mouvant de Châtillon-en-Bazois 1260. Cet Hugues était mort av. 1263, que sa veuve Isabeau est remariée à Huguenin DE LA PERRIÈRE, chlr, et avait alors pour enfants : HUGUENIN, GEOFFROY, JEAN D'ANLEZY (**), et JEANNE, fme de Guillaume *de Billy* (1), damoiseau, qui laissent à leur mère et beau-père l'usufruit de Mulnault (c^{ne} Frasnay-le-Ravier) 1263. Les mêmes font accord avec le prieur d'Anlezy 1264.

L'aîné, HUGUENIN, sire d'Anlezy et de Lurcy-le-Châtel (auj. Ligny, c^{ne} St-Benin-des-Bois) 1296, était m^t av. 1310 où sa veuve Marguerite *de Montaigu* achète dans les par^{ses} de Nolay et St-Benin, avec ses deux fils : HUGUENIN et PERRIN, sires d'Anlezy, qui font hmage au Cte Nev. pour Lurcy-le-Châtel 1329 ; le premier était en outre sgr de Lurcy-le-Bourg (c^{on} Prémery) 1310 ; Louis Ier, Cte Nev., lui rendit les deux Lurcy confisqués, et son successeur lui fit don 1329 ;

(1) DE BILLY. — *De Nivernois.* — Tirent leur nom de leur sg^{rie} de Billy (c^{on} St-Benin-d'Azy). — GAUDRI DE BILLY est présent, à Decize, à acte Cte Nev. 1139. — Guillaume, damoiseau, épⁿ av. 1263 Jeanne D'ANLEZY. — JEAN, maréchal de Nivernois, se porte pleige de l'hmage du Cte Nev. pour la b^{nie} de Donzy, 1273 ; sa fille, Isabeau, épⁿ 1250 Guy BRÉCHART. — Guil^{me}, sire de Billy, fait hmage à châ^{tle} Decize 1296. En 1348, Huet, damⁿ, est sgr de Billy, que possède en 1412 Philibert, écr, au siège de Ch^{au}-Chinon contre les Armagnacs, panetier du duc Jean, qu'il va aviser 1419 de la marche du Dauphin, fut exécuteur test^{re} d'Antoine de Billy, qui suit, épⁿ Jeanne *de St-Aubin*, fille de Jean, chlr, sgr de Chalaux, dont : Philiberte, épⁿ av. 1432 Philibert DE LA PERRIÈRE, auquel elle porta Billy et La Celle-s.-Loire (c^{on} Cosne), dont hmage 1445.

ANTOINE DE BILLY, écr, v^{te} de Clamecy, sgr de Chasteaux et St-Martin-de-la-Bretonnière (c^{ne} St^e-Marie) 1381-1420, fait nombreux baux à Clamecy 1400-05, y fonde son anniversaire 1400, m^t 1420, avait pour sœurs : Jeannette, fme de Louis Blandin, écr, sgr Corvol-l'Org^x, et Marg^{te}, fme de Lambert Seiguelay ; épⁿ Isabeau de Lignières, dont : 1° Jean, que le chapitre Clamecy fait saisir 1423 ; 3° Philibert, et 2° Gauthier, qui hérita de ses frères, écr, v^{te} de Clamecy, sgr de Chasteaux, Sémelins (c^{ne} Billy), St-Martin-de-la-Br^{te} qu'il vend 1427, a procès 1442 pour terres de St-Germain-des-Bois et Turigny, vendues av. 1407 par Marg^{te} de Billy et Jean Chassède, écr, son mari ; engage

au Cte Nev. la v^{té} de Clamecy 1460, m^t 1464 sans post^é de Jeanne d'Ourouër ; sa sœur Anne de Billy, qui hérita de lui, était fme de Béraud de Faudoas, chlr, b^{on} de Barbazan, dont la fille : Isabeau, épⁿ 1459 Pierre de Montmorin, chlr, sgr de St-Hérem, par elle : v^{té} de Clamecy, sgr de Sémelins, Beuvron, Villiers, Amazy.

Dans les autres branches : JEAN DE BILLY, chlr, sgr de Vêvres (châ^{tie} Champvert), fait aveu à b^{nie} de Druy 1330, et pour Précy (c^{ne} Ch^{au}-Chinon) et Léry (*id.*) 1351, h^{me} d'armes de la Cie de Jean de St-Vérain 1363, eut pour fils : Jean, dam^{au}, sgr de Vêvres 1377 et de biens à Béard (c^{on} Decize) et Marnay (c^{ne} Druy), transige avec abb. Bellevaux 1375.

Isabeau de Billy, fme de Jean de Baignaux, est dame de Savigny-s.-Canne 1350-52.

ROBERT DE BILLY, écr, sgr de Verou (c^{ne} Thaix), 1357-73, a droits sur l'Aron 1361 ; ses fils sont : 1° Jean, écr, qui achète à Verou 1377, père de Jean et Guill^{me}, morts sans post^é, laissant pour hér^{ère} leur sœur Alixant de Billy, veuve d'Huguet de Neufvy, écr ; 2° Robert, chlr, sgr de Champcourt (c^{ne} Frasnay) et Verou 1382-97, épⁿ Isabeau DE CHANDIOU qui, veuve 1398, avoue Verou pour leur fils mineur, Robert, encore vivant 1409, m^t sans post^é, ayant pour sœur : Alixant de Billy, veuve 1437 d'Henri de Baugy, et dame de Verou, la Guette (c^{ne} Cercy), Martigny (*id.*)

Sources : D. Villevieille, 14. — D. Viole, mss d'Auxerre. — *Inv.* Marolles. — Orig^x St^é niv. et copies Chastellux. — Arch. Niév. E, not^{res} Decize. — Arch. ch^{aux} Vandenesse, Devay et St-Martin. *Éteints.*

(*) Hugues DE LURCY, fils de feu Fromont, donna en 1086 sa terre de Charly au monastère de La Charité-s.-Loire, témoin : Loderens de Lurcy ; et à son départ pour Jérusalem, 1088, il confirma et étendit ce don ratifié par Adélaïs sa fme, en présence de Garnier et Roger *de Luperciaci Castro*. — En 1147, autre Hugues de Lurcy, témoin d'approb^{on} par Cte Nev. de dons à La Charité. — (*Inv.* Marolles. — *Cartul.* La Charité, ch. 34.)

(**) L'éditeur de Gaignières (suite à l'*Inv.* de Marolles, p. 471, lig. 29) a rajouté les mots : « de La Perrière » qui ne se trouvent pas au texte mss ; ces Huguenin, Geoffroy et Jean sont des d'Anlezy.

il reçut 1336 aveu de fiefs relevant d'Anlezy. A cette branche appartient Odette, fille de feu
GEOFFROY D'ANLEZY, que son tuteur Jean *d'Avenières* (2), chlr, sgr d'Anlezy, marie en 1355
à Philippe *de Digoine.*

Dès le milieu du XIVᵉ s. Anlezy n'appartient plus à la famille de ce nom.

JEAN D'ANLEZY, écr, sgr du Coudray (cⁿᵉ Achun) 1331, épousa Alixant *de Norry*, veuve
de Guilᵐᵉ *de Chastellux;* don à abb. Bellevaux 1333. Le Coudray passa à la br. qui suit.

HUGUES D'ANLEZY, damᵃᵘ, sgr de Pierrelarge (cⁿᵉ Anlezy), mᵗ av. 1309, eut d'Isabeau :
N..., prieur de Longueville, et GUILLAUME, chlr, maître d'hôtel du Cᵗᵉ Nev., sgr de Sancy (cⁿᵉ
Sᵗ-Franchy), Grandchamp (cⁿᵉ Rouy) et Jailly (cᵒⁿ Sᵗ-Saulge), 1310 ; promet au Cᵗᵉ Nev. de garder
le châᵘ de Montenoison 1315 ; reçoit Lettres du roi déclarant qu'il a restitué la bⁿⁱᵉ de Donzy à
Louis Cᵗᵉ de Nev. 1317 ; mᵗ av. 1321 ; eut d'Agnès, dame de Tracy : 2° Guillaume, chanoine d'Auxerre
1323-49, et 1° Jean damᵃᵘ, sgr du Marais (cⁿᵉ Lurcy-le-Bourg) et Jailly 1321-27, dont : Jean, écr,
sgr du Mˢ⁾ Jʸ⁾ la Lande, le Coudray, mᵗ av. 1377, laissant d'Agnès de Malvoisine : Jacquette, damᵉ
de la Chaume (cⁿᵉ Saxi-Bourdon), mariée ₁ᵒ av. 1381 à Guilᵐᵉ *du Chastel*, ₂ᵒ après 1382 à JEAN DE
CHASSY, auquel elle porta le Marais et Jailly ; 3° Jeanne, dame de Grandchamp et Sancy, épousa
av. 1323 Charlet LAMOIGNON, écr, sgr de Pomay ; 4° Guillemette, veuve en 1340 de Guilᵐᵉ
de Mancy, chlr, sgr du Magny, remariée av. 1345 à Jean d'Autry (*), sgr de Suilly-la-Tour.

(2) D'AVENIÈRES. — Sont en *Mâconnais* au
XIVᵉ s. — Bien qu'on ne trouve pas de pièce constatant
le mariage d'un d'Avenières avec une d'Anlezy, le fait
est presque certain, car au XIVᵉ siècle ils possèdent
non-seulᵗ Anlezy, mais la plupart des autres sgrⁱᵉˢ de
cette première famille. Jean d'Avenières, chlr, sgr
d'Anlezy qui, en 1354, marie sa pupille Odette d'Anlezy, ci-dessus, devait être l'oncle de celle-ci.

GUILLAUME D'AVENIÈRES, damᵃᵘ, a des possessions
près de Chevannes-les-Crois (cⁿᵉ Diennes) en 1285, et
chlr, fait hmage à châtⁱᵉ Decize 1296. — Jean d'Avenières, chlr, sgr d'Anlezy 1354, sans doute père d'Hugues, chlr, sgr d'Anlezy 1380 et de Lurcy-le-Châtel et
Lurcy-le-Bourg 1386-91, qui eut pour Philippe,
chlr, sgr de Riéjot (cᵘᵉ Champvert) et des Écots (cⁿᵉ La
Machine) 1386-1408, père : de Jean, écr, sgr de Riéjot
1436, et de Jeanne, qui épⁿ Guyot *de Michaugues*, sgr
de Sᵗ-Gratien.

JEAN D'AVENIÈRES, qui semble fils d'Hugues, est
sgr d'Anlezy, Lurcy, Sauvigny (cⁿᵉ Anlezy) en 1409-
28 ; il eut : Isabeau, qui épⁿ 1430 Érard DAMAS,
chlr, sgr de Marcilly et Crux, auquel elle porta Anlezy
et les deux Lurcy ; elle transige à Anlezy, 1490. —
Autre Jean d'Avenières, sgr d'Anlezy en pⁱᵉ, mᵗ av.
1455, dont la fille, mariée à Antoine de La Paluz, eut
encore partie d'Anlezy.

Armes : De gueules, à trois gerbes d'or, à l'écu d'hermine en
abîme (**).

Sources : Origˣ Sᵗᵉ niv. — Invⁱ Peincedé et Marolles. —
Arch. Nièv. E, reg. notⁱᵉˢ Decize. — D. Villevieille.

Éteints.

(3) DE BEAUMONT. — *D'Auxerrois.* — Branche de la maison de Seignelay.

I. JEAN DE SEIGNELAY, chlr, sgr de BEAUMONT
(cᵒⁿ Seignelay) et de Cheny (*id.*) 1249 (*Johannes de
Sallenaio, miles, dominus Bellimontis*), a des biens en
Bazois et reçoit en viager de l'abbé de Bellevaux : la
Moussée (cⁿᵉ Ville-les-Anlezy) et biens sous Langy ;
paraît dans aveu à Cˡᵉˢˢᵉ Nev. 1252, près Châtillon-
Bois ; teste 1269, est dit : sgr de Cheny, et fait don à
chartreuse d'Apponay, à la Gaitte (cⁿᵉ Cercy-la-Tour) ;
eut de Marguerite : Jean, qui reste en Auxerrois ; Guyot,
qui suit ; Étienne et Guilᵐᵉ. Son neveu, Jean, chlr, sgr
de Beaumont et de Sᵗ-Péreuse (cᵒⁿ Châᵘ-Chinon), mᵗ av.
1284, eut d'Ermengarde : 1° Étienne, damᵃᵘ sgr de
Sᵗ-Péreuse, dont hmage 1285, et de Frasnoy (cⁿᵉ d'Aunay), mᵗ av. 1292, eut d'Agnès : Jeanne de Seignelay-
Beaumont, qui porta Sᵗ-Péreuse av. 1353 à Hugues
de Montaigu, chlr, sgr de Couches ; 2° Jacques, damᵃᵘ,
hmage pour Sᵗ-Péreuse avec son frère 1285, épⁿ Isabeau ;
3° Ithier.

II. GUYOT DE BEAUMONT, chlr, sgr de Verou
(cⁿᵉ Thaix), dont hmage 1271, Peron (*id.*), Lucenay
(cᵒⁿ Dornes) et Cheny (Auxerrois), fait don de Verou à
son fils aîné 1291 ; épⁿ ₁ᵒ Margᵗᵉ BRÉCHARD, fille de
Guy, inhumée à Bellevaux av. 1281 ; ₂ᵒ Isabeau, vivante
1291 ; il eut du ₁ᵉʳ lit : 1° Jean, reçoit Verou 1291,
dont hmage avec Peron 1323, dit : neveu d'Étienne de
La Tournelle 1349, eut : Agnès, fme de Jean Sᵗ-Père,
auquel elle porta Verou en pⁱᵉ, et Magᵗᵉ, veuve 1353 de
Guilᵐᵉ de Tamnay, écr ; 2° Gauthier, suit.

III. GAUTHIER DE BEAUMONT, écr, sgr d'Espeuilles

(*) D'AUTRY. — *Du Berry.* — Guillaume d'Autry, sire de Mancy et du Magny (cⁿᵉ Suilly-la-Tour), eut pour fils : Jean, chlr, sgr
d'*id.*, de Suilly-la-Tour (cᵒⁿ Pouilly) et de la Motte-des-Bois en pⁱᵉ 1345-82, père de : 1° Pierre, écr, sgr du Magny, dont aveu au
Cᵗᵉ Nev. 1392, et d'Acction (cⁿᵉ Sᵗᵉ-Colombe), encore vivant 1408, sans postⁱ ; 2° Huguenin, chlr, 1402 ; 3° Guillemette, épⁿ av.
1382 Guilᵐᵉ de La Porte, chlr, sire de Champlivaut, capitaine de Druyes 1408, auquel elle porta le Magny ; leur fille Marie de La
Porte, mⁱᵉ av. 1448, dame du Magny et Suilly en pⁱᵉ, épⁿ N. de Fontbouchier, dont le fils Jean réunit tout Magny et Suilly, en 1448,
par cession de sa tante, Isabeau de La Porte. — (Arch. mairie de Donzy. — Invⁱ Marolles.)

(**) Une charte de la colⁱⁱᵒⁿ de Clairambault, de 1380, porte un écu à trois gerbes seulement, parce que la brisure d'hermine fut
motivée par l'alliance d'Anlezy, dans la seule branche nivernaise.

49

En 1454, Erard d'Anlezy, écr, fait hmage à chât^{ie} de St-Saulge ; et vers la même époque Isabeau d'Anlezy épousa Philibert *de Digoine*, sgr de Demain. — Hugues d'Anlezy est moine à St-Martin d'Autun 1462-63.

Au XVe s. (*) cette famille était représentée par trois frères qui font hmage, 1464, à chât^{nie} Montenoison :

A. — 1° JEAN D'ANLEZY, écr, brigandinier à la montre 1467, sgr de Cizely (c^{on} St-Benin-d'Azy) 1483, tuteur de sa nièce Adrienne 1489, m^t sans post^é ; 2° Philibert, écr, h^{me} d'armes 1467, sgr de Dumphlun (c^{ne} Billy-Chevannes), m^{tre} d'hôtel de la Ctesse Nev. 1475, m^t av. 1489, laissant : *a*, François, suit ; *b*, Pierre, auteur de la branche Chazelles et Lucy, suivra ; *c*, Marie, veuve 1488 de Regnault DE ROFFIGNAC, sgr de Meauce ; *d*, Adrienne, fille d'h^{eur} de la Ctesse Nev. 1482, épousa 1489 Jean *du Gué*, sgr de Chazeuil ; 3° Pierre, écr de la Ctesse Nev., sgr de Chazelles (Auxois) et de Cizely 1495, sans post^é connue ; 4° Anne, dame d'honneur de la Ctesse Nev. 1560, veuve en 1535 de Charles DE COSSAYE, écr, sgr de Beauvoir.

B. — FRANÇOIS D'ANLEZY, écr, page du Cte Nev. 1482, sgr de Dumphlun 1529, au service de la Ctesse Nev. et dispensé du ban 1498, m^t av. 1540, épousa av. 1503 Philiberte *de Beaumont* (3), dame d'Espeuilles, tuteur de ses frères en 1540 ; dont : 1° Claude, chanoine Nev., archidiacre Decize, 1529-50 ; 2° Jean, chlr, sgr de Dumphlun en p^{ie}, Aubigny (c^{on} Decize), la Chau'me (c^{ne} Saxi-Bourdon), porte-enseigne de la c^{ie} du Duc Niv. 1544-46, m^t en 1549, épousa Eléonore de Saligny (**), parente des Coligny, dont une fille unique, Gilberte, épousa à Espeuilles chez son tuteur Philibert : Jacques DE COSSAYE, écr, sgr de Beauvoir ; 3° Philibert, suit ; 4° Imbert,

(c^{ne} Montapas) 1309, ép^a Isabeau de Pouilly (de Pollyaco) qui, veuve 1325, fait hmage pour Espeuilles ; dont : 1° Hugues, chlr. sgr d'Espeuilles, Verou en p^{ie}, Peron 1331-50, ép^a Jeanne de Saizy qui, veuve 1370, fait hmage pour Espeuilles en p^{ie}, dont il eut : Marie de Beaumont, dame de Peron 1353-70, fme de Simon de Cussigny, dam^{au} ; 2° Regnault, suit.

IV. REGNAULT, chlr, sgr d'Espeuilles en p^{ie} et d'Avigneau (Yonne) 1339-57, m^t av. 1385, ép^a Marie de Bourbon (***), dont : 1° Robert, suit ; 2° Hugues, chlr, sgr d'Espeuilles en p^{ie} 1384 ; 3° Jean, écr, partage avec Robert 1407, hmage pour demi-Chazeul (c^{ne} Germenay) 1408 et pour biens à Montigny-Amognes 1410, ép^a Isabeau *de Michaugues*, veuve de Guill^{me} Quarré, écr, dont : Regnault, mineur 1412, hmage pour Espeuilles en p^{ie}, teste sans post^é 1432 ; 4e Jeanne, fme de Guyot de Serrigny 1388-90 ; 5e Isabeau, dame des Petites-Granges, ép^a Jean de Vaugon.

V. ROBERT, écr, sgr d'Espeuilles en p^{ie}, partage 1407, reçoit dénombr^t de Marigny 1424 ; ép^a Guillemette

Moreau, fille de f. Étienne (de Bourbon-Lancy), m^{te} av. 1442, dont : 1° Jean, suit ; 2° Huguette. dame de Roches (chât^{ie} St-Saulge), veuve de Jean de Nuiz 1441 et de Henri Galand, écr, 1454, donne Roches à son frère Robert 1441 ; 3° Alixant, dame de Saizy, ép^a av. 1457 Guyot *Boisserand*, sgr de Lamenay.

VI. JEAN, écr, sgr d'Espeuilles, dont hmages 1436 et 1470, de Roches 1441, h^e d'armes 1469, ép^a 4 nov. 1436 Jacquette de Neufvy, dont : 1° Philibert, écr, sgr d'Espeuilles en p^{ie}, panetier du Cte Nev. 1468, m^{tre}-d'hôtel 1476, h^e d'armes 1467, ép^a 1475 Jeanne de La Touche, dont : Philiberte, dame d'Espeuilles, fme de François D'ANLEZY ; 2° Guill_{me}, écr, sgr d'Espeuilles en p^{ie} et de Roches, échanson du Cte Nev. 1476, reçoit hmage de Neuzilly 1489, père d'Albine, fille d'h^{eur} de la Ctesse Nev. 1491, fme de Regnault DE MULLOT, écr, sgr d'Aubigny.

Non rattachés : Huguénin de Beaumont, écr, hab^t par^{se} Lurcy-le-Bourg 1449, peut-être père de François, écr, qui fait hmage pour Sangué (c^{ne} Lurcy), la Roche (c^{ne} Prémery) et la

(*) Il nous a été impossible de trouver dans les dépôts publics suffisamment de pièces pour établir une filiation suivie avant le XVe s.

(**) DE SALIGNY. — Originaires de Saligny, près Diou (Bourb^{nais}), ces sgrs dits : Lourdins, donnèrent un connétable de Pierre de Bourbon, à Naples, et s'éteignirent en Catherine de Saligny qui porta au XVe s. les biens de sa maison à Guillaume de Coligny, sgr d'Andelot ; leur fils Jacques prit nom et armes de Saligny (de gueules à trois tours d'argent). — Gaspard-Lourdin DE SALIGNY-COLIGNY, chlr, ép^a F^{se} de La Guiche-St-Géraud, qui reçut de son frère 1598 Cossaye (c^{on} Dornes) ; leur fils, Gaspard, chlr de l'ordre, acheta 1620 Dornes (arr^t Nevers), Voumeaux (c^{ne} Dornes), Retz (c^{ne} Toury-Lurcy), ép^a Jacqueline de Montmorin-St-Hérem, dont : Gaspard-François de Coligny-Saligny, dit : m^{is} de Dornes, maréchal de camp, qui de Gilberte de Roquefeuille eut : Marie-Isabeau à laquelle échut 1673 Dornes, qu'elle porta à Noël-Eléonor Palatin de Dio, m^{is} de Montperroux. (*Inv.* Marolles. — *Description du Bourb^{nais}* 1569. — Arch. Nièv. B. — Arch. châu Dornes.) *Éteints.*

(***) Famille bourgeoise de Nevers et Decize qui tirait son nom de Bourbon-Lancy. — Perrin DE BOURBON, fils de Huguenin, fut inhé à Nev. 1339. — M^{tre} Jean de B^{on} chanoine Nev. 1345. — Hugues, échevin Nev. 1359-67. — Jean et Guy de B^{on} sont notaires chât^{ie} Decize 1428, 1433. — Henri fils de f. Jean de B^{on} ép^a à Decize 1441 Jeannette fille nat^{lle} de Guyot BOURGOING. — Jeanne de B^{on} fme de Geoffroy de Fié, écr, a biens près Decize 1431. — En 1614 et 1629 on trouve encore des Bourbon à Cossaye et Decize. — (*Inv.* Parmentier. — Minut. not^{res} Decize et Moulins-Engilbert. — Arch. du Tremblay.)

chlr, sgr de Dumphlun en p^{ie}, Rosières (c^{ne} Sougy), Marcy (c^{ne} Champvert), Roche-s.-Aron, Cizely, Aubigny-le-Chétif, la Villotte (c^{ne} Cizely) 1560-72, chlr de l'ordre, un des cent genth^{es} m^{on} du roi, auteur du *Livre de la Fortune*, mort ruiné av. 1574, épousa av. 1566 Louise *de L'Hospital-Vitry* (4), fille d'Adolph, chlr, sgr de Chauvry, dont : 1° Esme, mineur, 1579, sgr de Malnay, 1606 ; 2° Jean, sgr de Dumphlun en p^{ie} et Cizely 1582-86, m^{ts} sans post^{é} av. 1618 ayant vendu leurs sgries ; 3° Françoise, mariée à Guillaume *Babute*, sgr de Froidefond.

C. — PHILIBERT D'ANLEZY, chlr, sgr de Chevigny (c^{ne} Anlezy) 1544, la Loge (c^{ne} Diennes) 1548, Espeuilles (c^{ne} Montapas) 1547, Montapas, St-Benin-des-Champs, chlr de l'ordre, porte-enseigne de la c^{ie} du Cte Nev. 1551-63, m^{t} av. 1582, épousa 13 oct. 1550 Gilberte *de Rabutin*, fille de Blaise, sgr d'Huban et de Fr^{se} de La Porte, dont il eut : 1° François, suit ; 2° Philibert, écr, sgr de Montapas en p^{ie}, 1572-99, de Lin (Auxerrois) 1589-1612, m^{t} sans post^{é} ; 3° Anne, m^{te} 1593, mariée, 1591, à Jacques DE MEUNG DE LA FERTÉ, sgr de Challement ; 4° Louise-Edmée, épousa 1° François de Jaucourt, sgr de Villarnoul, tué 1567, 2° 1572, Gabriel d'Ordières, écr, genth^{e} de ch^{re} du roi.

D. — FRANÇOIS D'ANLEZY, chlr, b^{on} d'Huban, sgr d'Espeuilles, Montapas, Brinon, 1581-82, chlr de l'ordre, genth^{e} de la ch^{re} du roi, abjure le calvinisme à Nevers 1573, m^{t} av. 1584, épousa Bénigne *de Rabutin*, fille unique de Blaise II, b^{on} d'Huban, et de Madeleine *de Pontailler*, dont : 1°, 2° Elie et François, mineurs 1598, m^{ts} jeunes célib. ; 3° Françoise, épousa 1601 Pierre de Jaucourt, chlr de l'ordre, auquel elle porta Espeuilles, Huban, Montapas, Brinon, etc.

Ronde 1467, mari de Denise du Boulay, dame de Moulot et Sembrèves en p^{ie} 1458, veuve 1486, dont les enfants : Regnault, Philippe, Jean, etc., se retirent en Gâtinois.
D'autres de Beaumont se rencontrent en Donziois au XIVe s. Beaumont, près St-Pierre-le-Mer, donna son nom à Louis, capitaine de St-Pierre 1420, dont le sceau était : échiqueté.
Armes : D'or, à trois fasces d'azur.
Sources : Origaux S^{té} niv., f. de Soultrait. — *Cartul.* Yonne. — *Inv.* Marolles. — *Minut.* not^{res} Decize. — Copies du c^{te} de Chastellux, à S^{té} niv. — D. Villevieille, XI. — Arch. châ^{x} Vandenesse et Limanton. — D. Caffiaux, 1234. — *Carrés* d'Hozier, 175. — D. Plancher. *Éteints.*

(4) DE L'HOSPITAL. — *De Brie.* — Connus au XIVe s. Donnèrent un cons^{er} de Charles VII. — Adrien de L'Hospital, chlr, sgr de Choisy, qui se signala à Fornoue 1495, eut d'Anne Rouault, fille du maréchal de Fr. (dont les descendants furent sgrs de St-Amand-en-Puisaye au XVIIe s.), trois enfants : 1° Aloph de L'Hospital, chlr, ép^{a} 1516 Louise de Poysieulx-Ste-Mesme, dont entre autres : a, Henri, v^{te} de Vaux, mari de Fr^{se} DE LA PLATIÈRE des Bordes ; b, Louise, fme d'Imbert D'ANLEZY, sgr de Dumphlun ; c, Anne, fme de Saladin *de Montmorillon*, chlr, sgr de Vésigneux ; 2° Charles, chlr, gr^{d} maitre eaux-forêts d'Orléans, ép^{a} Jeanne Lorfèvre, veuve 1556, dame de la Motte-Josserand (c^{ne} Perroy) après sa sœur, Anne, fme de François Juvénal des Ursins (*) ; leur petit-fils Louis de L'Hospital-Vitry, capit^{ne} des gardes, est aussi sgr de la Motte-Josserand 1578-98, ainsi que son fils

Nicolas, maréchal de Fr., duc de Vitry, qui en fait hmage 1620 ; 3° Jacqueline ép^{a} 1505 Claude de Bigny, écr, auquel elle porta Neuvy-s.-Loire (c^{on} Cosne).
Armes : De gueules, au coq d'argent crété, becqué et onglé d'or.
Sources : Mém. Castelnau, III. — *Inv.* Marolles. — D. Caffiaux, 1234. — P. Anselme. — La Thaumassière, 846.
Éteints.

(5) DE RABUTIN. — *Du Charolais.* — Cette maison donna des chlrs dès 1147, 1260, etc. — Amé Rabutin, chlr, tué devant Beauvais 1472, eut de Claude *de Choiseul*-Traves, entre autres : Suzanne mariée 1466 à Denis DE LA TOURNELLE, chlr, sgr de Beauregard, et :
A. HUGUES DE RABUTIN, chlr, b^{on} d'Huban (c^{ne} Grenois), Brinon-les-Allemands (arr^{t} Clamecy) et Épiry (Autunois), cons^{er} chambellan de Charles VIII, cap^{ne} 50 h^{mes} d'armes, lieut^{t} gén^{al} en Bgogne, fait hmage pour Brinon 1462, pour Huban 1466, fait accord avec habitants d'Huban 1463, m^{t} après 1480, ép^{n} v. 1450 Jeanne *de Montaigu*, fille nat^{elle} de mgr Claude, chlr, sgr d'Huban, Brinon, etc., légitimée par Lettres de 1460. Parmi leurs 22 enfants : Claude, auteur de la br. de Bourbilly, et :
B. BLAISE Ier, chlr, b^{on} d'Huban, sgr de Brinon, Taconnay (c^{ne} Neuville-l.-Brinon), Bussy (c^{on} Brinon), partage avec ses frères 1511, reçoit dénombr^{t} à Huban 1526, m^{t} av. 1541, ép^{a} av. 1527 Fr^{se} de La Porte, fille de Claude, v^{te} de St-Georges, et de Marg^{te} de

(*) Le chancelier Guillaume JUVENAL DES URSINS acquit, en 1446, la moitié de l'importante sgrie de la Motte-Josserand, sur la veuve de Perrinet Gressart ; puis, en 1447, Suilly-la-Tour (c^{on} Pouilly) et, en 1453, des biens à Crie (c^{ne} Narcy). Son neveu, Jean JUVENAL DES URSINS, écr, panetier du roi, est sgr de la Motte-Josserand en p^{ie} 1472 ; et le fils de celui-ci : François, en fait hmage au b^{on} Donzy 1533 ; il ép^{a} Anne Lorfèvre, sœur de Jeanne ci-dessus. (*Inv.* Marolles. — D. Villevieille, 49. — Lach.-des-Bois.)

B. — PIERRE D'ANLEZY (deuxième fils de Philibert, sgr de Dumphlun), chlr, sgr de Chazelles (baage de Saulieu), Montapas (c^on St-Saulge), Lucy (c^ne Montapas) ; page du Cte Nev. 1490, m^tre d'hôtel de la Ctesse Fr^se d'Albret et son exécuteur test^re 1521 ; gouverneur du Donziois 1520-39 ; épousa 1518 Toussainte du Mesnil-Simon (Berry), dont : 1° Jacques, suit ; 2° Charles, sgr de Colombes (c^ne Montapas), m^t av. 1584 sans post^é, épousa av. 1565 Éléonore d'Halvyn.

C. — JACQUES D'ANLEZY, écr, sgr de Chazelles et Lucy, commissaire extraord^re des guerres 1573, eut : 1° Charles, suit ; 2° Louis, sgr de Chazelles en p^ie et Montagnerot, épousa 1605 Renée d'Estampes (*), fille de Claude, b^on de la Ferté-Imbaut, et sa post^é resta en Auxois, où elle s'éteignit, fin du XVIIe s.; 3° Françoise, fme d'Esme DE VEILHAN, sgr de Brinay.

D. — CHARLES D'ANLEZY, écr, sgr de Chazelles, Lucy, Marancy en p^ie (c^ne Bona). Lathenon (c^ne Saxy-B^on), m^t av. 1602, épousa av. 1591 Anne D'AULNAY, veuve de Gilles LE TORT, écr, d'où : 1° Gilbert, mari d'Antoinette DE BRÉCHARD, qui teste sans post^é 1629 ; 2° Gabrielle, dame de Lathenon, fme de Jean DE BRÉCHARD, écr, 1607-34.

Non rattachés : Des personnages du nom d'Anlezy sont établis, dès le XIVe s. en Bourbonnais, où il n'existe pas de lieu dit : Anlezy. Cependant leurs armes sont différentes : De sinople, au lion d'or, semé de croisettes de même. Ils sont sgrs du Plessis, puis de Menetou-Couture, les Vesvres ; s'allièrent aux de Villaines, de Chastellux, de Troussebois, de La Ferté-Meung, etc.

Des d'Anlezy se trouvent aussi en Donziois au XVIe s. : Jacques d'Anlezy, écr, et Marie

Fontenay, dont : 1° Blaise, suit ; 2° Gilberte, ép^n 1550 Philibert D'ANLEZY, écr, sgr d'Espeuilles.

C. BLAISE II, chlr, sgr d'*id.* et de Courcelles (c^ne Brinon) et Beuvron (c^on Brinon), m^t av. 1575, ép^a Madeleine de *Pontailler,* fille de Louis, sgr de Talmay, dont une fille unique :

D. BÉNIGNE de Rabutin, dame des mêmes sgries et St-Benin-des-Champs (c^ne Montapas), Neuzilly (*id.*). Prémoison (c^ne Rouy), qu'elle porta à François D'ANLEZY, sgr d'Espeuilles.

Plusieurs RABUTIN de la br. de Bourbilly (près Semur-Auxois) eurent rapports avec le Nivernois. Parmi les enfants de Christophe : 1° Guy, écr, sgr de Bourbilly et Chantal, ép^a 1560 Fr^se DE COSSAYE, fille de Charles, écr, sgr de Beauvoir, et d'Anne d'Anlezy, beau-père de Ste de Chantal ; 2° Sébastien, écr, sgr de Montal (c^ne Dun-les-Places), qu'il reçoit en don, 1546, du c^te de Château-Chinon, capit^ne d'Avallon 1540, 1er huissier de la ch^re du Dauphin 1562, père de Paul, sgr de Dun et du Parc (c^ne Dun-les-Places) 1567 (dont la petite-fille Charlotte de Rabutin ép^a 1622 Olivier de St-Quentin, écr, sgr de Fouronnes), et d'Edme de Ra-

butin, écr, sgr du Montal et de St-Brisson en p^ie (c^on Montsauche), m^t av. 1598 qui, de Léonarde de *Balorre,* eut Gabrielle de Rabutin, dame du Montal et de la Terre-Aumaire (c^ne St-Brisson), qu'elle porta en 1615 à Adrien DE MONTSAULNIN, écr, sgr des Aubues ; 3° François, écr, sgr de la Vault (près le Beuvray), mestre de camp 1592, marié 1564 à Élie DE DAMAS-Thiames, dont entre autres : *a,* Léonor, sgr de Bussy, mestre de camp, lieut^t de roi en Nivernois 1634-44, père de Roger, c^te de Bussy-Rabutin, académicien, lieut^t gén^al au gouv^t de Nivernois 1645-53 ; *b,* François, ép^a la veuve de Ludovic DE LA RIVIÈRE, sgr de Champlemy, dont il eut une p^ie, sans post^é ; *c,* Guy, prieur gén^al du Val-des-Choux, prieur de Cessy-les-Bois et St-Mâlo ; *d,* Claude, fme 1585 de Claude DE LA FERTÉ-MEUNG, chlr, sgr de Lainsec (chât^nie Druyes).

Armes : Cinq points d'or équipollés à quatre de gueules.

Sources : D. Plancher, II. — Arch. Nièv., B. et E. — Gaignières, ms 22,300. — D. Villevielle, 74 et 59. — P. Anselme, I, VIII. — Preuves Malte, Champagne, III. — D. Caffiaux, 1234. — Mss. de D. Viole. — *Carrés* de d'Hozier, 104, 523. — Reg. par^x Champlemy, Entrains.   *Éteints.*

(*) D'ESTAMPES. — Orig. du Berry, où Jean d'Estampes était au XVe s. garde des joyaux du duc Jean. Son fils Robert, m^tre des comptes à Bourges, eut entre autres : *a,* Jean, trésorier de l'église de Nevers 1438, puis évêque de Nevers 1445-62 ; *b,* autre Jean, chlr, sgr de St-Ciergues et de la b^nie de Druy (c^on Decize) 1462, fait h^mage au Cte Nevers 1464, pour terres à Bulcy (c^on Pouilly) et à Munot (c^ne La Marche), m^t av. 1476, qui de Marie *de Rochechouart :* Jean, chlr, b^on de Druy, reçoit lettres à terrier pour Druy 1480 et en fait aveu 1504; Druy passa à sa fille Louise d'Estampes et de là aux de Sénectere 1576. — Robinet d'Estampes, chlr, sgr de Salbris, frère de l'évêque de Nevers, eut : Jean, protonotaire du S. S. et archidiacre de Nevers 1477, et Robert, dont descend Claude, b^on de la Ferté-Imbaut, père de : Renée, fme de Louis D'ANLEZY, sgr de Chazelles, et de Jacques, maréchal de Fr., aïeul direct du c^te Jean d'Estampes, actuell^t propr^e, c^ne de Raveau, mari de Marie de Lambel.

On trouve dès 1445 une famille d'Estampe établie par^se de Champvert, où elle subsista jusque vers 1530, sans posséder de fiefs. Elle paraît prendre son nom d'un lieu dit : Estampe, auj. Les Temples, dans cette paroisse.

Armes : D'azur, à deux girons d'or, au chef d'argent chargé de trois couronnes ducales de gueules.

Sources : D. Villevielle, 37. — *Inv.* Marolles. — Arch. Nièv. E. — La Thaumassière, 885.

Existants dans la Nièvre.

Foucault, sa fme, font vente à Champlemy 1539 et à Colméry 1547. En 1596, Fr^se d'Anlezy est fme d'Étienne Paillereau, proc^r à Donzy, et sœur de Philibert, mari d'une de Reugny-Faveray. Esme, sgr de Malnay, habite Donzy, 1606. Jacques d'Anlezy est en 1617 sgr de Villardeau (c^ne St-Martin-du-Tronsec) et Mocque (*id.*), et sa fille : Marg^te, épousa Claude *de Rozel*, écr, sgr de Créanges.

Armes : D'hermines plein ; *al. :* d'hermines à la bordure engrêlée de gueules, pour les branches d'Imbert et de Pierre, sgr de Chazelles.

Sources : D. Caffiaux, 1234. — Gaignières, ms 22,300. — *Inv.* Marolles. — Arch. Nièv., B et E. — D. Villevieille, 17. — C^et Titres, Pièces orig^ales 74, et *Dossiers bleus.* — *Noms féodaux.* — P. Anselme, VIII, 158, 545. — *Inv.* Peincedé, IX, XIII. — *Carrés* de d'Hozier. — Minut. not^res Diennes, Moulins-Engilbert, Decize. — Arch. ch^aux de Poiseux, Chastellux, Limanton, Vauzelles. — Reg. par^x Saxy-Bourdon, Donzy, Pougny.

Éteints.

⚜⚜⚜⚜⚜⚜⚜⚜⚜⚜⚜⚜⚜⚜⚜
⚜⚜⚜⚜⚜⚜⚜ ⚜⚜⚜⚜
⚜⚜⚜

D'ARMES

RIGINAIRES de Nivernois. — Tirent leur nom d'Armes, près Clamecy.
La veuve de Jean D'ARMES : Philérone, fait en 1311 donation au chapitre de Clamecy. — Marion D'ARMES, témoin à Clamecy 1366. — Jacquet et Guyot, *id.* 1400-05.

I. — RENAUD D'ARMES, sgr d'Armes et de la Borde, rappelé dans un échange de 1482 de Jean, son arrière-petit-fils ; père de :

II. — JEAN D'ARMES, qui d'Agnès Porrive, dame de la Jarrie, eut : 1° Renaud, suit ; 2° Jean, viguier d'Arles, se fixa en Provence.

(1) **LE CLERC.** — *Orig. de Puisaye.* — I. JEAN LE CLERC, notaire et secrétaire du roi 1355-78, sgr de St-Sauveur-en-Puisaye en p^ie, testa 1392, ép^n Marie de Crain, dont il eut : 1° Jean, suit ; 2°, 3° Étienne et Paul, m^ts jeunes ; 4° Pierre, chanoine de Nevers, archid^o Decize 1405, tuteur de ses neveux 1416 ; 5° Milenon, fme de Renaud D'ARMES, ci-dessus.

II. JEAN, écr, licencié en lois 1393, procur^r gén^al de Philippe le Hardi 1392, cons^er du Cte Nev. et garde du scel pr^té Nev. 1400-08, cons^er du duc Bgogne 1416, maître des requêtes 1418, ambassadeur en Angleterre 1419, nommé chancelier de France par Isubeau 16 nov. 1420 et confirmé par Henri V 1422, rendit les sceaux 6 février 1423 et resta du gr^d conseil du roi d'Angleterre ; à la reddition de Paris, se retira à Nevers où il mourut 14 août 1438, fit fondation à St-Étienne-Nev. ; négocia le mariage de Catherine de Fr. avec Henri V, reçut en récompense Ferrière; était sgr de Luzarches et de Cours-les-Barres (ch^nie Cuffy); ép^a : 1° en août 1387 Agnès *Le Muet* (*), fille de Hugues, bailli de Donzy;

(*) **LE MUET.** — *Du Donziois.* — JACQUES LE MUET, notaire s. scel Clamecy 1312. — Hugues achète terres à Châteauneuf-val-de-Bargis 1329, desquelles Guillaume fait hmage 1356. — Hugues 1390-1413, bailli de Donzy, y fait hmage 1390; père d'Agnès ci-dessus. — Guillaume, sgr de Chamery (c^ne Châteauneuf-Bargis) 1438.
Étienne LE MUET, écr, sgr de Corbelin en p^ie (c^ue La Chapelle-St-André) 1464, brigandier au ban de 1469, eut de Marguerite : Guillaume, écr, sgr de Corbelin en p^ie, dont hmage, avec Molin et Maulpertuis, à chât^nie Donzy 1471, père de : Jean, écr, sgr de Corbelin, mari de Catherine *de La Tillaye;* et de Philibert, licencié en lois, avocat à Auxerre; le premier eut : 1° Léonard, écr, fait hmage pour Corbelin 1550 et 1574; 2° Philibert, co-sgr d'*id.* 1550. — En 1594 André est sgr de Corbelin; et Joseph et Edme, écrs, frères, sont sgrs de Toutfol (ch^nie Donzy) 1584. — Au XVIIe s. des LE MUET se trouvent encore dans la chât^nie de Châteauneuf et s'y allient aux *de Farou.* Claude est prévôt des maréchaux à Vézelay en 1645.
Armes : D'azur, au cygne d'argent colleté de même, au chef d'or chargé de trois roses de gueules.
Sources : *Inv.* Marolles. — Arch. Nièv. E. — Reg. par^x Châteauneuf-val-de-Bargis.

Éteints.

III. — RENAUD D'ARMES, sgr de la Jarrie (c^{ne} Ciez), la Forêt-sous-Bouhy (c^{ne} Bouhy), Busseaux (c^{ne} Moussy), Savenay (c^{ne} Aunay), Plainbois ; cons^{er} du Cte Nev.; fait hmage 1405 pour sa maison de Billy (c^{ne} Billy-s.-Oisy) ; épousa Milenon *Le Clerc* (1), sœur du chancelier, dont il eut : 1° Jean, suit ; 2° Dominique, épousa av. 1457 Philibert *A nceau*, sgr de Villiers-le-Sec.

IV. — JEAN D'ARMES, sgr d'*id.* et d'Armes, Trucy-l'Orgueilleux en partie (c^{on} Clamecy) ; licencié en lois, maître des comptes du Cte Nev. 1441-69, président des comptes 1468, garde du scel prévôté Nev. 1452-57; fait hmage à Montenoison 1441, hmage pour Tracy 1452, pour Armes 1469 ; édifia la chapelle d'Armes en cath. Nev.; épousa : 1° Jacquette Scavoir, dame de la Motte; 2° avant 1452 Jeannette *du Bois* (2), dame de Trucy-l'Orgueilleux ; il eut du 1er lit : 1° Jean, suit ; du 2me : 2° Innocent, auteur de la branche de Busseaux, suivra ; 3° Catherine, femme de Louis d'Allone, écr (Autunois).

V. — JEAN D'ARMES, écr, docteur en lois, sgr d'Armes, la Jarrie, Trucy-l'Org^{eux,} Vergers (c^{ne} Suilly-la-Tour), Varennes-les-Narcy en p^{ie} (c^{on} La Charité), la Motte-des-Bois (ch^{nie} Donzy); président de la Ch^{re} des comptes du Cte Nevers 1470-71, cons^{er} au Parl^t Paris et 2me président à ce Parl^t 1482, résigna 1490; exécuteur test^{re} de Jean Cte de Nev. 1479; exempté du ban à Nevers 1478; fait hmage pour Vergers 1466 et pour Varennes-les-Narcy 1485; mort en 1494; épousa 9 juillet 1461 Jeanne LAMOIGNON, fille de Guyot, écr, sgr de Vielmanay et d'Alixant de Maisoncomte, dont il eut : 1° Louis, suit ; 2° Jean, chanoine de Nevers et Noyon,

2° en 1415 Catherine Apaupée (*), veuve de Bertrand *de Veaulce*, et fille de Pierre et de Gilette Alovie; 3° 3 nov. 1421 Isabeau de Beauvais, héritière de Philippe, sgr de la Forêt-le-Roy. Il eut du 1er lit : 1° Jean, suit; 2° Hugues, chanoine de Nevers, licencié en décret; 3° Catherine, ép^a 1413 Guillaume *Freppier*; 4° Marie, fme de Jean Guesdat, proc^r gén^{al} de Nivernois; 5° Jeanne, ép^a Hugues *de Druy*, garde du scel St-Pierre-le-M^{er}; 6° Isabeau, ép^a Guillaume *de Dangeul*, écr, capit^{ne} de Nevers.

III. JEAN, écr, sgr de la Forêt-le-Roy, b^{on} de Courses-Barres, dont hmage 1446, sgr de Givry (ch^{nie} Cuffy), dont hmage 1463, de Beauvais (ch^{nie} St-Sauveur) 1437; h^{me} d'armes c^{ie} du Cte Nev. 1467-69; ép^a v. 1438 Mahiette de Trie, fille de Catherine de Fleurigny, dont il eut : 1° Pierre, suit; 2° Philibert, écr, sommelier du Cte Nev. 1477; 3° Jeanne, ép^a v. 1495 Claude *des Réaux*, écr, sgr du Veuillin.

IV. PIERRE, chlr, sgr de Givry 1468-1503, chambellan du roi 1487, h^{me} d'armes c^{ie} du Cte Nev. 1468-78, m^t 1509, ép^a 1477 Claude de Pisseleu, dont: 1° François, suit; 2° Jean, b^{on} de Givry 1510-20, capit^{ne} c^{ie} d'ordon^{ce}, m^t sans posé.

V. FRANÇOIS, chlr, b^{on} de Givry et Cours-les-Barres en p^{ie} 1523, sgr de Lainsec (ch^{nie} St-Sauveur), gouv^r de

Sens, ép^a Jeanne Dauvet; leur 3e fils : Jean fut encore sgr de Givry, Lainsec et Beauvais, h^{me} d'armes, tué à St-Quentin 1557, dont la nièce : Charlotte Le Clerc, ép^a Guy-Phil^e de *La Fin-Salins*, b^{on} de la Nocle. La famille n'a plus de rapports avec le Nivernois.

Armes : De sable, à trois roses d'argent, 2 et 1, au pal de gueules brochant sur la rose du milieu.

Sources : P. Anselme, VI. — *Inv.* Parmentier, 24, 37. — Preuves Malte. Arsenal, II. — C^{es} Titres, pr. gr^{de} Ec. 276. — *Inv.* Marolles. — D. Caffiaux, 1234.

Éteints (**).

(2) DU BOIS. — Du Nord *du Nivernois*. — 1296, m^{ire} Jean du Bois fait hmage à chât^{nie} Corvol-l'Orgueilleux, et m^{ire} Guillaume à celle d'Entrains. — Marg^{te}, fme de Jean *de Billy*, écr, fait hmage à Corvol-l'Org^x 1375. — Jean, écr, et Jeanne, sa sœur, veuve de J. Ganard, écr, possèdent près d'Asnois (c^{on} Tannay) 1335-45; et Hugues, Geoffroy et Guill^{me}, écrs, près d'Huban (c^{ne} Grenois) 1340-51. Louis, écr, Odet et Gilette, ses frère et sœur, font accord 1358 avec le sgr de St-Germain-des-Bois. En 1407, Renaut, chlr, fait aveu à Asnois, et son fils Renaut est sgr de Beugnon (ch^{nie} Metz-le-Comte) av. 1486.

GUILLEMIN DU BOIS, écr, sgr de Corcelles en p^{ie}

(*) Pierre APAUPÉE habitait à Nevers, fin du XIVe s.; il eut, outre Catherine : Denise, fme de Simon d'Estrées, licencié en lois à Nevers av. 1425, dont la fille, Philippes, ép^a Henri LE TORT, licut^t de Moulins-Engert.

(**) D'autres familles LE CLERC existèrent en Nivernois. Les principales étaient : — A St-Pierre-le-M^{er} ; Guill^{me}, garde du scel 1284-1311. Étienne, boug^a, père de Girard, qui fait hmage 1381. Jean, proc^r du roi au baage, sgr des Barres (c^{ne} Lucenay) 1448, père de Jean, *id.* 1478, père de Guill^{me}, licencié en lois 1482. En 1554 Philibert est sgr de Beaumont (c^{ne} St-Pierre-le-M^{er}). Jean, proc^r au baage 1577. Toussaint, av^{at} 1594. Philippe, proc^r du roi, mari de Claude *Gascoing* 1609, etc. — A Nevers : Jean, proc^r de Nivernois 1384-97. Jean, garde du scel de la prévôté 1401-04; puis, ces LE CLERC fournissent de nombreux échevins de 1446 à 1543. — A Varzy : des LE CLERC, depuis 1379. Louis, bailli Varzy 1571. Edme, notre 1652. Olivier, *id.* 1693, marie sa fille 1715 à J.-J. *Dupin*, fils du bailli. Claude, greffier 1725. Jean-Claude, not^{re} 1761. Jean-Fr^s, bailli 1763, etc. — A Clamecy, peut-être de la même souche : Philibert, m^{and} 1641. Guill^{me}, médecin 1680. François, m^{and} de bois 1689. Edme, *id.* 1716, etc. — Enfin, une plus marquante fut celle des *Le Clerc de Juvigny* (voir à : *Save*).

fait hmage pour Villorgeul (c^ne Pougny) et Bretignelles (*id.*) 1508, m^t av. 1522 ; 3° Regnaut, mort jeune.

VI. — Louis D'ARMES, écr, sgr de Trucy, Vergers, Armes, Chevroches (c^on Clamecy), Paroy (c^ne Oisy), Perroy (c^on Donzy), Villaines (c^ne Pougny), Bretignelles (*id.*), Cuncy-s.-Yonne (c^ne Villiers-s.-Y.), la Lande (ch^nie St-Sauveur), v^te de Clamecy (*) 1502-23 ; incarcéré par arrêt du Parl^t 1503 ; est aux assemblées de 1523 à Donzy, Varzy et St-Fargeau, pour délimitation du baage ; partage ses enfants 1522 ; m^t avant 1529 ; épousa, 28 mars 1505, Anne BERTHIER, fille de Pierre, écr, sgr de Bizy et d'Isabeau des Colons, dont il eut : 1° Charles, écr, sgr de Vergers, Villorgeul, la Motte-des-Bois, Ste-Colombe (c^on Donzy), Chassenay (c^ne Donzy) 1523-52, m^t célib^re ; 2° Louis, suit ; 3° François, écr, sgr de Trucy, Vergers, la Forêt-sous-Bouhy, Paroy, Cuncy-s.-Yonne, Armes, Chevroches, Corvol-l'Orgueilleux en p^ie (c^on Varzy), St-Maurice (*id.*), v^te de Clamecy 1523-60, fait hmage pour Trucy et Paroy 1531, eut d'Anne Bernard une fille unique, Valentine, dame d'hon^r de la reine de Navarre 1580, qui

(c^ne Corvol), ép^a v. 1350 Belle du Clocquet, dont il eut : Jean, écr, sgr d'Aunay (c^on Châtillon) 1394, reçoit don de sgrie de Trucy-l'Orgueilleux de la c^tesse Château-Chinon 1386, m^t av. 1409, ép^a : 1° Jeanne de Basso ; 2° av. 1405 Dauphine de Chalus, veuve de R. de Varigny, eut du 1er lit : 1° Pierre, suit ; 2° Philippe, écr, sgr d'Aunay en p^ie et Pains (c^ne Aunay) 1409 ; 3° Jean, écr, sgr de Trucy-l'Org^x en p^ie qu'il dénombre 1410, de Chassy en p^ie 1413, ép^a av. 1406 Mahaud *de Varigny*, fille de Robert, écr, sgr de Chassy-en-Morvand. dont : Jeannette, fme de Jean D'ARMES ci-dessus, Bureau et Guyonnette, co-sgrs de Trucy 1456.

Pierre, écr, sgr d'Aunay en p^ie, Egreuil (c^ne Aunay), Sancenay (c^ne St-Révérien) et Moussy en p^ie 1413, m^t av. 1423, ép^a 18 mai 1405 Jeannette *de Varigny*, sœur de Mahaud, dont il eut : Pierre, sa posté connue ; Philippes, femme av. 1436 de Perrin Aléry, écr, laquelle vend 1456 son tiers de la sgrie de Trucy-l'Org^x ; et probabl^t Claude, écr, sgr d'Aunay et Chassy en p^ie 1433.

On trouve encore : 1457-66, Philippe et Pierre du Bois, frères, écrs, sgrs de Corvol-l'Org^x en p^ie.

Sources: Inv. Marolles. — Arch. de Chastellux, à St^é niv. — D. Villevieille, 16. — Arch. Nièv. E. — Arch. ch^au du Tremblay. — D. Caffiaux, 1234. — C^el Titres, coll^on Lorraine.

Éteints (**).

(3) SPIFAME. — *Famille parlementaire de Paris.* — L'évêque de Nevers, Jacques-Paul SPIFAME, nommé en 1548, était maître des requêtes et cons^er d'État,

embrassa la Réforme, se démit de son évêché Nev. 1559 et se retira à Genève, où il fut décapité 1566. — Gilles SPIFAME, son neveu, fils d'un trésorier gén^al, fut évêque de Nevers après lui 1559-78, d'abord chanoine et official de Nevers et maître des comptes du duc Nev. 1554. — Jean, frère du 1er évêque, fut cons^er Parl^t Paris 1549, cons^er d'État, eut de Marg^te du Lion : Isaac, écr, sgr de Dony, Amiraux (c^ne Limanton) 1595, gentilh^n de ch^re du roi, ép^a Marie D'ARMES, fille de Louis, dont il eut : 1° Madeleine, mariée 1614 à Jacques DE LA RIVIÈRE-Champlemy, v^te de Tonnerre ; 2° Marguerite, ép^a 1618 Jacques *Regnier de Guerchy*, v^te d'Aunay. — En 1606, Aimée DE BRÉCHARD-d'Aligny était veuve de Martin Spifame 1er substitut du proc^r gén^al Parl^t de Paris.

Armes: De gueules, à l'aigle éployée d'argent.

Sources: Arch. Nièv. E. — P. Anselme — Pièces originales 2454. — Arch. ch^au Vandenesse. — Reg. par^x d'Annay et Lucenay.

Éteints.

(4) BOISSERAND. — *Originaires du Morvand.* — 1281, Jacques Boisserand, chanoine d'Autun, est enterré à Saulieu. — 1372, Philippe B. est fait capitaine de Roussillon et Glaines.

I. Hugues Boisserand, lieut^t du bailli de Nevers, 1386, ép^a Jeanne qui, veuve 1389, fait bail par^se de Cossaye ; dont : 1° Henri, suit ; 2° Philippe, 1389.

II. Henri, licencié en lois, sgr de Lamenay (***) (c^on Dornes), baille près Decize 1439-49 ; *anobli* par Lettres

(*) La vicomté de Clamecy, dont on trouve mention dès 1076, était un très-petit fief consistant en une maison à tourelle, à Clamecy, le tiers du droit de minage, et une rente sur Ouagne ; elle n'avait quelque importance que par sa mouvance sur plusieurs fiefs. Les vicomtés, relatés pour des fondations ou des *obit*, en 1076, 1144, 1175, etc., ne portent naturellement que des prénoms ; à la fin du XIIIe s. ce sont les d'Aucerre, puis les d'Arthel ; au XVe, les de Billy et les de Montmorin, etc. (Mss. de D. Viole.)

(**) Il y eut plusieurs familles de ce nom si répandu qu'il est impossible d'avoir pour chacune une filiation suivie. Il n'est même pas certain que tous les DU BOIS ci-dessus appartiennent à la même souche. — On trouve dans le centre du Nivernois : Renaut DU BOIS, écr, fait hmage à Montenoison 1296. Étienne et Pierre, h^mes d'armes à la montre Nev. 1459. — Dans le nord-est : Guillaume, écr, 1360, acte avec les de Chastellux 1433. Guill^me, écr, sgr de Bretignelles. Jean, hmage à Druyes 1533. Dans la chât^nie de La Marche : Jean, écr, hmages pour le Plessis 1379-1405.

D'autres DU BOIS, plus connus, seront rapportés aux alliances de Montsaulnin, de La Tournelle, de Beaujeu, de Chabannes, de Veaulce, etc.

(***) Lamenay était possédé, à la fin du XIIIe s., par les de Montesches, dont une fille le porta aux de Thaix, qui en prirent le nom au XIVe s.

porta toutes ces sgries 1570 à François *de Chabannes*, c^{te} de Saignes; 4° Marie, épousa av. 1531 René de Blet, écr, sgr de Lépine (Poitou); 5° Isabeau, épousa 1527 Jean de Contremoret, écr, sgr de Marcilly (Berry).

VII. — Louis d'ARMES, chlr, sgr de Villaines, Villorgeul, Bretignelles, Villatte (c^{ne} Varennes-Narcy), Guichy (c^{ne} Nannay), Moussy (c^{on} Prémery), Busseaux, Rouy (c^{on} St-Saulge), Savenay, Segoule (c^{ne} St-Benin-d'Azy), Deux-Villes (*id.*); chlr de l'ordre, capit^{ne} de cent chevau-légers, 1570; gouverneur de Clamecy, 1568; mestre de camp d'inf^{ie}, lieut^t de roi en Nivern.-Donziois, maître d'hôtel du roi, 1580-1610; fait hmage à Châteauneuf-v.-Bargis 1581; épousa 1551 Jeanne d'ARMES, sa cousine, fille de Jean, sgr de Busseaux, dont il eut : 1° Gilbert, suit; 2° Marie, épousa : *1°* 1580 Edme *de Rémigny*, b^{on} de Joux; *2°* av. 1590 Isaac *Spifame* (3), écr, sgr de Dony; 3° Henriette, m^{te} av. 1580.

VIII. — Gilbert d'ARMES, chlr, sgr de Villaines, Moussy, Busseaux, Rouy, Vesvre (c^{ne} Rouy), Segoule, Deux-Villes; chlr de l'ordre, gentilh^e de la ch^{re} du roi, 1621; m^t av. 1626; épousa 1578 Gabrielle *de Boisserand* (4), fille de Claude, écr, sgr de Lamenay, dont il eut : 1° Paul, chlr, sgr de Busseaux et Moussy, 1610; lieut^t de roi à Dieppe, 1er écuyer du duc de Longueville; tué à Argenteuil 1624, célib^{re}; 2° Léonard, suit; 3° Marguerite, dame de Craux (c^{ne} Lamenay), épousa av. 1625 Annet *des Gentils* (5), b^{on} de Lucenay-les-Aix.

enregistrées à la Cour des comptes, 1408; témoin à M^{ins}-Engilbert 1409, du test^t de l'évêque Philippe de Moulins : « *Henrico Boisseran, consiliario regis…* » (*); ép^a Marg^{te} *de Digoine*, dont : 1° Guyot, suit; 2° Guillaume, écr, sgr en partie d'Argoulais (c^{ne} Montsauche), Montsauche (arr^t Ch^{au}-Chinon), Lamenay et Craux (c^{ne} Lamenay) 1457-85, h^{me} d'armes à montre 1469, ép^a av. 1466 Juliite *de Veaulce*, dont : Henri qui semble m^t jeune; 3° Bonne, ép^a Philibert de FRANAY, écr, sgr d'Anisy, veuve 1483; 4° N…, fme de N… Sélerier, dont la fille Agnès S. vendit 1489 sa part de Lamenay aux Boisserand.

III. Guyot, écr, sgr de Craux et Lamenay en p^{ie}, dont hmage 1464, de Montsauche et Argoulais en p^{ie}, et Montrensy (c^{ne} Ouroux), 1454-79; affranchit serfs à Montsauche 1469; h^{me} d'armes à montre 1469; m^t av. 1485 habitant Decize; ép^a av. 1457 Alixand *de Beaumont*, fille de Robert, écr, sgr d'Espeuilles, dont : 1° Jacques, écr, sgr de Lamenay et Craux 1487-1500, baille près M^{ins}-Engilbert 1498, m^t av. 1514, n'eut qu'une fille nat. Claude, mariée à Jean Vas; 2° François, suit; 3° Louis, sgr de Lamenay et Craux en p^{ie}, 1489-1514, maître d'hôtel du Cte Nev., teste, célibataire, 1515, donnant 20 l. à Guill^e, son fils naturel; 4° Philiberte, 1485-87.

IV. François (**), écr, sgr de Lamenay, Montsauche en p^{ie} 1499-1526, achète 1/2 de Peron (ch^{nie} Cercy-la-Tour) 1526; ép^a av. 1518 Adrienne de GIRARD de Passy, dont : 1° Philippe, suit; 2° Jean, sans alliance; 3° Guyonne; 4° Marie; tous trois mineurs en 1531, ont fait hmage pour Lamenay en 1539.

V. Philippe, écr, sgr de Lamenay et Craux dont

hmage 1531 et 39, ép^a av. 1540 Barbe *de Courtenay*, fille d'Hector, chlr, sgr de la Ferté-Loupière, dont : 1° Claude, suit; 2° Jean, chanoine de Nevers 1564-66; 3° Joachim, baille, par^{se} de Cossaye, avec ses frères, 1566.

VI. Claude, écr, sgr de Lamenay, Craux, Chevaines, 1/2 de Peron, 1547-75, fait hmage pour Lamenay 1575, n'eut qu'une fille unique, Gabrielle de Boisserand, mariée 1578 à Gilbert d'ARMES, sgr de Busseaux.

Armes : De sable à la croix ancrée d'argent.

Sources : D. Plancher, III. — Arch. Nièv. E. — Bétencourt. — *Inv.* Marolles. — Orig^x Sté niv. coll^{on} de Soultrait. — Arch. nat^{les}, P. 470. — Bibl. nat^{le}, orig^x, 20,054, v. 896. — Minut. not^{res} M^{ins}-Engilbert. — Reg. par^x Decize.

Éteints.

(5) DES GENTILS. — *De Nivernois.* — I. Jean Gentilz (***), écr (fils d'autre Jean), écr, sgr d'Auzon (c^{ne} Lucenay-les-Aix), et la Cave en p^{ie} (c^{ne} Beaumont-Sardolles) 1443-57, h^{me} d'armes aux montres Nev. 1467 et 69, m^t av. 1477, avait pour frère : Pierre, écr, sgr d'Auzon et d'Aulnay en p^{ie} (ch^{nie} de Ganay) 1444-72, sans post^é; Jean, ép^a v. 1450 Jeanne des Coustures, dont : 1° Guyot, suit; 2° Marit, écr 1489, mineur en 1477; 3° Philippe, prêtre 1526; 4° et 5° Jean et Jean le Jeune 1477, au ban de Niv. 1503; 6° Marguerite.

II. Guyot, écr, sgr d'Auzon, qu'il dénombre 1477, Aglan (c^{ne} Lucenay-les-Aix) 1477-96, ép^a 1489 Françoise de Buyat, fille d'Archambault, sgr du Meuble, dont : 1° Pierre, suit; 2° Catherine, ép^a av. 1536 Adrien *de La Varenne*, écr, sgr du Parc-en-M^{and}.

III. Pierre, écr, sgr d'Aglan, la Cave, les Écots

(*) Au XVe s. les Boisserand sont institués collateurs d'une chapelle dans l'église de Moulins-Engilbert.
(**) Cette famille s'appela au XVIe s. : de Boisserand.
(***) Le nom s'est écrit : Gentilz jusqu'au XVIIe s.; puis : des Gentils.

IX. — Léonard d'Armes, chlr, dit : comte de Busseaux ; sgr de Moussy, Vesvre, Rouy, Segoule, Deux-Villes, la Barre (c^ne Rouy), S^t-Cy-Fertrève en p^ie, Lamenay en p^ie (c^on Dornes) ; achète la Boube (c^ne Rouy) 1652 ; chlr de l'ordre, lieut^t de chevau-légers, 1632 ; gentilh^e de la ch^re du roi, 1645-63 ; m^t av. 1667 ; épousa 1646 Laurence de Dysimieux (Dauphiné), fille de César, gouv^r de Vienne, maintenue 1668, inhumée à Moussy 1671, dont il eut : 1° Anne-Henri, suit ; 2° Antoine-Fr^s-César, prêtre, docteur en Sorbonne, prieur de St-Saulge 1687-98, sgr de Moussy, Rouy, Segoule, qu'il donne 1698 à Jeanne-Ursule *de Pracomtal*, sa belle-sœur ; m^t 1708.

X. — Anne-Henri d'Armes, chlr, c^te de Busseaux, sgr d'*id.* et de Marlou (c^ne Saxy-B^on), Chantenay (c^ne Rouy), Chevannes-Gazeaux (c^ne Billy), né à Moussy 1648 ; cap^ne dans mestre camp.gén^ale 1678 ; commande l'escadron du ban Niv. 1680 ; lieut^t de roi de Niv. Donziois 1692 ; blessé à Lens et Sénef ; achète 1683 Malnay, Servandet, Cras, Mussié (tous : c^ne Rouy) et Charaut (c^ne Tintury) ; hmage pour Joye (c^ne Rouy) 1688 ; dénombre la Boube 1670 ; m^t av. 1706 sans posté. ; épousa 15 mars 1679 Jeanne-Ursule *de Pracomtal* (6), fille d'Henri et de Claude Harod ; elle fit don à l'église Rouy 1717 et légua à son neveu les biens de la maison d'Armes, éteinte.

(c^ne La Machine) 1540-41, mari de Gabrielle *des Réaux*, dont : 1° Philibert, suit ; 2° Jean, sgr des Écots en p^le 1556 ; 3° Georges, écr, sgr de la Cave, les Écots en p^le 1561-63, ép^a 7 janvier 1561 Renée de La Ferté-Meung, fille de Barthélemy, sgr de Challement, dont : Edmée des Gentils, sous la tutelle de Philibert, son oncle, 1575, ép^a 1583 Renaut *de Marcellanges*, écr, sgr de la Grange-Cossaye.

IV. Philibert, écr, sgr d'Aglan, Auzon et les Écots, 1556-94, h^me d'armes au ban Niv. 1554, fait hmage à ch^nie Decize 1575, m^t 1596, père de : 1° Antoine, suit ; 2° peut-être : Jean-B^le des Gentils, c^te du Bessay, maréchal de camp en 1651.

V. Antoine, chlr, dit : b^on de Lucenay (c^on Dornes), sgr d'Aglan, Auzon, les Écots, la Cour-du-Bois (c^ne Lucenay-les-Aix), Beize (*id.*), Montjournal en p^le (*id.*), 1/2 de Cossaye (c^on Dornes) et Ris (c^ne Cossaye) 1602-39, chlr de l'ordre, un des cent gentilh^es m^on du roi 1626, échange les Écots 1617, m^t 1639, ép^a v. 1595 Jeanne de Bonnay, fille d'Antoine, dont : 1° Annet, suit ; 2°, 3° Florimond et Anne, m^ts jeunes.

VI. Annet, chlr, sgr d'*id.* et du Bessay, qu'il achète 1641 (c^ne Toury-s.-Jour), le Perray (*id.*), le Jay (*id.*) 1627-57, gentilh^e chr^o du roi 1642, m^t 1657 à soixante ans, ép^a av. 1625 Marguerite d'Armes, ci-dessus, qui lui porta Lamenay, Craux et Chevannes, et dont il eut : 1° Antoine-Fr^s, suit ; 2° Paul-Léonard, sgr de Lamenay, Craux, Chevannes, 1/2 de Cossaye, Chenay et Ris 1662-84, ép^a 27 févr 1683 Anne-Catherine de Rolland, fille de Fr^s, qui lui porta Couëron (c^ne Thaix), Martigny (c^ne Cercy), Vendonne (*id.*), vendus 1714, dont : *a*, Marie-Ant^te 1684-92 ; *b*, Fr^se, ép^a 1701 Hector-Ant. Saladin *de Montmorillon*, chlr, sgr de Lusigny ; *c*, Laurence-Fr^se, ép^a av. 1720 Louis, m^is de St-Thomé ; 3° Paul-Laurent, comm^r de Malte 1685-92 ;

4° Gabrielle, religieuse à St-Menoux 1650 ; 5°, 6° Claude et Aimée, relig^ses à Autun ; 7° Léonarde, relig^se à N.-D. de Nevers.

VII. Antoine-François, chlr, b^on de Lucenay et du Bessay, sgr d'Aglan, le Perray, le Jay et Lamenay en p^io 1659-84, m^t av. 1689, ép^a 25 nov. 1662 Marie d'Aumale, veuve de J. de Jaucourt, b^on du Vau et de Lugny, dont : 1° Anne-Paul-L^t, suit ; 2° Madeleine, dame du Bessay et Aglan, qu'elle vend 1720 (*), sans alliance.

VIII. Anne-Paul-Laurent, chlr, dit : c^te du Bessay, sgr de Lucenay, Beize, la Cour-du-Bois, Montjournal 1696-1713, chlr de St-Louis, mestre de camp de cav^ie, ép^a av. 1700 Fr^se de Guiderbouze (?) de Cléran, dont une fille : Ant^te-L^se-Gabrielle, née 1710, mariée av. 1720 à Henri, c^te de Vassé, guidon gendarmes de la garde.

Armes : De sable, à l'aigle d'argent couronnée d'or et une bordure d'argent chargée de huit croisettes pattées du champ.

Sources : Inv. Marolles. — *Carrés* de d'Hozier, 5, 175, 291. — Arch. Niév. E et B. — D. Caffiaux, 1234. — Arch. ch^aux Vandenesse, Poiseux, le Tremblay. — Courcelles, Dict^re des généraux fr^s. — Reg. par^x Lucenay-les-Aix, Thaix, Moussy, St-Étienne-Nevers. *Éteints.*

(6) DE PRACOMTAL. — *Du Dauphiné.* — Foulques de Pracomtal se croisa 1191. — Nombreux chlrs près Montélimar, au XIIIe s. — D'une br. établie en Bgogne, à Soussey, est issue : Louise de Pracomtal, ép^a 1648 Fr^s de Damas, c^te de Crux et Demain. — De la br. des sgrs d'Anconne (Dauphiné) descend : Henri de Pracomtal, chlr, marié 1644 à Claude Arod, sœur de Melchior, b^on de St-Romain, ambass^r en Suisse, abbé de Corbigny 1652-94, d'où : 1° Armand, suit ; 2° Jeanne-Ursule, ép^a 1679 Anne-Henry d'Armes, ci-dessus, m^te 1744 sans post.

(*) La famille des Gentils fut ruinée par le système de Law ; Mlle du Bessay vendit Aglan, et Mme de Lamenay : Craux, Lamenay, 1/2 de Cossaye, à Bonfils et Girard d'Espeuilles, 1720-21.

V. — INNOCENT D'ARMES (2ᵉ fils de Jean), écr, sgr de Busseaux, Moussy; hᵐᵉ d'armes à montre Nev. 1467 ; capⁿᵉ cⁱᵉ de gendarmes à Decize 1474 ; mᵗʳᵉ d'hôtel du Cᵗᵉ Nev. 1477 ; fait hmage biens pr. Decize pour Jᵗᵉ du Bois, sa mère, 1457 ; hmage pʳ Busseaux 1464, pʳ biens pr. Champallement 1487 ; épousa Philiberte de Guippé (*al.* de Guipy) (*), dame de Chatenay (cⁿᵉ Rouy).

VI. — DIDIER D'ARMES, écr, sgr de Busseaux, Moussy, Sancenay (cⁿᵉ Sᵗ-Révérien), eut de Marie *de Pernay*, dame de Vesvre : 1° Jean, suit. Il eut aussi un fils naturel : Jean, marié v. 1560 à Antᵗᵉ Mérot, dont : *a*, Jean d'Armes, écr, qui d'Esther Poupaille (Angoumois) eut : *a'*, Louise, épousa 1611 Frˢ de Lage, écr, et *b'* Jeanne, épousa 1616 Frˢ DE CHÉRY, écr, sgr de Montgazon ; *b*, Louis, écr, sgr de Sancenay, mᵗ à Moussy sans posté. 1625, épousa 25 jᵉʳ 1594 Louise DE CHÉRY, fille de Nicolas ; *c*, Charlotte, épousa 1588 Edme Robelin, de Lurcy.

VII. — JEAN D'ARMES, chlr, sgr de Busseaux, Moussy et Vesvre (cⁿᵉ Rouy), a procès au Parlᵗ 1512 ; tuteur des enfants de Louis d'Armes 1533 ; mᵗ av. 1558 ; épousa : 1° Jeanne *de*

A. ARMAND, mⁱˢ de Pracomtal, lieutᵗ génˡ armées, tué à Spire 1703, épˢ 1693 Catherine-Frˢᵉ de Mornay-Montchevreuil, dont une fille, et :

B. LÉONOR-ARMAND, sire de Châtillon-en-Bazois, bᵒⁿ de Bernière (cⁿᵉ Châtillon), Vesvre, Rouy, Moussy, Busseaux, Chevannes-Gazeaux, Mingot (cⁿᵉ Châtillon), chlr Sᵗ-Louis, lieutᵗ de roi en Nivernois 1717, mestre camp cavˡᵉ 1719, s.-lieutᵗ chevau-légers-garde 1720 ; légataire univᵉˡ de sa tante la clᵘˢˢᵉ d'Armes, acheta Châtillon et Bernière 1735, dont hmage au duc Nev. même an ; épˢ 12 juillet 1723 Catherine Boucher d'Orsay (Dauphiné), mᵗᵉ à Châtillon 1765, dont : 1° Charles-Jean, relig. théatin 1746 ; 2° Arnoul, suit ; 3° Antoine-Charles, cᵗᵉ de P., sgr de Châtillon et Bernière, chlr Sᵗ-Louis, capⁿᵉ-lieutᵗ gendarmes-garde 1772, maréchal de camp 1780, guillotiné sous la Terreur 1794, sans post. ; 4° Anne-Margᵗᵉ, épⁿ 1746 Adrien Bloquel de Croix, bᵒⁿ de Wismes.

C. ARNOUL, chlr, sg d'*id.*, né au ch. Vesvre 1725, capⁿᵉ régᵗ du roi, guidon des gendarmes-garde 1748, mᵗ 1754, épⁿ 19 février 1753 Anne-Charlotte *Thiroux* de Montregard, fille de Pierre, écr, dont :

D. LÉONOR-CLAUDE, mⁱˢ de P., sire de Châtillon en pˡᵒ, etc., gendarme de la garde 1769, capⁿᵉ au Royal-Cavⁱᵉ 1773, mᵗ 1776 ; épⁿ 18 mai 1772 Claude-Gabrielle de Pertuis, fille d'Antoine-Guy, mⁱˢ de P., dame d'honⁿ de Madame Victoire, dont : 1° Léonor-Anne-Gˡ, suit ; 2° Charles-Ant.-O., mᵗ 1786 ; 3° Agathe, épⁿ 1800 Alexandre-Bᵈ-Pierre, mⁱˢ de Froissard, pair de Fr.

E. LÉONOR-ANNE-GABRIEL, sgr de Châtillon, Vesvre, Busseaux, Rouy, etc., né 1773, chlr Sᵗ-Louis et Légion

d'Hʳ, s.-lieutᵗ gendarmes-garde 1814, colonel 1815, député de la Nièvre 1815, mᵗ 1838 ; épⁿ 8 février 1804 Amélie-Mⁱᵉ-Lˢᵉ de Gramont, fille du duc de Caderousse, mᵗᵉ 1840, dont : 1° Gabriel-Mⁱᵉ-Edmond, suit; 2° Louis-Al.-Rostaing, cⁱᵉ de P., pprᵉ de Briffaut (cⁿᵉ Sᵗ-Hilaire), né 1813, mᵗ 1859, épⁿ Jeanne de La Roue, dont : *a*, Charles-E.-Rostaing, épⁿ Louise de Suarès-d'Aulan ; *b*, Agathe, mᵗᵘ célib.

F. GABRIEL-Mⁱᵉ-EDMOND, pprᵉ de Châtillon, né 1804, chlr de Sᵗ-Ferdinand d'Esp., page 1821, s.-lieutᵗ des hussards-garde, mᵗ 1875, épⁿ 1829 Frˢᵉ-Antⁱᵉ-Claire d'Hunolstein, fille du pair de Fr., dont : 1° Ch.-L.-Richard, suit ; 2° Félix-P.-Arthur, s.-lieutᵗ de carabiniers, mᵗ 1868 célib.; 3° Christine-Mⁱᵉ-Phil., épⁿ 1852 Frˢ-Polydore, cⁱᵉ de La Rochefoucault.

G. CHARLES-LÉONOR-RICHARD, mⁱˢ DE PRACOMTAL, né 1831, chlr Légion-d'Hʳ, lieutᵗ hussards 1857, chef-bᵒⁿ mobiles Nièvre 1870, consᵉʳ génⁿˡ Nièvre, épⁿ 1858 Amélie-Gabrielle Blerzy, dont : 1° Joseph-Ant.-Foulques, épⁿ 1891 Bonne de Sᵗ-Vallier (**) ; 2° Victor-P.-Armand, né 1865 ; 3° Mⁱᵉ-S.-Hᵗᵉ-Amélie, mariée à Gaétan, vᵗᵉ de Chézelles.

Armes : D'or, au chef d'azur chargé de trois fleurs de lys du champ.

Sources : Arch. Nièv. B, E et Q. — Minut. notᵉˢ Minⁱ-Engᵗʳᵗ. — Arc. chᵃᵘˣ Vandenesse et Châtillon. — Origᵗ Stᵉ Niv., collⁿ de Soultrait. — Reg. parˢ de Rouy, Châtillon, Chevannes-G. et Mingot. — D'Hozier, reg. III.

Existants dans la Nièvre.

(*) La fᵐᵉ d'Innocent d'Armes pourrait être une *de Maisoncomte*, de Guipy (cᵒⁿ Brinon), car dans un appel de la baillie du Cᵗᵉ Nevers, de 1463, par Louise de Barges, veuve de Jean de Maisoncomte, il est question de « *filia sua quam Johannes d'Armes, miles, pro suo nepote in uxorem habere voluerat* ». (Bibl. natˡᵉ, pièces origⁿˡᵉˢ, 1806.)

(**) DE Sᵗ-VALLIER. — Les DE LA CROIX, famille parlementaire de Grenoble, acquièrent de la maison de Poitiers : Chevrières 1560 et le clé de Sᵗ-Vallier 1584. Dé Jean de La Croix de Chevrières, président Parlᵗ Grenoble 1650, descend la br. actuelle, dont : Bonne-Humbert (neveu de Denis, pair de Fr. 1814), père de Jean-Charles de LA CROIX DE CHEVRIÈRES, cᵗᵉ DE Sᵗ-VALLIER, officier cavⁱᵉ, chef-bᵒⁿ mobiles Nièvre 1870, pprᵉ de la Cave (cⁿᵉ Beaumont-S.), mᵗ 1890, épⁿ 1869 Stép.-Cécile Dumont, dont : 1° Charles-Humbert, s.-lieutᵗ chasseurs ; 2° Bonne-Mⁱᵉ, épⁿ 1891 Foulques *de Pracomtal;* 3° Margᵗᵉ, mᵗᵉ 1891.

Armes : D'azur, au buste de cheval d'or, animé de sable, au chef cousu de gueules chargé de trois croisettes d'argent.

Fontenay, dame de Foucheraines, sans enfants, 2° Valentine de Harlus, fille de Jean, b⁰ⁿ de Cremailles (Soissonnais), dont : 1° Charles, mᵗ jeune sans posté. 1558 ; 2° Jeanne, qui porta en 1551 Moussy, Busseaux, etc., à son cousin Louis D'ARMES, sgr de Villaines ; 3° Louise, épousa : 1° en 1558 Jean *de Clèves*, écr, sgr d'Asnois ; 2° v. 1570, Jacques *de Torcy* (7), écr, sgr de Lantilly.

Armes : De gueules, à deux épées d'argent appointées en pile vers la pointe de l'écu, les gardes d'or et une rose de même entre les gardes.

Sources : D. Caffiaux, 1234. — Cab. titres, pᵒˢ origᵃˡᵉˢ 1631 et 2454. — D. Villevieille, 4 et 3. — *Inv.* Marolles. — Arch. mairie Donzy. — Arch. Nièv. E, B. — Copies de Chastellux, à Soc. Niv., — Arch. chᵃᵘˣ Poiseux, Vandenesse, Vergers, Bizy, Sᵗ-Pierre-la-Chap. — Minut. notʳᵒˢ Mⁱⁿˢ-Engᵉ°ᵗ, Prémery. — *Carrés* de d'Hozier, 192 et 272. — Preuves Sᵗ-Cyr, 295 et 304. — Reg. parˣ Moussy, Rouy, Billy-Ch., Sᵗ-Étienne Nev., Decize, Lucenay-Aix, Clamecy. — *Noms féodaux.* — Blanchart, *les Présidents.*

Éteints.

(7) DE TORCY. — *De Bourgogne.* — 1320, Guillaume DE TORCY, chlr, et avant lui feu Gilles de T. ont un fief relevant d'Huban (cⁿᵉ Grenois). 1356, Eudes de Torcy, chlr, et Jeannette de Lantilly, sa fme, transigent pour biens près Montreuillon. 1423, Guillᵐᵉ, écr à tutelle de sgrs d'Aunay. — Jean, écr, sgr de Lantilly (cⁿᵉ Cervon), fonde messes ann. à Cervon (cᵒⁿ Corbigny) 1470, hᵐᵉ d'armes à lance à montre 1469, avec Antoine DE TORCY, brigandinier. — Jean, écr, sgr de Lantilly, transige 1504-08 avec chapitre de Cervon, paraît frère de Madeleine de T., veuve 1522 de Louis DE FRASNAY, écr, sgr de Mouches ; il semble père de : 1° Gaspard, suit ; 2° Balthazar, écr, cosgr de Lantilly 1532 ; 3° Anne, fme en 1528 de Edme de *La Courcelle*, écr, sgr de Vilmolin.

I. GASPARD DE TORCY, écr, sgr de Lantilly, dont hmage à Châtillon 1543, épᵃ 16 fév. 1532 Drouenne de Clairon, dont : 1° Jacques, suit : 2° Jean, religieux à Corbigny 1571.

II. JACQUES, écr, sgr de Lantilly, Venaré, partage 1582, épᵃ : 1° v. 1570 Louise D'ARMES, ci-dessus ; 2° 20 mars 1578 Anne de Crécy (Auxois), dont : 1ᵉʳ lit : Charles, sgr Lantilly en pⁱᵉ 1611 ; Esme, religieux à Corbigny 1608-24 ; Jean, épᵃ av. 1608 Antᵗᵉ *de Juisard ;* Élisabeth, fme de Laurent de La Courcelle, écr, sgr de Pressy ; 2ᵐᵉ lit : Claude, suit.

III. CLAUDE, écr, sgr de Lantilly, dont dénombᵗ à Châtillon 1617, maintenu à Nevers 21 mars 1635, mᵗ 1643, épᵃ 11 février 1614 Frˢᵉ *de Chaugy*, fille de Claude, sgr de Sauvigny-le-Bois, dont : 1° Michel, suit ; 2° Anne, née 1615 ; 3° Catherine, mariée av. 1643 à Louis Le Bacle, écr, sgr d'Argenteuil.

IV. MICHEL, chlr, sgr de Lantilly, dont hmage 1643, et Cervon en pⁱᵉ, acte à Cervon 1637-46, épᵃ : 1° 10 fév. 1643, à Montbard, Bénigne de Damas, fille de Pierre, sgr de Cormaillon ; 2° 18 janv. 1646, Marie *Pitois*, fille de Pierre, sgr de Quincize ; du 1ᵉʳ lit : Bénigne, dame de Cormaillon, épᵃ 1663 Roger de Balathier, b⁰ⁿ de Lantage ; du 2ᵐᵉ lit : 1° Pierre, suit ; 2° Denise-Mⁱᵉ, épᵃ 1679 Claude de Marchand, capitⁿᵉ gardes-du-corps.

V. PIERRE, chlr, sgr Lʸ en pⁱᵉ, Poincy, etc. 1677-1702, refait terrier de Lantilly et Cervon 1685, mᵗ 1713, épᵃ 1684 Françoise *de Rémigny*, dame de Poincy, fille de Paul-Lᵃʳᵈ, sgr de Billy, dont : 1° Antoine-Louis, suit ; 2° Philibert-Ant., chlr, sgr de Cervon en pⁱᵉ, capitⁿᵉ régᵗ de Conti cavⁱᵉ, mᵗ 1734, mari d'Anne-Elisabeth Quentin ; 3°, 4° J.-J. et Lˢ-Edme, mᵗˢ jeunes ; 5° trois filles.

VI. ANTOINE-LOUIS, dit : comte de Torcy, chlr, sgr de Lantilly en pⁱᵉ, Cervon en pⁱᵉ, Sauvage (cⁿᵉ Beaumont-Ferᶜ), la Forêt (cⁿᵉ Sᵗ-Aubin-Forges), Guichy (cⁿᵉ Nannay), né 1692, mᵗ à Lantilly 1765 sans postᵗ., épᵃ 23 mai 1731 Mⁱᵉ-Suzanne-Madᵗᵉ DE ROFFIGNAC, fille de Frˢ-Romarie, cᵗᵉ d'Apremont.

Non rattachés : Louis DE TORCY, chlr, sgr de Trucy-l'Orgˣ (cᵒⁿ Clamecy) 1493-1509, est en 1502 au service en Italie avec Jean de T., son frère ; a procès pour Trucy 1503. — Marie de Torcy, fme en 1660 de Edme *de Pernay*, écr, sgr de Presles, à la Geneste, parˢᵉ d'Aunay.

Armes : De gueules à la bande d'or ; *al.* d'argent.

Sources : Arch. Nièv. E, B et H. — Arch. natˡᵒˢ, p. 470. — *Inv.* Marolles. — Copies de Chastellux, Sᵗᵉ Niv. — Minut. notʳᵒˢ Mⁱⁿˢ-Engilbert. — *Carrés* de d'Hozier, 605. — Reg. parˣ Cervon, Corbigny, Beaumont.

Éteints.

D'AUNAY

FAMILLE originaire de Nivernois.

Prirent leur nom de leur sgrie d'Aunay (cᵒⁿ Châtillon-Bazois) (*). — FERRAND D'AUNAY (*de Onayo*) est témoin à Chᵃᵘ-Chinon 1247. HUGUES, chlr, et FERRAND, son fils, font hmage à chⁿⁱᵉ Montreuillon 1296 ; JEAN, son autre fils, curé d'Ouroux 1309, mort chanoine de Cervon av. 1332, vendit au sgr de Chᵃᵘ-Chinon ses droits sur marchés de cette ville 1312. — JEAN, damᵃᵘ, mᵗ av. 1325, avait biens à Poussignol et droits sur marchés de Mⁱⁿˢ.-Engᵉʳᵗ ; sa veuve Iolande paraît dans aveu à Chᵃᵘ-Chinon.

GAUDRY D'AUNAY, chlr, fait hmage pʳ biens à Cervon 1323 et droits à Mⁱⁿˢ-Engᵉʳᵗ, mᵗ av. 1332 (*dominus Guadricus de Onayo, quondam miles, 1332*), possessionné à Montbaron (cⁿᵉ Cervon) et Coujard, eut : 1º Ferrand, chlr, hmage pour sa sgrie et « maison-fort » d'Aunay et biens à Poussignol 1335 ; 2º Philippe, écr, aveu à Chᵃᵘ-Chinon pour Aunay 1336, mᵗ av. 1354, laissant : *a*, Jean, écr, sgr de 1/2 de Bernay (cⁿᵉ Brinay), aveux de 1354-56-57, est parmi les notables de Mⁱⁿˢ-Engᵉʳᵗ 1369 (**) ; *b*, Jeanne, fait aveu à Verou 1382 ; 3º Reine, mariée en 1332 à Pierre de Sauvigny, écr.

GUILLAUME, écr, qui paraît frère de Gaudry et est sgr d'Aunay en pⁱᵉ, mᵗ av. 1351, eut : Jean, écr, sgr de Bernay en pⁱᵉ et de biens près Limanton (cᵒⁿ Châtillon-Bazois). — Autre JEAN, damᵃᵘ puis chlr, sgr de Fleury-la-Tour (cᵒⁿ Sᵗ-Benin-d'Azy), possessionné près d'Alluy (cᵘⁿ Châtillon) et à Tintury (*id.*) 1340-67. — Jeanne d'Onay a des biens près Touteuille (cⁿᵉ Tintury) 1413.

A. — ÉRARD D'AUNAY, écr, sgr de Bernay, dont hmages 1454-56, avait un frère, Guillaume, qui acte à Tamnay 1457 ; Érard est père de : 1º Guillaume, suit ; 2º Philibert, écr, hᵐᵉ d'armes à montre Nev. 1467, baille près Aunay 1481 ; 3º Jean, 1440 ; 4º Jeanne, veuve en 1504 de Jean *de Mignotie* (1), écr, sgr de Marquereau.

B. — GUILLAUME D'AUNAY, écr, sgr de Bernay et Arcy (cⁿᵉ Limanton), hᵐᵉ d'armes à montre 1469, fait actes et baux près Aunay 1477-81, accorde droit d'usage à hab. d'Arcy 1490 ; mᵗ av. 1493, eut : 1º Louis, suit ; 2º Érard, écr., sgr d'Arcy, 1505-10, et Bernay, en pⁱᵉ, qu'il partage avec ses frères 1525, affranchit serfs parᵐᵉ Limanton av. 1505, mᵗ av. 1540, épousa v. 1525 Louise DE LA PERRIÈRE, dont : *a*, Othelin, écr, sgr de Bernay en pⁱᵉ 1546-85, le dénombre

---

(1) DE MIGNOTIE. — Sont déjà sgrs de Tamnay (cᵒⁿ Châtillon) en 1457, que Jean de Mignotie, écr, en fait hmage ; il est brigandinier aux montres Nev. 1467 et 69. — Jean, écr, sgr de Marquereau (cⁿᵉ Limanton), mᵗ av. 1504, mari de Jeanne D'AUNAY, avait pour frères : Guillaume, écr, sgr de Tamnay en pⁱᵉ 1508, et Érard, écr, sgr de Tamnay, vendit Marquereau, mᵗ av. 1508, père de Jeanne et de Jacqueline, qui épᵃ 1527 Laurent *de Juisart*. — Claude DE MIGNOTIE, écr, mari de Marthe *de Juisart*, avait encore biens près Limanton 1553. (*Inv.* Marolles. — Arch. ch. Limanton.)

Éteints.

(2) DE RODON. — *De Bourgogne.* — GEORGES DE RODON, dam., sgr de Cressy (pr. Bᵒⁿ-Lancy) eut pour fille Isabeau, veuve 1382 de Jean LE BOUR-GOING, sgr Champlevrier, fait hmage près Luzy, et 1397 près La Roche-Millay.

GUILLAUME DE RODON, écr au ban Niv. 1467, plaide près Corvol-l'Orgˣ 1454, hérite 1439 de Villiers par sa fme Jeanne *Grasset*, dont : 1º Guillᵐᵉ, suit ; 2º Germain, habᵗ pr. Corvol-l'Orgˣ 1490, mari de Jeanne de Fontaines, père de Blaise, écr, sgr de Villiers et Sᵗ-Georges (cⁿᵉ Corv.-l'Org.) 1507-28, gentilhᵉ de la Cᵗᵉˢˢᵉ Nev., mᵗ av. 1533, épᵃ Jeanne de Bongards,

---

(*) Le nom s'est écrit : d'Osnay, d'Onay, d'Auniaix, d'Aunay, et très-varᵗ d'Aulnay. Il y eut, en Nivernois, une autre famille d'Aulnay, également d'origine chevaleresque, mais complètement distincte, qui tirait son nom d'Aulnay, près de Ganay-s.-Loire ; ces deux familles ont été confondues et mélangées par les auteurs modernes. Cette erreur est facile, car elles vécurent en même temps, dans la même situation sociale, finirent dans la même région du Nivernois et possédèrent jusqu'à un fief de même nom : Arcy, l'un sur Cure, l'autre près Limanton. Cette seconde sera rapportée aux alliances LE TORT.

(**) En 1451, les chanoines de ce lieu ont une rente sur « la tour d'Onay, assise en la ville dud. Molins et tenant aux murs de la fermeté de lad. ville ». (Arch. chât. Devay.)

1567, en vend partie 1566, saisi à sa mort 1586 ; épousa av. 1540 Claude *de Rodon* (2), dont : *a'*, Fr^se d'Aunay, mariée : *1°* av. 1553 à Gilbert DE REUGNY, écr, sgr de Vandenesse ; 2° en 1559 à Claude DES ULMES, écr, sgr de Trougny, et *b'*, Jeanne, veuve 1586 de Laurent Sylvestre, écr, sgr du Puis (Normandie) ; 3° Jean, écr, sgr de Bernay 1525.

C. — LOUIS D'AUNAY, écr, sgr de Bernay, m^t av. 1525, épousa Gilberte *du Pont* (*), qui lui porta des biens à Épiry (c^on Corbigny), dont : 1° Robert, mineur, 1525 ; 2° Antoine, écr, sgr de Bernay en p^ie et 1/2 d'Arcy 1533-53 ; 3° Pierre, suit ; 4° Roberte, fme d'Antoine du Sel, écr, sgr d'Essarey.

D. — PIERRE D'AUNAY, écr, sgr de Bernay en p^ie, 1/2 Arcy et Anisy en p^ie (c^ne Limanton) 1552-78, fit hmage pour Bernay 1567, épousa av. 1553 Odette *Tridon* (3), dont :

E. — CLAUDE D'AUNAY, écr, sgr de Bernay, y acte 1578, et à Poussignol 1599 ; testa 1602 ; épousa 25 juin 1578 Jeanne Renaud, fille de Léonard (Vézelay), dont : 1° Sébastien, suit ;

dont : *a*, Madeleine, fme en 1537 de Louis *de Blosset*, écr, sgr de St-Georges, et *b*, Renée, fme de Claude Daubreau, écr, sgr de Corsevault.

GUILLAUME, écr, sgr de Cordas (près Vandenesse) 1471, écr d'écurie du Cte Nev. 1477-79, ép^a av. 1460 Gilberte St-Père, dont : 1° Denis, écr, sgr de Cordas et du Bouchet (c^ne Villapourçon), ép^a 1507 Antoinette *de La Chaume*, père de Marie, fme de Jean *de Rochechouart*, sgr d'Illand, Cordas et le Bouchet 1551 (**) et de Claude de Rodon, fme d'Othelin D'AUNAY, ci-dessus ; 2° Louis, mineur, 1471 ; 3°, 4° Isabeau et Marg^te.

Sources : Arch. Nièv. E, f. Chassy. — *Inv*. Marolles. — D. Caffiaux, 1234. — Preuves P^te-Écurie, Blosset.

Éteints.

(3) TRIDON. — *De Nivernois*. — Connus à Château-Chinon depuis le XVe s. — Pierre Tridon fait aveu 1504 du moulin de Rhonon (c^ne Corancy), que sa petite-fille Louise T. porta v. 1580 à Fr^s *de Champs*. — Jean, bourg^s de Ch.-Chinon, 1518-30. — Esme, proc^r fiscal 1531, garde du scel 1536. — Claude, sgr de la Queudre (c^ne Cervon) 1518-22. — Étienne, garde-scel 1552. — Fr^s, m^and à M^ins-Engilbert 1565-95, mari de Jacq^te Bernard. — Gilbert, m^and à Lormes 1599-1601, mari de Jeanne Comaille. — Christophe, juge de Montreuillon 1577-82, père d'Antoine qui de N. Gauthé eut Ant^te, fme de Jean *Bornc* 1668.

NICOLAS TRIDON, juge de Ch.-Chinon 1563, lieut^t gén^al à ce baage 1598-1606, paraît père de : Fr^s, av^at 1596-1616, lieut^t gén^al au baage 1621-36, ép^a av. 1616 Marie Clémendot, dont : 1° Pierre, suit ; 2° Étienne, bourg^s à Ch.-Chinon 1663, m^t av. 1690. ép^a Lazare *Richou*, dont : Anne, mariée 1690 à Joseph Baudrion. — Pierre, lieut^t gén^al baage Ch.-Chinon 1658, m^t 1661, ép^a Jeanne *Vaucoret* (***), dont : Jean, av^at, ép^a 1694 Madeleine *Bruandet*, dont : Jean, élu à Ch.-Chinon, ép^a 1723 Louise Richou, dont 2 filles : Marie, ép^a 1750 Gab^l *Gondier*, sgr de Fragny, et Geneviève, ép^a 1743 Dominique Vaucoret.

SÉBASTIEN TRIDON, élu à Ch.-Chinon 1591-1616, sgr de Bussy (c^ne Poussignol), ép^a Anne Vaucoret, dont : 1° Jean, élu 1625-52, ép^a : *1°* Fr^se *Le Breton* ; *2°* av. 1637 Jeanne Dubosc, eut du 1er lit : Sébastien, bourg^t à Ch.-Chinon 1642 ; 2° Christophe, av^at 1627 bailli de La Tournelle 1648, ép^a Jeanne Vaucoret, dont : *a*, Marie, née 1629, ép^a en 1649 Lazare *Bruandet*, prés^t élection Ch.-Chinon, puis en 1671 Fr^s DE COTIGNON, écr, sgr de Mousse ; *b*, Étienne, av^at, mari de Marie Vaucoret, père de Jeanne, mariée 1684 à Abel Bruandet ; *c*, Christophe ; *d*, Hugues, chanoine Nev. 1673-92.

CLAUDE TRIDON, sgr de Vermenoux (c^ne Ch.-Chinon-Camp.) 1601, eut de Georgette de Montlevrain : Claude, sgr Vermenoux 1640-61, qui de Madeleine *Guillaume* eut : Charles, sgr Vermenoux, ép^a : *1°* av. 1671 M^le Joffriot ; *2°* 1676 Fr^se *Doreau*, fille de Jacques, sgr Chevannes, dont : 1° Jacques, sgr Vermenoux, Fontenailles

(*) DU PONT. — Il y eut plusieurs familles de ce nom en Nivernois. Celle-ci posséda Épiry (c^on Corbigny) depuis fin du XVe s. — Jean DU PONT, écr, sgr d'Épiry, par sa mère Adrienne de Breuille, en fait hmages 1527 et 34. — Jean, écr, sgr d'Épiry 1540-54-57 ; Pierre, 1583. — Un du Pont soutint le siège de Lormes 15... — Dans les sgrs d'Aringette (c^ne Chaumard) : Jean du Pont 1517 ; Gilbert 1525, receveur des aides à Ch.-Chinon. — D'autres du Pont sont alliés aux de Blanchefort. — (*Inv*. Marolles. — Minut. notr^es M^ins-Engilbert. — Arch. Nièv. E, f. Chassy.)

(**) Sa fille Catherine de Rochechouart est dame de Cordas et du Bouchet 1583 veuve de Claude de Boisserand, et remariée alors à Imbert de Paris, sgr d'Arthel.

(***) VAUCORET. — Bourg^s et marchands à Ch.-Chinon aux XVIe et XVIIe s. En outre : Blaise Vaucoret, notaire 1559. Odet, mesureur au grenier sel Ch.-Chinon 1570, fils de Dimanche V, greffier au baage, qui acheta Argoulais (c^ne St-Hilaire) 1559. Edme, président en l'él^on Ch.-Chinon 1593-1606. Jean, gruyer 1703-05. Edme, lieut^t en l'él^on 1612. Jean, id. 1633-36. Jean, gruyer 1644-57. Lazare, écr^t au baage 1663-73. Jean, grènetier 1679. Fr^s, échevin Nevers 1704. Jean, lieut^t-colonel, chlr St-Louis, 1764. Edme, lieut^t au baage, sgr Champigny (c^ne St-Hilaire) 1771. — Les pp^ales alliances sont : au XVIe s. : Boillot, 2 Tridon, de Montlevrain, Jacob 1570, Coujard, Sallonnier, Pitois, Bruandet ; au XVIIe s. : de Champfeur, 2 Moreau, Pitois, Tridon, Bonneau, de Vallery, Mouillefert 1629, Jacob 1629, Dubost 1637, Millin 1644 et 1674, Richou 1647, Thoumelin ; au XVIIIe s. : Rousseau 1702, Bruandet, Bélard 1709, Pellé 1722, Buteau 1723, Cottin, Tridon 1743, de Courmont 1778, Chevrier 1780. — (Minut. notr^es Ch.-Chinon et M^ins-Engilbert. — Arch. Nièv. B. — Reg. par^x Ch.-Chinon, Luzy, Poussignol, Dommartin, Corancy.)

2° Guillaume, écr, sgr d'Épiry en p^ie 1625 ; 3° Marie, épousa v. 1605 François *de Barraut* (4), écr, sgr du Fay.

F. — Sébastien d'AUNAY, écr, dit : baron d'Épiry (c^on Corbigny), dont hm'age au Duc 1635, sert au ban de Niv. 1639 ; testa 1648 ; épousa 1614 Gabrielle de Bonnard, fille de Jacques, écr, sgr de Souvert, dont : 1° Claude, suit ; 2° Sébastien, écr, b^on d'Épiry 1667-73, reçoit lettres-terrier 1672, sans alliance ; 3° Charles, écr, sgr du Chaignot (c^ne Mont-et-Maré) 1631-59, épousa Françoise *de Barraut* (4), dont : *a*, François, écr, sgr du Chaignot, m^t av. 1668, épousa Esmée *d'Escorailles*, fille de Jean, sgr de Turigny, dont une fille m^le jeune 1665 ; *b*, Jeanne, mariée av. 1662 à Étienne Bunot, greffier à Ch.-Chinon ; *c*, Lazare, née 1639, épousa Fr^s Chenu, chirurgien à Châtillon ; *d*, Edmée, épousa av. 1670 Jean de BONGARDS, écr.

G. — Claude d'AUNAY, écr, b^on d'Épiry 1639-59, épousa 17 oct. 1637 Urbaine Roumiers, veuve de Paul LE PRESTRE, sgr de Vauban, et fille de Sébastien (Vézelay), dont : Jeanne, dame d'Épiry, épousa 1660 Sébastien LE PRESTRE DE VAUBAN, depuis maréchal de Fr.

Non rattachés : Othelin d'Aunay (peut-être neveu d'Érard), écr, sgr de Touteuille (c^ne Tintury), y baille et achète 1525-46, m^t av. 1549, épousa Jeanne de REUGNY, fille de Philippe, sgr de Reugny, dont : 1° Georges, min^r, 1549, probabl^t père de Jacqueline, fme d'Esme LE TORT, écr, sgr de Toutenille 1575 ; 2° Jean, écr, sgr du bas-fort d'Aunay 1552-89, h^me d'armes au ban Niv. 1554, semble père de Jeanne, veuve en 1602 de Charles d'ANLEZY.

Armes : D'or, à trois losanges de gueules (*).
Sources : Arch. nat^les, p. 138. — *Inv.* Marolles. — Orig^x coll^on de Soultrait, à S^té Niv. — D. Villevieille, 40. — C^et Titres, pièces orig^nles, 138. — Arch. ch^x Tremblay, Limanton, Vandenesse. — Minut. not^res M^ins-Engilbert, Montreuillon. — Arch. Nièv. B et E. — *Carrés* de d'Hozier, 315. — Reg. par^x d'Aunay, Montreuillon, Châtillon, Decize, Montigny-M^nnd.

Éteints.

(c^ne Châteauneuf-Bargis), Nannay en p^ie (c^on La Charité), officier rég^t du roi 1706-10, capit^ne des chasses du Duc Nev. 1727-31, ép^a : 1° Marie Courville ; 2° 1709 Mlle-Fr^se *Thibaut,* fille de Fr^s, sgr Garchy ; 3° 1710 Anne *de La Vigne,* fille de Pierre, sgr Bulcy ; 4° Jeanne Maignan ; eut plusieurs garçons m^ts jeunes et 4 filles ; 2° Jean-Louis, sgr de Nannay en p^ie, Pernay (c^ne Nannay), Malvoisine (*id.*), m^t 1758, ép^a : 1° 1713 J^ne-Élisabeth *du Ruel,* fille de Ch.-Henri, sgr Montécot ; 2° 1724 Claude *de La Vigne,* sœur d'Anne ; 3° Cécile Dupont ; il n'eut que Guill^e, m^t jeune, et des filles.

Armes : D'azur, au chevron d'or, accompagné de trois étoiles d'argent, celle de la pointe soutenue d'un croissant du second émail. — *Al. :* De sable, à la bande d'or accompagnée de trois croissants de même.

Sources : Inv. Marolles. — Arch. Nièv. B. — Minut. notres M^ins-Engilbert et Lormes. — Reg. par^x de Ch.-Chinon, St-Hilaire, Nannay, Châteauneuf, Donzy.

Éteints.

(4) DE BARRAUT. — Viennent de *l'Avallonnais.* — François de Barraut, écr, sgr du Fay (c^ne Alligny-Morvand), qui ép^a Marie d'AUNAY, eut par elle Épiry en p^ie (c^on Corbigny), acheta av. 1621 Blain (c^ne Épiry), baille pr. Montreuillon 1620, eut : 1° Jean,

suit ; 2° Jacques, écr, sgr de Charnoy (c^ne Montigny-M^nnd) 1650-95, ép^a av. 1651 Jeanne *de La Courcelle,* m^te 1673, dont : *a*, Jean, curé de Cervon 1687-92, abbé de Cure 1699-1708 ; *b*, Marie, ép^a 1691 Claude *de Juisart,* écr, sgr de Tamnay ; *c*, Jeanne, 1688-95 ; 3° F^so, ép^a av. 1631 Charles d'AUNAY, écr, sgr du Chaignot ; 4° Marie, ép^a 1630 Joachim *de Carreau,* écr, sgr de Thaveneau ; 5° Claude, veuve 1648 de Claude *de Juisart,* écr, sgr de Plotot.

Jean de Barraut, écr, sgr d'Épiry en p^ie, le Fay, Creux (c^ne Épiry) 1650-67, m^t av. 1670, ép^a Edmée Bunot, dont : 1° Claude, écr, sgr du Fay, Épiry en tr. petite p^ie, le Creux 1673, testa 1675, ép^a Phil^te Gerbaut, fille de Gabriel, lieut^t maréchaussée Ch.-Chinon, dont : *a*, Pierre, part pour l'armée 1688, m^t sans post.; 2° Jean, écr, sgr des Creux 1673-76 ; 3° Charles, écr, sgr des Isles (c^ne Épiry) 1673-94, sert en 1675, m^t sans post., ép^a 1677 Jeanne de CHARGÈRES, fille de Hugues, écr, sgr de Vaux ; 4° Jeanne, ép^a av. 1672 Hugues de CHARGÈRES, écr, sgr de Vaux, puis Georges de BONGARDS, écr, sgr de Grosbois.

Sources : D. Caffiaux, 1234. — Arch. Nièv. E et B. — Minut. notres Montreuillon et Lormes. — *Inv.* Marolles. — Reg. par^x Dirol, Cervon, Montigny-M^nnd.

Éteints.

(*) Ces armes sont données par une ancienne généalogie des Ulmes ; celles qui se trouvent dans Marolles et le c^te de Soultrait appartiennent à l'autre famille *d'Aulnay,* de Gannay, Lys, etc.

DE BAR

RIGINAIRES de Berry.

Y sont cités fin du XIIIᵉ s., mais doivent leur élévation à leur service près de Jean duc de Berry. — Jean de Bar, varlet de la chambre de ce duc, eut pour petits-fils : 1º Jean, suit ; 2º Pierre, suivra.

A. — JEAN DE BAR, chlr, sgr de Baugy et de La Guerche (quatrième baronnie du Nivernois), chambellan de Charles VII, bailli de Touraine, recevᵣ génᵘˡ de France, acheta 1445 les sgries de La Guerche et du Gravier (cⁿᵉ La Guerche) ; en fit hmage au comte Nev. 1464 ; y fait acquisitions 1452-67 ; est commis par l'assemblée Nevers 1456 pour imposer l'aide ; mˡ 1469 ; eut : 1º Robert, qui suit ; 2º Nicolas, sgr de La Guerche en pⁱᵉ 1469, sans postérité.

B. — ROBERT DE BAR, chlr, baron de La Guerche, sgr du Gravier, dont hmage au comte Nev. 1469, échanson du roi ; hme d'armes à montre Nev. 1469 ; député aux Etats de 1484 ; acte à La Guerche 1468-89 ; mˡ 1498 ; épousa Madeleine Fournier de Châteauneuf, dont il eut : 1º François, suit ; 2º Madeleine épousa 1494 Jean *de Courtenay*, chlr, sgr de Bléneau.

C. — FRANÇOIS DE BAR, baron de La Guerche, etc. ; 1ᵉʳ chambᵘⁿ du Dauphin, 1524 ; maître d'hôtel maison du roi ; hme d'armes au ban Nevers, 1503 ; reçoit lettres à terrier pour La Guerche, 1504 ; y acte 1510-27 ; mˡ 1530 ; épousa Renée de Montberon, fille de René, sgr d'Avord, dont il eut : 1º François, suit ; 2º Jacquette, épousa Frˢ DE CHÉRY, écr, sgr de Moulin-Porcher ; 3º Marguerite, femme de Gilbert DE BONNAY, écr, sgr de Demoret ; 4º Jeanne, fme de Jean DE DAMAS, chlr, sgr d'Anlezy ; 5º Françoise, veuve en 1556 de Jean *de Jaucourt*, chlr, sgr de Villarnoul.

D. — FRANÇOIS DE BAR, baron de La Guerche, Baugy, etc., 1543 ; mˡ av. 1572 ; épousa 1545 Catherine *de Chabannes*, fille de Joachim, comte de Curton ; sans posté.

PIERRE DE BAR, sgr de Villemenard, 1436 (frère de Jean), est l'auteur des barons de Limanton en Nivernois ; son arrière-petit-fils fut :

I. — FRANÇOIS DE BAR, chlr, sgr de Buranlure et Billeron (Berry) 1555 ; chlr de l'ordre, gentilh. mᵒⁿ du roi 1563 ; mᵗʳᵉ d'hôtel de la duchesse Nevers, 1555 ; épousa 28 juin 1538 Paule *du Chesnay* (1), fille d'Edme, sgr de Neuvy-s.-Loire, dont entre autres : 1º Antoine, suit ;

---

(1) DU CHESNAY. — *D'Orléanois.* — Hommes d'armes au baage de Gien dep. 1220 ; en Gâtinois 1335. Regnault du Chesnay, mᵗʳᵉ d'hôtel du roi 1480, eut pour fils :

I. GUYOT DU CHESNAY, chlr, sgr de Neuvy-sur-Loire (cⁿ Cosne), les Barres (châᵗⁿⁱᵒ Donzy) 1481-91,

échanson du duc de Guyenne 1469, son mᵗʳᵉ d'hôtel 1471, puis de Louis XI et Charles VIII, mˡ 1491 ; épᵃ av. 1481 Agnès *de Corquilleray*, dame de Neuvy, les Barres et Longueron, fille de Guillᵉ, dont : 1º Edme, suit ; 2º Frˢ, écr, sgr de la Cour-du-Bois 1523 ; 3º et trois filles.

2º Françoise, dame de Tracy-s.-Loire (c^{on} Pouilly) qu'elle porta, 1586, à Fr^s D'ESTUT, chlr, sgr de St-Père, étant alors veuve de Louis de Chesnevert, écr.

II. — ANTOINE DE BAR, chlr, sgr de Buranlure, chlr de l'ordre 1571, gentilh. ch^{re} du roi ; prit Sancerre et en fut gouv^r, 1573 ; transige à St-Pierre-du-Mont, 1583 ; épousa : 1º 1560 Marg^{te} Le Roy (Berry), 2º 13 déc. 1584 Madeleine *Babute*, veuve d'Etienne DE MAUMIGNY, écr, sgr de la Brosse et fille de Gaspard B., sgr de Froidefond ; il eut du 1er lit : 1º Guill^{me}, suit ; 2º Jean, écr, sgr de Grimonville, épousa 1589 Louise de Lage, dont : Sylvain, marié à Cosne 1632 avec Louise de *La Roche-Loudun*, fille de Jean, dont : Pierre, qui d'Henriette de Lannel, eut : *a*, Gilbert de Bar, écr, sgr de Grimonville et Frémouzet en p^{ie} (c^{ne} Sémelay) 1693-1700, épousa av. 1693 Angélique *Robert*(2), fille de Fr^s, s^r de Tramenson ; *b*, Françoise, épousa 1º 1683 François *Thibaut*, écr, sgr de Garchy, 2º 1712 Henri-Gaston *de Chabannes*, chlr, sgr de Ste-Colombe.

III. — GUILLAUME DE BAR, écr, sgr de la Brosse (c^{ne} Donzy) et les Advits (Donziois), dont hmage 1598 ; épousa 25 juil. 1584 Henriette DE MAUMIGNY, fille d'Etienne, sgr de la Brosse et de Mlle Babute, dont il eut : Louis, chlr de Malte ; et :

IV. — Sylvain de Bar, chlr, sgr de la Brosse, les Advits, Vielmanay (c^{on} Pouilly), le Jarrier (c^{ne} La Celle-s-Loire), 1635 ; m^t av. 1663 ; épousa 19 janvier 1620 Gabriel du Mesnil-Simon

II. EDME, écr, sgr de Neuvy-sur-Loire en p^{ie} et les Barres, dont hmage 1533, plaide avec abb. de Roches 1509, bâtit une chapelle à Neuvy, ép^a 21 avril 1514 Geoffrine Le Roux, dont : 1º Jean, suit ; 2º Adrien, écr, sgr des Barres 1550-65, m^t av. 1576, ép^a Edmée *de Beaujeu*, dame de La Maisonfort ; 3º Paule, ép^a 1538 Fr^s DE BAR, ci-dessus ; 4º Françoise, fme d'Eustache de Crévecœur, écr, sgr de Vienne, etc.

III. JEAN, chlr, sgr de Neuvy et les Barres 1550, le Fouloy (c^{ne} Neuvy), Chantereine (*id.*), l'Etang (*id.*), enseigne de la c^{ie} du m^{al} de Bourdillon 1554, prisonnier à bat. St-Quentin 1557, chlr de l'ordre 1569, gentilh. ch^{re} du roi, lieut. de 50 hmes d'armes 1571, m^t 1582, ép^a Claude *de Rochechouart*, dame de la reine-mère 1580, fille d'Antoine, sgr de St-Amand-en-Puisaye, laq. légua 1596 à église Neuvy; d'où : 1º Esmée, dame de Neuvy, le Fouloy en p^{ie}, m^{te} 1604, ép^a 1571 Gaspard *de Courtenay*, chlr, sgr de Bléneau; 2º Jeanne, acheta la chât^{nie} de St-Sauveur-en-Puisaye, ép^a av. 1583 Fr^s d'Agey, chlr de l'ordre, sgr de Briague; 3ⁿ Philiberte, ép^a av. 1583 Charles de Crévecœur.

Armes : De gueules, à trois chaînes d'or mouvantes du chef, posées en pal, soutenant trois coquilles de même.

Sources : Mss de Duchesne, 23. — *Inv.* Marolles. — Cab^t Titres. — Lebeuf, II. — Arch. chât. Bontin. — Inscription égl. Neuvy. — Reg. parois. Neuvy.

Éteints.

(2) ROBERT. *De Nivernois.* — On trouve à Moulins-Engilbert et environs : 1507 Ostelin ROBERT, paroissien de Limanton ; 1540 Gilbert *id.*; Nicolas,

commerçant à M^{ins}-Engil. 1575; Gabriel *id.* 1582; Pierre, échevin M.-Engil. 1582; Jean, comm^t 1584; Lazare *id.* 1602; Jean, juge de M.-Engil. 1602; Pierre, notaire Limanton 1608; Jacques, comm^t M.-Engil. 1613; Pierre *id.* 1639; Nicolas, contrôleur élection Ch.-Chinon 1606; Pierre, procr fiscal 1608; Gilbert, chanoine 1639; Pierre, contrôleur grenier sel 1661; Pierre, lieut. du juge 1676, dont le fils, Nicolas, comm^t M.-Engil., est l'auteur de la br. de Philibert R., juge Nevers 1840 ; etc.

Les ppales alliances, outre celles rapportées ci-dessous, sont : Gaignault 1540, Audigier, Reuillon, Sallonnier, Bernard. — Sallonnier 1601 et 1608, Ferrand 1611, Mocquot, Febvre, Desbœufs, Chamard 1637, Chauvelin (*), Gueneau, Isumbert 1645, Guillier, Arvey 1678, Isambert 1684. — Pougault 1719, Pernin 1719, Guillier 1727, Moreau 1753, Goussot 1764, Déchaux, etc.

Nicolas ROBERT, contrôleur élection M.-Engilbert, ép^a 1608 Jeanne *Goussot*, dont : Lazare, élu, puis contrôleur 1631-49, eut de Marie Baraton : Marie, mariée av. 1655 à Guy *Cotignon*, cons^{er} baage Nev., et François R., contrôleur él^{on} Ch.-Chinon 1654, gentilh. de la fauconnerie du roi 1672-84, s^r de Tramenson (c^{ne} Sermages) et Champs en p^{ie} (c^{ne} St-Léger-F.), ép^a 1655 Charlotte Blanchonnet (d'Auxerre), dont : Jean, subdélégué à M.-Engil. 1696, fit enregistrer ses armes 1699, et Angélique-Gabrielle, née 1661, mariée à Gilbert DE BAR-Grimonville, ci-dessus.

La filiation certaine s'établit depuis :

I. CHARLES ROBERT, proc^r fiscal à M.-Engilbert

(*) Des auteurs modernes ont prétendu, à tort, que Germain Chauvelin, chancelier de Fr., ministre des aff. étrangères 1727-37, descendait des CHAUVELIN de M^s-Engilbert. Les premiers sont origin. de Bretagne 1484, et sont de père en fils : proc^r gén^{al} de Catherine de Médicis ; *id.* de Marie de Médicis ; recev^r gén^{al} Gén. Paris ; m^{tre} requêtes 1643 ; intendant Picardie ; chancelier de Fr. 1727. — Ceux de M^s-Engilbert y sont connus depuis 1544 ; Guill^e, marchand, frère de Philibert, curé de la ville, que les chanoines présentent, dans hmage 1548 au sgr Châtillon-en-Bazois, pour « homme vivant et mourant » ; Pierre, vient d'épouser la veuve du greffier de Ch.-Chinon, 1575 ; Jean, marchand M.-Engil. 1606-14, mari de Fr^{se} Cornillat ; Pierre, bourg^a 1620 ; etc. (Min. notaires M.-Engilbert. — Reg. parois. d'*id.*)

(Berry), dont il eut : 1º Pierre, suit ; 2º René, écr, sgr de la Brosse, 1659-64, sans posté. ; 3º Marie, épousa 1643 Frs *de Culon* (*), écr, sgr de la Charnaye ; 4º Gabrielle, ursuline à Gien 1657.

V. — PIERRE DE BAR, écr, sgr de Limanton (cᵒⁿ Châtillon-Bazois), la Brosse, le Jarrier, 1648-69 ; capit. régᵗ duc d'Enghien ; blessé à Nordlingen ; maintenu en 1667 ; épousa : 1º 26 avril 1647, Marie DE LORON, fille de Charles, baron de Limanton et de Claude de Courtenay, 2º 28 juil. 1657 Louise DE BAR, fille de J. Jacques, sgr de Billeron ; il eut du 1ᵉʳ lit : 1º Charles, mᵗ à 18 ans 1666 ; 2º Henri-Louis, suit ; 3º Gabrielle-Louise, célib. 1682 ; 4º Catherine, fme de Pierre Nigot de Sᵗ-Sauveur ; et du 2ᵉ lit : 5º Jacques-Paul, dit : mˢ de Buranlure, né à Limanton 1665, colonel régᵗ de l'Isle de Fr., sans alliance ; 6º Françoise, mᵗᵉ jeune.

1655-84, receveur grenier sel Sᵗ-Saulge 1667, mᵗ 1688, épⁿ av. 1656 Jeanne Lemoine. fille de Jean, greffier M.-Engil., dont : 1º Jean, procʳ fiscal M.-Engil. 1688-1733, sʳ de Villecourt (cⁿᵉ Biches), épousa 1686 Anne *Dubosc*, dont : *b*, Charles-Joseph, procʳ fiscal M.-Engil. 1739-64, épⁿ 1734 Ursule Rebréget (**), dont les fils s'établ. à Cronat; *a*, Jean-Bᵗᵉ, bourgˢ 1727-64, épⁿ 1733 Frᵉᵒ *Pougault*, dont: *a'*, Jean-Gabriel, sʳ de Villecourt, gendarme du roi, épⁿ 1763 Frˢˢ Clément, dont: Gaspard et Frˢᵉ; *b'*, Joseph, commᵗ à Ch.-Chinon, épⁿ 1764 Marie Truchot, dont: Jean-Bapt. R. de Chamon épⁿ 1791 Louise *Sallonnyer*, et Madeleine; *c'*, Pierre R. de Versilles épⁿ 1764 Anne Isambert, dont: Frˢ-Guill.; 2º Charles, suit ; 3º Gilles-Joseph, écr, garde de la porte du roi 1692-1727, sʳ de Versilles (cⁿᵉ Biches), épⁿ 1691 Jeanne *Pougault*, dont: Jean-Bapt., curé de M.-Engil. 1733-62, et deux filles.

II. CHARLES, avocat 1672, contrôleur des actes M - Engil. 1692, greffier au grenier 1717, sʳ de Chevannes (cⁿᵉ Moulins-Engᵗ), mᵗ 1725, épⁿ Henriette Guipier, fille du procʳ fiscal, dont: 1º Charles, suit ; 2º Henri, relig. franciscain 1746; 3º Amable, suivra ; 4º Gasparde, épⁿ 1717 Dominique Moireau, recevʳ M.-Engil.

III. CHARLES, reçu docteur - médec. 1732, sʳ de Chevannes, mᵗ 1764, épⁿ 1736 Frⁿᵉ *Gueneau* (***), dont : 1º Charles-Frˢ, sʳ de Chevannes, né à M.-Engil. 1737,

garde-du-corps 1754, marᵈˡ-logis des gardes, sauva le roi 6 août 1789, chlr Sᵗ-Louis 1779, maréchal de camp 1820, mᵗ 1825, épⁿ 1759 Mⁱᵉ-Charlotte Dublé de Loiselot, fille de Ch., avᵃᵗ Lormes, dont entre autres: *a*, Guill. R. de Chevannes, s.-lieut. infant. 1787, émigra, chlr Sᵗ-Louis, s.-brigadier gardes de la porte 1814, épⁿ 1788 Antᵗᵉ Morot de Railly, de l'Avallonnais, où sa posté. se fixa; 2º Jean-B., suit; 3º Amable-Jacques, chanoine Nev. 1780, déporté 1793; 4º Rose-Charlotte épⁿ 1764 Simon *Sallonnyer* de Varennes, capit. infant.; 5ⁿ Antoinette et Henriette, ursulines à M.-Engil.

IV. JEAN-BAPT. R. de Genay, docteur-méd. 1764, médecin chef hosp. Nev., mᵗ 1816, épⁿ 1766 Euphrasie Moireau, dont: 1º Jean-B., chanoine Nev., mᵗ en émigration ; 2º Pierre-Clair, chirurgien-major armée de Condé 1795-1801, médecin chef hosp. Nev. 1805, épⁿ 1803 Augustine *de Pagany*, dont: Léonide, fme de Gustave Boucaumont, ingénieur chef, député Nièvre, mᵗ 1870; 3º Pierre-Ursule, docteur-médec. Nev. qui, de Cécile *Chambrun* du Bréau, eut: P.-Hugues-Cyr, médecin chef hosp. Nev., père de Victor et Charles.

III. AMABLE ROBERT (3ᵉ fils de Charles), contrôleur des actes Mˢ-Engilbert 1727-51, contrôleur grenier sel 1771-79, mᵗ 1787, épⁿ 1746 Jeanne-Guillᵗᵉ *Alloury*,

(*) DE CULON. — *De Berry*. — Ecuyers au XVᵉ s. Dans la br. de Sevry : Jacques DE CULON, écr, acheta la Charnaye (pr. La Charité) 1602, épⁿ 1611 Jeanne *Anjorrant*, fille de Charles, sgr d'Amazy; son fils Frˢ, écr, sgr de la Charnaye, épⁿ 1º Marie DE BAR, ci-dessus, 2º 1647, Catherine *Vaillant* de Guélis, fille de Pierre, sgr de Bretignelles, d'où : Frˢᵉ de Culon, épⁿ 1699 J.-Bapt. DE LA RIVIÈRE, écr, sgr de la Garde.

Armes : De gueules à 3 demi-targes d'argent, au chef d'or.

Sources : La Thaumassière. — Preuves, Ecoles mil. — Reg. par. de Perroy.

(**) Cette famille, de Sermages au XVIᵉ s., puis de M.-Engilbert, où ils sont marchands, notaires, chirurgiens, etc., a donné un lieut. de la chatellenie en 1692.

(***) GUENEAU. — Au XIVᵉ s., Jacques et Guillaume GUENEAU forment deux branches de commerçants à Moulins-Engilbert : A. Pierre, eut de Jeanne Paillet: François, épⁿ 1579 Esmée *Pernin*, dont : Pierre, qui de Claudine Cornillat, eut: Pierre, épⁿ 1686 Gabrielle *Potrelot*, dont : Claude, bisaïeul de Lucien, s.-préfet Ch.-Chinon 1879, et Victor, percepteur, auteur d'études histor. — Les autres alliances de cette br. sont : XVIIᵉ s., Bernard, Cotignon, Robert ; Lion 1703, Laumain 1713, Mouquet 1734, Mazoyer 1763, etc. B. Philibert GUENEAU, dont les fils et petits-fils sont tanneurs à Mˢ-Engil., eut de Philiberte Bernard : Philibert, épⁿ 1576 Anne *Goussot*, fut peut-être auteur des GUENEAU DE MARCÈ, eut : Guillᵉ, sʳ de Mont-en-Genevray (cⁿᵉ Maux) 1610-52, qui eut de Margᵗᵉ *Lardereau :* Charles, maⁿᵈ, échevin de M.-Engil. 1655, père de Guillᵉ, sʳ de Mont, avᵃᵗ, juge de M.-Engil. 1678-92, qui de Jeanne de Méru, eut : Charles-Guill., juge de M.-Engil. 1700, et subdélégué 1708, achète la justice de Mont 1712, épⁿ 1700 Marie Duruisseau, dont: 1º Guill. G. de Grandry, garde-du-corps 1767-69 ; 2º Jacques G. de Mont 1723, sert au Royal-Roussillon 1734 ; 3º Guill.-Claude G. de Baujouan, juge de M.-Engil. 1743, vend sa part de Mont 1757, épⁿ 1745 Louise *Coquille*. — Autres alliances : XVIᵉ s., Tartarin, Isambert, Save, Chauveau ; XVIIIᵉ, Mauclerc, Pougault, Duruisseau, Sablonnier 1696, Robert 1736, etc. — (Minut. notaires Mˢ-Engil. — Arch. chât. Limanton. — Arch. Nièv. B. — Reg. parois. Mˢ-Engil., Châtillon-Baz., Luzy.)

VI. — Henri-Louis de BAR, chlr, baron de Limanton, sgr de Sauzay (cⁿᵉ Isenay), Bernay (cⁿᵉ Brinay), Marquereau (cⁿᵉ Limanton), Mont-s.-Aron (*id.*), Grenessay (*id.*), Villars (*id.*), 1666-1708 ; dit : comte de Bar ; aide-de-camp du duc d'Orléans ; dénombre Marquereau 1670, et Sauzay 1679 ; maintenu 1706 ; mᵗ av. 1717 ; épousa 28 sept. 1681 Jeanne *de Las*, fille de Charles, sgr de Valotte, et de Jeanne de CHAUGY, dont il eut : 1º Charles-Gabriel, suit ; 2º Pierre, chlr Sᵗ-Louis 1727, lieut.-colonel régᵗ Bourbon-cav., brigadier des armées, mᵗ 1747 ; 3º Huguet-Nicolas, 1ᵉʳ aumônier de la duchesse d'Orléans 1745 ; 4º Louise-Charlotte, épousa 1719 Thomas-André *Marie d'Avigneau* (*) ; 5º Jeanne, ursuline à Moulins-Engilbert 1736-53 ; 6º Michel, Jeanne et Françoise, mᵗˢ jeunes.

dont : 1º Guill.-Am., suit ; 2º Guill.-Henri, célib. ; 3º Henriette-Charl., épᵃ 1771 Guill. *Decray*, procʳ fiscal Decize.

IV. Guillaume-Amable, juge M.-Engᵗ, avocᵃᵗ à Sᵗ-Pierre, député du Tiers 1789, inspʳ ppᵃˡ des postes, mᵗ à Sᵗ-Pierre, épᵃ 1779 Madeleine-Anne Cabaille (**) de Vasselanges, dont : 1º Charles-A.-Henri qui, d'Emilie Desnoyers, eut Charles-Alfred, père de Paul et de Mᵐᵉˢ Clayeux et R. Robert ; 2º Charles-L.-Amable qui, de Margᵗⁿ *Maslin*, eut : Prosper, père de René, Félix et Mᵐᵉ de Labrosse ; et Antonin, père de Henri et André.

Armes : D'or, à la fasce bretessée d'azur, accompagnée en chef d'un huchet de sable et en pointe d'un croissant de même. *Al.* D'argent, au chevron d'azur accompagné de trois molettes de sable, au chef d'azur chargé d'une levrette d'argent.

Sources : Min. notaires Moul.-Engilbert et Nevers. — Arch. chât. Limanton. — Arch. Nièv E. et B. — Arch. Soc. niv., coll. de Soultrait. — Reg. parois. de M.-Engilbert, Limanton, Ch.-Chinon, Decize, Lormes, Sᵗ-Léger-Foug., Sᵗ-Pierre, Nevers.

Existants.

(3) PIERRE DE FRANAY. — *De Nivernois.*
~ On trouve à Diennes (cᵒⁿ Sᵗ-Benin-d'Azy) : Jean Pierre, marchand, achète à Vaujoly (cⁿᵉ Diennes) 1442. Jean Pierre, de Diennes, est affranchi 1450. Pierre, bourgeois 1449-75, meurt 1488 et fonde des messes à Diennes. Jean, prêtre, et Pierre, notaire 1501-1606. — A Decize, une suite de notaires : Jean Pierre y marie sa fille 1449, encore notaire 1452. Pierre 1463-78. Guill. 1479-90. Pierre, licencié en lois 1517. Jean, mesureur grenier à sel 1530-43, mari

de Margᵗᵉ Piga, dont : Pierre, notʳᵉ 1558-75. — Une branche s'établit à Sougy (cᵒⁿ Decize), y sont marchᵈˢ durant tout le XVIIᵉ s.

I. Pierre PIERRE, marchᵈ à Diennes 1501, y meurt 1505, épᵃ Margᵗᵉ Pressard, dont : Jean, suit, et probᵗ Nazaire, veuf d'Agathe de CERTAINES 1564.

II. Jean, marchᵈ praticien et not. à Diennes 1543-61, épᵃ Guillemette du Chasteau, dont : 1º Pierre, suit ; 2º probᵗ Pierre, dont le fils Jean, mᵗ à Diennes av. 1619, eut : *a*, Pierre, garde du scel Decize, mᵗ av. 1621 ; *b*, Gilberte, mariée av. 1619 à Lazare Moireau ; *c*, Jean, praticien à Diennes 1623-36, sʳ de Vaujoly en pⁱᵉ et Mont-de-Diennes, mᵗ av. 1652, épᵃ Suzanne *Prevost*, dont : *a'*, Charles, marchᵈ à Anisy 1665 ; *b'*, Antoine, sʳ du Mont-de-Diennes, mᵗ av. 1692, qui d'Hélène d'Anlezy et d'Etiennette *de Ponard*, eut : *a''*, Jean, sʳ du Mont-de-D. en pⁱᵉ 1693, père d'Antoine, chirurgien à Diennes 1715-33 ; *b''*, Pierre, sʳ de Vaujoly 1695, eut d'Antoinette Revillon : Antoine, sʳ d'*id.*, procʳ fiscal de La Nocle 1744, dont la posté. se fixa à Cronat ; *c''*, Claude, épᵃ 1693 J.-B. *de Virgille*, sgr de Sᵗ-Martin ; 3º Marg., épᵃ av. 1577 Pierre *Prevost*, not.

III. Pierre, notaire à Diennes 1570-91, juge de Franay 1589, acquiert les Choises (cⁿᵉ Diennes), Vaujoly en pⁱᵉ, dont hmage 1575, reçoit reconn. et achète à Sᵗ-Cy (cⁿᵉ Fertrève) 1573-1613, achète Mont-de-Diennes 1591 ; épᵃ Geneviève Martin, dont : 1º Pierre, suit ; 2º Gilbert, sʳ de Vaujoly en pⁱᵉ 1599, partage 1621 avec Pierre Pierre, sʳ de Vaujoly en pⁱᵉ, praticien à Diennes 1630-36. — Des Pierre restent à Diennes jusqu'au milieu du XVIIIᵉ s.

IV. Pierre, praticien à Diennes 1616-29, sʳ du

(*) MARIE D'AVIGNEAU. — *D'Auxerrois.* — Bourgeois d'Auxerre, connus depuis 1574. Thomas MARIE, lieutᵗ génᵃˡ au baage, reçut lettres d'anoblisᵗ 1661, acquit Avigneau 1662 ; son fils, André, aussi lieut.-génᵃˡ à Aux. est père de 1º Thomas-André, dit baron d'Avigneau, qui épᵃ 1717 Louise-Charlotte de BAR, ci-dessus, et 2º Jean-Edme, dont le fils Thomas-André épᵃ 1753 Jeanne *Charpentier* de La Barre et vendit 1763 Rivière (cⁿᵉ La Roche-Milay) venant de sa belle-mère J. *de Berger* ; son neveu Nicolas Marie d'Avigneau, capit. caval., épⁿ 1789 Suzanne-Frⁿᵉ *de Bèze* de Lys. — Dans la br. d'Auxerre, Claude MARIE, secrétaire du roi, mᵗ à Sᵗ-Amand-en-Puisaye 1749, eut d'Anne Billetou : Frˢ, écr, sgr des Savoyes (cⁿᵉ Arquian), la Petite-Lande (cⁿᵉ Bouhy), fixé à Sᵗ-Amand, y épᵃ 1747 Madeleine Moreau de Milleroy, dont : Frˢ, écr, sgr des Savoyes et du Pavillon (cⁿᵉ Billy-Oisy), marié 1772 à Marthe *d'Assigny*.

Armes : D'azur à la bande d'or chargée de 3 fers de lance, accompagnée de 2 têtes de cerf d'or.

Sources : Inv. Peincedé. — Arch. de l'Yonne et Nièvre E. — Lebeuf, *Hist. d'Auxerre.* — Reg. par. d'Auxerre, Sᵗ-Amand et Lys.

(**) CABAILLE. — Origin. de Decize, où sont connus : Anselme Cabaille, marchᵈ 1577 ; Jean, *id.* 1579 ; Jean, chirurgien 1699, Philibert, notaire Verneuil 1716, etc. — Alliances : XVIᵉ s. : Quantin, Mosnier ; XVIIᵉ : Frère, de Ponard, Decray 1699, Pellé, etc. ~ Pierre Cabaille, bourgˢ Sᵗ-Pierre, épᵃ v. 1720 Monique Allasceur, veuve de Pierre *Alixand*, sʳ de Vasselanges, dont : Charles, licencié, et Antoine, sʳ de Vasselange (cⁿᵉ Livry), avᵗ Sᵗ-Pierre, épᵃ 1756 Marie-A. Rousset, dont : 1º Charles Cabaille de L'Isle, qui de Caroline *Decray* eut Agathe, fme d'Eloy *Tiersonnier*-Varry ; 2º Madeleine, épᵃ 1779 Guill.-Amable *Robert*, ci-dessus. — (Reg. parois. Decize, Sᵗ-Pierre et Langeron.)

VII. — CHARLES-GABRIEL comte DE BAR, sgr d'*id.* et de la Lye (c^{ne} Limanton), Champardole (*id.*) et Chaumont (*id.*), lieut-colonel rég^t de Bourbon-cav. 1726, chlr St-Louis ; partage ses enfants 1727 ; m^t 1729 ; épousa, 4 avril 1714, Anne-Gabrielle d'Arlay (Autunois), fille de Barthélemy, sgr de la Boulaye, et de Marie Cartier de La Boutière, dont il eut : 1º Barthélemy, suit ; 2º Charles-Michel, docteur en Sorbonne, vicaire gén^{al} dioc. Nevers, cède sa part de Limanton à Barthélemy 1743, m^t 1748 ; 3º Barthélemy le jeune, chlr de Malte, capit. aux gardes 1742, puis au rég^t de Fleury-cav., m^t à la Guadeloupe 1776, célib.

VIII. — BARTHÉLEMY comte DE BAR, baron de Limanton, chlr, sgr d'*id.* et de Neuvy-le-

Mont-de-D., Briou en p^{ie} (c^{ne} S^t-Cy-Fertrève), m^t av. 1630, ép^a Fr^{se} *Goussot*, fille de Claude, grenetier M^s-Engilbert, dont :

V. PIERRE, notaire à Moul.-Engilbert 1630-61, juge de Montigny, St-Gratien et Limanton, s^r du Mont-de-D., Vaujoly p^{ie} et les Chaises, achète à Montpéroux (c^{ne} Fertrève) 1642, à S^t-Cy 1645, au Chaillou 1651-58, m^t 1678, ép^a av. 1643 Marg^{te} *Ferrand* (*), fille de Jean, march^d M.-Engilbert, dont : 1º Pierre, suit ; 2º Jean, auteur br. Champrobert, suivra.

VI. PIERRE DE FRASNAY, écr, sgr de Frasnay-le-Ravier (c^{on} St-Benin-d'Azy), qu'il acheta 1683 avec Champcourt (c^{ne} Frasnay), Ponthois (c^{ne} Anlezy), Sauvigny (*id.*), de la Breuille (c^{ne} Fertrève) 1688, S^t-Cy (*id.*) 1690, Amange (c^{ne} d'Anlezy) 1701, Cizely en p^{ie} (c^{ne} St-Benin), Criens (c^{ne} Billy-Ch.), Hauteloup (c^{ne} Fertrève), le Chaillou, Montpéroux ; avocat Nev., bailli des just. de l'évêché, secrétaire du roi, maison-coure de Fr. par provisions de 1697, m^t à Nev. 1709 ; ép^a 1660 Guillemette-Augustine *Ferrand* (*), fille de Fr^s, av^{at}, dont : 1º Pierre, écr, sgr de Franay, Servandet (c^{ne} Rouy), Chevannes-les-Crots (c^{ne} Diennes), Jailly (c^{ne} Ville-l.-Anlezy), Diennes, Champcourt, Amange, les Chaises, acheta la baronnie de Neuvy-le-Barrois (chât. de Cuffy) ; né 1676, auteur de poésies et de notices historiques sur le Nivernois, trésorier de Fr. à Moulins 1701, 1er prés^t-trésorier 1742, m^t 1753, ép^a 15 janvier 1703 Catherine-Gabr. *Goussot*, fille de Fr^s, dont : *a*, Louis-M. et Jean-Ed., m^{ts} sans posté. ; *b*, Guillemette-Aug., ép^a 1724 Benoît*de Maulnoury*, sgr de Romenay ; *c*, Marg^{te}, ép^a 1742 Barthélemy DE BAR, chlr, sgr de Limanton ; 2º Jean-

Jacques, suit ; 3º Jeanne, ép^a av. 1714 Louis *Desprez*, av^{at} à St-Pierre ; 4º Gabrielle-Marg., ép^a 1694 Gilbert de Viry, sgr de la Barre ; 5º Françoise, ép^a 1694 Lazare DE COURVOL, écr, sgr de Lucy ; 6º Marie-Anne, ép^a : 1º 1702, Joseph *de La Chassaigne*, écr, sgr d'Uxeloup ; 2º 1722, Fr^s DE COURVOL, frère de Lazare.

VII. JEAN-JACQUES, écr, sgr de S^t-Cy, la Breuille, dont hmage 1713 et 31, le Chaillou, Montpéroux, Criens, Hauteloup, Montjardin, la Motte-Trambolin (c^{ne} Fertrève), cons^{er} présidial Moulins 1711, trésorier de Fr. Moulins 1723, trésorier honoraire 1753, né 1688, m^t 1774, ép^a av. 1716 M^{ie}-Madeleine Vauvrille, fille de Jean, trésorier Moulins, dont : 1º J.-J., suit ; 2º Jeanne, ép^a 1744 Benoît Tardy (Roanne) ; 3º Nicole, ép^a 1745 Jérôme Goyet de Livron ; 4º N..., religieuse 1750.

VIII. JEAN-JACQUES PIERRE DE S^t-CY, chr, sgr d'*id.* et Jailly en p^{ie} (c^{on} St-Saulge), Montambert, Franay et Servandet par sa fme ; licencié 1746, trésorier de Fr. Moulins 1752, guillotiné révolut^t 1793, ép^a 8 oct. 1752 Cath.-Gabrielle *de Maulnourry*, fille de Benoît et d'Augustine *Pierre de Franay*, dont : 1º Cath.-Gabrielle, ép^a 1780 Joseph Chardon de Roche-d'Agout ; 2º Augustine-Guill., ép^a 1782 Pierre-Fr. Lenoir de Mirebeau ; 3º Céleste-Augustine, ép^a 1791 Etienne des Bravards du Prat ; 4º Pierrette-Nicole, ép^a 1793 Charles ANDRAS, chr, sgr de Poiseux.

VI. JEAN PIERRE DE CHAMPROBERT (2º fils de Pierre et de M. Ferrand) p^r fiscal de Nev. 1669, puis élu, achète Champrobert (c^{ne} Sougy) 1687, m^t 1700 ; ép^a av. 1668 Gabrielle Godinot, dont : 1º Pierre, suit ;

(*) FERRAND. — Sont à Moul.-Engilbert comm^t XVIe s. ; marchands, cultivateurs, etc. Yves FERRAND, marc^d à M.-Engil. 1530-41, eut de Guillemette *Dorlet* : Jacques, tanneur, achète pr. Limanton 1538, ép^a 1531 Agnès Vernillat, dont : Yvon, tanneur, qui suit, et probab^t d'autres fils dont la posté. reste à M.-Engil., y sont march^{ds} et donnent : Guill. et Jean, avocats 1632 et 1685 ; Jean, archiprêtre Nev. 1665 ; s'allient aux : Lardereau v. 1590 ; Robert, 1611 ; Alloury, 1700 ; Guipier ; Arvey, 1745 ; Gaudot ; etc. Marg^{te}, fme de Pierre *Pierre* ci-dessus, était fille de Jean Ferrand, march^d à M.-Engil., m^t av. 1634 et de Marie *Robert*. — Une br. resta à Sauzay (c^{ne} Isenay) jusqu'à 1773. Alliances : Bresson ; Pinet, 1752 ; Paillard ; Charpin, 1712 ; Girard, etc.

Yvon FERRAND, tanneur à M^s-Engil., ép^a av. 1566 Claudine Larrivé, dont : Jean, tanneur 1598-1609, ép^a 1578 Guill^{te} *Lardereau*, dont : 1º Jean, mari de Marie *Ferrand* 1609 ; 2º Gabriel, m^d fermier à la Forêt 1642-78, ép^a av. 1646 Marie Jolly, dont : 1º Louise, fme de J. Mauclerc, m^d à Cercy 1672 ; 3º Anne, fme de J. Charvin, not^{re} ; 4º Gabrielle, fme de J. *Pougault*, médecin, et 2º Marie, ép^a 1672 Ives-Bon *Ferrand*, m^d à Anizy et Sauzay 1676-99 et s^r de la Chauvelle (c^{ne} Isenay) 1689, fils de Lazare et de Jeanne *Cotignon* et frère de Guillemette-Aug., fme 1660 de Pierre *Pierre*, ci-dessus. Ives eut : 2º Jean, m^d à Sauzay, mari d'Eli-Cougnard 1748, et 1º Laurent, m^d à Savigny 1672, s^r de la Forêt 1689, m^t 1710, qui d'Anne Rameau eut : Gabriel, s^r de la Forêt 1732, m^t 1746, ép^a 1º Jacquette *Pellé*, 2º 1736 M^{ie}-Jeanne *Pierre de Champrobert*, d'où : Gabriel, s^r de la Forêt et Matonge (c^{ne} St-Gratien), élu de Nev., ép^a 1776 Louise *Chaussin*, dont : Louis-Gabriel FERRAND DE LA FORÊT, officier cav., chlr Légion-d'Hon^r, m^t 1842 à Urzy sans posté. de Juliette Leclerc de Courcelles.

Armes : D'or, à 3 épées d'argent garnies d'or, celle du milieu la pointe en haut, et une fasce d'or brochant sur le tout.

Sources : Min. notaires Moul.-Engilbert. — Arch. chat. Vandenesse. — Arch. Nièv. E et B. — Arch. comm. Nev. GG. — Reg. parois. M^s-Engil., Limanton, St-Gratien, Anizy, Cercy, Nevers.

Barrois (chât^ie de Cuffy) 1738-64, capit. rég^t Bourbon-cav. 1745, chlr St-Louis ; refait terrier de Limanton 1759 ; m^t 1764 ; épousa 19 février 1742 Marguerite *Pierre de Franay* (3) fille de Pierre, b^on de Neuvy et de Cath. Goussot, dont il eut : 1° Marie-Barthélemy, suit ; 2° Charles-Barthélemy, né 1753, bailly de Malte, m^t 1781 célib. ; 3° Jeanne, dame de Neuvy, épousa av. 1769 Joseph-Marie *de Raffélis* (*) m^is de St-Sauveur, maréchal de camp, représentée 1789 à ass. Nevers ; 4° Catherine, chanoinesse d'Alix, 1769, m^te 1786.

IX. — MARIE-BARTHÉLEMY comte DE BAR, chlr, sgr d'*id.*, officier d'inf, 1764, puis capit. cav. Royal-étranger 1788, émigra, m^t 1816 ; épousa 17 avril 1780 Adelaïde *du Pré de St-Maur*, fille de Nicolas, intendant du Berry, dont un fils unique mort en bas âge.

Armes : Retiercé en fasces, d'or, d'azur et d'argent, de 9 pièces.

Sources : la Thaumassière, 764. — D. Villevieille, 9 et 14. — Arch. châteaux Limanton, le Tremblay, Poiseux, le Gravier. — D. Caffiaux, ms 1234. — P. Anselme, VIII. — Arch. Nièv., E. et B. — Bétencourt. — Minut. notaires Moulins-Engilbert. — *Inv.* Peincedé XI, XIII. — Preuv. St-Cyr, 293. — Reg. parois. Limanton, Moul.-Engilbert, Anizy, St-Benin-d'Azy, Cosne, Garchy, Nevers, etc.

Éteints.

2° Gabriel, s^r des Ulmes, capit. rég^t Rouergue 1707, retiré à Sougy 1712, ép^n 1° Louise Vigne, 2° Louise *Langlois* de La Prévotière, eut du 1er lit : *a*, Gabriel, sans posté. ; *b*, Pierre, officier d'inf. 1743 ; 3° Marie-Rose ; 4° Gabrielle, ép^n 1710 Joseph de Goujon, sgr de Vernisy.

VII. PIERRE, s^r de Champrobert, proc^r roi eaux-forêts Niv. 1710, m^t av. 1754, ép^n 1° 13 fév. 1703 Fr^co Crevel, fille de Jean, cons^er St-Pierre, 2° 1712, Anne Mauclerc, eut du 1er lit : 1° Joseph-Gabriel, m^t jeune ; du 2°. 2° Jean-Louis, suit ; 3° Marie, ép^n 1736 Gabriel *Ferrand* de La Forêt.

VIII. JEAN-LOUIS, proc^r roi eaux-forêts 1739-76, échevin Nev. 1750 et 84, ép^n 9 sept. 1744 Louise-

Henr. *de La Chassaigne*, dont : Catherine, célib. 1783, et Michel PIERRE DE CHAMPROBERT, av^at, juge de Magny 1785, avoué à M.-Engilbert 1803, ép^n 1782 Marie Baritot, dont : Paulin, av^at, auteur de broch. politiques, m^t 1879 sans posté.

Armes : D'azur, à la clef d'argent et au bourdon d'or, en sautoir, accompagnés en chef d'une étoile du second émail, et en pointe d'une coquille du troisième.

Sources : Minut. notaires Moul.-Engilbert. — Arch. Nièv. E et B. — Arch. chât. Poiseux, Limanton, le Tremblay. — Reg. parois. Diennes, Decize, Frasnay-Ravier, Cercy-Tour, Nevers, Savigny-s.-Canne, Sougy, Aubigny-Chétif.

Éteints.

(*) DE RAFFÉLIS DE St-SAUVEUR. — Origin. du comtat Venaissin. Naturalisés 1553 ; cons^ers Parl^t de Provence 1641 et 1686 ; gouv^rs de places en Dauphiné 1679, 1714. — Joseph-M^ie DE RAFFÉLIS m^is de St-Sauveur, insp^r gén^al de caval., commandeur de St-Louis, m^t 1774, ép^n Jeanne DE BAR, ci-dessus, dont : Aldonce-Ch.-Joseph, chlr St-Louis, comm^r Légion-d'Honr, maréchal de camp 1813-41, ép^n Charlotte-Aug. Ferrero de Massérano, fille d'Augustine *de Béthune*, dame d'Apremont (chât^ie de Cuffy), dont : Edmond, qui de Gabrielle de Béranger eut : Paul m^is de St-Sauveur, ép^n Melle de Biron (Preuv. Grande-Écurie, 282. — Arch. chât. du Veuillin.)

Armes : D'or, à la croix alaisée et recroisetée.

DE LA BARRE

SONT originaires de Nivernois. — Tirent leur nom de la Barre, près Pouilly.

I. — MICHEL DE LA BARRE, écr, sgr de la Barre (c^ne Garchy), m^t av. 1471, épousa 27 mars 1426 Marg^te *d'Orléans* (1), fille de Guill., sgr de Garchy, dont il eut : 1° Jean, qui suit ; 2° Jeanne, épousa 1451 Pierre *de La Vigne* (2), écr, sgr de Bulcy en partie.

II. — JEAN DE LA BARRE, écr, sgr de La Barre, Marolles (c^ne Oulon), Gérigny (c^ne La Charité), baille par^se de Chasnay 1494, fait un aveu à Garchy 1499, m^t av. 1518 que sa veuve dénombre Marolles au sgr de Giry ; épousa 13 mai 1464 Bonne de Marolles, fille de Simon, écr, sgr Marolles, et de Philippes de La Garde, dont il eut : 1° Pierre, écr, sgr de la Barre et Marolles, dont hmage par sa veuve 1533, acte à Garchy 1517 ; ép° av. 1511 Esmée ANDRAS, sœur de Perrette, dont : *a* Guill., écr, sgr de Marolles, Breuille (c^ne^ Lurcy-le-Bourg), la Bertauche (c^ne^ Cosne) 1532-52, affranchit près La Charité 1546, épousa 13 oct. 1538 Renée DE GIRARD, fille de Fr^s^, sgr de Passy, dont une fille, Alvette, seule connue de sa posté. (*) ; *b* Guillemette, sous tutelle de sa mère, 1532 ; 2° Jean, qui suit ; 3° Florent, official de La Charité 1532, chan.-doyen d'Auxerre 1540, sgr de la Vernière en p^ie^ (c^ne^ Chasnay) ; 4° Madeleine, épousa 1498 Jean *de Bussy*, écr, sgr de la Montoise ; 5° Yvonne, épousa 1506 Miles *de Pernay*, écr, sgr du Magny.

III. — JEAN DE LA BARRE, écr, sgr de Chasnay (c^on^ de La Charité) 1532, et Gérigny, dont hmage par lui 1533 et par sa veuve 1540, partagea avec ses frères, sous scel prév. Sancoins 1532, épousa 1er juillet 1511 Perrette ANDRAS, sœur d'Esmée, fille de Jean, sgr de Changy et de Gervaise du Gué, dont il eut : 1° Florent, qui suit ; 2° Jean, qui, mineur 1540, fait hmage près Chasnay et Prémery ; 3° François, curé de Chasnay 1549, doyen d'Auxerre 1579 donne à son neveu Edme sa part de Gérigny ; 4° Catherine, épousa 1552 Jean *de La Vigne* (2), écr, sgr de Bulcy ; 5° Jeanne et Guillemette, mineures 1540.

IV. — FLORENT DE LA BARRE, écr, sgr de Gérigny, la Vernière, la Thévenine (c^ne^ Narcy) et Chasnay en p^ie^, fait hmage avec sa mère 1540, achète à Chasnay 1555, reçoit permission de pont-levis pour Gérigny 1564 ; épousa 1er mars 1553 Marie *de Quinquet*, fille de Thomas, sgr de Montifaut et de Christine de Maumont, dont il eut : 1° Edme, qui suit ; 2° Nicolas, encore vivant 1609.

(1) D'ORLÉANS. — De Beaugency, puis en *Berry*. — Chlrs, au XIIIe s. ; un maître des requêtes de Philippe-le-Bel ; un gentil^h^e chambre Charles IX ; etc.

Outre l'alli. nivernaise ci-dessus, Claude D'OR-LÉANS, écr, sgr de l'Epinière, épa 1526 Jeanne *Tenon* de Nanvignes ; Thomas épa 1577 Fr^se^ *Ponard*.

Dans la br. de La Vaizerie, Edmée D'ORLÉANS, fille de Gilles, épa 1568 Jean DE LA BUSSIÈRE, écr, sgr de Guerchy, et sa sœur Sylvine d'O. fut la 3e fme de Claude DE LA PERRIÈRE, écr, sgr de Champcourt.

Henri D'ORLÉANS, écr, sgr de Pierrefitte-ès-Bois (Gâtinois), eut : Michel épa 1726 Jeanne *de Las*, et Fr^s^ épa 1741 Louise *d'Assigny*, d'Ouanne.

Armes : D'argent à 3 fasces de sinople surmontées de 3 tourteaux de gueules.

Sources : La Thaumassière, 934. — Cab^et^ titres, preuv. écoles. — D. Caffiaux, 1234. — Mss chan. Hubert.

Éteints.

(2) DE LA VIGNE. — Peut-être origin. de la Vigne (c^ne^ Beaumont-la-Ferrière).

I. PIERRE DE LA VIGNE, écr, sgr Bulcy en p^ie^ (c^on^ Pouilly), m^t^ av. 1492, fils de Guyot, écr, et de Perrette, épa 1451 Jeanne DE LA BARRE ci-dessus, dont :

II. JEAN l'aîné, écr, sgr Bulcy, dont hmage au prieur La Charité 1493, transige avec Jean de La Barre, son oncle 1492 et en 1510 avec le prieur, ne paraît pas avoir eu posté. ; et Jean le jeune, mineur à la transon de 1492, devint sgr Bulcy, y baille 1540-45, épa : 1° 23 juin 1520 Jeanne d'Arrezard, 2° 28 oct. 1552 Catherine Cochon (Berry), eut du 1er lit : 1° Jean suit ;

2° Claude, chlr de Rhodes 1552 ; 3° Jean, Fr^s^, Denis, Jeanne et Marie, mineurs à la mort de leur mère 1548 ; 4° Antoinette épa 1552 Barbe Cochon, écr.

III. JEAN, écr, sgr de Bulcy, qu'il dénombre à La Charité 1554, y achète 1564, majeur en 1548, servit aux armées, m^t^ av. 1599, épa 1° 2 janvier 1552 Catherine DE LA BARRE, fille de Jean, sgr Chasnay ; 2° 27 janv. 1580 Jeanne de Poiseulx veuve J. de Bonnestat, eut du 1er lit : 1° Denis, suit ; 2° Claude, écr, sgr Bulcy et Neuville en p^ie^ (c^ne^ Bulcy) 1590, maintenu avec Denis 1599, acte à Neuville 1609, épa 1° 1er mai 1588 Madeleine *de Bussy*, fille de Jean , sgr de la Montoise, 2° Sylvine de Miroy (?) dont : *a*, Antoine, écr, sgr de Neuville, maintenu exempt de taille 1634 ; *b*, Fr^s^, m^t^ av. 1653 sans posté. ; *c*, Jeanne, seule héritière 1653, fme de Marcou *Millin*.

IV. DENIS, écr, sgr de Bulcy et Neuville en p^ie^ dont hmage 1598, dénombre Bulcy 1595, déchargé du ban 1594, servit aux armées, maintenu comme noble 6 fév. 1599 au régalement des tailles gén. d'Orléans, m^t^ av. 1614, épa 27 janvier 1580 (par même contrat que son père) Léonarde DU VERNE, fille de Jeanne de Poiseulx, dont : 1° Florent qui épa 16 janv. 1617 Jeanne *de Boisthierry* ; 2° Pierre, suit.

V. PIERRE, écr, sgr de Bulcy 1626, maintenu 1634, m^t^ av. 1686, épa 5 juil. 1626 Edmée *de Carreau*, dont : 1° Pierre, suit ; 2° Edme, m^t^ jeune ; 3° Marie, épa av. 1686 Edme Piot, lieut^t^ baage St-Verain.

VI. PIERRE, écr, sgr de Bulcy, m^t^ à 32 ans 1730, épa 17 fév. 1722 Jeanne Lauvergeat, dont : 1° Pierre, suit ; 2°, 3° Guillaume et P.-Jacques, dont on ne voit postérité ; 4° Anne-Louise.

(*) En 1595, dam^lle^ Alvette de La Barre, dame de Thorat, y dem^t^ par^se^ Varennes-les-Narcy, fait hmage au sgr de Giry pour Tholoze, Breuille et Marolles ; elle n'est héritière qu'en partie de t. Guill. son père, ce qui indiquerait qu'elle eut une sœur qui dut porter la Barre aux DE MARAFFIN, qui en sont sgrs en 1608. (Arch. de l'hôpital de Nevers.)

V. — EDME DE LA BARRE, écr, sgr de Gérigny, la Vernière, Chasnay, Vilatte (c^ne Varennes-Nevers), et de fiefs dans mouv. de St-Fargeau 1583, hme d'armes, fait hmage pour Gérigny 1595, pour Chasnay 1598, maintenu à exemption de tailles 1599, m^t av. 1615 ; épousa 5 juillet 1579 Edmée DE GRIVEL-Grossouvre, fille de Guill^e, sgr de Montgoublin et de Marie de Champs, dont il eut : 1° François, qui suit ; 2° Edme, sgr de Gérigny, suivra ; 3°, 4° Gabriel et Jean, reçus chlrs de Malte, 1608 et 1612 ; 5° Pierre, écr, sgr des Grandes-Barres et Loudun (Berry) 1623-40, sert dans c^ie du b^on de Lange 1635, m^t av. 1646, épousa Marie *Desprez* de La Pointe, et sa posté. resta en Berry ; 6° Marie, célib. ; 7° Anne, épousa v. 1620 Olivier *de Chastellux*, écr, sgr d'Avigneau ; 8° Edmée, religieuse.

VI. — FRANÇOIS DE LA BARRE, écr, sgr de la Vernière et Chasnay 1604-40, convoqué au ban de 1639 a 3 fils servant, fait hmage pour Chasnay 1624, en refait terrier 1607, achète pr. La Charité 1635 ; épousa 16 nov. 1610 Marguerite *de Chastellux*, fille d'Ant., sgr de Bazarne et de Claude DE LA BUSSIÈRE, dont il eut : 1° Gabriel, chlr, sgr de la Vernière et Chasnay, où il fonde un asile 1658, dit : baron de Chasnay 1647-53, chlr de N.-D. Mont-Carmel et St-Lazare 1643, cap. rég^t Nérestan 1639, m^t av. 1667, épousa av. 1647 Anne-Rose de Raigecourt, sans posté. ; 2° Edme, suit ; 3° Loup, écr, sgr de la Montoise (c^ne St^e-Colombe) et de la Motte-au-Gras (id.) 1648, lieut. rég^t Nérestan 1639, m^t 1659, épousa av. 1648 Renée *de Bussy* (3), dame de la Montoise, fille de Fr^s, dont (outre enf. m^ts jeunes) : Claude, écr, sgr de la Montoise,

---

VII. PIERRE, écr, sgr de Bulcy 1758, né 1723, lieut^t rég^t de la Sarre 1745, cap. des chasses du duc Niv., fixé à Clamecy 1762, m^l 1791, ép^n 1754 Marthe-Mad^ne *Delaporte* (*), fille de Vincent, subdélégué de Clamecy, dont : Pierre et Nicolas, sans posté. connue.

Armes : D'azur, au fusil d'or accompagné de trois cailloux d'argent (**).

Sources : D. Caffiaux, 1234. — *Inv.* Marolles. — Nob. Bourges, c^et titres, 15. — Arch. Niév. E et B. — Mss chan. Hubert. — Reg. parois. Bulcy, Clamecy, Étais.

Éteints.

(3) DE BUSSY. — *De Nivernois.* — Jean DE BUSSY, mari de Philiberte de Neuvy 1390, ses héritiers font transl^on avec Guill. de Champlémy 1404. — Jean, écr, fait aveu à Cosne 1426.

I. GUILLAUME DE BUSSY, écr, sgr de la Motte-aux-Bois (châti^e Donzy) et de la Montoise en p^io (c^ne St^e-Colombe), fait aveu 1451 de biens près St^e-Colombe indivis avec Pierre son frère ; il eut :

II. JEAN, écr, sgr de la Garenne (c^ne Suilly-la-Tour)

et la Montoise p^ie, fait hmage 1460, brigandinier au ban Niv. 1467 et 69, eut de Perrette :

III. JEAN, écr, sgr de la Montoise, ép^a 21 mars 1498 Madeleine DE LA BARRE ci-dessus, dont : 1° Louis, suit ; 2° Jean, écr, baille près Bulcy 1545, eut de Marie de Crillon : Madeleine, ép^n 1588 Claude *de La Vigne*, écr, sgr de Bulcy.

IV. LOUIS, écr, sgr de la Montoise et Chétif-Bois (châti^n Donzy), dont hmage 1533, acte à la Montoise 1545-53, ép^a 5 juil. 1530 Catherine du Pré, dont : 1° Jean, suit ; 2° Jean le jeune, fit preuves 1586 avec son frère, et hmage 1575 pour Neuville (c^ne Bulcy) ; 3° Louis, chanoine d'Auxerre.

V. JEAN, écr, sgr de Chétif-Bois, dont hmage 1575, de la Mothe-au-Gras (c^ne St^e-Colombe) 1587, la Montoise 1591-98, ép^n : 1° N..., fille d'Imbert Galoppe, prés^t à St-Pierre, dont, Charlotte et Imberte actent 1608, 2° 1er mars 1590 Jeanne D'ESTUT, fille de Fr^s, sgr St-Père, dont : 1° Fr^s, sgr de la Montoise, cap. chevau-légers, m^t av. 1647, ép^a v. 1618 Éléonore de Lizarde, dont : a, Marie, ép^n 1647 Fr^s *de Paris*, écr,

---

(*) DELAPORTE. — Origin. de Tannay, où Pierre DELAPORTE est curé et chanoine 1496-1502, ainsi que son neveu, Claude, 1529 — Louis est fermier d'abbaye Vézelay 1529.

Claude DELAPORTE, march^d à Tannay 1564-89, s^r de Chevannes 1571, fait nombreux achats près Metz-le-Comte 1571-89, eut de Fr^se *Courtois*, fille d'Antoine : Lazare, march^d à Tannay 1586-1607, commiss^re des montres en maréch. Ch.-Chinon 1596, contrôleur du prince de Condé 1607, achète souvent à Amazy, Metz-le-Comte et Flez, ép^n 1588 Madeleine Guichard, fille de Jean, march^d La Charité, dont : Madeleine, fme de Jean *Desprez*, s^r de Torteron, et Marie qui ép^a 1612 Claude *de Bèze*, s^r de Lys.

Dans la br. établie à Clamecy : Claude DELAPORTE, grenetier sel Clamecy 1590, eut : 1° Claude, suit ; 2° Étienne, proc^t fiscal de Sambrèves 1620, qui d'Edmée Louzon eut : Étienne, march^d à Moulot 1651, mari d'Anne Parent, dont la posté. s'éteint fin du XVIIe s; Claude, grenetier de Clamecy 1607, eut de Marie Musset : Bénigne, fme de Fr^s *Née*, et Jacques, grenetier Clamecy 1649, puis élu en l'élection, eut de Madeleine Piretouy : 1° Étienne-Joseph, élu de Clamecy 1690, qui d'Elisabeth Duplex eut une fille unique ; 2° Anne, ép^a 1673 François *Faulquier* ; et 2° Claude Delaporte, s^r d'Ausson, proc^r fiscal châti^e Clamecy 1696, ép^a 1694 Marthe Ravet, dont : Vincent-Jacques, subdélégué à Clamecy 1734, m^l 1773, ép^a av. 1727 Marg.-Thérèse *Tenon*, dont entre autres : Marthe-Madeleine ép^a 1754 Pierre *de La Vigne*, ci-dessus, et Léger-Nicolas D., qui de Marg^te Badin eut Marie, ép^a 1787 Denis-Constantin Cochin, fils de Denis-Cl., payeur de la ville de Paris. (Minutes not. M^s-Engilbert. — Arch. chât. Devay. — Reg. parois. Tannay, Clamecy, Étais.)

(**) L'*Armorial du Nivernais* confond les 2 familles de La Vigne-Bulcy et de Vignes-Chiffort, absolument différentes, ainsi que leurs armes.

né 1650, m¹ avant 1687, qui d'Edmée *de Ponard* (4) eut : Mⁱᵉ-Anne de La Barre, dame de la Montoise, épousa 1º 1687 Arnault DE LA PLATIÈRE, chlr, sgr de Villaines, 2º 1694 Ch.-Roger *de Quinquet*, chlr, sgr de Choulot ; 4º Claude, auteur des sgrs du Vernay (Berry), cap. infⁱᵉ, épousa 30 juin 1654 Catherine *de Jacquinet*, et sa posté. s'allia au XVIIIᵉ s. aux de La Barre des Troches ; 5º Françoise, supérʳᵉ-fondatrice des Bénédictines Cosne 1668 ; 6º Marguerite, Bénédictine à Auxerre 1648.

VII. — EDME DE LA BARRE, chlr, sgr de Chasnay et la Vernière après son frère, de la Forêt et des Nouettes (Bourbⁿⁱˢ), cap. régᵗ de Vervins 1638, acte au chât. de la Vernière 1667-78, fait donation mut. avec sa fme 1662 ; épousa 1º 1654 Jeanne des Escures, 2º 8 juil. 1660 Marie DE CHÉRY, fille de Frˢ, sgr de Montgazon, et de Jeanne d'Armes, dont il eut : 1º Nicolas, qui suit ; 2º Pierre, chlr, sgr de la Forêt et des Landraux (pr. Sancoins) 1694, chlr Sᵗ-Louis, major régᵗ d'Anjou-cav. 1722, célib ; 3º Renée-Frˢᵉ, épousa 1698 Joseph DE COURVOL, écr, sgr de Montas, puis J.-Frˢ DE COTIGNON, écr, sgr de Mouasse.

VIII. — NICOLAS DE LA BARRE, chlr, sgr des Troches (cⁿˢ Laché-Assars), la Vernière, bᵒⁿ de Chasnay, 1686 ; la Vernière et Chasnay sont vendus par décret 1701, m¹ 1712 ; épousa 1º 11 septembre 1685 Margⁱᵉ-Ant. DE ROLLAND, fille de Frˢ, sgr des Troches, et de Mⁱᵉ de Montsaulnin, 2º 11 janv. 1707 Mⁱᵉ-Madeleine *de Burdelot*, fille de Frˢ, sgr de Fontenilles ; jl eut du 1ᵉʳ lit : 1º Michel, qui suit ; 2º Eustache, m¹ jeune ; 3º Louise, épousa 1721 Henri *de Sᵗ-Phalle*, écr, sgr de Mugnois ; du 2ᵉ lit, enfants m¹ˢ jeunes.

sgr d'Arthel ; *b*, Renée, dame de La Montoise, épⁿ 1648 Loup DE LA BARRE, ci-dessus ; *c*, Anne, épⁿ 1º J.-Louis du Houssay (*), écr, sgr du Pezeau, 2º Frˢ de Pizani ; *d*, Jeanne, veuve 1664 de Balth. de Bron ; 2º Louis, suit ; 3º Renée, épⁿ 1644 Pierre de La Ribourde, écr, sgr de Villiers ; 4ᵘ Jeanne, vit 1620.

VI. LOUIS, écr, sgr de Port-Aubery (cⁿᵘᵉ Cosne) 1653, m¹ av. 1655, épⁿ v. 1630 Edmée *du Broc*, fille de Frˢ, sgr du Nozet, dont : 1º Éléonore, épⁿ 1665 Antoine *de Rozel*, écr, sgr de Villardeau ; 2º Anne, épⁿ 1659 Jacques *de La Bussière* du Verdoy ; 3º peut-être René, enregistré à l'Armorial général de 1698.

Armes : D'azur, au lion d'argent, armé et lampassé de gueules, tenant une moucheture d'hermine de même.

Sources : Arc. natⁱᵒˢ, P. 138. — D. Villevieille, 25. — Arch. ville Donzy. — *Inv.* Marolles. — Arch. chât. Sᵗ-Père-Cosne. — Mss du chan. Hubert. — Reg. parois. Suilly-la-Tour, Cosne, Sᵗᵉ-Colombe, Arthel.

Éteints.

(4) DE PONARD. — Orig. *de Berry.* — Y sont connus au XVᵉ s. Cette famille de verriers vint en Nivernois au mil. du XVIᵉ ; on trouve alors : Jean *Ponard*, qui suit ; Guyon et Jean, suivront.

I. JEAN PONARD, écr, sʳ des Crais (cⁿᵉ Biches ?), demᵗ à Vandenesse (cᵒⁿ Moul.-Engilbert), y achète 1552, sa veuve y est 1563-72 ; épⁿ Jeanne *de Breuille*, dont : 1º Arthus, écr, sʳ des Crais 1571-85, épⁿ 21 janv. 1564 Barbe *Jacquinet*, fille de Guillᵉ, sgr du Four-des-Verres-de-Faulin, dont 4 filles viv. 1596 : *a*, Jeanne, fme 1621 de Léon de Breuille, écr ; *b*, Madeleine, fme 1619 d'Ant. de Sosnier ; *c*, Barbe ; *d*, Jeanne ; 2ᵉ Jean, suit :

II. JEAN, écr, sgr des Crais en pⁱᵉ, dᵗ à Vandenesse, partage avec son frère 1571, acte 1572-87, épⁿ Margⁱᵉ *Jacquinet*, dont : 1º Guy, écr, sgr de Thard (cⁿᵉ Onlay), partage avec frères et sœur 1595, épⁿ Claudine DE CHARGÈRES qui, veuve 1598 fait hmage à Moul.-Engilbert ; 2ᵉ Louis, suit ; 3º Edme, écr, dᵗ à Vandenesse 1595-1617, épⁿ Jeanne *de Juissard*, dont : *a*, Gilbert, écr, sgr de Fragny (cⁿᵘ Villapourçon) et d'Apacy (cⁿᵘ d'Aubigny-Chétif) 1637-59, partage avec sa sœur 1642, épⁿ 30 janv. 1636 Catherine *des Moulins*, fille d'Imbert, dont : Jean, sgr de Fragny 1662 ; *b*, Jeanne, fme 1642 de Guillᵉ *Guillier* ; 4º Gilbert, 1595-1616, eut de Margᵗᵉ DU CREST : *a*, Denis, m¹ jeune ; *b*, Jeanne, veuve 1662 de Jean de Toulongeon, écr ; *c*, Marie, épⁿ 1662 Hugues DU CREST, écr, sgr de Vaux ; 5º Françoise.

III. LOUIS, écr (2º fils de Jean et de Margᵗᵉ Jacquinet), vivant à Vandenesse 1637, fut père de :

IV. JEAN, écr, sgr de Marié (cⁿᵘᵉ Milay) 1643-56, épⁿ 15 août 1637 Cath. *de Mathieu*, veuve de Pierre d'Anguy, sgr de Marié, dont : 1º très-probabᵗ Jean, écr, sgr de Marié et Chevrette (cⁿᵘ Milay) 1670, eut de Frˢᵉ DU CREST, fille de Denis, sgr de Ponay : Anne, vit 1682-84 ; 2º Pierre, suit ; 3º Guillaume, écr, sgr de Marié 1678-1700, lieut. régᵗ de Bollandé cav. 1680, enregistré à l'Armorial 1698, maintenu avec Nicolas, son neveu, 1703, eut de Perrette DE CHARGÈRES, fille de Claude, sgr de Tourny : Jeanne, épⁿ 1º 1705 Pierre DE CHARGÈRES, écr, sgr de la Creuzille, 2º 1725 Nicolas *Nault*, garde-du-roi.

V. PIERRE, écr, sgr de Marié-le-Grand 1663-73, et des Couaux (cⁿᵉ Diennes) 1678, fait transⁿ-partage

(*) Leur fille, Anne du Houssay, porta Beauregard (cⁿᵉ Varennes-l.-Narcy) 1673, à J.-Bᵗᵉ de Sappa, d'orig. italienne, dont le fils François est encore sgr de Beauregard en 1696.

IX. — MICHEL DE LA BARRE, chlr, sgr des Troches, le Cloud (c^{ne} Laché), la Magdeleine-s.-Loire (pr. Léré), Vilatte (*id.*); dit : b^{on} des Troches ; donataire de sa tante Renée 1717 ; lieut. cav. rég^t d'Anjou, m^t à Entrains 1744, fme et enfants renoncent à sa succession ; épousa 18 mars 1719 Marie DE REUGNY, fille de Fr^s, sgr de Vilatte, et d'Anne de Champfeu, dame de la Fin (Bourb^{nis}), dont il eut : 1° Pierre-M^{ie}, m^t jeune ; 2° Henri-Maurice, chlr de Malte 1742, prêtre, doct^r théol., sgr de la Fin, donne la Magdeleine à son neveu H.-M.-Nicolas 1762 ; m^t après 1777 ; 3° Michel-H.-Cl., qui suit ; 4° M^{ie}-Anne-Cl., épousa 1752 son parent Nicolas DE LA BARRE, chlr, sgr du Vernay (*), dont *a*, Maurice-Nicolas, sgr de la Magdeleine 1762, sans alli. ; *b*, M^{ie}-Joséphine, épousa 1778 Pierre Salé de Puyrange ; 5° Françoise, célib.

X. — MICHEL-HENRI-CLAUDE b^{on} DE LA BARRE des Troches, sgr de Vilatte, la Fin, Lépeau (c^{ne} Donzy), la Motte-Jousserand en p^{ie} (c^{ne} Perroy) qu'il achète 1773 ; né 1732, officier d'artillerie 1756-70 ; à assemblée Nev. 1789, m^t 1804 ; épousa 3 août 1762 Laure-Edmée *de Boisselet*, fille de Fr^s, sgr de Harlu, dont 4 filles : 1° M.-L.-Henriette, épousa 1787 Fr^s Maublanc de Chiseuil ; 2° M.-Madeleine, dame de Lépeau, épousa 1784 Fr^s-Hyacinthe *de Dreuille*, écr, sgr d'Avril-s-Loire ; 3° M.-Fr^{se}, épousa 1789 Philibert D'ESTUT d'Assay ; 4° Ang.-Catherine, fme de L^s Deschamps de Bisseret.

Armes : D'azur, à trois glands d'or, tigés et feuillés de même.

Sources : Nobil. mss de Bourges, c^{el} tit. 15. — Arch. hospital. Nev. B. — La Thaumassière, 1020. — *Inv.* Marolles. — D. Villevieille, 9. — Arch. Nièv. E et B. — D. Caffiaux, 1234. — Arch. chât. Chastellux et la Chassaigne. — Preuv. Malte, Arsenal, II. — *Carrés* de d'Hozier, 61 et 316. — Preuv. St-Cyr, 296. — Reg. parois. Varennes-l.-Narcy, La Charité, Ste-Colombe, St-Laurent, Laché-Assars, Suilly-la-Tour, Cosne, Nevers.

Éteints.

avec frères 1665, eut de Marie Berthelot : 1° Jean, écr, sgr de Varennes-en-Glénon (c^{ne} Sougy) 1698, officier au Royal-Piémont 1685, transige avec mère, frères et sœur 1678, ép^a 1° Jeanne *Caballe*, 2° ap. 1701 Cath. de Branchet, sa v$_r$uve 1718, dont : *a*, Anne, fme 1701 de Gilbert de Crisy, écr ; *b*, Fr^s, fme de Fr^s Perrosel ; *c*, Pierrette, ép^a 1730 Louis DE CHARGÈRES, écr, sgr de Marié, qui toutes vendent à Varennes 1718 ; 2° Nicolas, suit ; 3° François, écr, sgr des Couaux 1697-1710, chevau-léger-garde 1697, eut de Claude Durégon : Joseph et Marc-Ant., fixés à Bon-Lancy 1731 ; 4° Françoise 1683-86.

VI. NICOLAS, écr, sgr de Marié et des Couaux 1698-1711, eut de Bénigne DE CHARGÈRES, fille de Paul : 1° Louis, écr, sgr des Couaux 1719, m^{i}sans posté. 1742 ; 2° sans doute Jean, sgr des Couaux 1703 ; 3° Charlotte.

Guyon PONARD, écr, sgr du Four-Philippe et la Couldre (Berry), fils de Jean et de Catherine *de La Bussière*, acheta 1557 avec son frère Jean, qui suit, la verrerie de la Boue (c^{ne} Rémilly), où il demeure jusqu'en 1599, ép^a 1° av. 1560 Roberte *des Paillards*, 2° av. 1580 Ant^{te} *de Boisthierry*, fille de Gilbert et de Cath. des Paillards ; sa posté. retourna en Berry, et y fut maintenue 15 fév. 1667.

Jean DE PONARD, écr, sgr de la Verrerie de la Boue achetée 1557 et qu'il partage 1560 avec son frère Guyon ; sgr de Giverdy en p^{ie} (c^{ne} Ste-Marie) 1564, proc^r de la mère d'Arthus P. à son maage 1564, m^t à la Verrerie

de la Boue 1574 ; ép^a 5 mai 1560 Claudine DE REUGNY, veuve d'Ant. de Maumigny, et fille de Jacques, sgr de Lancray, dont : 1° Jean, écr, sgr de Giverdy en p^{ie}, et de la Verrerie de la Boue, y dem^t 1582-1609 (**), dénombre Giverdy 1582, achète à Pouligny 1601, sa veuve Anne-Péronne de Grandval fait 1610 hmage de la Boue et Monceaux-les-Loups (pr. Luzy) ; 2° Charles, écr, sgr de Monchanin (c^{ne} Isenay), d^t à Mazilles (*id.*), acte 1589-1621, hmage au Duc 1609, ép^a av. 1601 Reine *de Berthelon*, fille de Jean, sgr de la Forest, dont : *a*, Jean, écr, sgr de Giverdy p^{ie}, Saizy (c^{ne} Montaron), Noireterre (pr. Luzy) 1624-46, eut de Charlotte de Granval : *a'*, Anne, fme de Ch. de Raffin, écr ; *b'*, Léonarde, fme de Fr^s de Faubert ; *c'*, Gabrielle, ép^a 1667 Denis DU CREST, écr, sgr de Ponay ; 3° Georges, m^t sans posté. 1588, ses frères partagent sa succ^{on} 1589.

Non rattachés : Marie de Ponard, fme d'Hugues d'Hennezel, écr verrier 1655. — Charlotte, ép^a à Rémilly 1671 Marc de Guillin. — Madeleine, ép^a 1693 Jacques du Crest, écr, sgr de Ponay.

Armes : D'azur, à trois pals d'or.

Sources : Arch. chât. Vandenesse, le Tremblay, Tintury, Devay. — Tit. prieuré Mazilles. — Minut. notaires Moul.-Engilbert. — *Inv.* Marolles. — Arch. Nièv. E et B. — D. Caffiaux, 1254. — Reg. parois. Rémilly, Milay, Savigny-Poil-Fol, Montaron, Diennes, Sougy, Luzy, Avrée, Tazilly.

Éteints.

(*) En 1753, habitait à Cosne : Jacques DE LA BARRE DU VERNAY, mari de Mlle-Thérèse *de La Chassaigne.*

(**) Charles de Reugny, en rendant compte de tutelle 1585, à Jean, Charles et Georges PONARD, leur remet « les ferrements et instruments propres à faire verres », et porte en compte 66 écus de « matières vendues » étant en 1574 à la verrerie de la Boue. (Minut. Moul.-Engilbert.)

DES BARRES

Sont originaires de Nivernois.

D'après les auteurs modernes, les sgrs de La Guerche (4ᵐᵉ baronnie de Nivernois) seraient une branche des DES BARRES, sgrs d'Oissery en Champagne aux XIIᵉ et XIIIᵉ s. Selon eux, celui qui serait venu *le premier* en Nivernois et y fut sgr de La Guerche, en 1288, serait un Pierre des Barres, fils de Guillaume IV, sgr de Villegenard (Seine-et-Marne). Or, des DES BARRES sont sgrs de La Guerche *dès* 1202, 1216, 1222, etc., et on ne trouve pour ceux-ci aucune attache avec leurs homonymes de Champagne, non plus qu'avec le chef de la cavalerie fr. à Bouvines 1214, ni avec le maréchal de Fr. de 1318 (*).

Le lieu d'origine des DES BARRES nivernais doit être un des fiefs de ce nom, en Donziois, tel que les Barres (cⁿᵉ La Celle-s.-Loire) où l'on voit encore les ruines importantes d'un château-fort. On trouve dans le Nord-O. du Nivernois : 1147, Thibaut DES BARRES, Pierre et ses autres fils, qui sont témoins d'une donation à l'abbaye de Roches ; — 1173, Guillaume, présent à l'accord du cᵗᵉ Nev. pour droit de gîte à Andryes ; — 1193, Pierre, fait à l'abb. de Roches une donation confirmée par le bᵒⁿ de Donzy, son sgr ; — 1223, un Pierre figure parmi les barons de la cᵗᵉˢˢᵉ Nev. dans sa charte d'affranchᵗ d'Auxerre, etc.

En même temps, un rameau (ou une autre famille) est fixé sur la rive gauche de la Loire : 1202, Pierre DES BARRES est sgr de La Guerche et confirme une concession antérieure faite à l'église du Gravier (cⁿᵉ La Guerche) (**) ; 1212, il a une contestation pour Jouet ; il eut pour fils Guillaume et Pierre donnés en caution au roi, 1215, pour le mariage d'Agnès de Nevers. Guillᵉ est sgr de La Guerche 1216-28, et a pour fme Agnès, 1222 ; il fait donation 1243 à abbaye Fontmorigny dont l'abbé, Jean DES BARRES, est co-sgr de La Guerche 1226 ; ce Guillᵉ et Pierre son frère font accord 1226 avec le sgr de Bourbon pour franchises de La Guerche et Germigny ; Pierre reçoit un fief du cᵗᵉ Hervé 1221, fait hmage 1229 pour Boisroserin (auj. le Gravier) ; il eut pour fils :

ODON DES BARRES, chlr, qui ratifie 1241 donation de son père à Fontmorigny, et semble avoir eu pour fils : Guy, chlr, sgr de La Guerche en pⁱᵉ 1274, et Pierre, aussi sgr de La Guerche, qui fait hmage pour Guichy (cⁿᵉ Nannay) 1271 et a pour fme Marguerite, 1276 ; en 1288 ce

(1) PIOCHE. — *De Nivernois.* — Mgr Guillaume PIOCHE, chlr. sgr de Brinon (arr. Clamecy) 1276-95 et d'Aunay (cᵒⁿ Châtillon-Bazˢ) dont hmage 1285, vend rente au cᵗᵉ Nev. 1283, hmage pour grange et dimerie de Brinon 1288, y achète 1293, et à Villaines 1290, échange et achète à Challement 1293 avec Aremburge, sa fme, veuve de Bureau de La Rivière, chlr, et ils se font donation mut. 1296 ; ont marié av. 1291 leur fille Margᵗᵉ avec Jean DE LA RIVIÈRE, damoiseau, et lui ont donné Brinon. — Guy, chlr, et sa fme Agnès donnent quittance 1291. — Jean, chlr, fait don à abb. Regny, fin du XIIIᵉ s. — Hugues, chlr, scelle testament du duc Bgogne, 1314 est maréchal de Corée.

PHILIPPE, écr, fait hmage pour la maison-fort d'Aunay 1336.

A. Guy PIOCHE, chlr, sgr d'Aunay, y acquiert et à Niault (cⁿᵉ Onlay) 1331, sgr de Lucenay-les-Aix (cᵒⁿ Dornes), dont hmages 1322 et 51, dénombre à Ch.-Chinon « la poté d'Onay » avec maison-fort, dépend. et nombreuses terres à Martigny, Vilette, Egreuil et dans paroisses Chougny, Epiry, Chaumot, Anthien, etc., 1351 ; mᵗ av. 1374, ayant donné au prieuré de Lucenay, épᵃ av. 1347 Agnès de Malvoisine, dont il semble avoir eu :

B. JEAN, chlr, sgr d'Aunay et Lucenay dont hmages 1361 et 85, donna à l'abb. de Bellevaux, épᵃ av. 1371

(*) Le nom DES BARRES est si répandu, et le nombre des prénoms usités autrefois si restreint, qu'il n'est pas extraordinaire de trouver dans le même temps deux Guillaume des Barres, ou deux Jean des Barres qu'on identifie à tort lorsqu'aucune indication de lieu ou de sgrie ne vient à l'appui. — En outre, et bien que ce ne soit pas une preuve absolue de diversité de race, les armes des différentes familles des Barres sont toutes dissemblables ; ceux de Nivernois portent constamment la croix ancrée.

(**) 1202 : Ego Petrus de Barris, dominus Guircie, notum facio... quam bone memorie Ebo quondam dominus Guircie et Willelmus frater ejus, ecclesie Plenipedensi et ecclesie de Gravessino contulerunt, earumdem ratam habeo et concedo, quidquid de feodo suo, vel emptione, poterunt adquirere... et ut in nemoribus suis habeant ad edificandum et calificiendum, et pascua animalium tenuerint.... Insuper concesserunt quod villa Gravessini esset ab omni consuetudine libera, et quod homines qui in eadem villa vel in ejus parochia existerent, essent immunes ab omni questu et tallia et quadrigatu et ab omni consuetudine.... (Arch. du Cher, abb. de Pleimpied.)

Pierre des Barres est sgr de La Guerche et Champallement (c^{on} Brinon) et donne aveu au c^{te} Nev.; il mourut av. 1328 ainsi que sa fille, qui avait porté Champallement à Guy DE THIANGES, chr.

GUY DES BARRES, chlr, fils de ce Pierre, fut d'abord sgr de Champallement, qui échut à son neveu Guyart de Thianges au partage 1334 ; fit hmage pour St-Sulpice-le-Châtel (c^{on} St-Benin-d'Azy) 1323, sgr de Diennes (*id.*) 1328, père de Guy, écr, sgr de Diennes 1344-56, qui semble avoir épousé Philiberte de Mornay, et dont la posté. était, en tout cas, éteinte à la fin du XIVe s.; Jean Pioche (1), chlr, sgr d'Aunay (non loin 'de Diennes), y fonde 1375 des messes pour f. Jeanne DES BARRES, sa fme.

GUILLAUME DES BARRES, chlr, sgr d'Apremont (chât^{ie} Cuffy) et de La Guerche en p^{ie} 1293 (*), assurément de même souche que ceux ci-dessus, est en 1296 à l'entrée de Louis, c^{te} Nev.; fait hmage à Cuffy pour Apremont 1323, pour Guichy 1327 ; exécuteur test^{re} de Bureau de La Rivière 1309, reçoit Malnoe en don du c^{te} Nev. 1330, fait aveu de terres prov^t de sa fme pr. Donzy ; épousa 12 mai 1312 Agnès de Mornay, sœur d'Étienne, chancelier de Fr. On ne trouve plus, après lui, de sgrs de son nom à Apremont. Il est probable qu'il eut pour fille Isabeau DES BARRES, fme de Gibaut DE SAINT-VERAIN, chlr, sgr de La Celle-sur-Loire, qui en 1354 fait hmage à Germigny pour biens de sa fme dite dame de La Guerche et Omery-les-Gaulx 1365 (**), elle nomme exécuteur test^{re} 1391 Jean DES BARRES, son frère, tuteur des mineurs de Mornay 1406, elle donne l'étang de Lathier à chartreuse de Bellary.

EUDES DES BARRES était sgr de Boisroserin et Givry (vassal de l'évêché Nev.) en 1248 ; son fils, Jean, chlr, sgr de Boisroserin 1282, testa 1283, probabl^t père d'Odet, écr, sgr de Cours-les-Barres (chât^{ie} Cuffy) et Bruil-les-Barres 1300, dont la veuve, Isabelle DE THIANGES, élit sépulture près de lui à Fontmorigny 1323.

C'est à partir de leur fils Jeannet, qui suit, que cette branche porta le surnom de *Barrois*.

JEANNET DES BARRES, écr, sgr de Boisroserin 1320-67, mari de Marguerite de Verrières, est frère de :

Jeanne DES BARRES, ci-dessus, dame de la Fouillouse (chât^{ie} Donzy), m^{te} av. 1375 qu'il fait fondation en église d'Aunay ; il en eut une fille mariée à Jean *de Montjournal*, écr, sgr de Lucenay p^{ie} 1406, et :

C. JEAN, chlr, sgr d'Aunay, échange serfs avec prieuré La Fermeté 1396, témoin d'acte du sgr de Châtillon-Baz^s 1399, fait hmage pour la Fouillouse 1382 et pour Lucenay 1408, transige avec abb. Bellevaux 1412, ép^a Marg^{te} du Blé, dont : 1° Jean, suit; 2° Philiberte, dame de Blismes (c^{on} Ch.-Chinon), ép^a 1° 1412 Robert *de Varigny*, écr, sgr de Chassy, 2° av. 1429 Jean de Montjeu, écr ; 3° Jeanne, dame de la Cour-du-Bois (c^{ne} Lucenay) et Lucenay p^{ie} 1423.

D. JEAN, chlr, sgr d'Aunay, écr tranchant puis m^{tre} d'hôtel du duc Bgogne 1409-23, dont il reçut 1419 don de « l'office des jeux de brelent, dez, tables, quilles et autres », m^t av. 1433, Aunay est alors divisé (Claude du Bois, écr, sans doute gendre, est sgr de « la maison-fort d'Onay » et reçoit une rente de Philibert et Antoine

Pioche, sgrs d'Aunay et de Jean de Montjeu, mari de Philiberte Pioche), il eut : Antoine, qui acte avec son frère 1433-37, et Philibert, suit :

E. PHILIBERT, écr, sgr d'Aunay en p^{ie} et Lucenay en p^{ie} qui passe à ses neveux de Montjeu 1464, dénombre Villars (c^{ne} Limanton) 1456, fait hmage de rente sur Verou (c^{ne} Thaix) 1459, transige avec abb. Bellevaux 1460, ép^a Jeanne de Lugny, m^{te} 1455 et pour laq. il fait fondation à St-Martin Nev., sans posté.

Jean PIOCHE, chlr, sgr d'Aunay p^{ie} (peut-être neveu du précéd^t), ép^a av. 1460 Claude *de Ferrières*, dame de Beauregard, dont deux filles Claude et Philippine qui firent hmage pour Aunay p^{ie} 1508, et épousèrent Adrien et Claude de Rouvray.

Armes : De...., à trois pals et un chef.

Sources : D. Villevieille, 68. — *Inv.* Marolles. — Arch. Nièv. E. — Arch. nat^{les}, P. 138, copies de Chastellux à Société Niv. — Titres coll^{on} de Soultrait.

Éteints.

(*) 1293 : « Guillaumes des Barres, sire d'Asprement et de La Guerce » après s'être plaint de ce que « lidiz religieux (de Fontmorigny) avoient levé et basti une maeson à Johet au commun pastureaul et en notre justice », et de ce qu'ils ont acquis des terres; bois et prés « les quex avons mises en notre main parceque les estoient de noz fiez ou de nos rierefiez et ne volions mie que les demorassent en main-morte.... », finit par donner son consentement et tout ratifier. (Abb. Fontmorigny.)

En 1296, dans un hmage à l'évêque Nevers, pour la terre de Cours-les-Barres, figure « *Odetus de Barris*, domicellus de eadem terra, et debet portare episcopum.... » (Cartul. égl. Nev., mss de Duchesne.)

(**, Jeannet et Perreaul DES BARRES sont dits sgrs d'Omery-les-Gaulx en 1323 et frères de Guillaume.

GUILLAUME DES BARRES, dit le Barrois, chlr, sgr de Cours-les-Barres, Bruil et Givry, fait hmage biens à Givry 1335, m^t av. 1363, ayant eu d'Agnès de Vailly : *a*, une fille mariée à N... d'Ostun (*) ; *b*, Odet ; *c*, Pierre, sgr de Givry 1397 ; *d*, Jean, dit le Borgne, chlr, sgr de Neuvy-le-Barrois (chât^{ie} Cuffy), chambellan du roi « et servant en ordonnance », m^t av. 1399 (**) que sa veuve Philippes Mauvinet reçoit lettres de sauvegarde pour la Motte-des-Barres (***). Leur fils, Louis, mineur 1399, chlr, sgr de Neuvy-le-Barrois, dont hmage 1413, Boquetraut et Banegon (Berry), Chitry (c^{on} Corbigny), Rouy (c^{on} St-Saulge), Sardy (c^{ne} Brèves), est au maage du duc de Bourbon 1425, épousa 1406 Jeanne de Giac (****), dame de Rouy, qui fut confisqué par les Anglo-Bggnons sur ses enfants 1422, et dont il eut : 1º Louis, écr, sgr de Sardy et Pousseaux (c^{on} Clamecy), chambellan du c^{te} Nev. 1448, en reçoit procuration pour traiter son maage ; 2º Pierre, suit ; 3º Guille, qui fait hmage pour Chitry en p^{ie} 1470 ; 4º Catherine, qui porta Sardy 1460 à Philippe *de Crux*, chlr, sgr de Trohans.

PIERRE DES BARRES, écr, sgr de Chitry, officier du c^{te} Nev. 1446-48, présent à l'hmage du Cte pour le Donziois 1450, reçoit du roi permission de fouiller des mines à Chitry 1470, est père de :

FRANÇOIS DES BARRES, écr, sgr de Rouy et Chitry en p^{ie}, m^t av. 1539, laissant de Marg^{te} *du Bois :*

GILBERT DES BARRES, chlr, sgr d'*id.*, m^t av. 1557 sans posté. de Jacquette DE VEILHAN qui, veuve en 2mes n. de P. de Pontailler-Châtillon, transige 1558 pour son douaire avec les cousins de Gilbert : Jacques DES BARRES, sgr de Neuvy et Chitry en p^{ie} et Fr^s, abbé de Fontmorigny, que la charge de ce douaire amena à vendre Chitry. Ce Jacques était de la br. de Banegon (Berry) 1546, et son fils Fr^s, sgr de Banegon, Neuvy et Cours–les-Barres, laissa d'Éléonore d'Halvyn trois enfants, sgrs de Colombes (c^{ne} Montapas) du chef de leur mère, 1584 ; l'un d'eux, le dernier DES BARRES en Nivernois, capit. de chevau-légers, mari de Charlotte de La Rochefoucault, est b^{on} de Neuvy-le-Barrois, sgr de Cours-les-Barres, Apremont, La Celle-s.-Nièvre 1577 ; est assiégé, par le duc de Nevers, dans Apremont où il tient pour la Ligue, et ses biens sont vendus à sa mort.

Armes : De sinople, à la croix encrée d'or.

Sources : Gallia Christ^a XII. — D. Villevieille, 9. — Arch. du Cher, abb. Fontmorigny. — *Inv.* Marolles. — Arch. de M. Roubet, au Gravier. — Arch. Nièv. E et B. — Originaux à Soc. Nivernaise. — D. Caffiaux, ms 1234. — Cab^{et} titres, dossier St-Verain. — Bétencourt. — Mss de D. Viole, à Auxerre. — *Inv.* Peincedé, 9 et 23. — Arch. commun. La Celle-s.-Nièvre. — P. Anselme, VI et VIII. — *Mém.* Soc. antiquaires de Fr. XX. — Courcelles, pairs, I.

Éteints.

(*) D'OSTUN. — *D'Autunois.* — Possédèrent des fiefs dans mouvance du c^{te} Nevers. Guy D'OSTUN, chlr, sgr de Villars (châtnie Liernais) 1316, eut de Marg^{te} de Beauvoir : Gérard d'Ostun (*filius domini Guidonis de Edua*), sgr de Villars et la Chaut par partage de 1339 avec ses sœurs : Jacote, fme de Jean *d'Aulcerre*, écr, sgr de Brèves, et Alix, dame d'Arconcey ; ce Gérard vendit Villars-Liernais 1340. — Perrin d'Ostun, est sgr de Ruère (c^{ne} d'Alligny-en-Morvand), dont hmage au c^{te} Nevers 1348 ; son fils Pierre, *id.* 1366 et 87. — Plusieurs d'Ostun ont leur obit à St-Lazare d'Avallon au XIIIe s. — Ils descendent tous des sgrs de Montjeu, pr. Autun. (Arch. chât. de Chastellux. — *Le Morvand*, Baudiau.)

(**) Cette pièce de 1399 est une signification par un « sergent » de ces lettres de sauvegarde ; dans sa copie, le scribe se sera trompé de prénom. Ce Jean doit être le célèbre Louis DES BARRES, dit le *Barrois*, chambellan du duc Louis II de B^{on}, puis du roi, qui se signala contre les Anglais 1365-85, dirigea la fameuse défense de Nantes 1381, fut un des ppaux pacificateurs de Paris 1383, et vivait encore 1390.

(***) On trouve encore dans la descendance de Guille : Jacques DES BARRES, écr, sgr de Boisroserin, dont hmage 1471, et de Cours-les-Barres, Neuvy et La Celle-s.-Nièvre, accorde droits d'usage à La Celle 1467, abandonne droits de main-morte sur Givry et Cours 1475. — Louis fait hmage pour Neuvy 1506. — Catherine, dame de Givry en p^{lu} 1510-33, fme de Gilbert *de Pierrepont* (1), chlr, sgr d'Arisolles. — Louis, sgr de Banegon, m^{tre} d'hôtel du Dauphin, puis du roi 1538, est co-sgr de Boisroserin avec son frère Jean, curé de Mars, et en fait hmage 1532. — Tous surnommés *Barrois*.

(****) Jeanne était sœur de Pierre de Giac, l'indigne favori de Charles VII, cousu dans un sac et jeté à l'eau 1426, et petite-fille de Pierre de Giac, chancelier de Fr., qui avait acheté Rouy (c^{on} St-Saulge) peu av. 1406. (D. Caffiaux, ms 1234.)

(1) DE PIERREPONT. — Cette famille d'orig. bourbon^{se} donna en 1494 un capitaine et bailly de St-Pierre-le-M^{er} en : Gilbert, chambellan du roi, sgr d'Arisoles (entre St-Pierre et Moulins), qui doit être le mari de Cath. DES BARRES ; celle-ci fait 1533 aveu de biens relev^t de La Ferté-Ch^{on} ; son petit-fils, Gilbert DE PIERREPONT, m^t av. 1571 était sgr de Baleines et des dixmes de Riousse (c^{ne} Livry). En 1630, René, sgr de Baleines, ép^a Edmée *de Paris* d'Arthel ; puis à la fin du même siècle, Gilbert ép^a Anne DE BONNAY, et Eustache ép^a Anne Coppin, de Decize. (Arch. Nièv. E. — *Inv.* Marolles. — Reg. parois. d'Arthel et Decize.)

DE BEAUJEU

ORIGINAIRES du Forez.

La première maison DE BEAUJEU eut quelques rapports avec le Nivernois : Alix de B. épousa Renaut cᵗᵉ de Nevers, mᵗ 1191, et sa petite-nièce Isabelle DE BEAUJEU, dernière de sa race, fut mariée 1º 1244 à Simon de Luzy, 2º 1247 à Renaut de Forez, dont le 2ᵉ fils Louis de F. releva le nom et armes de Beaujeu.

Parmi les enfants de ce dernier : *a*, Catherine DE BEAUJEU épousa 1305 Jean *de Château-villain*, chlr, sgr de Luzy ; *b*, Pierre, prieur de La Charité-sur-Loire 1319 ; *c*, Guichard, capit. génⁿˡ du Berry 1357, épousa en 3ᵐᵉˢ noces 1320 Jeanne *de Châteauvillain*, fille de Jean ci-dessus, d'où entre autres : *a'*, Guichard, chlr, sgr de Perreux, épousa 1343 Margᵗᵉ de Poitiers, qui acheta Luzy (arr. Ch.-Chinon) 1361 ; leur fils Édouard est encore sgr de Luzy, pour lequel il reçoit lettres de souffrance d'hmage 1395, et qu'il échange 1397 au connétable de Sancerre; *b'*, Robert, chlr, sgr de Sᵗ-Bonnet (Charollais), père de Guichard, mᵗ 1390 sans posté., et de Jean, dont les auteurs ne citent que le nom.

Ce Jean DE BEAUJEU doit être le sgr de Montcoquier (pr. Sᵗ-Pourçain, Allier), qui vint en Nivernois. Ses relations avec le Bourbonnais et le Berry en sont un indice. On alléguerait difficilement qu'il pourrait être fils d'une Beaujeu-Forez et d'un sgr de Montcoquier, du nom de « du Colombier » (famille d'existence aussi hypothétique que celle de « Montcoquier », qui n'a pas existé en Bourbonnais, et n'était qu'un nom de seigneurie) ; dans tous les cas, les sgrs d'Asnois, qui suivent, sont d'une souche absolument différente de celle de leurs homonymes sgrs de la Maisonfort (cⁿᵉ Bitry) (*).

(1) DE VIGNES. — Orig. *du Senonais.* — Jean DE VIGNES, ci-dessus, était fils de Girard, écr, sgr de Vignes en la châtⁱᵉ de Pont-s.-Yonne. Cette famille vint en Nivernois fin du XVIᵉ s., à la suite des d'Ancienville et s'établit près de Prie ; Achille d'Ancienville, vᵗᵉ des Bordes, testa 1617 en faveur de :

I. PHILIPPE DE VIGNES, écr, sgr de Chiffort (cⁿᵉ La Fermeté) 1611-21, épousa 8 nov. 1609 Gabrielle DE GRIVEL-Grossouvre, fille de Robert, sgr de Sichamps, dont il eut : 1º Jacques, suit ; 2º, 3º, sans doute, Achille, parrain 1628, et Henri, écr, sgr de la Loge (cⁿᵉ Beaumont-Sardolles) et Sarazin (cⁿᵉ Luthenay), né 1618, mᵗ 1679, vend la Loge 1666, épª Etiennette *de Grandchamp*.

II. JACQUES, écr, sgr de Chiffort, acte 1641, mᵗ av. 1691, épª av. 1641 Marie *Carpentier*, fille de Jacques, procʳ du roi à Saint-Pierre, dont il eut : 1º François, suit ; 2º Casimir, sgr de Chiffort en pⁱᵉ 1691-94 ;

3º Louis, docteur théologie 1699, chanoine de Sᵗ-Benoît 1705 ; 4º Anne, 1680.

III. FRANÇOIS, écr, sgr de Chiffort 1691, né 1663, chlr d'honʳ de la grande-chancelière de Pologne 1700, puis gentilhᵉ de la chʳᵉ du roi Stanislas 1705, mᵗ 1734, épª en Pologne, Claude de Croissy, dont il eut : 1º Jeanne-Louise, épª 1740 Pierre de Failly (**), écr, sgr du Saussois ; 2º Louis-Benoît, écr, sgr de Chiffort 1735, né en Pologne, épª Anne *Brisson*, fille de Pierre, sgr de Clamour, sans posté.

Armes : D'argent à la fasce de gueules, chargée de trois besants d'or et accompagnée de sept merlettes de gueules, 4 et 3, au lambel de 5 pendants d'azur.

Sources : Gaignières, 22299, p. 42, Bibl. nat. — Arch. Nièv. E et B. — Minut. notaires Moul.-Engilbert. — Arch. chât. Devay. — Reg. parois. de La Fermeté, Beaumont-Sardolle et Nevers.

Éteints.

(*) La confusion de nom et d'armes, faite par les auteurs nivernais du XIXᵉ s., est inexplicable. Les de Beaujeu qui, en Nivernois, sont sgrs de la Maisonfort-Bitry, Argenoul, etc., et ont donné un évêque de Bethléem (voir à : de Blosset), arrivent par la Champagne et l'Auxerrois, sont de Beaujeu-s.-Saône (arr. Gray) et ont constamment pour armes un burelé. — Les Beaujeu-Forez arrivent par le Bourbonnais, leur lion était sculpté au chât. d'Asnois (née de La R.), et figure sur le sceau de Louis de Salazart, fils de Catherine de Beaujeu-Montcoquier. (*Inv.* Marolles.) Il est inadmissible qu'au XVᵉ s., dans de telles familles, cette dissemblance radicale d'armoiries ne soit pas, par surcroît, un indice de diversité de race.

(**) DE FAILLY. — Vinrent de Bourgogne, par maage v. 1695 de Jacques DE FAILLY, écr, sgr du Saussois, cap. dragons, avec Mⁱᵉ-Agnès de MULLOT, dame d'Angly (cⁿᵉ Ville-Anlezy), dont 3 fils : 1º Jⁿ-Bᵗᵉ, épousa 1º parˢᵉ La Fermeté, av. 1732 Hyacinthe de Coqueborne, 2º 1754 Margᵗᵉ DE LICHY, et eut du 1ᵉʳ lit, Mⁱᵉ-Hyacinthe, épª 1756 Jⁿ-Eustache DE LICHY, écr, sgr de Bost ; 2º Pierre, ci-dessus, écr, sgr de Chiffort (cⁿᵉ La Fermeté), major dragons, eut de Jⁿᵉ-Louise *de Vignes* : Frˢ-Philippe, écr, sgr de Chiffort, sans posté., et Charles, sgr de Chiffort après lui, maire de La Fermeté 1803, avait épousé v. 1775 Adélaïde Pannetier, dont une fille ; 3º Frˢ-Paul, écr, chlr Sᵗ-Louis, garde-du-corps, épª 1755 Lˢᵉ-Frˢᵉ Dubois, veuve *Lebault* de Langy.

Sources : Reg. parois. de Sᵗ-Péraville, La Fermeté, Langy.

Éteints.

I. — JEAN DE BEAUJEU, dit du Colombier, chlr, sgr de Montcoquier 1380-96, puis de Mont (c^ne Ruages), Flez (c^ne St-Pierre-du-Mont), Courcelles (c^ne Brinon), et d'Asnois (c^ton Tannay) par échange et achat 1401-1403 de son beau-frère Jean de St-Verain ; maître d'hôtel du roi et chambellan du duc de Berry et cap. de sa c^ie d'ordonn. 1401 ; reçoit reconn. à cause d'Asnois 1407, est pleige de 1,500 l. t. pour un chlr bourbonnais ; est envoyé en Flandres pour reprendre Calais ; chlr-bachelier dans l'armée 1414, tué à Azincourt 1415 ; sa veuve transige avec habit. d'Asnois 1416 ; épousa Isabeau DE St-VERAIN, fille de Jean, sgr d'Asnois, et de Comtesse de Brasiers ; elle testa 1419 ; il en eut :

II. — PIERRE DE BEAUJEU (*), dit du Colombier, chlr, sgr d'Asnois et Montcoquier, majeur 1419, fait offre d'hmage à St-Verain 1425, sert Charles VII 1430 (**), son écuyer d'écurie 1453, traite pour four banal d'Asnois et y achète 1439, transige avec héritiers de St-Verain 1444, hmage pour Asnois 1453, teste 1462, léguant à égl. d'Asnois ; épousa av. 1433 Marg^te de La Palice, dont il eut : 1° Blain, qui suit ; 2° Jean, chlr, sgr de Montcoquier et d'Asnois en p^ie, fait hmage pour Asnois en p^ie 1467, et accord avec curé d'Asnois 1466, plaide 1469 pour héritage de ses grands-oncles de St-Verain, vend sa part d'Asnois et celle de Jean et de ses sœurs à Ch. de Digoine, 1469, est retiré en Bourb^nis 1483 (***), et dut avoir pour petit-fils François, sgr de Montcoquier, cap. chevau-légers 1571, qui est à la tutelle 1575 des petits-enfants de Loup de Beaujeu d'Asnois ; 3° Jean le jeune, qui paraît dans actes avec son frère Jean l'aîné jusqu'à 1469 ; 4°, 5° Ponthus et Pierre, dont on ne trouve plus trace après 1462 ; 6° Geoffroite, mariée av. 1469 à Jean de La Salle, écr. ; 7° et 8° Perronelle et Jeanne, 1462-69.

III. — BLAIN DE BEAUJEU, chlr, sgr d'Asnois-le-Château 1462, fait aveu d'Asnois avec sa mère, frères et sœurs 1462, partage biens pat^els 1464, plaide 1469 pour succ^ion de St-Verain 1469, obtint sgrie d'Amazy (c^on Tannay), abandonne ses droits en Bourb^nnis ; m^t av. 1483 ; épousa 4 mars 1453 Catherine de Chamigny, fille de Pierre, sgr de Tanlay (Auxois), dont il eut : 1° Loup, qui suit ; 2° Jeanne, épousa 1471 Jean *de Vignes* (1), écr.

(2) DE SALAZART. — Origin. d'Espagne. — Jean de Salazart, fameux capit^ne de Charles VII et Louis XI, eut de Marg^te de La Trémoille, dame de St-Fargeau, entre autres : Jean, prieur de Commagny (pr. Moul.-Engilbert) 1506, dont le neveu, Loup de Salazart, proton. du S. S., fut prieur de St-Pierre-le-Moûtier 1539-50.

I. LOUIS DE SALAZART (dernier fils de Jean), chlr, sgr de Montaignes et d'Asnois-le-Château (c^on Tannay), employé dans les guerres d'Italie, m^t vers 1524, ép^a 1496 Catherine DE BEAUJEU, ci-dessus, dame d'Asnois qui, veuve, y reçoit des aveux 1535-45 ; il eut : 1° Louis, chlr, sgr d'Asnois en p^ie, dont hmage 1533, ambassadeur au pays des Grisons 1556, gentilh^e ch^re du roi 1557, m^t 1560 sans posté., ép^a 8 oct. 1526 Roberte *de La Forest*, fille de Louis et d'Adrienne de La Rivière ; 2° Charles, tonsuré 1515, puis hme d'armes, porte-enseigne d'une légion 1535, m^t v. 1545, célib. ; 3° François, écr, commis^re de l'artillerie, tué à Bologne 1550, célib. ; 4° Claude, bénédictin à St-Rémy 1535, protonot. du S. S., prieur de Saint-Luc 1563, donne sa part d'Asnois à son frère Annibal 1562 ; 5° Annibal,

suit ; 6° Catherine, dame d'honneur de la duchesse Nevers 1551, ép^a 1541 Guill^e de Dromont, écr, sgr de Berville.

II. ANNIBAL, chlr, sgr d'Asnois, né 1525, d'abord chlr de Rhodes, relevé de ses vœux, chambellan et m^tre d'hôtel du duc Nevers 1562, servit en Piémont, colonel-général des Grisons, échange à Asnois 1562, y acte 1572, y tue en duel J. de Clèves, sgr d'Asnois-le-Bourg, m^t 1573 ; ép^a 8 juil. 1562 Anne DE CHARRY, fille de Pierre, sgr de Huez et de Marg^te Leroy, dont une fille unique, Henriette de Salazart, née 1568, dame d'Asnois, dont hmage 1598, ép^a 1553 Adrien DE BLANCHEFORT, chlr, sgr d'Asnois-le-Bourg.

Armes : Écartelé : aux 1 et 4 de gueules, à cinq étoiles à six rais d'or, en sautoir ; et aux 2 et 3 d'or à cinq fers de pique de sable, aussi en sautoir.

Sources : D. Villevieille, 82 et 59. — D. Plancher, h^re Bgogne, IV. — Mss chan. Hubert, IV, Orléans. — Arch. Nièv. E. — *Inv.* de Marolles. — D. Caffiaux, ms 1234. — Moréri. — *Carrés* de d'Hozier, 568.

Éteints.

(*) Ce nom « DE BEAUJEU » figure dans tous les actes concernant Pierre ; il ne pouvait lui venir de sa mère, qui était une St-Verain. C'est son nom de race qu'il reprend ; ceux de du Colombier et de Montcoquier ne sont que des noms de terre portés par son père, lui-même et ses enfants, concurremment avec celui de BEAUJEU.

(**) Il en reçoit, par Lettres de 1430, une rente pour ses services et ceux de son père ; il semble que l'on n'ose pas prononcer le nom fatal d'Azincourt : cette rente est donnée pour couvrir « la somme qu'il (Jean) employa en gens d'armes et de trait qu'il amena lors avec luy *à certaine bataille que l'on fust en Flandres*, et à laquelle il trespassa et la plupart de ceulx qui estoient avec luy ». (Mss. Bibl. nat., collon Gaignières.)

(***) Il reçut en 1510 une reconn^ce sur la sgrie du Verger en Forez ; il y est dit sgr de Montcauquier. (Minut. notaires La Nocle.)

IV. — Loup de BEAUJEU, écr, sgr d'Asnois-le-Château et Amazy 1483, reçoit reconn. de biens à Beugnon et à Asnois 1486, hypothèque Asnois 1498 ; épousa 17 juin 1483 Catherine Gaste (Dauphiné), dont une fille unique, Catherine, dame d'Asnois, épousa 6 juin 1496 Louis *de Salazart* (2), chlr, sgr de Montaigne ; elle reçut, veuve 1535, hmage à cause d'Asnois et vendit Tanlay même année.

Armes : D'or, au lion de sable, armé et lampassé de gueules, chargé d'un lambel de gueules de trois pièces.
Sources : P. Anselme, VI. — D. Villevieille, 11 et 81. — *Inv.* de Marolles. — Arch. Niév. E. — D. Caffiaux, ms 1234. — Gaignières, 22299, Bibl. nat. — *Carrés* de d'Hozier, 197. — Copies de Chastellux, à Soc. Niv. — Ms d'Asnois 1737, par Defaux. — Née de La Rochelle.

Éteints.

DE BERTHIER

Sont de Nivernois.

Guillaume Berthier est chanoine de Nevers 1399-1405 et cons^er de l'évêque. — Autre Guill^e brigandinier aux montres 1467 et 69.

Pierre BERTHIER (*) est garde du scel prévôté Nevers 1397-1435, auditeur des comptes 1407-23, échevin Nev. 1416-20 ; en 1414, il s'intitule « citoien de Nevers » ; avait des biens à Riousse (c^ne Livry) et Laleuf (c^ne Chantenay), était peut-être fils d'une LAMOIGNON, et paraît avoir épousé Delphine du Chambon, dont : Guillaume, échevin Nev. 1452-68, garde du scel Nev. 1465, fait hmage 1456, baille à Riousse 1451 et y achète 1464, épousa Gilette *Frappier* (1), fille de Guill^e, dont il eut : 1° Pierre, qui suit ; 2° Marie, épousa Charles Guesdat,

(1) FRAPPIER. — *De Nevers.* — 1347, Robert Frappier, bourgeois Nev., y reçoit payement. — Guillaume, échevin Nev. 1359-69. — Guill^e, *id.* 1393-1430, bailli de Donzy 1395, père de Gilette, fme de Guill^e BERTHIER, ci-dessus. — Josserand, 1398, eut : *a*, Guill^e ép^a 1413 Catherine *Le Clerc*, fille de Jean, chancelier de Fr. ; *b*, Catherine ép^a av. 1421 Hugues *de Corbigny*, bourg^s Nev. ; *c*, Jeanne, fme de Guill^e *Bolacre*, march^d Nev. — Guillaume Frappier, bourg^s de Donzy 1596 ; m^t av. 1463, mari de Anne *Coquille.*

Les FRAPPIER se fixent en Donziois, et outre ceux rapportés ci-dessous en filiation, et d'autres qui sont march^ds, praticiens, etc., on trouve : Louis, notaire à Cosne 1512 ; Pierre, achète à Donzy 1568 ; Blaise, bourg^s Donzy 1596 ; Pierre fait hmage p. la Brosse-s.-Bouhy 1598 ; Pierre, proc^r du roi grenier sel Cosne 1643 ;

Pierre, not^re Donzy 1664 ; Fr^s, bailli de Donzy 1671-82 ; Claude, recev. consignations Donzy 1718 ; Fr^s, capit. des chasses Donzy 1708.

Leurs ppales alliances, sont : XVIIe s. Magnien, Joumier, Guyton, Lasné, Davin ; XVIIIe s. Voile, Duplès, Dechartres, Magnien, Thierrat, Camelin, etc.

La br. de Dalinet (c^ne Alligny). a donné : Pierre, trésorier de Fr. à Bourges, marié 1733 à Anne-Camille de La BUSSIÈRE, fille de Paul-Ed., sgr de Guerchy.

Guy FRAPPIER, m^tre de forges à Lépeau 1701, eut de Jacquette Odry : 1° Jean, s^r de Jérusalem (c^ne St-Verain), ép^a 1751 Thérèse Regnard dont 3 fils ; 2° Claude-Morin, m^tre de forges, s^r des Traces, ép^a av. 1734 Ursule Bureau, dont : Jean-Fr^s, s^r des Traces 1765-89, fermier fourneau du Fournay, et Anne ép^a 1763 Louis *Leblanc* de Lespinasse.

(*) Le nom s'est écrit : Bertier, Berthier, et à partir du comm^t du XVIIe s. : de Berthier. Cette famille se disait anoblie par Louis XI en 1480 ; mais lors de la recherche de 1667, elle ne put produire la charte, et prouva toutefois sa possession de noblesse, depuis 1480, par titres originaux dans lesq. les Berthier sont toujours qualifiés « écuyers ». Nous avons vu la plupart de ces titres. Avec les idées du XVIIe s. sur le pouvoir royal, les de Berthier attribuèrent alors à Louis XI, auteur de l'affranchissement de tailles *pour les habitants* de Bizy, un anoblissement de Pierre II qui eut lieu tout naturellement par la possession et le service militaire de fiefs dès 1480. — L'arrêt du Parlement, par Verjus, pour la succession de ce Pierre m^t en 1513, le nomme : « Petrum Berthier, *scutiferum,* ac Isabellam Decolons ejus uxorem.)

lieut[t]-gén[al] à St-Pierre-le-M[er], m[t] 1484 sans posté.; 3° Catherine, fme de Jean *Tenon*, m[tre] des comptes Nev., sgr de la Grange-les-Donzy.

I. — PIERRE DE BERTHIER, écr, sgr de Bizy (c[ne] Parigny-les-Vaux), Navenon (chât[ie] Cuffy), Vannay (c[ne] St-Benin-d'Azy), Cougny en p[ie] (c[ne] St-Jean), Riousse et Laleuf; d'abord bourg[s] de Nevers 1475-78, échevin 1477-90, acquiert le fief de Bizy 1480, échange 1471 Riousse et Laleuf contre Navenon, où il reçoit reconn. et baux 1490 et dont il fait hmage 1481; baille à Riousse 1467, fait hmage p. Bizy 1480, obtient du c[te] Nev. autoris. d'en rebâtir le château 1488, et des lettres du roi 1480 pour exemption de tailles durant dix ans pour habitants Bizy; 1488 obtient arrêt Parl[t] contre Ant. Boutillat, sgr d'Apremont, baille à Navenon et Bizy jusqu'à 1512; m[t] 1513 fort endetté; épousa 1° avant 1463 Anne *Coquille*, m[te] 1469, veuve de Guil[e] Frappier, 2° av. 1485 Isabeau *Decolons* (2), fille de Jean; il eut du 1er lit: 1° Guill[e], mineur 1484, m[t] av. 1513 sans posté.; 2° Charles, écr, sgr de Bizy, Vannay, Navenon, le Veuillin (chât[ie] Cuffy), Neurre (c[ne] Parigny-l.-Vaux) 1511-48, licencié ès-lois, av[at] au Parl[t] P[is] 1513, fait hmage p. Bizy avec frères 1513 et 20, baille à Navenon 1514, racheta la plupart des biens de son père, testa à Nev. 1548, donnant à ses petits-neveux, fils de Pierre et de Caton, avec substitution perpétuelle aux mâles, m[t] sans enfants de: 1° Henriette Alligret (de Paris), m[te] 1523, 2° av. 1532 Marie Grenier, qui lui survécut; et du 2e lit: 3° Jean, m[t] 1513, dissipa ses biens, se fixa en

FRANÇOIS FRAPPIER, av[at], lieut[t] eaux-forêts Donzy 1679-83, puis bailli de Donzy 1685, s[r] de la Roussille (c[ne] Entrains), eut de Cath[e] Lasné: 1° Jean, cons[er] en pairie Donzy 1688-1718, ép[a] 1683 Elisabeth Magnien dont: Jean-Fr[s], cons[er] pairie Donzy, s[r] de Boismartin (c[ne] Entrains), ép[a] av. 1738 Jeanne Frappier, dont: Louis, s[r] de Boismartin 1757; 2° Joseph, sgr de Montbenoist (c[ne] Pougny), av[at] du roi élection La Charité, m[t] av. 1735, eut de Mad[ne] Turpin: Pierre et Marie, fme 1735 de P. Gaudinot; 3° Augustin, suit; 4° Marie, ép[n] av. 1714 Louis Rameau, s[r] de St-Père.

AUGUSTIN, s[r] des Vieilles-Loges, bailli de Donzy, m[t] 1756, ép[a] 1752 Mlle-Cath. *Leblanc* de Lespinasse, dont: 1° Augustin-Edme, bailli de Donzy, guillotiné révol[t] 1793; 2° Jean-Louis, s[r] de St-Martin, juge à Cosne 1825 eut de N... Vée: Jacques-Fr[s] FRAPPIER DE St-MARTIN, prés[t] tribunal Moulins, m[t] 1873 sans enf[ts] d'Elisabeth Chabot.

Armes: D'or, à trois tours de gueules, 1 et 2.

Sources: D. Caffiaux, ms 1234. — Arch. munic. Nev. — *Inv.* Marolles. — *Inv.* Parmentier. — Arch. Nièv. E. et B. — Arch. chât. Tremblay et Bizy. — Reg. parois. Donzy, Bouhy, La Charité, Ciez, Entrains, St-Père.

(2) DECOLONS. — *De Nivernois.* — 1339 un Descolons (*), notaire Nev. fait un acte pour le chapitre. — Perrin, échevin Nev. 1359 et 69, est receveur pour le c[te] Nev. 1365-71. — Regnaut vend près Decize 1391,

échevin Nev., m[t] 1396. — Thévenin est marchand de draps à Nev. et échevin 1371-95, m[t] 1400, et sa veuve fait hmage pour Prunevaux (c[ne] Nolay) 1406. — Etienne, échevin 1389, est receveur de la ville 1404. — Jean, receveur, m[t] 1420. — Regnaut, échevin 1402-19, est envoyé par la ville à l'entrée du c[te] Philippe 1405, est lieut[t] gén[al] à St-Pierre-le-M[er] 1410-12. — Jean, échevin 1424-38, est proc[r] du roi à St-Pierre 1431, et commis 1464 pour entendre comptes du receveur Nev.

PHILIPPE, receveur 1428, garde du scel Nev. 1431-69, transige 1431 avec sgr de Châtillon-en-B[ois] à cause biens à Jeanne de Ruetorte sa fme. — Jean, marié comm[t] du XVe s. à Isabeau *de Vaux*, dont: Isabeau, fme d'Henri *Coquille*, m[te] av. 1444. — Etienne, licencié ès-lois, proc[r] ville Nev. 1465, envoyé à Boulogne vers le c[te] Nev. 1481, receveur 1484, s[r] de Gondières (c[ne] S[t]-Eloi), fait hmage 1464 pour la Motte-s.-Loire (c[ne] Decize), à cause de sa fme Jeanne *Coquille*, fille de Gilbert, dont il eut: Fr[s] et Gilbert, bourg[s] Nev., qui baillent à Decize 1505; ce Fr[s], échevin Nev. 1524-29, vend du drap à la ville 1526; un de ses desc[ts], Jacques, march[d] Nev. 1551-55 et échevin, mari d'Anne *Cotignon*, vend Gondières 1561.

JEAN DECOLONS, sgr de Demeurs (c[ne] Urzy) 1442, dont sa veuve, Isabelle, fait hmage à évêque Nev. 1446, eut probabl[t] Hugues, sgr de Demeurs, dont hmage avec ses frères et sœurs 1463, bourg[s] de Nev., ép[a] 1478 Marg[te] *Tenon*, fille de Jean, bailly de St-Pierre; sa

(*) Le nom s'est écrit: Descolons, Decolons, des Colons, Décolons. — Il y eut au XVIe s., aux env. Vandenesse (c[on] M.-Engilbert), une famille féodale de Colons qui doit être différente de celle-ci. En 1357, Hugues de Colons tient un arrière-fief de la tour de Verou. En 1397, Perrin *de Columbis*, chlr, mari de Mabile, partage des fiefs relev. de Verou, et Hugues de Columbis tient de lui. 1369 Hugues et Jean, enfants de Hugues de Colons, damoiseau, font hmage pour Dracy (chât[ie] Decize). — 1469 Jean de Colons et ses frères sont brigandiniers au ban de Niv. (Arch. chât. de Vandenesse. — *Inv.* Marolles.)

Les DECOLONS modernes ont voulu identifier avec le Jean du n° 1 de la généalogie ci-dessus un Jean de Colons nommé par Louis XII, en 1501, gouv[r] de Parazza, au comté de Pavie, pour lequel Louis d'Ars donna 1526 certificat de services « pendant 40 ans » dans c[es] d'ordonn. en Bretagne, Picardie, Flandres et Hollande; or, le Jean, de Nevers, était de robe. — Les rameaux de la Charnaye et du Bazois portèrent parfois le titre d'écuyer, ainsi que la branche de Challuy, maintenue en 1705 sur l'allégation que son auteur Jean Ier avait été secrétaire du roi, tandis que ses collatéraux, notaires, procureurs, etc, avaient dès longtemps dérogé.

Charolois, où il épousa 1507 Antoinette des Autels, dont : 2 enf. m^{ts} jeunes, et Isabeau, pupille de Charles Berthier, ép^a : 1º av. 1531 Jean *de Chevigny*, écr, sgr dud. l., 2º av. 1548 Guill^e *Bureau*, écr, sgr de Chevannes ; 4º Jacques, chanoine Nev. 1513-23, m^t 1543 ; 5º Guillaume, qui suit ; 6º Anne, ép^ie 1505 Louis d'ARMES, écr, sgr de Vergers.

II. — GUILLAUME DE BERTHIER, écr, sgr de Bizy, Vannay, Cougny en p^ie 1512-35, fait hmage p. Bizy avec frères 1513 et 20, baille à Vannay et Cougny 1523-32, hmage p. Vannay 1535 ; tuteur des mineurs d'Armes 1533, obtint avec ses frères arrêt du Parl^t 1528, m^t av. 1544 ; épousa av. 1526 Anne du Vandel, fille de Pierre, capit. de St-Pierre-le-M^er, dont il eut : 1º Pierre, qui suit ; 2º Caton, auteur de la br. de Bizy, suivra ; 3º Luc, écr, sgr de Vannay en p^ie 1563-65, m^t sans posté.

III. — PIERRE DE BERTHIER, écr, sgr de Vannay, Cougny en p^ie, le Veuillin, obtint arrêt du Parl^t 1544 avec Charles, son oncle, et Caton, son frère, partage avec Caton 1549, baille à Vannay 1540-51-62 et à Cougny 1551-64, y échange 1555, reçoit reconn. au Veuillin 1566, m^t av. 1575 ; épousa : 1º av. 1548 Marg^te BRÉCHARD, petite-fille d'Henri Br. et de Jeanne de Bourbon, 2º 11 fév. 1562 Marie DE LANGE, fille de Bon, sgr de Villemenant et veuve de Fr^s *du Chastel*-Chassy ; il eut du 1er lit : 1º Jacques, qui suit ; 2º Perrette, ép^n 1590 André Le Coq, av^at au Parl^t P^is ; 3º Jacqueline, fme de Paul de Culant ; et du 2e lit : 4º Jean, écr, sgr de

sœur, Isabeau Decolons, ép^n Pierre BERTHIER, ci-dessus. — Fr^s, sgr de Demeurs 1594, march^d à Nev. et échevin, m^t 1648, ép^n av. 1595 Jeanne Marion, dont : Jean, sgr de Demeurs, ép^a av. 1641 Cath. Lemercier, et Pierre, aussi sgr de Demeurs, ép^a av. 1632 Etiennette Sirot.

REGNAUT DECOLONS, bourg^s Nev. et échevin 1526-34, avoue un droit de minage à Nev. 1532, a pour frère Fr^s, bourg^s Nev. 1529, qui baille à Cougny (c^ne St-Jean) et a : *a*, Guill^e av. Nev. qui en 1568 a ce même minage, est mari de Gilberte *Sallonnier*, dont : Daniel, m^d Nev., échange à Cougny 1597, et *b*, Jeanne, fme av. 1547 d'Etienne *Moquot*, licencié ; les Decolons de la filiation suivie interviennent dans leurs actes de famille (*).

La filiation s'établit depuis :

I. JEAN DECOLONS, élu en él^ion Nivernois 1506-19, s^r de la Bussière (c^ne Varennes-Nev.), achète des bordelages à Lange 1502, baille par^ses de Marzy, Varennes-Nev. 1516-21, aurait reçu en 1504 des provisions d'off. de secrétaire du roi, m^t av. 1528, épousa av. 1516 Agnès Collesson (**), encore vivante 1558, dont il eut : 1º Étienne, suit ; 2º Adrien, bourg^s et march^d à Nev., reçoit sentence pour bordelages à Lange 1545, m^t av. 1552, eut de Catherine *Ducoing*, fille de Guill^e, s^r du Grateix, et de Jeanne Bussière : Étienne, mineur 1552.

II. ÉTIENNE, s^r de la Bussière, licencié ès-loix, avocat 1545, enquesteur au baage St-Pierre 1551, proc^r gén^al

au baage Nev. 1562-71, échevin Nev. 1542 et 63, capit^ne du quartier de Loire 1571, baille par^se Varennes-Nev. 1551, n'est jamais qualifié que « honorable h. », m^t 1571, sa charge va à Guy-Coquille, son beau-frère ; ép^a 1° 8 nov. 1537 Fr^ça *Ducoing*, sœur de Catherine, 2º Charlotte Duclo; il eut du 1er lit : 1º Jean, suit ; 2º Louis, mineur 1575, grenetier de St-Pierre 1581, vend sa part succ. à son frère Jean ; eut d'Ambroise Goursault : Jean, né 1593, et Antoine, né 1598 ; 3º Étienne, avocat Nev. 1581-1606, échevin Nev. 1588, 93 et 1618, transige avec Jean pour succ. maternelle 1581, ép^a 1° 22 oct. 1582 Huguette de St-Vincent, 2º 1611 Jeanne Dien, eut du 2e lit entre autres : Eustache, né 1618, av^at Nev. 1641, échevin 1654, m^t 1659, ép^a 28 sept 1639 Marie Bonvalet, dont : *a*, Noël, av^at, s^r de Challuy en p^ie (c^on Nevers) 1668, donne ses biens à son frère Jacques 1676 ; *b*, Jacques, s^r de Challuy et de Villecourt (c^ne Chevenon) 1681, m^t 1700, ép^n 1680 Claude *de Jacquinet*, veuve de N... de Foucher, sgr Chevenon en p^ie ; *c*, Étienne, sgr de Challuy, puis de Villecourt 1695, dont il semble avoir hérité de Jacques, ép^a 1695 Catherine Gives (Orléanais) ; *d*, Victor, qui est maintenu noble en 1705 avec son frère Étienne ; 4º Fr^se, ép^a 1558 Henri *Cotignon*, proc^r au baage Nev. ; 5º Léonarde, fme de Louis Musset, av^at Nev.; 6º Agnès, ép^a 1565 Guill^e Vaillant, prévôt maréch. Nev. ; et du 2e lit : 7º Charles, av^at 1595, lieut^t part^ier au baage Nev. 1596-1606, échevin 1600, ép^a av. 1595 Marie Messier,

(*) Des DECOLONS, peut être d'autre souche, se trouvent en Bazois au XVe s. Regnaut, mari de Marie Gymond, a des biens à Poussignol, Châtin et Couze, dont hmage à Montreuillon 1444, et par sa veuve 1464. — Hugues, possessionné pr. Châtillon 1479, est peut-être père de Regnault, sgr d'Ougny (c^on Châtillon) et Spouze (c^ne Ougny) 1531-37, qui vend Semelins 1531 ; sa fille Fr^se est en 1575 dame d'Ougny et Spouze, qu'elle avait portés à Claude *Jacob*. — Hector Decolons, mari de Guill^te Joing, sergent r^al à M.-Engilbert, vend par^se Limanton 1576. — Guill^e, écr, sgr de la Charnaye (c^ne Argenvières) 1481, grenetier de M.-Engilbert 1486, y fait vente avec sa fme F^se de *Druy*, semble père de : 1º Gilbert Decolons, écr, sgr de la Charnaye, Ouvrault (c^ne Champvoux) et Munot en p^ie (c^ne La Marche) 1504-35 ; 2º Antoine ; tous deux m^ts sans posté. av. 1566 ; 3º Marg^te, fme de Toussaint DE COTIGNON, écr, sgr de Montsec, puis de la Charnaye 1559 ; 4º Catherine, veuve 1566 de Fr^s du Vernay. (Arch. chât. de Limanton et Devay. — *Inv.* Marolles. — Minut. not. M^s-Engilbert.)

(**) Probabl^t fille de Charles Collesson, valet de ch^re du c^te Nevers en 1482. (C^et tit. Pièc. orig^ales, 1631.)

Navenon en p^{ie}, le Veuillin, Cougny en p^{ie}, fait hmage p. Navenon 1575, partage avec Jacques 1578 et 1587, vend Cougny 1584, baille au Veuillin 1582-97, maintenu exempt des tailles 1599, m^t ap. 1600, épousa : 1° 8 juin 1581 Anne *de Druy*, fille de Gilbert, sgr d'Avril, 2° 28 août 1597 Edmée de Murat (Bourb^{nais}), veuve de J. de Villaines, eut du 1er lit : Luc, écr, sgr de Navenon et le Veuillin 1609, maintenu par élus de Nev. 1634, épousa 28 août 1597 Anne *de Villaines*, fille de sa belle-mère, dont : *a*, Jacques, écr, sgr du Veuillin, lieut. rég^t de Nivernois, vend le Veuillin repris par son héritier Laurent de Berthier à cause substit^{on} 1548, m^t sans posté. ; *b*, Claudine, née 1612 ; *c*, Anne, fme de Jean François, sgr d'Espeignes, qui veuf 1658 vend le Veuillin avec Jacques ; 5° Pierre, écr, sgr de Vannay en p^{ie} 1572, et Navenon en p^{ie}, dont hmage 1575, m^t 1578 célibataire.

IV. — JACQUES DE BERTHIER, écr, sgr de Vannay, Navenon en p^{ie}, dont hmage 1575, partage avec Jean, son frère, 1578-87, fait aveu p. Vannay 1585, vend et baille à Vannay 1579-86 ; Cougny en p^{ie} avec le château est saisi et vendu sur lui et son frère 1584 ; m^t 1595 ; épousa 11 fév. 1562 Gilberte *du Chastel*, dont la mère Marie de Lange épouse en même temps Pierre de B., son père ; il eut : 1° François, écr, sgr de Vannay, dont hmage 1585 et 96, et de Chassy en p^{ie}, dont hmage 1598, partage avec frère et sœurs 1600, épousa 2 déc. 1596 Anne DE BERTHIER, sa cousine, fille de Jean, sgr de Bizy, dont il eut : *a*, Jean, écr, sgr de Vannay, dont hmage 1638, y baille 1642-44, m^t 1661, épousa av. 1629 Anne DE MULLOT, fille de Fr^s, sgr du Colombier, dont, outre enfants m^{ts} jeunes : *a'*, Hubert, sgr de Vannay et Beaurain 1647, célib. ; *b'*, Jean, né 1645, sgr de Vannay, dont aveu 1685, et du Veuillin en p^{ie} 1670-87, m^t sans enfants 1694, épousa 24 nov. 1670 Bonne de La Casseigne, veuve de Louis de B., sgr de Rizy, aux enfants de laq. il lègue tout par test^t 1694 qui fut cassé ; *c'*, Anne, ép^a 1665 Loup DE LAMOIGNON, écr, sgr de Cœurs ; à sa mort, Vannay est saisi ; *b*, Jacques, écr, sgr de Vannay en p^{ie}, m^t 1629 sans posté ; *c*, Marie, Fr^se et Anne ; 2° Jacques, qui suit ; 3° Gilberte, ép^a av. 1598 Edme *de Nerville*, écr. ; 4° Jeanne, Gabrielle et Marie, au partage 1600.

V. — JACQUES DE BERTHIER, écr, sgr de Chassy en p^{ie} et Cognant, fait hmage p. Vannay avec son frère 1596, p. Chassy 1598, p. Cognant 1615 ; maintenu par élus Nev. 1634, m^t à Chassy 1634, épousa 9 fév. 1616 Anne DE GRIVEL de Grossouvre, fille de Jacques, sgr de Sichamps et de Cl. du Bois, dont il eut : 1° Laurent, suit ; 2° Bonne, épousa 1654 Antoine DE BLOSSET, écr, sgr de Villiers ; 3° Jeanne, m^{te} célib. 1689.

III. JEAN, docteur ès-loix 1572, élu de Niv. 1581-92, proc^r gén^{nl} du duché 1589-1600, prés^t Ch^{rv} cptes Nev. 1603-05, s^r de la Bussière, 1575 au partage succ. paternelle laisse à ses frères les biens part^{ies} de Sermoise et Marzy, m^t av. 1606, ép^a 12 nov. 1571 Odette *Coquille*, fille du célèbre Guy, dont il eut : 1° Etienne, suit ; 2° Noël, proc^r fiscal du Marais 1618, not^{re} Nev. 1638, ép^a Jeanne *Destrappes* ; 3° Jean, proc^r au baage Nev. 1638, puis élu, ép^a av. 1641 Guill^{tte} Desgranges ; 4° Claude, ép^a Marie *de Paris* ; 5° Odette, ép^a av. 1617 Mathieu Girard, av^t ; 6° Marie.

IV. ETIENNE, av^{at} au baage Nev. 1606-17, eut dans succ^{on} de Guy Coquille la sgrie de Pitié (c^{ne} Decize), et biens à Romenay avec ses frères, m^t av. 1638, eut d'Huguette Naqueau : 1° Guy, suit ; 2°, 3° Etiennette et Jean, m^{ts} av. 1638 sans posté. ; 4° Jeanne, ép^a 1633 Jean *Thonnelier*.

V. GUY, not^{re} et proc^r Nev. 1638-90, s^r de Linière (c^{ne} Imphy), m^t 1693, ép^a 1° 10 janv. 1638 Marie Charbon, fille de Jean, m^d à Nev., 2° 1666 Marie Guillin, eut du 1er lit : 1° Jean, suit ; 2° Marcou-Gabriel, praticien 1677 ; 3° Augustin, not^{re} Nev. 1693,

m^t av. 1734, ép^a 1690 Louise Lasne, fille d'Eustache, not^{rn} Prémery, dont : *a*, Fr^s, chanoine Nev. 1751-85 et prieur de St-Saulge ; *b*, Philibert-Augustin, not^{re} Nev. 1731, m^t 1781, ép^a 1734 Anne Simonnin ; 4° Eustache, curé de Parigny-Sardolles 1687-90 ; 5° Guy, proc^r baage Nev., ép^a 1683 Elisabeth Michel.

VI. JEAN, proc^r au baage Nev. 1663-96, m^t 1705, ép^a 1663 Jeanne *de Villars*, fille de Jacques, not^{re} Nev., dont : 1° Jean, lieut^t en maréch. Nev. 1694 ; 2° Jacques-Fr^s, lieut^t en maréch. Nev. 1695, m^t 1721 ; 3° Cl.-Fr^s, suit ; 4° Jeanne, ép^a 1696 Etienne *Thonnelier*, proc^r roi en maréch. Nev.

VII. CLAUDE-FR^s, av^{at} et proc^r au baage Nev. 1712, substitut du proc^r g^{al} du duché 1717, s^r de Chamon (c^{ne} Chevenon), m^t 1725, ép^a 1711 Elisabeth *Chaillot*, fille de Dominique, dont : 1° Etienne-Fr^s, suit ; 2° Jean-B^{te}, manufacturier fayence 1749, échevin Nev. 1764, m^t 1783, ép^a 1748 M^{le}-Anne *Grasset*, fille de J^n-B^{te}, dont Etienne-Fr^s, vivant 1761 ; 3° Anne-Elisabeth, ép^a 1755 J^n-Claude *Flamen* d'Assigny ; 4° peut-être Jean, présid^t grenier sel et maire Nev. 1768, et subdélégué d'int^t 1781.

53

VI. — LAURENT DE BERTHIER, écr, sgr du Veuillin, Navenon, Chassy en p^ie et Vannay en p^ie, garde-du-corps de Monsieur 1673-82 ; hérita du Veuillin de Jacques de B., son cousin ; né 1633, m^t 1683, épousa 24 juin 1680 Françoise DE BERTHIER, sa coüsine, fille de Louis, sgr de Bizy et de Bonne de La Cassaigne ; Fr^se se remaria à Fr^s de Brossard, écr, sgr de Granchamp ; il eut : 1º Philibert-Laurent, suit ; 2º Bonne-Fr^se, reçue à St-Cyr 1691, épousa 1709 Paul DE CHARRY, écr, sgr de Fourviel.

VII. — PHILIBERT-LAURENT DE BERTHIER, écr, sgr du Veuillin, Navenon, Vannay, fait hmage p. le Veuillin 1695 et 1711, hérite de Vannay de Jean, son cousin, par procès gagné 1695, en fait hmage 1711 et le vend ; m^t 1716 en Bourb^ais, épousa 30 oct. 1699 Marie du Peschin, fille de Gilbert, sgr de Tureau (Berry), dont il eut : 1º Gilbert-Laurent, suit ; 2º, 3º, 4º Édouard-Louis, Louis-Marie et Pierre-Laurent, m^ts av. 1736 célib. ; 5º Catherine-Fr^se, ép^a 1º N... Braut, 2º av. 1736 Gilbert Grimard ; 6º M^ie-Rose, vend sa part du Veuillin à son frère 1748, ép^a 1º 1734 Edme DE BORNIOL (*), écr, 2º av. 1750 Nicolas DE LICHY, écr, sgr de Lichy en p^ie.

VIII. — GILBERT-LAURENT DE BERTHIER, chlr, sgr du Veuillin et Navenon, né 1715, capitaine des chasses de chât^ie Cuffy 1767, baille et achète au Veuillin 1741-84, partage avec ses sœurs 1739, fait aveu p. Navenon et le Veuillin 1780, m^t 1786 le dernier de la br. aînée ; épousa 27 juil. 1735 Catherine Méchin, fille de Pierre, m^d d'Orléans, dont il eut : 1º Louis, sgr du Veuillin en p^ie 1781, m^t célib. 1785 ; 2º Jeanne, ép^a 1771 Fr^s Collin, prés^t grenier sel Sancoins ; 3º Hélène, née 1743, dame du Veuillin, ép^n 1769 son cousin Jean-Fr^s-Cl. DE BERTHIER, fils d'Édouard, sgr de Contre.

III. — CATON DE BERTHIER (2e fils de Guill^e, sgr de Bizy, et d'Anne du Vandel), écr, sgr de Bizy 1549-53, de Vannay 1540-62, et de Neurre, y dem^t 1555 ; capit. de 50 arquebusiers à cheval 1562 ; obtient arrêt du Parl^t avec Charles, son oncle, 1544 ; partage avec son frère Pierre

VIII. ETIENNE-FR^s, av^at 1748, échevin Nev. 1752-55, subdélégué d'int^t 1766, s^r de Chamon, m^t 1776, ép^a 1749 Louise-Marg^te Vincent de Marcé, fille de Jean, lieut^t aux eaux-forêts, dont : 1º J^n-B^te, suit ; 2º Ignace, s^r de Marcé (c^ne Marzy) 1782, prés^t grenier sel Nev. 1789 ; 3º Cl.-Pierre, prieur de St-Saulge 1782-86 ; 4º L^se-Elisabeth, ép^a 1783 André Népomucène de Bèze.

IX. JEAN-B^te-FR^s, proc^r g^al aux eaux-forêts du duché 1773-82, proc^r du roi en maréch. Nev. 1783, ép^a 1782 Adelaïde-L^se Le Barbier, fille du direct^r postes, dont : 1º Alexandre-Jean, né 1783 ; 2º Antoine-Fr^s 1786 ; 3º Ignace-Henri 1789, ex-lieut^t de dragons, maire de Tannay, 1835, ép^a Charlotte de Bèze, fille d'André et

n'eut que des filles. — Un Fr^s DECOLONS DE VAUZELLES, frère de Mme Béguin, fut prés. tribunal Nev. 1829, m^t sans enfants 1842, et son neveu Fr^s-Joseph Decolons, juge à Nev., m^t 1863, dernier du nom.

Armes : D'azur, à la fasce d'or, accompagnée de trois canettes de même, 2 en chef et 1 en pointe.

Sources : Inv. de Parmentier. — Arch. Nièv. E, B et G. — Minut. notres M^s-Engilbert et Decize. — Inv. de Marolles. — Arch. chât. de Bizy et Poiseux. — Arch. hospit. Nev. B. — Carrés de d'Hozier, 197. — C^et titres. nobil. d'Orléans, 757. — Reg. parois. de Nevers, Decize, St-Pierre, Prémery, Gimouille.

Éteints.

(*) DE BORNIOL. — Gentilshommes verriers. — Honoré de Borniol, s^r de Puybourg et la Minardière 1657, maître de la verrerie du Chambon (c^ne Ste-Marie) 1693, ép^a av. 1660 Marie *des Paillards*, fille de Charles, verrier à Giverdy, dont : 1º Annet, suit ; 2º Jean, s^r de Puybourg 1692-1729, ép^a Laurence *de Juisard*, puis en 1694 Esmée Vavin ; 3º Jacques-Fr^s, curé de St-Franchy 1711-29, chanoine Nev., m^t 1757 ; 4º Louise, ép^a 1729 son cousin Louis *de Borniol*, écr, s^r de Fourchambault. — Annet, écr, s^r du Chambon, les Magnys (c^ne de Saint-Franchy) 1693-1720, ép^a 1692 Marie Dugué, dont : 1º Edme, suit ; 2º Fr^s, s^r de la Minardière, m^t 1766 ; 3º Léonard, ép^a av. 1736 M^ie Petit, dont Am.-Angélique ; 4º Angélique, m^le célib. 1769. — Edme, écr, sgr du Chambon et du Veuillin en p^ie, ép^a 1734 Marie-Rose DE BERTHIER, ci-dessus, dont : Laurent-Fr^s, et M^ie-Anne ép^a 1767 Jacques Danthault.

Marc de Borniol, écr, gentilh^e verrier de Dauphiné (frère ou cousin d'Honoré), ép^a 1658 Marie Castelan, fille de Jean, m^tre de la verrerie de Nevers, dont entre autres : 1º Nicolas, écr, s^r de Fourchambault (c^on de Pougues), verrier, ép^a 1683 Jeanne Pluchon, fille de Louis, m^and à Garchizy, dont : Louis, verrier, s^r de Fourchambault, m^t 1758, ép^a 1729 Louise DE BORNIOL, fille de Jean, s^r du Chambon, dont : Jacques-Fr^s 1757 ; 2º Antoine 1674-1745, s^r de Rochers ; 3º Jean-Fr^s, chanoine Nev. 1745 ; 4º Michel ; 5º Bernard, écr, s^r de Fourchambault, m^tre verrerie Nev., né 1674, ép^a 1739 Cath. Lévêque, fille de Pierre, av^at Nev., et de Mad^ne Sallonnier, dont : a, Claude-Fr^s, m^tro verrerie Nev., passe à St-Domingue 1791, où off^er d'infie, ép^a N. d'Hanaches, dont : Adolphe, vit 1816 ; b, Pierre-Bernard, chanoine Nev. 1788, déporté 1793 ; c, Cath.-Jacquette ép^a av. 1777 L^s-Joseph de Montagnac, off^er d'infie.

Armes : D'azur, au chevron d'argent, accompagné en chef de deux roses, et en pointe d'un bœuf.

Sources : Arch. Nièv. B et Q. — Reg. parois. St-Franchy, St-Benin-d'Azy, Lichy, Nevers, Garchizy.

Existants, canton de Pougues et Paris.

et a Bizy, dont hmage 1549 ; épousa 29 juil. 1540 Philiberte *de St-Père*, fille de Jean, sgr de Verou et veuve de Louis d'Armes, dont il eut : 1º Jean, suit ; 2º Nicolas, fait hmage p. Bizy en pie 1567, mt av. 1575 sans posté. ; 3º Léonard, hmage p. Bizy avec frères 1567 et p. Navenon en pie 1575, hme d'armes cie des Ursins 1573–78, mt av. 1580 sans posté.; 4º Anne, épa av. 1564 Nicolas DE GRIVEL de Grossouvre, écr, sgr de Contre et Sichamps.

IV. — JEAN DE BERTHIER, écr, sgr de Bizy en pie par testt de Charles 1548, en fait hmage 1567 avec frères, y acte jusqu'à sa mort, sgr de Neurre 1575-1609, de la Vallée (cne Parigny-Vaux), la Bussière (cne Garchizy), fait hmage pour Navenon en pie 1575, transige 1578 avec ses cousins Jacques et Jean p. partage Cougny, soutient procès 1582 pour substiton 1548 ; hme d'armes cie d'ordonn. 1575–80, dispensé du ban 1597, maintenu exempt au régalement tailles 1599 ; testa 1606, mt 1619 ; épousa 24 mai 1574 Charlotte de La Ballue, fille de Louis, sgr d'Ermet en Brie, dont il eut : 1º Jean, suit ; 2º Charles, mt av. 1606 célib.; 3º Anne, épn 1596 son cousin Frs DE BERTHIER, sgr de Vannay ; 4º Isabeau, épn 1596 Claude des Ryaulx (3), écr, sgr de Patinges ; 5º Gabrielle, fme du sgr de Felins (?) ; 6º Marie, épn 1624 Louis DE MULLOT, écr, sgr du Colombier.

V. — JEAN DE BERTHIER, écr, sgr de Bizy, Neurre, la Vallée, la Bussière 1605-31, chevau-léger de la garde 1615-28, reçoit lettres de committimus 1624, mt av. 1634 que sa veuve fait

(3) DES RYAULX. — *De Nivernois.* — Prennent leur nom des Ryaulx (*) (parse Veuillin, châtnle Cuffy) dont ils font hmage au cte Nevers 1242. — Baudoin, chlr, sgr des Ryaulx, mt av. 1288, ses 2 fils Guille et Renaut font alors hmage au cte Nev. pour les Ryaulx (**); Renaut était mt av. 1291 ; ils paraissent avoir eu pour frère : Hugues, dont le fils Jean, damoiseau 1323 fait hmage à Cuffy pour les Ryaulx, et pour sœur Alix, dame des Ryaulx en pie, dont hmage 1313 ; le frère aîné :

I. GUILLAUME DES RYAULX, chlr, sgr des Ryaulx, dont hmage 1288, av. 1336, avait, dans l'église du Veuillin, son épitaphe constatée par sentence d'officialité de Nevers 1611, partage avec ses beaux-frères de Bretignelles sous scel Clamecy 1291, eut de Marie de Bretignelles : 1º Guille, suit ; 2º Philibert, dont le fils Philippe fait hmages p. biens à Trémigny 1383.

II. GUILLAUME, écr, sgr des Ryaulx, acte sous scel Clamecy 1342, épa Eléonore de La Salle, dont : 1º Jean, suit ; 2º une fille qui fait aveu à Cuffy 1349.

III. JEAN, damoiseau, sgr des Ryaulx dont aveu 1353,

vend sous scel de Clamecy 1387-89, et une rente sur les Ryaulx 1395, mt 1398, épa 1º Agnès d'Aire, 2º Jeanne de Merry qui fait rembourst 1401 au nom de ses mineurs; il eut du 2º lit : 1º Gaucher fait hmage p. les Ryaulx 1407 avec Philibert ; 2º Philibert, suit ; 3º sans doute Jean mentionné 1400, mais mt av. 1407.

IV. PHILIBERT, écr, sgr des Ryaulx, dont hmage 1407 étant sous tutelle de Jean de Charenton, mt av. 1456, avait son inscription tumulaire dans égl. du Veuillin, eut d'Agnès de Coisy : 1º Charles, écr, fait hmage p. les Ryaulx 1456, avait biens à Gâcogne 1463, exécuteur testru de son frère Jacques 1498, ayant alors un fils : Claude ; 2º Jacques, suit.

V. JACQUES, écr, sgr des Ryaulx qu'il posséda en totalité, et dont hmages 1456 et 64, brigandinier à montre Nev. 1469, écuyer d'écurie du cte Nev. 1472, prend un bordelage de P. Berthier 1492, mt 1498, épa 8 janvier 1458 Jeanne de Villeneuve, fille d'Hugon, sgr de Bonselin et Bernay, dont il eut : 1º Claude, écr, sgr des Ryaulx, Veuillin en pie, Bonselin, eut la maison-fort des Ryaulx au partage 1498 avec frères,

(') Le nom s'est écrit : Ruyaulx, Ryaulx, Reaulx. Il existe, tant en Nivernois que dans le Berry confinant la Loire, plusieurs localités à peu près homonymes qui ont pu donner leur nom à des familles de souche différente ; mais on ne trouve pas de documents assez nombreux pour établir des filiations suivies et sûres. Les Des RYAULX, sgrs de Coudes (parse Patinges, châtie La Guerche), bien que fixés dans la même région, pourraient être origin. des Ryaux-sur-l'Aubois ? Ce sont : Jean, sgr de Coudes et Pruniers (cne St-Germain-s.-Aubois) 1335. Autre Jean, 1368-86. Philippe, mari de Jeanne de La Forêt, 1410. Jean, 1466. Etienne, page du cte Nev. 1490 ; tous sgrs de Coudes ; paraissent de même souche que les sgrs de Narlou (cne Saxy-Bourdon), car Hugues DES RYAULX, chlr, sgr de Narlou 1309, a pour fils Jean, sgr de Narlou, qui fait hmage p. les Ryaulx 1323 avec sa sœur Agnès, fme de Guy de La Boube, et en 1372 Guille des R. est sgr de Narlou et de Pruniers (v. ci-dessus, 1335) ; en 1386, Jean, sgr d'*id*. — On trouve fin du XVe s. des Ryaulx ou Ruyaulx aux environs de Decize, alliés deux fois à des *Gentilz* des Ecots et d'Aglan. — Guille des Ruyaulx est abbé de Corbigny 1453 ; et Antoine, abbé de St-Laurent (pr. Pouilly) 1523. — Les des Ryaulx, qui sont en Auxerrois au mil. XVIe s. et sont alliés aux de Racault, d'Aulnay, etc., sont de Berry ; ils donnent en échange 1566 leur sgrie de Sery « en la parse de Rians, châtie des Aix-d'Angillon ». La terre des Réaulx, vendue sur eux par décret 1641, n'est pas celle de la châtie Cuffy. — Ceux de Champagne ne sont pas non plus de la famille féodale nivernaise ; Chérin cite un arrêt de 1774 pour preuves de cour, rejetant cette prétention. (*Inv.* Marolles. — Arch. Nièv. E. — D. Caffiaux, 1234. — Mss de D. Viole. — Arch. Yonne, E, 492.)

(**) 1288 : « Ly des Ruyaulx a telles paroles dict : Messirs lou contes, y suit votre vassal... à cause que jy ai en mon appartenance la my partie de ly fié et seignerie des Ruyaulx que jy ai en partagence avec Renault mon frère, que tenoit en totalité Baldouin chevaliers notre père... (Acte produit en 1667.)

hmage p. Bizy, maintenue 1635 par gén. Moulins, elle plaida longtemps pour substit^{on} de 1548 ; il épousa 1er nov. 1605 Madeleine Lemaire, fille de Louis, sgr de Cortigny en Brie, dont il eut : 1° Jean, écr, sgr de Bizy en p^{ie} et Neurre 1640-89, fit partages avec frères et sœurs 1649 et 64, m^t à Bizy 1689, épousa av. 1646 Marguerite Pincard, dont il eut : *a*, Édouard, sgr de Neurre 1689-1702, de Bizy en p^{ie} 1685, saisi 1713 par Eustache de B., sgr de la Vallée ; gendarme de la garde 1696, m^t 1723, épousa 1° 1686 Barbe *Creuzet* de Plainval (4), m^{te} 1705, dont 2 enf^{ts} m^{ts} av. elle, 2° 1708 Marie Fontaine, dont : Philippe, m^t célib. ; *b*, Jean, sgr de Neurre 1680, m^t 1686, ép^a 11 oct 1677 Marie *de Champrobert*, dont 2 enf^{ts} m^{ts} av. lui ; *c*, Jean, m^t à Bizy 1671 ; *d*, Marthe, ép^a 1700 Ant. Colas ; 2° Gilbert, qui suit ; 3° Adrien, écr, sgr de Beaulieu et la Motte-Billy (c^{ne} Billy-Oisy) 1640-48, tué à un siége 1654, ép^a av. 1640 Jeanne Leboutz, dont Jean, sgr de Beaulieu 1655 ; 4° Louis, auteur de la br. de Contre, qui suivra ; 5° Eustache, chan. Nev. et de N.-D. des Grès 1655-90 ; 6° Anne, ép^a 1632 Pierre de Culon, écr, sgr de la Charnaye.

VI. — GILBERT DE BERTHIER, écr, sgr de la Vallée-de-Bizy, Neurre, Mont-de-Diennes (c^{ne} Diennes) 1647-70, partage avec frères 1664, obtient 1665 arrêt pour subst^{on} 1548, m^t 1670, épousa 30 mars 1647 Gabrielle DE MAUMIGNY, fille de Philippe, sgr Mont-de-Diennes, et de Louise Lelong des Fougis, dont : 1° Eustache, suit ; 2° Angélique, m^{lle} célib. 1728; 3° Fr^{se} 1669-80.

VII. — EUSTACHE DE BERTHIER, écr, sgr de la Vallée-de-Bizy, Neurre, les Fougis (Bourb^{nais}), né 1658, chevau-léger 1697, vend Mont-de-Diennes avec sœurs 1680, hérite des

dont hmage 1503, achète sous scel Sancoins 1509 (son maage avec Jeanne Leclerc, d'Auxerrois, et sa descendance en Champagne, ne sont rien moins que prouvés) ; 2° Robert, moine 1498 ; 3° Philibert, suit.

VI. PHILIBERT, écr, sgr de Bernay (chât^{ie} La Guerche) 1498, puis des Ryaulx en p^{ie} et Cheffelet, fait hmage à Cuffy 1503, est probabl^t père de Gilberte dame de 1/2 de Bernay, dont hmage à La Guerche 1527, fme d'Antoine *de Bréchard*, qui, en 1521, assiste à un bail pour mineurs d'Esme des Ryaulx, sans doute son beau-frère (*).

VII. ESME (fils ou frère de Philibert), écr, fait, à Nevers, bail de Bernay en p^{ie} pour ses enfants 1521, est sgr de Cigogne en p^{ie} (c^{ne} La Fermeté), qu'il eut par échange de J. Bolacre, en fait hmage 1535, et de Traizaigle (*id.*), testa 1546, ép^a Antoinette *de Marry* (des sgrs de Vilaine, pr. M^s-Engilbert), dont il eut : 1° Philibert, écr, sgr de Cigogne 1546, fait hmage 1534 à Cuffy avec ses frères p. les Ryaulx en p^{ie} ; 2° Jacques, suit ; 3° 4° Claude et Charles, 1534 ; 3° trois filles vivantes, 1546.

VIII. JACQUES, écr, sgr des Ryaulx, dont hmage 1534, de Cigogne où il donne investiture 1569, reçoit donation du Salé (c^{ne} Saincaize) de son oncle Alain Le Tort 1556, m^t av. 1574, ép^a 12 fév. 1540 Edmée *d'Angeliers*, fille d'Edme sgr de Chappes et Charlotte Le Tort ; il semble père de Claude, sgr de Cigogne, qui ép^a 1566 Adrienne *de La Bussière*, fille d'Ithier, sgr de Boutissain, père d'autre Claude, écr, sgr de Salé en p^{ie} et Patinges (pr. La Guerche), dont hmage 1599, y acte 1604, se pourvoit 1611 en officialité Nev. pour faire replacer tombes des des Ryaulx au Veuillin,

ép^a 2 déc. 1596 Isabeau DE BERTHIER, ci-dessus, fille de Jean, sgr de Navenon. — On trouve encore : Jean DES RYAULX, sgr de Salé 1619 ; Pierre, sgr de Patinges 1629 ; Louis, sgr de Patinges 1651.

Armes : D'argent à trois chevrons de gueules, chargés chacun de trois besants d'or, et deux pals d'azur brochant sur le tout. (Voir note, page 420.)

Sources : Inv. Marolles. — Arch. Nièv. E et B. — D. Villevieille, 74. — Bibl. nat., mss. fr^s, 22299 et 300. — D. Caffiaux, 1234. — Arch. châteaux de Poiseux, Bizy, le Gravier. — Roubet, *Épigraphie.* — Lainé, arch. généal. V.

Éteints.

(4) CREUZET. — *De Nivernois.* — On trouve par^{se} Champvoux (c^{on} La Charité) cultivateurs ou march^{ds} : Louis CREUZET 1575-92. Marit 1585. Jean, mari de Perrette *Prisye* 1581, eut Etienne 1584.

I. PIERRE CREUZET, proc^r fiscal chât^{nie} de La Marche 1621, eut de Marie Maignien : 1° Jacques, suit ; 2° Jean, né 1611, s^r d'Orgemont (?) 1669.

II. JACQUES, écuyer de la grande écurie, puis chevau-léger 1648, sgr de Plainval 1656, m^t 1667, eut d'Élisabeth de St-Martin : 1° Guill^e, né 1647, m^t apr. 1655 ; 2° Guy, suit ; 3° Barbe, ép^a 1686 Édouard DE BERTHIER, écr, sgr de Bizy, ci-dessus ; 4° d'autres filles.

III. GUY, chlr, sgr de Richerand (c^{ne} Chaulgnes), la Tour-de-Chevenon (c^{on} Nevers), chlr de St-Lazare, ing^r en chef de Sarrelouis et Phalsbourg 1688, brigadier des armées, directeur fortif. de Provence et Dauphiné 1700, maréchal de camp 1722, grand-bailly de Nivern.

(*) Bien qu'aucune pièce ne vienne indiquer sûrement la relation de cet Esme avec ceux ci-dessus, sa parenté se déduit de la possession de Bernay 1527, de l'aveu de ses fils à Cuffy 1534, et de l'action intentée en 1611 par Claude au sujet des tombes de ses ancêtres dans l'église du Veuillin. Dès-lors, les armes données par Marolles, à l'an 1599, seraient bien celles des des Ryaulx origin. de la par^{se} du Veuillin, et non le lion à face humaine indiqué par l'*Armorial Niv.* de 1879, qu'il faut attribuer aux des Réaulx de Champagne.

Fougis 1727, m^t 1729, épousa 27 nov. 1696 J^{ne}-Gabrielle *Pommereul* (5) fille de Gilbert, sgr de la Motte, dont : 1° Eustache, ecclésiast., donne à Charles et Jean, ses frères, 1731 ; 2° Pierre-Eustache, écr, sgr de la Vallée, m^t 1762, ép^a 27 juil. 1733 L^{se}-Augustine *de La Chasseigne*, fille de J.-Fr^s, sgr de Rosemont, dont : J^n-B^{te}, m^t célib., et une fille religieuse ; 3° Charles, écr, sgr de la Vallée, lieut. rég^t d'Auxois 1730, m^t célib. 1737 ; 4° J^n-B^{te}, suit ; 5° Jacques, m^t jeune ; 6° M^{ie}-Gabrielle, ép^n 1730 Germain-Joseph *de Pagany*, écr, sgr d'Eugny.

VIII. — JEAN-B^{te} DE BERTHIER, chlr, sgr de Bizy, la Vallée, Neurre, les Fougis, la Maure (c^{ne} Parigny-les-Vaux), Contre (c^{ne} Urzy), la Belouze (c^{ne} Poiseux), né 1702, lieut. rég^t d'Auxois, achète 1741 de son cousin Édouard, Contre et tout ce qu'il a sur par^{se} Parigny, puis succes^t tous les anciens biens de la famille, rebâtit Bizy, m^t 1771 ; épousa 5 nov. 1730 Louise Garnault (*), fille de Claude, prévôt des march^{ds} à Nev., dont : 1° Joseph-G^{in}, né 1741, m^t 1753, et 2° :

IX. — ÉTIENNE-FRANÇOIS DE BERTHIER, chlr, sgr d'*id.* et Pinet (c^{ne} Parigny-Vaux) dit : comte de Berthier, né 1749, mousquetaire du roi, m^t à la Belouze 1833, épousa 25 nov. 1765 Louise-Rose Babaud de La Chaussade (**), fille de Pierre, sgr de Guérigny, dont : 1° L^s-Étienne-P., suit ; 2° J^n-Pompone-Alexis, sgr de la Belouze et Grenant, né 1777, ép^a 1824 J^{ne}-Sophie Goujon de Gasville, dont : *a*, Charles b^{on} DE B., ép^a 1861 Marie de Caissac, dont : la v^{sse} de Romanet, Mme d'Arbigny et Marthe ; *b*, Prosper, adopté par ses cousins, ép^n 1861 Luce *de Bigny*, dont : Gaspard, c^{te} DE B., pp^{re} actuel de Bizy ; 3° Louise-Fr^{se}-Rose, m^{te} célib.

X. — LOUIS-ÉTIENNE-PIERRE, c^{te} DE BERTHIER, chlr, sgr d'*id.*, né 1770, officier rég^t du Vexin 1789, m^t 1833, épousa 2 janv. 1794 Henriette-M^{ie} du Bourg, fille d'Emmanuel-Gaspard et de L^{se} *de Las*, dont : 1° Gaspard-Ét.-L^s, c^{te} DE BERTHIER-BIZY, né 1797, officier de la garde 1815, ép^n v. 1827 Louise Seguier de St-Brisson, dont : Sophie, m^{te} à 19 ans ; 2° Louis, m^t 1813 ; 3° Adrien-L^s, officier cav^{ie} 1823, m^t ainsi que Gaspard sans posté., ayant adopté Prosper DE BERTHIER, leur cousin.

1700-22, m^t 1723, ép^n Madn^o D'ESTUT, fille de François, sgr de Tracy, et de M^{le} de Reugny, dont :

IV. LOUIS-ANTOINE, chlr, dit : m^{is} de Richerand, sgr de Chevenon, le Chamont (c^{ne} Chevenon), Crézancy (*id.*), Maltaverne (c^{ne} Tracy), chlr St-Louis, capit. rég^t de Roussillon 1729, lieut-gén^{nl} pour le roi en Niv. Donz^r et grand-bailly de la province 1740-52, m^t 1754 aux Nouettes (Berry) sans posté. de Anne-Gabrielle Boulet.

Armes : D'argent, au lion de gueules.

Sources : Reg. parois. Chaulgnes, Parigny-Vaux, Chevenon. — Arch. Nièv. E et B. — Orig. coll^{on} de Soultrait. — *Inv.* Parmentier, 34.

Éteints.

(5) POMMEREUL. — *De Nivernois.* — Guill^o POMMEREU, clerc de Decize, fait hmage de biens à Vilcraye (c^{no} Champvert) 1307-47. — Regnault POMMEREUL, not^{re} à Decize, même hmage 1371-89, m^t av. 1391, eut de Bourgeoise : 1° Jean l'aîné, 1405 ; 2° Jean, chanoine Nev. 1400-05 ; 3° Étienne, bourg^s de Decize, y vend 1441, fait hmage Vilcraye 1456, ép^a 1° Marie *Devaux*, dont : Jean témoin 1455, baille à Malicorne 1470, et André, bourg^s Decize 1465-71 ; 2° Philib^{te} Chalopin, dont : Bienvenue, mariée av. 1442 à Jean Gobert. — En même temps, Guill^o POMMEREUL, bourg^s de Decize, viv. 1386, mari d'Isabelle, m^t av. 1441, avait eu : Guill^n, échevin de Decize 1442, qui acte 1441-63. — Aré, mari de Thomine, vend 1500 à Champvert avec son frère Pierre, prêtre.

(*) GARNAULT. — Origin. de St-Pierre-le-M^{er}, où on trouve Jean GARNAULT, march^d 1575, mari de Marie Crevel. Gilbert, not^{re} et proc^r 1654-83, eut de Madn^o Ferré : *a*, Claude, ci-dessus, mari de Gàbrielle Duruy, et père de Mme DE BERTHIER ; *b*, Marie, ép^a 1681 Charles *Alixand*, avocat ; *c*, Pierre, not^{re} St-Pierre 1685, bailli du prieuré 1716, mari de Jeanne Bourtyl, dont : 1° Claude, not^{re} et proc^r 1726 ; 2° Jean, marié à Auxerre. — Jacques, av^t à St-Pierre 1689. Julien, proc^r. Gilbert, proc^r 1732. Claude, recev^r des aides en Berry 1758, etc. (Reg. parois. St-Pierre. — Arch. Nièv. B.)

(**) BABAUD DE LA CHAUSSADE. — *De Paris.* — Pierre BABAUD DE LA CHAUSSADE s'associa à Jacques Masson, banquier de Paris, acquéreur de Guérigny 1722, qui y établit les forges ; il épousa 1734 Jacqueline Masson, fille de Jacques, et agrandit considérablement les établissements à Guérigny, Demeurs, Frasnay, Cosne, la Vache, etc. Il fut secrétaire du roi, m^{on}, couronne de Fr., chlr de St-Michel, b^{on} de Frasnay-l.-Chan. et Villemenant qu'il acheta 1750, sgr de Guérigny, Demeurs acheté 1752, Narcy ach. 1755, Beaumont ach. 1783, Guichy, Sauvage, la Douhée, la Vache, Ouvrault, Richerand, Verille, Berlière, etc.; vendit ses forges au roi 1781 ; m^t 1792 ; eut du 1er lit Mmes de Gasville et de Guiry, épousa en 2mes n. Anne-Rose Leconte de Nonant, dont : 1° M^{ie}-Pierre-Pompone, lieut. dans Royal-Cravate 1772, exempt des Cent-Suisses de la garde 1777, figure à assemblée Nev. 1789, m^t v. 1814 sans posté. ; 2° Louise-Rose, ép^a 1765 Étienne-Fr^s c^{te} DE BERTHIER-BIZY, ci-dessus. (Arch. Nièv. E et B. — Dossier, C^{et} titres. — H^{re} Beaumont-Fer^o, Gauthier, — Reg. parois. Guérigny, Nevers.)

Armes : D'or, au chêne de sinople, englanté d'or, terrassé du second émail.

VI. — Louis DE BERTHIER (4ᵉ fils de Jean et de Mad^{ne} Lemaire), écr, sgr de Bizy en p^{ie}, la Bussière et Neurre 1649-67, Contre 1650, la Maure acheté 1666, traite 1666 avec Jean DE B., sgr de Vannay, m^t 1667, épousa 6 janv. 1649 Bonne de La Cassaigne, fille de Charles, sgr de Charency et petite-fille de M^{ie} de Grossouvre, dame de Contre, dont il eut : 1º Eustache, suit ; 2º Marit, écr, sgr de Bizy en p^{ie}, la Maure, né 1656, maintenu avec son frère 10 août 1668, partage 1692 succ^{ion} d'Eustache, chanoine, a la Maure où il acte jusqu'à 1730, m^t 1736, ép^a 1er fév. 1671 Jeanne-M^{ie} Dupin, sœur de sa belle-sœur, dont : a, Jean, m^t 1693 ; b, M^{ie}-Fr^{se}, relig. Nevers 1716 ; c, F^{se}, m^{ie} célib. 1736 ; d, Marie, ép^a 1º 1715 Samuel DE LA FERTÉ–MEUNG, chlr, sgr de Challemant, 2º 1736 Balthazard DE LANGE, chlr, sgr de Villemenant ; 3º Fr^{se}, ép^a 1680 son cousin Laurent DE BERTHIER, écr, sgr de Chassy ; 4º Catherine, ép^a 1693 J^n-B^{te} Bault, de St-Saulge.

VII — Eustache DE BERTHIER, écr, sgr de Bizy en p^{ie} et Contre 1670-1703, et Pinet, dont aveu 1686, né 1654, maintenu par arrêt du 10 août 1668, reçoit avec son frère donation 1760 de Jean de Berthier de Vannay, qui épouse leur mère, partage 1692, rachète Contre en p^{ie}, reçoit arrêt de radiation aux tailles de 1682 ; épousa 1er fév. 1671 M^{ie}-Élisabeth Dupin (Paris), fille de Bonnet D., gentilh^e ch^{re} du roi, dont : 1º Édouard, suit ; 2º Marie, ép^a 1708 Hyacinthe DE LANGE, chlr, sgr de Villemenant.

VIII. — Édouard DE BERTHIER, chlr, sgr de Contre 1699, Bizy en p^{ie} 1711, né 1677, lieut. d'inf^{ie} 1704 ; vend 1741, avec ses 3 fils, Contre et ce qu'il a par^{se} Parigny, à son cousin J^n-B^{te} ; m^t 1761, épousa 12 fév. 1711 Anne Gougnon (Berry), fille de Jacques, dont : 1º Louis, sgr de Contre 1738, né 1715, garde-du-corps, capit. cav^{ie}, chlr St-Louis 1757, m^t célib. 1788 ; 2º J^n-Pierre, garde-du-corps 1752, chlr St-Louis 1759, vend Rimbé (Cher) 1775, à assemblée nobl. Nev. 1789, m^t ap. 1794, ép^a 14 déc. 1750 Jeanne-M^{ie} de La Roche-Loudun, dame de la Grâce (*) (c^{ne} Gimouille), fille de Louis, sgr de Rimbé et de M^{ie} Sallonnier, sans posté. ;

I. Aimé POMMEREUL, né v. 1509, not^{re} et proc^r fiscal de Decize 1546-61, sgr de la Motte-s.-Loire (c^{ne} Decize) et Langy en p^{ie} (c^{ne} Ville-l'Anlzzy), m^t av. 1566, eut d'Anne Baillard : 1º Robert, suit ; 2º Catherine, ép^a 1º 1552 Jean Barbier, 2º av. 1566 Claude de Berne ; 3º Jeanne, fme de Jean Belon, élu à St-Pierre.

II. Robert, échevin de Nevers 1594-1623, av^{al} au baage Nevers 1603, fait hmage p. la Motte-s.-Loire 1599, arbitre de la succ^{ion} de Guy Coquille 1606, m^t 1623, ép^a 1586 Guyonne Coquille, fille de Guy, proc^r gén^{al}, et de Claude Ducoing, dont : 1º Étienne, né 1606, sgr de Romenay (c^{ne} Aubigny-Chétif), Apacy (id.), Beaudéduit (c^{ne} Champvert), Fondjudas (id.) et le Peroux en p^{ie} (c^{ne} St-Jean) 1634-58, av^{al} à Nev., valet de la garde-robe du roi 1640, m^t ap. 1658, eut d'Antoinette Bardin : a, Étienne, m^t jeune ; b, Nicolas, écr, porte-manteau du roi 1660-88, sgr de Romenay, Apacy, Beaudéduit, Chevancy (c^{ne} Frasnay-Ravier), achète Diennes en p^{ie}, dont hmage 1677, et la Breuille (c^{ne} S^t-Cy) 1680, m^t 1689 sans posté. ; 2º Charles, suit ;

3º Françoise, ép^a 1610 Nicolas Moquot, s^r d'Agnon, m^{tre} des cptes Nev.

III. Charles, sgr de la Motte-s.-Loire, cons^{er} baage de St-Pierre, né 1610, m^t av. 1638, eut de Jeanne Chevalier : 1º Gilbert, suit ; 2º Jeanne, née 1638, m^{ie} av. 1651.

IV. Gilbert, sgr de la Motte, av^{at} à Decize av. 1672, puis à Nevers 1689-93, hérita de son cousin Nicolas P.; m^t av. 1696, ép^a av. 1669 Marie Gouneau, dont : 1º Nicolas, m^t jeune ; 2º J^{ne}-Gabrielle, ép^a 1696 Eustache DE BERTHIER, ci-dessus ; 3º Fr^{se}, ép^a André Vincent de Marcé, contrôleur maréch. Nev.

Armes : D'azur, à trois pommes d'or, tigées et feuillées de sinople.

Sources : Inv. Marolles. — Arch. Niév. E, B, G, et reg. n^{res} Decize. — Inv. Parmentier. — Minut not^{res} Me-Engilbert. — Arch. chât. de Devay et Poiseux. — Reg. parois. Decize, Aubigny-Chétif, St-Pierre, Nevers.

Éteints.

(*) La Grâce lui venait d'une famille BERTHIER, de Nevers, différente de celle ci-dessus : Martin BERTHIER, march^d Nevers 1612, fait achats à la Grâce et par^{ses} Gimouille et Meauce 1624 à 42, eut de Catherine Menu : Philippe B., march^d Nev. 1667-96, et Jean B., av^{at}, receveur des saisies baage Nev., s^r de la Grâce 1669-1701, mari de Jeanne de Villars, fille de Jacques, not^{re} Nev., dont entre autres : Jean, chanoine Nev. 1696-1748, et Catherine B., dame de la Grâce, qu'elle porta 1696 à Fr^s Sallonnier, s^r de Peron, dont : Marie S., ép^a 1716 Louis de La Roche-Loudun, ci-dessus, par elle s^r de la Grâce. — A cette famille appartenaient probab^t : le prieur de Saincaize, poète, ami d'Adam-Billaut ; Guill^e, proc^r baage Nev. 1651-59, fils de Pierre, proc^r 1613 ; Georges, marc^d 1611 ; Guill^e, id. 1555 ; Jacques, id. 1331, etc. — (Arch. Niév. E. — Reg. par. Nevers.)

Le nom : Berthier était fort répandu en Nivernois. — A Châtel-Censoir : Philibert BERTHIER, argentier de Ludovic, duc Nev., honoré de sa confiance, devint gouverneur de Châtel-Censoir 1582, ainsi que son fils Georges 1618 et son petit-fils Fr^s 1632, gentilh^o servant du roi 1652 ; ce dernier est l'auteur des BERTHIER DE GRANDRY, qui donnèrent un colonel au mil. du XVIIIe s., père de trois officiers d'inf^{ie} en 1784. (Preuves pour école milit. et reg. parois. Châtel-Censoir.)

3° J[n]-Fr[s]-Claude, né 1723, garde-du-corps, capit cav[ie] 1758, chlr St-Louis 1761, m[t] 1788, ép[a] 7 fév. 1769 sa cousine Hélène DE BERTHIER, dame du Veuillin, fille de Gilbert-L[ent], dont : *a*, Jeanne, ép[a] 1789 L[s]-Gab[l]-Charles DU VERNE, officier de marine ; *b*, Louise, m[te] célib.

Armes : D'azur, à la fasce d'or, accompagnée en chef d'une rose d'argent et en pointe de trois glands d'or, 2 et 1.
Sources : Arch. Nièv. E, B et G. — *Inv.* Marolles. — Arch. châteaux Bizy, Poiseux, Vergers, Guichy, Devay, la Baratte. — D. Villevieille, 13. — Minut. not. M[ins]-Engilbert. — D. Caffiaux, ms 1234. — Arch. nat. S, 152. — Bétencourt. — Preuves St-Cyr, 295. — Reg. parois. Parigny-Vaux, St-Jean-Amo., St-Benin-d'Azy, Nevers, Poiseux, Billy-s.-Oisy, Urzy.

Existants en Nivernois.

✚✚✚✚✚✚✚✚✚✚✚✚✚✚
✚✚✚✚✚✚✚✚✚
✚✚✚

DE BLANCHEFORT

ORIGINAIRES de Limousin.

Connus au XII s[e]. — Descendent des vicomtes de Comborn. — Guy DE BLANCHEFORT, chlr, tué à Poitiers, 1356. Autre Guy, grand-maître de Rhodes, 1512. Ont donné un maréchal de Fr. substitué au nom de Créquy.

Bien que du Bouchet (h[re] d'Aubusson) et le P. Anselme disent que les Blanchefort, sgrs de Beauregard en Rouergue, sont de même souche que ceux origin. de Limousin, le fait n'est pas absol[t] certain. Il est prouvé, toutefois, que ceux de Nivernois (*) sont de la br. de Rouergue.

Guy DE BLANCHEFORT, chlr, sgr de St-Clément en Rouergue, chamb[nn] de Charles VII, eut de Souveraine d'Aubusson : Jean, établi en Berry, gouv[r] d'Auxerre 1478, père de Fr[ss], qui épousa 1498 Jacques GIRARD, sgr de Passy en Nivern., et d'Antoine, sgr de Beauregard en Rouergue, capit. de gens d'armes, qui de Jeanne de Cologne-Lignerac eut :

I. — GUYOT (*al.* GUYNOT) DE BLANCHEFORT, écr, sgr de Château-du-Bois (c[ne] Entrains), Fondelin (c[ne] Billy-sur-Oisy) et Villenaut (chât[nie] d'Etais) 1514, habitant Dornecy, obtient sentence de St-Pierre contre les héritiers du Pont, reçoit du Pape 1518 permission d'autel portatif, achète pr. Dornecy 1516-29, y reçoit recon. du sgr de Montbaron 1519, est à assemblée Clamecy 1523 pour limites baage ; m[t] av. 1534 ; épousa 1513 Perrette *du Pont* (1), dame des fiefs ci-dessus, fille de Jean, dont il eut : 1° Pierre qui suit ; 2° Dieudonné, chanoine de Vézelay 1541, protonot. du S. S. 1568 transige avec frères sur succ[on] mat[elle] ; 3° Philippe, étudiant en univ. Poitiers, présenté 1541 pour Malte, l'enquête atteste qu'il est petit-fils d'Antoine de Bl., sgr de Beauregard en Rouergue ; est chlr Malte 1568.

(1) DU PONT. — *Origin. de Bretagne.* — JEAN DU PONT, écuyer breton, devint sgr de Châtel-du-Bois (c[ne] Entrains), Fondelin (c[ne] Billy-Oisy) et Villenaut (chât[nie] d'Etais), par son maage v. 1470 avec Perrette *de Merry*, fille de Guyot, sgr de Châtel-du-Bois et de Digoine de Lenferna ; il habitait Dornecy, m[t] av. 1505, eut : 1° Charles, écr, sgr du Bois-en-Donziois, paraît sans posté. d'Antoin[tte] d'Arcy, fille de Guill[e], qui se remaria av. 1514 à Jean de Fuzy, écr ;

2° Jacques, prêtre, plaide avec frère et sœur contre J. de Fuzy 1514, et a partagé av. 1519 succ[ion] de Merry ; 3° Jean, étudiant à Paris 1505 ; 4° Perrette, ép[a] 1513 Guynot DE BLANCHEFORT, ci-dessus.

Armes : D'argent, à cinq cotices de gueules.

Sources : D. Caffiaux, ms 1234. — *Inv.* Marolles. — Nobil. d'Orléans, 757, C[et] titres. — *Inv.* Peincedé, IX.

Éteints.

(*) Deux DE BLANCHEFORT se trouvent en 1439 dans les Grandes-Cies du parti de Charles VII, qui ravagent l'Autunois et le sud-E. du Nivern. ; le grand Blanchefort avait pris et « s'étoit logié à Luzy avec grant compagnie de gens d'armes. » (M. Cannat, docum. p[r] l'hist. de Bgogne.

II. — Pierre de BLANCHEFORT, chlr, sgr d'*id.* et d'Asnois-le-Bourg (c^{on} Tannay), h^{me} d'armes de c^{ie} de Bourdillon 1554-57, enseigne 1568-1570, prend Entrains 1569, capit. d'hmes d'armes 1582, commande à Nevers pendant et contre la Ligue 1585, député de la noblesse nivern. aux États de Blois 1576 dont il rédigea un journal ; refait terrier d'Asnois 1570 et hmage 1575 p. ses 4 fiefs pour lesquels il acte 1555-59-68—70-74-75-79 ; inhumé à Asnois 1591 ; épousa 1er avril 1551 Léonarde DE CLÈVES, fille d'Hermand, sgr d'Asnois et St-Germain-d.-Bois, et de L^{se} Perreau, elle testa 1602, il en eut : 1° Adrien, suit ; 2° Pierre, écr, sgr de Fondelin et Villenaut 1590 et de Château-du-Bois 1591, gentilh° de la ch^{re} du roi 1585-98, fait hmage p. Fondelin 1598, cité au test^t maternel 1602, eut de Catherine de Hellancourt : *a*, Jean-B^{te}, sgr de Château-du-Bois 1616, se fixa à Ste-Colombe en Bgogne, où son fils mourut sans posté. ; *b*, Anne, épⁿ 1616 Edme *de Longueville*, écr, sgr de Champmorot ; 3° Gabriel, destiné à Malte 1585, transige avec ses frères 1591, a biens à Dornecy et part des sgries de Pierre ; 4° Jean, sgr de Fondelin, tué à Anvers 1583 ; 5° Esmée, fme en 1586 Jean *d'Angeliers*, écr, sgr de Besze ; 6° Charlotte, épⁿ av. 1575 Philibert DE LORON, écr, sgr d'Argoulois ; 7°, 8° deux religieuses à St-Julien d'Auxerre 1602.

III. — Adrien de BLANCHEFORT, chlr, baron d'Asnois *érigé* pour lui 1606, sgr de St-Germain-des-Bois (c^{on} Tannay), Saligny (c^{ne} Amazy), Bidon (*id.*), mestre de camp d'un rég^t de son nom 1583, commande sous Biron 1594, gouverneur de St-Jean-de-Losne et des villes du nord-E. du Niv., tient tête au maréchal de Montigny en Niv. 1617 ; maréchal de la noblesse

(2) DE BÈZE. — *De Nivernois.* — Tirent leur nom d'un hameau de la chât^{ie} de Châtel-Censoir. En 1330, Drouin de BÈZE (*) a des biens à Surgy (c^{on} Clamecy) tenus de la chartreuse de Basseville, et au certul.-terrier de Vézelay 1464, des de Bèze ont des terres et cens portés de l'abbaye.

Guyot de BÈZE, orig. de Vézelay, où il a une maison, habite Cosne 1460, reçoit un don à Varzy au sujet duquel il fait avec Marie, sa fme, un accord 1471, avoue 1462 des terres près Corvol-l'Org., m^t 1472, ép^a 1° Marie Pilory, 2° après 1462 Marie Dupuis, veuve de Jean *Vaillant* de Guélis ; eut du 1er lit :

Jean, habita Vézelay et Tonnerre ; hmage pour un quart de La Celle-sur-Loire (c^{on} Cosne) 1487, achète 1502 terrain près Domecy-s.-Cure pour y traiter mines d'or, m^t 1504 (**), ép^a 1° Jacquette *Vaillant*, fille de sa belle-mère, 2° 1480 Marguerite Piget ; il eut du 1er lit : 1° Nicole, né 1469, abbé de Cervon (c^{on} Corbigny) 1507, prieur de Lonjumeau 1531, con^{or} Parl^t P. 1515, sgr de La Celle-s -Loire en p^{ie} et de Challenoy (chât^{ie} Donzy) qu'il donne à son frère Pierre 1531, m^t 1532 ; 2° Claude, abbé de Froidmont 1532 ; du 2e l. : 3° François, m^t jeune ; 4° Pierre qui suit : 5° Jean, archidiacre d'Étampes à Sens 1532, fait aveu pour La Celle 1534 ; 6° Madeleine, ép^a av. 1532 Jean Delaporte, sieur de Chevannes.

Pierre, né 1485, bailli de Vézelay 1524-48, s^r de Moissy-Moulinot (c^{on} Tannay), reçoit 1531 Chaillenoy, une maison à Vézelay et biens près Arquian, de son frère Nicolas, dont succession se partage 1532, fait hmage 1534 pour Challenoy et Villorgeul (c^{ne} Pougny), m^t 1562 ; ép^a 1° Marie *Burdelot*, 2° 10 nov. 1524 Madeleine Triboulé, fille de Claude, greffier à Auxerre ; eut du 1er lit : 1° Jean, vivant à Vézelay 1562, m^t sans posté. av. 1595 ; 2° Théodore, né à Vézelay 24 juin 1519, prieur de Lonjumeau, un des chefs de la Réforme, pp^{nt} orateur du colloque de Poissy, président du synode de La Rochelle, auteur d'ouvrages théologiques, se retira à Genève 1548, y testa 1595 et y mourut 1605 sans posté., ép^a 1° 1548 Claude Desnos (de Paris), 2° à Genève, 2 août 1588, Catherine Piano ; 3° Louise ; 4° Madeleine, fme de Jean Cavet, m^{te} avant 1562 ; et du 2° lit, outre des enf. m^{ts} jeunes : 5° Nicolas, né 1526, s^r de Challenoy, dont sa veuve fait hmage 1575, et La Celle en p^{ie} vendue 1587, bailli de Vézelay, calviniste, ses biens pillés 1561, se réfugia à Genève où m^t 1570 ; ép^a Marie Grène, dont : Théodore, Jean, Marie et Jeanne font hmage p. Challenoy 1584. Jean, élevé à Genève par son oncle Théodore, plaide ainsi que sa sœur Jeanne en 1609 contre sa veuve C. Piano, et disparaît ; Théodore et Marie, probabl^t morts, ne figurent plus au procès de 1609 des héritiers de

(*) Le nom s'est écrit : de Besze, de Beisze, de Bèze, Debaize. — Cette famille n'a rien de commun avec celle de Bourgogne, dont les membres souscrivirent des actes dès du XIIe s., fournirent des maires de Dijon au XIIIe s. et des conseillers, etc., des ducs au comm. du XVe s. En 1412, l'un d'eux, Huguenin de Besze, est dans l'armée bourguignonne, qui assiège Château-Chinon ; son frère, Jean, donna au receveur de Bgogne 1389 une quittance où figure son sceau : un bélier avec des tourteaux en orle.

(**) Ce Jean dut avoir des frères, car dès le comm. du XVIe s. on trouve un assez grand nombre de DE BÈZE qui ne sont pas ses fils ni ses descendants : Guillaume, proc^r 1513 ; Philippe, chanoine d'Avallon 1532 ; Philippe et Jean, bourg^s de Clamecy 1561 ; Martin est chanoine de Tannay 1571 ; en 1574, les enfants, déjà majeurs, de feu Philippe sont à Tannay. En même temps, d'autres de Bèze sont marchands à Clamecy et y demeurent tels jusqu'à la fin du XVIIIe s., s'alliant, entre autres, à : Chapuis v. 1560, Guédan, Coincte, Millelot, Ragon, Clicquet 1675, Cousté 1677, Pillot 1688, Gandouard 1690, Bonneau 1704, Souard 1723, etc.

du Niv. et député aux États de 1614 (voir h⁰ˢ célèbres) ; partage avec ses frères et sœurs 1585, a Asnois 1591, en fait hmage 1598 et en 1906 p. Sᵗ-Germain, Saligny et Bidon, héritage de sa tante Jeanne de Clèves ; maintenu par géné. d'Orléans 1586, épousa 12 sept. 1583 Henriette *de Salazart*, dame d'Asnois-le-Château, fille d'Annibal et d'Anne de Charry, dont 14 enfants, parmi lesq. : 1° Fᴵˢ, suit ; 2° Léonard, mᵗ jeune, reçut 1603 la maison du bourg d'Asnois ; 3° Jacques, racheta à son cousin Château-du-Bois et Fondelin, en est sgr 1622-55, épⁿ av. 1620 Catherine *de Longueville*, fille de Hardy, sgr de Champmorot, dont enfants mᵗˢ jeunes, et *a*, Margᵗᵉ, épⁿ 1641 Charles Mussard ; *b*, Marie, épⁿ 1655 Jacques *de Masquin*, écr, sgr de l'Isle-Vert ; 4° Edmée, épⁿ 1621 Louis *de Champs*, sgr de Sᵗ-Léger ; 5° Léonarde, religieuse 1631.

IV. — Fʀᴀɴçᴏɪꜱ ᴅᴇ BLANCHEFORT, chlr, bᵒⁿ d'Asnois, Saligny et Bidon, sgr de

Théodore contre la veuve de celui-ci , et on ne trouve plus de trace, en Nivernois, d'aucun des quatre enfants de Nicolas demeurés après cette date.

I. Jᴇᴀɴ ᴅᴇ Bᴇ̀ᴢᴇ, bourgeois de Vézelay, qui épⁿ v. 1540 Marie *Guillier*, n'était pas neveu ni cousin ger. du célèbre Théodore, mais un cousin plus éloigné, car au partage 1532 des biens de feu Nicole, abbé, on ne voit à celui-ci qu'un frère qui soit laïque, Pierre, père du 1ᵉʳ Théodore, et ce dernier dit dans son test. de 1595 qu'il n'a de neveux de son nom que les fils de Nicolas. Ce Jean, parrain à Tannay 1571 de son petit-fils Jean, a pour fils :

II. Jᴇᴀɴ, marchᵈ à Tannay 1560-95, échevin 1583, reçoit 1587 reconnᶜᵉ de terres à Tannay, mᵗ av. 1603, épⁿ 1ᵒ av. 1569 Jeanne Barbier, 2° 1572 Barbe *Courtois*, qui achète la sgrie de Lys en pⁱᵒ 1624 et en fait hmage 1625 ; il eut du 1ᵉʳ lit : 1° Jean, né 1571, bailli d'Amazy 1626, épⁿ Étiennette Rossignol dont postérité (*) ; et du 2ᵘ lit : Pierre, né 1576, marchᵈ à Tannay 1606, épⁿ Charlotte Viault dont posté. ; 3° Claude qui suit ; 4° Marie épⁿ av. 1603 Pierre *Grasset* élu à Clamecy ; 5° Espérance épⁿ 1609 Jacques *Rapine* de Sᵗᵉ-Marie, lieuᵗ gⁿˡ baage Niv.

III. Cʟᴀᴜʟᴇ, avᵃᵗ, élu élⁱᵒⁿ Clamecy 1618, secrétaire de la reine Margᵗᵉ 1615, échevin de Tannay, y échange, achète et baille 1618-45, achète à Amazy 1615, achète Talon (cᵒᵐ Tannay) 1627, sgr de Lys (cᵒⁿ Tannay) par hérit. et achat, de Pignol (cⁿᵉ Tannay), acheté 1618, de Montlaurin (cⁿᵉ Talon) ; achète 1627 du duc Nev. droits de fief sur Tannay, justice exclue ; né 1585, testa 1650 ; épⁿ 29 janv. 1612 Marie *Delaporte*, fille de Lazare, marchᵈ Tannay et de Madⁿᵉ Guichard, dont : 1° Claude, suit ; 2° Jean, sgr de Vèvres, suivra ;

3° Françoise épⁿ 1639 Rᴏɢᴇʀ ᴅᴇ BLANCHEFORT, bᵒⁿ d'Asnois, ci-dessus.

IV. Claude, sgr de Lys, Talon, Pignol, Montlaurin, Courtilz (cⁿᵉ Lys), 1651-77, avᵃᵗ, élu à Clamecy, mᵗ 1680, épⁿ 5 mai 1654 Jeanne *Bouzitat*, fille de Pierre, élu à Nevers, mᵗᵉ 1667, dont : 1° Jacques, écr, secrétaire du roi, mᵒⁿ, couronne de Fr., sgr de Lys 1680, avᵃᵗ, mᵗʳᵉ partᵉʳ eaux-forêts de Niv. 1681, mᵗ 1710, épⁿ 9 fév. 1682 Marie *Bogne*, fille de Jean, sʳ du Chollet, dont : *a*, Jacques-Vincent, écr, sgr de Lys, consᵉʳ Cour des Aides Paris 1707-45, mᵗ 1745, épⁿ 1707 Suzanne Chambault, fille de Frˢ, secrétⁿ du roi, dont : *a'*, Claudes-Jacques, consᵉʳ au Parlᵗ 1734, mᵗ 1775, épⁿ 1741 Frˢᵗᵉ-Thérèse Héroart, sans posté. ; *b'*, Anne, fme en 1737 de Jⁿ de la Guillaumie, consᵉʳ Parlᵗ ; *c'*, Marie, dame du Chollet, célib. 1759 ; *b*, Claude-Frˢ, écr, sgr du Chollet (cⁿᵉ Sᵗ-Éloi), qu'il dénombre 1711, consᵉʳ Parlᵗ Pⁱˢ 1713-39, épⁿ 7 nov. 1712 Anne-Charlᵗᵉ *de la Saleine*, fille de Philibert, recev. de Clamecy, sans posté.; *c*, Agathe et Henriette ; 2° Jean, chanoine Nev., prévôt coll. de Tannay, consᵉʳ baage Sᵗ-Pierre-le-Mᵉʳ, sgr du Chasnay (cⁿᵉ Marzy) 1687-1729 ; 3° Claude-Frˢ, suit ; 4° Philibert, sʳ de Courcelles (cⁿᵒ Marzy), consᵉʳ au baage Sᵗ-Pierre 1691-1711, mᵗ 1739, épⁿ 1693 Mˡᵉ-Edmée *Sallonnier*, fille de Guillᵉ, juge Mⁱⁿˢ-Engibert, dont : *a*, Mˡᵉ-Edmée, épⁿ 1728 Jⁿ *Sallonnier* de Nion ; *b*, Marie, dame du Chasnay, épⁿ 1736 Louis de Fresne, capit. d'infᵗᵉ ; *c*, Jeanne, épⁿ 1731 Jean *Devaux*, sgr de la Motte-Farchat ; 5° Marie, dame du Chasnay, mˡᵉ v. 1720 ; 6° Jⁿᵉ-Agathe.

V. Cʟᴀᴜᴅᴇ-Fʀᴀɴçᴏɪꜱ, écr, sgr de Talon et Pignol 1679, gentilhᵒ servant de la Dauphine 1689-98, président en élⁱᵒⁿ Clamecy 1704, mᵗ 1711, épⁿ v. 1690 Jeanne Barce (**), fille de Claude, recevʳ tailles Vézelay,

(*) La postérité de ce Jean et de Pierre resta à Tannay, Amazy et environs jusqu'à la fin du dernier siècle ; y sont marchands, bourgeois, praticiens, etc., et fournissent un bailli à Asnois 1640, deux à Amazy 1667 et 1701, un greffier à Amazy 1649. Appelés ordinᵗ : Debêze et Debaize, ils paraissent souvent dans les actes de famille de leurs cousins sgrs de Lys et Tannay. Leurs ppᵃˡᵉˢ alliances sont : Monfoy vers 1590, Rossignol, Clicquet, Millereau, Brisset 1678, Trémeau, Sçavant 1659, Morlè 1668, Brotier 1686, Jacob 1696, Gallion, 1729, etc. — Il est probable que ces de Bêze non nobles ne sont pas éteints.

(**) BARCE. — Claude Bᴀʀᴄᴇ est notᵉ à Tannay 1591. — François Barce, bourgˢ de Tannay, veuf 1649 d'Anne Rateau, en eut : 1° Claude, avᵃᵗ, recevʳ des tailles élⁱᵒⁿ Vézelay 1674, qui de Laurence Anthoine eut : 1° Jeanne, fme de Cl.-Frˢ *de Bêze*, sgr de Pignol, ci-dessus ; 2° Frˢ, bailli de Tannay 1668, juge de Metz-le-Cᵗᵉ 1693-1711, qui de Perrette Perruche eut : Frˢ-Joseph, né 1672, et Claude, notaire à Tannay 1711. François paraît oncle de Claude, dit de Vaubertin, recevʳ tailles à Vélelay 1720, dont la posté. s'y allia aux Guillier 1745, Turgot, etc., et furent jusqu'à 1789 receveurs des tailles, secrétaire du roi, etc. — (Reg. parois. Tannay et Vézelay. — Minut. notʳᵉˢ Clamecy.)

54

St-Germain-des-Bois, et par sa fme sgr de Nion (c^{ne} Ourouër), de Surpalis (c^{ne} Sardy) et d'Eugny (c^{ne} Chaumot), qu'il vend 1632, de Chitry-l.-Mines (c^{on} Corbigny) vendu 1630, et Sergines (Auxerrois), gentilh^e ch^{re} du roi 1616, écuyer en la gr^{de} Écurie et capit. gardes du duc de Bellegarde 1627-35, capitaine de gens d'armes 1630 ; né et mort à Asnois 1590 et 1661 ; épousa 25 février 1611 Étiennette *Olivier*, fille d'Antoine, sgr de Sergines, Chitry, et de M^{le} Hodoart, dont 15 enf^{ts}, entre autres : 1° Roger, suit ; 2° Fr^s, écr, b^{on} de Sergines (Senonais), 1648-64, gouv^r pays de Gex, m^t célib. 1710 ; 3° Octave, abbé St-Jean-des-Prés, aumônier du roi 1663 ; 4° Fr^s, chlr Malte ; 5° Roger-Isabeau, né 1633, écr, sgr de Saligny, capit. aide-de-camp en Catalogne 1655 et dans Conty 1656, sans posté.; 6° Jacqueline, fme av. 1642 d'Edme de Gaignières, écr du duc de Bellegarde ; 7° Barbe, ép^a av. 1657 Aug. de Chaugy, c^{te} de Maligny ;

dont : 1° Cl.-Fr^s, suit ; 2° M^{ie}-Jeanne, ép^a 1715 J^n-Henri *de Lespinasse*, s^r de Planchevienne.

VI. CLAUDE-FR^s, écr, sgr de Pignol 1712, Talon, Château-du-Bois (c^{ne} Entrains) qu'il acheta, St-Cyr (*id.*), Fondelin (c^{ne} Billy-Oisy), juge chât^{nie} de Clamecy 1715-58, secrétaire du roi, maire de Clamecy 1756, m^t 1758, ép^a av. 1732 Marie Rossignol, dont : 1° Cl.-Fr^s-Benoît, suit ; 2e Anne-Ch^{te}, ép^a 1756 Aug. *Deschamps* (*) de Charmelieu ; 3° M^{ie}-J^{ne}-Edmée, ép^a 1756 Alexandre Roslin de Fourolles ; 4° Reine-Fr^{se}, ép^a 1762 Albert de Valcourt.

VII. CLAUDE-FR^s-BENOÎT, chlr, sgr de Lys, Talon,

Fondelin, Château-du-Bois 1765, et par sa fme sgr de Chitry-l.-Mines (c^{on} Corbigny), le Bouquin (c^{ne} Chaumot), Marcy (c^{ne} Chitry), Héry (c^{on} Brinon) 1767, secrétaire du roi, m^{on}, cour^{ne} de Fr., m^t 1783, ép^a 27 janv. 1767 Suzanne-Gasparde Poitreau (**), fille de Fr^s-Guill^e, proc^r du roi Vézelay, elle se remaria 1785 à Jacques-Fr^s *Vyau* de La Garde (***) ; il eut : 1° Fr^s-Benoît, suit ; 2° Michelle-Suz.-Fr^{se}, dame de Lys, ép^a 1785 Nicolas-Alban *Marie* d'Avigneau.

VIII. FRANÇOIS-BENOÎT, chlr, sgr de Pignol, m^t 1839, ép^a 1° 5 fév. 1795 M^{le}-Martiale *Sallonnier*, dame de Mont, fille de Paul, sgr de Chaligny, 2° 1806 J^{ne}-Fr^{se}-

(*) DESCHAMPS DE COURGY. — Jean Deschamps, av^{at}, élu à Nev., ép^a av. 1616 Julitte *Devaux*, fille de Guy, prés^t él^{ion} Nevers, dont entre autres : Guy, chanoine Nevers, et Léonard, av^{at}, se maria à Auxerre 1647. Ses arrière-petits-fils sont : *a*, Joseph-Augustin, recev^r tailles Auxerre 1763, ép^a 1756 Charlotte *de Bèze*, ci-dessus, et, *b*, Prix Deschamps, sgr de la b^nie de Courgy, payeur Hôtel-Ville, Paris 1771, ép^a av. 1762 Jeanne Guyon, dont : Augustin, officier rég^t d'Enghien, ép^a 1° 1805 Elisabeth de Lardemelle, fille de Jean-Alexis, sgr de Corvol-d'Embernard, et de Marthe Boulard, 2e Louise Choppin, dont : Louis Deschamps, b^{on} de Courgy, ppre de Corvol, ép^a v. 1839 Octavie Bellanger de Rebourceaux, dont : Georges et Mme de Langle de Cary. — (Arch. Nièv. E. et G. — Reg. parois. Nevers et Champlemy. — *Inv.* Peincedé, 13.)

(**) POITREAU. — Martin POITREAU, march^d à Corbigny 1585-1615, eut de Jeanne Lombard : Léonard, m^d de bois à Lys 1648, Fr^s, mari de Reine Goursault, et Mad^{ne}, fme de Fr^s Paichereau. — Gabriel, bourg^s de Corbigny 1592-1628. Nicolas, chirurgien, *id.* 1683. — Fr^s, m^d de bois à Oussy 1658, eut d'Elisabeth *Auxépin* : Fr^s, m^d de bois à Chitry, ép^a 1691 M^{le} Girard, dont : Gaspard, av^{at} à Paris 1728, s^r de Marcy, et Fr^s, proc^r du roi à Vézelay 1712, probab^t père de Claude, élu à Vézelay 1767, et de Fr^s-Guill^e d'abord, m^d de bois à Velars (c^{ne} Quarré-l.-Tombes), puis proc^r du roi él^{ion} Vézelay, secrétaire du roi, m^{on}, cour^{ne} de France 1762, sgr de Chitry, le Bouquin, Marcy, Héry, qui de Michelle Desruée eut : L^s-Ant., m^t célib., et Suzanne-Gasparde, ép^a 1° 1767 Cl.-Fr^s *de Bèze*, ci-dessus, 2° 1785 J.-Fr^s *Vyau* de La Garde. — (Reg. parois. Corbigny et Chitry. — Arch. Nièv. B.)

(***) VYAU DE LA GARDE et DE FONTENAY. — On trouve à St-Pierre-le-Moûtier : 1500, Antoine Vyau, commerç^t, afferme une terre de l'hôpital de St-Pierre. Pierre, m^t av. 1546, mari de Christophlette Berthault, dont : Guill^e, acte 1531 et Jean, comm^t à St-Pierre 1546-53-66-72, mari de Jeanne Girard, dont il a : Pierre, né 1553, comm^t à St-Pierre 1575-84, mari de Marie Marande, dont il eut : Jeanne, née 1578, Jean, auteur de la branche A, et Pierre, contrôleur du grenier sel St-Pierre 1606-31, m^t av. 1648, ép^a 6 janv. 1606 Fr^{se} *Baudrion*, fille de Jean, av^{at}, dont : *a*, Jean ; *b*, Gilberte, ép^a av. 1630 Gilbert Millaud, av^t ; *c*, Olivier ; et *e*, Pierre, né 1614, achète charge cons^er au baage St-Pierre 1638, m^t 1670, ép^a 1° Mad^{ne} Michel, m^te 1653, 2° Jacquette Gigot, dont : *a'* Pierre, né 1657, m^t célib.; *b'* Marie, m^te fille 1730 ; et *c'* François, av^{at} à St-Pierre 1693, m^t 1702, ép^a 20 oct. 1695 Marie Charbon, dont : *a"* Charles, av^{at} 1730-76, proc^r roi à Sancoins 1732, maire de St-Pierre 1733-51, m^t 1776, ép^a 1723 Hyac.-Gabrielle Bergeron, dont : Jeanne-Hyac., ép^a 1750 Fr^s Vivier de La Chaussée, proc^r roi à Bourges.

A. JEAN VYAU, av^{at} à St-Pierre 1600-24, maire de St-Pierre 1619, m^t av. 1635, ép^a 1599 Gilberte André, fille de Gilbert, cons^er au baage, dont entre autres : 1° Etienne, suit ; 2° Charles, av^{at} 1642, s^r de la Bruère (c^{ne} St-Pierre), lieut^t civil et crim^el St-Pre 1656-66, ép^a 1° av. 1642 Anne *Berthelot*, 2° 1656 Marg^{te} *Chaussin*, fille de Pierre, grenetier Bourbon-Lancy, eut du 1er lit, Charlon, av^{at} 1667, s^r de la Bruère et la Vallée (c^{ne} Azy-le-Vif), cons^er prés^{ial} Moullins 1773-76, tué 1677 sans enf^{ts} d'Angélique Geuffrin ; 3° Esmée, ép^a av. 1635 Etienne Litaud.

ÉTIENNE VYAU DE LA GARDE, né 1606, av^{at} à St-Pre 1631, recev^r des consignations au baage 1655-71, s^r de Lisle et de la Garde (c^{ne} St-Pierre), m^t 1690, ép^a Marie Douet, dont : Pierre, né 1631, et CHARLES, s^r de la Garde, lieut^t assesseur au baage 1656-78, m^t 1681, ép^a 30 janv. 1656 Esmée *Sallonnier*, fille d'Erard, juge M^te-Engilbert, dont : *a*, M^{le}-Charlotte, ép^a 1682 Ant.-Fr^s *Girard* de Busson, av^{at} ; et *b*, ÉTIENNE, s^r de la Garde, contrôleur des consignations 1690, proc^r du roi St-Pre 1693, m^t 1720, ép^a 8 fév. 1695 M^{le}-Henriette *de Bèze*, ci-dessus, fille de Jean, juge de Vèvres, dont, outre enf^{ts} m^{ts} jeunes ou célib. : Jean-Hipp., suit ; Jacques-Henri, auteur de la br. B.; et Jean, chanoine Nev. 1726-42.

JEAN-HIPPOLYTE VYAU DE LA GARDE, né 1706, lieut^t d'une c^{ie} de la marine, m^t 1773, ép^a 30 avr. 1753 L^{se}-Geneviève Pillard (Paris), fille de Ch.-Fr^s, employé aux aides, dont : 1° JACQUES-JEAN, av^{at}, assesseur au baage Nevers 1785, échevin Nev. 1786-89, prés^t tribunal district Nev. 1794, m^t 1805, ép^a 1794 Mad^{ne}-Victoire *Chambrun* d'Uxeloup, fille de Cl.-Laurent, dont : *a* Claude, ép^a 1822

8ᵘ Anne-Jeanne, épᵃ ₁ᵒ 1680 Jean *de Bèze* (2), sgr de Vêvres, ₂ᵒ 1681 Fˢ-Léonard ᴅᴜ CREST, chr, sgr de Villaines.

V. — ROGER DE BLANCHEFORT, chlr, bᵒⁿ d'Asnois, Saligny, Bidon, sgr de Sᵗ-Germain et Thurigny en pⁱᵉ (cⁿᵉ Sᵗ-Germain-Bois), né 1614, mᵗʳᵉ d'hôtel ord. du roi 1650 ; capit. régᵗ de Navarre 1639-59, lieut.-colonel d'*id.* 1666-81, commande à Vézelay 1649, perd un œil à Gigery 1664, achète Thurigny 1652, mᵗ 1684 ; épousa 1ᵉʳ avril 1639 Frˢᵉ *de Bèze* (2), fille de Claude, sgr de Lys, dont il eut : 1º Joseph-Frˢ, suit ; 2º Anne-Frˢᵃ, épⁿ ₁ᵒ 1675 Aug. *Chevalier*, écr, sgr de Ribourdin, ₂ᵒ av. 1691 Claude de Marchand (*) de la Fouchardière, capit. gardes-du-corps ; 3º Marie, épⁿ ₁ᵒ 1697 Lˢ de Boulainvilliers, sgr de Fouronnes, ₂ᵒ 1711 Claude *Borne*, écr, sgr de Grandpré ; 5º Anne-Jeanne, fme de Frˢ d'Estiennet, écr ; 6º d'autres filles.

VI. — JOSEPH-FRANÇOIS DE BLANCHEFORT, dit marquis de Blᵗ, chlr, bᵒⁿ d'Asnois, sgr d'*id.*, né 1648, capit. régᵗ de Condé 1670, commᵗ bataillon régᵗ de Navarre 1683-1709, gouvʳ pays de Gex 1710 ; reçoit donation pat. mat. 1683, rachète Asnois décrété sur son aïeul 1688,

Louise *Guillemain*, eut du 1ᵉʳ lit : Frˢ-Gaspard, garde-du-corps 1823, épᵃ 1830 Madⁿᵉ-Charlotte Arnault de la Ronzière, dont : *a*, Frˢ-Théodore, officier cavⁱᵉ, épᵃ 1858 Mathilde Thailhardat de Maisonneuve, sans posté. ; *b*, Herminie, épⁿ 1858 Gabriel-Al. Cheval de Fontenay.

IV. JEAN DE BÈZE (2º fils de Claude et de Mⁱᵉ Delaporte), avᵘᵗ, sgr de Vêvre et du fief de Tannay (arrᵗ Clamecy), acte 1654-78, exempté des tailles 1668 comme ayant 10 enfants, mᵗ 1680, épᵃ ₁ᵘ 26 avr. 1652 Marie *Gascoing*, fille de Claude, sʳ de la Belouze, ₂º 4 mars 1680 Anne-Frˢᵉ ᴅᴇ BLANCHEFORT, ci-dessus, fille de Frˢ dont : 1ᵘ Jean, chanoine Nev. 1680, mᵗ 1718, sgr de Tannay ; 2º Jacques, suit ; 3º Claude, jésuite, tué à Siam ; 4º Joseph, écr, sgr de la Belouze (cⁿᵒ Poiseux), qu'il a au partage 1693, valet chⁿᵉ du prince de Condé 1715-23, consʳᵉ correcteur en chⁿᵉ comptes Dôle

1729, achète Thou (cⁿᵉ Poiseux) et Mauvron (*id.*) 1727, avoue le Vernay (cⁿᵉ Poiseux), Maigny en pⁱᵉ (*id.*) et Maupertuis (cⁿᵉ Parigny-Vaux) 1718, mᵗ 1740, épⁿ 11 nov. 1710 Marie *Bouzitat*, fille de Claude, sgr de Sélines, dont : *a*, Jⁿ-Joseph, avⁿᵗ, consʳ Parlᵗ Pⁱˢ 1739, sʳ de la Belouze, Thou, Mauvron 1740, achète Arriaux (cⁿᵒ Balleray) 1739, sgr de Beaumont-la-Ferᵗ (cᵒⁿᵉ La Charité) et Grenant (cⁿᵉ Beaumont-Fer.) achetés 1743, revendus 1783, Sichamps en pⁱᵉ (cᵒⁿ Prémery), mᵗ 1784, épᵃ avr. 1737 Claudine Marchand de Lépinerie, dont : *a'*, Joseph-Jⁿ-Jacques, consʳ au Parlᵗ en survivance 1759. la Belouze est saisi sur lui 1779, mᵗ sans posté.; *b'*, Claudine-Frˢᵉ, épᵃ av. 1769 Cl.-Euloge Anjorrant, consʳ Parlᵗ Pⁱˢ ; *b*, Marie-Frˢᵉ, épⁿ av. 1710 Pierre-Jacques *Girard* de Vannes, lieut. maréch. Nev. ; 5º Gabrielle, relig. au Reconfort 1680 ; 6º Marie-Henriette, épⁿ 1695 Étienne *Vyau* de La Garde (***), procʳ du roi au baage Sᵗ-Pierre ; 7º Agathe, épⁿ 1688 Claude

Caroline *Drémy*, dont : Mᵐᵉ de Lenferna, dont : Ludovic, officier d'artillⁱᵉ, épᵃ 1866 Mⁱᵉ Terrier de Santans ; et Berthe, épⁿ 1856 Adolphe *Chambrun* d'Uxeloup de Rosemont ; *c* Victor, mᵗ célib.; 3º JACQUES-Frˢ, officier de la gendarmerie 1785, puis secrétⁿᵉ du roi apr. son maage, épⁿ 1785 Suzanne-Gaspⁱᵉ *Poitreau*, veuve de Cl.-Frˢ de Bèze de Lys, sgr de Chitry, dont : Frˢ-Jacques-Hⁱ, mᵗ 1830 sans posté, et Jⁿᵉ-Suzanne, épⁿ 1810 Augustin Grozieux de Laguérenne ; 3º Geneviève, fme de Mʳ Meunier, commⁿᵉ des guerres.

B. JACQUES-HENRI VYAU ᴅᴇ BAUDREUILLE (2º fils d'Étienne Vyau de La Garde), né 1712, avⁿᵗ 1731-50, lieut. génⁿᵗ du baage Sᵗ-Pierre 1752-84, sʳ de Baudreuille, Buy, Verrière, Autry (tous, cⁿᵉ Sᵗ-Pierre), Sarazin (cⁿᵉ Luthenay), Fontenay, Bourg (cⁿᵉ Sᵗ-Parize-Châtel), eut parties de Cigogne et Sᵗ-Péraville des Bolaere ; mᵗ 1799, épᵃ 12 juin 1742 Claudine *Dubois* de Bichy, dont, outre enfⁿˢ mᵗˢ jeunes : 1º Pierre-Gabriel, né 1745, avⁿᵗ, lieut. partⁿʳ baage Sᵗ-Pⁿᵉ 1773, lieut. génⁿᵗ 1785-90, député du Tiers du baage Sᵗ-Pⁿᵉ 1789, maire Sᵗ-Pⁿᵉ 1793, sᵗ de Baudreuille, Sᵗ-Séger, etc., épⁿ 12 sept. 1779 Aimée-Virginie *Quesnay* de Beauvoir (*), dont : Frˢᵉ-Gable-Jacqⁿᵉ fme d'André Vernin d'Aigrepont, et il eut hors maage, puis d'un 2ᵉ lit : Mᵐᵉˢ Nourrissac, Neaudot, Gaudet et Lieutaud ; 2º Jacques-Henri Vyau d'Autry, capit. régᵗ Touraine 1788, chlr Sᵗ-Louis, épⁿ 1790 Anne Bernard, dont : Hippolyte, mᵗ célib. 1853, et Mᵐᵉˢ Massé (Cher) et *Carimantrand* ; 3º Jⁿ-Jacques-Henri V. de Sarazin, ecclésiastique ; 4º Étienne-Nazaire V. de La Vaivre, mᵗ sans posté. de N... Geoffroy ; 5º Louise, épⁿ 1767 J.-Frˢ *Moquot* d'Agnon ; et 6º ÉTIENNE-GABRIEL-CLAUDE VYAU ᴅᴇ FONTENAY, né 1756, doyen du chap. Sᵗ-Pierre 1778, mᵗ 1805, épⁿ 1794 Mⁱᵉ-Frˢᵉ Gable-Agathe *Richard* de Soultrait, fille de Charles, sgr de Fleury, dont : Henri, mᵗ célib. 1861, et PIERRE-GABRIEL-CHARLES VYAU ᴅᴇ FONTENAY, épⁿ 1835 Eugénie Collins de Gévaudan, dont : Édouard, épᵃ 1865 Mⁱᵉ de Chiseuil, et Henri, épᵃ 1871 Mⁱⁱᵉ de Maupas.

Armes : D'azur, à la porte ville ouverte d'argent flanquée de deux tours, en supportant une troisième de même, sommée d'un lion issant d'or, tenant une demi-pique d'or armée de sable et houppée de gueules.

Sources : Procédures baage Sᵗ-Pierre. — Arch. hospit. Sᵗ-Pierre. — Arch. Nièv. E et B. — Minut. notʳᵉˢ Sᵗ.Pierre. — Reg. parois. Sᵗ-Pierre, Livry, Langeron, Nevers, Lys, Varennes-Nev.

Existants.

(*) ᴅᴇ MARCHAND. — De *Bourgogne.* — François ᴅᴇ MARCHAND, écr, sgr de Belleroche 1648-62, gendarme du Dauphin, puis de cⁱᵉ d'Enghien, achète Boussegré (cⁿᵉ Lormes) 1625, épⁿ Marthe *de Juisart*, dont : 1º Jean, suit ; 2º Antoine, mᵗ av. 1664, laissant deux bâtards ; 3º François, écr, sgr de la Fouchardière, épⁿ 1643 Jeanne *Chevalier*, d'Andries, dont : Claude, chlr, sgr de la Fouchardière et

refait terrier d'Asnois 1692, fait aveu de ses sgries 1698, mᵗ 1714 ; épousa 27 janv. 1702 Gabrielle-Chᵗᵉ-Élisabeth Bruslart de Sillery (Paris), fille de Roger, mⁱˢ de Puisieux, dont :

VII. — FRANÇOIS-PHILOGÈNE mⁱˢ DE BLANCHEFORT, chlr, bᵒⁿ d'Asnois, sgr d'*id.*, né 1704, lieut. d'infⁱᵉ 1720, gouvʳ pays de Gex 1727, maintenu avec son père 1703, mᵗ dernier de son nom 1775 ; épousa 22 juin 1734 Mⁱᵉ-Josèphe Pierquet de Bertrandi (Hainaut), qui testa à Clamecy 1756, dont : Charles-Joseph-Gaston, né 1737, mᵗ av. son père.

Armes : D'or, à deux lions léopardés de gueules.
Sources : La Thaumassière, 838. — *Inv.* Marolles. — Pièces origˡᵉˢ, 1744, cᵗ Titres. — Ms d'Asnois 1737, Deffaux, *Bull.* Soc. niv., III. — Minut notʳᵉˢ Mⁱⁿˢ-Engilbert. — Arch. Nièv. E et B. — Mém. de Castelnau, III. — D. Caffiaux, ms 1234. — *Inv.* Peincedé, IX. — Nobil. d'Orléans, 757, Cᵗ titres. — Chérin, 32, Cᵗ titres. — Reg. parois. d'Asnois, Dornecy, Tannay, Entrains, Amazy.

Éteints.

Devaux, sʳ de Germancy; 8ᵒ Margⁱᵉ, relig. au Reconfort; 9ⁿ Jeanne-Barbe, épᵃ 1695 Lˢ-Antoine *Sallonnier*, sgr de Faye.

V. JACQUES, écr, sgr de Vèvres et du fief de Tannay 1696, le Gué (cⁿᵉ Prémery) 1709, au ban de Niv. 1702, valet chʳᵉ prince de Condé 1702-11, refait terrier Tannay 1702, mᵗ 1731, épᵃ 22 juil. 1706 Madeleine *Marchand* du Gué, fille de Louis, procʳ génᵃˡ eaux-forêts Nev., dont : 1ᵒ Jacques-Vincent, suit ; 2ᵒ Claude-Jacques, chanoine Nev., prévôt chap. Tannay 1746-54; 3ᵒ Madeleine Nevers 1761.

VI. JACQUES-VINCENT, écr, sgr de Vèvres, le fief de Tannay, et le Gué 1739, capit. grenadiers royaux 1756, major 1795, chlr Sᵗ-Louis, plaide pour bois de Tannay 1765, mᵗ av. 1783, épⁿ 29 juin 1740 Élisabeth Hiéronimi, dont : 1ᵒ Jacques-Claude, sgr Tannay, lieutᵗ régᵗ Beaujolais 1761, lieut. maréch. Nevers, chlr Sᵗ-Louis 1784, à assemblée nobl. Nev. 1789, commᵗ garde natᵃˡᵉ 1790, émigra, mᵗ sans posté.; 2ᵒ André-J.-J.-Népomucène, suit ; 3ⁿ Anne-Élisabeth, épⁿ 1773 Jacques-

Sébastien *Dubois*, sʳ des Bordes; 4ᵒ 5ᵒ 6ᵒ Jeanne-Barbe, Émilie et Madeleine, mˡˡᵉˢ célib.

VII. ANDRÉ-Jⁿ-JACQUES-NÉPOMUCÈNE, écr, sgr de Vèvres et Tannay, gendarme de la garde, garde-du-corps 1783, lieutᵗ-colonel cavⁱᵉ, chlr Sᵗ-Louis, à ass. nobl. Nev. 1789, émigra, mᵗ v. 1835, épⁿ 15 sept. 1783 Élisabeth-Louise *Decolons*, fille d'Étienne-Frˢ, subdé-légué, dont : 1ᵒ Jⁿ-Louis, mᵗ jeune; 2ᵒ Madⁿᵉ-Frˢᵉ-Joséphine, épᵃ 1816 Léonard *Ravisy*; 3ᵒ Charlᵗᵉ-Félicité, épᵃ 1822 Ignace-Hⁱ *Decolons*, offᵉʳ dragons.

Armes : De gueules, à la fasce d'or, chargée de trois roses d'azur, accompagnée en pointe d'une clef d'argent en pal.

Sources : Carrés de d'Hozier, 90 et 91. — *Inv.* Marolles. — D. Caffiaux, ms 1234. — Arch. Nièv. E, B et G. — Dossiers bleus, 94, Cᵗ titres. — Arch. municip. Tannay. — Hⁱʳᵉ Vézelay, II, A. Chérest. — Minut. notʳᵉˢ Clamecy. — Née de La Rochelle. — Moréri. — Reg. parois. Tannay, Lys, Nevers, Amazy, Clamecy, Asnois, Beaumont-Fer., Sermoise, Corbigny.

Éteints.

du Monceau (cⁿᵉ Poil), commandeur de Sᵗ-Louis 1696, capit. des gardes-du-corⁱˢ, mᵗ av. 1700, épⁿ Anne-Frˢᵉ DE BLANCHEFORT, ci-dessus, fille de Roger. — Jean, écr, sgr de Boussegré et Belleroche 1664-81, habite Lormes, sert dans cⁱᵉ de Montal 1677, vend Boussegré 1678, eut de Marie Connestable : Antoine, demᵗ à Villard (cⁿᵉ Domecy-s.-Cure) 1699, et Jean, écr, sgr de Belleroche, chevau-léger de la garde 1699, n'eut que deux filles de Jacquette *Harmand*. (Arch. Nièv. B. — Minut. notʳᵉˢ Lormes — Reg. parois. Dirol et Andries.)

Éteints.

(*) QUESNAY. — François QUESNAY, économiste, médecin de Mᵐᵉ de Pompadour, anobli par lettres de 1752, mᵗ 1774, ʳchète Beauvoir (cⁿᵉ Sᵗ-Germain-Chassenay) et Sᵗ-Germain (cᵒⁿ Decize) 1755. Son fils Blaise-Guillᵉ, sgr de Beauvoir, où il se fixe 1755, de Sᵗ-Germain, la Forêt-de-Lurcy (cⁿᵉ Toury-s.-Abron) et Beaurepaire (*id.*), qu'il achète 1770, refait terrier 1772, est à assemblée nobl. Nev. 1789, épⁿ Catherine Déguillon, fille d'André, du conseil ʳᵃˡ de Flandre, dont : 1ᵒ Jean-Marc, écr, sgr de Beauvoir et Glouvé en pⁱᵉ (cⁿᵒ Sᵗ-Germain), gendarme de la garde 1780, chlr Sᵗ-Louis, à assemblée nobl. Nev. 1789, maire de Sᵗ-Germain 1791, épᵃ 1777 Fˢᵉ Faulconnier de Nau.teuil, sans posté.; 2ᵒ Robert-Frˢ-Joseph, écr, sgr de Sᵗ-Germain, contrôleur mⁿ du roi, puis conseʳ Cour des aides 1783, député Maine-et-Loire 1791, épᵃ Marie Faulconnier, sœur de Fˢᵉ, sans posté.; 3ᵒ Alexandre-Mⁱᵒ QUESNAY DE BEAUREPAIRE, fit guerre d'Amérique, offᵉʳ garde nat. Paris 1792, se fixa en Maine-et-Loire, vendit Beauvoir 1804, grand-père du procʳ génᵃˡ Cour de cassion actuel ; 4ⁿ Aimée-Virginie, épᵃ 1779 P. Gabriel *Vynu* de Baudreuille, ci-dessus.

Armes : D'argent, à la fasce ondée d'azur, accompagnée de trois fleurs de pensée de même.
Sources : Arch. Nièv. B. — Terrier de Dornes. — Arch. chât. Beauvoir. — Reg. parois. Sᵗ-Germain-en-Viry et Sᵗ-Pierre-le-Mᵉʳ.

Sortis du Nivernois.

✠✠✠✠✠✠✠✠✠✠✠✠✠
✠✠✠✠✠✠✠✠✠
✠✠✠

DE BLOSSET

AMILLE originaire de Normandie.

Les BLOSSET, sgrs de St-Pierre-en-Caux, détachèrent au XVᵉ s., au Plessis-Paté (Brie), une branche qui donna le célèbre capitaine des gardes de Louis XI, son grᵈ sénéchal de Normandie, puis un gouvʳ de Paris 1577. — Charles, mᵗʳᵉ d'hôtel de la reine 1453, au partage 1462 eut St-Maurice-Thizouaille et Fleury (pr. Joigny), épousa Charlotte de Mornay, dont : *a*, Christine, veuve en 1510 de Pierre DES ULMES, écr, sgr de la Maisonfort-Bitry, et *b*, Jean, écr, sgr de Fleury, épousa 1499 Anne de St-Julien, dont :

I. — LOUIS DE BLOSSET, écr, sgr de Fleury, puis de St-Georges (cⁿᵉ Corvol-l'Orgueilleux) et Villiers (cⁿᵉ Ménestreau), obtient lettres de rémission 1536, partage biens de Rodon 1537, baille à Corvol-l'Org. 1551, mᵗ av- 1568, épousa av. 1537 Madeleine *de Rodon*, fille de Blaise, sgr de Villiers, dont il eut : 1º Louis, qui suit ; 2º Blaise, mᵗ saus posté. av. 1568 ; 3º François, suivra ; 4º Henri, tué devant Poitiers dans l'armée calviniste ; 5º Philippe, écr, sgr de Fleury en pⁱᵉ, Roussy (cⁿᵉ Corvol-l'Org.) 1578, Ruère et Tamenet (*id.*), qu'il dénombre 1598, gentilhᵉ du duc d'Alençon 1570, enseigne de la cⁱᵉ de Blosset bᵒⁿ de Torcy, son parent, 1579-83, acte à Corvol 1570-88, épousa 6 avril 1571 Antᵗᵉ d'Imonville, fille d'Edme, sgr de Mezilles (Auxerrois), dont : *a*, Anne, épᵃ 1612 Georges-Perceval *de Bonin* (1), écr, sgr du Cluseau, et *b*, Claude, écr, sgr de

---

(1) DE BONIN. — *Origin. de Berry*. — Connus au Cluzeau (cⁿⁿ d'Argenton-s.-Creuse, Indre) au commᵗ du XVIᵉ s. — Louis, sgr du Cluzeau, prisonnier à Pavie 1525.

I. GEORGES DE BONIN (*), homme d'armes, veuf de Charlotte de Sève, sœur du grand-prieur de Champagne, vint s'établir à Paroy (cⁿᵉ d'Oisy) par maage 1579 avec Margⁱᵉ *Le Muet* ; du 1ᵉʳ lit, il eut : Jacques, qui suit, et du 2ᵉ : Georges-Perceval, suivra.

II. JACQUES, écr, sgr du Cluzeau, puis de Prémartin (cⁿⁿ Brienon, Yonne) et de Bouy (*id.*), tué au service av. 1639, épᵃ 26 mai 1597 Louise de Briquemault, fille de Jean, capit. 50 hmes d'armes, dont : 1º Charles, suit ; 2º Gabriel, chlr, sgr de Bouy, le Bouquin (cⁿᵉ Chaumot-sur-Yonne) 1646, qu'il vend 1680, Héry (cᵒⁿ Brinon), Chaumot, (cᵒⁿ Corbigny), où il reçoit reconn. 1646 et transige 1669, capit. de chevau-légers 1643-46, mᵗ sans enf. ap. 1680, épᵃ 4 nov. 1642 Bénigne *Perreau*, sœur de Charlotte.

III. CHARLES, chlr, dit vⁱᵒ de Prémartin 1625, sgr du Cluzeau, le Parc (cⁿᵉ Dun-les-Places), Vignes-le-Bas (cⁿⁿ Neuffontaines), chlr de l'ordre 1637, capit. d'infⁱᵉ 1625, puis de chevau-légers 1638, tué av. 1645, épᵃ 24 oct. 1627 Charlotte *Perreau*, fille de Jacques, sgr du Bouquin, le Parc, dont : 1º Daniel-J., suit ; 2º Louis, prieur de Champallement 1700, curé de

Corbigny 1703 ; 3º Anne, épᵃ 1659 Frˢ DU PRÉ, écr, sgr de Guipy.

IV. DANIEL-JOSEPH, écr, sgr du Parc et Vignes 1671, maintenu 9 mars 1669, mᵗ av. 1700, épᵃ 23 nov. 1671 Anne Protheau, fille de Gabriel, consel élⁱᵘ Vézelay, dont (tous nés à Vignes): 1º Anne-Gabriel, maintenu 1700 ; 2º Frˢ, sgr du Parc et Vignes, capit. régᵗ de Beaujolais 1721-29, chlr Sᵗ-Louis 1740, épⁿ 1ᵉʳ mars 1734 Anne-Léonⁱᵈᵉ *du Bois*, fille de Joseph, sgr de Marcilly, sans posté.; 3º Marthe, épᵃ 1702 Frˢ Baudouin, notᵉ à Vignes ; 4º Lᵉʳ-Marie, fme de Frˢ d'Aremberg, sur leq. le Parc est décrété 1685.

II. GEORGES-PERCEVAL DE BONIN (2ᵉ fils de Georges), écr, sgr du Cluzeau en pⁱᵉ et Fourviel (cⁿᵉ Sᵗ-Benin-d.-Bois) 1639, capitaine de Monceaux-le-Cⁱᵉ 1620, partage avec son frère 1611, achète pr. Monceaux 1621, teste 1655, épᵃ 1ⁿ 30 sept. 1601 Charlotte *de Lanvault*, fille de Pierre et de Philibᵗᵉ de Carroble, dame du Fourviel, 2º 19 sept. 1612 Anne DE BLOSSET, ci-dessus, fille de Philippe, sgr Tamenet ; il eut du 1ᵉʳ lit : 1º Louis, suit ; 2º Jacques, trésorier du chap. Varzy 1655 ; 3º Frˢᵉ, veuve 1655 de Pierre Leclerc ; et du 2ᵉ : 4º Balthasar, écr, sgr de Fourviel 1652-70 et Talon (cᵒⁿ Tannay), dont hmage 1656, est au service 1635-36, maintenu 9 mars 1669, mᵗ av. 1696, épᵃ 23 fév. 1637 Anne *Testefort* (**), dame de Talon, fille d'Odinet,

---

(*) Le nom s'est écrit : BONIN, DE BONIN et DE BONY. Cette dernière forme, usitée depuis la fin du XVIIᵉ s., doit être une corruption bizarre du nom de leur sgrie « Bouy » (Yonne), leur venant des Bricquemault. Gabriel de Bonin, né à Bouy, a été baptisé à Briénon 1616 ; son frère Charles est dit vⁱᵒ de Bouy dans une pièce de 1659, et le fils de ce dernier signe : D. J. DE BONY, en 1682, alors qu'il n'a jamais possédé Bouy. Dans un titre de 1634, on trouve à la fois les deux formes : Louis de Bony, fils de Georges de Bonin. — Cette famille est différente de celles des « Bonin », de Bourges, sgrs de Courpoy.

(**) Les TESTEFORT, orig. des environs Mⁱⁿˢ-Engilbert, sont sgrs de Mary au XIVᵉ s., de la Buxière (cⁿᵉ Sémelay) au XVᵉ et de Talon au XVIᵉ.

Ruère et Roussy 1603-25, épⁿ 26 mars 1599 Lucrèce *de Beaujeu* (2), fille de Jean, chlr de l'ordre, sgr de Jaulges, dont : *a'*, Jean, sgr de Ruère, épⁿ 28 juil. 1622 Philiberte de Richouf, dont : *a'*, Antoine, écr, sgr de Ruère, Tamenet, Villiers en pⁱᵉ 1655, épⁿ 26 janv. 1654 Bonne DE BERTHIER, fille de Jacques, sgr de Chassy, dont : *a'''*, Claude, épᵘ 1682 Jean DE TROUSSEBOIS, écr, sgr de Montifaut, *b'''*. Louise, épⁿ 1716 Amable des Manchins, et *c'''*, Anne, religieuse à Sᵗ-Cyr 1719 ; 6⁰ Jean, écr, sgr de Villiers en pⁱᵉ 1577, gouvʳ de Clamecy 1581–83, mᵗ sans enfants de Blanche David ; 7⁰ Isabelle, fme de Jean *de la Bussière*, écr, sgr de la Croulaye ; 8⁰ Marie, épⁿ 1⁰ 1570 Alexandre *Burdelot*, écr, sgr de Fontenilles, 2⁰ 1579 Balthazard *de la Borde*, écr, sgr de la Chenau.

II. — Louis DE BLOSSET, écr, sgr de Villiers et Fleury 1555, gentilhᵉ chʳᵉ de Mʳ 1576 et du roi 1587, est calviniste ainsi que sa posté., capitaine de gens d'armes, prend Entrains et y commande pour l'amiral 1562, secourt la Charité, prend Donzy, Pouilly, etc., chlr de Sᵗ-Michel 1569, capitaine de Vézelay 1570 et de Clamecy 1576 (v. hᵒˢ célèb.) ; partage avec frères 1570, maintenu avec son fils et ses frères au régalᵗ tailles 1584, mᵗ ap. 1595; épousa 1⁰ 3 mai 1553 Antoinette de Manieux, 2⁰ av. 1587 Catherine d'Ardenay (Perche) ; il eut du 1ᵉʳ lit : 1⁰ Ravan, qui suit ; 2⁰ Étienne, mineur 1584, tué à un siége ; 3⁰ Vandeline, épⁿ 1577 Jean de Hervy, écr, sgr de Charmoy ; et du 2ᵉ lit : César et Frˢ, mᵗˢ jeunes.

III. — Ravan DE BLOSSET, chlr, sgr de Villiers, Coulon (cⁿᵉ Mouron), Pouques (cᵒⁿ Lormes) et Parjot (cⁿᵉ Gâcogne) 1582, chlr de l'ordre, gentilhᵉ chʳᵉ du roi 1584, défendit Sancerre contre la Ligue 1589, y fut empoisonné 1589 ; maintenu avec son père 1584 ; épousa 7 août 1582 Marie Tixier, fille de Paul, sgr de Coulon, et de Juliette *Mige* (*), dont il eut : 1⁰ Louis, suit ; 2⁰ Marie,

dont : *a*, Jeanne, fme av. 1659 d'Ant. *de Barnault*, écr, sgr Guipy ; *b*, Frˢᵉ, dame de Talon, épᵗ 1663 Guy D'ESTUT, écr, sgr de l'Allemande ; *c*, Antoinette, épᵘ 1667 Antoine DE BLOSSET, ci-dessus, sgr de Sᵗ-Georges ; *d*, Anne, dame de Fourviel, épⁿ 1677 Paul DE CHARRY, écr, sgr de Giverdy ; *e*, Marie, fme av. 1694 de Frˢ Barbaut, huissier à Sᵗ-Benin-Bois.

III. Louis, chlr, sgr du Cluzeau, demᵗ à Monceaux-Cᵗᵉ, chevau-léger 1634, capit., puis major au régᵗ de Langeron 1637-47, blessé à Rocroy, tué av. 1648, chlr de l'ordre, épᵗ 4 oct. 1632 Louise DE GIRARD, fille d'Adrien, sgr d'Azy, et de Gabᵗᵉ de La Perrière, dame du Bouchet, dont : 1⁰ Louis, tué au service av. 1655 ; 2⁰ Georges, suit ; 3⁰ Charlotte, fme av. 1670 de Pierre de Pailhort, écr.

IV. Georges, écr, sgr de Moissy-Moulinot (cᵒⁿ Tannay), Chitry (cⁿᵉ Neuffontaines), le Bouchet (cⁿᵉ Nuars), Chasseigne (cⁿᵉ Anthien), Mex-Richard (cⁿᵉ Ruages), Beuvron en pⁱᵉ (cᵒⁿ Brinon) et la Chaume (cⁿᵉ Cervon) 1667-99, chevau-léger de la garde 1669, engage la

Chaume 1690, maintenu 9 mars 1669, mᵗ 1704, épⁿ 23 juil. 1656 Louise de Péronne, fille de Frˢ, sgr de Beuvron, et petite-fille de Madⁿᵉ de Monceaux, dont : 1⁰ Paul-G., suit ; 2⁰ Louis, gendarme de la garde 1699-1704; 3⁰ Mⁱᵉ-Louise, dame de Beuvron, épⁿ 1699 Hugues DE CHARRY, chlr, sgr de Lurcy ; 4⁰ Jeanne, relig. au Reconfort 1726 ; 5⁰ Catherine, 1706.

V. Paul-Georges, chlr, sgr d'*id.* et le Bouquin (cⁿᵉ Chaumot) 1687-1731, chevau-léger de Vivarais 1690-93, eut le Bouquin acheté 1680 par son beau-père à Gabriel DE Bonin, maintenu 1706, épⁿ 20 mai 1699 Jeanne *Hinselin*, fille de Jean, sgr de Moraches, le Bouquin, dont : 1⁰ Philibert-G., suit ; 2⁰ Anne-Louise, dame de Chasseigne, épⁿ 1726 Sébastien DE BLOSSET, ci-dessus, chlr, sgr de Certaines.

VI. Philibert-Georges, chlr, sgr du Bouquin, Chaumot en pⁱᵉ, Mézières (cⁿᵉ Chaumot), Héry (cⁿᵉ Brinon) 1743, lieut. régᵗ de la Sarre 1746, mᵗ ap. 1756, épⁿ 9 sept. 1735 Mⁱⁿ-Frˢᵉ de Margat de Bussède

(*) MIGE. — Guillaume Mige est chanoine Nev. 1405-41. Autre Guilⁱᵉ traite l'aide des villes du Niv. pour le cⁱᵉ 1456. Jean, chanoine Nev. mᵗ 1477. Gilbert, licencié-lois demᵗ Nev. 1491. — François Mige, licencié, lieut. génᵃˡ baage Nevers 1525-45, épⁿ 22 janv. 1520 Claude *Olivier*, fille de Joachim, sgr du Chollet, dont : 1⁰ N..., père de Frˢ, sgr de Lupy (cⁿᵉ Balleray) et le Couldray (*id.*) 1574, en fait aveu 1578, eut de Félice Tixier, sœur de Paul : Frˢᵉ Mige, dame de Lupy, qu'elle dénombre 1605, bⁿᵉ de Givry et Cours-les-Barres (châtⁱᵉ Cuffy), épᵃ 1⁰ Philibert Garnier, sʳ de Chevannes, mᵗ av. 1589, 2⁰ av. 1597 Paul de Guillemin, écr, gentilhᵉ servant du roi ; 2⁰ Juliute, dame de Parjot (cⁿᵉ Gâcogne), Pouques en pⁱᵉ (cᵒⁿ Lormes) et Coulon qu'elle achète av. 1566, veuve 1570 de Paul Tixier, élu à Nev., d'où : Marie Tixier, ci-dessus, fme de 1⁰ Jacques du Homet, sgr Villemolin, 2⁰ 1582 de Ravan DE BLOSSET, sgr de Villiers, 3⁰ de Pierre de Rieux, sgr de Mucidan.

Armes : D'azur à trois glands versés d'or.

Sources : Minut. notʳᵉˢ Lormes et Moul.-Engilbert. — Cᵗ titres, dossier bleu de Blosset. — *Inv.* Marolles. — Arch. Nièv. E. — Carrés d'Hozier, 472, Olivier. — Reg. parois. Sᵗ-Mⁱⁿ Nev.

Éteints.

dame 1/2 Pouques dont hmage 1614, ép^a 1607 Abraham de l'Abaddie (Armagnac), écr ; 3° Ravanne, m^{le} célib. av. 1614.

IV. — LOUIS DE BLOSSET, chlr, sgr de Villiers, Coulon et Pouques, reçoit lettres d'émanc^{on} 1604, fait hmage p. Villiers 1614, m^t av. 1641, épousa 21 août 1606 Marie DE LORON, fille de Lazare, sgr de Domecy, et de Cl. de Certaines, dont il eut : 1° Louis, suit ; 2° Ravan, suivra ; 3° François, chlr, sgr de Pouques 1642-67, plaide à Nev. 1651, dirige l'irruption des protestants en l'église du Vault-de-Lugny 1667, m^t sans posté., épousa 29 sept. 1639 Elisabeth de Saumaize (Bgogne) ; 4° Philibert, sert au ban Niv. 1639 ; 5° Claudine, épⁿ 1623 Philippe Cannaye, sgr de Brannay ; 6° Marie, fme av. 1627 de Josias de la Porte, chlr, sgr de Champgiron.

V. — LOUIS DE BLOSSET, chlr, sgr de Coulon, Villiers en p^{ie}, Guipy en p^{ie} (c^{on} Brinon), Mouron (c^{on} Corbigny), Précy (c^{ne} Guipy) acheté av. 1651 et la Grenouillère (c^{ne} Épiry) 1539-51 ; au ban de St-Pierre-le-M^{er} 1639, m^t av. 1653 ; épousa 2 déc. 1623 Suzanne Cannaye, fille de Jacques, sgr de Brannay, dont : 1° Louis, chlr, sgr de Coulon, Mouron, la Grenouillère, qu'il a au partage 1663 avec frères et sœurs, est au service 1657-74, maintenu avec frères géné. Moulins 15 fév. 1669, fait hmage p. Coulon 1657, le dénombre 1675, plaide 1687, m^t av. 1693 sans posté., épⁿ 20 juil. 1675 Elisabeth *Semelé* (*), fille de Fr^s, sgr de Chantereau ; 2° Henri, écr, sgr de Précy 1663-69, est au service 1657, m^t célib. ; 3° Ravan, écr, sgr de Mouron et la Grenouillère 1657-82, enseigne rég^t de Clairambault, 1657-63, échange par^{su} d'Epiry 1677, teste 1686 léguant aux enfants de Clorinde, sa sœur, m^t célib. ; 4° Isaac, chlr, sgr de Précy 1663-87, m^t av. 1693, épⁿ 12 fév. 1673 Jeanne Armet (Bgogne), dont : a, Louis-Fr^s, chlr, sgr de Précy, servit en Suède, rentré il s'empare de force de Coulon avec ses deux frères à la mort de

(Berry), dont : 1° Fr^s-Robert, chevau-léger de la garde 1784, sans posté. ; 2° Mlle-Pierrette-Fr^{se}, épⁿ 1756 Edme-Fr^s D'ESTUT d'Assay.

Armes : Pallé de gueules et d'azur, les pals de gueules chargés de fusées d'or. *Al. :* Losangé d'or et de gueules à cinq pals d'azur.

Sources : Arch. Niév. E et B. — Chérin, 31, C^{es} titres. — D. Caffiaux, ms 1234. — Carrés d'Hozier, 340, 111, 513. — Mss chanoine Hubert, 6, à Orléans. — D'Hozier, reg. III. — Reg. parois. Monceaux-le-Comte, Neuffontaines, Vignol, Pouques, Nevers, Guipy, Dirol.

Éteints.

(2) DE BEAUJEU. — Origin. *de Franche-Comté.* (Voir p. 412.) — Connus à Beaujeu-s.-Saône (pr. Gray) au XIIIe s. Amédée de Beaujeu, archevêque de Besançon 1210. Geoffroy, sgr de Beaujeu-s-Saône, reçoit de la cl^{esse} Nev. rente sur saulnerie de Salins

1348. (**) Jean, sgr d'*id.* et de Chazeul (H^{te}-Saône), m^t av. 1492, eut de Marg^{te} de Soilley :

François de Beaujeu, prieur de Decize 1505-14, de Châtillon-en-Bazois 1514, abbé de St-Germain d'Auxerre 1509-39, fit venir son frère, Jean, comme gouv^r de Moutiers. Ce Jean, écr, sgr de Beaujeu en p^{ie} et Chazeul, h^{me} d'armes dans c^{ie} du bailly de Dijon 1492, m^t av. 1539, eut de Catherine de St-Mauris : 1° Claude, suit ; 2° Jean, chlr de l'ordre, sgr de Chazeuil, gentilh^e l'hôtel de François Ier 1525-47, sgr de Jaulges (pr. Joigny), par sa fme Jeanne Le Rotier, père de : Jean, chlr de l'ordre, qui de Marthe de Villeneuve eut : Lucrèce, ép^a 1599, à Sichamps, Claude DE BLOSSET, ci-dessus, écr, sgr de Roussy ; 3° Philibert, évêque de Bethléem-Clamecy 1524-55, prieur St-Sauveur-Nev. 1525, grand-prieur de St-Germain-d'Aux., doyen de Tonnerre et d'Avallon, abbé de la Faize et St-Sever, aumônier du roi 1536, m^{tre} des requêtes 1555 (***).

(*) SEMELÉ. — François SEMELÉ, aval, habite Corbigny 1589, est bailli d'Espeuilles 1599. Élie, pasteur calviniste 1644, demande, comme tel, exemption de taille 1660, sans doute frère de Fr^s, bourg^s et m^{and} à Corbigny 1644, qui d'Élisabeth Baillon eut : Fr^s, qui achète à Chitry av. 1698, est s^r de Chantereau (c^{ne} La Collancelle), eut de Jacquette Girardot : 1° Élisabeth, ci-dessus, ép^a 1675 Louis DE BLOSSET, chlr, sgr de Coulon, sans posté.; 2° Françoise, hérita de Coulon de sa sœur, testa 1729 sans posté. de Joachim *de Jaucourt*, chlr, sgr de St-Andeux ; 3° Jeanne, dame de Chantereau, qu'elle dénombre 1698, m^{te} 1719, Fr^{se} S. en hérita, ép^a 1696 Balthazard-Fr^s D'ESTUT, écr, sgr de Talon, sans posté.; 4° peut-être Fr^{se}, bailli d'Huban 1686, m^t av. 1719. (Arch. chât. de Coulon. — Dossier bleu de Blosset. — Minut. nôt^{res} Lormes. — Reg. parois. Corbigny.)

Éteints.

(**) En 1698, un membre de cette famille fit enregistrer, en l'élion de Salins, ses armes écartelées : d'or, au lion de sable, armé et lampassé de gueules, chargé d'un lambel de même ; cette écartelure dénote une visée de rattachement à la maison de Beaujeu-Forez, alors éteinte. Cette prétention pouvait avoir pour prétexte le mariage de Jeanne de Beaujeu-s.-Saône avec Louis de Beaujeu, issu des c^{tes} de Forez, m^t en 1380, fils de Jeanne de Châteauvillain-*Luzy*.

(***) Un Philibert de Beaujeu, cité par Lebeuf comme sgr de la Motte-Josserand (c^{ne} Perroy) 1523, appartient à la maison de BEAUJEU-FOREZ ; il était sgr de Lignières (Berry), et fit hmage 1533 pour Ormeaux (c^{ne} Perroy) et Villiers (c^{ne} St-Martin-Tronsec). Ses possessions nivernaises, précisément dans la même région que les BEAUJEU-FRANCHE-COMTÉ, lui venaient des d'Amboise.

sa tante Fr^{se} Semelé 1718, sans posté.; *b*, Jean-Charles, chlr, co-sgr de Précy et la Grenouillère, se fit catholique, est saisi 1702, m^t 1725 célib.; *c*, Jacques, chlr, co-sgr d'*id.*, m^t ap. 1749 sans posté.; *d*, Jeanne, reçue à St-Cyr 1692; 5° Clorinde, ép^n 1669 Jean *de Paris*, écr, sgr de la Bussière.

V. — RAVAN DE BLOSSET (2 fils de Louis et de M^{ie} de Loron), écr, sgr de Villiers et Certaines (c^{ne} Cervon), sert au rég^t de Langeron 1639, partage avec frère 1641, maintenu 1634, m^t av. 1654 que sa veuve avoue Certaines; épousa 29 sept. 1642 Marie *de Loron*, fille de Gédéon, sgr de Tharot, dont: 1° Fr^s, suit; 2° Gédéon, cornette rég^t de Montal; 3° Fr^{es}, m^{le} célib. 1719; 4° Marthe, ép^a 1702 Phil. de Croisier, écr.

VI. — FRANÇOIS DE BLOSSET, chlr, sgr de Certaines et la Croix (c^{ne} Cervon), capit. cav^i. 1687-96, reçoit reconn. p. Certaines 1675-99, m^t 1705, épousa *1*° av. 1675 Mad^{ne} Péan, dame de Fay (Orléanais), 2° 8 nov. 1689 Jeanne-Anne de Krebs, fille d'Aloph, b^{on} de Witerheim (Bade), dont: 1° 1er lit, Mad^{ne}, ép^n 1703 César Chabot, chr, sgr de Souville, et 2e lit: 2° Sébastien-Fr^s, suit; 3° Louis-Charles, lieut. rég^t Poitou 1726, capit. 1737; 4° plusieurs filles dont deux relig. au Reconfort 1710-26.

VII. — SÉBASTIEN-FRANÇOIS DE BLOSSET, chlr, dit: comte de Blosset, sgr de Certaines 1724, la Trouillère (c^{ne} Guipy) et Chasseigne (c^{ne} Anthien), dont hmage 1741 et terrier 1750, officier au rég^t de Flandres 1725, m^t 1756, épousa 15 mars 1726 Louise *de Bonin* (1) ci-dessous, fille de Paul-Georges, dont il eut: Paul, dit: marquis de Blosset, sgr de Certaines, etc., 1757, chlr de St-Louis, colonel des grenadiers royaux 1768, ambassadeur à Copenhague, vend Chasseigne 1765 et Certaines 1768, épousa av. 1768 Marg^{te} Foyard de Champagneux, sans posté.

II. — FRANÇOIS DE BLOSSET (3e fils de Louis et de Marg^{te} de Rodon), écr, sgr de St-Georges, où il acte 1570-84, et de la Grange (c^{ne} Courcelles), tuteur de son neveu Étienne 1584; sa veuve échange par^{se} Courcelles 1598, m^t av. 1589; épousa *1*° 1564 Louise Dauvergne, 2° 19 janv. 1573

A. — CLAUDE DE BEAUJEU, écr, sgr de Beaujeu en p^{ie} 1507, et de la Maisonfort (c^{ne} Bitry), Bitry (c^{on} St-Amand), Argenou (*id.*), la Forêt-de-Lorme (c^{ne} Colméry) et Villiers (c^n. Cessy-l.-Bois), par son maage, partage 1528 avec Jean et a des biens en Auxerrois, baille à la Maisonfort 1525, fait hmage 1533 p. Argenou, Villiers, la Forêt; m^t av. 1542 que sa veuve fait hmage p. la Maisonfort; ép^n av. 1523 Marie DES ULMES, fille de Pierrot, sgr de la Maisonfort, et de Christine de Blosset, dont: 1° René, suit; 2° Esmée, veuve 1573 d'Adrien *du Chesnay*, chlr, sgr de Longueron; 3° Jacqueline, fme de Phil. Le Prévost, sgr de Senan.

B. — RENÉ, chlr, sgr d'*id.*, Ciez (c^{on} Donzy) et d'Ouanne et Chastenay (Auxerrois), vend biens pr. Beaujeu-s.-Saône 1554, présent son cousin Fr^s de Beaujeu, sgr de Jaulges, reçoit don maternel 1560, habite la Maisonfort 1571, m^t av. 1588 que ses trois enf^{ts} ont procès, ép^n 1er avril 1560 Catherine de Florette, fille de Jean, cons^{er} Parl^t P^{is}, dont: 1° Claude, suit; 2° Gilbert, écr, sgr de la Maisonfort en p^{ie}, dont hmage 1588, acte 1593, m^t av. 1615 sans posté.; 3° Esther, dame de la Maisonfort en p^{ie}, Ciez, ép^n av. 1592 Gilles *de Castel* (*), écr, sgr de Sichamps.

C. — Claude, chlr, sgr de la Maisonfort, Argenou,

(*) DE CASTEL. — Jean DE CASTEL, écr, témoin à Sichamps d'acte du Lys 1520. — Étienne DE CASTEL, écr, sgr de Sichamps (c^{on} Prémery) 1534-65, Cherault (c^{ne} St-Benin-d'Azy) 1571, archer c^{ie} de Bourdillon 1554-55, semble mari d'une DE RYMBERT, dont: 1° Michel, suit; 2° René, écr, sgr de Sichamps en p^{ie} 1574; 3° Léonarde, ép^a av. 1556 Jacques *d'Inerville*, écr, sgr de Cougny en p^{ie}; 4° Catherine, ép^a v. 1572 Armand de Gontaut. — Michel, écr, sgr de Sichamps en p^{ie} 1563-85, le dénombre avec frère et sœur 1573, m^t av. 1589, ép^a av. 1563 Anne Galoppe (*), fille d'Imbert, dont: 1° Gilles, écr, sgr de Sichamps 1589-1626, Bitry dont hmage 1598, Ciez, la Maisonfort en p^{ie}, dont hmage 1626, Ouanne et Chastenay-le-Bas (Auxer.), commande les higueurs dans la Maisonfort et y capitule 1593, ép^n av. 1592 Esther DE BEAUJEU, ci-dessus, fille de René, dont: Fr^s, sgr de Sichamps p^{ie} et Ciez 1630-49, habite Ouanne, et Léonard; 2° Imbert, écr, sgr de Sichamps p^{ie} 1610, Chevannes-Bureau (c^{ne} Moul.-Engilbert), où il vend 1610 et qu'il dénombre 1623, m^t à M^s-Engilbert av. 1637, ép^a 17 fév. 1607 Fr^{se} *Bureau*, fille de Phil., sgr de Chevannes, dont trois filles: Claude, J^{ne} et Fr^{se}, Ursulines à M^s-Engilbert 1641 font hmage de Chevannes-Bureau; 3° Anne, ép^a av. 1598 Fr^s Jacquinet, sgr de Châteauvert.
Sources: Minut. not^{res} Prémery et Moul.-Engilbert. — *Inv.* de Marolles. — Arch. chât. de Poiseux, Guichy et Vandenesse. — Reg. parois. Ciez, Poiseux, Nevers.

Éteints.

(*) GALOPPE. — De *Nevers*. — Guillaume GALOPPE, échevin Nev. 1397-1413. Autre Guill^e *id.* 1468-83, bourg^s a biens à Neuzilly (c^{ne} Montapas), sert au ban 1469. Autre Guill^e, bourg^s Nev., échevin 1503-22, châtelain de Nev. 1498, baille par^{se} de Chevenon 1498 et à Marigny (c^{ne} Chevenon) 1507, ép^a Paulette Basin, paraît père de: 1° Guill^e, suit; 2° Jean, av^{at} Nev. 1515-30,

Marguerite Boulanger, dont il eut : 1º Frª, suit ; 2º Charles, mᵗ jeune ; 3º Claudine, fme de Frª de Varennes, écr, sgr du Plessis ; 4º, 5º Catherine et Louise.

III. — FRANÇOIS DE BLOSSET, écr, sgr de Sᵗ-Georges 1589, épousa 1º 1609 Elisabeth Trompose du Champ, 2º Frˢᵉ de Richouf, dont : Claude, épⁿ 1634 Loup *de Bligny*, écr, sgr de Pousseaux ; et :

IV. — LOUIS DE BLOSSET, écr, sgr de Sᵗ-Georges et Mouron en pⁱᵉ (cᵒⁿ Corbigny), demᵗ à Corvol-l'Org. 1645-69, mᵗ 1668, épousa 6 fév. 1643 Jeanne DE GRANDRYE, fille de Pierre, sgr de Chauvance, et de Claude Dupin, dont : 1º Antoine, écr, sgr de Sᵗ-Georges mis en décret 1670, garde-du-corps 1674, épⁿ 27 février 1667 Louise-Antⁱᵉ *de Bonin* (1), fille de Balthasar, sgr de Talon, dont une fille, Marie, épⁿ Frª Binet ; 2º Alexandre, tué au service ; 3º Louise, mᵗᵉ célib.

Armes : Ecartelé : aux 1 et 4, palé d'or et d'azur, au chef de gueules chargé d'une fasce vivrée d'argent ; et aux 2 et 3, de gueules à 3 molettes d'argent (*).

Sources : Cabᵗ titres, dossier bleu 2490, et vol. rel. 295. — *Inv.* de Marolles. — Minut. notʳᵉˢ Lormes. — Arch. Nièv. E et B. — *Inv.* arch. Seine-et-Oise. — Arch. chât. de Coulon. — D. Caffiaux, ms 1234. — *Vie de Coligny*, Péreau. — Preuves Pⁱᵗᵉ écurie, 290. — Reg. parois. Monceaux-le-Cⁱᵉ, Cervon, Pouques, Clamecy, Surgy, Épiry, Guipy.

Éteints.

Bitry, dont hmage 1588 et 1607, et de Margot (cⁿᵉ Dampierre-s.-Bouhy), Varenne (cⁿᵉ Sᵗ-Amand) et Montriveau (cⁿᵉ Arquian), page d'Henri III 1579, a procès avec sgr de Sᵗ-Amand 1593 ; mᵗ av. 1634, épⁿ 1ᵉʳ juin 1590 Marthe de Regnault, maintenue 1634, dont : 1º Élisée, écr, sgr d'*id.*, mᵗ av. 1625, n'eut de Rachel de Massy qu'une fille, Madeleide, posthume, mᵗᵉ 1625 ; 2ⁿ Éléonore, dame de la Maisonfort, hérita de sa nièce Madeleine, épⁿ 1624 Gédéon *du Bois des Cours*, chlr, sgr de Favières.

Armes : Burclé d'argent et de gueules (**).

Sources : Chérin, 19, Cᵗ titres. — Arch. Yonne, E, 492. — *Gallia chra*, 1 et II. — Mss de D. Viole, Auxerre. — *Inv.* de Marolles. — Arch. Nièv. E. — Preuves Sᵗ-Cyr, 309, Cᵗ titres. — Lebeuf, *Hⁱʳᵉ d'Auxerre*, 1 et II. — Challe, *Guerres du calvinisme*.

Éteints.

sʳ d'Apiry (cⁿᵉ Ouroüer) où il affranchit un serf 1510, épª Marie *de Corbigny*, dame de Sichamps en pⁱᵉ (il est impossible de voir si un Imbert Galoppe, lieutᵗ du bailli Sᵗ-Pierre au bourg Sᵗ-Étienne 1546-72, qui reçoit du duc d'Anjou 1576 certificat de services militaires, est son fils, ou bien doit être identifié avec Imbert, son neveu, ci-après) ; 3º Marie, veuve de Pierre Fleurant 1524, remariée av. 1530 à Joachim *Olivier*, sgr du Cholet. — Guillaume, trésorier de la clⁱˢˢᵉ Nev. 1513, bourgᵗ et marchᵈ à Nev., y achète 1525, y baille 1526 et parˢᵉ Chevenon 1530-32, échange à Brinon 1528, père de : 1ⁿ Frª, baille à Poissons 1537 ; 2º Imbert, suit ; 3º Charles, avᵗ procʳ de Mⁱᵉ d'Albret 1537-39 ; 4º Jacqueline, épª av. 1545 Phil. Durand, bailli de Provins. — Imbert, écr, secrétaire du roi par prov. 1537, président à Sᵗ-Pierre-le-Mᵉʳ 1571-82, sgr d'Arthel en pⁱᵉ (cⁿ Prémery) 1537, baille à Brinon 1533 et à Marigny 1541-82, teste à Nev. 1579, en partage ses biens 1588, épª 26 fév. 1537 Anne Violle, fille de Nicolas, mᵗʳᵉ des comptes Paris, nièce du présᵗ de Thou, dont : *a*, Nicolas, écr, lieutᵗ crimⁱ à Sᵗ-Pierre-le-Mᵉʳ 1582, présᵗ au parlᵗ de Bretagne, mᵗ av. 1598, eut de Catherine Berland (Decize) : Michel, avᵗ, qui épª 1611 Claude *Carpentier*, fille de Charles, sʳ de Machy, et une fille, fme de Mathurin de Razilles, sgr de Palluaut ; *b*, Imbert, écr, sgr de Marigny, dont hmage 1584, eut de Frˢᵉ Béquas : Louis, épª av. 1648 Gilberte Duret, Balthasar, mari d'Anne Duret, et Claude, fme de Gabriel Pérelin ; *c*, Anne, épª av. 1563 Michel *de Castel*, écr, sgr de Sichamps, ci-dessus ; *d*, Marie, fme de Jean *de Bussy*, écr, sgr de la Montoise ; *e*, Imberte, veuve 1602 d'Imbert de Cuzy, avᵗ fiscal de Niv.

Armes : D'argent, à la fasce de gueules, chargée d'une rose du champ et accompagnée de trois grappes de raisin d'azur.

Sources : Inv. de Parmentier. — Arch. Nièv. E. — *Inv.* de Marolles. — Arch. chât. Devay. — Originaux collⁿ de Soultrait. — Reg. parois. Nevers.

Éteints.

(*) Le sceau d'Antoine Blosset, chambⁿ du roi, son grand-sénéchal de Normandie, gouvʳ du Dijonnais, sur une quittance de 1478, porte un palé de six pièces, au chef chargé d'une vivre. (*Inv.* Peincedé, t. 24 ; 578.)

(**) L'évêque de Bethléem écartelait le burelé d'un sautoir cantonné de 4 étoiles.

DE BONGARDS

AMILLE originaire de Nivernois.

Pierre BONGARDS (Perrenez li Bonsgars), de Montreuillon (c^{on} Chât.-Chinon), avec Regaude sa fme, fait aveu de sa maison d'Onlay 1346, puis des dixmes de St-Léger-du-Fougeret (c^{on} id) 1351 ; et Berthelon et Guyot BONGARDS font même aveu, déc. 1351. — Un Bongards est notaire à M^{ins}-Engilbert 1390-1419. — Guill^e, écuyer de cuisine du c^{te} Nev. 1468-76. — Jean, garde du scel de M^{ins}-Engilbert 1494-97 (*).

Jean BONGARDS, bourg^s de M^{ins}-Engilbert, qui épousa en 2mes n. 1485, Fr^{se} de Vendièvre, veuve de Guill^e de Brain, eut d'un 1er lit : 1° Guill^e, m^t av. 1504, sgr d'Etoulle en p^{ie} (c^{ne} Poussignol), est dit en 1493 : écr, sgr de Sardy (c^{on} Corbigny) et du Creuzet (c^{ne} Sardy) et achète au Chemin (c^{ne} Anthien), est père de Jean, sgr de Sardy et Pers (c^{ne} Gacôgne) 1504, sans posté ; 2° Louis, suit :

I. — LOUIS DE BONGARDS, écr, sgr de Champs (c^{ne} Montreuillon), capitaine de Decize 1484, achète la sgrie d'Arcilly (c^{ne} Limanton) 1493, et à Chassy-Montr^{on} 1494, m^t av. 1510 que sa veuve Philiberte de Quarrière transige à Decize ; eut d'un 1er lit : 1° Philibert, écr, sgr de de Champs en p^{ie}, Sardy, Pers 1513, Oussy (c^{ne} Montreuillon) et Ruère (c^{ne} Gâcogne) 1521, achète à Echon et en par^{se} d'Anthien 1513-30, partage avec frères 1522, est père de : Jacques, écr, sgr de Pers, Serée (c^{ne} St-Brisson), Fragny (c^{ne} Gâcogne), Oussy dont hmage 1549 et Champs, vend maison de son père à Montreuillon 1554, et sa part du Creuzet 1553, acte 1557-59, m^t av. 1575 que sa veuve Huberte du Vandel fait hmage p. Champs ; et du 2me lit : 2° Guill^e, suit ; 3° Esmond, curé de Pazy puis chanoine d'Avallon 1516, donne à Guill^e, et partage 1522 ; 4° Catherine, m^{te} av. 1538, fme de Léonard de Montarmain, écr.

II. — GUILLAUME DE BONGARDS, écr, sgr d'Arcilly, où il baille 1514-31, et de la Grenouillère (c^{ne} Épiry) qu'il a par partage 1522, achète pr. Nourry 1527 et à la Varenne 1531, acte 1545, m^t av. 1547, épousa Louise de Traves (des sgrs de Dracy), avec laq. il achète en Bgogne 1529 et dont il eut : 1° Pierre, suit ; 2° Esme, suivra ; 3° Louise épⁿ 1° Pierre DE LORON, écr, sgr de Tharot, 2° av. 1544 Edme DE REUGNY, écr, sgr de Faveray ; 4° Jeanne épⁿ 1539 Antoine de Montjournal, écr, sgr du Verger (Forez).

III. — PIERRE DE BONGARDS, écr, sgr du Creuzet en p^{ie}, la Grenouillère, Chambrung (c^{ne} Montreuillon), constitue rente 1559. m^t av. 1571, épousa Léonarde *de Pernay*, dont il eut :

IV. — FRANÇOIS DE BONGARDS, écr, sgr d'*id.* 1575, de Vaujoly en p^{ie} (c^{ne} Diennes) qu'il vend 1593 et de Vaulveau ? (chât^{ie} Montreuillon), dont hmage 1575, de Nirou (c^{ne} Aunay) 1586,

---

(1) DE LA CASSAIGNE. — Gaillard DE LA CASSAIGNE, écr, capitaine de Decize 1610-19, ép^d. Marie DE GRIVEL-Grossouvre, dont : 1° Jeanne, ép^a 1617 Antoine *du Chaffaut*, écr, sgr des Couez ; 2° Charles, écr, sgr de Charency (c^{ne} Champvert) né à Decize 1611, épⁿ 1633 Perrette 'de Griau, fille de Jean et de Marg^{le} du Bois, dont : 1e Bonne, dame de Contre (c^{ne} Urzy) lui venant des Grossouvre, ép^a 1° 1649 Louis

DE BERTHIER, écr, sgr de la Bussière, 2° 1670 Jean . DE BERTHIER, écr, sgr de Vannay ; 2° Marie, dame de Villaine (Berry), épⁿ 1662 René DE BONGARDS, écr, sgr de Chambrung, ci-dessus.

Sources : Arch. Nièv. B. — Arch. chât. Bizy. — Reg. parois. Decize et Champlémy.

Eteints.

(*) Le nom de BONGARS est très répandu, et les confusions sont faciles ; mais on peut sans doute attribuer à la famille ci-dessus : Jean Bongards, qui vend pr. M^{ins}-Engilbert, 1406. Autre Jean, not^{re} à *id.* 1485. Jean, élu abbé de St-Léonard de Corbigny 1483, et son neveu Alexandre, *id.* 1494. Jean, garde du scel de Montreuillon 1530. Etienne, march^d à M^s-Engilbert 1530-61 eut de Jeanne Pavy : Esme, march^d à *id.* 1563-80, mari de Marie Vesle. Jean, garde du scel de Montreuillon 1575. — D'autres BONGARDS sont écrs-verriers à St-Amand-Puisaye au comm^t du XVIe s. D'autres, march^{ds} à La Charité 1510-50. — Les de Bongards du Berry, sgrs de Brémarais et Thoraut, s'allient aux *d'Avanlois*, de Beaumont-Fer^{re}, av. 1598, et aux de *La Vigne*-Bulcy 1553. — Ceux d'Orléans formèrent la br. de Villedart, dont : Claude de Bongards fme av. 1638 de Pierre *Brisson*, av^{at} à Nevers. — Les de Bongards, de Grosbois et Maumigny, auront leur notice, ainsi que les de Bongards, de Selins.

vend le Creuzet, épousa 30 oct. 1580 Marie DE LA TOURNELLE, dame de Vaujoly, fille de Balthasar, sgr de Montjardin, dont : 1º Claude, suit ; 2º Sébastien, écr, sgr de la Grenouillère 1626-39, de Vauclaix (cᵒⁿ Corbigny) 1640, sans donte père de : Madeleine, qui épⁿ à Vauclaix 1658 Jacques Collin, marchᵈ, et de François, écr, sgr de Vauclaix· 1653-68, Nirou 1642, la Croix-du-Tartre (cⁿᵉ Vauclaix), dont aveu 1632, mᵗ 1686, épⁿ av. 1654 Pierrette Boulé, dont des enfᵗˢ à destinée inconnue et Jeanne épⁿ 1682 P. Bouron, praticien à Gâcogne ; 3º Frˢᵉ mᵗᵉ à Vauclaix 1655.

V. — CLAUDE DE BONGARDS, écr, sgr de Chambrung, demᵗ à Andries 1614, épⁿ 3 juil. 1612 Edmée DE SAUVAGE, dont : 1º Jean, suit ; 2º Jacques, écr, sgr de Chambrung en pⁱᵉ, épⁿ 1650 Jeanne Guyon.

VI. — JEAN DE BONGARDS, écr, sgr de Chambrung 1648-57, habite Marseilles-les-Aubigny (Berry), épousa 1639 Frˢᵉ Jacquinet, dont : René, écr, sgr de Chambrung et Villaine 1666-78, mᵗ av. 1689, épⁿ ᴵᵘ 23 janv. 1662 Marie de la Cassaigne (1), fille de Charles, sgr de Charency, ₂ᵘ Claude du Magnon, et sa posté. reste en Berry.

III. — ESME DE BONGARDS (2º fils de Guillᵉ et de Lˢᵉ de Traves), écr, sgr d'Arcilly 1547-81, de l'Étang (Bgogne) et d'Arcy en pⁱᵉ (cⁿᵉ Limanton) qu'il achète 1578, affranchitᵈ des habᵗˢ d'Arcilly 1554, reçoit aveu 1574, refait terrier d'Arcy 1580, y donne usages de bois 1580, tuteur des min. de Pierre 1571, semble avoir épousé Jacqueline de Chaugy, dame de Lesvaut, est père de : 1º François, écr, sgr d'Arcilly en pⁱᵉ et Arcy 1610 (*) ; 2º Guillᵒ, suit ; 3º Esme, écr, co-sgr d'Arcilly et de l'Étang 1610.

IV. — GUILLAUME DE BONGARDS, écr, sgr d'Arcilly en pⁱᵉ et de l'Étang, acte avec son père 1574, habite en Brionnais 1603 et fait don d'Arcilly à son fils Frˢ ; mᵗ av. 1618, épousa Charlotte de Vichy, dont : 1º Frˢ, suit ; 2º Claude, écr, sgr d'Arcilly en pⁱᵉ, qu'il reçoit par partage 1618, achète Saisy (cⁿᵉ Montaron) 1624, mᵗ 1639, épⁿ av. 1623 Madeleine DE LA PLATIÈRE, fille de Jean, sgr de Chevroux, dont : a, Jean, écr, sgr d'Arcilly, aurait épousé Christine des Moulins (2), mais serait mᵗ sans posté. d'après un arrêt de 1658 ; b, c, Jeanne⸱et Philiberte, ursulines à Mⁱⁿˢ-Engilbert 1655, eurent pour tuteur Jean de Bongards, écr, sgr de Sardy·

(2) DES MOULINS. — De Nivernois. — Perrin DE MOULINS (**), juge de Beunas (cⁿᵉ Maux) 1367, est en 1369 parmi les ppaux habᵗˢ de Moulins-Engilbert qui s'imposent pour fortifications, est notaire et garde du scel prévôté de Mⁱⁿˢ-Engᵉʳᵗ 1376 84 « coram Perrino de Molinis, clerico dicti sigilli ». — Renaud de Moulins, évêque de Nevers 1360-61. — Jean, archidiacre de Decize, garde du scel prév. de Nevers 1380-88. — Philippe, chancelier du duc de Berry 1367, consᵉʳ de Charles V 1369, puis de Charles VI, évêque d'Evreux puis de Noyon, fonde la collégiale Mⁱⁿˢ-Engilbert 1378 et la dote de ses biens, testa 1409, avait eu pour sœur Bienvenue, mariée av. 1377 à Jean Paillard, d'Auxerre. Odet DES MOULINS, licencié ès-lois, demᵗ à Cor-

bigny, épⁿ 1459 Jeanne de Cambray, fille de Bureau, capⁱᵗᵉ de Varzy ; semble père d'Odo, licencié-lois, commisʳᵉ au procès de Clèves-d'Albret 1492, consᵉʳᵗᵉᵗ témoin de la clᵘˢˢᵉ Nev. 1518-19, à la curatᵉˡˡe 1525 de Frˢ de Clèves est dit ancien officier de mᵉⁿ du cᵗᵒ Nev. Ses fils ou neveux sont : 1º Gilbert, suit ; 2ᵘ Jean, a biens près Aunay 1544 ; 3º Perrenelle, qui veuve d'Ant. Chappet, testa 1544 donnant à Odo des Moulins « son neveu », procʳ du roi à Autun, dit sgr de Moncenaut, dans acte à Mⁱⁿˢ-Engilbert 1566.

GILBERT, sgr de Moncenaut (cⁿᵒ Diennes) 1538,⸲ y donne reconˢᵉ, fourrier du duc Nev. 1548, paraît père d'autre Gilbert, écr, sgr de Moncenaut et Cougny en pⁱᵉ (cⁿᵒ Sᵗ-Jean-Amog.) 1575, qu'il dénombre 1576 et

(*) Nous n'avons pas de documents assez nombreux pour identifier avec précision des personnages portant le même prénom de François, vivant à la même époque : Un François de Bongards, sgr d'Oussy, fait hmage p. Ruère 1590 ; il est peut-être fils ou petit-fils de Jacques. Deux autres François, sgrs d'Arcilly et de la Grenouillère, vivent de 1580 à 1610 ; il n'est pas impossible que des faits attribués à l'un concernent l'autre. — De même pour les sgrs de Sardy, le défaut de pièces ne permet pas d'en déterminer la suite ; toutefois, Sardy reste dans la famille, car un Jean de Bongards, sgr de Sardy, est tuteur des mineurs de Claude de B., sgr d'Arcilly, et un arrêt de 1658 le condamne à rendre compte de cette tutelle.

(**) Ce nom qui s'écrit : de Molinis, de Molins, des Molins (forme encore usitée au XVIIᵉ s.) et des Moulins, devait s'appliquer à plusieurs familles. En 1187, Seguin de Guipy confirme, avec Hugues DE MOULINS son fils, une donation de feu Seguin de La Tournelle son père. Ces de Moulins qui étaient des La Tournelle (v. à ce nom) se trouvent souvent en Morvand, de 1215 à 1351 ; il est improbable que ceux de Mⁱⁿˢ-Engilbert en descendent. — Il n'y a, il est vrai, aucune jonction prouvée entre ces derniers et ceux de Moncenaut, mais leur communauté d'origine est presque certaine.

V. — François de BONGARDS, écr, sgr de l'Étaug, reçut Arcilly en p^(ie) 1603, mais le céda à Claude 1618, m^t av. 1636, éponsa av. 1618 Charlotte de Thiard, dont : 1° Antoinette, ép^n av. 1655 Jean *de Gayot* (3), écr, sgr du Sourdet ; 2°, 3° Marie et Charlotte, mariées en Bgogne; plaident 1658, p. héritage de leur oncle Claude de B. dans la par^se d'Anizy.

Armes : De gueules à trois merlettes d'argent.

Sources : Arch. nat. P. 138, n°s 98 et 32. — La Thaumassière, 1040. — Minut. noi^res M^ins-Engilbert et Montreuillon. — Arch. chât. Limanton et Vandenesse. — *Inv.* de Marolles. — Mss chanoine Hubert, à Orléans. — Arch'. Nièv. E et B — Bibl. nat., Col Gaignières, 22300. -- *Inv.* Peincedé, I.X. — Reg parois.' Limanton, Anisy, Vauclaix, Aunay.   *Eteints.*

où il baille 1580, tient un arrière-fief du Mont-de-Diennes 1575, m^t av. 1596, ép^n Guillemette de LICHY, fille d'Aubert, sgr de Cougny p^ie, dont : 1° Jacques, écr, sgr d'Apacy (c^ne Aubigny-Chetif) et Cougny p^ie 1607, vend Cougny 1615, m^t av. 1626 sans posté. ; 2° Imbert, écr, sgr de Moncenaut 1607-35, d'Apacy 1626, et Fragny (c^ne Villapourçon), maréchal-logis de chevau-légers 1627, eut de Marg^te *deLanty* : *a*, Chris-tine, fme de Jean de BONGARDS, ci-dessus ; *b*, Léo-narde, ép^n av. 1638 Louis *de Coulon* (*), écr, sgr de Mirebeau ; *c*, Catherine, ép^n 1636 Gilbert *de Ponard*, écr ; 3° Marie, veuve 1627 de Ch. de Foucault, écr, sgr de Vielmanay ; 4° Anne, ép^n av. 1617 Gilbert *des Paillards*, écr, sgr de Giverdy. .

Armes : De gueules, à la croix ancrée d'or.

Sources : Originaux Soc. nivern. — Arch. nat. X ^tA 9807. -- V. Guencau, Bulletin Soc. niv. — P. Anselme. — Arch. chât. Vandenesse et Poiseux. — Arch. Nièv. E. — Minut noi^res M^s-Engilbert. — *Inv.* Marolles. — D. Caffiaux, ms 1234.

     Eteints.

(3) DE GAYOT. — *De Nivernois.* — I. Guillaume Gayot, écr, veuf de Louise *Saulnier* de Thoury-s-Abron, s'établit à Palluau (c^ne Brinay) par maage 10 janv. 1493 avec F^se *Bureau*, dame de Palluau p^ie qu'il dénombre 1504; et où il baille 1494-99, m^t av. 1507, eut du 1er lit : 1° Jeanne, ép^n 1493 Jean *Roux* (**), écr, sgr de Montjalmain, et du 2° : 2° Antoine, suit ; 3° Lucette, baille avec Ant. 1508 ; 3° Huguet, écr, sgr Palluau p^ie 1517-35, achète à Rouy 1535 et s'y fixe avec Jeanne Le Riche, sa fme.

II. Antoine de GAYOT, écr, sgr Palluau p^ie 1507, y baille 1508, achète Villette (c^ne Corvol-l'Org.), m^t

av. 1559, ép^n Jeanne Seurreaul, dont : 1° Charles, suit; 2° Claude, écr, sgr de Villette-lez-Corvol 1561-80, dont hmage 1575, h^me d'armes de c^ie du duc Savoyé 1571-75, ép^n 1° Yolande de Villiers, 2° av. 1561 Bé-nigne de Misée, dont Fr^se dame de Villette dont hmage 1598, fme de Pierre de Murat, écr, maréchal-logis duc Mayenne ; 3° Edme né 1539, vend sa part Villette à Claude av. 1569, ép^n Henriette *de Paris*, dont Edmée ép^n 1601 Jean de COURVOL, écr, sgr de Savigny; 4° Marg^in, fme de Claude *Anceau*, sgr du Méc ; 5° Perrette, fme de Pierre *Odeneau*, écr ; 6° Louise, ép^a 1569 Guill^e *de Marry*, écr.

III. Charles, écr, sgr de Palluau 1555-98, achète 1/2 de la Motte-de-Palluau 1566, le dénombre 1575, partage avec enf^ts 1590, ép^n av. 1535 Marie de Fougère dame du Souchet, dont : 1° Fr^t, suit; 2°, 4° Antoine et René qui ont biens de Sementron, Surgy, le Souchet 1590, sont fixés en Auxerrois 1620 ; 3° Charles, écr, sgr Palluau p^ie, la Jardille (c^ne Brinay) 1599-1613, vend Palluau 1613, m^t ruiné sans posté. 1620, ép^a 18 nov. 1597 Adrienne *de Jacquinet*, fille de Pierre.

IV. François, écr, sgr Palluau p^ie, Chérigny (c^ne Biches) où il acte 1600-14, transige avec l'acquéreur de son frère 1613, y vend avec ses enf^ts 1614, ép^a av. 1595 Fr^se Bérard, dont : 1° Paul, m^t célib. av. 1620; 2° Claude, écr, sgr Palluau p^ie 1614-44, habite pr. Issy-l'Ev. 1631, ép^a Jeanne du CREST, fille de Hugues, dont entre aut. : Jean, sgr du Sourdet, mari de Marie de BONGARDS d'Arcilly, ci-dessus.

Sources : Min. noi^res M^ins-Engilbert, — *Inv.* Marolles. -- Arch. chât. Devay. — D. Caffiaux, 1234. — Arch. Nièv. B.

     Sortis de Nivernois.

(*) DE COULON. — Des env. de Decize (*a*). — Pasquet COULON, sgr de Mirebeau (c^ne Decize) 1545, ép^n 1° av. 1540 Jeanne *de Druy*, 2° av. 1548 Jeanne *du Merlier*, eut du 1er lit : Charles, et Arthus qui suit, et du 2e Anne et Fr^se. — Arthus DE COULON, écr, sgr de Mirebeau 1578-83, ép^n av. 1565 Gabrielle du Sel, dont entre aut. : Pierre, écr, sgr de Mirebeau et Vilcraie (c^ne Champvert) 1591-1627, m^t 1634, ép^a 1° Edmée *de Boislhierry*, 2° Madne *Decray*, eut du 1er lit Jacques né 1591, sgr de Vilcraie 1616 et Gabelle, et du 2e Ludovic, écr, sgr de Mirebeau et Moncenaut (c^ne Diennes) 1639, plaide contre hab^ts de Decize 1656, hérite de Vilcraie qu'il vend 1658, ép^a av. 1638 Léonarde *des Moulins*, dame de Moncenaut, ci-dessus, dont : Louis, reçoit don de sa mère veuve 1677, et Jean, écr, sgr de Mirebeau et Moncenaut 1672-99, reconnaît bien par^se St-Cy 1693, ép^a 1660 Claude *de Clausse*, dont : 1° Jean, écr, sgr de Moncenaut 1700, ép^a 1699 J^ne Marinier (Decize) dont 2 filles ; 2° Louis, m^t 1694 ; 3° Marg^te, fme de Claude de Toulongeon, ép^a de Hautbois ; 4° J^ne-Claire, ép^a 1693 Gabr. Robert, chirurgien à Diennes. — (Arch. Nièv. B et E. — Arch. chât. Devay et Poiseux. — Reg. parois. Decize, Cossaye et Diennes)

(**) ROUX. — *Du Bazois.* — Différents de ceux des environs Nevers. Odinet Roux, écr, fait hmage p. Beuvron en p^ie (c^ne Beuvron) en 1415. — Bertrand Roux, écr, sgr de Brienne (c^ne Brinay) et Palluau (*id.*), hérita de 1/2 de Palluau de J^ne de Prez et en f. hmage 1485 épousa 1° 1475 Marie de La Chapelle, 2° 1482 F^se *Bureau*, dame de Brienne, fille de Philt eut du 1er lit : 1° Jean, écr, sgr de Palluau p^ie qu'il avoue 1504, et Montjalmain (chât^le Luzy) 1499, m^t av. 1507, ép^a 1493 Jeanne *Gayot*, fille de Guill^e ci-dessus, 2e mari de Fr^e Bureau ; et du 2e lit : 2° Barthélemy, Antoine et Léonard, qui baillent paroisse Brinay 1508; 3° Marie, veuve 1538 de Claude d^e Coustures, écr. De l'un d'eux descendent : *a*, Philibert et Toussaint, écrs, sgrs de Palluau p^ie, baillent à Brienne 1547, vendent part d^e Palluau, racheté 1555 par retrait lignager par Ch. de Gayot; *b*, Léonarde, f. aveu au duché 1540, fme de Léonard de Rix. — Au XVIIe s^e des Roux, à Mou.-Engilbert, sont probabl^t d'autre souche. — (*Inv.* Marolles. — Arch. chât. Devay. — Terrier de Bellevaux.)

(*a*) Une autre famille de Colon, *al.* Coelon et de Colombs, était possessionnée près Lucenay-les-Aix, au XVe s.

DE BONNAY

ORIGINAIRES du Bourbonnais limitrophe du Berry (*).
Connus dep. le XIIᵉ s. — Hugues DE BONNAY, témoin de charte du cᵗᵉ Nev. au prieuré de la Charité 1147. — Arnoul, chlr, sgr de Précy (Berry), épousa 1356 Jeanne de Sancerre, dont : Robert, bailly de Mâconnais, sénéchal de Lyon 1414, et Philippe, qui suit.

I. — PHILIPPE DE BONNAY, chlr, sgr de Précy, Pougues (arrᵗ Nevers), chambellan de Charles VI, s'oblige à payer rente à veuve de Sᵗ-Verain 1396, reçoit Pougues au partage 1401 avec ses belles-sœurs de Monteruc, acte 1415 ; épousa 11 janv. 1385 Galienne *de Monteruc* (**), fille d'Etienne, chlr, sgr de Meauce et de Margᵗᵉ *de Meauce*, dont il eut : 1º Jean, commandant de Bourges 1428 ; 2º Pierre, suit ; 3º Arnoul.

II. — PIERRE DE BONNAY, chlr, sgr de Précy et Pougues dont hmage au cᵗᵉ Nev. 1456, mᵗ av. 1459, épousa 1435 Jeanne de Graçay, dont : 1º Jean, écr, sgr de Pougues, la Vernie (Berry), au ban de Niv. 1469, mᵗ av. 1480, épⁿ Margᵗᵉ, dame d'Ourouër (Berry), dont : Antoine, sgr de Pougues dont hmage 1481, mᵗ 1490 sans posté., son cousin-ger. Pierre de Bonnay en hérita ; 2º Philippe, suit ; 3º Pépin, écr, sgr de Précy 1483-95, mari de Jeanne de Changy ; 4º Nicolas, écr, qui fait hmage de Pougues indivis. avec ses 3 frères 1459-64.

III. — PHILIPPE DE BONNAY, écr, sgr de Pougues en pⁱᵉ, Demoret (Bourbⁿⁱˢ), la Forêt (cⁿᵉ Sᵗ-Aubin-Forges), Diennes en pⁱᵉ (con Sᵗ-Benin-Azy), sa veuve f. hmage p. Pougues 1464, p. la Forêt 1468 ; épⁿ 1452 Perronnelle de Demoret, dame de la Forêt, fille de Philippe et de Margᵗᵉ de Seuilly, dame du Bessay, dont il eut : 1º Pierre suit ; 2º Jacqueline, épⁿ 1475 Hugues Le Long, écr, sgr des Fougis.

IV. — PIERRE DE BONNAY, écr, sgr de Demoret, Pougues, le Bessay, (cⁿᵉ Toury-s-Jour), le Perray (*id.*), Buy (cⁿᵉ Sᵗ-Pierre), Diennes en pⁱᵉ, chambellan du duc Bourbon 1498, fait hmage p. le Perray 1505 et p. biens à Tresnay (con Dornes) 1526, reçoit reconn. à Diennes 1526, mᵗ 1533, épⁿ 1º Huette de Pouillat, dont : Jacqueline, épⁿ 1509 Ithier d'Aubigny, écr, 2º 17 juin 1499 Anne *de Bigny*, fille de Charles, sgr d'Ainay, dont il eut : 1º Gilbert, écr, sgr de Demoret, échanson du Dauphin, acte en Bourbⁿⁱˢ 1547, eut de Margᵗᵉ DE BAR, fille de Frˢ, bⁿ de la Guerche : *b*, Anne, épⁿ v. 1550 Archambᵗ de Vieure, écr, sgr de la Salle, et *a*, Pierre, écr, sgr Demoret, acte avec les lᵃ Perrière 1580, mᵗ av. 1593, épⁿ 1º Jacqueline DE LA PERRIÈRE, fille de Gabriel, sgr de Billy-Chev., 2º Claude *de Marcelanges* (1), fille de Claude, sgr de la

---

(1) DE MARCELANGES. — Origin. *de Bourbonnais* (con de Jaligny). Y sont hᵉˢ d'armes au XIVᵉ s. ; actent au XVᵉ avec les prieurs de Souvigny. — Huguenin de Marcelanges, écr, est sgr de la Motte-Marreau (châtⁱᵉ Gannay-s-Loire) 1434, baille à Mont-en-Viry, auj. Montmartinge (cⁿᵉ Cossaye) 1436 ; son fils Antoine eut de Charlotte du Breuil :

I. JEAN DE MARCELANGES, écr, sgr de la Motte-Marreau 1472-98, et de la Grange (cⁿᵉ Cossaye), bⁿ d'armes 1476, obtient lettres de chancellerie pour la

(*) Il existe, près de Langeron, un lieu dit : Bonnay, dont les sgrs du nom actent dans ces parages, de 1308 à 1406 ; « Johannes de Bonayo, parochianus de Aillento (Aglan), domicellus » échange sous sceau Sᵗ-Pierre, 1404. Il est probable qu'ils n'ont aucun rapport avec la famille ci-dessus, non plus que d'autres homonymes possessionnés au XVᵉ s. du côté du Tremblay (cⁿᵉ d'Isenay), Grenois et Beuvron. — Bona (con Sᵗ-Saulge) était souvent appelé Bonay.

(**) DE MONTERUC. — Du Comtat-Venaissin, puis en Limousin. — Etienne de Monteruc *(de Monteruco)*, chlr, frère de Ranulfe, cardinal, mᵗ 1382, épᵃ v. 1350 Margᵗᵉ *de Meauce*, fille de Guillᵉ ; il fait hmage p. Meauce 1377, reçoit aveu de biens près Sᵗ-Pierre et achète dans parois. Meauce, Saincaize et Gimouille 1386, reçoit déⁿᵗ à cause Meauce1395, mᵗ av. 1401, eut : 1º Jean damoiseau, achète à Meauce 1383, baille à Selines 1388, mᵗ sans posté. av. 1396 ; 2º Etienne, dam., achète avec son frère, Pougues, Bouhy (cⁿᵉ Sᵗ-Ouën) et Berges (cⁿᵉ Magny-Cours) et mᵗ s. posté. av. 1396 ; 3º Guyotte, épᵃ Jean d'Aubusson (Limousin) ; 4º Galienne, fme de Philippe.DE BONNAY, ci-dessus ; 5º Catherine, épᵃ 1396 Renaut DE ROFFIGNAC, chlr ; 6º Louise, épᵃ 1396 Jean DE ROFFIGNAC, fils de Renaut.

Armes : De gueules, au chevron d'argent, accompagné en chef de deux étoiles d'or, et en pointe d'une montagne de même.

Sources : Cabᵗ Titres, Chérin, 176. — P. Anselme, V. — Arch. Nièvr. E. — *Gallia chrᵃ*.

Éteints.

Grange, eut du 1er lit Edme, sgr de Demoret, qui d'Antoinette DE DAMAS, fille de Jean, bon de Crux, eut un fils mt enfant, et Edmée, fme de son cousin Edme-Paul DE BONNAY ; 2º Marc, suit ; 3º quatre filles.

V. — MARC DE BONNAY, écr, sgr du Bessay, Pougues-St-Léger, Diennes, Buy 1534-59 partage avec frère 1534, baille à Diennes 1535-44, reçoit dénomb¹ d'Aubigny-Chétif 1559, mt av. 1574 ; épn 10 avril 1535 Jeanne de Lorris, dame de Vaumas, fille de Gilbert et de Madne d'Isserpent, dont il eut : 1º Antoine, suit ; 2º Frse, auteur br. de Verneuil, suivra ; 3º Anne, mte 1612 ; 4º Frse, épn 1556 Denis de Cruard, écr.

VI. — ANTOINE DE BONNAY, écr, sgr du Bessay, le Perray, Buy, Diennes, Mallenay (cno Beaumont-Sard.) 1574-88, lieutt pour le roi en Picardie, partage avec les la Perrière 1580, inhumé 1588 égl. Lucenay-Aix ; épn 19 sept. 1574 Anne DE LA PERRIÈRE, sœur de Jacqueline, fille de Gabriel, sgr de Billy, dont : 1º Thomas, suit ; 2º Edme-Paul, capit. cent hes d'armes en Piémont, mt av. 1630, eut d'Edmée DE BONNAY, dame de Demoret, fille d'Edme : a, Antoine, page du cte de St-Géran, mt en Italie ; b, Pierre, tué en Lorraine ; 3º Antoine, relig. à Septfonds 1628 ; 4º Antoinette et Jeanne, relig. à la Fermeté, et Edmée au Reconfort.

moulin de la Grange 1495, mt av. 1503 que sa veuve est au rôle du ban en châtie Gannay. épousa 1484 Antoinette d'Ussel, nièce de Charles du Cormier (*), qui lui donne la Grange ; il eut : 1º Antoine, suit ; 2º Philippe, co-sgr de la Grange 1510 ; 3º Jeanne, mariée av. 1520 à Guille de Baligny, écr, capit. Semur-Brions ; 4º Dauphine, dame de Besson (cne Lucenay-Aix) 1555.

II. ANTOINE, écr, sgr de la Grange « en la paroisse de Cossatz » 1523-55, et de Ferrières (Bourbnais), he d'armes 1516-21, de la cie du cte de Rethel-Nev. 1523, transige avec habls de la Grange 1523, y baille 1530-45-55, au ban de Niv. 1534, transige 1536 p. dot de sa fme Jeanne Saulnier, fille de Phil¹, sgr de Toury-sur-Abron, dont il eut : 1º Claude, suit ; 2º Pierre, curé de St-Cy 1555 ; 3º Sébastienne.

III. CLAUDE, écr, sgr de la Grange, la Motte-Marreau, baille à la Grange 1565, envoyé par duchsse Nev. au secours de Decize 1567, mt av. 1583, épn 2 janv. 1555 Gilberte de Murat (Bourbais), dont il eut : 1º Renaut, suit ; 2º Marie, épn av. 1583 Claude de Chamblanc, écr ; 3º Jeanne ; 4º Claude, fme de Pierre DE BONNAY, écr, sgr de Demoret, ci-dessus.

IV. RENAUT, écr, sgr de la Grange, la Motte-Marreau, Cossaye en pie (cnn Dornes), les Pites-Oullières (cne Cossaye) et Ris en pie (id.), he d'armes cio de la

Guiche 1600, gentilhe mme du roi 1602, fait hmage p. la Grange et les Oullières 1575, p. la Motte-Marreau 1575 et 83, acte à la Grange 1591-1605, mt av. 1607, épn 1º 21 fév. 1583 Edmée des Gentils, fille de Georges, sgr des Ecots et de Renée de la Ferté-Meung, 2º 17 sept. 1591 Jeanne DE GIRARD, fille de Ch., sgr de Passy et de Gilbte de la Perrière, il eut du 2me lit : 1º Louis, suit ; 2º Gabriel, écr, sgr de la Motte-Marreau et la Grange en pie, dont hmage avec son frère 1620-23, épt 1632 Jeanne d'Arçon, du Bourbmis où il se fixa et fit la br d'Arçon ; 3º Louise, prieure de la Fermeté 1624-58 ; 4º Anne, sous-prieure la Fermeté 1628-37 ; 5º Antoinette, supérieure Ursulines Nev. 1622.

V. Louis, écr, sgr d'id. et de Touvant (cmn Cossaye), sert dans cie de Rabutin 1635, fait hmage p. la Motte-Marreau 1620 23 et p. la Grange 1623 où il acte 1621-36, teste 1637, épn 31 déc. 1621 Esmée DE ROFFIGNAC, fille de Guy, sgr de Meauce et de Frse du Plessis, dont il eut : 1º Charles, suit ; 2º Antoine, chlr, sgr de la Grange en pie, de Narcy (cnn la Charité) venant des Girard 1648-53, de Chaumigny (cnn Cercy-Tour) qu'il achète 1652 et Verou en pie (cne Thaix), commande le ban de Niv. 1692, dénombre Chaumigny 1668, mt sans posté., épn 30 juin 1651 Elisabeth Le Breton (**), fille de Guille, sgr du Creuzet ; 3º Pierre, sgr de Laumoy (cnn Cossaye), curé de Cossaye

(*) DU CORMIER, al DU CORNIER. — Guyot DU CORMIER, écr, fait payt à Decize 1386, y vend une maison 1390, a des terres à Cossaye (cnn Dornes) 1391, eut de Margte Sirot (Decize) : 1º Jean, écr, f. hmage p. Benne (cne Decize) 1409, y acte 1405-21, épa Guillette de Moncorbier ; 2º Pierre, curé de St-Hilaire 1405 ; 3º Pierre, écr, capit. de Decize 1420-44, sgr de Cossaye en pie 1421-41, mr 1445, épn 1º Pierrette Gresle, 2u 1421 Margte de Chabanes, 3º av. 1441 Philiberte de Cheusse (Aunis) nièce d'Eliette GIRARD de Passy, eut du 1er lit : a, Maurice, écr, sgr Cossaye pie, reçoit payt à Decize 1451, y acte 1467, au ban de Niv. 1467, eut d'Emerance BRÉCHARD : a' Jean, écr, sgr Cossaye pie 1489, y reçoit autoron de foires 1490, y baille 1509-23, mt av. 1525 laissant : Chrétien, Jean et Antoine, mineurs ; b' Pierre, curé d'Azy, 1509-25 ; et du 2e lit : b, Charles, écr, sgr de la Grange (cne Cossaye) 1462, y acte jusqu'à 1507, aux bans de 1469 et 1503, a des biens à Varenne (cna Cossaye) et à Lucenay-Aix, 1462-72, mort sans posté. de Louise Menessier, et donna la Grange à Antoinette d'Ussel, fille de sa sœur et d'Antoine d'Ussel, à son maage 1484 avec Jean da Marcelanges, ci-dessus. — Guille DU CORMIER, écuyer d'écurie du cte Nev. 1476, he d'armes à lance 1469, est père de Jean qui f. hmage du Tremblay en pie (cne Oulon) 1464, mari d'Eliette Prevost dont peut-être Jean et Pierre qui sont au ban de Niv. 1503. — (Minut. notres Decize. — Inv. Marolles. — Carrés de d'Hozier, 410.)

(**) LE BRETON. — De Nivernois. — Jean LE BRETON est chapelain à St-Cyr-Nev. 1386 — Guille échange 1412. — Regnault lieut¹ assesseur du bailli de Niv. 1439, puis mtre en la chre des comptes Nev. 1443-62, prend possession St-Verain pour le cte 1460, paraît père de : 1º Regnaut, mtre des comptes Nev. 1469-90. exécuteur testre du cte Jean 1486, sgr de St-Sulpice-Châtel en pie et

VII. — THOMAS DE BONNAY, chlr, sgr du Bessay, le Perray, Buy 1593-1632, chlr de l'ordre, cons^{er} d'État, capit. de 50 h^{es} d'armes, député noblesse baage St-Pierre aux États 1614, constitue rente au Bessay 1617, m^t 1632; ép^n 13 nov, 1600 Catherine *Fouet de Dornes* (2), fille de Florimond, sgr de Dornes, dont il eut : 1^u Antoine, suit ; 2° Claude, fille d'honneur de duchesse Savoie, ép^a 1633 Jacques d'Apchon, chlr, sgr de St-Germain.

VIII. — ANTOINE DE BONNAY, chlr, sgr d'*id.*, né au Bessay 1607, fit preuves nobl. 1640, paye fondation à Lucenay 1632, le Bessay mis en décret sur lui 1641, m^t av. 1670 ; ép^a 28 juin 1638 Marie Blondet (Berry), fille d'Edme, héraut d'armes du roi, dont :

IX. — HENRI DE BONNAY, chlr, sgr de la Quenoille, (c^{ne} St-Germain-Chassenay) et la Varenne (c^{ne} Cossaye) 1672, puis de Presle (c^{ne} Suilly-la-Tour), dont hmage 1683, déchargé des

---

1658-69, aumônier du roi 1665 ; 4° Louise, célib. 1646 ; 5° Esmée, ép^a 1° 1670 Paul DE MAUMIGNY, écr, sgr de Rivière, 2° 1683 Pierre-Fr^s *Leroy*, sgr de Cuy.

VI. CHARLES DE MARCELANGES DE GIRARD, chlr, sgr de la Grange, P^{lles}-Oullières, Touvant, Narcy, Cossaye et Ris en p^{ie} 1646-80, reçoit comm^{on} pour lever c^{ie} chevau-légers 1652, délégué de noblesse N$_{IV}$. vers le roi pour le ban 1675, *maintenu* 10 juil. 1666, légataire d'Adrien de Girard, sgr de Narcy 1633, à condition d'ajouter le nom DE GIRARD, ép^a 23 juin 1650 Marie *des Crots*, fille de Charles, sgr d'Uchon, dont il eut : 1° Antoine, chlr de Malte, minorité 1668, commandeur et capit. des galères 1716, m^t 1729 ; 2° Edme-Isabeau, suit ; 3° Louis, né 1665, sgr Cossaye p^{ie} 1728 ; 4° Pierre, prieur de St-Imbert 1689, de Mazille 1697, m^t 1708 ; 5° Renaut, né 1669, sgr la Grange et Cossaye p^{ie}, garde-du-corps 1697-1714, célib. ; 6° Jacqueline, prieure de la Fermeté 1686-1700; 7° Louise, relig. à la Fermeté 1688.

VII. EDME-ISABEAU, chlr, sgr d'*id.* et de Laumov 1698-1729, né 1663, ép^a 20 déc. 1700 Anne-Elisabeth de la Moully (dioc. Trèves), dont il eut : 1° M^{le}-Charlotte, m^{lle} célib. à la Grange 1791 ; 2^n M^{le}-Jacqueline, ép^a 1742 Fr^s, c^{te} de Ligondès, capit. dragons ; 3° L^{se}-F^{se}, célib. 1752 ; 4° Gabrielle-Fr^{se}, ép^a 1748 Marc-Antoine

DE BONNAY, chlr, sgr de Presle, ci-dessus ; 5° Marie, m^{le} célib. 1754.

Armes : D'or, au lion de sable, couronné, lampassé et armé de gueules.

Sources : Carrés de d'Hozier, 410. — Min. notaires Decize. — Arch. Nièv. E et B. — Arch. chât. Vandenesse et Limanton. — *Inv.* Marolles. — D. Caffiaux, 1234. — Preuves Malte, Arsenal, III. — C^{el} Titres, g^{de} Écurie 278 ; et Chérin, 129. — Reg. parois Cossaye, Decize, Lucenay-l-Aix, la Fermeté, Cercy-la-Tour.

Eteints.

(2) FOUET DE DORNES. — Viennent *de Bourgogne.* — De Jeannin FOUET, cons^{er} de Philippe le Bon 1428, descend :

I. THIERRY FOUET DE DORNES, chlr, sgr de Dornes (arr^t Nevers) 1519-34, b^{on} de Raix (c^{ne} Toury-Lurcy), sgr de St-Purize-en-Viry (c^{on} Dornes), Voumeaux (c^{nn} Dornes), la Quenoille (c^{ne} S^t-G^{in}-Chassenay), le Gay (c^{ne} St-Parize-Viry), secrétaire du roi, prés^t chr^e des comptes de Bgogne, achète Dornes v. 1518, dont hmage 1534, y baille 1532, y fonde chapitre de 6 chan. 1528, m^t av. 1543, eut de Fr^{se} Grossier, sœur du contrôleur bât. de Chambord : 1° Florimond, qui suit ; 2^u Claude, Jean et Fr^s, mineurs 1543 ; 3° peut-être Marie, fme de J^n Gilbert, av^{at} gén^{al} Cour des Aides.

---

exempté du ban 1478 ; 2° Erard, élu élion Nev. 1469, sgr de St-Sulpice p^{ie}, m^t de la peste 1472, eut de Marg^{te} Le Goujat : Pierre, licencié-ès-lois, sgr d'Eugny (c^{ne} Chaumot-s-Yonne et Varigny p^{ie} (c^{ne} Achun) 1491-1512, témoin à l'arbitrage de Clèves-d'Albret 1492, baille à Eugny 1497-1512, épousa 1479 Marg^{te} *Perreau*, fille d'Etienne, march^d à Corbigny, dont il eut : 1° Etienne, sgr d'Eugny, licencié, bailli d'Asnois 1528 ; 2^n Erard, chanoine Nev. prieur de St-Victor ; 3° Léonarde, mariée av. 1527 à Phil^e *Olivier*, m^{tre} comptes Nev. — Huguenin *Le Breton*, juge de châtie St-Saulge 1427-49, achète St-Martin-la-Br^{re} (c^{ne} Ste-Marie) 1427, eut de Marg^{te} Scavoir : 1° Guille, né v. 1428, sgr de Narlou (c^{ne} Saxy-Bourdon) dont hmage 1464, juge de St-Saulge, 1469, père de Hugues, sgr de Narlou dont hmage 1481, licencié, garde scel St-Saulge 1486 ; 2° Jean, greffier à St-Saulge, reçoit St-Martin, de son père 1449, eut de Marguerite : Guille, sgr de St-Martin, dont la veuve, Jeanne Pilory, achète au Marais 1479 et dont le fils Hugues L., licencié, lieut. châtie St-Saulge, délimite sa sgrie St-Martin 1482, en f. hmage 1485 et ne paraît avoir eu que Jeanne qui réunit toutes les possessions de sa branche et ép^a v. 1490 Antoine *Chevalier*, garde scel Clamecy, dont le fils vendit St-Martin 1530.

Guillaume LE BRETON, assurément de même souche, garde du scel de Moul.-Engilbert 1498-1515, m^t av. 1530, ép^a v. 1505 Madeleine Pyolin, dont 1° Jean, 2° Guille suit, 3° Bonne, nubile 1530. — Guille, juge de Moul.-Eng^t 1540-52, baille à Bazoles 1544, achète à Moul.-En. 1552, m^t av. 1560, eut de Gilberte Vaget née 1515 : a, Guille, avat à Moul.-Eng^t, y achète avec ses frères 1573, y acte 1600, ép^n av. 1580 Claude *Alloury*, veuve d'Erard Sallonnier, est peut-être père de : Fr^s, march^d à Chât.-Chinon, dont la fille Fr^se ép^a 1624 Jean *Tridon*, élu de Chât.-Chinon, et de Guill^e, juge de Moul.-Eng^t 1600, achète à Villars 1635, eut d'Esmée Johannin : a', Guille, march^d à Isenay et à Moul.-E. 1672, s^r de la Corvée (c^{ne} Moul-Eng^t) 1672-92, mari d'Anne *Lardereau*, fille de Gilbert, et Madeleine, ép^a 1° Fr^s *Guillier*, 2° 1644 Erard *Sallonnier* ; et b, François, notaire à Champdioux et à Moul.-Eng^t 1567-78, m^t 1586, ép^a 1567 Jeanne *Alloury*, fille de Lazare, dont : Guille, march^d à Moulins-Eng^t 1525-39, eut d'Anne *Charleuf* : Fr^s, march^d à M.-Eng^t 1641 qui de Marthe Reuillon eut : b', Jean, maréchal-logis cav^ie 1683 ; c', Guille, lieut^e crim^el barge St-Pierre 1656 se démet 1666, m^t 1682 sans posté. ; d', Jeanne, fme de Jean *Charleuf; c,* Charles qui suit ; d, Antoine, march^d à Moul.-Eng^t, m^t 1600 sans posté.

francs-fiefs en ba;se Suilly 1689, mt 1694 ; épn 2 mars 1677 Marie *Lucquet* (*), fille d'Antoine, sgr de Presle et d'Anne de la Rivière, dont il eut :

X. — FRANÇOIS DE BONNAY, chlr, sgr de Presle, dont hmage 1695, la Quenoille, la Vallée (cne St-Gin-Chassenay), Suilly en pie (con Pouilly) et Boissenet (Puisaye), lieut. au régt rol inffe 1707, *maintenu* par arrêt du Conseil 1696, refait terrier de Presle 1695, mt 1725 ; épn au chât. de Beauvoir 15 fév. 1707 Esmée *Favre* de Dardagny, fille de Jacob et de Madne de Cossay, dont : 1º Gilbert, chlr, sgr de Presle et Suilly-la-Tour pie, né 1712, partage avec son frère 1742, mt 1754, épn 24 août 1743 Chte-Thérèse Dormy de Beauchamps (Charollois), dont : a. Ch.-Louis, sgr du Réray (Allier), lieut. d'inffe 1776, mt sans posté. d'Élisabeth *de Neuchèze* ; b, Augustin, chanoine Nev., vicaire génnl Mâcon ; 2º Marc-Antoine, suit ; 3º Madeleine.

XI. — MARC-ANTOINE DE BONNAY, chlr, sgr de Presle en pie, 1/2 de Cossaye (cen Dornes), la Grange, les Ptes- Oull ères, Laumoy, Montmartinge, Varenne et 1/2 de Ris (tous : cne Cossaye), dit : cte DE BONNAY, né 1715, cap. régt de Quercy inffe 1747, chlr St-Louis 1755, f. hmage 1758 pour sgries ci-dessus venant des Marcelanges, acte au chât de la Grange 1761-79, y meurt 1784 ;

II. FLORIMOND, chlr, sgr de Dornes, etc., et de la Forêt-de-Lurcy (cne Toury-Lurcy) qu'il achète 1572, notre secrétaire du roi, maison et courne de Fr. 1543, résigne 1552, rebâtit Dornes 1547, baille 1556, achète à Parenche 1572, épousa 28 janv. 1544 Catherine de Moulins (Blaisois), fille de Jean, greffier au grd Conseil, dont : 1º Nicolas, secrétaire du roi 1552-57, mt av. 1572 ; 2º Florimond, suit.

III. FLORIMOND, chlr, sgr de Dornes, Raix, St-Parize-en-Viry, Voumeaux, la Quenoille, le Gay, la Forêt-de-Lurcy, Couroux (cne Toury-Lurcy), Epoisse (id.), le Breuil (cne Lucenay), secrétaire du roi, résigne 1572, chlr de l'ordre, mtre d'hôtel du roi 1592, gentilhe de la chre, capit. de 50 hes d'armes 1599, bailly et gouvr de St-Pierre-le-Mtl 1592-1611, dénombre Dornes 1575, f. hmage 1574 p. Couroux, Epoisse et la Forêt-de-

Lurcy qu'il vend 1578, acte à Dornes jusqu'à 1615. épa av. 1378 Claude de St-Mesmin (Bourbnis), dont : 1º Louis, mt jeune ; 2º Catherine, épa 1600 Thomas DE BONNAY, écr. sgr du Bessay, ci-dessus ; 3º Frse, mle av. 1617, fme de Jean de Troussebois, écr, sgr de Rix ; 4º Marie, fme de Gilbert de Boyau, sgr de Thoury-le-Martray ; 5º Paule, fme de Louis Mareschal, écr, laquelle vend 1620, avec sa sœur Marie, et leurs maris : Dornes, Raix, Voumeaux et la Quenoille.

Armes : Écartelé, aux 1 et 4 d'azur, à la bande d'or chargée d'un rets de gueules, et aux 2 et 3, à trois rocs d'échiquier (**).

Sources : Arch. Nièv. E et B. — Terrier de Dornes, au bon d'Espiard. — Inv. Marolles. — Carrés de d'Hozier, 269 et 457. — Arch. chât. Clamour. — Preuves, St-Cyr, 311, de Bonnay. — Reg. parois. St-Pierre. — Tessereau, Grde chancellerie.

Éteints.

Charles LE BRETON, marchd à Jailly, mt 1597, eut de Perrette Bélard (a) 1º Guille suit ; 2º Frs, greffier de St-Saulge 1614. père de Jean, marchd St-Saulge 1655, sr de Bisserolles (cne Crux) 1673, eut de Jeanne *Guillier* fille de Léonard : a, Guille, relig. augustin ; b, Madne, fme d'Arnaut Frachot, notre St-Saulge ; c, Jeanne, épa 1678 Pierre *Ravisy*, procr fiscal St-S Guille, sgr du Creuzet (cne Rouy), la Boube (id.), Montjardin (cne Fertrève), la Breuille (id.), contrôleur grenier à sel St-Saulge 1602, mtre des comptes Nev. 1623-34, contrôleur men de Condé 1611-19, mt 1638, épa 1º 1596 Edmée Bertho, fille d'Hilaire, juge Moul.-Engt, 2º av. 1619 Marie Bruneau (Corbigny), eut du 1er lit : a, Florimond, suit ; b, Elisabeth, épa 1º 1628 Léonard Musnier, avat, sr de la Trouillère, 2º 1633 Olivier Crevel, lieut. crimel St-Pierre, 3º 1651 Antoine *de Marcelanges*, écr, sgr de Narcy, ci-dessus ; c, Louise, dame de Montjardin, fme de Guille *Millot* ; d, Edmée, épa av. 1637 Jn Bergeron, avat sr de la Baratte. Florimond, sgr du Creuzet et la Boube, dont hmage 1647 et aveu 1670, échevin Nev. 1647, épa av. 1640 Barbe Dyen, fille de Jacques, élu à Nev. dont : Guille, sgr du Creuzet et Veron pie (cne Thaix), avat, échevin Nev. 1681, mt av. 1687, eut de Barbe *Moquot* : a', Ant., mt jeune ; b', Claude et Frse, filles en 1699 ; c', Anne, dame du Creuset, épa 1703 Jacques *de Champs*, écr, sgr de Salorges.

On trouve, en outre, dans le Bazois, des LE BRETON, marchds, notaires, baillis, de 1605 à 1737, alliés aux Moireau, Roux, Simonnet, Sien, Pierre. — Des LE BRETON, al. BRETON, peut-être d'autre souche, sont sgrs de Sozay (cne Corvol-Org.) et de Corbelin (cne la Chapelle-St-André), de 1511 à 1760.

Armes : D'hermine à la croix alaisée de gueules.

Sources : Inv. de Parmentier. — Arch. Nièv. E et B. — Arch. chât. St-Martin, Poiseux, le Tremblay. — Inv. Marolles. — Min. notres Diennes et Moul.-Engert. — Origi. de Soultrait, à soc. nivern. — Hist. juste de St-Saulge. — Reg. parois. Moul.-Engert, St-Saulge, Cercy, Anisy, Corbigny, Nevers.

Éteints.

(*) Cet Antoine LUCQUET, fils de Frs, notre à Donzy, servait en Guyenne 1650, fut capitaine chât. de Donzy 1656, sgr de Presle (cne Suilly-la-Tour) et Grangebœuf (cne Donzy), épousa v. 1655 Anne DE LA RIVIÈRE de la Garde.

(**) Ces armes, données par de Soultrait, sont indiquées différemment aux preuves de Malte, arsenal, t. II, et par Courcelles : D'azur, au chevron d'argent accompagné en pointe d'une étoile de même, au chef denché d'or.

(a) Denis BÉLARD est notaire à St-Saulge 1532-54. Etienne f. hmage à Decize 1535. Jean a biens à Champvert XVIe s. Cristophe, lieut parter à Decize 1610. N..., notre St-Saulge 1615. Pierre, avat, juge d'Isenay et Montaron 1681, mari d'Antte Coppin et père de Claude, avat, qui épouse 1714 Mle Simonnin. Gabriel, avat, bailli de Druy 1754. — (Inv. Marolles. — Arch. chât. Poiseux. — Arch. Niè. B.)

épᵃ 9 janv. 1748 Fˢᵉ-Gabrielle *de Marcelanges* (1), fille d'Édme-Isabeau, sgr de la Grange et d'Anne de la Moully, dont il eut : 1° Marc-Antoine, né 9 mai 1748 ; 2° Charles–Fˢ, suit ; 3° Louise, visitandine à Moulins 1784 ; 4° Fˢᵉ–Hélène, célib. 1786.

XII. — CHARLES-FRANÇOIS, marquis DE BONNAY, chlr, sgr d'*id*, né 1750, mestre de camp 1779, chlr Sᵗ-Louis 1784, député de la noblesse de Nivern. 1789, pair de Fr. 1815, lieutᵗ-généᵃˡ armées, ministre d'Etat (voir hˢˢ célèbres) ; achète Lucenay-les-Aix 1778, reçoit reconnᶜᵉˢ à la Grange 1780-87, fit preuves de cour 1783, épⁿ 1° 18 déc. 1769 Mⁱᵉ-Louise Razoir de Croix, fille de Nicolas, prévôt de Valenciennes, 2° 1816 Catherine O'Neil (Irlande), eut du 1ᵉʳ lit : Mᵐᵉ Dorat de Châtelus et Joseph-Amédée, marié en 1801 à Jeanne de Gaudry, quitta la Grange, eut pour petit-fils Henri, comte de Bonnay, habᵗ Vichy, qui n'a qu'une fille.

VI. — FRANÇOIS DE BONNAY (2° fils de Marc et de Jⁿᵉ de Lorris), écr, sgr de Vaumas (Bourbⁿᵒⁱˢ), lientᵗ cⁱᵉ du cᵗᵉ de Guiche, capit. de 100 hᵉˢ d'armes en Poitou, gentilhᵒ chʳᵉ de Henri IV, reçoit procurᵒⁿ d'Antoine son frère 1580, eut de Marie DE DAMAS, fille de Jean, sgr d'Anlezy, et de Jⁿᵉ de Bar : 1° Antoine, qui suit ; 2° Frˢ, sgr de Verneuil, suivra ; 3° Philibert, reçu chanoine-comte de Lyon 1596 ; 4° Claude, abbé de Septfonds 1628-49 ; 5° Anne, 1635.

VII. — ANTOINE DE BONNAY, chlr, sgr de Vaumas, Frasnay–le-Ravier (cᵒⁿ Sᵗ–Benin-d'Azy) Champcour (cⁿᵉ Frasnay), Malnay (cⁿᵉ Rouy), Mussié (*id*.), Servandet (*id*.), Sauvigny (cⁿᵉ Anlezy), Chevigny (*id*.), Pontois (*id*.), Montlouis (cⁿᵉ Nuars) et Villacot (cⁿᵉ Sermages), reçoit lettres à terrier 1627, dénombre ses fiefs d'environs Anlezy 1642, acte au chât. de Frasnay 1598-1648, épⁿ av. 1598 Jeanne DE LA PERRIÈRE, fille de Claude, sgr de Frasnay, dont il eut : 1° Frˢ suit ; 2° Antoinette, dame de Frasnay, etc., hérita de son frère, réunit tous les biens de sa branche, qu'elle vendit 1683 étant veuve d'André Amiot, bᵒⁿ d'Albigny (Lyonnois), consʳ d'Etat, qu'elle épⁿ av. 1672.

VIII. — FRANÇOIS DE BONNAY, chlr, sgr de Frasnay, Champcour, Pontois, Servandet, Mussié, Montlouis et Villacot 1654-72, né v. 1603, habite Frasnay saisi 1670, donne tous ses biens à sa sœur 1672 à condition de l'entretenir, mᵗ sans posté. av. 1683.

VII. — FRANÇOIS DE BONNAY, écr, sgr des Augères (Bourbⁿᵃⁱˢ), Verneuil (cᵒⁿ Decize), Neuville-les-Decize, capit. des chât. de Decize et Cercy 1648, révoqué pendant la Fronde, fait hmage p. Verneuil 1642, y reçoit reconnᶜᵉ 1643, mᵗ av. 1662, épⁿ av. 1639 Jeanne *de Babute* (3),

(3) DE BABUTE. — *De Bourbonnois.* — Y sont connus au XIVᵉ s. — Jean BABUTE, qui bâtit une chapelle à Moulins 1418, fut secrétaire du duc de Bourbon 1408-29. — Au commⁱ du XVᵉ possèdent Froidefond pr. Sancoins. Philibert est gouvʳ de Puisaye et de Corvol-d'Emb. pour Ant. de Chabannes-Dammartin 1475-89 ; son fils Madoc BABUTE, écr, sgr de Froidefond, administrʳ du prieuré de Moutiers 1498-1512, eut de Genev. de Vaudetar :

I. GASPARD DE BABUTE, écr, sgr de Froidefond, Sᵗ-Pierre-du-Mont (cᵒⁿ Varzy), la Tour-de-Vêvre (Berry), épousa 31 juill. 1541 Gilberte DE FONTENAY, fille de Jean, sgr de Sᵗ-Pierre-du-Mont, et de Frˢᵉ du Verne, dont il eut : 1° Frˢ, suit ; 2° Guillᵉ, écr, sgr de Verneuil (cᵒⁿ Decize) et Neuville-les-Decize, baille à Verneuil 1588, eut de Frˢᵉ D'ANLEZY, fille d'Imbert, sgr de Dumphlun, et de Lˢᵉ de l'Hospital : Jeanne, fme de Fˢ DE BONNAY, écr, sgr des Augères, ci-dessus ; 3° Léonard, écr, sgr de Froidefond en pⁱᵉ 1583, et de la Bruyère (Berry), gentilhᵒ de la chʳᵉ du roi, eut d'Anne de la

Porte-Pesselières : Gabrielle, épⁿ à Sᵗ-Pierre-du-Mont, 1610, Jacques DE CHABANNES, écr, sgr de Vergers ; 4° Madeleine, épⁿ 1° v. 1565 Étienne DE MAUMIGNY, écr, sgr de la Brosse, 2° 1584 Antoine DE BAR-Buranlure.

II. FRANÇOIS, écr, sgr de Sᵗ-Pierre-du-Mont, Foucherenne (cⁿᵉ Saxy-Bourdon), bᵒⁿ de Germigny-l'Exempt (*) (Berry), gentilhᵒ chʳᵉ du roi après son frère, habite Foucherenne 1598-1612, en fait hmage 1599, et pour Sᵗ-Pierre-du-Mont 1584-99 et y acte 1613-22, avoue la Motte-d'Islan et terres en Avallonnois venant des Fontenay 1592, mᵗ av. 1632, épⁿ av. 1580 Frˢᵉ des Guerres (Berry), dont il eut : 1° Hugues, suit ; 2° Jeanne, dame d'Islan, fme de Charles *de Lanvault*, écr ; 3° Margⁱᵉ, épⁿ 1605 Jean Bertrand, écr, sgr de Beaulieu.

III. HUGUES, chlr, bᵒⁿ de Sᵗ-Pierre-du-Mont, Germigny, sgr de Foucherenne, Chezelles, (châtᵗᵉ La Guerche), fait hmage pour Foucherenne et Sᵗ-Pierre-du-Mont 1625 ; vend le 1ᵉʳ 1628 et le 2° 1635, baille à Sᵗ-Pierre-du-M. 1617-32 et à Chezelles 1646, épⁿ 17 juin 1618 Marie

(*) Germigny-en-Lixent, auj. l'Exempt, fit partie, avant le XVᵉ s., du comté de Nevers, et fut régi par sa coutume.

56

fille de Guill[e], sgr de Verneuil, dont il eut : 1° Louis, sgr de Verneuil 1655, qu'il abandonne à son frère Fr[s]-L[d] 1662, m[t] célib. 1681 ; 2° Fr[s]-Léonard, suit ; 3° Jean, reçu chanoine-c[te] de Lyon 1642, au maage de son frère 1662 est prieur de S[t]-Ambroise ; 4° Gilbert, chlr, sgr des Augères et Verneuil en p[ie] 1677, donne à sa belle-sœur de Maumigny et à son neveu de la Courcelle 1690, m[t] célib. 1696 ; 5° Marg[te], m[te] célib. 1684 ; 6° Anne, veuve 1662 de Jean *de la Courcelle* (4), écr, sgr de Bailly.

VIII. — FRANÇOIS-LÉONARD DE BONNAY, chlr, sgr de Verneuil, Neuville et Chevanne-l-Crots (c[ne] Diennes), reçoit Verneuil 1662 dont hmage 1676, plaide 1685, m[t] 1685, ép[n] 29 avril 1662 Catherine DE MAUMIGNY, fille de Charles, sgr de Rivière, et de Cath. de Reugny ; veuve, elle acheta 1692 Riégeot et Moran, n'eut qu'un fils, dernier de sa br., Gilbert-Fr[s] DE BONNAY, né 1684, m[t] 1689, dont elle hérita ainsi que de son beau-frère Gilbert, et les biens passèrent aux de Maumigny.

Armes: D'azur, au chef d'or, au lion de gueules, couronné de même, brochant sur le tout.

Sources: Arch. Nièv. E et B. — D. Villevieille, 16 et 19. — Bétencourt. — *Inv.* Marolles. — Arch. chât. Poiseux, le Tremblay, Devay. — *Carrés* de d'Hozier, 634. — D. Caffiaux, 1234. — C[al] Titres : Dossier bleu, 109 et 110 ; preuv. St-Cyr, 311 ; Chérin, 176. — La Thaumassière, 158 et 738. — Mss. chan. Hubert, IV, à Orléans. — Reg. parois. Cossaye, Lucenay, Verneuil, Billy-Chev., Decize, Nevers. — Courcelles, *Pairs*, III.

Sortis du Nivernois.

Tenon, fille d'Étienne, b[on] de La Guerche, et de Fr[se] Bolacre, dont il eut: 1° François, b[on] de Germigny, reste en Berry ; 2° Antoine, moine à Cluny ; 3° Marie, ép[a] 1638 Marien de Beaucaire (Bourb[ais]).

Armes : D'argent, à trois fleurs de pensée d'azur.

Sources : Bétencourt. — Arch. Nièv., E. — Arch. Yonne, H. — La Thaumassière, 845. — *Inv.* Marolles. — D. Villevieille, 8 et 74. — Dossier bleu, C[al] Titres. — Arch. R. Roux, à Beaumont-l[re]. — Reg. par. Saxy-Bourdon.

Éteints.

(4) DE LA COURCELLE. — Tirent leur nom d'un fief c[ne] de St-Hilaire-en-Morvand. — Possèdent, au XVe s., Villemolin (c[ne] d'Anthien). dont Marg[te] DE LA CORCELLE porta partie v. 1460 à Philippe de Champignolles, écr; un de ses petits-neveux, Esme de la Corcelle, en est encore sgr 1524, ainsi que de Précy (c[ne] Chât.-Chinon), et est mari d'Anne *de Torcy*-Lantilly. Guill[e], écr, dénombre à Précy 1443. — Guill[e], écr et brigandinier au ban de Nivern. 1469. — Guill[e], écr, sgr de Châtin (c[ne] Ch.-Chinon), qu'il dénombre 1473, eut: 1[u] Étienne, reprend de fief Châtin, avec ses frères, 1504, fait hmage p. Chaligny (c[ne] St-Hilaire), vendu par sa veuve Jeanne des Ruaux, peut-être père de Jacques, dont la fille Jeanne de la C. ép[a] 1574 Lazare DE LA TOURNELLE, sgr de Beauregard, et d'Anne de la C., veuve du Vandel, m[te] av. 1575 ; 2° Olivier ; 3° Blenet, écr, sgr de Villemolin p[ie], Précy et Ruère p[ie] (c[ne] Gâcogne) 1504, dont descend sans danger :

I. EDME DE LA COURCELLE, sgr de Précy, père de :

II. LAURENT, écr, sgr de Précy, Bailly (c[ne] Magny-Lormes), plaide contre dame de Lormes 1581, m[t] av. 1611, paraît frère de Catherine qui, veuve de Ch. *de Juisard*, donne à F[se] 1616 ; il eut d'Élisabeth *de Torcy*, fille

de Jacques, sgr de Lantilly : 1° Adrien, suit; 2° Fr[so], reçoit donation 1616 de Cath. de la Courcelle, ép[a] 1611 Antoine *de Clausse*, écr, sgr de Palluaut.

III. ADRIEN, écr, sgr de Précy, Bailly, 1611-26, et de Sauzay en p[ie] (c[ne] Isenay), qu'il vend 1628, ép[a] av. 1621 F[se] DE BRÉCHARD, fille de Jean, sgr de Brinay, et de Gasparde de Veilhan, dont: 1° Jean, écr, sgr de Bailly, cap. rég[t] de Bussy-inf[ie], m[t] av. 1663, eut d'Anne DE BONNAY, fille de Fr[s], ci-dessus : Jean, écr, sgr de Bailly, donne 1690 à Charles-Cl., son cousin, tous ses biens à charge de l'entretenir ; 2° Edme, suit; 3° Claude, écr, sgr de Gaudray (?), Bailly p[ie] 1662-77, m[t] av. 1683, ép[a] av. 1677 Perrette de Berger, dont : *a*, Claude-Charles, écr, sgr de Bailly 1690, cap. rég[t] de la Sarre, chlr St-Louis 1732, teste 1740 en faveur des Leroy, ép[a] 25 nov. 1732 Anne *Leroy* de Cuy, veuve d'Edme de la Courcelle; *b*, F[se] 1698 ; 4° René, écr, sgr de Précy, fixé au Briou (c[ne] Luthenay) 1662 ; 5° Jeanne, ép[a] av. 1651 Jacques *de Barraut*, écr, sgr de Charnoy.

IV. EDME, écr, sgr de Précy et Bazoches en p[ie] (c[on] Lormes), aide-major d'inf[ie], m[t] 1683, ép[a] v. 1650 Louise LE PRESTRE de Vauban, fille de Jacques, sgr de Bazoches, et de F[se] de Sauvage, dont : 1° Jean, écr, chlr St-Louis. major d'inf[ie], m[t] célib. av. 1721 ; 2° Edme, écr, sgr de Cuzy (c[ne] Cervon), cap. rég[t] de la Sarre 1704, comm[t] fort du Rhin à Strasbourg, chlr St-Louis 1721, ép[a] 23 août 1706 Anne *Leroy* de Cuy, fille de Nicolas, sgr de Cuzy, sans posté; 3° Gilbert, m[t] célib. ; 4° F[se], ép[a] av. 1721 Laurent Framard, comm[re] de l'artillerie.

Sources : Le Morvand, I, Baudiau. — Arch. Nièv., E et B. — Min. not[res] Lormes et Corbigny. — Arch. chât. Limanton, Devay, Vésigneux. — *Carrés* de d'Hozier, 130. — Reg. par. Bazoches et Cervon.

Eteints.

DE BOURGOING

AMILLE de Nivernois (*).

Plusieurs personnages des mêmes nom et prénom « Jean BOURGOING » se trouvent à Nevers au comm^t du XVe s. (**) : Jean achète 1408 à St-Antoine. Jean, « huchier », achète 1419, rue des Merciers, une maison revendue 1433 pour faire l'hôtel de ville. Jean, proc^r du roi au baage St-Pierre-le-Moûtier 1405-11, semble être le même que Jean, échev. Nev. 1411-23, commis 1405 pour recevoir les comptes de la ville ; il teste 1424, donne au prieuré St-Étienne, a pour fme Jeanne de La Marche qui teste aussi 1524, nommant exécuteur test^re autre Jean Bourgoing. Jean, « chambrilleur », achète par^ses de Marzy et St-Jean 1423. Jean, notaire à Nevers 1433 (***).

I. — GUILLAUME DE BOURGOING (peut-être fils de Jean et de J^ne de La Marche), lieut^t du bailli au bourg St-Étienne-Nev., y dem^t 1432-43, puis procur^r du roi à St-Pierre 1450-64, échevin Nev. 1444, fait nombreux baux dans par^ses Nevers, Varennes, Garchizy, Champvoux (avait sans doute pour frère Pierre, père de Marie, veuve 1471 de Durand *Baudreuil*) ; épousa Jeanne La Bize (****), dont il eut : 1° Guill^e, suit ; 2° Noël, chanoine Nev. 1488, teste 1510 ; 3° Huguette, fme de Jacques *Bolacre* ; 4° Jeanne, fme de Philippe *de Corbigny* (1), bourg^s Nev.

(1) DE CORBIGNY. — *De Nivernois.* — Tirent leur nom du lieu d'extraction : Corbigny (arr^t Clamecy), dont l'abbaye était seigneur. — Pierre DE CORBIGNY souscrit 1164 une donation du Cte au prieuré St-Étienne Nev. — Au siècle suivant, on trouve en Avallonnais : Robert, qui échange à Quarré-les-Tombes 1215 ; Pierre, prévôt d'Avallon 1230-50 ; Baudri 1249. En 1263 Guyot, abbé de Corbigny et prieur d'Anlezy, fait accord avec sgr d'Anlezy ; et Eudes fait hmage 1296 en chât^ie de Clamecy. — Clérambault et Hugues de Corbigny, m^t av. 1309, avaient biens à Dornecy ; ce dernier est père de Pierre, qui teste à Nev. 1331, donnant à l'abb. St-Martin, peut-être le même qu'un Pierre qui, en 1332, fait pour grange et dîmes au Chamont (c^ne Chevenon) un aveu répété 1351 par Guillaume. En même temps, Hugues de Corbigny, bourg^s de Nev., mari de Denise *Coquille*,

(*) Le nom (tiré du lieu d'origine : la « Bourgoingne ») s'est écrit : Bourgoing, Bourgoin, quelquefois Le Bourgoing à la fin du XVIe s. dans la br. de Dornecy et Beuvron et dans celle de Sichamps à la fin du XVIIe, et depuis le comm^t du XVIIIe s. : de Bourgoing.

(**) Nous avons pris pour règle de ne jamais critiquer, ni même mentionner les généalogies manuscrites qui se trouvent chez des familles ; ces documents privés ne sont pas du domaine public. Mais lorsqu'une généalogie a été imprimée et placée dans des bibliothèques publiques, elle appelle la critique historique. Le respect de la vérité nous oblige à signaler les erreurs d'une *notice historique et généal.* sur les de Bourgoing, par le c^te de Soultrait, imprimée en 1855. L'auteur veut rattacher à la famille féodale des LE BOURGOING de Champlévrier les BOURGOING de Nevers, et cela sans aucune preuve ni pièce à l'appui, car les chartes de 1344 et 1372 s'appliquent exclusivement à la famille féodale et militaire du Morvand, tandis que les autres étaient bourgeois de Nevers ; M. de Soultrait n'a pu manquer de voir, entre autres, les nombreuses pièces des archives de la Nièvre. Rien n'établit la filiation des seconds « depuis 1340 » ; et même au siècle suivant, les prétendues pièces *authentiques* du Cte des Titres ne sont que de simples notes-mémoires. On ne peut alléguer pour une identité de race : qu' « il y a eu en même temps des Guillaume et des Jean dans les deux branches », car au XIVe s. la moitié des Nivernais portait l'un de ces deux prénoms.

En se tenant aussi éloigné du dénigrement que de la flatterie, on doit reconnaître la haute situation nobiliaire de cette famille qui a l'honneur de compter parmi les douze seules, encore existantes dans notre province, qui y remplissaient en 1666 les conditions visées par la grande recherche de Colbert ; mais il serait aussi injuste de lui rattacher tous les BOURGOING de positions très-inférieures qui ont existé en Nivernois, que de vouloir lui donner pour ancêtres des chevaliers du moyen-âge dont la race est éteinte depuis près de 300 ans. L'auteur avoue qu' « on a toujours considéré ces deux familles comme étrangères l'une à l'autre ». Loin de se reconnaître comme parentes, elles se jalousaient, et une pièce du Cabinet des Titres mentionne un sarcasme de la seconde qui dit les LE BOURGOING issus du cuisinier d'un c^te de Nevers, « pourquoy ils ont pour armes trois œufs en un plat. »

(***) Il est possible que d'un de ces Jean BOURGOING, qu'aucune pièce ne rattache à la famille qui nous occupe, descendent : Jean, not^re à Nev. 1464 ; Guyon, bourg^s et march^d à Nev. 1473 ; un not^re Nev. 1527 ; Pierre, march^d Nev. 1585, mari de Fr^se *Colignou*, des Murgers ; Ancelot eut d'Agnès *Colignou* : Etienne, march^d Nev. 1622 mari de Cl. Batailler ; en 1611, Guille, march^d Nev., est mari de Fr^se Roux. — La *notice historique*, par le c^te de Soultrait, intercale, à tort, des BOURGOING, notaires, parmi les enfants de Jean de Bourgoing, écr, sgr de la Douée : Claude BOURGOING était, non pas « écuyer », mais notaire à Nev. 1643-72 ; les actes passés par^dt lui abondent ; son frère Charles reçut aussi provisions de notaire 1652 ; ils étaient fils de Jean-B^te praticien à Nev., et de M^ie Cottereau ; Claude, not^re, eut d'Etiennette *Pinet* : Cl.-Charles, élu à Nev. ép^n 1702 M^ie *Bernard*, dont M^ie-Jacquette, fme de Pierre *Richard*, sgr de Soultrait.

(****) Etienne LA BISE est échevin de Nev. 1309. Laurent est receveur du c^te Nev. 1315. Jean, bourg^s Nev., eut : Guille LA BISE, qui fait à Châteauneuf-Allier 1322 un hmage répété 1352 par Jean, qui donne au prieuré La Fermeté 1383. (*Inv.* Parmentier et de Marolles.)

II. — GUILLAUME DE BOURGOING, bourg[s] et commerç[t] à Nev. 1471-1509, s[r] du Vernay (c[ne] Challuy), échev. Nev. 1473 et 89, présent au procès-verbal de la Coutume 1494, baille par[se] Varennes 1471-86-98-1509, de Nevers 1497-1507, de St-Jean et La Fermeté 1482-1503, m[t] av. 1517 ; ép[n] v. 1468 Marguerite *de Corbigny* (1), fille d'Hugues, sgr d'Azy, dont : 1° Guill[e], suit ; 2° Guyon, s[r] du Vernay en p[ie] 1517 et Vaujoly en p[ie] (c[ne] Diennes) 1520, grenetier de St-Pierre 1510, puis d'Avallon, m[t] av. 1526, ép[n] F[se] Gastelier, dont : *a*, Guill[e], suit ; *b*, Guy-Jean, sgr de Vaujoly p[ie], où il échange avec frères 1547 et qu'il vend 1565, reçoit Planchevienne (c[ne] Magny) au test[t] de Noël 1537, acte à Clamecy jusqu'à 1576, m[t] sans posté. connue de Louise Chevrier ; *c*, Jacques, min[r] 1540, disparaît 1548 ; *d*, Perrette, ép[n] 1526 Antoine *Chevalier*, sgr de Champmorot ; Guill[e] (*a*), s[r] du Vernay p[ie] et d'Armance (c[ne] Bazoches), proc[r] du roi él[ion] Niv. 1538, hérite du Vernay p[ie] de Noël 1537, m[t] à Dornecy 1578, ép[n] Lazarette *de Grandrie*, dont : *a'*, Étienne, s[r] du Vernay p[ie] 1571-87, qu'il vend avec son frère av. 1616 ; *b'*, Fr[s], s[r] du Vernay p[ie], Armance 1586-97 et de Beuvron en p[ie] (c[on] Brinon), dont hmage 1599, achète à Dornecy avec frères 1586, m[t] av[t] 1622, ép[n] Bonne *de La Chaume*, dame de Beuvron p[ie], dont : Jacques, dit « Le Bourguignon », sgr Beuvron p[ie] 1608-22, eut d'Ant[tte] *de Paris* d'Arthel : Paul, écr, sgr Beuvron p[ie] 1643-57 ; Jeanne, fme av. 1625 de Gabr. de Compaing, écr ; et Catherine, veuve 1652 d'Edme *de Farou*, écr ; *c'*, Denis, écr, sgr Vernay p[ie] 1586 et de Vauclaix (c[on] Corbigny), dont hmage 1599, ép[n] 1578 Claudine de La Croix, dame de Vauclaix, dont : Adrien, sgr de Vauclaix 1617 ; *d'*, Lazarette, ép[n] 1586 Noël Michaut ; 3° Jean , sgr de Poissons (c[ne] Poiseux) et Chaillant (*id.*), bourg[s] et march[d] à Nev. 1505-23, partage avec Guill[e] son frère 1517, m[t] sans posté.

passe contrat avec chapitre Nev. 1359, et Jean, chanoine Nev., fils d'autre Jean , clerc-notaire-juré, vend à Nev. 1352. En 1351, Clérambault de Corbigny est bourg[s] de Vézelay et Guill[t] prévôt de l'abbaye.

ÉTIENNE DE CORBIGNY, fils d'Hugues, citoyen de Nevers, f. hmage 1405 p. rente sur Thaix, est proc[r] du sgr des Bordes 1408-19, échevin de Nev. 1406-10. Jean, peut-être son fils, f. hmage p. Thaix (c[on] Fours) 1467, échev. Nev. 1452. Jean et Jacques sont à la montre du ban 1469. Jean , bourg[s] Nev., où il vend 1450, est dit en 1466 frère de feu :

HUGUES, bourg[s] Nev., sgr d'Azy (c[ne] Garchizy), la Motte-des-Bédices (c[ne] Nevers) 1450, Sichamps en p[ie] (c[on] Prémery) 1453, ép[n] av. 1421 Catherine *Frappier*, fille de Guill[e] et nièce de Cath. Apaupée, qui lui lègue 1421 ; il eut : 1° Jean, licencié-en-décret 1459, chanoine Nev. 1464-81, f. hmage p. Omery-les-Gaulx (chât[u] Cuffy), qu'il vend 1469 avec son frère Pierre ; 2° Bertrand, baille à Nev. avec frères 1459, a biens à Chevroches, m[t] av. 1481, laissant des mineurs de Jeanne Gillet ; 3° Pierre, curé de Chevannes, chanoine Nev. 1488-92, possède à Cougny et Lichy ; 4° Guyot, march[d] et bourg[s] à Nev., échevin 1467-74, baille à Nev., aux Bédices et à Marzy, m[t] av. 1490, ép[a] Antoinette Joly ; 5° Jeanne, achète Asnois-le-Bourg (c[on] Tannay) 1487 et 1527, teste 1523, ép[a] 1[o] v. 1460 Jean *Guillemère* (*a*), licencié-lois, 2[o] Adrien *Perreau*, sgr d'Agriez ; 6° Marg[ie], fme de Guill[e] BOURGOING, ci-dessus ; 7° Guillemette, fme de Jean *Tenon*, av[at] fiscal Nev.

Dans la descendance de Bertrand et de Guyot, on trouve : Philippe DE CORBIGNY, march[d] Nev., y baille 1503, m[t] 1504, dont la fille Marie, dame de Sichamps p[ie], qu'elle avoue 1543, est veuve 1521 de J[n] Damon et alors remariée à J[n] *Leclerc*, écr, sgr de Nohiers. Bertrand a terres à Sichamps 1492-1529. Jean , sgr d'Azy 1526, baille à Nev. 1530 avec sa sœur Jeanne-Marie, fme de J[n] *Galoppe*, av[t] 1530, dont ses cousines Bourgoing héritent à Sichamps et Chevenon.

Une br. DE CORBIGNY fut dans situation obscure à Nev. : Fr[s], tondeur 1491 ; Hugues, barbier 1496 ; Jean, chirurgien 1523 ; Hugues, hôtelier 1525, échevin 1542-49 ; Jean, concierge de la ville 1521-26 ; Philibert, march[d] 1560-68. — Hugues le jeune, march[d] Nev. 1549, frère de Gasparde, fme d'Étienne *Destrappes*, paraît avoir eu de Jacquette Maignien : *a*, Jeanne, ép[n] v. 1570 Martin *Roy*, av[t] Nev. ; *b*, Jean, av[at] à Nev. 1586, 99, recteur de l'hôpital 1588, échevin 1597, m[t] 1603, mari de Marie Mosnier, dont : Marie de Corbigny, m[ie] ap. 1653, ép[a] av. 1602 Jacques *de Favardin*, lieut[t] cr[el] él[ion] Nev.

Armes : D'azur, à trois corbeilles d'or.

Sources : D. Villevieille, C[et] Titres. — *Inv.* de Marolles. — Arch. Niév. E, G et H. — *Inv.* de Parmentier. — Arch. munic. et hospit. de Nevers. — Arch. chât. Chastellux, Devay, Guichy. — *Mém.* de Castelnau, III. — *Hist. de Vézelay*, A. Chérest. — D. Caffiaux, 1234. — Reg. parois. Nevers.

Eteints.

(*a*) GUILLEMÈRE. — *De Corbigny*. — Guillaume GUILLEMÈRE, licencié-en-lois, témoin à Corbigny 1450-79, lieut[t] du bailli de St-Pierre 1467, ép[a] Marie *Perreau*. — Rémond, bourg[s] de Corbigny, a des fiefs par[ses] de Chitry et Chaumot 1450, f. hmage p. Mezière (c[ne] Chaumot) 1464, père de : Léonard, bourg[s] Corbigny 1478-99, et de Jean, licencié-lois 1479, sgr de Surpalis (c[ne] Sardy), ép[a] Jeanne *de Corbigny*, ci-dessus, dont : 1° Jean, sgr de Surpalis 1507 et Talon (c[on] Tannay), achète Michaugues (c[on] Brinon) av. 1511, acte à Corbigny 1499-1507, ép[a] av. 1489 Jeanne Moreau ; 2° Catherine, ép[a] 1478 Antoine *Perreau*, bourg[s] de Corbigny ; 3° Jeanne, fme de Guill[e] *Robin*, grenetier de Decize. (Copies de Chastellux à Soc. Niv. — Min. notr[es] Decize. — *Inv.* de Marolles.)

1533 ; 4° Jacques, chanoine Nev., proton^{re} apostolique 1524-29, m^t av. 1537 ; 5° Noël, docteur en droits, chanoine et trésorier de Nev., abbé de Bourras et de St-Martin, président Ch^{re} comptes Nev., cons^{er} au grand-conseil, puis au Parl^t, sgr du Vernay en p^{ie}, de la Douée (c^{ne} St-Aubin-Forges) et Planchevienne 1526-37, exécuteur test^{re} de M^{le} d'Albret, concourut à rédaction de la Coutume 1534, m^t 1537 donnant à ses neveux ; 6° Marg^{te}, veuve 1506 de Vincent *Ducoing*, march^d à Nev. ; 7° Huguette, ép^a Girard *Gascoing*, de la Belouze ; 8° Jeanne, fme de Jacques *Perreau*, s^r du Bouquin ; 9° Catherine, ép^a Jean *de Grandrie*, grenetier Moul.-Eng^{ert} ; 10° Perrette, fme de Jacques *Moquot*, av^t Nev.

III. — GUILLAUME DE BOURGOING, licencié en lois, lieut^t-gén^{al} baage St-Pierre 1507-21, sgr de Poissons et d'Agnon (c^{ne} St-Pierre-M^{er}), partage avec frères 1517, échange à Nev. 1507, baille à la Marche 1512, à Tronsanges 1521, prépara la 2e rédaction de la Coutume ; ép^n v. 1495 Fr^{se} Collesson (*) dont il eut : 1° Guill^e, suit ; 2° François, s^r d'Agnon, chanoine Nev., partage avec Guill^e 1533, se fit calviniste et se réfugia à Genève 1556 ; 3° Jeanne, ép^a 1522 Guill^e *Coquille* (2), grenetier de Decize ; 4° Marg^{te}, ép^a 1523 Olivier Millet, par elle lieut^t-gén^l à St-Pierre ; 5° Charlotte, bénédictine à Nev.

(2) COQUILLE. — *De Nivernois.* — Guillaume COQUILLE (**), échevin Nevers 1310, est parmi ceux qui traitent pour le péage sur la Loire. Jean achète près Nev. 1305. Regnaut, prévôt de Nev. 1315, fait publier la révocation du ban nivern. pour l'ost de Flandres. Jean, bourg^s de Nev., et Bonne, sa fme, font partage 1327, de l'agrément du Cte. Vers le même temps vit Guill^e, mari d'Alix, dont le fils Jean vend 1347 rente près Cuffy.

I. JEAN COQUILLE, bourg^s de Nev., s'établit à Decize, y fonda une chapelle milieu du XIVe s., épousa à Nev. Bienvenue de Fontaines, dont il eut : 1° Hugues, qui suit ; 2° Jean, ép^a Eudeline *Anceau*, fille de Jean, de Varzy ; 3° Guill^e, bourg^s de Nev. ; 4° Étienne, suivra.

II. HUGUES, bourg^s et march^d à Decize 1386-91, échevin de Decize 1411, baille à Mousseau (c^{ne} Decize) bien de sa fme, fait hmage terres à Maison-Longue-Salle (Fours) 1389, achète à Decize 1391 (***), ép^a v. 1370 Isabeau Morinat, fille de Guyot & de Jeanne Gresle, dont il eut : 1° Jean, suit ; 2° Marg^{ta}, fme de Jean Gaudin ; 3° Pasquette, fme de Jean *Le Bault*, sgr de Montjoux ; 4° Agnès, ép^a v. 1410 Jean *de Vaux*, bourg^s de Decize.

III. JEAN, bourg^s de Decize 1403-42, sgr de Romenay en p^{ie} (c^{ne} Aubigny-Chétif) et la Douaire (c^{ne} Verneuil), qu'il acheta l'un et l'autre, échevin Decize 1429-31, baille à Romenay 1433, se constitue rente à Decize 1438, achète à St-Gratien et à Cossay 1441, m^t 1443, ép^a 4 déc. 1397 Perrette *Le Bault*, fille de Jean, sgr de Montjoux, dont : 1° Gilbert, suit ; 2° Hugues, bourg^s de Decize, partage avec frères 1444, baille à Decize 1462, fait hmage 1464, m^t av. 1469 sans posté. ; 3° Henri, suivra ; 4° Jeanne, ép^a 1442 Jean *Quartier*, licencié-ès-lois.

IV. GILBERT, bourg^s Decize 1426-67, sgr de Romenay, la Grange-Morinat (auj. Pitié, c^{ne} Decize), y bâtit chapelle N.-D. de Pitié v. 1430, échevin Decize 1450, baille à Romenay 1449, à Nevers biens de sa fme 1442 et à Ville-l.-Anlezy 1467, fait hmages 1443 et 64, m^t av. 1472, ép^n av. 1442 Perrette *de Pougues*, fille d'Hugues, trésorier du c^{te} Nev., dont : 1° Hugues, suit ; 2° Jeanne, ép^a v. 1465 Étienne *Decolons*, licencié ; 3° Jeannette, fme de Jean *Decolons*, s^r de Gondières ; 4° Philippes, veuve 1508 de P. Goffet.

V. HUGUES, bourg^s Decize 1472-1502, sgr de Romenay, Charancy (c^{ne} Champvert), échevin Decize 1474-80-98, sert au ban niv. 1469, baille à Romenay 1475-80-1500, achète Lange en p^{ie}, qu'il revend 1502, m^t av. 1508, ép^n 26 avril 1468 Marie du Plessis, fille de Jean, cap. de Cosne, dont : 1° Jean, av^{al} Nev. 1513, auditeur d'appel au baage Nev. 1522-40, fait hmage à la Ferté-Ch^{on} 1530, m^t de la peste à Nev. 1544, ép^n 1516 Marg^{te} de Chasteaux, dont : a, Jean, reçut de Guy Coquille don^{on} révoqué 1549, célib. ; b, Noël, prieur de La Charité 1574 ; c, Henri, père de Pierre, religieux à Cluny ; d, e, Jacques et Jean, moines à Cluny ; f, Paule, fme de Louis Chapuy ; 2° Guill^e, suit ; 3° Gilbert, relig. à Ste-Claire ; 4° Yvonne, fme de Pierre Bourbonnat ; 5° Marie,

(*) Charles COLLESSON est clerc d'office du c^{te} Nev. 1468. Autre Charles, valet de ch^{re} du c^{te} 1477 et son secrétaire 1482-85, mari de Jeanne Forande, fme du ch^{re} de la Closse 1482. Edmée, ép^n Jean LAMOIGNON. Agnès fme av. 1516 de Jean *Decolons*, élu à Nev. — Florent, licencié, parrain 1524 de Fl. de Vaux, fme de Guy Coquille. Guillemette, ép^a avant 1527 Jean Robin, s^r de Fontjudas. (Arch. Nièv. E. — *Inv.* Marolles. — Pièces orig^{ales} 1631.)

(**) Le nom s'est écrit : Quoquille, Quoquillat et Coquille depuis fin du XVe s.

(***) Pour obtenir des échevins de Nevers sa radiation du rôle des tailles, Guy Coquille excipa, en 1560, de Lettres de Charles VI de juillet 1391 portant anoblissement de Hugues Coquille pour « services dans la guerre de Bretagne ». Or, de 1386 à 1391 on trouve constamment cet Hugues « marchand à Decize » et un reconn^{ce} de dette de 1390 indique quel était son commerce « pro ratione vendicionis *panni* ». (Registre Ph. Laboche, notr^e à Decize ; arch. Nièv. E.) Ces lettres d'anoblissement pouvaient s'appliquer à une autre famille Coquille ; celle de Nivernois s'appelait à cette époque « Quoquillat », et le fils de cet Hugues s'intitule toujours « bourgeois » de Decize. S'il y eut un anoblissement personnel, ce qui est possible, la descendance ne se maintint pas dans cet état.

IV. — GUILLAUME DE BOURGOING, écr, reçu cons^{er} *au Parlement* de P^{is} 28 fév. 1522, sgr de Poissons 1523-49, Agnon, Chaillant, la Douée, la Haute-Cour (c^{ne} St-Benin-d'Azy), Limanton (c^{on} Châtillon), Mussy (c^{ne} Challuy), commissaire du roi pour la publication à Nevers de la Coutume de 1534, héritier en p^{ie} de Noël 1537, rachète de ses cousins la Douée et Planchevienne 1538, fait nombreux baux 1526-42, m^t à Paris 1551 ; épⁿ 6 avril 1524 Philippes Leclerc, fille de Pierre, sgr du Tremblay, cons^{er} Parl^t P^{is}, dont : 1° Nicolas, écr, sgr d'Agnon, Chaillant en p^{ie} et la Haute-Cour, dont hmage 1574, cons^{er} au Grand-conseil 1579-1604, a biens par^{ses} Varennes-Nev., Garchizy et Chaulgnes, eut d^e M^{ie} Guilloire : 1° Nicolas, conseiller à la Cour des aides, vend à Nev. 1626 maison pour Ursulines, teste 1644 sans posté.; 2° Noël, chanoine et trésorier de Nev. 1567-76, sgr de Sichamps (c^{on} Prémery), dont aveu 1576, Chaillant p^{ie}, qu'il dénombre 1572, m^t av. 1579 ; 3° Louis, écr, sgr de la Douée, Maupertuis (c^{ne} Parigny), le Vernoy (c^{ne} Poiseux), Bois-Henry (c^{ne} St-Aubin), baille à la Douée 1572-79, m^t sans posté. 1581, épⁿ 28 avril 1574 Jeanne DE LA PLATIÈRE (*), fille de Philippe, capit. de Nev.; 4° Guill^e, suit; 5° Jacques, écr, cons^{er} à la Cour des aides, sgr de Poissons, transige avec ses frères 1584 et hmage avec eux 1588, est comm^{re} pour francs-fiefs 1580, eut de Marie Friche (Paris) : Jean, sans posté, et François, supérieur gén^{al} de l'Oratoire 1641 (voir h^{es} célèbres) ; 6° Antoine, jacobin à St-Victor-Paris 1572, prieur à la rue St-Jacques, impliqué dans l'assassinat de Henri III et écartelé 1590 ; 7° Jeanne, fme de Guill^e de Besançon, cons^{er} Parl^t P^{is}; 8° Marie, épⁿ Pierre Roillard, cons^{er} Grand-conseil; 9° Antoinette, fme de Denis de Besançon, cons^{er} Parl^t P^{is} ; 10° Marg^{ie} et Marie, religieuses.

V. — GUILLAUME DE BOURGOING, écr, président au prés^{al} de St-Pierre 1584-97, sgr de la

fme de Léonard *Bert* (**), hôtelier Decize 1494 ; 6° Gilberte, fme de Pierre *Pierre* ; 7° Anne, fme de Pierre *Bardin*.

VI. GUILLAUME, sgr Romenay, proc^r du roi au grenier Decize 1523, grenetier 1527-36, échevin Decize, en relate le sac 1525, Romenay est saisi 1545, m^t av. 1555, ép^a 1° 25 janv. 1522 Jeanne BOURGOING, fille de Guill^e ci-dessus, 2° av. 1540 Odette Lelièvre, eut du 1er lit :

VII. — Guy, sgr de Romenay et de Beaudéduit (c^{ne} Champvert), qu'il achète 1584, proc^r général de Niv. 1571, trois fois député du Tiers aux États (v. h^{es} célèbres), rachète Romenay 1553, vend sa maison de Decize 1575, baille pour Romenay jusqu'en 1579, m^t 1603, ép^a 1° 16 janv. 1553 Anne Lelièvre, nièce de sa belle-mère; 2° 20 oct. 1557 Claude *Ducoing*, veuve de Louis Coquille, s^r de Grenay, et fille de Guill^e, s^r du Grateix ; 3° 1er juil. 1577 Florence *de Vaux*, veuve de Guy Prevost et fille d'Hugues, licencié ; il eut du 1er lit : 1° Odette,

épⁿ 1571 Jean *Decolons*, élu de Niv. ; 2° Anne, ép^a 1575 Michel *Gascoing* ; et du 2e lit : 3° Guyonne, ép^a 1586 Robert *Pommereul*, av^{at}.

IV. HENRI COQUILLE (3e fils de Jean et de P. Le Bault), s^r de la Douaire et des Aubues (c^{ne} Fertrève), bourg^s et commerç^t à Decize 1444-77, transige avec les Le Tort 1445, fait hmage p. Clos-Morin (c^{ne} St-Léger-Vignes) 1459 et 64, ép^a v. 1435 Denise LE TORT, fille d'Henri, sgr des Aubues, dont : 1° Antoine, suit ; 2° Jacques, licencié ès-lois, fait hmage biens à Vanzé (c^{ne} Champvert) 1464, est à l'arbitrage de Clèves-d'Albret 1492, épⁿ 1472 Jeanne de Neufpont, dont : *a*, Jean, contrôleur grenier Ch.-Chinon 1528, vend à Decize ; *b*, Jacques, relig. à Cluny ; *c*, Henri, prêtre à Decize 1515 ; *d*, Gilberte, fme de Gabr. Simonnet.

V. ANTOINE, s^r des Aubues et Epoisses (c^{ne} Toury-Lurcy), commerç^t à Decize, échevin 1507-28, est à l'arbitrage de Clèves-d'Albret 1492, m^t av. 1527, ép^a Marg^{te} *Le Breton*, dont : 1° Jean, s^r des Aubues, élu à

(*) Nous rappelons que les noms en capitales sont l'objet d'une des généalogies principales et que ceux en italiques ont une notice d'alliance.

(**) BERT DE LA BUSSIÈRE. — On trouve à Decize : Martin Bert, achète à Vilcraie, m^t av. 1488, Claude, hôtelier 1515-22. Léonard, march^d, s^r du Creuzet (c^{ne} Champvert) et Malicorne (id.) 1532-54, mari de M^{ie} La Miche, dont : 1° Noël, licencié, f. hmage p. Malicorne 1575 ; 2° Jean, reçu garde du scel Decize 1560, juge de Decize 1587, s^r du Creuzet, m^t av. 1608, ép^a av. 1573 Jacqueline *Goussot*, dont : Gabriel, Léonard, Catherine et Jeanne, fme de Philit Dechamps, notre. Puis, les Bert disparaissent de Decize, et le manque de pièces rend incertaine l'identité de famille des suivants : Antoine BERT a de M^{ie} Balligot : 1° Fr^s, né 1631, s^r de Foncebrun, receveur des saisies à St-Pierre-le-M^{er} 1697, m^t à Nev. 1709 sans posté. de Cath. Olivet ; 2° Antoine, notre à Nev. 1672-1701, m^t 1707, eut de Claude Berthier : 1° Esme, av^{at} 1701, m^t av. 1721, ép^a 1699 Marg^{te} Michelon, dont 2 fils m^{ts} au service av. 1733 ; 2° Fr^s suit ; 3° Elisabeth, née 1677, ép^a 1701 Aré Bourgeon, s^r de Theleurs, notre Nev. ; 4° Claude, fme de Nic. Testelette, notre. François BERT, s^r de la Bussière, recev^r des saisies à St-Pierre 1721-35, ép^a 1° 1716 M^{ie} Desille, 2° 1721 L^{se} Maistre, dont il eut : Robert-Léonard, Etienne et Louis-Aré BERT DE LA BUSSIÈRE, né 1723, av^{at}, lieut^t part^{er} au baage Nev. 1765, ép^a 1753 M^{ie} *Bergeron* (Sancoins), dont : Pierre-Cl.-Fr^s. dit de Passy, av^{at} 1790, et Pierre-Robert, né 1754, av^{at}, prés^{er} en élim Nev. 1788, juge-suppléant Nev. 1817, ép^a 1795 M^{ie} Magnan, dont : Pierre-Désiré, ép^a 1817 Rose Leblanc-Laborde, dont : Maurice qui d'Ad. Grand, eut Antonin, marié à Melle de Belloy, — (Reg. notres Decize. — Inv. Marolles. — Arch. Nièv. E et B. — Reg. parois. Decize, St-Pierre, Nevers et Pougues.)

Existants.

Douée, Sichamps en p^ie, Chaillant p^ie, Maupertuis, le Vernoy, l'Étang–Vingeux (c^ne Beaumont-F^re,) partage avec frères et sœurs 1572, fait hmage 1579 p. Chaillant p^ie, p. Sichamps et la Douée 1594, et p. biens par^se Poiseux 1597, hérita de Noël et de Louis, m^t av. 1600 ; ép^n 15 juil. 1587 Catherine Sardé, fille de Pierre, cons^er au Grand-conseil, dont il eut : 1° Jean, suit ; 2° Pierre, récollet à Nev., m^t 1692.

VI. — JEAN DE BOURGOING, écr, sgr de la Douée, Chaillant, Sichamps p^ie, Maupertuis, né 1590, av^nt fiscal baage Nev. 1617-41, échevin Nev. 1631, avoue Sichamps 1617 et Chaillant et la Douée 1622, f. hmage à Beaumont 1632, maintenu par él^ion Nev. 1634 et par de Caumartin 1635, m^t 1641 ; ép^n 5 juin 1616 Jacquette *Devaux* (*), fille de Jacques, march^d à La Charité, et de Cath. Peigné, dont : 1° Henri, suit ; 2° François, écr, sgr de Sichamps en p^ie, dont il achète autre p^ie 1665, sert au ban Niv. 1674 et 90, échevin Nev. 1690-96, maintenu par Cour des aides 166. et 81, m^t av. 1705, ép^n 1° 6 fév. 1668 Marg^te *Despres*, fille de Christophe, sgr de Cougny, 2° 3 janv 1677, Fr^se *Bernard*, fille de Guill^e, médecin Nev., s^r de Toury, eut du 2e lit : *a*, Guillaume, sgr Sichamps, chapelain Decize 1699, chanoine Nev. 1707 ; *b*, Vincent et Gilbert, m^ts jeunes ; *c*, Marie, ép^n 1717 Aimé de Fomberg (Berry) ; *d*, Claude-Fr^se, reçue à St-Cyr 1692, célib. ; *e*, Fr^se, visitandine Nev. ; 3° Catherine, ép^n 1633 Fr^s *de Champs*-Champcourt, élu à Nev. ; 4° F^so, ép^n 1549 Pierre *Pitoys*, bailli de Ch.-Chinon ; 5° Jacquette, ép^n 1662 Joachim DE LANGE, chlr, sgr de Guérigny.

VII. — HENRI DE BOURGOING, écr, sgr de la Douée, Maupertuis, Vingeux, le Vernoy, m^tre des requêtes du duc d'Orléans 1651-67, *maintenu* par l'intendant Moul. 26 juin 1667, baille à la Douée 1662-73, teste 1680 ; ép^n 15 fév. 1651 Catherine Taillon, fille de Jean, cons^er pr^inl de Bourges, s^r de Gionne, dont : 1° Claude-Antoine, suit ; 2° Henri, écr, sgr de Vingeux, capit. d'inf^ie 1690, m^t célib. 1697 ; 3° Claude, écr, sgr de Nérauges (Berry) 1692-1700 ; 4° Jean-Fr^s, écr, sgr du Maigny (mouv^t de Grenant) 1694-1734, et de Charly, (c^ne Chaulgnes) 1705, y habite, ép^n

Nev., ép^n 1520 Charlotte Bongard de Villedart, dont : Claude, Gilbert et 2 filles ; 2° Gilbert. suit.

VI. GILBERT, s^r d'Epoisses, bourg^s Decize 1526, vend à Nev. 1530, fait un hmage, m^t av. 1540, ép^n 9 avril 1515 Charlotte *Garnier* (**), fille de Pierre, sgr de Passançay, dont : 1° Jean, suit ; 2° Pierre, relig. à Cluny ; 3° Antoine, se fixe en Bourgogne ; 4° Marg^ie, ép^n av. 1544 Pierre Archambault ; 5° Catherine, fme de Pierre *Rapine*, juge de St-Saulge.

VII. JEAN, s^r de Savigny (c^un St-Saulge), garde du scel de St-Saulge (***) 1580-96, partage ses enfants 1586, ép^n 27 août 1560 Gilberte Guillemenet, dont : 1° Pierre, suit ; 2° Antoine, sergent r^al à Nev. 1592, vend Savigny 1596, m^t av. 1608, ép^n Claudine Pichery, dont : *a*, Guill^e,

ép^n Gabrielle *Olivier*, sans posté. ; *b*, François, not^re et proc^r à Nev. 1625-37, reconn^ce à Challuy 1628, ép^n 1625 Claude Desgranges, dont : *a'*, Fr^s, not^re à Nev. 1653 ; *b'*, Louis, proc^r en l'él^on ; *c*, Joseph, proc^r au baage, ép^n 1658 Cath. Duplessis, *d*, Jean, recev^r Decize 1673, eut de J. Gourdon : Mathieu-Louis, s^r de Parize, comm^re en la maréch. Ch.-Chinon 1680-95, officier servant du duc d'Orléans 1687, ép^n 1680 Louise de Suleau, dont : Louis-Fr^s, s^r de la Maussivière, capit. d'inf^ie 1716, eut de Jeanne *Devillars* : Florimond, vivant 1745, et Jeanne, ép^n 1754 Samuel *Blaudin* de Thé.

VIII. PIERRE, partage avec son frère 1586, ép^n 1582 Perrette de Brain, dont : 1° Jean, suit ; 2° Gilbert, mari de Jeanne *Rapine* ; 3° Anne, fme de Jean *de Lavenne*,

(*) DEVAUX. — De La Charité, différents de ceux de Decize. — Fr^se DEVAUX, de Beaumont-la-Fr^e, est veuve 1493 d'Antoine LE TORT. Fr^s, bourg^s de La Charité 1563. Jacques, m^tre de la forge de Cremain, m^t av. 1567 mari de M^le de Berne. Jacques, march^d à La Charité 1590-1619, eut de Cath. Peigné : Jacquette, fme de Jean DE BOURGOING, ci-dessus, et Simonne, fme de Guill. *Challudel*, élu à Gien. Hugues, march^d à La Charité 1615. Alliances : Carpentier v. 1590, Millin v. 1650. Portaient : Palé. (Actes de Beaumont-Fr^e, Regnard-Roux. — Carrés de d'Hozier, 61. — Reg. parois. La Charité.)

(**) GARNIER. — Jean GARNIER « citoyen de Nevers » fait aveu au sgr de Prie 1421, vend droit de péage à Donzy 1446. Pierre, secrétaire du c^tn Nev. 1445-78, son recev^r gén^al 1479-84 et son exécuteur testr^e, f. hmage p. biens à Cigogne 1462, achète Passançay (c^ne St-Ouën) m^t av. 1498, eut pour fils unique : Pierre, secrétaire du c^te 1498, contrôleur au grenier à sel Nev. 1501-17, sgr de Passançay et de Travant (c^ne Druy), eut de Catherine *Perreau* (de Corbigny) 6 filles, dont Charlotte, ép^n 1515 Gilbert *Coquille*, ci-dessus, et un fils, Charles, secrétaire de la c^tesse, grenetier Nev. 1522, sgr de Travant et Passançay 1560, père de : 1° Fr^s GARNIER, grenetier Nev. 1522, sgr Travant, ép^n v. 1572 Guill^te *Desprez* dont : Madeleine et Fr^se ; 2° Philibert, av^at du Duc 1560-75, sgr de Passançay dont hmage 1561 ; 3° Gatherine, fme d'Hugues *Decolons*, bourg^s Nev. —— *Armes* : D'azur, à trois vans renversés d'or. —— *Sources* : P. Anselme : de Prie. — *Inv.* Marolles. — Arch. Niév. : b^nie de Druy.

Éteints.

(***) On trouve au XVIIe s. de nombreux COQUILLE, artisans à St-Saulge et à Clamecy.

av. 1700 Marie de Bonnestat, veuve de Fr^s Desprez, sgr de Charly, dont : *a*, Cl.-Hubert, chlr, s^r de la Berge (c^{ne} Chaulgnes) 1731, capit^{ne} rég^t de Pons, m^t 1775 célib. ; *b*, Joseph, sgr de Charly, capit^{ne} cav^{ie}, chlr St-Louis 1771, m^t 1775 célib. ; *c*, Fr^{se}, m^{te} 1742, célib. ; 5° Guill^e, écr, sgr de Maupertuis 1700-12, m^t 1719, épⁿ 1° Suzanne de La Porte (Berry), 2° 15 fév. 1706 Marie Gougnon, fille d'Etienne, s^r de Miniers, eut du 1er lit : *a*, Fr^s-Antoine, lieut. d'inf^{ie} 1726, et du 2e : *b*, Louis et trois filles ; 6° Noël, écr, sgr du Vernoy 1700 ; 7° Cath.-Apolline, épⁿ av. 1676 Joseph *Brisson* de Plagny.

sgr de Villiers ; 4° Marie, fme de Paul *Roy* (*), grénetier de St-Saulge 1658.

IX. Jean, habite Fleury-la-Tour 1621, achète les Echemeaux (c^{ne} St-Saulge), ép^a 1620 Charlotte *Bault* (**) (de St-Saulge), dont : 1° Fr^s, suit ; 2° Jean, secrétaire Chr^{re} comptes Nev. 1662, célib. : 3° Anne, ép^a Pierre *Ravisy*, proc^r fiscal St-Saulge ; 4° Fr^{se}, fme de Charles *Save*, s^r de Neuzilly ; 5° Jeanne, ép^a Cl. Loret, garde-du-corps.

X. François, av^{at}, partage avec frères 1640, achète à Chevannes-Gazeaux 1667, m^t av. 1687, ép^a av. 1665 Jeanne *Ravizy*, dont : 1° Léonard, av^t, eut d'Elisabeth Bault Jean, qui d'Anne Desbonnes eut Odette, mariée 1737 à L^s *Marchangy* (***) ; 2° Joseph, tué à Fleurus 1690 ; 3° Jean, not^{re} à St-Saulge 1691-96, ép^a 1691 Jeanne *Paillard* de Goulnot, fille de Jean, not^r, dont : *a*, Léonard, s^r de Bissy et Poujeux (cⁿⁿ Bazolles), juge de St-Saulge 1715-37, et subdélégué, m^t 1768, ép^a 1° 1716 Geneviève *Regnault*, fille de Jacques, 2° 1750 M^{ie}-Ane *Save*, de Savigny, sans posté. ; *b*, Pierre, s^r de la Moussière, 1733-50, célib. ; *c*, Marie, fme de Th. de Palmery, offr d'artillerie ; 4° Guy, suit ; 5° Paul, prieur d'Aunay 1716 ; 5° Gilbert, suivra ; 6° Fr^s, curé de Montapas ; 7° Marie, fme de Léonard *Save*, médecin et maire M^{ine}-Eng^{ert}.

XI. Guy, maire de St-Saulge et subdélégué d'int^t 1695-1722, ép^a 1695 Claire *Méchine*, fille de Jacques,

s^r de Montantaume, dont : 1° Charles, suit ; 2° Jacques-Fr^s, se fixa en Touraine ; 3° Simon-Guy, ép^a 1748 Louise de Vaux, se fixa aussi en Touraine ; 4° Charlotte, ép^a Jⁿ-B^{te} *de Lavenne*, écr, sgr de Marcenay.

XII. Charles, s^r de Verpilleux 1751-54, ép^a 1739 Jeanne Moreau, de St-Gratien, fille de Jean et de Gabr. Ferrand, dont : 1° Claude, suit ; 2° Claude, off^r d'inf^{ie}, puis recev^r de l'enreg^t, célib. ; 3° J^{ne}-Reine, fme de Gilles de La Londe.

XIII. Claude, maire et juge de St-Saulge 1785, ép^a 1780 Louise de la BUSSIÈRE, fille d'Edme, sgr de la Bruère, dont : Simon-Guy, directeur des postes, eut d'Amélie Monier : Ernest, m^t sans posté., et Mme Galvaing.

XI. Gilbert COQUILLE (5° fils de Fr^s et de J^{ne} Ravizy), not^{re} à St-Saulge 1726, ép^a 1697 Marie *Ravizy*, dont : 1° Guy-Jean, suit ; 2° Marie, célib.

XII. Guy-Jean, s^r du Buisson, not^{re} et procr St-Saulge et échevin de la ville 1740, ép^a 1° 1732, Marie *Marchangy* (***), 2° Agathe Moireau du Buisson, dont : 1° Gilbert Guy, suit ; 2° Jean-Dominique, gendarme de la c^{ie} de Provence 1784, célib. ; 3^a Agathe, célib.

XIII. Gilbert-Guy, av^{at}, juge de St-Saulge 1784, échevin 1761-69, ép^a 1780 Geneviève *de Lavenne*, fille de Jean, sgr d'Olcy, dont : 1° Guy, maire de St-Saulge, ép^a 1808 Elisabeth de COTIGNON, dont : Adolphe,

(*) ROY. — Guill^e Roy, achète à Challuy 1531. Charles, eut: Martin Roy, av^{at} fiscal baage Nev. 1593-1604, échevin Nev. 1588, eut de Jeanne *de Corbigny*: 1° Charles, né 1572, abbé de St-Séver, cons^{or} Parl^t D^{ie} 1619, fonda couv. des Carmélites Nev. 1622, m^t 1632 ; 2° Pierre, lieut^t en élion Nev. 1619-60, réalise la fondon de s. frère 1658, eut d'Anne de Tournay : *a*, Charles, lieut^t en élion et grenier Nev. 1666, donne tous ses biens à l'hôtel-Dieu Nev. 1702, m^t 1708 sans posté ; *b*, Marie ; 3° Marie, ép^a av. 1602 Jean *Bogne*, av^{at}; 4° Fr^{se}, abbesse en Anjou ; 5° Jeanne, fme de *J. Roussel*, contrôleur grenier Nev. — Paul Roy ci-dessus, mari de M^{ie} Coquille, grenetier de St-Saulge, est probt frère de Fr^s av^{at} Nev., qui ép^a av. 1616 Jeanne *Rapine*, devint grenetier de St-Saulge jusqu'à 1649, eut Pierre, bourg^s de Jailly ép^a 1650 Fr^{se} de Thoury. Léonard Roy est prêtre à Saint-Saulge 1652. Jean, bourg^s à Anlezy 1653. Joseph médecin à St-S. 1655-66, parent des Roy, de Nev. ép^a Jacq^{te} Panseron, dont : Jacq^{te} ép^a Fr^s *Doreau*, de Blanzy. — Edouard Roy, médecin et échevin Nev. 1702. Jean est père de Charles, marchd à Sauvigny-Chan. qui ép^a 1715 Cath. Maugue, de Nev. —— *Armes* : D'azur, au limaçon d'argent, couronné de même. — *Sources* : Inv. Parmentier. — Arch. chât. Poiseux et les Ecots. — Arch. hospit. Nev. B. — Reg. parois. Nevers, St-Pierre et St-Saulge.

(**) BAULT. — De St-Saulge ; paraissent différents des Le Bault de Montjou et Langy. — Fr^s et Jean BAULT, frères, bourg^s de St-Saulge 1562. Charles, marchd à St-S. 1590. Fr^s, le jeune grenetier de St-S. 1597, eut de Jeanne *Mauhorry* : *a*, Jacques, bourg^s ; *b*, Pierre, garde-du-corps ; *c*, Fr^s, grenetier de St-Saulge 1623-32, mari d'Agnès *Mocquot*. — Jⁿ B^{te}, bourg^s de St-S. 1685. Jean, échevin 1752. Puis des notaires à St-S. jusqu'au comm^t du XIXe s. — Autres alliances : Musset, de Lavenne, Commaille, Tallard, Marchangy, etc. — (Arch. Nièv. E. — Reg. parois. de St-Saulge.)

(***) MARCHANGY. — Jean MARCHANGY, artisan à Chât.-Chinon 1644. Pierre s'établit à St-Saulge, y ép^a v. 1650 M^{ie} Lauresse, dont : Jean, not^{re} à St-Saulge, eut d'E. Bourdier : Anne, fme de Cl. *Paillard*, chir. ; Marie, dite : sœur Scholastique, 1re supér^e gén^{ale} des sœurs Charité 1718 ; Louis-Ant., not^{re} St-S. 1699-1725 ép^a 1° Jeanne *de Paris*, 2° 1714 Elisabeth Vignault, eut : 1° Arnaut, curé de Saxy-B^{on} 1726 ; 2° Jean-B^{te}, procr fiscal St-Saulge 1729, ép^a 1730 J^{ne} Sionnest ; 4° Gatherine, fme de Ch. Vignault ; 5° Marie, ép^a 1732 Guy-Jean *Coquille*, ci-dessus ; et 3° Louis, not^{re} à St-S. 1730, ép^a 1° 1737 Odette *Coquille*, ci-dessus, 2° 1747 Marthe Bault, dont : Marie, et Louis-Ant., not^{re} St-S. 1781, eut de Madeleine Enfert : Louis-Ant.-Fr^s, né 1782, avocat gén^{nl} à Cour Paris, auteur de la *Gaule poétique*, anobli par Louis XVIII, m^t 1826, ép^a 1813 J. Thanberger; sans posté. —— *Armes* : D'azur à la fasce d'or, accompagnée en chef de deux étoiles d'argent et en pointe de trois arbres de sinople. —— *Sources* : Min. not^{res} M.-Engilbert. — Arch. Nièv. B. — Hist. mste St-Saulge. — Reg. parois. S^t.Saulge et Saxy.   *Éteints.*

VIII. — CLAUDE-ANTOINE DE BOURGOING, écr, sgr de la Douée, qu'il reçoit de sa mère 1692, et de Vingeux 1700-21, plaide 1700 contre ses frères, m^t av. 1726 ; ép^a 6 sept. 1699 Fr^{se} Damond, fille d'Antoine, s^r de Chevannes, dont : 1° Antoine, écr, sgr de la Douée 1728, m^t av. 1771, ép^n av. 1730 Marg^{te} Dougny, dont : *a*, Jean-Fr^s, officier rég^t d'Auvergne 1771, va en Amérique ; *b*, Guill^e, m^t jeune ; *c*, Louise, ép^a 1771 Simon Barberini ; 2° Jacques, garde-du-corps, célib. ; 3° Philippe, suit ; 4° Claudine-Antoinette, ép^a 1732 Fr^s DU VERNE, écr, sgr de la Varenne ; 5° M^{ile}-Louise, célib. donna 1766 à ses cousins Claude et Hubert et à son frère Philippe.

IX. — PHILIPPE DE BOURGOING, écr, sgr de Charly et du Vernoy, lieut. rég^t de Broglie 1745, garde-du-corps 1766, chlr St-Louis, m^t 1787 ; ép^a 7 nov. 1745 M^{ie}-Anne Marcellin, fille de Pierre (de Gannat) et de M^{ie} Carruchet, fille de Joseph, m^{tre} de poste à Magny-Cours, dont : 1° Jean-Fr^s, né à Nev. 1748, sgr de Charly, secrétaire d'ambassade en Espagne 1787, baron de l'Empire (v. h^{es} célèbres), ép^a 28 mars 1785 M^{ie}-B.-Joséphine *Prévost* de la Croix, fille de Gaspard, sgr de Germancy, dont : *a*, Armand-Joseph, aide-de-camp du m^{nl} Ney, créé comte 1830, ép^a 1820 M^{ie} Desmousseaux de Givré, dont : Fr^s, ambassadeur à Rome, puis à Constantinople 1875, eut de Melle Tripier : Charles et Guill^e, pp^{res} actuels de Labaume (c^{ne} Aunay) ; *b*, Paul-Am., ambass^r, sénateur 1853 ; *c*, L^s-Honoré, colonel 1844 ; *d*, la maréchale Macdonald ; 2° Joseph, m^t à l'école militaire 1761 ; 3° Fr^s-Phil., suit.

X. — FRANÇOIS-PHILIPPE DE BOURGOING, dit de la Baume, chlr de St-Lazare, capit. rég^t d'Aquitaine 1787, à assemblée nobl. Nev. 1789, du conseil com^{ne} Nev. 1793, ép^a 1° 1787 Julie de Lapelin (Bourb^{eis}), 2° 4 oct. 1789 M^{ie}-Céleste *Marion* de Givry, fille de Cl.-Pierre, sgr de Givry, dont : *b*, Marg^{te}-Victoire ép^a 1815 Frédéric *Flamen* d'Assigny, et *a*, Pierre-Prudent-

mari d'Antoinette Petitier ; 2° Mme Dauger ; 3° Gabriel-Jean, not^{re} à St-Saulge 1822, qui de Mlle Moisy eut Gabriel, mari de Mlle Saclier, dont : Charles et Edmond, ac^t vivants.

II. ETIENNE COQUILLE (4° fils de Jean et de B. de Fontaines), march^d à Decize 1386, échevin Decize 1419, paye dot de sa fille 1389, achète à Thaix 1372, ép^n av. 1368 Marg^{te}, veuve Boylaigue, dont : 1° Pierre, suit ; 2° Marg^{te}.

III. PIERRE, bourg^s Decize 1403, sgr de Roche (c^{ne} Champvert), vend biens à Chevannes-l.-Crots, m^t av. 1445 ayant fondé messe à Decize, ép^n v. 1390 Agnès de Brain, fille de Jean, dont : 1° Guill^e, suit ; 2° Henri, bourg^s et march^d Decize 1430-79, brigandinier au ban 1469, baille à Chevannes 1443, veuf 1444 d'Isabeau Decolons, fille de Jean, dont : *a*, Guill^e, chanoine de St-Cyr où il fait une fondation av. 1492 ; *b*, Jean, échevin Decize 1485, f. hmage de Roche avec son père 1464, baille à Decize 1475-83, teste 1492 sans enf^{ts}, donnant à Pierre et Jean C. ses cousins, ép^a 1461 Marie Gymon, fille de Fr^s, march^d Nev. ; 3° Etienne, m^t av. 1435 ; 5° Jeanne, ép^a 1432 Laurent Cadot.

IV. GUILLAUME, lieut-gén^{al} à St-Pierre-le-M^{er} 1446-65, sgr de Roche, dont hmage 1464, échevin de Decize 1437, y acte 1439-44, appelé par Charles VII pour la réformation des finances et justice, m^t av. 1475, ép^a 1430 Jeanne Guesdat, petite-fille du chancelier Leclerc, dont : 1° Jean, doyen de Soissons, chanoine Nev. 1467-84, proc^r d'Engilbert de Clèves 1492 ; 2° Pierre, suit ; 3° Anne, ép^a 1° Guill^e *Frappier* 1455, 2° Pierre BERTHIER, sgr de Bizy.

V. PIERRE, bourg^s Decize, reçoit arrêt 1493 pour héritage Guesdat, sgr d'Acothion (c^{ne} Suilly-la-Tour), Villiers (c^{ne} St-Martin-Tronsec), dont hmage 1485, eut de Colette de Carmonne (Paris) : 1° Guill^e, suit ; 2° Barthélemy, prieur de Jailly, chanoine Nev. 1517-48 ; 3° Jean-Fr^s, doyen de Frasnay, chanoine Nev. 1551 ; 4° Louis, march^d Decize 1541-51, s^r de Grenay (chât^{le} Decize) et Grateix en p^{ie} (c^{ne} Azy-le-Vif), eut de Claude *Ducoing* (qui épousa Guy Coquille) : *a*, Charles, m^t célib. ; *b*, Fr^{se}, fme de Louis Desmazis ; *c*, Claude, ép^a Henri *Thonnelier* ; *d*, Gabrielle et Anne, relig. ; 5° Christophe, prieur de St-Sauveur Nev, et gr^d-prieur de Cluny 1551-56 ; 6° Pierre, relig. à St-Martin Nev.

VI. GUILLAUME, bourg^s Decize 1517-20, s^r de Grenay et du four de Decize, ép^a 1° Paule Desprez, 2° av. 1517 Fr^{se} *Bolacre*, fille de Jacques, eut du 1er lit : 1° Barthélemy, a le four bannal de Decize laissé 1566 à sa sœur Marg^{te}, m^t sans posté. de Jeanne *Le Bault* ; 2° Pierre, av^{at}, cons^{er} baage St-Pierre 1578, eut de Jeanne *Rapine* une fille, Marg^{te} ; 3° Guillemette, ép^a 1538 Jean Dubois ; 4° Marg^{te}, ép^a av. 1564 Guill^e *Guillier*, not^{re}.

Armes : D'azur, à trois coquilles d'or.

Sources : Inv. Parmentier et Marolles — Minut. notres Decize et Moul.-Engilbert. — Œuvres de Guy-Coquille, préface 1666. — Arch. Nièv. E et B. — Arch. chât. le Tremblay, la Baratte. — *Carrés* d'Hozier, 197. — Hist. mste de St-Saulge. — D. Caffiaux, 1234. — Reg. parois. Decize, St-Saulge, Jailly, Tintury, Alluy, Nevers et Pougues.

Existants.

57

Adolphe, préfet 1853, ép^n 1827 M^{ie}-Thérèse de Faulong, dont : Inès, fme d'Henri Couderc de St-Chamant, et Philippe, baron DE BOURGOING, écuyer de Napoléon III, député de la Nièvre 1869, qui de Melle Dolfus, eut : Pierre, pp^{re} de Mouron, et Mme Fortoul.

Armes : D'azur, à la croix ancrée d'or.

Sources : Inv. Parmentier et Marolles. — Arch. munic. Nev. - Arch. Nièv. E et B. — Cab^{et} Titres, dossier bleu 124. — Min. not^{res} Moul.-Engilbert. — Arch. chât. Poiseux. — D. Caffiaux, 1234. — *Carrés* de d'Hozier, 124. — Preuves St-Cyr 295 et d'écoles milit. 5. — Reg. parois. de Nevers, Chaulgnes, La Charité, St-Aubin-d.-Forges, Magny.

Existants dans la Nièvre.

LE BOURGOING

SONT du sud-est nivernois.

Des ventes et donations aux chartreux d'Apponay (c^{ne} Rémilly) sont faites : en 1127, par Hugues LE BOURGOING (*), chlr, Reine, sa mère, et Girard, son frère ; en 1232, par Guy, chlr, et ses enfants Guy, Pierre et Agnès ; en 1288, par Isabeau, veuve de Guyot. En 1274 « Agnès, fame de monseignour Guillaume lou Borgoin, chevalier », fait une sous-inféodation en Autunois. Huguenin, damoiseau, sgr de Champlévrier (c^{ne} Chiddes), fait hmage 1345 ; « Guiotz li Bourgoins de St-Honoré » fait aveu à Ch.-Chinon pour biens à Corancy 1357. Un li Bourgoins, sgr de la Boue (c^{ne} Rémilly), est à la montre de Tours 1350.

I. — GUILLAUME LE BOURGOING, chlr, sgr de Champlévrier, m^t av. 1344, épousa peut-être Alix de Billy ; il eut : 1° Guill^e, suit ; 2° Jean, écr, reçoit 1344 don du roi pour services de guerre, fait hmage avec son frère 1372.

II. — GUILLAUME LE BOURGOING, écr, sgr de Champlévrier, fait hmage biens à Tamnay 1353-71, et en 1372 avec Jean, son frère, pour biens en Bazois ; épousa av. 1355 Isabeau de Retoules, fille d'Henri (Auxerrois), dont : 1° Jean, suit ; 2° Jean, prieur de St-Pierre de Decize 1373 ; 3° Agnès, reçoit 1384 rente sur Retoules, fme de Girard de Monceau.

III. — JEAN LE BOURGOING, écr, sgr de Champlévrier, Faulin (chât^{ie} Châtel-Censoir), le Colombier-de-Sceaux (Avallonnais), vend et fait hmage à Faulin 1389, m^t av. 1397 que sa veuve fait hmage à Luzy ; épousa Marg^{te} al. Isabeau *de Rodon,* dont : 1° Pierre, suit ; 2° Jean, écr, fait aveu avec sa mère 1397, et dont le fils Philippe fait hmage 1409, avec son oncle, p. Champlévrier en p^{ie} ; 3° Othelin, chlr, commandant 10 lances 1395 ; 4° Jeannette, ép^n av. 1399 Jean de Riches, écr.

IV. — PIERRE LE BOURGOING, écr, sgr de Champlévrier et Faulin, partage avec ses frères 1409, acte 1432, inhumé à Decize av. 1446, eut de Guillemette de Saulce (Gâtinois) : 1° Guyot, écr, sgr de Champlévrier et Montbois (c^{ne} Ch.-Chinon), dont hmage 1467, m^{tre} d'hôtel du c^{te} Nev. 1441-67, capit. de Cercy, gruyer de Niv. Donz. 1447, envoyé 1421 pour avertir que le Dauphin s'avance par Gien, m^t 1472, inhumé à St-Cyr Nev., n'eut qu'une fille nat. Jeannette, ép^n 1441 Henri *de Bourbon,* de Decize ; 2° Philibert, suit ; 3° Othelin, suivra ; 4° Guill^e,

(*) Le nom s'est écrit : Lou Borgoing, li Bourgoins, Bourgoing, et Le Bourgoing.

prieur de Decize 1427 ; 5° Jean, prieur Decize apr. son frère 1442 ; 6° Aré, licencié, curé de Chassenay 1449.

V. — PHILIBERT LE BOURGOING, écr, sgr de Champlévrier av. 1450, Faulin, la Motte-du-Plessis (chât^le M^ins-Engilbert), dont aveu 1456, échanson du c^te Nev. 1435, son 1er écr d'écurie 1437-74, gruyer d'Auxerrois, capit^ne de Decize et de Luzy 1464, f. hmage avec frères 1450 en chât^le Châtel-Censoir, partage avec Guyot 1450, baille et échange à M^ins-Engilbert, Decize et Poil 1451-64, f. hmage à M^ins-Eng^ert 1464, m^t av. 1477, ép^n 4 fév. 1440 Jeanne LE TORT, fille de Regnaut et d'Agnète de Vaux, dont il eut : 1° Jean, suit ; 2° Charles, licencié, chanoine Nev. 1488-1512, m^tre des requêtes hôtel du roi 1484 ; 3° Claude, écr, sgr Faulin p^te, varlet du c^te Nev. 1476-79, m^tre d'hôtel, capit^ne de Cercy 1489 ; 4° Jacques, chanoine Nev., baille avec Claude à M.-Eng^ert 1492 ; 5° Philibert, prieur de Decize, chanoine Nev. 1520, sgr de Champrobert (c^ne La Roche-Milay) ; 6° Marie, ép^a av. 1477 Pierre *de la Chaume* (1), écr, sgr dud. l.; 7° Guillemette, ép^n 1477 Jean *du Pré*, écr, sgr de la Breuille ; 8° Catherine, ép^a 1489 Jean de Chanteloup, écr, sgr de Guipy ; 9° Jeanne, abbesse N.-D. de Nev. 1501-33.

VI. — JEAN LE BOURGOING, écr, sgr de Faulin et Champcharmot (c^ne Aunay), écr tranchant du c^te Nev. 1476-79, capit^ne Decize 1485, baille et achète à Préporché, Sermages, Brinay, Marquereau et M^ins-Eng^ert de 1488 à 1505, m^t av. 1507, ép^n 11 nov. 1485 Madeleine *du*

(1) DE LA CHAUME. — *De Nivernois.* — Tirent leur nom de la Chaume (c^ne de Cervon). Jean DE LA CHAUME, écr, tient des biens relevant d'Huban, 1320. Jean, *id.*, 1351-53. — Guyot, écr, achète à Précy (c^ne Cervon) 1371, fait hmage p. Beaulieu (c^on Clamecy), m^t av. 1385, mari de Raymonde Pantin de Chanteloup, dame de Beaulieu, paraît avoir eu : *a*, Jean, qui suit ; *b*, Catherine, dame de Précy, y transige 1418 avec Guill^e Roillot (*), son mari ; Jean (*a*), écr, ép^a av. 1482 Marg^te de Cuy, fille de Perrin, sgr de Cuy ; il achète pr. de Cuy 1384.

Au comm^t du XVe s. on trouve : Pierre DE LA CHAUME, acte pr. Clamecy 1407, mari de Perrette du Bois. Pierre, au siège Chât.-Chinon 1412. Marg^te, fme av. 1414 de Jacques Boudault (**), écr. Jeanne, ép^n av. 1459 Philib^t d'Alouaise, écr, à Montreuillon.

Guillaume, écr, sgr de Beaulieu, m^t av. 1441, était petit-fils de Raymonde Pantin. Pierre, écr, sgr de Beaulieu, dont hmage 1464, et du Meix-Richard (c^ne Ruages), qu'il achète 1470, m^tre d'hôtel du c^te de Nevers 1476, son témoin 1486, exempté du ban 1478, ép^n av. 1464 Jeanne Boudault (**), dont : 1° Jeanne, f. hmage p. la Chaume et Villacot (c^ne Sermages) 1504, alors mari d'Henri LE TORT, écr, sgr du Marais ; 2° Antoinette, dame du Meix-Richard, ép^n 1507 Denis *de Rodon*, écr, en présence d'Adrien DE LA CHAUME, relig. à St-Martin Nev.

Philibert DE LA CHAUME, écr, sgr de Précy en p^te 1450, m^t av. 1462, eut de Jeanne Guyndot : 1° Jean, suit (A); 2° Simonne, ép^a 1462 Henri de Maumorin, écr ; 3°

Pierre, écr, sgr de la Chaume, la Caffondrée (chât^le Montreuillon), Chasseigne (c^ne Anthien) et le Chemin en p^te (*id.*) 1462-95, ép^n av. 1479 Marie LE BOURGOING, fille de Philibert ci-dessus, dont : Fr^s, écr, sgr du Tremblay p^te (c^ne Oulon), dont hmage 1540, Beuvron p^te (c^on Brinon) et Choulot (c^ne Beaumont-Fr^e), qu'il vend 1527, ép^a Jeanne DE LA PLATIÈRE, dame de Choulot, dont peut-être : Cathon, sgr du Tremblay 1540, mari de Claude DE LICHY, dame de Chaillant.

Jean DE LA CHAUME (A), écr, sgr du Tremblay p^te, dont hmage 1464, h^me d'armes au ban Niv. 1567, eut : Jean, prêtre 1536, et Jacques, écr, sgr de Beuvron p^te, dont hmage 1535, et du Tremblay 1536, et peut-être Guill^e, sgr de Beuvron 1540, qui vend pr. Clamecy 1544. Jacques eut : 1° Fr^s, f. hmage Beuvron p^te 1575 (ensuite on trouve sgrs de Beuvron p^te : Caton, 1584 ; Jean 1583-98, qui d'Yolande de Folanfans eut Madeleine ; Barbe, veuve 1595 de Jean Petit, gentilh^e des gardes ; Bonne, fme en 1599 de Fr^s DE BOURGOING, sgr du Vernay, vivante 1622) ; 2° Gabrielle, dame de Beuvron p^te, ép^a 1563 René de Monceaux et en 1575 Guill^e de Maquisson, écr ; 3° Gilberte, dame du Tremblay, ép^a av. 1575 Jacques de Gourelier, écr.

Armes : D'azur, à la fasce d'argent chargée de trois larmes de sable.

Sources : Archives nat^les P. 470 et 490. — Inv. de Marolles. — Arch. Nièv. E. — D. Caffiaux, 1234. — Arch. chât. de Bizy. — Reg. parois. Beuvron.

Éteints.

(*) Leur fils Jean Roillot s'appelle concurremment « Roillot » et « de la Chaume » 1441-50, mais ses cousins Guill^e et Philibert de la Chaume n'étaient pas des Roillot ; et de même, au XVIe s., s'il y eut un Boudault qui s'appela « de la Chaume », tous ceux de ce dernier nom n'étaient pas des Boudault.

(**) Hugues BOUDAULT, écr, fait hmage 1335 à Montreuillon pour biens par^os de Gâcogne et Mhère. Jean, écr, échange à Pressy (c^ne Cervon) et achète à Corbigny 1451, est sgr de Marcilly-s.-Youne (c^ne Cervon), le Bruil (c^ne Montreuillon), Chitry-s.-Montsabot (c^ne Neuffontaines), dont hmage 1460, Pierre-Sèche (c^ne Chaumard), dont hmage 1468, bailli et gruyer de Chât.-Chinon 1459, fait don à abb. Corbigny 1456 avec sa fme Ant^tte Damise. Autre Jean, écr, sgr de Marcilly, Thaveneau p^te 1478, Montbaron (c^ne Chât.-Chinon) dont hmage 1490, bailli et garde scel Chât.-Chinon 1482-84, est au ban Niv. 1469. (*Inv.* de Marolles. — Arch. Nièv. E.)

Pontot (2), fille de Jean, sgr de Poussery, et de J^ne Maulmain, dont : 1° Fr^s, sgr de Faulin p^ie chanoine et official de Nev. 1521-48, abbé de Châtel-Censoir 1535, prieur de St-Étienne Nev. 1535-53, reçoit avec ses frères 1521 don^on de sa tante Cath^ne ; 2° Charles, prieur de Branches, chanoine Nev. 1521-48; 3° Pierre, m^t jeune ; 4° Jean, écr, sgr de Faulin p^ie, Pousseaux (c^on Clamecy) 1539, à fixation limites du baage 1523, concède droits d'usage à Pousseaux 1529, m^t sans posté. de N... d'Anlezy; 5° Phil^t, suit ; 6° Louise, fme de N... des Guerres, écr, sgr d'Herry.

VII. — PHILIBERT LE BOURGOING, écr, sgr de Champlévrier, Faulin, Champcharmot, Concley (c^ne La Roche-Milay), Champrobert, Chizy-le-Gros (c^ne Tazilly), Vilaine (c^ne M^ins-Engilbert), Monteuillon (c^ne Luzy) 1529-62, achète à Sermages 1530, à Champlévrier 1534, baille à Diennes 1534, à Champlévrier 1536, à Préporché 1539, vend par^se Brinay 1530, à Concley 1561; ép^a 14 mars 1528 Jeanne LE BOURGOING, sa cousine, fille de Philibert, sgr de Chizy, dont : 1° Gabriel, suit ; 2° Paule, ép^a 1559 Ant. de la Mousse, écr (Bourb^ais).

VIII. — GABRIEL LE BOURGOING, écr, sgr de Champlévrier, Faulin, Concley, Champrobert, St-Jean-des-Curtils (c^ne Chiddes), Mirloup (*id.*), Montcharlon (*id.*), Arcy en p^ie (c^ne Limanton), Pousseaux p^ie, Lichères (chât^ie Châtel-Censoir), Lucy-s.-Yonne (*id.*) 1559-99, servit sous Henri III, f. hmage de Faulin au duc Nev. 1575-85, d'Arcy 1570, de Pousseaux 1573 et de Champlévrier à La Roche-Milay 1596, achète Montjalmain (chât^ie Luzy) 1564; ép^n 24 avril 1558 Louise *d'Esguilly*, fille de Claude, sgr de Chassy, et de Louise de Varigny, dont : 1° Fr^s, suit ; 2° Louise, ép^a 1580 Guill^e *d'Assigny*, chlr, sgr de Pont-Marquis.

IX. — FRANÇOIS LE BOURGOING, chlr, sgr d'*id.*, guidon d'une c^ie d'ord^ce, gentilh^e ch^e du roi 1601, habite Faulin, baille à Champlévrier 1599, à Villapourçon 1605, f. hmage de Lichères et de Montjalmain 1601, refait terrier de Champlévrier et Vilaine 1621; ép^n 27 oct. 1586 Avoye Chenu (Berry), fille de Claude, sgr de Charentonnay, dont : 1°, 2° Gabriel et Hubert, m^ts jeunes ; 3° Jean, suit.

(2) DU PONTOT. — *De Nivernois.* — Prennent leur nom d'un fief c^ne de Cervon. En 1335 Bovez, fils de f. Perrot DU PONTOT fait, près Arleuf, un aveu répété 1351 par Guill^e, damoiseau. Guill^u et Perrenet, écrs, font hmage p. le Pontot et Monbaron (c^ne Cervon) 1459. De l'un des deux descendent :

I. 1° ÉTIENNE, écr tranchant du c^te Nev. 1468, son m^tre d'hôtel 1476, baille pr. Montaron 1486 ; 2° Jean, écr, sgr de Monbaron, de Poussery en p^ie, qu'il achète v. 1480, de la Forêt-des-Chaumes (c^ne de St-Sulpice), dont hmage 1464, et de l'Épeau (chât^ie Moul.-Engilbert), panetier du c^te Nev. 1461, son écr tranchant 1476, reçoit don de la c^tesse Nev. 1486, ép^a av. 1460 Jeanne Maulmain, dont il semble avoir eu : Jean, suit, et Madeleine, ép^a 1485 Jean LE BOURGOING, écr, sgr de Champlévrier, ci-dessus ; 3° Marg^te, ép^a av. 1460 Jean *de Baudoin*, écr, sgr dud. lieu.

II. JEAN, écr, sgr du Pontot et Poussery (c^ne Montaron) 1508, Cervon en p^ie (c^on Corbigny), Vauclaix p^ie (*id.*), la Croix (c^ne Vauclaix), qu'il avoue 1504 avec Drazilly (c^ne Montaron), acte 1512, eut de N... de la Croix :

1° Léonard, suit ; 2° Étienne, écr, sgr de Poussery p^ie, dont hmage 1519, en achète l'autre p^ie 1524, y baille jusqu'à 1540, capit. de Moul.-Engilbert 1516-23, sans posté.

III. LÉONARD, chlr, sgr du Pontot, Poussery p^ie, la Forêt-des-Chaumes et St-Éloy (c^on Nevers), écr d'écurie du c^te Nev. 1506, bailli et gouvern^r de Nivernois 1525-31, gouvern^r de Gien, accompagne la c^tesse Nev. dans sa visite aux villes niv. 1523, tuteur de Fr^s de Clèves 1525, institue la foire de St-Cyr 1531, achète à Cervon 1526, m^t av. 1540, ép^a Anne de Montaulieu, dont il eut : 1° Charles, chlr, sgr du Pontot, St-Éloy, Poussery p^ie, la Forêt-d.-Ch., le Bazoy (c^ne Montaron) et le Rezay (Rozay ? c^ne Arzembouy) 1540-57, un des cent gentilsh^es maison du roi 1545-56, bailli de Nivern. 1553-55, acquiert à Cervon et Rémilly 1545-55, achète Pouligny en p^ie (c^ne Montaron) 1554, f. hmage à Moul.-Eng^ert 1557, m^t sans posté. 1559 ; 2° Fr^s, qui suit ; 3° Claude, dame du Pontot, Poussery, Pouligny, le Bazoy, etc., héritière de ses 2 frères, ép^a 1° av. 1545 Charles de Giverlay (*), chlr de l'ordre, sgr de Champoulet, 2° av.

(*) DE GIVERLAY. — *De Gâtinois.* — Sgrs de Champoulet, pr. Gien. Ont eu un chambellan du roi 1498 et un chlr de Malte 1593. — Jacques DE GIVERLAY, écr, est mari de Marie DES ULMES de la Maisonfort 1519. Charles, chlr de l'ordre, sgr de Champoulet gentilh^e m^on du roi, mari de Claude *du Pontot*, ci-dessus, vend le Pontot 1571, achète Aunay-le-Bas (c^on Châtillon), et sa fille unique Anne de Giverlay, dame d'Aunay, Poussery, etc., ép^a 1565 Claude *Régnier*, écr, sgr de Guerchy. Son cousin Jean de Giverlay, chlr, sgr de Chastres, eut de Jeanne *de Chastellux*-Coulanges, Edmée, qui ép^a 1597 Philippe *de Burdelot*, écr, sgr de Fontenilles. —— *Armes :* Fascé d'or et d'azur de six pièces. —— *Sources :* Inv. de Marolles. — Arch. chât. Vandenesse.

X. — JEAN LE BOURGOING, chlr, sgr d'*id.* et du Monceau (c^ne La Roche–Milay), dit : m^is de Faulin, délimite Concley 1643, obtient sentence à St-Pierre 1658, exempté du ban étant au service 1653 ; ép^a 22 fév. 1626 Suzanne de Montmorency (*), fille de Pierre, sgr de Lauresse et de S^ne de Rieux, dont : 1° Charles, suit ; 2° Pierre, chlr de Malte 1663 ; 3° Marie, dame de Vilaine, fme de Jean *de Jacquinet,* écr ; 4° Marg^te.

XI. — CHARLES LE BOURGOING, chlr, m^is de Faulin, sgr de Charentonnay (Berry), Champlévrier, Montcharlon, Champrobert, Mireloup, la Verchère (c^ne Chiddes), Frémouzet (c^ne Sémelay), Meulot (c^ne Biches), Lichères, Pousseaux 1661-91, f. hmage de Frémouzet 1678, baille à Brinay 1678, à Faulin 1686, vend Champlévrier 1677 puis toutes ses sgries nivern., m^t av. 1699, eut de Marg^te Amelot (Paris) : 1° Marg^te-Fr^se, dame de Faulin, ép^n 1699 Paul DE GRIVEL-Grossouvre, chlr, c^te d'Ourouër ; 2° Charlotte-Ang., ép^n 1711 L^s-Ant.-B^urd c^te du Prat, chlr, sgr de Formeries.

V. — OTHELIN LE BOURGOING (3e fils de Pierre et G^te de Saulce), écr, sgr de Champlévrier, qu'il reçoit au partage 1450, de Mirloup, St-Jean-des-Curtils, Frémouzet, Morain (c^ne Champvert), Lucy-s.-Yonne, panetier du c^te Nev. 1435 et gr^d gruyer de Nivern. 1441-57, capit^ne de Decize 1434, témoin aux ses frères 1429, achète à Champlévrier 1451, baille à Morain 1445, à Concley 1457, m^t av. 1467 ; ép^n 27 janv. 1432 Jeanne de la Motte, dame de Railly et Grésigny (Avallonnais), dont : 1° Guyot, sgr de Champlévrier, écr tranchant du c^te Nev. 1468-70, capit^ne de Cercy 1473, h^me d'armes 1498, ép^n 6 nov. 1486 Fr^se *de Marry* (3),

1578 Louis *de Regnier* de Guerchy, chlr, sgr de Champloiseau.

VI. FRANÇOIS, chlr, sgr de Poussery, Drazilly, Sciat (c^ne Vandenesse), Chevannes-s.-Montaron, Arlot (c^ne St-Éloy) et des sgries de son frère dont il hérite 1559, gentilh^e ch^re du roi 1566, bailli de Niv. et m^tre d'hôtel du duc 1564-67, exécuteur test^re du duc Fr^d de Clèves 1561, f. hmage p. le Pontot 1567, achète 1/3 de Pouligny 1559, m^t av, 1571 sans posté. de Claude DE FONTENAY, fille de Jean, sgr de Verneuil.

Armes : Écartelé, aux 1 et 4 d'azur, au lion d'argent, à la bande de gueules brochant sur le tout ; et aux 2 et 3 losangé d'argent et d'azur.

Sources : Arch. nat^les P. 138 ; 128. — Arch, chât. Vandenesse, Limanton, Devay. — *Inv.* de Marolles. — Min. not^res Moul.-Engilbert. — Orig. de Soultrait, à Soc. niv. — C^st Titres, pièces orig. 2454. — Preuves de Malte, Arsenal, II.

Eteints.

(3) DE MARRY. — *De Nivernois.* — Le nom s'écrivit indifféremment : Marry, Mary et Marrey. Or, il y a trois Marry dans les mêmes parages (c^nes de Moul.-Engilbert, Sémelay et Cussy-en-Morvand, pr. Roussillon) qui ont pu donner leur nom à des familles différentes dont la filiation suivie est impossible, faute de titres assez nombreux (**).

Guy DE MARRY souscrit 1147 donation au prieuré de Coulonges (c^ne Cercy). Jean, chlr, m^t av. 1332, est père de : 1° Jean, écr, qui fait hmage à Chât.-Chinon 1337 et 57 p. biens à Cuy, est mari d'Isabeau d'Arcy, dont peut-être : Marg^te, fme de Jean DU VERNE ; 2° Dreux, donne quitt^ce à Moul.-Engilbert 1332 ; son fils Louis, chlr, sire de la tour de Marry 1336, sgr de Sancy, f. hmage biens à St-Léger-du-Fougeret 1349, témoin à Beunas 1367, eut de Marg^te de Trizy : *a,* Guill^e, échanson du duc Bgogne 1405, sgr de Villiers-en-Long-Boux (c^ne St-Léger-F^et), f. av. à Chât.-Chinon 1386 ; *b,* Jean,

(*) DE MONTMORENCY. — Une branche de cette maison a donné, dans les sgrs de Fosseux : Claude, lieut^t-gén^al de la marine, ép^n 1522 Anne d'*Aumont,* dame de La Roche-Milay (c^on Luzy) qui reçoit aveu à cause cette baronnie 1536, dont il eut : 1° Pierre, sgr de Lauresse, grand-père de Jeanne, fille d'honneur de la reine et fme de Jean LE BOURGOING, ci-dessus ; 2° Fr^s, sgr d'Hauteville, b^on de La Roche-Milay 1567, chlr de l'ordre, capit^ne 50 h^es d'armes, refait terrier de La Roche-Milay, y donne pour procession, affranchit des hab^ts de Villapourçon 1580, m^t av. 1589, eut de Louise de Gébert : Marg^te DE MONTMORENCY, dame de La Roche-Milay par don pat^el 1574, marr^ne à Luzy 1636, ép^a 1589 René *de Rousselé* (*a*), chlr, sgr de Saché. — A la fin du XVIIe s. un Fr^s de Montmorency, mari de Jeanne More, habitant Corvol-l'Orgueilleux. — (P. Anselme III. — *Inv.* Marolles. — *Le Morvand,* I. Baudiau. — Reg. parois. Luzy et Clamecy.)

(*a*) DE ROUSSELÉ. — *D'Anjou.* — René, ci-dessus, cons^er d'Etat, b^on de La Roche-Milay par son maage, en fait hmage 1594, y obtient 4 foires 1582, concède terres pr. Luzy 1593, reçoit hmage à cause la Roche 1599, achète Milay (c^on Luzy) 1619 ; il eut de Marg^te *de Montmorency :* Charles, b^on de La Roche-Milay, qu'il fait délimiter 1643, père de René, b^on d'*id.,* plaide contre curé de Poil 1656, donne reconn^ce rente à abb. Bellevaux 1682, m^t av. 1687, eut d'Anne Frézeau de la Frézelière : Jacques dit : c^te de La Roche-Milay 1682, dont la veuve Elisabeth Morin fait reconn^ce 1709 et vend avec son fils Fr^t-Nicolas-Joseph DE ROUSSELÉ, enseigne des gendarmes de la reine, la b^nie de La Roche-Milay au maréchal-duc DE VILLARS, m^is de la Nocle, b^on de Ternant, dont la veuve Jeanne Roque de Varengeville revendit La Roche-Milay après 1734. — (P. Anselme III. — Arch. Nièv. B. — Orig. de Soultrait, à Soc. niv. — Arch. chât. Devay. — Reg. parois. Milay.)

Eteints.

(**) En outre, les actes des sgrs de Marry-Moulins et Marry-Sémelay sont passés sous le même scel : Moulins-Engilbert, et on voit rarement duquel des deux Marry il s'agit.

fille de Jean, sgr de la Buxière, sans posté.; 2º Pierre, suit; 3º Charlotte, fille d'honneur de la reine, épᵃ 1455 Jean Soreau (*), grand-veneur de Fr.

VI. — Pierre LE BOURGOING, écr, sgr de Chizy-le-Gros, Boux (cⁿᵉ Rémilly), écr de cuisine du cᵗᵉ Nev. 1468, échange à Chizy 1473, épᵃ 11 avril 1467 Jeanne *Boutillat*, fille de Jean, sgr d'Arcilly, dont: 1º Philippe, sgr de Champlévrier et Monteuillon, curé de Sardy et de Coulanges-Nev., chanoine Nev. 1520, teste 1532, donnant à ses nièces; 2º Philibert, suit; 3º Paule, veuve de Guillᵉ *d'Ourouër* (4), écr, sgr d'Oulon 1510, répⁿ Jean *de St-Père*, sgr de Verou; 4º Jeanne, abbesse N.-D. Nev. 1505, mᵗᵉ 1533.

mari de Margᵗᵉ d'Aunay avec laq. il vend Bussy 1407; c, Agnès.

Philibert DE MARRY est prieur de Decize 1387-1407.

Girard DE MARRY, dit Testefort, écr, f. hmage p. Marry 1326-38. Guillᵉ, mᵗ sans posté. av. 1387, avait pour sœur Margᵗᵉ de Marry, veuve de Jean Le Bidault de Montaron 1377, dame de Poussery (cⁿᵉ Montaron).

Jean, écr, est au siége Chât.-Chinon 1412 et capit. de Vandenesse 1417-23, sgr de Vaujoly (cⁿᵉ Diennes) 1430; son fils nat. Jean épⁿ Margᵗᵉ Vaschet, de Champvert. Pierre est sgr de Marry et la Bussière (cⁿᵉ Sémelay) 1441, ainsi que Jean, père de Frˢᵉ, fme de Guyot LE BOURGOING, ci-dessus.

Dans la br. de la Bussière, on trouve encore: Jean DE MARRY, fait hmage p. la Bussière 1540. Guillᵉ, chlr, sgr de la Bussière, Pouligny (cⁿᵒ Montaron), Solières (cⁿᵉ Stᵉ-Péreuse), Montécot (cⁿᵉ Sémelay), garde du scel Luzy, établit deux foires à Arthel 1528, mᵗ av. 1539, mari de Charlotte *de Boutillat*, dont: a, Jean, cordelier au Beuvray; b, Jeanne, fme de Philᵗ *de Barnault*, écr, sgr de Guipy; c, Léger, écr, sgr de la Bussière, Montécot et Solières 1540-48, eut de Fˢᵉ d'Oyseau: Jeanne, dame de la Bussière, qu'elle porta av. 1567 à Imbert *de Paris*, écr, sgr d'Arthel.

Guillaume, écr, sgr de Vaujoly 1442, transige à Montigny-s.-Canne 1446; Robert, sgr de Vaujoly, eut de Charlotte BRÉCHARD: Frˢ, sgr de Vaujoly 1497, mari d'Anne de Pierrepont. Gilbert, écr, demᵗ à Chevannes-Gazeaux 1571-80, eut de Toussine de Poissons: Guillᵉ, épᵃ 1569 Louise *de Gayot*, fille d'Ant., sgr de Vilette.

Pierre DE MARRY, écr, sgr de Villaine (cⁿᵘ Moul.-Engilbert) (**), en f. hmage 1346. Autre Pierre, sgr de Villaine et la Bretonnière (cⁿᵉ Bazolles), dont hmages 1385 et 1406, donne à Commagny 1404; son fils Jean, écr, sgr de Villaine 1441-66, est père de Jacques qui sert au ban Niv. 1467; ce Jean avait ép. v. 1435 Catherine DE COURVOL, fille de Gaucher, sgr d'Isenay. Huguenin est père de Catherine, qui épᵃ 1489 Philippe DE REUGNY; sgr du Tremblay.

Jean, écr, échanson du cᵗᵉ Nev. 1476, sgr de Marry et Poissons (cⁿᵉ Arleuf), transige 1490, mari de Jeanne *de Cossay*, dame de Poissons. En 1504, Jean est sgr

de Montbaron (cⁿᵉ Chât.-Chinon), et Pierre, sgr d'Argoulois (cⁿᵉ St-Hilaire). Jean, sgr de Marry pⁱᵉ et Morillon (cⁿᵉ Préporché), épⁿ Frˢᵉ de Glenne, dont une fille unique, veuve de Gilbert de la Colonge, écr, épᵃ 1569 Frᵗ *de Terrières*, auquel elle porta Marry.

Jean DE MARRY, écr, sgr de Villaine, Villiers-en-Long-Boux, Monceau (cⁿᵉ Moul.-Engilbert) 1528, f. hmage p. Villaine 1535, vend Villiers, Genay (cⁿᵒ Préporché), Neuvelles (id.) et Lesvaut (cⁿᵉ Onlay) 1546, teste à Villaine 1547, eut de Margᵗᵉ d'Autricourt: 1º Pélerin, écr, sgr de Villaine, Monceau, la Chaize (châtᵗⁱᵉ Gannay) 1554-81, épᵃ Marie Petit, nièce du prieur de Commagny; 2º Louis, sgr de Morillon et la Brosse 1554-88; 3º Margᵗᵉ, fme de Robert Michaut, sgr de la Court; 4º Marie, épᵃ Adrien *de Carreau*, sgr de Thaveneau.

Armes : D'après l'*Inv.* de Marolles, il est possible que celles des Marry près Moul.-Engilbert soient: D'argent, à 3 hermines de sable ; et celles des Marry-la-Bussière : De gueules, à trois bandes d'or et d'azur.

Sources : D. Villevieille, 56. — *Inv.* de Marolles. — Arch. natⁿˡᵉˢ, P 138. — Arch. Nièv. E. — Min. notʳᵉˢ Moul.-Engilbert. — Arch. chât. Vandenesse et Devay. — *Le Morvand*, Baudiau. — Reg. parois. Chevannes-Gazeaux.

Éteints.

(4) D'OUROUËR. — Tirent peut-être leur nom d'Ourouër-aux-Amognes (cⁿ Pougues), car en 1379 Gauthier D'OUROUËR reçoit, à cause de cette sgrie, un aveu de biens entre St-Sulpice et Balleray. — Gaucher fait hmage à Lurcy-le-Bourg (cⁿ Prémery) 1346.

Jean D'OUROUËR, écr, sgr de Sichamps (cⁿ Prémery), dont aveu 1453, et du Tremblay (cⁿᵉ Oulon), mᵗ av. 1464, avait eu d'Aalips : Guillᵉ qui, avec sa mère et ses sœurs, f. hmage p. le Tremblay 1464. Un autre Guillᵉ, écr, sgr d'Oulon, meurt peu av. 1510, mari de Paule LE BOURGOING, ci-dessus, dont : Philippe, mineur 1524, mᵗ av. 1555 sans posté.; son frère utérin, Jean de St-Père, en hérita.

Jean, écr, sgr de Sichamps en pⁱᵉ, est au ban Niv. 1467-69, ainsi que Gibaut, il avoue Sichamps 1492, peut-être père de : a, Michel, écr, sgr de Sichamps pⁱᵉ, dont aveu

(*) Ce Jean SOREAU, sgr de St-Gérand-de-Vaux (Bourbᵃⁱˢ), capit. et bailli de St-Pierre-le-Mᵒʳ 1458, était frère de la célèbre Agnès Sorel, et fils de Jean, sgr de Coudun, gentilhᵉ du cᵗᵉ de Clermont 1425.

(**) Bien qu'il y ait un lieu « Marry » à côté de Villaine, les DE MARRY, sgrs de Villaine, étaient sgrs de Marry près Cussy, car Jean, mari de Catherine de Courvol, vend en 1455 sa part de « Marrey-en-Morvant, en la chastellenie de Rossillon ». (Arch. de Courvol.) Et en 1462 un aveu pour Marry dans la mouv. de Roussillon spécifie : « que souloit tenir Jehan de Marry, écr, sgr de Villaine ». (Collⁿ Gaignières, 658.)

·˙II. — Philibert LE BOURGOING, écr, sgr de Chizy et Railly 1532, donne rente à égl. St-Cyr 1535, eut de Barbe Rollin, fille de Nicolas, chancelier de Bgogne, sgr de la Roche-Milay en pie : 1° Jeanne, dame de Champlévrier, épa 1528 son cousin Philibert Le Bourgoing, sgr de Faulin ; 2° Anne, épa 1545 Gilbert du CREST, écr, sgr de Ponay ; 3° Marie, fme de Pierre de CHARGÈRES, écr, sgr du Breuil.

Armes : D'argent, à trois tourteaux de gueules.

Sources : Béthancourt, *noms féodaux*. — D. Villevieille, 18. — *Inv.* de Marolles. — Arch. chât. Devay et Limanton. — Arch. Nièv. E et B. — Min. nottres Moul.-Engilbert et Clamecy. — Cet Titres : Dossier bleu, 124. — D. Caffiaux, 1234. — Preuves Malte, Arsenal, III. — P. Anselme, III et VIII. — Mss. de D. Viole, Auxerre. — *Inv.* Peincedé, 13 et 23. — Reg. parois. Surgy, Clamecy, Guipy, Luzy.

Éteints.

avec sa nièce Denise d'Ourouër 1529, et f. hmage p. Sichamps 1547 et p. biens à Oulon 1535 ; son fils Étienne, sgr Sichamps 1573-89, n'eut que deux filles : Claude et Esmée, dame de Sichamps pio, mariée 1o av. 1609 à Pierre *de Juisard*, écr, sgr de Chamonot, 2o av. 1620 à Dieudonné *de Gourdon*, écr ; *b*, Jean, écr, sgr de Sichamps en pio, mt jeune av. 1520, mari de Blanche David, alors remariée à Guille du Lys.

En même temps des d'OUROUËR se trouvent dans le nord du Nivern. : Guille, écr, sgr de Pesselières (châtle Druyes), y fait hmage 1389 à cause de Guillette de Montchogues, sa fme, *id.* 1401-20, et à Corvol-l'Org. 1406,

mt av. 1433 ; son fils Antoine fait, à Druyes 1420, un hmage répété 1441 par Geoffroy, qui paraît frère de Guille d'Ourouër, écr, sgr de Pesselières, dont hmage 1456 et 66, varlet du cto Nev. 1468, son écr tranchant 1476, sert au ban Niv. 1467, eut pour fille : Antoinette, dame de Pesselières, fme de Philippe *de Champs*, écr. — De cette branche est peut-être : Jeanne d'Ourouër, fme de Gauthier *de Billy*, vte de Clamecy, mle av. 1432.

Sources : Inv. de Marolles. — Arch. chât. Guichy et Sichamps. — Arch. Nièv. E.

Éteints.

✠✠✠✠✠✠✠✠✠✠✠✠✠✠
✠✠✠✠✠✠✠✠✠
✠✠✠

DE BRÉCHARD

RIGINAIRES de Bourbonnois.

Les puissants sgrs de Bressoles pr. Moulins sont la souche de toutes les branches répandues en Nivernois. Le premier personnage cité par les auteurs est Raoul BRÉCHARD (*), témoin d'une charte donnée à Souvigny 1217 ; mais, dès 1174, un « Radulfus Brecardi » est témoin à Nevers d'une vente au prieuré de La Charité par le cte Guy. Un autre Raoul, chlr, sgr de Bressoles, reçoit rente sur la Ferté-Chauderon (cne Chantenay) 1295 et f. hmage p. biens châtle Decize 1296.

En même temps, Guy BRÉCHARD, chlr, sgr de Toury-sur-Abron (con Dornes) et possessionné à Lucenay (*id*), mt av. 1271, épn 1250 Isabeau *de Billy*, dame de Verou (cne Thaix), fille de Geoffroy, maréchal de Nivern., dont : 1° Guille, suit ; 2° Margte, dame de Verou qu'elle porta av. 1271 à Guyot *de Beaumont*, dont hmage à ctesse Nev., elle testa 1281 en prés. de Robert Bréchard, chlr, sgr de Toury-s-Abron, probablt son frère, qui suivra (A).

Guillaume BRÉCHARD, chlr, sgr de Sardolles (con St-Benin-d'Azy), se croisa « miles crucesignatus » 1270, vend en Bazois 1275, mt av. 1282, père de : Hugues, chlr, sgr de Sardolles et Vesvre (cne Trois-Vêvres), f. reconnce au chapitre Nev. 1282, mt av. 1320, eut de N..., dame de St-Aubin : 1° Jean suit ; 2° N..., fme av. 1320 de Jean de St-Bury, chlr.

(*) Le nom s'est écrit : Brescharz, Broichart, Breschart, et depuis la fin du XVIe s. : de Bréchard. — La forme du génitif (fils de), avec le prénom au nominatif, s'employa jusqu'au milieu du XIVe : *Guillelmus Brechardi*, sgr de Sardolle 1270 ; *dominus Johannes Brechardi miles* 1361.

Jean BRÉCHARD, chlr, assigne 1320, sous scel St-Saulge, un douaire à sa fme Isabelle de St-Bury (Bgogne) et eut pour fils ou petit-fils : Jean, chlr, sgr de Vesvre, Sautronne (Bgogne), la Guette (chât^{ie} Liernais), dont hmage au c^{te} Nev. 1407, acte 1409, ép^n 1360 Marie *de Beauvoir*, dame de Thury et la Guette (chât^{ie} Liernais), fille de Jean et de Jacq^{te} de Bordeaux, et la doue sur Sautronne, sa posté. fit branche pr. Arnay-le-Duc (*).

Robert BRÉCHARD (a), chlr, sgr de Toury-s.-Abron 1281, est sans doute père de Jean, qui suit, et de Guill^e, aussi sgr de Toury et de biens à Champvert (c^{on} Decize), dont hmage 1323, qui eut : Guyot, qui f. hmage p. Toury 1370 et le vend 1375 (**).

Jean BRÉCHARD, damoiseau, sgr de Beauvoir (c^{ne} St-Germain-Chassenay), dont hmage. 1323, a pour success^r Guill^e, sire de Beauvoir 1335-57, ép^n Marg^{te} de Cogny (***), fille de Pierre, chlr, dont : 1° Pierre, suit ; 2° peut-être Guill^e, sire des Espoisses (c^{ne} Toury-Lurcy), dont hmage 1382.

Pierre BRÉCHARD, écr, sgr de Beauvoir et Cougny en p^{ie} (c^{ne} St-Pierre), ép^a 1343 Agnès de Cougny, fille d'un 2e lit de Pierre, dont : Erard, sgr de Beauvoir, Cougny et Baudreuil (c^{ne} St-Pierre), reçoit reconn^{ces} à Tresnay et Dornes 1379 et à Parenche 1388, baille à Cougny 1380, m^t av. 1400, ép^n Esmante de Demoret. On trouve ensuite : Pierre, sgr de Beauvoir 1409 ; Étienne, capit. Decize 1402 ; enfin Jean, dernier sgr de Beauvoir du nom de Bréchard, baille à Azy-le-Vif 1431, excusé au ban Niv. 1467, transige 1445 avec sa sœur Guicharde, fme de Philibert *de Cossay* (1), écr, auquel elle porta ensuite Beauvoir.

(1) DE COSSAY. — *De Nivernois.* -- Tirent leur nom du fief de Cossay (c^{ne} Thaix) (****). — Hugues DE COSSAY, écr, sgr de Cossay en p^{ie}, vivait au comm^t du XIVe s.; sa fille Agnès, qui a des biens mouvant de Verou (c^{ne} Thaix), ép^a av. 1357 Pierre *de la Forest*, écr. Perrin, damoiseau, sgr de Cossay, m^t av. 1342, fait hmage p. Vézigneu (chât^{ie} Decize) 1335, eut 3 fils : Jean, Regnaut et Huguenin, écrs, qui f. hmage p. Cossay 1342 ; ce Regnaut « Regnaudus de Coussayo parrochianus de Savigniaco super Caulam, domicellus » est sgr de Chaumigny (c^{ne} Cercy-la-Tour) 1343-61, possessionné pr. Verou 1357, est père de Jean, écr, sgr de Chaumigny 1388-1432, mari de Gilette *de Poissons*, dame de Poissons (c^{ne} Arleuf), dont il f. hmage 1396 ; Huguenin, écr, sgr de Cossay p^{ie} 1342, a biens pr. Montaron 1379, ép^a av. 1357 Agnès, fille de Geoffroy Talpin, dont : Henri, qui tient de la tour de Verou 1382-90. En même temps on trouve, tenant des arrière-fiefs de Verou : Guyon DE COSSAY, 1357 ; Huet, 1361-73 ; Henri, 1373-90 ; Guyot et Huguenin, 1382-90, Nicolas est mari de Jeanne de Roche 1452.

I. Philibert DE COSSAY (peut-être fils de Jean et de G. de Poissons), écr, sgr de Chaumigny, Pouligny (c^{ne} Montaron) le Bazoy (id.), puis de Beauvoir (c^{ne} St-Germain-Chassenay), dont hmage 1464, vend bordelage pr. Cossay 1439, acte à Chaumigny et Pouligny 1441-74, h^{me} d'armes au ban Niv. 1467 et 69, ép^a av. 1445 Guicharde DE BRÉCHARD, ci-dessus, dame de Beauvoir, dont il eut : 1° Hugues, écr, a biens pr. Verou, m^t av. 1500 ; 2° Pierre, sgr de Bouchot 1482 ; 3° Gilbert, suit.

II. Gilbert, écr, sgr de Chaumigny, Verou en p^{ie}, Peron p^{ie} (c^{ne} Thaix), Lanty (c^{ne} Rémilly), Trenai (Tenière ? près Diennes) et Beauvoir, reçoit reconn^{ces} à cause Verou 1485 et 96, accompagne la c^{tesse} Nev 1523, eut de Marg^{te} Bécherelle : 1° Jean, écr, sgr de Beauvoir 1524, de Peron p^{ie}, qu'il vend 1526, et de Lanty, sert au ban Niv 1503, m^t sans posté.; 2° Charles, suit ; 3° Gilberte, ép^a 1489 Guill^e *du Deffand*, écr, sgr St-Martin-d'Ordon.

III. Charles, écr, sgr de Chaumigny, Verou p^{ie} 1515, Trenay, Lanty et Beauvoir, dont hmage 1532, et p.

(*) La châtellenie de Liernais dépendant du Nivernois, nous devons mentionner : Louis Bréchard (fils de ce Jean), damoiseau, sgr de la Guette et Lally (chât^{ie} Liernais), f. hmage au c^{te} Nev. p. la Guette 1449, m^t av. 1457, ép^a 1432 Jeanne Lobat, dont : Pierre, écr, sgr de la Guette et Lally 1457, et Philippe, sgr la Guette p^{ie} excusé au ban Niv. 1467, acte 1470-87, ép^n Mlle de Thoisy, dont : Léonard et Nicolas, écrs, co-sgrs de Vellerot (chât^{ie} Liernais) 1491. Puis, Jean, sgr de Vellerot et Villars (chât^{ie} id.), chlr de l'ordre 1578, a pour sœur Philiberte, fme 1581 de Léonard *de Sauvage*, écr, sgr de Montbaron.

(**) Ce Jean dit « Breschart de Toury, damoiseau » 1378, se fixa près Vitry-s.-Loire, où il f. aveu à cause de sa fme, fille de f. Guichard Morot, de Bon-Lancy ; en 1464 Guichard Bréchard, capit. de Vitry, a pour frère Henri, écr, sgr du Fort-de-Lanty (c^{ne} Rémilly) par sa fme Catherine *du Bois*, fille de Philibert, dit de Lanty ; il vend 1431 des biens par^{ses} Cossaye, Decize et Devay.

(***) Pierre DE COUGNY (pr. St-Pierre), chlr, ép^a av. 1313 Aälis *des Ryaux*, avec laquelle il fait hmage à Cuffy, et dont il eut Marg^{te}, ci-dessus, puis il eut d'un second lit Agnès de Cougny, qui épousa Perrin DE Breschard, fils de Guill^e. (*Inv.* de Marolles.) — Il y eut au XIVe s. une autre famille de Cougny (c^{ne} St-Jean-Amognes) ; voir *do Talaye*.

(****) Et non de Cossaye (c^{on} Dornes), comme l'ont avancé des modernes trompés par ce fait que les Cossay furent sgrs de Beauvoir, non loin de Cossaye. — Cossay, relevant de Verou, n'appartenait plus à la famille du nom dès le comm^t du XVe s. ; et un aveu de 1588 indique qu'il n'y existait plus alors qu'une motte. — Le nom s'est écrit : de Coussay, de Couçay et de Cossay.

PHILIBERT DE BRÉCHARD, écr, sgr de Cougny, où il achète et baille 1437-54, de Beauvoir en p^ie 1438, m^t av. 1456 que sa veuve Jeanne de Langon baille pr. St-Pierre avec son fils Jean, qui suit, et ses enf. mineurs (*).

JEAN DE BRÉCHARD, écr, sgr de Cougny 1456-89, baille avec sa mère à Chevenon (c^on Nevers) 1459, dont hmage p^ie 1464 et pour Crésancy 1476, baille à Cougny et Chevenon jusqu'à 1482, échanson du c^te Nev. 1468-77, son chamb^an 1491, gardien des places fortes 1498, au ban Niv. 1469, eut de Jeanne de Malleret : 1° Jean, suit ; 2° Gilberte, fme 1525 de H. Buyat, écr, sgr du Meuble ; 3° Gaspard, écr, sgr de Cougny, Crésancy, la Tour-de-Chevenon, l'Isle-de-Mars (c^ne Mars), Villemenant en p^ie (c^ne Guérigny), sert au ban Niv. 1503, transige avec son frère p. Cougny 1500, y fonde messes 1533, baille à Chevenon 1525-36, à Villemenant avec ses 2 fils 1538, ép^a av. 1515 Françoise de Veaulce (2), dame de Villemenant, dont : a, Pierre, écr,

Chaumigny 1535, sert au ban 1503, m^t 1536, ép^a Anne D'ANLEZY, fille de Fr^s, sgr de Dumpflun, dont il eut : 1° Gilbert, suit ; 2° Claude, chlr de l'ordre, sgr de Chaumigny p^ie, Lurbigny (c^ne Cercy), Verou p^ie, Savigny-s.-Canne p^in (c^ne St-Gratien) achèté 1580 et la Loge (Diennes), aussi acheté, f. hmage p. Chaumigny 1575, y acte jusqu'à 1599, ép^a r^o Louise de Jaucourt, fille de Jean, sgr de Villarnoul, 2° Fr^se de la Porte (Berry), dont : Sarah, dame de la Loge et Verou p^ie, fme de Jacques de Chandiou, 3° Guill^e, écr, sgr de Trenay 1583, ép^a 1564 Esmée de Jaucourt (**), sœur de Louise ; 4° Fr^se, mineure 1540.

IV. GILBERT, chlr, sgr de Beauvoir et St-Germain, dont hmage 1575, de Verou en p^ie, Chaumigny, m^re des eaux-forêts de Niv. 1578, chlr de l'ordre 1599, ép^a 27 fév. 1573 Anne DE LA FERTÉ-MEUNG, fille de Charles, sgr de Challement, dont il eut : 1° Jacques, suit ; 2° Abel, sgr de St-Germain-en-Viry 1599-1608.

V. JACQUES, chlr, sgr de Beauvoir, St-Germain, Challement p^ie et par sa fme de Dumpflun (c^ne Billy-Ch.), Cizely (c^on Azy) et Lucy (c^ue Montapas), gentilh^e chr^e du roi 1630, acte à Beauvoir 1612-39, baille à Dumpflun 1618, ép^a 16 déc. 1599 Gilberte D'ANLEZY, fille de Jean, sgr de Dumpflun, dont : 1° Gaspard, chlr, sgr de Challement p^ie 1644-52, Cizely p^ie 1651 et Lucy, ép^a v. 1635 Louise DE MOROGUES, fille d'Henri, sgr de Sauvage, dont : a, Henri, sgr de Lucy p^ie, mineur 1659, m^t av. 1701 sans posté ; b, Marg^te ; 2° Charles, suit ; 3° Gilbert, m^t av. 1659 ; 4° Louis, sgr de Beau-

voir, St-Germain, la Vallée (c^ne St-Germain-Chassenay), la Tour-Rabuteau (c^ne Challement) et Lucy p^ie, dont hmage 1658, m^t 1695 célib. ; 5° Jacques, sgr de Beauvoir, St-Germain, Dumpflun, Lucy, 1639, chlr de l'ordre 1634, m^t av. 1650 sans posté. d'Anne DE MOROGUES, sœur de Louise ; 6° Éléonore et Charlotte, m^lles av. 1659.

VI. CHARLES, chlr, sgr de Beauvoir 1652, St-Germain, la Vallée, Cizely, Dumpflun qu'il vend 1642, Challement p^ie, capit. rég^l de Bussy cav^ie 1652, m^t 1680, ép^a 4 fév. 1644 Anne-Louise de Jaucourt, fille de Pierre, b^on d'Huban, dont il eut : 1° Françoise, m^te 1687, ép^a 1679 Louis DE REUGNY, chlr, sgr du Tremblay ; 2° Madeleine, dame de Beauvoir, héritière de son oncle Louis, m^te 1719, ép^a 1680 Jacob Favre de Dardagny, et leur fils, ruiné par le système de Law, vendit Beauvoir, etc.

Armes : D'argent, à la fasce de sable, accompagnée de trois tourteaux d'azur, 2 et 1.

Sources : Arch. chât. Vandenesse, le Tremblay, Devay. — Inv. de Marolles. — Arch. Nièv. E. et B. — Min. notr^es Moul.-Engilbert. — D. Caffiaux, 1234. — Carrés de d'Hozier, 104. — Mém. de Castelnau, III. — Preuves St-Cyr 294 : du Deffand. — Reg. par. St-Germain-Chassenay et Toury-s.-Jour.

Eteints.

(2) DE VEAUCE. — Prennent peut-être leur nom du lieu Velcia, dans les Amognes (***). — « Morellus de Velcia civis Nivernensis » est cité dans un titre de 1231.

(*) Ces enfants, qui ne sont pas nommés, peuvent être les BRÉCHARD qui possédèrent Villars (c^ne St-Parize) de 1454 à 1524, et les aïeux de ceux des environs de Decize au XVIe s. : Louis et Pierre Bréchard, écrs, frères, sgrs de la Quenolle (la Connaille, c^ne Avril-s.-Loire) et Martigny p^ie (c^ne Cercy) 1527, achètent à Cercy 1528, le 1er m^t v. 1545 et le 2e eut : 1° Jean, écr, sgr de la Quenolle et Martigny en p^ie qu'il échange 1551, baille à la Quenolle 1573-81 ; 2° Antoine, f. hmage à Verou 1545 ; 3° Louise 1551. — Jean BRÉCHARD, écr, sgr de Gerland (c^ne Neuville-Decize), mari de Léonarde Segueneau, dont descend : Claude, écr, sgr de Gerland 1637, y acte jusqu'à 1658, m^t av. 1670, eut de Claude BRÉCHARD 4 filles mariées à des plébéiens qui plaident 1679 avec enf^s de f. Gilbert Bréchard et de J^ne Cognérat qui habitent Chantenay et environs et y sont dans de très-médiocres positions. — Aux Bréchard de Martigny peuvent peut-être se rattacher : Marg^te B., fme de Pierre BERTHIER, écr, sgr de Vannay ; Inès, fme 1550 de J. Coquille, garde du scel St-Saulge ; Jean, mari de Gabrielle D'ANLEZY, dame de Lathenon 1607 ; Antoinette, veuve 1629 de Gilbert D'ANLEZY, sgr de Vesvre ; Anne, fme 1634 de Fr^s DES ULMES, sgr de la Boube. Dans tous les cas, toutes ces personnes ne descendent pas des sgrs de Brinay.

(**) La plupart des COSSAY embrassèrent la Réforme et s'allièrent à des familles protestantes ; Charles, sgr de Beauvoir, huguenot ardent, fut condamné à St-Pierre 1628 pour sévices contre un moine. Ils abjurèrent à la fin du XVIIe s.

(***) Une autre famille DE VEAULCE se trouve dans le nord du Niv. aux XIIIe et XIVe s. — Hugues de Veaulce, damoiseau, a des terres près Lormes 1245. Jean, chlr, sgr de Noison (c^ne Montenoison) et de Saizy (c^on Tannay), dont hmage 1343 était m^t av. 1371, mari de Marguerite de Toucy. — Un bail de 1484 par un DE VEAUCE, sgr de Réveillon, agissant pour Philibert, sgr de Villemenant, indique que les sgrs de Réveillon étaient de la famille de ceux de Nevers. (Inv. de Marolles. — Arch. chât. de la Montagne et Guerchy.)

58

sgr de Cougny, l'Isle-de-Mars, Marcigny (c^{ne} St-Pierre), f. hmage 1540, acte à Cougny jusqu'à 1558, épⁿ 1543 Anne de Vignole, dont : Anne, dame de Cougny et l'Isle qu'elle porta 1562 à J. *de Colombier*, écr, sgr de Gouloux ; *b*, Michel, écr, sgr de Villemenant, la Tour-de-Chevenon, Marigny (c^{ne} Chevenon), vend au chapitre Nev. 1533, m^t av. 1578, épⁿ Geneviève de Châtelus (Auvergne), dont : *a'*, Gaspard, sgr Chevenon p^{ie} 1578, y dem^t 1579 ; *b'*, Louis, sgr Villemenant p^{ie}, f. hmage avec son frère p. Chevenon 1578, m^t av. 1591, semblent sans posté. ; *c'*, Madeleine, dame de Villemenant, épⁿ 1563 Charles DE LANGE, chlr, sgr de Château-Renaut.

JEAN DE BRÉCHARD (fils de Jean et de J. de Malleret), écr, sgr Cougny p^{ie}, le Ponceul (chât^{ie} Château-s.-Allier), Aligny (c^{ne} Livry), transige 1500, vend à Aligny 1524, m^t av. 1529, épⁿ av. 1516 Jacqueline d'Aligny (*), dont : 1º Claude, suit ; 2º Charles, sgr de Ponceul, dont hmages 1539-50, père d'Antoine, sgr de Ponceul 1571, se fixe à Mornay pr. Sancoins ; 3º Jean, sgr d'Aligny p^{ie} 1529.

CLAUDE DE BRÉCHARD, écr, sgr d'Aligny, y habite 1546, et de Varry p^{ie} (c^{ne} Langeron), y achète 1541 et près Livry 1557, eut d'un 1er lit : Loup, suit, puis de Renée Boucher : Fr^{se}, fme av. 1549 de Jⁿ de la Buxière, écr.

LOUP DE BRÉCHARD, écr, sgr d'Aligny et de la Tournelle (pr. Sancoins), vend à Varry avec son père 1546, dut avoir pour fils : 1º Gaspard, père d'Anne, fme de Fr^s de Larche, écr, et Esmée, fme de Martin S*pifame*, du Parl^t P^{is} ; 2º Jean, écr, sgr d'Aligny, la Tournelle 1571-98, lieut^t de roi à La Charité 1589, achète pr. la Ferté-Ch^{on} 1572-85, m^t av. 1605, épⁿ 1° av. 1571 Espérance *de St-Phalle*-Cudot, 2° av. 1588 J^{ne} de Lanvault, dont : *a*, Madeleine, épⁿ 1578 Claude *du Deffand*, écr, sgr d'Ordon ; *b*, Marg^{te}, fme de Gabriel DE LA FERTÉ-MEUNG, et du 2e lit, *c*, Esmée, dame d'Aligny, fme av. 1609 de Gabriel d'Aubigny, écr, sgr de la Lande, dont le fils vend Alligny 1661 (**).

La branche de Confex (Bourbonnais), sortie des sgrs de Bressolles, a donné :

I. — PIERRE DE BRÉCHARD, écr, sgr de Confex et Villars (pr. Villeneuve, Allier), m^t av. 1496, qui, de Jeanne de la Mousse, eut : 1º Jean, qui suit ; 2º Fr^s, écr, sgr de Villars 1499 ; 3º Gilbert, écr, bachelier-en-lois, protonotaire du S. S. 1526.

II. — JEAN DE BRÉCHARD, écr, sgr de Confex et de biens à Lucenay-les-Aix (c^{on} Dornes),

Pierre est abbé de St-Martin-Nev. 1258. Hugo de Velcia dénombre biens pr. Demeurs (c^{ne} Urzy) 1325. Guill^e est chanoine et official Nev. 1335. Guill^o, habitant Nev., notaire 1349, f. reconn^{ce} au chapitre 1359 avec son frère : JEAN DE VEAUCE, bourgeois Nev., a biens à Villemenant (c^{ne} Guérigny) et Marcy (c^{ne} Poiseux) 1341, achète à St-Sulpice 1347, eut de Marg^{te} : 1º Jean, suit ; 2º Catherine, fme de Philippe de Lupy. JEAN, sgr d'Ourouër en p^{ie} (c^{on} Pougues) 1368, y f.

aveu 1379, échevin Nev. 1371, eut : 1º Philibert, bourg^s Nev. et échevin 1400-12, juge du chapitre Nev. 1394, substitut du proc^r du duc de Bgogne 1397-99, sgr d'Ourouër, y achète 1379, m^t av. 1415 laissant : Guill^e, qui donne à l'égl. St-Pierre-Nev. 1415. Ce Jean eut outre pour enfants ou neveux : Bertrand, qui suit ; Huguenin, échevin Nev. 1405 ; Isabeau, fme 1397 de Perrin *de Pougues*, bourg^s Nev. ; et Pierre, écr, sgr de St-Sulpice (c^{on} St-Benin-d'Azy), la Charnaie (chât^{ie} Cuffy), Omery-

(*) D'ALIGNY. — Prennent leur nom du fief d'Aligny, c^{ne} de Livry. — Girard D'ALIGNY, écr, en fait hmage à la Ferté-Chauderon 1310. Hugues, sgr d'Aligny, eut pour fille Agnès, fme de Philippe de la Périne, qui f. hmage p. Aligny p^{ie} 1363. Jean d'Aligny, écr, assiste à réception à St-Cyr du b^{on} de la Ferté-Chauderon, a pour fme Guyotte de Minière, qui hérita en 1401 de Marancy et Roche, de G^{er} Loiseau, écr. Jean, écr, sgr d'Aligny, sert au ban Niv. 1467, m^t av. 1474, que sa veuve, Jeanne de Mauvoisin, baille à Livry ; il eut : Blaise et Jean, qui transigent à St-Pierre 1480, et Antoine est en 1503 au rôle du ban. Ce Blaise d'Aligny, écr, sgr d'Aligny, y achète 1481-87 et vend 1496 Marancy, entré dans sa famille 1401 ; il est prob^t père de Jacqueline, ci-dessus. — (D. Villevielle, 67. — *Inv.* de Marolles. — Arch. Nièv. E.)

(**) Dans la branche de Cougny, il y a encore le rameau de Mauboux (c^{ne} Livry) : Guyot BRÉCHARD, écr, sgr Mauboux, m^t av. 1440, eut Louis, sgr Mauboux, mari de Phil. de la Périne, f. hmage biens à Chambon (c^{ne} Livry) 1441. Guill^e, écr, sgr Mauboux, archer au ban 1469, reçoit reconn^{ce} près la Ferté-Ch^{on}. Pierre, sgr d'*id.*, y dem^t, vend 1505 avec L^{se} de Maulmarché, sa fme, à Chambon et Précy (c^{ne} Livry), refait terrier 1515 et hmage 1535. Charles, sgr de Mauboux, est saisi 1540. Antoinette DE BRÉCHARD porta Mauboux av. 1590 à Symphorien DE GRIVEL, écr. — C'est peut-être aussi de Cougny que sort le rameau de Bernay (chât^{ie} La Guerche) : Jeanne Bréchard, dame de la Charnaie (c^{ne} Patinges) et St-Germain-s.-l'Aubois (Berry), fme de Jⁿ Pitoys, fait hmage au c^{te} Nev. 1446 et 50. Antoine BRÉCHARD, écr, sgr de Bernay, mari de Gilberte des Riaulx, f. hmage au c^{te} à cause La Guerche 1527 et 40. En 1578, Claude est sgr de Bernay, et Jean en 1582.

au ban Niv. 1503, ép^n 15 déc. 1496 Claude *de Montjournal* (*), fille de Jacques, sgr des Aix, dont : 1º Jean, suit ; 2º Jacques, chanoine à Moulins 1530-36 ; 3º Gabrielle, ép^n 1559 Annet de Barathon, écr.

III. — JEAN DE BRÉCHARD, écr, b^on d'Oyé (Charollois) 1526-42, reçoit don de son oncle Gilbert, à Villars, à son maage 1530 avec Barbe *de Lusy* d'Oyé, dont il eut :

IV. — JEAN DE BRÉCHARD, écr, sgr de Confex et d'Oyé, m^t av. 1590, eut de Charlotte de Mauvoisin : 1º Jean, suit ; 2º Marg^te, partage avec son frère 1590.

V. — JEAN DE BRÉCHARD, écr, sgr de Brinay (c^on Châtillon-B^ois), dont hmage 1599, et Sauzay en p^ie (c^ne Isenay) qu'il vend 1626, constitue rente à Brinay 1619, épousa 5 août 1590 Gasparde DE VEILHAN, fille d'Esme, sgr de Brinay, et de Fr^se d'Anlezy, dont il eut : 1º Jean, qui suit ; 2º Edme, écr, sgr de Chérigny (c^ne Biches), la Cour (*id.*), Chamonot p^ie (*id.*) 1625-58, m^t 1661, ép^n 1634 Edmée *de Juisard*-Chamonot, dont : *a*, Charles, écr, sgr de la Cour et Chérigny 1678-1709, ép^a 1º Melchionne *de Virgille*, 2º 1690 Jeanne d'Hennezel (**), eut du 1er l. : *a'*, Jean, écr, sgr de la Cour, officier cav^le 1732 ; *b'*, Charles, lieut. régim^t Mortemart 1733, m^t 1771 ; et du 2e l., *c'*, Renée ; *d'*, Marie, m^te 1770 ; *b*, Jean, co-sgr de la Cour, reçoit don^on de sa tante Marg^te 1675 ; *c*, Marie, fme de Charles DE LAMOIGNON, écr, testa 1684 ; *d*, Edmée et Toussine, m^tes célib. 1709 et 1695 ; 3º Hector, écr, sgr de Brienne (c^ne Brinay) 1525-32 ; 4º Fr^s, part pour la guerre 1630 avec Hector ; 5º Marg^te, ép^u av. 1621 Adrien *de la Courcelle*, écr, sgr de Précy ; 6º Fr^se.

VI. — JEAN DE BRÉCHARD, écr, sgr de Brinay, Chamonot (c^ne Brinay) et Poully (*id.*),

les-Gaulx (*id.*), échevin Nev. 1426-28, lieut^l du bailli de St-Pierre 1448, père de 2 filles mariées av. 1466, Juliute à Guill^e *Boiserand*, et Jeanne à Elyon *de Druy*.

BERTRAND, échevin Nev. 1397-1411, vend sa part d'Ourouër et Montigny (c^on St-Benin-d'Azy) 1397, f. hmage p. biens à Prunevaux 1406, envoyé au-devant du c^te Nev. 1406, baille pr. Nev. 1430-36, a biens à Courcelles (c^on Varzy) 1445, m^t av. 1453, ép^a Marg^te Alérie, dont : Guill^o, écr, vend Courcelles 1453 avec Philippe, son frère, et f. hmage p. Réveillon (c^ne Entrains) 1464 et 66, paraît père de N... DE VEAUCE, écr, sgr de Réveillon et Chénoy (c^nes Entrains), qui traite pour Philibert, sgr de Villemenant 1484, et dont le fils Arthus est sgr de Réveillon 1514-48 et garde-scel de St-Verain et Cosne.

JEAN, échevin Nev. 1419-36, sgr de Villemenant et Marcy 1458, f. hmage p. l'Isle-de-Mars (c^ne Mars) 1458, m^t 1464, ép^a Jeanne du Bois, dame de l'Isle et Berthun (Berry), dont : 1º Philippe, suit ; 2º Pierre, écr, sgr de Rémeron (c^ne St-Éloi), au ban Niv. 1469, eut : Fr^se, dame de Rémeron, ép^a av. 1473 Antoine LE TORT, écr, sgr de Boisvert ; 3º sans doute Adrienne, ép^a av. 1486 Guyot du Chaillou, écr.

PHILIPPE, écr, sgr de Villemenant, l'Isle, Rémeron p^ie, dont hmage 1486, au ban de Niv. 1467 et 69, cons^er et chamb^an d'Engilbert c^te Nev.; est à l'arbitrage de Clèves-d'Albret 1492, f. hmage p. l'Isle pour sa mère 1464, baille par^se Varennes-Nev. 1479 et à Demeurs 1480, eut pour enfants :

GILBERT, chlr, sgr de Villemenant, Berthun, etc., mi-

(*) DE MONTJOURNAL. — Semblent venir de Bourbonnois. Ont pu donner leur nom à Montjournal, comme de Lucenay-les-Aix. — Jean de Montjournal, damoiseau, fait hmage biens p^se Lucenay (c^on Dornes) 1371 et 84, ép^a av. 1371 Jeanne de Colombs, dame de Dracy (c^ue Lucenay-Aix), dont il eut : Pierre, écr, sgr de Montjournal, f. hmage p. biens à Langeron 1388 et pour Dracy et Mont-de-Lucenay 1406, ép^a av. 1388 Agnès des Granges, et sans doute Jean qui f. hmage p. Lucenay et Dracy 1406. Un Jean DE MONTJOURNAL, sgr des Aix, mari de N... de St-Julien, transige à Decize 1441. Antoine est au ban Niv. 1464. Pierre, écr, sgr de Lucenay 1464, est frère de Jacques, sgr des Aix 1464, m^t av. 1496, mari de Guicharde de Colombs, dont : Claude, fme de Pierre DE BRÉCHARD, ci-dessus, et Jacques, écr, sgr de Montjournal 1496, mari de Fr^se Mareschal, achète le Verger en Forez 1510 où ils sont posté. continue. On trouve encore Fr^s de Montjournal au ban Niv. 1503. —— *Armes :* De sable, à trois fleurs de lys d'argent. —— *Sources : Noms féodaux,* Béthancourt. — *Inv.* de Marolles. — Arch. Niév. E. — Min. not^res Moul.-Engilbert et la Nocle.

Éteints.

(**) D'HENNEZEL. — *De Lorraine.* — Gentilsh^es verriers, venus au comm^t du XVIIº s. entre Fours et Luzy. Abraham D'HENNEZEL est m^tre verrier à la Nocle 1611. Philippe, écr, sgr des Brules (c^ne Fours) 1632-29, est père de Charles, m^tre de la verrerie des Brules 1645. Trois frères, Daniel, Charles et Hugues, sont sgrs et verriers de Bois-Gizet (c^ne Savigny-Poil-Fol) 1635 : Daniel, ép^a Bénédicte DU CREST, fille de Hugues, sgr de Ponay, dont : Hugues, eut de Marie *de Ponard*, Charles, dem^t par^se Savigny-P.-Fol 1675 ; Charles, sgr de Bois-Gizet, m^t av. 1653, eut de Jeanne DU CREST, sœur de Bénédicte : *a*, Fr^s, sgr de Bois-Gizet, m^t 1684, n'eut de Charlotte Airault que des filles ; *b*, Jean, m^t par^se Savigny 1685, eut de Fr^se de Mérans : Gabrielle ; Hugues, 1635, est peut être père de : *a*, Jérôme, sgr de Mézeray (c^ne Tazilly), m^t 1691 ; et *b*, Jean, sgr de Mézeray 1689, eut de Jeanne de Guillin : *a'*, Jeanne, fme de Joseph DU CREST, écr, sgr de Barnault, rép^a 1690 Charles DE BRÉCHARD, ci-dessus ; *b'*, Henriette, ép^a 1688 Jean Roy ; *c'*, Marg^te. (Arch. Niév. B. — Min. not^res Bon Lancy. — Reg. parois. Savigny-Poil-Fol et Tazilly.)

Éteints.

maintenu en Gén. Moulins 14 juin 1667, sert au ban Niv. 1635, vend Prou en Bourb^nois 1630, vend à Sichamp 1656, m^t av. 1671, ép^n 27 janv. 1630 Fr^se *de Juisard*, fille de Pierre, sgr de Chamonot et d'Edmée d'Ourouër, dont il eut : 1° Jean, suit ; 2° Fr^s, écr, sgr de Poully 1716 ; 3° Edmée, ép^n 1662 Fr^s DE COTIGNON, écr, sgr de Mouasse ; 4° Marie, ép^n 1671 Lazare DE COURVOL, écr, sgr de Grandvaux.

VI. — JEAN DE BRÉCHARD, écr, sgr de Brinay, Chamonot, Poully, né 1648, mousquetaire noir, commissaire du ban Niv. 1674 et 89, maintenu 1700, f. hmage p. Brinay 1678 en refait terrier 1682, m^t 1703, ép^n 28 juil. 1675 Catherine *de Champs*, fille de Fr^s, sgr de Champcourt, et de Cath. de Bourgoing, dont : 1° Henri, suit ; 2° Jean-Charles, officier rég^t de Bourbon-cav^ie, tué à Ettingen 1752 ; 3° Gilbert, donne à Henri 1724, m^t 1725 ; 4° J^n-Fr^s, sgr de Champcourt (c^ne Achun), Bussy (*id.*) et Poully, officier de marine, m^t 1764 sans posté., ép^n 1° av. 1747, Fr^se Gevalois, 2° 1763 M^ie-Louise *d'Assigny*, fille d'Edme-Laz., sgr de Billy, dont : L^s-Fr^s, dit : comte de Bréchard, sgr de Champcourt, Achun, Bussy et Poully 1782, à l'ass. Nevers 1789, se fixa en Auxerrois, m^t sans posté. ; 5° Joseph, sgr de Chamonot, Poully, Brinay p^ie 1743-68, célib. ; 6° Fr^se, Marg^te et Catherine.

VII. — HENRI DE BRÉCHARD, chlr, sgr de Brinay 1712-44, gendarme de la garde 1717, acte à Moul.-Engilbert 1719, ép^n 4 juin 1716 Marie Pellé (*), fille de Jean, march^d à Brinay, dont : 1° Jean-Fr^s, suit ; 2° Paul-Augustin, sgr de Brienne, chlr de St-Louis 1762, capit. rég^t de la Marche 1748, blessé à Lawfeld 1747, à l'ass. Nev. 1789, célib. ; 3° Agathe et Jeanne-M^ie.

VIII. — JEAN-FRANÇOIS DE BRÉCHARD, chlr, sgr de Brinay, Chamonot, Poully, Achun (c^on Châtillon), né 1717, gendarme de la garde, capit^ne de cav^ie, chlr St-Louis 1751, acte à Brinay 1752-77, en refait terrier 1776, m^t 1777, ép^n 11 janv. 1745 Marie *Leroy* (3), fille de J^n-B^te, b^on

neur 1503, baille pr. St-Benin-d'Azy 1513 et à Ville-menant 1512, m^t sans posté., et 3 filles : Catherine, fme de Jean d'Anglure, b^on de St Loup ; Marg^te, dame de Villemenant en p^in, veuve 1519 de Louis d'*Autry*, chlr, sgr de Courcelles ; et Fr^se, dame de Villemenant en p^in, ép^n av. 1515 Gaspard DE BRÉCHARD, écr, sgr de Cougny, ci-dessus.

Armes : D'or, à deux lions léopardés de gueules.

Sources : D. Caffiaux, 1234. — *Inv.* de Marolles et de Par-mentier. — Arch. Nièv. E. — Minut. notr^es Decize et St-Pierre. — Orig. collion de Soultrait à Soc. Niv. — D. Villevieille, 16. — Arch. chât. des Bordes.

Éteints.

(3) LEROY DE CUY. — Le nom s'écrit très-souvent « Roy » au XVIe s.

I. Pierre LEROY, écr, sgr de Bertrix (c^ne Aunay), baille à Moul.-Engilbert 1574, m^t av. 1579, a pour

frère : Philibert, qui constiue rente s. scel de Moul-Engilbert 1566, m^t av. 1579, laissant pour héritier son neveu Charles ; Pierre, ép^n 2 avril 1556 Jeanne DU VERNE, fille de Louis, sgr de Cuy, dont : 1° Charles, qui suit ; 2° Pierre, écr, sgr de Thurigny en p^ie (c^ne Au-nay), dont hmage 1607, puis de Cuy (c^ne Chougny), où il achète 1581 tous les droits de Cath. du Verne, sœur de sa mère, m^t apr. 1611 sans posté. de Jeanne DE LA RIVIÈRE, fille de Geoffroy, sgr de Thurigny.

II. CHARLES, écr, sgr de Bertrix en p^ie 1589, puis de Cuy par héritage de son frère, vend maison à Moul.-Engilbert 1589, ép^n 22 janv. 1579 Fr^se DE COTIGNON, fille de Léonard, sgr de Traclin, dont il eut : 1° Fr^s, suit ; 2° Marthe.

III. FRANÇOIS, écr, sgr de Cuy, baron d'Allarde (pr. Sancoins) 1616, ép^n 26 fév. 1607 Gilberte DE CHÉRY, fille de Michel, b^on d'Allarde, dont :

(*) PELLÉ. — *Du Morvand et Bazois.* — Jean et Guillemin, son fils, sont agriculteurs à Mont-en-Bazois 1505. Jacques, commerç^t à Alluy 1614. Edme, notaire à Montreuillon 1669 ; Fr^s, *id.* 1693. Fr^s, notr^e à Dun-les-Places 1680 ; J.-Louis, *id.* 1703. Fr^s, notr^e à Montreuillon 1707. Au XVIIe s., des commerç^ts et bourg^s à Biches, Maxilie, Blismes, Rémilly, Montigny-s.-Canne, puis au comm^t du XVIIIe s. à Maux, Aunay, Brinay, Chougny, Poussignol. — Edme-Sébastien est rec^r des aides à Chât.-Chinon 1743 ; Charles-Ant. *id.* 1788. Michel-Jean, capit. d'inf^ie 1724. ; Antoine, juge d'Abon 1744. Jean, maire de Poussignol 1790. — Jean, commerç^t à Brinay, eut de M^ie Chary : Marie, qui ép^n 1716, Henri DE BRÉCHARD, écr, sgr de Brinay, ci-dessus. Guille, notaire, eut de Fr^se *Courtois* : Jean-Henri, s^r de Mont (c^ne Mont-et-Marré), ép^n 1751 Fr^se *Gondier*, dont : 1° Cl.-Fr^s, s^r de Chovance (c^ne Achun) 1788 ; 2° J.-Louis, s^r de Mont, ép^n 1788 Catherine *Ravary* ; 3° Sébastienne, ép^n 1773 Jacques *Pelitier* de Boisfranc ; 4° Louise, ép^n 1781 Charles Devallery. — Fr^s, commerç^t à Montigny-s.-Canne, ép^n 1739 Eugénie *Millot* et Jeanne ép^n 1717 Fr^s *Girard* de Bussy. — Sébastien, s^r de Chausse (c^ne Aunay), élu él^ion Chât.-Chinon 1778, puis président du district, eut : Séb^n PELLÉ DE POUSSIGNOL et Pierre PELLÉ DE CHAMPIGNY, dont descend Ernest, propr^e actuel de Poussignol. — Autres pples alliances : Gaignare 1630, Millereau, Sautereau, Mouillefert 1684, Sallonnier, Ferrand, Gudin 1718, Pelletier 1746, Charleuf, Moreau, Alloury 1768, Bellon 1780, Métairie, etc. —— *Armes :* D'azur, au cœur d'or surmonté de deux trèfles d'argent. —— *Sources :* Min. notr^es Moul.-Engilbert, — Arch. Niév. B. — Reg. parois. Chât.-Chinon, Dun-Places, Montreuillon, Blismes, Cercy, Maux, Isenay, Mont-et-Marré.

Existants dans la Nièvre.

d'Allarde, et d'Anne de Rolland, dont : 1º Nicolas, gendarme de la garde 1770, m^t célib. 1787; 2º Paul-Augustin, sgr de Brinay, officier rég^t de Guyenne 1777, à l'ass. Nev. 1789, émigra, célib. ; 3º Pierre, suit ; 4º Joseph, sgr de Chamonot, lieut. rég^t de Limousin 1784, m^t 1842, ép^n 1808 J^ne-Louise Seuillot, dont une fille ; 5º Pierre-Fr^s, sgr de Chamonot p^ie, officier rég^t de Limousin 1782, à ass. Nev. 1789, émigra, célib. ; 6º Marie, ép^n 1776 J^n-Jacq^s-Louis DE LA FERTÉ-MEUNG, v^te de Solières ; 7º Josèphe, fme de Fr^s Morot de Grésigny ; 8º trois filles.

IX. — PIERRE DE BRÉCHARD, chlr, sgr de Brinay p^ie, Chamonot et la Cour, né 1750; gendarme de la garde 1776, est à assemblée Nev. 1789, ép^n 7 fév. 1791 M^ie-Anne du Clerroy, fille de J.-Joseph, sgr de Niaut, n'eut qu'une fille M^ie-A.-Henriette ép^n 1811 J.-Louis de Champs, dont le fils ajouta à son nom celui de « de Bréchard ».

Armes : D'azur, à trois bandes d'argent.

Sources : D. Villevieille, 19, 30 et nouvelle s. 26267. — *Inv.* de Marolles. — D. Caffiaux, 1234. — Arch. Nièv. E, G, B et Q. — *Inv.* de Peincedé, 9 et 24. — Arch. chât. Limanton, Devay, Vandenesse, Vauzelles. — Min. not^res Moul.-Engilbert, Decize, St-Pierre. — Orig. de Soultrait, à Soc. Niv. — *Carrés* de d'Hozier, 130. — Cab^et Titres : Dossier bleu ; nobil. Gén. Moulins, 451 ; preuves écoles milit., 3 et 5 ; Gaignières 1158. — Reg. parois. Brinay, Biches, Ougny, St-Léger-Foug^rt, Chantenay, La Charité, Nevers, Cervon.

Éteints.

IV. PIERRE, écr, b^on d'Allarde, sgr de Cuy, Marcilly (c^ne Cervon), Cusy (*id.*), le Bruit (c^ne Montigny-M^and) et la Vault-de-Frétoy (c^ne Frétoy), acte à Marcilly 1646-66, m^t 1667, ép^n 12 août 1638 Anne *de la Forest*, fille d'Ant. sgr de Cusy et Marcilly, et d'Anne de Carreau, dont : 1º Jean-Pierre, suit ; 2º Eustache-Louis, b^on d'Allarde, sgr de Cusy p^ie, le Bruit, dont il ref. terrier 1683, ép^n 1687 J^ne-M^ie de Chaussecourte (Marche), dont : *a*, Jean-B^te, b^on d'Allarde, sgr du Bruit, dont h^mage 1719, m^t av. 1732, ép^a 1720 Anne de Roland (Berry), dont : *a'*, Charles, se fixe en Berry, où sa posté. s'éteint vers 1800 ; *b'*, Marie, ép^a 1745 J^n-Fr^s DE BRÉCHARD, chlr, sgr de Brinay, ci-dessus ; 3º Nicolas-Fr^s, écr, sgr de la Vault et Cusy, dont h^mage 1698, la Faye (c^ne Châtin), acte à Cusy jusqu'à 1712, ép^a 5 fév. 1673 Marg^te Le Gastelier, dont : *a*, Jeanne, dame de la Vault, ép^a 1701 Fr^s-M^ie DE LA FERTÉ-MEUNG, chlr, sgr de Solières ; *b*, Anne, dame de Cusy, ép^a 1º 1706 Edme de la Courcelle, chlr, sgr de Précy, 2º 1732 Claude de la Courcelle, capit. rég^t de la Sarre, testa en faveur de P.-Fr^s Leroy ; 4º Antoinette.

V. JEAN-PIERRE, écr (dit : Leroy de Carreau et baron d'Allarde), sgr de Cuy, Marcilly, Frétoy et Vernisy (c^ne Sardy), partage avec ses frères 1670, échange à Cuy 1678, plaide contre hab^ts Corbigny 1691, m^t 1697, ép^a 1º 26 fév. 1669 Madeleine Le Gastelier, sœur de Marg^te, 2º 11 déc. 1683 Esmée *de Marcelanges*, fille de Louis, sgr de la Grange-Cossaye, dont : 1º Jean, sgr de Marcilly 1696, maintenu gén. Paris 1700, m^t célib. ; 2º Charles, suit ; 3º Eustache, écr, sgr de Frétoy et Mar-

cilly p^ie 1697, m^t 1705 célib. ; 4º Philibert, m^t 1697 ; 5º Fr^e, dame de Frétoy, ép^a 1696 Paul Bunot (*), lieut^t d'inf^ie.

VI. CHARLES, chlr, sgr de Cuy, Vernisy et Marcilly p^ie, qu'il vend 1710, gendarme de la garde 1712, maintenu avec Eustache 1702, plaide pour Cuy 1699, m^t av. 1733, ép^n 6 sept. 1700 Jeanne de Beaucaire (Bourb^ais), dont : 1º Nicolas, chlr, sgr de Cuy 1733, m^t 1754, ép^n 15 juil. 1743 Marg^te Duthil (Chât.-Chinon), sans posté.; 2º Jean-Louis, m^t jeune; 3º Pierre-Fr^s, suit : 4º Anne-Louise, ép^n 1743 Edme-Roger DE COTIGNON, chlr, sgr de Laché ; 5º Marg^te-Fr^e, ép^n 1742 Gabriel *de Burdelot*, chlr, sgr de Malfontaine ; 6º Agnès.

VII. PIERRE-FRANÇOIS, chlr, sgr de Cuy 1754, capit. rég^t de la Sarre, chlr de St-Louis, m^t 1771, ép^n 11 juil. 1754 Anne-Josèphe *de la Duz*, fille de Jacques, sgr de Laché, dont : 1º Jacques, m^t célib. av. 1789 ; 2º Joseph-Fr^s, chlr, sgr de Cuy, né 1762, à ass. Nev. 1789, maire de Cuy 1810, n'eut de Louise-Hyac. de Beaucaire qu'un fils, m^t célib.; 3º Anne-Charlotte, fme de Pierre Drémy; 4º Marie-Fr^se, fme de J.-J. DE COTIGNON ; 5º M^ie-Jeanne, ép^n 1789 Ch.-Fr^s-Christophe *Millereau*; 6º Reine-Geneviève, fme de Jacques de Bure.

Armes : D'azur, au chevron d'or accompagné de trois couronnes de même.

Sources : Arch. chât. Vauban, Vandenesse, Poiseux. — Arch. Nièv. E et B. — Min. not^res Lormes et Moul.-Engilbert. — Cer Titres, Chérin 27. — Reg. parois. Chougny, Cervon, Lormes, Brinay, Ste-Péreuse, Montapas.

Éteints.

(*) Ce P. Bunot était fils d'Edme, dem^t à Chât.-Chinon ; il refit, en 1701, terrier de Frétoy que sa fille J.-Eléonore Bunot porta à Jacques Parent (Montsauche) ; leur fils Jean Parent, sgr de Frétoy, ép^a 1759 Madel. Bérard.

DE LA BUSSIÈRE

Viennent de Berry.

I. — JEAN DE LA BUSSIÈRE, écr, dè la par^{se} de Veaugues (Cher), acte à Treigny (*) (mouvant de Perreuse, Donziois) 1516, est sgr de la Bruère (c^{ne} Treigny) 1526, y acquiert et à Guerchy (c^{ne} Treigny) 1539-41, teste sous scel de Perreuse 1545, épousa *1°* en 1507 Madeleine de Jodoine et *2°* Anne de Courtenay, dont Antoine qui partage à la Bruère 1551 avec frères germ^{ins}, et du 1er lit : 1° Ythier, qui suit (**) ; 2° Edme, auteur de la br. de Guerchy, suivra ; 3° Margⁱⁿ, m^{le} av. 1551, fme de Thibault de Berulle, écr.

II. — YTHIER DE LA BUSSIÈRE, écr, sgr de la Bruère et du Chesnoy (c^{ne} St-Fargeau), achète à la Bruère 1549-72, y m^t av. 1578, épousa *1°* en 1539 Jeanne de Champfremeux, fille d'Adrien, sgr de Sainpuits, *2°* 25 oct. 1549 Jeanne DE LA BARRE, fille de Jean, sgr de Gérigny et de P^{te} Andras ; il eut du 1er lit : 1° Guill^e, écr, sgr de la Bruère p^{ie} et Avigneau, h^{me} d'armes 1569, m^t 1585, épⁿ 1569 Marie de Chuyn, dame d'Avigneau, que sa fille Claude porta à Antoine *de Chastellux*, et du 2e lit : 2° Claude, suit ; 3° Charlotte, épⁿ 1587 Louis de la Ribourde, écr, sgr de Crilange (pr. La Charité).

III. — CLAUDE DE LA BUSSIÈRE, écr, sgr de la Bruère, Angeliers (c^{ne} Dampierre-sous-Bouhy), le Poussoir (*id.*), gendarme de la c^{ie} du prince de Dombes, déchargé du ban 1595, fait accord avec son cousin Jean 1578, maintenu par intendant d'Orléans 1586, garde du scel de St-Amand-Puisaye 1598, épⁿ 23 oct. 1576 Fr^{se} de Forest, fille de Jean, av^{at} au Parl^t P^{is}, sgr d'Angeliers et de Marie de la Porte (Paris) ; elle hérita d'Angeliers de son frère ; ils eurent : 1° Mary, écr, sgr d'Angeliers, Boutissaint (c^{ne} Treigny), Guédelon p^{ie} (*id.*), dont hmage 1627, h^{me} d'armes du duc d'Uzès 1617, tué à l'armée 1629, sans posté. ; 2° Jean, suit ; 3° Marc, écr, sgr du Poussoir, Guédelon p^{ie}, Boissenay (c^{ne} Treigny) 1625-37, chevau-léger de Condé 1626, n'eut de Madeleine DE LA FERTÉ-MEUNG de Boisjardin que : Catherine, épⁿ 1638 Paul DE GIRARD de Passy ; 4° Fr^{se}, épⁿ 1600 Guy du Parc, écr, sgr de la Motte-Billy ; 5° Nicole, fme d'Edme *de Lenferna*, sgr de Gurgy ; 6° Charlotte, dame d'Angeliers par hérit. de Mary, épⁿ 1610 Jean DE COURVOL, écr, sgr de Savigny.

IV. — JEAN DE LA BUSSIÈRE, écr, sgr de la Bruère, Guédelon p^{ie}, la Motte-Billy (dit la Motte-Mousseau, c^{ne} Billy-s.-Oisy), acheté 1629 de sa nièce Edmée du Parc, chevau-léger, puis h^{me} d'armes 1625-29, maintenu par él^{ion} Gien 1634, partage avec Marc et ses sœurs 1633, acte 1654, épⁿ 11 sept. 1626 Jeanne Le Bouc (Paris), fille de M^{te} DE LA BUSSIÈRE-Guerchy, 2ⁿ J^{ne} Archambault, dont Jean, tué pendant la Fronde ; il eut du 1er lit : 1° Edme, suit ; 2° Marg^{te}, épⁿ *1°* 1654 Louis *de Farou* (1), écr, sgr de Beuvron, *2°* 1662 Claude de Liverneau, écr, dem^t à Mesves-s.-Loire.

---

(1) DE FAROU. — *De Berry.* — I. François DE FAROU, écr, sgr de Couët (Berry) et des Reguins (c^{ne} Ménestreau), m^t 1598, eut de Marie *de la Bussière*-de Vaudoisy : 1° Esme, suit ; 2° Fr^s, écr, sgr des Reguins 1622, ép^a av. 1627 Marie *Desprez* ; *a*, Marie, fme de Jean du Chaillou, écr, sgr des Combles ; *b*, Fr^s, écr, sgr

(*) La paroisse de Treigny-en-Puisaye était dans la mouvance de Perreuse, qui relevait direct^t de Donzy. Les sgries de Guerchy, la Bruère, etc., faisaient donc partie du Nivernois, mais au point de vue féodal seulement, ce qui ne nous permet pas de détails étendus sur les sgrs de cette partie de la Puisaye.

(**) Cet Ythier eut pour proche parent : Philippe DE LA BUSSIÈRE, chlr, sgr de Vaudoisy (c^{ne} Colmery) 1545, qui de M^{le} DE Bongars. eut : 1° Jean, écr, sgr de Sainpuits en p^{ie} (Puisaye) 1585 ; 2° Louis, écr, sgr de Vaudoizy, abjura le protestantisme avec Jean 1572, et dont le fils, Guy, et le petit-fils Antoine furent aussi sgrs de Vaudoisy, et d'où sortit probab^t un rameau vivant au XVIIIe s. à Etais, dans une situation obscure. — D'autres DE LA BUSSIÈRE, du Berry, qu'aucune pièce ne rattache à la famille ci-dessus, eurent quelques rapports avec le Nivernais : Pierre de la Bussière achète à Dampierre-s.-Nièvre 1522. Jean, sgr de la Croulaye (Berry) 1571, devint sgr de Villiers (c^{ne} Ménestreau), par maage avec M^{le} DE BLOSSET. — Jacques, sgr du Verdoy (pr. Châtillon-s.-Loire), épⁿ 1659 Anne *de Bussy* (Cosne).

V. — EDME DE LA BUSSIÈRE, chlr, sgr de la Bruère, la Motte-Billy, Guédelon p^{ie}, dont hmage 1649, St-Maurice p^{ie} (c^{on} St-Saulge), Bois-Rétif (c^{ne} Billy-Chevannes), au ban Niv. sous Turenne, prisonnier en Alsace 1674, *maintenu* par gén. Moulins 28 mars 1667, m^t à St-Maurice 1704, ép^n 1er avril 1660 Marie DE THOURY, fille de Fr^s, sgr de Malnay, et de P^{tte} Leclerc, dont : 1° Guy-Michel, suit ; 2° Edme-Jean, capit. régi^t de Béarn 1712, célib.; 3° Antoine, chlr, sgr de la Motte-Billy et Sembrèves p^{ie} (c^{ne} Oisy), servit 50 ans 1686-1736, capit. rég^t Dauphin 1695, de Béarn 1701, lieut^t-colonel rég^t Béarn 1730, blessé à Namur et au Quesnoy, chlr St-Louis 1711, donataire univ. de sa cousine Anne de Farou, dame de la Bruère, 1708, m^t célib. à la Motte-Billy 1744 ; 4° Marie, ép^a 1711 Fr^s DE THOURY, écyr ; 5° Charlotte, ép^n 1707 Fr^a Commaille, m^d à St-Saulge ; 6° Jeanne, célib.

VI. — GUY-MICHEL DE LA BUSSIÈRE, chlr, sgr de la Bruère et Bois-Rétif 1703-27, m^t av. 1731, ép^n 19 déc. 1707 Hélène de Tournemire, fille de Jean, sgr d'Olcy, et d'Hélène de Lavenne, dont : 1° Joseph, suit ; 2° Edme, sgr de la Bruère, capit. cav^ie, chlr St-Louis 1773, blessé à Rosback 1757, à ass. Nevers 1789, m^t 1808, ép^n 12 fév. 1752 M^{ie}-Anne DE COURVOL, fille de Claude, sgr de Villaines, et d'Et^{tte} de Lavenne, dont : *a*, Edme-J^n-B^{te}, lieut^t cav^ie 1782, chlr de St-Lazare, eut un bras cassé au service, à ass. Nev. 1789 (*), ép^n 1780 M^{ie}-Renée *Carpentier* de Changy, fille de Fr^s, sgr des Pavillons, dont 2 filles m^{tes} jeunes ; *b*, M^{ie}-Madeleine, ép^n 1782 Joseph-Fr^s DE COTIGNON ; *c*, Louise, ép^n 1780 Claude *Coquille ;* 3° M^{ie}-Madeleine, ép^n 1747 Barthélemy D'ESTUT, chlr, sgr d'Orbec.

VII. — JOSEPH DE LA BUSSIÈRE, chlr, sgr de Bois-Rétif, Sichamps (c^{on} Prémery) et la Motte-Billy, qu'il reçut d'Antoine 1741, capit. au rég^t de Lyonnais 1742, m^t 1750, ép^a 31 janv. 1742 Madn^e-Gasparde DE LA FERTÉ-MEUNG, fille de J^n-Joseph, sgr de la Cave et Sichamps, et de Fr^se de Sauvage, dont : 1° Henri, suit ; 2° M^{ie}-Madeleine, ép^n 1770 Hugues-Michel c^{te} DE CHARRY, sgr de Lurcy.

VIII. — HENRI DE LA BUSSIÈRE, dit : baron de la Bussière, sgr de la Motte-Billy, Sembrèves, Moulot (c^{ne} Clamecy), officier au rég^t de Lyonnais, à ass. Nevers 1789, guillotiné à Paris 1794, ép^n 11 sept. 1768 Catherine DE LA BUSSIÈRE-Sembrèves, fille de Fr^s-Nicolas, sgr d'Angeliers, dont : 1° Henri-Nicolas, page du duc d'Orléans, officier d'inf^{ie} 1789, émigra, ép^n 1841 Antoinette de Gislain, dont 2 filles ; 2° Hubert-Joseph, suit ; 3° Hubert, émigra, m^t sans posté. de Sidonie de Gislain ; 4° M^{ie}-Catherine, fme d'Armand Courtat ; 5° Madeleine, ép^n 1800 Alexandre-Éléonor *d'Assigny* (2) ; 6° M^{ie}-Madeleine, ép^n 1804 Jean-Ant. v^{te} DE CHARRY.

des Reguins 1657, m^t à Châteauneuf-Bargis 1678, eut de Madeleine Lemuet : *a'*, Guill^e, sgr des Reguins, saisi 1682 ; *b'*, Anne, ép^n 1688 Laurent DU VERNE, écr, sgr de la Varenne ; 3° Jean, écr, sgr de la Lande (Berry) et de Beuvron p^{ie} (c^{on} Brinon), m^t 1628, ép^{n}av. 1623 Jeanne DE BOURGOING, fille de Jacques, sgr de Beuvron p^{in}, dont 3 filles.

II. ESME, écr, sgr de Couët et Beuvron p^{ie}, m^{t}av. 1652, ép^{n}v. 1620 Catherine DE BOURGOING, sœur de Jeanne, dont : 1° Louis, suit ; 2° Marg^{ie}, fme av. 1654 d'Antoine de Viry, écr, sgr de Malicorne ; 3° Bonne et Charlotte..

III. LOUIS, écr, sgr de Beuvron p^{ie} et Villiers (c^{ne} Beuvron), m^t 1658, ép^n 9 avril 1654 Marg^{ie} DE LA BUSSIÈRE, ci-dessus. fille de Jean, sgr de la Bruère, dont : 1° Fr^s, écr, sgr de la Bruère (c^{ne} Treigny) 1698, m^t av. 1709, ép^n 1° 30 janv. 1690 L^{se}-Léonie *d'Assigny*, fille de

Lazare, sgr de Sauilly, 2° 1699 Marie DE CHÉRY, fille d'Adrien, sgr de Chaillant, dont : Fr^s-Edme, m^t jeune ; 2° Anne, lègue ses biens 1708 à Ant. de la Bussière ; 3° Madeleine, ép^n 1681 Georges *de Vathaire*, écr, sgr de Guerchy p^{ie}.

Les DE FAROU restés en Berry ont alliances : de Cotignon 1620, et de Champs 1629.

Armes : D'azur, à trois têtes de lion arrachées d'or. (Arch. de la Bussière.)

Sources : D. Caffiaux, 1234. — Arch. Nièv. B. — Reg. parois. de Colmery, Châteauneuf-val-Bargis, Beuvron, Nevers, Treigny.

Eteints.

(2) D'ASSIGNY. — *En Gâtinois et Auxerrois* (**). — Connus au XIVe s. Robert D'ASSIGNY, chlr, sert Robert, duc de Bar, 1372. Guill^e, écuyer du duc d'Or-

(*) Voici son signalement donné en 1792 : « 38 ans, taille 5 pieds 4 pouces, cheveux et sourcils châtains, yeux bleus, nez aquilin, bouche petite, front haut, visage rond, demeurant ordinairement à St-Saulge ».

(**) Nous ne donnons, de cette famille fort nombreuse et marquante en Auxerrois, que les personnages qui ont des rapports avec le Nivernois.

IX. — Hubert-Joseph b^{on} DE LA BUSSIÈRE, chlr de Malte et de St-Louis, émigra, prop^{re} de Sichamps, m^t 1840, ép^n Jeanne Fity, dont : Joséphine, ép^n 1834 Hugues-Jean v^{te} DE CHARRY.

II. — Edme de la BUSSIÈRE (2e fils de Jean et de M. de Jodoine), écr, sgr de la Bruère et Guédelon p^{ie} (c^{ne} Treigny) 1540, m^t av. 1548, ép^a 7 oct. 1540 Barbe de Carbonnet (Puisaye), dont : 1° Jean, suit; 2° Thomas 1551, m^t av. 1556.

III. — Jean de la BUSSIÈRE, écr, sgr de Guerchy en p^{ie}, Guédelon p^{ie} et la Bussière (c^{ne} Guerchy), gendarme dans c^{ies} d'ord^{ce} 1558, blessé à Dreux et à Jarnac, va défendre Perreuse contre les protestants 1569, capit. des gardes du duc de Montpensier 1583-86, maintenu par gén. d'Orléans 1586, fait hmage p. Guerchy 1584, acquiert par^{se} Treigny 1562-85, tué av. 1588, ép^n 1° 28 juin 1568 Edmée d'Orléans, fille de Miles, sgr de la Vézerie, 2° 1584 Christine d'Imonville, 3° 1586 Charlotte de la FERTÉ-MEUNG, eut du 1er lit : 1° Jacques, suit; 2° Edme, m^t 1635, eut d'El. de Bourdesolles : Fr^{se}, ép^n 1654 Melchior DE LA RIVIÈRE, écr, sgr de Boissenay; 3° Marie, fme de Michel Le Bouc.

IV. — Jacques de la BUSSIÈRE, écr, sgr de la Bussière, Guerchy p^{ie}, dont hmage 1607, et Guédelon, au service du roi 1595-97, partage succ^{ion} pat. 1602, ép^n 1601 Edmée *de Boisselet*, dont : 1° Guill^n, chanoine de St-Fargeau 1632; 2° Edme, suit; 3° Marg^{te}, fme de Jacques *de la Coudre*, écr, sgr de Thury; 4° Jeanne, fme de S. du Houx.

léans 1403 et représentant le b^{on} de Toucy 1419, ép^a av. 1390 Jeanne DE LA RIVIÈRE, fille de Jean, sgr de Perchin, et d'Agnès de Billy, dont : Guill^e, capit. de Donzy et St-Verain 1442, et Etienne, écr, sgr de Leugny (Auxerrois) 1442-78, qui d'Anne de Troussebois (Berry) eut : 1° Guill^e, écr, sgr de St-Père-de-Nuzy (c^{on} Cosne) par maage av. 1490 avec Jacqueline Vignier (*), dont : Jeanne, dame de St-Père, ép^a 1517 Alexandre D'ESTUT, écr, sgr d'Assay; 2° Jean, suit; 3° Renaut, mari de Marg^{te} Vignier, auteur des sgrs du Fort et de Pont-Marquis (Puisaye), dont le fils, Jean, fut sgr de St-Père en p^{ie} 1542, ainsi qu'Henri son fils, dont le neveu Guill^e ép^a 1580 Louise LE BOURGOING de Faulin-Champlévrier, père de Loup, sgr de Pont-Marquis, marié 1613 à Edmée *de la Grange-d'Arquian*, fille d'Antoine, sgr d'Arquian; cette br. s'éteint v. 1750.

Jean D'ASSIGNY, écr, sgr de Sauilly (Puisaye), varlet du c^{te} Nev. 1477, père de Jean, mari av. 1500 de Marg^{tr} DE LA RIVIÈRE, dont : Guill^n, ép^a 1548 Pétronille *de Corquilleroy*, dont : 1° Gabriel, auteur de la br. de Sauilly et Pesteau, suit; 2° Paul, auteur des sgrs de Talin (Puisaye), dont un descendant : Germain-Fr^s, ép^a 1707 M^{ie}-Madeleine D'ASSIGNY, fille de Lazare, sgr du Pavillon-de-Billy, dont il ref. terrier 1686, et est père d'Edme-Fr^s-Lazare, chlr, sgr du Pavillon (c^{ne} Billy-s.-Oisy) 1733-82, ép^a 1731, à Etais, M^{ie} *Tenon*, fille de Guill^n, écr, et de J^{nn} Galaix, auquel il ne survécut que des filles, entre autres M^{ie}-Marthe, ép^a 1771 Fr^s *Marie*, écr, sgr des Savoies, et Louise, ép^a 1° 1763 Jean-Fr^s DE BRÉCHARD, chlr, sgr de Champcourt, 2° 1765 Antoine d'Orléans, sgr des Guyons.

Gabriel, écr, sgr de Sauilly et Pesteau, eut pour petits-fils : a, Léon, chlr, sgr de Senan, lieut^t-colonel cav^{ie}, *maintenu* 20 oct. 1668, ép^n 1693 M^{ie}-Anne *de la Grange d'Arquian*, fille de Fr^s, m^{is} de Bréviandes, et Jacques, sgr de Pesteau, dont la fille Lucie-Edmée ép^a 1695 Maurice DE ROLLAND, chlr, sgr d'Arbourse; b, Lazare, officier de cav^{ie}, sgr du Pavillon (c^{ne} Billy-s.-Oisy), que lui apporta Anne de Magny, dont : 1° Léon-Fr^s, chlr, sgr de Sauilly, ép^a 1700 Ant^{tte} D'ASSIGNY, fille d'Ant., sgr de Lain, dont : Louise-Fr^{se}, ép^n 1731 Dieudonné *de Moncorps*, sgr de Chéry, et M^{ie}-Marg^{te}, ép^a 1733 Eustache *de Druy*, sgr d'Avril-les-Loups; 2° Antoine, écr, sgr de Bazolles en p^{ie} (c^{on} Châtillon), capit. rég^t de Béarn, ép^a 1688 Louise DE LA BUSSIÈRE, fille d'Edme, sgr de Druy, dont : Renée, ép^n 1708 Lazare *de Moncorps*; 3° Louise, ép^a 1690 Fr^s *de Farou*, sgr de la Bruère.

Guillaume D'ASSIGNY, écr, sgr de la Motte-Jarry (pr. Bléneau), ép^a av. 1490 Jeanne de la Caille, dont : Barbe, fme av. 1519 de Fr^s D'ESTUT, frère d'Alexandre ci-dessus, et Pierre, marié av. 1516 à Jeanne *de la Grange*, fille de Geoffroy, sgr de Montigny, et de J^{ne} Guitois d'Arquian, est auteur des sgrs de Lain, dont est : Louis, qui ép^n 1701 Gabrielle Pluchon, veuve de Guill^e de Lucenay, sgr de Chevenon, d'où : Louis-Ch., chlr, sgr de Lain, ép^a 1732 Hyac.-Elisabeth DE COURVOL, fille de Jacques, sgr de Savigny-Billy, et dont le petit-fils, Alexandre-P.-Eléonor, ép^a à Clamecy 1800 M^{ie}-Madeleine DE LA BUSSIÈRE, ci-dessus, dont un fils unique, m^t sans posté. v. 1850.

Armes : D'hermine, au chef de gueules, chargé d'une vivre d'or.

Sources : D. Villevieille, II. — D. Caffiaux, 1234. — Cabet Titres : dossier bleu; preuv. St-Cyr, 309. — Min. notre Clamecy. — Mss chanoine Hubert, Orléans. — *Gén^{ie} de Courvol*, 1753. — Reg. parois. Clamecy, Billy-s.-Oisy, Aubigny-Chétif et du dépt de l'Yonne.

Éteints.

(*) Guillaume Vignier, conser du duc de Bgogne, reçut de ce dernier don^{on} de la sgrie de St-Père-de-Nuzy 1400; il eut : Charles, sgr de St-Père, dont deux filles : Jacqueline et Marg^{te}, fmes de Guill^e et de Renaut *d'Assigny*. — (Arch. chât. St-Père, près Cosne.)

V. — EDME DE LA BUSSIÈRE, écr, sgr d'*id.* et de Bazolles en p^ie (c^on Châtillon), renonce à ses droits d'usage en bois de Vaux 1667, *maintenu* par intendant d'Orléans 28 avril 1667, m^t 1676, ép^a 20 avril 1640 Bénigne DE COURVOL, dame d'Angeliers, fille de Jean, sgr de Bazolles, et de Charlotte de la Bussière-de la Bruère, dont : 1° Louis, sgr de Guerchy p^ie, etc., ép^a 1678 Marg^te DE ROLLAND, fille de Louis, sgr d'Arbourse, dont : *a*, Edme-Paul, sgr Guerchy, ép^a 1703 Geneviève *du Bois des Cours* (3), fille de Gédéon, sgr de la Maisonfort, dont : *a'*, Louis-Guill^e, sgr d'*id.* et b^on d'Alligny (c^on Cosne) 1753-86, capit. de cav^ie, chlr St-Louis, m^t 1788, ép^a 1751 M^ie-Louise Contaut de Coulanges, dont des fils m^ts sans posté. av. 1800, et Camille-Gabrielle, ép^a apr. 1804 Edme-Pierre DE LA BUSSIÈRE-Sembrèves ; 2° Fr^s, suit ; 3° Madeleine, ép^a 1669 Ant. *de Moncorps*, chlr, sgr de Chéry ; 4° Marie, ép^a 1677 Fr^s *de Burdelot*, écr, sgr de Fontenille ; 5° Marg^te, ép^a 1680 Barthélemy DE LA FERTÉ-MEUNG, chlr, sgr de Challement ; 6° Bénigne, ép^a 1687 Fr^s *de Lanty*, écr, sgr de Lavaut ; 7° Louise, ép^a 1688 Antoine *d'Assigny* (2), écr, sgr du Chesnois.

VI. — FRANÇOIS DE LA BUSSIÈRE, chlr, sgr de Guerchy p^ie, Angeliers, Dampierre-s.-Bouhy p^ie (c^on St-Amand), les Prévats (c^ne Dampierre), mousquetaire du roi 1671-74, parrain cloche Dampierre 1694, m^t aux Prévats 1720, ép^a 1° 8 mai 1686 Anne *du Bois des Cours* (3), fille de Gédéon et d'Anne Sarrau, sans posté., 2° 21 juil. 1698 M^ie-Louise *de Vathaire*, fille de Claude, sgr de Boistaché, et de Jeanne de Biencourt, dont : 1° Cl.-Edme, suit ; 2° Fr^s-Nicolas, chlr, sgr

(3) DU BOIS DES COURS. — *Du Perche.* — Connus au XVe s. et alliés aux Crèvecœur, Brichanteau, etc. Adrien du Bois des Cours, chlr, sgr de Favières (Perche), gentilh^e de la ch^re de Henri IV et gouv^r de Dreux, épousa 1592 Marie de Boullehart, dont il eut : 1° Gédéon, qui suit ; 2° Isabelle, ép^a 1618 Al. de Chaumont-Quitry.

I. GÉDÉON DU BOIS DES COURS, chlr, sgr de Favières et de la Maisonfort (c^ne Bitry), commissaire de l'artillerie 1626, lieut^t de c^ie de cent h^es d'armes de Sully 1632, fait hmage p. la Maisonfort 1625, ép^a 18 sept. 1624 Eléonore *de Beaujeu*, fille de Claude, sgr de la Maisonfort, et de Marthe Regnault, dont : des enfants qui restent dans le Perche, et Gédéon, suit.

II. GÉDÉON, chlr, sgr de la Maisonfort, Dampierre-sous-Bouhy en p^ie (c^on St-Amand), Bitry (*id.*), Argenou (c^ne St-Amand) 1666-79, ép^a 15 oct. 1649 Marie-Anne Sarrau, fille de Claude, cons^er P^t P^is, dont : 1° Gédéon, suit ; 2° Antoine, religieux capucin ; 3° Anne, ép^a 1686 Fr^s DE LA BUSSIÈRE, chlr, sgr d'Angeliers, ci-dessus ; 4° Marthe, veuve 1686 de Jean d'Illiers, chlr.

III. GÉDÉON, chlr, dit : baron de la Maisonfort, sgr de Bitry et Argenou, lieut. aux gardes, puis colonel du rég^t de Picardie, m^t 1688 à la Maisonfort, ép^a 1° Anne de Rochechouart, sans enf., 2° 15 janv. 1679 Catherine Gillot d'Alligny (*), fille d'Alexandre, dont : 1° Alexandre, suit ; 2° Fr^s, officier de marine, m^t 1729 ; 3° Hélène-Geneviève, ép^a 1703 Paul-Edme DE LA BUSSIÈRE, chlr, sgr de Guerchy.

IV. ALEXANDRE, marquis de la Maisonfort, sgr de Bitry, Argenou, Ciez (c^on Donzy), garde de marine 1702,

capit. de vaisseau 1730, chlr de St-Louis 1718, la Maisonfort est *érigée* pour lui en marquisat par lettres de 1743, enreg. Parl^t 1745 et à ch^io cptes Nev. 1746, parrain de cloche St-Verain 1721, m^t av. 1761, ép^a 1° 3 mars 1707 Marg^te Laurens Renieri (Venise), 2° apr. 1725 Cath. Chicoineau, dont : 1° François-Al.-Ph., suit ; 2° une fille mariée à N... Pascal de St-Félix (Languedoc).

V. FRANÇOIS-ALEXANDRE-PHILIPPE, m^is de la Maisonfort, sgr de Bitry, Argenou, Ciez, la Bretauche (c^ne Cosne), Montchevreau (*id.*), lieut. de vaisseau, chlr de St-Louis, m^t 1784, ép^a 28 fév. 1761 M^ie-Gabrielle-Anne de Kergadiou (Bretagne), dont : 1° Ant.-Fr^s-Ph., suit ; 2° Fr^so-Nicole, ép^a 1780 Etienne, c^te de Cœtlosquet, capit. cav^ie ; 3° M^ie-El.-Eléonore, ép^a 1793 André Gonyn de Lurieu, chlr St-Louis ; 4° Rose-Esther, ép^a 1790 Fr^s-Ignace *Carpentier* de Changy, chlr, sgr de Vanzé.

VI. — ANTOINE-FRANÇOIS-PHILIPPE, m^is de la Maisonfort, capit. dragons 1786, émigra, cons^er d'Etat en Russie 1811, cons^er d'Etat en Fr., maréchal de camp, député 1815, intendant de la couronne, ambassadeur en Italie, commandeur de St-Louis, m^t 1827, ép^a av. 1786 P^tte-L^se-Adelaïde *Gascoing* de Berthun, dont Mme de Pron et :

VII. MAXIMILIEN, servit en Russie, aide-major des gardes-du-corps 1829, général de brigade 1841, commandeur de la Lég.-d'Hon^r, m^t 1848 célibataire.

Armes : D'argent, à cinq coquilles de gueules en orle.

Sources : C^et Titres, dossier bleu, 106. — D. Caffiaux 1234. — Arch. Nièv. B. — Lainé, *Arch. génal.* — Reg. parois. de Bitry, St-Amand, Arquian.

Eteints.

(*) GILLOT D'ALLIGNY. — Philibert GILLOT, av^at, sgr d'Alligny (c^on Cosne) 1614, est père d'Alexandre, sgr d'Alligny, écr de la Reine-mère 1640, qui de M^ie de Longin eut Alexandre, écr, sgr d'*id.*, mari de Genev. Duval, dont : *a*, Catherine, fme de Gédéon *du Bois des Cours*, ci-dessus ; *b*, Alex.-Gilb^t, b^on d'Alligny 1705, sgr de Renard (c^ne St-Martin-Tr.), m^t 1735, eut d'Anne Briçonnet : Sébastien, et Marie, dame de Renard, ép^a 1744 Jules Coignet de Courson. — (Reg. par. Alligny, Bitry, Cosne.)

d'Angeliers p^{ie} et Sembrèves (c^{ne} Oisy), ép^n 9 janv. 1747 Edmée *Boulé* (4), dame de Sembrèves, fille de Pierre, sgr de Marcy, dont : *a*, Edme-Pierre, capit. rég^t de Lyonnais 1788, émigra, chlr St-Louis, lieut^t-col^el par brevet 1815, ép^n apr. 1804 Camille-Gabr. DE LA BUSSIÈRE-Guerchy, sans posté.; *b*, Jean, officier inf^ie, à ass. Nev. 1789, émigra, ép^n apr. 1806 M^{le}-Thérèse *du Quesnay*, dame de Dirol, s. posté.; *c*, Fr^s-S.-Nicolas, officier marine, tué à la Martinique; *d*, Catherine, ép^n 1768 Henri DE LA BUSSIÈRE, sgr de la Motte-Billy; 3° M^{le}-Geneviève, ép^n 1722 J^n-B^te *Chevalier*, chlr, sgr de Minières; 4° Catherine-Ang., ép^n 1° 1721 Gabriel *Borne*, écr, sgr de Grandpré, 2° 1727 Samuel DE LA FERTÉ-MEUNG, chlr, sgr de Villiers-le-Sec.

VII. — CLAUDE-EDME DE LA BUSSIÈRE, chlr, sgr d'Angeliers p^{ie}, les Prévats, Dampierre en p^{ie}, Guédelon, Bretignelles (c^{ne} Pougny) et la Pommeraye p^{ie} (c^{ne} Treigny), qu'il achète 1752, m^t à Angeliers 1787, ép^n 9 août 1740 Catherine *Vaillant* de Guélis, fille de J^n-B^te, sgr de Bretignelles, et de Jeanne de Cullon, dont : 1° Jacques-J^n, suit ; 2° deux enf^ts m^ts jeunes.

VIII. — JACQUES-JEAN DE LA BUSSIÈRE, chlr, sgr d'Angeliers, Dampierre en p^{ie}, Bretignelles, les Prévats, capit. au rég^t d'Auvergne 1774, chlr de St-Louis, guillotiné à Paris 1794, ép^n 14 janv. 1774 Sophie-Vict. Damoiseau de Provency, dont : Rosalie, fme de J^n Cosnefroy, et des garçons m^ts av. 1789.

Armes : D'azur, à la bande d'or, accostée de deux demi-vols de même, surmontés chacun d'une étoile d'argent.

Sources : Arch. Nièv. E et B. — D. Caffiaux, 1234. — Arch. chât. Sichamps, Guerchy, Beauvais, St-Pierre-la-Chapelle. — Cab^t Titres : preuves St-Cyr, 311 ; preuv. écoles milit.; nobil. d'Orléans, 757; pièces orig. — *Inv.* arch. de l'Yonne, E. — Lebeuf, *Hist. d'Auxerre.* — Reg. parois. Treigny, Cosne, Billy-s.-Oisy, Etais, Oisy, Clamecy, St-Saulge, St-Maurice, Dampierre-s.-Bouhy, Bitry, Alligny.

Éteints.

(4) BOULÉ. — *De Nivernois.* — Bourgeois de Varzy et env. au comm^t XVIe s.; puis procuc^{rs} fiscaux et greffiers de la just. de Marcy jusqu'à 1583.

I. EDME BOULÉ, sgr de Marcilly (c^{ne} St-Pierre-du-Mont), dont hmage à St-Pierre-M^{nt} 1546, partage 1541 avec Joachim, son frère, les biens de leur père Pierre, et échange à Marcilly 1552 ; il eut : 1° Pierre, qui suit ; 2° Guill^e, proc^r fiscal de Marcy 1570-1604, père de Pierre, qui ép^n 1605 Eug. Liron, dont la posté., fixée à Varzy, y donne des médecins, march^ds, bourg^s jusqu'à la fin du XVIIe s. et s'allie aux Vezon, Piochot, Pluvinet, Le Seurre, etc.

II. PIERRE, écr, sgr de Marcilly, dont hmage 1572, y vend 1577, m^t av. 1604. ép^n 16 déc. 1576 Edmée Bredeau, dont un fils unique :

III. CLAUDE, écr, sgr de Marcilly et Marcy en p^{ie} (c^{ne} Varzy), capit. de Donzy et de Mèves, donné en otage à capitulation d'Entrains 1617, élu en l'él^{on} de Clamecy, f. hmage p. Marcilly 1634, m^t av. 1643, ép^n 9 fév. 1604 Marie *Guillambert*, fille de Raoulet, élu de Clamecy, dont : 1° Pierre, suit ; 2° François, suivra.

IV. PIERRE, écr, sgr de Marcilly et Charroux (Puisaye), chevau-léger de la garde 1630, capit. rég^t de Bussy 1636, reçoit prov^ons de président él^{un} Clamecy 1637, exerce jusqu'à 1668, et subdélégué Clamecy 1645, achète à St-Pierre-Mont 1657-78, *maintenu* par gén. d'Orléans, 26 fév. 1669, m^t 1686, ép^n 4 fév. 1643, Claire Bargedé (Auxerre), dont : 1° Pierre, suit ; 2° Antoine, écr, sgr de Marcilly 1686, sans posté.; 3° deux filles.

V. PIERRE, écr, sgr de Charroux et Marcilly 1675-86, présid^t él^{ion} Clamecy, m^t av. 1712, ép^n 1673 Marg^te Levoyer, fille de Cl., commiss^re de l'artillerie, dont :

VI. NICOLAS, écr, sgr de Charroux, m^t 1746, ép^n 1° 1712 Madeleine *Faulquier*, fille de Fr^s et d'A. Delaporte, 2° av. 1723 Cath. Carré, dont : *a*, Claude, sgr de Charroux 1752 ; *b*, Pierre, sgr de Marcilly et Maupertuis (chât^le Druyes) qu'il vend 1752, eut de Jeanne *de la Borde*, fille de Bon, sgr de Montillot, un fils m^t jeune ; *c*, Anne, ép^n 1769 J^n-B^te-Martin *de Lavenne* de la Montoise.

IV. FRANÇOIS BOULÉ (2° fils de Claude), écr, sgr de Marcy p^{ie} 1647, capit. rég^t de Bussy 1639, maintenu par arrêt 1671, partage avec son frère 1647, ép^n 21 juin 1645 Edmée *du Chaffaut*, fille d'Antoine, sgr des Couez, dont : 1° Pierre, suit ; 2° Anne, fme de N... d'Yvernis.

V. PIERRE, écr, sgr de Marcy 1689-1716, commiss^re des guerres 1707, partage succ^ion sa mère 1717, ép^n 1689 Fr^se Joumier (Clamecy), dont : 1° Jean, eut de Jeanne Melot : Jean, capit. d'inf^ie retraité 1756 ; 2° Pierre, suit ; 3° Louis.

VI. PIERRE, écr, sgr de Marcy p^{ie}, du Bouloy (chât^le Druyes), Sembrèves (c^{no} Oisy), Moulot (c^{ue} Clamecy) 1725-47, ép^n 1713 Marie *Gentil*, fille d'Edme, sgr de Sembrèves, dont : 1° Pierre, sgr du Bouloy 1774, sans posté.; 2° Edmée, ép^n 1747 Nicolas-Fr^s DE LA BUSSIÈRE, écr, sgr d'Angeliers, ci-dessus.

Armes : D'azur, au chevron d'or, accompagné de trois besants d'argent.

Sources : Mss. chanoine Hubert, VI, à Orl. — Arch^t chât. de Sichamps. — D. Caffiaux, 1234. — Min. not^res Clamecy. — Arch. Nièv. E, B et C. — Reg. parois. Marcy, Varzy, Clamecy, Surgy, Billy-s.-Oisy, Champlemy.

Éteints.

DE CERTAINES

FAMILLE de Nivernois (*).

BERTRAND DE CERTAINES, damoiseau, fait aveu pour Certaines (cᵑᵉ Cervon) 1323. Jean, dam., reçoit 1331 confirmation de concession par l'abb. de Bellevaux. Guyot, mari d'Odette, fille de Guyot le Rosselet, de Cervon, fait aveu p. Certaines 1371.

PIERRE DE CERTAINES, écr, sgr de Certaines en pⁱᵉ, dont hmage 1392 (Pierre Botteron est sgr d'autre pⁱᵉ de Certaines), né v. 1355, juge de justice de Chassy-en-Mᵃⁿᵈ, baille pr. Montreuillon 1407 et fait, même an, un échange de serfs à Cervon (**), achète à Certaines 1420 avec son fils Jean. — Autre Pierre fait fondation en égl. Cervon 1440, sans doute père de Nicolas, qui suivra, et de Guillᵉ, écr, sgr de Certaines en pⁱᵉ et Viry (cᵑᵉ Cervon), baille à Certaines 1459 des hérit. dont hmage 1466, transige à cause Viry 1471, paraît avoir eu Eugin et Pierre, mᵗˢ av. 1534, ayant vendu en parˢᵉ Cervon, et pour petit-fils :

GUILLAUME DE CERTAINES (***), écr, sgr de Viry et Certaines pⁱᵉ 1517, dont hmage 1535, y achète 1522-34, y échange 1524, a pour sœurs Guillemine et Jeanne, relig. au Réconfort, épousa 1⁰ av. 1517 Agnès *de la Chaume*, veuve de Guillᵉ de la Forêt, sgr de Cusy, 2⁰ av. 1531 Anne d'Arnouville, eut du 1ᵉʳ lit : *a*, Catherine, dame de Certaines en pⁱᵉ, mᵗᵉ av. 1572, fme d'Adrien DE LA PERRIÈRE (****), écr, sgr de Chiffort ; *b*, Margᵗᵉ ; *c*, Aloph, écr, sgr de Certaines pⁱᵉ, dont hmage 1540, archer de la cⁱᵉ de Torcy, transige avec héritiers de la Forêt 1572, achète part de Certaines aux la Perrière 1575, eut de Jeanne *de Lanvault* : Claude, dame de Certaines, dont hmage 1598, épⁿ 1⁰ av. 1575 Lazare DE LORON, écr, sgr de Domecy, 2⁰ av. 1598 Jean *de Carreau* (1), écr, sgr de Marcilly.

(1) DE CARREAU. — *De Nivernois.* — Connus depuis 1387 qu'ÉTIENNE CARREAU (*****) fait un aveu en Bazois. Michel est capit.-châtelain de Moul.-Engilbert 1436. Pierre, écr du cᵗᵉ Nev. 1476, puis de Frˢᵉ d'Albret et son témoin 1509, exempté du ban Niv. 1478, est sgr de Beaulieu (cᵒⁿ Clamecy) et de Thaveneau (cⁿᵉ Mouron), dont hmage 1508, lui venant probabl¹ des Boudault.

ANTOINE DE CARREAU, écr, sgr de Beaulieu et Champagne (cⁿᵉ Metz-le-Cᵗᵉ) v. 1530, ép¹ Claude d'Arcy, dont : Olivier et Gilbert, sgrs de la Rippe (Auxerrois) 1573-86.

(*) Le nom s'est écrit: Desertaynes, de Sartènes, de Certaine et de Certaines. — Il y eut en Bourgogne plusieurs fiefs et plusieurs familles du nom d'Essertaine et Essertines, différentes de celle-ci. On y trouve un chambellan du duc d'Orléans à la fin du XIVᵉ s.; Michau d'Essertaine, chlr du bange de Mâcon, assista en 1449, à Chalon-sur-Saône, au célèbre pas d'armes du chlr J. de Lalaing, etc. (V. *Inv.* de Peincedé, Dijon.)

(**) Il reçoit « Bienvenue, femme serve et de serve condicion *par moitié* dud. Pierre, et *la quarte partie* de Jehan, son filz, et leur postérité »... (Arch. chât. de Chassy-en-Mᵃᵘᵈ.)

(***) Il est certain qu'il y eut *en même temps* deux GUILLAUME DE CERTAINES, qui n'étaient que cousins, et que l'on rencontre exclusivement: l'un près de Cervon et mari d'Agnès de la Chaume, de 1517 à 1522, l'autre près de Cercy-la-Tour et mari dès avant 1511 d'Anne Robin, qui vit encore 1546.

(****) Nous rappelons que les noms en capitales ont, dans cet ouvrage, une généalogie spéciale, et ceux en italiques, une notice.

(*****) Le nom s'est écrit: Carreol, Quarreol, Carreau et de Carreau depuis 1580. Ils ont donné leur nom au château de la Motte, au faubs Stᵉ-Valière, à Nevers.

I. — Nɪᴄᴏʟᴀs ᴅᴇ CERTAINES, écr, sgr de Certaines en pᶦᵉ, dont hmages 1464 et 90, baille parˢᵉ Cervon 1479-86, mᵗ av. 1503, épousa Jeanne d'Avanes, dont : 1° Léonard ; 2° Thibaut ; 3° Guillᵉ, qui suit ; 4° Frˢᵉ, mineurs 1503 sous tutelle de Lancelot d'Avanes.

II. — Gᴜɪʟʟᴀᴜᴍᴇ ᴅᴇ CERTAINES, écr, sgr de Martigny (cⁿᵉ Cercy-la-Tour), dont hmage 1511, acte à Decize 1519, achète à Martigny 1530, mᵗ av. 1545, épousa av. 1511 Anne *Robin* (2), dame de Martigny en pᶦᵉ, dont il eut : 1° Étienne, qui suit ; 2°, 3° Claude et Jean, qui baillent à Martigny avec leur mère 1546 (*) ; 4° Agathe, fme de Nazaire *Pierre*, bourgˢ à Diennes.

III. — Eᴛɪᴇɴɴᴇ ᴅᴇ CERTAINES, écr, sgr de Martigny et Villemolin en pᶦᵉ (cⁿᵉ Anthien), étudiant Univ. Pⁱˢ 1531, fait aveu de Martigny 1545, y baille et y acte 1538-83, obtient mainlevée de 1/2 Villemolin 1582, mᵗ 1584, épousa 1538 Barbe de Bascoing, fille de Claude, sgr de Villemolin, et de Guillᵗᵗᵉ de Champignolle (**), dont il eut : 1° Lazare, reçoit de son père Martigny 1581, mᵗ av. 1585, laissant : Claude, sgr de Martigny en pᶦᵉ, où il achète 1597, mᵗ av. 1610 ayant eu d'Isabeau de Villeneuve (Bᵒⁿ-Lancy) : Jeanne, qui épouse 1619 Gabriel Pigoury, et Charlotte épⁿ 1619 Georges de Breulle, écr, qui vend Martigny 1642 ; 2° Guillᵉ, suit ; 3° Lucette ; 4° Léonarde.

IV. — Gᴜɪʟʟᴀᴜᴍᴇ ᴅᴇ CERTAINES, écr, sgr de Villemolin en pᶦᵉ, qu'il reçoit au partage 1581

Aᴅʀɪᴇɴ, écr, sgr de Thaveneau, dont hmage 1540, de Beaulieu, de Marcilly en pᶦᵉ (cⁿᵉ Cervon) et du Bruit (cⁿᵉ Montigny-Mᵃⁿᵈ), dont hmage 1545, achète à Montreuillon 1566, mᵗ av. 1580, épª Marie *de Marry*, fille de Jean, sgr de Villaine, dont il semble avoir eu : *a*, Frˢ, écr, sgr de Thaveneau, la Motte (cⁿᵉ Nevers), Cholet (cⁿᵉ Sᵗ-Eloi) 1589-96, mari de Marthe *Olivier*, fille de Frˢ, élu de Nev.; *b*, Jean, écr, sgr de Marcilly et le Bruit 1598, mari de Claude ᴅᴇ CERTAINES, ci-dessus, dont : *a'*, Frˢ, sgr de Thaveneau pᶦᵉ 1624, mᵗ av. 1647, mari d'Edmée ᴅᴇ MULLOT, *b'*, Joachim, sgr Thaveneau pᶦᵉ, épⁿ 1630 Marie *de Barrault*, dont 2 filles : Anne, épⁿ 1655 Nicolas Nicolas, sgr de Surpalis, et Jeanne, épⁿ 1658 Frˢ de la Godine (***) ; *c*, Anne, dame de Marcilly, mᵗᵉ 1630, épⁿ Ant. *de la Forêt*, écr, sgr de Cusy.

Pʜɪʟɪʙᴇʀᴛ, écr, sgr de Beaulieu pᶦᵉ 1608, mᵗ av. 1617, eut de Jeanne *de Boisthierry* : Edmée, épⁿ 1626 Pierre *de la Vigne*, écr, sgr de Bulcy, et Anne, épⁿ 1631 Lazare *du Bois*, sgr de Poully.

Sources : D. Villevieille, 72. — *Inv.* de Marolles. — Arch. Nièv., E et B. — D. Caffiaux, 1234. — Min. notʳᵉˢ Moul.-Engilbert et Clamecy. — Reg. parois. Cervon, Guipy et Corbigny.

Eteints.

(2) ROBIN. — *De Decize.* — I. Gᴜɪʟʟᵒ ROBIN, bourgª de Decize, mᵗ av. 1442, eut d'Isabeau de Savigny : 1° Jean, suit ; 2° Agnès, épⁿ av. 1442 Pierre Chaloppin, juge de Decize ; 3° Jeanne, fme d'Huguet

de Hénouville ; 4° Catherine, épⁿ 1444 Philippe Dupont, mᵈ.

II. Jᴇᴀɴ, bourgˢ et marchᵈ à Decize 1454, en est grenetier 1463-82, partage avec ses sœurs 1444, baille pr. Cossaye et Villecourt 1467, mᵗ av. 1486, eut de Cath. Duplessis (Auxerrois) :

III. Gᴜɪʟʟᴀᴜᴍᴇ, sgr de Moran (cⁿᵉ Champvert), dont hmage 1488, et de Fontjudas (*id.*), qu'il achète 1500, grenetier de Decize 1486, mᵗ 1509, épⁿ 1476 Jeanne *Guillemère*, fille de Jean, sgr de Surpalis, dont : 1° Jean, frère-servant de l'ordre de Rhodes 1517 ; 2° Claude, curé de Cossaye 1509-17 ; 3° Jean, suit ; 4° Gabriel, sgr de Moran et Laumoy (cⁿᵒ Cossaye) 1509-27, mᵗʳᵉ d'hôtel de Chr. de Rochechouard 1521, mᵗ av. 1515 Louise Varier, dont : Frˢᵉ, dame de Moran, et Jeanne, dame de Laumoy, mariées av. 1542 à J. Lemuet et à Ant. *Vaget* ; 5° Pierre, curé de Decize 1528 ; 6° Margᵗᵉ, épⁿ 1515 Hugues *de Vaux*.

IV. Jᴇᴀɴ, sgr de Fontjudas, grenetier de Decize 1511-46, juge de Ganay, f. aveu p. Fontjudas 1526 et 40, eut d'Anne Collesson :

V. Rᴏʙᴇʀᴛ, sgr de Fontjudas 1553, procurʳ fiscal de Decize et Ganay 1562, mᵗ av. 1586, eut de Margᵗᵉ *Pommereul* :

VI. Gᴀʙʀɪᴇʟ, sgr de Fontjudas 1587, dont hmage 1598, juge de Decize 1598-1607, eut de Jeanne Bertholomier : Robert, greffier à Decize 1619.

Guillemin ROBIN est témoin 1444 du partage des enfᵗˢ de Guillᵉ ; il épª Jeanne *de la Forêt*, fille de Jean,

(*) Il est possible qu'ils aient pour frère aîné Guillᵉ de Certaines, notaire à Cercy 1525-31-35 ; Claude et Jean sont dits « maistres » dans l'acte de 1546, et c'est de l'un d'eux que doit descendre Charles ᴅᴇ Cᴇʀᴛᴀɪɴᴇs, qui partage en 1600 des biens à Montigny-s.-Canne avec ses sœurs Jeanne, fme de Jean de Bongard, sgr du Maussois, et Esmée, fme de Jean de Mire. (Arch. Nièv. E.)

(**) Barbe hérita en 1570 de moitié de Villemolin de son cousin germain Hubert de Champignolle, fils de Philippe, écr, sgr de Villemolin, mari de Barbe de Hochberg et frère de Guillᵗᵗᵉ, ci-dessus, enfants d'autre Philippe de Champignolle et de Margᵗᵒ *de la Courcelle*, dame de Villemolin. En 1599, Jeanne de Bascoing, sœur de feue Barbe, avait encore moitié de Villemolin. (Arch. Nièv. E. — *Inv.* de Marolles.)

(***) Il était fils de Léonard ᴅᴇ ʟᴀ Gᴏᴅɪɴᴇ, écr, sgr de Chappes (cⁿᵉ Laché-Assarts) 1623-34, et d'Étiennette du Paret. La postérité de ce Fˢ disparaît à la fin du XVIIᵉ s. — (*Carrés* d'Hozier, 61. — Reg. parois. d'Aunay.)

et dont hmage 1584, f. aveu de biens de sa fme en Morvand· 1596, tué 1598 à la suite du c^te de Tavannes, épousa 26 oct. 1582 Edmée de la Croix (*), fille de Mathias, sgr de Palmaroux, dont il eut : 1º Adolph, suit ; 2º Claudine, vivante 1605.

V. — ALOLPH DE CERTAINES, chlr, sgr de Villemolin en p^ie, Palmaroux (c^ne Montsauche), Fricambault (pr. Joigny), Pinabaux (id), chlr de l'ordre, gouv^r de Livry 1641, maintenu au régalement des tailles 1635, fait hmage p. Villemolin 1599, y acte 1601-34, m^t av. 1652, ép^a 1608 Jeanne de Martinet, fille d'Esme, sgr de Fricambault, et de Phil^te d'Edouard, dont il eut : 1º Léonard, écr, sgr de Pinabaux, habite par^se d'Oudan (c^on Varzy) 1641-54, vend Sommecaize p^ie (Yonne) 1661, ép^a 1º 30 janv. 1640 Marie DE MULLOT, fille de Claude, sgr du Colombier, et de Valentine de Tespes, 2º av. 1661 Marg^te de Bocasse, dame de Sommecaize, eut du 1er lit : Edme et 2 filles, qui semblent sans posté. ; 2º Edme, suit ; 3º Edme, chlr de Malte, 1630, command^r de Romaigne 1663, chef d'escadre ; 4º Pierre, chlr, sgr de Fricambault, Corvol-d'Emb^ard (c^on Varzy), qu'il achète 1663 avec St-Martin-de-Vaux (id.) et Chevannes (id.), capit. de vaisseau 1642, chef d'escadre 1656, chlr St-Louis, partage avec Edme 1654, achète pr. Corvol 1665, tué à Syracuse 1666, ép^a 27 mars 1659 Antoinette Le Maistre, fille de Ch., sgr Grandchamp, dont : a, Edme-Elie, capit. de vaisseau, chlr St-Louis, maintenu 1701, tué au Vigan 1702, célib. ; b, Pierre-Joseph, enseigne de vaisseau 1701 célib. ; c, deux fils m^rs jeunes ; d, Armande-Marg^te, dame de Corvol, ép^a 1705 Jean-Louis de Jaucourt, chlr, sgr du Vault ; 5º Charles, chlr de Malle 1652, command^r de Toul, capit. de vaisseau 1691 ; 6º Antoine, prieur de St-Amâtre d'Auxerre 1661 ; 7º Anne ép^a 1º 1649 Pierre DE ROLLAND, écr, sgr de Curiot, 2º av. 1660 Charles de Chalons, chlr, sgr de Sully ; 8º, 9º, Fr^se et Elisabeth, reçues Ursulines à Corbigny 1638.

VI. — EDME DE CERTAINES, chlr, sgr de Villemolin, Lantilly (c^ne Cervon), Cervon en p^ie (c^on Corbigny), partage avec frères 1654, plaide pour Corvol 1677, acte 1686, ép^a 11 fév. 1652 Marie Pitois (3), veuve de Michel de Torcy, sgr de Lantilly, dont : 1º Edme, m^l jeune ; 2º Gabriel-

sgr de Martigny, avec laq. il f. hmage 1464 p. Thaix (c^ne Fours); il est père ou aïeul d'Anne ROBIN, dame de Martigny, fme de Guill^e DE CERTAINES, ci-dessus, et de Jean R., écr, sgr des Brûles (c^ne Fours) 1484, héritier de son frère Henri et père de : Guyot, sgr des Brûles 1515, mari de Charlotte DE LA RIVIÈRE. — Louis ROBIN, écr, sgr de Corcelle (c^ne la Roche-Milay), m^t av. 1526, mari de Jacquette DE TROUSSEBOIS, eut

pour héritier son frère Guill^e R , sgr de Villette (c^ne id.), qui de Jeanne, al. Phil^te DU VERNE, eut Louis et Fr^s, écrs, sgrs de Corcelle 1550.

Source : Arch. Nièv. — Min. notres Decize. — *Inv.* de Marolles. — Reg. par. Decize. — Arch. chât. la Roche-Milay.

Éteints.

(3) PITOIS. — *De Nivernois* (**). — Bourgeois de

(*) DE LA CROIX. — Il y eut deux familles de ce nom, une dans le N.-O. du Morvand (A), l'autre entre Decize et Châtillon (B). — (A) Ils sont dans la par^se de Vauclaix, fin du XIVe s. Mathias, est contrôleur finances du c^te Nev. 1477, sa sœur Ant^tte, veuve de J^u d'Arthé 1523, donne à son neveu Philib^t maison à Vézelay et sgrie de Ruère p^ie (c^ne Alligny-M^und), et son autre sœur porta la Croix (c^ne Vauclaix), av. 1504 à Jean *du Pontot.* Philibert (fils de Mathias), écr, sgr de Montbaron (c^ne Cervon), Palmaroux (c^ne Montsauche) et Ruère p^ie 1519-26, eut: 1º Mathias, suit ; 2º Edme-Aloph, 1553 ; 3º Marg^te, dame de Montbaron qu'elle porta 1553 à Claude *de Sauvage,* écr. Mathias, écr, sgr de Vauclaix, Palmaroux et le Saulce (châté Liernais), m^t av. 1758, n'eut de Perrette David (Auxerrois), sœur de Jean, chlr de Malte, que 2 filles : Claudine, dame de Vauclaix, ép^a 1578, Denis DE BOURGOING, écr, sgr du Vernay, et Edmée, dame de Palmaroux, ép^a 1º 1582 Guille DE CERTAINES, écr, sgr de Villemolin, ci-dessus, 2º av. 1599 Nicolas de Rolland, écr, sgr d'Arbourse. — (B) : En 1379 Isabeau de Saisy, veuve de Regnaut DE LA CROIX, f. aveu près Pouligny-s.-Aron. Jean est prieur d'Achun 1455. La veuve de Nicolas est remplacée au ban Niv. par G. d'Avril 1467. Jean, écr, et Anne d'Avril, sa femme, demeurent à Avril-s.-Loire 1515. Léonard, écr, avoue biens environs Cercy 1535, eut d'Anne de Fétières (Charollois) : Gilbert, Anne et Marg^te, vivanls 1588. —— *Armes* : (A), D'azur au poisson d'argent en fasce, accompagné de trois annelets de même. — *Sources* : Arch. chât. Devay et Chassy. — *Inv.* de Marolles. — Arch. Nièv. E. — Preuves de Malte, Arsenal, III.

Éteints.

(**) Cette famille n'a rien de commun avec son homonyme de Bourgogne de noblesse féodale, chlrs, sgrs de Chaudenay et de Monthelon dès le XIIIe s., éteinte à la fin du XVIe, à laquelle d'Hozier eut la faiblesse de la rattacher, ce qui n'a pas échappé à Chérin (vol. 157), qui signale trois titres « fabriqués ». Jean PYTOIS, écr, sgr de Mercurey, etc. (en Bourgogne), fils de Jean, sgr de Monthelon, et d'Isabeau d'Essanley, ép^a av. 1446 Jeanne BRÉCHARD, dame de la Charnaye-les-Cuffy (auj. Millay, c^on La Guerche), dont hmage au c^te Nev. 1446, ils eurent entre autres : Gabrielle, relig. à N.-D. de Nevers 1495 ; Jean, chlr de St-Jean-J^em, et Philibert, écr, sgr de la Charnaye, dont hmage 1480, est au ban Niv. 1503, eut de Louise de Marcilly (lès-Charolles) : Pierre PYTOIS, écr, aussi sgr de la Charnaye, dont hmage à la c^tesse Nev. 1532 et 47, avec sa fme Jeanne de Pradine, et leur fille Philiberte porta la Charnaye av. 1575 à Philippe de Rouvres, chlr de l'ordre. — (*Inv.* de Peincedé. — Arch. Nièv. et du Cher, E. — *Inv.* de Marolles.)

Fr^s, suit ; 3° Charles, chlr, sgr de Villemolin p^{ie} et Prelly (Champagne), maintenu gén. Paris 1701, inhumé à Pouques 1725 sans posté., ép^n *1°* 16 juil. 1686 Marie Le Bascle d'Argenteuil (Tonnerrois), 2° 1703 Marg^{te} Ducrot de Chateaumail ; 4° Armand, capit. rég^t de Foix, tué à Steinkerque 1692 ; 5° Louis, capit. cav^{ie} rég^t de Roussillon 1701, célib. ; 6° Gabriel, capit. dragons, célib. ; 7° Étienne-Élie, sgr de Fricambault ; 8° Jeanne , ép^n 1670 Fr^s-Éléonor *Bezave* (4), président él^{ion} Chât.-Chinon ; 9° Denise, célib. 1691 ; 10° Bénigne, ép^n 1714 Gabriel-André *de Lenferna*, écr, sgr de la Bande ; 11° Anne, abbesse Ste-Claire Decize 1708.

VII. — GABRIEL-FRANÇOIS DE CERTAINES, chlr, sgr de Villemolin, dont hmage 1702, Vellerot (c^{ne} Cervon) et Magny (c^{ne} Magny-Lormes), garde-du-corps 1674, major rég^t de Condé, chlr de St-Louis, m^t à Villemolin 1730, ép^t 20 nov. 1714 Marg^{te}-Fr^{se} *de Lenferna*, fille de Charles, sgr de la Resle, et de B. d'Anstrude, dont : 1° Charles-Armand, chr, sgr Villemolin

Chât.-Chinon, commenc^t du XVIe s. Trois Pitois y sont inhumés en 1530. Parallèlement à la branche d'où sont issus les baillis, on trouve un grand nombre de PITOIS à Chât.-Chinon et environs (*).

I. PIERRE PITOIS, proc^r en l'élec^{ion} Chât.-Chinon 1544, partage ses enfants 1565 et leur donne biens à Chaligny (c^{ne} Chât.-Ch^{on}) ; il eut de Jeanne Putillot (notaires de Lormes) : 1° Guy, suit ; 2° Jean.

II. GUY, procur^r du roi 1572, puis élu de Chât.-Chinon 1589, vend et achète à Chaligny et à la Creuze (c^{ne} St-Hilaire-M^{and}) 1583-1606, m^t av. 1614, épousa Madeleine *Coujard*, dont : 1° Pierre, suit; 2° Antoinette, ép^a av. 1609 Jean *Goussot*, recev^r des tailles à Chât.-Chinon.

III. PIERRE, av^t, bailli de Chât.-Chinon 1614-48, contrôleur au grenier à sel 1627, lieut^t crim^{el} en l'él^{ion} 1640, sgr de Quincize (c^{ne} Poussignol) et Etoules (*id.*), qu'il achète 1630, échange et achète à la Thibert (c^{ne} Poussignol) 1640, fonde les Capucins de Ch.-Chinon 1632, m^t 1648, ép^n 20 fév. 1614 Denise *de Champs*, fille de Fr^s, sgr de Champcourt, dont : 1° Pierre, suit ; 2° Madeleine, ursuline ; 3° Jeanne, ép^n 1640 Jacques *Gascoing*, sgr de Berthun ; 4° Marie, ép^n *10* 1646 Michel *de Torcy*, chlr, sgr de Lantilly, 2° 1652 Edme DE CERTAINES, écr, sgr de Villemolin, ci-dessus ; 5° Anne, fme de Charles de Fradel, écr, sgr de Lonzat.

IV. PIERRE, sgr de Quincize, Etoules et St-Maurice (c^{ne} Montreuillon), av^{at} 1644, bailli, lieut^t part^{er} en l'él^{ion} et lieut^t en la gruerie de Chât.-Chinon 1649, partage avec sœurs 1655, plaide avec Jeanne 1662, condamné à la maintenue de 1667, m^t 1684, ép^n 19 octobre 1649 Fr^{se} DE BOURGOING, fille de Jean, sgr de la Douée, dont (**) : 1° Jean-Fr^s, sgr de Quincize p^{lo}, dont hmage 1692, et d'Etoules, reçoit 1682 les trois offices de son père à Ch.-Chinon, président au pr^{ial} de St-Pierre 1694, sert au ban Niv. de St-Pierre 1694, m^t célib. 1722 ; 2° Paul-Edouard, écr. sgr de la Thibert

1677-83, capit. de cav^{ie} 1692, célib.; 3° Jean-Gaspard, écr, cornette de cav^{ie} 1692, gentilh^e du duc d'Orléans, m^t 1706 sans posté.; 4° Pierre, suit ; 5° Charlotte-Pierr^{tte}, ép^n 1697 Henri *de Paris*, écr, sgr de Prélichy ; 6° Jacquette, supérieure Ursulines M.-Eng^{er} 1712.

V. PIERRE, écr, sgr de Quinciz, Etoules, St-Maurice, Blismes (c^{on} Ch.-Chinon), le Bruit (c^{ne} Montigny-M^{ond}), *secrétaire du roi*, m^{on} cour^{ne} de Fr. à Dijon 1710, garde-du-corps de M^r 1697, comm^{eur} de St-Lazare et Mt-Carmel en fondant une commanderie à Quincize 1711, fit ériger Blismes en h^{te} justice 1714, f. hmage de Quincize et Blismes 1724, m^t 1732, ép^n 10 juil. 1709 Louise Gevalois (Bon-Lancy), dont : 1° Pierre, suit ; 2° Mic-Louise-Fr^{se}, ép^n *10* 1732 Jacques-Louis DE LA FERTÉ-MUNG, c^{te} de la Roche-Milay, 2° Melchior *de Comeau*, chlr, sgr de Pont-de-Vaux.

VI. PIERRE, chlr, sgr d'*id.* et de Villard (c^{ne} Poussignol), et le Part (c^{ne} Dun-Places), bailli d'épée de St-Pierre 1744, gouv^r de Ch.-Chinon pour le roi 1749, fixé à Paris 1770, vend Quincize, Blismes, St-Maurice, puis sa veuve vend 1780 le Bruit, Villard et ses autres sgries, m^t sans posté, ép^n *10* 27 avril 1733 Marie Brenot (Autun), 2° Ant^{tte} Thuilier (Paris).

Armes : D'azur, à la croix ancrée d'or. (Qu'ils prirent des Pytois.)

Sources : Arch. Nièv. E et B. — Chérin, 157. — Min. notres Montreuillon, Lormes et Moul.-Engilbert. — D'Hozier, reg. III. — Reg. par. Chât.-Chinon, Lormes, Poussignol-Blismes, Brinay, Cervon. *Eteints.*

(4) BEZAVE. — *Du Morvand.* — GUILLAUME BEZAVE est procur^r fiscal de Bussy-lès-Chassy 1495. Puis, des march^{ds} à Montreuillon, Marigny et Lormes, alliés aux Viodé, Goguelat, Legrand, etc.

I. PIERRE BEZAVE, march^d à Enfert (c^{ne} Mhère), m^t av. 1634, épousa Toinette *Girard*, dont : 1° Dominique, march^d à Enfert, puis à Lormes 1673, eut de

(*) Ils sont bourg^s, march^{ds}, artisans, puis donnent : Denis PITOIS, recev^r grenier sel 1601 ; Esme praticien 1609 ; Edme, greffier 1636 ; Claude, sergent r^{al} 1636 ; Pierre, av^{at} 1640 ; Claude, proc^r fiscal et notre 1658 ; Claude, juge d'Ouroux 1676 ; Pierre, huissier 1677 ; etc. — Leurs ppales alliances sont : au XVIe s. Villain, Vaucoret, Coujard, Millin ; Duruisseau 1601, Bully 1620, Joffriot 1625, Vaucoret, Moreau 1635, Connestable, Coujard, Bruandet 1658, Moreau, Clémendot 1672, Magdelénat 1673, Moreau 1683, Nettement, etc. — Cette branche doit encore exister en Morvand. — (Reg. parois. Chât.-Chinon, Corancy et Ouroux.)

(**) Voici un exemple frappant de retard dans les baptêmes. Leurs enfants sont baptisés : Jean, à 21 ans, 1673 ; Paul-Edouard, à 17 ans, 1676 ; Jean-Gaspard, à 22 ans, 1687, et Pierre, à 26 ans, 1695. La révocation de l'édit de Nantes n'est pas en cause, cette famille était catholique. (Reg. parois. de Poussignol.)

en p^{ie}, Louvrault (c^{ne} Chougny), Chenizot (*id.*) et Thare (*id.*), qu'il achète 1755 et dont hmage 1777, vend à son frère sa part Villemolin 1753, doit être père de : *a*, Antoine-Louis, sgr de Louvrault, Cervon p^{ie}, Ruère (c^{ne} Alligny-M^{und}) 1788, m^t sans posté. de Joséphine Porter de Kingiston ; *b*, Edme-Roger-Fr^s, chevau-léger de la garde 1769 ; 2° Jean-Pierre, suit ; 3° Fr^{se}-Pierrette, célib. ; 4° Marg^{ie}, Jeanne et Gabrielle, Ursulines à Montbard 1753.

VIII. — JEAN-PIERRE DE CERTAINES, dit : comte de C., sgr de Villemolin, Certaines qu'il rachète 1768, Chasseigne (c^{ne} Anthien) acheté 1765, le Chemin p^{ie} (*id.*) acheté 1776, Magny (c^{on} Corbigny), Bailly (c^{ne} Magny) acheté 1760, Mouasse (c^{ne} St-Hilaire-M^{und}), dont hmage 1772, Monteuillon (c^{ne} Luzy) qu'il vend 1765, Laché (c^{ne} Brinon), né 1730, nomme un juge de Villemolin 1756, est à ass. nobl. Nev. 1789, m^t apr. 1794, ép^n 22 nov. 1751 Anne-Fr^{se} DE COTIGNON, dame de Laché, fille d'Edme-Roger, sgr de Mouasse, et d'Anne-Ama. d'Anguy, dont : 1° Pierre-C^t, suit ; 2° Marie-Gabrielle, ép^n 1782 L^s-Joseph de Muzy de Truchis (Bgogne) ; 3° Anne-Fl^{se} et Fr^{ne}-Claudine, chanoinesses 1782-93.

IX. — PIERRE-CONSTANT DE CERTAINES, dit : marquis de C., sgr d'*id.*, né 1758, page du Dauphin 1773, officier rég^t de la reine 1782, à ass. nobl. Nev. 1789, émigra, refait terrier de Laché

Léonarde Gauthereau : *a*, Pierre, curé de Saizy 1673 ; *b*, Hugues, médecin à Lormes, y ép^n 1683 Jeanne Delagrange (*), fille de J^n, av^{at}, dont : Hugues, chirurgien, ép^n 1716 Mlle Gudin (**), fille de Léon^d, lieut. baage Ch.-Chinon, dont : Hugues-Alban , juge de Chassy, av^{at} à Lormes, y ép^n 1765 Pierr^{lle} Dublé du Boulois, et Jean, gruyer de Lormes 1768 ; *c*, Jean, apoth à Ouroux, ép^n 1672 Fr^{se}-Jacq^{lle} Vaucoret ; *d*, Fr^a, chirur., ép^a 1682 Anne Vaucoret ; 2° Léonor, suit ; 3° Léonard, suivra.

II. LÉONOR, élu en él^{ion} Chât.-Chinon 1634-52, m^t av. 1674, eut de Jeanne *Moreau* : 1° Fr^s-Eléonor, suit ;

2° Jeanne, mariée av. 1670 à Aré *Brisson*, prés^t en él^{ion} Nevers ; 3° Edmée, ép^n 1666 Anne-Achille *Rapine* de Saxy, proc^r g^{al} de Niv.

III. FRANÇOIS-ÉLÉONOR, prés^t en él^{ion} Chât.-Chinon, m^t av. 1680, ép^n 1670 Jeanne DE CERTAINES, fille d'Edme, sgr de Villemolin, ci-dessus, dont : 1° Edmée, ép^n 1694 J.-Guy-Raco DE COURVOL, écr, sgr de Croisy ; 2° Jeanne, ép^n 1694 André-Fr^s d'Anstrude, écr, sgr de Bierry.

II. LÉONARD (3e fils de Pierre), né 1611, dem^t à Ouroux, m^t av. 1662, eut de N... Humbert : 1° Philippe,

(*) Sont notaires, baillis et avocats de Lormes, durant tout le XVIIIe s. ; s'allièrent aux Goussot, Perreau, Ragon, Jourdan, Houdaille, Heuilhard.

(**) GUDIN. — *De Nivernois.* — Jean GUDIN, est bourg^s de Corbigny 1585. Léonard, *id.* 1611. Pierre, march^d à Gacogne 1650, et son fils, Pierre, y est notaire 1667. Autre Pierre, élu de Chât.-Chinon 1653, eut de Madeleine Dublé : Jacques, élu de Chât.-Chinon 1662-84, eut de Jeanne Pernet ? Charles, élu 1700, m^t av. 1733, ép^n Jeanne Garnier, dont : 1° Jacques, élu de Chât.-Chinon 1729-40, ép^a 1° 1729 Mlle Grosjean, 2° 1744 Fr^{se} *Moreau*, fille d'Henri, dont : *a*, Etienne, né 1734, m^t général vers 1810 sans posté. ; *b*, Gabriel-Louis, receveur des aides, père de : *a'*, Ch.-César-Etienne, général de division 1800, sénateur, créé comte, tué à Smolensk 1812, dont le fils, aussi général, m^t v. 1875, ép^a la fille du général Mortier, duc de Trévise ; *b'*, Pierre-César, né 1774, général brig., baron de l'Empire, m^t v. 1831 célib. ; 2° Etienne, bourg^s à Mhère, ép^a 1733 Jacquette *Pelletier*, dont : Jacques GUDIN DU PAVILLON, gendarme de la garde, chlr St-Louis, maire de Gâcogne 1791, ép^n 1769 Odette-Fél. *Guillaume* de Sermizelles, dont : L^se-Charlotte ép^a L^s-Et.-César *Borne* de Gouvault.

JEAN GUDIN, march^d à Corbigny, y ép^n av. 1694 Mlle Paichereau, fille de Gaspard, dont : Antoine, procur^r au baage Corbigny, eut d'Anne Henriet : Sébastien et Jacques.

DENIS (qui paraît frère de Jacques, élu Ch.-Ch^{on} 1662), notre à Chassy-Monteuillon 1672, eut de Marie Buffy : 1° Claude, suit ; 2° Léonard, lieut^t-gén^{al} au baage Chât.-Chinon 1687-1710 et receve^r au grenier à sel, ép^n 1686 Madeleine *Joffriot*, fille de Fr^s, lieut.-g^{al}, dont : Marie, ép^a 1716 Hugues *Bezaue*, ci-dessus ; Reine, fme de Laz. Duruisseau ; Anne, ép^n 1718 Fr^{se} *Pellé* ; et François, receve^r grenier Chât.-Chinon 1712-42, ép^n 1717 Jeanne Couault, dont : *a*, Jean, av^{at} fiscal et grenetier de Ch.-Chinon 1752-87, ép^n v. 1752 Mlle Drouin, dont entre autres : *a'*, Jean-Philippe, av^{at}, ép^a 1787 Louise Regnard. — Claude, av^{at} à Mhère 1694, s^r de Raffigny 1720, ent d'Agathe Chary : 1° Léonard, conser^r au baage St-Pierre 1742-60, sans posié. ; 2° Phil.-César, suit ; 3° Claude, m^{and} de bois à Mhère 1757-68, ép^a 1729 Mlle Bourdillat, dont : Dominique, av^{at} à Mhère, eut de Fr^{se} Colin : Madeleine, ép^a 1787 P. *Houdaille*, échevin de Lormes ; 4° Agathe, ép^a 1742 Dominique Colas.

PHILIPPE-CÉSAR GUDIN DE VALLERIN, s^r dud. l. 1734-39, ép^n 1732 Mlle Rousset, dont : 1° Etienne, suit ; 2° Claude, s^r de Raffigny, gendarme de la garde 1764, ép^n 1768 Anne Mlle Moreau ; 3° Philibert, s^r de Létang 1768 ; 4° César, ép^n 1775 Agathe *Patitier*. — Etienne, s^r de Raffigny 1763, m^t 1804, ép^n 1757 Jacquette Grosjean, dont : *a*, Paul, eut de Fr^{se} Paumier de Mercy, Paul, officier 1809 dont Charles, m^t sans posté. ; *b*, Etienne, m^t 1791, ép^a 1782 Elisabeth Flandin, dont : Mmes Cornu et Audebal, et Etienne ép^a 1814 Fr^{se}-G. Coppin, dont Cl.-Théodore, père d'Albert, et L^s-Et.-Henri, qui eut de J^{ne}-Elis. *Septier* de Rigny ; Fr^s-Auguste, officier cav^{ie} ; L^s-J.-Henri, *id.*, mari de G.-Jeanne Ricard, et Mmes Pougheon et Piétresson de St-Aubin. — *Armes :* D'argent, au coq au naturel, soutenu d'un croissant d'azur et surmonté de trois étoiles de gueules. — *Sources :* Arch. Nièv. B. — Reg. parois. Mhère, Brassy, Chât.-Chinon, Corbigny, Lormes, Ouroux, Gouloux.

Existants.

1789, ép^u 19 mai 1788 M^{ie}-Anne-Fr^{se} Walsh de Serrant, fille de J.-B., pair d'Irlande, dont : 1° R.-A.-Edmond, suit ; 2° Adèle-Anne, m^{te} 1856, fme de Théobald, c^{te} Walsh.

X. — ROBERT-AMOUR-EDMOND, c^{te} DE CERTAINES, cons^{er} gén^{nl} de la Nièvre, ép^u 1825 Louise-Delphine-M^{ie} Viel d'Espeuilles (5), fille de L^s-Fr^s, m^{is} d'E., dont : 1° Fr^s-M.-Joseph, suit ; 2° M^{ie}-Constance-Berthe, chanoinesse, m^{te} 1890.

XI. — FRANÇOIS-MARIE-JOSEPH, m^{is} DE CERTAINES, capit. de mobiles 1870, m^t 1889, ép^a 1854 M^{ie}-Th.-Charlotte de Rougé, dont : Edme, mari d'Eugénie Gauthier, et Noémi et Berthe, épouses de Fr^s et d'Arthur, c^{tes} de Bréon.

Armes : D'azur, au cerf passant d'or.
Sources : Inv. de Marolles. — Arch. chât. Villemolin, Chassy-M^{nnd}, Vandenesse, Limanton. — Arch. Nièv. E. et B. — Min. notaires Moul.-Engilbert, Lormes, Corbigny, La Nocle. — Cab^{et} Titres : *Carrés* de d'Hozier, 159; dossier bleu, 161; Chérin, 47. — D. Caffiaux, 1234. — Preuves Malte, Arsenal, III. — Reg. parois. Cervon, Anthien, Oudan, Corvol-d'Emb^d, Corbigny, La Chapelle-St-André.

Existants dans la Nièvre.

suit ; 2° Paul, av^{nt} à Corbigny 1673, ép^a 1668 Louise-A. *Dublé* (*), dont : *a,* Marthe, ép^a 1697 Michel Paillard, m^d à Prémery ; *b,* Jeanne, relig. à Auxerre 1708; 3° Marit, notr^e et proc^r fiscal à Moissy-Moulinot 1690, ép^a av. 1663 Jeanne *Jourdan* ; 4° Claude, relig. à Moul.-Engilbert 1673.

III. PHILIPPE, av^{at} à Lormes 1662-73, m^t av. 1690, eut de Fr^{se} Delagrange, sœur de Jeanne, entre autres : Simon, av^{nt} 1698, et Nazaire, suit.

IV. NAZAIRE. av^{nt} à Lormes 1703, ép^a 1698 Marie *Aupépin,* fille de Jean, dont : 1° Jⁿ-Fr^s, av^{nt}, contrôleur des guerres 1737-58, ép^a 1737, M^{ie}-Marthe Barbier; 2° Guill^e, écr, sgr de Montigny (c^{ne} Magny-Lormes), capit. rég^t de Médoc 1745, ép^a 1740 Madel.-Fr^{se} de Bretagne.

Armes : De gueules, au lion d'or.
Sources : Minut. notr^{es} Lormes. — Arch. Nièv. E et B. — Reg. parois. de Chât-Chinon, Ouroux, Lormes, Montigny-en-M^{nnd}, Anthien, Corbigny. *Éteints.*

(5) VIEL D'ESPEUILLES. — Originaires *de Normandie;* puis en Languedoc, où Jean-Ant.-L^s VIEL DE LUNAS fut président de la Ch^{re} des comptes de Montpellier 1728; son fils, Claude-Daniel, marquis de Lunas, épousa 1750 M^{ie}-Reine de Boulône de St-Rémy, fille de Claudine-Antoinette *Girard,* dame d'Espeuilles et Lamenay, dont il eut : 1° Ant.-Pierre, c^{te} de Lunas, sgr de Lamenay (c^{un} Dornes) et d'Aglan (c^{ne} Lucenay-Aix) 1785, puis de Jaugenay (c^{ne} Chevenon), Marigny (id.) et la Montagne en p^{ie}, capit. cav^{ie} rég^t de la reine 1789, est à assemblée nobl. Nev. 1789, m^t

célib.; 2° Ant.-L^s-Fr^s, suit; 3° Louise-Fr^{se}-Thérèse, ép^a ^{1°} Édouard, c^{te} de Marguerie, 2° 1785 Alexandre, m^{is} *de Prévost* de la Croix, 3° 1793 Fr^s Arbaut.

ANTOINE-LOUIS-FRANÇOIS, dit m^{is} D'ESPEUILLES, sgr d'Espeuilles (c^{ne} Montapas), St-Benin-des-Champs (id.), Sermantray (id.), Neuzilly (id), Montapas (c^{on} St-Saulge), Prémoisson (c^{ne} Rouy) 1786, Fucilly (c^{ne} Achun), Varigny (id.) et de la Montagne (c^{no} St-Honoré) qu'il achète avec son frère 1788, né 1761, capit. de dragons, aide-de-camp du c^{te} de Damas 1787, à ass. nobl. Nev. 1789, m^t 1831, épousa 1793 Julie-Suzanne-Fr^{se} de Roquefeuil, dont : 1° Ant.-Théodore, suit; 2° Louise-Delphine, ép^a 1825 Edmond c^{te} DE CERTAINES, ci-dessus ; 3° M^{ie}-Thérèse-Henriette, fme du m^{is} d'Oilliamson.

ANTOINE-THÉODORE, cons^{er} gén^{nl} Nièvre, sénateur 1855, m^t 1871, épousa ^{1°} 1829 Pauline *Le Peletier* de Rosambo, 2° J^{ne}-Fr^{se}-Louise de Châteaubriand, eut du 1er lit : Antonin, m^{is} D'ESPEUILLES, général de corps d'armée 1893, pp^{re} actuel de la Montagne, ép^a 1871 Caroline Maret de Bassano, dont : Antonin et 3 filles ; et du 2e lit : Albéric, député Nièv. 1877, pp^{re} d'Espeuilles, ép^a 1872 Adrienne de Caulaincourt de Vicence, dont : Adrien.

Armes : De gueules, à la ville fortifiée d'argent, maçonnée de sable, au chef cousu d'azur, chargé d'un croissant du second émail, accosté de deux étoiles de même.
Sources : Lachesnaye-des-Bois. — Arch. Nièv. E. — Cahier de 1789. — Arch. chât. de la Montagne. — Reg. parois. de Lamenay et Montapas. *Existants.*

(*) DUBLÉ. — Paraissent venir d'Avallonnois, où Philibert est prêtre 1560. Claude DUBLÉ est procur^r fiscal de Lormes-Chalons 1628. Guill^e, fermier de la baronnie de Lormes 1653, achète au Chemin (c^{ne} Anthien) 1657, est père de Madeleine, fme de Pierre *Gudin,* élu de Ch.-Chinon. Claude, notr^e à Lormes 1657-63, eut de L^{se} Guillaumet : Louise, ép^a 1668 Paul *Bezave,* ci-dessus. Jean y est m^{and} 1674. Claude, av^{nt}, mari de M^{ie} Chary, d'Ouroux, 1700. Charles, av^{nt}, sgr de Loiselot (c^{ne} St-André-M^{and}) et de Creux (*id*) 1722, échevin de Lormes 1737.
GUILLAUME DUBLÉ, m^{and} de bois à Lormes, ép^a v. 1695 Claudine Boussard, dont : 1° Philib^t-Hercule Dublé de Beauvoisin, garde-du-corps 1733, eut d'Huguette Pannetrat : Cl.-Charlotte, ép^a 1750 Fr^s *Sallonnier,* sgr de la Moitte ; 2° Charles D. de Loiselot, bailli de Lormes 1752, père de M^{ie} Charlotte, fme de Ch.-Fr^s *Robart* de Chevannes, garde-du-corps; 3° Edme D. du Breuil, élu de Chât.-Chinon 1750; 4° Andoche D. du Boulois, ép^a av. 1741 Louise *Aupépin,* dont : Guill^e, cons^{er} à St-Pierre-le-M^{er} 1760-75, et Pierrette, ép^a 1765 Hugues-Alban *Bezave,* ci-dessus; 5° Guill^e-Nazaire D. de Montfleury, capit. d'inf^{ie} 1764, mari de Fr^{se} Lefiot. — Charlotte DUBLÉ, fme de N... Tardy, mourut à Lormes 1791. —— *Armes :* D'argent à une touffe de blé de... au chef de gueules chargé d'un croissant accosté de deux étoiles. —— *Sources :* Arch. Nièv. B et E. — Reg. parois. Lormes, Dun-l.-Places et Brassy.

Éteints.

DE CHAMPDIOU

SONT de Nivernois.

Prennent leur nom d'un fief avec château-fort dans la c^ne de Maux.

RAOULIN DE CHAMPDIOU (*) est cité dans une charte de 1296; il est peut-être père d'Hugues, chlr, « nobilis miles Hugo de Chandeol, » sgr de Champdiou, m^t av. 1337, dont on rappelle une fondation en l'abb. de Bellevaux, épousa Isabelle de Domecy, dont il eut : 1° Jean, suit ; 2° Guyot, transige avec ses frères 1337 avec abbaye de Bellevaux à laq. ils cèdent biens à Mont-en-Genevray et Maux (c^on Moul.-Engilbert) ; 3° Pierre, chlr, sgr de Mont (c^ne Maux), témoin 1357 au c^at maage de Marg^te de France, c^tesse Nevers, capit. Decize 1357-62, tient, avec le chancelier, les grands-jours de Niv. 1362, m^t av. 1382 que sa veuve reçoit hmage p. Jouzeau (c^ne Verneuil), épousa Isabeau DE LA TOURNELLE, dame d'Anisy, dont : Jeanne, dame de Jouzeau, dont hmage 1388 et d'Anisy qu'elle porta av. 1384 à Pierre DE FRASNAY, écr, sgr de Montigny-s.-Canne.

JEAN DE CHAMPDIOU, chlr, sgr de Champdiou, gouv^r de Niv. et Donziois 1360, fait enquête à Decize sur pilleries pendant les trêves, se distingue dans guerres contre les Anglais 1359, exempté du ban 1378 comme gentilh^e du c^te Nev., eut pour fils : Pierre, est à l'expédition de Nicopolis 1396, transige pour biens à Huez 1400-03 ; et Hugues, chlr, sgr de Champdiou, de Fleury-la-Tour (c^on St-Benin-d'Azy), dont hmage 1389, de Pressures (c^ne Clamecy) et d'Etaules en p^ie (Avallonnais), sert en Guyenne 1372, en Basse-Normandie 1378, à Arras 1385, m^t 1396 dans l'expédition de Hongrie, épousa av. 1382 Jeanne de Tanlay, dame de Vallery, veuve de Jean de Damas, sgr de Fleury.

On trouve encore, au XIVe s., Léonard DE CHAMPDIOU, écr, sgr de Bussy (c^ne Poussignol) 1353. Pierre, chlr, 1382. Isabeau, dame de Champcourt (c^ne Achun), veuve de Robert *de Billy*, chlr, sgr de Verou, dont hmage 1398 et 1406. Jean, chlr, sgr de Vaux (c^ne La Collancelle), dénombre à Chât.-Chinon 1450 des biens à Champdiou et par^ses Poussignol et St-Hilaire (c^on Chât.-Chinon). Guyot, bâtard de Champdiou baille 1491, à Chaumot, pr. Corbigny. Jacques, abbé de Bellevaux, y affranchit des serfs 1513. C'est probabl^t à cette branche qu'appartient Claude, mariée v. 1535 à Fr^s *de Champs* (1), de Moul.-Engilbert.

(1) DE CHAMPS. — *De Nivernois* (**). — On trouve des DE CHAMPS au XIVe s. dans les paroisses de St-Léger-du-Fougeret (c^on Chât.-Chinon) et de Château-Chinon, et au XVe, *id.* et à Sermages. Dès le comm^t du siècle suivant, il sont très-répandus à Moul.-Engilbert et environs, mais ne portent encore aucune qualification nobiliaire (***).

La filiation suivie, d'après les actes authentiques, commence à :

I. PIERRE DE CHAMPS, ayant une maison à Champs

(*) Le nom s'est écrit : de Chandeo, de Chandeol, de Champdio, de Chandiou et de Champdiou.

(**) Il y eut en Nivernois, aux XIIIe et XIVe s. une autre famille homonyme, d'origine chevaleresque, qui prenait son nom du fief de Champs (c^ne de Montreuillon). On a, parfois, confondu ces deux familles, complètement étrangères l'une à l'autre ; les DE CHAMPS de Montreuillon quittèrent cette contrée au XVe s. pour s'établir au nord de Clamecy, puis en Auxerrois, où ils s'éteignirent au XVIe s. (Voir à : DE GRIVEL.)

(***) Une généalogie DE CHAMPS (de St-Léger), par le baron de Varey, imprimée en 1893, déposée à la bibl. Nevers, et qui commence la filiation à 1390, nous oblige à une controverse dictée par le seul respect de la vérité historique ; les chercheurs sérieux jugeront entre les deux données. L'auteur admet que la communauté d'origine avec les de Champs de Montreuillon n'est qu'*hypothétique*, mais il mélange néanmoins les deux familles ; ainsi, André, écr, sgr de Taingy (c^on Courson, Yonne) 1419 ; Philippe, écr, sgr de Pesselières et de Champs, dont hmage 1466, etc., sont des de Champs, près Montreuillon. Il n'existait pas de sgrs de Champs (c^ne St-Léger-du-Fougeret) au XVe ni au XVIe s ; ce Champs n'était qu'un domaine et non un fief, et ne devint seigneurie qu'en 1611 par démembrement et achat sur le sgr de St-Léger ; il a néanmoins donné son nom aux DE CHAMPS actuels, qui n'ont jamais eu d'autre nom patronimique (les « Loiseau de Champs » sont tout autres). M. de Varey en infère qu'ils étaient, depuis les temps les plus reculés, *seigneurs* de Champs ; on sait que des gens de toutes conditions portaient des noms de lieu. Il ne veut pas admettre que cette famille noble ait eu *un commencement* modeste, comme la plupart des autres ; mais, reconnaissant que cette opinion-là a reçu « créance », il s'élève contre des

60

Jean DE CHAMPDIOU, chlr, est à la cour de Bgogne 1404, h^{me} d'armes 1414-26, donne quitt^{ces} scellées 1424-26, épousa Jeanne de Beauffremont, veuve de Th. de Perrigny, dont : 1° Pierre, écr, sgr de Chevigny, principal tenant au célèbre pas-d'armes de J. de Lalaing, à Chalon-s.-Saône 1449, capit. de gens d'armes 1472, épousa av. 1453 Guillemette de Vienne, dame de Chevigny, fille de Jean, dont : Marc, Antoine et Claude, qui restent en Bgogne ; 2° Jean, suit ; 3° Marg^{te}, fme av. 1429 de Guill^e DE LA TOURNELLE, chlr, m^t 1437.

(c^{ne} de St-Léger-du-Fougeret), rappelé dans un partage de 1547, père de : 1° Fr^s, qui suit ; 2° Jean, notr^e à Moul.-Engilbert ; 3° Marie, fme de Claude *Le Bault*, sgr de Montjou, m^{te} avant 1547, que ses enfants partagent des biens de f. Pierre.

II. François, commerç^t à Moul.-Engilbert, y baille 1541, achète à Chevannes (c^{ne} *id.*) 1545, à Blismes 1554, à Commagny 1556, à Champs 1558, à Moul.-Eng^t et à Maux 1577-88, teste 1592, épousa 1° Jeanne DE CHAMPDIOU, ci-dessus, 2° Jeanne Dupont, eut du 1er lit : 1° Fr^s, suit ; 2° Charlotte, épousa 1° av. 1565 Phil. *Millin*, m^d à Decize, 2° av. 1572 Pierre Tillot, m^d à Decize ; 3° Jeanne, fme de Cl. Boulon, contrôleur au grenier Chât.-Chinon ; 4° Gabrielle, fme de Fr^s *Goussot*, contrôleur Moul.-Engilbert.

III. François, commerç^t à Chât.-Chinon, puis à Moul.-Engilbert 1579-1604, achète 1571 l'off. de recev^r des tailles à Ch.-Chinon qu'il revend 1586, s^r de Champcourt (c^{ne} Achun) et Bussy (*id.*) 1602, partage avec sœurs biens pat. 1592, achète à Chougny 1579, m^t av. 1607, épousa Louise *Tridon*, dont : 1° Fr^s, suit ; 2° Louis, écr, sgr de Champs en p^{ie} (c^{ne} St-Léger) et Bussy, qu'il échange contre St-Léger-du-Fougeret 1620, enseigne de cav^{io} 1625, m^t 1627, ép^a 21 nov. 1621 Edmée DE BLANCHEFORT, fille d'Adrien, sgr d'Asnois, et d'H^{tte} de Salazard, dont : *a*, Fr^s, écr, sgr de St-Léger, dont terrier 1646, achète aux Pierres 1653,

maintenu avec son frère par Cour des aides 1657, tué à l'armée ; *b*, Hector, assassiné pr. Nevers ; 3° Jacques, suivra ; 4° Fr^{se}, ép^a 1° 1595 Jⁿ Girard, m^d à Bon-Lancy, 2° 1602 Guill^e *Courtois*, s^r de Thurigny ; 5° Claude, fme de Claude Bourdoiseau, conser baage St-Pierre ; 6° Marg^{te}, fme de Paul *Jacob*, sgr d'Ougny ; 7° Reine, ép^a av. 1608 Edme DE COTIGNON, écr, sgr de St-Léger-du-Fougeret ; 8° Denise, ép^a 1614 Pierre *Pitois*, bailli de Chât.-Chinon.

IV. François, av^{ut} Nev. 1602, échevin 1611, élu en l'él^{ion} 1609, sgr de Champcour et Champs en p^{ie}, acquiert 1611 avec ses frères la justice de Champs, qu'on démembre de celle de St-Léger, et dont hmage 1623, et p. justice d'Achun 1609, achète à Commagny 1612 et à Rouy 1614, m^t avant 1623, ép^a 4 déc. 1600 Madeleine *Desprez*, fille de Pierre, contrôleur él^{ion} Nev., dont : 1° Fr^s, suit ; 2° Gaspard, écr, sgr de Champcour 1648, capit. rég^t d'Uxelles 1657, lieut^t citadelle Marseille 1673, m^t 1677 célib. ; 3° Anne, fme d'Ant. Dufeuilloux ; 4° Marie, ép^a v. 1638 Louis *de Druy*, écr, sgr d'Avril.

V. François, élu en él^{ion} Nev. 1633, écr, sgr de Champcour en p^{ie} et Bussy 1637-61, rayé des tailles 1637 et maintenu, avec Gaspard, par Cour des aides 1657 sur le vu des lettres de réhabilitation obtenues 1638 par Jacques, prévôt de Chât.-Chinon ; m^t av. 1666, épⁿ 30 janv. 1633 Catherine DE BOURGOING, fille de

assertions « dans lesquelles l'ignorance le dispute au ridicule et à l'absurde ». Ces invectives ne sont pas des raisons. Voici ce qu'indiquent les actes authentiques : Avant Pierre, qui commence la filiation ci-dessus, il existait de nombreux DE CHAMPS dans les parages mêmes de St-Léger-du-Fougeret ; dans un aveu à Chât.-Chinon, 1349, par L. de Marry, pour biens « ès villes (domaines) de Champs et Lourne, en la paroiche de Sainct-Ligier de Foucheroy », figurent, parmi les tenanciers, 6 DE CHAMPS (Arch. nat., P. 138, n° 77) ; en 1354, *id.* 3 de Champs attachés à la terre de Montbaron (*id.*) ; en 1454, des de Champs sont « parocchiens de Sermaiges » ; Philippe et Pierre ont des biens en roture à Commagny (c^{ne} Moul.-Engilbert) 1486. On trouve à Moul.-Engilbert : Pierre, bourg^s 1510 ; Huguenin, tanneur 1526-43, frère de Jean, prêtre, et père de Jean, étudiant 1543 ; Philippe, march^d 1535 ; Fr^s, Jean et Michel, frères, 1556 ; Guill^e, march^d 1563, etc. A Chât.-Chinon : Gilbert, 1529 ; Jean, 1591 ; Michel, notr^e 1599, etc. Les actes ne permettent pas d'établir la filiation de ces diverses personnes, assurément parentes, et d'identifier le Pierre de 1510 avec celui que, dans un partage de 1547, on rappelle comme mort et ayant laissé une maison à Champs, qui échoit au lot des Le Bault, ses petits-enfants, ce qui prouve qu'il est père du François du n° 2 ci-dessus. Sans qu'on puisse savoir avec certitude de qui ce Pierre était fils, sa position sociale, sa demeurance *dans le même lieu*, ne permettent pas de douter qu'il descende d'un de ceux mentionnés plus haut. Son fils François a une situation analogue à Moul.-Engilbert, il y est marchand (actes de 1545, 1554, 1555, etc.), de même que le fils de celui-ci : François 2me. Tous deux font success^t des acquisitions qui élèvent cette famille, et lui permettent d'entrer dans l'ordre de la noblesse, où elle se maintint avec honneur. Il est superflu pour elle de faire intervenir des homonymes, chevaliers du moyen-âge et d'un autre pays, ni des seigneurs de Champs (c^{ne} St-Léger), qui n'ont jamais existé, dont aucune pièce authentique ne révèle la trace dans les milliers d'actes relatifs au Morvand, que nous avons compulsés. Cette noblesse leur fut souvent contestée durant le XVIIe s. par les agents de finances ; et pour l'effet archéologique des radiations du rôle des taillables, des lettres de relief de dérogeance, des maintenues de 1673 par le Conseil du roi, qui constataient la noblesse, mais ne pouvaient changer des faits antérieurs, nous renvoyons à l'introduction de la 2e partie de ce volume. La grande recherche de Colbert 1666-69 exigeant la preuve *centenaire*, leur occasionna une condamnation du 13 juin 1667, à la suite d'une inscription en faux. On sait quelle était la fréquence de pièces forgées, en expédition, pour les besoins de ces causes, et nous pensons que tel était bien le cas, entre autres, du contrat de mariage de 1489 de Pierre DE CHAMPS avec Guillemette de Bussy, qui donne à Pierre des qualifications impossibles, y fait assister Antoinette d'Ourouër, veuve de Philippe de Champs (Montreuillon), écr, sgr de Pesselières, dite *tante* (1) du futur ; le père de la future serait un André de Bussy, écr, sgr de Bussy (c^{ne} d'Achun) ; or, on ne rencontre pas une seule fois, dans n'importe quelle pièce et quel temps, mention de l'existence d'une famille de Bussy dans ces parages. D'autre part, Bussy n'entra dans la famille de Champs qu'au comm^t du XVIIe s.

JEAN DE CHAMPDIOU, écr, sgr de Vaux, Avrigny (Avallonnais), Brinay (c^on Châtillon), Sozay (c^ne Limanton), capit. de Bar-s.-Seine 1462, conduit le ban Niv. 1479, écuyer d'écurie du roi 1478-85, donne procur^on à J. de Beauffremont 1450, acquiert à Brinay 1439 et à Vaux 1475, transige à Bazolles 1485, m^t capitaine de Nevers 1489, eut de Jeanne de Chaumont, dame d'Avrigny : 1° Pierre, sgr de Brinay, gouv^r d'Auxerre, m^t 1490 sans posté. d'Hélène *de Chabannes*, fille nat. d'Antoine, c^te de Dammartin ; 2° Jean, suit ; 3° Georges, écr, sgr d'Origny (pr. Châtillon-s.-Seine) et Buxy (pr. Flavigny), par maage avec Jeannette *de Rochefort*, sœur de Jeanne, ci-dessous, père d'Antoine, b^on de Buxy 1557, dont Claude et Antoine, éteints en Auxois fin du XVIe s.

Jean, av^nt fiscal de Niv, dont : 1° François, écr, sgr de Champcour, Bussy et Achun (c^on Châtillon), lieut. rég^t Dauphin 1673, m^t 1724, ép^a 3 mars 1676 Anne DE NOURY, fille de Pierre, sgr de Thurigny, dont : *a*, Pierre, écr, sgr d'*id*. 1718-41, sans posté. de Marie *Challudet* ; *b*, d'autres, m^ts jeunes ; 2° Gaspard, écr, sgr de Bussy 1677, m^t célib. 1709 ; 3° Madeleine, ép^a 1655 Florimond *Bardin*, s^r de Limonet ; 4° Cath., ép^a 1675 Jean DE BRÉCHARD, écr, sgr de Brinay ; 5° deux f. ursulines à Moul.-Engilbert.

IV. JACQUES DE CHAMPS (fils de Fr^s et de L. Tridon), écr, prévôt des maréchaux à Chât.-Chinon 1619, résigne 1664, sgr de Salorges (c^ne Corancy) 1618, Champs p^le 1615, St-Léger-du-Fougeret 1665 et les Prés (c^ne Châtillon), dont hmage 1667, sert à l'armée 1635, obtient lettres de réhabilitation 1638 et maintenu par Cour des aides 1657, m^t 1672, ép^a 7 août 1616 Fr^se *Doreau*, fille de Jacques, s^r de Travan, dont : 1° Jacques, écr, sgr de St-Léger, qu'il échange à Fr^s pour Salorges, où il acte 1675-77, et des Pierres (c^ne St-Léger), cornette de cav^le 1648, maintenu avec ses frères par Conseil d'Etat 1673, m^t 1681 sans posté. de Cath. *Goguelat* (*), veuve de Jean Moreau, grenetier ; 2° Louis, curé de Dun-les-Places 1647, puis de Préporché 1675, m^t 1702 ; 3° Philippe, cap. d'inf^le 1657-60, tué célib.; 4° Fr^s, suit ; 5° Gabrielle, visitandine Nev. 1686.

V. FRANÇOIS, écr. sgr de St-Léger, dont hmage 1675, des Prés 1658, Salorges 1682 et Montset (c^ne Sermages), achète 1686, prévôt de Chât.-Chinon 1665, m^t 1686, sa veuve ref. terrier St-Léger 1690, ép^a 30 sept 1658 Fr^se Moireau, fille de J^n, grenetier Chât.-Chinon, dont : 1° Gaspard-Fr^s, suit ; 2° Jacques, suivra ; 3° Louis, curé de Préporché 1698, m^t 1752, sgr de Montset, qu'il donne à sa nièce J^ne 1698 ; 4° Jeanne, ép^a 1689 Henri-Nic. *Gaucher* (**), prévôt de Chât.-Chinon ; 5° Marie, ép^a 1698 Claude *Borne*, sgr de Grandpré ; 6° Philippe, écr, sgr de Salorges, gendarme de la garde, puis lieut. rég^t Roussillon 1711, m^t 1763, ép^a 1° 3 nov. 1716 Marie *Richou*, fille de J^n, receveur grenier Ch.-Chinon, 2° 9 mai 1757 Jeanne Baroin, eut du 1er lit Geneviève, ép^a 1751 Henri-Fr^s *Gaucher* (**), cap. inf^le et du 2e : des filles célib. et *a*, Fr^s, écr, sgr de Salorges, qu'il vend 1803, administ^r de Ch.-Chinon 1792, ép^a 1781 Anne-Monique *Millien* de Dommartin, dont : *a'*, Fr^s, inspect^r contrib^ons dir., sans posté. de Fr^se Driot, Mmes Menot et Gaugoin, et *b'*, Jean-Guill^e, chirurgien milit. 1809, médecin à Ch.-Chinon m^t 1884, ép^a 1816 Sophie *Dubosc*, dont : Mme Richou, et Fr^s-Auguste, ingénieur de la marine, s.-directeur de Guérigny 1858, m^t 1887, eut d'Eléonore de Dormy : J.-J.-Auguste et Gil.-Louis, maris de Mlles de Souvigny.

VI. GASPARD-FRANÇOIS, écr, sgr de St-Léger 1693, dont hmage avec frères 1687, Champs en p^le 1701, Pleine-

(*) GOGUELAT. — *Du Morvand.* — Se trouvent à Chât.-Chinon depuis fin du XVIe s. Y sont commerç^ts ; puis : Fr^s, s^r de Ruère 1660 ; Philippe, notr^e 1702 ; Philippe, av^nt, recev^r grenier sel 1750 et su.délégué de Chât.-Chinon 1762-78 ; le général b^on Fr^s GOGUELAT naquit à Ch.-Chinon 1746. Les ppales alliances sont : Richou av. 1597, Vaucoret ; Coujard v. 1605, Tridon, Moreau, Moreau 1643, Desgranges, Coujard, Perrin 1689 ; Lardereau 1722, Conault 1750, Née de La Rochelle (l'historien), Millin 1772, Guillaume 1780, etc. —— *Armes* : D'or, à la salamandre de.., accompagnée de trois étoiles d'azur. —— *Sources* : Reg. parois. Chât.-Chinon et Clamecy. — Courcelles, *Généraux français*.

(**) GAUCHER. — *De Champagne.* — Fr^s GAUCHER, échevin de Langres, eut : Henri, recev^r des aides à Chât.-Chinon 1688, et Nicolas-Henri, prévôt des maréchaux à Chât.-Chinon 1693-1708, transige à Sermages 1699, m^t av. 1723, ép^a 1689 Jeanne *de Champs*, fille de Fr^s, prévôt de Ch.-Chinon, ci-dessus, laq. reçoit Montset (c^ne Sermages) de son frère Louis 1698 ; il en eut : 1° Lazare-Henri, prévôt de Ch.-Chinon 1723-54, ép^a av. 1722 Fr^se Marceau, dont : *a*, Henri-M^lo, écr, capit. rég^t de Lorraine 1741, chlr de St-Louis 1758, sgr du Verdier (c^ne St-Léger-F^et), célib. ; *b*, Henri-Fr^s, s^r de Neuilly (c^ne Villapourçon), capit. d'inf^le, ép^a 1er 1751 Geneviève *de Champs*, fille de Philippe, ép^a 1758 L^se-Jeanne *Girardot* (*a*) ; *c*, Fr^s, chanoine d'Autun ; 2° Claude, sgr de Montset, Champmartin (c^ne Sermages), Vaucourt (*id*.) 1727, m^t 1762, ép^a 1726 Fr^se-Henriette *de Champs*, fille de Gaspard-Fr^s, sgr de St-Léger, ci-dessus, dont : *a*, Louis, curé de Préporché 1755 ; *b*, Fr^s-M^lo, sgr de Champmartin et Montset dont aveu 1773, prévôt de Ch.-Chinon 1758, émigra, ép^a 1758 Barbe *Ballard*, fille de Charles, grenetier Luzy, dont : Gilberte, ép^a 1792 Pierre Guyot d'Amfreville ; *c*, Henri, major rég^t Bassigny, chlr St-Louis, guillotiné 1794 ; *d*, Reine, ép^a 1754 J.-Michel *Sallonnier* de Charonnat ; *e*, Jeanne, ép^a 1758 Eustache-Robert DE CHÉRY, chlr, sgr de Montigny. —— *Sources* : Min. notr^es Moul.-Engilbert. — Arch. Nièv. E et B. — Reg. parois. Chât.-Chinon, St-Léger-du-F^et, Sermages, Luzy, Arleuf.

Éteints.

(*a*) GIRARDOT. — *Du Morvand.* — March^ds de bois ; puis Fr^s GIRARDOT, s^r de Préfond, Latrault (c^ne Breugnon), Villaines-l.-Clamecy, fut officier chez prince de Condé 1682, et son fils Fr^s est march. bois à Clamecy 1689. Etienne, proc^r roi baage Chât-Chinon 1691. Paul, sgr de Vermenoux (c^ne Ch-Chinon-Camp.) 1685, mari de Jeanne Boulin. Pierre, recev^r tailles Chât.-Chinon 1692-1707 eut de Mlle Robert, de M.-Engilbert : L^se-Jeanne, fme de Henri-Fr^s *Gaucher*, ci-dessus, et Pierre, élu de Ch.-Chinon 1759.

JEAN DE CHAMPDIOU, chlr, sgr de Rochefort (pr. Châtillon-s.–Seine), Châtillon-en-Bazois (arr^t Chât.-Chinon) et Vaux, reçoit 1494 de son beau-père la sgrie de Châtillon-en-Bazois avec son nom et armes, fait, ainsi que Georges, transaction 1491 avec la veuve de leur frère Pierre et renoncent aux terres de Brinay, Sozay, Dornecy, Avrigny, Chevroches, ép^n 14 juillet 1477, Jeanne *de Rochefort*, fille aînée d'Antoine, sgr de Châtillon-en-Bazois, Rochefort et Buxy, et de Louise Girard, dont : Chrétienne DE CHAMPDIOU-ROCHEFORT, dame de Châtillon-en-B^ois et Vaux, qu'elle porta v. 1510 à Claude *de Pontailler*, chl. sgr de Talmay.

Feuille (c^ne St-Léger) et des Pierres 1711, cornette rég^t de Marivaut 1691, transige 1704 avec Jacques pour succes^on de Louis, achète à Semelin 1711, m^t 1722, ép^a 1° 26 janv. 1693 Gasparde DE COURVOL, fille de Fr^s, sgr de Lucy, 2° 29 fév. 1712 Reine-Ch^te *de Sauvage*, fille de Phil^t, sgr de Montbaron, eut du 1er lit : 1° Claude-Fr^s, suit ; 2° Fr^se, ursuline Moul.-Engilbert ; 3° Henriette, ép^n 1726 Henri-Cl. *Gaucher* (**), sgr de Vaucourt ; 4° Jeanne, ép^a 1725 Eustache *de la Roche-Loudun*, écr, sgr de Châteauvert.

VII. CLAUDE-FRANÇOIS, écr, sgr d'*id.*, reçu à la Gr^de-Ecurie 1721, partage avec sœurs 1723, f. hmage p. St-Léger 1725, y achète 1733, achète Champmartin (c^no Sermages) 1740, m^t 1764, ép^a 25 oct. 1729 Esmée-Fr^se *Rapine*, fille d'Henri, sgr de Foucherenne, dont : 1° Fr^s-M^le, suit ; 2° L^s-Jacques, lieut. rég^t de Poitou 1767, cap. rég^t de Bresse, chlr St-Louis, émigra, m^t 1834 célib.; 3° M^le-Fr^se, ép^a 1765 Claude *de Pagany*, écr, sgr de la Chaise ; 4° quatre filles religieuses.

VIII. FRANÇOIS-MARIE, chlr, sgr d'*id.*, du Pavillon (c^ne Moul.-Engilbert) et Champs acheté 1787, capit. rég^t de Poitou 1763-88, chlr de St-Louis 1773, partage 1765, achète à St-Léger 1772-80, à ass. nobl. Nev. 1789, m^t 1814, ép^a 18 fév. 1765 Pierrette *Save*, fille de Paul-Aug., sgr d'Ougny, dont : 1° Paul-Augustin, lieut. rég^t de Bresse 1788, pp^re de St-Léger, m^t 1844, ép^a 1792 Barbe *Ballard*, fille de Gilbert, sgr de la Chapelle, dont : *a*, Albert-Louis, cons^r gén^al Nièv. 1854, m^t 1890, eut de Claire Thiroux de Gervillier : la baronne Dervieu de Varey et la c^tesse des Hays de Gassard ; 2° L^s-Jacques-M^le, suit.

IX. LOUIS-JACQUES-M^le, s.-lieut. d'inf^ie 1789, émigra, acheta Mouasse (c^ne St-Hilaire-M^and) 1806, m^t 1836, ép^a 1811 Henriette DE BRÉCHARD, fille de Pierre, sgr de Brinay, dont : 1° Fr^s-Maurice, autorisé 1844 à ajouter le nom « DE BRÉCHARD », eut d'Edwige de Montagu : Eudes, Paul et 6 filles ; 2° Paulin, mari de Céline Perrot de Pronlerey, dont la postér. sort du Nivern.; 3° Henri m^t 1894, ép^n 1850 Louise Cellard du Sordet, dont : Fr^s, mari de M^le-Th. Jonglez de Ligne ; Jean, mari de J^ne Domet de Vorges, ppres de Mouasse, et deux filles ; 3°, 4°, 5° la v^tesse de Raffin et Mme d'Abbadie de Barrau et de Ladmirault.

VI. JACQUES DE CHAMPS (fils de Fr^s, sgr de Salorges), écr, sgr du Creuzet (c^nn Rouy), Salorges 1711 et la

Boube en p^ie (c^ne Rouy) 1715, né 1673, sous-brigadier des gendarmes de la garde 1718-30, chlr de St-Louis, baille à Champs 1710, au Creuzet 1713, achète à Frasse 1733, m^t 1748, ép^a 21 août 1703 Anne *Le Breton*, fille de Guill^e, sgr du Creuzet, dont il eut : 1° Guill^e, suit ; 2° Louis, chanoine, Nev.; 3° Claude-Fr^s, capit. rég^t de Normandie 1765, chlr St-Louis, m^t ap. 1784; 4° Fr^se, reçue à St-Cyr 1716, ép^a 1728 Pierre DES ULMES, écr, sgr de Montifaut; 5° Catherine, 1717; 6° M^le-Antoinette, ép^a 1749 Antoine Lemercier de Senlis, recev^r grenier St-Saulge.

VII. GUILLAUME, écr, sgr du Creuzet, la Boube p^ie, Mont et Champs 1763, garde-du-corps, m^t 1784, ép^a 15 juin 1739 Adrienne Godard, fille de Guill^e, subdélégué à Decize, dont ; 1° Amable-Ch., suit ; 2° Jean-Fr^s, officier rég^t de Limousin 1776, m^t célib. ap. 1786; 3° Charles-Amable, officier dragons, m^t sans posté. av. 1783 ; 4° Gilberte, ép^a 1770 Claude-Fr^s *Carpentier* de la Thuilerie.

VIII. AMABLE-CHARLES, écr, sgr du Creuzet, la Boube, Champs et le Fournay (Berry), officier rég^t de Normandie 1770, f. hmage p. le Creuzet et la Boube 1777, est à ass. nobl. Nev. 1789, maire de Nev. 1792, ép^a 1° 26 mars 1776 Elisabeth *Léveillé* du Fournay, fille de Pierre, 2° 1 mai 1787 Charlotte *de Prévost* de la Croix, eut du 1er lit : Guill^e-Aug., sgr du Fournay p^ie, à ass. Nev. 1789, préfet de la Creuse, m^t 1843, eut d'Agathe-Henr^te *Richard de Soultrait*, fille de Charles, sgr de Fleury : *a*, J.-Emile-B., payeur de la Nièvre 1865, ép^a 1821 Edwige du Liège, dont : Guille-A.-Aug.-Ch. et Mme Le Tersec ; *b*, Paul, ép^a 1828 Ant^te *Aupépin* de Dreuzy ; *c*, Ferdinand-Aug., not^re à Vincennes ; et du 2° lit : Ferdinand-Fr^s-J., garde-du-corps, m^t 1881, ép^n 1823 Agathe *Dollet* de Chassenay, dont : *a*, Antonin, capit. d'inf^ie, tué à Metz 1870, sans posté.; *b*, Guillaume, chef de bat^on d'inf^ie, ppre de Chazelles, ép^n 1874 Marie Paultre (*) ; *c*, Mmes *Pougault* de Mourceau, Riffé, Ducrot et Périgot.

Armes : D'azur, à cinq plantes de mandragore d'argent mal ordonnées, au franc canton d'hermines ?

Sources : Min. not^res Moul.-Engilbert, Decize, Montreuillon. — Arch. Nièv. E et B. — Arch. chât. Vandenesse. — Cab^et Titres : preuves Gr^de-Ecurie, 278 ; preuv. St-Cyr, 300, et dossier bleu. — D. Caffiaux 1234. — Reg. parois. St-Léger-du-Fougeret, Chât.-Chinon, Moul.-Engilbert, Decize, Nevers, Corancy, Rouy, Ougny, St-Saulge. *Existants dans la Nièvre.*

(*) Famille de Puisaye : notaires aux XVII et XVIIIe s. à St-Sauveur et St-Amand. J.-Joseph PAULTRE, not^re à Moutiers 1714 eut : *a*, Zacharie, march^d de bois à St-Sauveur, père de Zacharie, garde-du-corps 1776, et *b*, Pierre-Zacharie, proc^r fiscal de St-Sauveur 1759, père de Charles, qui de Madeleine Moreau (de St-Amand) eut : Edme-Al. et Pierre-Fr^s, ép^n 1789 M^le Bureau. — (D. Caffiaux, 1234.) — Reg. parois. St-Sauveur et St-Amand-en-Puisaye.)

Parmi les CHAMPDIOU isolés : Agnès, ép^a 1391 Pierre *du Pré*, écr, se remaria av. 1416 à Gauvin DE LICHY, écr; Louise, possessionnée à Lucenay-les-Aix 1409, fme de Chotard *de Chabannes*, écr ; Pierre, fait un hmage p. Champdiou 1456 ; Jeanne, veuve 1526 d'Antoine DE LA TOURNELLE, sgr de Vilaines-l.-Clamecy. Puis, en Charolais : Antoine, 1503, mari d'Isabeau de Bernault, qui acte à Moul.-Engilbert 1529 et 30 pour biens à Champdiou, avec son frère Jean, mari de Marg^te de Fornay. Enfin, Jacques DE CHAMPDIOU, chlr, gentilh^e chr^o du roi, sgr de Pourpier et Chaumigny (c^ne Cercy-Tour), cède droits sur Verou (c^ne Thaix) 1627, ép^a v. 1605 Sarah *de Cossaye*, fille de Claude, sgr de Chaumigny et Lanty, dont : Marie, ép^a 1630 J.-J. du Faur, écr., auquel elle porta la Loge, Lanty et Montanteaume.

Armes : D'hermine, à la fasce de gueules : *al. :* d'hermine plein.

Sources : Arch. Nièv. E. — Arch. chât. de Vandenesse. — *Inv.* des sceaux, coll^on Clairambault. — Titres orig. coll^on de Soultrait. — Cab^et Titres, dossier bleu. — Arch. nat. P.$\frac{470}{2}$. — D. Villevieille, 25. — *Inv.* de Marolles. — D. Caffiaux, 1234. — Min. not^res Moul.-Engilbert.

Éteints.

✤✤✤✤✤✤✤✤✤✤✤✤✤✤
✤✤✤✤✤✤✤✤✤
✤✤✤

DE CHARGÈRES

PARAISSENT originaires de Savoie.

Sont seigneurs de Sapinière en Bourb^nais au XVe siècle.

I. — NICOLAS DE CHARGÈRES (fils de Durand et de Philippe des Vernois), écr, sgr du Breuil (Charollois), Ettevaux (c^ne Poil), Chigy (c^ne Tazilly), le Plessis (c^ne Sémelay) et Montécot (*id.*), fait hmage p. ces quatre sgries 1540, fait partage de biens mat^els 1515, inhumé à Fléty av. 1557, épousa 1523 Anne de la Menue, veuve de Philippe de Moroges, sgr du Plessis et Ettevaux, dont il eut : 1° Denis, qui suit ; 2° Jean, suivra ; 3° Charles, écr, sgr de la Boutière (Autunois), Pommeray (c^ne Savigny-Poil-Fol), dont hmage 1575 et 98, et Marsauday (c^ne Tazilly), baille à Rémilly 1590, eut de Jeanne de la Boutière, fille de Charles : *a*, Jean, écr, sgr de la Boutière ; *b*, Fr^s, écr, sgr de Pommeray, Thars, la Boutière, fait hmage p. Pommeray 1598, achète par^se de Rémilly 1602, y vend 1603-5, épousa 12 mai 1602 Fr^se *de Vichy* (*), fille de Jacques, dont : *a'*, Charles, ép^n 1628 Charlotte Caron de Bierry, dont deux filles ; *c*, Claudine, ép^n av. 1601 Michel *de Mathieu* (1), écr ; *d*, Madeleine, ép^n 1615 Gilbert DE LAMOIGNON, écr, sgr de Mannay ; 4° Claudine, veuve 1598 de Guy *de Ponard*, écr.

II. — DENIS DE CHARGÈRES, écr, sgr du Breuil en p^ie, Tourny (c^ne Fléty) et Moncharlon,

(1) DE MATHIEU. — Origin. *de l'Autunois.* — Robert MATHIEU, écr, sgr de Chevigny (pr. Thil-s.-Arroux), la Vallée (c^ne Millay), Montanteaume (c^ne la Roche-Millay) et Couraut (c^ne Luzy), acte à la Vallée 1595, m^t av. 1613 ; il paraît frère de Jean, qui suivra, et de Jeanne, veuve 1583 d'Odet de Brossard, écr ; il épousa Catherine DE REUGNY, fille de Jacques, sgr de Riégeot, dont il eut : 1° Jean, écr, sgr de la Vallée, ép^a

(*) DE VICHY. — *De Bourbonnais.* — Prennent leur nom de la ville de Vichy qu'ils échangèrent au XIVe s. aux ducs de Bourbon. — Eudes DE VICHY, chlr, avait des biens paroisses de Pougues, Garchizy, Chaulgnes, etc., dont hmage au c^te Nev. 1323. Eudes, chlr, probabl^t son fils, ép^a Yolande d'Arthel, veuve de Jean *de Champlemy*, sgr de Brinon-l.-Allemands, et fait hmage, avec elle, p. Brinon 1387. — Dans la br. de Champrond : Antoine, chlr de l'ordre 1546, eut Charlotte DE VICHY, fme de Guill^e DE BONGARDS, écr, sgr d'Arcilly. Dans celle de la Tranche (Charollais), Louis, ép^a Jeanne de la Boutière qui, veuve 1547, vendit rente sur Barnault (pr. Luzy) et eut : *a*, Jacques, sgr de la Boutière, père de Fr^se DE VICHY, qui ép^a 1602 Fr^s DE CHARGÈRES, ci-dessus, et d'Edmée, ép^a 1588 Fr^s DU CREST, sgr de Chigy ; et *b*, Anne, fme de Louis *de Barnault*, écr. —— *Armes :* De vair plein. —— *Sources :* Inv. de Marolles. — Courcelles, pairs. IV. — Arch. Nièv. E. — Preuv. St-Cyr, 299.

(c^{ne} Chiddes), partage avec frères 1557, achète à Tourny 1591, transige avec sgr de Châtillon-Bois 1595, épousa 1567 Bénédicte de Vingles (d'Auxois), veuve de Cl. de Génelard, dont : Antoine, suit.

III. — ANTOINE DE CHARGÈRES, écr, sgr du Breuil p^{ie} qu'il vend à Charles DE CHARGÈRES 1608, de Tourny et de l'Hôpital (c^{ne} Fléty), h^{me} d'armes c^{ie} de Tavannes 1592, fait hmage à duch. Nev. p. biens par^{ses} de Chiddes et la Roche-Millay 1598, achète à l'Hôpital 1620, cède à église Fléty 1625, reçoit reconn^{ce} à Tourny 1633, épousa 1° 11 fév. 1592 Marg^{te} de Vingles, fille de Georges, sgr de Dreez et de J^{ne} de Longuevaye, 2° 25 mars 1636 Guill^{te} Berriat (Luzy), eut du 1er lit : 1° Claude, suit ; 2° Rolland, écr, sgr d'Entrezy (c^{ne} Avrée) 1624-42, h^{me} d'armes de c^{ie} de Tavannes, m^t av. 1653, eut de Philiberte *d'Anguy* (2) : *a*, Ponthus, écr, sgr d'Entrezy 1652-57, eut de Jacqueline du Bois : Marg^{te} ; *b*, Claude, écr, sgr de Moragne (c^{ne} Luzy), Roche, le Boulet 1669-83, ép^a av. 1656 Anne *de Pernay*, fille de Gilbert, sgr de Presle, dont : *a'*, Barthélemy, écr, sgr de Moragne et Roche 1709, m^t av. 1725, ép^a 1700 Madeleine *d'Escorailles*, dont : Claudine, dame de Moragne, fme de Fr^s Maillard ; *b'*, Pierre, écr, sgr de Moragne p^{ie}, du Boulet et la Bouhe (c^{ne} Rémilly), ép^a 1711 Claire de Paillehort ; *c'*, Madeleine, ép^a 1718 Edme de Mareschet, écr ; 3° Bénédicte, ép^a 1614 Jean Bataille, écr ; et du 2e lit (nés av. maage, donation de 1628) ; 4° Claude, écr, sgr des Gris (c^{ne} Avrée) 1645-64 et d'Arcenay (Auxois), maintenu avec Hugues 1667, eut d'Anne de Gorrelier, dame d'Arcenay : Louis, fixé en Auxois, dont le petit-fils, Charles, garde-du-corps, lieut. cav^{ie} 1766, fut sgr de la Queudre (c^{ne} St-Honoré) et St-Honoré

Anne *de Chandon* (*), dame de la Montagne, eut d'un 1er lit : Jeanne, légataire d'Anne, ép^a av. 1639 Christophe de Sève, chlr, sgr de Stainville, qui refait terrier de St-Honoré et Marry 1659 ; 2° Robert, suit ; 3° Ponthus, écr, sgr de Chevigny 1624-56, eut d'Anne de la Mollière (Bgogne), un fils, père de Hugues, qui fait aveu 1701 pour la Chaize et biens pr. Luzy ; 4° Jeanne, ép^a 1618 Fr^s DE CHARRY, écr, sgr de Giverdy ; 4^a Marg^{te}, dame de Montigny, (c^{ne} Millay), ép^a 1624 Claude DE CHARGÈRES, écr, sgr de Tourny ; 5° peut-être Catherine, fme de Jean *de Ponard*, sgr de Giverdy.

ROBERT, écr, sgr de la Vallée, Couraut, Montanteaume, 1624-52, épousa av. 1626 Jeanne Josian de Grandval, dont : Gabrielle, dame de Montanteaume et la Vallée, fme de Robert de Grandval, avec qui elle vend à Millay 1671.

JEAN, écr, sgr d'Echenault (c^{ne} St-Honoré), dont aveu 1603, est tuteur des mineurs de f. Robert.

MATHIEU 1613, ép^a Madeleine DE CHARGÈRES, dame de Chevannes-d'Auzon, veuve d'Hugues DU CREST, dont il eut : 1° Jean, suit ; 2° Robert, écr, sgr de Chevannes-d'Auzon (pr. Cuzy, S.-et-L.) et du Brouillat (pr. Cronat) 1629-35, m^t av. 1651, mari d'Etiennette de Gand ; 3° Claudine, ép^a 1613 Claude *de Juisard*, écr, sgr de Tamnay.

JEAN DE MATHIEU, écr, sgr d'Echenault, Champclos (c^{ne} St-Honoré) et Thard (c^{ne} Onlay), transige à Echenault 1629, m^t av. 1650, ép^a av. 1612 Jeanne DE CHARGÈRES, dont aveu 1659, m^t 1660 ; 2° Pierre, suit ; 3° Henriette,

veuve 1665 de Pierre de Prudhon, sgr des Boutards ; 4° Bénédicte, ép^a av. 1640 Charles *du Clerroy*, écr, sgr de Marry ; 5° Jeanne, ép^a av. 1651 Hugues DE CHARGÈRES, écr, sgr de Chigy ; 6° Catherine, fme de Jean *de Ponard*, écr, sgr de Marié ; 7° probabl^t Jean, sgr d'Echenault et de Mézeray (c^{ne} Tazilly) 1666-73, m^t 1673, ép^a Fr^e DU CREST de Mézeray, dont doit descendre Cl.-Laurent, m^{tre} de la verrerie de la Boue (c^{ne} Rémilly) 1713-33, ép^a 1° Jeanne de Vert, 2° 1720 Anne *de Virgile*, fille de Jean, sgr de St-Martin, dont Jean et Antoine.

PIERRE, écr, sgr d'Echenault, Thard et Roudon (Bourb^{nis}) 1651, m^t à St-Honoré 1673, ép^a Adrienne de la Rouzière, dame de Roudon, qui f. hmage p. Echenault 1675, et dont il eut : 1° Antoinette, ép^a 1679 Fr^s *de Druy*, écr, sgr d'Avril ; 2^a Marg^{te}, ép^a 1679 Eustache Desprez, écr, sgr de la Boue ; 3° Claude, célib. 1681 donne à Ant^{tte}.

Armes : De gueules, au chevron d'or, accompagné de trois croissants d'argent.

Sources : Min. not^{res} Moul. - Engilbert et B^{on} - Lancy. - Arch. Nièv. E. et B. — *Inv.* de Marolles. — Arch. chât. Devay et Vandenesse. — Reg. parois. St-Honoré, Luzy, Préporché.

Éteints.

(2) D'ANGUY (**). — *Du Morvand.* — Jean d'Anguy, sgr de Moragne en p^{ie} (c^{ne} Luzy), en fait aveu 1406 ; Guill^e, *id.* avec son fils Jean 1436 ; Etienne est archer au ban Niv. 1469.

I. BARTHÉLEMY D'ANGUY, sgr de Moragne 1521, est

(*) JEAN DE CHANDON, cons^{er} du duc Nev. 1574, cons^{er} d'Etat, prést Cour des aides 1593-1603, sgr de la Montagne (c^{ne} St-Honoré), Montjou (c^{ne} Préporché) et Marry (c^{ne} Sémelay), dont hmage 1596, épousa peut-être une DE GRANDRYE de la Montagne, et eut : 1° Nicolas, prieur de Commagny 1603-16 ; 2° Anne, dame de toutes ces terres, ép^a 1° Jean *de Mathieu*, sgr de la Vallée, ci-dessus, 2^a v. 1615 Ponthus de Cibéran, chlr, sgr de Boys, sans posté. des 2 lits, et elle fit don^{on} à Jeanne de Mathieu, sa belle-fille. (*Inv.* de Marolles. — Min. not^{res} Moul.-Engilbert.)

(**) Le nom s'est écrit : Danguy, puis d'Anguy à partir du mil. du XVIIe s.

par maage avec M⁣ⁱᵉ-Madeleine DE CHARGÈRES, fille d'Eustache, dont: *a*, Gabr.-Pierrette, épᵃ 1805 Louis *Boueⱥ* (*) d'Amazy, et *b*, Eustache, officier, chlr Sᵗ-Louis, à ass. nobl. Nev. 1789, émigra, eut pour petit-fils: Raoul-Victor, actuelᵗ vivant; 5° Hugues, écr, sgr des Boissards; 6° Léonarde.

IV. — CLAUDE DE CHARGÈRES, écr, sgr de Tourny, Montigny (cⁿᵉ Millay), Roche, reçoit reconnᶜᵉ à Tourny 1633-42, mᵗ 1652, épᵘ 29 avril 1624 Margᵗᵉ *de Mathieu* (1), fille de Robert, sgr de Montigny, et de Cath. de Reugny, dont il eut: 1° Antoine, suit; 2° Simon, sgr de Montigny 1677-1700, capit. régᵗ de Picardie, sans postéᵉ; 3° Hugues, mᵗ ap. 1677; 4° Joachim, sgr de l'Hôpital 1670, chlr de Malte; 5° Pierrette, fme de Guillᵉ *de Ponard*, écr, sgr de Marié; 6ᵘ Margᵗᵉ, ursuline à Corbigny.

V. — ANTOINE DE CHARGÈRES, écr, sgr de Tourny, capit. régᵗ de la marine, tuteur de ses frères 1652, *maintenu* avec frères 10 mai 1667, donne reconnᶜᵉ à Fléty 1662, mᵗ à La Charité 1691, épᵃ 31 mars 1669 Edmée d'Alligret, fille de Cl., sgr de la Croix-Marnay (Berry), dont: 1° Claude, suit; 2° Pierrette, épᵃ v. 1695 Frˢ *Cortet* (**), contrôleur grenier Luzy; 3° Marie,

père de: 1ᵉ Michel, suit; 2° Jean, cité à donᵉⁿ 1521, fait aveu à Luzy 1575; 3° Simonne et Louise.

II. MICHEL, écr, sgr de Moragne en pⁱᵉ, y reçoit donᵉⁿ de biens par Etienne de Glux 1521, fait hmage p. Moragne 1557, mᵗ av. 1586, eut de Jeanne *Ballard*: 1° Pierre, suit; 2° Claude, écr, servant dans cⁱᵉ de Mayenne 1597, vend à son frère 1586, mᵗ 1636 sans postéᵉ de Léonarde Bertholomier (notaires Luzy).

III. PIERRE, écr, sgr de Moragne, où il achète part de Claude 1586, épousa 23 nov. 1574 Isabeau Le Roux, fille de Frˢ, de Vandenesse, dont il eut: 1° Gaspard, suit; 2° Jean, écr, sgr de Moragne pⁱᵉ 1620 et du Boulay (pr. Toulon-s.-Arroux) 1611, mᵗ 1650, eut de Frˢᵒ Berger: *a*, Philiberte, dame de Moragne, épᵃ av. 1630 Rolland DE CHARGÈRES, écr, sgr d'Entrezy, ci-dessus; 3° Pierre, vit 1632; 4ⁿ probablᵗ Roberte, épᵃ v. 1600 Hugues DE CHARGÈRES, écr, sgr de Chigy, ci-dessus.

IV. GASPARD, écr, sgr de Moragne en pⁱᵉ qu'il dénombre 1599 et vend à son frère 1620, sert dans cⁱᵉ de Mayenne 1597, capit. de Luzy 1617, mᵗ 1646, épᵃ 13 oct. 1596 Margᵗᵉ Forne, fille de Baptiste, capit. de Luzy, dont: 1° Adrien, suit; 2° Antoinette, Jeanne et Catherine.

V. ADRIEN, écr, sgr Moragne, dont hmage 1656, de

Monteuillon (cⁿᵉ Luzy) et Putigny (Autunois), hᵐᵉ d'armes cⁱᵉ d'Arlincourt, capit. de Luzy 1642, *maintenu* 24 mai 1667, épᵃ 1ᵒ 1632 Philᵗᵉ des Gories, sans postéᵉ, 2ᵒ 1651 Eléonore DE CHAUGY, fille de Simon, sgr de Cuzy, dont: 1° Philibert, suit; 2° Adrien; 3° Anne, épᵃ 1676 Robert *Dugon*, chlr, sgr de Lâché en pⁱᵉ (***).

VI. PHILIBERT, chlr, sgr de Monteuillon, dont hmage 1682, et de Lâché (cⁿ Brinon) 1702, commande le ban Niv. 1694, mᵗ av. 1724, épᵃ 1682 Mⁱᵉ-Frˢᵘ DE COURVOL, fille d'Alexandre, sgr de Lucery, dont: 1° Claude, chlr, sgr de Monteuillon 1724, mᵗ 1732, épᵃ 1720 Mⁱᵉ-Anne *du Quesnay*, sans posté; 2° Robert, sgr de Lâché, capit. régᵗ de la Sarre 1719, célib., donne Lâché à sa sœur Eléonore 1733; 3° Eléonore-Amable, épᵃ 1729 Edme-Roger DE COTIGNON, écr, sgr de Mouasse; 4° Françoise, reçue à Sᵗ-Cyr 1712, épᵃ 1725 Jacques *de la Duⱥ*, écr, sgr de la Garenne.

Armes: D'azur, à la croix ancrée d'or.

Sources: Inv. de Marolles. — Arch. Nièv. B. et E. — Cabᵗ Titres: preuves Sᵗ-Cyr, 299; dossier bleu 231; *Carrés* de d'Hozier, 222. — Min. notˢ Moul.-Engilbert. — Reg. par. Luzy, Lâché-Assars, Montapas.

Eteints.

(*) BOUEZ D'AMAZY. — Michel Bouëz, sʳ du Chesne, avᵃᵗ à Paris, acquit Amazy (cᵒⁿ Tannay) et Chevannes (cⁿᵉ Amazy), dont il refit terrier 1773; son frère Jⁿ-Bᵗᵉ eut de Jⁿᵉ Vallarcher: Marie, épᵃ 1778 Jᵘ-Bᵗᵉ *Aupépin*. Louis-Guilleᵉ, sgr d'Amazy et de Chevannes, qui épᵃ 1805 Perrette DE CHARGÈRES, ci-dessus, eut: Ernest, mᵗ 1861, épᵃ 1833 Henriette *Bruneau de Vitry*, fille de Gabriel, dont: Ludovic-Ernest BOUEZ D'AMAZY. —— *Armes*: D'argent, à trois hures de sanglier de sable, et une cigogne d'azur en abîme tenant dans son bec une couleuvre de sinople. —— *Sources*: Arch. Nièv. B. — Reg. parois. d'Amazy.

(**) CORTET. — *Du Morvand*. — Lazare CORTET est bailli de Lucenay-l'Évêque 1567. Richard, contrôleur grenier Luzy 1685 eut de Jⁿᵉ Prescheur: 1° Frˢ, notʳᵉ 1699, contrôleur grenier et subdélégué de Luzy 1703-35, épᵃ Pierrette DE CHARGÈRES, fille d'Antoine, ci-dessus, dont: *a*, Gilbert, sʳ de Montigny (cⁿᵉ Millay) et du Fort-de-Lanty (cⁿᵒ Rémilly), subdéᵉ Luzy 1741-59, mari d'Anne Moncharmont; *b*, Madeleine, épᵃ 1735 Denis *Nault*, juge Luzy; 2° Charles, mᵃⁿᵈ à Lanty, épᵃ av. 1705 Jⁿᵉ DE CHARGÈRES, dont: *a*, Jean, *id.*, épᵃ 1735 Henrᵗᵉ Gestat; *b*, Frˢ bourgᵗ à Lanty 1746, père de Frˢ, notʳᵉ à la Roche-Milay 1768 et de Pierre, bourgᵗ à Lanty 1777. — François CORTET, notʳᵉ à Luzy 1685, eut de Jⁿᵉ Nandrot: Angélique, épᵃ 1701 Richard *Coujard* de la Verchère, recevʳ grenier Luzy. Frˢ est médecin à Luzy 1741-67; Claude, capit. régᵗ Bgogne 1749-67. Frˢ, sʳ des Tardes, receveur grenier Luzy 1786. Jean, notʳᵉ à Luzy 1790. — Une br. se fixa à Chât.-Chinon et donna 1817 Pierre CORTET, évêque de Troyes 1875. — Autres ppales alliances: Guillaume av. 1674, Bonneau, Febvre 1722, Ballard, Caillery 1766, Guyot d'Amfreville. —— *Sources*: Arch. Nièv. B. — Reg. parois. Luzy, Sémelay, Rémilly. — Min. notʳᵉˢ Bᵒⁿ-Lancy.

(***) A la fin du XVIIᵉ s. on trouve à Luzy des DANGUY, problᵗ bâtards: artisans, huissier, etc.

ép[a] 1° 1702 Fr[s] *de Druy*, écr, sgr d'Avril, 2° 1719 Ch.-Clair *de Virgille*, écr, sgr de Chevannes-Crots ; 4° peut-être Elisabeth, ép[a] 1705 Michel *Pernin* (3), garde-du-corps.

VI. — CLAUDE DE CHARGÈRES, écr, sgr de Tourny et Roche p[ie] (c[ne] Champvert), lieut. d'inf[ie], commissaire du ban Niv. 1696, partage 1695, maintenu 1700, m[t] 1748, ép[a] 1° 19 avril 1700 Louise DE CHARRY, fille d'Eustache, sgr de Lurcy-Bourg, m[te] 1706, 2° v. 1708 Cath. *Desprez*, fille de Pierre, sgr de Roche, eut du 1er lit : 1° Fr[s], suit ; 2° J[n]-Guill[e], tué au service ; 3° Barbe, m[te] 1749, célib.

VII. — FRANÇOIS DE CHARGÈRES, chlr, sgr de Tourny, Roche et Chizy-le-Monial (c[ne] Tazilly), dont hmage 1740, obt. sentence p. honneurs en église Fléty 1746, fait reconn[ce] à commanderie Tourny 1759, ép[n] 18 août 1738 Claudine *de Jacquinet*, fille de Paul, sgr de Chizy, dont : 1° Claude, chanoine d'Autun 1776 ; 2° Jean-Julien, chlr, sgr de Tourny, Chizy, aide-major rég[t] de Champagne, m[t] ap. 1785, ép[a] 1776 Elisabeth de Moncrif, sans posté. ; 3° trois filles relig., dont une reçue à St-Cyr 1756.

II. — JEAN DE CHARGÈRES (2e fils de Nicolas), écr, sgr du Breuil, Ettevaux, Chigy, Chevannes-Dozon (pr. Luzy), dont hmage 1575, de la Goutte (c[ne] Fléty), dont défaut d'hmage 1593, achète à Tazilly 1573, m[t] av. 1586 que sa veuve f. hmage, épousa 1559 Claudine *Ballard* (*), dont il eut : 1° Denis, sgr de Chigy, sans posté. ; 2° Laurent, qui suit ; 3° Charles, écr, sgr du Breuil, y achète 1606 les droits de ses cousins, s'y fixe, et son arrière-petit-fils Bernard, dernier

---

(3) PERNIN. — *De Nivernois.* — Michel PERNIN, contrôleur de la m[on] du c[te] Nev. 1477, achète à Nev. avec Marie de Chasteaux, sa fme, 1491, eut : 1° Pierre, march[d] à Nev. 1629, échevin 1630 ; 2° Michel, suit.

MICHEL, licencié ès-lois 1521, lieut[t]-général au baage Nev. 1531-50, échevin Nev. 1537-46, ép[a] 10 av. 1521 Perrine La Miche(**), 2° Fr[se] Ducoing, sa veuve 1556 ; eut : 1° Fr[s], qui suit ; 2° Catherine, ép[a] 10 v. 1545 Fr[s] *de Saulieu*, écr, commiss[re] des guerres, 2° 1565 Jean

Destrappes, contrôleur à Nev. ; 3° Fr[so], fme d'Erard *Roux*, not[re].

FRANÇOIS, licencié ès-lois, sgr de Béard (c[on] Decize) et Mont (c[ne] Béard) 1565, ép[n] Jeanne Vaget, fille d'Ant., s[r] de Mont, dont : 1° Jean, sgr de Mont en p[ie], recev[r] tailles él[ion] Nev. 1588-91, échevin, ép[n] 1586 Fr[se] *du Broc*, fille de Fr[s], recev[r] tailles Nev., dont : *a*, Fr[s], sgr de Mont 1620, m[t] av. 1634, mari de Mlle *Desprez*, fille de Jean, s[r] de Torteron ; *b*, Charles, sgr de Putay (Bourb[ais]),

---

(*) BALLARD. — *Du Morvand.* — Sont bourg[s] de Luzy 1518, 1529 ; Guy, s[r] de Montarmin (c[ne] Luzy) 1533 ; Louis, s[r] de Montreul (c[ne] Poil) 1545 ; Jean, garde-scel la Roche-Millay 1545 ; Jean, recev[r] grenier Luzy 1550, s[r] de Gratteloup (c[ne] Luzy), eut d'Etiennette *des Jours* : Claudine, ép[a] 1559 Jean DE CHARGÈRES, sgr d'Ettevaux, ci-dessus. Pierre, se fixe à Autun 1561 ; Charles, recev[r] grenier Luzy 1633 ; Gilbert, notaire Luzy 1639 ; Charles, contrôleur des exploits 1693. — Les ppales alliances, outre celles ci-dessous, sont : d'Anguy, v. 1510, des Jours, Gallois ; Bérard v. 1605, Luisard, Regnault 1679, Coujard, Saclier, etc. — Pierre BALLARD, ép[a] av. 1646 Fr[se] *Dubosc*, dont : 1° Charles, suit ; 2° Jacques, not[re] Luzy 1671-85, eut de Catherine *Repoux* : Jacques, notre, m[t] 1703, eut de Jeanne Desforges des fils dont descend peut-être Jean, mari de Jeanne-Fr[se] Ballard, père de Philibert Ballard, né 1750, proc[r] gén[al] du directoire Nièvre 1793-94. Charles ép[a] 1671 Anne *Bertrand*, dont : Charles, av[at], président grenier Luzy 1702-29, eut de Claude *Coujard* : *a*, Claude, av[at] du roi grenier Luzy, s[r] de Pervy 1736-59 ; *b*, Charles, prês[t] grenier, s[r] de la Chapelle (c[ne] Tazilly) 1735-62, ép[a] av. 1734 Claudine *Cortet*, dont : *a′*, Gilbert, suit ; *b′*, Barbe, ép[a] 1758 Fr[s] *Gaucher* de Champmartin ; *c′*, Anne, ép[a] 1767 Claude *Nault* de Champagny, maréchal de camp. Gilbert, s[r] de la Chapelle et de Pervy, prês[t] grenier Luzy 1768, puis cons[er] au Parl[t] Dijon 1778, ép[a] 1766 Mlle-Anne *Sautereau*, dont : 1° Ch.-Simon-P[re] BALLARD DE LA CHAPELLE, ép[a] 1792 Mlle-Adélaïde de Valfray, dont : Mme Coujard de la Verchère et Mme Turbat, mère de J.-J.-Victor de Cheverry ; 2° Barbe, ép[a] 1792 Paul-Aug. *de Champs* de St-Léger ; 3° Mme Carré de Champvigy. —— *Armes* : D'argent, à la fasce d'azur, acc. en chef de trois mouchetures d'hermine, et en pointe d'une tête de léopard de gueules. —— *Sources* : Inv. de Marolles. — Arch. Niév. E et B. — Arch. chât. Devay. — Min. not[res] La Nocle. — Reg. parois. Luzy, La Roche-Millay, Sermages.

(**) LA MICHE. — *De Moulins-Engilbert.* — Guillaume LA MICHE, sgr de Tilleux (c[ne] St-Léger-Fougeret) 1337, vend 1352 la justice et terre de Tilleux à son neveu Jean La Miche ; il avait pour frère : Jean, m[t] av. 1337 que son fils Perrin, dem[t] à Moul.-Engilbert, fait aveu pour biens à Tilleux et 1351 *id.* p. biens par[ses] Chât-Chinon, St-Léger et St-Hilaire, est tuteur 1357 des mineurs de son frère f. Jean, écr, sgr de Tilleux, qui sont Philippe et Perrin, ce dernier ga[r]de du scel Moul.-Enilbert 1367-83. Perrin La Miche f. hmage p. biens à Moul.-Engilbert 1390, est lieut[t] à Nev. du bailli de St-Pierre 1424, paraît père de Marg[te], qui ép[a] v. 1430 Drouin *Colignon*, not[re]. Jacques, bachelier en droits, marié av. 1452 à Isabeau de Brain, a biens par[se] Limanton. Jean, licencié 1492 est fixé à Nev. 1507, y reçoit par échange biens par[ses] Chasnay, Mannay, etc., m[t] av. 1521, est père de Perrine, ép[a] 1° av. 1511 Guill[e] *Chevalier*, 2° Michel *Pernin*, ci-dessus. Autre Jean et Catherine *Colignon*, sa fme vendent pr. Moul.-Engilbert 1519. Catherine, fme de Girard de Berne, meurt à La Charité 1554. En 1582 Barbe La Miche et Jean Roux habitent par[sse] Sermages. — *Sources* : Arch. nat. P. 138 ; 101. — Inv. de Marolles. — Arch. chât. Vandenesse et Devay. — Min. not[res] Moul.-Engilbert.

Éteints.

de cette branche, lègue v. 1780 à Charles DE CHARGÈRES, sgr de la Creuzille, le Breuil *érigé* en marquisat en 1670 ; 4° Pierre, écr, sgr d'Ettevaux et Montarmin (c^ne Luzy) 1617-26, eut de Jeanne *de Mérans* (*), dame d'Ettevaux p^ie : *a*, Lazare, sgr d'*id.* 1656-71, maintenu 1667, n'eut que des enfants nat., et *b*, Adrienne, fme de Charles *de Mérans* (*), écr ; 5° Claude, suivra ; 6° Hugues, écr, sgr de Chigy, y achète 1610, teste 1652 avec Roberte *d'Anguy* (2), sa fme, n'ayant eu qu'une fille, Marg^te, fme de Jean *de Lanty*, écr, sgr de la Vault ; 7° Madeleine, ép^n *1°* 1578 Hugues DU CREST, écr, sgr de Ponay, 2° Jean *de Mathieu*, écr, sgr d'Eschenault.

III. — LAURENT DE CHARGÈRES, écr, sgr de la Goutte, y acte 1610, m^t av. 1623, ép^a 10 nov. 1616 Marg^te d'Apurillon, dont : 1° Claude, curé de Charbonnat 1643-53 ; 2° Charles, suit ; 4° Catherine, célib. ; 3° Hugues, écr, sgr de la Goutte 1638-62, maintenu 1667, ép^n 1er fév. 1639 Marie *des Jours*, fille de Fr^s, sgr de Mazille, dont : *a*, Pierre, écr, sgr de la Goutte 1686-1726, donne la Goutte 1711 à Jacques des Jours, son cousin g^nin, m^t sans posté. 1737 ; *b*, Claudine, ép^a av. 1671 Zacharie *de Verdigny*, écr, sgr de la Chenaut ; *c*, Marg^te, Jeanne et Jacqueline, célib.

IV. — CHARLES DE CHARGÈRES, écr, sgr de Magny (c^ne Millay) et la Creuzille (*id.*) 1652-70, ép^a av. 1642 Louise Bourguignon, dont : 1° Paul, suit ; 2° Jean et Lazare, sans posté. ; 3° Pierre, écr, sgr de Magny 1681-99, sans posté. de Charlotte *de Virgille* ; 4° Louise.

ép^a av. 1633 Eléonore de Viry ; 2° Etienne, suit ; 3° Odette, ép^a 1° Gilbert *Olivier*, 2° 1582, Guill^e *Rapine*, prés^t chr^e comptes Nev.

ETIENNE, sgr de Mont, Béard en p^ie et le Plessis (chât^ie Moul.-Engilbert), dont hmage 1588, procur^r du roi à St-Pierre 1591, avocat gén^al baage Nev. 1602-21, reçoit reconn^ce à M.-Engilbert avec Jean 1589, ép^a av. 1590 Marg^te *Challudet*, dont : 1° Claude, dame de Mont, ép^a av. 1614 Christophe *Cochet*, av^al Nev.; 2° Barbe, fme de J^n Guerry ; 3^u sans doute un fils dont descend Etienne, qui suit.

I. ETIENNE PERNIN, av^nt 1652, échevin Nev.1657, m^t av. 1672, eut de Claude *Lardereau*, fille de Jean, march^d à Chât.-Chinon : 1° Etienne, s^r de la Garde (c^ne Millay) 1681-1702, vend à Moul.-Engilbert 1674-92 ; 2^u Rémy, av^nt à Nev., s^r de Villebourse (c^nu Sermoise) 1689-1705, mari de M^le Dupleix ; 3° Philibert, suit ; 4° Fr^s, garde du roi 1690, s^r de Rechizy (c^ne Millay) 1705, m^t av. 1735, eut de M^le *Thonnelier* : *a*, Etienne, ép^a 1735 son cousin Étienne Pernin, de Montigny ; *b*, peut-être Etienne, cons^er baage Nev. 1740-54 ; 5° Michel, écr, garde-du-corps 1690, s^r du Verdier (c^ne St-Léger-Fougere^t) 1690 et de la Garde 1708, ép^a 1705 Elisabeth DE CHARGÈRES, fille d'Antoine, sgr de Tourny, ci-dessus, dont : *a*, M^le-Jeanne, dame de la Garde, ép^a 1735 Jean *de Virgille*, écr, sgr de Mézeray ; *b*, Anne, ép^a 1741 Cl.-Fr^s *Gondier*, bourg^s à Lanty ; 6^u Claude, fme av. 1676 de Martin Sirot, av^nt ; 7° Léonarde, ép^a 1685 Joseph *Pinet* de Mantelet.

II. PHILIBERT, march^d à Moul.-Engilbert, s^r de la Sauve (c^ne M.-Eng^ert) 1686-1720, ép^a av. 1690 Gabrielle Lemoine, dont il eut : 1° Philibert ; 2° Etienne, suit ; 3° Jeanne, ép^a 1719 Pierre *Robert*, tanneur à M.-Eng^ert ; 4° Fr^se, ép^a 1720 Fr^s Dubois, notaire à St-Honoré.

III. ETIENNE, bourg^s à Montigny-en-M^and 1735, intendant de Mr de Vannes, achète le Chagnot (c^ne Mont-et-Marré) 1744, m^t av. 1779, ép^a 1735 sa cousine Jeanne PERNIN, de Nev., dont : 1° Etienne, suit ; 2° Fr^s, bourg^s à Corbigny 1781, sans posté. de M^le-Dominique Richard ; 3° J^ne-Claudine, ép^a 1774 J^n-B^te-Auguste *Petitier*, de la Faye.

IV. ETIENNE PERNIN DU VERDIER, intendant de Mr de Choiseul à Charnoy, s^r du Chagnot, partage avec frère et sœur 1775, ép^a 1779 Didière *Petitier*, dont : 1° Louis, dem^t à Chât.-Chinon 1828 ; 2° Etienne, ppr^e du Chagnot, père de Mme Piétresson de St-Aubin.

On trouve aussi des Pernin à Moul.-Engilbert avant le maage Lardereau : 1532, Jean, tanneur ; 1560, Jacques, mari d'Etiennette Descolons, achète près Châtillon ; 1579, Esmée, fme de F^s Gueneau.

Armes : D'or, à trois roses de gueules.

Sources : Inv. de Marolles. — Arch. Nièv. E. — Inv. de Parmentier. — Min. not^res Moul.-Engilbert. — Arch. chât. Vandenesse, Devay, Poiseux. — Reg. parois. Nevers, Moul.-Engilbert, Tazilly, Millay, Avrée, Châtillon, Mont-et-Marré.

Éteints.

(*) DE MÉRANS. — Viennent de Vitry-sur-Loire. Jean DE MÉRANS, écr, sgr de Finy, cap. et garde scel de La Roche-Millay 1536, eut : Jean, écr, sgr de Pierrefitte (c^ne Poil), Ettevaux en p^ie (*id.*), bailli de La Roche-Millay 1570-89, ép^a Jeanne d'Ettevaux, dont il est veuf 1575, et dont il eut : 1° Guy, écr, sgr d'Ettevaux p^ie, sans posté. de Rachel de Comigham ; 2° Gaspard, écr, sgr de Pierrefitte, Ettevaux et Montcheny (c^ne La Roche-Millay) 1586-97, ép^a 1594 Esmée *de Terrières*, fille de Fr^s, sgr de Piffons et Marry, dont : *a*, Charles, sgr d'*id.* 1626, m^t 1659, eut d'Adrienne DE CHARGÈRES, fille de Pierre, ci-dessus : *a'*, Fr^se, dame de Pierrefitte, Montcheny et Ettevaux, qu'elle porta av. 1673 à J^n-B^te *du Clerroy*, écr, sgr de Marry ; *b'*, Hélène, lègua 1692 à Fr^se ; *c'*, Anne, donna 1696 à J^n-B^te du Clerroy, veuf de sa sœur ; *b*, Jeanne, dame d'Ettevaux p^ie, ép^a 1° av. 1617 Pierre DE CHARGÈRES, écr, sgr de Montarmin, 2e av. 1631 Charles DU CREST, écr, sgr de Ponay p^ie. (Arch. chât. Devay. — Reg. parois. Luzy.)

Éteints.

61

V. — PAUL DE CHARGÈRES, écr, sgr d'*id.* 1667-85, *maintenu* 10 mai 1667, épⁿ av. 1677 Elisabeth DU CREST, fille de Philippe, sgr de Barnault, dont : 1° Lazare, suit ; 2° Pierre, écr, sgr de Goutillat (cⁿᵉ Avrée) et Champreveau (cⁿᵉ Millay) 1699-1715, eut de Jeanne *de Ponard,* dame de Marié : *a,* Guillᵉ, écr, sgr de Marié (cⁿᵉ Millay) 1733-81, épᵃ 3 sept. 1731 Jeanne *Coujard* (4), fille de Richard, procʳ roi grenier Luzy ; *b,* Louis, écr, sgr de Marié-le-Grand (cⁿᵉ Millay) 1741-59, eut de Perrette *de Ponard* : *a',* Claude, sgr de Marié, achète Tourny en pⁱᵉ 1787, épⁿ 10 août 1778 Elisabeth DE LA FERTÉ-MEUNG, fille de Frˢ, sgr du Monceau ; *b',* Guillᵉ achète Goutillat 1766 ; *c',* Lazare, sgr Marié pⁱᵉ, épⁿ 1771 Cl. Guillot de la Rochette ; *c,* Elisabeth, épᵃ 1733 Claude *Nault* (5), recevʳ grenier Luzy.

VI. — LAZARE DE CHARGÈRES, écr sgr de la Creuzille, la Queudre et Roudon (Bourbⁿᵃⁱˢ) 1682-1731, mᵗ av. 1749, épⁿ 11 juin 1699 Mⁱⁿ-Charlotte *Desprez,* fille d'Eustache, sgr de la Queudre et Sᵗ-Honoré, et de Margᵗᵉ de Mathieu, dont : 1° Eustache, écr, sgr de la Queudre et Vauvray (cⁿᵉ Sémelay) 1772, capit. d'infⁱᵉ, mᵗ 1788, épᵃ 5 mai 1749 Gabrielle *de Sauvage,* fille de Frˢ, sgr de Nuars, dont : Mⁱᵉ-Madeleine, fille unique, épⁿ 1766 Charles DE CHARGÈRES d'Arcenay ; 2° Jean-Mⁱᵉ, suit ; 3° Joseph, écr, sgr de Roudon, capit. d'infⁱᵉ, chlr Sᵗ-Louis, épⁿ 1764

(4) COUJARD DE LA PLANCHE. — *Du Morvand.* — Connus à Chât.-Chinon depuis 1529 ; y sont commerçants, bourgˢ, etc.; Claude COUJARD est contrôleur au grenier sel 1620 ; Jean, élu en l'élⁱᵒⁿ 1681; leurs ppales alliances y sont : Pitois v. 1560, Vaucoret, Durand ; Thoumelin v. 1600, Joffriot, Guillaume, Goguelat, Millin 1626, Drouillet 1637, Moreau 1650, Pitois, Moreau, Dubosc ; Bazot 1715, Bergeret 1723, etc. — D'autres branches se trouvent : à Corancy et à Dommartin, depuis 1640, s'y allient aux Goguelat vers 1640, Moreau ; Gueneau v. 1700, Laproye 1728, etc. A Arleuf depuis 1627 ; à Glux, s'allient aux Pierre v. 1665, Saclier 1669, de Vallery 1723, Marceau; à Fragny au XVIIIᵉ s. A Moul.-Engilbert, s'allient aux Guillier 1680, Alexandre, Danthault v. 1725. Enfin, une branche vint à Sᵗ-Pierre-le-Mᵉʳ, y sont commerçˡᵉ av. 1620, s'y allient aux Crevel, Garnault; passent à Nevers où Etienne est échevin 1651 et procʳ au baage, et Jean notaire 1652.

I. PHILIPPE COUJARD, bourgˢ de Chât.-Chinon 1595, eut de Dimanche Gallois : 1° Philippe, commerçᵗ à Ch.-Chinon, marié 1631 à Jeanne Jolly ; 2° Etienne, qui suit ; 3° Dominique, épousa av. 1633 Mˡᵉ Mauny, dont : Philippe, épⁿ 1650 Marie *Moreau.*

II. ETIENNE, s'établit commerçᵗ à Corancy 1627, eut de Léonarde Clémendot : 1° Etienne ; 2° Claude, marchᵈ à Léchenault, achète avec son frère 1659 la terre et fossés du Beuvray ; 3° Lazare, suit.

III. LAZARE, greffier de la châᵗⁿⁱᵉ de Luzy, mᵗ 1703, épousa av. 1665 Marie Carain, dont : 1° Gilbert, suit ; 2° Richard, suivra ; 3° Lazare, président au grenier Luzy 1708 ; 4° Jacques, greffier et procurᵗ en l'élᵗⁱᵒⁿ, mᵗ 1708 ; 5° Claude, épⁿ av. 1698 Charles *Ballard.*

IV. GILBERT, docteur-médecin à Luzy 1697, mᵗ av. 1736, eut d'Anne *Ballard,* fille de Charles, contrôleur des exploits : 1° Gilbert, suit; 2° Cl.-Louis ; 3° Lazare, épⁿ 1719 Robert *Nault,* procʳ à Luzy.

V. GILBERT, bourgˢ parois. Millay, épᵃ 1738 Jeanne Maître, dont il eut :

VI. CLAUDE, qui achète la Planche (cⁿᵉ Millay) av. 1776, mᵗ 1784, eut de Gabrielle Bourié des Réaux :

VII. FRANÇOIS COUJARD DE LAPLANCHE, mᵗ 1824, épⁿ 1802 J.-M.-Claudine *Gondier* de la Garde, dont : Henri, mᵗ 1884, qui, de Claire de la Goutte, eut : *a,* Maurice, ppʳᵉ de la Planche, épⁿ 1871 Mˡˡᵉ des Rosiers ; *b, c,* Abel et Lucien, célib.; *d,* Mᵐᵉ Bonneau du Martray.

IV. RICHARD (fils de Lazare), procʳ du roi au grenier Luzy 1700, acquiert la Verchère (cⁿᵉ Chiddes) 1716, mᵗ 1722, épᵃ 1701 Angélique *Cortet,* fille de Frˢ, dont : 1° Lazare, suit ; 2° Claude Coujard de la Verchère, avᵃᵗ, procʳ du roi au grenier et maire de Luzy 1750, mᵗ 1763, épᵃ 1749 Claudine *Nault,* fille de Denis, dont : *a,* Denis, avocat à Autun 1784, mari de Mˡᵉ Bidault ; *b,* Madeleine, épᵃ 1786 son cousin Claude-Pierre; 3° Jeanne, épᵃ 1731 Guillᵉ DE CHARGÈRES, écr, sgr de Marié, ci-dessus ; 4° Pierrette, épⁿ 1725 Denis *Nault,* de Trézillon.

V. LAZARE, procʳ du roi grenier Luzy, sʳ de Tazilly 1744, mᵗ 1779, épⁿ av. 1740 Louise Venot (Autun), dont : 1° Claude-Pierre, suit ; 2° Jⁿ-Fˢ, gendarme cⁱᵉ de Flandre, mᵗ 1787; 3° Denis, garde-du-corps de Mʳ 1786; 4° Gilbert, procʳ au grenier Luzy, mᵗ 1783.

VI. CLAUDE-PIERRE Coujard de la Chaize, avᵃᵗ, juge de Luzy 1784, sʳ de la Chaize (cⁿᵉ Avrée), épᵃ 1786 Madeleine Coujard de la Verchère, dont : *a,* Auguste COUJARD DE LAVERCHÈRE, percepteur à Luzy, mᵗ 1874, eut de Céline de la Goutte : Camille et Louis ; *b,* Henri, ppʳᵉ à Tazilly, père d'Ambroise.

Armes : D'or, à la cigogne de sable.

Sources : Arch. Nièv. E et B. — Minut. notʳᵉˢ Moul.-Engilbert. — Reg. parois. Chât-Chinon, Corancy, Arleuf, Dommartin, Glux, Moul.-Engilbert, Luzy, Sᵗ-Pierre-le-Mᵉʳ, Nevers.

Existants.

(5) NAULT. — *De Nivernois.* — Sont au XVIᵉ s. à Chougny (cᵒⁿ Châtillon) ; Gilbert y est cultivateur 1611 ; Jean *id.* 1630 ; Guillᵉ 1644 est père de Frˢ, Ga-

Cécile de Lépicier, dont : L⁵-Gervais, sgr d'*id.*, père de Joséphine, ép⁴ 1810, Jⁿ-Julien cᵗᵉ DE LA FERTÉ-MEUNG ; 4° Madeleine, fme de N... de Chargères de Champjoly ; 5° Catherine.

VII. — JEAN-MARIE DE CHARGÈRES, écr, sgr de la Queudre, la Creuzille et Vauvray, officier au régᵗ d'Alsace 1750, ép⁴ 26 nov. 1753 Mⁱᵉ-Frᵃᵉ DU CREST, fille de Frˢ, sgr de Ponay et de Lˢᵉ de Virgille, dont : 1° Charles, suit ; 2° Antᵗᵉ-Jacqueline, ép⁴ N... de Gaudry, écr.

VIII. — CHARLES DE CHARGÈRES, marquis du Breuil, chlr, sgr d'*id.* et de Montigny (cⁿᵉ Millay), reçut, par testament de Bernard DE CHARGÈRES, le Breuil et Geugnon (Charolois), ép⁴ 1780 Margⁱᵉ-Edouarde DU CREST, fille de Philibert, sgr de Montigny, dont : 1° Christophe mⁱˢ DE CHARGÈRES, garde-du-corps, ép⁴ 1816 Caroline *Potrelot* de Grillon, fille de Christophe et veuve Pinot, sans posté. ; 2° Charles, officier de lanciers, tué à Dresde 1813, célib ; 3° Victor, officier de la garde impˡᵉ, mᵗ 1855 sans posté. de Caroline de Champoux ; 4° Hippolyte suit ; 5° Louis, colonel du 7ᵉ de ligne, ép⁴ 1850 Elisa Pain, dont : Louis, officier de gendarmerie ; 6° Alphonse, capit. chasseurs, tué en Algérie 1845, sans posté.

IX. — HIPPOLYTE marquis DE CHARGÈRES, cap⁻t. de cuirassiers, ppʳᵉ de Geugnon et du Plessis (cⁿᵉ Semelay), ép⁴ 1826 Louise Pinot, fille de Caroline P. de Grillon, dame du Plessis, dont : 1° Charles, ép⁴ 1850 Berthe Poncelin de Raucourt, dont : *a*, Edgard, mari d'Eliane *de Bouillé*, père de Charles et Marie ; *b*, Hippolyte, mari de Margᵗᵉ de Bosredon, *c* et Mᵐᵉ de Chardonnet ; 2° Ernest, ép⁴ 1855 Maclovie de Rotalier, dont : *a*, Henri, mari de Pauline de Courtivron, dont : Jean et Louise ; *b*, Georges, *c* et Mᵐᵉˢ de Lespinasse et de Livonnière.

III. — CLAUDE DE CHARGÈRES (5ᵉ fils de Jean, sgr d'Ettevaux), écr, sgr de Vaux (cⁿᵉ Fléty) 1641, mᵗ av. 1662, épousa 22 nov. 1616, Frˢᶜ Gontier, dont : 1° Claude suit ; 2° Hugues, écr, sgr de Vaux en pⁱⁿ, vend parˢᵉ de Bazolles 1686, ép⁴ 23 nov. 1652 Marie *de Ponard*, fille de Gilbert et de Margᵗᵉ du Crest, dont : *a*, Hugues, sgr Vaux pˡᵉ, mᵗ av. 1698, eut de Jeanne *de Barraut*, fille de Jean, sgr d'Epiry : *a'*, Charles, 1703, et *b'*, Marie, ép⁴ 1698 Pierre Robin, mⁿⁿᵈ à Pouligny ; *b*, Jeanne, épⁿ 1677 Charles *de Barraut*, écr, sgr des Isles ; *c*, Etiennette-El., fme de Pierre

briel et Claude, demᵗ à Cuy. Les ppales alliances, outre celles ci-dessous, sont : Bernard 1597, Dorlet 1608, Comte 1638, Rabier 1680, Charron 1699, etc. — Guillᵉ NAULT, mᵗ à Luzy au commᵗ XVIIᵉ s., est père de Denis, licencié, juge de Luzy et Savigny-Poil 1622-31, mᵗ av. 1638, épousa 1° v. 1609 Claude de Chevanne, 2° av. 1626 Mˡᵉ Simonnin, eut du 1ᵉʳ lit : 1° Hiérosme, suit ; 2° Frˢᵉ, ép⁴ 1622 Nicolas Virot, notʳᵉ à Luzy, et du 2ᵉ : 3° Claudine, fme de Gilbert Carain, apoth.; 4° Nicolas, procʳ fiscal Luzy 1664, ép⁴ av. 1654 Toussine *Dubosc*, dont : *a*, Denis-Léonard, notʳᵉ Luzy 1693-1704, eut de Marthe Métayer : *a'*, Denis, garde-du-corps, chlr Sᵗ-Louis 1725, mᵗ 1765, ép⁴ 1730 Mˡᵉ Mérat ; *b'*, Robert, procʳ Luzy, ép⁴ 1719 Lazare *Coujard*, fille de Gilbert ; *c'*, Nicolas, garde-du-corps 1721, ép⁴ 1725 Jeanne *de Ponard*, dont : Denis-Robert ; *b*, Henri, chirurgien Luzy 1689-1705, ép⁴ 1688 Mˡᵉ Tixier, dont Lazare et Frˢ.

Hiérosme NAULT, avⁿᵗ à Sᵗ-Pierre-le-Mᵉʳ 1633, mᵗ 1653, eut de Cath. Dijon : Denis, avⁿᵗ, juge de Luzy 1662-89, consᵉʳ du prince de Condé, mᵗ 1707; eut de Jeanne *Blondat*: Nicolas-Frˢ, né 1662, juge de Luzy 1689, maire 1703, sʳ de Trézillon (cⁿᵉ Luzy), mᵗ 1710, épⁿ Claire Chevalier, fille de Jacques, secrétaire du roi, dont : 1° Denis-Nicolas, suit : 2° Denis, procʳ du roi au grenier Luzy 1733, ép⁴ 1725 Pierrette *Coujard*, dont : Claude,

procʳ du roi, mᵗ 1757; 3° Claude, recevʳ au grenier Luzy 1733, mᵗ 1738, ép⁴ 1733 Elisabeth DE CHARGÈRES, fille de Pierre, ci-dessus, dont : Nicolas ; 4° Pierrette-Eléonore, ép⁴ 1718 Ch.-Claude *Repoux*, procʳ fiscal Luzy.

Denis-Nicolas, avⁿᵗ, juge de Luzy 1718-43, *conseiller* à la cour de Dôle 1723-44, sgr de Champagny (Autunois), ép⁴ 1° 1718 Louise *Repoux*, fille de Lazare, 2° 1735 Madeleine *Cortet*, eut du 1ᵉʳ lit : *a*, Claude, sʳ de Trézillon et Champagny 1753, lieutᵗ-colonel, chlr Sᵗ-Louis 1767, brigadier 1770, maréchal-de-camp 1789, à ass. nobl. Sᵗ-Pierre 1789, mᵗ 1807, ép⁴ 1767 Anne *Ballard*, fille de Charles, dont : *a'*, Denis, officier, 1801, n'eut de Mˡˡᵉ Bernigaud de Cerey qu'une fille ; *b'*, Mᵐᵉ d'Espiard ; *b*, Claudine, ép⁴ 1749 Claude *Coujard* de la Verchère ; Denis-Nicolas eut du 2ᵉ lit : *c*, Lazare, capit. d'infᵗᵉ 1776 ; *d*, Frˢ, *id.*, 1767.

Armes : D'or, au navire de sable, au chef cousu d'argent.

Sources : Arch. Nièv. E et B. — Arch. chât. Vandenesse. — Min. notʳᵉˢ Moul.-Engilbert. — Reg. par. Chougny, Bazolles, Luzy.

(6) REPOUX. — *Du Morvand.* — Durand REPOUX est accenseur de la Bussière (cⁿᵉ Sémelay) 1583, peut-être père de Frˢᵒ, fme de Jⁿ Regnault, procʳ fiscal de Luzy, et de :

I. CLAUDE REPOUX, notʳᵉ à Luzy 1612-44, épousa

Moreau, sʳ de Montalin ; 3° Frˢ, mᵗ av. 1662 ; 4° Jeanne, épᵃ v. 1655 Louis *de Ballore* (*), écr, sgr de Mussy.

IV. — CLAUDE DE CHARGÈRES, écr, sgr de Vaux 1652, *maintenu* 1667, épᵃ 18 oct. 1661 Jeanne *de Jacquinet*, dont : Frˢ, sgr de Vaux, mᵗ 1739, épⁿ 20 mars 1692 Elisabeth *de Bongards*, fille d'Adrien, sgr de Migny, dont : *a*, Lazare, mᵗ 1747 sans posté. de Margᵗᵉ *de Lavenne* de la Palud ; *b*, Pierre, 1747 ; *c*, Louise, épᵃ 1744 Claude-Lazare *Repoux* (6) ; *d*, Eustache, sgr de Vaux 1734-51, eut de Lucie Sauvaget : *a'*, Didier, sgr de Vaux et Pommeray, (cⁿᵉ Savigny-Poil) 1744, mᵗ 1780, épⁿ 1749 Anne-Josèphe DU CREST, fille de Frˢ, sgr de Ponay, dont : *a''*, Louise, épⁿ ₁ᵘ 1775 Jean-Annet DU CREST, écr, sgr de Chigy, chevau-léger, 2° Et.-Jérôme *des Jours* de Mazille, capit. vaisseau ; *b''*, Jⁿᵉ-Henriette, épⁿ 1791 Hugues-Ant. DE LA FERTÉ-MEUNG, chlr, offᵉʳ régᵗ Beaujolais ; *c''*, Mⁱᵉ-Jⁿᵉ, épⁿ 1785 Gervais DE CHARGÈRES, chlr, sgr de Roudon ; *d''*, Frˢᵉ, épⁿ 1802 Sébastien-Lˢ *des Jours* de Mazille, garde-du-corps ; *b'*, Mⁱᵉ-Frˢᵉ, épᵃ av. 1752 Pierre *Bruandet* (**), chirurg. Ch.-Chinon ; *c'*, Henriette, célib. 1756.

v. 1610 Anne Virot, fille de Pierre, notʳᵉ, dont il eut : 1° Durand, suit ; 2° Pierre, curé de Luzy 1644, mᵗ 1685.

II. DURAND, d'abord avocat à Nevers, juge de Sémelay et Sᵗ-André 1648-68, épousa av. 1640 Margᵗᵉ Bouton, dont : 1° Claude, médecin à Luzy 1669-85. épᵃ 1674 Frˢᵉ Faure, fille de Gaspard, notʳᵉ ; 2° Lazare, suit ; 3° Pierre, peut-être le notaire Luzy de 1692 ; 4° Catherine, fme de Jacques *Ballard*.

III. LAZARE, secrétaire de l'hôtel ville Luzy 1679,

mᵗ 1719, épᵘ 1679 Lazarette Regnault, dont : 1° Ch.-Cl., suit ; 2° Louise, épᵃⁿ 1718 Denis *Nault*, juge de Luzy.

IV. CHARLES-CLAUDE, avᵃᵗ, procurʳ fiscal, puis juge de Luzy 1719, puis lieutᵗ-génᵃˡ de Bᵒⁿ-Lancy, mᵗ av. 1728, épᵃ 1718 Pierrette-Éléonore *Nault*, fille de Nicolas-Frˢ, maire de Luzy, dont : 1° Cl.-Lazare, suit ; 2° Denis, né 1720.

V. CLAUDE-LAZARE REPOUX DE CHEVAGNY, sʳ de Chevagny, Chevanne et Montpeyroux (Autunois),

(*) DE BALLORE. — Prennent leur nom d'un fief près Cronat-s.-Loire (Autunois). Sont écrs et possessionnés en châtᵒⁱᵉ de Ganay, où ils font hmage au cᵗᵉ Nev. : Pierre, en 1384 ; Jean, 1446, et ses enfⁱˢ Pierre, Jean et Benoît 1464 ; Jean et Antoine 1503. — Jean DE BALLORE, écr, sgr de Ballore (ᵃ), devint sgr de Mussy (cⁿᵉ Montaron) par maage av. 1542 avec Jeanne LE TORT, de Moul.-Engilbert ; il vend à Pouligny 1542 avec ses fils : Léonard, écr, mari de Frˢᵉ de Moroges, et Cassien, gentilhᵐ de la vénerie du roi, sgr de Ballore, y demᵗ, parˢᵉ de Trézy-s.-Loire, dont la veuve Perronne *du Gué*, dame de Chazeuil, vend ses droits sur péage de Ganay 1575, avec son fils Claude. — Jean, écr, sgr de Ponay en pⁱᵉ (cⁿᵉ Taxilly), est au ban Niv. 1554, et sa veuve Frˢᵘ de Thibeuf fait hmage p. Ponay 1576 avec ses filles, dont une : Louise, épᵃ av. 1579 Edme de Ballore, qui suit, probablᵗ fils de Léonard. — Edme, écr, sgr de Mussy et Ponay 1581-1600 et de Beuvron pⁱᵘ (cᵘⁿ Brinon) 1587, vend à Pouligny 1584 et à Thiellet (cⁿᵉ Montaron) 1600, f. hmage p. Mussy 1600, épᵃ en 2ᵉˢ n. av. 1586 Isabelle d'Esnay, dame de Beuvron pⁱᵉ, dont : Frˢ, Jacques et Louise, qui f. hmage p. Mussy 1608 et 1611. Frˢ, écr, sgr de Mussy 1619-31, dont hmage 1630, épⁿ Frˢᵉ DU CREST, fille de Barthélemy, dont sans doute : Guilᵗᵉ, écr, sgr de Mussy 1638-41 et de Saizy (cⁿᵉ Montaron), vendu sur sa veuve Anne de Mouchet, a pour fils ou frère : Louis, écr, sgr de Mussy, y demᵗ 1662, mᵗ av. 1676, eut de Jeanne DE CHARGÈRES, fille de Claude, sgr de Vaux, ci-dessus : Claude, dame de Mussy, épᵃ 1676 Claude de Sarrode (ᵇ), mⁱʳᵉ de la verrerie de la Boue. — *Armes :* D'azur à la croix engrêlée d'or. — *Sources :* *Inv.* de Marolles. — Arch. chât. Vandenesse. — D. Caffiaux, 1234. — Reg. parois. Montaron, Thaix, Rémilly.

Éteints.

(ᵃ) La sgrie de Ballore passa en 1742 à Jacques IMBERT, sgr de la Cour, consʳ au présidial de Moulins, dont un descendant est actuelᵗ pᵖʳᵉ de la Vénerie (cⁿᵉ Sᵗ-Bonnot.)

(ᵇ) Les SARRODE sont des verriers venus d'Italie à Nevers à la fin du XVIᵉ s. Jacques est mⁱʳᵉ de la verrerie de Nev. 1585-99, ainsi que son frère Vincent 1597-1619, et ensuite leurs enfants. — Jean DE SARRODE eut de Cl.-Mⁱᵉ du Houtz (verriers de Giverdy) : Jean-Claude, verrier à la Boue (cⁿᵉ Rémilly), épᵃ 1676 Claude de Ballore, écr, sgr de Mussy, épᵃ av. 1697 Jⁿᵉ-Frˢᵉ Bergeron. — (Reg. parois. Nevers et Rémilly. — Arch. Nièv. B. — Arch. chât. Vandenesse.)

(**) BRUANDET. — *De Château-Chinon.* — Claude BRUANDET est notʳᵉ à Chât.-Chinon 1561 ; Lazare, *id.* 1586, échange à Étoulle (cⁿᵉ Poussignol) 1612 ; Claude, mⁱʳᵉ des charrois de l'artillerie, sgr d'Étoulle acheté 1612, et de Quinclze (cⁿᵉ Poussignol) décrété sur lui 1630, mᵗ sans posté. Lazare, notʳᵉ à Chât.-Chinon 1620, eut de Cl. Miron : 1° Claude, suit ; 2° Lazare, présidᵗ en l'élⁱᵒⁿ 1658, sʳ de Vault (cⁿᵉ Montigny-Mᵃᵘˡ) 1659, épᵃ 1650 Mⁱᵒ Tridon, fille de Christophe, dont 2 filles ; 3ᵘ Abel, recevʳ en l'élⁱᵒⁿ 1657, eut de Lazare Bernard : Claude, procʳ fiscal, épᵃ 1673 Jeanne Drouillet, dont : Frˢ, procʳ ppʳᵉ 1703 Mⁱᵉ Febvre ; 4° Jeanne, fme de Paul Pernet, garde-du-corps. Claude BRUANDET, procʳ fiscal 1676, eut de Mⁱᵉ Gory : Claude-Abel, avᵃᵗ, procʳ en élⁱᵒⁿ, sʳ de Courcelles (cⁿᵒ Sᵗ-Hilaire), épᵃ 1684 Jeanne Tridon, fille d'Étienne, dont : *a*, Jacques, notʳᵉ 1741 ; *b*, Jean, sʳ de Courcelles et Vossemont, procʳ fiscal 1749, eut de Mⁱᵉ Goussot : Louis, épᵃ 1779 Madel. Mutelle, dont : Lˢ-Guillᵉ ; *c*, Jⁿ-Bᵗᵉ, capit. des vivres 1748, eut de Madel. Rollot : Jⁿ-Jacques, avᵃᵗ, échevin Chât.-Chinon, épᵃ 1763 Madel. *Guillaume,* dont : Jean. — On trouve aussi à Chât.-Chinon : Jean, élu 1631 ; Pierre, chirurgien 1754, mari de Frˢᵉ DE CHARGÈRES, ci-dessus ; et aux environs, des marchⁱˢ alliés aux : Joffriot v. 1625, Gautard, Girard, Blandin 1671, Loret 1674 ; Feuillet 1728, Dublé 1741, Lesage, etc. — (Arch. Nièv. B et E. — Min. notʳᵉˢ Moul.-Engilbert. — Reg. parois. Chât.-Chinon, Dommartin, Sᵗ-Hilaire, Mhère.)

Armes : D'azur, au lion léopardé d'or, lampassé de gueules, surmonté de trois trèfles d'argent en fasce.

Sources : Arch. Nièv. E, B et Q. — *Inv.* de Marolles. — Arch. chât. Vandenesse, Devay, Guichy, le Plessis. — Originaux coll⁰ⁿ de Soultrait, à Soc. Niv. — Min. not^{res} Moul.-Engilbert. — Preuves Malte, Arsenal, III. — Cab^{et} Titres : dossier bleu, 169 ; nobili. Moulins, 450 ; *Carrés* de d'Hozier, 173 ; preuves St-Cyr de 1756, et 303 du Crest. — Reg. parois. Luzy, Fléty, Tazilly, Rémilly, Avrée, Millay, St-Honoré, Savigny-Poil-Fol, Montambert, Sémelay.

Existants dans la Nièvre.

lieut^t-gén^{al} de Bon-Lancy, hérite de sa tante Louise 1753, ép^a 1744 Louise DE CHARGÈRES, fille de Fr^s, sgr de Vaux, ci-dessus, dont : 1⁰ Denis, suit ; 2⁰ Claude, se fixe à Bon-Lancy ; 3⁰ Lazare, officier gendarmerie, père de Claude, anobli 1827, qui eut : Charles, Jean et Hortense.

VI. DENIS, s^r de Chevagny, conseiller ch^{re} comptes Dôle 1770, guillotiné 1794, eut de M^{lo}-Jeanne Mare :

VII. ANTOINE-L^s-DENIS, ép^a 1805 Anne-Emilie *Coujard* de la Chaise, dont : 1⁰ Paul-Augustin, m^t 1875,

eut de Sophie-El. Liquière : *a*, Joseph-Al., ép^a 1880 L^{se} de Laribal ; *b*, Phil^t-Alfred, mari d'Hélène Madon ; 2⁰ Lazare-Félix eut de sa cousine Hortense Repoux : Lionel.

Armes : D'azur à la fasce d'or, accompagnée en pointe d'un alcyon dans son nid d'argent, sur une mer de même.

Sources : Carrés de d'Hozier, 481 : de Paris. — Min. not^{res} Moul.-Engilbert. — Arch. chât. Devay. — Arch. Nièv. B. — Reg. parois. Luzy.

Existants.

❀❀❀❀❀❀❀❀❀❀❀❀❀
❀❀❀❀❀❀❀❀❀
❀❀❀

DE CHARRY

ORIGINAIRES de Nivernois.

Tirent leur nom du fief de Charry, com^{ne} de Bona.

En 1296, ROBIN DE CHARRY et Isabelle, sa femme, vendent une pièce de terre à Beaumont-Sardolles. — Louis, c^{te} de Nevers, amortit en 1309 aux hab^{ts} de Nev. le fief du droit de pontenage sur la Loire (*) appartenant pour 1/2 à Jean DE CHARRY, damoiseau, sgr de Huez (c^{ne} de Bona), son écuyer, « *Joanni de Charriaco, equiti nostro et domicello de Vodio* » qui le tenait de sa fme Bienvenue *de Chazault* (1), comme petite-fille de Guill⁰ d'Arbourse ; ce

(1) DE CHAZAULT. — Prenaient leur nom d'un lieu c^{ne} de Tintury ou de Ville-l.-Anlezy. — Renaut DE CHAZAULT, chlr, mari d'Agnès de Challement, dame de Brinon en p^{ie}, m^t av. 1277, eut une

fille mariée à Hugues Bezors, chlr. Geoffroy DE CHAZAULT, ép^a Iolande *d'Arbourse* (**), dont : 1⁰ Isabelle, fme d'Hugues de Busseaux, damoiseau, de la par^{sse} de Moussy ; 2⁰ Bienvenue, fme de Jean DE CHARRY, ci-

(*) Il s'agit ici du fief envers le c^{te}, dû à celui-ci par les possesseurs du domaine utile de ce péage : H. de Busseaux et Jean de Charry. L'*Inventaire* de Parmentier est peu explicite, mais on voit aux chartes originales (Arch. communales Nev. CC. 346) que le 24 juin 1309 Louis Ier fait abandon aux habitants de son droit de fief ; que toutefois ceux-ci ne pourront forcer lesdits damoiseaux à leur faire hommage tant qu'ils ne leur auront pas acheté des revenus du péage, « mais led. fief demeurera amorti ». Et le 2 juillet 1310, les échevins achètent pour 140 l. de bons petits tournois la part de ce droit de propriété à Jean de Charry.

(**) D'ARBOURSE. — *De Nivernois.* — Tirent leur nom d'Arbourse (c⁰ⁿ Prémery). — Guill⁰ D'ARBOURSE, chlr, est témoin de donations à abb. de Bouras 1162 et 95, et donne à cette abb. des usages 1169 et droit d'acquérir en sa terre de Chasnay (c⁰ⁿ La Charité) 1187 ; son fils Guill⁰ donne à même abb. 1207 et 28 ; le fils de ce dernier Guill⁰ III, chlr, est en 1249 parmi les pairs de Nivernois jugeant Guill⁰ de Verrières ; il reçut du c^{te} Nev. 1235 l'étang d'Arbourse, eut pour fme Agnès, avec laq. et Guill⁰ leur fils il acquiert de H. de Montbrisson les droits de péage et pontenage sur la Loire à Nev., auxquels la c^{tesse} Mahaut ajouta les siens 1247, à charge de fief ; il eut : 1⁰ Guill⁰, suit ; 2⁰ Yolande, fme de Geoffroy *de Chazault*, ci-dessus, auquel elle porta le droit de pontenage. — Guill⁰, chlr, fait aveu 1290 pr. Arbourse et ce qu'il a acquis des enf^{ts} de Geoffroy D'ARBOURSE, écr. Un de ces Guill⁰, chlr, et sa fme firent donation à chartreuse Bellary et y ont leur obit. — Jean D'ARBOURSE, damoiseau, fait hmage p. Arbourse et Chailloy (Donziois) 1349 ; Barthélemy est capit. du chât. de Cuffy 1372, y soutint un siège contre Anglais et f. hmage pour Chailloy 1387 ; il a pour frère Ory, dont les mineurs Geoffroy et Alexandre, sous sa tutelle, font hmage p. Arbourse 1387 ; cet Alexandre renouvelle l'hmage 1405. — La dernière trace de cette famille est dans reconn^{ce} de 1463 pour la Brossière, par^{sse} d'Isenay, en faveur de Macée D'ARBOURSE, fme d'Henri *de Vendôme*, écr. —— *Sources :* Mss. de D. Viole, à Auxerre. — *Inv.* de Marolles. — D. Villevieille, 36. — *Inv.* de Parmentier. — Arch. chât. du Tremblay.

Éteints.

Jean vend sa part en 1310, est dit fils de feu Geoffroy, et est rappelé en 1348 comme mort, possessionné à Charry et ayant laissé des hoirs.

ETIENNE DE CHARRY, damoiseau, cède en échange, 1316, un pré sous le moulin de Charry, la justice réservée, et reçoit terres à Précy (c^ne Bona) ; son frère Guill^e lui donne, 1323, à charge de l'entretenir, la motte, terres, justice de Huez ; cet Etienne est m^t av. 1348 et sa part de Charry est alors à son fils Guillemin, qui tient en fief de Jean DE CHARRY, écr. L'aveu pour Charry, de 1348, mentionne aussi Thomas, frère de f. Etienne, et Guyot, comme ayant des parts de cette sgrie dont Huet, écr, est sgr en p^ie en 1398.

Un JEAN DE CHARRY, écr, fait hmage 1322 p. dîmes de Perreuse, que tient en 1348 Thévenin de Ch. et Erard Morelet, mari de Jeanne de Charry.

On trouve près Beaumont-Sardolles : ETIENNE DE CHARRY, écr, dénombre la Cave et Marcilly (c^ne Beaumont-S.) 1356 ; Huguenin, id. 1386, père de : Charles, écr, sgr de Marcilly, dont aveu 1410 et à cause de quoi il reçoit dénombr^t 1416, avoue dîmes de Matonges et Reugny 1416, dit sgr d'Aiguilly (c^ne Alluy) 1428-40 (sa sœur Jeanne dénombre la Cave 1428), il épousa av. 1410 Jeanne du Gué, dont probabl^t : Pierre, écr, sgr d'Aiguilly, m^t av. 1482, laissant d'Urbine DE LA PERRIÈRE (*) : 1° Philibert, est au c^nt maage 1482 de sa sœur Marie avec Jean Tropfeurs, écr ; 2° Hélion, écr, sgr du Gué (pr. Montigny-s.-Canne) et d'Aubigny-le-Chétif (c^on Decize), y baille 1486, donne 1516 à son fils naturel légitimé : Pierre, sgr du Gué et d'Aubigny, m^t av. 1519, qui de Fr^se des Préaux eut : 1° Jean, prêtre 1537 ; 2° Pierre, sgr d'Aubigny, dont hmage 1540 ; 3° Fr^s, sgr d'Aubigny, ép^n av. 1547 Péronne de Calimus, dame de Montsauche (**) ; 4° Anne, veuve 1537 de Cl. Chambon.

I. — HUGUET DE CHARRY, damoiseau, sgr de Charry en p^ie, cité 1316 dans échange à Charry « juxta pratum Huguetti de Charriaco », et comme mort dans le dénombr^t de 1348, eut pour fils : 1° Guill^e, qui suit ; 2° Guyot, tuteur des mineurs de son frère Guill^e 1388 ; 3° Guillemin, cité comme oncle de ceux-ci 1388 et m^t av. 1398, que ses biens à Charry sont passés à Jean, son neveu.

II. — GUILLAUME DE CHARRY, damoiseau, sgr de Charry en p^ie, avoue 1365 des terres devant l'église de Huez, avec 1/2 de la justice, venant de son père ; m^t av. 1388, que ses fils font accord pour douaire de sa veuve Agnès de Frétoy (2), alors remariée à Guill^e d'Arcy, écr, qui sont : 1° Jean, qui suit ; 2° Huguenin, encore mineur 1388 ; 3° Marg^te ; 4° Jeannette.

dessus, qui eurent chacune 1/2 du droit de pontenage de Nevers vendu 1310 aux échevins. Thévenet DE CHAZAULT, écr, est mari 1346 d'une LAMOIGNON de Pomay. Guill^e et Jean, écrs, ont pour fils, en 1374, deux Jean, dont l'un m^t av. 1388 avait épousé Alips de St-Gratien (***), dame de Lancray (c^ne Montigny-s.-Canne), que leur fille Marg^te porta 1379 à Guill^e DE REUGNY, avec leq. son beau-frère Jeannet DE CH., écr, fait échange de serfs 1388 ; ce dernier ép^n Alixant de Billy, dame de Verou, qui, veuve 1399, fait hmage à Chât.-Chinon, ayant pour enf. mineurs Gibaut et Jeanne, qui ép^n Jean

d'Avril, écr ; ce Gibaud paraît père d'Alixand, dit de Guipy, écr, 1469. L'autre Jean DE CHAZALAND, écr, possessionné en chât^ie Decize, fut père de Jean, qui paye un remeré 1442 et est à la montre du ban Niv. 1469.

Sources : Inv. de Marolles. — Arch. chât. du Tremblay. — Arch. nat. P, 4693. — Arch. Niév. E.

Eteints.

(2) DE FRÉTOY. — *Du Morvand.* — Prennent leur nom (****) du fief de Frétoy (c^on Chât.-Chinon). Humbert DE FRÉTOY, écr, vivait au comm^t du XIVe s.;

(*) Nous rappelons que les noms en capitales sont l'objet d'une généalogie spéciale, et ceux en italiques, d'une notice.

(**) Il est possible que des CHARRY (sans particule) qu'on trouve dans le Morvand au XVIIe s. descendent de ce Fr^s.

(***) DE St-GRATIEN. — Prennent leur nom d'un fief canton de Fours. Chevaliers au XIIIe s. — Geoffroy DE St-GRATIEN, chlr, sgr de St-Gratien, Lancray (c^ne Montigny-Canne), Fourcon (chât^ie Cercy), Murgers (id.), Taignières, en fait hmage 1296. Huet, damoiseau, sgr de St-Gratien, dont hmage 1338, reçoit aveus 1328-54. Guyot, écr, sgr de Malvoisine (pr. Montigny) et la Perrière (c^ne Frasnay-Ravier) reçoit aveus 1331-48. Hugues, écr, 1354. Guillaume, écr, sgr de Pouligny en p^ie 1369. Huguenin, écr, sgr St-Gratien en p^ie 1380-86, sa veuve Marie de Marry dénombre 1392, et Hugues 1406-14. Alips, dame de Lancray, ci-dessus, en fait hmage 1383. Et Alexandre, écr, sgr de St-Gratien en p^ie, dont hmage 1430, acte jusqu'à 1459. —— *Sources :* D. Villevieille, 81, 50 et 58. — Inv. de Marolles. — Arch. chât. Vandenesse. — D. Caffiaux, 1234. *Eteints.*

(****) Qui s'est écrit : de Fertoué, de Fretay et de Frétoy. Quelques membres s'appelèrent « de Ronneau » (s. doute Rhonon, c^ne Corancy); Jean de Raonneaul est dit *frère* d'Hugues DE FRÉTOY 1354 ; Huguenin de Ronneaulx vend un pré à Corancy 1409. (Arch. nat. P. 138.)

III. — Jean de CHARRY, écr, sgr de Charry et Huez en p^ie, né av. 1363, obtient sentence au baage St-Pierre 1397, échange à Charry 1402, y achète avec son fils Colas 1448, a les 3/4 de sgrie de Huez par partage 1403 avec les Loyseaul, transige 1408 avec Charles DE CHARRY, sgr d'Aiguilly, son cousin, donne Charry à son fils 1440, épousa av. 1402 Agnès, fille d'Hugues Tixier, de Châtillon, dont il eut :

IV. — Colas de CHARRY, écr, sgr de Charry, Huez et Précy (c^ne Bona), brigandinier au ban Niv. 1469, achète à Charry 1443, y baille 1451-64 et à Huez 1448 et à Précy (c^ne Bona) 1481, donne dénombr^t à Jailly 1448, m^t 1482, sa veuve affranchit serfs à Charry 1485, ép^a 21 janv. 1440 Agnès DU VERNE, fille de Philibert, sgr de Marancy, et d'Annette du Jardin, dont : 1° Jean, prêtre, licencié en décret 1483, rel. à abb. St-Martin Nev. 1490 ; 2° Pierre, qui suit ; 3° Louis, écr, sgr de Couëron (c^ne Thaix), Vendonne (c^ne Cercy), Isenay en p^ie (c^on Moul.-Engilbert) et Arbourse (c^on Prémery), acte avec frères 1483-93, fait accord p. mouvance de Couëron, relev^t de Verou et Thaix 1515, et reçoit même an lettres-terrier p. Couëron, dénombre Vendonne 1526, accorde 1532, ép^a av. 1515 Catherine de Vendonne (*), fille de Pierre, sgr de Couëron, dont : a, Martin, écr, sgr de Couëron, Vendonne, Isenay et Arbourse, achète à Verou et Chaumigny 1540, fait hmage p. Arbourse 1540, m^t av. 1555, eut de Geneviève Leroy : a', Philippe, sgr d'id., m^t sans posté. av. 1584, et ses 4 sgries passent à son cousin F. de Rolland ; b, Jeanne, ép^a av. 1535 Melchior DE ROLLAND, écr, sgr du Coudray ; 4° Catherine, ép^a v. 1477 Marc des Paillards (3), écr, sgr de Fourviel.

son fils, Humbert, fait aveu à Chât.-Chinon 1350 et 58 pour Frétoy en p^ie et biens à Planchez (c^on Montsauche). En 1354, Colette de Moloise, veuve d'Hugues de F., écr, paie et pour Frétoy en p^ie. Hugues, éteint pour sœur Agnès DE FRÉTOY, veuve 1388 de Guill^o DE CHARRY, ci-dessus, et alors remariée à Guill^e d'Arcy. Simon, échange par^sse St Léger-du-Fougeret, 1398. Jean, fait hmage p. biens à Frétoy et à Quincize (c^ine Poussignol) 1396, paraît père ou aïeul de :

Guillaume de FRÉTOY, écr, « sire de Quensise en la paroiche de Belisme », qui baille à Chenizot (c^ne Chougny) 1449-82, sert au ban Niv. 1467, fait hmage p. Quincize 1457 et y affranchit serfs 1462, épousa av. 1449 Philiberte DU VERNE, fille de Jean, sgr de Cuy, dont :

Jean, écr, sgr de Quincize et la Boube en p^ie (c^ne Rouy), fait accord avec curé Corvol-l'Org 1490, m^t 1495, eut de Jeanne de Chassigny : 1° Eugénie, dame de la Boube, ép^a 1488 Pierre Gibaut des ULMES, écr, sgr de

Trougny ; elle partage Quincize 1536 avec le fils de Marg^te ; 2° Marg^te, dame de Quincize en p^ie, ép^a Guill^e de Champs, écr, sgr de Pesselières ; 3° Esmée, fme de Jean du Réau, écr ; les trois sœurs partagent 1496.

Sources : Béthencourt. — Arch. nat. P. 138. — D. Villevieille, 41 et 90. — Arch. chât. de Quincize, le Veuillin et Fertot.

Éteints.

(3) DES PAILLARDS. — De Nivernois. — N'ont aucun rapport avec leurs homonymes de Bourgogne du XVe s. (**). Sont originaires du St-Benin-des-Bois, où l'on trouve un hmage 1326 pour « la maison des Paillards ». Ils furent verriers. Regnault DES PAILLARDS, m^t av. 1456, possédait cette maison des Paillards, dites des Charmes, avec Etienne et Gibaut, qui en font hmage 1456 ; ce Gibaut a le Four-des-Verres, par^se St-Benin, et la maison des Paillards, 1464. Grégoire DES PAILLARDS fait hmage p. Giverdy (c^ne Ste-Marie) 1443, et Guill^e p. les Charmes (c^ne S^t-

(*) DE VENDONNE. — Un membre d'une famille inconnue prit, au XVe s. le nom de ce fief (c^ne Cercy-la-Tour). Henri DE VENDONNE, écr, en est sgr 1449-63, eut de Macée d'Arbourse : Pierre, Guyot et Elyacin qui font partage de biens à Saizy (c^ne Montaron) 1468 ; Guyot est h^me d'armes au ban Niv. 1467, témoin à Cercy 1470, et Elyncin, écr, sgr d'Isenay en p^ie, reçoit dénombr^t à la Brossière (c^ne Isenay) 1480 et avoue Vendonne 1501 ; leur frère aîné Pierre de VENDONNE, écr, sgr d e Couëron en p^ie (c^ne Thaix), en fit aveu 1496, eut : 1° Elyacin, prêtre, sgr d'Isenay p^ie, 1514-45, qu'il donne à sa sœur ; 2° Catherine, dame de Couëron, Isenay p^ie, Vendonne, Arbourse, fme av. 1515 de Louis DE CHARRY, ci-dessus. (Arch. chât. Vandenesse et Devay.)

Éteints.

(**) Les PAILLART, famille marquante de Bourgogne, ont donné Miles de Paillart, chlr, sgr de Meursault, conser et chambellan du duc, qui le fit gouvern^r de Nivernois 1425 ; il fut aussi chamb^n du c^te Nev. et bailli de Nivern. 1430-56, et sgr de Beaudéduit (c^ne Champvert) et de Ste Péreuse (c^on Chât-Chinon) 1426 ; cette dernière sgrie devait lui venir de son père, chancelier de Philippe-le-Hardi, qui acquit des Mello, dans le comté de Ch.-Chinon, av. 1379 ; on trouve en 1443 un marché de réparations pour son « ostel de Beaudéduit ». — Le sceau à l'étoile à 6 rais, de 1582, décrit par Marolles, est bien celui des Paillart de Bgogne, alors éteints depuis un siècle, ce qui prouve une prétention des DES PAILLARTS, un rattachement que les auteurs modernes ont accueilli légèrement ; d'autre part, la croix ancrée gravée à Giverdy, qu'indique l'Armorial de 1879, dénoterait la pensée d'une communauté d'origine avec les Paillard, alliés à l'évêque Philippe de Moulins, et qui, ceux-là, étaient d'Auxerre. Cet écu à la croix ancrée seule n'aurait-il pas été gravé sur le chât. de Giverdy beaucoup plus tard, alors que les Charry en furent devenus sgrs ? Dans tous les cas, G. des Paillards, de Luthenay, se sert en 1722 d'un cachet parti de l'étoile et de la demi-croix.

V. — Pierre de CHARRY, écr, sgr de Charry, Huez, Précy, dont hmage 1464 et 84, la Roche (c^ne Prémery), qu'il acquiert 1486 avec Sangué (c^ne Lurcy), et la Ronde (chât^ie Montenoison), valet de la c^tesse Nev. 1464-98, reçoit don du c^te 1486, obtient lettres-gardiennes pour ses terres 1484, affranchit serfs à Huez 1489 et y baille, achète en par^se St-Benin-Bois 1491, achète Bona (c^on St-Saulge) et Marancy-en p^ie (c^ne Bona) 1494, dispensé du ban 1498, ép^n 9 déc. 1480 Claude *du Chastel*, fille de Berthier, sgr de Villiers-Sec et de J^ne Quarré, dont : 1° Pierre, suit ; 2° sans doute Philibert, religieux de St-Laurent-l'Abbaye 1530.

VI. — Pierre de CHARRY, écr, sgr d'*id.* et de Bona et Marancy en p^ie, capit. du chât. de Cosne 1549, m^tre d'hôtel du duc Nev. 1562, échange pr. Huez 1511, baille à Charry 1530-54, fait hmage p. Huez 1532, teste et m^t 1563, ép^n 1° Claude d'Aglan, 2° 1522 Marg^te Leroy, 3° v. 1540 Marie *de Lanty*, eut du 1er lit : 1° Guill^e achète 1530, m^t célib. av. 1563 ; et du 2e, 2° Fr^s, suit ; 3° Pierre, écr, sgr de Huez et la Roche, au test^t de père 1563, baille 1569, m^t av. 1572 sans posté ; 4° Pierre le jeune, prieur de Mazille 1555 ; 5° Anne, ép^n 1562 Annibal *de Salazart*, écr, sgr b^on d'Asnois (*).

Benin) 1464, et sert au ban Niv. 1467-69. On trouve dans cette par^se de St-Benin-d.-Bois: Edme, 1459; Jean, 1469, dont la veuve baille à St-Benin 1482 ; Jean, aumônier de la c^tesse Nev. 1477-87, qui baille au Four-Viel (c^ne St-Benin) 1499 et est frère de Marc, écr, sgr de Four-Viel, qui y vend 1487, y baille 1495, marié 1477 à Catherine de CHARRY, ci-dessus, sans posté.

Esme, né v. 1481, est sgr de Ratilly (c^ne St-Benin-d.-Bois) 1537-55, eut pour fils ou frère : Guill^n, écr, sgr de Ratilly, m^t av. 1550, que sa veuve Marthe de Champfremeux vend avec ses enfants 2/3 de la Varenne (c^ne Jailly), eut : 1° Pierre, suit ; 2° Jacques, écr, co-sgr de Ratilly 1572, qu'il dénombre 1582, h^me d'armes 1557, épousa Perronnelle de la Porte, héritière de Servandey 1586 ; 3° Fr^se.

Pierre, écr, sgr de Ratilly 1563-74, racheta la Varenne en p^ie, eut de Blanche *de Bongards*, fille de Gabriel, sgr de Courtois : 1° Fr^s, qui, avec son frère Adrien, reçoit 1563 lettres de grâce pour meurtre du sgr de St-Benin ; 2° Adrien, écr, sgr de Ratilly 1582-1626 et des Pierrots (c^ne Nolay), qu'il a au partage 1602 avec les Bongards ; 3° Esme, écr, sgr de Ratilly 1584-1607, mari d'Anne de Poligny ; 4° Esmée, ép^n 1° Charles de la Porte, sgr de Servandey, 2° 1584 Jean de COURVOL, écr, sgr de Montas ; 5° Charlotte, dame de Ratilly 1592-1608, fme de Nicolas *de Pillemier*, écr.

Deux des Paillards, sgrs de Giverdy, m^t av. 1594, ont laissé Grégoire et Charles, cousins g^ins, qui transigent 1494 avec habitants de Giverdy. Grégoire, écr, sgr de Giverdy 1494-1527, crée rente sur Giverdy 1527 et en vend les 3/4 justice avec son fils Charles, mari de Jeanne d'Ardanne; ce Grégoire paraît frère d'Antoine, écr, sgr de Giverdy p^ie, m^t av. 1525, que sa veuve Marg^te Taupin reçoit reconn^e par^se St-Benin avec ses

fils : 1° Jean ; 2° Emery, écr, sgr de Giverdy p^ie 1525-44, y baille 1535 ; 3° Pierre, co-sgr Giverdy, qui échange à Chevannes-Gazeux avec ses deux frères 1525.

Charles, écr, sgr de 1/8 de Giverdy 1516-35 accorde droits d'usage pr. Diennes 1516, y baille 1523, ép^n av. 1516 Jeanne LE TORT, dame du Mont-de-Diennes, fille de Guyot, sgr de Champcourt, dont : Jacques, sgr de Valigny-le-Monial 1555 ; Claudine, dame d'Achun en p^ie, fme de Gabriel *de Champrobert*, écr ; et Jean, sgr de Giverdy p^ie et du Mont-de-Diennes 1548-55, sans doute aïeul de : 1° Charles, écr, sgr de Giverdy et du Chambon (pr. Cronat) 1626-33, eut de Louise LE TORT, fille de Charles, sgr du Chambon : Jeanne, fme av. 1635 de Jean *de Moncorps*, écr, sgr de Chéry ; 2° Fr^s, écr, sgr de Giverdy p^ie et de Bussières-sous-Thianges (c^ne Champvert) 1608-19, qui de Barbe de Villeneuve eut : Louis, écr, sgr de Bussières 1642-52, eut de Fr^se *de Varigny*, fille de Pierre, sgr du Chemin : Paul, sgr de Bussières, m^t av. 1674, ép^n 1671 Jeanne de Mauroy, sans posté., et Claude, écr, co-sgr de Bussières 1666-71, père de Gaspard, curé de Luthenay 1716-22, de Marg^te, qui ép^n 1690 Jean de Houx (verriers de Giverdy), et de Jeanne-Etiennette, dont le mari P. Vaucourt, chirurgien, eut Bussières à la mort de J^ne de Mauroy 1705.

On trouve encore: Jean des Paillards, écr, sgr de Marquereau (c^ue Limanton) 1500, eut de M^ie *Jacquinet*: Jean, achète à Palluau (c^ne Brinay) 1520 et à Villapourçon, ép^n 1514 *Barbe de Baudoin*, dame de Palluau, dont: Jean, m^tre de la verrerie de Faulin (c^ne St-Léger-Fougé^t) 1566, baille à Villapourçon 1564. Catherine, sœur de Claude, dem^t à Romenay 1578, fit hmage de dîmes à Bernay (c^ne Brinay) 1567, fme de Gilles *de Boisthierry*, écr, sgr de Marquereau. — Hector, sgr

(*) Les historiens et généalogistes de la fin du XVIIe s. attribuent à tort à cette famille un Jacques DE CHARRY, 1er mestre de camp des gardes de Charles IX, qui se distingua en Italie et au siège du Havre, et fut assassiné à Paris en 1563 à l'instigation de d'Andelot-Châtillon. Ce Charry appartient à une famille originaire de ce lieu, en Quercy (c^ne Montcuq, Lot) ; il avait 3 frères, dont 2 tués en Italie sous Montluc et Brissac ; sa mère, Peyrone de Gaulier-Labastide (de Rouergue) donna procuration à Antoine de Charry son fils, pard^t notre, à Montcuq 28 mai 1565, pour poursuivre le payement de 15000 liv. d'indemnité accordées par arrêt du Parl^t pour le meurtre de leur fils et frère. Le prénom du célèbre Charry était Laurent et non Jacques. Aucune pièce *nivernaise* du temps ne fait d'ailleurs mention de lui. (Archiv. du Lot.)

VII. — FRANÇOIS DE CHARRY, écr, sgr d'*id.*, capit. de Cosne par comm⁰ⁿ 1550, et de St-Saulge, mᵗʳᵉ d'hôtel du duc Nev., mᵗ 1571, sa veuve fait hmage 1575 p. la Roche (à l'évêque), et Bona, Précy, Marancy et la Ronde (au duc) venant à ses enfants de succⁿˢ pat. et de Pierre, oncle ; épⁿ 20 mai 1549 Jeanne DE MAUMIGNY, fille d'Antoine, sgr de la Boue et de Cl. de Lamoignon, dont : 1° Frˢ, suit ; 2° Jacques, prieur de Mazille et St-Sulpice-Châtel 1571-90 ; 3° Gilles, écr, sgr de la Roche, la Motte-de-Huez, la Maisonfort, est à actes de famille 1581-84, épⁿ 1580 Madeleine *de Villaines* (Bourbᵃⁱˢ), dont : *a*, Jacques, chlr, sgr d'*id.*, lieutᵗ-gouvernʳ de La Charité 1607, plaide avec sgr de Lathenon 1618, assiste à maages famille 1609 et 19, mᵗ av. 1623, épⁿ 26 mai 1607 Claudine Raquin des Gouttes, fille d'Ant., sgr des Gouttes (Bourbᵃⁱˢ) et cousine gⁿᵉ de Philippe, grᵈ prieur d'Auvergne, amiral ; sa veuve vendit 1623 tous biens Niv. et sa posté. se fixa en Bourbⁿᵒⁱˢ, où elle s'allia aux du Buisson, de Menou, de Luppé, etc., et donna des capit. de vaisseau, des gentilshᵉˢ chʳᵉ roi, un chef d'escadre, mⁱˢ des Gouttes, et s'éteignit fin du XVIIIᵉ s. ; 4° Robert, minʳ 1575, mᵗ av. 1582 ; 5° Marie et Geneviève.

VIII. — FRANÇOIS DE CHARRY, écr, sgr d'*id.* et de la Bretonnière (cⁿᵉ Bona), et de Giverdy en pⁱᵉ (cⁿᵉ Stᵉ-Marie), qu'il achète 1600 et dénombre 1602, exécuteur testʳᵉ de Jⁿᵉ de Clèves 1603, fait hmage p. Bona, Précy, Marancy, la Ronde 1575 et p. 3/4 Huez 1602, mᵗ av. 1622, épⁿ 21 oct. 1584 Anne DE LA FERTÉ-MEUNG, fille de Charles, sgr de Dois, et de Gabr. de la Bussière, dont : 1° Jean, suit ; 2° Hugues, prieur de St-Sulpice-Chᵉˡ, mᵗ 1642 ; 3° Frˢ, suivra ; 4° Paul, suivra ; 5° Arnaut, écr, sgr de Précy et Septvoies (cⁿᵉ St-Firmin) qu'il a au partage 1622, maintenu avec frères 1635, plaide à Précy 1650, mᵗ 1664, épⁿ 28 sept. 1633 Frˢᵉ DE ROLLAND, fille de Jacques, sgr de Couëron, dont : *a*, Eustache, écr, sgr de Septvoies, reçoit lettres bénéf. d'âge 1664, tué à Nev. 1670 sans posté., épⁿ 19 juil. 1670 Margᵗᵉ DE GIRARD, fille de Paul, sgr de Boisjardin ; *b*, Adrien, écr, sgr de Précy, puis de Septvoies, obtient 1675 lettres rescision de partage pat. et sentence 1688, eut de Margᵗᵉ Guillouet : Frˢ, né 1669, mᵗ apr. 1688 sans posté., et d'autres mᵗˢ jeunes ; *c*, Anne, célib. 1677 ; *d*, Frˢᵉ, célib. 1671-88.

IX. — JEAN DE CHARRY, écr, sgr de Huez qu'il reçoit au partage 1622, mᵗ av. 1635, eut de Suzanne d'Aspremont : 1° Samuel, suit ; 2°, 3° Paul, Arnaut, mᵗˢ jeunes ; 4° Anne, ursuline professe à Corbigny 1637.

X. — SAMUEL DE CHARRY, chlr, sgr de Huez et du Puis-en-Puisaye (pˢᵉ Faverelle), chevau-léger 1643, capit. régᵗ de Cussigny 1644, a certif. de 20 ans de service 1689, eut de Jeanne du Puis (Puisaye), dame du Puis et Leguy : 1° trois fils mᵗˢ jeunes ; 2° Gabriel, prêtre, curé de Huez 1707-18 ; 3° Marie, dame de Huez, épⁿ 1678 Hubert *de Chabannes* (4), chlr, sgr de Vergers.

d'Assars (cⁿᵉ Laché) 1607, eut de Jeanne *d'Angeliers* : Esmée, épⁿ 1619 Jean *de Verdigny*, écr. — Enfin, Charles, verrier à Giverdy, eut de Nicole *de Ponard* : Léonard, né à Giverdy 1633, et Mⁱᵉ, épⁿ av. 1660 Honoré *de Borniol*, écr, verrier au Chambon.

Armes : D'argent, à la croix ancrée de sable. *Al.* : D'argent, à l'étoile à six rais, accostée d'une demi-croix ancrée, le tout de sable ?

Sources : Inv. de Marolles. — Arch. chât. Vandenesse, Poiseux, Devay. — Arch. Nièv. E et B. — Min. notʳᵉˢ Moul.-Engilbert et la Nocle. — D. Caffiaux 1234. — Reg. parois. St-Benin-des-Bois, Giverdy-Stᵉ-Marie, Thianges, Decize, Lichy, Champvert.

Eteints.

(4) DE CHABANNES. — *De Limousin.* — La maison de Chabannes descendrait des cᵗᵉˢ d'Angoulême ; les DE MATHAS devinrent, au XIIᵉ s., sires de Chabannais

ou Chabannes, et fixèrent ce dernier nom ; ils passèrent à Charlus, en Limousin, puis en Auvergne et Bourbonnais. Les grandes charges de cette maison sont trop connues pour les rappeler ici.

Ce n'est qu'à la fin du XVIᵉ s. qu'une branche vint s'établir en Nivernois (*), mais auparavant, quelques personnages y furent passagèrement possessionnés :

ANTOINE DE CHABANNES (fils puiné de Robert, sgr de Charlus), cᵗᵉ de Dammartin, grand-maître de Fr., gouvʳ de Paris, etc., ayant épousé 1439 Margᵗᵉ de Nanteuil (héritière en pⁱᵉ de Charles DE LA RIVIÈRE, par les Châtillon-Dampierre), devint sgr de Marcy (cᵉⁿ Varzy), dont hmages 1440, 47 et 66, et de Corvol-Dambernard en pⁱᵉ (cᵒⁿ Brinon) dans la mouvance duquel il reçoit aveus 1471-80, en fait hmage 1481, en démembre la moyenne just. de St-Gremange (cⁿᵉ Pazy) 1488, avait biens à Latrault (cⁿᵉ Breugnon), où il baille

(*) Le cadre de cet ouvrage (voir le sous-titre, p. 369) ne comporte que les généalogies des familles de gentilshᵉˢ fixées *en Nivernois* avant 1560 ; les autres familles n'ont que des notices d'alliance.

62

IX. — François DE CHARRY (3° fils de Frs et d'Anne de la Ferté), écr, sgr de Giverdy en pie par partage patel 1622 et par achat du reste 1639, maintenu avec frères au régalement tailles 1635, est à tutelle de la Ferté 1639, mt av. 1642, sa veuve dénombre Giverdy 1646, épn 21 sept. 1618 Jeanne *de Mathieu*, fille de Robert, sgr de la Vallée et de Cath. de Reugny, dont : 1° Frs, suit ; 2° Claude, chlr, co-sgr de Giverdy 1663, capit. régt de Bgogne 1658, épn 1e Eléonore DE CHARGÈRES, 2° 26 juil. 1670 Gabrielle DE GIRARD, dame de Neuilly, fille de Paul, eut du 1ar lit : *a*, Anne, épn 1682 Frs DU VERNE, écr, sgr de la Chaume, et du 2e : *b*, Pierre, chlr, sgr de Giverdy et Neuilly (cne Brinon), sert au ban Niv. 1697, mt 1709, épn 1694 Catherine Picquet (de Nannay), dont des enfts mts jeunes ; 3° Laurent, chlr, sgr de la Motte-de-Giverdy 1671, y achète et en fait hmage 1684 et y vend 1700, épn 28 oct. 1664 Anne DE GIRARD, fille de Paul, sgr de Boisjardin, dont : *a*, Paul, chlr, sgr de Giverdy pie 1720-23, mt 1732, épn 1715 Catherine Tricaud (Lyon), dont : *a'*, Paul, lieut. régt de Lyonnais 1746, célib. ; *b'*, Louise, épn 1746 Pierre Caron, notre Nev. ; *c'*, Anne-Nicole, reçue à St-Cyr 1736 ; *b*, Gabrielle, née 1672, mte 1756 célib. ; 4° Jeanne, 1666-71 célib.

X. — François DE CHARRY, écr, sgr de Giverdy, dont hmage 1645 et 63, capit. régt de Bourgogne, donataire de sa tante Jeanne 1648, partage avec frères 1662, un des champions du duel Poiseux 1651, épn 22 nov. 1648 Jeanne DU VERNE, fille d'Edme, sgr de Ratilly et de Mie de Pillemiers, dont : 1° Paul, suit ; 2° Laurent, garde-marine, vend à Giverdy 1682, tué aux Indes 1690 ; 3° Marie, 1668-82, célib. ; 4° Frço, célib.

XI. — Paul DE CHARRY, chlr, sgr de Giverdy et Fourviel (cne St-Benin-Bois), mousquetaire, puis lieut. de fusiliers, maréchal des logis et commro du ban Niv., obtient lettres rescission 1682 contre son acceptation succon pat., vend à Giverdy 1683, à Fourviel 1701, mt 1719, épn 30 janv. 1677 Anne *de Bonin*, fille de Balthasar, sgr de Fourviel, dont : 1° Paul, suit ; 2° Frs, garde-

1473-80, à Chivres (cne Courcelles), Michaugues, la Rivière-les-Champallement, à Arquian 1487, puis à Bitry et Dampierre-s.-Bouhy qu'il donne 1478 au chapitre St-Fargeau ; en 1453, il se fait donner St-Fargeau avec la baronnie de Perreuse et la plus grande partie de la Puisaye nivernaise, mouvant de Donzy, confisqués sur Jacques Cœur, fait hmage à Donzy 1456, 66 et 76 p. Perreuse, la Coudre et Lavau ; mourut 1488 ; parmi ses enfants : Jean, suit ; Hélène, bâtarde, épousa 1° Pierre DE CHAMPDIOU, 2° 1490 Jacques DE VEILHAN.

JEAN, cte de Dammartin, chambn du roi 1485, reçut de son père moitié de Corvol, dont hmage 1464 et pour le tout 1489 et 98, est aussi sgr de Perreuse et de Marcy 1501, reçoit hmages 1496, 98 et 1501 à cause Corvol qu'il vend 1503 à J. de la Rivière, vend Chivres et biens à la Chapelle-St-André 1499 et la Rivière-les-Champallement, mt 1503, épn 2° Suzanne de Bourbon-Roussillon, dont : Antoinette, eut au partage 1506 les terres de Puisaye avec la baronnie de Perreuse (*) et Marcy, épn René d'Anjou, bon de Mézière n-Brenne,

grd-maître de l'artillerie, avec lequel elle rachète une rente à Arquian 1506, et vend Marcy 1511 à son beau-frère J. de la Trémoïlle.

GEOFFROY DE CHABANNES, chlr, sgr de Charlus (neveu d'Antoine), acheta 1488 de son parent, J. de Beaufort-Canillac, les sgries de Vandenesse (cn Moul.-Engilbert), Nourry (cne Vandenesse) et Pouligny (cne Montaron), qui passèrent à ses deux fils, Jacques et Jean ; ce dernier, connu sous le nom de « Vandenesse », fameux capitaine des guerres d'Italie, le héros d'Agnadel 1509, tué à Romagnano 1524, dénombre Vandenesse 1504 ; y accorde des droits d'usage, y affranchit des serfs 1514 ; son frère JACQUES, sgr de la Palisse, maréchal de Fr., est co-sgr de Vandenesse 1515 et seul sgr après la mort de Jean ; il fut tué à Pavie 1525, laissant de Marie de Melun : Charles, sgr de Vandenesse, Nourry et Pouligny 1543, mort à Metz 1552, ayant eu de Cath. de la Rochefoucauld, entre autres : Léonarde, fme de Phil♱ de la Guiche, d'abord dame de Vandenesse, baille à Nourry 1572, puis à la fin de cette année, les trois sgries passent à sa sœur Suzanne DE CHABANNES qui avait

(*) La baronnie de Perreuse (cun de St-Sauveur) étant un fief relevant de Nivernois à cause de Donzy, voici la suite de ses sgrs : René d'Anjou mourut 1521 ; son fils Nicolas épa 1541 Gabrielle de Mareuil, dont une fille unique Renée d'Anjou porta Perreuse 1566 à Frs de Bourbon, duc de Montpensier, père d'Henri, qui de Catherine de Joyeuse, eut Marie, mariée 1626 à Gaston d'Orléans, d'où : Mlle-Lse d'Orléans, dite la Grande-Mademoiselle, baronne de Perreuse qu'elle donna par testament 1685 à Antoine de Caumont, duc de Lauzun, qui vendit 1714 à Antoine Crozat, financier ; l'année suivante la baronnie fut acquise par Michel-Robert Le Peletier des Forts, contrôleur génal, mt 1740, ayant de Lse de Lamoignon-Basville : Anne-Le Michel, présidt à mortier 1764, dont le fils Louis-Michel Le Peletier-St-Fargeau, baron de Perreuse, est le conventionnel assassiné par Pâris 1793. — Avant Antoine de Chabannes, Perreuse était à Jacques Cœur, qui l'avait acquise 1450 des de Montferrat, neveux des ducs de Bar auxquels elle avait été apportée au XIIIe s. par l'héritière de la maison de Toucy.

du-corps, tué à Oudenarde 1708 ; 3° Pierre, garde-marine, tué sur mer 1709 ; 4° Margᵗᵉ, célib. 1711.

XII. — Paul de CHARRY, chlr, sgr de Fourviel, dont hmage 1756, vend à Giverdy 1728 et en parˢᵉ Sᵗ-Benin 1718-20, y perd procès 1762, mᵗ 1768, épⁿ 1° 29 avril 1709 Bonne-Frˢᵉ de BERTHIER, fille de Laurent, sgr du Veuillin, 2° Cath. Tricaud, veuve de Paul de Charry-Giverdy, 3° Margᵗᵉ de LICHY, fille d'Eustache, eut du 1ᵉʳ lit : 1° Jacques, sgr de Fourviel, officier des chasses du roi, refait terrier de Fourviel 1757, épⁿ 1° Mⁱᵉ-Frˢᵉ Jullien, 2° 1764 Frˢᵉ Pichon-Girard,

épousé 1568 Jean *Olivier* (*), chlr, sgr de Leuville — Madeleine de Chabannes, prieure de la Fermeté 1482-1531, était la sœur de Vandenesse.

I. François de CHABANNES (fils de Joachim, cᵗᵉ de Rochefort et de Charlotte de Vienne), cᵗᵉ de Saignes, capit. de 50 hˢ d'armes, chlr de l'ordre, devint par mariage sgr de Vergers (cⁿᵉ Suilly-la-Tour), Champcelée (*id.*), Armes (cᵒⁿ Clamecy), Trucy-l'Org. (*id.*), Chevroches (*id.*), Paroy (cⁿᵉ Oisy), Sᵗᵉ-Colombe (cᵒⁿ Donzy), Acothion (cⁿᵉ Sᵗᵉ-Colombe), la Motte-des-Bois (*id.*), Villaines (cⁿᵉ Pougny), Villiers (cⁿᵉ Sᵗ-Martin-Tronsec), Guichy (cⁿᵉ Nannay), la Forêt-sous-Bouhy (cⁿᵉ Bouhy), la vicomté de Clamecy (v. page 391), chlr de l'ordre, capit. de 50 hᵐᵉˢ d'armes, gentilhᵉ de la chᵇʳᵃ, consᵉʳ privé, fait hmage pour ces sgries 1581, 1598, 1603 et 1608, accorde droits d'usage à Sᵗᵉ-Colombe 1586, vend à habᵗ Clamecy 1598, reçoit reconnⁿᵉ à Trucy 1603, mᵗ à Saignes 1609, épousa 18 sept. 1570 Valentine d'ARMES, fille de Frˢ, sgr de Trucy, dont il eut : 1° Frˢ, cᵗᵉ de Saignes, reste en Auvergne ; 2° Joachim, chlr de l'ordre, sgr de Trucy-l'Org. et Sᵗ-Maurice (châtⁱᵉ Corvol-l'Org.) dont hmage 1598, hᵐᵉ d'armes cⁱᵉ duc de Rethélois 1598, mᵗ 1625, épⁿ 13 avr. 1598

Gilberte de Bourbon-Busset, dame de la Motte-Feuilly (Berry), dont des enfⁱˢ, hors du Nivernois ; 3° Jacques, suit ; 4° Edme, capucin, mᵗ apr. 1610 ; 5° Gilberte, épⁿ 1612 Claude de la RIVIÈRE, chlr, sgr de la Rivière-Couloutre.

II. Jacques, chlr de l'ordre 1611, sgr de Vergers, Sᵗᵉ-Colombe, Champcelée, la Motte-des-Bois, Acothion, Villiers, acte à Vergers 1602-20, partage avec frères 1610, est saisi féodalᵗ 1613, acte en Berry 1612-22, mᵗ av. 1636, sa veuve à souffrance p. hmage Vergers et Sᵗᵉ-Colombe 1640. épⁿ 3 août 1610 Gabrielle *de Babute*, fille de Léonard, sgr de la Bruère (Berry), dont : 1° Frˢ, suit ; 2° Joachim, chlr, sgr de Sᵗᵉ-Colombe, Vergers en pⁱᵉ, Champcelée 1662-84, parrain cloche Sᵗᵉ-Colombe 1666, est aux maages de 1678 et 84, mᵗ 1685 à Vergers, célib. ; 3° Frˢ le jeune, chlr, sgr de Chailloy (cⁿᵉ Suilly-la-Tour), Sᵗᵉ-Colombe, Vergers en pⁱᵉ, Suilly-la-Tour (cᵒⁿ Pouilly), la Magny (cⁿᵉ Suilly), chevau-léger au ban Niv. 1697, baille à Chailloy 1653-85, mᵗ 1711, épⁿ 3 juil. 1684 Antoinette *de Pernay*, fille de Frˢ, sgr de Suilly, dont : Frˢ, Henri, Anne et Frˢᵉ, mᵗˢ jeunes, et Suilly est saisi et vendu 1710 sur ceux encore vivants ; 4° Louis, écr, sgr de Vaux (cⁿᵉ Sᵗᵉ-Colombe)

(*) OLIVIER de LEUVILLE. — Origin. *d'Annis* ; puis à Paris, au Parlᵗ. — François Olivier, sgr de Leuville, chancelier de Fr. en 1545, eut d'Antⁿᵉ de Cerizay : Jean OLIVIER de LEUVILLE, bⁿ du Homet, chlr de l'ordre, gentilhᵉ de la chᵇʳᵒ, mᵗ 1597, épⁿ 1568 Suzanne *de Chabannes*, ci-dessus, dame de Vandenesse, Nourry et Pouligny, à cause de quoi ils reçoivent aveus 1576-81 ; parmi leurs enfⁱˢ : Frˢᵉ OLIVIER eut les biens du Nivernois qu'elle porta 1604 à Pierre *du Bois* (a), chlr, sgr de Fontaines (Touraine). —— *Armes :* D'azur à 6 besants d'or, 3, 2, 1, au chef d'argent chargé d'un lion issant de sable, lampassé et armé de gueules. —— *Sources :* Preuves de Malte, Arsenal, II. — Tessereau, *Grande chancellerie.* — Arch. château Vandenesse.

Éteints.

(a) DU BOIS DE FIENNES. — Origin. *de Paris* ; puis en Touraine. — Ont donné des contrˢ des finances et des mᵗʳᵉˢ d'hôtel du roi, aux XVᵉ et XVIᵉ s. Antoine du Bois, sgr de Fontaines (Touraine) ambassadeur en Flandres, eut :

I. Pierre du BOIS de FIENNES, chlr, sgr de Fontaines, gentilhᵉ de la chᵇʳᵉ, dit : marquis de Givry, sgr de Vandenesse, Nourry, Pouligny, Givry (cⁿᵉ Vandenesse) achetᵉ av. 1623, Verou en pⁱᵉ (cⁿᵉ Thaix) 1610, et la Guette (cⁿᵉ Cercy) 1620, fait hmage p. Vandenesse, Nourry et Pouhgny 1604 et 33, reçoit des aveus 1606 et 23, mᵗ 1650, épousa 1604 Frˢᵉ *Olivier*, ci-dessus, dame de Vandenesse, etc., dont : 1° Jean, sgr de Fontaines, épⁿ 1647 Marie *de la Fin*, fille du sgr de la Nocle, dont 3 filles ; 2° Antoine, sgr de Pouligny, enseigne aux gardes-du-corps, tué à Turin 1640, célib. ; 3° Louis, suit.

II. Louis, chlr, mⁱˢ de Vandenesse, Givry, Nourry et Pouligny *érigés* en marquisat par lettres de déc. 1663, bⁿ d'Anizy acheté 1673, sgr de Verou en pⁱᵉ et la Guette, de la Motte-Sciat (cⁿᵒ Vandenesse) acheté 1682, Arcy en pⁱᵉ (cⁿᵉ Limanton), Arcilly (*id.*), Couze (cⁿᵒ Moul.-Engilbert), Chevannes (*id.*), successⁱ acquis, capit. 1646, lieutᵗ génᵃˡ arméeˢ 1657, consᵉʳ d'État 1661 et gr. bailly de Touraine, baille à Givry 1666, reçoit reconnⁿᵉ à Anizy 1677, fait hmage p. Vandenesse, etc. ᵗˢ, mᵗ à Vandenesse 1699, épⁿ 1664 Frˢᵉ Morant, fille de Thoᵐ, mᵗʳᵉ des requêtes, dont : 1° Lˢ-Thomas, reçu à Malte 1687, dit : le bailli de Givry, lieut. génᵃˡ 1734, tué en Piémont 1744 ; 2° Pierre-Frˢ, enseigne des vaisseaux 1700, mᵗ célib.

III. Louis-Thomas du BOIS de FIENNES-OLIVIER (nom de sa grᵈᵐᵉʳᵉ), mⁱˢ de Vandenesse, etc., sgr d'*id.*, lieut. génᵃˡ arméeˢ 1731, tué en Bohême 1742, chlr de Sᵗ-Louis, reçoit reconnⁿᵉ p. Anizy 1707 et en refait terrier 1718, fait hmage 1726 p. Vandenesse, etc., qu'il a eus au partage avec frères, épⁿ 1° 1708 Louise Thomé (Paris), sans postᵉ, 2° 1725 Marie Voysin, fille du chancelier de Fr., dont : 1° Louis, mineur 1743, mᵗ célib. 1750 ; 2° Charlotte-Louise, mⁱˢᵉ de Vandenesse et de toutes les sgries ci-dessus, épⁿ 1745 Charles-Léonard de Baylens, mⁱˢ de Poyane. —— *Armes :* D'or, à trois clous de la Passion de sable, au chef d'azur, chargé de trois aiglettes d'argent. —— *Sources :* Arch. chât. de Vandenesse et du Tremblay. — Cabⁱⁿᵉᵗ Titres, dossier bleu 106. — Originaux colliᵒⁿ de Soultrait, à Soc. Niv. — Arch. Nièv. B. — Lachesnaye-des-Bois. — Reg. parois. Verneuil.

Éteints.

eut du 1ᵉʳ lit : *a*, Jeanne, épᵃ 1777 G.-Joseph *de Pagany* (5), chlr, sgr d'Eugny, et du 2ᵉ : *b*, Adelaïde, reçue à Sᵗ-Cyr 1775, fme de Philᵗ Leblanc ; 2° Frˢᵉ, filleule de Mᵐᵉ de Maintenon, reçue à Sᵗ-Cyr 1724.

IX. — PAUL DE CHARRY (fils de Frˢ et d'A. de la Ferté), écr, sgr de Charry et la Bretonnière, qu'il reçoit au partage 1622, et de Lurcy-le-Bourg (cᵒⁿ Prémery), Boulon (cⁿᵉ Lurcy), Sangaé (*id.*), Maré (*id.*), Lurcy-le-Châtel en pⁱᵉ (*id.*), Villeneuve en pⁱᵉ (*id.*), par héritage 1649 de Léonard de Chéry, dénombre Charry 1639, mᵗ 1658, maintenu avec frères 1635, épⁿ 13 janv. 1619 Madeleine DE CHÉRY, fille de Nicolas, sgr de Mongazon, et de Margᵗᵉ du Lys, dont il eut : 1° Eustache, suit ; 2° Hugues, sgr de Précy, chanoine Nev., prieur de Sᵗ-Sulpice 1660-89 ; 3° Nicole, épⁿ 1661 Frˢ *Le Bault*, écr, sgr de Montjoux.

et Sᵗᵉ-Colombe en pⁱᵉ 1671-83, mˡ 1685, célib.; 5° Claude, bénédictin ; 6° Hugues, mˡ 1658, célib.; 7° Pierre, écr, sgr de Champdoux (cⁿᵉ Sᵗᵉ-Colombe) 1645; 8° quatre filles mˡᵉˢ célib. en : Marie, 1678 ; Antᵗᵗᵉ, 1702 ; Jeanne, 1665 ; et Gabrielle, relig. au Réconfort.

III. Fʀᴀɴçᴏɪѕ, chlr, sgr de Vergers et Sᵗᵉ-Colombe en pⁱᵉ, reçoit 1662 sentence confirmant donⁿ de sa mère, condamné 1667 à payer rente à prieur Bellary, 1681 crée rente sur Vergers, mˡ 1686, épⁿ 12 lévr. 1645 Antoinette Monnot, fille d'André, sgr de Fontaines-en-Brie, dont : 1° Hubert, suit; 2° Gaston-Henri, sgr de Sᵗᵉ-Colombe et Vergers en pⁱᵉ, chlr Malte 1681, mousquetaire, lieutˡ dragons 1690, tue son frère Hubert 1692, ses biens sont vendus 1714, mˡ 1727, épⁿ 3 fév. 1712 Fˢᵉ DE BAR, veuve du sgr de Garchy, sans posté. ; 3° René, mˡ célib. peu après 1686 ; 4° Gabrielle, Elisabeth, Antoinette, bénédictines à Sᵗ-Fargeau, et Marie, mˡᵉ célib. 1669.

IV. Hᴜʙᴇʀᴛ, chlr, sgr de Vergers, Sᵗᵉ-Colombe en pⁱᵉ et Champcelée 1670, lieut. régˡ de Champagne 1675-87, plaide avec le sgr de Tracy 1683, sert au ban Niv. 1689, tué 1692, épᵃ 29 août 1678 Marie de CHARRY, fille de Samuel, sgr de Huez, ci-dessus, dont : 1° Hubert-Gabr.-Edme, reçut de sa grᵈᵉ mère le Puy dont hmaᵍᵉ 1703, mˡ peu après au service ; 2° Paul, suit ; 3° Catherine, Marie et Jeanne, mˡᵉˢ av.1697.

V. Pᴀᴜʟ, chlr, dit : comte DE CHABANNES DU VERGER, sgr de Huez (cⁿᵉ Bona) 1712, Rosemont (cⁿᵉ Luthenay) 1733, Luthenay (cᵒⁿ Sᵗ-Pierre), Vergers et Champcelée qu'il vend, Apiry (cⁿᵉ Ourouër) 1769, le Puy (Gâtinois) qu'il vend 1719, fait hmage p. Huez 1716, y mˡ 1769, épᵃ 1ᵉʳ juil. 1715 Marie *Sallonnier*, fille de Guille, lieutˡ crimᵉˡ Sᵗ-Pierre, sgr de Rosemont, dont : 1° Louis-Jacques, abbé de Launay, vicaire génᵃˡ Nevers 1755-89; 2° Claude-Frˢ, suit ; 3° Guille-Hubert, prêtre, mˡ apr. 1798; 4° Louis-Antoine, vⁱᵒ DE Cʜ., sgr Huez en pⁱᵉ, Apiry, la Montagne en pⁱᵉ (cⁿᵉ Sᵗ-Honoré), capit. régˡ de Lyonnais 1755, chlr Sᵗ-Louis, hérite 1781 de Jⁿ Sallonnier, de la Montagne qu'il vend 1785, à ass. nobl. Nev. 1789, échange avec Cl.-Joachim 1798, mˡ célib.; 5° Gabriel-Jacques, tué en mer 1758; 6° Claude-Joachim, sgr Apiry et Huez en en pⁱᵉ, lieut. d'infⁱᵉ 1747, chlr Sᵗ-Louis, à ass. nobl. Nev. 1789, épⁿ 1790 Mⁱᵉ-Hyacinthe *de Failly*, veuve d'Eustache de Lichy, sans posté. ; 7° Perrette, abbesse de Sᵗ-André-le-Haut 1762.

VI. Cʟᴀᴜᴅᴇ-Fʀᴀɴçᴏɪѕ, dit : mⁱˢ DE Cʜ., sgr de Huez, Rosemont, Luthenay, la Vèvre (cⁿᵉ Luthenay) par succⁱᵒⁿˢ pat. puis mat. partagées avec frères 1788, et Argoulais (cⁿᵉ Sᵗ-Hilaire-Mⁿⁿᵈ), Montbaron (cⁿᵉ Chât.-Chinon) et Montbois (*id.*) par sucⁱᵒⁿ de son cousin Jean Sallonnier 1781, de Cuncy (cⁿᵉ Villiers-s.- Yonne), Creux (*id.*), Chevroches (cᵒⁿ Clamecy), Villiers-s.-Yonne (*id.*) par mariage, reçu à Grᵈᵉ-Ecurie 1737, capit. cavⁱᵉ 1746, quitte 1759, chlr Sᵗ-Louis, fait ériger Argoulais en hⁱᵉ justice 1781, mˡ à Cuncy 1786, épᵃ 26 janv. 1764 Mⁱᵉ-Henriette *Fournier de Quincy*, fille de Jacques-Camille-H., sgr de Cuncy, guillotinée 1794; il eut : 1° Jⁿ-Bᵗᵉ-Mⁱᵉ, suit ; 2° Lˢ-Jacques-Henri, suivra; 3° Henriette-Suzanne, épᵃ 1ᵒ 1795 Joseph-Hⁱ-Camille *Fournier* d'Armes, 2° Eusèbe mⁱˢ de Barbançois; 4° Cécile, emprisonnée 1794; 5° Louise-Suzanne, épⁿ 1803 Guill.-Ant. cᵗᵉ de Sartiges.

VII. Jᴇᴀɴ-Bᵗᵉ-Mᴀʀɪᴇ mⁱˢ DE CHABANNES, titre confirmé par *lettres* enreg. 1820, sgr de Cuncy, Argoulais, Huez, Creux, capit. régˡ de Normandie 1788, à ass. nobl. Nev. 1789, émigra, pair de France 1815, chlr Sᵗ-Louis, inspecᵗʳ génᵃˡ gardes nat. de la Nièvre 1817, mˡ 1850, épⁿ 20 fév. 1787 Cornélie-Zoé de Boisgelin, dont : 1° Eugène-H.-Frˢ, suit; 2° Jeanne-Eugénie, épⁿ 1811 H.-Amable vᵗᵉ de Dreuille; 3° Pauline-Hᵗᵉ, épᵃ 1826 Edouard-Ch. cᵗᵉ de Sᵗ-Phalle.

VIII. Eᴜɢᴇɴᴇ-Hᴇɴʀɪ-Fʀˢ, s.-lieutⁿ des gardes-du-corps, lieut.-colonel 1824, pprᵉ d'Argoulais, mˡ 1877, épⁿ 1819 Gabrielle de la Tour-Vidaud, dont : 1° Gilbert, mˡ 1869 sans posté.; 2° Paul, tué à Sébastopol 1855, célib.; 3° Amable-Mⁱᵉ-Laurent, mˡ 1895, épⁿ 1857 Margᵗᵉ-Lˢᵉ *de Bourbon-Busset*, fille d'Eugène, pprᵉ de Vésigneux, dont : *a*, Eugène, épⁿ 1881 Pauline Langlois de Chevry, dont Henri, Amable, Georges et Margⁱᵉ ; *b*, Joseph, épⁿ 1892 Claire de Bourdeille; *c*, Marie; 4° Francisque, mˡ 1882 sans posté.; 5° Antᵗᵗˢ-Lucrèce, épⁿ 1840 Antoine des Bravards mⁱˢ du Prat.

VII. Lᴏᴜɪѕ-Jᴀᴄǫᴜᴇѕ-Hᴇɴʀɪ cᵗᵉ DE CHABANNES (2ᵉ fils de Cl.-Frˢ), pprᵉ de Cuncy, mˡ 1825, épᵃ 3 août 1802 Adelaïde Limanton de Jaugy, fille de Pierre, avᵗ, maire de Tannay, dont : 1° Victor, suit; 2° Auguste, mˡ 1883 sans posté. de Pauline Béranger de Molème; 3° Armand, aide-de-camp du marˢˡ Bourmont, épᵃ 1835 Margᵗᵉ de la Morre, dont : *a*, Joseph, a de Charlotte de Galembert : Jacques; *b*, Pierre, jésuite; *c*, Marie, épᵃ

X. — Eustache de CHARRY, chlr, sgr d'*id*., gendarme de la c[ie] d'Enghien 1641, acte 1663-75; Hugues renonce en sa faveur à succ[ion] mat. 1653, m[t] à Boulon 1681, ép[n] 1° 10 nov. 1653 Esmée *de Las*, m[te] 1655, fille d'Arnaut, sgr de Valotte, 2° 13 août 1663 Cécile *de Bigny*, fille de Fr[s], sgr de Breugnon, et d'Anne de Crévecœur, dont : 1° Hugues, suit ; 2° Anne, ép[a] 1683 Joachim *Dugon*, chlr, sgr de Laché ; 3° Jeanne, m[te] 1695 célib. ; 4° Louise, ép[n] 1700 Claude de CHARGÈRES, écr, sgr de Tourny.

XI. — Hugues de CHARRY, chlr, sgr d'*id*. et de Beuvron (c[on] Brinon) et Précy, dit : vicomte de Beuvron 1732, gendarme de la garde 1694, sert au ban Niv. 1697, fait hmage 1705 pour Ligny, Sangué, Maré, reçoit sentence 1736, ép[a] 1699 M[ie]-Louise *de Bonin*, fille de Georges, sgr de Beuvron, dont : 1° Michel, suit ; 2° Pierre-René, suivra ; 3° Elisabeth ; 4° M[ie]-Louise, dame de Charry, ép[a] 1719 Ant.-Bernard *de Comeau*, chlr, sgr de Chassenay ; 5° Cécile.

XII. — Michel de CHARRY, v[te] de Beuvron, sgr de Mongazon en p[ie] et la Bretonnière 1719-45, m[t] à Beuvron 1753, ép[n] 30 janv. 1731 Fr[se]-Marg[te] ANDRAS de MARCY, fille de Pierre, sgr de Poiseux, et de F.-M. Desprez, dont : 1° Hugues-Michel, suit ; 2° Marg[te].

1857 Adrien Siraudin de Cenfosse ; 4° Eugène, ép[a] 1851 Aline *de Choiseul*-Praslin, dont : Marie, fme d'Albert c[te] de Chabannes-la-Palice ; 5° Henriette, ép[a] 1835 Aug. Vernin d'Aigrepont ; 6° Adèle, ép[a] 1841 Adolphe de MULLOT de Villenaut.

VIII. Louis-Henri-Victor, m[t] 1885, ép[a] 1838 Simonne-Délie *Petitier* (*), dont : Gaston, ép[a] 1858 Blanche *de St-Phalle*, dont : *a*, Henri, off[er] d'artillerie, ép[a] 1885 Gabrielle de Murard, dont : Pierre, M[ie], Germ[ne] et Cath[ne] ; *b*, Victor, prêtre, m[t] 1894 ; *c*, Antoine, off[er] cav[ie] ; *d*, Gilbert, ép[a] 1888 Alice Cottin, dont : Xavier, Robert et Marg[te] ; *e*, Benoît, ép[a] 1894 Gabr. Gonin ; *f*, Charles ; *g*, Pauline, ép[a] 1889 Julien m[is] de Morand.

Armes : De gueules, au lion d'hermine, armé, lampassé et couronné d'or.

Sources : P. Anselme, VII. — *Inv.* de Marolles. — Arch. chât. Vandenesse, Limanton, St-Pierre-la-Chapelle. — Arch.

nat. P. 132. — D. Villevieille, 24 et 54. — Arch. Nièv. E. et B. — Cab[et] Titres : preuves Gr[de] Ecurie 280 et 276 ; pièces orig. 680. — D. Caffiaux, 1234. — Courcelles, *Pairs*, V. — Reg. parois. St[e]-Colombe, Suilly-la-Tour, Garchy, Bona, Villiers-s.-Yonne, Nevers, Clamecy.

Existants dans la Nièvre.

(5) DE PAGANY. — Origi[n]aires *d'Italie* (**). — I. Pagan de PAGANY (qui signe : Pagano de Pagani) arriva, vers 1579, de Trédoce au duché de Florence, en France, où il servit dans les c[ies] d'h[mes] d'armes, fut gouverneur de Corbigny (arr[t] Clamecy), y tint contre la Ligue et y reçut de Henri IV lettres de 1599 pour son exemption des tailles, demeura à la Chaume (c[ne] Cervon) et acheta la Chaise (c[ne] Pazy), épousa vers 1582 Pierrette Lemoine, du pays Chartrain, dont il eut :

II. Etienne (qualifié « honneste h. »), s[r] de la Chaise 1607-55, d'Eugny (c[ne] Chaumot) et de Surpalis en p[le]

(*) PETITIER. — *Du Morvand.* — On trouve à Brassy (c[on] Lormes) : Etienne Petitier, garde-notes et juge 1590 ; Joseph, proc[r] fiscal 1627-47, père de Jean, praticien 1672 ; Jean, commerç[t] 1674 ; Jacques, notaire 1688, et son fils Philippe, *id*. 1720. Fiacre est praticien à Moul.-Engilbert 1687. S'allièrent au XVIIe s. aux : Petillot, Rousseau, Gillot 1672, Gauthereau, Arvey, Parent. — Philibert PETITIER, proc[r] fiscal de Brassy et Dun-les-Places 1683, m[t] 1698, épousa v. 1665 Fr[se] Perraudin, dont il eut : 1° Charles, proc[r] fiscal Brassy, m[t] 1705 sans posté. ; 2° Pierre, qui suit ; 3° Gilles, suivra ; 4° Jacques, s[r] du Breuil (c[ne] Brassy), présid[t] élion Ch.-Chinon 1697, m[t] 1729 sans posté. ; 5° Adrienne, ép[a] 1695 Phil. Desportes ; 6° Huguette, ép[a] 1695 Jean *Borne*, écr, sgr de Gouvaut. Pierre, officier commensal, m[t] 1731, ép[a] 1700 Elisabeth Delacour, dont : 1° Jacques, suit ; 2° Marie, ép[a] 1731 Paul Grosjean, av[at] ; 3° Jeanne, fme de Pierre Mouillefert. Jacques Petitier de Boisfranc, présid[t] élion Ch.-Chinon 1731-72, officier commensal, ép[a] 1730 Didière Couault, dont : 1° J[n]-B[te], suit ; 2° Jacques, présid[t] élion Ch.-Chinon 1773-87, ép[a] 1773 Sébastienne *Pallé* de Mont, dont : J[n]-B[te]-Jacques ; 3° Auguste-J.-B., ép[a] 1774 Claudine *Pernin* ; 4° Didière, ép[a] 1779 Etienne *Pernin* du Verdier. Jean-B[te], s[r] de Neuvelle (c[ne] Corancy), av[at], échevin et subdélégué de Ch.-Chinon 1781, ép[a] 1763 Jacquette *Millin*, de Dommartin, dont : Simon-Pierre-J., présid[t] tribal Ch.-Chinon 1820, m[t] 1863, ép[a] Henriette Changarnier, sœur du géné[l], dont : Mmes L. *Pernin* et Ad. *Coquille* — Gilles PETITIER de Chaumail (2° fils de Philibert), bourg[s] à Velotte 1758, ép[a] 1721 Jeanne *Vaucorel*, dont : 1° René, suit ; 2° Dominique, prêtre ; 3° Philippe, bourg[s] à Champignol, m[t] 1789, eut de Charlotte Flandin : René et Charles ; 4° Paul, ép[a] 1758 Fr[se]-Légère *Millerean*, dont : Fr[se], fme de J.-B. *Jourdan* du Mazot ; 5° Fr[s], av[at] 1758, conseiller du dépt 1792, ép[a] N... Bidault, dont le petit-fils Hubert, juge à Autun, eut d'Eug. Gautherin : Fr[s], notaire, m[t] 1885, et Hubert, procur[r] de la Rép. 1886 ; 6° Charles, ép[a] 1769 N... Gudin, dont Etienne, bourg[s] à la Montée (c[ne] Brassy). René, bourg[s] à l'Huis-Belin (c[ne] Brassy) 1758, m[t] 1802, ép[a] 1749 Madel. *Girard* de Marcy, dont : 1° Césaire Petitier de Brassiot, grand-père de Félix, juge Montsauche, m[t] 1893 ; 2° César, juge de Brassy, ép[a] 1788 ; Marg[te] Bonamour, dame de Saugny, dont : Antoine, eut de Victoire Pannetrat : Délie, ép[a] 1838 Victor c[te] *de Chabannes*, ci-dessus ; 3° Agathe, ép[a] 1775 César *Gudin* ; 4° Gabrielle, ép[a] 1784 J.-B. Gagneraux de St-Victor. — *Armes :* D'argent, à l'aigle de sable. —— *Sources :* Arch. Nièv. B. et E. — *Le Morvand*, Baudiau. — Arch. de la Montée. — Reg. parois. de Brassy, Lormes, Chât.-Chinon, Montreuillon, Gouloux, Montigny-M[and]. *Existants.*

(**) La fable généalogique de cette famille la fait descendre de Pagan, roi des Bulgares en 763 ; elle passe à Constantinople, donne des princes à Athènes, puis des magnats à Florence 1012, etc. !

XIII. — Hugues-Michel, vicomte de CHARRY, chlr, sgr de Beuvron, Villiers-sur-Yonne (c^on Clamecy), Chevroches (*id.*) 1762, m^t 1774, ép^a 18 oct. 1762 Elisabeth-Cécile *Fournier de Quincy*, fille de G.-Joseph, sgr de Cuncy, dont : 1° P.-H. Ferdinand, est à ass. nobl. Nev. 1789, célib.; 2° Pierre, reçu à école milit. 1785, chlr St-Louis, m^t à Clermont 1852 sans posté.; 3° Cécile, ép^a 1785 J^n-B^te, m^is de Bosredon-Vielvoisin.

XII. — Pierre-René de CHARRY (2e fils de Hugues), chlr, sgr de Lurcy-le-Bourg, Boulon, Sangué, Maré, Ligny, Villeneuve et St-Firmin en p^ie (c^on d'Azy) 1748, m^t 1776, et sa litre fut peinte à l'église Lurcy, ép^a 24 oct. 1747 Elisabeth *Desprez* de Bussy, fille d'Ant., sgr de Bussy, et de Fr^se Brunet, dont :

XIII. — Hugues-Michel de CHARRY, dit : comte de Charry, sgr d'*id.* et Bois-Rétif, qu'il vend 1781, est à ass. nobl. Nev. 1789, m^t 1796, ép^a 11 juin 1770 M^ie-Madeleine de la BUSSIÈRE, fille de Joseph, sgr de Sichamps, dont : 1° L^s-J.-Hugues-Michel, chevau-léger de la garde 1815, insp^tr navigation Seine 1822, ép^a 1797 Louise-Ang. *de la Roche–Loudun*, dont Hippolyte, c^te de Charry-Lurcy, lieut^t de chasseurs 1820, m^t 1861 sans posté. de Pauline Riffé ; 2° J^n-Antoine, suit ; 3° Madeleine-Elisabeth ép^n 1798 Edme-Ant. de MULLOT de Villenaut.

(c^ne Sardy), qu'il achète 1632, fit commerce des bois, transige comme sgr de la Chaise 1607, donne recon^ce rente sur Eugny 1645, fait testament-partage 1655, épousa 16 janv. 1603 Marie Salomon, fille de Jean, bourg^s Corbigny, dont : 1° Jean, suit; 2° Etienne, part pour l'armée 1643 et disparaît; 3° Guill^e, écr, sgr d'Eugny 1648-73, gendarme c^ie de la Reine 1655, m^t célib.; 4° Fr^se, ép^a av. 1626 Cl. Desbouys, march^d Corbigny; 5° Anne, ép^a 1623 Phil^t Bourgier, m^d Michaugues; 6^u Catherine, fme d'Al. Regnier, bourg^s Champlemy.

III. Jean, s^r de la Chaise, qu'il a au partage 1655, march^d à Corbigny, m^t 1668, sa veuve fait hmage p. la Chaise 1674, ép^n 31 août 1631 Michelle *Bargedé* (*), fille d'Etienne, dont : 1° Claude-Augustin, suit; 2° Eugène, religieux à Corbigny 1663, prieur de Guipy 1667; 3° Jeanne, ép^a 1657 Louis Perreau, recev^r tailles La Charité; 4° Marg^te, ép^a 1663 Fr^s de COURVOL, écr, sgr de Lucy; 5° Marie, ursuline à Lormes 1653.

IV. Claude-Augustin, écr, av^nt à Paris 1668, substitut du proc^r roi Parl^t P^is 1677, sgr de la Chaise et d'Eugny, reçoit 1680 lettres de relief de dérogeance enreg. 1683, achète Montbaron (c^ne Cervon) 1681 et la charge héréd. de chlr d'honneur au baage St-Pierre 1691, m^t 1706, ép^a 28 juil. 1675 Apolline-Cath. Roland, fille de Girard, direct^r gén^al gabelles à Paris, dont : 1° Germain, écr, sgr de la Chaise et Eugny p^ie, capit. rég^t Dauphin 1707

et prisonnier à Turin, chlr d'honneur à St-Pierre 1708, m^t 1722, célib.; 2° Jean-Fr^s, suit; 3° Jacques, enseigne d'inf^ie, tué en Italie av. 1706; 4° Germain-Joseph, suivra; 5° M^ie, carmélite Nev. 1715; 6° Victoire, visitandine 1708.

V. Jean-François, chlr, sgr de la Chaise dont il hérite de Germain 1722, de Montbaron, de Narcy (c^on La Charité), dont hmage 1714 et Rue-des-Fourneaux (c^ne Narcy), partage avec frères biens pat. 1713 et mat. 1738, m^t 1757, ép^a 3 août 1706 Anne-Fr^se *Bernot*, fille de Louis, sgr de Narcy, dont : 1° Sébastien, écr, sgr de la Chaise 1747, m^t 1752, célib.; 2° Germain, écr, sgr de Montbaron, lieut. rég^t de la marine, m^t 1747, célib.; 3° Claude-Hugues, suit; 4° Jean, sgr du Cry (c^ne Narcy) 1755; 5° Claude, chlr, co-sgr de la Chaise, capit. rég^t de Hainaut, chlr St-Louis, m^t à Strasbourg 1782, célib.; 6° M^ie-Apolline.

VI. Claude-Hugues, chlr, sgr de la Chaise, Chézeau (c^ne Corbigny), Narcy et Rue-des-Fourneaux, aux cadets 1728, capit. rég^t de Hainaut, puis de hussards 1759, gouv^r de Corbigny, chlr de St-Louis, vend Narcy avec son frère 1755, m^t 1781, ép^a 1765 M^ie-Fr^se *de Champs*, fille de Cl.-Fr^s, sgr de St-Léger, dont: 1° Claude-Hugues-Louis-Fr^s, écr, sgr de la Chaise, s.-lieut. d'inf^ie 1786, m^t à la Chaise 1851, célib., dernier du nom; 2° M^ie-Anne-Germaine, ép^a 1790 Joseph-Louis *de St-Phalle*, sgr de Beaulieu.

V. Germain-Joseph de PAGANY (fils de Claude-

(*) BARGEDÉ. — *D'Auxerrois.* — Magistrats à Auxerre ; donnèrent Nicole BARGEDÉ, poète, au XVIe s.; Nicolas, bailli de Donnecy, 1541 ; Claude, bailli de Vézelay 1586. — Etienne BARGEDÉ, av^nt à Auxerre, m^t av. 1595 eut d'Elisabeth Grandin : Etienne, contrôleur élu^on Vézelay 1611, bailli de l'abb. de Corbigny 1617-41, s^r des Granges (c^ne Corbigny) et Vernizy (c^ne Sardy), m^t av. 1659, ép^a v. 1610 Jeanne de Baugy, dont : 1° Gaspard, suit; 2° Etienne, prieur de Ruages 1665 ; 3° Etienne le jeune, s^r des Granges, gendarme de la garde 1646; 4° Michelle, ép^a 1631 Jean *de Pagany*, ci-dessus. GASPARD, bailli de Corbigny 1641, m^t 1695, ép^a 1640 Marg^te *Goussot*, fille de Fr^s, lieut. partc^r Nev., dont : 1° Etienne, av^nt, proc^r du roi à Corbigny 1695, ép^a 1684 Elisabeth *Aupépin*, fille de Jean, m^and Corbigny ; 2° Jean, curé de St-Arigle-Nev. 1703, chanoine Nev. 1722 ; 3° Edouard, né 1653, grand-chantre official et vicaire gén^al Nev. 1695, évêque de Nevers 1705, m^t 1719 ; 4° Gaspard, curé d'Anthien 1695, gr^d chantre Nev. 1722 ; 5° deux filles. —— *Armes :* De gueules, à la bande d'or, chargée d'un lion de sable, accompagnée de trois trèfles du second émail. '—— *Sources :* Arch. Nièv. B et E. — Minut. not^res Corbigny et Moul.-Engilbert. — Reg. parois. Corbigny, Clamecy, Pazy, Nevers.

Sortis du Nivernois.

XIV. — JEAN-ANTOINE, vicomte DE CHARRY, m^t 1857, ép^a 1804 Madeleine DE LA BUS-SIÈRE de la Motte, dont : 1° Hugues-J., suit ; 2° Alfred-Eugène, m^t 1882, ép^a 1841 Ysaure Paichereau (*), dont : *a*, Auguste, célib. 1895 ; *b*, Gabriel, lieut.-colonel inf^{ie}, ép^a 1872 Marg^{te} de Roquebeau, dont : Joseph, Alfred, Jean et 3 filles ; *c*, Marie, ép^n son cousin Alfred ; *d*, Marg^{te}, célib. ; 3° Antoinette, ép^n Fr^s Rignault de Chéreuil.

XV. — HUGUES-JEAN, v^{te} DE CHARRY, m^t 1855, ép^a 1834 Joséphine DE LA BUSSIÈRE, fille d'Hubert-Joseph, dont : 1° Emile, c^{te} de Charry, pp^{re} de Sichamps, ép^a 1859 Florence *de Lavenne*, sans enf^{ts} ; 2° Alfred, ép^a 1° 1862 Marie DE CHARRY, sa cousine, dont : Henri et Mme de Vaucorbeil, 2° Christine Loppin de Gemeaux, dont des filles ; 3° Antoine, sans enf^{ts} de Laure de Gemeaux ; 4° Louise, célib.

Armes : D'azur, à la croix ancrée d'argent.

Sources : Mss. de D. Viole, Auxerre. — Arch. commun. Nev. CC, 346. — *Inv.* Parmentier, 16. — D. Ville-vieille, t. 3, 16, 25, 26, 52, 68, 90. — Arch. chât. Vandenesse, Limanton, Devay, Giry, Vauzelles, les Gouttes, la Chasseigne. — Bétencourt, *Noms féodaux.* — *Inv.* de Marolles. — Arch. Niév. E et B. — Min. notr^{es} Moul.-Engilbert et Decize. — Cab^{et} Titres : *Carrés* de d'Hozier, 174, 175 ; dossier bleu ; preuves S^t-Cy, 302-4-8. — D. Caffiaux, 1234. — *Mém.* de Castelnau, II. — Preuves de Malte. — Copies de Chastellux à Soc. Niv. — Reg. parois. Huez-Bona, Lurcy-le-B., Aubigny-Chétif, Lichy-St-Jean, St-Benin-Bois, Beuvron, Villiers-s.-Yonne, Poiseux, Tannay, Ouagne, Nevers, Billy-Oisy, Sichamps.

Existants dans la Nièvre.

Augustin), chlr, sgr d'Eugny 1722, les Granges (c^{ne} Corbigny), St-Parize-le-Châtel en p^{ie} (c^{on} St-Pierre), Mont (c^{ne} St-Parize), Villars-Mingot (*id.*) 1737, vend ces trois sgries av. 1767, lieut. rég^t de Spy cav^{ie} 1722, chlr d'honneur à St-Pierre 1723, déchargé de taille 1752, fait hmage p. Eugny 1762, m^t 1778, ép^a 24 avril 1730 M^{le}-Gabrielle DE BERTHIER, fille d'Eustache, sgr de la Vallée-de-Bizy, dont : 1° G^{in}-J., suit ; 2° Apolline, ép^a 1° 1754 Edouard Lelong de la Monnoye, chlr, 2° 1785 J^n-Charles de Biée.

VI. GERMAIN-JOSEPH, chlr, sgr d'Eugny et Fourviel (c^{no} St-Benin-des-Bois), chlr d'honneur à St-Pierre 1772, m^t 1782, sa veuve vendit en partie Eugny, est à ass. nobl. Nev. 1789, ép^a 26 janv. 1777 Jeanne DE CHARRY, fille de Jacques, sgr de Fourviel, dont : 1° Hugues-Michel, s.-préfet d'Avallon v. 1822, m^t à Paris, célib.; 2° Augustine, ép^a 1803 Pierre *Robert*, docteur-méd.; 3° L^{se}-Rose, fme de Pierre de Prémarest.

Armes : D'azur, à deux lions d'azur affrontés, soutenant un casque d'argent surmonté d'une fleur de lys de gueules.

Sources : Arch. chât. Guichy, la Chaise et Bizy. — Cab^{et} Titres, nobil. de Bourges, 15. — Arch. Niév. E et B. — Reg. parois. Corbigny, Cervon, Pazy, Narcy, La Charité, St-Pierre, St-Parize, Nevers.

Éteints.

(*) PAICHEREAU. — Sont à Corbigny notaires 1662 ; Fr^s, médecin 1683, père d'autre Fr^s, médecin, et de Marie, fme de Jean Gudin. — A La Charité : André, proc^r du roi él^{ion}, eut de Cath. Bagnay, sa veuve 1751 : 1° Michel-André, proc^r du roi 1760, mari de Suzanne Joly, dont peut-être : J^n-Rodolphe-André, proc^r et échevin 1788 ; 2° Fr^s-Nicolas, m^{tre} des forges de Cramain 1752-68, ép^a 1760 Anne-Ch^{te} *Tennille* de Beaumont, paraît père de Fr^s Paichereau-Champreuille, m^{tre} forges Cramain, administrat^r du c^{tel} dép. Niév. 1793, eut de Henriette Lefèvre : Pierre-Fr^s, mari d'Adelaïde *Audrieu*, dont : Ysaure, ép^a 1841 Alfred DE CHARRY, ci-dessus, et Mmes Moret et Feuchère ; 3° Etiennette, ép^a av. 1750 Pierre *Léveillé*, s^r du Fournay. — Fr^s, P. des Landes, garde-du-corps 1744, frère d'André, ép^a Edmée Hotte (La Charité). — François Paichereau (prob^t celui de Corbigny), s'établit médecin à Nev. 1705. — Claude-Gaspard, proc^r du roi en l'hôtel-ville Nev. 1725, échevin 1746, a son nom gravé sur la porte de Paris. — (Arch. Niév. B. — Reg. parois. Corbigny, La Charité, Clamecy, Nevers. — *Inv.* de Parmentier, 33.)

DE CHASSY

ONT originaires de Nivernois.

Prennent leur nom du fief de Chassy, com^{ne} d'Ourouër.

Guillaume DE CHASSY (*) vend des hérit. en la chât^{nie} Montenoison 1312, donne procur^{on} 1323 à G. de Lichy pour hmage de ce qu'il a à Chassy.

I. — PERRIN DE CHASSY, écr, sgr de Chassy et Cognant (c^{ne} Ourouër), fait hmage p. Chassy 1330 par son tuteur Et. d'Apacy, avoue Cognant 1332, m^t av. 1358, eut de Jeanne, qui baille par^{se} d'Ourouër 1362 : 1° Jean, qui suit ; 2° Guyot, baille avec sa mère 1362, sgr de Chassy 1397, donne aveu au sgr de Montigny-aux-Amognes 1403.

II. — JEAN DE CHASSY, écr, sgr de Chassy en p^{ie}, le Marais (c^{ne} Lurcy-le-Bourg) et Jailly en p^{ie} (c^{on} St-Saulge), donne aveu à Contres p. champ à Chassy 1358, reconn^{ce} à Cognant 1367 en faveur « Johannis de Chaciaco et Guioti fratr.s sui (*sic*), domicellorum », f. hmage p. le Marais 1382 et 86, partage serfs pr. Jailly 1384, épousa Jacquette D'ANLEZY, dame du Marais et Jailly p^{ie}, fille de Jean, sgr d'*id.*; il eut : Guyot, qui suit (**).

III. — GUYOT DE CHASSY, écr, sgr de Chassy, le Marais, Jailly, reçoit dénombr^{ts} à cause Jailly 1398-1411, partage des serfs 1403 et 18 par^{se} d'Ourouër, et sa veuve *id*. 1428, f. hmage p. le Marais 1406; épⁿ Catherine *de Chollet* (1), dont il eut : 1° Guyot, suit ; 2° Jean, baille à Jailly 1334 avec ses sœurs ; 3° Marg^{te}, dame de Chassy, qu'elle porta av. 1432 à Jean *Quarré* (2), écr, sgr de Cognant ; 4° Claude, dame de Jailly en p^{ie}, épⁿ av. 1439 Jean Botteron, écr ; 5° Jeanne, 1440.

IV. — GUYOT DE CHASSY, écr, sgr du Marais, Varigny (c^{ne} Achun), le Coudray (*id.*), chambellan du c^{te} Nevers 1468, maître d'hôtel du roi (?), acte avec ses sœurs 1440, f. hmage p. le Marais 1454, « nobilis vir Guido de Chacy domicellus dnus de Maraiz in parrochia de Lupperciaco Burgo » a procès 1456 avec son fermier de prévôté du Marais, y affranchit des serfs 1452,

(1) DE CHOLLET. — *De Nivernois.* — Guillaume DE CHOLLET eut d'Odette d'Arbourse, sa fme, des dîmes à Acothion (c^{ne} Ste-Colombe), dont aveux 1393-1402; eut probabl^t Catherine, ci-dessus.

LOUIS, écr, sgr de Romenay, qu'il vend 1438, écuyer d'écurie du c^{te} Nev. 1446-55, avait des arrière-fiefs près Donzy ; probabl^t père de :

CHARLES, écr, valet du c^{te} Nevers 1476-79, sgr d'Assars (c^{ne} Lâché), où il baille 1486, et de Regnard (c^{ne} St-Martin-Tronsec) 1486-1509, père de :

JEAN, écr, m^{tre} d'hôtel du duc Nev. 1549, capit. de Montenoison, commiss^{re} des guerres, sgr de Regnard 1533, de St-Andelain (c^{on} Pouilly), de Montgazon (c^{ne} St-Franchy) et de St-Benin-des-Bois (c^{on} St-Saulge) qu'il reçoit en échange du duc 1560 contre Assars, baille à Pourcelanges (c^{ne} Prémery) 1557, acte 1562, eut: 1° Imbert, suit; 2° Pierre, écr, sgr de Regnard et St-Andelain, dont hmage 1484, gentilh^e ch^{re} du roi.

IMBERT, écr, sgr de St-Benin-des-Bois et du Mont (c^{ne} St-Benin) 1562, eut: 1° Léonard, suit; 2° Fr^{se}, épⁿ av. 1589 Charles *Perreau*, écr, sgr de Chaumot.

LÉONARD DE CHOLLET, écr, sgr de St-Benin-d-Bois, le Mont, Montgazon, qu'il vend 1592, vend pr. St-Franchy 1589, à Fourviel (c^{ne} St-Benin) 1597, vit 1620, paraît père d'Adrien, sgr du Mont 1621.

Sources : Arch. comm^{ales} de Donzy. — Arch. Nièv. E. — *Inv.* de Marolles. — D. Caffiaux, 1234. — Minut. notr^{es} Decize, Prémery. — Reg. parois. St-Benin-des-Bois et Lurcy-le-Bourg.

Éteints.

(2) QUARRÉ. — *De Nivernois.* — En 1290, mention d'Isabelle, veuve de Pierre QUARRÉ, « citoien » de Nevers. Jean, damoiseau, f. hmage p. Marmaigne (chât^{le} St-Saulge) 1323. Guill^e, chlr. achète le Chanay (c^{ne} Marzy) 1344. Pierre est bailli de Nev. 1359.

ERARD, damoiseau, avait biens à St-Bonnot (c^{en} Pré-

(*) Le nom s'est écrit : de Chaichy, de Chachy, de Chacy et de Chassy.

(**) La Thaumassière indique, pour fils de Jean, un Charles de CHASSY qui aurait épousé Jacquette de la Platière et dont on ne trouve mention nulle part, non plus que de sa fme. Il en est de même d'un Guyot II, donné comme mari d'Anne de la Rivière ? Du reste, les qualifications données et les circonstances des morts indiquent que la Thaumassière, mal placé pour puiser aux sources nivern., a dû se servir, pour les 1ers degrés, d'un simple mémoire fourni par la famille. Lainé (arch. V) le copie, et de plus mélange, au début, des CHASSY de Bogogne et de Chassy-en-Morvand. Ici même, la répétition successive du prénom, Guyot, a pu causer des confusions de degré, au commenc^t du XVe s.

et en partage avec J. Quarré, baille au Marais 1449-79, et au Coudray 1430-62, vend le Coudray et Varigny 1470, sert au ban Niv. 1467-69, m^t av. 1480, ép^a 21 févr. 1444 Jeanne de Pocquière (Bgogne), dame de Savigny-les-Beaune, fille de Philippe, dont : 1° Hector, écr, sgr du Marais, où il vend pour frères et sœurs 1479, m^t 1491 sans posté., ép^a 6 juin 1480 Marg^{te} *du Deffand* (d'Auxerrois) ; 2°, 3°, 4°, 5° Florimond, Olivier, Sébastien, Antoine, qui reçoivent curateur 1470 avec frères et sœurs ; 6° Amador, suit ; 7° Eutrope 1470, sgr de Savigny-l-Beaune 1492 ; 8°, 9°, 10° Jeanne, Marg^{te} et Fr^{se}, 1470-79.

V. — AMADOR DE CHASSY, écr, sgr du Marais et du Coudray, mineur au décès de sa mère 1470, m^{tre} d'hôtel du roi (?) ; rachète avec Hector 1480 le Coudray (*), transige 1492 avec veuve d'Hector pour douaire sur le Marais, y affranchit des serfs 1496, y baille 1469-1518, y transige pour corvées 1514, ép^a av. 1491 Madeleine DE MONTSAULNIN, fille de Guill^e, sgr des Aubues, dont : 1° Charles, écr, sgr du Marais en p^{ie}, y baille 1518, tué à Pavie 1525, ép^a 23 oct. 1517 Catherine *des Gentils*, fille de Guyot, sgr d'Aglan, dont : *a*, Gilles, sgr du Marais p^{ie}, capit^{ne} à l'armée de Piémont 1569-73 (**) ; *b*, Claude, ép^a 1535 Adrien *de la Varenne* (3), fils du 2e mari de sa mère ; 2° Jean, suit ; 3° Jacqueline, à une vente de son père 1514 ; 4° Gilberte, prieure de St-Jean en Autunois 1520.

VI. — JEAN DE CHASSY, écr, sgr du Marais en p^{ie} 1519, dont hmage pour 1/2 1535, y baille 1544, y achète 1550, est au ban Niv. 1554, teste 1556, ép^a 10 déc. 1517 Antoinette *Regnier de Guerchy*, fille de Pierre et de Perrette du Chesnay, dont il eut : 1° Edme, suit ; 2° Marg^{te}, reçoit 3,000 l. au test^t mat. 1557, ép^a 1° 1558 Claude de Buchepot, chlr (Berry), 2° Hugues d'Assy.

VII. — EDME DE CHASSY, chlr, sgr du Marais et Réveillon (c^{ne} Entrains), Marolles en p^{ie} (c^{ne} Oulon), chlr de l'ordre 1569, capitaine des Suisses, fait guerres de Piémont, reçoit lettre félicitations du roi pour sa conduite à bat. St-Denis 1567, achète 1557 au Marais et Marolles en p^{ie} et Réveillon, que sa veuve vend 1577, tué à Jarnac 1569, ép^a 11 déc. 1556 Marie de Grieux, fille de Gaston, cons^{er} au Parl^t P^{is}, dont : 1° Gilles, suit ; 2° Jean, baille pr. Prémery 1580, partage avec frère et sœurs 1587 ; 3° Marie, 1583-99 ; 4° Louise, dame de Marolles 1587-1605 ; 5° Marg^{te}, ép^a 1583 Claude DE MONTSAULNIN, écr, sgr des Aubues.

VIII. — GILLES DE CHASSY, chlr, sgr du Marais, écuyer de l'écurie du roi 1578, reçoit

mery) et à Prunevaux (c^{ne} Nolay), dont hmage 1349, est sgr de Chazeuil (c^{ne} Corvol-d'Emb.) 1383 ; son fils : GUILLAUME, écr, f. hmage p. Chazeuil 1395, ép^a av. 1383 Isabeau *de Michaugues* qui, veuve 1408, avoue 1/2 Chazeuil, et reconnaît 1410 tenir de Montigny-Amognes des biens par^{ses} St-Sulpice et Ourouër ; leur fils, Guill^e, vend 1440 sa part de Chazeuil.

GUILLAUME QUARRÉ, écr, probabl^t frère d'Erard, possédait Cognant (c^{ne} Ourouër) 1349, eut pour fils autre Guill^e, m^t av. 1403 que sa veuve, Marie, avec son fils Guill^r, fait partage de serfs avec G. de Chassy ; ce Guill^e, sgr de Cognant, partage des servitudes par^{se} d'Ourouër 1418, eut pour fils :

JEAN, écr, sgr de Chassy (c^{ne} Ourouër), y acte 1432-71, vend à Montigny-Am. 1451, ép^a av. 1432 Marg^{te} DE CHASSY, ci-dessus, dame dud. lieu, dont : 1° Guill^e, écr, sgr de Chassy, acte 1467, curateur de ses

cousins de Chassy 1480, m^t 1482 sans posté.; 2° Jeanne, dame de Chassy et Breuille (c^{ne} Lurcy-Bourg), qu'elle porta avant 1455 à Berthier *du Chastel*, écr, sgr de Villiers-s-Yonne. (***)

Armes : D'azur, à une bande de gueules chargée de trois têtes de lion d'argent. (Preuv. de Malte, Arsenal, à : de Lange.)

Sources : Inv. de Marolles. — Origin. coll^{ion} de Soultrait. — Arch. chât. de Vauzelles. — Arch. Nièv. E. — Carrés de d'Hozier, 175. — D. Villevieille, 73.

Eteints.

(3) DE LA VARENNE. — *Des confins du Bourbonnais.* — Sgrs de Lorgue (c^{ne} Azy-le-Vif) dont hmages 1301-1385.

ANTOINE DE LA VARENNE, écr, sgr de Vesvre-du-Bost (Bourb^{ais}), eut de Guye de Varennes :

ADRIEN, écr, sgr de Vignes-le-Bas (c^{ne} Neuffontaines)

(*) Qui avait été vendu par leur père, dit « feu » 1480 et n'a pu être tué à Fornoue (1495), comme le dit la Thaumassière ; de même que le père de celui-ci n'a pu être tué à Montlhéry (1465), son fils fait hmage du Marais 1454 et en est sgr depuis 1441 au moins. C'est cet auteur qui qualifie Guyot et Amador « maître d'hôtel du roi ».

(**) Il est peut-être père de Charles, Fr^s et Pierre, qui sont possess. au Marais et parrains à Lurcy 1583-92-95. Dans son testament de 1557 Ant^{tte} de Régnier est dite n'avoir que deux enfants.

(***) Des QUARRÉ, d'autre souche, se trouvent au XVe s. près Clamecy ; voir à : *Chevalier.*

63

lettres de bénéf. d'âge 1578, gentilh⁰ chambre du roi 1617-23, reçoit du roi lettre 1616 p. maintenir le Nivern. contre le duc, partage avec frère et sœurs 1587, f. hmage p. le Marais 1599, vend pr. Prémery 1593 et à Marolles 1607, mᵗ av. 1628, épⁿ 22 déc. 1590 Catherine Février (Orléanois), dont : 1⁰ Alexandre, suit ; 2⁰ Bénigne, épⁿ 1624 Jean DE COURVOL, écr, sgr de Grandvaux ; 3⁰ Louise, épᵘ 1629 Jacques de Fouchier (Berry).

IX. — ALEXANDRE DE CHASSY, chlr, dit : baron du Marais et de Dois (cⁿᵉ Garigny, Cher), hᵐᵉ d'armes 1620, capit. d'infⁱᵉ 1632-38, gentilh⁰ chʳᵉ du roi 1624, partage succⁱᵒⁿ mat. 1628, acte au Marais 1624-46, vit 1657, épⁿ 1⁰ 12 juillet 1623 Edmée DE LA FERTÉ-MEUNG, mᵗᵉ 1638, dame de Dois, fille de Jean et de Mⁱᵒ de Grossouvre, 2⁰ 23 juill. 1640 Esmée *Berthelot* (*), fille de Thomas, marchᵈ à Nev.; il eut du 1ᵉʳ lit : 1⁰ Charles, bᵒⁿ de Dois, capit. cavⁱᵉ 1659-74 ; 2⁰ Edme, suit ; 3⁰ Mary, chlr, sgr du Marais 1652-88, lieutᵗ chevau-légers, sans postᵉ. (**) ; 4⁰ Bénigne.

X. — EDME DE CHASSY, chlr, bᵒⁿ de Dois, 1655-83, et de Bazarne en pⁱᵉ (Aux.) capit. chevau-légers, se fixa en Berry, épᵘ 1655 Mⁱᵒ de Hannicque de Benjamin, dont : Alexandre, bᵒⁿ de Dois, mⁱˢ de Looze (près Joigny), dont l'arrière-petit-fils Philibert mᵗ 1830 dernier du nom n'ayant que trois filles : Mᵐᵉˢ Baucheron de Boissoudy, Bérault des Billiers et Auzouy.

Armes : D'azur, à la fasce d'or, accompagnée de trois étoiles de même.

Sources : Arch. chât. de Vauzelles. — La Thaumassière, 870. — *Inv.* de Marolles. — Arch. Nièv. E et G. — *Inv.* de Peincedé, 25. — Carrés de d'Hozier, 175. — Minut. notʳᵉˢ Prémery. — D. Villevieille, 24 et 26. — Chérin, 50. — D. Caffiaux, 1234. — *Génⁱᵉ de Courvol*, 1753. — Preuves Sᵗ-Cyr, 304. — Reg. parois. Lurcy-le-Bourg et Sᵗ-Benin-des-Bois.

Éteints.

et du Parc (cⁿᵉ Dun-les-Places), paye p. usages de Brugny 1524, donne quittʳᵉ à J. de Chassy 1536, f. hmage p. Vignes 1540, épᵃ 1⁰ Perrette Voysin, fille de Jeanet d'Antᵗᵗᵉ d'Aringette (***), dame de Vignes, 2⁰ av. 1536 Catherine *des Gentilz*, veuve de Charles DE CHASSY, ci-dessus, eut du 1ᵉʳ lit : 1⁰ Adrien, suit ; 2⁰ Claude, fme de Cl. de Lestang, écr, vendent à Vignes 1541.

ADRIEN, écr, sgr de Vignes 1559-81, du Parc, dont hmage 1578, et du Marais en pⁱᵉ dont hmage 1535, et près la Ferté-Chauderon avec sa femme 1535, archer de cⁱᵉ de Bourdillon, est au ban Niv. 1554, curateur des

min. de Chassy 1578, mᵗ av. 1598, épᵗ av. 1535 Claude DE CHASSY, fille de Charles et de Cath. des Gentilz, dont : 1⁰ Marie, dame du Parc et du Marais pⁱᵒ, dont hmage 1598, épᵃ avant 1578 Jacques Perreau, sgr du Boucquin ; 2⁰ Charlotte, fme de Philibert *de Carroble*, écr, sgr du Plessis, mⁱᵒ sans postᵉ., donna Vignes à ses neveux Perreau.

Armes : D'or, à trois bandes de gueules.

Sources : *Inv.* de Marolles. — Arch. chât. de Vésigneux. — Arch. Nièv. E. — Carrés de d'Hozier, 175. — Reg. parois. Nuars.

Éteints.

(*) BERTHELOT. — Marchands de Nev. au XVIᵉ s. : Frᵉ, 1555 ; Frᵉ, 1595 ; Jean, 1598-1625 ; Claude, 1623-38 ; Jean, 1631-54. — Jean, conser baage Sᵗ-Pierre 1636-54. Claude, bourgᵗ 1663. Pierre, faïencier, échevin 1714, etc. — S'allièrent à : Destrappes av. 1554, Labbé, Symonneau, Tonnelier ; au XVIIᵉ à : Pinet, Vyau, Chaussin, Serviat 1640, Bourgoing 1663, Bernard, etc. — Thomas, marchᵈ Nev. 1596-1644, épⁿ v. 1602 Marie Bonineau, dont : Edmée, ci-dessus, fme de Cl. Bérant, avᵗ du roi élⁱᵒⁿ Nev., puis de Alex. DE CHASSY, sgr du Marais ; et André Berthelot, avᵐ du roi élⁱᵒⁿ Nev. 1648-68. — Charles B., procʳ roi élⁱᵒⁿ 1620, avait eu d'Anne Gounot : Charles, avᵃᵗ à Nev. 1658-76, dit : bailli de Nev. 1671, qui de Louise *Millin*, fille de Philippe, eut : Margᵗᵉ, épᵃ 1683 Nicolas-Frᵉ *Pinet*, procʳ roi élⁱᵒⁿ Nev., et Pierre, avᵃᵗ 1700-1728, épᵃ 1700 Catherine *Gascoing*, fille de Pierre, conser élⁱᵒⁿ, dont : Thérèse, épᵃ 1734 J.-Bᵗᵉ *Richard*, avᵃᵗ ; Louise, fme de J.-Bᵗᵉ *de Villars* du Chaumont ; et Jeanne, épᵃ 1751, Jacq.-Domin. *Chaillot*, trésorier de Fr. — Un Berthelot s'établit pr. Decize au XVIIᵉ s. ; sa fille Etiennette épᵃ 1⁰ Frᵉ *Sallonnier* de Chanvé, 2⁰ av. 1665 Jean *de Chevigny*, écr, sgr de Champrobert, 3⁰ av. 1674 Philippe DE LICHY, écr, sgr de Lisle. — Catherine Berthelot, fme de la parᵉ Langy, épᵃ 1696 Michel de Prudon, écr, de la parᵉ Diennes. —— *Armes :* D'azur, au chevron d'or, accompagné de trois besants d'argent. —— *Sources :* Reg. parois. Nevers, Sᵗ-Pierre-le-Mᵘʳ et Langy. — Arch. Nièv. E et B. — *Carrés* de d'Hozier, 175 à : de Chassy.

Éteints.

(**) Mary dut vendre le Marais qu'il possédait encore en 1680, car après lui on ne voit plus cette terre dans la famille qui disparaît du Niv. On trouve, à Lurcy, les mariages d'une Edmée DE CHASSY avec Ch. Brossard 1651, et de Charlette avec Frᵉ Thomas 1658. Ce ne sont pas des filles d'Alexandre, n'étant pas dans la tutelle de 1638 ; leurs filles épousent des paysans de Lurcy.

(***) Les D'ARINGETTE possédèrent Razou (cⁿᵉ Brassy) et Vignes-le-Bas, autrefois Aringette. Guyot d'Aringette, écr, qui achète à Vignes-le-Bas 1415, épᵃ Jeanne, fille de Pierre de Jars, sgr de Vignes, et eut av. 1421 : Claude, sgr de 2/3 Aringette, sans doute père de Philibert, hᵘᵉ d'armes au ban Niv. 1467, et de Ferry, mᵗ 1488, laissant de Jeanne de Barges 3 filles qui vendent Razou 1502, et Antoinette, ci-dessus, qui eut Vignes. -- *(Fief de Vignes-le-Bas*, Teste; Bulletin, XVI. — *Inv.* de Marolles.)

DE CHATILLON

ORIGINAIRES de Nivernois.

Possédaient Châtillon-en-Bazois (arr᭴ Chât.-Chinon), une des 4 premières baronnies du Nivernois. Connus depuis le XIIᵉ s., fondent le prieuré de Sᵗ-Honoré (cᵒⁿ Moul.-Engilbert), et servent dans les armées des ducs de Bgogne 1ʳᵉ race.

GUILLAUME, chlr, sgr de Châtillon-en-Bazois, mᵗ av. 1212, doit être le mari d'Élisabeth, mᵗᵉ av. 1209 ayant fait donᵒⁿ à abb. Bellevaux, encore rappelée 1220, et qui eut pour fils : 1º Eudes, qui suit ; 2º Guillᵉ, chlr, 1209 sgr de Rouy (cᵒⁿ Sᵗ-Saulge), 1220 transige avec abb. Bellevaux, son frère Robert sera son héritier ; 3º Robert, chlr, a donné à Eudes av. 1209 sa part de Rouy, 1249 est au jugement de G. de Verrières, mᵗ sans postérité.

I. — EUDES DE CHATILLON (*), chlr, baron de Châtillon-en-Bazois, sgr de Glaine (Autunois), Vaux (cⁿᵉ la Collancelle), Rouy, 1209 échange rente pour anniversaire de feue Elisabeth sa mère, 1215 est caution du mariage de fille d'Hervé, cᵗᵉ Nevers, dont il se dit hme lige 1218, lui emprunte sur Châtillon, part pour la 5ᵉ croisade, pris à Damiette 1219, confirme et augmente 1220 avec A. sa fme des donᵒⁿˢ à abb. Bellevaux, mᵗ av. 1233 ; épousa : 1º Alix, dame de Jaligny (Bourbⁿⁱˢ), fille d'Hugues de Chaumont (Blaisois), sgr de Jaligny ; 2º Alix de Glaine (**), dame de la Roche-Milay (cᵒⁿ Luzy) et Glaine ; il eut : 1º Hugues, chlr, sgr de Jaligny, dont hmage 1234 et de la Montagne (cⁿᵉ Sᵗ-Honoré), dont hmages 1251 et 57, « Hue des sires de Chastoillum an Besoys et de Glene » cède droits sur éminage de Dijon 1245, épousa av. 1234 Isabeau DE MELLO, fille de Guillᵉ, sgr de Sᵗ-Bris, dont : a, Hugues, fait hmage p. la Montagne 1251 et 81, mᵗ 1296 sans posté. ; b, Guyon, Dreux, Roland, Jean, sans lignée ; c, Isabeau, dame de Jaligny et la Montagne, hérita de ses frères et de son oncle Guillᵉ, mᵗᵉ 1297, épᵃ 1º av. 1283 Guy de Châteauvillain, sgr de Luzy, 2º 1289 Robert de Clermont Dauphin d'Auvergne (1); 2º Guillᵉ dit de Jaligny, chantre d'Auxerre, puis évêque-pair de Laon 1280-85 ; sa nièce Isabeau en hérita ; 3º Eudes, suit ; 4º Guy, chlr, sire de la Roche-Milay en pⁱᵉ, qu'il engage 1248 pour dettes, n'eut qu'une fille mariée av. 1258 à Guillᵉ d'Estrées, chlr ; 4º Girard, co-sgr de la Roche-Milay, qu'il

(1) **DAUPHIN D'AUVERGNE.** — Branche des anciens comtes d'Auvergne, dépossédée du comté 1157, prit le nom de DAUPHIN D'AUVERGNE (***).

I. ROBERT DAUPHIN, veuf d'Alixant de Mercœur, épousa en juin 1289 Isabeau DE CHATILLON-en-Bazois, dame de Jaligny et Luzy ; traite avec cᵗᵉ Nev. pour mouv. de Jaligny 1289, reçoit aveu à cause Luzy 1294, partage ses enfants des deux lits 1300, est au combat de E. de Sᵗ-Verain 1308 et emprisonné ; il eut du 2ᵉ lit : 1º Robert, suit ; 2º Hugues ; 3º Isabeau ; 4º Béatrix.

II. ROBERT, chlr, baron de la Ferté-Chauderon (cⁿᵉ Chantenay), sgr de Dornes (arrᵗ Nevers), Azy-le-Vif (cᵒⁿ Sᵗ-Pierre) et Jaligny (Bourbⁿⁱˢ), qu'il eut au partage 1300, reçoit hmage à cause d'Azy 1329, mᵗ 1330, épᵃ 1º Almoux de Combronde, 2º 1ᵉʳ juin 1329 Isabeau de Châtelperron, dame de la Ferté-Chauderon, veuve d'Henri de Châtillon-en-Bazois ; il eut du 1ᵉʳ lit : 1º Robert, tige des sgrs de Combronde, et du 2ᵉ : 2º Hugues qui, au maage 1334 de sa sœur utérine Mⁱᵉ de Châtillon, est dit devoir avoir la Ferté, Parenche, Azy, tué à Poitiers 1356 sans posté. ; 3º Guichard, suit.

III. GUICHARD, chlr, bᵒⁿ de la Ferté-Chauderon, Dornes, Azy-le-Vif, Châtillon-en-Bazois, Brinon (arrᵗ

(*) Le nom s'est écrit : de Chastoillon, de Chasteillon, de Chastillon et de Châtillon.

(**) Le cartulaire de l'égl. d'Autun contient son testament, 1233 : *Ego Aaliz domina Glane, notum... de assensu Odonis domini Castellionis filii mei...*; elle donne aux églises de Bellevaux, Glaine, Villapourçon, la Roche-Milay, Poil, etc. Contrairement à ce qu'on a avancé, c'est la femme et non la mère d'Eudes Iᵉʳ ; elle administre Châtillon pendant la 5ᵉ croisade : *Ego Aalis domina de Castellione... mariti mei gerens...* (A. du Chesne) ; son fils, Eudes II, donne pour son anniversaire, 1236 : *Ego Odo dominus Castellionis... pro anniversario bone memorie A. matris mee...* (Orig. à Soc. Niv.). Il y eut, en effet, deux Eudes, sgrs de Châtillon ; la charte de 1209 prouve qu'Eudes Iᵉʳ, Guille et Robert sont fils d'une Élisabeth, et la pièce de 1249 (D. Villevieille, 27) énonce « Eudes et Hugues, frères, et neveux de Robert ».

(***) Probablᵗ en souvenir d'un aïeul mat. dauphin de Viennois. Bien que ne possédant plus le comté de Clermont, cette br. continua à en porter le titre ; Robert Iᵉʳ est intitulé dans l'aveu de 1294 « cuens de Clermont et seygnour de Luzy. » (*Noms féodaux.*). Guillᵉ IV, cᵗᵉ d'Auvergne, avait épousé fin du XIᵉ s. Anne DE NEVERS.

vend 1248 ; 5° Jean, chlr, sgr de Roussillon (*) et Blain (Autunois) 1260-71, dont la posté. se fixe en Autunois.

II. — EUDES DE CHATILLON, chlr, baron de Châtillon, sgr de Glaine et la Roche-Milay, donne à abb. Bellevaux rente sur le Beuvray pour anniv. de sa mère A. 1236, fait hmage à l'évêque p. biens pr. Varzy 1239, « Odo dominus Castellionis et Rupis de Milay » reconnaît droits d'usage à hab^ts Villapourçon 1243, cède 1245 au duc droits en Bourgogne venus de sa fme inconnue, est au jugem^t de Verrières 1249 avec Robert, son oncle, plaide pour garde prieuré Semelay 1250, m^t peu après, laissant : 1° Jean, suit ; 2° Marg^te, fme d'Hugues, sire de Neublins, vend à Jean 1253 sa part de Glaine.

III. — JEAN DE CHATILLON, chlr, b^on de Châtillon, sgr de la Roche-Milay, Tannay (c^on Châtillon), Villaine (c^ne Moul.-Engilbert), Meix-Richard (c^ne Ruages), Champignolle (c^ne Bazoches), 1253 paye amende au chapitre d'Autun « et nobilem virum Johannem dominum Castellionis an Bazois et Roche de Mila, ex altera parte... »; 1256 fonde l'annivers. de sa mère sur sa grange de Bennas (c^ne Maux) et donne à Ursier (id.); 1260 fait hmage à év. d'Autun p. Glaine, acte 1262-66, m^t 1271 que son exécuteur test. Guill^e, son oncle, s'accorde avec prieuré Châtillon; ép^o 1° N... dont une fille, dame de Villaine et Meix-Richard, mariée v. 1260 à Hugues DE St-VERAIN, chlr ; 2° av. 1269 Delphine de Lavieu (**) (Forez), fille de Renaut, sgr de St-Bonnet, dont : 1° Jean, suit ; 2° Henri, suivra ; 3° Hugues, chanoine de Laon, est aux partages 1285 et 88 et au maage de Robert 1302, vend dans mouv. de Châtillon 1289. (***)

IV. — JEAN DE CHATILLON, chlr, b^on de Châtillon, dont la jouissance est d'abord laissée à son gr^d-oncle Guill^e, évêque Laon ; lui et ses deux frères partagent 1285 et 88 avec Robert Damas, leur frère utérin, et en 1289 avec G. de St-Verain, leur neveu ; 1284 délimite sa justice de Châtillon avec abb. Bellevaux, 1285 fait hmage p. Châtillon ayant la Roche-Milay dans sa

Clamecy), d'abord ecclésiastique, fit les guerres de Gascogne, chambellan du roi 1366, grand-maître des arbalétriers 1382, sénéchal de Nivernois 1373, reçoit Brinon d'Isabeau de Champlemy 1346, fait hmage p. la Ferté 1361 et 80 et p. Châtillon 1381, reçoit aveu à cause la Ferté 1364 et 79, demande délai au c^te Nev. p.

hmage à cause sa 2e fme avec laquelle il fait don^on mut. 1381, m^t 1403 ; ép^n 1° v. 1365 Isabeau de Sancerre, dame de Bomiers, fille de Louis II, c^te de S., 2° av. 1373 Marg^te de Frolois, veuve de Jean de Châtillon-en-B^ois, m^te 1395 ; eut du 1er lit : 1° Guichard, suit ; 2° Louis, m^t jeune. (****)

(*) DE ROUSSILLON. — Branche de la maison de Châtillon-en-Bazois. — Jean, ci-dessus, qui prit le nom de l'importante sgrie de Roussillon (c^on Lucenay-l'Evêque), était frère d'Eudes II, dont le fils Jean, sgr de Châtillon, dit, dans une reconn^ce à Autun 1260 : et quia sigillum meum proprium non habeo, sigillum nobili viri avunculi mei Johannis domini de Rosillon presentibus litteris feci apponi (H^re St-Martin d'Autun, Bulliot) ; d'autre part, le sceau de Jean de Roussillon, 1318, est un losangé au lambel (Inv. Peincedé, 23). Ce Jean de Châtillon, dit DE ROUSSILLON, dénombre de nombreux fiefs à l'est du Beuvray 1271, et est sgr de Villars-Liernais (châ^te niv. Liernais) 1260 ; il laissa d'Isabeau : 1° Jean, suit ; 2° Eudes, chlr, sire de Roussillon et de Villars, dont aveu au c^te Nev. 1293, teste 1298, donnant à abb. Bellevaux, à la Fermeté, aux Jacobins de Nevers, etc., sans postérité de Béatrix de Digoine et d'Alix de Frolois ; 3° Guy, prieur de St-Saulge 1298 ; 4° Isabeau, dame de la Guette (châ^tie Liernais), fme de Guy de Beauvoir, chlr, m^te 1292. — Jean, chlr, sire de Roussillon et de Villars-Liernais, cité avec Jean, son père, 1271, eut entre autres : Odet, vend sa part de Roussillon 1321 ; Isabeau, fme de Guy du Bouchet, chlr, sgr de Moraches ; Perrencelle, fme de Jean de Sancerre, vend sa part Roussillon 1309 ; Jean, chlr, sgr de Chissey et Roussillon en pi^e, qu'il engage 1318, eut de Jeanne de Semur : Erard, sgr de Chissey, m^t sans posté., et Isabelle de R., qui porta 1/5 de Roussillon à Jean de Changy, écr. — Ils subsistent entre Autun et Beaune jusqu'au XVIe s. (Inv. de Peincedé, XI. — D. Villevieille, 79. — Inv. de Marolles. — Arch. chât. Chastellux. — D. Plancher, II. — Le Morvand, II, Baudiau.)

Eteints.

(**) Elle est appelée Delphine de Frolois à partir de 1285 ; c'est la même Delphine de Lavieu, remariée à Jean, sgr de Frolois, successiv^t veuve de Guy de Damas-Cousan, de Guy de Baugé et de Jean de Châtillon. Les LAVIEU étaient une puissante maison du Forez, alliée aux c^tes de Forez dès le XIe s.

(***) Gaignières fait erreur en donnant pour fille à Jean, sgr de Châtillon, une Marguerone, qui appartient à une famille de Rochâ des env. d'Anost, non sgrs de la Roche-Milay : 1295, Marguerona quondam filia domini Johannis de Rocha (et non : Johannis domini de Rocha), il était prévôt de la Roche-Milay, Marguerone engage 1296, à abb. St-Martin d'Autun, un bien à Athies vendu 1282 à son père : Johanni preposito de Rocha de Milnyo, domicello. (Arch. évêché d'Autun, fonds S^t-M^in.) De 1304 à 1309, des de la Roche font des aveus de biens entre Autun et Luzy. (Arch. nat., P. 489.)

(****) Il eut un bâtard, Claude, auquel son frère donne Dornes 1407, fut à la réception au canonicat Nevers 1405, se distingua dans les guerres contre les Anglo-Bourguignons sous le nom de bâtard de Jaligny, eut une fille, Marg^te, qui ép^a v. 1430 Jean de Thoury (sur Allier), sgr de Montgarnau et Arisoles, auquel elle porta Dornes.

mouv., 1294 obtient avec frères sentence contre habˡᵉˢ Sᵗ-Saulge pour Rouy, 1296 est au rôle des vassaux du cᵗᵉ Nev., f. hmage p. Montreuillon, et pour Châtillon 1299, mᵗ av. 1302 ; épⁿ av. 1283 Agnès de Longwy (Bgogne), dame de Buxy-en-Auxois, fille de Mathieu, sgr de Chaucins, remariée 1302 à Érard de Thianges ; il en eut : 1º Robert, suit ; 2º sans doute Jean, qui achète à Châtillon 1325 déjà chlr, est marié à Guie de Jussy, sœur de Regnaut, chlr, dont une fille Guillemette DE CH. épⁿ 1341 Jean de Balaon (Champagne), écr, et est dite sans frère.

V. — ROBERT DE CHATILLON, chlr, bⁿ de Châtillon, sgr de Rouy, Vaux, Franay (cⁿᵉ Châtillon), Mont-en-Bazois, connétable de Bourgogne 1334-39 ; 1307 pleige du duc, 1309 dénombre au cᵗᵉ Nev. Châtillon et ce que tient de lui son cousin Girard, 1311 reçoit aveu à cause Châtillon, et reconnᶜᵉ de serfs 1318, est dans la ligue des sgrs contre Philippe-le-Bel 1314, f. hmages 1317 et 23, vend près Apremont 1318, 1331 reçoit don à Vauclois-en-Morvand de sa cousine Margᵗᵉ de Mello-Lormes, 1334 accorde avec cᵗᵉ Nev., (mᵗ 1353,) inh. à Bellevaux, donne à beaucoup d'églises ; épⁿ 1º 18 nov. 1302 Margᵗᵉ *de Courtenay*, dame de Cours-les-Barres, fille de Jean, sgr de Sᵗ-Brisson, mᵗᵉ av. 1335, 2º Jeanne de Lésines, dame de Bazarne (Auxerrois) ; eut du 1ᵉʳ lit : 1º Jean, suit, 2º Robert, au maage de sa sœur 1335, mᵗ jeune ; 3º Agnès, dame de Buxy-en-Auxois, hérita de Châtillon, dont hmage 1395 à la mort d'usufruitière, épⁿ 1º 1335 Perrin DE ROCHEFORT, chlr, dont le fils fut sgr de Châtillon-Bᵒⁱˢ, 2ᵘ v. 1360 Olivier de Jussy, mᵗʳᵉ d'hôtel du duc Bgogne, mᵗ 1390 sans posté.; 4º Catherine, dame de Vaux, dont hmage 1395, épⁿ av. 1353 Jean de Bar-Toucy, chlr, sgr de Sᵗ-Amand-en-Puisaye.

VI. — JEAN DE CHATILLON, chlr, bⁿ de Châtillon, etc., et de Cours-les-Barres (châtⁱᵉ Cuffy) dont hmage 1368, maître d'hôtel de la reine 1345, donne quittᶜᵉ gages guerre 1338, garant du maage de fille du cᵗᵉ Nev. 1357, f. hmage p. Vaux 1366, achète à Ol. de Jussy la vicomté Clamecy 1369, est au rôle des bannerets de l'ost du roi 1371, mᵗ v. 1371 (*) sans posté. et dernier du nom ; épⁿ av. 1364 Margᵗᵉ de Frolois (**), dame de Moulinot, fille de Jean et d'Isabelle d'Arcies.

IV. — HENRI DE CHATILLON, dit Plotons (2ᵉ fils de Jean Iᵉʳ), chlr, sgr de la Roche-Milay

IV. GUICHARD, chlr, bⁿ de la Ferté, etc., et de Luzy (arrᵗ Châᵗ.-Chinon), grand-maître de Fr. 1409, gouvʳ du Dauphiné 1410, plusieurs fois ambassadeur, du Grand-Conseil, traite pour le sgr de Chât.-Chinon avec Jean-s.-Peur 1414, reçoit Luzy de son oncle le connétable de Sancerre 1403, en f. hmage 1406, reçu chanoine d'honʳ de Nevers 1405, tué à Azincourt 1415, sans posté. d'Éléonore de Culant (Berry), veuve de Ph. de la Trémoille ; les enfants de son cousin Béraut Dauphin, sgr de Combronde, héritèrent de lui.

Armes: D'or, au dauphin pâmé d'azur, oreillé et barbé de gueules.

Sources: Hʳᵉ mᵒⁿ *d'Auvergne*, I, Baluze. — P. Anselme, VIII. — *Inv.* de Marolles. — *Noms féodaux.* — Arch. Nièv. E.

Éteints.

(2) DE BOURBON-CLESSY. — Louis, duc de Bourbon, sgr de Sᵗ-Pierre-le-Moûtier, mᵗ 1341, petit-fils de Sᵗ Louis, eut pour fils naturel :

GUY DE BOURBON, chlr, sgr de Clessy (***) (Charollais), épⁿ 1º N..., 2º peu avant 1334 Isabeau *de Châtelperron*, dame de la Ferté-Chauderon, veuve 1º d'Henri de Châtillon, et 2ᵘ de Robert Dauphin ; mᵗ 1330 ; il f. hmage à cause sa fme 1340 p. Huban (cⁿᵃ Grenois), 1347 p. la Ferté-Chⁿⁿ (cⁿᵉ Chantenay), ratifie 1334 le partage Châtillon, donne transport à sa belle-fille Marie de Châtillon 1341, eut du 1ᵉʳ lit : 1º Girard, suit ; 2º Guiot, chlr, sgr de Clessy en pⁱᵉ et par sa fme de la Motte-les-Decize, dont hmage 1382, chambⁿ du roi 1374, reçoit de sa belle-sœur par échange la Montagne 1349, mᵗ av. 1386, eut de Jeanne *de Bourbon-Montperroux* des enfᵗˢ hors du Nivern.

(*) Sa pierre tombale existe à Châtillon ; la fin de la date est effacée : « Monseigneur Jehan, seigneur de Chastillon, qui trespassa.. l'an mil CCCLXX... » ; c'est très-probablᵗ 1371, puisque « le sire de Chastillon en Bazois » est porté au rôle de l'ost de cette année (*Traité du ban*, de la Roque), et que sa veuve, Margᵗᵉ, était remariée av. 1373 à Guichard Dauphin.

(**) Les FROSLOIS étaient une famille puissante de Bourgogne, sgrs de Cussey, Moulinot, Rougemont, etc. Cette Margᵗᵉ hérita de son frère Guy de Frolois, sgr d'Arcies en Champagne ; elle épousa : 1º Jean de Châteauvillain, mᵗ 1353, 2º Jean DE CHATILLON, ci-dessus, 3º av. 1373 Guichard *Dauphin*, sgr de la Ferté-Chauderon ; elle n'eut aucun enfant de ses 3 maris, et mourut 1395 ayant la jouissance douairière de Châtillon, qui passa à sa belle-sœur Agnès de Châtillon. (P. Anselme, VII. — Arch. Nièv. E.)

(***) L'histoire des ducs de Bourbon, par La Mure, et l'*Armorial du Niv.* 1879 disent à tort que ces Bourbon-Clessy sont une branche des Bourbon-Lancy et Bourbon-Montperroux.

qu'il avoue 1285 comme relevant de Châtillon, est avec frères aux accords 1285 et 88, reconnaît franchises de la Roche-Milay 1288, 1289 délimite sa justice de la R.-M. avec sgr Montanteaume, 1299 f. hmage au c^te p. Fragny (c^ne Villapourçon), m^t av. 1307 ayant eu d'Agnès (Bgogne) : 1° Girard, suit ; 2° Robert, acte avec son frère 1320.

V. Girard de CHATILLON, chlr, sire de la Roche-Milay et nombreux biens en Morvand ; « Girardus de Castellione dominus de Rocha Miley, miles » quittances au roi 1315 et au duc Bgogne 1318 avec sceau *losangé au lambel*, f. aveu à Autun 1307 et p. la Roche-Milay 1309, 1316 avoue biens tenus de Châtillon, 1317 reçoit lettres du roi au sujet b^nie Donzy au c^te, 1320 reconnaît mouv. sur la Roche-M., 1327 transige avec c^te Nev. pour Milay, la Montagne, Montescot, Champrobert, arrêté prisonnier à Autun par duc 1333, m^t 1334 ; ép^a Guillemette de Couches (*), dont : 1° Henri, suit ; 2°, 3° Jean et Hugues, m^ts jeunes ; 4° Blanche, ép^a 1330 Érard d'Arcies, sgr de Pisy ; 5° Jeanne (**), fme de Richard de Montbelet ; 6° Béatrix.

VI. — Henri de CHATILLON, chlr 1327, ne fut pas sgr de la Roche-Milay étant m^t 1328 avant s. père ; fut sgr de la Montagne qu'avait sa fille Jeanne 1349 ; ép^n av. 1318 Isabeau *de Châtelperron*, dame de la Ferté-Chauderon, fille d'Hugues et d'Alix de Montaigu-le-Blin, dont : 1° Marie, dame de 1/2 la Roche-Milay dont hmage 1334, m^te av. 1353 sans posté., ép^a 1334 Jean *de Châteauvillain*, chlr, sgr de Luzy, 2° Jeanne, dame 1/2 la Roche-M. et la Montagne, ép^a en juin 1334 Girard *de Bourbon* (2), chlr, sgr de Clessy.

Armes : Losangé d'or et d'azur.

Sources : Originaux coll^on de Soultrait, à Soc. niv. — *Inv.* de Marolles. — Arch. Niév. E et H. — Arch. chât. Devay. — Copies du c^te de Chastellux, à Soc. niv. — *Cartul. égl. d'Autun*, A. de Charmasse. — D. Villevieille, 27, 33, 77, 90. — *Inv.* de Peincedé. — P. Anselme, II. — *Hist. St-Martin d'Autun*, Bulliot. — D. Plancher, II. — Gaignières, 22256. — *Hist. Châtillon-s.-Marne*, A. Duchesne.

Éteints.

Girard, chlr, sgr de Clessy, la Roche-Milay, Vitry (Autunois), la Montagne que sa fme échange 1349 ; sa belle-mère Isabeau lui abandonne 1349 droits sur succ^ion de f. Guy, il reçoit aveu à cause la Roche-Milay 1356, en f. hmage 1368 et en Autunois 1372, m^t av. 1378, ép^a 1^n juin 1334 Jeanne de CHATILLON, dame de 1/2 la Roche-M., fille de sa belle-mère Isabeau et d'Henri de Châtillon-la Roche-Milay, 2^n av. 1366 Aalaïs *de Bourbon-Montperroux*, dame de Vitry-sur-Loire, fille de Jean, sgr de Montperroux et Vitry ; il eut du 1er lit : Isabelle de Bourbon, dame de Clessy et

la Roche-Milay en p^ie, ép^n 1re Bernard *Arcelin de Montaigu*-Listenois (d'Auvergne), 2^u 1361 Guill^e de MELLO, chlr, sgr d'Epoisses et Huban ; les enfants de ces deux lits eurent la Roche-Milay en p^ie.

Armes : Semé de fleurs de lis, au bâton en barre.

Sources : *Hist. mon d'Auvergne*, I, Baluze. — Arch. chât. Devay. — *Inv.* de Marolles. — Arch. Niév. E, 34. — Arch. Saône-et-L., E. 136. — Arch. de Bellombre. — D. Villevieille, 27.

Éteints.

(*) Guillemette de Couches, qui ép^a fin du XIIIe s. G. de Châtillon, n'est pas une Montaigu ; Etienne est le 1er Montaigu qui fut sgr de Couches (Autunois) par maage v. 1300 avec Marie, dame de Couches. Ces de Couches sont connus en Autunois dep. 1223 ; un Hugues, chlr, qui acte 1284-89, est peut-être le père de cette Guillemette. (*Inv.* Peincedé. — *Cartul. égl. Autun*, de Charmasse.)

(**) Baluze fait confusion en donnant ces Blanche et Jeanne pour filles à Henri de Châtillon ; cela tient à ce qu'en 1334 les petites-filles de Girard viennent à partage de sa succession avec ses filles, à cause du prédécès de son fils Henri. (*Inv.* Marolles, et A. Duchesne.)

CHAUDERON

IENNENT peut-être de Bourbonnais.

ARNOUL Ier (*de Firmitate*) et Girbert, son frère, sgrs de la Ferté (c[ne] Chantenay), première des quatre baronnies de Nivernois (*), se désistent 1040 de droits sur prieuré de Vesvre (auj. St-Léopardin, rive gauche d'Allier) (**) ; ils contestèrent au prieuré de St-Pierre-le-M[er] une don[on] de leur vassal Fr[a] de Thoury.

ARNOUL II, sgr de la Ferté, confirme à la fin du XIe s. des don[ons] à St-Léopardin « sicut Arnulfus avus meus atque Girbertus frater ejus... dederunt ». En 1097, Arnoul CHAUDERON a dans sa mouvance les fiefs de Guy Le Normand, en Bourb[nis] et Imphy, qui sont tenus de l'évêque Nev. (arm. Baluze, v. 74).

GILBERT CHAUDERON (*Caldero*) est caution d'emprunt d'Archambault de Bourbon pour la croisade 1147. Son successeur, désigné sous le nom « Chauderon de la Ferté », souscrit en 1174 l'accord du c[te] Nevers avec duc Bgogne et la charte priviléges pour Tonnerre par le c[te], puis 1185 un accord du prieuré de Souvigny (***).

ARNOUL III CHAUDERON, chlr, baron de la Ferté, sgr de Dornes (arr[t] Nevers), reçoit don d'A. de Sermoise 1201, est au rôle des *milites* sous Hervé, c[te] Nev., 1214 « Chauderum de Feritate » ; caution du maage d'Agnès, fille du c[te]. avec Philippe de Fr. 1215 ; eut d'Isabeau, citée en 1209 : 1° Arnoul, suit ; 2° Regnault, clerc, qui affranchit des serfs pr. la Ferté, av. 1267.

ARNOUL IV CHAUDERON, chlr, b[on] de la Ferté, sgr de Tresnay (c[on] Dornes), Précy (c[ne] Livry), Azy-le-Vif (c[on] St-Pierre), « Arnulfus Calderonis, dominus de Firmitate », avoue au sire de Bourbon biens rive gauche d'Allier 1230, souscrit charte du c[te] aux hab[ts] Nevers 1231, achète Tresnay 1238, « nobilis vir Arnulfus Chauderums, dominus de Firmitate Chauderun », fait don[on] 1250 à R. de Sermoise à charge de reversion, engage Tresnay et Précy avec sa fme Jeanne 1252, vend à Précy 1252 ; épousa av. 1228 Jeanne *de Toucy* (1), fille d'Anséric II, sgr de

(1) DE TOUCY. — *D'Auxerrois.* — Puissants barons de Toucy et sgrs de Puisaye dès le XIe s., ont comme tels, dans leur mouvance, la baronnie de Perreuse (Donziois) et Trucy-l'Orgueilleux (c[on] Clamecy), et interviennent comme vassaux des c[tes] Nev. dans les actes de ceux-ci 1120, 1145, etc. Donnent au XIIe s. à l'abb. de St-Laurent (c[on] Pouilly) ; sont aux croisades 1097, 1147 et 1190.

Ithier DE TOUCY fut sgr de Puisaye et de Perreuse 1060, où lui succède son fils Narjot Ier, père de Ithier III, père de :

NARJOT II DE TOUCY, chlr, sgr de Puisaye, souscrit en 1173 trois chartes : d'autoris[on] par le c[te] Nev. à l'évêque de fortifier Prémery, de garde du c[te] sur l'abb. Corbigny, et de paix du c[te] avec duc Bgogne ; et en 1174 deux autres chartes du c[te] Nev. pour franchises de Tonnerre, et don à la Charité. Son fils Ithier IV jure la coutume donnée à Auxerre par Pierre de Courtenay 1194 ; il eut d'Agnès de Dampierre : 2° Anséric, suivra ; 1° Ithier, pleige de Hugues de Lormes envers c[te] Nev. 1218, tué à Damiette 1218, père de : *a*, Jean, fait échanges avec c[te] à Clamecy, Billy, Oisy 1212, souscrit

(*) Le baron de la Ferté était sénéchal héréditaire du comté de Nivernois, et, à ce titre, commandait l'avant-garde au départ « quand le conte va en bataille », et l'arrière-garde au retour, avait doubles gages de banneret et droit de choisir le meilleur cheval du c[te]. Un aveu de 1332 prouve que les sgrs de la Ferté avaient droit de battre monnaie. (Guy-Coquille, et *Inv. de Marolles*.)

(**) Le nom CHAUDERON ne se trouve pas dans cette charte qui porte seul[t] « *Arnulfus de Firmitate et Girbertus frater ejus* », mais la possession de la Ferté et la répétition constante du prénom *Arnoul* ne laissent pas de doute sur l'identité de famille. Dom Caffiaux prétend avoir vu chez Parmentier, à Nevers, une pièce (une note ?) sur la même époque, portant « Arnoul dit Chauderon et Gilbert Chauderon, son frère ». — Les formes successives authentiques sont : Calderons, 1147 ; Chauderum de Firmitate, 1185 ; Chauderon de Feritate, 1214 ; Ar. Calderonis, 1231 ; Chauderons, 1270, etc. — Le nom du fief fut : *la Ferté-Chauderon* jusqu'au XVIIIe s., et *la Ferté-Langeron* depuis.

(***) Peut-être pourrait-on placer dans cette famille, des CHAUDERON témoins en 1187 et 1200 d'actes du prieuré de la Charité ; les moines reçoivent en 1238 la gagerie achetée près de la Marche « ab Humberto, milite, cognomento Chandero » ; et en 1250 « Guillelmus et Morellus, dicti Chauderii, fratres, armigeri, et Guido dictus Chauderius, miles, frater eorum » reconnaissent que leurs biens à Pouilly (arr[t] Cosne) et Charenton (c[ne] Pouilly) sont tenus en fief de l'égl. de la Charité. (*Cartul. de la Charité*, CXI.)

Pierre-Perthuis, laq. reçoit de sa mère biens pr. Sancoins 1255 ; il en eut : 1° Arnoul, suit ; 2° Etienne, clerc 1252, chanoine Nev. 1267, f. hmage à St-Parize 1300, fait testam^t mutuel avec Geoffroy 1291 ; 3° Geoffroy, chanoine Auxerre 1267, laisse ses biens 1301 à sa nièce Isabelle.

ARNOUL V (*) CHAUDERON, chlr, b^{on} de la Ferté,·sgr de St-Parize, Azy-le-Vif, Précy et 1/2 de Roanne (Forez), baille à Azy 1255, à St-Parize 1267, où il a construit l'étang, vend Pinay au c^{te} de Forez 1263, reçoit aveu à cause la Ferté 1268, donne au prieuré St-Pierre 1270, affranchit un habit^t de Roanne 1270 ; m^t 1273 ; eut d'Isabeau de Roanne, fille de Dalmace IV, sgr de Roanne : 1° Arnoul, suit ; 2° Isabelle, dame de la Ferté et St-Parize, reçoit Précy de son père av. 1269, hérita 1291 de son frère Arnoul, et en 1301 de son oncle Geoffroy Chauderon, ép^a peu av. 1269 Guichard *de Châtelperron* (2), chlr, dont elle est veuve 1301.

charte donnée à ville de Nev. 1231, transige avec la c^{tesse} 1242, eut d'Emma de Laval : Jeanne, fille unique, dame de Toucy et de Puisaye, fait hmages au c^{te} 1294-1304. fme de Thibaut II, c^{te} *de Bar* (**) (Champagne) ; *b*, Othon, père de l'amiral et grand-père de Jeanne de Toucy, qui ép^a v. 1297 Dreux IV DE MELLO, sgr de Lormes et Chât.-Chinon.

ANSÉRIC DE TOUCY (2° fils d'Ithier IV), chlr, sgr de Bazarne (Aux) et de Pierre-Perthuis (chât^{lie} Monceaux-le-Cte), dont il réserve l'hmage au c^{te} Nev. 1220, fut à la croisade 1218, témoin du c^{te} envers prieuré St-Étienne Nev. 1226 ; sa veuve Guill^{tte} de Montfaucon f. hmage au c^{te} p. Pierre-Perthuis 1257 ; il eut : Guy, suit ; Jeanne, a rente sur Pierre-Perthuis 1235, fme d'Arnoul CHAUDERON, chlr, sgr de la Ferté, ci-dessus.

Guy eut Pierre-Perthuis au partage 1264, est arbitre du c^{te} Nev. 1283, eut : 1° Guy, suit ; 2° Guill^e f. hmage en chât^{lie} St-Saulge 1296, est à l'entrée du c^{te} à Nev. 1296 ; 3° Oudart, chanoine Nev. f. hmage p. Noison (c^{ne} Montenoison) 1317.

Guy, chlr, sgr de Pierre-Perthuis 1311, est père de : Guy, suit, et de Guill^e, chanoine de Reims, f. hmage p. Pierre-Perthuis, Chalvron (c^{ne} St-Aubin-Chaumes), Montsabot (c^{ne} Neuffontaines) et Foissy 1336, et p. Montapas (c^{on} St-Saulge) 1350.

Guy, chlr, sgr de Bazarne et de Noison, dont hmage 1327, arbitre pour prieuré Guipy 1339, eut entre autres : Louis, sgr de Moraches (c^{on} Brinon) après son

frère Jean m^t 1363, y reçoit aveu 1381, fait fondations à St-Martin-Nev. 1363 et 1407 ; et Marg^{te}, dame de Noison et Saisy (c^{on} Tannay), dont hmages 1343-71, fme de Jean *de Veaulce*, chlr.

Armes : De gueules, à trois pals de vair, au chef d'or chargé de quatre merlettes de gueules.

Sources : Hist. Courtenay, du Bouchet. — P Anselme, VII. — Mss de D. Viole, à Auxerre. — D Villevieille, 87. — Arch. chât. de Chastellux. — *Inv.* de Marolles.

Éteints.

(2) DE CHATELPERRON. — *De Bourbonnois.* — Chlrs du XII° s.; Philippe-Auguste leur donne Gerzat. En 1220 Wilhelmus de Castro Petri est sgr de Vaumas et Liernolles (Bourb^{s}).

GUICHARD DE CHATELPERRON (fils d'autre Guichard), chlr, b^{on} de la Ferté (c^{ne} Chantenay), St-Parize-le-Ch^{el} (c^{on} St-Pierre) et Précy-s.-Allier (c^{ne} Livry), par son maage av. 1269 avec Isabeau CHAUDERON, ci-dessus, fille d'Arnoul et d'Is. de Roanne ; elle reçut Précy en dot, et eut la Ferté et St-Parize à la m^t de son frère Arnoul C., sénéchal héréditaire de Nivernois, échange près Précy 1285, y achète 1287, est à l'entrée du c^{te} à Nev. 1296 ; sa veuve reçoit aveus à la Ferté 1302 ; leurs enfants sont : 1° Hugues, suit ; 2° Arnoul, chlr, sire de St-Parize, dont hmages 1320 et 32 et p. biens pr. Beaumont 1323, m^t sans alli.; 3° Jean, prieur de St-Pierre-le-M^{er} 1319.

(*) La répétition du prénom *Arnoul* peut jeter quelque confusion dans la chronologie de ces b^{ons} de la Ferté, mais il faut remarquer que la fme d'Arnoul IV testa en 1256, et qu'Arnoul, mari d'Isabeau de Roanne, est bien un autre personnage ; sa fille se marie av. 1269, et son fils Arnoul VI est majeur en 1273, tous deux possess. en Forez. Le maage d'Isabeau de Roanne dut avoir lieu v. 1245 ; son père Dalmace IV mourut entre 1260 et 64, et laissa Roanne à ses deux filles Alice et Isabeau. L'affranchiss^t de 1270 porte : « *Nos Arnulphus Chauderons, miles, dominus de Firmitate et de Rodenna pro parte dimidia.* » (*Hist. des c^{tes} de Forez*, de la Mure.) Ses enfants Arnoul VI et Isabeau sont sgrs de 1/4 de Roanne chacun 1273, et Isabeau héritière d'Arnoul vendit sa 1/2 de Roanne 1291 au c^{te} de Forez.

(**) La maison des comtes puis ducs DE BAR posséda, durant près de deux siècles, la Puisaye, comprenant Perreuse (voir p. 490), par suite du mariage av. 1269 de Thibaut II avec Jeanne DE TOUCY, ci-dessus, veuve 1287, f. hmage au c^{te} Nev. à cause Donzy 1298 et 1302, partage ses fils 1304 ; Jean eut la Puisaye, dont aveu au c^{te} Nev 1305, y compris Perreuse, S^{t}Amand (arr. Cosne) et la Vaul (chât^{ie} St-Sauveur), m^t sans posté.; ses héritiers sont ses frères Erard et Pierre et son neveu Edouard, qui font hmage au c^{te} Nev. 1317 ; les descendants des deux premiers f. hmages pour St-Amand : Jean en 1351, Henri en 1367 et Jean en 1395 ; quant à Edouard, il avait 3/5 de la Puisaye, m^t à Chypre 1336, eut pour fils sgr de Puisaye : Henri, père de Robert, duc DE BAR, qui f. hmage p. Perreuse 1371 et p. la Vaul 1404, eut entre autres : Jean, sgr de Puisaye, tué sans posté. à Azincourt 1415, et Louis, cardinal, en hérita, m^t 1430, donnant à son neveu J.-J. Paléologue, m^{is} de Montferrat, fils de sa sœur Jeanne de Bar ; puis les deux fils de J.-J. vendent 1450, à Jacques Cœur, Perreuse et la Puisaye nivernaise. — *Armes :* D'azur, semé de croix recroisetées au pied fiché d'or, à deux bars adossés du même brochant sur le tout. —— *Sources :* P. Anselme, V. — *Inv.* de Marolles. — A. du Chesne, 1631, *maison de Bar-le-Duc.* — D. Villevieille, 9. — D. Caffiaux, 1234.

Éteints.

ARNOUL VI CHAUDERON, damoiseau 1274-85, b^on de la Ferté, sgr de St-Parize et Azy, achète à la Ferté 1274 et à St-Parize 1282-91, y échange 1285, accorde avec abb. St-Martin Nev. 1282 et 1285 pour biens à Limoux, confirme 1287 les franchises des hab^ts de la Ferté, reçoit 1289 de son beau-frère G. de Châtelperron l'usufruit des Chaises (c^ne Chantenay), m^t 1291 sans posté. d'Agnès de Sancerre, fille de Jean, c^te de Sancerre, et de M^ie de Vierzon; elle transige pour douaire 1291.

GUILLAUME CHAUDERON (peut-être fils d'Arnoul IV), chlr, sgr de Dornes, fait av. 1261 don au prieuré Lucenay-les-Aix, f. hmage 1262, teste 1292, donnant à Souvigny, où son fils est moine; sans doute père de :

JEAN CHAUDERON, chlr, sgr de Dornes, y reçoit aveu 1315, en f. hmage 1332 à cause la Ferté, et en 1350 p. dîmes à Lucenay, ép^a Marg^te de Varennes; Dornes est aux *Dauphin* à la fin du XIVe s.

On trouve encore : Huguenin CHAUDERON qui f. hmage dans chât^ie Châteauneuf-val-de-Bargis 1296, fils d'Hugues, m^t av. 1277, et d'Isabelle de Varennes. — Jeanne, abbesse de St-Julien d'Auxerre 1339. — Jacques, sgr de Tresnay, dont hmage 1351. — Guill^e f. hmage près St-Menoux (Bourb^s) 1386. — Jean, écr, à la réception à Nev. du b^on de la Ferté 1405.

Armes : D'or, au chef de sable.

Sources : D. Mabillon, Annales de St-Benoît. — *Noms féodaux*, Bétencourt. — Mss. de D. Mesgrigny. — *Cartul. du prieuré de la Charité.* — *Traité du ban*, de la Roque. — *Inv.* de Marolles. — *Hist. des c^tes de Forez*, de la Mure. — D. Caffiaux, 1234. — Arch. Niév. E et H. — D. Villevieille, 19, 27 et 63. — *Hist. du Niv.*, Guy-Coquille.

Éteints.

HUGUES, chlr, sgr de la Ferté-Chauderon et Livry (c^on St-Pierre), vend à la Ferté avec sa mère 1302, y reçoit aveu 1310, y accorde avec L. de Bourbon 1316 et un prieuré St-Pierre 1319, m^t 1328, épousa 1° Jeanne DE LA RIVIÈRE, dame de Challement; 2° Alix *de Montaigu* (Auvergne) (*); eut du 1er lit une fille unique :

ISABEAU, dame de la Ferté, Jaligny (Bourb^ais), Précy, Azy-le-Vif (c^on St-Pierre), Parenche (c^ne Azy) 1332, usufruitière de la Roche-Milay (c^on Luzy), a dans sa mouvance Dornes et St-Parize, donne en viager Toury-s.-Jour (c^on Dornes) 1332, f. hmage p. la Ferté et Challe-

ment 1332, et p. Brinon et Taconnay (c^ne Neuville) 1351, acte 1355; ép^a 1° av. 1318 Henri DE CHATILLON, chlr, sgr de la Roche-Milay, 2° 1er juin 1329, Robert *Dauphin*, chlr, sgr de Jaligny, m^t 1330, dont le fils eut la Ferté-Chauderon; 3° av. 1334 Guy *de Bourbon*, chlr, sgr de Clessy.

Armes : Écartelé d'or et de gueules.

Sources : D. Villevieille, 26. — Arch. nat. P. 470. — Arch. Niév. E. — *Inv.* de Marolles. — *Noms féodaux.* — D. Caffiaux, 1234.

Éteints.

(*) AYCELIN DE MONTAIGU. — *D'Auvergne.* — Connus depuis le XIIIe s. près Billom. Se distinguèrent dans l'Église. Gilles, archev. de Narbonne, 1312. Pierre AYCELIN DE MONTAIGU fut évêque de Nevers 1361-70, puis cardinal 1388. — Devinrent sgrs de Monteldon et du Breuil (Bourb^ais) XIVe s.

Alix AYCELIN DE MONTAIGU, 2e fme et veuve 1332 d'Hugues *de Châtelperron*, ci-dessus, était usufruitière de Précy (c^ne Livry) et la Chaume (*id.*) 1354. — Bernard de Montaigu, dit Griffons (fils de Gilles AYCELIN, sgr de M^le et de Marg^te de la Tour), chlr, sgr de Listenois, puis de la Roche-Milay (c^on Luzy), ép^a av. 1360 Isabeau *de Bourbon*-Clessy, fille de Girard et de Jeanne de Châtillon, dame de la Roche-Milay; leur fils, Louis, dit de Listenois, chlr, sgr de Vitry (Autunois) et de 1/2 la Roche-Milay 1401, obtint contre son frère utérin G. de Mello, arrêt du Parl^t lui confirmant cette moitié; fut à la croisade en Barbarie; est gouvern^r du Niv. Donz. 1421, traite trèves du sgr Chât.-Chinon avec Bgogne 1414; m^t 1427, ép^n 1381 Marg^te de Beaujeu (Beaujolais), dont une fille unique, Isabeau, dame de Listenois, Vitry, la Roche-Milay p^le, qu'elle porta à Jean *de Vienne*, chlr, m^t 1425, et cette br. de Vienne prit nom de Listenois; cette Isabeau est remariée av. 1428 à Charles DE MELLO, qui devint ainsi sgr la Roche-Milay. —— *Armes :* De sable à trois têtes de lion arrachées d'or. (P. Anselme.) —— *Sources :* *Inv.* de Marolles. — Pièces origin. 1915. — Arch. S.-et-Loire, E. — P. Anselme, VII.

Éteints.

✤✤✤✤✤✤✤✤✤✤✤
✤✤✤✤✤✤✤✤
✤✤✤

DE CHÉRY

PRENNENT leur nom du fief de Chéry (pr. Souvigny, Bourbonnais), dont ils sont sgrs dès. 1301 jusqu'à 1493, qu'ils le vendent aux de Bigüe qui en reprennent le nom. — Nicolas DE CHÉRY, écr, acquit du sgr de Blet (Berry) la h^te justice de Moulin-Porcher, 1350. Louis, sgr de Chéry et Moulin-Porcher, chambellan de Charles VII, eut de Perronnelle *de Thianges* du Creuzet : Jean, sgr d'*id.*, père de : 1º Fr^s, écr, sgr de Moulin-Porcher en p^ie, m^t 1530, eut de Jacquette DE BAR, fille de Fr^s, b^on de La Guerche : *a*, Fr^s, sgr de Bretignelles (c^ne Pougny) et de Montbenoist (*id.*) 1541 par sa fme Marie *de Buxière*, et leur fille Anne porta Montbenoist aux TROUSSEBOIS ; cette br. de Chéry s'éteint en Berry v. 1640 ; 2º Jean, fait aveu à Souvigny 1494, assiste 1525 au maage de son fils, qui suit :

I. — FRANÇOIS DE CHÉRY, écr, sgr de Moulin-Porcher, dont hmage 1541, transige en Berry 1530, vend sous scel de Château-Chinon 1538, partage 1551 à ses fils ses biens par^ses de Prémery, Sichamps et Rigny ; sa veuve baille à Pouques (c^on Lormes) 1567 ; épousa s. scel Moul.-Engilbert 10 janv. 1525 Catherine *Cornillat* (*), fille d'Étienne, dont il eut : 1º Jean, écr, sgr de Rigny en p^ie (c^ne Nolay) et Grenaut (c^ne Beaumont-Fer^re) 1556, baille par^se Poiseux et y vend 1565, et sa veuve vend 1578 ses biens de Nivernois à Nicolas de Chéry ; épousa 8 avr. 1556 Fr^se de Conquérant, fille de Charles, sgr de Gondreville (Brie), dont : *a*, Robert, se fixa en Brie ; *b*, Michel, écr, b^on d'Alarde (pr. Sancoins), gentilh^e de la m^on de duchesse Niv. 1592, vend ce qui lui reste par^se Poiseux 1598, ép^a à Choulot 22 oct. 1592 Claude Barillet, fille de Gilbert, b^on d'Alarde, et de Jeanne du Lys, dont : Gilberte, ép^n 1607 Fr^s *Leroy*, écr, sgr de Cuy ; 2º Nicolas, qui suit ; 3º Léonarde, ép^n av. 1564 Gilbert DE LICHY, écr, sgr de Chaillant.

II. — NICOLAS DE CHÉRY, écr, sgr de Rigny p^ie, Mongazon (c^ne St-Franchy), Sancy p^ie (*id.*), 1568 dem^t à Pouques, sert dans c^ie de Michel du Lys, est h^me d'armes dans c^ie duc Nevers 1581-88, déchargé du ban Niv. 1601, au rôle des exempts de taille 1599-1624, achète biens de sa belle-sœur 1578, achète Mongazon (**), dont hmage 1582, vit 1630 ; ép^a 1º 9 mars 1574 Antoinette *de Lanvaux*, m^te 1580, fille de Jean, sgr de Crain, et de M^ie de Loron, 2º 2 janv. 1581 F^se *de Paris* (1), m^te 1584, fille de Jean, sgr d'Arthel, et de Jacqueline d'Avril, 3º 26 mai 1588 Marg^te

---

(1) DE PARIS. — Guillaume DE PARIS, écr, sgr de la Chipaudière, au comté de Nantes, et de Philippières (arr^t Joigny), épousa 1505 Isabelle de Thoumery, dame de Philippières, dont il eut : 1º Guille, chanoine et official de Nev. 1562, vicaire gén^al 1570, donne à ses neveux ses biens pr. St-Loup-d'Ordon (Champa.) 1577; 2º Pierre, écr, sgr de Philippières et d'Arthel en p^ie (c^on Prémery), partage avec frères 1529, eut de F^se d'Avril, sœur de sa belle-sœur : *a*, Barthélemy, écr, sgr de Philippières et du Mée (c^ne Sainpuits, chât^ie St-Sauveur) 1578, gentilh^e m^on du roi, ép^a 1566 Cl. de Chamfre-

meux, dont Edme, sgr du Mée ainsi que son fils Jacques-Alex., maintenu en él^ion Clamecy 1668, dont la fille M^ie-Anne ép^n 1669 Guille DE GRANDRY, sgr de Chauvance ; *b*, Henriette, ép^a av. 1571 Edme *de Gayot*, écr.

I. JEAN DE PARIS, écr, sgr de Philippières p^ie, Arthel, Beuvron en p^ie (c^on Brinon) et la Bussière (c^ne Sémelay), gentilh^e m^on du roi 1566, ch^r de l'ordre, fait hmage p. Arthel 1540, vend à Asnois et en Champagne 1561, m^t à Beuvron 1572, ép^n 1º av. 1538 Jacqueline *d'Avril*, fille de Pierre et de Jeanne de Longueville, dame

---

(*) CORNILLAT. — Bourgeois de Moulins-Engilbert ; possédèrent Traclin (c^ne St-Léger-F^el) au XIVe s.. Passèrent à Lormes, où Pierre CORNILLAT est proc^r fiscal 1459. Guyot f. hmage p. Montigny (c^ne Pouques) 1510. Etienne, père de Catherine ci-dessus, habitait Pouques 1525, et un maage dut lui porter Rigny en p^ie (c^ne Nolay), qui passa à son gendre Fr^s DE CHÉRY av. 1551. Nicolas Cornillat, contrôleur au grenier Chât.-Chinon 1516, m^t av. 1528, ép^a Jeanne de Houppes, dont : Pierre, sgr de Rigny p^ie, frère de Claudine Cornillat, qui ép^a 1546 Michel DU LYS, écr, sgr de Choulot. Jeanne Cornillat ép^a fin du XVIe s. Albert *Mazilier*, bailli de Bazoches-en-Morvand. — (*Inv.* de Marolles. — D. Caffiaux 1234. — Arch. de M. Etignard de la Faulotte. — *Carrés* de d'Hozier, 396. — *Le Morvand*, Baudiau.)

(**) Mongazon appartient au XIIIe s. à une famille du nom qui en fit hmages successifs à Montenoison durant deux siècles, et s'éteignit en Philiberte DE MONGAZON, mariée peu av. 1455 à Pierre Gaultier, écr, dont les descendants, sgrs du lieu, reprennent le nom de Mongazon et s'éteignent en 1522. (*Inv.* de Marolles.)

DU LYS, fille de Pierre et d'Elie de St-Phalle ; eut du 1er lit : 1° Louise, sans posté., donne à son neveu Adrien, ép^a 1594 Louis D'ARMES, écr ; du 2° : Fr^s, sa tutelle 1584, sert dans c^{ie} du s^r de Champlemy 1601, est au siège d'Amiens 1597, m^t célib.; et du 3° : 3° Eustache, né à Rigny 1592, trésorier du chap. Nev. 1618, aumônier de la reine-mère 1627, gr. archidiacre et official Nev. 1628, évêque de Philadelphie et coadjuteur de Nev. 1634, évêque Nev. 1643, résigna 1666, prieur de St-Révérien 1666, eut en partage 1632 Mongazon, dont il rebâtit le chât. en p^{ie}, reçut Grenant (c^{ne} Beaumont-Ferrière) de son oncle Eustache du Lys 1632, acheta Lurcy-le-Bourg (c^{on} Prémery), Boulon (c^{ne} Lurcy), Maré (id.), Sangué (id.), puis Marolles (c^{ne} Oulon) et Neuvy (id.) 1644, et en 1653 les biens confisqués pour duel sur Ad. de Chéry, m^t à Prémery 1669 ; 4° Laurent, chanoine, puis trésorier et official Nev. 1619-67, prieur de St-Gildard 1627, sgr de Beaumont-Sard. (c^{on} St-Benin), la Cave (c^{ne} Beaumont-S.), Marcilly (id.), la Loge (id.), qu'il achète 1666, m^t 1667 ; 5° Fr^s, suit ; 6° Adrien, chanoine Nev. 1624-69 ; 7° Léonard, écr, sgr de Mongazon, Sancy, Lurcy-le-Bourg, Boulon, Maré, Sangué, reçoit ces 4 dernières sgries de son oncle Eustache 1638 avec substitution à sa sœur Madeleine, et celle de Mongazon avec substit^{on}

d'Arthel, 2e 1552 Fr^{se} d'Oyseau, veuve de Léger de Marry, sgr de la Bussière, 3e 21 janv. 1561 Roberte de la Forêt, veuve de Louis de Salazar, sgr d'Asnois ; eut du 1er lit : 1° Imbert, suit ; 2° Antoine, écr, sgr de Lâché (c^{on} Brinon) 1585 et de Beuvron p^{ie}, dont hmage 1599 ; 3° Jean, écr, sgr Beuvron et Arthel p^{ie} 1577-85; 4° Perrette, ép^a 1567 Julien du Poyrier, écr (Issoudun); 5° Adrienne, fme d'Ant. de Barnault, écr, sgr de Guipy ; 6° Fr^{se}, ép^a 1581 Nicolas DE CHÉRY, ci-dessus.

II. IMBERT, chlr, sgr d'Arthel, la Bussière, Beuvron p^{ie} et Philippières p^{ie}, gentilh^e m^{on} du roi 1572-82, f. hmage 1575 p. Beuvron et la Bussière, dont terrier 1566, achète part de sa sœur Fr^{se} à Arthel 1574, reçoit de son oncle Guill^e 1/4 Philippières 1577, baille à la Bussière 1578, partage avec frères, sœurs 1581, teste à Arthel 1588, ép^a 1e Jeanne de Marry, fille de Léger, sgr de la Bussière, et de Fr^{se} d'Oyseau, 2e av. 1583 Catherine de Rochechouart, dame du Bouchet, veuve de Cl. de Boisserand, sgr de Lamenay ; eut du 1er lit : 1° Jean, chanoine Nev. 1588-1621 ; 2° Fr^s, suit ; 3° Guill^e, suivra ; 4° Benoît, novice à La Charité 1588; 5° Antoinette, dame Beuvron p^{ie}, ép^a av. 1608 Jacques DE BOURGOING, d'Armance ; 6° Madeleine, clarisse à Decize ; et du 2e lit : 7° Anne, dame du Bouchet, ép^a 1e Gabriel de Reugny, écr, sgr de Riégeot, 2e 1606 Louis de Beaulieu, écr (Mâconn.).

III. FRANÇOIS, écr, sgr d'Arthel p^{ie} 1588, y acte 1613-47, sert au ban Niv. 1597, exempt au rôle des tailles 1635, m^t 1650; ép^a 10 févr. 1608 Jeanne DE LA PLATIÈRE, fille de Jean, sgr de Montifaut, et de Renée d'Estut, dont : 1° Gilbert, écr, sgr d'Arthel p^{ie}, où il est parrain 1616-42, m^t 1644 sans posté.; 2° Fr^s, suit ; 3° Charles, 1619-30; 4° Edmée, ép^a 1630 René de Pierrepont, écr, sgr de Baleines.

IV. FRANÇOIS, écr, sgr de la Motte-d'Arthel et Ter-

nan (pr. Arthel), est seul fils vivant 1647, plaide contre J. Guynet, sgr d'Arthel (*) 1665, m^t 1686, ép^a 30 avril 1647 Marie de Bussy, fille de Fr^s, sgr de la Montoise, dont : 1° Paul, suit ; 2° Loup, reçoit 1,000 l. au c^{at} de Paul 1675 ; 3° Reine.

V. Paul, écr, sgr de la Motte-d'Arthel et la Roches.-Loire (c^{ne} Tracy) 1669-93, sert au ban Niv. 1691, m^t av. 1715, ép^a 13 mai 1675 Marg^{te} DE TROUSSEBOIS, fille de Michel, sgr de Passy et la Roche, dont : 1° L^s-Fr^s, 1686 ; 2° Jean, suit ; 3° Marg^{te}, ép^a av. 1697 Nicolas Desprez, écr, sgr de Neuville.

VI. JEAN, écr, sgr d'id., né à Arthel 1685, capit. rég^t de Bacqueville 1715, chlr St-Louis, m^t à l'île de Ré 1743, ép^a 1715 Suz. Courtillat, fille de Siméon, prés^t au grenier sel Sancerre, dont : Jean-Sim., ép^a d'id et du Port-Aubry (c^{ne} Cosne), ép^a 1750 Fr^{se} Soulet (St-Satur), dont : J.-B.-Henri, né à la Roche 1755, m^t sans posté.

III. GUILLAUME DE PARIS (3° fils d'Imbert), écr, sgr de la Bussière, dont hmage 1635, et Couloise (c^{ne} Chiddes), dont hmage 1615, sert au ban 1597, est au rôle des exempts de taille 1599, fait reconn^{ce} à Marry 1598, ratifie un échange à Philippières 1613, m^t av. 1640 ; eut de Perrone de Vellerot : 1° Jacques, suit ; 2° Gabriel, suivra ; 3° Marg^{te} ; 4° Charlotte.

IV. JACQUES, écr, sgr de la Bussière, St-Grémange (c^{ne} Pazy) et Champcourt (c^{ne} Moul.-Engilbert) qu'il vend 1650, partage avec Gabriel 1640. baille à la Bussière 1643 ; ép^a 11 avril 1630 Marie Courtois, dame de Champcourt, fille de Guill^e, dont : 1° Jean, suit ; 2° Anne-M^{ie}, ép^a av. 1670 Ch.-Henri du Ruel, chlr, sgr de Montécot.

V. JEAN, écr, sgr de la B., St-Gr., Prélichy (c^{ne} Pazy) et Pazy (c^{on} Corbigny) 1661-1703, reçoit au test^t de

(*) GUYNET. — Origin. du Lyonnais, puis au Parl^t Paris. — Nicolas GUYNET, cons^r au Grand-Conseil 1611, épousa Marg^{te} Foullé, fille de Léonard, sgr de Prunevaux, eut pour frère, Jean, prieur de Lurcy-le-Bourg 1652, et pour fils : Jean, écr, sgr d'Arthel p^{ie} (c^{on} Prémery), Authiou (c^{on} Brinon) et Sophin (c^{ne} Authiou), m^{tre} d'hôtel du roi 1652, m^{tre} chr^o comptes P^{is} 1665, refait terrier d'Arthel 1652, y plaide 1681, m^t 1700, ép^a av. 1660 Cath. Pourfour, dont : Jean, abbé de Nantes 1683-1733, et Fr^s, chlr, sgr d'Arthel, Authiou, Sophin, m^{tre} des requêtes 1692, cons^{er} d'État 1722, m^t 1737 sans posté., ép^a 1691 Fr^{se} Dubois de Guedreville, marr^{ne} de cloche d'Arthel 1727 ; ses héritiers vendent Arthel, etc., aux Fournier. —— Armes : De gueules, à trois mâcles d'or. —— Sources : Lachesnaye-d.-Bois. — Reg. par. d'Arthel. — Arch. Nièv. B.

à Adrien, a lettres de rescision 1643 du partage de 1632, m^t à Boulon 1649 sans posté., ép^a 21 janv. 1638 Madeleine *de Quinquet*, fille de Josias, sgr de Choulot, et d'Eugénie de Montigny; 8° Madeleine, héritière de Lurcy, Boulon, Maré, Sangué 1649, ép^a 1619 Paul DE CHARRY, écr, sgr de Huez.

III. — FRANÇOIS DE CHÉRY, écr, sgr de Mongazon p^{le} et Sancy, né 1594, est au siége de St-Jean-de-Losne 1636, au rôle d'exempts de taille 1635, partage avec frères 1632, puis les bois de Sancy 1645, vend à Adrien ses droits en succ^{ion} de Laurent leur frère, vend une rente 1677, m^t av. 1680 ; ép^a 29 juin 1616 Jeanne D'ARMES, fille de Jean et d'Esther Poupaille, dont : 1° Laurent, chanoine Nev., gr^d archidiacre et vicaire gén^{al} 1655, coadjuteur de l'év. 1657, évêque de Tripoli 1659, prieur de Ste-Valière-Nev., m^t 1661 ; 2° Louis, écr, sgr Mongazon, sert aux chevau-légers en Italie 1646, cap. rég^t de Créquy 1648, tué en duel à Poiseux (*) 1651, célib.; 3° Adrien, suit ; 4° Charles, suivra ; 5° Nicolas, chanoine Nev. 1657, prieur de St-Gildard, gr^d archidiacre 1662-94 ; 6° Michel, chanoine Nev. 1667, trésorier 1667, prieur de St-Révérien 1670-1695 ; 7° Marie, ép^a 1660 Edme DE LA BARRE, écr, sgr de la Vernière.

Ravand de Blosset 1686, fait enreg. ses armes 1698 ; ép^a 1er 1661 Marie *Sallonnier*, fille de Dominique, sgr de Chandiou, 2e 7 nov. 1669 Clorinde DE BLOSSET, fille de Louis, sgr de Coulon ; eut du 2e lit : Henri, écr, sgr d'*id*. 1710, vend la Bussière 1716, m^t 1748, ép^a 1e 1697 Charlotte *Pitois*, fille de Pierre, sgr de Quincize, 2e 1710 Fr^{se}*Barbier* (**), fille de Guill^e, s^r de Vignes-le-Bas, dont : *a*, Fr^{so}, ép^a 1732 Jacq.-Alphonse DE LA FERTÉ-MEUNG, chlr, sgr Challement ; *b*, Louise, visitandine Nev. 1739; 2° Robert, écr, sgr de la Bussière p^{le} et Villeneuve (c^{ne} Chiddes) 1697-1720, n'eut qu'une fille m^{le} jeune ; 3° Jean, écr, sgr de St-Grémange, assassiné à Nev. 1703, célib.; 4° Louise, abjure calvi. 1685.

IV. GABRIEL (2° fils de Guill^e), écr, sgr de la Bussière p^{le}, vendue 1648, de Couloise, Vilette (c^{ne} Chiddes) et du Chailloux (c^{ne} S^t-Cy-Fertrève), f. hmage p. Couloise 1665, vend au Chailloux 1666, Couloise et Vilette sont saisis 1672, m^t av. 1689, ép^a 21 juin 1643 Marg^{te} de Labroë (***), fille de Jean, sgr de la Chatonière, dont : 1° Fr^a, suit ; 2° Jacques, écr, sgr du Chailloux, la Chatonière (c^{ue} Montigny-Canne) et Couloise 1683-1733, sans posté. connue ; 3° Elisabeth, célib. à Decize 1711-

33 ; 4° Claire, fme de Charles *de Scorailles*, écr, sgr du Pont.

V. FRANÇOIS, écr, sgr de Couloise, garde-du-corps 1689, aide-major de la citadelle Lille, m^t av. 1714, eut de Suzanne Le Mabillon : 1° Alexandre, chlr, sgr de Couloise et du Chailloux, garde-du-corps 1712, sous-brigadier et chlr St-Louis 1732, vend la Verchère avec ses sœurs 1707; m^t 1747, retiré chez ses cousins à la Roche-s.-Loire, sans posté. de Charlotte Favre de la Verne, qu'il ép^a 1714; 2° Elisabeth, m^{le} 1731 célib.; 3° Catherine, ép^a 1732 Jean de la Lande (Issoudun).

Armes : Écartelé, aux 1 et 4, d'argent, au chevron de gueules accompagné en pointe d'une fleur de lys de même ; et aux 2 et 3, coupé d'or et d'azur, au lion de l'un en l'autre.

Sources : Mss. chan. Hubert, à Orléans. — *Carrés* de d'Hozier, 481 et 613. — Min. notres Moul.-Engilbert et Decize. — D. Caffiaux, 1234. — Arch. Nièv. B. et E. — Arch. chât. Devay et la Chasseigne. — Reg. parois. Arthel, Champlemy, Sémelay, Savigny-Poil, Rémilly Beuvron, Decize, Guipy, Pazy, Varennes-l.-Narcy, Sully-la-Tour, Bouhy.

Éteints.

(*) Voir notre notice sur ce duel, *Bulletin de la Soc. niv.*, t. XIII.

(**) BARBIER. — Du *Morvand* Nord-O. — Jean BARBIER, march^d à Neuffontaines (c^{on} Tannay), marié av. 1632 à Perrette Gobin, eut : Louis, doct^r médecin à Vignes-le Haut (c^{ne} Neuffontaines), ép^a 1661 Marthe Guillaumet, fille de Jean, notaire à Corbigny, d'où : 1° Ch.-Fr^s, av^at, proc^r au Parl^t P^{is} 1690, m^t 1709, mari de Louise Lepage, hérita d'oncle Guillaumet, Echon (c^{ne} Anthien), qui passa à sa fille M^{ie}-Louise, fme 1717 de Germain *Guillemain*, bailli de Corbigny; 2° Charles, greffier au grenier Vézelay 1695-1706, juge de St-Martin-du-Puy 1694, m^t 1711, ép^a 1684 Fr^{se} *Jourdan*, dont : Laurent et Dominique ; 3° Louis-Guill^e, s.-lieut. inf^ie, puis grenetier de Vézelay 1694, achète Vigne-le-Bas (c^{ne} Neuff.) 1696, dont aveu 1728, m^t 1743, eut de Jeanne Chardon : 1° Louis, élu de Vézelay; 2°, Guill^e, march^d à Vigne-le-Haut, grenetier Vézelay 1743 ; 3° Jacques, s^r de la Brosse (c^{ne} Empury), Vignes-Bas, dont aveu 1768, et Tressolles (c^{ne} Héry), march^d de bois 1746, contrôleur des guerres 1774, eut de M^{ie}-Philippes Millin, dame de Tressoles : *a*, Philippe, lieut. d'inf^ie 1774, président élection Vézelay, sgr de Vignes-Bas, dont hmage 1784; *b*, Jacques, prés^t élection Vézelay 1786 ; *c*, Pierre, av^at à Tannay ; 4° Cl.-Bonaventure, élu de Clamecy 1743-60, ép^a 1721 M^{ie}-Barbe Fautier, fille de J.-J., bourg^s à Corvol-l'Org., dont : *a*, Jean-Bonaventure B. de Mont, arpenteur 1768 ; *b*, J.-Bapt. B. de Chancery, m^{tre} de forges à Corbelin 1772 ; *c*, Anne, fme de Léger-Nic. *Faulquier*, proc^r du roi Clamecy ; 5° Fr^{se}, ép^a 1710 Henri *de Paris*, écr, sgr de Prélichy, ci-dessus. — Autres alliances: Peltier, av. 1653 ; Radot ; Martin, av. 1705 ; Besave ; Parent ; Caillat; Béranger ; Bardet. —— *Sources* : Arch. chât. Vésigneux. — Min not^{res} Corvol et Clamecy. — Reg. parois. de Neuffontaines.

(***) DE LABROË — Origin. *de Limousin*. — Fr^a DE LABROË, juge de Soulage (pr. Argentat) 1576-1609, eut : Jean, gendarme du prince de Conti 1610 et gentilh^e de la reine-mère, m^t av. 1632, fut sgr de la Chatonière (c^{ne} Montigny-C.), les Doreaux (c^{ne} Diennes) et Aiguilly (c^{ne} Alluy) par maage 13 févr. 1613 avec Louise *Jacob*, fille de Paul, sgr d'Ougny, dont : Marg^{te}, ci-dessus, et Pierre, sgr d'*id*., m^t sans posté. apr. 1643 laissant ses biens à sa sœur. (Arch. chât. Devay et le Tremblay. — Min. not^{res} Moul.-Engilbert.)

IV. — Adrien de CHÉRY, chlr, sgr de Mongazon et Sancy par substitution à Léonard 1649, de Grenant par don d'Eustache 1647, de Beaumont-Sard. et la Cave par hérit. de Laurent le chanoine 1667, de Poissons (cne Poiseux) et Rigny pie (*id.*) par maage ; lieut. régt de Créquy cavie 1645, convoqué au ban Niv. 1674, *mainten u* par intendt Moulins 5 juin 1667, ses biens confisqués pour duel Poiseux et emprisonné 1651, élargi 1658, mt 1688 ; épn 21 mai 1647 Madeleine *Despres*, fille de Guille, sgr de Poissons, et de Félice Gascoing, dont : 1° Eustache-Gabriel, chanoine Nev. 1688, trésorier 1707, résigne 1728, prieur de St-Révérien 1696-1728, sgr de Beaumont, la Cave, Marcilly et Malvoisine, qu'il vend 1708 à sa cousine Marie, et de St-Gratien pie qu'il donne 1701 à son cousin J.-Nicolas, mt 1743 ; 2° Laurent, suit ; 3° Louis, écr, sgr Mongazon pie, mt 1694 célib. ; 4° Frs, lieutt de vaisseau, mt v. 1700 célib. ; 5° Marie, épn 1699 Frs *de Farou*, écr, sgr de la Bruère.

V. — Laurent de CHÉRY, chlr, sgr Mongazon pie, 1/2 de Grenant, Poissons, Chaillant, dit : baron de Grenant, garde-du-corps du roi 1682-93, reçoit donon de sa mère 1694 et aveu à cause Grenant, dont il f. hmage 1703, mt 1710 ; épn av. 1701 Margte *de Comeau* (2), fille de J.-Claude, sgr de Pontdevaux, dont : 1° Eustache, chlr, bon de Grenant, sgr de Poissons, Chaillant et de Gimouille (con Nevers), le Marais (cne Gimouille), Chevannes (*id.*), Grosbout (*id.*), Aglan (cne Challuy) et Oliveau (cne Mars), f. hmage p. Grenant 1731 et en vend la mouvance 1743, mt 1766 sans enfants de Madeleine Berault (Bourbuis), dame de Gimouille, etc.; 2° Laurent, prieur de St-Révérien 1728-78, sgr de Diennes (con St-Benin) et Chevanne (cne Montaron) 1731, hérita de son fr. Eustache 1666 Gimouille, etc., dont hmage avec sa sœur 1768, et Chaillant, Grenant, Poissons

(2) DE COMEAU. — *De Bourgogne.* — Connus depuis 1368. Plusieurs consers au Parlt de Dijon ; Jean, *secrétaire du roi* en cette chancellerie 1527. — Jean, lieut. gal au baage Dijon, sgr de Chassenay, épousa 1597 Margte Ocquidem, dont :

I. Bénigne de COMEAU, écr, sgr de Chassenay et Pontdevaux (cno Tazilly) 1635-56, épn 1635 Jeanne-Odette *Rapine*, fille de Guille, sgr de Ste-Marie, prést chre comptes Nev. et veuve de Simon Girard, sr de Pontdevaux, dont :

II. Jean-Claude, chlr, sgr de Pontdevaux et Barnaut (cno Tazilly) 1677-1709, acte à Lormes 1677 et à Luzy 1689, épn 1673 Madeleine Cochet (Autunois), dont : 1o Jacques, chlr, sgr de Pontdevaux, Barnaut, Marly et Urly (pr. Issy-l'Évèque) 1720-62, mousquetaire du roi, épn 1716 Bernarde *Gravier de Vergennes* (*), fille de Charles, trésorier de Fr. à Dijon, dont : Melchior, chlr, sgr d'*id.*, commissaire de l'artillerie, 1762-74, épn 1o 1745 Alphonsine de la Poise (Picardie), 2o Louise *Pitois*, fille de Pierre, sgr de Quincize, et veuve de J.-L. de la Ferté-Meung ; 2o Antoine-Bernard, chlr, sgr de Charry (cne Bona), la Bretonnière (*id.*) et Précy (*id.*) 1731, capit. d'infie, mt à Charry 1750, épn 1o 4 sept. 1719 Mlle-Louise de CHARRY, fille d'Hugues, sgr de Charry et Beuvron, 2o 28 sept. 1735 Anne du VERNE, fille de Léonard, sgr de la Varenne ; eut du 1er lit :

4 enfs mls jeunes, et Antoine-Bernard, chlr, sgr d'*id.*, capit. régt de la Sarre 1761, vendit Charry et s'établit en Bgogne, où il épn 1766 Jeanne Espiard de Mâcon ; sa posté. s'allia aux des Ulmes, de Bréchrd, de Mullot de Villenaut, etc.; 3o Louis, suit ; 4o Jacquette, fme de Frs de la FERTÉ-MEUNG, chlr, sgr du Monceau ; 5o Margte, épn 1701 Laurent de CHÉRY, ci-dessus ; 6o Mlle-Anne, mte à 21 ans 1710.

III. Louis, chlr, sgr de Satenot (cne Ternant) et Appucy (*id.*) 1723, mt 1762, épn 1728 Jeanne-Charl. de REUGNY, fille de Louis, cte du Tremblay, dont : 1o Ls-Al., suit ; 2o Margte-Anne, épn 1756 Jacques de la FERTÉ-MEUNG, chlr, sgr du Monceau.

IV. Louis-Alexandre, chlr, sgr de Satenot et Appucy 1774, à ass. noblesse Nev. 1789, épn av. 1761 Mlle-Claudine de la FERTÉ-MEUNG, sœur de Jacques, dont : Ives-Ant.-Louis, né à Satenot 1767, juge de paix à Dornes, père de Mme Moussière.

Armes : D'azur, à la fasce d'or accompagnée de trois étoiles à six rais cometées d'argent.

Sources : Nobil. de Bgogne, cn Titres, 452. — Min. notres Moul.-Engilbert et Lormes. — La Chesnaye-d.-Bois. — Arch. chât. du Tremblay et de M. de Comeau, à Dijon. — Reg. parois. de Luzy, Tazilly, Fléty, Ternant, Bona, Nolay, Nevers.

Sortis de Nivernois.

(*) GRAVIER DE VERGENNES. — En *Charollais* au XVIe s., puis à Dijon. Bernarde GRAVIER DE VERGENNES, fme de J.-Cl. *de Comeau*, ci-dessus, eut pour frère Charles, mtre des comptes Dijon 1718, père de Charles, ambassadeur et ministre de Louis XVI, et de Jean, fait mis de Vergennes 1778, ambassadeur en Suisse 1777, père de J.-Charles, maréchal de camp 1791, émigra, épousa 1782 Jne-Sophie Pierre de Passy, fille de Louis, sgr de Passy, Narcy, Longfroy, Mouchy (Nivern.), dont : Alexandre-Jean, s.-lieut. aux gardes 1815, épn 1810 Mlle Quatresoux de Chenay, dont : Edmond, ppre des Pyvotins (cne Vielmanay), épn 1840 Amélie de Gramont d'Aster, d'où : le cte Pierre, né 1853 et Mme Petit de Touteuille. —— *Armes* : De gueules, à trois merlettes essorant d'argent. —— *Sources* : Armal de chre comptes Dijon, Peincedé. — Arch. chât. des Pyvotins.

Existants.

qu'il vend 1766, m^t 1778 ; 3° Madeleine, m^{lle} célib. 1781, hérita de ses 2 frères Gimouille, le Marais, etc., qui passèrent à son cousin Guill^e-Robert DE CHÉRY.

IV. — CHARLES DE CHÉRY (4e fils de Fr^s), chlr, dit : b^{on} de Neuvy, sgr de Marolles et Neuvy, donnés par l'év. Eustache 1652, de Mongazon p^{ie}, Oulon (c^{on} Prémery), dont hmage 1655, Sichamps p^{ie} (c^{on} id.), dont hmage 1665, et où il achète 1666, de la Loge et la Cave p^{ie} hérités de son oncle Laurent 1667, et du Tremblay (c^{ne} Oulon) ; capit. d'inf^{ie} 1645, reçoit félicitations de Bussy-Rⁱⁿ au siége de Montrond 1652 ; capitaine de Montenoison ; *maintenu* par intend^t de Bourb^{nis} 5 juin 1667, plaide contre hab^{ts} Prémery 1670, m^t av. 1683 ; épⁿ 7 avril 1655 Elisabeth Gauthier (Paris), dont : 1° J.-Nicolas, suit ; 2° Eustache-Laurent, gendarme de la garde 1687, célib. ; 3° Marie, dame de Beaumont, Marcilly et la Cave, qu'elle donne 1719 à ses neveux de Chéry et de la Ferté, d'Oulon, Marolles, etc., vendus à hospice Nev. 1707, épⁿ 1699 Anne-Achille DES ULMES, chlr, sgr de Servandet ; 4° Cécile-Michelle, dame de Sichamps, épⁿ 1° 1688 J.-Fr^s DE LA FERTÉ-MEUNG, chlr, sgr de Villiers-le-Sec, 2° 1689 Cl. *de Chénory* (*), écr, sgr de Chivres ; 5° Elisabeth, m^{lle} célib. 1702.

V. — JEAN-NICOLAS DE CHÉRY, chlr, sgr de Neuvy, Oulon p^{ie} et la Loge 1698, reçoit 1701 du prieur Eustache-L. don^{on} de Beaumont, la Cave, Mongazon p^{ie}, révoquée 1706 ; remplacé au ban Niv. 1697, m^t 1710 ; épⁿ 12 juin 1699 Fr^{se}-Gabrielle Le Bascle d'Argenteuil (Tonnerrois), fille de Balthasar, sgr du Pin, dont : 1° J.-F.-Eustache, suit ; 2° Anne-Nicole, épⁿ 1723 Germain *de Bongards*, chlr, sgr de Migny.

VI. — JEAN–FR.-EUSTACHE DE CHÉRY, chlr, sgr de Beaumont, la Loge, Montigny-s.-Canne (c^{on} Châtillon), Lancray (c^{ne} Montigny), Usseaux (*id*), Mirebeau (c^{ne} St-Gratien), transige p. bois à S^t-Cy 1735, f. hmage p. Montigny 1737 et pour ses biens mouv. de Cercy 1738, m^t av. 1774, épⁿ 8 avril 1720 Anne *Despres*, fille de Guill^e, sgr de Montigny, et de Ch. Millin, dont : 1° Eustache-Robert, chlr, sgr de Montigny, garde-du-corps 1740, capit. rég^t d'Auvergne 1760, épⁿ 20 avril 1758 J^{ne}-Sophie *Gaucher* de Vancourt, fille de Claude, sgr Montset, et d'Henriette de Champs, dont : Reine-Sophie, épⁿ 1781 Guill^e *Palierne* (3), sgr de Chassenay ; 2° Guill^e-Robert, suit ; 3° M^{ie}-Anne, reçue à St-Cyr 1733, célib. 1775 ; 4°, 5° Marg^{ie} et Louise, ursulines à Nev.

(3) PALIERNE. — *De Bourbonnais.* — Famille de finance.

JEAN-NICOLAS PALIERNE, sgr la Bresne (Bourb^{ais}) 1669, puis de Chassenay (c^{ne} St-Germain-Chassenay), Saulx (c^{ne} Decize) et Marcoux (c^{ne} Champvert), trésorier de Fr. à Moulins, constitue rente à Ste-Claire de Decize 1707, m^t 1717, épousa v. 1665 Charlotte *Millin*, fille de Gabriel, juge de Decize, sgr de Chassenay, etc., dont : 1° Jean-Nicolas, écr, sgr Chassenay 1707, trésorier de Fr. à Moulins, m^t 1738, mari de Jeanne Baugy ; 2° Gilbert, suit ; 3° Pierre, écr, sgr de Marcoux et Chassenay p^{ie}, m^t 1745, épⁿ v. 1718 Claude *Moquot*, dont 2 filles m^{tes} jeunes ; 4° Marie, m^{te} 1714 ; 5° Elisabeth, épⁿ 1713 Charles *Paillard*, s^r de Goulnot.

II. GILBERT, écr, sgr de Saulx et Marigny (c^{ne} St-Germain-Chassenay) 1707, capit. rég^t r^{al} d'artillerie 1707, chlr St-Louis 1716, m^t 1729, épⁿ 1713 L^{se}-Geneviève Gigot (St-Pierre-le-M^{er}), veuve du subdél. de Decize, dont : 1° Gilbert-Pierre, suit ; 2° M^{ir}-Marg^{te} ; 3° Charlotte, épⁿ 1749 J.-Joseph *Sallonnier* de Faye, trésorier de Fr.

III. GILBERT-PIERRE, écr, sgr de Chassenay, Saulx, Chevannes (c^{ne} Decize) 1749, m^t 1778, eut de M^{ie}-Rosalie Beraut (Moulins) : 1° Jⁿ-Joseph, né 1753, noyé 1780 ; 2° Jⁿ-Pierre, chlr, sgr de Saulx et Chassenay p^{ie} 1779-88, épⁿ 1781 Ant^{tte} Perrotin (Moulins) ; 3° Guill^e, suit ; 4° L^{se}-Geneviève, épⁿ 1775 Emiland *du Crest*, écr, sgr du Breuil.

(*) DE CHÉNORY. — *De Touraine.* — Jean CHÉNORY, s^r de Maugissière (pr. Amboise), eut : Fr^s DE CHÉNORY, écuyer de la Gr^{de} Écurie du roi 1636, chevau-léger de la garde 1638-53, se signala par son intrépidité dans toutes les guerres du temps (voir h. célébres), anobli par *lettres* de mars 1645 ; par son maage, sgr de Chivres (c^{ne} Courcelles), Champsimon (*id.*), Chaumont (*id.*), Rozière, échange à Chivres 1637, vend à Champsimon 1639, y donne reconn^{ce} 1648, m^t av. 1657, épⁿ 1637 Marie *de Piles*, fille de J.-Jacq., s^r de Chivres, etc., dont : 1° Roger, écr, sgr de Champsimon 1666, y baille 1703, chevau-léger 1660-74, sert aux bans Niv. 1689-96, maintenu 1668, m^t célib. ; 2° Fr^s, écr, sgr de Chaumont, chevau-léger de la garde 1674, brigadier 1695, m^t 1700 célib. ; 3° Claude, écr, sgr de Chivres, cap. rég^t cavie de la Ferronnays 1695-1703, vend avec frères et sœurs biens en Touraine 1685, épⁿ 1699 Cécile-Michelle DE CHÉRY, ci-dessus, dont : Cécile, dame de Chivres et Champsimon, fme de Fr^s Moreau de Charny, écr, porte-manteau du roi ; 4°, 5° Anne et Marie, célib. 1705.
Armes : D'azur, à deux chevrons d'argent. (Mss. chanoine Hubert, à Orléans.)
Sources : D. Caffiaux, ms. 1234. — Mss. chan. Hubert, VIII, bibl. d'Orléans. — Reg. parois. de Courcelles et Clamecy.

Éteints.

VII. — Guillaume-Robert de CHÉRY, dit : mⁱˢ de Chéry, chlr, sgr d'*id*. et de Romenay (cⁿᵉ Aubigny-Chétif), Aubigny (cᵒⁿ Decize), Dienne (cᵒⁿ St-Benin), Langy (cⁿᵉ Ville-Anlezy), Chandoux (cⁿᵉ Montigny), Presle (*id*.), Bussière (cⁿᵉ Charrin), puis du Marais, Gimouille et Aglan par succᵒⁿ de Madeleine 1781, capit. régᵗ de Vermandois 1756-75, f. hmage 1775 et 76, mᵗ 1789; épⁿ 22 fév. 1756 Gabr.-Frᵉ *de Maulnourry* (4), fille de Benoît, sgr de Romenay, et d'Augustine Pierre, dont : Mⁱᵉ-Anne-Margᵗᵉ, unique héritière, épⁿ 1789 Al.-Lˢ-H.-Armand, comte de la Roche-foucauld-Cousages (*), capit. de hussards.

IV. Guillaume, chlr, sgr de Chassenay et Chevannes 1783, tué en Vendée 1795, épⁿ 1781 Reine-Sophie de CHÉRY, ci-dessus, dont : Rosalie-Adelaïde, veuve 1825 d'Émiland *du Crest*, son oncle.

Armes : D'azur, à trois globes d'or cintrés et croisés d'argent, et trois larmes d'argent 1 et 2.

Sources : Arch. de l'Allier, B. — Minut. notrᵉˢ Decize. — Arch. Nièv. E, B, et Q. — Reg. parois. Decize, St-Germain-Chassenay, Verneuil, Champvert. Montigny-s.-Canne.

Éteints.

(4) DE MAULNOURRY (**). — *De Nivernois*. — On trouve : en 1433, Girard Maulnorry, paroissien de Champvoux (cᵒⁿ La Charité). — A Bost (cⁿᵉ Rémilly): Georges, 1491 ; Guy, 1505 ; Esme, 1547, qui achètent et reçoivent affranchissements.

I. Jean MAULNOURRY, bourgˢ Nev., juge chât. de Beauche pour cᵗᵉˢˢᵉ Nev. 1534, eut d'Elisabeth Lepage : 1º Frᵉ, suit ; 2º Margᵗᵉ, fme av. 1566 de Jacques *Moquot*, avᵃᵗ Nev.

II. François, échevin de Nev. 1552-66, acte à Nev. 1549-50, procʳ fiscal du bourg St-Étienne-Nev., eut de Marie de la Marche, veuve 1571 :

III. François, greffier de St-Étienne-N. 1585, procʳ au baage Nev. 1591-1610, fait reconⁿᵉˢ à Sury (cⁿᵉ St-Jean) 1581-1605, échange à Nanton (cⁿᵉ St-Sulpice) 1609, épousa av. 1577 Perrette Hélier, fille de Gilbert, procʳ roi à St-Pierre, dont :

IV. Étienne, avᵃᵗ Nev. 1619-39, échevin 1624, échange à Nanton avec père 1609, acquiert Gondières (cⁿᵉ St-Éloi) par échange 1618, prend à bail à Sury 1610, y achète 1620-33, épⁿ av. 1603 Antoinette *de Vaux*, fille de Guy, présidᵗ en éliⁿⁿ Nev., dont : 1º Léonard, suit ; 2º Claude, abbé de Gaillac 1640, prieur St-Étienne-Nev. 1648, consᵉʳ au Parlᵗ Toulouse 1632, mᵗʳᵉ des requêtes 1640-69, sgr de Sury, mᵗ 1670.

V. Léonard, avᵃᵗ Nev. 1628, présᵗ chⁿᵉ comptes Nev., office acheté 1631, et garde du scel 1645, se démet 1661, échevin 1654, sgr de Sury, Aubigny-Chétif (cⁿᵉ Decize), Roche (cⁿᵉ Champvert), l'Éperon (cⁿᵉ Nevers), mᵗ 1672, épⁿ 23 nov. 1631 Margᵗᵉ *Desprez*, fille de Guille, sgr d'Aubigny, Roche, dont : 1º Louis, consᵉʳ-clerc au Parlᵗ Metz 1661, puis de Paris 1673, grand-vicaire de

Paris, sgr d'Aubigny pⁱⁿ, Sury, la Forêt-des-Chaumes (cⁿᵉ St-Sulpice) acheté 1695, la Motte-Latigny (*id*.) 1700, Sejean (cⁿᵉ St-Jean) 1673, achète à Sury 1690, teste 1702, substituant à ses 2 frères son neveu Louis-Mⁱᵒ; 2º Benoît, sgr de Neufond (cⁿᵉ St-Jean) et la Baratte (cⁿᵒ St-Éloi) 1683-99, gentilhᵉ chrᵉ de Mʳ 1678, mᵗ 1709, épⁿ 1677 Jeanne *Brisson*, fille d'Aré et de Jeanne Besave, dont un fils mᵗ jeune ; 3º Claude, suit ; 4º Ignace, recᵛʳ tailles Nev ; 5º Marie, dame de l'Eperon, épⁿ av. 1672 Aré *Brisson*, présᵗ éliⁿⁿ Nev.

VI. Claude, écr, subst. procurʳ génᵃˡ Pⁱˢ 1693, *conseiller* à Cour des aides 1708, gentilhᵉ du prince de Condé 1706, sgr d'Aubigny, puis de Romenay (cⁿᵒ Aubigny), Apacy (*id*.) et le Péras (cⁿᵉ Thianges), qu'il achète 1694, de Diennes (cᵒⁿ St-Benin), Mont-de-Diennes, Vaujoly (cⁿᵉ Diennes) par succesⁱᵒⁿ de son frère Louis, constitue rente 1692, baille à Romenay, etc. 1710, mᵗ 1721, épⁿ av. 1695 Marie de Ladehors (Paris), dont : 1º Louis-Mⁱᵉ, écr, consᵉʳ Parlᵗ Pⁱˢ 1722, sgr de Sury, la Forêt-des-Chaumes, la Motte, mᵗ à Sury 1743, n'eut que Mⁱᵉ-Margᵗᵉ, fme de Ch-Frᵉ Laurès, consᵉʳ au Parlᵗ, qui vendit 1784 Sury, la Forêt et la Motte ; 2º Benoît, suit ; 3º Claude, sgr d'Aubigny, chanoine d'Auxerre 1726, consᵉʳ chrᵉ des décimes Paris 1744 ; 4º Mⁱᵉ-Anne, célib. 1738.

VII. Benoît, chlr, sgr de Romenay 1722, d'Aubigny, Apacy, Diennes, Mont-de-Diennes, Vaujoly, la Cour-des-Prés(cⁿᵉ Diennes),Chevannes-l.-Crots(*id*.),le Perras, Langy (cⁿᵉ Ville-Anlezy), reçu avᵃˡ 1717, mᵗ 1773, épⁿ 1724 Frᵉᵉ-Augustine *Pierre*, fille de Pierre, sgr de Frasnay, dont : 1º Claude-Benoît, sgr d'*id*., consᵉʳ Parlᵗ Pⁱˢ 1773-77, mᵗ peu après célib. ; 2º Cath.-Gabrielle, épⁿ 1752 J.-J. Pierre de St-Cy, sgr St-Cy, le Chailloux, trésorier de Fr. ; 3º Gabrielle-Frᵉᵉ, épⁿ 1756 Guille-Robert de CHÉRY, sgr de Montigny, ci-dessus.

Armes : D'argent, à trois têtes de loup arrachées de sable, lampassées de gueules.

Sources : Arch. chât. de Guichy, Poiseux et Sury. — Inv. de Marolles. — Arch. Nièv, E et B. — *Inv*. de Parmentier. — Cab. Titres, pièces origin, 180ᵗ. — Min. notrᵉˢ Moul.-Engilbert, — Reg. parois. Aubigny, St-jean-Amognes, St-Sulpice, St-Éloi. Nevers, Montigny-s.-Canne.

Éteints.

(*) Il appartenait à la branche de cette maison établie en Auvergne fin du XVIᵉ s., par maage avec l'héritière de Cousages ; il était fils d'Henri-Frᵉ de la ROCHEFOUCAULD, cᵗᵉ de Cousages, vice-amiral 1782, et de Frˢᵉ de Rochechouart ; il eut de Margᵗᵉ de CHÉRY. ci-dessus : Alexandrine, qui suit, et les mⁱˢᵉˢ de la Rochefontenilles et de la Moussaye. — Alexandrine épousa 1811 Ferdinand cᵗᵉ de MONTRICHARD (de Franche-Comté, connus au XIVᵉ s. sgrs de Vismal, Frontenay et St-Martin), né à Nevers 1790, fils de Gabr.-Etienne et de Gilberte *Rapine de Ste-Marie*, et père de la mⁱˢᵉ de Bigny et d'Armand cᵗᵉ de Montrichard, fixé au chât. de la Chasseigne, épⁿ 1844 Louise Hurault de Vibraye, dont : Gaston, épⁿ 1873 Michelle *de Damas* ; Gabriel ; Louis ; et la mⁱˢᵉ d'Agoult.

(**) Le nom a été : Malnorry, Maulnorry, Maulnourry, et au XVIIIᵉ s. de Maulnourry.

Armes : D'azur, au chevron d'or accompagné de trois roses d'argent boutonnées d'or.

Sources : Bétencourt. — La Thaumssière. — Arch. chât. la Chasseigne, le Tremblay, Poiseux, le Veuillin, Guichy. — Arch. Niév. E et B. — *Inv.* de Marolles. — Cab^et Titres : Dossier bleu, 182 : carrés de d'Hozier, 183 ; preuves St-Cyr 304, et P^ite-Ecurie, 286. — D. Caffiaux, ms, 1234. — *Inv.* de Parmentier. — D'Hozier, reg. 1. — Arch. hospitalière et municip. Nev. — Reg. parois. Poiseux, Oulon, Nevers, St-Révérien, Moussy, Beaumont-Sardolles, Bona, Nolay, Aubigny-Chétif, Montigny-s.-Canne, Gimouille.

Éteints.

✣✣✣✣✣✣✣✣✣✣✣✣✣✣
✣✣✣✣✣✣✣✣✣
✣✣✣

DE COTIGNON

PARAISSENT originaires de Sancoins, baillage de St-Pierre.

Jean COTIGNON (*), garde du scel de Sancoins 1382-1406, est proc^r de la dame d'Apremont 1382 et de celle des Barres 1399, est dit 1393 *Johannes* Cotignon, *clericus, custos sigilli regis in prepositura de Cenquonio.* — Michel, fait aveu pour sa fme dans mouv. de Germigny (Berry) 1407. La filiation s'établit depuis :

I. — ODILE DE COTIGNON, notaire-juré sous scel de Moulins-Engilbert, actes passés 1374-80 pard^t « Odile Quotignon, clerc notaire-juré soubz le scel de la prévosté de Molins-les-Engibers », fait aveu à Chât.-Chinon de p^ie d'un meix à Montbois (c^ne de Ch.-Ch^on), épousa peut-être Mahaut de Moulins (**), dont il eut :

II. — DROUIN DE COTIGNON, notaire à Moul.-Engilbert 1407-45, fait aveu de biens par. St-Léger et Onlay 1445, eut de Marg^te *La Miche*, fille de Perrin, lieut^t du bailli, ayant des biens à Tilleux (c^ne St-Léger-du-Fougeret) : 1° Jean, qui suit ; 2° Erard, chanoine de Moul.-Engilbert 1469 ; 3° Dreux, licencié en lois, proc^r du c^te Nev. 1467, échevin Nev. 1467-74, y assiste à assemblée 1483, achète à Cougny 1495, et y échange 1495, eut : Isabeau, épousa av. 1502 Adrien Lallemand, auditeur au baage Nev. et échevin 1511-35, achète à Cougny 1507 ; 4° Michel (***), dont le 2e fils, Toussaint, fit br. qui suivra ; 5° Jean, le jeune, garde scel Moul.-

---

(*) Le nom s'est écrit : Cothignon, Quotignon, Corthignon, et de Cotignon à partir de la fin du XVIe s.

(**) Cette alliance n'est donnée que par une généalogie mste, rapportée par D. Caffiaux, n°, 1234, sur une copie faite chez J.-P. de Certaines, dont le début fantaisiste de 1150 à 1400 ne s'appuie sur aucune source et est en contradiction avec des pièces et faits historiques.

(***) Auteur d'une branche non noble établie à Nevers ; I : MICHEL COTIGNON, juge-châtelain de Moul.-Engilbert 1469, s^r de Montset (c^ne St-Léger-Foug^t), Pleinefeuille (*id.*), plaide pour hab^ts Decize 1486, baille aux Bordes (c^ne Marzy) 1491, eut de Perronne du Château (Nevers) : 1° Pierre, suit ; 2° Toussaint, rapporté après la br. aîné ; 3° Catherine, épousa av. 1529 Jean *La Miche*. — II : PIERRE, licencié ès-lois, garde du scel Nev. 1550, échevin Nev. 1531, achète paroisse de Marzy 1525, de Varennes-Nev. 1520-32, échange à Nev. 1546, m^t av. 1566, ép^a av. 1520 Marie Lebœuf, dont : 1° Michel, chanoine Nev. 1558-66 ; 2° Henri, proc^r à Nev. 1560, échevin 1567, m^tre des comptes 1575, ép^a 1558 Fr^se *Decolons*, fille d'Etienne, avocat ; 3° Fr^s, av^t Nev. 1560, juge de St-Saulge 1575, échange avec frères 1566 ; l'un d'eux doit être père de Michel, chanoine Nev. 1609, secrét. de l'évêque, archiprêtre 1616, auteur du *Catalogue historial des évêques de Nevers* ; 4° Claude, marchand à Nev., échevin 1561-72, receveur de la ville 1573, s^r de Cigogne p^ie (c^ne la Fermeté) dont hmage 1575, y vend 1583, ép^a 1° Marie de Luxembourg, dont : a, Léonard, sorti du Nivern., 2° Marg^te *Foulé*, fille de Jean, licencié-lois, dont : b, Jacques, sgr de Cigogne, m^t 1623, ép^a 1596 Jeanne Lainé, dont : Jean, sgr de Cigogne, m^t 1648, ép^a 1631 Hélène Perdrix, de Bretagne, où sa posté. se fixa, et sa fille Julienne ép^a v. 1665 Alexandre de Razilly ; c, Jean, march. à Nev. 1618 ; d, Claude, prêtre ; e, Jeanne, fme de Nic. Lexpert, avocat ; 5° Guy, suit ; 6° Claudine, fme de Jean Carré, maréchal-logis de la reine. — III : GUY COTIGNON, secrét. du duc Nev 1566, garde du scel Nev. 1572, maréchal-logis de la reine 1575, échevin Nev. 1575, s^r de Chaumes (c^ne Varennes-Nev.) et la Beue (*id.*), échange avec frères à l'Aiguillon commune Varennes-Nev.) 1566, achète aux Murgers (c^ne *id.*) 1582-89, m^t 1595, eut de Catherine Goursaut : 1° Gabriel, sgr de Chauvry, secrétaire des command^ts de la reine 1606, généalogiste des ordres 1610, achète à la Beue 1620, ép^a 1606 Charlotte Hochet, dame de Chauvry, dont : a, Nicolas, sgr Chauvry

Eng⁺ apr. son frère 492-93, baille près Vandenesse 1483 ; 6° Guill⁰, notʳᵉ à Moul.-Eng⁺ 1492 ; 7° Jeanne, fme d'Et. Durand, praticien à Decize, prennent à bordelage à Sermages 1501.

III. — JEAN DE COTIGNON, l'aîné, garde scel Moul.-Eng⁺ 1474, contrôleur maison du cᵗᵉ Nev. 1468, sgr de Traclin (cⁿᵉ Sᵗ-Léger-Fougeret), y affranchit 1486, baille pr. Limanton p. lui et frères mineurs 1452, et hmage pour lui et eux 1456 p. biens à Sermages (cᵒⁿ Moul.-Engilbert), 1459 p. biens à Mouasse (cⁿᵉ Sᵗ-Hilaire-Morvᵈ), partage avec frères, sœur 1477, acte jusqu'à 1491, épᵃ av. 1477 Margᵗᵉ de Vaux, dont il eut :

IV. — HENRI DE COTIGNON, sgr de Traclin et Tilleux, juge-châtelain de Moul.-Eng⁺ 1513-19 et juge de Beunas, baille pr. Anisy 1513, fait payement 1517, eut de Jeanne DE GRANDRIE, veuve de lui 1526 : 1° Léonard, écr, sgr de Tilleux et Traclin 1526, dont sa veuve refait terrier 1578, y affranchit une serve 1541, vend à Champs 1538, achète à Moul.-Eng⁺ 1556, y est témoin 1566, mᵗ av. 1572, épⁿ Marthe Charpentier, fille de Marie Grenier, veuve de Ch. de Berthier, dont : a, Pierre, écr, sgr de Traclin, Tilleux, Bouteloin (cⁿᵉ Sᵗ-Léger-Foug.), les Anglais (id.), capit de Moul.-Eng⁺ 1582, puis de Ch.-Chinon 1618, sert au ban Niv. 1597, baille 1622-29-31, transige sur limites justice de Tilleux 1612, mᵗ av. 1640, épⁿ av. 1597 Esmonde de Colombier dont : a', Pierre, écr, sgr de Traclin, Tilleux, y baille 1624, achète près Sᵗ-Léger 1618, reçoit sentence 1648, épⁿ 7 juin 1621 Marie Mazilier, fille d'Albert, bailli de Bazoches, et de Jeanne Cornillat, dont : Eustache, sgr d'id., mᵗ 1658 sans posté.; b', Claude, épⁿ 1630 Arthus de Jacquinet, écr, sgr des Ichards ; c', Margᵗᵉ ; d', Madeleine ; b, Jean, écr, sgr de Tilleux et Bouteloin 1587, mᵗ 1605 sans posté.; c, Jeanne, épⁿ av. 1575 Frˢ Olivier, sgr du Cholet, élu de Nev.; d, Frˢᵉ, épⁿ 1579 Charles Le Roy, écr, sgr de Bertrix ; e, Guillemette, fme av. 1587 de Lazare Goussot, lieut. crimᵘˡ Sᵗ-Pierre ; 2° Frˢ, suit ; 3° Anne, épⁿ av. 1539 J. Scellier, de Decize.

V. — FRANÇOIS DE COTIGNON, écr, sgr de Mouasse, co-sgr de Bouteloin avec Léonard 1541, achète à Moul.-Eng⁺ 1555, à Onlay 1557, à Bernay 1566, vend près Mouasse 1561 et 65, transige p. succⁱᵒⁿ Charpentier 1584, mᵗ av. 1597 ; épⁿ 21 nov. 1556 Dauphine de Dangeul (1), fille de Claude et de Gen. Charpentier, dont :

VI. — CLAUDE DE COTIGNON, écr, sgr de Mouasse et Clinzeau (cⁿᵉ Sᵗ-Léger-Fougᵗ) 1607, maintenu exempt des tailles 1599, échange à Mouasse 1615 ; épⁿ 2 fév. 1597 Edmée DU LYS, fille de Frˢ, sgr de Jailly et de Madel. de Sᵗ-Phalle, dont : 1° Guill⁰ suit ; 2° Frˢ, chanoine Nev.,

(1) DE DANGEUL. — Du pays Chartrain. — Vinrent en Nivern. à cause de Robert DE DANGEUL, chanoine de Chartres, puis évêque de Nevers 1401-30. Guill⁰, écr, sgr de Sours (pr. Chartres), capitaine de Nev., écuyer d'écurie puis mᵗʳᵉ d'hôtel du cᵗᵘ Nev. 1456, lieuᵗ de roi en Niv. 1464, reçoit du roi d'Angleterre don de Prie confisqué, baille près Cougny (cⁿᵉ Sᵗ-Jean) 1435-36, f. hmage au cᵗᵉ p. Nanteuil (cⁿᵉ Billy-Chev.) 1456, épousa 1⁰ v. 1420 Isabeau Le Clerc, fille de Jean, chancelier de Fr., et d'Agnès Le Muet, 2⁰ av. 1429 Jeanne de Sᵗ-Aubin, fille de Jean, sgr de Chalaux, eut : 1° Claude, suit ; 2⁰ Jean, sert au ban 1467 et 69 ; 3⁰

Charlotte, fme av. 1447 de Claude d'Aulnay, écr, sgr de Lys ; 4ᵗᵉ Marie, min. 1443.

CLAUDE, écr, écuyer tranchant 1454, nommé mᵗʳ d'hôtel du cᵗᵘ Nev. 1476, contrôleur de sa mᵉⁿ 1480, exempté du ban 1478, épⁿ Marie LE TORT, de Moul.-Engilbert ; on trouve ensuite :

CLAUDE, sert au ban Niv. 1503 ;

GUILLAUME, écr, sgr de la Motte-Carreau (cⁿᵉ Nevers), dont hmage 1535, plaide avec prieur de Sᵗ-Etienne-Nev. 1529, acte 1542 ; probablᵗ frère de :

FRANÇOIS, écr, sgr de Sours, capit. de Nev. 1523, prend à bail Givry et Cours-les-Barres ;

et du Breuil (Touraine), généalogiste 1621, conseiller au Parlᵗ 1639, dont le fils, Joseph, général. 1677, épⁿ 1695, Eléo. de Maillé ; b, Antoine, abbé de Rouvre 1645, prieur de Mauriac 1685 ; c, Frˢᵒ, épⁿ 1648 Pierre de la Porte d'Issertieux ; d, Charlotte, fme de Pierre Bailly ; 2⁰ Jean, suit ; 3⁰ Guy, chanoine Nev., prieur de Rouvre 1609-38, échange à Vauzelles 1626. — IV : JEAN, avocat 1618, consᵉʳ baage Nev. 1627, démis 1644, échevin Nev. 1618, sʳ des Murgers, y achète 1651, épⁿ av. 1617 Catherine Simonnin, dont : 1° Guy, suit ; 2⁰ Anne, fme de Cl. Gueneau, assessʳ baage Nev.; 3⁰ Marie, épⁿ 1631 Jacques Moquot, consʳ baage Nev. — V : GUY, consʳ baage Nev. 1644, échevin 1660, sʳ des Murgers 1666, achète aux Bédices (cⁿᵒ Nevers) 1662 et à Vauzelles 1679, mᵗ 1703, épⁿ 1650 Marie Robert, fille de Lazare, contrôleur à Chât.-Chinon, dont : des garçons mᵗˢ jeunes, et Madeleine, dame de Vauzelles, épⁿ 1693 Jean Pinet, sʳ de Tabourneau, et Charlotte, épⁿ 1682 J.-Frˢ de la Porte d'Issertieux, vend les Murgers 1717.

On trouve aussi à Nevers, non rattachés : Guillaume COTIGNON, échevin 1562 ; Etienne, garde du scel et échevin 1596 ; Guillemette, fme de Laz. Goussot 1589 ; Claude, not. 1616 ; Pierre, marchᵈ 1624.

Sources : Arch. Nièv. B. — Inv. de Parmentier. — Arch. hospitalières, B. — Reg. parois. Nevers et Sᵗ-Pierre.

65

doct[r] théologie 1627, archidiacre 1631, député du clergé 1649, doyen de Frasnay-Chan. 1662, sgr de Mouasse p[ie]; 3° Gabrielle, ép[n] 1637 Paul DES ULMES, écr, sgr de Trougny.

VII. — GUILLAUME DE COTIGNON, écr, sgr de Mouasse, Clinzeau, la Fosse (c[ne] S[t]-Hilaire-M[d]) 1621, m[t] 1635 au ban du Niv.en Lorraine, ép[n] 16 nov.1630 Edmée [de Mathieu, dont : 1° Fr[e], suit ; 2° Gabrielle, fme d'Antoine de Mathieu, sgr de Fauminars (Berry).

VIII. — FRANÇOIS DE COTIGNON, écr, sgr de Mouasse et la Fosse 1658, hérita v.1675 de Fr[s], chanoine ; *maintenu* par int[t] de Moulins 4 juin 1667, m[t] 1681 ; ép[n] *1°* 28 oct.1662 Edmée DE BRÉCHARD, fille de Jean, sgr de Brinay, et de Fr[se] de Juizard, 2° 5 oct.1671 Marie *Tridon*, fille de Christophe, av[at], et de J[ne] Vaucoret ; eut du 1er lit : 1° Jean-Fr[s], écr, sgr de Mouasse et la Fosse 1691-1719, sert au ban Niv.1697, ép[n] 9 janv.1691 Marg[te] DE COURVOL, fille de Gilbert, sgr de Lombraux, dont : *a*, Michel-Victor, lieut. rég[t] d'Agénois, m[t] 1719, célib ; *b*, Fr[s]-César, chlr, sgr de Mouasse, la Fosse, Chevannes (c[ne] St-Hilaire-M.), Lhomme (*id.*), Champceur (c[ne] Chât.-Chinon-Camp.) 1729, m[t] 1747 célib.; *c*, Edme-Roger, chlr, sgr d'*id.* et Lâché (c[on] Brinon) 1729, m[t] 1762, ép[n] *1°* 22 nov.1729 Eléonore-Am. *d'Anguy*, fille de Philibert, sgr de Lâché, et de Fr[se] de Courvol, 2° 26 nov.1743, Louise *Leroy*, fille de Charles, sgr de Cuy, n'eut, du 1er lit, que Anne-Fr[se], ép[n] 1751 Pierre DE CERTAINES, chlr, sgr de Villemolin ; *d*, Fr[s]-René, chanoine Nev., trésorier de St-Cyr 1727, admin[r] de l'hospice 1749, vicaire gén[al] 1769 ; *e*, M[ie]-Jeanne, ép[a] 1735 Gabriel *de Lavenne*, écr, sgr d'Olcy ; 2° Marie, ép[n] 1686 J[n]-B[te] *Save* (2), av[at], s[r] d'Ougny ;

CLAUDE, loue maison à Nev. 1557, ép[n] v. 1530 Geneviève Charpentier, dont : Dauphine, ép[n] 1556 Fr[s] COTIGNON, écr, sgr de Mouasse, ci-dessus ; et Fr[se], fme de Gabriel de Montereau.

Armes : D'or à trois fasces d'azur, à la bande d'argent brochant sur le tout. (Preuves de Malte, Arsenal.)

Sources : P. Anselme, VI. — D. Villeviciile, 12 et 65. — *Inv.* de Marolles. — D. Caffiaux, 1234. — Arch. chât. Poiseux, et Chastellux. — Min. not[res] Moul.-Engilbert.

Éteints.

(2) SAVE. — Du *Bazois* nivernais. — I. JEAN SAVE, greffier à Moul.-Engilbert 1601-29, eut de Jeanne *Goussot* : Madeleine, mariée av. 1628 à Léonard *Guillier*, march[d] à Moul.-Eng[t], et :

II. CHARLES, bourg[s] et march[d] à S[t]-Saulge 1665, m[t] 1689, y épousa v 1637 F[se] *Coquille*, fille de Jean et de Ch. Bault, dont : 1° Jean-B., suit ; 2° Simon, curé de Tannay 1684, m[t] 1715 ; 3° Fr[s], suivra ; 4° Léonard, doct[r] médecin 1684, maire de Moul.-Engilbert 1694, s[r] de Bouteuil (c[ne] Alluy), teste 1726, donne à enf[s] de Fr[s] m[t] 1739, n'eut de M[ie] *Coquille*, fille de Fr[s], av[at] à St-Saulge, que : Marie, célib., m[te] 1726, et Simon, av[at],

s[r] de Bouteuil 1718, m[t] 1725 célib.; 5° Fr[se], ép[a] 1675 Fr[s] Denis Coppin (*), av[at] fiscal de Decize.

III. JEAN-BAPTISTE, av[at], subdélégué à St-Saulge 1687, bailli du prieuré, sgr d'Ougny (c[on] Châtillon) et Spouze (c[ne] Ougny) achetés v. 1680, m[t] 1709, ép[n] 24 juil. 1686 Marie DE COTIGNON ci-dessus, dont : 1° Paul-Augustin, suit ; 2° Ant.-Fr[s]-César, gentilh[r] m[on] de la dauphine 1711, m[t] 1746 sans posté ; 3° Lazare-Joseph, s[r] de Spouze, prêtre 1714-17 ; 4° Claire, fme de Jean *Coquille*, substitut à St-Saulge.

IV. PAUL-AUGUSTIN, écr, sgr d'Ougny 1714, Clinzeau en p[ie] (c[ne] St-Léger-Foug[t]), Nantin (c[ne] Prémery), le Pavillon (c[ne] Dommartin) reçu de son oncle 1726, gendarme de la garde 1725, *correcteur* à ch[re] comptes de Dôle 1751, refait terrier d'Ougny 1756, m[t] 1757, ép[n] 27 mai 1736 Nicole-Fr[se] *Gascoing*, fille d'Edouard, sgr de Nantin, et d'Edmée Tenon, dont : 1° Paul-Augustin, chlr, sgr d'Ougny 1763, qu'il vend 1791, chevau-léger de la garde 1762, nomme un bailli d'Ougny 1774, à assemblée nobl. Nev.1789, n'eut de Dorothée Croquet de Belligny qu'un fils né 1772, m[t] jeune ; 2° M[le].M[r]-Pierrette, dame de Nantin, ép[n] 1765 Fr[s] *de Champs*, chlr, sgr de S[t]-Léger ; 3° M[r]-Paule, religieuse 1767.

(*) COPPIN. — *De Decize*. — Jean COPPIN, march[d] à Decize, m[t] av. 1517, eut d'Anne *Decray* : 1° Jean, suit ; 2° Guill[e], garde scel de Decize 1526, achète aux Écots 1524, s[r] de Vauzelle (c[ne] Decize), dont hmage 1526, m[t] av. 1540, ép[a] v. 1523 Paule Sellier, dont : Fr[s], fait hmage p. Vauzelle 1575 ; Guill[e], march. à Decize, f. hmage p. Chapeaux (c[ne] Devay) 1575 ; et Louis, *id.*, *id.* 1575, m[t] av. 1599 ayant Guill[te], fme de P. Rognon, apothic. Decize. — Jean, march. à Decize, f. hmage paroisse Champvert 1540, ép[a] 1517 Jeanne Bert, dont : Denis, Antoine et Louis, bourg[s] Decize 1566, font hmage pr. Champvert 1575 ; de l'un d'eux descend : Denis COPPIN, greffier de Decize 1598, proc[r] fiscal 1602, grenetier 1622, père de : 1° Nicolas, proc[r] fiscal Decize 1639, grenetier 1664, sgr de St-Loup (c[ne] St-Germain-Cha.) 1650, père de Denis-F[s], sgr St-Loup et Chevannes (c[ne] Decize), avocat fiscal et grenetier 1675, m[t] sans posté. apr. 1707, ép[a] 1675 Fr[se] *Save*, fille de Charles, ci-dessus ; 2° Jean, prieur de Cossaye 1643 ; 3° Jacques, avocat, proc[r] du roi Decize 1633-63, s[r] de Villecourt (c[ne] Decize) 1629, ép[a] 1631 Mlle *Millot*, dont : 1° Denis, s[r] de Villecourt dont aveu 1673, proc[r] roi Decize 1671, m[t] av. 1692, eut d'Anne Arbelat : *a*, Jeanne, ép[a] 1° 1693 Eustache *de Pierrepont*, chlr, sgr de Baleines, 2° 1714 Ch.-Clair *de Virgille*, écr, sgr Chevannes-Crots ; *b*, Louise, dame de Villecourt, ép[a] 1692 Pierre *Alixand* ; 2° Claude, prieur de Cossaye et St-Germain, sgr de Villecourt 1687, teste 1718, donne à Louise: 3° Guill[e], célib. 1718. —— *Armes* : D'or, au lapin d'azur. —— *Sources* : *Inv.* de Marolles. — Arch. Niev. E et B. — Reg. parois. Decize, St-Germain-Chass., St-Pierre, St-Saulge.

et du 2ᵉ lit (Tridon) : 3º Hugues-Claude, écr, sgr de Mouasse pⁱᵉ, Clinzeau, Bouchot (cⁿᵉ Poussignol), sert au ban Niv. 1696 et 97, mᵗ 1719 célib.; 4º Christophe, suit ; 5º Margᵗᵉ-Charlotte, épⁿ 1715 Barthélemy *Lempereur* (*), sʳ de Septvoies.

IX. — CHRISTOPHE DE COTIGNON, écr, sgr de Briou (Berry), Fauminars (*id.*) qu'il reçoit partage 1705, puis de Bouchot 1719, maintenu avec Hugues-Cl.1698, épⁿ 1716 Catherine Guyot, dame du Briou, dont : 1º Pierre-Cl., mᵗ 1752 célib ; 2º P.-J., suit.

III. FRANÇOIS SAVE (3ᵉ fils de Charles), avᵗ, sgr de Neuzilly (cⁿᵉ Montapas) 1684 et de Savigny (cⁿᵉ Sᵗ-Saulge) 1683, acte à Sᵗ-Saulge jusqu'à 1720, mᵗ 1725, épⁿ 22 juil. 1681 Mⁱᵉ *Quartier*, fille de Charles, dont : 1º Ch.-Frˢ, suit ; 2º Marie, épⁿ 1705 Henri *Rapine*, sgr de Foucherenne.

IV. CHARLES-FRANÇOIS, écr, sgr de Savigny, Cungy (cⁿᵉ Challement) 1716, officier de la fauconnerie 1721-56, mᵗʳᵉ parᵗʳ des eaux-forêts Niv. av. 1750, épⁿ 6 février 1719 Mⁱᵉ-Anne DE COURVOL, fille de Lazare, sgr de Lucy et de Fˢᵉ Pierre, dont : 1º Lazare, écr, sgr de Savigny, gendarme de la garde 1750, mᵗ de blessures 1762 sans posté., épⁿ 1756 Elisabeth-Frˢᵉ Royer, fille de Jacques, procʳ Nev.; 2º Frˢˢ, épⁿ 1739 Pierre-Henri *de Lavenne*, sgr de la Mouille; 3º Anne-Frˢᵒ, épⁿ 1743 Guy-Bernard *Regnault*, sgr de Touteuille; 4º Mⁱᵉ-Henriette, dame de Bouteuil, épⁿ 1756 Edme-Pierre *Leclerc de Juvigny* (**); 5º Germaine, célib.; 6º Mⁱᵉ-Anne, épⁿ 1ᵘ 1750 Léonard *Coquille* de Bissy, juge de

Sᵗ-Saulge, 2º Ch.-Nicolas de Louhault, officier cav., 3º av. 1779 Lˢ-Frˢ Deschamps de Pravier, chlr Sᵗ-Louis.

On trouve en outre : Jean SAVE, avᵗ, bailli de Châtillon-Bⁱˢ 1658-73, fils d'Elisabeth Meusnier et mari de Mⁱᵉ Gourleau (Sᵗ-Saulge), dont : Frˢ, avᵗ, épⁿ 1695 Frˢᵉ Barbier. Et d'autres SAVE, cultivateurs, marcᵈˢ, notaires, etc., entre Isenay et Moul.-Engilbert de 1600 à 1781, alliés aux : Gueneau, Frachot, Regnault, Delaporte, Cognet, Pellé, etc. — Ce nom se rencontre encore actuelᵗ en Bazois et Morvand.

Armes : D'azur, au chevron d'argent accompagné de trois vases d'or.

Sources : Arch. chât. Limanton, Chassy-en-Morvand, le Veuillin. — Min. notrᵉˢ Moul.-Engilbert et Châtillon. — Arch. Niév. E. et B. — Hist. mste de Sᵗ-Saulge. — *Généal. de Courvol*, 1753. — Origin. de Soultrait, à Soc. Nivern. — Reg. parois. de Moul.-Engilbert, Sᵗ-Saulge, Saxy, Châtillon, Ougny, Brinay, Alluy.

(*) LEMPEREUR. — Amenés peut-être, en Nivernois, par Philibert Lempereur, grand-prieur de Cluny, prieur de Sᵗ-Sauveur Nev. 1649, qui a procès av. l'évêque Nevers 1658. — On trouve, fin du XVIIᵉ s., trois frères : 1º Claude LEMPEREUR, suit ; 2º Lazare, curé en Charollais, puis à Brinay 1706, mᵗ 1709 ; 3º Jean, marchᵈ à Decize 1678-84, exempt de la connétablie de Fr. 1686, achète Septvoies (cⁿᵉ Sᵗ-Firmin) 1684, y baille 1686-98, mᵗ av. 1709, épousa Marie Arbelat (Decize), dont : 1º Jean, consᵉʳ baage Sᵗ-Pierre et garde du scel 1699, subdélégué de l'intᵗ à Sᵗ-Pierre 1712, mᵗ 1725 sans posté.; 2º Barthélemy l'aîné, sgr de Septvoies 1710-21, épⁿ 1715 Margᵗᵉ Charlotte DE COTIGNON, fille de Frˢ, sgr de Mouasse, ci-dessus ; 3º Louis ; 4º Barthélemy le jeune, sgr de Septvoies 1738-63 hérité de son frère B., épⁿ 1738 Marie *Maslin*, fille de Jean, sʳ de la Motte, dont : a, Margᵗᵉ-Louise, dame de Septvoies, épⁿ 1761 Claude-Frˢ *Millin* du Solet (Chât.-Chinon) ; b, Mⁱᵉ-Margᵗᵉ, épⁿ 1766 Cl.-Frˢ *Sallonnier* de Thiot, substitut élec. Nev.; 5º Catherine, épⁿ av. 1698 Cl.-Nicolas *Ravisy*, sʳ de Souvain. — Claude, marchᵈ Nevers 1671-85, recteur de l'hôtel-Dieu 1678, mᵗ av. 1694, épⁿ v. 1670 Frˢᵉ de La Villate (Berry), dont : 1º Nicolas, avᵗ génᵃˡ baage Nev. 1709-16, échevin Nev. 1700, mᵗ célib. 1724 ; 2º Claude, échevin Nev. 1738 et 48 ; 3º Ignace, avocat, élu de Nev. 1744, hérita des Proliers (cⁿᵉ Gimouille), sgr de Bissy (cⁿᵉ Sᵗ-Maurice), dont hmage 1727, m 1768, épⁿ 1715 Anne-Cath. *Roy*, fille d'Edouard, médecin, sʳ de Bissy, dont : 1º Cl.-Ed.-Frˢ, suit ; 2º Edouard-Mⁱᵉ, officier cav. 1750, garde-du-corps 1750-72, chlr Sᵗ-Louis, guillotiné 1794, célib.; 3º Ch.-Lazare, chanoine Nev. 1760, déporté 1794 ; 4º, 5º Anne-Margᵗᵉ et Catherine, mᵗᵉˢ célib. 1785 et 1766. — Claude-Edouard-Frˢ, sgr de Bissy et des Fourneaux (cⁿᵉ Marzy), consᵉʳ baage Nev. 1768, assesʳ maréchaussée 1770, échevin 1748-76, guillotiné 1794, épⁿ 1744 Jeanne Taillefert, fille de Frˢ, recevʳ tailles Nev., dont 1º Edouard, officier, chlr Sᵗ-Louis, mᵗ célib. 1791 ; 2º Antoine, chasseur à ch., mᵗ jeune ; 3º Mⁱᵉ-Anne, fme de Frˢ Boyer-Chalus ; 4º Madeleine, épⁿ 1801 Jean Guignebard ; 5º Jeanne-Antᵗᵉ, femme de Jean Berchon. —— *Armes :* D'argent, à l'aigle au vol abaissé, de sable. (Arch. chât. de Charry.) —— *Sources :* Arch. Niév. B. — *Inv.* de Parmentier. — Arch. chât. la Baratte et Charry. — Reg. parois. Decize, Nevers, Sᵗ-Pierre, Ougny, Poussignol, Bona.

Éteints.

(**) LE CLERC DE JUVIGNY. — Origin. *d'Auxerre*, où Guillaume est procʳ du roi 1488 ; y ont donné des officiers au baage XVIᵉ et XVIIᵉ s. Jean LE CLERC, petit-fils de Guill., épⁿ 1560 Germaine *Chevalier*, qui lui porta la Forêt (cⁿᵉ Surgy) ; Christophe en refait terrier 1658. — Philippe, président prᵃˡ d'Auxerre, est sgr de Château-du-Bois (cⁿᵒ Entrains) et Fondelin (cⁿᵉ Billy-Oisy) 1609, ainsi que : Jacques 1641, et Claude-André 1668. — Pierre LE CLERC DE JUVIGNY (descendant du Guille 1488), capit. bourgeoisie Auxerre 1746, eut : Edme-Pierre, écr, gendarme de la garde 1751-69, sgr de la Duz (Aux.), puis de Bouteuil (cⁿᵉ Alluy), y mᵗ 1773, épⁿ 1756 Henriette-Frˢᵉ *Save*, fille de Ch.-Frˢ, ci-dessus, dont : Pierre-Henri, prêtre ; Anne, fme de N... Moissy ; et Charles-Edme-Pierre, écr, gendarme de la garde 1778, chlr Sᵗ-Louis, sgr de Bouteuil, eut de Anne-El. *Guillemain* du Pavillon, fille de Pierre : 1º Henri-Germain, mᵗ 1821, épⁿ 1820 Victoire *de Lavenne*, sans posté.; 2º Charles-S.-P., suit ; 3º Louise, épⁿ 1803 Lˢ-FrˢGudin. — Charles-Séb.-Pierre, gendarme de la garde 1814, mᵗ 1836, eut de Julitte *Pellé* de Mont : 1º Léon, mᵗ célib. 1894 ; 2º Louis, chef d'escadrons, épⁿ 1857 Edith Marion-Bussy, mᵗ 1865 sans posté.; 3º Léontine, épⁿ 1833 Etienne Marion-Bussy ; 4º Caroline, épⁿ 1843 le bⁿ Marion, général de division. —— *Armes :* D'azur, au chevron d'argent chargé de deux lionceaux affrontés de sable, et accompagné, en chef, de deux bustes de femme, et en pointe d'une aigle d'argent. —— *Sources :* Arch. Yonne, E. — D. Caffiaux, 1234. — Arch. Niév. B. — Sᵗ Allais, XIII. — Reg. parois. d'Alluy et Sᵗ-Saulge.

Éteints.

X. — PAUL-JOSEPH DE COTIGNON, chlr, sgr de Bouchot et Fauminars, acte à Poussignol 1745-82, m^t 1792, ép^n 8 fév. 1746 Marg^te-Henriette DU VERNE, fille de Laurent, sgr de Presle et de Th. Briçonnet, dont : 1° Cl.-Fr^s, prêtre, doct^r en Sorbonne ; 2° Pierre, off. rég^t de Limousin, m^t célib.; 3° Joseph-Fr^s, suit ; 4° Jean-Gilbert, chanoine d'Autun 1786 ; 5° J.-Jacques, cap. frégate, chlr St-Louis, maire de Chougny 1810, eut de M^ie-Fr^se *Leroy de Cuy*, fille de Pierre : Joséphine, fme d'Alexandre de Crespat (Auvergne) ; 6° J^ne-Marg^te, célib.

XI. — JOSEPH-FRANÇOIS DE COTIGNON, chlr, sgr de Bouchot, officier rég^t de Limousin 1779, m^t 1820 ép^n 11 mars 1782 M^ie-Madeleine DE LA BUSSIÈRE, fille d'Edme et d'Anne de Courvol, dont : 1° Paul-René, m^t célib.; 2° Gilbert-M.-J., suit ; 3° M^ie-Edmée-J., ép^n 1806 Jean-Fr^s DE LA FERTÉ-MEUNG de Champdioux, chlr St-Louis ; 4° Elisabeth, ép^n 1808 Fr^s-Guy *Coquille*.

XII. — GILBERT-M^ie--JOSEPH DE COTIGNON, maire de St-Saulge, y m^t 1851, ép^n 31 janv. 1809 Simonne-Caroline *de Saulieu*, dont : 1° Armand, lieut. d'artillerie, m^t célib.; 2° Roger, suit.

XIII. — ROGER-AMABLE DE COTIGNON, m^t 1888, ép^n 1860 Marie de Champeaux, dont : Gilbert et Mme de Buor de La Voy.

IV. — TOUSSAINT DE COTIGNON (2° fils de Michel (*), juge de Moul.-Eng^t), sgr de Montset (c^ne St-Léger-Foug^t) dont hmage 1540, de la Charnaye (c^ne Argenvières, pr. La Charité) et de Charreau (*id.*) 1556, baille à Montset 1519, y reçoit quitt. 1559, acte à Moul.-Engilbert 1530-53, sa veuve baille à la Charnaye 1574 ; ép^n 20 févr. 1514 Marg^te *Decollons*, fille de Gilbert, sgr de la Charnaye, dont : 1° Michel, suit ; 2° Gilbert, suivra ; 3° Jeanne, ép^n 1559 Antoine Cheval, proc^r du roi Autun.

V. — MICHEL DE COTIGNON, écr, sgr de Montset, Champmartin (c^ne Sermages), St-Léger-de-Fougeret en p^io (c^on Chât.-Chinon) et la Praye (c^ne Moul.-Eng^t), fait hmage avec frère p. biens à Couze (c^ne Moul.-Eng^t) 1578 et à St-Léger 1578 et 84, baille à Montset 1573-88 et à Bouteloin 1577, où il affranchit 1586, achète la Praye 1587 et 1610, m^t av. 1616, ép^n 15 mars 1579 Melchione DE FRASNAY, dont : 1° Léonard, suit ; 2° Edme, écr, sgr de St-Léger et Bussy (c^ne Achun), exempt de taille 1634, achète à Commagny 1610, transige 1607 à St-Léger, qu'il donne en échange 1611 à s. beau-frère avec qui il plaide 1616, f. aveu à Chât.-Chinon 1616, ép^n av. 1608 Reine *de Champs*, fille de Fr^s et de L^se Tridon, dont : Marg^te, m^le célib. 1642, donnant à son cousin J. Jacob (**).

VI. LÉONARD DE COTIGNON, écr, sgr de Montset, dont hmage 1616, et Champmartin, vend à frère 1608, plaide pour Préporché 1610, achète à Montset 1618 et 23, exempt de taille 1634, m^t av. 1641, ép^n 11 juil. 1613 Marg^te Landresson, dont : 1° Hector, m^t au rég^t de Palluau 1635 ; 2° Pierre, suit ; 3° Huberte, ép^n av. 1659 Claude Laumain.

VII. — PIERRE DE COTIGNON, écr, sgr d'*id.*, enseigne rég^t de Langeron 1645, reconnaît rentes à Montset 1662, y acte 1671, m^t 1684, ép^n 1er juin 1649 Marie *Grasset* (3), dont : 1° Louis,

(3) GRASSET.— *De La Charité* (***).— A la fin du XVIe s. on trouve des GRASSET, bourg^r ou march^ds à La Charité. Pierre y fut receveur pour le roi 1581-92.

JACQUES GRASSET, av^at, lieut. gén^al au baage La Charité 1597-1622, cons^er au prési^al de Bourges 1625, sgr de Bois-Rolland (Berry) 1615, eut de M^le Peigné

(La Charité) : 1° Louis, suit ; 2° Jacques, cap. de la tour de Bourges 1629, gentilh^e m^on du roi 1648, sgr de Favray (c^ne St-Martin-Tronsec), eut de Madeleine DE REUGNY, fille de Fr^s, sgr de Favray : Henri, sgr de Favray 1664-77 ; 3° Marie ; 4° Jeanne.

Louis, av^at fiscal, puis lieut. particulier à La Charité,

(*) On trouve à Moul.-Engilbert aux XVIe et XVIIe s. des COTIGNON qui descendaient très-probabl^t de Michel ou d'un de ses frères [l'hmage de 1459 pour dîmes parois. de St-Léger, Moul.-Engilbert et St-Hilaire, énonce 7 frères (Arch. Nièv. E, 446)] : Antoine COTIGNON, tanneur 1529 (Léonard C., sgr de Traclin, lui sert de témoin, 1545) ; Michel, march^d 1535 ; François, id. 1560 ; Pierre, tanneur 1567 ; Guill^e, m^d 1608 ; Fr^s, tanneur 1605 ; Fr^s, m^d 1635 ; Guill^e, sergent r^al 1646 ; Guill^e, m^d 1675 ; Pierre, bourg^s 1682, etc. Princip. alliances : Fougnot, v. 1530 ; Choppin ; Brizard ; Gueneau, v. 1605 ; Robin ; Ferrand ; Duruisseau, v. 1670, etc. — (Min. notr^es Moul.-Engilbert. — Reg. parois. de M.-Eng^t.)

(**) Dans cette branche, un Edme DE COTIGNON, mari de Jeanne de Pernay, eut en 1626, à Aunay : Madeleine, qui suivit Marie de Gonzague en Pologne, y mourut célib. av. 1678, et possédait le fief de la Geneste, qui passa à L. de Pernay. (Min. notr^es Montreuillon.)

(***) On ne trouve aucune jonction de cette famille avec son homonyme de Clamecy, que nous croyons différente.

écr, sgr de Montset 1668-76, m¹ 1679, Montset est saisi 1686, n'eut d'Edmonde DES ULMES, fille de Paul, sgr de Chevannes-Bureau, que des filles : Jeanne, m¹ᵉ célib. 1728, et Charlotte, 1705 ; 2° Jeanne, célib. 1699.

V. — GILBERT DE COTIGNON (2ᵉ fils de Toussaint), écr, sgr de la Charnaye 1579, y baille avec sa mère 1574, f. hmage p. biens parᵉᵘ Sermages 1578 et 87, épⁿ 1ᵉʳ oct. 1581 Hélène de Sᵗ-Victor, fille de Jacques (Berry), dont : 1° Pierre, écr, sgr de la Charnaye, dont hmages 1616 et 41, achète à La Charité 1616, auteur de nombreuses poésies médiocres (voir hᵐᵉˢ célèbres), m¹ 1641 sans posté., épⁿ 19 oct. 1614 Frˢᵉ Bernault, fille du bailli de Coucy ; 2° Louis, suit ; 3° Michel, n'eut de Guill¹ᵉ Deschaumes que Pierre, m¹ jeune.

VI. — LOUIS DE COTIGNON, écr, sgr de Châteauvert (cⁿᵉ Marseille-l.-Aubigny, châtⁱᵉ Cuffy) 1631 et Charreau, puis de la Charnaye après frère 1641, lieut.-colonel régᵗ de Langeron 1646, exempt de taille 1634, baille à Châteauvert 1648, a sentence contre hab¹ˢ La Charité 1652, m¹ 1652, épⁿ ₁° 5 août 1620 Edmée de Farou (Sancerre), 2° 29 fév. 1629 Anne Grasset, dont : 1° Jacques, suit ; 2° Pierre, écuyer, seigneur de Châteauvert, tué célib. à Fleurus 1690 commᵗ un bataillon ; 3° Madeleine, hérita de Châteauvert, épⁿ ₁° 1663 Léonard de Bonnet (4), écr, sgr de Lupy, 2ⁿ 1685 Claude Millin, sgr de Marigny.

VII. — JACQUES DE COTIGNON, écr, sgr de la Charnaye, Charreau, Montclavin (cⁿᵉ Garchy) qu'il vend 1681, maintenu par le conseil 1670, au ban Niv.1674, refait terrier de la

sgr de Bois-Rolland, m¹ av. 1651, eut de Jeanne Chapuis : 1° Jacques ; 2° Louis, sgr de Bois-Rolland 1667 ; 3° Marie, épⁿ 1649 Pierre DE COTIGNON, écr, sgr de Montset, ci-dessus ; de l'un de ceux-ci descend :

ANTOINE, bourgˢ de La Charité, m¹ av. 1733, eut de Jeanne Goby : 1° J.-Bᵗᵉ, suit ; 2° Pierre, curé de La Charité 1733 ; 3° Jacques ; 4° Jeanne, épⁿ 1733 Louis de Cullon, écuyer, sgr de Trois-Brioux (Berry).

JEAN-BAPTISTE, receveur de la marque des fers à La Charité 1736-49, eut de Catherine Godin de Mussy : 1° J.-B.-Etienne, suit ; 2° Anne, épⁿ 1742 Cl.-Vincent Prispre de Limoux, élu de Nev. ; 3° Mⁱˢ-Anne, épⁿ 1748 J.-Bᵗᵉ Decollons ; 3° Jeanne, épⁿ 1749 Hugues-Cyr Chambrun-Mousseau, bourgˢ à Donzy.

Jⁿ-Bᵗᵉ-ETIENNE, consᵉʳ provincial des monnaies, sub-délégué de l'intᵗ à La Charité 1767-84, sʳ des Escauts, épⁿ 1749 Margᵗ Chambrun, sœur d'H.-Cyr, dont : Jean-Bᵗᵉ-André.

On trouve aussi à La Charité : Claude GRASSET, marchᵈ 1587 ; Jean, id. 1598 ; Pierre, id. 1603 ; Claude, tanneur, 1606 ; Jacques, marchᵈ 1676 ; Pierre, chirurgien 1696 ; Antoine, capit. de bourg¹ᵉ, etc. Leurs princ. alliances sont : Camusat, av. 1587 ; Delagogué ; Buisson, v. 1610 ; Fleury ; Colombier ; Bertin 1684, etc.

Sources : Min. notʳᵉˢ La Charité. — Arch. Nièv. B. — Reg. parois. La Charité, Cosne, Pouilly.

(4) DE BONNET. — Origin. de *Rouergue.* — Jean de Bonnet, écr, sgr de Mazuel, en Rouergue, où il testa 1580, eut de Jeanne de Castelnau :

I. ANTOINE DE BONNET, écr, sgr de Mazuel, la Môle en p¹ᵉ (châtⁱᵉ Cuffy), m¹ av. 1624, épousa 1ᵉʳ oct. 1578 Cath.-Ursule de Guillemin (*), fille de Louis, dont : 1° Louis, suit ; 2° Guill°, chanoine Nev., curé de Sᵗ-Genest 1620, m¹ 1651.

II. LOUIS, chlr de l'ordre, bⁿ de Cours-les-Barres, (châtⁱⁿ Cuffy), Givry (id.), la Môle, sgr de Lupy (cⁿᵒ Balleray), le Coudray (id.), Chevannes (cⁿᵉ Coulanges-Nev.), hérita de ces sgries de son oncle J.-P. de Guillemin 1622, gentilh° mᵒⁿ du roi 1635, exempté du ban à ce titre 1635 et 39, baille à Cours 1609, f. hmage p. Lupy 1634, m¹ 1641, épⁿ 14 janv. 1624 Madel. DU LYS, fille de Léonard, sgr de Jailly et Champmorot, dont : 1° Eustache, suit ; 2° Léonard, chlr, sgr de la Môle p¹ᵒ, Lupy, le Coudray, Chevannes, Champmorot (cⁿᵒ Ouagne) et Châteauvert (cⁿᵉ Marseille-l.-Aubigny) 1665, gentilh° mᵒⁿ du roi, *maintenu* 31 mai 1667, baille à Lupy 1668, plaide à Châteauvert 1668, partage avec frères et sœurs 1681 et 84, m¹ 1684, épⁿ 5 fév. 1663 Madeleine DE COTIGNON, dame de Châteauvert, ci-dessus, dont Marie, bénédictine à Cosne, et Louise, épⁿ 1693 Frᵒˢ de La Roche-Loudun, chlr, sgr de Rimbé ; 3° Mⁱᵉ-Gabrielle, dame de Givry, épⁿ 1654 Jacques de Villaines, écr, sgr de Sermoise ; 4° Anne, épⁿ 1663 Gilbert de Pierrepont, écr, sgr de Baleines.

III. EUSTACHE, chlr, bⁿ de Cours-les-Barres et la Môle, a brevet de gentilh° mᵒⁿ du roi 1656, *maintenu* par l'intendᵗ de Moulins 31 mai 1667 avec Léonard, baille avec sa mère 1656, est saisi 1686, vend la Môle p¹ᵉ 1686 et le reste 1699, ainsi que ses biens

(*) Elle était sœur de Jean-Paul DE GUILLEMIN, gentilh° servant du roi, chlr de l'ordre, bⁿ de Cours-les-Barres, la Môle et Givry (chât. Cuffy), marié 1° av. 1597 à Frᵉ Mige, dame de Lupy, sans posté., 2° av. 1618 à Marie Turpin, veuve de Guill° Tenon. Ce J.-Paul, sans enf., légua 1622 tous ses biens à son neveu Louis de Bonnet, ci-dessus. — *Armes :* D'argent, à trois bandes ondées d'azur, chargées chacune de trois étoiles d'or. — *Sources :* Arch. Nièv. E. — Cabᵗ titres : dossier bleu, 111, de Bonnet ; et Petite-Ecurie, 286.

Charnaye 1672, y plaide 1686, est saisi 1710, épᵘ 1ᵘ 9 janv. 1670 Jeanne Bigot, fille de Jacques, trésorier de Fr. à Bourges, 2° 1678 Bernarde de Balorre, fille de Frˢ, sgr du Deffend (Charollais), dont : 1ᵘ 1ᵉʳ lit, Henri, écr, sgr de la Charnaye, dont terrier 1702, chevau-léger de la garde 1699, mᵗ apr. 1724, épⁿ 1701 Suzanne de Baisle de Pontcenac (Auvergne), dont : Catherine, et Mⁱᵉ-Margᵗᵉ épᵘ av. 1759 Jacques-Gabr. *Fournier* de Quincy.

    Armes : D'azur, au sautoir d'or accompagné en chef d'une molette de même.

    Sources : Arch. nat. P. 470, et S. 152. — Cabᵉᵗ Titres : dossier Thianges, 16792 ; et dossier bleu, 213. — Arch. chât. Vandenesse, Devay, Limanton, le Tremblay, Poiseux. — Arch. Nièv. E et B. — Min. notʳᵉˢ Moul.-Engilbert, Chât.-Chinon et Lormes. — *Inv.* de Marolles. — Bibl. nat. mss : nobil. Bourges, 15. — D. Caffiaux 1234. — P. Anselme, IX. — Reg. parois. de Moul.-Engilbert, Sᵗ-Léger-Fougeret, Sermages, Sᵗ-Pierre, Nevers, Chât.-Chinon, Poussignol, Cervon, La Charité, Ougny.

Existants dans la Nièvre.

Nivern., se retire en Champagne ; épᵃ 6 oct. 1665 Madel. de Tivel, fille de Nicolas, sgr de Prain (Champa.), dont : 1° Louis-Eustache, reçu à Petite-Ecurie 1684, capit. de chevau-légers, se fit capucin ; 2° Eustache-Ignace, garde de marine 1691 ; 3° Henri-Eustache ; et trois filles ; tous fixés en Champagne, où ils s'éteignent au XVIIIᵉ s.

    Armes : D'azur, à trois fusées d'or rangées en fasce, au chef du même. (Preuves, Pᵗᵉ-Ecurie.)

    Sources : Cabᵉᵗ Titres : dossier bleu, 111 ; preuves Pᵗᵉ-Ecurie, 286. — Arch. Nièv. E et B. — Arch. chât. du Veuillin et Vauzelles. — D. Caffiaux, 1234. — Arch. commu. Nevers. — Reg. parois. Poiseux, Nevers, Sᵗ-Martin-du-Tronsec.

Éteints.

✤✤✤✤✤✤✤✤✤✤✤✤✤✤
✤✤✤✤✤✤✤✤✤
✤✤✤

DE COURVOL

 AMILLE de Nivernois.

    Prennent leur nom (*) de Corvol-l'Orgueilleux (cᵒⁿ Varzy (**), où Hugues DE CORVOL tient, en 1088, un fief de Robert des Oulches qui en donne la mouv. au prieuré de La Charité (Cartul.) — En 1141, Artaud DE CORVOL et Hugues son fils sont présents à donᵒⁿ à abb. Corbigny (D. Caffiaux). — Jean dénombre 1285, au cᵗᵉ Nev. sa maison et biens à Corvol (D. Villevieille, 124), et est en 1296 au rôle des féodaux de châtⁱᵉ de Corvol. — Le cᵗᵉ Nev. achète 1302, pr. Entrains, bois francs, *salvo feodo Agnetis filie Aloisis de Corvolio.* — Jean est envoyé par le cᵗᵉ Nev. à l'ost de Flandre 1302.

    I. — GAUCHER DE COURVOL, chlr, mentionné en 1301, est père (***) de : Jean, damoiseau 1330, vend avec son frère ; et de :

(*) Le nom s'est écrit : de Courvou, de Corvaul, de Corvol et de Courvol.

(**) Et non de Corvol-d'Embernard, comme le dit la généalogie imprimée de 1753 ; aucune pièce mste ne les désigne comme sgrs de Corvol-d'Embernard, et ils n'ont pas été, non plus, *seigneurs* de C.-l'Orgueilleux, mais y furent possessionnés. Outre les personnage cités ci-dessus, on trouve : Hervé DE CORVOL, qui prend à cens, 1158, de Guilⁱᵉ d'Entrains (D. Villevicille, 124). Humbert de *Corva Valle,* bourgs de Varzy, et Élis., sa fme, échangent avec abb. de Bourras 1285 (*id.*). P. de Corvol et Man., sa fme, vendent près Corvol-l'Org. 1335 (Arch. Nièv. E. 598). Feu Geoffroi de Corvaul avait biens à Latrault (cⁿᵉ Breugnon) av. 1345. (D. Caffiaux.)

(***) Il épousa peut-être une D'ISENAY ; ses descendants se rencontrent souvent dans les actes de cette famille ; son fils est avec eux co-sgr du lieu 1327, et son petit-fils Gaucher est à la tutelle des mineurs D'ISENAY 1376 et a pour exécuteur testʳᵉ 1390 Jean d'Isenay. — Hugues D'ISENAY, chlr, 1296, f. hmage p. la tour d'Isenay 1323, et a des biens à *Corvol-l'Orgueilleux* dont hmages 1309 et 28. Il semble père de : *a,* Lancelot, écr, mᵗ av. 1353, père de : *a,* Jean, écr, sgr de la tour d'Isenay, dont hmage 1371, exécuteur test. de Guy de Courvol 1390 ; *b,* Jeanne, fme de Pierre de Contremoret, écr, mᵗ 1376, dont les enfants eurent pⁱᵉ d'Isenay ; *c,* Jeannette ; fme de Guilⁱᵉ de Bauldoin, écr ; *d,* Jean, écr, aussi sgr d'Isenay pⁱᵉ, f. hmage pour neveu et nièce 1353, avec lesquels il a 1/2 d'Isenay 1372. Guy de Courvol ayant l'autre 1/2, mᵗ 1373 sans posté. car ses neveux ont sa part d'Isenay au règlement pour la justice 1384. — (*Inv.* de Marolles. — Arch. chât. du Tremblay.)

Éteints.

II. — Gaucher DE COURVOL, damoiseau, puis chlr, sgr d'Isenay en p^ie (c^on Moul.-Engilbert), dont hmage 1327, fait aveu de rentes à Breugnon et Charmoy dans mouv. de Corvol-l'Org. 1327, et à Châteauneuf-val-de-Bargis 1349, échange à Isenay 1333, y donne des droits à ses fils 1352 ; épousa av.1333 Isabeau, qui avait biens en Donziois, et dont il eut : 1° Guy, chlr, sgr du Tremblay (c^ne Isenay), qu'il achète 1380, et d'Isenay p^ie 1352, dont hmage 1363, y bâtit 1372, y transige pour sa moitié de justice 1384, f.hmage p.biens à Charmoy près Corvol 1374, et près Suilly-la-Tour 1389, teste 1390, ordonnant pompeuses funérailles, avec fondations, fait Gaucher son héritier, donne un bordelage à ses bâtards ; « dominus guido de Corvolio, miles, » fait nouvelles don^ons 1396, m^t av.1399 sans posté. de Thomasse de Dissy, dame de Saulières, qui, veuve, en f. hmage 1401 ; 2° Jean, suit ; 3° Girard, écr, 1394.

III. — Jean DE COURVOL, damoiseau, reçoit 1352, avec Guy, de leur père Gaucher, des droits sur un taillable d'Isenay, est relaté dans actes de 1377, 79 et 89, exécuteur test^re de Guy 1390, dit père de Gaucher à la don^on de 1396, eut : 1° Gaucher, suit ; 2° Jean, auteur de la br. près St-Saulge, suivra ; 3° Huguette, ép^n 1° Jean DES ULMES, écr, sgr de Neuville, 2° av. 1425 Perrinet Gressart (*), écuyer, cap. de La Charité, elle vendit la Motte-Josserand 1446.

IV. — Gaucher DE COURVOL, écr, sgr du Tremblay, Isenay, Thaix en p^ie, dont hmage 1407, Poussery (c^ne Montaron), dont hmage 1415 et pour biens à Montaron, y échange des serfs 1420, f. condamner retrayants de Poussery au guet et garde 1422, m^t 1440 ; ép^n 13 janv.1401 à Moul.-Eng^t Jeanne Le Bidault (1), dame de Poussery, fille de Jean, sgr de Montaron et de Marg^te de Marry, dont : 1° Jean, écr, sgr du Tremblay, Isenay, Poussery, achète au Tremblay 1433, y baille 1440, obtient avec Philibert de le fortifier 1447, achète pr. Brinay 1446, m^t sans posté. av.1452, ép^n 26 juil.1441 Jeanne DE LA TOURNELLE, fille de Pierre, sgr de la Tournelle, et de J^ne de Lugny ; 2° Philibert, suit ; 3° Étienne, écr 1448 ; 4° Cath^ne, ép^n av.1455 Jean de Marry, écr, sgr de Villaine ; 5° Jeanne, fme de S.Coignet, écr, sgr de Chatenoy (Auxer.) ; 6° peut-être Guill^e, prieur de Commagny 1439-45.

V. — Philibert DE COURVOL, écr, sgr du Tremblay, qu'il fortifie 1447, de Poussery, qu'il dénombre 1451 et 56, de Thaix p^ie et de Favray (c^ne St-Martin-Tronsec) 1449, cède à sa mère les meubles paternels 1440, achète en chât^io Donzy 1459, partage des serfs à Poussery et y baille 1451, et à Isenay 1456 où il achète 1491 avec s. fils, f. hmage p.Favray, Thaix et Isenay 1454 et 56, m^t av.1494 ; ép^n 10 sept.1454 Agnès de St-Julien, fille de Jean, sgr de Neuilly, et d'Agnès de Courtenay-Champignelles, dont : 1° Gaucher, écr, sgr du Tremblay et Thaix p^ie qu'il eut au partage 1494, baille à Thaix avec frères 1515, donne à Antoine 1500 et 1503, m^t célib.; 2° Alexandre, écr, sgr de Favray 1494, y baille 1502, et de Villiers-s.-Nohain (c^ne St-Martin-Tronsec), valet servant du c^io Nev. 1476, m^t célib., Guy en hérita ; 3° Antoine, suit ; 4° Guy, prieur de St-Victor-Nev.1494-1519, sgr de Montaron, Poussery, du Tremblay p^ie et de Villiers,

---

(1) LE BIDAULT. — De Nivernois. — Jean LE BIDAULT DE MONTARON (de Monte Errante) fait aveu pour Thaix (c^on Fours) 1323, et p. biens à Creule (c^ne Montaron) 1351. Autre Jean, sgr de Montaron (c^on Moul.-Engilbert) et de Poussery (c^ne Montaron), achète à Pouligny-s.-Aron 1368, sa veuve, Marg^te de Marry, dénombre Poussery 1378, est père de : 1° Jeanne, épousa 1° Guyot de Champrobert, écr,

sgr de Chiddes, 2° 1401 Gaucher de Courvol, écr, sgr d'Isenay, ci-dessus ; 2° Alips, mariée av.1401 à Philibert de Lanty, écr.

Sources : Arch. nat. P. 138. Copies de Chastellux à Soc. niv. — Inv. de Marolles. — Arch. chât. du Tremblay.

Éteints.

(*) Célèbre capitaine du parti de Bourgogne dans la guerre de Cent-Ans ; écr d'écurie, puis panetier du duc Bgne 1419, capitaine de cent h. d'armes et de La Charité 1422, puis des pp.ales places du Nivernois ; acheta la Motte-Josserand (c^ne Perroy) 1426, est tuteur 1434 de Jean des Ulmes, fils d'Huguette ci-dessus ; m^t entre 1441 et 45 ; traita d'égal à égal 1425 à 40 avec le duc de Bourgogne, son suzerain, pour la remise des places du Nivernois, où il eut un rôle militaire prépondérant (voir 1re partie). (D. Plancher, III et IV. — Inv. de Marolles. — Arch. Niev. E.)

donne à Antoine 1503, m^t av.1524 ; 5° Anne, ép^n $_1$° 1480 Guill^e *de Bauldoin* (2), écr, sgr de Palluau, $_2$° av.1529 Jean DE FRASNAY, écr, sgr de Mouche.

VI. — ANTOINE DE COURVOL, écr, sgr du Tremblay, Isenay, Poussery, Montaron, Thaix, Favray, reçut don^{ons} de ses frères Gaucher et Guy 1500 et 1503, eut Isenay au partage 1494, y baille 1495-1511, y vend 1502, m^t av.1518 ; ép^n $_1$° 12 juin 1500 Jeanne de Césac (Bourb^{nnis}), $_2$° 21 août 1503 Philiberte DE LA PERRIÈRE, fille de Jean, sgr de la Boue, et de J^{no} de Maumigny, eut du 2e lit : 1° Louis, suit ; 2° Jeanne, héritière de tous biens de son frère av.1534, encore vivante 1566, ép^n $_1$° 1526 Jacques DE REUGNY, écr, sgr de Riégeot, $_2$^{or} 1552 Gilbert Le Groing (Berry), écr, sgr d'Erculat.

VII. — LOUIS DE COURVOL, écr, sgr d'id., héritier de toute sa branche, reçut don^{on} de sa mère 1518, partage succ^{ion} de Guy avec Jeanne 1524 et transige avec les FRASNAY 1529, m^t sans posté. av.1534, ép^n 6 mars 1531 Philippe *de St-Père*, fille de Jean, sgr de Veron, et de Paule Le Bourgoing.

IV. — JEAN DE COURVOL.(2° fils de Jean), écr, ayant en 1410 à Moulins-s.-Ouanne (Auxer.) un arrière-fief qui fut succ^t à son grand-père Gaucher et à son oncle Guy, est présent au traité Corbigny 1427 entre duc de Bgogne et Perrinet Gressart, son beau-frère ; est exécuteur test^{re} d e Jeanne Le Bidault 1439, est père de :

V. — ERARD DE COURVOL (*), écr, dm^t à Oulon (c^{on} Prémery), y échange 1497 pour un pré à Marolles, vit 1505, m^t av. 1515 ; ép^a, par^{so} de Poiseux, 25 mai 1459 Philiberte du Réau, fille de Jean, sgr de Chaillant, dont : 1° Philibert, suit ; 2° Jean, au maage de son frère 1515 avec qui il vend 1520, et vend aussi 1550 avec sa femme M^{ie} de Moulas (ou de Moulins ?) ;

(2) **DE BAULDOIN.** — *Du Bazois.* — Guill^e BAULDOIN, écr, sgr de la Brossière (c^{ne} d'Isenay ; depuis, appelée : Baudoin) 1373, est à tutelle de Contremoret 1376, épousa Jeannette *d'Isenay*, dame de la Brossière. — Guy, écr, achète à Vezou 1409. — Colin, est valet de chr^e du c^{te} Nevers 1477.

1. GUY DE BAULDOIN, écr, sgr de Baudoin, y achète 1428, y acte 1441-46, m^t av.1456, ép^a Jeanne *des Prés*, dame de Palluau (c^{ne} Brinay), dont : 1° Jean, écr, sgr de Baudoin et Chevannes-les-Crots p^{ie} (c^{ne} Diennes) 1464, a sentence p. justice de Baudoin 1653, baille à Baudoin 1456-69, f. aveu près Brinay 1463, partage avec frères 1474, m^t av.1482, eut de Marg^{te} *du Pontot* : *a*, Pierre, écr, sgr de Baudoin p^{ie} 1494, le dénombre av. Claude 1517, y vend 1525, m^t av.1530, ép^n Jeanne *de L'Hôpital*, fille d'Hugues, sgr de Montanteaume, dont : Gaucher, 1529-30, et Barbe, ép^n 1514 Jean *des Paillards*, écr, sgr de Giverdy ; *b*, Guy, prêtre 1496-1519, partage av. frères et sœurs 1494 ; *c*, Claude, écr, 1517 ; *d*, Jeanne, fme de Fr^s de Guignebaul, écr, *e*, Marg^{te} 1496 ; 2° Hugues, curé de Verneuil 1476-82 ; 3° Guill^e, suit ; 4° Alips ; 5° Marie.

II. GUILLAUME, écr, sgr de Baudoin et Palluau p^{ie}, reconnaît relever d'Isenay 1463, échange à Baudoin 1481-94, f. hmage p. Palluau p^{ie} 1485 et 1502, sert au ban Niv.1503, m^t av.1518, ép^n 30 juil.1480 Anne DE COURVOL, fille de Philibert ci-dessus, dont : 1° Claude, suit ; 2° Marg^{te}, ép^n 1518 Antoine DE NOURY, sgr de Palluau p^{ie}.

III. CLAUDE, écr, sgr de Baudoin p^{ie} 1529 et de la Motte-de-Palluau achetée av.1532, baille à Sozay 1545, y a procès 1547 et à Baudoin 1553, m^t av.1566, ép^a Jeanne de Halwin, dont : 1° Barbe, dame de Baudoin p^{ie}, vendu 1572, ép^n $_1$° 1562 Philibert de Chamfremeux, écr, $_2$° av.1566 Claude de La Perrière, écr, sgr de la Garde ; 2° Esmée, dame de la Motte-Palluau, qu'elle vend avec sa sœur 1566, ép^n Michel du Vernoy, écr.

Armes : D'or, à la croix pattée de gueules.

Sources : Arch. chât. de Devay, le Tremblay. Limanton. — *Inv.* de Marolles. — Originaux à Soc. Niv. — Arch. Niév. E. — *Généal. de Courvol*, 1753.

Éteints.

(*) La *généalogie de Courvol*, imprimée et dressée sur titres en 1753 (travail le plus sérieux et le mieux fait, en ce genre, dans notre province), commet une erreur en donnant pour père à Erard, auteur de toutes les branches des derniers siècles, Gaucher, sgr d'Isenay, mari de Jeanne Le Bidault ; il ne pouvait être fils que de Jean, frère de Gaucher. L'auteur anonyme de 1753, d'ordinaire très-consciencieux, dit qu'à son c^{nt} de mariage de 1459, cet Erard est assisté de « Jean de Courvol, sgr d'Isenay, son frère ». Or, ce Jean-là, dont les frères Philibert et Étienne ont déjà partagé la succession, était mort av. 1452 lor que Philibert a repris le procès « de feu Jean, son frère, » contre J. de Bauldoin, d'Isenay (sentence de 1452, aux arch. chât. de Vaudenesse). Il y a tout lieu de présumer que l'auteur, visiblement embarassé pour l'ascendance d'Erard, a ajouté les mots « d'Isenay » et « frère » (sur lesquels, seuls, repose son système), qui ne figuraient pas à l'original de 1459, auj. disparu, et qui devait porter : « Jean de Courvol, père du futur ». Il nous a été impossible de retrouver le nom de la mère d'Erard.

3° Étienne, 1515-20 ; 4° Jeanne, veuve 1529 de Jean de Penier, écr ; 5° Fr⁰, veuve 1529 de Jean d'Espence, écr (Champa.) ; 6° Anne, ép⁰ 1521 Jean *de Bazay*, écr, frère de sa belle-sœur.

VI. — PHILIBERT DE COURVOL, écr, sgr de Pouligny en pⁱᵉ (cⁿᵉ Montaron), demᵗ à Sᵗ-Maurice (cᵒⁿ Sᵗ-Saulge) 1515, vend avec frères et sœurs 1520, échange 1536, vend à Pouligny 1529 et 37, témoin 1550 ; ép⁰ 7 août 1515 Jeanne *de Bazay* (3), fille de Claude et de Jeanne de La Forest, dont : 1° Claude, suit ; 2° Jean, écr, sgr de Ruffy (Berry), archer des ordon⁰ᵉˢ cⁱᵉ du duc Nev.1562, capit.1581 vend à son neveu Philᵗ, sans posté. de Jeanne du Parc (*).

VII. CLAUDE DE COURVOL, écr, hᵐᵉ d'armes cⁱᵉ du Grᵈ–Ecuyer de Fr.1578, achète biens de Jean, son oncle, 1550, et pr. Sᵗ-Saulge 1555-73, mᵗ 1579, ép⁰ 1° av.1550 Rolette de Montigny (Senonais), 2° 27 sept.1577 Guyotte *de Gourdon* (4), fille d'André ; eut du 1ᵉʳ lit : 1° Philibert, suit ; 2° Jean, écr, sgr d'Aubigny-Chetif en pⁱᵉ acheté 1602, transige avec Guyotte de G.1581, vend à Philibert 1588, mᵗ av.1604 sans posté., ép⁰ 31 oct.1584 Esmée *des Paillards*, fille de Pierre, sgr de Ratilly ; 3° Jeanne, ép⁰ 1° Georges *de Monfoy*, 2° 1589 Cl. de Fély, écr ; et du 2ᵉ lit : 4° Jean, écr, sgr de Savigny (cⁿᵉ Billy-Oisy) 1601, du Petit-Bazolles (cⁿᵉ Bazolles, cᵒⁿ Châtillon), dont aveus 1617 et 39, de la Boissière (châtⁱᵉ Sᵗ-Sauveur 1626), transige avec frères 1601, achète Angeliers en pⁱᵉ (cⁿᵉ Dampierre-s.-Bouhy) 1633, dont aveu 1634, ép⁰ 1° 24 juil.1601 Edmée *de Gayot*, fille d'Edme et d'H. de Paris, 2° 14 nov.1610 Charlotte DE LA BUSSIÈRE, fille de Claude, sgr d'Angeliers, eut du 1ᵉʳ lit : a, Frˣ, écr, sgr de Bazolles et Savigny 1632, et de Rouy en pⁱᵉ 1640, lieut.régᵗ de Langeron 1635, partage 1640 avec sa sœur qui a Angeliers, mᵗ av.1656 sans enfˡˢ d'Hélène *Chevalier* ; et du 2ᵉ lit : b, Bénigne, hérita de son frère, ép⁰ 1640 Edme DE LA BUSSIÈRE, écr, sgr de Guerchy.

VIII. — PHILIBERT DE COURVOL, écr, sgr de Montas (cⁿᵉ Sᵗ-Maurice), achète de Jean, son oncle, 1581 et de Jean, son frère, à Montas 1588, puis près Sᵗ-Saulge 1597 et 99, a reconn⁰ᵉ

(3) DE BAZAY. — Du *Bazois* Nivern. — Hugues, Ardoin et Tristan DE BAZAY sont au siège de Chât.-Chinon 1412 ; Ardouin DE BAZAY, écr, est à la tutelle de Varigny 1423. — Guyot, écuyer de cuisine du cᵗᵉ Nev.1455, mᵗ av.1491, ayant biens pr. Moul.-Engilbert, épousa Matheline de La Boutière.

I. CLAUDE DE BAZAY, écr, sgr du Meix de la Forêt (cⁿᵉ Sᵗ-Maurice) dit en 1536 : le Bazay, ép⁰ fin du XVᵉ s. Jeanne *de la Forest*, dont : 1° Jean, suit ; 2° Eliacin, écr, 1532 ; 3° Jeanne, ép⁰ 1515 Philibert DE COURVOL, écr, sgr de Pouligny, ci-dessus ; 4° Charlotte, 1536.

II. JEAN, écr, sgr de la Forêt, demᵗ parˢᵉ Pouligny 1515, vend avec frère et sœur 1532, et à Creulle (cⁿᵉ Montaron), échange avec Philibert de C.1537, ép⁰ 27 août 1521 Mˡˡᵉ-Anne DE COURVOL, fille d'Erard, dont : Jean, suit.

III. JEAN, écr, sgr de la Forêt, archer de la cⁱᵉ de Giry 1578, mᵗ av.1623, ép⁰ 1° 1571 Jeanne du Vernet, 2° 20 avril 1578 Jeanne *du Bois*.

IV. GILBERT, écr, sgr de la Forêt et du Cry (cⁿᵉ Narcy), mᵗ au service en Lorraine 1635, ép⁰ 1623 Charlotte d'Auroulx, dame du Cry, fille de Pierre et de Frˢᵉ de La Châtre, dame de Narcy en pⁱᵉ, dont : 1° Jean, suit ; 2° Pierre, écr, maintenu 1667.

V. JEAN, écr, sgr du Cry, sert au ban Niv.1674, maintenu 1667, fait donⁿⁿ mut. à Billy 1677 avec sa fme, qui donne aux COURVOL 1683, mᵗ sans posté., ép⁰ 5 fév.1663 Claude *Bolacre*, de Billy-s.-Oisy.

Armes : D'azur à deux fasces d'or et deux croissants renversés d'argent entre les fasces. (Mss. chanoine Hubert.)

Sources : Arch. Nièv. E. — Arch. chât. Devay et Chassy-Morvand. — Inv. de Marolles. — Min. notʳᵉˢ Moul.-Engilbert.

Éteints.

(4) DE GOURDON. — Orign. d'*Ecosse*. — Thomas GORDON, écr, hᵐᵉ d'armes de la cⁱᵉ de Stuart d'Aubigny, mᵗ av.1537, eut de Barthélemie Mathan : Guillᵗᵗᵉ et Madeleine, et sa veuve se remaria av.1537 à André GORDON, écr, f. reconn⁰ᵉ à Billy-s.-Oisy, mᵗ av.1569 ; ils eurent : 1° Frˢ, suit ; 2° Guillᵗ, écr, a biens à Billy ; 3° Albine, ép⁰ 1549 Léonard *du Bois*, écr, sgr de Pouilly ; 4° Guyotte, dame de Savigny (cⁿᵉ Billy-s.-Oisy), ép⁰ 1° Richard Scott, hᵐᵉ d'armes cⁱᵉ de Listenois, achètent pr. Billy 1569, 2° 1577 Claude DE COURVOL, écr, ci-dessus.

FRANÇOIS DE GOURDON, écr, hᵐᵉ d'armes du Grᵈ-Ecuyer de Fr.1577, f. hmmage mⁿⁿ à Billy 1580, y acte 1598, ép⁰ av.1570 Gilette de Mussy, dont : Dieudonné,

(*) Guillᵉ DU PARC, écr, sgr de Courcelles-la-Ville (Orléanais) 1516, dont la veuve Anne Regnier se remaria 1526 à Alex. d'Estut, sgr de Sᵗ-Père, paraît père de Jeanne ci-dessus et d'Alexandre, dont le fils Guy, écr, sgr de la Motte-Mousseau (cⁿᵉ Billy-s.-Oisy), ép⁰ 1600 Frˢᵉ DE LA BUSSIÈRE, fille de Cl., sgr d'Angeliers, dont : Edmée DU PARC, vendit la Motte 1629. (Carrés de d'Hozier, 242. — Reg. par. de Billy.)

1585, transige 1601, m^t 1603 ; ép^a 26 déc.1580 Louise *de Bongars* (5), fille d'Edme, sgr de Selins (et non : d'Arcilly), et de Fr^{se} Julliot, dont : 1° Philibert, écr, sgr de Luxery (c^{ne} Pouques) et les Aubus (*id.*), capit. rég^t de Langeron 1630-39, fit testam^t mutuel avec sa fme 1650, m^t sans enf^{ts} de Marie DE MONTSAULNIN, fille de Cl., sgr des Aubus et de Marg^{te} de Chassy, elle donna tout aux COURVOL ; 2° Jean, suit ; 3° Fr^s, suivra ; 4° Fr^{so}, dame du Bouchet 1624 ; 5° Louise, fme d'André *de Virgille*, écr.

IX. — JEAN DE COURVOL, écr, sgr de Grand-Vaux (chât^{ie} St-Saulge) 1628, capit. rég^t de Langeron 1634, sert au siége Montrond 1652, maintenu exempt des tailles 1635, partage avec frères 1633, acte 1655, m^t av.1660 ; ép^n 19 fév.1624 Bénigne DE CHASSY, fille de Gilles, sgr du Marais, dont : 1° Gilles, capit. d'inf^{ie} 1643, tué av.1660 ; 2° Fr^s, suit ; 3° Jean, célib.1650 ; 4° Alexandre, suivra ; 5° Gilbert, écr, sgr de Lombraux, dem^t par^{se} St-Maurice 1675, brigadier au ban 1674, *maintenu* avec frères 27 mars 1667, m^t 1678, ép^n 3 août 1671 Gab. DE TROUSSEBOIS, fille de Michel, sgr de Passy, dont : Marg^{te}, ép^n 1691 J.-Fr^{se} DE COTIGNON, écr, sgr de Mouasse ; 6° Lazare, chlr, sgr de Grand-Vaux et St-Maurice en p^{ie} (c^{on} St-Saulge), sert aux bans Niv.1674, 89 et 91, *maintenu* avec frères, acte pour St-Maurice 1676-91, m^t 1702, ép^n 13 sept.1671 Marie DE BRÉCHARD, fille de Jean, sgr de Brinay, dont : Jeanne-Marg^{te}, ép^n 1695 Jean *de Lavenne*, écr, sgr de Sanizy.

X. — FRANÇOIS DE COURVOL, chlr, sgr de Montas (c^{ne} St-Maurice) et de Lucy (c^{ne} Montapas), partage avec frères 1660, *maintenu* avec eux par intend^t de Moulins 27 mars 1667, au ban Niv.1674, achète à St-Maurice 1673, m^t 1691 ; ép^n 4 avril 1662 Marg^{te} *de Pagany*, fille de Jean, sgr de la Chaise, dont : 1° Lazare, suit ; 2° Joseph, écr, sgr de Montas, lieut. d'inf^{ie} 1693, m^t 1714 sans posté., ép^n 8 juil.1698 Renée DE LA BARRE, fille d'Edme, sgr dé Chasnay ; 3° Claude, écr, sgr de St-Maurice p^{ie} et Villaine (c^{ne} St-Saulge) 1709, m^t 1734, ép^n 7 août 1708 Étiennette *de Lavenne*, fille de J.-B^{te}, sgr de la Palu, dont : M^{ie}-Anne, ép^n 1752 Edme DE LA BUSSIÈRE, chlr, sgr de la Bruère ; 4° Fr^s, chlr, capit. rég^t d'Agénois 1708, m^t sans posté. av.1732 d'Anne *Pierre*, veuve de Fr^s de La Chasseigne d'Uxelonp, qu'il ép^n 17 fév.1722 ; 5° Gasparde, ép^n 1693 Gaspard *de Champs*, écr, sgr de St-Léger ; 6° Geneviève, ursuline.

XI. — LAZARE DE COURVOL, chlr, sgr de Lucy 1693, dont hmage 1733, sert au ban

écr, dem^t à Billy 1594, sgr de Sichamps p^{ie} (c^{on} Prémery), dont hmage 1617, et de Doudois (c^{ne} Prémery), sert au ban Nivern.1635, ép^a 1° av.1603 Constance *de Châlon*, 2° av.1617 Esmée *d'Ourouër*, fille d'Etienne, sgr de Sichamps, eut du 1er lit : Edmée, célib.1628-40, et Renée, ép^n av.1636 Fr^s *du Chaffaut*, écr, sgr des Couëz.

Armes : D'azur, au chevron d'argent accompagné de trois gourdes d'or.

Sources : D. Caffiaux, 1234. — Arch. chât. de Guichy. — Arch. Nièv. E. — Inv. de Marolles. — Reg. parois. de Billy, Clamecy, Champlemy.

Éteints.

(5) DE BONGARS. — Viennent du *Sénonais*. — Florent DE BONGARS, écr verrier, dem^t à Vaulx-de-Vanne (c^{ne} Venizy, Yonne) en 1511, est père de :

I. EDME DE BONGARS, écr, dem^t à Vaux-de-Vanne 1552, sgr de Selins (c^{ne} Bazolles), y reçoit reconn^{ce} 1575, y prend bordelage 1580, f vente de verres à Glux 1585, épousa 1552 Fr^{so} Julliot, fille de Jean (Montsauche) et de M^{in} de Brossart, dont : 1° César, écr, sgr de Selins p^{ie} 1588, partage av. frère 1602, au

rôle des nobles de Bazolles 1599, m^t sans post. av.1614, ép^a 8 mai 1588 Léonarde *Jacquinet*, fille de Pierre, sgr de Niault ; 2° Perceval, suit ; 3° Edmée, ép^n av.1597 Léonard Siron ; 4° Louise, ép^a 1580 Philibert DE COURVOL, écr, sgr de Montas, ci-dessus.

II. PERCEVAL-VICTOR, écr, sgr de Selins p^{ie} 1594 et de la Cour (c^{ne} Biches) 1610, dont hmage 1618, plaide avec belle-sœur 1614. au ban de St-Pierre-le-M^{ur} 1635, baille 1639, m^t av.1644, ép^n 17 nov.1596 Anne *de Juisart*, fille de Guy, sgr de la Cour, dont : 1° Hector, suit ; 2° Perrette, ép^n av.1627 Elie Foizeau ; 3° Jeanne, ép^n 1646 J. Seguin, m^{tre} faïencier à Nev.

III. HECTOR, écr, sgr de la Cour, dont hmage 1634, et de Selins p^{ie} 1644, sert au ban 1635, partage av. sœurs 1639, m^t 1649, ép^n 28 avr.1644 Charlotte DE LICHY, fille d'Eustache, sgr de Lichy et de Cl. de Maumigny, dont : Michel, m^t jeune, et Charlotte, veuve 1681 de Pierre *de Clausse*, écr, sgr de Palluau.

Sources : Arch. chât. Devay. — Carrés de d'Hozier : de Bréchard, et 628. — Min. not^{res} Moul.-Engilbert. — Reg. parois. Biches, Brinay, Nevers.

Éteints.

Niv.1697, m¹ 1735 ; épⁿ 4 oct.1694 Frᵉ *Pierre*, fille de Pierre, sgr de Frasnay, dont : 1º Pierre, chanoine Nev., prieur de Faye, 1712-52 ; 2º Louis-Frˢ (*), suit ; 3º Germain-Gabr., chlr, sgr de Montas 1740, gentilhᵉ de la Manche 1745, brigadier des gardes-du-corps, chlr Sᵗ-Louis 1749, eut pⁱᵉ d'Uxeloup (cⁿᵉ Luthenay) de son oncle av.1732, acheta Charry (cⁿᵉ Bona), m¹ av.1758, épⁿ 3 oct.1740 Monique *Carpentier* (6) de Changy, fille de J.-Frˢ, sgr des 4 Pavillons, dont : *a*, Pierre-Cl., chlr, sgr de Charry 1784, capit. d'infⁱᵉ, chlr Sᵗ-Louis 1784, à ass. noblesse Nev.1789, émigra, m¹ célib.1838 ; *b*, Augustin, chlr, sgr de Montas, capit. régᵗ d'Artois, chlr Sᵗ-Louis et de Sᵗ-Lazare 1784, m¹ 1836, épⁿ 1794 Anne Lecomte, dont : *a'*, Ch.-Fr.-Augustin, garde-du-corps 1814, capit. cuirassiers 1821, épⁿ 1832 Laure Mathieu, dont : Augustine, épⁿ 1856 P.-A.-Alexandre mⁱˢ de Veyny ; *b'*, Frédéric, garde-du-corps, m¹ célib.; 4º Gabrielle, relig.1722 ; 5º Frˢᵉ, m¹ célib. 1753 ; 6º Mⁱᵉ-Anne, épⁿ 1719 Ch.-Frˢ *Save*, sgr de Savigny.

XII. — Louis-François DE COURVOL, chlr, sgr de Lucy 1743, qu'il dénombre 1768, et de Reugny pⁱᵉ (cⁿ Sᵗ-Benin) 1759, capit. régᵗ d'Agénois 1723 ; épⁿ 19 janv.1745 Mⁱᵉ-Anne DE LA TOURNELLE, fille de Gilbert, sgr de Reugny, dont : 1º Jean-Bᵗᵉ, chlr, sgr Lucy pⁱᵉ, dont aveu avec sa mère 1779, de la Chapelle (cⁿᵉ Sᵗ-Saulge), puis de Billeron (Berry) 1773 par succⁱᵒⁿ de

(6) CARPENTIER DE CHANGY. — Origin. *du Beauvoisis* (**).

I. Colinet CARPENTIER, notaire à Decize, où il passe nombreux actes 1449-57, receveur de la ville 1449, y tient un bordelage, y achète maison 1463, y baille des vignes 1463-67, fabricien de Sᵗ-Aré 1481, épousa 28 fév.1442 Jeannette de Savigny, et est dit « clerc du dioc. de Beaulvois » ; il eut : 1º Jean, suit ; 2º Huguette, fme av.1470 d'André *Pommereul*, marchᵈ à Decize ; 3º Frˢᵉ, épⁿ 1488 Claude Piga, clerc à Decize ; 4º Honorée, veuve de Pierre Turchin, de Decize, 1493.

II. Jean, bourgᵗ de Decize 1487, juge de Verneuil 1488, y prend à cens, au maage de sa sœur 1488, vend près Decize 1491-96, m¹ av.1507, épⁿ 1º Jeanne, 2º 1491 Margⁱᵉ Magnien, dont : 1º Charles, suit ; 2º Claude, acte avec Charles 1508 et 19 ; 3º Jean, étudiant 1517, curé de Maisons-en-Longue-Salle 1519 ; 4º Jeanne.

III. Charles, bourgᵗ de Decize 1508, marchᵈ à Nev.1517, baille avec frères moulin à Crécy (cⁿʳ Decize) et y achète dîme 1508, dont hmage 1524, baille vigne pr. Decize 1519, épⁿ peut-être Cath. Courdemain, dont : 1º Jean, suit ; 2º Charles, curé de Maisons, m¹ 1579 ; 3º Madeleine, célib.

IV. Jean, marchᵈ à Nev.1575, sgr de Crécy en pⁱᵉ, dont hmage 1575, m¹ av.1596, épⁿ 1558 Jacqueline *Foulé*, qui obtient sentence p. biens à Crécy 1596, il en eut : 1º Charles, suit ; 2º Jean, suivra ; 3º Michel-Jacques, marchᵈ Nev., sʳ de Machy 1609, célib.; 4º Frˢᵉ, épⁿ Michel Berland, grenetier de Decize ; 5º Marie, fme de Jean Guyot, procᵗ à Nev.

V. Charles, marchᵈ à Nev. 1600, sgr de Machy (cⁿᵉ Sauvigny-l.-Bois) 1611 et de Charbonnière (*id.*) 1619, échevin de Nev.1596 et 1623, contrôleur de la maréchaussée 1629, a biens parᵉ Sᵗ-Martin-d'H.1609, épⁿ av 1582 Jeanne *Lithier* (***), dont : 1º Jean, suit ; 2º Jacques, procᵗ du roi à Sᵗ-Pierre 1619 et en la maréch.Nev.1624, m¹ av.1655, épⁿ Hélène Joly, dont : *a*, Charles, volontaire, tué 1644 ; *b*, Anne, épⁿ 1660 J.-Frˢ *Carpentier*, sgr de Crécy ; *c*, Marie, épⁿ v.1661 Jacques *de Vignes*, écr, sgr de Chiffort ; 3º Pierre, marchᵈ à Nev.1622, sgr de Machy 1626-62, eut d'Anne *de La Chasseigne*, fille de Christophe, mᵗʳᵉ comptes Nev.: *a*, Charles, écr, sgr de Machy, Charbonnière et Forges (cⁿᵉ Sauvigny) 1655-72, cavalier régᵗ d'Esguilly 1647, sert sous Bussy 1652, obtient lettres de noblesse 1662, épⁿ av.1656 Marie *Le Bault*, fille de Frˢ, sgr de

(*) Voici un exemple frappant des effets de la dépopulation et des difficultés du recrutement à la fin des guerres de Louis XIV : Ce Louis-Frˢ était en 1711, à l'âge de 12 ans 3 mois, sous-lieut. dans le régᵗ d'Agénois, où son oncle Frˢ était capit. depuis 1708. Il ne peut y avoir de confusion d'individu, car il naquit à Lucy le 25 sept.1698, fut ondoyé le 29 et baptisé à Montapas le 7 oct.1698 (Reg. parois.) ; son brevet de sous-lieut. au régᵗ d'Agénois est du 3 janv.1711, et de lieut. 20 sept.1712 ; renvoyé dans ses foyers à la paix d'Utrecht 1713, il ne fut repris au service qu'en 1719. — On trouve vers ce même temps, dans d'autres familles, des enfants de 14 ou 15 ans dans les armées.

(**) Et non de Flandre, comme le disent des mémoires qui ne s'appuient sur rien, et veulent rattacher ces Carpentier à une des nombreuses familles homonymes du Nord-Est, chevaliers au XIIIᵉ s., etc. — Lainé, suivant ces errements, a inséré dans ses *Arch. généalogiques*, t. XII, une généalogie absolument fantaisiste, sans se donner la peine de voir aucune pièce originale. Lui, si sévère pour les complaisances d'autrui, a fermé les yeux sur ce que relate Chérin, t. 45, qu'en 1662 Charles Carpentier, sʳ de Machy, plaidait contre les habitants de Sauvigny-les-Bois pour sa radiation du rôle des tailles, et qu'il obtint des lettres de réhabilitation (voir la préface) enregistrées en 1664 ; que François, sgr de Ratilly, et ses frères, condamnés par l'intendant de Moulins, lors de la recherche de 1666, prirent également le biais d'obtenir des lettres de relief « de la dérogeance de leurs ayeux » enregistrées en 1667. Ce qui explique leur maintenue de 1669.

(***) LITHIER. — Bourgeois de Nev.1467 ; Jean, clerc, y loue 1476 ; Claude, avᵗ Nev, m¹ av.1589, mari de Frˢᵉ Brisse, paraît frère de Jeanne, fme de Ch. *Carpentier* ci-dessus. Vers 1600, trois filles Lithier épousent Robert *Millin*, grenetier Decize, Cl. *Prisye* et Jacques *Quartier*, marchᵈˢ à Nev. — Charles, notrᵉ à Nev.1621, épⁿ av.1618 Perrette Patrat, dont Ch. et Frˢ-Jean, conserᵗ baage Sᵗ-Pierre 1630-39, épⁿ av.1624 Cl. *Gascoing*, fille de Gilbert. — *Sources* : Arch. Nièv. E. — Reg. parois. Nevers et Decize.

Phil^t de Courvol, capit. rég^t de Limousin 1784, à ass. nobl. Nev.1789, m^t 1823, eut de Charlotte de Vichy : *a*, Thérèse, épⁿ 1815 L.-Joseph DE THOURY ; *b*, Charlotte, m^{te} 1832, femme de Mr du Plan ; 2° Louis-Alexandre, chlr, sgr de Lucy et Reugny p^{ie}, capit. rég^t de Limousin 1788, chlr St-Louis, à ass. nobl. Nev.1789, émigra, m^t 1829, eut de Philippine DU VERNE de Presle : Jean-B^{te}, pp^{re} de Lucy et Limanton, chef de bataillon, m^t 1853, épⁿ 1824 Adélaïde *du Pré* de St-Maur, dont : Alexandre-L.-G., né 1825, célib., et Mmes de Villemenard et v^{tesse} de Fussy.

X. — ALEXANDRE DE COURVOL (4° fils de Jean, sgr de Grand-Vaux), écr, sgr de Lucery et des Aubus, hérités de son oncle Philibert 1656, et de la Chapelle-St-André p^{ie} (c^{on} Varzy), partage avec frères 1660, maintenu avec eux 1667, m^t 1671 ; ép^a 29 juin 1655 Marg^{te} DE GRANDRIE, fille de Pierre, sgr de Chauvance et de Cl. Dupin, dont : 1° Jean-Guy, suit ; 2° Fr^{se}, épⁿ 1682 Philibert *d'Anguy*, chlr, sgr de Monteuillon ; 3° Marie, épⁿ 1686 Jacques *des Jours*, sgr de Mazille.

XI. — JEAN-GUY DE COURVOL, chlr, sgr de Luxery, la Chapelle-St-André et Croisy (Berry), cornette au rég^t du Maine 1690, remplacé aux bans Niv.1692 et 94, partage avec sœurs 1692, m^t 1714 ; ép^a 22 fév.1694 Edmée-Madel. *Besave*, fille de Fr^s-Éléonor, président él^{ion} Chât.-Chinon et de J. de Certaines, dont : 1° Philibert, chlr, sgr de Billeron et Lugny (pr. Sancerre), capit. rég^t de la Sarre 1729, chlr St-Louis 1740, m^t 1766 sans posté. de Thérèse Maréchal (Berry), son cousin J.-B^{te} en hérita ; 2° Fr^s-Raco, chlr, sgr de Croisy et d'Herry (Berry), command^r de St-Lazare 1734, m^t av.1766 sans posté., épⁿ 1726 Jacqueline Le Normant d'Herry ; 3° Fr^s-Gabr., cistercien 1728 ; 4° Armande, relig. au Réconfort, m^{tn} 1744.

Langy, dont : *a'*, Charles, écr, sgr de Charbonnière, saisi avec frère 1697 ; *b'*, Joseph, écr, sgr de Charbonnière p^{ie} et de Baugy (c^{ne} Balleray) 1688-1702, épⁿ 4 nov.1688 Fr^{se} *Cabaille*, fille de Jean, m^d Nev., dont : Hugues et Laurent, m^{ts} jeunes, et M^{ie}, épⁿ 1734 Fr^s Droit ; *b*, Étienne, écr, sgr de Machy p^{ie} et Courtois (c^{ue} Nolay), à lettres de réhabilitation 1667, sert au ban 1674, épⁿ av.1670 Marie *de Neuchèze*, dame de Courtois, fille d'Antoine, dont : *a'*, J.-Jacques, écr, sgr Machy p^{ie}, m^t à Nolay 1738, sans posté. d'Anne DU VERNE, fille de Gilles, sgr de Bona ; *b'*, Radegonde, relig.; *c'*, Étiennette, ép^a 1716 Pierre *Richard* de Soultrait, sgr de l'Isle ; 4° Jeanne, fme av.1599 de Nicolas *Moquot*, m^{tre} des cptes Nev ; 5° Claude, ép^a 1^u 1611 Michel *Gallope*, av^{at} Nev., 2^u ap.1614 Michel *Bardin*, m^{tre} des cptes Nev.

VI. JEAN, marc^d à Nev.1612-20, sgr de Ratilly (c^{ne} St-Benin-d.-Bois) 1611 et de Marigny (c^{ne} Chevenon) 1620, échevin de Nev.1624, établit forge à St-Martin-d'H., que partagent ses enfants, m^t av.1647, épⁿ av. 1612 Anne *Roux*, fille de Philibert, sgr de Marigny, dont : 1° Jacques, prieur de Cessy, St-Malo et Vielmanay 1647, baronnet d'Angleterre, gentilhⁿ de Christine de Suède 1668, auteur de nombreuses poésies satiriques (voir hom. célèbres) ; 2° Charles, capucin ; 3^u Fr^s, suit ; 4° Charlotte, ép^a 1628 Pierre *Brisson*, sgr de Plagny ; 5° Hélène, ép^a 1639 Guill^e *de Lespinasse*, lieut. criminel de St-Pierre-le-M^{er}.

VII. FRANÇOIS, bourg^s à Nev., puis écr, sgr de Ratilly et de Changy (c^{ne} Chevannes-Changy), lieut. rég^t Dauphin, partage avec frère 1647, achète 1665 Changy et la Noue, ce dernier fief retiré féodal^t par sgr de Corvol même an, a lettres de noblesse avec frère et cousins 1667, *maintenu* avec eux par conseil du roi

27 mai 1669, m^t 1678, ép^a v.1650 Marie Roussel, dont : 1° Jean, écr, sgr de Ratilly 1670, fait don^{on} mutuelle avec sa femme 1693, m^t 1719 sans posté., ép^a 22 fév.1677 Guill^{te} *Pinet*, fille de Nicolas, sgr de Mantelet ; 2° Fr^s, suit.

VIII. FRANÇOIS CARPENTIER DE CHANGY, écr, sgr de Changy 1676, sert au ban Niv.1674, achète bois pour sa forge 1676, m^l 1682, sa veuve vend 1690 Saint-Cy lui venant, avec Vanzé et Beaudéduit, de son cousin Nic. Pommereul ; ép^a 1675 Monique *Bardin*, fille d'Augustin, s^r d'Origny, dont : 1^u Jean-Fr^s, suit ; 2^u Fr^s-Ignace, écr, sgr de Vanzé (c^{ne} Champvert) et Beaudéduit (*id.*) 1707, brigadier des ingénieurs sous Vauban, contrôleur des fortifications, chlr St-Louis, bâtit Vanzé 1721, m^t célib.1764 ; 3° M^{ie}-Monique, visitandine à Nev.1707.

IX. JEAN-FRANÇOIS, écr, sgr de Changy et des Pavillons (c^{ne} St-Martin-d'Heuille), où il se fixe 1704 et y bâtit 1707, et de Bouteuille (c^{ne} Alluy) 1721, taxé comme anobli 1706, ingénieur milit.1721, échange av. sgr de Cougny 1711, m^t 1758, ép^a av.1712 Madeleine de Lafond, dont : 1^u Fr^s, suit ; 2° Monique, ép^a 1740 Germain-Gabriel DE COURVOL, chlr, sgr de Montas, ci-dessus.

X. FRANÇOIS, chlr, sgr de Beaudéduit 1753, de Vanzé et des Pavillons 1764, mousquetaire du roi 1740, chlr St-Louis 1751, à ass. nobl. Nev.1789, m^t 1797, ép^a 26 fév.1750 Jeanne Astier (Paris), dont : 1° Fr^s-Ignace, suit ; 2° M^{ie}-Renée, ép^a 1780 Edme-J.-B. DE LA BUSSIÈRE, officier cav.; 3° Monique, ép^a 1782 Louis-Phil. DU VERNE de Marancy, chlr, capit.inf^{ie}, d'où Mmes de Gain et de Moncorps.

X. FRANÇOIS-IGNACE, chlr, sgr de Vanzé et Beaudéduit

IX. — François de COURVOL (3ᵉ fils de Philibert, sgr de Montas), écr, sgr du Petit-Bazolles et Montas 1632, capit. régᵗ de Langeron 1632-40, maintenu exempt des tailles 1635, au ban Niv.1635, reçoit donᵒⁿ de Mᵗᵉ de Montsaulnin 1641, f. hmage 1665, mᵗ 1666 ; épᵃ à Billy-Oisy 26 juil.1632 Anne *Chevalier*, fille d'Antoine, sgr de Minières, et d'Anne Bolacre, dont : 1ᵒ Charles, écr, officier d'infanterie 1658, *maintenu* avec frères et cousins 27 mars 1667, mᵗ av.1671 sans posté. de Jeanne de Totail (Auxerᵉ) ; 2ᵒ Léonard, suit ; 3ᵒ Léonard, écr, sgr de Savigny (cⁿᵉ Billy-s.-Oisy) 1666, célib.; 3ᵒ Catherine, épⁿ 1662 Dominique de Coqueborne, écr, sgr de la Rippe (Auxerᵉ).

X. — Léonard de COURVOL, écr, sgr de Montas 1669, est à l'inventʳᵉ de sa mère 1662, *maintenu* 1667, mᵗ à Billy 1718 ; épⁿ 1ᵉʳ fév.1666 Claude Quantin, fille de Frᵉ, sgr de Sichamps pᵗᵉ et de Mᵗᵉ Bolacre, dont : 1ᵒ Jacques, suit ; 2ᵒ Gilbert, écr, sgr de Champeaux (cⁿᵉ Corvol-d'Emb.), lieut. régᵗ de Hainaut 1711, mᵗ 1741, épⁿ 27 janv.1714 Hélène *de Compaing*, fille d'Edme, sgr des Prés, dont : Jean-Bᵗᵉ, sgr de Champeaux 1751, célib., et Frᵉᵒ, relig. à Nev.1742 ; 3ᵒ Mᵗᵉ-Jeanne, épᵃ 1712 Jean-J. de MULLOT, écr, sgr de la Galarderie.

XI. — Jacques de COURVOL, écr, capit. régᵗ de Nice 1742, vend à Billy 1733, mᵗ 1746 ; épⁿ 1ᵒ 1707 Élisabeth Bigé, 2ᵒ 3 fév. 1723 Marie *de Compaing*, sœur d'Hélène ; eut du 1ᵉʳ lit : 1ᵒ Jacques, capit. régᵗ de Nice 1742, chlr Sᵗ-Louis 1747, mᵗ 1752 sans posté., épⁿ 15 janv.1746 Mᵗᵉ-Anne *de Moncorps* du Chesnoy ; 2ᵒ J.-Claude, suit ; 3ᵒ Hyacinthe-Elis., épⁿ 1732 Lᵉ-Charles *d'Assigny*, chlr, sgr de Lain ; et du 2ᵉ lit : 5ᵒ Mᵗᵉ-Edmée, épⁿ 1763 Ambroise *de la Coudre*, chlr, sgr de la Motte-Billy.

1786, chevau léger de la garde 1774, émigra, chlr Sᵗ-Louis, mᵗ 1812, épⁿ 2 juin 1790 Esther *du Bois des Cours*, fille d'Alex., sgr de la Maisonfort, dont : 1ᵒ Charles-Frᵉ, mᵗ 1837, épⁿ 1817 Amélie de Chazal, dont Ch.-Eugène, marié et fixé en Belgique 1846 ; 2ⁿ Léontine, épⁿ 1824 Ch.-Frᵉ de Cavailhès (Languedoc).

V. Jean Carpentier de Crécy (2ᵉ fils de Jean et de J. Foulé), avᵃᵗ à Nev.1596-1618, sgr de Crécy, partage av. Charles 1604, usager à Montigny-Amognes 1610, mᵗ av.1620, eut de Jacquette *Devaux*, sœur de Jacques, marchᵈ à La Charité, dont : 1ᵒ Jean, suit ; 2ᵒ Frᵉ, mari av.1640 d'Anne *Quartier* ; 3ᵒ Eugénie, veuve 1648 de J. *Chappelain*, capit. de Decize ; 4ᵒ Marie, épⁿ av.1621 Jean *Millin* ; 5ᵒ Jacquette, épⁿ av.1646 Barthélemy *Chappelain* (*), cap. de Decize.

VI. Jean, sgr de Crécy, mᵗʳᵉ de forges d'Arlot (cⁿᵉ Sᵗ-Eloi) 1634, sa veuve baille à Criens 1644, épᵃ 1ᵒ Jeanne *Millin*, 2ᵒ 28 fév.1637 Radegonde Ory (Orléans), dont : 1ᵒ J.-Frᵉ, suit ; 2ᵒ Cl.-Étienne, écr, sʳ de la Tuilerie, mᵗ 1717, épⁿ av.1667 Gabrielle *Millot*, dont : a, Jean-Frᵉ, écr, sʳ de la Tuilerie 1717, mᵗ 1757, épⁿ v.1715 Margᵗᵉ Le Gentil, dont : a', Charles-Gabr., lieut. régᵗ de Beaujolais 1736, célib.; b', J.-Lᵉ-Cl.-Frᵉ, sʳ de Mont et la Brosse, à ass. nob. Nev.1789, sans posté. épⁿ 1770 Lᵉ-Gilberte *de Champs*, fille de Guille, sgr du Creuzet ; c', Mᵗᵉ-Gabrielle, épⁿ 1757 L.-Frᵉ *Rapine*

de Sᵗᵉ-Marie, sgr de Sᵗ-Martin ; b, Guillᵉ, célib.; c, Eugénie, mᵗᵉ célib.1734; 3ᵒ Eugénie, célib.1672.

VII. Jean-François, écr, sgr de Crécy, a reconnᵉ à Chevannes-Gaz.1663, est au terrier Dornes 1674 pour forge à Mussy, a lettres de noblesse avec frère 1667, maintenu 1669, sert au ban Niv.1674, mᵗ av.1680, épⁿ 13 juin 1660 Anne *Carpentier*, fille de Jacques, consᵉʳ à Sᵗ-Pierre, dont : Anne-Radegonde, épⁿ 1686 Gilbert-Frᵉ *Le Bault*, écr, sgr de Langy ; et :

VIII. Jean-François, écr, sgr de Crécy 1686-1704, épⁿ 19 fév.1697 Margᵗ *de La Souche*, fille de Philippe, sgr de Sᵗ-Augustin, dont : Nicolas, mᵗ jeune, et Gilbert, suit.

IX. Gilbert, écr, sgr de Crécy et du Tremblay (cⁿᵉ Cossaye) 1738-43, épⁿ 22 fév.1724 Louise Thoinard, dont : 1ᵒ Gilbert, prieur d'Anzy-le-Duc, mᵗ 1743 ; 2ᵒ Claude, célib.; 3ᵒ Margᵗᵒ.

Armes : D'azur, à l'étoile d'or accompagnée de trois croissants d'argent.

Sources : Min. notʳᵉˢ Moul.-Engilbert et Nevers. — Inv. de Marolles. — Arch. Niév. E, B et Q. — Inv. de Parmentier. — Arch. chât. du Tremblay, Poiseux et des Bordes. — D. Caffiaux, 1234. — Cabᵗ titres : dossier bleu, 155 ; Chérin, 45. — Reg. parois. Decize, Sᵗ-Pierre, Nevers, Cessy, Sᵗ-Eloi, Sauvigny-Bois, Nolay, Balleray, Rouy, Sᵗ-Parize-Viry, Sᵗ-Martin-d'Heuille.

Sortis du Nivernois.

(*) CHAPPELAIN. — Jean CHAPPELAIN, sʳ de la Tour, est capit. de Decize 1636. Barthélemy ci-dessus, lui succéda 1648, est sʳ de la Tour, lieut. régᵗ d'Enghien 1646-53, il eut de Jacquette *Carpentier* : 1ᵒ Jean-Frᵉ, suit ; 2ᵒ Mᵗᵉ-Edmée, épⁿ 1ᵒ av.1667 Claude *Sallonnier*, sgr de Sᵗ-Hilaire, 2ᵒ 1690 Bernard *Chaussin*, sgr de Chevalet ; 3ᵒ Anne, dame de Mussy (cⁿᵉ Avril), fme av.1677 de J.-B. *Langlois*, sʳ de la Provostière. Jean-Frᵉ, écr, sʳ de la Tour 1677 et de la Bussière (cⁿᵉ Charrin) 1692, épⁿ 1683 Louise-Fᵗᵉ *Desprez*, fille de Pierre, sgr de Roche-s.-Aron, dont : 1ᵒ Bernard, écr, sgr d'*id*.1722, lieut. régᵗ Beaujolais, épⁿ 1732 Barbe Lallement (Nev.), dont probᵗ : Pierre, constitue rente 1758 ; 2ᵒ Anne-Ch., fme av. 1722 de Pierre *Millin*, sʳ de Champrobert, lieut. citadelle d'Arras. — *Sources :* Reg. parois. Decize et Charrin. Min. notʳᵉˢ Moul.-Engilbert.

Éteints.

XII. — JEAN-CLAUDE DE COURVOL, chlr, sgr du Fey (c^ne Billy-s.-Oisy), capit.rég^t de Nice 1745, chlr St-Louis 1751, m^t av.1767 ; ép^n 15 fév.1751 M^ie-Constance DE MULLOT, fille de J.-J., sgr du Fey, dont : 1° J.-Jacques, chlr, sgr du Fey 1788-92, célib.; 2° J.-Claude, suit ; 3° Guill^e-Ambroise, chlr, officier d'inf^ie 1784, émigra, m^t célib.1838 ; 4° Thérèse, célib.

XIII. — JEAN-CLAUDE DE COURVOL, chlr, sgr du Fey et de Savigny (c^ne Billy-Oisy) 1784, à ass. noblesse baage d'Auxerre 1789, m^t 1820, ép^n 25 nov.1788 M^ie-Hyacinthe *de la Coudre*, fille d'Ambroise, dont : 1° Caroline, m^te célib.; 2° Rosalie, ép^n 1821 Philippe *Dupin ;* 3° Alexandrine, ép^n 1828 Ernest *Le Caruyer de Beauvais* (*).

Armes : De gueules, à la croix ancrée d'or cantonnée en chef de deux étoiles d'argent.

Sources : D.Villevieille, n° 124. — *Inv.* de Marolles. — Arch. chât. du Tremblay, Vandenesse, Devay, Limanton. — La Thaumassière. – Arch. commun. de Fours. — Min. not^res Moul.-Engilbert. — D. Plancher, IV. — Arch. Niév. E et B. -- Bibli. nat : coll^ion de Lorraine, 237 ; Gaignières, 22,300; arch. Mancini-Nev.; preuves école milit. 2 et 5 ; preuve. St-Cyr, 308. — D. Caffiaux 1234. — Mss chan. Hubert, VIII. — Reg. parois. St-Maurice, Bazolles, St-Saulge, Montapas, Sanizy, La Chapelle-St-André, Prémery, Billy-s.-Oisy, Uxeloup, Bona, Nevers, St-Martin-d'Heuille.

Éteints.

(*) LE CARUYER DE BEAUVAIS. — Orig. d'Arques, en Normandie. Anoblis 1594. — Guill^e Le Caruyer, écr, sgr de Launay, devint sgr de Beauvais (chât^ie Druyes), Lainsecq (*id.*), Chappe (c^ne Lainsecq) et Minerottes (c^ne Sainpuits), par maage 1644 avec Anne DE LA FERTÉ-MEUNG, fille de Fr^s, sgr de Beauvais, etc. ; il fut convoqué au ban Niv. 1674, eut : Nicolas, écr, sgr d'*id.*, ép^a 1684 Cath. Fernier, dont : 1° Nicolas, f. aveu à Nev. 1746 p. Beauvais, Lainsecq, Chappe, Boisjardin (c^ne Lainsecq) et les Bordes-Minerottes, sans posté. ; 2° Georges-Guill^e, suit ; 3° Anne, ép^a 1722 Laurent *de La Rivière*, écr, sgr des Godeaux. Georges-Guill^e, chlr, sgr d'*id.*, ép^a 1727 Marg^te Regnard (Entrains), dont : Nicolas et Edme, sont hmage à Nev. 1777, p. Beauvais, Lainsecq et Chappe, tous deux officiers d'artillerie, chlrs de St-Louis 1784, ce Nicolas fut sgr de Ferrières en p^ie (c^ne Entrains), et est trisaïeul de Thérèze, mariée 1895 à Georges DU VERNE, et aïeul d'Ernest, officier dragons. ép^a 1828 Alexandrine DE COURVOL, ci-dessus, m^t à Savigny 1831 sans posté. (Arch. chât. de Beauvais. — Arch. de l'Yonne B. — Reg. parois. de Lainsecq, Etais, Thury.)

✠✠✠✠✠✠✠✠✠✠✠✠✠✠
✠✠✠✠✠✠✠✠✠
✠✠✠

DU CREST (*)

RIGINAIRES de Bourgogne. (**)
On les trouve entre Charolles et Autun à la fin du XVe s.

I. — JACQUES DU CREST, écr, sgr de Vaulx (pr. Geugnon), m^t 1531, épousa 1514 Antoinette de Semeur, dame de Ponay (c^ne Tazilly), fille de Pierre, sgr de Ponay et de Phil. de Mynières, dont entre autres :

II. — GILBERT DU CREST, écr, sgr de Ponay 1534, Chigy-le-Gros (c^ne Tazilly) et Monteuillon (c^ne Luzy) 1569 ; on fait son inventaire 1572, ses enfants partagent à Luzy, 1578 ; épousa 9 mars 1545 Anne LE BOURGOING, fille de Philibert, sgr de Montenillon et Chigy et de Barbe Rollin ; sa veuve f. hmage pour Ponay et Monteuillon 1575 ; il en eut : 1° Hugues, suit ;

(*) Le nom s'est écrit : Ducrest, Ducret, du Cray et du Crest. Nous ne donnons que les branches fixées en Nivernois. (Voir la préface.)

(**) Cette famille prétendit, pour des preuves très-remontées, à faire en 1773 pour honneurs de cour, qu'elle descendait de gentils hommes savoyards venus en France avec Charlotte de Savoie, 2e fme de Louis XI ; mais il est constant qu'avant cette époque, Léonard DUCREST était clerc des comptes à Dijon par provisions de 1446, qu'il avait été anobli par lettres de Philippe-le-Bon en 1435, et prom auditeur des comptes 1457. Drouin DUCREST, clerc des offices de l'hôtel du duc 1461, signe, avec son frère Léonard, le terrier de Bussy et Chàlonnais 1466 ; ce Drouin fut nommé m^tre des comptes par Charles-le-Téméraire 1473 ; etc. (Inv. ms de Peincedé I, XVII et XVIII et armorial ms de la ch^re des comptes de Bourgogne.) — Leurs preuves de 1667 et 1700 ne font pas allusion à l'origine savoyarde, et n remontent pas au-delà de 1514.

2° Jacques, auteur de la br. de Monteuillon, suivra ; 3° Denis, fixé en Bgogne ; 4° Frs auteur de la br. de Chigy, suivra ; 5° Anne, fme de Jean *de Champrobert*, écr, sgr des Fossés ; 6° Madeleine épn Pierre de Coulon, écr, sgr de Mirebeau.

III. — HUGUES DU CREST, écr, sgr de Ponay, dont hmage 1584 et 98, a biens en Charolais, sert sous le cte de Tavannes 1595, teste 1615 ; épn 1578 Madeleine DE CHARGÈRES, fille de Jean, sgr d'Ettevaux, et de Claudine Ballard, dont : 1° Jean, écr, sgr de Ponay en pie et de Montigny (cne Millay) dont aveu 1625, épa sa cousine Claude DU CREST, fille de Jean, sgr de Valette, (cne Vandenesse-sur-Arroux), dont Pierre, sgr de Montigny, épn 1661 Margte de Paroy, et sa posté. sort du Nivern.; 2° Denis, suit ; 3° Claudine, ursuline à Moul.-Engilbert ; 4° Frse, fme av. 1649 de Gaston de Condé, verrier ; 5° Bénédicte, épn av.1619, Daniel *d'Hennezel*, verrier, sgr de Bois-Gizet ; 6° Jeanne, veuve 1653 de Charles *d'Hennezel*, fr. de Daniel ; 7° Jeanne, épn av. 1620 Cl. *ae Guyot*, écr, sgr de Palluau.

IV. — DENIS DU CREST, écr, sgr de Ponay, dont hmage 1625, maintenu exempt au rôle des tailles 1635, servit sous Tavannes, mt à Ponay 1642 ; épn 31 oct. 1626 Marie *de Lanvault* fille de Charles, sgr de St-Aubin et de Jne de Babute, dont : 1° Denis, suit ; 2° Claude, écr, sgr de Montigny-le-Petit (cne Millay) 1698, mt av.1702, épn v.1680 Jeanne le Prescheur, dont : *a*, Antoine, chlr, sgr de Montigny 1721, et des Hérards (cne Millay) 1732, capit-régt de Lorraine, sans posté.; *b*, Joseph, écr, sgr de Montigny, y baille 1738, capit. régt. de la marine, épn 17 juin 1727 Margte *Langlois* (*) de la Provostière, dont : *a'*, Philibert, écr, sgr Montigny, mt 1784, épn 1° 20 oct. 1767 Jeanne-Josèphe *de Champrobert*, 2° 25 février 1783 Anne DU CREST, fille de Jean, sgr de Ponay, dont : Margte, fme de Charles DE CHARGÈRES, mis du Breuil ; 3° Anne, épn av. 1651 Jean du Branchet, écr.; 4° Frse épn v.1650 Jean *de Ponard*, écr, sgr de Marié ; 5° Catherine, fme de J. de Gleney, écr.

V. — DENIS DU CREST, écr, sgr de Ponay et du Monceau (pr.Luzy) 1660-84, *maintenu* par intendt Moulins 12 mai 1667, épn 16 nov. 1660 Gabrielle *de Ponard*, fille de Jean, sgr de Saizy, et de Charlotte de Grandval, dont : 1° Claude, 1681-84 célib ; 2° Jacques, suit ; 3° Anne.

VI. — JACQUES DU CREST, écr, sgr d'*id*. y acte 1697-1724, capit. régt de Villars 1684, maintenu 1700, mt 1733, épn à Bourges 5 avril 1693 Madeleine *de Ponard*, dont : 1° Frs, suit ; 2° Frse-Claudine, épn 1723 Frs DU CREST, écr, sgr de Chigy ; 3° Louise, épn 1715 Cl. de Bonneval.

VII. — FRANÇOIS DU CREST, écr, sgr de Ponay, St-Michel (cne Rémilly), le Mont (*id*.) 1716-25, gendarme de la garde 1716, mt 1731, épn 16 janv.1716 Lse-Josèphe *de Virgille*(1), fille

(1) DE VIRGILLE.— Peut-être origin. *du Gévaudan*; se fixent en Nivernais comme gentilshns-verriers.— Honoré DE VIRGILLE eut entre autres : Jean, qui suit ; Louis, suivra ; et André qui plaide au baage Nev. 1649 p.biens entre Maltat (Autunois) et Tazilly.

I. JEAN DE VIRGILLE, écr, sgr de Montrangle (pr. Issy-l'Évêque), puis de la verrerie de la Boue (cne Rémilly) qu'il dirige 1642, et de Mont (cne Rémilly), maintenu comme verrier 1667, plaide à la Boue 1653 et 85, constitue rente à Luzy 1683, m't 1694, épousa v. 1640 Anne *de Verdigny*, fille de Jean, verrier à la

Boue, et d'Esmée des Paillards, dont : 1° Honoré, curé d'Avrée 1671-1701 ; 2° Louis, écr, sgr de Montrangle, Mont 1685, et de St-Michel (cne Rémilly) qu'il achète 1682, sert 1667, capit. régt de Champagne 1695, mt 1712, épn 1° Etiennette Chapus, 2° Lse Gautherot, eut du 1er lit : Jean, écr, sr de St-Martin (cne Brinon ?) mt 1729, épn 1693 Claude *Pierre*, fille d'Ant. sgr du Mont-de-Diennes, dont : *a*, Claude, verrier St-Amand-Puy-saye 1727 y épn 1749 Reine Guillerand ; *b*, Jean, mt à Rémilly 1762, épn 1754 Claudine Courdavault ; *c*, Anne, épn 1720 L. Mathieu, verrier ; 3° Georges, écr, sgr de

(*) LANGLOIS. — On trouve, à Moul.-Engilbert, des Langlois marchds, bourgeois, chirurgiens, aux XVIe et XVIIe s. — Jean-Bte LANGLOIS, sr de la Provostière, vint à Decize par maage 1660 avec Marie *Bernard*, il y fut marchd 1669, fermier des octrois 1677, maire 1693, f. hmage p. Mussy et sa forge (cne Avril) 1686, mt 1709, épn av. 1676 Anne *Chappelain*, fille de Barth. sr de la Tour, dont : Claude, lieut. 1705 puis capit. 1721 au régt de la Force ; Philibert, garde-du-corps 1721-34, mari de Frse *Ferrand*, de la Forest ; Jeanne, fme de Girard Demary, valet de chre du duc Berry ; Louise, épn 1721 Gabriel *Pierre*, sr des Ulmes ; Margte, épn 1727 Joseph DU CREST, écr, sgr de Montigny, ci-dessus. — Nicolas LANGLOIS, musicien ordinre du roi 1696 avait épousé Margte de la Touche. —— *Armes* : D'argent, au chevron de gueules accompagné de trois tourteaux de mème. —— *Sources* : Arch. Nièv. B. — Reg. parois. Moul.-Engilbert, Decize, Sougy, Savigny-s.-Canne.

Éteints.

de Louis, dont : 1º Jean, suit ; 2º Antoine, capit. régᵗ de Lorraine 1750, célib.; 3º Charles, lieut. régᵗ de Gatinois, mᵗ 1748 ; 4º Anne-Jos. épⁿ 1749 Didier DE CHARGÈRES, chlr, sgr de Vaux ; 5º Mᶦᵉ-Frˢᵉ, épⁿ 1753 Jean DE CHARGÈRES, écr, sgr de la Queudre.

VIII. — JEAN DU CREST, chlv, sgr d'*id.* 1749-88, lieut. régᵗ d'Alsace à Assemb. noblesse Nev. 1789, épⁿ 2 mars 1745 Jacqueline Rabiot, dont : 1º Lazarine, dame de Sᵗ-Michel, épⁿ 1788 Emiland DU CREST, chlr, sgr du Breuil ; 2º Anne, épⁿ 1ⁿ 1783 Philibert DU CREST, écr, sgr de Montigny, 2ⁿ 1785 Frˢ *de Virgille*, chlr Sᵗ-Louis.

III. — JACQUES DU CREST (2ᵉ fils de Gilbert, sgr de Ponay), écr, sgr de Monteuillon dont hmage 1582, et de Pontdevaux (cⁿᵉ Tazilly) 1607, baille à Monteuillon 1592-94, transige avec prieur de Commagny 1606, épⁿ av.1592 Bénigne *de Barnault*, fille de Louis et d'Anne de Vichy, dont : 1º Denis, écr, sgr de Monteuillon 1619-33, mᵗ 1642, épⁿ 6 juin 1616 Frˢᵉ de Ramilly (Autunois), dont : *a*, Angélique, épⁿ 1636 Hugues *Berger*, écr, sgr de Rivière ; *b*, Bénigne, épⁿ 1642

Mont 1671, mᵗ 1680; 4º Frˢ, suit; 5ⁿ Pierre, écr, sgr de Montrangle, Chenambret (cⁿᵉ Rémilly) et Champlevoy (*id.*), verrier, 1683, épⁿ 1699 Marie Desgouttes de la Salle, dont : Jacques, sʳ de Champlevoy 1737, eut de Claire de Condé : Frˢ, sgr de Bussière (cⁿᵉ Champvert) 1777, mᵗ 1804, ppᵗᵉ de Sᵗ-Michel, épⁿ 1ᵒ Etiennette *de Champrobert*, dame de Bussière, 2ⁿ 1785 Anne DU CREST, fille de Frˢ, sgr de Chizy; 6ᵘ Gabrielle, fme de Joseph de Finance 1680; 7º Charlotte, épⁿ av. 1681 Pierre DE CHARGÈRES, écr, sgr de Magny.

II. FRANÇOIS, écr, sgr de Montrangle, Mont et la Vernette 1681, demᵗ à la verrerie de la Boue, y bailla 1694, épⁿ 12 avril 1689 Marie DE NOURY, fille de Pierre, sgr de Turigny, dont : 1ⁿ Honoré, écr, sgr de Champlevoy, mᵗ à Rémilly 1761 ; 2ⁿ Louis, suit; 3ⁿ peut-être Gaspard et Jacques, verriers à Sᵗ-Amand 1727-29.

III. Louis, écr, verrier à la Boue 1779, sgr des Boutards et de la Vernette 1730, mᵗ 1784, épⁿ av.1732 Jeanne de Prudon, dont : 1ⁿ Michel, gendarme de la garde, mᵗ 1752; 2ⁿ Honoré, écr, sgr des Boutards, la Boue et Champlevoy, garde-du-corps 1761-76, chlr Sᵗ-Louis 1784 (Un Honoré-Joseph meurt 1807 parˢᵉ de Rémilly, dernier du nom.)

I. Louis DE VIRGILLE (fils d'Honoré), gentilhᵉ-verrier à la Boue-Chenambret 1662, mᵗ av. 1669, épₐ Guillemette DE NOURY, fille de Gilbert, sgr de Palluau, dont : 1ⁿ Jean, suit; 2ⁿ Lazare reçoit pension 1676; 3ⁿ Frˢᵉ; 4ᵉ Claudine.

II. JEAN, écr, sgr de Chevannes-les-Crots (cⁿᵉ Diennes) qu'il reçoit de sa mère, et dont hmage 1676, et des Chaises (cⁿᵒ Diennes) et Mézeray (cⁿᵉ Tazilly), achète Diennes 1678 qu'il revend 1679. baille à Chevannes 1686, mᵗ 1692, à la Verrerie, épⁿ av. 1677 Roberte de Prudon, dont : 1º Charles-Clair, écr, sgr de Chevannes dont hmage 1717, et des Chaises 1696, capit. régᵗ de Mortemart 1712, mᵗ aux Chaises 1740, sans posté., épⁿ 1ᵒ 6 fév. 1714 Jeanne Coppin (*) fille de Denis, sʳ de Villecourt, 2º 1719 Marie de CHARGÈRES, fille d'Antoine, sgr de Tourny ; 2º Jⁿ-B. suit; 3ⁿ Henriette, mᵗᵉ célib. 1719 donnant à Ch-Clair.

III. JEAN-BAPTISTE, écr, sgr de Mézeray (cⁿᵉ Tazilly) 1719-40, mᵗ 1770, épⁿ 1ᵒ av. 1716 Anne DU CREST, fille de Pierre, sgr de Chizy, 2ⁿ 1735 Jeanne *Pernin*, fille de Michel, sʳ de la Garde, dont : 1ⁿ Pierre, suit; 2ⁿ Jⁿ-Bᵗᵉ, licut. Légion de Flandre 1774 ; 3ⁿ Claudine-Jacq. épⁿ 1770 Guillᵉ *Potrelot* de Grillon, cornette carabiniers.

IV. PIERRE, écr, sgr de Mézeray, garde-du-corps, lieut. citadelle d'Amiens 1772, épₐ 1771 Margᵗᵉ Pincepré (Picardie) dont Jean et Louis mᵗˢ jeunes.

Armes : D'azur, à la bande d'a gent surmontée de trois fleurs de lys d'or.

Sources : Arch. chât. Devay et Guichy. — Cabᵗ Titres : nobil. Bourgogne, 452. — Min. notreˢ Decize, Moul.-Engilbert, la Nocle. — Bétencourt. — Reg.parois. Rémilly, Millay, Luzy, Nevers, Avrée, Tazilly, Diennes

Éteints.

(*) COPPIN. — *De Decize.* — Jean COPPIN, marchᵈ à Decize, épousa fin du XVᵉ s. Agnès *Decray*, dont il eut : 1º Jean, marchᵈ, épⁿ 1517 Jeanne *Bert*, fille de Léonard ; 2º Guillᵉ, mᵈ, puis garde scel Decize 1526, fit hmage biens à Vauzelle 1526, mari de Paule Sellier; 3º Gilberte, épⁿ av. 1517 Arᵉ *Moquot.* Leurs descendants sont, à Decize : Frˢ, bourgᵗ 1547 ; Antoine, marchᵈ 1574 ; Guillᵉ et Louis, *id.* f. hmage p. Chapeaux (cⁿᵒ Devay) 1575 ; Denis, procʳ au grénier 1649 ; Robert, médecin, 1665. S'allient à : Cothin, av. 1574 ; Rognon, Baudrion, Simonnin. — Denis COPPIN, procʳ fiscal Decize 1602, grenetier 1622, mᵗ 1647, eut : 1º Nicolas, grenetier 1647, avoc. fiscal 1639-66, sgr de Sᵗ-Soup-s-Abron (cⁿᵉ Sᵗ-Germain), père de Denis-Frˢ, sgr de Sᵗ-Loup et Chevannes (cⁿᵒ Decize) avoc. fiscal et grenetier 1666, puis grenetier de Sᵗ-Saulge 1707, épⁿ 1675 Frˢᵉ *Save*, fille de Charles ; 2º Jean, prieur de Cossaye 1643 ; 3º Jacques, sgr de Villecourt (cⁿᵉ Decize) procʳ du roi 1633 puis grenetier 1649, mᵗ av. 1681, épⁿ 1631 Marie *Millot*, dont : *a*, Denis, procʳ du roi au grenier 1661, sgr de Villecourt dont hmage 1673, mᵗ av. 1691, eut de Anne Arbelat : *a'*, Louise, épⁿ 1692 Pierre *Alixand*, conser baage Sᵗ-Pierre; *b'*, Jeanne, épⁿ 1ᵉ Eustache *de Pierrepont*, 2ⁿ 1714 Ch.-Clair *de Virgille*, sgr des Chaises, ci-dessus ; *b*, Claude, prieur de Cossaye 1687, donne à sa nièce Louise 1709 et 18 ; *c*, Guillᵉ, sʳ de Cacherat (cⁿᵉ Tresnay) célib. 1716. — *Armes* : D'or, au lapin d'azur. — *Sources* : Min.notreˢ Decize. — Inv.de Marolles. — Arch.Nièv.B. — Orig. Roubet, à Soc.Nivern. — Reg.parois.Decize, Sᵗ-Germain-Chassenay.

Éteints.

Jacques *de Chaugy*, écr, sgr de Savigny-l'Etang ; 2° Philippe, suit ; 3° Charles, écr, sgr d'Ette-vaux (c^ne Poil) et Montarmin (c^ne Luzy), m^t 1649, ép^n av.1631 Jeanne *de Mérans*, dame d'Ette-vaux, dont : *a*, Suzanne, fme de N... de Pressy ; *b*, Fr^se, dame de Montarmin qu'elle porta 1661 à Pierre LE PRESTRE, écr, sgr de Vauban ; *c*, Bénigne, m^le célib. 1689 ; 4° Marg^te ép^n av.1716 Gilbert *de Ponard*.

IV. — Philippe du CREST, écr, sgr de Pontdevaux 1631, Barnault (c^ne Tazilly) 1633-60 et le Breuil (c^ne Millay), ép^n *1°* Marg^te *de Berger* (2), 2° 1639 Charlotte de Grandval, dont : 1° Pierre, écr, sgr du Breuil 1659, célib.; 2° René, tué en duel ; 3° Joseph, sgr de Barnault 1672, sans posté.; 4° Jean, suit ; 5° F^se, fme de Jean *de Mathieu*, écr, sgr de Mézeray ; 6° Elisabeth, ép^n 1669 Paul DE CHARGÈRES, écr, sgr de Magny.

V. — Jean du CREST, écr, sgr du Breuil, fixé en Charolais, ép^a 1681 Marthe Chaussin (Issy-l'Ev.) dont entre aut.: Madeleine, fme de Philippe *de Champrobert*, et Jacques, écr, sgr du Breuil, m^t à Decize, 1779, père de : *a*, Julie-Augustine, ép^n 1734 Jacques *Despres*, chlr, sgr de Roche ; *b*, Jacques, marié à Decize à Anne Renaut et tué en émigration ; *c*, Emiland, chlr, sgr du Breuil et Saint-Michel, habite Decize 1780, à assemb. noblesse Nev. 1789, ép^n *1°* 1775 L^se-Geneviève *de Palierne*, fille de Gilbert, sgr de Chassenay, 2° 1788 Lazarine du CREST, fille de Jean, sgr de Ponay, dont : Fr^s-Auguste, fixé à Bourbon-Lancy 1818, et Joséphine, ép^n 1809 Charles *Sallonnier* de Varenne.

III. — François du CREST (4e fils de Gilbert et d'Anne Le Bourgoing), écr, sgr de Chigy-

(2) DE BERGER. — *De Nivernois.* — Jean BERGER est prêtre près de la Roche-Millay 1494. Nicolas et Fr^s, frères, paroissiens de Poil (c^on Luzy) serfs du sgr de Champlévrier 1536, achètent à Pierre-fitte 1561. Claude, s^r de Rivière (c^ne la Roche-Milay) vend avec Marg^te des Buissons, sa fme, à St-Gengoul (c^ne id.) 1564.

I. Jean BERGER, s^r de Rivière, épousa v.1530 Jeanne Pinot qui donne à leur petit-fils 1570 ; il eut : 1° Léger, suit ; 2° Alexandre, grenetier de Chât-Chinon, gr^d-père de Catherine, fme av.1628 de Jacques *Sallonnier*, s^r de la Motte.

II. Léger, écr, sgr de Rivière et de Montregnard (c^ne Chiddes) dont hmage 1573, ép^a 6 juin 1561 Perrette *Pelletier*, fille de Pierre, s^r d'Escroiz, dont : 1° Hugues, suit ; 2° Fr^s, m^le 1629, fme de Jean *d'Anguy*, écr, sgr de Moragne ; 3° Marg^te, m^le 1638, ép^n *1°* René *de Lanty*, écr, sgr du Bériard, 2° Philippe DU CREST, écr, sgr de Barnault, ci-dessus.

III. Hugues, écr, sgr de Rivière, Mont (c^ne la Roche-Milay) et Montregnard hmage 1599, ép^n 29 juin 1594 Catherine d'Aval (Digoin), fille de Jean, sgr du Péage, dont : 1° Hugues suit ; 2° peut-être Catherine, fme en 1653 de Guill^e *de Jacquinet*, écr, sgr de Cusy.

IV. Hugues DE BERGER, écr, sgr d'*id.* constitue rente sur Rivière 1646, *maintenu* par intend^t Moulins 5 juil. 1667, m^t 1668, ép^n 11 nov. 1636 Angélique-Madeleine DU CREST, fille de Denis, sgr de Monteuillon, dont : 1° Gaspard, m^t célib. 1670 ; 2° Gilbert, suit ; 3° Antoine, écr, sgr du Moulan (c^ne Chiddes) 1681, de Montécot

(c^ne Sémelay) et du Plessis (*id.*) 1715, m^t 1720, ép^a av. 1711 Josèphe *du Ruel*, fille de Ch.-Henri, sgr de Mon-técot, dont : Anne-Henriette ép^n 1736 Cl-Fr^s *Gondier*, s^r de la Vallée ; 3° Fr^se ép^a 1668 Hugues du Branchet, écr ; 4° peut-être Perrette, mariée av.1677 à Claude *de la Courcelle*, écr, sgr de Bailly.

V. Gilbert, écr, sgr de Rivière et Montregnard, brigadier des chevau-légers-garde 1700, chlr St-Louis, plaide à Chiddes 1718, m^t 1719, ép^a 29 janv. 1692 Jeanne Bastenet, fille de Jean, not^re à Luzy, dont : 1° Claude-Henri, chlr, sgr de Rivière et Montregnard, chevau-léger 1728-36 ; 2° Claude, chevau-léger 1733 ; 3° Jeanne, reçue à St-Cyr 1709 ; 4° Fr^se, hérita de ses frères, ép^n 1733 Alexandre Charpentier de la Barre, écr, sgr de Fouronne en p^ie.

Un Zacharie BERGER, juge de Milay, m^t av.1683 eut de Renée Jousselin : 1° Gilbert, sgr de Chigy-le-Migin (c^ne Tazilly), officier rég^t de Montaugé 1683, plaide à Poil 1685, mari de Fr^se de la Toison ; 2° Annet, sgr de Montcheny (c^ne la Roche-Milay) 1685 ; 3° Josèphe, m^te av.1683.

Aux XVIIe et XVIIIe s., on trouve des BERGER, peut-être de même souche, dans les paroisses de Milay, Chiddes, etc., march^ds, bourg^s, fermiers (*).

Armes : D'azur, au mouton passant d'argent, couronné d'or, surmonté de trois étoiles de même.

Sources : Min. not^res Moul.-Engilbert. — Arch. Niév. E et B. — Arch. chât. Devay. — Cab^t Titres, preuves St-Cyr, 299. — Reg. parois. la Roche-Milay, Milay, Luzy, Sémelay.

Éteints (pour la 1re famille).

(*) Des BERGER, d'autre souche, habitaient La Charité au XVIIe s. Un d'eux, Claude Berger, régissant forges de St-Aubin 1730, acheta la sgrie de Frasnay-les-Chanoines, puis la baronnie de la Ferté-Chauderon en 1741 ; il nomma un bailli au Chambon 1745, son fils revend la Ferté 1749 ; ses enfants sont : sgr d'Azy-le-Vif 1750, av^at gén. baage Nev. 1773, s^rs de Chamilly et de St-Aubin ; alliances : Fileau, av.1730 ; Sauger ; Louseau ; Pajot ; Archambault, 1773. (Arch. Niév. B et E. — Reg. parois. La Charité et St-Pierre.)

67

le-Gros, dont hmage 1591 et saisi 1611, de Monthelon (Autunois) et de Montfou (chât^le Savigny-Poil), dont hmages 1598 et 1608, fait reconn^ce au prieuré Commagny 1603, ép^a 18 sept. 1588 Esmée *de Vichy*, fille de Jacques, sgr de la Boutière, dont : 1° Denis, tué en Piémont 1630 ; 2° Hugues, suit ; 3° Claude, reçu à Malte 1632 ; 4° Fr^s, écr, sgr Chigy p^ie et Villiers, m^t av. 1671, ép^a 1637 Huguette Alixand, fille de Cl., sgr Villiers, dont : *a*, Fr^s, chlr, sgr Chigy p^ie, capit. des gardes du duc Nev. 1697, célib.; *b*, Jeanne, ép^a 1657 Jean DU CREST, écr, sgr de Vendenesse, fils de Jean, ci-après ; 5° Jeanne, ép^n 1631 Jean DU CREST, écr, sgr de Vendenesse-sur-Arroux (Charolois) (*).

IV. — HUGUES DU CREST, écr, sgr de Chigy dont hmage 1635 et de Montfou 1636, plaide 1652, maintenu en l'él^ion Nev.1634, m^t 1658, ép^u 13 nov. 1633 Perronne *de Berthelon* fille de Pierre, sgr de la Forêt et de Madel. de Lichy, dont : 1° Pierre, suit ; 2° Léon, écr, capit. gardes du duc 1698-1703 ; 3° Bénédicte.

V. — PIERRE DU CREST, écr, sgr de Chigy 1665-68, *maintenu* par l'int^t de Moulins 12 mai 1667, teste 1680, ép^a 6 oct.1659 Jacqueline *de Scorailles*, fille de Jean, sgr de la Marche et de J. de Mauvage, dont : 1° Fr^s, suit ; 2° Hugues, lieut^t d'inf^ie ; 3° Claude, garde de marine, m^t 1693 ; 4° Fr^s, le jeune, enseigne de vaisseaux 1693, lieut. et chlr de St-Louis 1714, ép^a 1706 Catherine Chaussin (Issy-l'Evêque), dont : Pierre, sgr de Champcéry (Autunois), père de la célèbre Mme de Genlis ; 5° Anne, m^le 1733 fme de Jean *de Virgille*, écr, sgr de Mézeray.

VI. — FRANÇOIS DU CREST, l'aîné, écr, sgr de Chigy 1691, gendarme de la garde 1696, partage avec frères 1690, maintenu avec son frère Fr^s 1700, m^t 1724, ép^a 4 mai 1691 Jeanne de la Menue, fille d'Antoine, dont : 1° Fr^s, suit ; 2° Lazare, chlr, sgr Chigy p^ie 1724-35 célib.

VII. — FRANÇOIS DU CREST, chlr, sgr de Chigy, gendarme de la garde 1716-24, m^t 1732, ép^n 21 sept.1723 Fr^se-Claudine DU CREST, fille de Jacques, sgr de Ponay, dont : 1° Jean-Annet, chlr, sgr de Chigy p^ie, chevau-léger de la garde 1754, ép^a 28 nov.1775 Louise DE CHARGÈRES, fille de Didier, sgr de Vaux ; 2° Pierre-Louis, co-sgr de Chigy 1749-67, ~~célib.~~; 3° Jacqueline, ép^a 1748 Pierre-Cl. de Jarsaillon, lieut. cav^ie.

Armes : D'azur, à trois bandes d'or, au chef d'argent chargé d'un lion issant de sable, armé, lampassé et couronné de gueules.

Sources : Arm^al ms. chr^e des comptes Dijon, Peincedé. — Min. not^res Moul.-Engilbert, Luzy, La Nocle, Decize. — *Inv.* de Marolles. — Arch. chât. Devay, Guichy, Vandenesse. — Arch. Niév. B, E et Q. — Cab^t Titres : *Carrés* de d'Hozier, 213 ; nobili. de Bourgogne, 452, et de Moulins, 450 ; Chérin, 62 ; preuves p. St-Cyr, 299 et 303. — D'Hozier, reg. Ier. — Reg. parois. Luzy, Tazilly, Milay, Fléty, Savigny-Poil, Rémilly, Verneuil, Charrin, Decize.

Sortis du Nivernois.

(*) Les DU CREST qui s'établirent à Villaine (c^ne Moul.-Engilbert) au XVIIe s. sont un rameau de la br. de Valette et Vendenesse-sur-Arroux, de même souche. — Jean DU CREST, ci-dessus, qui vint épouser à Luzy, 26 nov. 1631 la fille du sgr de Chigy, en eut : *A*, Fr^s-LÉONARD DU CREST, écr, sgr de Vendenesse-sur-Arroux et la Tour-du-Bois (Charolois), et de Villaine (c^ne Moul.-Engilbert), Genay (c^ne Préporché), Neuvelle (*id.*), Villard (*id.*), f. aveu de Villaine 1678, y teste 1685, ép^a 1er 16 oct.1669 Madeleine *de Jacquinet*, fille de Jean, sgr de Villaine, Genay et Neuvelle, et de Gabrielle de Troussebois, 2° 18 sept 1681 J.-Anne DE BLANCHEFORT, fille de Fr^s, b^on d'Asnois, eut du 1er lit : 1° J.-Fr^s, gendarme de la garde, m^t 1695 ; 2° Jacques, suit ; 3° Madeleine, ép^a 1691 J.-Bapt. *du Clerroy*, écr, sgr de Marry ; 4° Gabrielle, ép^a 1711 Charles *Desprez*, chlr, sgr de Roche-s.-Aron.— *B*, JACQUES, écr, sgr d'*id*.et de Mousseau (c^ne Villapourçon) maintenu 1700, a reconn^ce à Villaine 1698, y baille 1699, en f. hmage avec Genay, Villard et Neuvelle 1701, m^t 1718, ép^a 29 sept.1698 Cécile *de Las*, fille de Charles, sgr de Valotte et de Jeanne de Chaugy, dont : 1° Henri-Gabr. suit ; 2° Paul-Ch., sgr de Vendenesse-s.-Arroux, m^t après 1749 ; 3° Jeanne, ursuline à Moul.-Engilbert 1726 ; 4° Cécile, célib. 1768. — *C*, HENRI-GABRIEL, chlr, sgr d'*id*, f. aveu de Villaine, Genay, Neuvelle, Villard, Mousseau, 1724, fait terrier paroisse Germigny-s.-Loire 1762, m^t 1772, ép^a 5 nov.1731 Marg^te *Brisson*, fille de Pierre, sgr de Montalin, et de Marie Roussel, dont : 1° Michel, chlr, sgr de Villaine, Neuvelle, dit : c^te de Chigy 1784, reçu à Grande-Ecurie 1756, lieut^t aux gardes 1768, a reconn^ce à Sermages 1784, m^t av.1788, ép^a 6 mars 1769 Louise-Guyonne Ogier d'Ivry (Paris), dont : *a*, Ch.-Louis, m^t célib. en émigration 1794 ; *b*, Aglaé, célib.; *c*, Pauline, ép^a 1786 Fr^s de Valence de Minardière ; 2° M^ie-Charlotte, ép^a 1747, Jacques *Maublanc de Lavesvre*, écr ; 3° Cécile, dame de Clamour 1779-95, célib. —— *Sources :* Min. not^res Moul.-Engilbert.— Cab^et Titres : Carré d'Hozier, 213 ; preuves p.Gr.-Ecurie 283 ; nobil. de Bgogne, 451. — Arch. Nièvre B et Q.— Arch. chât. la Vaudelle et Clamour.— Reg. paroiss. Luzy, Moul.-Engilbert, Asnois, St-Benin-d'Azy, Nevers.

Éteints.

DE DAMAS

MAISON descendue des c^{tes} de Forez de la première race, dont une branche fit les sires de Beaujeu, b^{ons} de Couzan (Forez) au XIe s.

DALMAS, 3e fils de Guichard II, sire de Beaujeu, est la souche de la maison de Damas (*), il fut co-sgr de Couzan avec son frère aîné 1050. — Hugues DALMAS, chlr, v^{te} de Châlon-s.-S. devint, vers 1190, sgr de Marcilly (pr. Châlon) par maage avec Jeanne de Bourgogne, et son petit-fils Guy, chlr, v^{te} de Châlon, sire de Couzan et Marcilly 1247, épousa Delphine de Lavieu qui se remaria à Jean DE CHATILLON-en-Bazois ; son 2e fils, Robert, auteur des sgrs de Fleury, Crux, etc., suivra, et l'aîné, Renaut, chlr, sgr de Couzan dont hmage au c^{te} Nevers 1233, eut comme descendant un gr^d maître de Fr. 1386, et a fait les sgrs de la Bazole (Mâconnais) dont descend :

HUGUES DAMAS, chlr, sgr de la Bazole, Beaudéduit (c^{ne} Champvert) et Charancy (id.), m^t av.1358, épousa av.1335 Jeanne DE NEVERS, fille de Guill^e, chlr, et d'Is. de Thianges dame de Beaudéduit, dont (**) : Robert, qui suit, et une fille m^{te} av.1380, fme d'Hugues *de Ternant*, chlr, sgr dud. lieu.

ROBERT DAMAS, chlr, sgr de Beaudéduit, Charancy, 1386-1415 et de Digoine (Charollois), donne quitt^{ces} de guerres 1405-08, partage 1386 avec frère eut les biens Nivern., m^t av.1425, ép^a 1390 Marie *de Digoine*, fille de Jean, sgr du lieu, dont : Louis, suit ; Jeanne, dame de Ste-Péreuse (c^{on} Chât.-Chinon) 1415, et Beaudéduit en p^{ie}, fme de Miles de Paillart, chlr, sgr de Mursaut, gouv^r de Niv.

LOUIS DAMAS, écr, sgr d'*id.* et Clessy (Charollois), sert de 1409 à 1418, m^t 1419, ép^a av.1409 Catherine *de Bourbon*, dame de Clessy, fille de Girard, sgr de Montperroux, dont :

ROBERT DAMAS, chlr, sgr d'*id.*, sert comme banneret 1432, f. hmage p. Beaudéduit, Charancy, Marcoux (c^{ne} Champvert) et Longbois (*id.*) 1446, y affranchit serfs 1442, eut de Catherine de la Guiche : 1° Jean, suit ; 2° Philippes, ép^a 1° Charles DAMAS, sgr de Brèves, 2° 1477 Jacq. d'Amanzé, sgr de Chauffailles ; 3° Catherine, fme de Louis DAMAS, frère de Charles.

JEAN DAMAS, chlr de la toison d'or, sgr d'*id.* m^t av.1485, ép^a 1468 Cl. de St-Amour, dont :

FRANÇOIS DAMAS, b^{on} de Digoine, sgr de Clessy, Beaudéduit, Charancy, Marcoux, sert au ban Niv.1503, ép^a 1497 Jeanne de St-Palais, dont : Suzanne, dame de Beaudéduit et biens pr. Champvert, épⁿ 1° 1533 J. de la Menue, écr, sgr de Treigny (Auxer.), 2° 1544 J. de Bracque, écr, sgr de Guerchy ; et Jean Damas qui n'a plus de biens en Niv., gr^d-père de :

PAUL DAMAS, chlr, b^{on} de la Clayette (Charollois), sgr de Besne (c^{ne} Ste-Péreuse), y baille

(*) Le nom s'est écrit : Dalmas, d'Aumaix, Daulmays, Damas, et de Damas, depuis fin du XVIIe s. C'est un prénom, fixé en nom « Dalmatii » au XIIe s. et précédé alors d'un autre prénom. Dans une charte de 1030, Guichard II cite ses 3 fils, Humbert, Guichard et *Dalmatius*. Quant à l'origine du nom par la légende fabuleuse d'un soudan de Damas fait prisonnier 1186 par un duc de Bgogne qui l'amena en Fr. et lui donna sa nièce, elle est inadmissible. — Elziran Dalmas, du Languedoc, 1066, n'appartient pas à cette famille. Guichenon et le P. Anselme ont fait d'assez nombreuses erreurs.

(**) Nous ne mentionnons que les personnages ayant des rapports avec le Nivernois.

1624, épⁿ v.1620 Élisabeth *de Grandrie*, dame de Besne, fille de Pierre, sgr de Chauvance et d'Élie de Terrières, dont :

ANTOINE DAMAS, chlr, cᵗᵉ de la Clayette, sgr de Clessy, Besne 1677, Grandry (cⁿᵉ Duns-Grandry) 1679, grᵈ bailly de Nivernois 1676-94, fait décreter le Pontot 1666, répare le chât. de Besne 1677, baille droit de minage à Moul.-Engilbert 1692, vend à Sᵗᵉ-Péreuse 1693, mᵗ v.1699 sans posté., épⁿ 1657 Frˢᵉ *Régnier de Guerchy*, fille de Jacques, vᵗᵉ d'Aunay et de Margᵗᵉ Spifame.

ROBERT (2ᵉ fils de Guy et de D. de Lavieu), chlr, vᵗᵉ de Châlon, sgr de Marcilly 1270, co-sgr de Châtillon-en-Bazois, partage avec les CHATILLON 1288, mᵗ 1301, dit sur sa tombe : « R. Dalmatii, vicecomes cabilonensis », est père de :

I. — JEAN DE DAMAS, chlr, vᵗᵉ de Châlon (*), sgr de Marcilly 1307, puis de Fleury (cᵒⁿ Sᵗ-Benin-d'Azy), Poigny (châtᵗᵉ Clamecy), Beaugy (cⁿᵉ Clamecy) et Estolle (cⁿᵉ Châteauneuf-Bargis) qu'il abandonne à ses enfants 1329 comme venant de leur mère Huguette, et qui sont : 1° Guy, reçoit rente du cᵗᵉ Nev. 1329 et lui f. hmage 1331 p. Pressures (cⁿᵉ Clamecy), Beaugy, Poigny et Estolle ; 2° Robert, suit ; 3° Jean, chlr, sgr de Fleury où il reçoit aveus 1340-67, de Pressures, Poigny, Estolle dont hmage 1339, nomme arbitre à Fleury 1343 et y achète 1370, mᵗ av.1381, eut de Jeanne de Tanlay-Vallery : Jean, damoiseau, sgr d'*id.* et de Vaux (cⁿᵉ la Collancelle) 1405, f. hmage p. Estolle 1389 et le vend 1413, pour Pressures 1407, vend successᵗ ses sgries nivern. 1405-16 ; 4° Girard, reste en Châlonnois.

II. — ROBERT DE DAMAS, chlr, vᵗᵉ de Châlon, sgr de Marcilly, eut d'abord Fleury, Pressure, Beaugy, Poigny, Estolle, dont hmages 1335 et 36, sert dans les guerres de 1340-50, partage Montaigu avec belle-sœur 1350, mᵗ av.1365, épⁿ av.1344 Isabeau *de Montaigu*, fille d'Oudard et de Jeanne de Sᵗᵉ-Croix, dont : 1° Hugues, suit ; 2° Philibert, suivra.

III. — HUGUES DE DAMAS, chlr, vᵗᵉ de Châlon, sgr de Marcilly, puis de Crux en pⁱᵉ (cᵒⁿ Sᵗ-Saulge) et de Montigny-aux-Amognes (cᵒⁿ Sᵗ-Benin), qu'il eut par partage 1391, partage avec son frère 1373, sert comme chlr aux guerres de 1367-78, le roi paye partie de sa rançon 1382, tué av.1402, épⁿ 31 juil. 1362 Philiberte *de Crux* (1), fille d'Érard, sgr de Crux et de Jeanne de

---

(1) DE CRUX. — *De Nivernois.* — Prennent leur nom du fief de Crux (cᵒⁿ de Sᵗ-Saulge).

SÉGUIN DE CRUX est témoin, en 1147, d'un accord du sgr de Lurcy-le-Châtel et d'un don à l'abb. de Reigny. — Hugues, sire de Crux, est à un conseil de la cᵗᵉˢˢᵉ Nev.1249. — Jean, dont il sera parlé plus loin, échange 1273 avec son frère aîné :

HUGUES, chlr, sire de Crux dont hmage 1271 à cᵗᵉˢˢᵉ Nev., en reçoit un don 1279, est père de : Margᵗᵉ, dame de Crux en pⁱᵉ, épousa av.1279 Alexandre de Loise (**), chlr, et probablᵗ de Guillᵉ de Crux, damoiseau, teste 1277 fondant son obit à Crux et donnant à beaucoup d'églises du rayon.

Un autre GUILLAUME, chlr, sire de Crux, fait hmages au cᵗᵉ 1296, 1323 et 28, et a un arrière-fief d'Huban 1320, est père de :

ÉRARD, chlr, sire de Crux, en f. hmage 1353, est sgr de Montigny-aux-Amognes (cᵒⁿ Sᵗ-Benin-d'Azy), chambellan de Philippe-le-Hardi, sert contre les Anglais,

fait montres de sa cⁱᵉ et donne quittᵉˢ de guerres 1364-80, est parmi les sgrs niv. jurant le maage de la fille du cᵗᵉ 1357, f. hmage à cause Sᵗ-Saulge pour fiefs lui venant de f. Guillᵉ 1386, donne quittᵉ au cᵗᵉ pour droits sur Cercy-la-Tour 1387, mᵗ av.1391 que ses 2 filles partagent Crux ; épᵃ Jeanne de Vienne, fille de Guy, dont : 1° Philiberte, épⁿ 1362 Hugues DAMAS, chlr, sgr de Marcilly, ci-dessus ; 2° Margᵗᵉ, épᵃ 1362 Philibert DAMAS, chlr, sgr de Montaigu.

JEAN DE CRUX, frère cadet d'Hugues, était possessionné près Beaune 1273, est l'auteur des sgrs de Trouhans (pr. Sᵗ-Jean-de-Losne) 1331-1590, chlrs bannerets en Bgogne, eurent fiefs au N.-E. du Niv. fin du XIVᵉ s. par maage avec Jeanne de Pesselière, dont le petit-fils :

JEAN DE CRUX, chlr, sgr de Trouhans, acquit du cᵗᵉ Nev. la sgrie de Druyes (châtⁱᵉ Nivern.) dont hmage 1458, épⁿ 20 juil. 1429 Margᵗᵉ de Vienne, fille de Philippe, sgr de Bonencontre, dont : Philippe, chlr, sgr de Druyes dont hmage 1468, de Sardy-les-Forges (cⁿᵉ

(*) La vicomté de Châlon, analogue à celle de Clamecy, était un fief de minime importance ; dans un partage de 1373 on voit qu'il consiste en « la maison de Châlon, appelée la vicomté ».

(**) Crux appartint en partie à leur fils Alexandre de Loise 1309 ; à Jean de L. 1319-29 ; et à Érard de L. 1352. (*Inv.* de Marolles. — D. Villevicille, 33.)

Vienne, dont : 1° Jocerand, est au partage de Crux 1391, pris à Nicopolis 1396 eut les yeux crevés, revint en Fr., mᵗ peu après, fiancé et non marié à Marie de Pontailler ; 2° Érard, suit ; 3° Jeanne, veuve 1402 de Philᵗ de Villers, écr ; 4° Margᵗᵉ, dame Montigny-Amognes pⁱᵉ 1449, épⁿ av.1413 Hugues de *Digoine*, chlr, sgr de Thianges.

IV. — ÉRARD DE DAMAS, chlr, sgr de Crux et Montigny-Amognes pⁱᵉ, chambellan de Charles VI et du duc Bgogne 1408, écuyer tranchant du cᵗᵉ Nev., capit. de Nevers et Auxerre 1418, gouvʳ de Nivern. et Donziois 1422, capit. de 80 hᵐᵉˢ d'armes, fut blessé et pris à Nicopolis 1396, prend Mailly 1418, est au traité de Corbigny 1427, f. hmage p. Crux 1407, y achète 1402, achète Poigny 1416, le revend 1421, achète pr. Anlezy 1444, teste 1447 ; épⁿ 2 mai 1430 (*) Isabeau *d'Avenières*, fille de Jean, sgr d'Anlezy, les 2 Lurcy, Boulon, dont : 1° Jacques, suit ; 2° Jean, suivra ; 3° Catherine, fme de Pierre de Chamilly, écr ; 4° Margᵗᵉ, fille d'honneur de la cᵗᵉˢˢᵉ Nev., dame de Lurcy-le-Val et le-Châtel, Boulon (cⁿᵉ Lurcy-le-Bourg), épⁿ 1446 Jean DE LA RIVIÈRE, chlr, sgr de Champlemy.

V. — JACQUES DE DAMAS, chlr, sgr de Marcilly et Sᵗ-Martin-du-Puy (cᵒⁿ Lormes) où sa veuve affranchit habᵗˢ 1463, avait petite pⁱᵉ de Crux dont ses mineurs f. hmage 1464, épⁿ 10 fév. 1446 Claude DE MELLO, fille de Jean, sgr de Sᵗ-Martin-du-Puy et Sᵗ-Parize et de Margᵗᵉ de Ventadour, dont : 1° Jean, suit ; 2° Philibert, minʳ 1464, chanoine d'Autun et protonotaire, mᵗ 1522 ; 3° Antoine, ecclési. reçoit au testᵗ de sa mère 1478 ; 4° Anne, épⁿ 1° Charles de Sᵗ-Palais (**), chlr, sgr de Mareuil, 2° Guérin Le Groing, chambellan de Louis XI, bailly de Sᵗ-Pierre-Mᵉʳ.

VI. — JEAN DE DAMAS, chlr, sgr d'*id.* et de Fleury-la-Tour (cᵒⁿ Sᵗ-Benin) 1477, Bussières et de Vaux-de-Chizeuil (Mâconˢ) reçu de Hutin de Mello, commande le ban Niv.1488, capit. de Nevers 1489, achète pr. Beaumont-Sardolles 1478, affranchit à Sᵗ-Martin 1488 ; épⁿ 1ᵘ 13 nov.1472 Anne de *Digoine*, dame de Thianges, Fleury, Vaux-de-Chiz. Asnois pⁱᵉ, fille unique de Chrétien, sgr d'*id.* et de Phil. des Barres, 2° 1480 Catherine DAMAS, fille de Jean, bᵒⁿ de Digoine, 3° Claudine Baudet, veuve de A. de Busseuil ; il eut du ᵗᵉʳ lit : 1° Georges, suit ; 2° Marie, fme de Guillᵉ de la Queuille, chlr, sgr de Chateaugay (Auvergne).

Brèⱥes), dont hmage 1468, et de Pousseaux (cᵒⁿ Clamecy), mᵗ apr. 1476, épⁿ 16 nov. 1460 Catherine DES BARRES, fille de Louis, dit le Barrois, sgr de Sardy ; son petit-fils est :

JEAN, chlr, vᵗᵉ de Druyes, sgr de Sardy, Pousseaux, la Maisonfort (châtᵗᵉ Clamecy), Festigny (Auxerˢ), mineur 1523, a souffrance p. hmage à cause Clamecy, accorde avec habᵗˢ de Pousseaux p. four banal 1529, f. hmage p. Druyes 1533, y acte 1537-52, épⁿ 20 janv. 1532 Margᵗᵉ DE LA RIVIÈRE, fille de Frˢ, sgr de Cham-

plemy et de Madel. de Savoisy, dont une fille unique, Esmée encore vivante 1618, épⁿ 1559 Jean DAMAS, chlr, sgr d'Anlezy et Crux.

Armes : D'hermine à une bordure. (*Inv.* de Marolles) (***).

Sources : D. Caffiaux, 1234. — *Inv.* de Marolles. — D. Villevieille, 33, 34 et 90. — *Inv.* de Peincedé, 13 et 24. — Copies de Chastellux à Soc. niv. — P. Anselme, VII. — Arch. mairie de Pousseaux. — Arch. Niév. E.

Éteints.

(*) Tous les auteurs fixent au 2 mai 1430 le mariage d'Erard DAMAS avec Is. d'Avenières, mais cet acte doit être antérieur. Leurs deux fils Jacques et Jean, épousèrent le même jour 10 février 1446 les deux filles de Mello ; avec la date de 1430, Jean fils cadet se serait marié avant l'âge de 15 ans. De plus, son père, Erard, était déjà à Nicopolis en 1396, il est investi de hautes fonctions dès le commᵗ du XVᵉ s. et son père se maria en 1362. Tout concourt à montrer que la date de 1430 est trop tardive et erronée.

(**) DE Sᵗ-PALAIS. — *Du Berry.* — Chlrs au XIIᵉ s. ; sgrs de Sᵗ-Palais, Vatan, Mareuil (Berry). Furent aux croisades. — Pierre IV de Sᵗ-Palais, chlr, était sgr de Sᵗ-Sulpice-le-Châtel (cᵒⁿ Sᵗ-Benin-d'Azy) à cause duquel il reçoit hmage 1331 ; son frère Guillᵉ mᵗ sans postᵉ. est aussi sgr de Sᵗ-Sulpice 1360, puis son autre frère Jean, dont la fille Isabelle porta Sᵗ-Sulpice et Traizaigle (cⁿᵉ la Fermeté) v.1380 à Jean du Puy (Auvergne). Leur sœur, Marie épousa 1° Jean DE THIANGES, chlr sgr de Rosemont, 2° en 1356 Jean *de Crux*, chlr, sgr de Trouhans. — Pierre IV eut : 1° Jean, chlr, sgr de Mareuil, mᵗ av.1411, sans postᵉ. de Jeanne DE THIANGES, dame de Rosemont ; 2° Philibert, épⁿ 1404 Margᵗᵉ de Giac, dont : Marie DE Sᵗ-PALAIS qui avait droits sur Sᵗ-Verain et Cosne 1455, fme d'Artaud *Trousseau ;* et Jean, père de Charles, chlr, sgr de Mareuil qui épⁿ Anne DAMAS, fille de Jacques, ci-dessus, et n'eut que deux filles. —— *Armes :* D'argent, à trois chevrons de gueules, au chef de même. —— *Sources :* *Inv.* de Marolles.— La Thaumassière. — Mém, soc. antiquaires du Centre, XIII. *Éteints.*

(***) Ce sont les armoiries primitives. A la fin du XIVᵉ s. elles deviennent : A trois fasces, au chef d'hermine. (Bibl. nat. quittᵉˢ scellées.)

VII. — GEORGES DE DAMAS, chlr, v^te de Châlon, b^on de Marcilly, sgr de Thianges (c^on Decize), où il baille 1507-33, Bussières, Asnois-le-Bourg (c^on Tannay), Fleury-la-Tour, Vaux-de-Chizeuil, chambellan du roi 1518, capit. de Châlon 1529, vend Asnois 1527, reçoit aveu à cause Thianges 1540, m^t 1545 ; ép^n 21 sept. 1512 Jeanne *de Rochechouart*, fille de Fr^s, sgr de St-Amand-Puisaye et de Blanche d'Aumont, dont : 1º Claude, b^on de Marcilly, se fixa en Châlonnais ; 2º Léonard, suit ; 3º Antoine, chlr de Malte 1550 ; 4º Jean, command^r de Malte 1571 ; 5º Pierre, chlr de l'ordre, lieut. de 50 h^es d'armes 1565, sans posté. ; 6º Simonne, religi.

VIII. — LÉONARD DE DAMAS, chlr, sgr de Thianges, Fleury, Touteuille (c^ne Tintury) 1572, Bussières (c^ne Bazolles) 1566, et de Chalencey (Champa.), chlr de l'ordre 1569, gentilh^e chr^e roi 1564, lieut^t c^ie duc de Mayenne 1577 et cap. 1585, capit. et bailly de St-Pierre-M^er 1566-73, reçoit reconn^ce à Fleury 1582, sa veuve f. hmage p. Thianges 1598 ; ép^n 25 janv. 1554 Claude d'Orges (Champagne), fille de Jacques, b^on de Chalencey, dont : 1º Fr^s, suit ; 2º Pierre, sgr de Chalencey 1585, sans posté.; 3º Gabrielle, ép^a 1585 Jean DE GRIVEL-Grossouvre, chlr, sgr de Montgoublin ; 4º Elie, fme de Fr^s *de Rabutin*, écr, sgr d'Epiry ; 5º Charlotte, fme de Jacques de Brouillart (Champagne) (*).

IX. — FRANÇOIS DE DAMAS, sgr d'*id.*, chlr de l'ordre 1597, capit. de 100 h^es d'armes, gouv^r de Soissons et Noyon 1599, reçoit aveu au chât. de Fleury à cause de Thianges 1604, m^t 1615 ; ép^a 31 janv. 1580 Fr^se Palatin *de Dio* (**), dame de Dio, dont : 1º Charles, suit ; 2º Jacques, maréchal de camp, tué à la Marfée 1641 ; 3º Claude, d'abord chanoine, ép^a 1637 Marg^te Papillon ; 4º Gabrielle, fme de J. de la Palu ; 5º Léonore, ép^u 1597 Jacques Palatin *de Dio*, c^te de Montperroux ; 6º des filles religieuses.

X. — CHARLES DE DAMAS, dit : c^te, puis m^is de Thianges, sgr d'*id.*, chlr du St-Esprit 1633, maréchal de camp, lieut. de roi en Charollais et Bresse, se distingua en Franche-Comté, reçut hmage à cause Fleury 1623, m^t 1638, eut de Jeanne de La Chambre : 1º Cl.-Léonor, suit ; 2º Fr^se, ép^a av. 1670 Gaspard d'Albon, chlr ; 3º Léonore, fme de Phil. du Maine, c^te du Bourg ; 5º Edmée, célib.

XI. — CLAUDE-LÉONOR DE DAMAS, m^is de Thianges, sgr d'*id.*, mestre de camp 1656, refait terrier de Thianges, etc. 1655, vend Fleury 1658 ; ép^u Gabrielle de Rochechouart, fille de Gabriel, duc de Mortemart, pair de Fr. (***), dont : 1º Claude-Henri-Hubert, lieut^t gén^al 1704 (voir h^ines célèbres), m^t 1708 sans posté., et Thianges passa à la br. de Marcilly, dont ; 1^a Anne de la Chapelle (Breta.), 2º 2 mars 1695 Gen-Fr^se de Harlay, fille de Bonaventure, m^is de Breval ; 2º Diane-Gabrielle, dame de Lurcy-le-Châtel, ép^u 1670 Philippe-Julien MANCINI-MAZARINI, duc de Nevers ; 3º Louise-Adélaïde, ép^n 1678 Louis Sforce, duc d'Ognano.

V. — JEAN DE DAMAS (2e fils d'Erard et d'Isab. d'Avenières), chlr, sgr d'Anlezy, Ville, Crux,

(*) On trouve à cette époque : Christophe Damas, prieur de Decize et protonotaire du S.-S. 1559, et son neveu, Marc, aussi prieur de Decize 1566-79, après lequel Claude, son frère, est prieur 1584-1600. (Mss. de D. Viole, Auxerre. — Reg. parois. Decize.)

(**) DE DIO. — Origin. *des Dombes*, au XIIIe s. — Le surnom « PALATIN » provient d'une fonction passée en nom. Sont, à la fin du XVe s., sgrs de Montperroux (pr. Bon-Lancy), provenant d'une fille nat. de P. de Bourbon-Montperroux. — Jean Palatin DE DIO, chlr, sgr de Montperroux, eut de l'héritière de la Clayette (Charolois) : Françoise, qui épousa 1580 Fr^s DAMAS, chlr, sgr de Thianges ci-dessus, dont : Eléonore Damas, ép^a 1597 son cousin Jacques Palatin DE DIO, c^te de Montperroux, de la br. cadette. Le fils de ceux-ci : Fr^s-Léonard, ép^n 1641 Eléonore DE DAMAS de Montmort, dont : Noël-Eléonor, m^is de Montperroux, sgr de Dornes (arr. Nevers) 1673-92, et de Vanzé (c^ne Champvert), où il plaide 1683, ép^a v. 1670 Mlle-Isabeau *de Coligny*-Saligny, fille de Gaspard-Fr^s, sgr de Dornes, dont : 1º Eléonor-Fr^s, sgr de Dornes, m^t sans posté. de F^se de Harville ; 2º Mlle-Élisabeth, dame de Dornes reçu 1701, hérita de son frère St-Parize-en-Viry (c^on Dornes), f. hmage p. Dornes, 1717 et qu'elle vendit 1719, ép^a 1701 L^s-Ant.-Erard DE DAMAS, c^te d'Anlezy.
— *Armes :* Fascé d'or et d'azur de six pièces, à la bordure de gueules. (Guichenon, II.) — *Sources :* Guichenon. h^re *Dombes*, II. —. Arch. chât. Mazilles et Dornes. — *Carrés* de d'Hozier, 228. — Arch. Nièv. E. et B.

Éteints.

(***) Cette Gabrielle « qui s'ennuya fort dans les terres de son époux » (*Mém.* de Caylus), était sœur de la fameuse m^ise de Montespan, qu'elle finit par aller rejoindre à la cour. St-Simon dit d'elle qu' « elle avoit infiniment d'esprit et l'art d'en donner aux autres » ; que « Mme de Thianges dominoit sa sœur et même le roi qu'elle aimoit plus qu'elle, et le domina tant qu'elle vécut ».

dont hmage 1464, Montigny-Amognes, St-Martin-du-Puy en p^ie et St-Parize (c^on St-Pierre), sert au ban Niv.1469, affranchit à St-Martin 1463, m^t av.1472 que sa veuve f. hmage p. Crux, et elle achète Amange (c^ne Anlezy) 1473 ; ép^a 10 fév. 1446 Jeanne DE MELLO, dame de St-Parize, belle-sœur de son frère, dont : 1º Claude, suit ; 2º Edme, m^t 1472 ; 3º Pierre, 1473-1523, célib.; 4º Jean, page du c^te Nev.1490 ; 5º Louise, ép^a av. 1475 Pierre de Chauvigny, écr, sgr de Châteauvillain ; 6º Jeanne, d^lle de la c^tesse Nev. 1482, ép^a v.1500 Adrien de Digoine, écr, sgr de Demain.

VI. — CLAUDE DE DAMAS, chlr, sgr d'id., page du c^te Nev.1482 et m^tre d'hôtel de la c^tesse 1513, affranchit serfs 1488, m^t à Anlezy 1522, ép^a Antoinette de Digoine, sœur d'Adrien dont elle hérita, et fille de Philibert, sgr de Digoine, et de Marg^te de Jaucourt, dont : 1º Jean, suit ; 2º Engilbert, sgr de St-Parize et Amange, où il baille 1530, m^t av.1554 sans posté.; 3º Charles, chanoine Nev., protonotaire et prieur de St-Saulge 1540-54.

VII. — JEAN DE DAMAS, écr, dit : b^on d'Anlezy, sgr d'id. et de Demain (c^ne la Collancelle) et Vaux (id.), f. hmage p. St-Parize 1524, achète pr. Anlezy 1538, vend la Rivière-les-Champallement 1543, m^t à Anlezy 1556 ; ép^a av. 1527 Jeanne DE BAR, fille de Fr^s, b^on de La Guerche, dont : 1º Jean, suit ; 2º Charlotte, ép^a 1544 Pierre DE ROFFIGNAC, écr, sgr de Meauce ; 3º Marie, ép^a 1551 Fr^s DE BONNAY, chlr, sgr de Vaumas; 4º Fr^se, ép^a 1553 Georges DE VEILHAN, écr, sgr de Brinay.

VIII. — JEAN DE DAMAS, écr, dit : v^te de Druyes (chât^ie Nivern.) (*), sgr d'id. et de Sardy-les-Forges (c^ne Brèves), Pousseaux (c^on Clamecy), dont hmage 1574 et pour Crux 1575, chlr de l'ordre 1568, capit. de 50 h^es d'armes, lieut. du roi en Niv. et gentilh^e ch^re roi 1581, donne quitt. de guerres 1568 et 79, partage ses enfants 1585, m^t à Crux 1586 ; ép^a 8 oct. 1559 Esmée de Crux, fille de Jean, v^te de Druyes, sgr Sardy, etc., dont 17 enf^ts, parmi eux : 1º Jean, tué en Poitou 1589, célib.; 2º Paul, suit ; 3º Fr^s, chlr de Malte, m^t av.1602 ; 4º Pierre, prieur de St-Révérien 1618 ; 5º Antoinette, ép^n 1588 Edme DE BONNAY-Demoret ; 6º Edmée, ép^n 1591 Adrien DE VEILHAN, chlr, sgr de Giry ; 7º Louise, ép^n 1605 Barthélemy de Clugny (**), écr, sgr d'Aisy; 8º Jeanne, ép^a 1618 Louis du Roux (2), chlr, sgr de Gondigny.

(2) DU ROUX. — Origin. de Limousin; puis en Brie au XVᵉ s. — Jean DU ROUX, écr, sgr de Sigy et de Taschy en Brie, épousa 1498 Cath. de Brichanteau-Nangis, dont : Louis, auteur de la br. de Sigy, fixée en Gâtinois ; Ant^tte, fme de Philippe de St-Phalle ; Geoffrine, ép^a 1514 Edme du Chesnay, écr, sgr de Neuvy-s.-Loire; et Oudard, ép^a 1538 Jeanne de Languedoue, dame de Gondigny, dont: Nicolas, écr, sgr de Taschy et Gondigny, capit. de 100 h^es d'armes, ép^a 1575 Fr^se de Hangest, dont: 1º Louis, chlr, sgr de Gondigny, ép^n 1618 Jeanne DAMAS d'Anlezy, ci-dessus ; 2º Gabriel, reçu à Malte 1604 ; 3º Ant., suit.

I. ANTOINE DU ROUX, chlr, sgr de Taschy et Réveillon (c^te Entrains), épousa Louis, m^t av. 1632, ép^a 16 fév. 1608 Claude de Rochefort-Luçay, fille de Claude, qui acheta Réveillon 1579, et de Cl. de la Rivière-Champlemy, dont: 1º Gabriel, reste en Brie ; 2º Antoine, suit ; 3º Madeleine.

II. ANTOINE, chlr, sgr de Réveillon, le Minerai (c^ne Entrains), la Maisonfort-du-Chénoy (id.), Beauregard

(*) Beaucoup d'actes du XVIIᵉ s. portent « Druy », c'est Druyes, au N.-O. de Clamecy, dont la sgrie appartenait aux DE CRUX, et la châtellenie aux comtes et ducs de Nevers qui la vendirent en 1682 à Agnès Tiercelin, c^tesse DE DAMAS. Le château de Druyes, auj. ruiné, était encore habité par les Damas en 1723 et 1731.

(**) DE CLUGNY. — Orig. d'Autun. — Y sont connus dep. 1334. Marquants dans la robe, l'Eglise et les conseils des ducs de Bgne. — Anoblis 1390. Sgrs de Conforgien, c^te de Grignon. Guill^e DE CLUGNY, fils d'Hugues, acheta 1414 Menesserre, dont une partie est nivernaise ; son petit-fils Jacques, échanson du duc Bgne, m^t 1507, ép^a Adrienne DE NEVERS, fille nat. du c^te Charles, et son frère Claude de Clugny, sgr de Villars (chât^ie Liernais) 1480, est auteur des sgrs du Brouillard, qui eurent Maison-Baude (chât^ie St-Brisson) 1503 à 1629, ce Claude en f. hmage à Nev. 1540, et Jean servit au ban Niv. 1554. Dans cette branche, Maximilien ép^a 1620 Claudine DE LORON, fille de Lazare, b^on de Limanton, et Bernard ép^a 1625 Antoinette DE VEILHAN, fille d'Adrien, sgr de Giry. — La branche avallonnaise, détachée des sgrs de Conforgien fin du XVᵉ s., donna : Nicolas, sgr de Domecy-s.-Cure (chât^ie Montceaux) 1412 ; Claude, sgr d'Aisy, gr^d-père de Barthélemy, qui ép^a 1605 Louise DE DAMAS d'Anlezy, ci-dessus, et Anne, qui ép^a 1600 Jacques DE LORON, chlr, sgr de Domecy. — Jacques de Clugny fut bailli de Chât.-Chinon 1339 ; Guill^e est bailli de Lormes 1390; et Guill^e, m^tre des requêtes de Charles-le-Tém., est gouv^r de Chât.-Chinon 1466.

Armes : D'azur, à deux clefs d'or en pal, les anneaux losangés, pommetés et entretenus. (Arm^al ch^ro des comptes Bgogne.)
Sources : D. Villevieille, 29. — D. Plancher, II. — Inv. de Marolles. — Arch. Niév. E. — Inv. de Peincedé, X. — Généal. de Clugny, 1737.

Éteints.

IX. — Paul de DAMAS, chlr, b^{on} d'Anlezy, v^{te} de Druyes, sgr de Crux, Sardy, Demain, Montigny, St-Parize, Pousseaux, Fétigny (Auxer^s), Gouffiers (Angoumois), gentilh. ch^{re} roi 1604, cons^{er} d'Etat et privé 1618, chlr de l'ordre, f. hmage p. Amange 1594 et p. Anlezy 1618, m^t av. 1628 ; épⁿ 31 mai 1606 Hélène Arnaud, fille de Fr^s, sgr de Gouffiers, dont : 1° Antoine, suit ; 2° Fr^s, suivra ; 3° Jean-Fr^s, sgr de St-Parize 1652, commandeur de Malte, mestre de camp 1655, m^t 1685 ; 4° Achille, prieur de St-Révérien et d'Ambierle 1632-51 ; 5° Edmée, épⁿ 1637 Fr^a Bartholi, chlr, sgr de St-Bonnet (Forez) ; 6° Marie, épⁿ 1643 Claude *Marion*, c^{te} de Druy, cons^{er} d'Etat.

X. — Antoine-Charles de DAMAS, chlr, dit : c^{te} d'Anlezy, v^{te} de Druyes, sgr de Montigny, Sardy, Fleury-la-Tour acheté 1658, Reugny p^{ie}, d'abord sgr de Crux, St-Parize, etc. jusqu'au partage 1647 avec frères, reçoit hmage à cause d'Anlezy 1638, transige avec sgr de Frasnay 1646, m^t av.1663 ; épⁿ 4 juil. 1635 Madeleine Hanapier (Beauce), fille de Jacques, cons^{er} cour des aides, dont :

XI. — Nicolas-François de DAMAS, c^{te} d'Anlezy, sgr d'*id*., capit. des gendarmes de la reine 1667, f. hmage p. Druyes 1670, m^t 1679, épⁿ 21 août 1668 M^{ie}-Agnès Tiercelin de Rancé, dont : 1° L.-A.-Erard, suit ; 2° Louis-Nicolas, m^{is} d'Anlezy, v^{te} de Druyes 1697, sgr de Coulanges-s.-Yonne, mestre de camp cav., tué à Wittemberg 1707, épⁿ 1697 Madeleine des Vaux, dont : a, Louis-Fr^s, sgr d'*id*. et d'Etais (chât^{ie} Niv.) 1754, lieut. gén^{al} armées 1748 (voir hom. célèbres), m^t 1763, épⁿ 1724 Elisabeth de Ferrero, dont un fils unique m^t 1729 ; b, Isabelle, hérit. de son frère, épⁿ 1728 Fr^s, m^{is} de Conzié ; 3° Jacques, ecclési.; 4° Marg^{ie}-Agnès, épⁿ 1704 Pierre *de Damas* de Cormaillon (*).

XII. — Louis-Ant.-Erard de DAMAS, c^{te} d'Anlezy, sgr de Fleury, Montigny-Amog., St-Parize, mestre de camp 1696, maréchal de camp 1709, chlr St-Louis 1711, reçoit reconn. à Anlezy 1699, m^t av.1713 ; épⁿ 19 janv.1701 M^{ie}-Elisabeth Palatin *de Dio*, dame de Dornes et St-Parize-en-Viry, fille de Léonor, m^{is} de Montperroux, dont : 1° L^s-Fr^s, suit ; 2° Léonor-Fr^s, m^{is}

(*id*.), Tachy et Seignelay en p^{ie}, capit. de chevau-légers, *maintenu* par intendant 4 avril 1667, baille à Réveillon 1632-46, y teste 1676 donnant à égl. d'Entrains, épⁿ 24 oct. 1638 Cath. de Véelu (Brie), fille d'Etienne, dont : 1° Jean-B^{te} suit; 2° Antoine, célib., m^t 1667 ; 3° Louise, ép^a 1° 1676 Fr^s de la RIVIÈRE, chlr, sgr de la Garde, 2° 1685 René de Culon, écr, sgr de la Charnaye ; 3° Marie, dame de la Maisonfort-du-Chénoy, épⁿ 1696 Cl.-Joseph *du Bois*, écr, sgr de Marcilly.

III. Jean-B^{te}, chlr, sgr de Réveillon, le Mineray, Beauregard, mousquetaire du roi 1667, f. hmage p. Réveillon 1677, m^t 1687, ép^a 29 fév.1683 Marie de la Motte (Orléan^s), fille d'Hector, sgr de Bagnaux, dont : 1° Ant., suit ; 2° Catherine, ép^a 1714 Pierre-René *Hinselin*, chlr, sgr de Moraches,

IV. Antoine, chlr, dit : b^{on} de Réveillon, sgr d'*id*., partage avec sœur 1712, achète à Entrains 1748, m^t

1755, maintenu 170?, épⁿ 31 déc. 1715 Cath. Pochon (Orléan^s), fille de Max. sgr des Guez, dont : 1° Pierre, suit; 2° Antoine, 1768-75.

V. Pierre, b^{on} de Réveillon 1755, le dénombre 1775, m^t 1776, eut de M^{ie}-Anne Garnier de Farville : 1° Antoine-H.-Joseph, lieut. d'inf^{ie}, vend avec sa mère 1778 tous ses biens en Niv. ; 2° Ant.-Pierre, fou et interdit 1776.

Armes : D'azur, à trois têtes de léopard arrachées d'or, lampassées de gueules, 2 et 1. (Chérin, 180. — Preuves de Malte.)

Sources : Mss. du chan. Hubert, V. — Cabot Titres : Pièces origi. 5737? ; preuves St-Cyr, 297 ; nobili. d'Orléans, 757 ; Carrés de d'Hozier, 556 ; Chérin, 180. — Arch. Nièv. B. — Preuves Malte, à l'Arsenal, II. — Hist. *d'Entrains*, Baudiau, 1879. — Reg. parois. d'Entrains, Perroy, Menestreau, Moraches.

Éteints.

(*) de DAMAS de CORMAILLON. — De l'*Auxois*. — On ne trouve, à l'origine, aucun lien avec leurs homonymes de Forez et Châlonnois. Au XIVe s. Jean DAMAS, écr, sgr de Bussières (Auxois), épousa Marie *de Montaigu*-Couches, fille de Phil^t, sgr de Ste-Péreuse ; leur descendant, Gabriel, ép^a 1580 Jacqueline de Bouvot, dame de Cormaillon (baage Semur) et Villiers, dont l'arrière-petit-fils est Pierre de DAMAS de CORMAILLON, chlr, b^{on} de Villiers, m^t 1732, qui ép^a 1704 Marg^{ie}-Agnès de DAMAS d'Anlezy, ci-dessus, dont 3 filles relig. au Réconfort, et Charles-Jules, dit : c^{te} de Cormaillon, sgr de Fains-lès-Montbard, ép^a 1748 Jacqueline *du Bois d'Aisy*, dont : Charles, colonel rég^t de Chartres 1784, tué à Quiberon 1795, qui à son c^{al} maage 1784 avec Gabrielle de Sarsfield, est fait par Jean-Pierre de Damas d'Anlezy, son héritier univ^{el}; son fils, Maxence, lieut. gén^{al}, ministre 1824, est pp^{re} d'Anlezy 1813, ainsi que son fils Pierre-Edmond né 1820, père du c^{te} P. de Damas, qui a repris le nom d'Anlezy, et de la c^{tesse} de Montrichard. —— *Armes:* D'argent, à la hie de sable, accompagnée de six roses de gueules en orle. —— *Sources :* Lainé, arch. généalo. V. — Preuves St-Cyr, 294.

Existants.

de Montperroux, lieut. rég.^t du roi, épⁿ 1740 N... *de Joumart* (3), fille d'Annet-J., m^{is} d'Argence, sans posté.

XIII. — Louis-François de DAMAS, c^{te} d'Anlezy, etc., guidon des gendarmes de la garde 1733, maréchal de camp, m^t av.1763, épⁿ 1732 Angélique de Gassion, dont : 1° Jean-Pierre, dit : m^{is} de Thianges (*), maréchal de camp 1780, député de Niv. aux Etats-Généraux 1789, m^t 1800 sans posté. de Michelle Le Veneur de Tellières, ayant donné Anlezy à son cousin Charles *de Damas-Cormaillon* ; 2° Louis-Al., chlr de Malte, officier de marine, m^t 1813 ; 3° Louis-Fr^s, prêtre 1767.

X. — François de DAMAS (2e fils de Paul, b^{on} d'Anlezy), chlr, c^{te} de Crux, sgr de St-Parize, Demain, la Collancelle, b^{on} de Soussey (Auxois), gentilh^e chr^e 1650, maréchal de camp, cons^{er} d'État 1652, fit un canal de flottage de l'Aron au Beuvron, teste à Crux 1653 ; épⁿ 19 fév. 1648 Louise *de Pracomtal*, fille d'Ant., sgr de Soussey, dont : 1° Ant.-Louis, suit ; 2° Jean-Fr^s, reçu à Malte 1668 ; 3° Antoine-Esme, célib., donne à son neveu Étienne 1707.

XI. — Antoine-Louis de DAMAS, c^{te} de Crux, sgr d'*id.*, capit. des gendarmes de la reine 1674, partage avec frère 1696 ; épⁿ 11 juin 1670 M^{ie}-Anne Coutier, dame de Souhey (Auxois), dont : 1° Étienne, suit ; 2° Ant.-Edme-Fr^s, dit Mis de Crux, capit. rég^t Dauphin cav. 1700, sans posté.; 3° Jeanne, épⁿ 1697 Charles de Chaugy, chlr, sgr de Lantilly (Auxois).

XII. — Étienne de DAMAS, c^{te} de crux, etc., capit. rég^t de Phélippeaux 1697, hérita St-Parize de son oncle Ant.-Edme, m^t à Crux 1721 ; épⁿ 30 avril 1701 Étiennette d'Achey de Toraise (Franche-Comté), dont : 1° L^s-Al., suit ; 2° Cl.-Charles, m^{is} de Crux, sgr de Soussey, capit. rég^t Nice 1731, fixé en Auxois, y épⁿ 1735 sa cousine Anne de Chaugy, dont deux filles ; 3° Michelle, célib. ; 4° Angélique, religieuse.

XIII. — Louis-Alexandre de DAMAS, c^{te} de Crux, b^{on} de Demain et la Collancelle, m^{is} de

(3) DE JOUMART. — Origin. *de Périgord.* — Sgrs de Sufferte au XIVe s.; éteints au XVe, avec substitution, dans les Achard très-anciens en Poitou et Angoumois. — Fr^s Achard de Joumart, chlr de l'ordre, sgr de Sufferte, épousa 1579 Isabeau de la Tour, dont : 1° Gaspard, 2° Fr^s, chlr, sgr de Sufferte, St-Pierre-du-Mont (c^{on} Varzy) et Flez (c^{ne} S^t. Pierre), écuyer de la gr^{de}-écurie et gentilh^e de la chr^e 1635, suivit à Entrains le duc de Bellegarde, acheta St-Pierre-du-Mont et dépend. 1635, dont hmage 1642, y transige et y reçoit aveu 1638, déchargé du ban Niv. 1639; teste 1656 faisant héritier son neveu Fr^s, m^t sans alliance 1657.

A. Gaspard Achard de Joumart, sgr d'Argence (Angoumois), gentilh^e de la chr^e roi, épⁿ 1608, avec substitution au nom, Gabrielle Tison d'Argence, dame de Dirac, dont : 1° Fr^s, reste en Angoumois, est bisaïeul de N... de Joumart, fme de Léonor-Fr^s de DAMAS, ci-dessus ; 2° Fr^s, le jeune, suit :

B. François, chlf, dit : b^{on} de St-Pierre-du-Mont, sgr de Dirac (Angou.), écr de la gr^{de}-écurie et de la duchesse d'Orléans 1643, capit. de chevau-légers 1648, hérita de St-Pierre 1657, y constitue rente 1663, m^t av. 1668, épⁿ 19 juil. 1651 Anne Tartereau (Paris), dont : 1° Edme-Fr^s, suit ; 2° Gabrielle, 1re fille d'honneur de pr^{sse} de Condé 1675, puis religi. 1684.

C. Edme-François, chlr, dit : c^{te} d'Argence, sgr d'*id.*

et de Changy (c^{on} Brinon) et St-Martin-des-Vaux (c^{ne} Brinon), sert 1672, command. les bans Niv. 1689 et 91, fait hmage p. St-Pierre-du-Mont 1669 et 77, vit 1708, épⁿ 1° 1675 Geneviève Legrand (Sens), 2° 15 fév. 1686 M^{ie}-Charlotte de Vins, dont il eut :

D. Pierre, chlr, m^{is} d'Argence, b^{on} de St-Pierre, sgr de Villaines en p^{ie} (c^{on} Varzy), Breugnon (c^{on} Clamecy) et Latrault (c^{ne} Breugnon), qu'il achète 1718, lieut. de roi en Auxerrois, Auxois et Autunois 1717-21, f. hmage p. Breugnon 1720, m^t 1721, épⁿ 4 déc. 1707 Marie *Comeau* de Créancé, dont : 1° Pierre-Fr^s, sgr d'*id.*, colonel de dragons, brigadier des armées 1748, chlr St-Louis, m^t 1760 sans posté. de Philiberte Lamy de la Perrière ; 2° M^{ie}-Gabrielle, hérita de son frère, épⁿ 1769 Gustave Palatin de Dio, c^{te} de Montperroux, dont : M^{ie}-Henriette, dame de St-Pierre-du-Mont, qu'elle porta av. 1769 à Dominique, m^{is} de Cambis, maréchal de camp.

Armes : D'azur, à trois besants d'or, 2 et 1 ; écartelé de Tison d'Argence, et sur le tout d'Achard.

Sources : Carrés de d'Hozier, 357 et 605. — D. Villevieille, 1 et 87. — *Tablettes*, Chazot de Nantigny, V. — Arch. Niév. E. — P. Anselme, V. — D. Caffiaux, 1234. — Reg. parois. Entrains, Clamecy, Beuvron, Corvol-Dambd, Vincelles (Yonne), Cuncy-les-Varzy.

Éteints.

(*) Les titres portés varient presque à chaque génération. Anlezy, Thianges, Crux, Druyes, la Collancelle, etc., dont les possesseurs se disent successivement barons, comtes ou marquis, ne paraissent pas avoir été jamais l'objet d'une érection.

Menou (c^on Varzy) et de Souhey, sgr de Ménestreau (c^on Donzy), Villiers (c^ne Ménestreau), St-Parize vendu av.1734, partage succ^ion mat.1744, m^t à Crux 1763 ; ép^n 31 août 1734 M^ie-Louise *de Menou*, fille de Fr^s-Charles, dont : 1° Louis-Étienne suit ; 2° Fr^s, chanoine Nev.,vicaire gén^nl 1765, député aux États-Généraux 1789, émigra, m^t 1829 ; 3° Étienne-Charles, pair de Fr., *créé* duc DE DAMAS-CRUX 1815, mestre de camp 1785, émigra, lieut. gén^al 1814, grand-croix de St-Louis, m^t 1846 sans posté., ép^n 1799 Félicité de Sérent, fille d'Armand, duc et pair ; 4° Adélaïde, ép^u 1755 Ch. Lallemant de Nantouillet ; 5° L.-Thérèse, ép^n 1761 L^s-Théodore, c^te ANDRAULT DE LANGERON, lieut. gén^al; 6° C.-Antoinette, ép^n 1769 Bertrand Cléret c^te de Tocqueville.

XIV. — LOUIS-ÉTIENNE-Fs^s DE DAMAS, c^te de Crux, sgr d'*id.*, maréchal de camp 1780, chlr des ordres, à ass. noblesse Nev. 1789, émigra, lieut. gén^al 1814, pair de Fr., m^t 1814 ; ép^n 1° 1768 L.-A.-Thérèse de Broglie, fille du maréchal, 2° 1773 E.-Xavière de Talaru-Chalmazel, 3° 1775 S.-Antoinette de Ligny, n'eut, du 3° lit, qu'une fille : Élisabeth-Ch^te, ép^n 1802 Armand-L.-Ch. de Gontaut, m^is de Biron, pair de Fr.

III. — PHILIBERT DE DAMAS (2e fils de Robert, sgr de Marcilly et d'Isab. de Montaigu), chlr, sgr de Montaigu en p^ie, Montigny-Amog., Crux p^ie, dont hmage 1409, est à bat. de Rosbecque 1382, donne quitt. de gages guerre 1383, partage avec frère 1373 et 91, m^t av.1423 ; ép^n 31 juill. 1362 Marg^te *de Crux*, sœur de sa belle-sœur, dont : 1° Jean, suit ; 2°, 3° Philippe et Jacques, dans armées du duc Bgogne 1414-17 ; 4° Jeanne, est au partage de 1391.

IV. — JEAN DE DAMAS, chlr, sgr de Montaigu, Crux p^ie, Montigny, la Coudraye (chât^ie Mont-ceaux), dont hmage 1436, sert aux armées 1422-50, plaide 1423, est au maage de son cousin Jean 1446 ; ép^n Anne *de Norry* (4), fille de Pierre, sgr de Brèves, dont : 1° Louis, chlr, sgr de Mon-taigu, Crux à la part de Marcilly, Beaudéduit qu'il accense 1486, Brèves (c^on Clamecy), y baille 1481, Moraches (c^on Brinon), Tannay (arr. Clamecy), y reçoit octroi p. trois foires 1477, cham-bellan de Louis XI, m^t apr. 1492, n'eut de Catherine DAMAS, fille de Robert, sgr de Digoine et Beaudéduit, que Jean vivant 1496, m^t sans posté.; 2° Charles, suit ; 3° Isabeau, première fme av.1465 d'Amaury DE FONTENAY, chlr, sgr de la Tour-de-Vèvre ; 4° Marie, dame de Maligny, fme de Jean *de Ferrières*, chlr, sgr de Presles ; 5° peut-être Jean, chanoine-prévôt de Tannay 1502.

(4) DE NORRY. — *De Nivernois.* — Prennent leur nom du fief de Nourry (c^ne Vandeness^r). Hugues DE NORRY, chlr, donna au prieuré de La Fermeté av. 1265. Au comm^t du XIVe s., Alixant de Norry épousa Guill^e *de Chastellux*, et se remaria av. 1332 à Jean D'ANLEZY. Béatrix, dame de Vandenesse en p^ie (c^on Moul.-Engilbert), fme d'Hugues de Bourbon-Montmort, chlr, f. aveu 1346 pour Monts-en-Genevray (c^ne Maux). Pierre est sgr de Lys p^ie (c^on Tannay) 1383, et a biens en Auxerrois.

A. PIERRE DE NORRY, chlr, sgr de Nourry, Vande-nesse p^ie, Champallement p^ie (c^on Brinon), f. hmage p. biens à Beaulieu 1352, à Soffin 1356, m^t av.1368, ép^n Marg^te DE THIANGES, fille de Guill^e, sgr de Cham-pallement et de Marg^te de Fontenay, dont :

B. JEAN, dit Torquins, chlr, sgr de Nourry, dont hmage 1351, et de Vandenesse, cède droits sur Verou 1377, conduit une c^ie d'Auxerre à Reims 1383, paraît père de : 1° Pierre, suit ; 2° Guy, prieur de St-Pierre-le-M^or, témoin au test^t du duc de Bourbon 1409.

C. PIERRE, chlr, sgr de Nourry, Vandenesse, Pou-ligny (c^ne Montaron), Anisy (c^ne Limanton), Monts-en-Genevray, chambellan du roi 1389-1400, lieut^t gén^al du

duc de Bourbon (voir h^rs célèbres), achète à Verou 1377, reçoit aveus à Pouligny 1379-94, reçoit le fief sur Sciat (c^ne Vandenesse) 1380, donne quitt^ce de guerres 1389, reçoit hmage à Vandenesse 1407, donne au chapitre Nev: Anisy p^ie 1389 et Turigny 1407, m^t v.1410 ; ép^n av.1374 Isabeau de Montboissier (Auvergne), dont : 1° Étienne, suit ; 2° Pierre, chlr, sgr Vandenesse p^ie, Brèves (c^on Clamecy) 1385, Moraches (c^on Brinon), Asnan (*id.*), Tannay (arr. Clamecy), Cervon (c^on Cor-bigny), Maligny (Avallon^s), paye 1393 au c^te Nev. frais procès près Asnan, f. hmage près Huban 1403, transige 1408 avec prieur Mazilles, m^t av.1436, eut de Marg^te de Maligny une fille unique : Anne, qui porta toutes es terres av.1436 à Jean DAMAS, chlr, sgr de Crux p^ie, ci-dessus ; 3° Jean, élu évêque d'Auxerre 1409, ar-chevêque de Vienne 1423 puis de Besançon, m^t 1440 ; 4° Anne, ép^n av.1409 Gaucher du Chastel, chlr ; 5° sans doute Alix, fme d'Hugues *de Ternant*, chlr, sgr de la Mothe-Thoisy, dont elle a enfants majeurs en 1426.

D. ÉTIENNE, chlr, sgr de Vandenesse p^ie, Nourry, Pou-ligny, Peron (c^ne Thaix), chambellan du roi et du duc Jean de Bourbon, pour leq. il signe les trêves de 1414, témoin au maage de sa fille 1424, f. hmage p. Vande-

V. — CHARLES DE DAMAS, chlr, sgr de Montaigu p[ie], Brèves p[ie], Cervon (c[on] Corbigny) et Ste-Marie-de-Flagelles (c[on] St-Saulge), sert au ban Niv.1467, baille à Crux 1469, m[t] av.1477, ép[a] Philippes DAMAS de Digoine, sœur de sa belle-sœur, dont : 1° Jean, suit ; 2° Jean le jeune, sgr de Crux, Moraches, Ragny (Auxer[s]), m[t] av.1527 que sa fille et ses frères plaident avec sa belle-sœur, ép[n] Jacquette de Ragny (*), dont : Claude, ép[a] 1522 Girard *de la Magdelaine* (5); 3° Léonard, prieur de Coulonges 1527 ; 4° Claude, prêtre 1493-1527, prieur de Brassy.

VI. — JEAN DE DAMAS, chlr, sgr de Brèves, Tannay, Cervon, Tressoles (c[ne] Cervon), Ste-Marie-de-Flagelles, y baille 1514, et de Meix-Richard (c[ne] Ruages), traite pour usages bois de Tannay 1508 et 1513, m[t] v.1518, sa veuve plaide 1527 avec collatéraux et transige avec hab[ts] Tannay 1529 ; ép[n] 25 oct.1502 Jeanne *de Lespinasse*, fille d'Étienne, sgr de Maulévrier, dont :

VII. — FRANÇOIS DE DAMAS, chlr, sgr de Brèves, dont hmage 1527, Tannay, Cervon,

desse 1414, y achète 1418, baille à Peron 1422, donne à Pouligny 1429, m[t] av.1443, ép[a] 12 nov.1391 Jeanne de Passac (Auv.), fille de Gaucher, sgr de la Creuzette, dont une fille unique (**) : Jeanne, ép[a] 1437 Louis de Beaufort, m[is] de Canillac (***), c[te] d'Alais.

* *Armes :* De gueules, à la fasce d'argent.

Sources : Arch. chât. Vandenesse, Limanton, Devay. — Inv. de Marolles. — Arch. Niév. E et G. — Coll. Clairambault, 1063. — Gaignières, f. fr. 22,300. — Carrés de d'Hozier, 649. — Inv. de Peincedé, 25.

Éteints.

(5) DE LA MAGDELAINE. — Origin. *du Charolois.* — Y sont connus au XIII[e] s. Jean DE LA MAGDELAINE, gr[d]-prieur de Cluny, fut prieur de La Charité et de S[t]-Sauveur-Nev.1504-37. — Édouard, chlr, sgr de Courcelles en Beaujolois, eut de Marg[te] de Hochberg, dame de Coulanges :

A. GIRARD DE LA MAGDELAINE, chlr, sgr de Magny (Auxerr[s]), bailly d'Auxois, chlr de l'ordre, tué à Landrecies 1543, épousa 1522 Claude DAMAS, dame de Ragny, Crux p[ie], Moraches, fille de Jean, ci-dessus et de J. de Ragny, dont : 1° Fr[s], suit ; 2° Jacques, ecclési., transige à Tannay 1561 ; 3° Catherine, ép[a] 1° N... de Ferrières, écr, sgr de Presles, 2° 1545 Claude DE ROCHEFORT-Pleuvaut.

B. FRANÇOIS, chlr, m[is] de Ragny érigé pour lui 1597, sgr de Crux p[ie], Moraches 1567, y achète 1596, de Tannay, Asnan, Cervon, Talon, qu'il sait acheter à son cousin Ph. Damas ; bailly d'Auxois, gentilh[e] de la ch[re] 1582,

capit. de 50 h[es] d'armes, défait Tavannes près Joigny, chlr du St-Esprit 1595, gouv[r] et lieut. gén[al] de Niver-nois 1597-1620, cons[er] d'État, fait capituler Cuffy 1617, f. hmage p. Tannay 1582, reçoit aveu à cause Crux 1602, m[t] 1626 ; ép[a] 1572 Cath. de Marcilly-Cipière, dont entre autres : 1° Léonor, m[is] de Ragny, sgr de Moraches 1597, de Tannay 1625 qu'il vend 1627, chlr de l'ordre, maréchal de camp, lieut. gén[al] en Bresse, ép[a] Hippolyte de Gondi ; 2° Jacques, suit ; 3° Claude, abbé de Bourras et de Corbigny 1614-23, évêque d'Autun ; 4° Jeanne, abbesse du Réconfort 1618-32 ; 5° Marg[te], ép[a] 1° av. 1598 Ludovic DE LA RIVIÈRE, chlr, sgr de Champlemy, 2° Fr[s] *de Rabutin*, écr, sgr d'Epiry.

C. JACQUES, b[on] de Ragny, sgr de Moraches, Asnan, Tannay et Talon 1625, lieut[t] du roi en Nivern., gen-tilh[e] de la ch[re], m[t] 1654, ép[a] 1626 Isabelle de Nicey, dont :

D. CLAUDE, c[te] de Ragny, sgr d'Asnan 1655 et de Mo-raches, qu'il vend 1660, bailly de la Montagne, m[t] 1666, ép[a] 1655 Cath. de Sommièvre, dont : 1° Anne-Bernard, ép[a] 1711 Mlle-Ant[lle] DAMAS de Marcilly ; 2° Cath.-Char-lotte, ép[a] 1686 Fr[s] D'ESTUT, écr, sgr de Tracy.

Armes : D'hermine, à trois bandes de gueules chargées de 3, 5 et 3 coquilles d'or.

Sources : Cartul. de La Charité. — *Inv.* de Marolles. — P. Anselme, IX. — Arch. municip. de Tannay. — *Histoire d'Avallon*, Er. Petit. — D. Caffiaux, 1234. — Reg. parois. de Tannay, Moraches, Champlemy.

Éteints.

(*) Elle était fille d'Eudes DE RAGNY, chlr, sgr dud. lieu, capit. d'Avallon, et nièce de Claude, m[t] v. 1504, dernier du nom et dont elle hérita. Ces sgrs de Ragny (Avallon[s]) possédaient, depuis 1268, cette terre qui passa, par Claude DE DAMAS, à Girard de la Mag-delaine.

(**) Etienne eut aussi un fils naturel, Roland, qui n'eut de lui que quelques pièces de terre près Brinay ; dans des actes de 1453, 59 et 63, il est dit « bastard de Norry » ; il eut pour fils Pierre et Jean qui baillent à Marquereau 1477, et pour petits-fils : Jean, Charles, Philibert, Georges et Claude qui ont des biens à Palluau, sont notaire, maître-des-arts, sgr de Palluau en p[ie]. (Arch. nat. N, 5152. — Arch. chât. de Devay et Vandenesse.)

(***) DE BEAUFORT-CANILLAC. — Les Rougier, *al.* de Rozier, en Limousin, reçurent en 1344 Beaufort en Anjou, dont ils prirent le nom, puis une alliance les substitua, peu après, aux nom et biens des Canillac (Gévaudan), c[tes] d'Alais. Leur descendant, Louis DE BEAUFORT, m[is] de Canillac, c[te] d'Alais, chambellan du roi, refait terrier de Nourry 1446, reçoit aveu p. Poussery et Sciat 1448, f. hmage p. Vandenesse 1452, ép[a] v. 1431 Jeanne DE NORRY, ci-dessus, dame de Vandenesse, Nourry et Pouligny qui passèrent en 1476 à leur fils aîné, Marc, m[t] sans posté av. 1484 de Jeanne *de Chabannes*, fille d'Antoine, c[te] de Dammartin, sgr de Corvol-Damb. ; le frère cadet, Jacques de B. en hérita, acte 1485 à Vandenesse qu'il vend 1488 avec Nourry et Pouligny, à Geoffroy de Chabannes ; ce Jacques, sans posté. de J. de Créquy, fit son héritier 1511 Jacques de Montboissier, petit-fils de sa sœur Isabeau DE BEAUFORT-CANILLAC. (P. An-selme, IV. — Bouillet, *nob. d'Auv.* — Arch. chât. de Vandenesse.)

Moraches, Asnan (c^{on} Brinon), Talon-Judas (*id.*), pour lesq. il f. hmage 1540, et de Champi-gnolle (c^{ne} Bazoches), Ste-Marie, qu'il vend 1537, Tressoles et Meix-Richard, dont aveu 1528, et de Maulévrier (Charolois), renonce à succession mat. 1538 ; ép. 1524 Isabeau d'Arces (Dau-phiné), dont : 1° Philippe, sgr de Brèves, y vend 1554, et de Maulévrier, assassiné au chât. de Brèves avec sa fme par bandes calvinistes av. 1572, sans posté., ép^n 24 déc. 1548 Renée de Car-daillac de Montbrun ; 2° Fr^se, héritière univ. de Philippe, ép^n 1544 Denis *Savary*, écr, sgr du Pont-du-Plessis.

Armes : D'or, à la croix ancrée de gueules (*).

Sources : Lainé, *Arch. généalo.* V. — *Inv.* de Peincedé, 9, 12, 19, 23, 24 et 27. — D. Villevieïlle, 27, 59. — — *Inv.* de Marolles. — Arch. chât. Tremblay, Poiseux, Devay. — Min. not^{res} Moul.-Engilbert. — Coll^{on} Clai-rambault, 1109. — Arch. municip. Tannay. — Cab^{et} Titres : Chérin, 66 et 176 ; Pièces orig. 1631 et 2454 ; carrés de d'Hozier, 649 ; preuves Gr^{de}-écurie 276 et 284. — Arch. Nièv. E et B. — Preuves Malte, Arsenal, II et III. — P. Anselme, VIII. — Courcelles, *Pairs*, I. — Reg. parois. de Druyes, Aunay, Anlezy, Tintury, Thianges, St-Parize-le-Châtel, Menou, Nevers.

Branches de Nivernois éteintes.

(*) La branche de Marcilly-Crux brisait, en 1288, d'une cotice en bande qu'elle garda jusqu'à l'extinction de la br. aînée de Cousan ; mais Erard, sgr de Crux, chargé en 1424, d'un croissant en cœur, et son oncle Philibert, auteur de la branche de Brèves, ajoute à la cotice un croissant au canton dextre, 1383. La br. puinée d'Anlezy adopta la bordure d'azur, qu'on trouve jusqu'à la fin du XVIe s. Celle de Beaudéduit, le lambel à 5 pendants, 1383. (*Inv.* de Peincedé, X. — Quitt. scellées, coll. Clairambault.)

✤✤✤✤✤✤✤✤✤✤✤✤✤
✤✤✤✤✤✤✤✤✤
✤✤✤

DE DONZY

es puissants barons de Donzy paraissent originaires du Brionnais.

Geoffroy, sgr de Semur au Xe s., épousa *1°* la fille de Dalmas de Brioude et *2°* Adélaïs de Vermandois, veuve de Lambert, c^{te} de Châlon-s.-S. ; l'une de ces deux alliances dut porter Donzy à son fils :

I. — Geoffroy Ier, baron de Donzy v. 990, ép^n Mahaut de Châlon, fille de Lambert et d'Adé-laïs, et sœur d'Hugues de Châlon, évêque d'Auxerre ; il eut : 1° Geoffroy, suit ; 2° Delmas, auteur des sgrs de Luzy ; 3° Hervé ; 4° Lambert.

II. — Geoffroy II, baron de Donzy, fut envoyé en 1030 par le c^{te} de Champagne contre le c^{te} d'Anjou qu'il vainquit, et le premier lui donna St-Aignan en Berry ; il fut tué à Loches 1037 ; eut de Mathilde : 1° Hervé, suit ; 2° Savaric, mari d'Elisabeth, héritière de Vergy ; 3° Eudes.

III. — Hervé Ier, baron de Donzy, sgr de St-Aignan et Châtel-Censoir (*), donna en 1055 l'église de N.-D.-du-Pré, de Donzy, à l'abb. de Cluny ; ép^n Adélaïs, probabl^t de la m^on de Châ-

(*) Châtel-Censoir, châtellenie du Nivernois, appartint d'abord à l'évêché d'Auxerre, et passa au milieu du XIe s., sous réserve d'hmage aux c^{tes} de Champagne, à la maison de Donzy, dont les barons en inféodèrent une p^ie à une famille qui en prit le nom. Vers 1080 Guibert DE CHATEL-CENSOIR donne Nitry en p^ie à abb. Molème, du consent^t de Reine, sa femme, Ascelin et Hugues, ses fils et Pétronille, sa fille ; son autre fils, Guy, se fit moine à Molème ; Ascelin fit voyage en Terre-Sainte pendant leq. Hugues mourut après avoir fait à abb. Vézelay une don^on portant : *landator exititit Savaricus* (ci-dessus) *Cabiloneusis comes, à quo hec in feodo tenebam* ; Pétronille épousa Milon DE LA RIVIÈRE, dont les fils consentent don à abb. de Roches 1149. — Ascelin, ci-dessus, hérita de tous ses frères av. 1115, et paraît avoir eu pour fils, Gimon de Châtel-Censoir 1146-49. — Cette sous-inféodation passa succ^t aux de Frolois, de Beauffremont et de Ferrières. — Les barons de Donzy, sgrs dominants, unirent Châtel-Censoir au comté de Nevers, par maage d'Hervé IV avec Agnès de Courtenay, et ce lieu demeura châtellenie nivernaise jusqu'à la Révolution. — (Cartul. de Molème. — D. Villevieïlle. — Quantin, cartul. de l'Yonne.)

lon, dont : 1° Geoffroy III, baron de Donzy, c^te de Châlon en p^ie 1083 qu'il vendit 1112 à Savaric, prit Varzy sur l'évêque d'Aux. et lui rendit 1095, partit pour Palestine 1097, se fit religieux
à Donzy (*) étant sans enfants, et donne à abb. de Bourras 1120, m^t cette année, sans posté. de
Lithuise, des c^tes de Soissons ; 2° Renaut, cité, 1055 ; 3° Hervé, suit ; 4° une fille, ép^a son cousin
Savaric de Vergy, c^te de Châlon.

IV. — HERVÉ II, baron de Donzy par abandon de Geoffroy III ; d'abord sgr de St-Aignan et
Châtel-Censoir, eut avec Hugues d'Amboise, guerre terminée par maage de leurs enfants v.1120;
m^t peu après ; ép^n la fille d'Hugues Le Blanc, dont : 1° Geoffroy, suit ; 2° Agnès, fme de Sulpice
d'Amboise, sgr de Chaumont-s.-Loire.

V. — GEOFFROY IV, baron de Donzy, sgr de St-Agnan, Gien, Cosne, Châtel-Censoir, succéda
à s. père v.1121, confirme et augmente 1130 une don^on de 1124 à abb. Bourras par Hugues Le
Manceau, sgr de Cosne ; donne avec ses fils à abb. Roches 1145, reçoit lettres du pape 1151 et
52 pour soutenir abb. Vézelay contre la commune ; le roi lui prit Cosne et St-Aignan 1153, et le
c^te Nev. Châtel-Censoir qu'il rasa 1157 ; donne à abb. Bourras et m^t 1164 ; ép^n probabl^t la fille
d'Hugues Le Manceau, sgr de Cosne, dont : 1° Hervé, suit ; 2° Geoffroy, témoin à acte de s.
père 1145-61 ; 3° Alix, fiancée à Anseau de Traisnel, ép^n 1153 Etienne *de Sancerre*(1), donnèrent Chasnay et Nannay à abb. Bourras 1162.

VI. — HERVÉ III, baron de Donzy, sgr d'*id.*, le roi lui rendit par force Gien donné à sa sœur
Alix, et uni au c^te Champagne lui prend et rase son chât. de Donzy 1170 ; donne au prieuré de
La Charité 1187 « et hoc laudaverunt Guillelmus Goet et Philippus, filii mei », m^t peu après ;
ép^n av.1164 Mathilde Goëth, fille hérit^re de Guil^e, sgr de Montmirail, Alluye, Brou, Authon et
la Basoche, formant la Perche–Goëth, et d'Aliénor de Champagne ; il en eut : 1° Guill^e, b^on de
Donzy 1188, tué au siége d'Acre 1191, sans posté.; 2° Philippe, b^on de Donzy après son frère,
sa fme Alix de Cours (c^ne Magny) est veuve sans posté. 1198, et accorde pour douaire 1206 avec
s. beau–frère Hervé ; 3° Hervé, suit ; 4° Renaut, est à prise Constantinople 1203, en Palestine
1206, pleige d'Hervé 1219, tué en France Albigeois ; 5° Geoffroy, prieur de La Charité 1212 ; 6°
Marg^te, fme de Gervais de Châteauneuf-Thimerais, et mère de l'évêque Nevers.

HERVÉ IV, c^te de Nevers, b^on de Donzy (voir partie historique), n'est pas encore b^on de
Donzy 1197, mais en 1198 ; m^t av. février 1222 ; ép^n 1200 Mahaut de Courtenay, fille unique de

---

(1) DE SANCERRE. — Cadets de la maison de
Champagne. — ÉTIENNE, ci-dessus, fils puiné de
Thibaut le Grand, c^te de Champagne, est la souche des
c^tes de Sancerre, eut de Geoffroy IV de Donzy des
biens en Berry, et Gien qui lui fut enlevé par le roi
1154, acte 1160 avec Alix qui le rappelle à son test^t
1192, tué à Acre 1190 ; leur 2e fils, Étienne, sgr de
St-Briçon 1210, eut pour petite-fille Jeanne DE SAN-
CERRE, dame de Cours-les-Barres (chât^te Cuffy) qu'elle
porta 1290 à Jean *de Courtenay*, sgr de Champignelles,
et qui passa au XIVe s. aux Châtillon (Bazois) ; l'aîné
était :
GUILLAUME, c^te de Sancerre, épousa av. 1205 Eustachie *de Courtenay*, sœur de Pierre c^te de Nevers, et est
aïeul de Jean, c^te de Sancerre 1268, qui de M^te de
Vierzon eut : Agnès, fme d'Arnoul CHAUDERON,
b^on de la Ferté-Chauderon, et Jean II c^te de Sancerre
1306, père de : Louis qui suit, et probabl^t de Marg^te,
m^te v.1335, fme de Jean DE THIANGES, chlr, sgr de
Giry et Rosemont.

Louis II c^te de Sancerre, tué à Crécy 1346, eut de
Béatrix de Roucy, entre autres : Isabeau, dame de
Bomiers, ép^n v.1365 Guichard *Dauphin*, b^on de la
Ferté-Chauderon, sénéchal de Nivernois ; Étienne, m^t
1390 sans posté., ép^n 1e Belleasses de Vailly qui vend
la sgrie de Nuars (c^on Tannay) 1371, 2° après 1376
Alix de Beaujeu fille de Guichard, sgr de Luzy ; et
Louis, connétable de Fr.1397, qui acquit par échange,
des Beaujeu, 1397 la b^rie de Luzy, qu'il légua 1402 à
son neveu Guichard II Dauphin ; le connétable, m^t
célib. eut une fille nat. Jeanne, mariée à Jean *de la
Teillaye*, écr, d'où sortent les sgrs de la Chaize (pr.
Corbigny), puis les Tenon, sgrs de Nanvigne.

Armes : D'azur, à une bande d'argent, accompagnée de
deux cotices potencées et contrepotencées d'or, au lambel de trois
pendants de gueules. (P. Anselme).

Sources : La Thaumassière, 427. — *Inv.* de Marolles. —
P. Anselme, II et VIII. — Arch. Nièv. E. — Baluze, *Hist.
d'Auvergne,* I.
                                          Éteints.

(*) *Gaufridus, comes Cabilonensis, apud castrum suum Donziacum, monachus factus obiit.* (Obituaire de la cath. d'Auxerre ; D. Viole.)

Pierre, c[te] Nevers, dont une fille unique Agnès, m[te] 1225, fiancée 1215 au petit-fils de Phil.-Au-
guste, m[t] 1218, ép[n] 1221 Guy de Châtillon-s.-Marne, c[te] de St-Pol, dont la posté. continua les
c[tes] Nev. (*).

Armes : D'azur, à trois pommes de pin d'or.

Sources : Art de vérifier les dates, II. — *Inv. trésor des chartes*, I, Teulet. — Mss. de D. Viole, bibl. d'Aux[re].
— Cartul. de La Charité. — *Cartul. d'Yonne*, I, Quantin. — Chron. de Vézelay, bibl. d'Aux. 106. — D. Ville-
vieille, 35. — *Inv.* de Marolles. — *Inv.* de Parmentier, ch. 40. — La Thaumassière, 419 et 677. — Duchesne,
Hist. de Vergy et de Châtillon.   *Éteints.*

(*) On trouve assez souvent, en Nivernois, des personnages d'autre souche, portant le nom de Donzy : *Burdinus de Donziaco*, 1164 ;
Gotard de D. 1158 ; Guy ; Miles, chantre de l'égl. Nev. 1329, cons[er] du c[te] 1339 ; Antoine, varlet de la bouteillerie du c[te] 1360 ; Henri
de Donzy, chambellan du c[te] Nev. administre le Rhetélois 1365, du gr[d]-conseil de Philippe-le-Hardi 1382 et l'un des commis. pour
gérer son comté Nev., son sceau porte une aigle. — (Cartul. La Charité. — *Inv.* Marolles. — Comptes de Bgogne, La Barre, Dijon.)

✠✠✠✠✠✠✠✠✠✠✠✠✠✠
✠✠✠✠✠✠✠✠✠
✠✠✠

ᴅ'ᴇꜱᴛᴜᴛ

ORIGINAIRES d'Ecosse.

WALTER STUTT (*), archer du connétable Jean Stuart, l'accompagna en Fr. 1419,
était en 1441 capitaine d'Avallon ; Charles VII le retint comme archer de sa garde et lui
donna Assay (Gâtinais) v. 1445, m[t] sans posté., son frère Thomas en hérita et est sgr d'Assay 1476,
archer de la garde écossaise du roi 1469, m[t] av. 1480, épousa 1476 Agnès Le Roy (Berry), dont :
Fr[s], sgr d'Assay, suit, et Alexandre, sgr de St-Père (c[on] Cosne), suivra (**).

FRANÇOIS STUT, écr, fit la branche d'Assay, dont descend Georges, qui épousa 1648 Claude
de Monceaux, fille d'Antoine, sgr de Blannay (***) et Sermizelles, dont : 1º Edme-Fr[s], ép[n] 1684
Antoinette DE LORON, fille de David, sgr de Châtenay, sa posté. dans la br. aînée garda Assay
et s'allia aux fam. niv. de la Barre 1737, de Bonin 1756, de la Barre-Vilatte 1789, et le fils cadet
de cet Edme-Fr[s], fut : Fr[s], suit ; 2º Catherine, fme de Ludovic *de la Souche* de Chevigny, écr,
sgr de Lurcy-s.-Abron ; 3º Alphonsine, dame de Blannay (chât[le] Châtel-Censoir), fme de Joseph
de Barnaut, major d'inf. sans posté.

FRANÇOIS D'ESTUD, chlr, sgr de Blannay par succ[ion] d'Alphonsine, en fait hmage à Nev. 1748,
m[t] 1771, ép[n] 1732 Madeleine-Alph. *de Longueville*, fille de Philippe, sgr de Champmoreau et de
Jeanne de la Ferté-Meung, dont : 1º Fr[s], garde-du-corps 1784 dont la posté. existe ; 2º Jean-
Fr[s]-Gabriel, chlr de St-Louis, garde-du-corps, sgr de Blannay, dont hmage 1783, m[t] à Clamecy
1783, y ép[n] 1773 Geneviève More, représentée à ass. noblesse Nev. 1789, dont un fils n'eut que
2 filles, et l'autre, Fr[s] ép[n] av.1797 Elisabeth *Aupépin* de Dreuzy (1).

(1) AUPÉPIN DE DREUZY. — Origin. de Cor-
bigny. Fr[s] Aupépin y est march[d] 1584 ; Guill[e] 1588 ;
Jean et Léonard y achètent l'office de la visite des cuirs
1629 ; Pierre, m[d], est père d'Edme, bourg[s], 1648-83
mari de Jacquette Paillard.

GUILL[e], proc[r] au baage d'abbaye Corbigny 1669
eut : 1º Jean, m[d] à Challementeau puis à Corbigny
1677-1701, eut d'Elisabeth Gautherin : *a*, Jean, m[d]
tanneur 1691 ; *b*, Claude, av[at] 1684-91 ; *c*, Elisabeth,
d'abord fme de Fr[s] *Poitreau* et de Nicolas Castel, ép[n]

(*) Le nom s'est écrit : Stutt, Stud, Stut, Destud et d'Estut.
(**) Suivant le plan de cet ouvrage, nous ne donnons que les personnages intéressant le Nivernois.
(***) Un acte de foy hmage de Fr[s] D'ESTUD en la ch[re] des comptes Nev. 1748 spécifie que les 2/3 de Blannay relèvent du duché Nev. à
cause châtie Châtel-Censoir, et 1/3 du roi ; en 1783 hmage analogue (arch. de la famille). — De 1357 à 1410, l'*Inv.* de Marolles signale
des hmages au c[te] Nevers, pour Blannay.

I. — ALEXANDRE D'ESTUT (2ᵉ fils de Thomas), écr, sgr de Sᵗ-Père-de-Neuzy en pⁱᵉ (cᵒⁿ Cosne) dont hmage 1533 et qu'il eut de sa prem. fme, mᵗ av. 1538, épousa 1ᵒ 29 sept. 1517 Jeanne *d'Assigny*, fille de Guillᵉ et de Jacqueline Vignier, dame de Sᵗ-Père, 2ᵒ 13 déc. 1526 Anne *Regnier*, fille de Pierre, sgr de Guerchy et de Perrette du Chesnay, elle partage 1538 avec héritiers Vignier ; il eut du 1ᵉʳ lit : 1ᵒ Jean, mᵗ jeune ; et du 2ᵒ : 2ᵒ Frˢ, suit ; 3ᵒ, 4ᵒ Antᵗᵗᵉ et Claude.

II. — FRANÇOIS D'ESTUT, écr, sgr de Sᵗ-Père-de-Neuzy, dont hmage 1575, archer de la garde 1552, capit.-exempt des gardes écossaises 1574, gouvʳ de Cosne 1562-72, chlr de l'ordre du roi 1569, achète part de Sᵗ-Père 1554 et reçoit le reste 1556 des héritiers Vignier, achète à Sᵗ-Quentin 1577, maintenu par intendᵗ 1586, mᵗ 1591, sa veuve partage enfⁿˢ 1598 ; épⁿ 12 janv.1552 Renée *de Boisselet* (2), fille d'Ant. et de Marg. d'Assigny, dont : 1ᵒ Frˢ, suit ; 2ᵒ Pierre, écr, sgr de Sᵗ-Martin (cⁿᵉ Neuville), sert 1629, mᵗ sans posté. d'Anne Le Mareschal, dame de la Bruslerie (Yonne) ; 3ᵒ Etienne, auteur de la br. d'Insèche, suivra ; 4ᵒ Renée, épⁿ 1575 Jean DE LA PLATIÈRE, écr, sgr de Chevroux ; 5ᵒ Antoinette, épⁿ 1580 Jacques du Vernay, écr, sgr de Port-Aubry ; 6ᵒ Jeanne, épousa 1590 Jean *de Bussy*, écr, sgr de la Montoise ; 7ᵒ Gabrielle, religi. 1598 ; 8ᵒ Edmée épⁿ 1691 Gabriel *Gerbaut*, écr, sgr de la Sarrée.

III. — FRANÇOIS D'ESTUT, chlr, sgr de Sᵗ-Père 1593, Tracy (cᵒⁿ Pouilly) dont hmage 1587, Rosiers (cⁿᵉ Sᵗ-Père) acheté et dont hmages 1598 et 1607, Villemoys (cⁿᵉ Tracy) et la Grange-

---

1684 Etienne *Bargedé*, procʳ du roi à Corbigny ; *d*, Marie, épᵗ 1698 Lazare *Besave*, avⁿᵗ à Lormes ; 2ᵒ Philibert, procʳ du baage Corb., eut de Marie Perreau : Joseph, épⁿ 1687 Marie *Jourdan*, et Joseph, mᵈ à Corb. 1687.

GUILLAUME, apothicaire à Corb., épⁿ av.1657 Madeleine Moireau, et veuf 1683 fut curé de Chaumot, père de : Jean-Alexis, curé de Ruages 1696, et de Claude, mᵈ à Guipy 1687, épⁿ 1ᵒ Jeanne *Trémeau*, 2ᵒ 1703 Edmée *de Loiseau*, fille de Jⁿ, sgr de Champs, eut du 1ᵉʳ l. Jacques, mᵈ à Ruages, épⁿ 1724 Jeanne *de Loiseau*, fille de Paul, dont : Jⁿ-Bapt., épⁿ 1778 Mⁱᵉ Bouëz.

I. JEAN AUPÉPIN, mᵈ à Corbigny 1656-97, eut de Madeleine Daudier :

II. LÉONARD, mᵈ à Dreuzy 1683, y a procès pour pré 1685, fermier de l'abbaye Corbigny 1697, épⁿ 27 mars 1669 Jeanne *Perreau* (*), fille de Louis, dont : 1ᵒ Frˢ, suit ; 2ᵒ Pierre, sʳ de la Garenne, capit. d'infⁱᵉ 1708, célib., donne à neveu 1740 ; 3ᵒ Louis, sʳ de Dreuzy (cⁿᵉ Héry) 1710 et de Chanteloup pⁱᵉ (cⁿᵉ Dompierre-s-Héry) 1730, agent des aff. du cᵗᵉ d'Aunay 1718, mᵗ 1738 sans posté., épⁿ 22 août 1722 Jeanne *d'Esmé*, fille de Laurent, sgr de Chanteloup ; 4ᵒ Claude, capit. d'inf. 1710, célib. ; 5ᵒ Gasparde, épⁿ 1697 Nic. de la Haye (Verdun).

III. FRANÇOIS, écr, sʳ de la Motte, chevau-léger de la garde 1703-10, mᵗ av.1728, épⁿ 9 février 1722 Claire *Dupin*, fille de Philippe, sgr de Cœurs, dont : 1ᵒ Philippe, suit ; 2ᵒ Mⁱᵉ-Anne, célib. 1771.

IV. PHILIPPE AUPÉPIN DE DREUZY, écr, sgr de la Motte de Dreuzy, capit. régᵗ de la marine 1751, chlr

---

de Sᵗ-Louis, hérite de s. oncle Louis 1738, mᵗ av.1764, épⁿ 1751 Mⁱᵉ-Anne *Bernot*, fille de Jⁿ-Frˢ, sʳ de Charant, subdélégué de La Charité, dont : 1ᵒ Georges-Frˢ, suit ; 2ᵒ Philippe-Jacques-Frˢ, eut de Anne Petit de Vaujetin : Anne-Gabrielle épⁿ av.1810 Alexandre-Pierre *Marion* du Rosay ; 3ᵒ Anne-Madel. épⁿ 1779 Jacques-Cl. *Sallonnier* de Chaligny, offʳ du génie ; 4ᵒ Elisabeth, épⁿ av.1797 Frˢ D'ESTUT de Blannay, ci-dessus.

V. GEORGES-FRANÇOIS, chlr, sgr de la Motte de Dreuzy, offʳ régᵗ de Limousin 1782, épⁿ 1ᵒ Gabrielle Lelong de la Monnoie, dont un fils mᵗ jeune, 2ᵒ 28 mai 1797 Louise-Germaine DE LA FERTÉ-MEUNG, fille d'Annet, sgr de Challement, dont : 1ᵒ Edme-Phil.-Frˢ, ppʳᵉ de Challement, capit. cav, épⁿ 1830 Fᵉᵒ Dutour de Salvert, dont : Arthur et Rolland ; 2ᵒ Auguste, mᵗ célib. ; 3ᵒ Elise, fme d'Henri bᵒⁿ d'Erhenfeld ; 4ᵒ Louise, épⁿ 1828 Paul *de Champs* ; 5ᵒ Juliette, fme d'Hipp. Fournier cⁿ d'Arthel.

Armes : D'azur, au sautoir d'or cantonné de quatre croisettes d'argent.

Sources : Arch. Nièv. E. et B. châtⁱᵉ Monceaux-le-Cⁱᵉ. — Min. notaires Moul.-Engilbert et Montreuillon. — Arch. chât. de la Baratte. — Reg. parois. de Corbigny, Ruages, Pazy, Héry, Dompierre-s.-H., Laché, Nevers, Lormes, La Charité.

Existants.

(2) DE BOISSELET. — *D'Auxerrois.* — Sgrs de la Cour-les-Mailly XIVᵉ s. Jean DE BOISSELET, écr, sgr de la Cour-d'Arcy et Mailly en pⁱᵉ 1491, eut de Perrette de Lenferna : 1ᵒ Guy, suit ; 2ᵒ Antoine, écr,

---

(*) Ces PERREAU sont différents de ceux d'Agriez, Asnois, etc. Etienne Perreau est marchᵈ à Corbigny mil. XVᵉ s. ; Jean, y fut l'instigateur de la Réforme. Paul, notaire 1582 ; Guillᵉ, bourgᵗ, 1586 ; Philibert, 1614. Louis Perreau, fermier sgrie Prémery, épⁿ av.1657 Jeanne de Pagany, dont : *a*, Guillᵉ, médecin, épⁿ 1693 Jeanne *de Lespinasse* ; *b*, Jeanne, épⁿ 1669 Léonard Aupépin, mᵈ à Dreuzy ; *c*, Marie, fme de Laurent *d'Esmé*, écr, sgr de Chanteloup. — En 1686 Jean Perreau est notⁱᵉ et procʳ fiscal de Marcilly-s-Yonne et mari de Pierrette Delagrange, de Lormes où on les trouve durant tout le XVIIIᵉ s. — Min. notⁱᵉˢ Corbigny et Montreuillon. — Reg. parois. Corbigny, Pazy, La Charité, Lormes.

Rouge (c^{ne} Vielmannay), capit.-exempt de la garde écossaise du roi 1589, gouv^r de Cosne, exempté du ban Niv. pour service 1597, sert encore 1601, transige 1595 pour héritage de 1re fme qui lui donna Tracy en maage ; ép^n 1° 18 oct. 1586 Fr^{se} DE BAR, dame de Tracy, m^{te} sans posté. 1593, fille de Fr^s, sgr de Buranlure, 2° 28 sept. 1593 Marie *de Buffevent* fille de Louis, sgr de la Celle-s-Loire, dont : 1° Fr^s, suit ; 2° René, écr, sgr de St-Père p^{ie} et Rosiers 1623, m^t au service 1630 sans posté., ép^a 1629 Madeleine DE REUGNY, fille de Fr^s, sgr de Favray ; 3° Louis, chlr de Malte 1625, sgr de St-Père p^{ie} et Rosiers hérités de René, m^t 1668 ; 4° Jean, auteur de la br. de Chassy, suivra.

IV. — FRANÇOIS D'ESTUT, chlr, sgr de Tracy 1642 et de Maltaverne (c^{ne} Tracy) qu'il donne à Jean 1662, puis de Paray-le-Fraisil (Bourb^{nais}) 1646, sert 1627, capit. de chevau-légers 1643, m^t av.1670, ép^n 1° 4 juin 1623 Gabrielle DE REUGNY, fille de Jean, sgr du Tremblay et de Charlotte de Regnier-Guerchy, 2° 26 juil.1640 Esmée DE LA PLATIÈRE, dame de Paray, fille de Guill^e, sgr de Chevroux ; eut du 1er lit : 1° Jean, écr, sgr de Tracy et Maltaverne dont hérita son oncle G. de Reugny, *maintenu* par intend^t d'Orléans 16 avril 1667, m^t sans posté.1670, ép^n 1662 Marie DE REUGNY, fille de Jean, sgr de Vilatte ; et du 2e lit : 2° Fr^s, suit ; 3° Marie, 1641-46.

V. — FRANÇOIS D'ESTUT, chlr, dit : c^{te} de Tracy, sgr dud. l., Favray (c^{ne} St-Martin-Tronsec) 1678, Paray-le-Fraisil, reçoit à nouveau Maltaverne 1676, officier cav^{ie} 1675, brigadier des gardes-du-corps, maréchal de camp 1693, chlr St-Louis 1694, *maintenu* par intend^t Moulins 26 juin 1667, transige avec héritiers de Reugny 1670, cède à ses cousins d'Estut de Chassy et d'Insèche sa part de St-Père et Rosiers 1672, m^t 1710, ép^n 1^u 15 juin 1676 Madeleine DE REUGNY, sœur de sa belle-sœur, m^{ie} 1683, 2° 11 août 1686 Cath.-Charlotte *de la Magdelaine* de Ragny, fille de Cl. c^{te} de Ragny, eut du 1er lit : 1° Madeleine, dame de Maltaverne, ép^n v.1701 Guy *Creuzet* de Richerand, maréchal de camp ; et du 2e : 2° Antoine-J., suit ; 3°, 4° Louise-M^{ie} et M.-Anne, visitandines à Moulins et Bon-Lancy.

VI. — ANTOINE-JOSEPH D'ESTUT, c^{te} de Tracy, sgr du lieu, de Paray et des Nouettes (Berry) héritées de son neveu Creuzet, reçu à Malte 1698, page 1711, capit. cav^{ie} 1714-40, chlr St-Louis 1741, m^t 1776 ; ép^n 31 oct.1719 Charl.-B.-Victoire *Marion* de Druy, fille d'Eustache-L^s, major général, dont : 1° Bernard, relig. théatin, m^t 1786 ; 2° Claude-L.-Ch., suit.

VII. — CLAUDE-LOUIS-CHARLES D'ESTUT, sgr de Tracy, Maltaverne, Fontenille (c^{ne} Tracy),

sgr de Boistaché (chât^{ie} Donzy), transige 1538 pour droits de sa fme Marg^{te} d'Assigny sur St-Père p^{ie}, père de : a, Gabriel, écr, sgr de Boistaché, épousa 1561 Barbe de Harlu, dont Jeanne, porta Boistaché 1604 à César de Vathaire, écr, sgr de Champcorneille ; b, Renée, m^{ie} à St-Père 1606, ép^n 1552 Fr^s D'ESTUT, chlr, sgr de St-Père, ci-dessus ; 3° Gabrielle, ép^n 1524 Pierre DES ULMES, écr, sgr de Trougny.

I. GUY DE BOISSELET, écr, sgr de la Cour-les-Mailly, Thury en Niv (chât^{ie} St-Sauveur) 1525-54, ép^n 1e av.1525 Edmée DE LA RIVIÈRE, fille de Jean, sgr de Bèze, 2e av.1529 Louise de Villiers, dont : 1° Jean, suit ; 2° Edmé, écr, sgr de Thury p^{ie} 1581, maintenu 1586, eut de Cécile de la Chapelle : Esmée, ép^n 1601 Jacques DE LA BUSSIÈRE, écr, sgr de Guerchy ; 3° Anne, ép^n 1576 Antoine DE VEILHAN de Digongne ; 4° Fr^s, fme de Cl. *de Lanty*, écr ; 5° Jeanne, ép^n av.1581 Louis de la Bussière (Berry).

II. JEAN, écr, sgr de la Cour 1582, capit. d'arquebusiers à cheval, s'établit en Berry, ép^n 1e Jeanne DE LORON, 2e 18 nov.1592 Jeanne D'ESTUT, fille de Charles, sgr d'Assay, eut du 1er lit : Jean, sgr de la

Cour, et probabl^t Claude, père de : Esmée, fme av.1641 de Jacques *Hodeneau*, écr, sgr de Breugnon ; et Octavien DE BOISSELET, écr, sgr de Bèze (Auxer^s) 1631-66, père de Fr^s, mari de Jeanne *Chevalier*, 1666 ; Jean, eut du 2e lit (d'Estut) :

III. FRANÇOIS, écr, sgr de Harlu et la Boulaye (Berry) 1652, *maintenu* 14 fév.1667, ép^n 2 fév.1644 Gabrielle DE LA RIVIÈRE, fille d'Adrien, sgr de la Garde, dont : Jean, chlr, sgr de la Boulaye 1695, ép^n 1689 M^{le} Nizon, fille de Thibaut, bailli de Cosne, dont : 1° Edme, chlr, sgr de la B. 1722-62, père de Marie, fme 1760 de Pierre DE CHASSY, b^{on} de Dois ; 2° Fr^s, écr, sgr de Harlu 1726, eut de Madel. Sabathier : Edmée, ép^n 1762 Michel DE LA BARRE des Troches, sgr de Vilatte.

Armes : De gueules, à trois merlettes d'or, 2 et 1. (La Thaumassière.)

Sources : Inv. de Marolles. — C^{es} Titres : dossier bleu 108, et P^{ite}-Écurie. — La Thaumassière, 1139 — Arch. chât. Lépeau et Guerchy. — D. Caffiaux, 1234. — Arch. Cher, B. — Reg. parois. Cosne, Billy-s.-Oisy, Surgy, Perroy, Léré.

Éteints.

Lépineau (c^{ne} St-Martin-Tronsec) et Paray, maréchal de camp 1762 (voir hom. célèbres) se fixa ainsi que sa posté. à Paray-le-Fraisil, ép^n 1753 Mlle-Emilie de Verzure (Paris) qui est à l'ass. noblesse Nev. 1789, et dont il eut : Antoine-Claude-L^s, philosophe, père d'Augustine, dame de Tracy, fme d'Emmanuel c^{te} de Laubespin. et Alexandre, dit m^{is} de Tracy, ministre de la marine 1848, gr^d-père mat. de Jacques-V.-Fl. Henrion de Staal de Magnoncour, pp^{re} actuel de Tracy.

IV. — JEAN D'ESTUT (4e fils de Fr^s, sgr de Tracy et de M. de Buffevent), écr, sgr de Chassy-Carroble (c^{ne} Vignol), Lallemande (id.) et les Juisards (chât^{le} Monceaux), sert en Languedoc 1627, au ban Niv. 1635, transige avec belle-sœur Madel. de R. 1630 et avec frères 1645, maintenu par élus de Vézelay 1634, m^t 1647, ép^n 1° 28 oct. 1629 Gilberte de Carroble, fille de Guy, sgr de Chassy, 2° av. 1646 Marie Rafignat (Saulieu), eut du 1er lit : 1° Fr^s, écr, sgr de Chassy 1668, abandonne 1672 avec frères, au sgr d'Insèche, ses droits sur St-Père et Rosiers, m^t célib. apr. 1678 ; 2° Guy, suit ; 3° Edme, écr, sgr de Prémaison (c^{ne} Vignol) 1669 dont il donne partie à Fr^{se} d'Esmé 1674, ép^n av.1666 Marie d'Esmé, fille de Charles, sgr de Chanteloup, dont : Charles et Fr^{se}, m^{ls} jeunes ; 4° Gilberte ; 5° Edmée-Fr^{se} ép^n 1662 Philibert de Sauvage, écr, sgr de Mont-baron ; et du 2e lit : 6° Fr^{se}, fme de Philippe de Villiers, puis de A. Gresle, artisan.

V. — GUY D'ESTUT (*), écr, sgr de Chassy, Lallemande et Talon en p^{ie} (c^{on} Tannay), f. hmage 1650 p. Chassy avec ses deux frères et reste indivis avec eux, font arpenter bois de Chassy 1668, plaident 1669 pour succ^{ion} d'oncle Louis, maintenu avec eux par intend^t Moulins 1er mars 1668, vendent 1672 à Jacq. sgr d'Insèche leurs droits sur St-Père et Rosiers ; Chassy est décrété sur eux 1678, m^t av. 1696 ; ép^n 1° 29 janvier 1663 Fr^{se} de Bonin, fille de Balthazar, sgr de Talon, 2° av. 1683 Fr^{se} DE GIRARD, fille de Fr^s, sgr d'Azy ; eut du 1er lit : 1° Balthazar-Fr^s, chlr, sgr de Talon, commande ban Niv. 1696, lieut.-colonel cav. 1720, acte à Talon 1697-1702, m^t sans posté. 1723, ép^n 28 janv. 1696 Jeanne Semelé, fille d'Elie ; 2° Philibert, m^t jeune ; 3° Fr^n, suit ; 4° Laurence, reçue à St-Cyr 1688, m^{le} 1710 ; et du 2e : 5° Henri, chlr, sgr de Talon p^{ie}, de Villiers-le-Sec (c^{on} Varzy) qu'il achète 1713, de Chaumont (c^{ne} Courcelles), de la Garenne (c^{ne} d'Ouagne) plaide pour hérit. de frère 1725, acte 1749, ép^n 23 mai 1712 Marie Monnot (**), dont Marie-Anne, m^{le} jeune.

VI. — FRANÇOIS D'ESTUT, écr, sgr de Talon et Orbec (c^{ne} Nolay), lieut. à l'artillerie 1696-99, hérita de Balthazar, plaide 1725, m^t 1749, tuteur de sa petite-fille ; ép^n 1° 4 août 1699, Madeleine de Druy, fille d'Antoine, sgr des Pierroux et de Madel. du Verne, 2° 1728 Marie DU VERNE, fille de Léonard, sgr de la Varenne, eut du 1er lit : Barthélemy, suit.

VII. — BARTHÉLEMY D'ESTUT, chlr, sgr de Talon en p^{ie}, Orbec, les Pierroux (c^{ne} Nolay) 1741 où il habite et meurt 1748, hérita de sa tante A. de Druy 1725, plaide 1741, ép^n 3 juin 1747 Marie DE LA BUSSIÈRE, fille de Guy-Michel, sgr de la Bruère, dont une fille unique : Marie-Madeleine, ép^n 1767 Joseph-L^s m^{is} de St-Phalie, sgr de Beaulieu.

III. — ETIENNE D'ESTUT (3e fils de Fr^s et de R. de Boisselet), écr, sgr d'Insèche (c^{ne} d'Alli-

---

(*) Cette branche écrivait ordin^t son nom : D'ESTUD.

(**) MONNOT. — Du Donziois. — LOUIS MONNOT, est commiss^{re} des guerres 1530 et sgr de la Forêt-de-Lorme (c^{ne} Suilly-la-Tour) et Chailloy (id.) ; Marc, est élu de Nivern. et trésorier du duc 1562-73 ; Cyprien habite Donzy 1596. — André MONNOT, présid^t élection Gien, commiss^{re} des guerres, secrétaire du roi, sgr de Chailloy et de la Forêt dont hmages 1594 et 98, eut d'Antoinette Couraut : Anne, qui ép^a 1622 René de Thibault, écr, sgr de Garchy, et probabl^t André, qui d'Elisabeth Duchon, eut : a, Antoinette, qui ép^a 1645 Fr^s de Chabannes, chlr, sgr de Vergers ; b, Louis, suit ; c, Fr^s, chlr, sgr de Mannay, marié av. 1665 à Claude Hotman, dont : Fr^s, Louis, et Marie, ép^a 1° 1712 Henri D'ESTUT, chlr, sgr de Talon, ci-dessus, 2° 1751 J^n-Claude DU VERNE, écr, sgr de la Varenne. — LOUIS, écr, sgr de la Forêt et Chailloy 1656, ép^a av. 1661 Mlle-Anne de Laduz, dont : Joachim, Louis et Barthélemy, écr, sgr de la Forêt, ép^a 1700 Henriette de Lannel, père d'Elisabeth, fme de Jean Boulai 1740.

Armes : D'azur, au chevron d'or, accompagné en chef de deux étoiles d'argent, et en pointe d'un croissant de même.
Sources : Inv. de Marolles. — Arch. chât. des Granges. — Reg. parois. de Donzy, Suilly-la-Tour, Garchy, Varzy.

Éteints.

gny-Cosne), St-Père en p^{ie} 1620, Vailly (c^{ne} Alligny), Parigny (*id.*), Montgogé (*id.*), Ferrières (c^{ne} Ste-Colombe) et Varenne (c^{ne} St-Amand), f. hmage p. Ferrières 1627, maintenu él^{ion} Gien 1634, donne à ses fils 1644 ; ép^n 27 fév. 1599 Madeleine *de Buffevent* (3), dame d'Insèche p^{ie}, Vailly, fille de Louis et de Marg. de Viault, dont : 1° Jacques, suit ; 2° Charles, chanoine, vicaire-gén^{al} de Bourges 1642 ; 3° Fr^s, écr, lieut. de chevau-légers, sgr de Vailly 1639, partage avec· frères 1637, m^t sans posté. av. 1644, ép^n 3 août 1642 Anne DE LA FERTÉ-MEUNG, fille de Fr^s, sgr de Lainsecq ; 4° Gabrielle, ép^a av. 1642 Ant. Le Breton, sgr de Bacouët (Berry) ; 5° Marie, ursuline à Corbigny.

IV. — JACQUES D'ESTUT, chlr, sgr d'Insèche, St-Père, Rosiers, Vailly, Ferrières, St-Martin, et du Berceau, Beaurin et les Bouleaux (Auxer^s), capit. rég^t de Langeron 1653, *maintenu* avec cousins de Chassy 1er mars 1668, partage biens mat. 1637, reçoit de père 1644 St-Père p^{ie}, partage ses fils 1664, achète le reste de St-Père et Rosiers 1672, vit au chât. St-Père 1677 ; ép^a 12 février 1634 Edmée de Racault (*), fille de Roch, sgr de Reuilly, dont : 1° Charles, écr, sgr d'Insèche, St-Père, Rosiers, St-Martin, Vailly, Parigny et Nailly (Auxer^s), sert aux bans Niv. 1674 et 89, achète Alligny en p^{ie} (c^{on} Cosne), refait terrier d'Insèche et dép. 1673, m^t 1705 sans posté. léguant ses biens à ses neveux d'Estut, de la Platière, de Neuchèze et de Foucault, ép^a av. 1672 Anne *Foucault* (**), fille de Fr^s, cons^{er} prés^{al} Bourges ; 2° Roch, suit ; 3° Jacques, chanoine de Bourges, m^t 1684 ; 5° M^{ie}-Anne, dame de Rosiers, ép^a 1° Henri de Boyaux, écr, sgr de

(3) DE BUFFEVENT. — Sont *en Berry* au XVIe s. (***). — MICHEL DE BUFFEVENT, écr, sgr de la Grange-Chaumont (Berry), puis de Villiers-Vineux et Percey (Tonnerrois) venant de Fr^{se} Léger, sa fme av. 1546, eut pour fils : 1° Louis, suit ; 2° Jacques, écr, sgr de Villiers et Percey, gentilh^e ch^{re} du roi 1600, m^t av. 1626 sans posté.

I. LOUIS DE BUFFEVENT, chlr, sgr la Grange-Ch. et La Celle-sur-Loire (c^{on} Cosne) acheté av. 1587 de la veuve de Bèze, gouv^r d'Auxerre 1573, gentilh^e ch^{re} du roi 1585, chlr de l'ordre, partage avec Jacques 1585, m^t 1588, épousa 7 fév. 1570 Marg^{to} de Viault, fille de Louis, sgr de Champlivault, dont : 1° René, écr, sgr de La Celle, dont aveu 1608, capit. d'Auxerre, célib. ; 2° Gaspard, 1591, m^t célib. av. 1626 ; 3° Louis, suit ; 4° Marie, ép^a 1593 Fr^s D'ESTUT, sgr de Tracy, ci-dessus ; 5° Madeleine, ép^n 1599 Étienne D'ESTUT, écr, sgr d'Insèche ; 6° Fr^{se}, religi. 1611.

II. LOUIS, chlr, sgr de La Celle-s.-Loire, la Grange-Chaumont, Percey, hérités de René et de Jacques, partage avec fr. et sœurs 1607, acte à La Celle jusqu'à 1647, m^t av. 1652, ép^n 16 janv. 1628 M^{le}-Anne Bretagne,

fille de Claude, sgr de Nan-sous-Thil, dont : 1° Esme, vit à La Celle 1642-52, célib.; 2° René, chlr, sgr de la Grange-Ch., dont hmage avec mère et frère 1672, lieut. aux gardes 1664, *maintenu* 1667, m^t célib.; 3° Ch.-Antoine, suit ; 4° Louis, écr, sgr de Percey, m^t av. 1672, 4° Louise, ép^n 1660 Phil. des Roches-Herpin; 5° Claude, religieuse ; 6° Anne-Marg^{te}, fme de Cl. DE GRIVEL, chlr, sgr de Grossouvre.

III. CHARLES-ANTOINE, écr, sgr de La Celle-s.-Loire et Percey 1662, ép^a 5 déc. 1680 Fr^{se} *de Beaujeu*, fille. d'Edme, sgr de Jaulges, dont : 1° René, reçu à Petite-Écurie 1701, sgr de Percey et de Cervon (c^{on} Corbigny) 1723 par sa fme Marie-Fr^{se} *de Mesgrigny*, fille de Jacques-Louis, c^{te} d'Aunay ; 2° Antoine, reçu à Malte 1705.

Armes : De gueules, à trois lances d'or mises en triangle, brisées dans trois anneaux d'argent.

Sources : Preuves de Malte, Arsenal. — C^{el} des Titres, dossier bleu 144. — *Inv.* de Marolles. — Arch. Nièv. E et B. — Arch. chât. de Beauvais. — La Thaumassière, 1139. — Reg. parois. de Pouilly, Cosne, La Charité, Cervon.

Éteints.

(*) LES DE RACAULT, écrs, sont sgrs de St-Aubin et Reuilly (Gâtinois) au XVIe s.. Roch, sgr du Berceau, marié en 1605 à Anne *Regnier* de Guerchy, est le père de Georges, maintenu 1667, et d'Edmée ci-dessus. Joseph de Racault ép^a Edmée *de Laduz* 1705.

(**) FOUCAULT. — *Du Berry.* — JEAN FOUCAULT prend à bail 1522 terres à Dompierre-s -Nièvre. Etienne avait biens' à St-Père (c^{on} Cosne) 1554. — Jean FOUCAULT, prèsid^t prèsn^l de Bourges 1585, eut de Marie de Sauzay : Charles, sgr de Rosay, cons^{er} Bourges, mari de Cl. Fradet, et Anne, ép^a avant 1676 Charles D'ESTUT, écr, sgr d'Insèche, ci-dessus. Charles, eut : Fr^s DE FOUCAULT, écr, sgr du Coupoy (Berry), capit. rég^t de Condé, ép^a 1704 Lucie D'ESTUT, nièce de Charles d'E., laq. lui porta Insèche (c^{ne} Alligny en p^{ie}, c^{on} Cosne) où il acte 1706-21, et qui passèrent à leur fils Charles de F. b^{on} d'Alligny 1748-65, puis à leur neveu Fr^s DE FOUCAULT, m^{is} de Jarzé, brigadier des armées 1786. — *Armes :* D'azur, à la fasce d'or accompagnée de trois étoiles de même, 2 et 1, à un croissant d'argent en pointe. — *Sources :* Arch. du Cher E, et de la Niév. B. — La Thaumassière. — Reg. parois. de Suilly-la-Tour, St-Père, Alligny et Pouilly.

Éteints.

(***) D'autres homonymes, que rien ne rattache à ceux-ci, se trouvent en Auvergne et Bourbonnais depuis 1310. Les BUFFEVANT de Berry venaient peut-être de Champagne, où on en rencontre au XVe s. — Nous n'avons pu rattacher Renaut DE BUFFEVENT, prieur-curé de Tracy-s.-L. et religieux à St-Martin Nev. 1546, où il est nommé abbé 1564, mais non confirmé.

Torcy, 2° 1657 Gilbert DE LA PLATIÈRE, écr, sgr de Montifaut ; 6° Marg^te, dame de St-Père que ses enf^ts vendent 1712 à Louis Rameau (*), ép^a 1677 Pierre *de Neuchèze* (4), chlr, sgr du Plessis.

V. — ROCH D'ESTUT, chlr, sgr du Berceau et Beaurin, hérita de son fr. Jacques 1684 et eut Bacouët (Berry) 1686 de sa tante Gabr., m^t 1696, ép^n 13 nov. 1672 M^ie-Antoinette de Bretagne (Tonnerrois), fille de Jacques, sgr de la Villeneuve, dont : 1° Jacques, chlr, sgr de Nailly reçu de Charles 1705, partage avec sœurs succ^ion pat. 1703, ép^a 1707 Edmée de Gauville (Yonne) dont une fille ép^a 1739 Henri *de Beaujeu*-Jaulges ; 2° Lucie, dame d'Alligny p^ie et Insèche hérit. de Charles, qu'elle porta 1705 à Fr^s *de Foucault*, chlr, sgr du Coupoy ; 3° Anne, ép^a 1° 1709 Edme-Philippe *de Grandrye*, chlr, sgr de Chauvance, 2° 1730 Sébastien-Pierre *Bernot*, sgr de Passy.

Armes : Ecartelé : aux 1 et 4, d'or à trois pals de sable ; et aux 2 et 3, d'or au cœur de gueules.

Sources : Inv. de Marolles. — Arch. Nièv. E et B. — Arch. chât. St-Père, Mouchy, Sichamps, Beauvais. — Cab^et Titres : Carrés de d'Hozier, 242 et 481 ; Dossier bleu ; Preuves St-Cyr, 295 et 297 ; Nobili. Moulins, 451. — D. Caffiaux, 1234. — Preuves de Malte, Arsenal. — Mss. chan. Hubert. — *Inv.* Peincedé, XIII. — Mercure de France, 1753. — Courcelles, Pairs, VI. — *Généal^ie de Stutt*, m^is de la Guère, 1885. — Reg. parois. Cosne, St-Père, Tracy, Alligny, Pougny, Dompierre-s.-Héry, Vignol, Grenois, Cuncy-l.-Varzy, Monceaux, Clamecy, Nolay, Jailly, St-Saulge.

Sortis du Nivernois.

(4) DE NEUCHÈZE. — Origin. *du Poitou* XIVe s. ; puis en Bourb^nais au XVIe. — Ont donné un grand-prieur d'Aquitaine 1559, des chambellans des Valois, un vice-amiral sous Louis XIV.

I. ANTOINE DE NEUCHÈZE, écr, sgr du Plessis et St-Léopardin (Bourb^ais) puis de Parêle (c^ne Nolay), chevau-léger 1636, ép^a 13 juil. 1620 Radegonde *de Bongards*, fille de Georges, sgr de Courtois et Parêle, dont : 1° Charles, suit ; 2° Marie, dame de Parêle, fme d'Étienne *Carpentier*, écr, sgr de Machy.

II. CHARLES, chlr, sgr du Plessis, possessionné par^se Nolay 1656, y plaide 1663, sert au ban 1674, *maintenu* par int^t Moulins 24 déc. 1667, ép^a 26 janv. 1656 Fl^se DES ULMES, fille de Gilbert, sgr de Trougny, dont :

III. PIERRE, chlr, sgr de Sauvages (c^ne Beaumont), la Forêt (c^ne St-Aubin) et Guichy (c^ne Nannay) par sa 2e fme, cornette de chevau-légers 1676, maintenu 1699, ép^a 1° 1er mars 1677 Marie D'ESTUT, fille de Jacques, sgr d'Insèche, ci-dessus, 2° 12 avril 1695 M^ie-Anne DE MOROGUES, fille d'Henri, sgr de Sauvages, etc., et veuve de Fr^s de Roffignac dont la fille, Suzanne de R., eut Sauvages, etc.; il eut du 2e lit :

IV. CLAUDE ép^a 1729 Marg^to de la Trollière (Bourb^ais) dont entre autres :

V. JEAN-BAPTISTE, c^te de Neuchèze, sgr de Sauvages, la Forêt et Guichy, qu'il vendit 1787 et dont il hérita 1767 de Suzanne de R. sœur utérine de son père, ép^a 1762 Elisabeth Deschamps de Pravier à assembl noblesse Nev. 1789 dame de Planchevienne (c^ne Magny) dont :

VI. MICHEL-CLAUDE, sgr de St-Georges (c^ne Corvol-Org.), la Grange-de-Cosay (*id.*) et Tronsec (c^ne Courcelles), officier 1790, chlr St-Louis, fit preuves de cour, ép^a 1784 Anne Petit de St-Georges, fille d'André, secrétaire du roi, sgr de St-Georges, etc., dont :

VII. MICHEL-AUGUSTE, pp^re de St-Georges et Tronsec, puis de Sozay (c^ne Corvol) acheté 1832, colonel d'inf. 1823, ép^a 1825 Anne-J. Le Lièvre de la Grange, dont : Anne-M^ie ép^a 1849 le v^te de Lambel.

Armes : De gueules, à neuf molettes d'éperon d'or, 3, 3, 3. (Preuv. Malte, Arsenal.)

Sources : Courcelles, *Diction. univ.* II. — Arch. chât. de Mouchy. — Min. notr^es Nev. — La Thaumassière, 610. — Reg. parois. Nolay, St-Benin-Bois, Beaumont-la-Fer. — Alligny.

DE LA FERTÉ-MEUNG

ORIGINAIRES de l'Orléanois.

Sires de la Ferté-Nabert (Sologne) au XII⁰ s. ; chlrs, formèrent la br. des sgrs du Breuil (Sologne) au XIII⁰ s. puis d'Alosse (cⁿᵉ de Marcilly-en-Vilette) au XIVᵉ ; furent à Bouvines et à Crécy.

PIERRE DE LA FERTÉ, chlr, sgr du Breuil et d'Alosse, servant contre les Anglais 1357-64, f. hmage au cᵗᵉ Nevers 1407 pour sa forteresse de l'étang d'Entrains et terres voisines, à cause d'Anne de Mornay, sa fme. Il eut pour petits-fils : Pierre, forma la br. d'Huisseau, alliée aux Coligny, L'Hôpital-Vitry, etc.; et Jean, chlr, sgr d'Alosse, eut de Pantaléonne des Vignes, entre autres :

I. — JEAN DE LA FERTÉ-MEUNG (*), chlr, sgr d'Alosse 1478, la Ferté-Aurain (près Meung-s.-Loire) reçu de Jean de Meung (**), à son cᵗ mariage 30 août 1480 avec Anne DE LA RIVIÈRE, fille de Jean, sgr de Champlemy et de Margᵗᵉ de Damas, ainsi que les sgries nivernaises de Boisjardin (cⁿᵉ Ciez), Villegeneray (id.), Vauvrille (cⁿᵉ Bouhy), Palus (cⁿᵉ Donzy), Miniers (cⁿᵉ Entrains), Montlinard (id.), 1/4 dîme d'Entrains, Sainpuits, d'autres terres en Donziois et Dois en Berry, donnés en même temps par Jacquette Garreau (***), fme dud. Jean de Meung, parents, celui-ci du futur et celle-là de la future, sert 1477, partage avec frères biens mat. 1485, transige avec son frère Hubert, chlr de Rhodes, pour biens en Donziois 1500, baille pr. Villiers-le-Sec 1524, mᵗ av. 1528 ; eut : 1º René, suit ; 2º Frˢ, sgr de Lainsecq, suivra ; 3º Barthélemy, sgr de Challement, suivra.

II. — RENÉ DE LA FERTÉ-MEUNG, écr, sgr de Dois, Boisjardin, Miniers, Montlinard, Vauvrille, les Minerottes (cⁿᵉ Sainpuits), les Bordes (id.), Fontaine (id.), Saintpuis, par partage de père et mère 1528, et de Saints-en-Puisaye, le Meez (cⁿᵉ Sainpuits), Fontenoy (Auxerrˢ) et

(*) Le nom devint : DE MEUNG DE LA FERTÉ, par suite du contrat maage 1480 de Jean de la Ferté, stipulant que son parent et père adoptif, Jean de Meung, lui donne ses biens à condition d'ajouter les nom et armes de Meung. Toutefois cette clause ne fut pas immédiatement observée dans la br. cadette; Frˢ, sgr de Lainsecq, signe en 1534 des quittances de guerre « F. de la Ferté » avec sceau, au sautoir, non écartelé de Meung. — La forme « de Meung dit de la Ferté » persista jusqu'au commᵗ du XVIII⁰ s. Depuis, ce fut : de la Ferté-Meung. — Les la Ferté-Senecterre étaient d'Auvergne. Les de Mun actuels sont de Bigorre.

(**) DE MEUNG. — D'Orléanois. — Connus depuis le XI⁰ s. ; chlrs, sgrs de Meung-s.-Loire, puis de la Ferté-Aurain au XII⁰ ; furent aux croisades; bannerets 1212. Jean DE MEUNG vint à la cour de Philippe-le-bel; boiteux, il cultiva les lettres et fit le célèbre *roman de la Rose*; mᵗ à Paris, v. 1315. — Jean DE MEUNG, chlr, sgr de la Ferté-Aurain 1372, épousa la veuve de Pierre DE LA FERTÉ, sgr d'Alosse, Anne de Mornay, qui eut des enfants des deux lits, et avait des biens en Nivernois ; leur petit-fils, Jean DE MEUNG, épⁿ 1442 Jacquette Garreau, sa parente, fille de Guillᵉ (voir ci-après), dame de Boisjardin (cⁿᵉ Ciez), Miniers (cⁿᵉ Entrains), etc., à cause desquels ce Jean reçoit hmage 1461, mᵗ dernier du nom av. 1482, il eut de Louis XI, étant vieux et sans enfants, des lettres d'adoption pour Jean de la Ferté, ci-dessus, son cousin élevé par lui, et qu'il maria 1480 à Anne DE LA RIVIÈRE, parente de sa femme. — *Armes* : Écartelé d'argent et de gueules. —— *Sources* : D. Villevieille, 58. — Mss. du chan. Hubert, à Orléans. — D. Caffiaux, 1234.

Éteints.

(***) Ces possessions nivernaises provenaient à Jacquette *Garreau*, des DE MORNAY, du Berry, connus par dons à abb. Fontmorigny, XII⁰ s. En 1286 Pierre DE MORNAY, archidiacre de Sologne, fait hmage à Nevers pour sgries près Cosne-s.-Loire qui passèrent : partie à Agnès de Mornay, fme de Pierre DES BARRES, chlr, sgr de La Guerche, à Pierre de M., chlr, sgr de Chaumasson et Vauvrille (cⁿᵉ Bouhy), qui f. hmage 1354 pour Dompierre-s.-Nièvre, et à Guillᵉ de M., écr, sgr de Boisjardin, mari de Margᵗᵉ de Champlemy, dont une fille, Jeanne DE MORNAY, porta Boisjardin à Guillᵉ Garreau, écr, sgr de Châteauvieux (Blaisois), qui en f. hmage 1407, et l'autre fille Anne de M. épˢ Pierre DE LA FERTÉ, ci-dessus, sgr du Breuil et d'Alosse, et elle répᵃ en 2ᵉˢ Jean DE MEUNG, ayeul du donateur de 1480. Les Mornay avaient encore en 1456 des biens entre Entrains et Sainpuits, et intentèrent procès en 1490, à Jean de la Ferté, pour la succession collat. de Jacquette Garreau. (*Inv.* de Marolles. — D. Caffiaux, 1234.)

Escuilly (*id.*), par partage avec frères 1532 et provenant de leur oncle Frs de la Rivière ; gentilhe de la ctesse Nev., f. hmage p. Miniers, etc. 1533, partage ses enfants 1531, mt 1536, eut d'Anne DE TROUSSEBOIS, de Villegenon (Berry), qui testa 1548 : 1º Charles, suit ; 2º Jean, écr, sgr de Boisjardin en pie, Miniers, Vauvrille, les Bordes, Minerottes, Saints-en-Puisaye, Montlinard, Fontaine, le Meez, mineur 1532, partage avec Charles et sœurs 1552, sert 1559, mt av. 1575, père de : *a*, Marie, héritière de 1/3 de son père 1581, épousa *1º* av. 1584 Sulpice *du Port* (*). écr, sgr de Villiers-le-Sec, *2º* v. 1600, Frs de Bozini, écr, sgr du Parc ; *b*, Claude, fme de Jean *de Chevigny*, écr, sgr de la Forêt ; *c*, Jacques, chlr, sgr d'*id*. et d'Escolives et Bellombre (Auxers), chlr de l'ordre, lieut. de 50 hres d'armes, prit Coulanges-la-Vineuse, f. hmage p. fiefs du Donziois 1584, ainsi que sa veuve 1598, acte à Boisjardin 1587, mt av. 1590, épa av. 1575 Marie David (Auxers), dont : *a'*, Louis, sgr de Boisjardin, 1598-1603 ; *b'*, Jacques, chlr, sgr de Boisjardin, Bellombre, etc. 1623, chambellan du prince de Condé, ép v. 1615 Jeanne de Neufchâtel, fille de Jean, sgr de Cernay, dont : Charles, sgr d'*id*., lieut. au gouvt de Turin 1641, sans posté. ; *c'*, Madeleine, dame de St-Cyr-les-Entrains et Miniers pie, épn 1611 Marc DE LA BUSSIÈRE, chlr, sgr de Guédelon ; *d'*, Jeanne, dame de Boisjardin, Miniers pie, les Bordes, la Roussille (cne Entrains), Escolives 1621-42, épa *1º* René de Biencourt, *2º* Jean de Guenan ; 3º Renée, épn 1556 Jean de Barbançon (Orléans), chlr, sgr de Chanlevoy ; 4º Frse, veuve 1556 de Jacques de Barbançon, sgr de St-Martin, gouvernante des dnlles de la reine 1581.

III. — CHARLES DE LA FERTÉ-MEUNG, chlr, sgr de Dois, Boisjardin en pie, St-Germain-d.-Bois (con Tannay), Saligny (cne Amazy), Bidon (*id.*), capit. de chevau-légers, chlr de l'ordre 1572, gouvr de La Charité 1572 et de Donzy 1574, contribua à prises de Sancerre et de La Charité, qu'il défend 1575, partage avec frère 1552, f. hmage p. Saligny et Bidon 1578, partage avec les de Clèves 1579, mt 1586 ; épousa *1º* 29 oct. 1549 Marie Belin (Gâtinois), *2º* 31 janvier 1561 Gabrielle *de Bussière*, fille de Jean, sgr de Précy, *3º* 5 déc. 1571 Jeanne *de Clèves* (1), dame de Saligny, fille d'Herman, sgr d'Asnois ; eut du 1er lit : 1º Jean, écr, sgr de Dois, Boisjardin pie, Saligny reçu de sa belle-mère 1583 et dont hmage 1591, épn *1º* 14 oct. 1574 Gabrielle *de la Barre*, fille de Frs, sgr de la Chaussée et de Jne de Clèves, *2º* 20 fév. 1583 Marie DE GRIVEL

(1) DE CLÈVES D'ASNOIS. — Louis II, duc de Clèves, petit-fils de Jean, cte de Nevers, eut un fils naturel, Herman, qui accompagna aux guerres d'Italie Louis XII, son cousin, qui le légitima 1506(**) et lui donna pour son mariage 3000 écus d'or et l'engagement de la sgrie de Crécy-en-Ponthieu ; il fut gentilhe de la men du roi, chlr, capit.-gouvr de Cusset 1510, sgr d'Asnois-le-Bourg (con Tannay), St-Germain-d.-Bois (*id.*) acheté 1516, Saligny (cne Amazy), Bidon (*id.*), reçoit don de la ctesse Nevers 1519, achète le reste d'Asnois-le-B., mt av.1532, sa veuve f. hmage p. Asnois 1533, en refait terrier 1559 et teste 1565 ; épousa 1509 Léonarde *Perreau*, dame d'Asnois, etc., fille d'Adrien, sgr d'Agriez, et de Jeanne de Corbigny, dont :

1º Herman-Paul, reçoit lettres de tonsure 1527, religieux à St-Denis 1556 ; 2º Adrien, écr, sgr St-Germain-d.-Bois 1549-56, mt av.1558 célib., eut : Jean, bâtard d'Asnois 1565 ; 3º Jean, chlr, sgr d'Asnois-le-Bourg, St-Germain, Saligny, Bidon, Amazy (con Tannay) 1558, vend à Challement 1564, seul fils héritier au testt mat. 1565, tué en duel 1572 à Asnois par A. de Salazart, sans posté., épa 17 avr.1558 Louise D'ARMES, fille de Jean, sgr de Busseaux ; 4º Jeanne, dame de St-Germain-d.-Bois, Bidon et de Saligny, qu'elle donna 1583 à son beau-fils J. de la Ferté, partagea 1572 avec sœurs la succion de Jean de Clèves, testa 1603, épa *1º* 1549 Frs *de la Barre*, écr, sgr de la Chaussée (Berry). *2º* 1571 Charles DE LA FERTÉ-MEUNG, chlr, sgr de Dois, ci-dessus ;

(*) Sulpice DU PORT, gentilhe de la chre du duc de Nevers, fut sgr de Villiers-le-Sec (con Varzy) av. 1576 par maage avec Frse de Levincton (*a*), il épa en 2es av. 1584 Marie DE LA FERTÉ-MEUNG, ci-dessus ; mt av. 1591, eut du 1er lit : Gabrielle, dame de Villiers et de biens à Beuvron, épa 1597 Frs DE LA FERTÉ-MEUNG, fils de Charles ; et du 2e lit : Anne DU PORT, dame de St-Cyr-les-Entrains en pie, mariée avant 1608 à Gabriel du Perron, écr. — (*Inv.* de Marolles. — Arch. chât. de Chastellux. — Reg. par. de Ciez et Entrains.)

(**) Les lettres de Louis XII, du 14 janv. 1506, le nomment : *Consanguineus noster Armandus*. En effet, ce roi avait pour mère Marie DE CLÈVES, sœur du grand-père d'Herman.

(*a*) DE LEVINCTON. — Origin. d'Ecosse ; venus avec le connétable Stuart. Se fixèrent en Auxerrois et en Berry. Dans la première br. : Michel DE LEVINCTON, écr, épa av. 1506 Eugénie Bœuf, dame de Villiers-le-Sec (venant des Anceau) ; ce Michel, sgr de Villiers 1507-26, mt av.1544, eut : Jacques, écr, sgr de Villiers, mt av.1565, qui eut de Jacqueline du Vandal : Frse DE LEVINCTON, ci-dessus. — Guille de Levincton et sa fme Edmée Lallemand, baillent à Sozay, près Corvol 1529. En 1565 Eugénie de Levincton est fme d'Esme de Bougars, écr, sgr de Varennes, pr. St-Amand. — (D. Caffiaux, 1234.)

Eteints.

Grossouvre, fille de Guille, sgr de Montgoublin, eut du 1er lit : *a*, Jean, écr, sgr Boisjardin pie 1611, célib.; *b*, Jeanne, fme de Charles *de Thiremache*, écr, sgr de Boirond; et du 2e lit, *c*, Gilbert, reçu à Malte 1608 ; *d*, Edmée, dame de Dois, épa 1623 Alexandre DE CHASSY, chlr, sgr du Marais ; 2° Frs, suit ; 3° Claude, mte célib. av. 1607 ; 4° Anne, épn 1584 Frs DE CHARRY, écr, sgr de Huez.

IV. — FRANÇOIS DE LA FERTÉ-MEUNG, écr, sgr de Villaine 1594, et de Villiers-le-Sec (con Varzy) y achète 1599, sert sous le mal de Montigny 1594, succède en pie à Claude 1607, achète dîmes à Entrains 1609, mt 1617, sa veuve vend à St-Pierre-du-Mont 1625 ; épn 16 juin 1597 Gabrielle *du Port*, fille de Sulpice, sgr de Villiers-le-Sec, et de Frse de Levincton, dont : 1° Louis, suit ; 2° Adrien, mt célib. peu apr. 1638 ; 3° Gilberte, épa 1635, Edme de Cruard, écr, sgr de Coux ; 4° Gabrielle, mte célib. 1668 ; 5° Anne, mte célib. 1679.

V. -- LOUIS DE LA FERTÉ-MEUNG, chlr, sgr de Villiers-le-Sec, Chaumont (cne Courcelles), Fouronnes en pie (châtie St-Verain) (*), Asnus pie (châtie Druyes), *maintenu* avec fils p. int gén. d'Orléans 1669, f. hmage p. Villiers 1642, et p. dîmes d'Entrains 1641 pour lesq. il plaide 1677, baille parse St-Germain-Bois 1661, mt av. 1683 ; épa 18 sept. 1639 Gabr.-Charlotte *de St-Quintin* (2), fille d'Olivier, sgr de Fouronnes, dont : 1° Jean-Frs, suit ; 2° Louis, mt jeune ; 3°, 4° Anne-Frse et Gabrielle, célib.

VI. — JEAN-FRANÇOIS DE LA FERTÉ-MEUNG, chlr, sgr de Villiers-le-Sec, Fouronnes pie, Asnus, Chaumont, Sichamps pie (con Prémery), le Chaillou (cne Prémery), la Toulouze (*id.*), capit. au mestre-camp cavie, achète à Asnus 1686, plaide à Villiers 1687, mt 1694, sa veuve f. hmage p. Fouronnes 1698 ; épa 2 mars 1688 Cécile-Michelle DE CHÉRY, fille de Charles, sgr de Sichamps, et d'El. Gauthier, dont : 1° Jean-Michel, suit; 2° Charles-Alexandre, dit : cte de la Ferté, chlr, sgr Sichamps pie, la Forge (cne Prémery), Fouronnes pie, vend sa part de Villiers-Sec 1714, mt à Toucy (Auxer) 1760, épn 3 mars 1715 Anne-Cath. Legrand, fille d'Alex., bailli de Toucy, dont : *a*, Charles-Alex., cte de la F., capit. de cav., chlr St-Louis 1755, sgr de Fouronnes, Sichamps pie, qu'il vendit, épn 1754 Charlotte de Vivier de Bernon, dame de la Viéville, dont : *a'*, Charles, officier cav., mt sans posté., *b'*, Marie, fme de son cousin Jacques DE LA FERTÉ, de Champdioux ;

5° Gabrielle, dame d'Amazy, épa 1549 Jacques Anjorrant (**), écr, sgr de Coupoy ; 6° Léonarde, dame d'Asnois, épa 1551 Pierre DE BLANCHEFORT, chlr, sgr de Château-du-Bois. — (Voir d'autres DE CLÈVES de Fontaines, à : de Lamoignon)

Armes : Écartelé de Clèves et de la Mark, au bâton de sable en barre brochant sur le tout.

Sources : Inv. de Marolles. — Carrés de d'Hozier, 192. — *Mém. de Castelnau*, III. — D. Caffiaux, 1234. — Reg. parois. d'Amazy.

                    Éteints.

(2) DE St-QUINTIN (***). — Orig. *d'Auvergne*; puis en Berry au XIVe s. par maage avec Alix de Sully, héritière de Blet.

GILBERT DE St-QUINTIN, chlr, sgr de Blet, épousa 1490 Mle DE FONTENAY, fille d'Amaury, sgr de Mocques et Myennes, dont : Frs, bon de Blet, chlr, sgr de Myennes en pie (con Cosne), dont hmage 1533, Cours (con Cosne), Villardeau (cne St-Martin-Tronsec), chambellan du roi, bailly de St-Pierre-le-Mr 1529 ; ses enfants : Claude, qui sert au ban Niv. 1554, Cyr et Charlotte ont biens parse Poiseux 1552.

(*) Fouronnes était alors fief mouvant du duché Nev. à cause châtellenie St-Verain, d'après : sentence du baage d'Auxerre 1612, et une suite d'hommages au duc 1613, 16, 25, 32, 66. De même Asnus relevait du duché à cause châtie Druyes, selon sentence d'Auxerre 1610 et une série d'hmages. Mais en 1697, la chre des comptes de Dijon intenta une action au duc Nev. et rendit arrêt que cette mouvance est au roi, se basant sur des dénombris aux ctes d'Auxerre de 1315 et 1473. (*Inv.* de Peincedé, XIII.)

(**) ANJORRANT. — *De Berry.* — Louis ANJORRANT, conser au Parlt Pis 1556, eut de Madel. Brinon : Jacques, écr, sgr d'Etrechy et du Couppoy (Berry), mt 1558, épousa 30 déc. 1549 Gabrielle DE CLÈVES, dame d'Amazy, ci-dessus, dont : 1° Frs, co-sgr d'Amazy (con Tannay) 1574 ; 2° Charles, chlr, sgr du Couppoy d'Amazy par hérit. d'oncle J. de Clèves 1572, habite Amazy 1600, mt 1603, épa 1575 Edmée DE BAR-Buranlure, dont : 1° Antoine, parin à Amazy 1604 ; 2° Frs, chlr, sgr d'Amazy 1606, épa 1617 Louise Alligret, dont : Claude, épa 1647 Edmée DE LA RIVIÈRE, fille d'Adrien, sgr de la Garde ; 3° Gabriel, sgr du Couppoy ; 4° Claude, épa 1598 Jacques DE CULON, écr, sgr de la Charnayé ; 5° Jeanne, épa 1611 Pierre de Culon, frère de Jacques. —— *Armes :* D'azur, à trois lys de jardin d'argent, tigés et feuillés de sinople, 2 et 1. —— *Sources :* La Thaumassière, 1016. — *Inv.* de Marolles. — D'Hozier, reg. I. — Reg. parois. d'Amazy et Tannay.

                              Sortis du Nivernois.

(***) Le nom s'écrivit souvent : de St-Quentin ; mais le lieu d'origine est St-Quintin, près Riom.

c', Charlotte, fme de Jean-Joseph DE LA FERTÉ, de Champdioux ; *b*, Anne-Victoire, reçue à
St-Cyr 1724 , *c* , Cath.-Charlotte, reçue à St-Cyr 1731, célib. 1761 ; 3° Samuel, suivra.

VII. — JEAN-MICHEL, dit : c^te DE LA FERTÉ-MEUNG, chlr, sgr de Sichamps et Asnus 1714;
puis de Beaumont–Sardolles (c^on d'Azy), la Cave (c^ne Beaumont-Sard.) et Marcilly (*id.*), reçus
1719 de sa tante Marie de Chéry, vend sa part de Villiers-Sec 1713, achète le Petit-Sichamps,
baille à Marcilly 1721 et à la Cave 1745, m^t 1750 ; ép^n 22 oct. 1714 Fr^se *de Sauvage*, fille de
Philibert, sgr de Montbaron, et d'Edmée d'Estut, dont : 1° Anne-Achille, c^te puis m^is de la Ferté,
sgr d'*id.*, m^t sans posté.1766, ép^n1751 Pénélope de Bary de Rivers, fille de Jacques, pair d'Irlande ;
2° Claude, lieut^t inf. tué au fort de l'Assiette ; 3° Germain, prêtre, vicaire gén^al de Lisieux 1765,
hérita de la Cave, Beaumont, etc. de son frère Anne-A.1766 et les donna en p^ie1790 à son cousin
éloigné Louis-M.-J. de la Ferté-Meung, sgr de Challement, est à ass. noblesse Nev. 1789, déporté
à Fribourg 1793, y m^t 1795 ; 4° Madeleine-Gasparde, ép^n 1° 1742, Joseph b^on DE LA BUSSIERE,
sgr de la Motte-Billy, 2° 1761 Edme *de Longueville*, chlr, sgr de Champmoreau ; 5° Louise, ép^a
1749 Joseph m^is de Bosredon-Vieuxvoisin.

VII. — SAMUEL c^to DE LA FERTÉ-MEUNG (3° fils de Jean–Fr^s), sgr indivis de Sichamps,
Fouronnes, Asnus 1714, de Villiers-le–Sec 1720, Cuncy-les-Varzy (c^on Varzy) 1727, Bourras
(c^ne Champlemy) et Boissenet (chât^ie St-Sauveur) 1738, plaide avec héritiers de Chéry 1722,
m^t 1755 ; ép^n 1° 29 nov. 1720 Anne Gaudard, fille de Fr^s, lieut. élection de Clamecy, 2° 12 fév.
1727 Cath.-Angélique DE LA BUSSIÈRE, dame de Boissenet, fille de Fr^s, sgr d'Angeliers ; eut
du 2° lit : 1° Jacques-Gabriel, suit ; 2° Geneviève-Cath. ép^n 1764 Edme DE MULLOT DE VIL-
LENAUT, chlr, sgr du Colombier ; 3°, 4°, 5° M^ie-Anne, Pierrette-Cath. et Cécile, m^les célib.

VIII. — JACQUES-GABRIEL Mis DE LA FERTÉ-MEUNG, sgr de Cuncy-les-Varzy, Bourras,
Thurigny (c^ne St-Germain-d.-Bois), capit. rég^t d'Auvergne 1760, chlr St-Louis 1782, à ass. Nev.
1789, émigra, chargé d'aff. de Louis XVIII en Russie 1794-1814, maréchal de camp 1796,
command^r de St-Louis, m^t 1814 ; ép^n 7 janv. 1778 Marg^te-Agnès *de Saulieu*, fille de Jacques,
sgr de la Chomonnerie, dont : 1° Catherine-Elisabeth, ép^n 1799 Jacques d'Ennery de la Chesnaye (*) ; 2° Amélie-Victoire, ép^n 1801 Pierre DE MULLOT DE VILLENAUT.

II. — FRANÇOIS DE LA FERTÉ-MEUNG (2° fils de Jean et d'Anne de la Rivière), chlr, sgr

I. ÉTIENNE, bâtard DE St-QUINTIN, ép^a 1444
Jacqueline *d'Ourouër*, dame de Fouronnes en p^ie (chât^ie
St-Verain), fille de Guill^e, sgr de Pesselières, dont : 1°
Guill^e, écr, sgr de Fouronnes p^ie, y plaide 1496, est
tuteur des mineurs de Jean ; 2° Jean, suit.

II. JEAN DE St-QUINTIN, écr, sgr de Jartain
(Berry) et de Fouronnes p^ie, m^t av.1496, ép^a 1478
Philiberte de Chameyre, dont : 1° Louis, suit ; dénombre
Fouronnes avec frères 1503 ; 2° Antoine, écr, sgr de
Fouronnes 1525 et d'Asnus p^ie (chât^ie Druyes) 1543,
m^t av.1548 sans posté.; 3° Loup, suit.

III. LOUP, chlr, sgr de Fouronnes, Asnus, Merry-s.-
Yonne qu'il dénombre 1548, et la Brosse, hérita de ses
frères, eut de Marg^te *d'Aulnay* d'Arcy ;

IV. JEAN, écr, sgr d'*id.*, chlr de l'ordre, reçoit comm^on
du duc Nevers 1549, m^t av.1567, ép^a 1° Marie Nullot,
2° 1541 Claude de Torcy, fille de Jean, sgr du Deffand,

eut du 1er lit : 1° Louis, suit ; 2°, Fr^se, vend ses droits à
Fouronnes 1567, ép^n av.1564 Pierre *d'Avantois*, écr,
sgr de Beaumont-la-Fer^te ; 3° Philiberte, dame d'Asnus
p^ie, fme de Louis d'Avantigny, écr, sgr de la Brenel-
lerie ; et du 4° Jean, m^t av.1597, paraît père
d'Éléonore, fme d'Ant. de Conflans, f. hmage p. Fouronnes p^ie 1616.

V. LOUIS, écr, sgr Fouronnes et Asnus p^ie, et
Champmoreau (c^ne Ouagne), dont hmage 1575 et dont
il vend 1/2 1577, capit. d'arquebusiers à cheval 1580,
ép^n 1559 Gabrielle *Chevalier*, fille d'Ant., sgr de Champ-
moreau, dont : 1° Claude, co-sgr d'Asnus 1616, maintenu avec Olivier 1634; 2° Olivier, suit ; 3° Marg^te,
fille 1622.

VI. OLIVIER, écr, sgr de Fouronnes, Asnus, Grands-
Vergers, gentilh^e du duc Nemours 1622, exempt des
gardes-du-corps 1625, dénombre Asnus à Druyes 1627,

(*) D'ENNERY DE LA CHESNAYE. — Venus d'Ecosse, avec Marie Stuart ; servirent dans la garde écossaise ; puis officiers de
troupes. — Jacques D'ENNERY DE LA CHESNAYE, chlr St-Louis, garde-de-la-Porte, eut d'Anne de Clugny: Jacques-Edouard, ép^a 1° 1797
Mlle-Anne *de la Coudre*, fille d'Ambroise, sgr de la Motte-Billy, 2° 1799 Catherine-Elisabeth DE LA FERTÉ-MEUNG, ci-dessus, dont :
1° Edouard, capit. d'inf^ie, mari de Césarine *Sallonnier* de Varennes, père de la c^esse de Gaulmyn et la b^ne d'Autume ; 2° Jules, ép^a 1837
Octavie d'Autume, dont : Henri, Albéric et Edouard ; 3° Luce, ép^a 1836 Gustave DE MULLOT DE VILLENAUT. (St-Allais, *nobil.*
univ. XI. — Arch. de la famille.)

d'Alosse et biens par^{ses} de Marcilly-en-Vilette et Ménestreau (Sologne) par partage 1528, de Lainsecq (chât^{ie} St-Sauveur), Beauvais (id), Perchin (id.) p. partage 1532 avec Fr. de la Rivière, de Vilette (c^{ne} Poil) et 1/2 Sancy (c^{ne} St-Franchy) par sa fme, de Dracy (Hurepois), Bassou (chât^{ie} Druyes), Montreparé (id.), lieut^t de la c^{ie} du gouv^r d'Orléans 1534, lieut. des gardes-du-corps 1556-70, fait hmages : pour Lainsecq, etc. 1533 et 45, p. Boisjardin et Miniers avec frère 1534, p. Vilette 1536, achète Montreparé 1544, Bassou et biens pr. Argenou (c^{ne} St-Amand) 1563, reçut don^{on} de son cousin Fr^s DE LA FERTÉ d'Huisseau ; m^t av. 1573 que partage sa veuve et f. hmage 1575 p. 1/2 Sancy ; épⁿ 13 juin 1531 Claude DU VERNE, fille de Simon, sgr de Challement, et de Jacq^{ta} de Troussebois, dont : 1° Claude, suit ; 2° Jean, cité au partage pat.1573 ; 3° peut-être Loup, sgr de Fouronnes p^{ie} et Pesteau (Auxer^s) 1586, et de Merry-Sec (id.) 1600, gentilh^e m^{on} du roi 1586, mari de Marie de la Borde ; 4° Anne, 1580-1619 ; 5° Claude, fme de L^s Leroyer, sgr de la Vallée.

III. — CLAUDE DE LA FERTÉ-MEUNG, écr, sgr d'Alosse, Beauvais 1564, Lainsecq, Bassou, Montreparé, Dracy 1573, chlr de l'ordre 1586, achète par^{se} Treigny 1598, m^t av.1588 que sa veu^ve Claude des Granges baille à Alosse, eut : 1° François, suit ; 2° Claude, écr, sgr d'Alosse, Beauvais 1600, Dracy p^{ie} 1624, donne en échange Montreparé 1609, épⁿ v. 1590 Claude de Rabutin, fille de Fr^s, sgr de Lavault, et d'Elie de Damas-Thianges, semble sans posté.; 3° Elie, dame de Dracy puis d'Alosse, fme de Nicolas de Forbois, chlr ; 4° Nicole, dame de Bassou, célib.

IV. — FRANÇOIS DE LA FERTÉ-MEUNG, écr, sgr de Lainsecq 1609-32, la Breuille (Puisaye) 1607, Beauvais, transige avec Claude p. héritage de leur tante Claude 1614, épⁿ av.1614 Anne Fernier, fille d'Etienne, cons^{er} baage d'Auxerre, dont : un fils m^t jeune, et Anne, dame de Beauvais, Lainsecq, Bassou, épⁿ 1° 1642 Fr^s D'ESTUT, écr, sgr de Vailly, 2° 1644 Guill^e Le Caruyer, chlr, sgr de Launay.

II. — BARTHELEMY DE LA FERTÉ-MEUNG (3e fils de Jean et d'A. de la Rivière), chlr, sgr de la Ferté-Aurain, Millebert et Chaumont (Sologne) par partage 1528, et de Challement (c^{on} Brinon), la Tour-Rabuteau (c^{ne} Challement) et 1/2 Sancy, par sa fme, sert au ban à Blois 1534, f. hmage p. Challement 1540 et p. 1/2 Sancy 1560, reçoit octroi de 2 foires à la Ferté-Aurain 1534, acte à Challement 1564, m^t av.1571 ; épⁿ 13 juin 1531 Fr^{se} DU VERNE, fille de Simon, sgr Challement, dont : 1° René, suit ; 2° Jacques, suivra ; 3° Jacob, chlr, sgr de la Tour-Rabuteau, Remoux (c^{ne} Challement), Champeroux (c^{ne} Germenay) par partage 1576, et de Leugny (Auxer^s) et Molesmes (id.), gentilh^e de la ch^{re} 1591, lieut. de 50 h^{es} d'armes, chlr de l'ordre 1599, Leugny est décreté sur lui 1599 ; épⁿ juil.1573 Louise de Brandon, fille de Cl., sgr de Leugny, dont : a, Jacob, m^t jeune ; b, M^{ie}, ép^a 1599 Roch de la Coudre, écr, sgr de Baurin ; c, Madel, fme de P. de Loines, sgr de Thury ; 4° Claude, épⁿ 1552 Michel de Barbançon, chlr, sgr d'Hauteroche ; 5° Renée, épⁿ 1° 1561 Georges des Gentils, écr, sgr des Ecots, 2° av.1572 Gilbert de Chevigny, écr, sgr de Chassenay ; 6° Anne, épⁿ 1573 Gilbert de Cossay, écr, sgr de Beauvoir ; 7° Marg^{te}, épⁿ 1° 1575 Simon de Chaugy, écr, sgr de Cuzy, 2° Renaut de St-Georges, sgr d'Estrées ; 8° Charlotte, épⁿ 1° Paul de Longueville, écr, sgr de Latrault, 2° 1594 Louis de Barnaut, écr, sgr de Barnaut.

III. — RENÉ DE LA FERTÉ-MEUNG, chlr, sgr de la Ferté-Aurain, dont hmage 1596, Fougères et Chaumont (Orléanois), par partages 1571 et 76, capit. d'inf.1567, lieut. de 50 h^{es} d'armes 1577 et cap.1592, lieut. du roi à Metz, chlr de l'ordre 1577, gentilh^e de la ch^{re} 1583, m^{tre} d'hôtel

plaide 1651, ép^a 1° 13 mai 1622 Charlotte de Rabutin, fille de Charles, sgr de Savigny, 2° 1642 Charlotte du Tillet (Paris), eut du 1er lit : 1° Gabrielle-Charlotte, ép^a 1639 Louis DE LA FERTÉ-MEUNG, chlr, sgr de Villiers, ci-dessus ; 2° Anne, ép^a 1644 Gilles DU VERNE, écr, sgr de Bona.

Armes : D'or, à une fleur de lys de gueules (D. Caffiaux, 1234).

Sources : La Thaumassière, 984. — D. Villevieille, 81. — Arch. Nièv. H et E. — Cab^{et} titres, pièces orig. 61783. — D. Caffiaux, 1234. — Arch. chât. Chastellux. — Reg. parois. de Fouronnes et Ouagne.

Éteints.

d'Henri IV, gouv^r de Blois 1589, m^t 1596 ; ép^a 8 oct.1564 Esmée *de Chastellux*, fille de Louis, v^{te} d'Avallon et de J. de la Roëre, dont : 1° Jean, suit ; 2° Fr^s, tué au siège de Laon 1594 ; 3° Louise, ép^a 1584 Hélion de Foissy, chlr, sgr de Cernay ; 4° Blanche, hérita de Louise, ép^a Ant.de Verneuil, écr, sgr de Châtillon-sur-Broué ; 5° Gabrielle, fme de Philippe de Besnard, chlr ; 6° Claude, abbesse du Pont-de-Gennes.

IV. — JEAN DE LA FERTÉ-MEUNG, chlr, sgr de la Ferté-Aurain, Solières (c^{ne} Ste-Péreuse) et Chevannes (c^{ne} St-Hilaire), sert au siège d'Amiens 1597, h^{me} d'armes 1613, capit.rég^t de Fronsac 1621-35, f.hmage p.Solières, y achète 1642, teste 1639, m^t av.1646 ; ép^a 5 fév.1609 Élie *de Terrières*, fille de Fr^s, sgr de Solières et d'Anne de Marry, dont : 1° Claude, chlr, sgr de la Ferté-Aurain, capit.rég^t de la Boulaye 1639, m^t 1652, épⁿ 1639 Élisabeth de Galinet (Paris), dont : a, Jean, dernier possesseur de la Ferté-Aurain, capit.chevau-légers 1673, mestre de camp et chlr St-Louis 1693, *maintenu* 3 juin 1668, m^t sans posté. ; b, Claude, enseigne rég^t de la Ferté 1668, célib. ; c, Blanche ; 2° Hugues, suit ; 3° René, reçu à Malte 1632, capit.de vaisseau ; 4° Claude, fonde messes à Moul.-Engilbert, épⁿ 1641 Henri de Richeteau, chlr, sgr de la Cour-d'Arcenay ; 5° Anne, religieuse.

V. — HUGUES DE LA FERTÉ-MEUNG, chlr, sgr de Solières et Chevannes par testament-partage de son père 1639, capit.rég^t de la Boulaye 1642, m^t 1658, ép^a 27 mars 1640 sa cousine Louise de Verneuil, fille d'Ant., sgr de Cernay et Châtillon, et de Blanche de la Ferté-Meung, dont : 1° Claude, suit ; 2° Élie, écr, sgr de Cernay et Solières p^{le} 1671, capit.rég^t royal cav^{ie} 1670, m^t à Solières célib.1692.

VI. — CLAUDE DE LA FERTÉ-MEUNG, chlr, sgr de Solières, Chevannes, Châtillon-sur-Broué (Champa.), Cernay (*id.*) et de Champdioux (c^{ne} Maux), sert 1668, et au ban Niv.1689, vend en Champagne 1672, m^t av.1690, ép^a 1er juin 1670 Catherine *Sallonnier* (3), fille de Dominique,

(3) SALLONNIER. — De *Moulins-Engilbert*. — Étienne SALLONNIER, m^t av.1486, avait une maison à Moul.-Eng^t, vendue par sa veuve. Henri S^r est en 1501 mari d'Agnès Pelaut, sœur de Jean, march^d à Decize. Jean, procur^r de la justice de Beunas (c^{ne} Maux), et Jean et Arthus S. y sont témoins d'un borde-lage pour l'abb. d'Autun 1518. Guyot habite Moul.-Eng^t 1530-35. Lazare, march^d, y acte 1553-57.

La filiation s'établit depuis :

I. ÉRARD SALLONNIER, march^d à Moul.-Eng^t, y acte 1518-25, avait biens à Tauperet (c^{ne} Moul.-Eng^t) m^t av.1530 que sa 2e fme donne reconn^{ce} ; épousa : 1° Alixand (probablement Desgranges), 2° Jeanne *Courtois*

qui, veuve, fait pay^t à Moul.-Eng^t avec son beau-fils 1531, eut du 1er lit : 1° Guill^e, suit ; 2° Pierre, tran-sige 1543, et sa succession se partage 1559 entre ses 3 neveux.

II. GUILLAUME, march^d à M.-Eng^t (*), y fait paye-ment 1531 ; y reçoit reconn^{ces} 1534-54, achète la sgrie de Couze (c^{ne} Moul.-Eng^t) 1548 puis la justice 1554, a des biens à Boux (c^{ne} Limanton), vend à M.-Eng^t 1536 et 56, y achète 1535, m^t av.1559 ; ép^a av.1534 Jacque-line *Courtois*, dont : 1° Antoine, march^d à Moul.-Eng^t 1559, sgr de Couze, dont hmage par sa veuve 1575, vend à M.-Eng^t 1564, protestant, ép^a 1561 Jeanne BOURGOING, fille de Guill^e, sgr d'Armance, et de L.

(*) Cette famille, comme beaucoup d'autres, se créa une légende lointaine, pour masquer ses débuts. Une notice imprimée en 1846 la fait venir de Salon en Provence, en la personne d'un Imbert de Solidas (dit Salonnier), « gentilhomme, capitaine de réputation », qui aurait été capitaine-gouv^r de Moulins-Engilbert en 1414, ainsi que ses descendants. M. Pougault n'a pas trouvé trace de ce nom parmi les capit. de Moulins-Eng^t. Cette notice, d'ailleurs pleine d'erreurs d'histoire et de filiation, n'indique pour les prétendues alliances du XVe s., à Moul.-Eng^t, que des noms absolument inconnus dans la région, et pour celles du XVIe, des noms très-connus, mais affublés de particules : de Bailezy, de Berger, d'Alloury, etc. — En réalité, les Sallonnier, qui occupèrent une situation considé-rable en Nivernois au siècle dernier, eurent des débuts modestes à Moul.-Eng^t, et il résulte de nombreuses pièces, qu'ils y étaient marchands : Erard, au comm^t du XVIe, puis son fils Guill^e (actes de 1531, 35, 43, 54) et ses petits-fils : Erard 1565, Antoine (actes de 1559 et 61) et Jean (actes de 1573, 78 et 87) ; ce Jean, march^d, propagateur du flottage, était imposé à la taille, mais ayant été nommé contrôleur pour le roi en l'élection de Chât.-Chinon, il devint exempt de droit à cause de cet office, et comme tel fut rayé du rôle des taillables, et les échevins de Moul.-Engilbert condamnés à 43 écus d'amende par arrêt du Parl^t du 2 janv.1588, qui le qualifie « honorable h. ». (Minutes notaires Moul.-Eng^t ; arch.Nièv.E ; *Inv.*de Marolles). — En 1590 Guill^e et Lazare s'intitulent encore marchands (*Inv.* de Marolles) ; ce Lazare, qui prit ensuite le parti des armes, est le premier qui soit qualifié « écuyer », sgr de la Motte-du-Plessis 1603, ainsi que ses descendants, poss^{rs} de ce fief. — Lors de la Recherche de 1667, Ant.SALLONNIER de Champdioux renonça à la qualité d'écr, et paya l'amende. En 1779, le procureur du roi à St-Pierre-le-Moûtier expose que le récipiendaire à la charge de bailly d'épée « n'a que la noblesse naissante » et que son oncle payait la taille. — Les branches de Tamnay, de Chaligny et d'Argoulais furent anoblies par charges au XVIIIe s.— Cette famille, très-nombreuse, compta jusqu'à près de 70 membres, du nom, vivant en même temps, vers 1720.

sgr de Champdioux, et de Mlle Bénard, dont : 1° Fr^s-M^{ie}, suit ; 2° Antoine, lieut.de carabiniers 1696, fixé en Champagne ; 3° Élie, prieur de St-Palais 1715 ; 4° Jean-B^{te}, suivra ; 5° Jean-Fr^s, chlr, sgr de Solières en p^{ie} 1698, Châtillon-s-Broué, Courcelles (c^{ne} la Roche-Milay), Ettevaux en p^{ie} (c^{ne} Poil), Pierrefitte (*id.*), le Monceau (*id.*) acheté av.1728, capit. au rég^t de la Sarre 1719, chlr de St-Louis, tué à Guastalla 1734, ép^a 24 fév.1722 Hélène *du Clerroy*, fille de J^n-B^{te}, sgr d'Ettevaux et Pierrefitte, et de Madel. du Crest, dont : *a*, Fr^s, dit : c^{te} de la Ferté, chlr, sgr du Monceau, Pierrefitte, la Chazotte (pr.Luzy) 1751, lieut.rég^t de la Sarre 1738, à ass.noblesse Nev.1789, m^t 1791, ép^a 15 fév.1756 Marg^{te} *de Comeau*, fille de Louis, sgr de Satenot, et de Charl^{te} de Reugny-Tremblay, dont : *a'*, Jacques-Louis, dit : m^{is} de la Ferté, chlr, sgr du Monceau, présenté à la cour, capit. de carabiniers, à ass.noblesse Nev.1789, émigra, m^t 1824 sans posté de Louise de Busseuil ; *b'*, Hugues-Antoine v^{te} de la F., officier rég^t de Baujolais 1781,

de Grandrie, dont : *a*, Marie, dame de Couze, ép^a 1° Fr^s Véron, contrôleur à Decize, 2° Louis de Lamoignon, bâtard d'Hélin et proc^r à St-Pierre ; *b*, Jeanne, f. h.mage avec sa sœur p. Couze 1598, ép^a 1603 Fr^s Nandrot (la Roche-Milay) ; 2° Érard, suit ; 3° Jean, suivra ; 4° N..., 1re fme de Fr^s Desgranges, juge de M.-Eng^t ; 5° Jeanne, ép^a 1572 André *Dupin*, bailli de Varzy ; 6° Claudine, ép^a 1574 Guill^e *Alloury*, march^d à M.-Eng^t.

III. ÉRARD, march^d à M.-Eng^t 1565, procur fiscal de M.-Eng^t 1571, y reçoit recon^{ces} 1562 et 68, partage avec frères 1559 succ^{ions} de père, mère et d'oncle Denys ; possède biens à Boux et c^{ne} de Brinay, assassiné 1573, eut de Claudine *Alloury*, fille de Nazaire, m^d à M.-Eng^t : 1° Guill^e, suit ; 2° Lazare, march^d à M.-Eng^t 1589-90, puis écr, sgr de la Motte-du-Plessis (c^{ne} M.-Eng^t) 1591, sert au rég^t de Nassau 1591, dispensé du ban Niv.1592, gentilh^e du duc de Génévois 1598, sert en c^{ie} d'ord^{ce} 1600-04, capit. de M.-Eng^t 1606, donne recon^{ce} à prieuré Commagny 1603, ép^a 1581 Anne *Bailezy* (*), dont : *a*, Guill^e, partage avec frère 1618, tué au service; *b*, Esmée, ép^a 1612 Ch. Dony, not^{re} à Aunay ; *c*, Jacques, écr, sgr de la Motte-Plessis, capit. de M.-Eng^t 1625, lieut. rég^t de Conti 1636, sert au ban Niv.1635, partage succ^{on} pat.1618, vend à M.-Eng^t 1625, m^t av.1642, ép^a av.1628 Catherine *Berger*, fille de Jean, s^r de Rivière, dont : 4 fils tués au service av.1667, 2 filles ursulines à M.-Eng^t, et *d*, Jean, écr, sgr de la Motte-Plessis, capit. rég^t d'Uxelles 1650-68, maintenu par conseil du roi 1669, ép^a 17 fév.1648 Claudine *des Jours*, fille de Charles, sgr de Vellerot, dont : *a''*, Jacques, écr, sgr d'*id.*, sert 1669, lieut. de carabiniers 1693, sans

posté. d'Anne *de Choiseul*, fille de Jean, sgr d'Esguilly; *b''*, Lazare, écr, sgr de la Motte-Plessis saisi sur sa veuve 1670 et vendu 1674 à Pierre Sallonnier du Pavillon, sans posté. de Marie *de Jacquinet* ; 3° Marg^{te}, ép^a 1° av. 1587 Cl. *Goussot*, 2° Martin de Faucombert ; 4° Jacqueline, fme de Pierre *Robert*, m^d à M.-Eng^t ; 5° Henriette, ép^a 1587 Gaston *Desgranges* (**), not^{re} à M.-Eng^t ; 6° Jeanne, ép^a 1595 Gilbert de Boudeville, h^{me} d'armes.

IV. GUILLAUME, march^d à M-Eng^t, 1590-95, sgr de Boux 1599, juge de M-Eng^t 1611, partage avec frère et sœurs 1578 et 90, reçoit recon^{ces} à M-Eng^t 1588 et 99, teste 1621 ; ép^a v.1585 Madeleine *Goussot*, fille de Jean, grenetier à Ch.-Chinon, dont : 1° Érard, suit ; 2° Guill^e, avocat, s^r de la Garde (c^{ne} Devay), élu particulier à Decize 1633, échevin et proc^r fiscal 1636, m^t 1662, ép^a 19 nov.1629 Marie *Dornant*, dame de la Garde après sa sœur, fille de Gilbert, s^r de Chappeaux, dont : *a*, Jacques, suit (*a*) ; *b*, Louis, av^{nt} 1664, sans posté.; *c*, Claude, av^{nt}, sgr de St-Hilaire (c^{ne} St-Hilaire-Fontaine) 1670, échevin Decize 1672, achète pr.Saincy 1691, m^t 1705, ép^a 1° 1668 M^{ie} *Chappelain*, fille de Barthélemy, 2° 1677 Élisabeth *Bergeron*, fille de Jean, sgr de la Baratte, 3° Jeanne *Bourgoing*, eut des fils m^{is} jeunes et M^{ie}-Eugénie ép^a 1697 J.-J. Burgat ; *d*, Érard, s^r de la Garde et Chappeaux (c^{ne} Devay) 1663, m^t célib.1713 ; *e*, Louise, fme de Fr^s *Tillot*, grenetier de Decize ; *f*, Edmée, ép^a 1664 Guill^e *Sallonnier*, fils d'Érard ; *g*, Jacquette, fme de Jacques *Gascoing*, av^{at} du roi à St-Pierre. — Jacques (*la*), av^{nt}, s^r de la Garde 1661, proc^r fiscal de Decize 1663, tuteur de ses frères 1664, vend par^{te} Charrin 1664, m^t 1685, ép^a 2 juill.1656

(*) BAILEZY. — Notaires de Moul.-Engilbert 1553 à 1609. — Guille BAILEZY est garde du scel de M.-Eng^t 1518. Autre Guill^e, proc^r fiscal de M.-Eng^t 1559 et son fils, Jacques, en 1574. — Jacques, s^r du Mont-de-Levault (c^{ne} Onlay), ép^a 1608 Judith *de Grandrie*, fille de Guill^e, sgr de la Montagne. — (Min.not^{res} M.-Eng^t. — Arch.chât.Poiseux. — Arch.Nièv.E.)

(**) DESGRANGES. — Connus à Moul.-Engilbert au XVe s. — Simon DESGRANGES, prêtre, y est notaire 1529 et curé de Sermages et chan. de M.-Eng^t 1537. Guill^e, mort av.1564, mari de J^{ne} Michot, et père de Fr^s et Michel, habitait Sermages, ainsi que Claude, mari de Cl.Bajot et père de Guill^e, Jacques, Michel, vivants 1563. — Simon DESGRANGES, juge de Moul.-Eng^t 1545-66, m^t av.1572, eut de Fr^{se} Duclo : 1° Fr^s, juge de M.-Eng^t 1572-88, m^t av.1604, ép^a 1° N... *Sallonnier*, fille de Guill^e, 2° Antoinette *Olivier*, fille de Fr^s, sgr du Chollet, dont : Fr^s ; 2° Claude, march^d à M.-Eng^t 1573, puis à Nev.1579, échevin de M.-Eng^t 1588, mari de Perrette *Quartier*, dont 4 filles ; 3° Simon, prévôt des maréchaux à Ch.-Chinon 1604-17, eut de Claudine Vaucoret : *a*, Guill^e, march^d à M.-Eng^t 1632, puis à Limanton 1643, marié 1612 à Gabrielle *Goussot*, fille de Fr^s, contrôleur au grenier ; *b*, Jeanne, ép^a 1610 Guill^e *Alloury*, m^d à M.-Eng^t ; 4° Gaston, not^{re} à M.-Eng^t, m^t 1614. ép^a 1587 Henriette *Sallonnier*, ci-dessus, dont un fils Gaston ; 5° Geneviève, fme de Jean *Sallonnier* du Perron, ci-dessus. — On trouve encore : Pierre Desgranges, sgr des Fourneaux (c^{ne} Limanton) 1587 ; Claude, tanneur, mari de M^{ie} Guillier, 1643 ; Simon, march^d à M.-Eng^t 1666 ; Michel, soldat 1694. — Sceau : à trois gerbes (*Inv.* de Marolles). — *Sources* : Min.not^{res} Moul. Engilbert. — Arch.Nièv.E. et B. — Reg.paroiss.Moul.-Engilbert et Nevers.

Éteints.

émigra, m^t 1813, ép^n 1791 Henriette DE CHARGÈRES, fille de Didier, sgr de Vaux, sans posté.; c', Louis-Ant. v^{te} de la F., lieut. de vaisseau 1789, à ass. nobl. Nev. 1789, tué à Quiberon 1795, célib.; d', Anne-Élis., ép^n 1778 Claude DE CHARGÈRES, chlr, sgr de Marié; b, Yves-Antoine v^{te} de la Ferté, sgr de Pierrefitte 1775, cap. rég^t de la Sarre 1767, major et chlr St-Louis 1770, à ass. nobl. Nev. 1789, ép^n 17 avr.1770 Gabrielle de Jacquinet, fille de Fr^s, sgr de Faulin, dont : a', Mmes Rollet de Bellerue, Aymon de Montépin, de Damoiseau, et Jean-Julien c^{te} de la Ferté, sgr de Pierrefitte, officier de hussards, m^t 1859, ép^n 1810 Joséphine DE CHARGÈRES, dont : a'', Louise, ép^a 1833 J^n-B^{te} Savinien de Champeaux, et Louis-G.-Hubert, pp^{re} de Pierrefitte, ép^n 1833 Charlotte Letors de Larrey, dont: la c^{tesse} de Montaignac, et Fernand, m^t 1888, sorti du Nivernois, ép^n 1869 Marg^{te} Taillandier-Dupleix, dont un fils, René, seul représentant actuel du nom avec Hubert-Nabert, âgé 89 ans ; c, J^n-Jacques, capit. rég^t de la Sarre 1767, chlr St-Louis 1770, sans posté. de Jacquette de Comeau ; d, Jeanne, relig.1744 ; e, Marie-Cl., fme de L^s-Alex. de Comeau, chlr, sgr de Satenot.

VII. — FRANÇOIS-MARIE DE LA FERTÉ-MEUNG, chlr, sgr de Solières, Chevannes, Cusy (c^{ne} Cervon), capit. rég^t royal cav^{ie} 1693, achète par^{se} Sermages 1695 et 1723, baille à Solières 1697, est à tutelle de neveux 1734, m^t 1747, ép^n 2 juil.1701 Anne Leroy de Cuy, fille de Nic.-Fr^s, sgr de Cusy et de Marg^{te} Le Gastelier, dont : 1° Jacq.-L^s, suit ; 2° Jean-Fr^s, chlr, sgr de Cusy et Lavault (c^{ne} Frétoy), lieut. rég^t de la Sarre 1752, m^t célib. 1790.

Gabrielle Tillot (*), fille de Robert, grenetier de Decize, dont : des enf^{ts} m^{ts} jeunes, et a', Guill^e Érard, s^r de Chappeaux 1697, m^t 1713 sans posté. ; b', Gabriel, soldat au rég^t de la reine 1692, célib. ; c', Louis-Isabeau, s^r de Chappeaux 1720, ép^a 1712 Ant^{tte} de Champrobert, sans posté. ; d', Jeanne, ép^a 1678 F^s-Éléonor Girard, juge de Montreuillon ; e', Charlotte, fme de Paul Dobinet, m^d à Decize.

V. ÉRARD, av^{at}, s^r de Boux 1607, juge de Moul-Eng^t 1629, fait reconn^{ce} à Sermages 1638, m^t 1651, ép^a 1° 9 avr. 1618 Marie Bonnineau, fille d'André, cons^{er} à St-Pierre, 2° 20 nov.1644 Madel.Lebreton, eut du 1er lit : 1° Guill^e, suit ; 2° Pierre, suivra ; 3° Edmée ép^a 1° 1648 Pierre de Berne, cons^{er} à St-Pierre, 2° 1656 Charles Vyau de la Garde, cons^{er} à St-Pierre.

VI. GUILLAUME, av^{at}, sgr de Faye (c^{ne} Verneuil) et d'Avrilly (id.) achetés par décret 1681, juge de M-Eng^t 1655, plaide 1684, m^t 1686, ép^a 24 avr.1664 Edmée Sallonnier, fille de Guill^e, proc^r fiscal Decize, dont : 1° Louis-Ant., suit ; 2° Marie, ép^a 1693 Philibert de Bèze, cons^{er} à St-Pierre ; 3° Edmée, femme de Ch.-Ant. Melon, recev^r des tailles à Nev.

VII. LOUIS-ANTOINE, écr, trésorier de Fr. à Moulins 1692, et conservateur des forêts r^{ales} de Niv., sgr de Faye et d'Avrilly 1690, et de St-Hilaire-s-Loire 1696, vend près M-Eng^t 1692, m^t 1746, ép^a 1695 Jeanne-Barbe de Bèze, fille de Jean, sgr de Vèvres, dont : 1° J^n-Joseph, suit ; 2° Jacques, co-sgr de Faye, proc^r du roi à St-Pierre 1724, m^t 1772, célib. ; 3° J^n-Jacques,

chanoine Nev.1740, prévôt de Tannay 1771, m^t 1780; 4° M^{ie}-Madel. ép^a 1728 Ant. de Montagut de la Tour-Guérin.

VIII. JEAN-JOSEPH, chlr, trésorier de Fr. à Moulins 1743, sgr de Faye et d'Avrilly, 1742, de Chappeaux, Jouzeau (c^{ne} Verneuil) et Marigny (c^{ne} S^t-G^{in}-Chassenay) 1760, ép^a 1749 Charlotte de Palierne, fille de Gilbert, sgr de Marigny, dont : 1° J.-J.-Pierre, suit ; 2° Philibert-J., chlr, sgr de Marigny, lieut. au rég^t r^{al} 1771, célib. ; 3° Fr^s, chlr, sgr de Montviel (c^{ne} Verneuil) et Chappeaux, lieut. des gardes de la porte 1783, major d'inf^{ie}, à ass.noblesse Nev.1789, célib. ; 4° M^{ie}-Rosalie, ép^a 1° 1775 Étienne-Nazaire Girard de Montsaut, 2° Ch.Drouin de Verneuil ; 5° Cl.-Geneviève, dame de St-Hilaire, ép^n 1790 Fr^s de Forestier, sgr de Villars.

IX. JEAN-JOSEPH-PIERRE, dit : c^{te} de Tamnay, sgr d'Avrilly, de Tamnay que lui donna son cousin Philibert-Fr^s 1754 et qu'il vendit, mousquetaire 1775, chlr de St-Louis, bailly d'épée de St-Pierre 1779, y préside l'ass.de 1789, ép^n 1781 Ch^{tte}-J^{ne}-Thérèse Prévost de la Croix, fille de Gaspard, sgr de Germancy, dont : 1° Jules, général de brigade, comm^t légion d'hr, m^t 1861 célib. ; 2° Auguste, chef d'escadrons, m^t 1831 en Afrique,célib. ; 3° Joséphine-Herminie, ép^a 1815 Benoit Tiersonnier, pp^{re} de Meauce.

VI. PIERRE SALLONNIER (2e fils de Guill^e et de M^{ie} Bonnineau), av^{at} 1656, lieut.criminel de robe courte

(*) TILLOT. — De Decize. — Robert TILLOT, médecin à Decize, y mourut 1595; Pierre, apothicaire, achète pr.Charrin 1564, acte à Decize 1573-87, ép^a 1° M^{ie} Guyonnin, 2° av.1569 Charlotte de Champs, eut du 1er lit : Jean, apothic. à Decize 1586-1610, mari de Fr^{au} Glon, 2° Sébastien, av^{at} fiscal Decize 1592-1610, puis juge de Decize 1612-18, s^r de Tronçay (c^{ne} St-Ouën), eut de Toussine Maslin : a, Fr^s, av^{nt}, grenetier de Decize 1655, mari de Louise Sallonnier, ci-dessus, dont : 1° Érard ; b', Esmée, ép^a 1° 1676 Jacques Blanzat, 2° 1690 Jean Sallonnier du Perron, lieut^t Eaux-Forêts, et du 2e l. : 3° Pierre. J^n-Robert TILLOT, dit neveu de Sébastien, fut av^{at} à Decize 1618, puis grenetier 1637, m^t 1647, eut de Jeanne Millin : Fr^s, et Gabrielle, ép^a 1656 Jacques Sallonnier, proc^r fiscal Decize, ci-dessus. —— Armes : De.... à trois arbres arrachés, surmontés d'un croissant. —— Sources : Min.not^{res} Decize. — Arch.Nièv.E, B et G. — Arch.chât. de la Montée et la Baratte.

VIII. — JACQUES-LOUIS DE LA FERTÉ-MEUNG dit : c^te de la Roche-Milay (c^on Luzy) acheté 1736, et à cause de quoi il reçoit aveu 1740, sgr de Solières, Cusy, Lavault, Montanteaume (c^ne la Roche-Milay), Ste-Péreuse (c^on Ch.-Chinon), la Thibert (c^ne Poussignol), achète à la Roche-Milay et y échange 1749, m^t 1768, ép^a 17 nov.1732 Louise *Pitois*, fille de Pierre, sgr de Quincize, et de L^se Gevalois, dont : 1° Nicolas, suit ; 2° Fr^s, moine Augustin 1761 ; 3° Claude, capit. rég^t de la Sarre, tué av.1770 ; 4° Jacques-Louis v^te de la Ferté, sgr de Solières, dont il rebâtit château, de Cusy, Villapourçon (c^on Moul.-Engilbert), plaide 1782, à ass.noblesse Nev. 1789, administr^r du dépt 1792, m^t à Solières 1824, ép^a 11 nov.1776 M^ie DE BRÉCHARD, fille de J^n-Fr^s, sgr de Brinay, dont : Julien, m^t jeune ; 5° Anne-L^se, célib.

à St-Pierre 1661, sgr de Boux et du Pavillon (c^ne Moul.-Eng^t) 1655, achète par décret 1674 la Motte-du-Plessis sur la veuve de Lazare, m^t 1679, ép^a 1661 Marie *Rousseau* (*), fille de Barthélemy, officier d'échansonnerie, dont : 1° Guill^e, lieut.crim^el à St-Pierre 1680-1709, sgr de Boux et du Pavillon 1684, et de Mont (c^ne Maux) 1726, m^t 1740, ép^a 1690 Marie *Pellé*, dont : *a*, Jacques, sgr du Pavillon 1747, m^t célib.1765 ; *b*, Jeanne, ép^a 1715 Nicolas *de Ganay*, chlr, sgr de Visigneux ; 2° Césard-Érard, suit ; 3° Paul, prieur d'Abon 1694, chan.de Vézelay 1699 et de Moul.-Eng^t 1728, m^t 1740 ; 4° Pierre, suivra ; 5° Jacquette, ép^a 1685 Jacques *Gascoing*, sgr de Bernay ; 6° F^se, ursuline à Moul.-Eng^t.

VII. — CÉSAR-ERARD écr, sgr de la Motte-Plessis 1696 et de Tamnay 1712, gendarme de la garde 1687, capit. rég^t de Navarre 1698, fourrier de la Dauphine 1696, chlr de St-Louis, m^t 1721, ép^a 1702 Fr^se *Dony* (**), fille de Pierre, notr^e, dont : 1° Pierre, sgr de Tamnay 1731 qu'il lègue 1754 à son cousin J^n-Joseph-Pierre Sallonnier d'Avrilly, m^t célib.; 2° Paul, dominicain 1748-65 ; 3° César-Érard, lieut. rég^t de Vexin, tué à Perpignan 1787, célib.; 4° César-Édouard, ecclési.1737 ; 5° Fr^s, écr, sgr de la Motte-Plessis, gendarme de la garde, capit. rég^t de Vermandois 1750, chlr St-Louis, m^t 1760, ép^a 1750 Charlotte *Dublé* de Beauvoisin, fille de Philibert-Gabr., dont : *a*, Philibert-Fr^s, écr, sgr de la Motte, mousquetaire 1773, lieut. de maréchaussée 1777, à ass. noblesse Nev.1789, célib.; *b*, Anne-Simonne, ép^a 1777 Étienne *Borne* de Grandpré ; 6° Simon, suit ; 7° Mlle-Anne et Jeanne, ursulines à M.-Eng^t.

VIII. SIMON, écr, sgr de la Motte-Plessis en p^ie et de Varennes (c^ne Moul.-Eng^t) 1764, capit. rég^t de Vermandois 1762, chlr St-Louis, m^t 1787, ép^a 1764 Rose-Charl^te *Robert*, fille de Charles, médecin à M.-Eng^t, dont : 1° Charles-Fr^s, écr, sgr de la Motte et Varennes, lieut. rég^t de Vexin 1788, émigra, chlr St-Louis, m^t 1851, ép^a 1809 Joséphine DU CREST, dont : *a*, Edwige, ép^a 1827 Paulin de Champeaux ; *b*, Césarine, ép^a 1824 Édouard d'Ennery de la Chesnaye ; 2° Rose-Simonne, ép^a 1787 Charles-Fr^s *de Saulieu* de la Chaumonerie.

VII. — PIERRE SALLONNIER (4° fils de Pierre et de Marie Rousseau), sgr de Chaligny (c^ne St-Hilaire-M^oul), secrétaire des finances de duchesse d'Orléans 1696, m^t 1705, ép^a 1696 J^no-Marg^te *Gueneau*, fille de Guill^e, juge de M.-Eng^t, dont : 1° Guill^e, suit ; 2° Paul, s^r de la Roche, lieut.rég^t de la Sarre, m^t 1743, ép^a 1736 Mlle Bergeret, dont : *a*, deux filles ursulines, et Pierre, s^r de la Roche, conser él^lon de Ch.-Chinon 1788, m^t 1810, ép^a 1762 Jeanne *Guillier*, fille de Pierre, dont : *a'*, Edme, receveur de l'enregistr^t Nev.1810-38, m^t 1750, ép^a 1810 Henriette *Robert*, fille d'Amable (St-Pierre), dont : Amable, juge à la Châtre, m^t 1866 sans posté ; *b'*, Louise, ép^a 1791 J^n-B^te *Robert* de Chamont ; *c'*, Anne, ép^a 1794 Cl.-Edme Buteau ; *d'*, Adélaïde, ép^a 1798 Fr^s Rérolle.

VIII. — GUILLAUME, écr, sgr de Chaligny 1727 et de Mont (c^ne Maux) 1757, capit. rég^t de Vexin 1722, fourrier de la vennerie 1731, *auditeur* en ch^re comptes de Dôle 1750, m^t 1761, ép^a 1731 Anne-Jacq^te *Rousseau*, fille de Charles, bailli de Lormes, dont : 1° Jacques-

(*) ROUSSEAU. — *De Montsauche*, où on les trouve dep.1612. — Simon ROUSSEAU, huissier au bureau de la reine 1643, m^t av.1657, eut d'Anne *Sallonnier*, fille de Guill^e, juge M.-Eng^t : 1° Ambroise, huissier de la reine 1657 ; 2° Barthélemy, officier d'échansonnerie 1650, sgr de Montsauche en p^ie, père de : *a*, Jean, capit.rég^t de Berry, teste 1695 ; *b*, Marie, ép^a 1661 Pierre *Sallonnier*, ci-dessus ; *c*, Jacquette, dame de Montsauche en p^ie, qu'elle porta av.1671 à Paul Bouffet ; 3° Philibert, sommelier de la reine, m^t à Dun-les-Places 1667, eut de Cath. Martin : *a*, Charles, av^at, bailli de Lormes 1698-1718, eut de Marg^te Bussy : Anne-Jacquette, ép^a 1731 Guill^e *Sallonnier* de Chaligny ; *b*, Claude, veuve 1736 de Guill^e Dublé ; *c*, peut-être Philibert, sgr de Vermot (c^ne Dun) 1684, grenetier d'Avallon 1708, grand-père de : *a'*, Philibert, sgr de Vermot, av^at à Avallon 1767, qui de L^se Boucher de la Rupelle eut la b^ne de Candras ; *b*, Charles-Nic. capit. rég^t de la Sarre 1767 ; 4° Suzanne, mariée av.1656 à Jean Colin, de Vauclaix. — De 1673 à 1706, des ROUSSEAU sont march^ds à Moul.-Eng^t et possess. à Brassy. — En 1702 Jeanne R. ép^a Alph. *Vaucorel*, médecin à Ch.-Ch^on, et Anne est fme av.1698 d'Ambroise *de Thomassin*, sgr de Meulois, et sœur de Guy R., prieur de Brassy. — *Armes :* D'azur, au chevron accompagné en chef de deux roseaux et en pointe d'une grappe de raisin, le tout d'or. — *Sources :* Min. notr^es Moul.-Engilbert. — Arch.Nièv.E et B. — *Le Morvand*, II, Baudiau. — Reg.parois. de Montsauche, Dun-les-Places et Moul.-Eng^t.

(**) DONY. — *Du Bazois*. — Léonard DONY, proc^r fiscal d'Aunay 1601, eut d'Huguette Fournier : Charles, notr^e à Aunay, puis à Moul.-Eng^t, m^t av.1642, ép^a 1612 Esmée *Sallonnier*, fille de Lazare, dont : 1° Gabriel, curé de Tamnay 1643 ; 2° Philippe, march^d ; 3° Gabriel, probabl^t père de Pierre, notr^e à Aunay, bailli de Tamnay 1703, qui de Marg^te Chauveau eut : Fr^se, ép^a 1702 César-Erard *Sallonnier*, ci-dessus. — Fr^s DONY, est notr^e à M.-Eng^t 1705. — (Min.notr^es Moul.-Eng^t. — Arch.Nièv.B. — Reg.parois.Tamnay.)

Éteints.

IX. — Nicolas C^{le} DE LA FERTÉ-MEUNG, sgr de la Roche-Milay, Montanteaume, etc., chevau-léger 1754, colonel rég^t de Quercy 1785, chlr de St-Louis, partage avec Jacq.-L^s 1785, m^t 1790, épⁿ 1775 M^{ie}-J.-Colette Hennet de Courbois, fille de Laurent, gr^d-m^{tre} forêts (Lyon), présentée à la cour, dont : 1° Herbert, suit ; 2° Ant^{tte}-Colette, épⁿ 1° 1790 Michel-Jacques DE LA FERTÉ-MEUNG de Challement, 2° Ch.-Fr^s, duc de Rivière-Riffardeau (Berry).

X. — HERBERT-NABERT-FR^s-L^s Mis DE LA FERTÉ-MEUNG, sgr de la Roche-Milay, etc., lieut.-colonel de chevau-légers, m^t à la Roche-Milay 1825, épⁿ 1804 Louise de Lévis-Mirepoix,

Claude, écr, major du génie 1783, puis colonel 1787, chlr St-Louis, présid^t du c^{eil} g^{al} de Nièv. 1816, m^t 1823, ép^a 1779 Anne-Madel. *Aupépin* de la Motte, fille de Philippe, dont : *a*, Emilie-M., ép^a 1805 Gilbert-J. Curé de la Chaumelle (*); *b*, S.-M.-Elisabeth, ép^a 1809 Jⁿ-B^{te} *Guillaume* de Sermizelles ; 2° Paul-Fr^s, suit ; 3° Guill^e, écr, sgr de Boux, gendarme de la garde 1767, chlr St-Louis, juge de Lormes 1792, célib.; 4° Charlotte, ép^a 1753 Jⁿ-Picard de Launay(**); 5° Cath., ép^a 1767 H.-Fr^s Baudenet d'Annoux.

IX. Paul-François, écr, sgr de Chaligny et de Mont 1771, à ass. noblesse Nev. 1789, ép^a 1769 Pierrette *Rapine* de Saxy, dont : 1° Fr^s, suit ; 2° Frédéric, garde-du-corps, célib.; 3° Jacq.-Erard, m^t 1781 célib.; 4° M^{ie}-Martiale, dame de Mont, ép^a 1795 Fr^s-Benoît *de Bèze*.

X. François, écr, gendarme de la garde 1788, émigra, s.-préfet de Ch -Chinon 1815, m^t 1833, eut d'Euphrasie *Bruneau de Vitry*: 1° Fr^s, suit ; 2°, 3° Mmes Quarré,de Beaumont et Routy de Charodon.

XI. François, m^t 1848, ép^a 1840 Hortense Routy de Charodon (Bgogne), dont : 1° Frédéric, fixé à Lyon, ép^a 1865 Julie Pierre de Vellefrey, dont 7 enf^{ts}; 2° Alphonse, a de Mlle Rocaud (Autun^s) 3 enf^{ts}; 3° M^{ie}-Gasparine, ép^a 1864 Jⁿ-L^s Fauron.

III. Jean SALLONNIER (3e fils de Guill^e et de J. Courtois). march^d à Moul.-Eng^t 1565-87, contrôleur en l'él^{ion} Ch.-Chinon 1580, propagateur du flottage(v.hom. célèbres), s^r de Poully (c^{ne} Brinay) 1584, et de 1/2 Perron (c^{ne} Montigny-s.-Canne) 1567 dont hmage 1578, et achète autre 1/2 de Perron 1582, y baille 1572 et 99, y achète 1573 et 85 et à Vauchisson 1574, m^t 1604, épⁿ av.1566 Geneviève *Desgranges*, fille de Simon, juge de Moul.-Eng^t, dont : 1° Guill^e, suit ; 2° Jean, suivra; 3° Antoine, licencié 1597, cons^{er} à la ch^{re} du Trésor à Paris 1606-13, eut de Cath. Landry : Claude, fme de Guill^e *Gascoing*, procr roi él^{ion} Nev.; 4° Pierre, tué à Fontaine-Fr^{se} 1595 ; 5° Jacques, contrôleur él^{ion} Ch.-Ch^{on} 1603-06, proc^r fiscal de Decize 1607 et recev^r au

grenier 1627, échevin Decize 1620 et 30, s^r de la Garde (c^{ne} Devay), m^t 1632 sans posté., ép^a av.1607 Esmée *Dornant*,(***) sœur de Marie, fme de G. Sallonnier, qui en hérita ; 6° Fr^s, écr, sgr de Poully et la Vallée-Bureau (c^{ne} Diennes) 1629, maréchal-d.-logis de maison du roi 1630, m^t av.1653, ép^a 1° Cath. Burgat (Bon-Lancy), 2° av.1633 Hélène *Rapine*, fille de Florimond, proc^r g^{al} Nev., m^{te} 1636, 3° Hélène *Marchand* du Gué, eut du 1er lit: *a*, Marie, dame de la Vallée, ép^a 1° Flor *Bergeron*, cons^{er} à St-Pierre, 2° 1656 Jean de Rochefcort d'Ailly, c^{te} de St-Vidal ; *b*, Catherine, ursuline à St-Pierre 1654; *c*, Isabelle, religi. à la Fermeté 1652-89; et du 3e; *d*, Guill^e, écr, sgr de Poully, gouvern^r de Gex, chlr St-Louis, m^t 1695 célib.; 7° Marg^{te}, ép^a av.1602 Jean-*Robert*, juge de Moul -Eng^t; 8° Anne ; 9° Catherine.

IV. Guillaume, av^{at} à Nev.1591, m^{tre} des comptes 1608 et proc^r g^{al} eaux-forêts, député du Tiers aux États 1614, ratifie avec frères 1610 vente de Perron par leur mère, transige à St-Parize et pour biens à Soultrait 1608, m^t av.1653, ép^a av.1591 Barbe *Roux*, fille de Guill^e, av^{at} à St-Pierre, s^r du Vernay, dont: 1° Guill^e, av^{at} Nev., m^{tre} des comptes 1628, ép^a av.1622 Marie *Gascoing*, fille de Pierre, proc^r roi Nev., Marie, ép^a 1642 Guill^e Cassard, recev^r tailles Nev.; 2° Philibert, proc^r g^{al} eaux-forêts et m^{tre} comptes Nev.1629, échevin Nev. 1639, a biens au Vernay (c^{ne} Challuy), m^t 1652, ép^a av.1628 Marg^{te} *Alixand*, fille d'Ant., cons^{er} à St-Pierre, dont: *a*, Fr^s, s^r du Vernay en p^{tie} 1657, proc^r g^{al} forêts et m^{tre} des comptes Nev.1657, m^t célib.1687 ; *b*, Fr^s le jeune, s^r de Garembé (c^{ne} Tresnay), Autry (c^{ne} St-Pierre), dont terrier 1678, avocat du roi à St-Pierre 1658, m^t 1684, épⁿ 16 janv.1668 Geneviève *de Pagany*, fille de Jⁿ, sgr de la Chaise, dont : Michelle, ép^a 1° 1687 Jos. *Douet*, cons^{er} St-Pierre, 2° 1696 Phil^t *Simonnin*, cons^{er} St-Pierre; 3° Fr^s, lieut. maréchaussée Nev.1636, s^r de Soultrait p^{ie}, m^t 1652, n'eut d'Etiennette *Berthelot* qu'un fils m^t jeune; 4° Jean, suit ; 5° Ant^{tte}, fme de Cl. *Quartier*, av^{at} Nev.; 6° Claude, fme de Guill^e *Gueneau*, proc^r Nev.

(*) M^t 1823 à Moul.-Eng^t, père de: 1° Théodore Curé DE LA CHAUMELLE, qui de Mlle *Delamalle*, eut la m^{ise} de Rouaille ; 2° Paul, anc. conser g^{al} Nièvre, qui, de Mlle Guignon de Neubourg, a la v^{tesse} Leclerc de Juigné.

(**) Du Bourbonnais ; il devint mestre de camp cav^{ie} ; était de même souche que les Picard du Chambon, dont une descendance ép^a 1862 Anatole *Pinet*.

(***) DORNANT. — *De Decize.* — Louis DORNANT (dit parfois « de Dornant »), march^d à Decize 1475, fermier de Beaudéduit 1482, est père de Guill^e, march^d Decize 1509, dont le petit-fils, Louis, m^d 1557-86 a biens par s^{se} Devay, et est père de Gilbert, élu part^{er} de Decize 1608, s^r de Chappeaux (c^{ne} Devay), la Garde (*id.*), Marigny (*id.*) 1589-1627, eut de Florence *Bonnineau* : 1° Esmée, fme de Jacques *Sallonnier*, ci-dessus ; et d'une 2e fme Louise Demazy : 2° Marie, ép^a 1629 Guill^e *Sallonnier*. fils de G., juge de Moul.-Engilbert. — (Min. notr^{es} Decize. — Arch. Nièv. E, B et H. — Reg. parois. Decize.)

Éteints.

dont : 1º Fernand, officier de carabiniers, m^t v.1878 sans posté., ép^a 1829 Adélaïde Molé de Champlâtreux, fille du ministre ; 2º Hubert, suit.

XI. — HUBERT-NABERT-LOUIS Mis DE LA FERTÉ-MEUNG, né 1808, pp^{re} de la Roche-Milay, vendit Solières, député de Ch.-Chinon 1837, ép^a 1º 1830 Mathilde-Fr^{se} Molé de Champlâtreux, sœur de la précéd., 2º N... Portalis ; n'eut qu'une fille du 1er lit : Mathilde-Ant^{tte}, ép^n 1851 Jules de Noailles, duc d'Ayen.

VII. — JEAN-BAPTISTE DE LA FERTÉ-MEUNG (3e fils de Claude, sgr de Solières, et de

V. JEAN, av^{at} Nev.1637, proc^r roi en l'hôtel ville 1643, bailli du chapitre, échevin Nev.1682, acheta Nyon (c^{ne} Ourouër), m^t av.1693, ép^a av.1637 Marie *Gascoing*, fille de Cl., s^r de la Belouze, dont : 1º Pierre, suit ; 2º Cl.-Jacquette, dame de Soultrait, ép^a 1680 Joseph *Richard*, av^{at}.

VI. PIERRE, sgr de Nyon 1688, av^{at} Nev.1678, échevin Nev.1691, capit. de bourgeoisie, m^t 1714, ép^a 1678 Jeanne Dufeuilloux, fille de Jacques, contrôleur grenier Nev., dont : 1º J^n-B^{te}, suit ; 2º Jacques, chanoine de Tannay, m^t 1746 ; 3º Marie, fme de N.. Lévêque.

VII. JEAN-BAPTISTE, sgr de Nyon, av^{at} 1710, proc^r du roi en la maréchaussée 1730, bailli du chapitre 1719, échevin 1738, m^t 1756, ép^a 1º 1710 Étiennette *Arvillon*, fille de Gaspard, s^r du Sozay, 2º 1728 Mlle-Edmée *de Bèze*, fille de Phil^t, cons^{er} à St-Pierre, eut du 1er lit :

VIII. PIERRE, sgr de Nyon, bourg^s de Nev.1747, échevin 1745, m^t 1792, ép^a 1745 A.-J^{ne}-Claude *Millin*, dame de Balleray, fille de Cl., s^r de Marigny, dont : 1º, 2º, 3º Louis, Jean et Claude, tués à St-Domingue, le 1er y eut d'Antoinette de la Passe : Jeanne, ép^a 1797 Edme Roussin, recev^r des dom. à Nev., père de Mme Moret ; 4º, 5º, 6º Cath., Louise et Jeanne, célibataires ; 7º Edmée-Jeanne, ép^a 1786 J^n-B^{te} *Moret*, anc. trésorier des ponts-et-chaussées.

IV. JEAN SALLONNIER (2e fils de Jean et de Gen. Desgranges), sgr du Perron, qu'il vendit 1610 et à cause duq. il reçoit aveu 1601, et de Champdioux (c^{ne} Maux), qu'il acheta, et de Levault (c^{ne} Onlay), recev^r des tailles

à Ch.-Chinon 1597-1617, et recev^r de la dame de Ch.-Chinon 1620, achète pr. Préporché 1614, ép^a av.1594 Claudine *Vaucoret*, dame d'Argoulais, acheté par son père Dimanche V^t, bailli de Ch.-Ch^{on}, dont : 1º Pierre, capit. de Semur, célib.; 2º Guill^e, suit ; 3º Dominique, sgr de Champdioux 1638, Chamenay (c^{ne} Maux) et Chaumois (c^{ne} Châtillon), av^{at} 1624, recev^r des tailles de la gén^{té} de Moulins 1635, m^t av.1670, ép^a av.1634 M^{le} Bénard, dont : *b*, Fr^s, co-sgr de Champdioux 1675; *c*, Marie, ép^a 1º 1656 Paul Blanchet, écr, 2º 1661 J^n *de Paris*, écr, sgr de la Bussière ; *d*, Catherine, ép^a 1670 Claude DE LA FERTÉ-MEUNG, chlr, sgr de Solières, ci-dessus ; et *a*, Antoine, co-sgr de Champdioux, qu'il vend avec frère à Cl. de la Ferté 1672, proc^r du roi en l'élion et grenier de Ch.-Chinon 1672, condamné 1667 comme non écr, m^t 1693, ép^a 1665 Jeanne *Moireau*, fille de J^n, grenetier de Ch.-Ch^{on}, dont : *a'*, Jacques, av^{at}, proc^r du roi à Ch.-Ch^{on} 1693, m^t 1727, ép^a 1696 Louise *Joffriot* (*), fille de Fr^s, dont : *a''*, Pierre, proc^r du roi et subdélégué à Ch.-Ch^{on} 1734, m^t célib.1766 ; *b''*, Jacques-Michel, s^r de Charonnot (ou Chanronnon ?), proc^r du roi à Ch.-Ch^{on} 1766, m^t 1767, ép^a 1º 1754 Reine *Gaucher*, fille de Cl., s^r de Champmartin, 2e av. 1766 Marie *Girard*, dont : *a'''*, Fr^{so}-Reine, ép^a 1782 Louis-Ét. *Septier* (**) de Rigny ; *b'''*, M^{le}-Madeleine, ép^a 1786 Fr^s *Septier* de Rigny, frère de Louis ; *c''*, Claude, s^r de Champaumont 1754, m^t 1771 célib.; *d''*, Fr^{se}, Madeleine et Mlle-Madel, m^{tes} 1787 et 86 célib.; *b'*, Antoine, curé de la Collancelle 1710 ; *c'*, Catherine, ép^a 1696 Fr^s *Millin*, av^{at} à Ch.-Ch^{on} ; *d'*, Reine, m^{te} 1763 célib.; 4º

(*) JOFFRIOT. — *De Château-Chinon*. — Famille de march^{ds}, notaires, etc., qui a aussi donné à Ch.-Ch^{on} : Esme, bailli 1556 ; Jean, contrôleur au grenier 1633 ; Fr^s, contrôleur en l'élection 1651 ; Christophe, avocat du roi à St-Pierre 1657 ; Nicolas, prêtre, sgr de Montbaron (c^{ne} Ch-Chinon) 1672 — Fr^s, bailli de Ch.-Ch^{on} 1675-86, eut d'Anne Goulon : 1º Madeleine, ép^a 1686 Léonard *Gudin* ; 2º Louise, ép^a 1696 Jacques *Sallonnier*, proc^r du roi, ci-dessus — Pp^{ales} alliances : Millin, v.1593 ; Vaucoret, 1624 et 1633 ; Bruandet ; Miron, 1631 ; Guillier ; Coujard, 1668 ; Duverdier, 1684, etc. — (Regis parois.Ch.-Chinon. — Min.not^{res} Montreuillon. — Arch.Nièv.B.)

Éteints.

(**) SEPTIER. — *De Nivernois*. — Se trouvent dans la paroisse de St-Benin-d.-Bois au XVIe s. et dans celle de Nolay au XVIIe. — Louis SEPTIER, commerç^t à Rigny 1718, puis à Nev.1721-28, échevin de Nev.1728, épousa av.1720 Elisabeth Jaubert, sœur de Jean, not^{re} à Nev., dont : 1º Etienne, suit (A) ; 2º Fr^s, chanoine Nev.1751, vic.gén^{al} 1758, prieur de Faye 1758-86 ; 3º Elisabeth-Vincente, ép^a 1746 Nicolas *Chaillot*, s^r de Lugny. — (A) Etienne, s^r de Rigny (c^{ne} Nolay), bourg^s de Nev.1751, m^t 1766, ép^a 1749 Jeanne Perche, dont : Louis-Etienne, suit (B) ; 2º Fr^s, écr, s^r de Rigny, lieut.rég^t de Berry 1786, puis des grenadiers royaux 1788, ép^a 1786 M^{le}-Madeleine *Sallonnier*, fille de J.-Michel, s^r de Charonnot, ci-dessus, dont Fr^{so}, fme de Lazare Choppin (Autun) ; 3º Jean, curé de Tannay, puis de Montenoison 1788, déporté 1794. — (B) Louis-Etienne, écr, s^r de Rigny en p^{ie}, gendarme de la garde, puis cons^{er}-rapporteur à St-Pierre 1782, m^t 1837, ép^a 1º 1782, Fr^{se}-M^{ie}-Reine *Sallonnier*, sœur de la ci-dessus, sans posté., 2º 1785 J^{ne}-Elisabeth Hodeau (Sancerre), dont : 1º Jean-Louis SEPTIER DE RIGNY, m^t 1878, ép^a 1824 Josép.-Ursule *Blaudin*-Valière, dont Alfred, marié à Mlle de Laire, et Mmes Blaudin de Thé, Tixier de Ligny, Gudin de Vallerin et Ribault de Laugardière ; 2º M^{ie}-Emilie, ép^a 1810 Théodore de Lafont, gr^d-père du général. —— *Armes* : De sable, à trois chevrons d'argent, accompagnés de trois trèfles de même. —— *Sources* : Archiv.Nièv.B, E et Q.— Reg.parois.Nolay, Nevers et Ch.-Chinon.

Existants.

Cath. Sallonnier), écr, sgr de Champdioux, dont il achète une p¹ᵉ 1708, Maux (cᵒⁿ Moul.-Engilbert), Chamenay (cⁿᵉ Maux) et Châtillon-sur-Broué hérité d'Élie 1692 et qu'il vend avec frères, capit. régᵗ de la Sarre 1708, curateur de J.-Frˢ son frère 1704, reçoit hmage à cause Champdioux 1712, mᵗ 1747 ; épᵃ 28 janv.1712 Marie *de Vallery* (*), fille d'Émiland, dont : 1° Frˢ, mᵗ 1746, célib.; 2° Jacques, chlr, sgr de Champdioux et Chamenay 1753, officier régᵗ de Touraine, mᵗ 1764, épⁿ 22 avril 1755 Cl.-Marie *de Ladux*, fille de Jacques, sgr de Lâché, dont : a, Jacques-Mⁱᵉ, chlr, sgr de Champdioux, reçu à école milit.1766, à ass. noblesse Nev.1789, mᵗ 1824, épⁿ 1791 Reine Gory, dont 3 bâtards, et Isidore né 1792, mᵗ 1842, eut de Caroline Levasseur : Élisabeth, épⁿ 1843 Gabriel Lucas de Montigny ; b, Jⁿ-Joseph, habite Ch.-Chⁿ 1791, mᵗ 1848, eut de Chⁱᵉ-Pénélope DE LA FERTÉ-MEUNG, de Toucy, un fils mᵗ jeune ; c, Charlotte, fme de Modeste Borie, son cousin ; d, Claudine, mⁱᵉ 1799 célib.; 3° Claude, suit ; 4° Jⁿ-Frˢ, chlr, sgr de Maux, partage avec frères et sœurs 1773, mᵗ 1782 célib.; 5° Jⁿ-Bᵗᵉ, chlr sgr de Champdioux p¹ᵉ 1753,

Frˢ, suivra ; 5ᵃ Jeanne, épᵃ 1626 Jacques *de Ganay*, écr, sgr de Velée ; 6° Marie, épⁿ av.1626 Jacques Dyen, avᵃᵗ du roi en l'éliⁿ Nev.

V. GUILLAUME (**, recevᵗ du taillon de la gén. de Moulins 1626, fixé à Nev.1634-64, y épⁿ av.1637 Blaisine de Vienne (***), dont : 1° Jean, suit ; 2° Frˢ, chanoine Nev.1697-1707, curé de Livry 1688 ; 3° Charles, juge de Pontailler-s.-Saône.

VI. JEAN Sⁱᵉʳ DU PERRON, avᵃᵗ Nev.1671, lieut. aux eaux-forêts royales Niv.1690, mᵗ 1692, épⁿ 1ʳ av.1674 Catherine Cosson, 2° 1690 Esmée *Tillot*, eut du 1ᵉʳ l.: 1° Frˢ, suit ; 2° Claude, avᵃᵗ à Nev.1708, échevin 1738, mᵗ 1760, eut de Frˢᵉ *Quartier* de Trangy: a, Frˢ-Claude, bourgᵗ de Nev., mᵗ 1762 sans posté. connue de Frˢᵉ Gauthier ; b, Elisabeth, épⁿ 1731 Frˢ Lopitot, lieut. crimiⁿᵉˡ au baage.

VII. FRANÇOIS, écr, lieut. régᵗ de la Marche 1696-1708, cap. des gardes du gouvʳ de Niv.1713, colonel de bourgeoisie 1720, mᵗ av.1740, épⁿ 1ʳ 1676 Cath. *Berthier*, fille de Jⁿ, avᵃᵗ Nev, 2° 1708 Jeanne *Arvillon*, fille de Gaspard, sʳ de Sᵗ-Baudière, eut du 1ᵉʳ lit : 1° Jⁿ-Frˢ, curé de Cuffy 1749 ; 2° Marie, épⁿ 1716 Louis *de la Roche-Loudun*, écr, sgr de Rimbé; 3° Rose, épⁿ 1720 Frˢ Méthier, officier commensal, et du 2° : 4° Étiennette-Mⁱⁿ, épⁿ 1707, épⁿ 1730 Henri *de la Chasseigne*, chlr, sgr d'Uxeloup ; 5° Pierre, suit :

VIII. PIERRE, sʳ de Marigny (cⁿᵉ Sauvigny) et Sᵗ-Baudière (cⁿᵉ Marzy) 1745, substitut du procʳ roi élⁱᵒⁿ 1766, échevin Nev.1746, mᵗ 1773, épᵃ 1740 Mⁱᵉ-Anne

Millin, fille de Cl., sʳ de Marigny, dont : 1ⁿ Cl.-Frˢ, suit : 2° Étiennette, célib.

IX. CLAUDE-FRANÇOIS, sʳ de Marigny et Thiot (cⁿᵉ Sauvigny), substitut du procʳ roi 1775, mᵗ 1783, épᵃ 1766 Mⁱᵉ-Margᵗᵉ *Lempereur*, fille de Barth., sgr de Septvoyes, dont : 1° Jⁿ-Pierre, sʳ de Thiot 1792, n'eut d'Étiennette Monnet qu'une fille ; 2° Étienne-Frˢ, sʳ de Sᵗ-Baudière 1789, sans posté.

V. FRANÇOIS SALLONNIER (4ᵉ fils de Jean et de Cl. Vaucoret), avᵃᵗ 1626, receveur des tailles à Ch.-Chinon 1634, échevin 1636, sgr d'Argoulais (cⁿᵉ Sᵗ-Hilaire-Maⁿᵈ), dont hmage 1637, achète à Charnoy 1636, mᵗ 1646, épⁿ 1631 Léonarde Béliard, fille de Philippe, juge de Montreuillon, dont : 1° Jacques, suit ; 2° Claudine, célib ; 3° Frˢᵉ, bénédictine.

VI. JACQUES, écr, sgr d'Argoulais, garde du scel Sᵗ-Pierre 1669, lieut. criminel de Sᵗ-Pierre 1673, *secrétaire du roi* en la chʳᵉ comptes Dôle 1699, mᵗ 1712, épⁿ 1ʳ 1667 Cl.-Margᵗᵉ *Gascoing*, fille de Guillⁿ, sgr d'Apiry, 2° 1697 Mⁱᵉ-Madel. *Girard*, fille de Cl., sgr de Charnoy, eut du 1ᵉʳ lit : 1° Guillⁿ, écr, sgr d'Argoulais p¹ᵉ 1696, Apiry (cⁿᵉ Ourouër), Luthenay (cᵒⁿ Sᵗ-Pierre), Rosemont (cⁿᵉ Luthenay) et la Vesvre (id) 1714, lieut. crimⁿᵉˡ à Sᵗ-Pierre 1700, mᵗ 1727, épⁿ 1690 Charlotte *Dollet*, fille de Louis, receveur des décimes, dont : a, Jacques, mᵗ jeune; b, Madeleine, héritière de sa branche, épⁿ 1715 Paul cᵗᵉ *de Chabannes*, sgr de Huez; 2° Cl.-Frˢ, suit.

VII. CLAUDE-FRANÇOIS, écr, sgr d'Argoulais p¹ᵉ, Mont-

(*) DE VALLERY. — *De Château-Chinon*. — Bourgeois et marchᵈˢ fin du XVIᵉ s. — Frˢ de VALLERY est procʳ et notʳᵉ à Ch.-Chinon 1636 ; Jean, praticien 1672. — Philippe, greffier des justices de Maisoncomte, mᵗ 1675, eut 1ⁿ Charles, marchᵈ 1667, greffier d'id 1685, mᵗ 1694, épⁿ av.1667 Marie *Jacob*, fille de Jean, procʳ du roi à Ch.-Chⁿ, dont : Charles, marchᵈ; Jeanne, qui épⁿ 1688 Frˢ *Pellé*, praticien, et Cath., fme de Charles Bary (du Bazois) ; 2° Emiland, avᵃᵗ 1685, contrôleur éliⁿ et grenier Ch.-Chⁿ 1688, mᵗ 1716, épⁿ 1687 Guillᵗᵗᵉ Drouillet, dont : Marie, qui épⁿ 1712 Jⁿ-Bᵗᵉ DE LA FERTÉ-MEUNG, chlr, sgr de Champdioux, ci-dessus (cette alliance amena la décadence de la br.de la Ferté, du Morvand) ; 3° Jean, procʳ fiscal de la Tournelle 1688, mᵗ 1716, eut d'Anne *Moreau* : Jean, greffier de la Tournelle, mᵗ 1724, dont les descendants sont marchᵈˢ et bourgeois à Corancy jusqu'en 1790. — Autres alliances : Bruandet, vers 1588 ; Creuset; Moreau, v.1620 ; Marotte, v 1760, etc. — (Min.notʳᵉˢ Ch.-Chinon et Montreuillon. — Arch. Nièv.B. — Reg.parois.Ch.-Chinon, Maux, Corancy.)

Éteints.

(**) Ce Guillaume et sa descendance continuent à s'appeler « du Perron » et même « sʳ du Perron », bien que cette sgrie fut vendue.

(***) N'ont rien de commun avec la grande famille féodale de Bgogne. Un Jean de Vienne, abbé de Sᵗ-Martin-Nev.avant 1640, dut faire le mariage de sa nièce Blaisine, étrangère au Niv.; il est parrain d'un de ses fils. Cette Blaisine était fille de Pierre de Vienne, qui ne porte aucune qualification au bapt.1642 d'un autre fils. En 1713, un Pierre de Vienne est aussi abbé de Sᵗ-Martin-Nev. (Reg.parois. Nevers.)

garde-du-corps 1754, épᵃ 6 août 1759 Jeanne *Guillier* (4), fille de Frˢ, dont : *a*, Pierre, officier, tué aux Indes ; *b*, Frˢᵉ, épⁿ 1782 H.-Guillᵉ *Alloury*, garde-du-corps de Mʳ ; 6° Reine, épⁿ 1754 Louis *Guillier* de Cremas, juge de Moul.-Engilbert ; 7° Marie, épⁿ 1753 Paul Borie (Béarn), soldat ; 8° Jeanne, mᵗᵉ 1793 célib.

VIII. — CLAUDE DE LA FERTÉ-MEUNG, chlr, sgr de Champdioux en pⁱᵉ et Chamenay, capit. régᵗ royal 1762, chlr de Sᵗ-Louis, mᵗ 1787, épⁿ 27 janv.1766 Jeanne *Millin* (*), fille d'Étienne, dont : 1° Jⁿ-Frˢ, suit ; 2° Jacques-Mⁱᵉ, chlr, sgr de Chamenay, à ass. noblesse Nev.1789, mᵗ 1849, épᵃ Marie DE LA FERTÉ-MEUNG, de Toucy, dont : *a*, Césarine, épⁿ 1826 Gabriel-Cl. de Veyny (**) ; *b*, Caroline, épᵃ 1836 Alexandre Collin.

IX. — JEAN-FRANÇOIS-Mⁱᵉ DE LA FERTÉ-MEUNG, chlr, sgr de Chamenay pⁱᵉ, capit. régᵗ royal 1788, à ass. Nev.1789, émigra, chlr Sᵗ-Louis 1815 et capit. d'inf., mᵗ 1821, épᵃ 1806 Mⁱᵉ-Edmée DE COTIGNON, dont : *a*, Mⁱᵉ-Madeleine, épⁿ 1831 Victor-Hipp. Berry ; *b*, Joséphine, épⁿ 1833 Jⁿ-Frˢ *Guillier de Chalvron* (4).

III. — JACQUES DE LA FERTÉ-MEUNG (2ᵉ fils de Barthélemy et de Frˢᵉ du Verne), chlr,

baron (cⁿᵉ Ch.-Chinon 1710, la Montagne (cⁿᵉ Sᵗ-Honoré) acheté 1714. Couloise (cⁿᵉ Chiddes), acheté 1724, et Marry (cⁿᵉ Sémelay), secrétaire du roi à Dôle 1710, mᵗ 1745, épᵃ 1712 Frˢᵉ-André de Charancy (Autunˢ), dont : 1° Jean-Mⁱᵉ, chlr, sgr d'*id.*, bâtit le chât. de la Montagne, y mᵗ célib. 1781 dernier de sa br. léguant aux Chabannes ; 2° Jacques, capit. au régᵗ royal, chlr Sᵗ-Louis, tué à Raucourt 1746; 3° Frˢ, capit. régᵗ de Touraine, tué à Dettingen 1743.

Armes : D'azur à la salamandre d'or, lampassée de gueules, dans des flammes de même.

Sources : Minutes notʳᵉˢ Moul.-Engilbert, Decize, Montreuillon, Châtillon. — *Inv* de Marolles. — Arch. chât. de Limanton, Vandenesse, le Tremblay, Devay, la Vaudelle, et de M. Pougault à M.-Engᵗ. — Arch. Nièv. E et B. — D. Caffiaux, 1234. — *Inv.* de Parmentier. — D'Hozier nouveau, reg.VII. — Reg. parois.de Moul.-Engilbert, Chât.-Chinon, Decize, Sᵗ-Hilaire-Mᵃⁿᵈ, Dommartin, Sermages, Maux, Nevers, Ourouër, Sᵗ-Pierre, Lormes, Corbigny, Mhère, Verneuil, Charrin, Tannay, Sᵗᵉ-Péreuse, Sᵗ-Éloi.

Sortis du Nivernois.

(4) GUILLIER. — *De Moulins-Engilbert*, où Jean est tanneur 1529-40 ; Henri, *id*, baille près Vandenesse 1551, mᵗ av.1553, eut de Margᵗᵉ du Châtel : Guillᵒ, marié 1582 à Jeanne Tholé, dont : Frˢ. —

(*) MILLIN. — *Du Morvand.* — Jean MILLIN est marchᵈ à Moul.-Engilbert 1549 et Frˢ *id.* à Ch.-Chinon 1579 ; puis, aux environs Ch.-Chinon, des marchᵈˢ, cultivateurs, etc., aux XVIIᵉ et XVIII ˢᵉˢ. — Dominique MILLIN est contrôleur au grenier de Ch.-Chinon 1608-32. — Toussaint, bailli de Moraches 1655, est père de Philibert, marchᵈ de bois, sʳ de Tressole (cⁿᵉ Héry) 1677, dont le fils Philibᵗ aussi sʳ de Tressole 1723, branche dont doivent être : Frˢ, curé de Chougny 1678 ; Charles, mᵈ à Epiry 1678 ; Jean, procʳ au Parlᵗ Pⁱˢ 1679, sgr de Thaveneau (cⁿᵉ Mouron) et Surpalis (cⁿᵉ Sardy), père de Pierre, sgr Thaveneau 1699. — François MILLIN, bourgˢ de Ch.-Chinon 1592, eut d'Anne *Pitois* : Claude, échevin de Ch.-Chᵒⁿ 1634, qui eut de Cl. Vaucoret : Claude, notaire 1667 et procʳ fiscal de Ch.-Chᵒⁿ 1690, mari de Marie Marotte, dont : Frˢ, avocat 1696-1709 et marchᵈ de bois, mᵗ 1743, épᵃ 1696 Catherine *Sallonnier*, fille d'Ant., procʳ du roi, dont : 1° Etienne-Frˢ, suit (A) ; 2° Jean, avᵃᵗ 1726, bailli de Ch.-Chᵒⁿ 1744, teste 1764, épᵃ 1° 1729 Frˢᵉ *Richou*, fille de Jean, 2° 1740 Frˢᵉ Dameron, eut du 1ᵉʳ lit : *a*, Jean-Frˢ, sʳ de Dommartin (cᵒⁿ Chât.Chinon), avᵃᵗ 1754, receveur des tailles et au grenier 1755-80, échevin 1778, épᵃ 1754 Monique Dameron, fille de Pierre, recevʳ tailles, dont : *a′*, Pierre-Frˢ, sʳ de Dommartin, recevʳ des tailles 1782, épᵃ 1783 Julie *Gondier*, de Tard ; *b′*, Jⁿ-Augustin, sʳ de Montelème (cⁿᵉ Montsauche), contrôleur au grenier Ch.-Chᵒⁿ 1787, épᵃ 1786 Mélanie *Marotte* ; *c′*, Monique, épᵃ 1781 Frˢ *de Champs de Salorges* ; *d′*, Frˢᵉ, épᵃ 1785 Claude *Etignard*, avᵃᵗ ; et du 2ᵉ lit : *b*, Pierre-Frˢ, sʳ de Champsauveur (cⁿᵉ Ch.-Chinon), exempt de la maréch., mᵗ 1777, épᵃ 1772 Madel.*Goguelat*, fille de Philippe, dont : Frˢ-Henri ; *e*, Reine, épᵃ 1758 Simon-P. *Sautereau* ; *d*, Jacquette, épᵃ 1763 Jⁿ-Bᵗᵉ *Petitier* ; *e*, Cath., épᵃ 1770 Jos.Lemoine, avᵃᵗ. (Ces branches de Dommartin, Montelème et Champsauveur paraissent s'être éteintes milieu du XIXᵉ s.) — (A) Etienne-Frˢ, contrôleur des actes à Ch.-Chinon 1729, marchᵈ de bois 1734, sʳ de Poussin (cⁿᵉ Poussignol), épᵃ 1724 Mⁱᵉ-Jacquette *Richou*, fille de Jean, dont : *a*, Frˢ-Etienne, avᵃᵗ 1760, bailli de Ch.-Chinon 1766-76, mari de Marie *Gudin* ; *b*, Jacques, prêtre 1761-81 ; *c*, Claude, contrôleur des actes 1751 ; *d*, Charles, sʳ du Solet (pr.Ch.-Chinon) 1763, épᵃ 1761 Margᵗᵉ-Louise *Lempereur* de Septvoies, dont un fils sans posté. — Autres alliances : Girard, v.1590 ; Joffriot, Moireau, av.1616 ; Vaucoret, Lemaître, Lescofller, 1683 ; Bastenet, etc. — *Armes :* De gueules, au chevron d'or, accompagné en chef d'une étoile de même et d'une rose d'argent, et en pointe d'une plante de millet d'argent. — *Sources :* Minut notʳᵉˢ de Moul.-Engilbert et Montreuillon. — Arch.Nièv. E et B. — Reg.parois.Chât.-Chinon, Sᵗ-Léger-Fougeret, Dommartin, Châtin.

Éteints.

(**) Il était fils de Charles DE VEYNY, chlr, sgr de Villorbaine (Charolois), chevau-léger de la garde, marié à Lyon 1783 à Lucrèce *Moitanier* de Belmont, dont : Louis-Gabriel, épousa à Lormes 1834 Huguette *Borne de Grandpré*, dont un fils, et Gabriel-Claude (aîné), capit. cavⁱᵉ, épᵃ à Toucy 1826 Césarine DE LA FERTÉ-MEUNG, ci-dessus, dont entre autres : 1° Alexandre mⁱˢ DE VEYNY d'Arbouse, épᵃ 1856 Augustine DE COURVOL, dont : *a*, Charles, marié 1892 à Mˡˡᵉ de Candolle ; *b*, Mᵐᵉ Lepelletier de Glatigny ; 2° Mⁱᵉ-Aglaé, mariée v.1855 à Paul cᵗᵉ DE ROLLAND d'Arbourse.

sgr de Challement, Challementeau et Sancy en p^ie par partage 1576, et de Millebert 1571, archer de c^ie de Bourdillon 1566, lieut. de 50 h^mes d'armes et chlr de l'ordre 1587, m^t peu av.1612 qu'il est déterré à Challement comme protestant ; ép^n 1° 1574 Christine *d'Aulnay*, fille de Claude, sgr d'Arcy, et de J^ne de Breullard, m^te 1584, 2° 28 avril 1591 Anne D'ANLEZY, fille de Phil^t, sgr d'Espeuilles, et de Gilberte de Rabutin ; eut du 1er lit : 1° Jacques, suit ; et du 2° : Anne, ép^a 1613 Ludovic *de Chevigny*, sgr de la Forêt.

IV. — JACQUES DE LA FERTÉ-MEUNG, chlr, sgr de Challement, Challementeau, Millebert, Armes (c^on Clamecy), et en p^ie de Chevroches (*id.*), Villiers-s.-Yonne (*id.*) et Cuncy (c^ne Villiers), capit. d'arquebusiers 1615, prévôt gén^nl de Niv.1617, maréchal de camp dans l'armée de Mantoue 1628, partage avec sœur 1613, plaide avec héritiers de Jacob 1613, maintenu exempt des tailles 1634, m^t 1639 ; ép^n 27 nov.1606 Anne *de Monfoy*, fille de Jean, sgr d'Armes et Villiers, et d'H^tte de Grandrie, dont : 1° Barthélemy, chlr, sgr de Challement, capit. rég^t de St-Aubin 1640, m^t av. 1656 célib.; 2° Fr^s, suit ; 3° Charles-Loup, capit. rég^t St-Aubin, tué 1645 célib., 4° Christine, fme av.1641 de Jean Fauleau ; 5° Renée, ép^n 1652 Fr^s *de Juisard*, écr, sgr de Plotot ; 6° Louise, ép^n 1653 Edme de Massue, écr ; 7° Judith, fme de Philibert Dutour, march^d à Vandenesse.

V. — FRANÇOIS DE LA FERTÉ-MEUNG, chlr, sgr d'*id.*1647, partage succ^on mat.1651, refait terrier de Challement 1656, *maintenu* par int^l gén. Moulins 10 déc.1668, m^t 1680 ; ép^n 15 juin 1653 Marie *de Barnault*, fille de Jean, sgr de Guipy, et de M^ie d'Esmé, dont : 1° Barth.-Fr^s,

---

Pierre GUILLIER est notr^e à Moul.-Engil^t 1562-77. Jean, échevin 1582 (*).

I. LÉONARD GUILLIER, commerç^t à Moul.-Engil^t, y baille 1621, y achète 1628, y vend 1655, épousa av. 1628 Madeleine *Save*, dont il eut : 1° Fr^s, av^at à Moul.-Engil^t 1673 fait partage avec frères, teste 1702, ép^n 1694 Marg^te Franjon, sans posté ; 2° Michel, commerç^t à Moul.-Engil^t, m^t 1685 célib.; 3° Léonard ; 4° Jeanne, fme av.1663 de J^n *Lebreton* (St-Saulge).

II. LÉONARD, commerç^t à Moul.-Engil^t 1676, puis à Maux 1692, m^t av.1700, eut de Jacquette *Coujard* : 1° Michel, né 1672, m^t jeune ; 2° Fr^s, suit ; 3° Jean, praticien à Moul.-Engil^t 1702, célib.; 4° Jeanne, fme de Guill^e *Pougault*; 5° Marie, ép^n 1702 Guy Camuset, notr^e Nev.

III. FRANÇOIS, s^r de Mont en p^ie (c^ne Maux) acheté 1712, et de la Chaume-Guelot (*id.*) 1720, av^at, juge de Champdioux 1708 et de Moul.-Engilbert 1743, m^t 1766, ép^n 29 janv. 1702 Léonarde Michot, fille de Cl., m^d à Maux, dont : 1° Fr^s, av^at, grenetier et juge de Moul.-

---

(*) CHARLES GUILLIER, tanneur à Moul.-Eng^t, m^t av.1529, eut de Jeanne Hardy : 1° Michel, suit ; 2° Barbe, épousa 1529 Guill^e Brenye ; 3° Claude, ép^a 1539 P. Martin ; 4° Jeanne, ép^a 1550 Eug.Radigot. — (A) Michel, tanneur à M.-Eng^t 1531-56, m^t av.1583, eut de Jeanne Brizard : 1° Jean, suit ; 2° Marg^te, fme de L^s Choppin, march^d. — (B) Jean, march^d à M.-Eng^t 1588, échevin 1582, m^t av.1612 ép^a 1583 Sébastienne Reullon, dont : 1° Gabriel, suit ; 2° peut-être Léonard, commerç^t à M.-Eng^t 1621, auteur de la branche ci-dessus. — (c) Gabriel, march^d 1614-28, m^t av.1644 que sa veuve f. hmage à Châtillon, ép^a 1612 Claudine *Goussot*, fille de Claude, dont : 1° Nicolas, curé de Limanton 1651 et de Moul.-Eng^t 1674, teste 1695 ; 2° (D) Jean, notr^e à Moul.-Eng^t 1644-70, m^t 1680, eut de Dominique Isambert : 1° Jean, curé de Montarou 1673, teste pour son neveu J^n-B^te 1698 ; 2° Henri, suit ; 3° Jeanne, fme de Ch. *Pougault*, march^d à M.-Eng^t ; 4° Marie, ép^a 1677 Lazare Alloury, av^at ; 5° Agnès, fme de Fr^s Dubois, march^d. — (E) Henri, notr^e à M.-Eng^t 1680, proc^r du roi à la ville 1691, m^t 1693, ép^a av.1670 Claudine GUILLIER, dont : 1° Jean-B^te, suit ; 2° Henri, curé de Maux 1702, puis de Limanton 1708-36 ; 3° Fr^s, tanneur à M.-Eng^t 1700, m^t 1740, ép^n 1699 Guillemette Duruisseau, dont : Henri, proc^r à M.-Eng^t 1736, mari de J^ne Pradeau ; 4° Nicolas, proc^r du roi à la ville, m^t av.1736, ép^a 1699 Madel. Guipier ; 5° Jeanne, ép^a 1694 Jean Guipier ; 6° Jacquette, ursuline. — (F) Jean-B^te, notr^e à M.-Eng^t 1693, bailli du Tremblay et de Vandenesse 1727, m^t 1742, ép^a av.1693 Anne Lemoine, dont : 1° Jean, curé de Brinay, chanoine de M.-Eng^t 1727 ; 2° (G) Pierre, notr^e et proc^r du roi à M.-Eng^t 1742, proc^r fiscal de Commagny 1735, m^t 1764, ép^a 1727 Jeanne *Robert*, fille de Gilles-Jos. s^r de Versilles, dont : a, J^n-B^te, curé de Maux 1773-85 ; b, Pierre-Jos., curé de Rémilly 1763 ; c, Charles, s^r de Tramenson (c^ne Sermages) 1788, médecin à M.-Eng^t, dont le fils, Fr^s, ép^a 1817 Ursule Mutel, dont posté.; d, Jeanne, ép^a 1762 Pierre *Sallonnier*, s^r de la Roche. —— On trouve aussi à Nevers : Guill^e GUILLIER, notaire 1564-67, qui eut de Marg^te *Coquille* : Perronnelle, fme de Jean *Prisye*, bourg^s de Nev. Henri, huissier en l'élion 1667, eut de Madel. Jaquet : Jean, commiss^e aux tailles. Claude-Henri, notr^e et proc^r 1695, échevin Nev.1723, mari de Mlle Moutardier. Joseph, av^at, proc^r du roi maréch. Nev., échevin 1774, bailli de Guérigny, ép^a 1763 Genev. Camuset. — Toussaint GUILLIER, m^tre des comptes du duc 1554-70 et garde du scel Nev., mari de Cécile Lemuet, probabl^t père de Philippe, juge de Clamecy 1568 et élu à Clam. 1570-82, qui de Girarde *de Lucenay*, eut : Jean, s^r de St-Gervais (c^ne Dirol) 1583, juge de Clamecy et recev^r en l'élion 1592, bailli d'Amazy 1605, m^t 1630, eut d'Elisabeth de Creilg : 1° Jean, s^r de St-Gervais, présid^t en l'élion Clamecy 1616-32, m^tre des requêtes de la reine Marg^te, eut d'Elisabeth *Chevalier* de Minières : a, Suzanne, ép^a 1637 Lazare *de Bligny*, écr, sgr de Pousseaux ; et peut-être, b, Antoine, chanoine Clamecy 1656, m^t 1695 ; 2° Fr^s, juge de Clamecy 1619 et contrôleur en l'élion 1630-42, eut de Jeanne Pinot : a, Fr^s, m^t av. 1670, qui, de Germaine Houlot, eut : a', Gabriel, march^d à Clamecy 1704, mari d'Anne Ferré, dont Gabriel-Cl.; b, Madeleine, fme de Ch. Ragon. — (Min. notr^es Moul.-Engilbert et Clamecy. — *Inv*.de Marolles. — Arch.chât.Vandenesse et Poiseux. — D. Caffiaux, 1234. — *Inv.*de Parmentier. — Reg.parois.Moul.-Eng^t, Chât.-Chinon, Nevers, Clamecy, Tannay, Sermages)

Existants.

suit ; 2° Fr⁸, brigadier des ingénieurs, dirᵣ des fortifᵒⁿˢ d'Embrun 1701, chlr Sᵗ-Louis, tué à Verceil 1704 célib.; 3° Samuel, chlr, sgr de Challement pⁱᵉ 1687, bᵒⁿ de Poiseux (cᵒⁿ Pougues) 1701, mᵗ av.1722 sans posté., épⁿ ₁° 19 déc.1687 Anne DU LYS, bⁿᵉ de Poiseux, veuve d'A. Briçonnet, 2° 22 oct.1715 Marie DE BERTHIER, fille de Marit, sgr de Bizy ; 4° Jeanne, épⁿ 1707 Philippe *de Longueville*, chlr, sgr de Champmorot ; 5°, 6° Elisabeth et Marie, célib.

VI. — BARTHÉLEMY-FRANÇOIS DE LA FERTÉ-MEUNG, chlr, sgr de Challement et Challementeau 1680, de Chavance (cⁿᵉ Achun) 1699, capit. régᵗ de Piémont 1683, sert au ban Niv.1697, plaide 1702, mᵗ 1708 ; épⁿ ₁° 16 sept.1680 Margᵗᵉ DE LA BUSSIÈRE, fille d'Edme, sgr de Guerchy et de B. de Courvol, dont : Jean, mᵗ 1709, 2° 25 avril 1693 Guiette de Georges, fille de Prosper, sgr de Romanet et d'Anne de Grandrie, dont : 1° Frˢ, mᵗ jeune ; 2° Jacques-Alph. suit ; 3° Anne-Achille, vicaire-gén. d'Auxerre 1751 ; 4° Mⁱᵉ-Anne, épⁿ ₁° 1716 Joseph *de Fourvières*, vᵗᵉ d'Armes, 2° 1731 Philippe *Le Bault*, chlr, sgr de Langy.

VII. — JACQUES-ALPHONSE DE LA FERTÉ-MEUNG, chlr, sgr d'*id.* et de Romanet et Villars-Dompierre (Auxois), capit. régᵗ de la marine 1713, commandant d'*id.* et chlr Sᵗ-Louis 1734, mᵗ 1758 ; épⁿ 11 fév. 1732 Frˢᵉ *de Paris*, fille d'Henri, sgr de Prélichy, dont : 1° Annet, suit ; 2° Gilberte, dame de Prélichy, épⁿ ₁° 1755 Louis *du Bois d'Aisy*, major cavⁱᵉ, 2° Cl. Bureau de Sᵗ-Alembert, capit.; 3° Louise-Hᵗᵗᵉ, épⁿ 1756 Guillᵉ-Laz. *de Ganay*, cᵗᵉ de Lusigny.

VIII. — ANNET DE LA FERTÉ-MEUNG, dit : cᵗᵉ de la Ferté, chlr, sgr av.1761 de Challement, la Tour-Rabuteau (cⁿᵉ Challement), Ferrière (*id.*), Cungy (*id.*), Villaine (cⁿᵉ Germenay), reçoit Grandchamp pⁱᵉ (cⁿᵉ Montigny-Canne) de sa tante Le Bault 1755, et a biens à la Cave de l'abbé de la Ferté 1762, à ass. noblesse Nev.1789, mᵗ v.1800, épⁿ 29 avril 1761 Antᵗᵗᵉ-Virginie de Clermont-Tonnerre (*), dont : 1° Louis-Michel, suit ; 2° Mⁱᵉ-Antoinette, épⁿ 1784 Edme

Engilᵗ 1747-75, épⁿ 1747 Jeanne *Desprez* (branche du Berry) dont : *a*, Philibert, direcᵗ des postes de l'armée en Russie, mᵗ 1813 ; *b*, Frᵉ, sᵣ de Montchamois(cⁿᵉ Maux), juge Moul.-Engilᵗ 1789, présidᵗ tribunal Cosne, mᵗ à Cosne 1832, y épⁿ 1802 Thérèse Beaubois, dont : René, fut avocat, et Mᵐᵉˢ Leblanc et Grétré ; 2° Charles, suit ; 3° Pierre, sᵣ des Vallerins (cⁿᵉ Montigny-s.-Canne) 1747-82, célib.; 4° Louis, sᵣ de Cremas (cⁿᵉ Sémelay) 1747, mᵗ 1764, épⁿ 1754 Reine DE LA FERTÉ-MEUNG, fille de Jⁿ-Bᵗᵉ, ci-dessus, dont : *a*, Jⁿ-Frˢ, dit : de Vauvelle (cⁿᵉ Maux), juge à Ch,-Chⁿ, sans posté. de Fˢᵉ Plivart, *b*, Jeanne, épⁿ 1800 Paul Guillemot, officier hussards ; 5° Jérôme, curé St-Léger-Fougᵉᵗ 1759-72 ; 6° Marie, épˢ 1735 Jacques Saclier ; 7° Jeanne, épⁿ 1759 Jⁿ-Bᵗᵉ DE LA FERTÉ-MEUNG, chlr, sgr de Champdioux, ci-dessus.

IV. CHARLES GUILLIER DE MONT, avⁿᵗ 1735, lient. génⁿᵗ baage Nev. 1743, lieut. aux Eaux-forêts Juché 1770, mᵗ à Chalvron 1777, épᵃ 1745 Catherine Barce (Vézelay), dont : 1° Charles-Frˢ, avⁿᵗ, lieut.génⁿᵗ baage Nev. 1770-90, mᵗ 1800, épⁿ ₁° 1782 J.-Frˢᵉ Denesres (Avallon), 2° 1787 Catherine-B. *Gondier*, fille de Joseph, sᵣ de Gonges, dont : *a*, Michel-Auguste, fixé à Avallon ; *b*, Gabriel, habita cⁿᵉ Brinay, épᵃ 1825 Henriette Desbouis, dont Ernest fut en Amérique et Mᵐᵉˢ Martin et Rousseau ; *c*, Reine-Simonne, épᵃ 1813

Nic.-Léger *Jourdan* du Mazot ; 2° Charles-Jérôme, mᵗ célib.1831 ; 3° Pierre-Basile, suit ; 4° Elisabeth, épᵃ 1770 Jⁿ-Nic. *Chaillot* de Lugny ; 5° Louise, épᵃ 1773 Cl.-Philibert Camuset, consᵣ baage Nev.guillotinté 1794.

V. PIERRE-BASILE GUILLIER DE CHALVRON, lieut.régᵗ Conti 1784, député du Tiers par Vézelay à Auxerre 1789, membre district Clamecy 1794, inspᵣ des forêts 1811, mᵗ 1833, épᵃ 1784 Mⁱᵉ-Anne Colon (Vézelay), dont : 1° Jean-François, suit ; 2° Philippine Colon ; 2° Jⁿ-Frˢ, suit ; 3° Félix, mᵗ célib.à Aubusson 1845 ; 4° Jeanne, mᵗᵉ célib.1862.

VI. JEAN-FRANÇOIS-Mⁱᵉ, chef bataillon 1834, mᵗ 1841, épᵗ 1833 Joséphine DE LA FERTÉ-MEUNG, ci-dessus, dont : 1° Léon, épᵗ 1858 Hᵗᵗᵉ Berry, dont : Raoul, mari de Margᵗ de Souvigny ; 2° Gaston, mᵗ 1889, épᵃ 1866 Marie *Blaudin*-Valière, dont : Marcel, Guy, Raymond et Mᵐᵉ *Flamen* d'Assigny.

Armes : D'azur, à deux branches de gui d'argent liées d'or.

Sources : Min. notᵣᵉˢ Moul.-Engilbert. — Arch. Nièv. E et B. — Arch. chât. de Limanton. — *États-Généraux*, Labot. — Hᵗᵉ *Vézelay*, A. Chérest. — Reg. par. de Moul.-Engᵗ, Maux, Nevers, Vézelay, Bazoches.

Existants.

(*) Dans la branche, aînée, des sgrs d'Ancy-le-Franc (pr.Tonnerre), Charles-Henri cᵗᵉ DE CLERMONT-TONNERRE, lieut génⁿᵗ en Bgogne 1623, eut entre autres : Roger, auteur de la br.ducale, et Antoine, cᵗᵉ Dannemoine (Tonnerrois), mestre de camp, grand-père de Mᵐᵉ *Prévost de la Croix* et Charles-Jacques, cᵗᵉ de Dannemoine, capit.cavⁱᵉ, chlr Sᵗ-Louis 1734 qui, de Virginie Viart de Pimelle, eut Antoinette-Virginie, qui épᵃ 1761 Annet DE LA FERTÉ-MEUNG, ci-dessus. (Courcelles, *Pairs*, VII. — Reg.paroiss.Dannemoine.)

ANDRAS v^{te} DE MARCY; 3° L^{se}-Germaine, épⁿ 1797 Georges-Fr^s *Aupépin* de la Motte, de Dreuzy.

IX. — LOUIS-MICHEL-JACQUES Cte DE LA FERTÉ-MEUNG, chlr, sgr de Challement, Danne-moine, la Cave (c^{ne} Beaumont–Sardolle), s.-lieut. rég^t Dauphin 1789, reçut à son maage la nue-propr. de la Cave de son cousin éloigné l'abbé de la Ferté, présenté à la cour 1790, émigra, m^t 1816, épⁿ *1°* 1790 Ant^{tte}-Colette DE LA FERTÉ-MEUNG, fille de Nicolas, c^{te} de la Roche-Milay, sans posté., *2°* v.1808 Anne-Thérèse Maugaine, dont: 1° Gustave-Antoine, lieut. de vaisseau 1844, m^t 1883 sans posté., épⁿ 1853 Blanche Cotton de Bennetot; 2° Annette, fme de M. Lauxerrois.

Armes : Écartelé: aux 1 et 4, d'hermine au sautoir de gueules, *qui est de la Ferté*; et aux 2 et 3, contr'écartelé d'argent et de gueules, *qui est de Meung*.

Sources : D. Villevieille, 38, 58, 62, 91. — Mss. chan. Hubert, Orléans. — D. Caffiaux, 1234. — *Inv.* de Marolles. — Bibl. nat. : Cab^{et} du Saint-Esprit, mss Clairambault. — Arch. Nièv. E, B et Q. — Min. not^{res} Clamecy et Moul.-Engilbert. — Arch. chât. du Tremblay, Beauvais, Chastellux, Limanton, la Roche-Milay, la Vau-delle, la Baratte. — D'Hozier, reg. I. — Cabinet Titres : Fr^s 47346 et 25987; Preuves St-Cyr, 302; Carrés de d'Hozier, 460; Écoles milit. 11 et 38. — *Inv.* de Peincedé IX et XIII. — *Inv.* arch. Yonne, E. — Lachesnaye-d.-Bois, XV. — Reg. parois. de Ciez, Entrains, Dampierre-s.-Bouy, Challement, Lainsecq, Escolives, Fouronnes, Cuncy-les-Varzy, Villiers-s.-Yonne, Clamecy, Billy, St^e-Péreuse, Maux, Chât.-Chinon, Dommartin, Moul.-Engilbert, Poiseux, St-Péraville, Nevers, la Roche-Milay, Fléty, Poil, etc.

Sortis du Nivernois.

✠✠✠✠✠✠✠✠✠✠✠✠✠✠
✠✠✠✠✠✠✠✠✠
✠✠✠

DE FONTENAY

SONT originaires de Berry.

On connaît des sgrs de Fontenay (c^{on} Nérondes) dep. 1152; mais La Thaumassière dit que cette première maison s'éteignit fin du XIIe s. en Sulpice II DE FONTENAY, dont la fille unique Agnès aurait épousé av. 1212 Raoul *de Pougues* (*), qui prit le nom de Fontenay. Son petit-fils Pierre, sgr de Fontenay et Bonnebuche, mari d'Aremburge des Barres, dame de Regny et Crézancy (pr. Sancerre), eut : 1° Pierre, suit; 2° Oudard, doyen de l'égl. Nevers 1347-66, m^{tre} des requêtes du roi, donna Livry (c^{on} St-Pierre) au chapitre.

(*) DE POUGUES. — Tirent leur nom de Pougues (arr^t Nevers). — Geoffroy de P., sénéchal de Nev.1193, confirme 1199 don^{on} au chapitre Nev. par Raoul son frère; son fils Raoul avait biens à Pougues, sur lesq. il donne 1221 rente à abb. Crisenon, à laq. il avait déjà donné, ainsi qu'à sa mère 1218, fit transactions avec abb. Fontmigny 1211-16, épousa Agnès de Fontenay, ci-dessus, mais aucune charte conservée jusqu'à nos jours ne confirme l'opinion de La Thaumassière, quant à la descendance de ce Raoul; Godefroy, son fils, garde le nom *de Pougues*, il vend dans la mouv. de comtesse Nev. 1225; (aucun FONTENAY n'est possessionné à Pougues durant tout le XIIIe s.). Sado DE POUGUES vend au chapitre Nev.1285 des dîmes aux env. de Pougues, et en 1291 feu Pierre de P. et son fils Bernard ont vendu des droits près Magny et St-Parize. — Il est probable que les suivants sont d'une autre souche : Guillaume DE POUGUES, « citoyen de Nevers », témoin d'une vente au chapitre 1359; Jean, clerc, a un fief au Montet (c^{ue} Coulanges-Nev.) 1366; Jean, m^t av.1382, eut d'Alips : Pierre, citoyen de Nev., f. hmage par^{sse} Luthenay 1382, m^t av.1397 mari d'Isabeau *de Veauce*, et Jeanne qui f. hmage avec son mari Guyot des Bœufs p. biens à St-Éloi; Jean est m^{tre} d'hôtel du c^{te} Nev. v. 1400; Guill^e est garde du scel de Gien 1406; Pierre, élu évêque Nev.1430 mais non confirmé, paraît frère d'Hugues, trésorier et recev^r gén^{al} du c^{te} Nev., châtelain de Nev.1430, échevin 1422-35, m^t av.1449, eut de Jeanne *de Druy* : 1° Pierre, émancipé 1444, achète avec frère part du minage Decize; 2° Antoine, brigandinier 1469; 3° Perrette, ép^a av.1442 Gilbert *Coquille*. Un Pierre est chanoine Nev. 1468; Jean, échevin Nev.1466-73; Hugues, bourg^s Nev., f. hmage à Cuffy 1473, m^t av.1478, mari de Marie de la Loe; autre Hugues, bourg^s Nev., baille 1508; Catherine, veuve de P. Sellier, av^{at} du roi à St-Pierre, baille près Chevenon 1518; enfin Pierre DE POUGUES, et ses sœurs Jeanne et Henriette, fme de J. Millet, concierge de la ch^{re} comptes, baillent à Nev. 1518. —— *Sources : Cartul.* de Crisenon, 168 et 177. — *Inv.* de Marolles. — Arch. Nièv. E et G. — D. Caffiaux, 1234. — Min. not^{res} Decize. — *Inv.* de Parmentier. — Arch. chât. Devay.

Éteints.

I. — PIERRE DE FONTENAY, chlr, sgr de Fontenay, Regny, Neuvy-à-deux-Clochers, la Tour-de-Vêvre (tous en Berry) 1344, épⁿ v.1295 Jeanne *de Meauce* (1), dame de Neuvy et la Tour, dont : 1º Guy, suit ; 2º probablᵗ Geoffroy, chlr, sgr de Bouquetraut (Bourbᵘⁱˢ), f. hmage à Chât.-Chinon p. dîmes et serfs parⁿᵉˢ de Sᵗ-Léger-Fougeret, Sermages, etc., 1332, et p. dîme de Trucy-l'Orgˣ (cᵒⁿ Clamecy) 1337, père de : *a*, Margᵗᵉ, dame de Bouquetraut 1350, plaide avec tante Margᵗᵉ de F. 1347, retire le bail du péage de Mèves 1363, épⁿ ₁º Guillº DE THIANGES, chlr, sgr de Champallement, 2º av. 1351 Guyot de Glanes, écr ; *b*, Jeanne, a biens près Corvol-l'Orgˣ et Sᵗ-Léger-Fougeret 1342-54, épⁿ av.1342 Érard DE THIANGES, chlr, sgr de Giry ; 3º Margᵗᵉ, abbesse de N.-D. Nevers 1342-60 ; 4º Agnès, dame de Pougues (arr. Nevers) et Garchizy (cᵒⁿ Pougues), dont hmage 1323, f. aveu à Chât.-Chinon p. biens pr. Sermages 1324, et pour Solières (cⁿᵉ Sᵗᵉ-Péreuse), paraît sans posté. de Jean de Solières, et en 1368 Pougues et Garchizy sont à sa petite-nièce Margᵗᵉ de Thianges.

II. — GUY DE FONTENAY, écr, sgr de la Tour-de-Vêvre et autres en Berry, eut :

III. — JEAN DE FONTENAY, écr, sgr d'*id.*, père de : 1º Guy, suit ; 2º Jean, moine à La Charité ; 3º Margᵗᵉ, épⁿ v. 1410 Philibert *d'Avantois*, écr, sgr de Sancergues.

IV. — GUY DE FONTENAY, chlr, sgr d'*id.*, épⁿ 1412 Jeanne d'Estampes, fille de Robert, sgr de Salbris, dont entre autres : 1º Amaury, chlr, sgr de Fontenay 1467 et par partage 1479, de Mocque (cⁿᵉ Sᵗ-Martin-Trousec), dont hmage 1470, Villardeau (cⁿᵉ *id.*), Myennes (cᵒⁿ Cosne), Cours (*id.*), Bourdoiseau (cⁿᵉ Cours), Villeberne (*id.*), les Barres (cⁿᵉ La Celle), chambellan du roi, mᵗʳᵉ d'hôtel du duc Bourbon, épⁿ ₁º Isabeau DE DAMAS, fille Jean, sgr de Crux pⁱᵉ, ₂º 20 déc. 1467 Catherine *de Chastellux*, fille de Claude, maréchal de Fr. et dame des fiefs près Cosne, ₃º 1473 Isabeau d'Aubusson, sœur du grᵈ-maître de Rhodes, eut du 1ᵉʳ lit : *a*, Jeanne, dame de Mocque, Villardeau, épⁿ 1486 Jean DE VIELBOURG, capit. de cent hʳˢ d'armes ; *b*, Marie, dame de Myennes, épⁿ av.1493 Gilbert *de Sᵗ-Quintin*, chlr, sgr de Blet ; et du 2º lit : *c*, Jean, sgr de Fontenay qui passa à sa fille Catherine. mariée 1535 à Frˢ DE MONTSAULNIN, écr, sgr de Coulon ; *d*, Gabriel, resta en Berry ; et du 3º lit : *e*, Jacquette, fme de Louis *de la*

(1) DE MEAUCE. — *De Nivernois.* — Robert et Guy DE MEAUCE (*de Melsia*) (cⁿᵉ Saincaize) souscrivent 1089 une donᵒⁿ à église Nev. — Philippe, sgr de Meauce au XIIᵉ s., n'est connu que par tradition. — Guillº DE MEAUCE, mᵗ après 1271, épousa v. 1260 Margᵗᵉ, fille d'Eudes, sgr de la Tour-de-Vêvre et Regny (Berry), dont : 1º Jean, sgr de la Tour et Regny, mᵗ av. 1344 que ses sœurs partagent son héritage ; 2º Isabeau, fme de Jean de la Motte ; 3º Jeanne, dame de la Tour et Neuvy qu'elle porta v.1295 à Pierre DE FONTENAY, ci-dessus.

I. ROBERT DE MEAUCE, sire de Meauce au commᵗ du XIIIᵉ s., épousa N... de Moulins, sœur d'Étienne de Moulins, dont leur fils, Hugues, avait hérité av.1245, elle avait fait, à l'abb. de Bellevaux, fondation hypothéquée sur Meauce ; leur fils fut :

II. HUGUES, damoiseau, convient 1245 avec abb. Bellevaux de transporter la fondation maternelle de Meauce sur Brinay quand il l'aura, et accorde même an avec le sgr de Chât.-Chinon pour celui-ci sur Brinay, Marry, Sambrèves, Marcilly-sous-Monts, de la succⁱᵒⁿ d'E. de Moulins ; fut à la croisade, pris à la Massoure 1250, eut les yeux crevés avec les quinze-vingts chlrs Doit être différent du suivant qui paraît frère d'André, écr, qui échange à Limanton avec abb. Bellevaux 1269.

III. HUGUES, chlr, sgr de Meauce et Trémigny (cⁿᵉ Saincaize), donne avec sa fme à N.-D. de Nev.1254, vend 1269 à abb. Bellevaux ce qu'il a à Limanton, baille à Trémigny 1280, consent 1281 le retrait féodal par sgr de Ch.-Chinon de Villars-le-Bois qu'il a vendu ; épⁿ Isabeau de Sully (Berry), avec laq. il acte 1254-81 ; il eut : 1º Hugues, suit ; 2º Jean, cité 1269.

IV. HUGUES, chlr, sgr d'*id.* et Crézancy (cⁿᵉ Chevenon), dont hmage 1296, et par sa veuve pour Meauce 1332, mᵗ av.1330, eut de Regnaude *de Varigny*, qui fait donᵒⁿ 1331 à église Saincaize avec Guillº son fils :

V. GUILLAUME, écr, sgr de Meauce, dont hmage 1330, donne quittances de guerre en Vermandois 1339, f. aveu pour Meauce avec la justice de l'Allier, la Pointe et Gain (cⁿᵉ Saincaize) 1349 ; père de Margᵗᵉ, dame de Meauce, dont hmage 1377, et de Crézancy 1386, de Trémigny 1399, épⁿ v.1360 Étienne *de Monteruc*, chlr.

En 1405, un Jean de Meauce accense sa terre d'Omery-les-Gaulx (châtⁱᵉ Cuffy).

Sources : D. Villevieille, 57. — Cabᵗ Titres, p. originales, 1910. — Originaux collⁿ de Soultrait, à Soc. Niv. — *Inv.* de Marolles. — *Inv.* de Parmentier, ch. 34. — Arch. Nièv. E. — *Saincaize*, par Bonvallet, Bulletin IV.

Éteints.

Barre (2), écr, sgr de la Chaussée ; 2º Philippe, doyen et archidiacre Nevers 1494 ; 3º Robert, chanoine Nev.; 4º Pierre, docteur en droits, évêque de Nev. 1461 par résignation de son oncle J. d'Estampes, abbé de Bellevaux, trésorier du chapitre 1450, prieur de Lurcy-le-Bourg 1452, m^t 1499 ; 5º Guill^e, suit ; 6º Marie, ép^n 1463 Philibert DE LA PLATIÈRE, chlr, sgr des Bordes.

V. — GUILLAUME DE FONTENAY, chlr, sgr de la Tour-de-Vêvre, Neuvy (Berry), Verneuil (c^on Decize), Uxeloup (c^ne Luthenay), et en Avallonnais de : Chassigny, Saint-Aubin, Champien, Islan, Villiers, etc.; écr du duc d'Orléans, reçoit don^on de son frère Pierre 1494, sert au ban Niv. 1503, acte pour Uxeloup 1506 et p. Verneuil 1515, m^t 1516, ép^n v. 1468 Philiberte *de Digoine*, fille de Guy, sgr d'Uxeloup, St-Aubin, Chassigny, etc., et de Cath. de la Rivière, dame de Verneuil, dont : 1º Pierre, chan. Nev., prieur de Lurcy 1518, m^t 1522 ; 2º Esme, chan. Nev., m^t av. 1500 ; 3º Jean, archidiacre Decize, doyen Prémery, m^t 1499 ; 4º Henri, gr^d-archidi. Nev.; curé St-Arigle, prieur Cessy-Bois, m^t 1533 ; 5º Etienne, écr, fut à l'expédition Naples, m^t 1519 célib.; 6º Claude, chan. Nev. et Tannay, archid. Decize 1518, curé St-Arigle, m^t 1519 ; 7º Pierre, bénédictin, aumônier de François Ier ; 8º Fr^s, abbé Bellevaux 1520-57, prieur de Cessy 1542 ; 9º Jean, suit ; 10º Louis, moine à Vézelay ; 11º Barbe, suivra ; 12º Guy, docteur-ès-droits, chan. Nev. 1521, gr^d archidi. 1535, curé de Saxy-Bourdon, sgr de Verneuil p^ie 1531, f. hmage 1549 p. fiefs d'Avall^s, m^t 1570 (*) ; 13º Esmée, ép^n v. 1515 Jean *de Maraffin* (3), écr, sgr de Garchy.

(2) DE LA BARRE. — Origin. *de Beauce*, puis en Berry. — Louis DE LA BARRE (fils de Jacques, sgr d'Arbouville), écr, sgr de la Chaussée (Berry), épousa ou comm^t du XVIe s. Jacquette DE FONTENAY, fille d'Amaury, ci-dessus, dont : 1º Fr^s, écr, sgr de la Chaussée, ép^n 24 oct. 1549 Jeanne *de Clèves*, fille d'Herman, bâtard de Clèves, dont : Gabrielle, ép^n 1574 Jean DE LA FERTÉ-MEUNG, chlr, sgr de Boisjardin ; 2º Philibert, suit ; 3º Marg^te.

I. PHILIBERT DE LA BARRE, écr, sgr de Villelume (auj. la Barre, c^ne Livry), la Perrine (c^ne Livry), Boishaut (*id.*), achète Villelume et la Perrine v. 1566, vend à Lorgues 1571, m^t av. 1580, ép^n 30 sept. 1555 Jacquette *de Chevigny*, fille de Fr^s, sgr de Boishaut, et de Charlotte Le Tort, dont : 1º Alain, tué au siège de la Mure ; 2º Claude, écr, sgr de Boishaut, Villelume et la Perrine 1605, m^t av. 1622, eut d'Elisabeth de Murat (Bourb^ais) entre autres : *a*, Fr^s, tué au service 1628 ; *b*, Etienne, écr, sgr d'*id.* 1629-34, capit. rég^t de Langeron, tué v. 1639 célib.; *c*, Marg^te, hérita de ses frères, dame de la Barre (c^ne Livry), la Perrine, Livry en p^ie, ép^n 1639 Jourdain *d'Escoraïlles*, écr, sgr de Chambon ; 3º Simon, suit ; 4º huit filles.

II. SIMON, écr, sgr de Lorgues (c^ne St-Pierre-M^tor) 1603, et Chabé (c^ne Chantenay) 1623, ép^a 1^r 3 fév. 1602 Charlotte de Célerieu, 2e av. 1617 Anne-Hyacinthe de Beron, eut du 1er lit : 1º Thomas, suit ; et du 2e : 2º Alexandre, tué au siège de Corbie 1636 célib.

III. THOMAS, chlr, sgr de Lorgues 1640, Chabé et Chevroux (c^ne St-Quentin), fonde chapelle à Lorgues 1659, y baille 1673, m^t 1679, ép^a 1re v. 1630 Renée DE LA PLATIÈRE, fille de Guill^e, sgr de Chevroux, 2º 24 août 1647 Madeleine Gaulmyn (**), 3º 12 juin 1656 Perrette DU LYS, fille de Léonard, sgr de Jailly ; eut du 1er lit : 1º Hervé, suit ; du 2e : 2º Gilbert, écr, sgr d'Avril p^ie 1654, y plaide 1660, eut duel 1662, m^t célib.; 3º Gilberte, ép^n 1677 Ant.-Gilbert de Gaulmyn, chlr, sgr de Maisons, maréchal de camp ; et du 3e l.: 4º L^se-Ed.-Léonarde, dame de Chabé, dont hmage 1700, ép^n 1681 Fr^s *du Broc*, écr, sgr du Nozet.

IV. HERVÉ, chlr, sgr de Chevroux 1649, d'Avril-s.-L. en p^ie (c^on Decize) 1656, dont il achète autre p^ie 1672, y habite et y plaide 1677, m^t 1682, ép^n av. 1669 Antoinette de Champfeu, fille de Phil., sgr de la Fin (Bourb^ais), dont : 1º Thomas, écr, sgr de Chevroux, Lorgues et Avril, m^t à 21 ans 1690 au ban du Niv. sans posté.; 2º Perrette, dame de Lorgues et d'Avril, ép^n 1691 Fr^s-Senneterre *de Dreuille*, chlr, sgr de la Lande ; 3º M^ie-Anne, dame de Chevroux, ép^a 1693 Paul DE LICHY, chlr, sgr de Parigny.

Armes : D'argent à la fasce d'azur chargées de trois coquilles d'or, accompagnée de deux merlettes de sable, 1 et 1.

Sources : Inv. de Marolles. — Arch. du chât. de Segange. — Arch. Niev. E. et B. — D. Caffiaux, 1234. — Min. notres St-Pierre. — Nobili. gén. Moulins, Cab^t Titres 451. — Lachesnaye-d.-Bois. — Bettencourt. — Reg. parois. Livry, St-Pierre, Ste-Colombe, St-Laurent, Avril-s.-Loire.

Éteints.

(3) DE MARAFFIN. — Peut-être origin. du Limousin ; sont en Touraine en 1405, chlrs, sgrs de Noiz-en-Brenne ; donnent un évêque-pair de Noyon

(*) C'est lui qui, dans une note de 1527, donne la nomenclature et les fonctions de ses frères. Il est peu de familles en France dans lesquelles on puisse trouver *neuf frères* ecclésiastiques.

(**) Elle était fille de Gilbert GAULMYN de Montgeorges, m^tre des requêtes, intendant de la gén. de Moulins 1649 et sœur de Fr^s brigadier des armées, tué 1675. Sa fille, Gilberte *de la Barre*, épousa son cousin Antoine-Gilbert de Gaulmyn, maréchal de camp 1704. — Beauvoir fut érigé en comté pour Cl.-Sébast. de G. par lettres de déc. 1762 enregistrées. — Alliances nivern.: des Croix, de la Barre 1677, Foulé de Prunevaux, de Dreuille 1755, de la Chesnaye 1857, de Mullot de Villenaut 1888. — (D'Hozier, reg. V. — *Le Bourbonnais.* — Reg. parois. Livry et St-Pierre.)

VI. — JEAN DE FONTENAY, écr, sgr de la Tour-de-Vêvre,Verneuil, dont hmage 1535, de St-Pierre-du-Mont (con Varzy) et Rozière (cne Courcelles) dont aveus 1533 et 43, Flez (cne St-Pierre-Mont), Fourcherenne (cne Saxy-Bourdon), Marancy (cne Bona), de Champien et fiefs en Avallonnais dont hmage avec frères 1518, servit en Italie et Suisse, est à fixation limites baage Nev. 1523, fait fondation St-Cyr 1553, lègue à l'hôtel-Dieu Nev. 1556, mt av. 1559, épa av. 1423 Frse DU VERNE, fille de Pierre, sgr de Fourcherenne, et de Margte Bardin, dont entre autres : 1º Esme, suit ; 2º Frs, mt célib. à Nev. 1555 ; 3º Margte, dame après son frère de Fourcherenne et terres d'Avalls dont hmage 1585 et qu'elle donna à son neveu Frs de Babute, mte célib. av. 1592 ; 4º Gilberte, dame de St-Pierre-du-Mont et Verneuil, épa 1541 Gaspard de Babute, écr, sgr de Froidefond, dame des terres de Berry et d'Avalls, épa 1º av.1559 Frs du Pontot, chlr, sgr de Poussery, 2º Louis d'Avantigny, gentilhe mon du roi ; 5º Frse, abbesse de N.-D. de Nev. 1564-1607.

VII. — ESME DE FONTENAY, chlr, sgr de la Tour-Vêvre,Verneuil 1559, dont hmage 1575, de Fourcherenne 1569, de Marancy qu'il donne 1579 à Eloi du Verne, reçoit 1553 et 70 de son oncle Guy : Champien, etc., gentilhe mon du roi et chlr de l'ordre 1570, mt 1579 sans posté., sa mère ratifie son testt ; épa 28 août 1559 Frse DE LA RIVIÈRE, fille de Jean, sgr de la Rivière, et d'Is. de Dinteville.

VI. — BARBE DE FONTENAY (11me fils de Guille), chlr sgr de laTour-de-Vêvre pie, d'Uxe-loup, des fiefs d'Avalls dont hmage avec frères 1518, gentilhe mon du roi 1532, transige à Azy-

---

1473, et Louis DE MARAFFIN, chambellan de Louis XI, gouvr de Cambray et capit. de La Charité1473-78, père de Philibert, prieur de La Charité 1470, mt 1486.

I. GUILLAUME DE MARAFFIN, écr, sgr de Boiteaux (Berry), Vieux-Moulin (cne Vielmanay), Garchy (com Pouilly), Puisac (cne Garchy) et Narcy en pie (com La Charité) 1497, mt 1501, épousa v.1480 Eugénie de Blaisy, fille de Philippe, sgr de Boiteaux, et de Bonne de Champlemy, dame de Puisac, Garchy, etc., dont: 1º Jean, suit; 2º Guillº, abbé de Bellevaux ; 3n Frs, moine à La Charité 1518, sacristain de St-Léonard-Corbigny, mt 1547; 4º Philippes, dame de Boiteaux, épa 1502 Ithier d'Autry, écr, sgr de la Brosse.

II. JEAN, écr, sgr de Vieux-Moulin, Garchy, Puisac, Narcy pie 1506, de Neuville pie (cne Bulcy) et Rue-des-Fourneaux (cne Narcy), officier servant de Frse d'Albret, clorse Nev., saisi de dîmes parse Narcy 1507, reçoit hmage à cause Vieux-Moulin 1516, baille à Garchy 1518-22, mt av.1533, sa veuve f. hmage p. Neuville 1534; épa 1◆20 déc. 1506 Marie DE ROFFIGNAC, fille d'Ant., sgr de Meauce, 2º v.1515 Esmée DE FONTENAY, fille de Guille, ci-dessus, dont il eut : 1º Claude, suit ; 2ºJean, chanoine d'Auxerre1546,abbé de Bourras 1548-62, abbé de Bellevaux 1557-61, aumô-nier du roi 1554, prieur de Cessy, St-Mâlo et Cuches 1552, archidiacre de Decize 1561, se fit calviniste, résigne ses bénéf. 1562, mt v.1580, épa v.1555 Jeanne de Vielbourg (maage déclaré nul par primatie de Lyon 1579), dont il eut : a, Isaac, mt jeune ; b, Madeleine, épa 1581 Annet de la Roche, écr, sgr de Loudun ; 3º

Antoine, écr, sgr de Garchy pie, célib.; 4n Frs, chlr, sgr de Garchy, Vieux-Moulin, Narcy pie 1563, d'Avigneau (Auxerrn) 1560, fameux chef huguenot (*), lieut. de la cle de l'amiral, tué à la St-Barthélemy 1572 sans posté. (voir hes célèbres). épa av. 1559 Marie de Champs, dame d'Avigneau, veuve deGuille de Chuyn ; 5ºMargte, dame de Garchy et Vieux-Moulin 1578, épa 1n Louis DE TROUSSEBOIS, écr, sgrdeVillegenon, 2a av.1563 Gil-bert d'Aguirande, sgr de Salvert; 6º Frse, mto célib.1586; 7ª Madeleine, dame de Narcy pie et Rue-des-Fourneaux, épa 1º Jacques de la Chastre, sgr du Mas, 2º Jean Odier, sgr de la Tour ; ses enfants et ceux de Margte plaident 1579 pour nullité de maage de Jean de M.

III. CLAUDE, écr, sgr de Neuville, Rue-des-Four-neaux, Taingy (Yonne), mt av.1570, épn v. 1540 Gil-berte de la Porte, dont : 1º Frs, tué devant Cravant 1561, célib.; 2º peut-être Pierre (fils ou petit-fils), écr, sgr de Neuville et Bulcy pie (com Pouilly) 1590 et sgr de la Barre (cne Garchy) 1607, possédant des biens à Marolles (cne Oulon) lui venant de la Barre.

En 1636, on trouve encore un Georges DE MARAFFIN témoin du sgr de St-Pierre-du-Mont.

Armes : De gueules, à la bande d'or, chargée d'un croissant de sable en chef, accompagnée de six étoiles d'or en orle.

Sources : Cabt Titres : Pièces origi. 1832 ; Dossier bleu. — P. Anselme, II. — Inv. de Marolles. — Arch. Niév. E. et B. — Arch. Cher, E. — D. Caffiaux, 1234. — Gallia chra II. — Lebeuf, prise d'Auxerre.

Éteints.

(*) Des historiens ont confondu les deux frères, Antoine et François. Ce dernier est le célèbre chef huguenot du Donziois ; Antoine paraît être mort av.1563, que Jean et Frs figurent seuls dans l'accord avec leur beau-frère G. d'Aguirande, et il n'eut pas de postérité, car en 1584 ses neveux sont dits ses héritiers. (Pièces origi.1832.)

le-Vif 1546, m^t av.1553, ép^a av.1527 Madeleine de Livenne (Poitou), dont 1° Jean suit ; 2° Fr^s, chanoine Nev.1553, prieur de la Montagne 1559 ; 3° Fr^s le jeune, m^t sans posté. av.1559.

VII. — JEAN DE FONTENAY, écr, sgr d'Uxeloup 1559 dont hmage 1575 et p. biens à Azy-le-Vif 1573, épⁿ av.1559 Christophette de la Porte ; eut pour descendant : François de Fontenay, écr, sgr d'Uxeloup 1642, de Montsauche en p^{ie} (arr^t Ch.-Chinon) et la Terre-Aumaire (c^{ne} St-Brisson) 1647 (*), a sentences à Saint-Pierre 1646 et 58, plaide à Gouloux 1657, semble calviniste, m^t sans posté., dernier du nom, ayant épousé av.1647 Claude de Villaines (Berry).

Armes : Palé d'argent et d'azur, au chevron de gueules brochant sur le tout.

Sources : La Thaumassière, p. 744. — *Inv.* de Marolles. — Arch. chât. de Chastellux, St-Pierre-la-Chapelle et Fertot. — Arch. Nièv., E et B. — D. Caffiaux, 1234. — *Inv.* de Parmentier. — Gaignières, 22299. — Min. notr^{es} Moul.-Engilbert. — Terrier de Bellevaux. — *Inv.* de Peincedé IX et XIII. — Bettencourt. — Chazot, *tablettes*, VI. — Reg. parois. de Nevers et Montsauche.

Éteints.

(*) Il est probable qu'il tenait ces 2 terres de sa mère qui devait être une MONTSAULNIN, fille d'Antoine, sgr de St-Brisson en p^{ie} et la Terre-Aumaire, et d'Adrienne de Branfay ; il n'épousa pas, comme le dit l'abbé Baudiau, Elisabeth de Montsaulnin qui était fme de Jacq.des Belins en même temps qu'il était mari de Cl.de Villaines et déjà sgr de St-Brisson, qu'il vendit à son cousin, le fameux Montal.

✢✢✢✢✢✢✢✢✢✢✢✢✢✢
✢✢✢✢✢✢✢✢
✢✢✢

DE FRASNAY

AMILLE de Nivernois.

Prennent leur nom du fief de Frasnay-le-Ravier (c^{on} St-Benin-d'Azy) (*).

On trouve au XIVe s.(**) trois frères : 1° Jean DE FRASNAY, chlr, qui épousa la dame de St-Franchy (c^{on} St-Saulge), dont une fille unique, Marguerite, dame de Frasnay-le-Ravier et St-Franchy, épⁿ av.1359 Guy DE LA TOURNELLE, chlr, sgr de Maisoncomte, chambellan du duc Bgne, ils font hmage p.St-Franchy 1367, échangent avec abbaye Bellevaux 1372, veuve, elle dénombre 1380 Sauvigny à Anlezy et Frasnay à St-Saulge 1384 et elle reçoit autor^{on} de relever fourches de Frasnay, f.hmage p.Frasnay 1386 et p.St-Franchy 1403 ; 2° Guill^e, qui suit ; 3° Etienne, suivra.

I. — GUILLAUME DE FRASNAY, chlr, sgr de Montigny-sur-Canne (c^{on} Châtillon) m^t av.1371, eut de Jeanne de Lannoy : 1° Jean, damoiseau, sgr de Montigny, dont hmage 1371, m^t 1374, sans posté ; 2° Pierre, suit ; 3° Marg^{te}, ép^u av.1374 Guyot du Pré, écr.

II. — PIERRE DE FRASNAY, damoiseau, sgr de Montigny-s.-Canne, dont hmage 1384, Anisy (c^{ne} Limanton) (***), Mouches (c^{ne} Pazy) et Jouzeau (c^{ne} Verneuil), donne quitt^{ces} de

(*) Et non de Frasnay, près Châtillon, comme le prouve la charte de 1380 pour réédification des fourches patibulaires de la haute justice de Frasnay-le-Ravier ; de plus, ce fief est en 1413 aux La Tournelle, qui en vendirent une portion aux Moreau avant 1460. — Le nom s'écrivit aussi : DE FRANAY.

(**) Au XIIIe s.des DE FRASNAY, d'autre souche, sont sgrs de Frasnay-les-Chanoines (c^{ne} St-Aubin-l.-Forges : Seguin de Frasnay avait vendu avant 1222, à Hervé de Donzy, des dîmes au Magny (c^{ne} Suilly-la-Tour). Itherius, chlr, sgr de Frasnay, est témoin d'un don du c^{te} Nev.1226. En 1241, le sgr de Frasnay cède, au chapitre Nevers, ses droits sur Guérigny, et en 1258 Mahaut, fme d'Hugues de Frasnay, lègue à l'abb.de Bourras. (*Inv.*de Marolles. — Bibl.nat., latin 17130.)

(***) ANIZY lui venait des LA TOURNELLE, par les Champdiou. Ce fief appartenait au XIVe s. à une famille de ce nom : Jean D'ANIZY, damoiseau, en f.hmage 1322, et Seguin, chlr, en 1338, m^t en 1339, que sa veuve Alips renouvelle ce devoir à Moul.-Engilbert ; leur fils, Huguenin d'ANIZY, chlr, donne quittances de guerres 1339 et 55 et f.aveu à Huban 1340, à Chât.-Chinon 1351 p.Arcilly et la Verdenr (c^{ne} Limanton), et en 1357 pour dîmes à Grenois, il n'avait que 1/2 d'Anizy et était mari de Guyotte du Meix. Huguenin D'ANIZY, écr, a encore partie d'Anizy en 1449, et après cette date ceux appelés « d'Anizy » sont des FRASNAY. —— *Sceau :* A deux léopards l'un sur l'autre (Clairambault). —— *Sources :* Inv.de Marolles. — Arch.chât.d'Anizy. — Arch.nat.P, 138. — Coll^{ion} Clairambault, v.5, p.189. — Bettencourt.

guerres 1379 et 86, f.hmage p. Anisy 1406 et 10 et p. biens pr.Monceaux-le-Cte 1406, m^t av.1412, sa veuve baille à Mouches 1434 et concède à serfs d'Arcilly 1435 ; ép^n av.1384 Jeanne DE CHAMPDIOU, dame d'Anisy, etc., fille de Pierre et d'Is. de la Tournelle, dont : 1° Jean, écr, sgr de Montigny, Mouches et Bussières (c^{ne} Montigny), au siège de Chât.-Chinon 1412, transige à Montigny 1412, y échange serfs 1425, baille à Mouches et y partage avec abbé de Corbigny 1449, m^t 1450, sans posté., ép^n av.1412 Guyotte *de Compans* (1) ; 2° Pierre, écr, sgr d'Anisy et de Mouches, hme d'armes à montre 1469, hérita de Jean, plaide contre hab^{ts} Commagny 1439, avoue biens pr.Arleuf 1443 et 69, acte avec Philibert jusqu'à 1473, m^t sans posté. av.1476 ; 3° Philibert, suit ; 4° peut-être Etienne, religieux à Corbigny 1407.

III. — PHILIBERT DE FRASNAY, écr, sgr de Montigny, Anisy, Mouches, longtemps indivis avec frères, et de Vermenoux (c^{ne} Chât.-Chinon), Panneceau (c^{ne} Limanton), la Verdeur (*id.*), sert au ban Niv.1469, reçoit lettres de sauvegarde 1448, f. hmages p.Anisy 1442 et 69 et p. Mouches 1457, baille à Anisy 1482, m^t 1483, sa veuve f.hmage p.Montjou p^{ie}, eut de Bonne *de Boisserand*, fille d'Henri et de Marg^{te} de Digoine : 1° Guill^e, suit ; 2° Jean, chanoine et trésorier de Moul -Engilbert 1476, vend Montigny en p^{ie} avec frères 1493, m^t av.1511 ; 3° Amorat, curé de Chevenon 1489-1504, m^t 1519 ; 4° Guyot, suivra ; 5° Michel, moine à Vézelay ; 6° Louis, suivra ; 7° Charlotte, dame de Montjou, ép^n v.1485 Jean *Le Bault*, écr ; 8° Marg^{te}, fme de Nicolas DE REUGNY, écr, sgr du Tremblay ; 9° Éliette, dame de Vermenoux, ép^n 1° av.1489 Charles de Houppes, bourg^s de Moul.–Engilbert, m^t av.1503, 2° Thibaut LE PRESTRE, de Basoches, écr, m^t 1514, 3° Pierre de Dampierre, écr ; 10° Antoinette, ép^n av.1494 Guill^e de la Boutière (Autun^s), écr.

IV. — GUILLAUME DE FRASNAY dit PONTHUS, écr, sgr d'Anisy, dont hmage 1486, y baille 1496 et 1503, écuyer du c^{te} Nev.1468-79, dispensé du ban, m^t 1503, ép^n 1487 Philiberte LE TORT, fille de Charles, sgr de Boisvert, et de Cath.de la Perrière, dont : 1° Philibert, suit ; 2° Jacques, écr, sgr du P^{it}-Anisy, d'Arcilly p^{ie} (c^{ne} Limanton) et Crécy p^{ie} (c^{ne} Fertrève), baille à Anisy 1512-29, m^t 1530, sans posté., ép^n av.1523 Claudine *de Jacquinet*, fille de Jean ; 3° Catherine, ép^n av.1520 Pierre *de Jacquinet*, sgr de Fragny.

V. — PHILIBERT DE FRASNAY, écr, sgr du Gr^d-Anisy et d'Arcilly p^{ie}, y baille 1509-30, m^t av.1536, ép^n 1° v.1515 Marg^{te} *de Digoine*, fille de Fr^s, sgr du Palais (Mâconnais), 2° Fr^{se} de la Boutière ; eut du 1er lit : 1° Charles, suit ; 2° Adrienne, ép^n 1534 Jean Lombard, écr, sgr de Millery (Autun^s) ; 3° Philiberte, fme de 1° N... *de Champrobert*, écr, sgr des Brulés, 2° av.1551 de Simon de Lorme, à Thaix ; 4° Fr^{se} vend 1553 sa part d'Anisy à son frère.

VI. — CHARLES DE FRASNAY, écr, dit : baron d'Anisy, dont aveus 1562 et 75, d'Arcilly dont il achète p^{ie} 1566, et de la Chasseigne (c^{ne} Limanton) achetée 1570, sert au ban Niv.1554,

(1) DE COMPANS. — Paraissent même famille que les D'AUXOIS, connus dans le N.-O. du Morvand, fin XIIIe s., et qui doivent tirer leur nom du fief d'Auxois (c^{ne} Anthien). Guill^e se croise à la place de J. de Basoches 1290 ; Guy est plaige de la dame de Chastellux 1331. Pierre D'AUXOIS, chlr, sgr de Chasseigne (c^{ne} Anthien), m^t av.1335, eut pour fils Jean, chanoine de Troyes, qui fait alors aveu pour ce fief qui passa à Pierre, évêque de Tournai, m^t av.1393. Hugues D'AUXOIS fut abbé de Vézelay 1290-1316(*), et Jean évêque d'Auxerre 1352.

ROBERT DE COMPANS est dit : D'AUXOIS en 1323, sire de Chassy (c^{ne} Montreuillon) et f. hmage p. biens venant de f. Isabelle d'Auxois, il f. hmage p. Aringe (c^{ne} Montigny-M^{and}) dès 1305, et p. les Bordes (c^{ne} Anthien) 1327.

MILES, écr, vend Villurbain (c^{ne} St-André-en-M^{and}) 1343, et f. aveu à Chât.-Chinon p. terres à Mhère, Ouroux et Chaumard.

JEAN, sert en Flandre dans c^{ie} de J. de St-Aubin 1387, m^t av.1403, ép^n Eglantine DE LA TOURNELLE, dont : Guyotte, ép^n av.1412 Jean DE FRASNAY, sgr de Montigny, ci-dessus.

Sources : Inv. de Marolles. — D. Villevieille, 30 et 36. — Arch. nat. P. 138. — Cartul. de Vézelay, à Auxerre. — Inv. de Peincédé, 25.

Éteints.

(*) Nous ne pensons pas que les armes peintes à la voûte de la crypte de Vézelay : *De gueules, à trois tours de sable*, soient celles de cet abbé comme le dit M. Chérest, *hist. de Vézelay*, II. Elles pourraient tout au plus être celles de Hugues de Maisoncomte, aussi abbé 1353-83, bien qu'à cette époque la maison de la Tournelle n'ait pas encore réduit uniformément ses 5 tours à 3.

affranchit hab^ts d'Arcilly 1567, achète à Anisy 1551, 64 et 66, y reçoit reconn^ce de droit de guet 1569 ; ép^a _1o_ av.1551 Antoinette de la Rochemontée (Auvergne), 2o av.1565 Marie _de Giverlay_ de Champoulet (Gâtinois) ; eut du 1er lit : Esme, suit ; 2o Louis, m^t à Anisy 1607 ; 3o Charlotte, religi.à Decize ; 4o Margueronne, ép^u _1o_ av.1591 Michel DE COTIGNON, écr, sgr de Montset, _2o_ Louis de Besse, chlr de l'ordre (Charolois).

VII. — ESME DE FRASNAY, chlr, b^on d'Anisy dont hmages 1584 et 1600, d'Arcilly, la Chasseigne, la Verdeur, Prélichy (c^ne Pazy), Lamirault (c^ne Limanton) acheté 1599, gentilh^e de la ch^re du roi 1583, lieut.de 50 h^mes d'armes 1592, chlr de l'ordre 1599, obtient de relever les fourches pati. d'Anisy 1592, m^t v.1609 ; ép^a _1o_ av.1594 Catherine DE FRASNAY, fille de Louis, sgr de Mouches, 2o Marg^te de Vouhet de Montjalin (Avall^s), eut du 1er lit : 1o Hector, suit ; 2o Timoléon, chlr Malte, tué en mer 1604 ; 3o Sigismond, reçu chlr Malte 1595 ; 4o Polydor, chlr, sgr de Prélichy, acte à Sémelay 1619 et à la Nocle 1626, sans posté. connue, ép^a _1o_ Marg^te de St-Martin, fille de Jean, sgr de Montjalin, et de Marg^te de Vouhet, sa tante, 2o av. 1618 Catherine DE REUGNY, veuve de Robert de Mathieu ; et du 2e lit : 5e Anne, ép^a 1622 Jean _de Choiseul_, chlr, sgr de Chassy.

VIII. — HECTOR DE FRASNAY, b^on d'Anisy, sgr d'_id._ et de Chevannes-Bureau (c^ne Moul.-Engilbert), gentilh^e de la ch^re 1615, f.hmage p.Anisy 1617, y baille 1611-34, m^t 1636, ép^a 15 févr. 1607 Fr^se _de Choiseul_, fille de Jacques, sgr de Beaupré, dont une fille unique, M^ie-Edmée, ép^u 1630 Joachim de Villers-la-Faye (Bgogne), chlr, sgr de Vançay, dont le fils vendit Arcilly et toutes dépendances 1666.

IV. — GUYOT DE FRASNAY (4e fils de Philibert), écr, co-sgr d'Anisy et Arcilly 1489 et d'Arleuf en p^ie (c^on Chât.-Chinon) et Fachin (c^ne Chât.-Chinon), dont hmage 1504, au service de c^tesse Nev.1487, baille 1511, m^t av.1519 ; ép^a _1o_ Anne DE LA TOURNELLE, dame de Fachin, fille de Denis, sgr de Beauregard et de Suz. de Rabutin, 2o v.1490 Charlotte de Génelard, dame d'Esbaugis (pr. Lucenay-l'Ev., Autun^s), dont ; 1o Antoine, suit ; 2o Michel, écr, sgr d'Arcilly p^ie et Esbaugis 1519-34, sans posté. ; 3o Philibert, _id._; 4o Perrette, ép^u _1o_ 1531 Pierre DES ULMES, écr, sgr de Trougny, _2o_ av.1548 Jacques de Guippy, sgr de Chazault.

V. — ANTOINE DE FRASNAY, écr, sgr d'Anisy p^ie, Arcilly p^ie, Esbaugis, partage succ^ion d'oncle Amorat 1519, vend à Anisy 1534, y baille 1545, m^t av.1564, ép^u 29 déc.1528 Renée _de la Forêt_ (2), fille de Guille, sgr de Cusy, dont : 1o Jean, vend 1566 à Charles de Frasnay, avec

(2) DE LA FORÊT. — _De Nivernois._ — Prenaient sans doute leur nom d'un fief chât^io de Monceaux-le-C^te(*), où Renaut DE LA FORÊT fait hmage 1296. En 1407, Guyot, écr, échange des serfs près Cusy (c^ne Cervon) ; Jean est sgr de Villurbain (c^ne St-André-M^and), dont à main-levée 1427; Jean est sgr de Cusy 1450.

PHILIBERT DE LA FORÊT, écr, 1461 constitue rente pr. Montreuillon avec Marg^te DU VERNE, sa fme, fille de Jean, sgr de Cuy ; m^t av.1478 ayant Philibert et Jean qui, au partage de Frétoy 1496, ont la Boube p^ie.

GUILL^e, écr, sgr de Cusy, en f. hmage 1480; m^t av. 1517, épousa Agnès _de la Chaume_, dont : 1o Paul, suit ; 2o René, ép^a 1528 Ant. de Frasnay, ci-dessus.

PAUL, écr, sgr de Cusy, dont hmages 1537 et 40, et d'Echon (c^ne Anthien), mineur avec Renée 1521, m^t av.1556, eut de Melchione de la Boutière :

CLAUDE, écr, sgr de Cusy, y dem^t 1575, et de Marcilly en p^ie 1604, ép^a 9 juin 1591 Anne _de Carreau_, fille d'Adrien, sgr de Marcilly, dont :

ANTOINE, écr, sgr de Cusy, Marcilly, achète le Bruys (c^ne Montigny-M^and) 1650, plaide à Cusy 1660, y m^t 1663, ép^u 12 août 1638 Anne _Leroy_, fille de Pierre, sgr de Cuy, sans posté. Cusy passa aux Leroy.

DROIN DE LA FORÊT, écr, sgr de Marcy-s.-Yonne (c^ne Chitry), est probabl^t de même souche, il f. hmage p. Arthel en p^ie (c^on Prémery) 1456, et p. Marcy 1464,

(*) Il y a, en Nivernois, au moins 18 lieux appelés la Forêt, dont plusieurs ont pu donner leur nom à des familles distinctes. Nous ne pouvons que classer un certain nombre de souches : les sgrs de Cuzy et Arthel, ci-dessus ; ceux de Martigny et du Bazois (voir à : de Lichy) ; ceux de Nevers et environs d'Allier (v.à Maslin). — Aux sgrs de la Forêt (c^ne Surgy) appartiennent : Michel et Jean de la Forêt, qui vendent à chartreuse Basseville 1341 ; Jean, vend à la Forêt 1394 ; Guille, témoin des St-Aubin 1413 ; Jean, sgr de Villurbin (c^ne St-André-Morv.) 1429 ; Philibert, possessionné près Quarré-les-Tombes 1449 ; on en trouve encore à Billy-s.-Oisy fin du XVIe s. — Enfin, un fief de la Forêt, en Donziois, donna des sgrs à Boisjardin (c^ne Ciez) de 1349 à 1393. — (_Inv._de Marolles. — D.Caffiaux, 1234. — Arch.chât.de Chastellux.)

mère et frères, ce qu'ils ont à Anisy et Arcilly ; 2° André, écr, sgr d'Esbaugis et Vauxery (Autun⁵), condamné à mort par contumace 1565 avec frères pour meurtre de M. de la Boutière, son fils Gaspard est père de René, sgr d'Esbaugis, mari de Frᵗᵉ *Quarré* (*), dont la posté. s'éteint fin du XVIIᵉ s.; 3° Pierre, condamné 1565, mᵗ 1604 sans posté.; 4° Robert, moine à Sᵗ–Martin-d'Autun, banni, complice de ses frères.

IV. — Louis DE FRASNAY (6ᵉ fils de Philibert), écr, sgr de Montigny-s.-Canne pⁱᵉ et Mouches, dont hmages 1503, d'Anisy en pⁱᵉ, y baille 1493, de Laché (cᵒⁿ Brinon) et de Vesvre (cⁿᵉ Guipy), f. hmage avec frères p. Montjou 1483 et p. biens en Morvand 1490, acte 1514, mᵗ av.1522 ; eut de Madeleine *de Torcy*-Lantilly : 1° Jean, écr, co-sgr de Montigny, Mouches et Anisy, y baille 1527, vend à Mouches 1533, épⁿ 24 nov.1529 Anne DE COURVOL, veuve de G. de Bauldoing, et fille de Philᵗ, sgr du Tremblay, sans posté.; 2° Louis, suit ; 3° peut-être Charles, mari en 1564 de Jⁿᵉ de Pernay, veuve de Ch. du Merlier.

V. — Louis DE FRASNAY, écr, sgr de Mouches, Montigny pⁱᵉ, Laché, Vesvre, hérita av. 1539 de Jean, pour leq. il baille à Mouches 1531, concède droits d'usages à Vesvre 1540, acte à Mouches 1546, ; est père (**) de : 1° Catherine, fme de son cousin Esme DE FRASNAY, sgr d'Anisy ; 2° sans doute Charles, écr, sgr de Mouches et de Treigny (cⁿᵉ Chevannes-Changy), dont hmage 1574, reçoit quittᶜᵉ à Mouches 1582, mᵗ av.1587, mari de Barbe de Honnivet, père de Claude, écr, sgr de Mouches 1621, Laché, Varennes (cⁿᵉ Pazy) 1653, mᵗ av.1659 laissant pour

---

sert au ban Niv.1467 et 69, acte 1471, eut de Jeanne de la Noue, dame d'Arthel pⁱᵉ : 1° Jean, vivant 1477 ; 2°·Guillemette, dame d'Arthel pⁱᵉ, qu'elle porta 1477 à Pierre *de Longueville*, écr, sgr de Santigny, et elle épᵃ en 2ᵐᵉˢ Jean Abercomes, écr.

On trouve encore : Louis DE LA FORÊT, mᵗ av.1521, mari d'Adrienne DE LA RIVIÈRE, dont : Roberte, ép¹ 1ᵉ

1526 Louis *de Salazard*, chlr, sgr d'Asnois, 2ᵉ 1561 Jean *de Paris*, écr, sgr d'Arthel pⁱᵉ.

Armes : D'or, à trois feuilles de chêne de sinople.

Sources : Inv. de Marolles. — D. Villevieille, 40 et 52. — Arch. Nièv. E et B. — Arch. chât. Chassy et Marcilly. — D. Caffiaux, 1234. — Min. notᵉˢ Moul.-Engibert et Montreuillon — Reg. parois. Cervon.   *Éteints.*

(*) QUARRÉ D'ALLIGNY. — Famille du parlᵗ de Dijon. — Pierre Quarré, sgr de Château-Regnault, épousa 1433 Jeanne *d'Alligny*, dame d'Alligny en pⁱᵉ (cᵒⁿ Montsauche) (*a*), dont il eut : Edouard, sgr de Millery-l.-Dracy (Autunˢ), bisaïeul de Frˢᵒ, fme de René DE FRASNAY, ci-dessus ; et Pierre, sgr d'Alligny en pⁱᵉ, ainsi que son fils Claude et son petit-fils Frˢ père de Jean, sgr d'Alligny en pⁱᵉ, consᵉʳ Parlᵗ Dijon 1587, qui de Mⁱᵉ Langlois eut : 1° Gaspard, suit ; 2° Etienne, co-sgr d'Alligny, chlr de Malte 1640.

GASPARD QUARRÉ D'ALLIGNY, écr, sgr d'Alligny, Gouloux (cⁿᵉ Montsauche), Chaumien (cⁿᵉ Moux), Bazole (cⁿᵉ Alligny), Guize (*id.*), avᵗ génᵃˡ Parlᵗ Dijon 1641, consᵉʳ d'Etat 1662, achète des Langeron leur part d'Alligny 1637, en f. hmage 1650, mᵗ 1659, épousa 1641 Margᵗᵉ Perrault de la Sarrée, dont : Pierre, dit cᵗᵉ d'Aligny, sgr d'*id.*, brigadier des armées 1693, gouvʳ d'Autun 1696, chlr Sᵗ-Louis 1700, mᵗ 1730, épⁿ 1682 Philippine Bernard de Montessus, dame de Juilly (pr. Arnay-le-Duc), dont : Philippe, qui n'est plus sgr d'Alligny vendu pⁱᵉ aux de Cromay av. 1741 et aux Choiseul de Montsauche en 1743.

Armes : Echiqueté d'argent et d'azur, au chef d'or chargé d'un lion léopardé de sable, armé et lampassé de gueules.

Sources : Paillot, Parlᵗ Bgogne. — D'Hozier, reg. IV. — Courtépée, IV. — Cabᵗ Titres : Preuves Grᵈᵉ-Ecurie, 277 ; et Sᵗ-Cyr, 306. — Arch. Nièv. E. — *La nobl. aux Etats de Bgogne.* — Reg. parois. d'Alligny et Moux.

Sortis du Nivernois.

(*a*) Alligny-en-Morvand était pour la plus grande partie dans la mouvance de l'évêque d'Autun ; mais une autre portion, comprenant la maison-fort, relevait du cᵗᵉ de Nevers, à cause châᵗⁱᵉ Sᵗ-Brisson (déclaration d'aveu 1260 ; hmage de 1347 : concurrence de 1503). Ce fief donna son nom, dès le XIIᵉ s., à des sgrs qui furent aux croisades : Hugues D'ALLIGNY en 1147, et Jean en 1190 ; Arnoul, Seguin, Alexandre en sont successᵗ sgrs au XIIIᵉ. — Jean D'ALLIGNY, chlr, f.aveu 1260 p.Alligny, Marnay (cⁿᵉ Alligny), Réglois (*id.*), Gouloux (cᵒⁿ Montsauche) et Chaumien (cⁿᵉ Moux) ; même aveu par autre Jean 1327. Cette sgrie est dès lors très-divisée entre frères et cousins du nom, dont les derniers sont Philippe 1489 et Jean 1494. Dans une des branches, Guillᵒ, chlr, sgr d'Alligny en pⁱᵉ 1387 est père de Philippe *id.* assez marquant à la cour de Bgogne, mᵗ av.1414, laissant deux filles : *a*, Odette d'Alligny, alors mariée à Hugues de Fontette, chlr bourguignon, par elle sgr d'Alligny en pⁱᵉ qui passa à son fils Jean, puis à son petit-fils autre Jean de Fontette, mᵗ 1535 sans posté. d'Edmonde de Vingles qui se remaria à Arthus *de Colombier*, par lequel cette part d'Alligny arriva aux Andrault de Langeron ; *b*, Marie, épᵃ av.1424 Hugues de Maisoncles. Enfin, dans une autre br.Jean D'ALLIGNY, sgr dud.l.en pⁱᵉ, eut : Jeanne, qui porta Alligny pⁱᵉ 1433 à Pierre-*Quarré* ci-dessus. ——— *Armes :* A une aigle. ——— *Sources :* Hist de Sᵗ-Mⁱⁿ d'Autun, Bulliot. — Mss de D.Viole, Auxerre. — *Cartul.d'év.d'Autun.* — D.Villevieille, I. — *Inv.*de Marolles.

(**) Il épousa peut-être Marie *de Giverlay*, qui se remaria av.1565 à Charles DE FRASNAY, bᵒⁿ d'Anisy, car elle est dite 1555 « dame de Mouches et Laché ».

héritièr e (*) sa nièce, fille de f. Pierre, écr, sgr de Varennes : Edmée-Éléonore DE FRASNAY, dame de Laché 1659 et Mouches où elle meurt 1681, épⁿ 1634 Robert *Dugon* (3), chlr, sgr de Prémeaux.

I. — ÉTIENNE DE FRASNAY (frère de Jean et Guill^e), fait hmages en chât^{ie} Montenoison 1381 et 86 pour Philiberte, sa fme, qui veuve 1395 dénombre près Reugny ; ils eurent : 1° Jean, suit, 2° Érard, ép^a Perrette de Bueil, bâtarde du c^{te} de Sancerre ; 3° Alixand, fme de Jean d'Assoy, écr.

II. — JEAN DE FRASNAY, écr, eut de Marg^{te} *de Chollet* : Jean, Guill^e et Alexandre ; l'un d'eux eut :

IV. — JEAN DE FRASNAY, écr, sgr de Cougny p^{ie} (c^{ne} St-Jean), y vend 1453, y reçoit reconn^{ces} 1451 et 61, et de Lichy p^{ie} (c^{ne} St-Jean), y vend 1477, et à Malvoisine (c^{ne} Beaumont-Sard.) 1456, m^t av. 1490, ép^o av. 1451 Jeannette DE LICHY, fille de Jean, sgr de Cougny p^{ie}, laq. eut 1/2 Cougny p. partage 1451 ; il eut : 1° Claude, prêtre, vend avec frère et sœur 1/4 justice Cougny 1490 ; 2° Pierre, suit ; 3° Charlotte, mariée av. 1490 à Guill^e des Préaux (**), écr.

V. — PIERRE DE FRASNAY, écr, sgr de Cougny p^{ie}, y vend 1490–1510, y donne investiture 1494, m^t sans alliance peu après 1510 (***).

Armes : Palé d'argent et d'azur.

Sources : D. Villevieille, 41. — *Inv.* de Marolles. — Coll^{ion} Clairambault, quittances sc. — Arch. chât. de Vandenesse, le Tremblay, Devay, Poiseux. — Arch. Nièv. E et B. — D. Caffiaux, 1234. — Min. not^{res} Moul.-Engilbert et la Nocle. — Copies de Chastellux, à Soc. niv. — Cab^{et} Titres : Pièces origin. 1231 ; dossier bleu ; nobili. de Bgogne, 452. — Preuves Malte, Arsenal. — Reg. parois. de Corbigny, Pazy, Limanton, Luzy.

Éteints.

(3) DUGON. — *De Bourgogne.* — Elie DUGON, écr, sgr de Prémeaux (c^{on} Beaune), gouv^r de Nuits 1615, épousa av. 1600 Fr^{so} *de Grandrye*, fille de Guill^e, sgr de la Montagne-St-Honoré, ambassadeur, dont :

A. ROBERT, écr, sgr de la Chaume (Bgogne), de Mouches (c^{ne} Pazy), Varennes (*id.*), Laché (c^{on} Brinon) et Vesvre (c^{ne} Guipy), gouv^r de Nuits 1627, capit. de 100 h^{es} d'armes 1630, m^t av. 1681, épousa 1° 1627 Denise de Villers-la-Faye, 2° 27 juin 1634 Edmée-Éléonore DE FRASNAY, ci-dessus ; eut du 1er lit : 1° Élie, suit ; et du 2e, 2° Robert, chlr, sgr d'*id.* 1664-99, ép^a 1676 Jeanne *d'Angur*, fille d'Adrien, sgr de Monteuillon, sans posté., il légua à son neveu Élie ; 3° Joachim, chlr, sgr en p^{ie} de Laché, Varennes et Vesvre, ép^a 1683 Anne DE CHARRY, fille d'Eustache, sgr de Lurcy-le-Bourg, dont : Catherine, religieuse au Récomfort 1708 ; 4° Catherine, ép^a av. 1683 Dominique ANDRAS, chlr, sgr de Chassy.

B. ÉLIE, écr, sgr de la Rochette (Bgne) 1663, eut d'Henriette de Gand :

C. ÉLIE, dit : c^{te} Dugon, chlr, sgr de la Rochette, et de Mouches par don^{on} de Robert ; capit. rég^t de Nivernois, ép^a 1709 Mlle-Anne de Balathier-Lantage, fille de Bénigne *de Torcy*, dont :

D. CLAUDE-ROBERT c^{te} DUGON, chlr, sgr de Mouches 1765 dont hmage 1766, et de Lantilly p^{ie} (c^{ne} Cervon) hérité 1765 de son oncle L^s-Ant. de Torcy, en f. hmage 1771, capit. rég^t de Boulonnais, acte 1782, ép^a 1746 Marg^{te} Feydeau, fille d'Henriette de Chabannes de Boislamy, dont :

E. ÉLIE, chlr, sgr de Mouches et de Lantilly p^{ie}, dont hmage 1781, ép^a 1780 Gabrielle Le Bascle d'Argenteuil (Tonnerrois), dont : L^s-Charles, garde-du-corps, pp^{re} de Mouches en 1829.

Armes : D'argent à trois corbeaux de sable, 2 et 1.

Sources : Dossier bleu de Grandrie, 329. — Carrés de d'Hozier, 179 et 340. — Arch. Nièv. E et B. — Reg. parois. de Pazy, Luzy, Lurcy-le-Bourg et Ouroüer.

Sortis du Nivernois.

(*) Il eut trois enfants naturels : Charles, march^d à Mouches 1652 ; Pierre, majeur 1653, dont le fils Lazare de Frasnay ép^a 1700 J^{ne} Boule ; et Louis ; qui ont procès criminel 1659. (Arch: Nièv. B.)

(**) DES PRÉAUX. — D'origine inconnue ; ne font qu'apparaître et disparaître. Guille DES PRÉAUX eut Cougny en p^{ie} par sa fme, était m^t av. 1507 laissant sous tutelle de Pierre de Frasnay, leur oncle : Jean, pour leq. son tuteur vend à Cougny 1507 et 10, et lui y baille 1517, sans posté. ; et Madeleine des Préaux, qui acte avec Jean 1507-17 et devient dame de Cougny p^{ie} qu'elle porte 1510 à Jean *de Nerville*, écr. (Arch. chât. de Poiseux.)

(***) Il eut un bâtard, Denis de Frasnay « paroissien » de St-Jean-de-Lichy 1529, témoin à Cougny 1511-32, m^t av. 1543, ép^a 1° Huguette du Monceau, 2° M^{ie} Marchand, eut du 2e lit : Denise, fme d'un laboureur à Cougny ; et du 1er Esme de Frasnay, notaire à Cougny 1542-56, ép^a 1° Jeanne Leblanc, 2° Adrienne Chibard, eut du 1er lit : 1° Gaspard, 1553, achète avec frères à Cougny 1569 ; 2° Balthazar, habite Cigogne 1569, meunier à Limon 1572 ; et du 2e : 3° Léonard, notre à Cougny 1569-1602, y achète avec ses « communs parsonniers » 1575, père de Jean, laboureur 1615-21, et de Pierrette, fme de G. Barbery, notre à Cougny ; 4° Jean, baille avec frères à Cougny 1573-94, père de : Esme et Léonard, « communs parsrs » à Cougny 1621. On trouve encore, en 1649, Jean de Frasnay, couvreur à Cougny. (D. Caffiaux, 1234. — Originaux de Soultrait, à Soc. niv. — Arch. chât. de Poiseux. — Reg. par. de St-Jean.)

DE GIRARD

RIGINAIRES du Bas-Poitou.

Guillaume GIRARD (*), chlr, sgr d'Olonne, est sénéchal de Talmont 1201. — Jean, chlr, sgr de Bazoges (Poitou) au XIVᵉ s. eut de Marie de Lunel : 1º Renaut, chlr, sgr de Bazoges, mᵗʳᵉ d'hôtel de Charles VII et son ambassadeur en Angl. 1438, dont le fils Joachim suit ; 2º Éliette, dame de Chevenon (cᵒⁿ Nevers), Sermoise (id.), Pully (cⁿᵉ Sermoise), Passy (cⁿᵉ Varennes-Narcy) et Cherault (cⁿᵉ Sᵗ-Bⁱⁿ-d'Azy), par héritage de son mari ; fme de chambre de la dauphine, puis de Marie cᵗᵉˢˢᵉ de Nevers, f. hmagès p. Chevenon et Pully 1456 et p. Cherault 1462, inhumée à Chevenon 1467 sans posté., ayant légué à Joachim, son neveu ; épousa 1º 1398 Élie Chaudrier, chlr (Aunis), 2º Guilleᵉ de Chevenon (1), chlr, sgr de Chevenon, etc., tué 1415.

I. — JOACHIM DE GIRARD, chlr, sgr de Chevenon en pⁱᵉ, Sermoise, Passy, Pully et Cherault, reçus d'Éliette 1464, et de Sᵗ-Éloi (cᵒⁿ Nevers) et Bois (cⁿᵉ Sermoise) reçus av. 1456 et dont hmage 1463, bailli d'Aunis 1456, mᵗʳᵉ d'hôtel du roi 1463, député pour imposer l'aide p. maage du cᵗᵉ Nev. 1456, sert au ban Niv. 1469, mᵗ av. 1482, eut de Catherine de Montberon (Berry) : 1º

(1) DE CHEVENON. — De Nivernois. —
I. GUILLAUME DE CHEVENON, chlr, sgr de Chevenon et de l'Atelier (cⁿᵉ Chevenon), qu'il achète 1269, rachète 1264 avec Jean, son frère, des droits d'usage dans leurs bois de Chevenon, dont il vend la coupe avec son fils 1295, et, même an, des dîmes à Trémigny. Ce Jean est peut-être père de Raimond, qui vend 1272 avec Isabelle, sa fme, près de Pigné (cⁿᵉ Sᵗ-Pierre). Guilleᵉ eut pour fils :
II. JEAN, damoiseau, dans la vente 1295, puis chlr, mᵗ av. 1323, eut : 1º Jean, suit ; 2º Guilleᵉ, écr, f. hmages pour Chevenon en pⁱᵉ, avec son frère 1323 et 24, paraît mᵗ sans posté. av. 1347 ; 3º Jeanne, dame de Chevenon pⁱᵉ, épousa av. 1331 Jeannot de Chevigny, écr.
III. JEAN, chlr, sgr à Chevenon de la maison-fort dite de Sᵗ-Aignan, et de Chaligny (cⁿᵉ Chevenon), dont hmages 1323 et 24, échange 1341 avec hôpital Sᵗ-Lazare-Nev., probabᵗ père de : 1º Guilleᵉ, suit ; 2º Marie, fme en 1349 de Hugues de Thaix (**), chlr, sgr d'Avril.
IV. GUILLAUME, chlr, sgr de Chevenon pⁱᵉ, dont hmage 1367, de l'Essard (cⁿᵉ Chevenon), dont hmage 1352, de l'Atelier (cⁿᵉ Chevenon) et de Crésancy (id.), dont hmage 1386, capitaine du bois et tour de Vincennes 1370-87, mᵗ av. 1390, eut : 1º Hugues, chlr, sgr de Chevenon, valet tranchant du roi 1386-88, capit. de Vincennes jusqu'à 1394, mᵗ sans posté.; 2º Bernard, évêque de Saintes 1398, puis évêque-pair de Beauvais 1413, hérita en pⁱᵉ de son frère Jean 1418 ; mᵗ 1419, dernier du nom ; 3º Jean, suit ; 4º sans doute une fille mariée au sgr de Maintenon, dont les filles sont dites nièces et hérit. de Bernard.
V. JEAN, chlr, sgr de Chevenon, Passy (cⁿᵉ Varennes-Narcy), Sermoise, Pully, Cherault (cⁿᵉ Azy), qu'il achète 1391, et de Champlevois (cⁿᵉ Cercy) et Champerou (id.), huissier d'armes du roi 1390-99, son écuyer d'écurie 1407, cap. de Vincennes 1394-1404, chambellan de Jean-sans-Peur avec leq. il guerroye, consᵉʳ du cᵗᵉ Nevers, son médiateur pour paix de 1414, f. hmage p. Champlevois 1371 et p. l'Essard 1382, reçoit hmage à cause Champlevois 1415 et à cause Cherault 1417, mᵗ

(*) Le nom s'est écrit « de Girard » à partir de la fin du XVIᵉ siècle. — D'autres Girard sont possessionnés au XVIᵉ s. près La Ferté-Chauderon.

(**) Thaix (cᵒⁿ Fours) donna son nom à des sgrs qui font hmages à cause Cercy-la-Tour, en 1296 et 1349 ; s'allièrent fin du XIIIᵉ aux Lamenay, et devinrent sgrs de Lamenay (cᵒⁿ Dornes). — Pierre DE THAIX, chlr, est sgr d'Avril-s.-Loire (cᵒⁿ Decize) 1322, et Hugues (probabᵗ son fils), chlr, sgr d'Avril, f. hmage p. Chassenay (cⁿᵉ Sᵗ-Germain) 1349, et est mari de Marie de Chevenon, ci-dessus ; leur fille Isabeau, est dame d'Avril 1381, et leur fils, Pierre, chlr, donne quittᶜᵉˢ de guerre 1383 ; Huguenin, sgr d'Avril est encore possess. à Chassenay 1441. — Guilleᵉ DE THAIX, écr, qui avait pⁱᵉ de Beuvron 1406, eut pour héritier Guyot, son neveu, échange à Decize 1437 avec Agnès du Cormier, sa fme. Michel sert au ban Niv. 1503 est sgr de Paraize pⁱᵉ (cⁿᵉ Livry), y achète 1504 av. Cath. de Sᵗ-Aubin (Bourbᵏ), sa fme et son fils Jean. —— Armes : D'argent à deux fasces d'azur. —— Sources : Inv. de Marolles. — Clairambault, quittᶜᵉˢ scellées. — Arch. Nièv. E.

Éteints.

Joachim, sgr de Bazoges, reste en Poitou, et sa posté. en Berry ; 2º Louis, suit ; 3º Jacques, suivra ; 4º Louise, épᵃ v.1460 Antoine *de Rochefort* (2), chlr, sgr de Châtillon-en-Bazois.

II. — Louis DE GIRARD, écr, sgr de Chevenon pⁱᵉ, Sermoise, Bois, Pully, échanson du cᵗᵉ Nev.1477, dispensé du ban 1498, y sert 1503, partage av. frères 1483, eut de Madeleine DE LA PLATIÈRE, fille de Philibert, sgr des Bordes et de Mˡᵉ de Fontenay : 1º Joachim, suit ; 2º Pierre, chanoine Nev.1527 ; 3º Françoise, veuve 1530 de Jean de la Trollière, écr, sgr de Chauvance ; 4º peut-être Adrienne, fme de Frˢ *de Boisserand*, écr, sgr de Lamenay.

III. — JOACHIM DE GIRARD, écr, sgr d'*id.* et de Sᵗ-Franchy pⁱᵉ (cᵒⁿ Sᵗ-Saulge) 1526, gentilhᵉ de maison du roi 1545, f. hmage p. Chevenon 1540, y reçoit reconnᶜᵉ 1554, transige à Sermoise 1537 et y vend 1548 ; épᵃ ₁º av. 1515 Marie DE LA PERRIÈRE, fille de Claude, sgr de Billy et Saint-Franchy, 2º 1530 Louise Aubert (Berry), veuve de B. de Culant ; eut du 1ᵉʳ lit : 1º Frˢ suit ; 2º Gilberte, dame de Sᵗ-Franchy vendu 1552, épᵃ 1532 Frˢ de Culant, sgr de Châteauneuf.

IV. — FRANÇOIS DE GIRARD, chlr, sgr de Chevenon, Sermoise, Bois et Pully 1558, se désiste de remeré à Sermoise 1549, Bois est saisi 1558, gouvʳ de Cosne 1562, chlr de l'ordre 1580, chef catholique en Niv. (voir hᵉˢ célèbres), épᵃ av. 1552, Frˢᵉ *de Buxière* (*), fille de Jean, bailli de Donzy, dont (**) :

V. — PAUL DE GIRARD, écr, sgr d'*id.*, vend à Sermoise 1587, f. hmage p. Chevenon 1598,

1418 après fils ; épᵃ av.1371 PHILIBERTE *de Digoine*, dame de Champlevois, fille d'Hugues, sgr de Thianges, dont :

VI. GUILLAUME, chlr, sgr d'*id.*, écuyer tranchant du cᵗᵉ Nev.1409, f. hommage pour « l'ancienne maison-fort » de Chevenon 1406, est à réception à Sᵗ-Cyr du bᵒⁿ de la Ferté-Chᵘᵒⁿ 1405, tué à Azincourt 1415 sans posté., ayant légué à sa fme Eliette GIRARD, ci-dessus (***).

Armes : D'argent, à la fasce de gueules accompagnée de trois quintefeuilles de même.

Sources : D. Villevieille, 28. — Chérin, 54. — Inv. de Marolles. — Arch. Nièv. E et G. — Collᵒⁿ Clairambault, Demay, I, 260. — P. Anselme, II. — Min. notʳᵉˢ Decize. — Arch. chât. Vandenesse. — *Inv.* chʳᵉ comptes Dijon, La Barre.

Éteints.

(2) DE ROCHEFORT. — Du nord *de Bourgogne* (****). — Connus à la fin du XIIIᵉ s. — Perrin DE ROCHEFORT, chlr, sgr de Rochefort-sur-Armançon et Rochefort-s.-Bevron (pr. Châtillon-s.-Seine), épousa 1335 Agnès DE CHATILLON-en-Bazois, mᵗᵉ 1397, qui eut de Margᵗᵉ de Courtenay, sa mère, Buxy-en-Auxois ; Perrin mourut avant sa belle-sœur Margᵗᵉ de Frolois, usufruitière de Châtillon ; parmi ses enfants : 1º Jean, suit ; 2ⁿ Guyot, sert 1377, épᵃ Yolande *de Ternant*, sœur d'Hugues, sgr de Ternant et Limanton, dont : Guyot, plaide contre les Ternant 1390, est au siège Chât.-Chinon 1412, mᵗ av.1417 sans postérité.

1. JEAN DE ROCHEFORT, chlr, baron de Châtillon-en-Bazois (arrᵗ Ch.-Chinon), y fait accord 1399, sgr de Vaux (cⁿᵉ la Collancelle), de Cours-les-Barres (châtⁱᵉ Cuffy), du Puiset (Beauce) et de Buxy, bailli d'Auxois 1388-1402, du gr. conseil de Philippe-le-Hardi, eut de

(*) DE BUXIÈRE. — Du Berry. — Jean BUXIÈRE, sgr de Précy (Berry), est en 1458 sgr de Montbenoist (cⁿᵉ Pougny) et du Jarrier (cⁿᵉ La Celle-sur-Loire) et bailli de Donzy, ainsi que son fils, Jean, qui teste à Donzy 1536, mari de Margᵗᵉ *Bourgoing*, veuve de V. Ducoing, dont : 1º Jean de Buxière, sgr de Montbenoist et du Jarrier, bailli de Donzy, grenetier de Cosne 1536, eut de Louise Gougnon : *a*, Marie, dame de Montbenoist, fme de Frˢ de Chéry, sgr de Moulin-Porcher ; *b*, Gabrielle, épᵃ 1561 Charles DE LA FERTÉ-MEUNG, chlr, sgr de Dois ; *c*, Frˢᵉ, fme de Frˢ DE GIRARD, chlr, sgr de Chevenon, ci-dessus ; 2º Christophe, trésorier de Mⁱᵉ d'Albret, recevʳ des tailles de Niv. 1523, sans posté. de Frˢᵉ *Ducoing* ; 3º Pierre, chanoine Nev. ; 4º Frˢᵉ, fme d'Edme du Broc, sgr des Granges ; 5º Jeanne, fme de Guille *Ducoing*. — (Arch. du Cher et de la Nièv. E. — *Inv.* de Marolles. — Arch. chât. de Seganges.)

Éteints.

(**) Il dut avoir aussi un fils naturel, Renaut, témoin à Chevenon 1579, demᵗ à Nevers, achète à Jaugenay 1585, mari de Dauphine de Montfort, et peut-être père de Pierre Girard, sgr de l'Atelier (cⁿᵉ de Chevenon) 1589-94, mari de Jⁿᵉ Coussain (artisans de Nevers) dont il n'eut que deux filles dont les Girard, de Chevenon, sont parrains.

(***) Eliette eut de nombreux et longs procès pour la succession de son mari, avec son beau-père, Jean, puis avec les Maintenon, héritiers de l'évêque Bernard ; elle finit par garder presque tout. Il est à remarquer que dès le milieu du XVᵉ s.une partie de Chevenon est aux Bréchard, de Cougny, probablᵗ parents, car en 1362 Guille DE CHEVENON est au partage des enfants Bréchard, et en 1398 Jean, son fils, a une créance sur eux. (Gaignières 1158 et arch.Nièv.E). Il y avait à Chevenon deux châteaux ; l'un était aux Girard avec une partie de la terre, et celui qui subsiste fut aux Bréchard jusque vers 1580 ; au XVIIᵉ s. il est aux Foucher (Berry).

(****) Tous les historiens ont confondu les deux familles DE ROCHEFORT qui donnèrent des barons à Châtillon-en-Bazois, l'une aux XIVᵉ et XVᵉ s., et l'autre au XVIIᵉ. La première, d'origine féodale, est du Châtillonnois-s.-Seine ; des chartres (à la Société niv.) montrent que « les Roichefforz » sont deux fiefs sur le Brevon et l'Armançon. La seconde (encore existante) est de Franche-Comté, et ne vint à Châtillon que par alliance de Pontailler.

vend 1602 Sermoise, Bois et Pully, donne droits d'usage à Chevenon 1611, m^t sans posté. de Claude de la Mousse (Berry), ils donnent 1619 Chevenon et sgries en Berry à Henri de la Grange d'Arquien.

II. — JACQUES DE GIRARD (3e fils de Joachim et de Cat. de Montberon), écr, sgr de Passy, Cherault, Saint-Eloi, Chollet, (c^ne St-Eloi) et Bona en p^ie (c^on St-Saulge) 1471, écuyer tranchant du c^te Nevers, vend à Passy 1471 et le Chollet 1506 ; ép^n 1° 1483 Marie Barbier (la Rochelle), 2° 18 déc. 1493 Claude *de Ferrières* (3), fille de Jean, sgr de Champlevois, 3° 24 déc. 1498 Fr^se de Blanchefort, fille de Jean, sgr de St-Jeanvrin ; eut du 1er lit : 1° Fr^s, suit ; 2° Marie, ép^a av. 1517 Robert DE BONNAY, écr, sgr de Précy ; et du 2e l.: 3° Jean, chlr, sgr de Passy p^ie, transige av.frère p. succ^ion de sa mère 1523, teste 1551, ép^n 27 juil. 1526 Madel. de Viexmont (Paris), dont : Jean-B^te, sgr 1/3 Passy, m^t sans posté.; et du 3e lit : 4° Renée, fme d'Antoine de Choiseul de Traves, sgr de Dracy ; 5° Louise, ép^a 1517 Claude de Coligny, sgr de Roussay, tué à Pavie.

III. — FRANÇOIS DE GIRARD, chlr, sgr d'*id.* 1515 et de Ferrière (c^ne Ste-Colombe) et la Fillouse (c^ne Suilly-la-Tour), concède usages à Cherault 1518, y transige 1528, baille à St-Eloi 1521, acte à Passy 1534, ép^n 1° Renée de Meung, qui teste 1530, 2° 6 juin 1530 Jacqueline des Marets (Berry), 3° 11 déc.1541 Louette Le Chantier, veuve de J^n de Courtenay-Chevillon, m^te av.1551 ; eut du 1er lit : 1° Charles, suit ; 2° Jeanne, abbesse de St-Gervais-Paris ; 3° Renée, ép^n 1538 Guill^e DE LA BARRE, écr, sgr de Marolles ; 4° Marie, ép^n 1552 Ravault DE VIELBOURG, écr, sgr de Beauvoir ; et du 2e l.: 5° Jean, m^t sans posté. apr.1548 ; 6° Marg^te, religi. à Po^issy 1548.

IV. — CHARLES DE GIRARD, écr, sgr de Passy, Cherault 1548, Azy (St-Benin-d'Azy) et Bona

Jeanne de Maligny (Auxer^s), fille de Gilles : 1° Jean, suit ; 2° Marg^te, ép^n av.1399 Jean de Vendôme, chlr, sgr de St-Amand.

II. JEAN, chlr, b^on de Châtillon, sgr des Rochefort, Buxy, Vaux, Spouze (c^ne Ougny), Cours-les-Barres qu'il vend 1410, chlr banneret au siège Chât.-Chinon 1412, conser du duc Bgogne, son plénipot. au traité de Corbigny 1427, combat les écorcheurs en Avallon^s 1441, reçoit hmage p. Anisy 1410, transige à Vaux 1425 et à Châtillon 1431, partage serfs av. abbé Bellevaux 1437, partage enfants 1442, m^t 1450, ép^a 1408 Jeanne de la Trémoille, fille de Guill^e, maréchal de Bgogne, et de M^le de Mello, dont : 1° Guill^e, suit ; 2° Charles, sgr en p^ie de Rochefort et Buxy 1442-55; 3^u Antoine, suivra ; 4° Guy, ecclésiast.

III. GUILLAUME, chlr, b^on de Châtillon, sgr de Bernière (c^ne Châtillon), etc., chamb^an du duc de Bgogne, sert dans ses armées 1431, échange serfs au Coudray (c^ne Achun) 1442 et en partage à Montaron 1446, reçoit aveux à cause Châtillon 1441-63 et p.Varigny 1464, eut Rouy (c^on St-Saulge) de confiscation sur des Barres, fait fondation en église Châtillon avec fils 1458, m^t av. 1466, ép^a 6 juil.1441 Béatrix de St-Chéron, dont : Claude, ép^a 1463 Adrienne DE NEVERS, fille natur. de Charles, c^te de Nev., légitimée par Louis XI, m^t sans posté. très-peu après son père, fut un instant b^on de Châtillon.

IV. ANTOINE DE ROCHEFORT (3e fils de Jean), b^on de Châtillon après neveu, en f. hmage 1466, sert en armées de Bgogne 1465, chambellan du duc Charles-le-T., Châtillon est confisqué 1474. rendu peu après par Louis XI, dont il reçoit don^n 1478, reçoit hmages à cause Châtillon 1469 et 85, transige av. c^te Nev.1469, acte av. gendre 1494, ép^a v.1460 Louise DE GIRARD, ci-dessus, dont(*) : 1° Jeanne, dame de Châtillon et des terres en Auxois, ép^a 1477 Jean DE CHAMPDIOU, chlr, sgr de Vaux, substitué aux biens et nom de Rochefort(**) ; 2^a Jeannette, reçoit 7,000 l. au c^at de sa sœur et plus tard Rochefort, ép^a Georges DE CHAMPDIOU, écr, sgr d'Origny, frère de Jean.

Armes : Inconnues.

Sources : Originaux colli^on de Soultrait à Soc. niv. — Arch. Niev. E. — Arch. chât. du Tremblay, Vandenesse, Devay. — Copies de Chastellux à Soc. niv. — Chambre comptes Dijon, La Barre. — *Inv.* Peincedé, 1 et 25. — D. Plancher, IV. — D. Caffiaux, 1234. — Courtépée, IV.

Éteints.

(3) DE FERRIÈRES. — Prennent leur nom d'un fief dans la chât^ie de Druyes. Robin DE FERRIÈRES, m^t av.1327 est père de Guill^e, écr, sgr de Ferrières qui f. hmage pour le Ménage (c^ne Druyes) 1327. Guill^e, écr, sgr de Ferrières en p^ie f.hmages à Druyes 1386-

(*) Laurent, bâtard de Rochefort, sgr de la Trollière (c^ne Guipy), y échange 1509, est témoin de Jeanne de R., b^onne de Châtillon 1502, avait épousé Jeanne, bâtarde de Champdiou. (Arch. Niev. E. 32.)

(**) Il est désigné, par la suite, en vertu de la substitution par son contrat de mariage, sous le seul nom DE ROCHEFORT, ce qui peut donner lieu à des confusions, les Rochefort étant éteints. Sa fille et héritière de Châtillon, dite « Chrestienne de Rochefort », est en réalité une CHAMPDIOU.

p^ie 1556, chlr de l'ordre, sert au ban Niv.1555, reçoit hmage de Montgoublin 1556, f. hmage p.
Cherault et Bona 1575, m^t av.1581 que sa veuve obtient arrêt pour usages d'Azy ; ép^n 7 déc.1557
Gilberte DE LA PERRIÈRE, fille de Gabriel, sgr de Billy, et de Ch. de Montmorillon, dont :
1° Fr^s, chlr, sgr de Passy, Narcy (c^on La Charité), Rue-des-Fourneaux (c^ne Narcy), Mouchy
(c^ne Varennes-l.-Narcy), Longfroid (id.), Crot-Guillot (id.), Montifault (c^ne Raveau), Ardan
(c^ne Pazy), Chanteloup (c^ne Guipy) et Précy (id.), gentilh^e de la ch^re du roi 1610, reçoit reconn^ce
à Passy 1608, reçoit aveu à cause d'Ardan 1630, m^t 1631, ép^n 3 juil.1586 Philiberte DE LA
TOURNELLE, fille de Balthazar, sgr de Montjardin, dont : Adrien, chlr, sgr d'id., capit. de
chevau-légers, perçoit droits à cause d'Ardan 1632, arbitre près Passy 1635, testa 1633, sans posté.,
laissant Passy aux Troussebois, et à Ch. de Marcelanges : Narcy et la plupart du reste, avec son
nom ; 2° Gilbert, suit ; 3° Jeanne, ép^n 1591 Renaut de Marcelanges, écr, sgr de la Grange-
Cossaye ; 4° Louise, prieure de La Fermeté 1609 ; 5° Paule, ép^n 1595 Fr^s DE TROUSSEBOIS,
écr, sgr de Faye.

V. — GILBERT DE GIRARD, écr, d'abord sgr de Passy, partage avec frère 1598 eut Azy,
Cherault, Bona p^ie, donne droits d'usage à Azy, y dem^t, 1604, ép^n 18 juill.1593 Germaine Cochon
(Berry), dont : 1° Fr^s, chlr, sgr d'id 1625 et de Mousseaux (St-Benin-d'Azy), reçoit aveu de
Montgoublin 1626, transige p. usages de Cherault 1629, reconnaît rente à Azy 1654, y teste 1654
donnant à sa fme et nièces, m^t av.1662 sans posté., ép^n 27 fév.1622 Marg^te Filzjean (Avallon) ;
2° Paul, suit ; 3° Louise, ép^n 1° Guill^e d'Aulnay, écr, sgr de Lys, 2° 1632 Louis de Bonin, écr,
sgr du Cluzeau.

VI. — PAUL DE GIRARD, chr, sgr d'Azy, Cherault, Boisjardin (c^ne Ciez), Escolives (Auxer^s),
Belombre (id.), né au chât.d'Azy 1602, maintenu avec frère au régal^t tailles 1634, vend 1653 avec
frère et sœur, Précy hérité d'Adrien ; sa veuve vend Azy av.1666 ; ép^n 15 fév.1638 Cath. DE LA
BUSSIÈRE, fille de Marc, sgr de Boisjardin, dont : 1° Fr^se-J^no, ép^n 1° 1664 Roger de la Duz,
écr, sgr de la Varenne, 2° av.1671 H. de Villemort (Auxer^s), 3° av. 1683 Guy D'ESTUT, écr,
sgr de Talon ; 2° Anne, ép^n 1664 Laurent DE CHARRY, écr, sgr de Giverdy ; 3° Barbe-Cath.,

1406, suit le c^te Nev. à Paris 1408, châtelain de Druyes
et Sauveur 1409, peut-être frère de Robert qui transige
avec prieur d'Andryes 1403.

I. GUILLAUME DE FERRIÈRES, écr, sgr de Ferrières
et Ménage dont hmage 1462, de Presle (c^ne Cussy-les-
Forges, Avallon^s) acheté 1440, de Champlevois (c^ne
Cercy-la-Tour) et Montaron p^ie (c^on Moul.-Engilbert),
écr d'écurie du duc de Bourbon, son chamb^an 1457-62,
capit. de Corbeil, puis de Chât.-Chinon 1450-54, reçoit
reconn^ce à Montaron 1441, partage serfs à Champlevois
1442, y habite 1454, acquiert par échange sgrie de
Châtel-Censoir 1466, m^t av.1471, eut d'Anne d'Aigre-
ville (Gâtinois) ; 1° Jean, suit ; 2° Claude, ép^a av.1460
Jean Pioche, écr, sgr d'Aunay.

II. JEAN, chlr, sgr de Ferrières, Champlevois, Champlay (c^ne Cercy), Montaron, Châtel-Censoir, Presle et
fiefs en Avallon^s, cap. de Belleperche 1462, chamb^an
du duc B^on, bailly de Charolois 1466, capit. de Ch.-
Chinon 1484, lieut^t de roi en Languedoc 1483, est à
bataille de Sermages 1475, f.hmage p.Champlevois 1464,
y baille 1473, y transige 1477, et y teste, f. hmage p.
Châtel-Censoir 1494, m^t av.1497 ; ép^n 1° 1462 Marg^te
de Bourbon, fille natu. du duc Jean, légitimée 1463,
2° av.1481 Marie DE DAMAS, dame de Maligny, fille
de Jean, sgr Crux et d'Anne de Norry, dame de Maligny, eut du 1er lit : 1° Jean, sgr de Ferrières, m^t sans

posté. av.1503 ; 2° Jeannet, chlr St-Jean-J^em 1508 ; 3°
Marg^te ép^a 1483 Guill. de Villers, écr, sgr d'Arconcey ;
4° Claude, ép^n même jour à Champlevois, Jean de Montjeu, et rép^a 1493 Jacques DE GIRARD, écr, sgr de
Passy, ci-dessus ; 5° Perrette, fille d'hon^r de c^tesse Nev.
1490, ép^n Cl. de St-Trivier ; au 2° lit : 6° Philippe,
écr, sgr de Ferrières aprèsJean, de Châtel-Censoir 1503,
de Presle, Island, etc., est à Druyes 1523 à délimi^n
des baages, eut de M^le Robin : a, Fr^s, écr, sgr de Ferrières, la Grange-Melois, la Sauvin dont hmage à
Druyes 1533, m^t v.1543 sans posté. de Cath. de la
Magdelaine de Ragny ; b, Christine, dame de Ferrières
1544, y transige 1549 p. usages de Druyes, fme de
Jacques Aux-Épaules, écr, sgr de Pizy ; 7° Fr^s, suit ;
8° Louis, abbé de Pontigny 1517 ; 9° Cath. fme de
Louis de Dinteville.

III. — FRANÇOIS, chlr, sgr de Champlevois, Champlay, Montaron p^ie et Maligny (Auxerr^s), chamb^an du
duc Ch. de Bourbon 1522, transige à Montaron 1508,
f. hmage p. Champlevois, Chausseron et le Magny
(c^ne Fours) 1540, et reçoit aveu 1541, teste 1539, m
peu av.1544 que sa veuve a recon^ce à Montaron et
elle f. aveu à Ch.-Chinon 1547 ; ép^a 12 sept. 1519
Louise de Vendôme, fille de Jacques, vidame de Chartres, dont : 1° Jean, suit ; 2° Edme, guidon du prince
de Condé 1557, compromis au tumulte d'Amboise,

épᵘ 1666 Ant.ᴅᴇs ULMES, écr, sgr du Briou ; 4° Margᵗᵉ, épᵃ ₁° 1670 Eustache ᴅᴇ CHARRY, écr, sgr de Septvoies, 2° 1675 Hugues ᴅᴇ MAUMIGNY, écr, sgr de Vilcraye ; 5° Gabrielle, épⁿ ₁° 1670 Claude ᴅᴇ CHARRY, écr, sgr Giverdy, 2ⁿ 1685 Paul ᴅᴜ VERNE, écr, sgr d'Aglan.

Armes : Losangé d'argent et de gueules.

Sources : Arch.Nièv.E et B. — *Inv.*de Marolles. — D.Villevieille, 43. — Originaux collᵒⁿ de Soultrait. — Cabᵗ titres : dossier bleu 315 ; pièces origin.20054. — Minutes noᵗʳᵉˢ Moul.-Engilbert et Decize. — Arch. chât. Devay, Poiseux, Teurant, Seganges. — Preuves Malte, III, arsenal : de Marcelanges. — D.Caffiaux, 1234. — P.Anselme, II : de Chevenon. — Mˡˢ d'Aubais, *jugements de Languedoc*, II. — Reg.parois.de Sᵗ-Benin-d'Azy, la Fermeté, Varennes-l.-Narcy, Cossaye, Ciez, Escolives.

Éteints.

se réfugie à Genève et y mˡ 1560 sans alli.; 3° Béraude, dame de Champlevois après Jean, le vend 1587 et 1608, ainsi que Montaron 1585, épᵃ ₁° Dieudᵉ de Baratz, 2ᵉ 1559 Jean *de la Fin*, écr, sgr de la Nocle ; 4° trois filles religieuses.

IV. Jᴇᴀɴ, chlr, sgr de Champlevois, dont hmage étant mineur 1547 et qu'il abandonna à Béraude 1557, de Maligny, vidame de Chartres par hérit.de Frᵉ de Vendôme mˡ 1560, prince de Chabannais, célèbre calviniste, sert au siége de Metz 1552, à bat. de Sᵗ-Denis 1567,

condamné à mˡ, va près d'Elisabeth pour Condé, puis en Allemagne, pris en Saintonge, mˡ aux galères 1586 sans posté.

Armes : D'argent, au sautoir engrêlé de gueules.

Sources : *Inv.* de Marolles. — Arch.Nièv.E et B. — Minutes noᵗʳᵉˢ Decize. — Arch. de l'Yonne, Presle. — Arch.chât.Vandenesse, Devay et Limanton. — *Vie de Jean de Ferrières*, de Bastard. — Chʳᵉ comptes Dijon. — *Hist. d'Auxerre*, Lebeuf.

Éteints.

✜✜✜✜✜✜✜✜✜✜✜✜✜
✜✜✜✜✜✜✜✜✜✜✜
✜✜✜

ᴅᴇ GRIVEL ᴅᴇ GROSSOUVRE

ɪᴇɴɴᴇɴᴛ de Bourbonnais.

Jean GRIVEL (*), « *Joannes Grivelli, miles* » donne quittᶜᵉ sous scel Sᵗ-Pierre-le-Mᵉʳ 1366, bailly du Bourbⁿⁱˢ 1364, servant contre Anglais 1360, reçoit du duc de Bᵒⁿ Grossouvre (châtⁱᵉ Germigny) 1365, eut d'Agnès de Cournon : Jean, commandeur de Sᵗ-Jean-de-Jᵉʳᵘ 1407, et Henri, qui de Jeanne de Troussebois, eut :

I. — Jᴇᴀɴ ᴅᴇ GRIVEL, chlr, sgr de Grossouvre et Montgoublin (cⁿᵉ Sᵗ-Benin-d'Azy) mineur 1407, f.hmage de Montgoublin 1417, y baille 1429, combattit dans parti du roi jusqu'à 1445, mˡ av.1461, épousa ₁° av.1417 Jeanne de Crevant, dame de Montgoublin, 2° av.1444 Marie de Chauvigny (Bourbⁿⁿⁱˢ), eut du 1ᵉʳ lit : 1° Jean, chlr, mˡ sans posté.av.1461 ; 2° Bertrand, suit.

II. — Bᴇʀᴛʀᴀɴᴅ ᴅᴇ GRIVEL, écr, sgr de Grossouvre, Grandvaux et autres en Berry, et de Montgoublin, le Pérou en pⁱᵉ (cⁿᵉ Sᵗ-Jean) et le Veuillin (châtⁱᵉ Cuffy), né v.1435, consᵉʳ du duc de Bᵒⁿ, maître d'hôtel du roi 1489, servit sous Louis XI et Charles VIII, dispensé du ban Niv. 1496, plaide avec veuve de Jean 1461, acte à Montgoublin 1463, baille au Pérou 1468 et 88, sert au ban de 1593, mˡ av.1505,'épⁿ ₁° 19 oct.1463 Ponon ᴅᴇ BAR, fille de Pierre, sgr de Villemenard, 2° 27 nov.1488 Michelle de Rochefort (Marche), veuve de P. Evrard de Montespedon, eut du 1ᵉʳ lit : 1° Claude, écr, sgr de Grossouvre, qui resta à ses descendants jusqu'à 1651, épⁿ 1488 Fˢᵉ Evrard de Montespedon (pr.Gannat), dont : *a*, Philippe, écr, sgr de Grossouvre, capit.d'hᵐᵉˢ d'armes, occupe Apremont pour le roi 1568-73, père de : Marc, dont le fils Louis, mestre de camp est mˡ 1643 sans posté., et de Claude, sgr de Neuvy-le-Barois, porté par sa fille Margᵗᵉ aux

(*) Le nom s'est écrit : Grivenul, Griveau et de Grivel. La br. nivernaise est surtout connue sous le surnom de Grossouvre qu'on écrivit : Grossove, Grossauve, Grossouve et Grossouvre.

Popillon du Ryau ; *b*, Hugues, m^t 1552 sans posté.; *c*, Martial, suivra ; *d*, Claude, ép^a 1520 Cir *d'Avantois* (1), écr, sgr de Poiseux ; *e*, Jeanne, prieure de la Fermeté 1542 ; 2° Louise, ép^n 1484 Guinot des Barres, v^te de Resmond ; 3° Perronelle, ép^n 1490 Hugues de Villume *de Thianges*, sgr du Crozet ; 4° Jeanne, ép^n 1500 Guill^e de Villelume ; et du 2° lit : 5° Hugues, suit ; 6° Robert, écr, sgr de Montgoublin en p^ie, dont hmage 1540, la Cour-Valot (c^ne St-Jean), Vannay en p^ie (c^ne Azy), St-Eloi (c^on Nevers) et Chevannes (c^ne Coulanges), partage av. Bertrand 1533, emprunte à Montgoublin 1518, y baille 1533 et 36, m^t av. 1552, ép^n av. 1536 Anne de Montaulieu, veuve de L. du Pontot, sgr de St-Eloi, dont : Anne, pour laq. sa mère baille 1553, elle vend au Veuillin 1573, ép^n $_1$° 1561 Olivier *de Chastellux*, écr, sgr de Coulanges-Vineuse, 2° Edme de Pontville, chlr de l'ordre ; 7° Briant, chlr de St-Jean 1517 ; 8° Charlotte ; 9° Jeanne.

III. — HUGUES DE GRIVEL DE GROSSOUVRE, chlr, sgr de Montgoublin, le Veuillin en p^ie, Ourouër en p^ie (Berry), le Coudray (*id.*), un des cent gentilsh^es m^on du roi 1536, chlr de l'ordre, baille avec Robert à Montgoublin 1518 et par^ge St-Jean 1523, partage avec lui 1533, f. hmage p. Montgoublin 1540, donne à son fils 1538, m^t 1543, ép^a 30 mai 1525 Madeleine Pelourde (Berry), fille de Fr^s, sgr d'Ourouër et du Coudray, dont :

IV. — GUILLAUME DE GRIVEL DE GROSSOUVRE, chlr, sgr de Montgoublin, Ourouër p^ie, Montreuillon p^ie (c^on Chât.-Chinon), Quincize (c^ne Poussignol), Pesselières (chât^ie Druyes), Taingy (*id.*) et nombreux fiefs en Auxerrois, lieut^t de 50 h^mes d'armes 1553, gentilh^e m^on du roi 1562,

(1) D'AVANTOIS. — Arrivent du Berry, où ils possédaient Sancergues et Herry ; sont peut-être origin. d'Auvergne, où un d'Avantois épousa vers 1360 une de Giac, dont il eut Etienne, qui suit :

I. ETIENNE D'AVANTOIS (*), chlr, échanson de Charles VI, h^me d'armes 1383, chambellan du duc de Berry et son sénéchal du Berry 1393-98, et en 1390 mari de Cath. Le Sénéchal, veuve d'un chlr anglais, et est remarié.1400 à Alips *de St-Palais*, dame de Sancergues, avec laq. il achète 1406 la b^nie de Poiseux (c^on Pougues), Beaumont-la-Ferrière (c^on La Charité) et Grenant (c^on Beaumont), f. hmage p. Crenant et Beaumont 1410 et 15 et reçoit aveux pour Sichamp 1406, la Forêt 1410, et Bizy 1411 ; il eut : 1° Philibert, damoiseau, sgr de Sancergues 1420, mari de Marg^to DE FONTENAY, fille de Jean, qui lui apporta le port de Mesves-sur-Loire (c^on Pouilly), vendu 1458 par leur fils Etienne, sgr d'Herry ; sa posté. reste en Berry ; 2° Jean, suit ; 3° Matheline, reçoit terres à Beaumont et Poiseux à son maage 1437 avec Philippe de Champlemy, chlr, sgr de Puisat ; 4° Perrette, fme de Georges *Guytois*, écr. sgr d'Arquian.

II. JEAN, écr, sgr de Beaumont-la-Ferr^re, Grenant, Margy (c^ne Beaumont) et Montivert (c^ne.St-Aubin-Forges), f. hmages p. Grenant 1456 et 68, reçoit aveux à cause Grenant 1450-66, relève les fourches patib. de Beaumont 1464, est père de : 1° Jean, suit ; 2° Pierre, écr, cosgr de Grenant, dont hmage avec Jean 1468, et reçoit hmage p. Bizy 1480 ; 3° Joachim, chanoine Nev., sgr de Poiseux, 1498-1517, dont hérita son neveu Cyr ; 4° peut-être Edmée, fme av. 1490 de Guill^e le Chantier.

III. JEAN, écr, sgr de Grenant, Beaumont, b^on de Poiseux, sert aux guerres d'Italie, f. hmage p. Grenant, 1468, baille à Beaumont 1469-91, fait tenir jours de Sichamps 1505, m^t av.1516, ép^a Jeanne Bastard, dame

de Miniers, dont : 1° Cyr, suit ; 2° Jean, 1513 ; 3° Roussette 1499.

IV. CYR, écr, b^on de Poiseux, sgr de Grenant, Beaumont, Margy et Miniers (chât^ie Donzy), hypothèque Beaumont 1516, y tient assises 1533, y baille 1515-40 et à Poiseux 1529-38, reçoit aveux à cause Grenant 1530-43, m^t 1544, ép^a 25 oct. 1520 Claude DE GRIVEL, fille de Claude, sgr de Grossouvre, ci-dessus, dont : 1° René, b^on de Poiseux et Grenant, 1547-52, sans posté. connue ; 2° Hugues, b^on de Poiseux 1557-97, sgr de Beaumont et Grenant avant partage av. Pierre, au ban Niv.1554, capit. de Nev. 1584-92, obtient quatre foires à Beaumont 1556, tuteur de neveux 1571, obtient arrêt p. fiefs mouv. de Poiseux 1597, eut de Marg^le de Patay : Cyr, b^on de Poiseux 1595-1605, ép^a sa cousine Hélène D'AVANTOIS, fille de Pierre, dont : deux fils m^ts jeunes et deux filles, Poisenx est vendu 1610 ; 3° Pierre, suit ; 4° Claude, veuve 1575 de Roch DE LA PLATIÈRE, écr, sgr des Guyons.

V. PIERRE, écr, sgr de Grenant et Beaumont 1561, et de Fouronnes en p^ie (chât^le St-Verain), qu'il vend 1567, m^t 1571, ép^a Fr^su *de St-Quintin*, fille de Jean, sgr de Fouronnes, dont : 1° Jean-Joachim, écr, sgr de Grenant p^ie 1619 et de Vaux (c^ne Beaumont-Ferr^re), ép^a Jeanne DE LAMOIGNON, des sgrs de Murlin, dont peut-être : Benjamin, mari de Nicole Boutin 1600, père d'Imbert ; 2° Benjamin, suit ; 3° Elisabeth, fme de Claude de Bongard, sgr de Ville ; 4° Hélène, ép^a Cyr D'AVANTOIS, b^on de Poiseux.

VI. BENJAMIN, chlr, sgr de Grenant, Beaumont et Vingeux (c^ne St-Aubin), reçoit hmages à cause Grenant 1579-1601, f. hmage p. Grenant p^ie et Beaumont 1620, m^t 1621, eut d'Agnès de Brion : Henri, qui f. hmage 1628 p. Beaumont et Grenant p^ie avec frères et sœurs, Marc, Antoine, Charles, Ant^tte, Guill^tte et Fr^se, qui

(*) Le nom s'est écrit : Devantois, Davantois, de Vantois et d'Avantois.

capit. d'Entrains (voir h^{mes} célèbres), f. hmage p. Montgoublin 1556, y reçoit aveu 1574, dénombre Quincize 1563, partage enf^{ts} 1574, m^t v. 1584, épⁿ 13 fév. 1537 (*) Marie *de Champs* (2), fille de Gaspard, sgr de Pesselières, et de Fr^{se} de Corquilleray, dont : 1° Fr^s, m^t v. 1575, célib. ; 2° Jean, suit ; 3° Madeleine, dame de Taingy, ép^a 1° 1576 Jean DE VEILHAN, écr, sgr de Migé, 2° 1581 Adrien *de Regnier*, écr, sgr de Cordeilles ; 4° Edmée, épⁿ 1579 Edme DE LA BARRE, écr, sgr de Gérigny ; 5° Marie, dame de Quincize, épⁿ 1583 Jean DE LA FERTÉ-MEUNG, de Boisjardin.

V. — JEAN DE GRIVEL DE GROSSOUVRE, chlr, sgr de Montgoublin, Vannay (c^{ne} Azy), Trucy-l'Orgueilleux (c^{on} Clamecy), Pesselières, etc., du parti huguenot 1568, guidon de c^{ie} de Ragny 1587, acte à Trucy 1585, achète à St-B.-d'Azy 1596, m^t 1596, sa veuve accorde p. droits d'usages à Trucy 1621 ; épⁿ 18 mars 1585 Gabrielle DE DAMAS, fille de Léonard, sgr de Thianges, dont : 1° Hubert, suit ; 2° Eléonore, dame de Montgoublin reçu de sa sœur, épⁿ 1604 Claude *de St-Phalle*, chlr, b^{on} de Cudot ; 3° Fr^{se}, dame de Montgoublin, sans posté. de 1° Louis *de St-Phalle*, chlr, sgr de Villefranche, 2° de Jacques d'Orbesson, écr, sgr de Busque.

VI. — HUBERT DE GRIVEL DE GROSSOUVRE, chlr, sgr de Pesselières, Trucy-l'Org.,

sont saisis 1635 et biens vendus 1637-39. M^{ie} Fournier, veuve de Charles d'AVANTOIS, se dit encore dame de Beaumont 1677.

Armes : De... à un lion... (Pièces origin. 152.)

Sources : P. Anselme : de Guac. — D. Villevieille. — Arch. chât. Guichy, Beaumont, Bizy. — Mss. de Mr Regnard-Roux, à Beaumont. — *Inv.* de Marolles. — Arch. Nièv. E et B. — Carrés de d'Hozier, 315 et 649. — Pièces origin. 152. — D. Caffiaux, 1234. — Reg. parois. de Beaumont-la-F^{re} et Poiseux.

Éteints.

(2) DE CHAMPS-MONTREUILLON. — Origin. *de Nivernois.* — Prennent leur nom d'un fief près Montreuillon. Jean de Champs, sgr de St-Maurice (c^{ne} Montreuillon) 1139, accompagne le c^{te} Nev. à Decize. Raoulin, damoiseau, sgr de Champs, en f. hmage à Montreuillon 1353.

I. GUILLAUME DE CHAMPS, écr, sgr de Champs, baille à Montr^{on} 1390, m^t av. 1406, peut-être frère de Jean au siège de Chât.-Chinon 1412 ; eut : 1° Gérard, écr, partage avec frère 1419 ; 2° André, suit ; 3° Mahaut, épousa av. 1406 Étienne Lecomte, elle avait une rente sur Champs par^{se} Montreuillon ; 4° Agnès, fme en 1403 d'Étienne Longue-espée, chlr.

II. ANDRÉ, écr, sgr de Champs, qu'il eut au partage 1419, et de Taingy (châtie Druyes) et Fougilet (*id.*), eut de Jeanne de Ligny, dame de Taingy : 1° Philippe, suit ; 2° Mahaut, dame de Saints-en-Puisaye, ép^a av. 1436 Jean de Lenferna, écr, ils vendent 1442 la rente sur Champs-Montr^{on}.

III. PHILIPPE, écr, sgr de Champs dont hmages à Montreuillon 14?7 et 66, de Taingy, Fougilet, Pesselières (châtie Druyes) (**), Sougères (*id.*) le Chaillou (châtie St-Sauveur), Avigneau et autres en Auxerrois, sert au ban Niv. 1467, m^t av. 1489, ép^a Antoinette *d'Ourouër*, fille de Guill^e, sgr de Pesselières, dont : 1st Guill^e, suit ; 2° quatre fils restent en Auxerrois où Marie de Champs est dame d'Avigneau et ép^a v. 1559 Fr^s *de Maraffin*, chlr, sgr de Garchy ; 6° Marie, épⁿ 1484 Pierre DE LAMOIGNON, écr, sgr de Thurigny.

IV. GUILLAUME, écr, sgr de Pesselières, Sougères, Taingy, etc., et de Quincize p^{ie} (c^{ne} Poussignol), dont aveu 1504, n'a plus qu'un reste de biens à Montreuillon, partage av. frères 1495, est en 1524 à délimitation baage Nev., eut de Marg^{te} *de Frétoy*, fille de Jean, sgr Quincize :

V. GASPARD, écr, sgr d'*id*, est en 1533 au maage du v^{te} de Druyes, partage avec tante Eug. de Frétoy 1536, m^t même an, ép^a Fr^{se} *de Corquilleray*, sœur de Pierre, sgr de Tracy-s.-Loire, dont une fille unique porta 1537 toutes les sgries ci-dessus à Guill^e DE GRIVEL DE GROSSOUVRE, chlr, sgr de Montgoublin, ci-dessus.

Armes : D'azur, semé de soucis d'argent. (Preuves Malte, Arsenal.)

Sources : Inv de Marolles. — Mss. bibl. nat.: Gaignières ; carrés de d'Hozier, 315. — Arch. Nièv. E. — Arch. chât. Poiseux et Quincize. — Min. notres Montreuillon. — Preuves Malte, Arsenal, à la Barre. — Lebœuf, *Histoire d'Auxerre.*

Éteints.

(*) C'est la date du contrat de mariage ; Marie, orpheline, n'avait alors que 9 ans. Pour faire réaliser à son fils cette riche union, Hugues de Grossouvre fit intervenir, près du tuteur, le roi qui écrivit à celui-ci, le 26 janv. 1537, de conclure et « pour l'amour de moy, estre content de parachever led.mariage, et si ferez chose qui me sera très-agréable ». (Carrés de d'Hozier, mss, 315.) La célébration n'eut lieu que vers 1543.

(**) Ce fief donna son nom à : Guillaume DE PESSELIÈRES, damoiseau, m^t av.1290, ayant aussi des biens à Mhère (c^{on} Corbigny). Renaut de P , chlr, tenait fief de la vicomté de Clamecy 1296 et dans châtie Druyes, sert 1302, chlr, sous le c^{te} Nev., fait hmage p. Pesselières à Druyes avec Jean 1327. Philippe, chlr, a biens à Druyes et Fontenoy-en-Puisaye 1327, et son fils Guill^e f.hmages à Druyes 1332-48, il avait, ainsi que son père, son obit à chartreuse Bellary. A la fin du XIVe, Pesselières est aux *d'Ourouër*. — (*Inv.* de Marolles. — D.Caffiaux, 1234. — Mss.de D.Viole, Auxerre.)

Paroy (c^{ne} Oisy), la Sauvin (chât^{ie} Etais), v^{te} d'Entrains (*), mestre de camp d'inf^{ie} 1630, gouv^r de Saverne 1642, chlr de l'ordre 1665, eut d'abord Montgoublin 1610, transige à Paroy 1625 et à Trucy 1642, f. hmage p. v^{te} d'Entrains 1659, achète Grossouvre de la veuve de Louis de Grivel 1651, ép^a 1620 Anne *de Gamaches* (3), fille de Fr^s, sgr d'Ourouër dont : 1° Charles, dit : c^{te} d'Ourouër (**), sgr de Trucy, etc., maréchal de camp 1652, assassiné 1658 sans posté. de Fr^{se} de Guémadeuc ; 2° Claude, suit ; 3° Aimée, fme. de Martin de Crévecœur, gouv^r de Montargis ; 4° Eléonore, épⁿ 1650 Nic. Durand de Villegaignon.

VII. — CLAUDE DE GRIVEL DE GROSSOUVRE, chlr, dit : m^{is} de Trucy et de Pesselières, c^{te} d'Ourouër, v^{te} d'Entrains, sgr de Grossouvre, Taingy, les Bordes (chât^{ie} Druyes) 1651, acte pour Trucy 1660, f. hmage p. Ourouër 1665 et 78, m^t av. 1694, épⁿ 23 juill. 1668 Anne-Marg^{te} *de Buffevant*, fille de Louis, sgr de la Celle-s.-Loire, dont :

VIII. — PAUL DE GRIVEL DE GROSSOUVRE, chlr, c^{te} d'Ourouër, m^{is} de Trucy, Pesselières et Faulin (chât^{ie} Ch.-Censoir), sgr de Taingy, Grossouvre, Coulanges-s.-Y., Lucy, mestre de camp rég^t d'Anjou 1698, reçoit hmage à Trucy 1720, maintenu 1706, m^t 1752, ép^a 1° 13 juil. 1699 Marg^{te} LE BOURGOING, fille de Charles, sgr de Champlevrier et Faulin, 2° 22 août 1747 Henriette-Fr^{se} *de Bourbon-Busset*, fille de Louis, sgr de Vésigneux, dont : Alexandre-Aug., m^{is} de Trucy, Ourouër, etc., brigadier des armées 1743-75, m^t sans posté. d'Anne Foucault de St-Germain

Armes : D'or, à la bande échiquetée de sable et d'argent de 2 traits.

Sources : D. Villevieille, 45 et 25. — La Thaumassière, 1. XI. — *Inv.* de Marolles. — Cab^{et} Titres : Carrés de d'Hozier, 315, 316 et 649 ; pièces origin. 1417 ; mss Clairambault. — Arch. chât. Chastellux, Bizy, Guichy, Poiseux. — Min. notaires Montreuillon, Prémery, Clamecy. — Arch. Nièv. E et B. — D. Caffiaux, 1234. — Origin. coll^{ion} de Soultrait. — *Inv.* Peincédé, XIII. — Reg. parois. St-Benin-d'Azy, Nevers, Billy-s.-Oisy, Breugnon.

Éteints.

(3) DE GAMACHES. — Origin. *du Véxin.* — Connus dès le XIe s. par don^{ons} à St-Germer. Furent aux croisades. Simon DE GAMACHES chlr banneret 1339.

GUILLAUME DE GAMACHES, chlr, servait en Bgogne 1356 eut entre autres : Gilles, chlr, reçut de Charles VII des terres en Berry, tué à Verneuil 1424, eut de Blanche d'Aumont : 1° Jean, chlr, sgr de Rosemont (c^{ne} Luthenay) av. 1440, et qu'il vendit 1444, et de la b^{nie} de la Guerche achetée 1441 et revendue 1442, fonde messes à St-Cyr-Nev. 1442 et y élit sépulture, m^t av. 1454 sans posté. de Fr^{se} de Lignières, fille de Jean, sgr de Rosemont et d'Agnès Trousseau ; 2° Guill^e, suit.

GUILLAUME, chlr, sgr de Sury-aux-Bois (Berry) 1460, célèbre capit. de Charles VII, épousa 1449 Philiberte Foucault, dame de Sury, dont : Jean, m^{tre} d'hôtel de Charles VIII qui de Marg^{te} de St-Quintin-de-Blet eut : Hippolyte, qui ép^a av. 1520 Pierre DE LORON, écr, sgr de Domecy-s.-Cure ; et Adrien, écr, sgr de Jussy, ép^a 1525 Jeanne Pelourde, dame de 1/2 d'Ourouër (Berry), dont : b, René, père de Fr^s, capit. de La Charité

1616, qui achète autre 1/2 Ourouër, et eut Anne qui porta tout Ourouër 1620 à Hubert DE GRIVEL DE GROSSOUVRE, chlr, sgr de Pesselières ; c, Madeleine, ép^a 1548 Hugues DE GRIVEL, sgr de Grossouvre ; et a, Fr^s, sgr de Jussy, père de : Madeleine, dame de Neuvy-Barrois, ép^a 1581 Claude DE GRIVEL, chlr, sgr de Montespedon, et de Georges, chlr, chamb^{an} du roi 1587 dont il porta le manifeste en Nivernois 1585 et eut : a', Claude, sgr de Jussy, fut sgr d'Amazy (c^{on} Tannay) dont il refit terrier 1654, père de : a'', Cl.-Fr^s, sgr d'Amazy, père d'Eléonore, ép^a 1677 Henri *de Bigny*, chlr, sgr de Neuvy-sur-Loire ; b', Claude, abbesse N.-D. Nev. 1607-42 ; c', Anne, religi. à N.-D. Nev.

Armes : D'argent, au chef d'azur.

Sources : D. Villevieille, 42. — La Thaumassière 898. — *Inv.* de Marolles et de Parmentier, 44. — Cab^{et} Titres : carrés de d'Hozier, 282 ; preuves gr^{de} Ecurie, 275. — Arch. Nièv. B. — Chazot, *tablettes*, VII. — Reg. parois. La Charité.

Éteints.

(*) Cette vicomté était très-peu importante ; elle passa des Grivel aux Langeron qui l'échangèrent en 1779 au duc de Nevers contre une rente. (Baudiau, h^{re} *d'Entrains*.)

(**) Qu'on écrivait ordin^t : d'Ouroy ou d'Auroy. Cet Ourouër (chât^{ie} des Aix-d'Angillon) donna son nom à 3 officiers généraux de la maison DE GRIVEL.

DE LAMOIGNON

RIGINAIRES de Nivernois.

Prirent leur nom (*) du lieu d'origine : les Amognes (**), en venant se fixer en Donziois au XIVᵉ s. (1).

En 1292, Jean LAMOIGNON achète un tènement à un habitant Sᵗ-Mâlo (cᵒⁿ Donzy) en la justice du prieuré de Cessy.

I. — MICHEL LAMOIGNON, a des biens près Manay (cⁿᵉ Vielmanay) où il est témoin à un échange 1330 ; « Michelez li Amoignons » fait aveu de terres pr. Châteauneuf-Val-de-Bargis (cᵒⁿ Donzy) en 1338 et 45, et en 1349 p. héritages à Nannay (cᵒⁿ La Charité), et p. moulin près Champlemy 1357 ; épousa peut-être la fille du sgr de Manay, car en 1349 il est curateur des enfants de celui-ci J. de Vauberoux, écr ; il eut :

II. — GUILLAUME DE LAMOIGNON, écr, sgr de Manay en pⁱᵉ, Arthel pⁱᵉ (cᵒⁿ Prémery) et Laleuf (mouv. d'Ainay, Bourbⁿⁱˢ), f. hmage p. héritages à Nannay 1371, et p. 1/2 d'Arthel 1376, baille à Longfroy 1378, achète à Manay 1385, testa 1388, inhumé à Manay ayant donné à chartreuse de Bellary, épousa av. 1368 Jeanne DE TROUSSEBOIS, fille d'Eudes, chlr, sgr de Laleuf en la mouv. d'Ainay, dont : 1ᵒ Pierre, suit ; 2ᵒ Renaut, écr, sgr de Manay pⁱᵉ 1382, Chasnay pⁱᵉ (cᵒⁿ La Charité) et Montifaut (cⁿᵉ Murlin) acheté 1413, châtelain de Cosne, achète à Manay 1416,

(1) Il y eut en Nivernois, au XIIIᵉ s., une autre famille féodale LAMOIGNON, qui suit :

I. GUILLAUME LAMOIGNON, chlr, « dictus Lamoignon de Villa » (Ville-les-Anlezy, ou Sᵗ-Père-à-Ville) était mort av. 1288 que sa veuve Agnès achète la maison-fort de Pommeyo (Pomay, cⁿᵉ Magny-Cours) (***) ; ils eurent : 1ᵒ Pierre, suit ; 2ᵒ Olive, fme de Jean de Languedoue, écr ; 3ᵒ peut-être Guyot, damoiseau, fils de mⁱʳᵉ Guillᵉ dit Lamoignon de Vodio (Huez), chlr, qui vend 1310, à la dame d'Anlezy, ce qu'il a paroisses de Sᵗ-Benin-d.-Bois et Nolay.

II. PIERRE, chlr, sgr de Pomay, sert dans armées de Philippe-le-Hardi, achète 1291 des biens parˢˢᵉˢ de Magny-Cours, Mars, Sᵗ-Parize, Aillent (est dit : nobilis vir Petrus Lamoignon dominus de Pomayo, miles), épousa av. 1291 Isabelle de Pougues, fille de Pierre, châtelain de Germigny-en-Lixant, dont :

III. CHARLES, chlr, sgr de Pomay dont hmages 1323, 27 et 35, et de Sancy en pⁱᵉ (cⁿᵉ Sᵗ-Franchy) dont hmages 1323 et 27, sert à l'ost de Bouvines 1340, reçoit aveu à cause Sancy 1319, f. hmage p. biens paroisse d'Anlezy 1319, n. vir dominus Karolus dictus Lamoignon, miles, dominus de Pomayo, présente un chapelain pour Pomay 1344, teste 1345, épˢᵃ 1ᵒ av. 1319 Jeanne D'ANLEZY, dame de Sancy en pⁱᵉ, fille de Guillᵉ, 2ᵒ Agnès de Saisy, eut du 1ᵉʳ lit : 1ᵒ Plamon,

(*) Qui s'est écrit : L'Amoignon, Lamougnon, Lamouégnon, Lamoignon et de Lamoignon à la fin du XVIᵉ s.

(**) Les Amognes (autrefois Amoignes) donnèrent successivement leur nom à un assez grand nombre de personnages qui en étaient originaires, mais de race différente. Outre les familles dont nous nous occupons ici, on trouve, du XVᵉ au XVIIᵉ, des LAMOIGNON bourgeois de Nevers, de Decize, de Sᵗ-Pierre, etc., n'ayant avec ceux ci-dessus rien de commun, si ce n'est l'homonymie.

(***) Pierre DE POMAY, mᵗ av. 1223, avait biens près la Ferté-Chauderon. Jean, chlr, sgr de l'Atelier (cⁿᵉ Chevenon), mort av. 1269, laisse Gilles qui vendit l'Atelier ; ce Jean paraît frère de Guillᵉ de Pomay, chlr, sire de Dornes. Henri DE POMAY est prieur de Sᵗ-Etienne-Nev. 1273. En 1385, Jean, damoiseau, sgr de Pomay, f. hmage p. Montorge (cⁿᵉ Magny-Cours) et vend à Aglan 1407. Frˢ, fils d'Antoine, a des dîmes à Tresnay 1524. (D. Villevieille, 28. — Inv. de Marolles.)

y échange 1420, y vend 1438, f. hmage p. dîmes pr. Châteauneuf-Bargis 1438, mᵗ av.1444 sans posté. de Margᵗᵉ *du Deffand*, fille de Guillᵉ et de Colette de Fougeroy ; 3° Jeanne, reçoit au testᵗ de son ayeule de Troussebois 1389, épⁿ Pierre de Baugy, écr ; 4° Philippes, dame d'Arthel en pⁱᵉ, épⁿ av.1406 Jean *de Pernay* (2), écr, sgr de Port-Aubry ; 5° peut-être Marie, fme de Jean Berthier.

III. — Pierre de LAMOIGNON, écr, sgr de Manay, du fief dit de Lamoignon (maison à Donzy même), Laleuf et Rivière (cⁿᵉ de Saints-en-Puisaye), sert 1412 sous le cᵗᵉ Nev. en armée de Charles VI, figure au testᵗ patᵉˡ 1388, teste 1424 élisant sépulture à N.-D. de Lépeau, épᵃ

chlr, sgr de Pomay, transige 1346, en présence d'oncle J. d'Anlezy, avec Agnès sa belle-mère, veuve ; 2° Jeanne dame de Sancy pⁱᵒ, épᵃ av. 1336 de Dreux *de Merry*, chlr ; 3° N…, femme de Thévenet de Chazault ; et du 2ᵉ lit : 4° Perrin, transige 1346 avec Plamon, est hᵐᵉ d'armes 1359.

IV. Pierre, chlr, sgr de Pomay, épᵃ Jeanne de Mornay, sa veuve 1386 ayant pour fils Jean, mᵗ sans posté. et dernier de sa race (*).

Sources : Inv. de Marolles. — Cabᵗ Titres : dossier bleu 379 ; Chérin, 115. — *Inv.* d'arch. commu. Nevers. — D. Villevieille, 82. — Arch. Nièv. E. — D. Caffiaux 1234.

Éteints.

(2) DE PERNAY. — *De Donziois.* — Prennent leur nom (parfois écrit : Prenay) d'un fief cⁿᵒ Nannay. — Miles de PERNAY, échange à Manay (cⁿᵉ Vielmanay) 1330.

I. Jean de PERNAY, écr, sgr de Charmey (cⁿᵉ Cosne) y baille 1384, capit. de Cosne, mᵗ av. 1393 que sa veuve Jeanne de la Porte f. hmage p. Port-Aubry (cⁿᵉ Cosne) pour leurs mineurs : Jean, suit, et Margᵗᵉ.

II. Jean, écr, sgr de Port-Aubry et Arthel en pⁱᵉ (cᵒⁿ Prémery), reçoit legs près Donzy 1388, f. hmage p. Arthel 1406 et 10, épousa av. 1406 Philippes LAMOIGNON, dame d'Arthel pⁱᵉ, ci-dessus, dont :

III. Miles, écr, sgr de Chasnay pⁱᵒ, Pernay, dont hmage 1448, Port-Aubry, Arthel pⁱᵉ 1430-51, hérita de son oncle R. Lamoignon, sgr de Chasnay, f. hmage de ses 4 fiefs 1464, mᵗ av. 1468, épᵃ Agnès *de Neuvry*, fille de Gibaut, sgr de Vesvre, laq. veuve 1468 cède au cᵗᵉ Nev.1/4 Apremont et Omery-les-Gaulx ; ils eurent : 1° Frˢ, suit ; 2° Pierre, sert au ban Niv. 1469, f. hmage p. Port-Aubry et Arthel pⁱᵒ 1472, mᵗ sans posté. ; 3° Lancelot, écr, sgr de Pernay, Manay pⁱᵉ, y rembourse rente 1492, et d'Arthel pⁱᵉ qu'il échange 1494 contre Nannay (cᵒⁿ La Charité), père de : *b*, Jeanne, fme de Ch. *du Merlier*, écr, puis de Charles de FRASNAY ; *c*, Pierre, écr, sgr de Nannay 1528 dont hmages 1533 et 40, sans doute père de René, écr, sgr de Pernay, Nannay et la Bretauche (cⁿᵒ Cosne) 1564, consᵒʳ du duc Nev. 1571, père de Margᵗᵉ, mᵗᵉ av. 1587, fme de Jacques de la Ribbe, écr, et d'Antoine de PERNAY, écr, sgr d'*id*,

guidon d'une Cⁱᵉ, mᵗ av. 1579, épᵃ 1561 Frˢᵉ *de Clèves-Fontaine*, fille natur. de Frˢ, 'abbé du Tréport, dont : Edme et Louis, sgrs de Pernay et la Bretauche 1587-92 dont la posté. passa en Berry.

IV. François, écr, sgr de Chasnay et Suilly-la-Tour (cᵒⁿ Pouilly), écr d'écurie du cᵗᵉ Nev. 1472-77, exempté du ban 1479, baille un moulin sur le Nohain avec frères et mère 1480, épᵃ 2 juin 1461 Edmée *de Neuvy*, dont : 1° Marc, suit ; 2° Miles, écr, sgr du Magny, sans posté., épᵃ 1506 Yvonne de la BARRE, fille de Jean, sgr de Gérigny.

V. Marc, écr, sgr de Chasnay, Suilly, Presle (cⁿᵉ Suilly-la-T.), Magny (*id*.), Sᵗ-Gondon (Gâtinois), reçoit hmage p. Acotion 1502, mᵗ av. 1503, épᵃ 4 nov. 1494 Agathe de Sᵗ-Savin, dᵉˡˡᵉ de la comtesse Nev. qui plaide contre sgr de Vergers 1512 ; il eut : 1° Jean, suit ; 2° Frˢᵉ, épᵃ 1517 Frˢ du Mesnil-Simon (Berry).

VI. Jean, écr, sgr d'*id*. et la Fillouse (cⁿᵉ Suilly) et la Gouppière (*id*.), gentilhᵉ de baronne de Donzy 1524, conduit le ban d'Auxrˢ, f. hmage p. Presle 1533, reçoit aveu à cause Magny 1535, y saisit fiefs 1542, f. reconnⁿᵉ à Sᵗ-Andelain 1563, épⁿ 27 mars 1528 Marie de la RIVIÈRE, fille de Frˢ, sgr de Champlemy, dont :

VII. François, écr, sgr d'*id*. 1569, hᵐᵉ d'armes en Picardie 1596, confirmé dans noblesse 1599, saisit féodᵗ Vergers 1608, épⁿ 12 juill. 1572 Renée *de Jaucourt*, fille de Jean, dont de Villarnoul, dont : 1° Jean, suit ; 2° Gilbert, écr, sgr de Suilly pⁱᵉ et Presle, mᵗ av. 1634, père d'autre Gilbert, sgr d'*id*., maintenu au régalement 1634, épⁿ av. 1633 Margᵗ Breschard, dont : *a*, Esmé, chlr, sgr de Presle et la Bussière, 1657-71, lieut. cavⁱᵉ régᵗ Saintonge, mᵗ av. 1678, eut de Marie de Torcy : *a'*, Louis, sgr de la Geneste (cⁿᵉ Achun) hérita de fille de Jeanne de Pernay, officier, tué en Flandre av. 1678 ; *b'*, Frˢ et Anne, mⁱˢ jeunes ; *c'*, Paule, héritière de Louis 1678 ; *b*, Anne, épⁿ av. 1657 Claude de CHARGÈRES, écr, sgr de Moragne ; 3° Jeanne, fme d'Edme de COTIGNON de Bussy, dont la fille légua à Louis de Pernay.

VIII. Jean, écr, sgr de Suilly et Magny, mᵗ av. 1620, épᵃ 25 nov. 1596 Esmée Gouste, dont : 1° Jean, écr, sgr de Magny 1621, mᵗ célib. ; 2° Frˢ, suit ; 3° Frˢᵉ, reçoit legs de sa cousine de la Rivière 1645, mᵗᵉ 1673 célib.

(*) Michel, qui forme le 1ᵉʳ degré de la généalⁱᵉ principale ci-dessus, et que les auteurs disent (sans preuves) fils de Charles, sgr de Pomay, n'est pas de cette famille, car il ne figure pas au testament de 1345 de ce Charles, ni à la transaction-partage entre ses enfants en 1346 ; de plus, on ne voit à ce Michel, habitant une autre contrée, aucuns biens provenant des Lamoignon-Pomay, tandis qu'un Lamoignon est déjà fixé près de Manay en 1292, et doit être l'ancêtre de Michel.

av.1393 Marg^{te} de Fougeroy, dame de Rivière, fille de Jean, rappelée m^{le} dans hmage de 1406, dont : 1° Guyot, suit ; 2° Louis, religieux à St-Martin-d'Auxerre (*).

IV.— GUYOT DE LAMOIGNON, écr, sgr d'*id.*et de Bretignelles (c^{ne} Pougny), Villorgeul (*id.*), Grandpré (c^{ne} Arquian) et Turigny p^{ie} (c^{ne} St-Germain-d.-Bois) dont hmage 1455, lieut. du gruyer de Donziois 1447, partage succession d'oncle Renaut 1444 et 51, achète pr. Manay 1453, m^t 1457 inhumé à Lépeau, ép^a Alixant DE LA TOURNELLE-MAISONCOMTE, fille de Tristan, sgr de Turigny, Bretignelles, Villorgeul, et de J^{ne} de Basoches, dont : 1° Robert, écr, sgr de Viel-manay p^{ie} (c^{on} Pouilly), et Turigny par partage 1472, et de Bretignelles et Villorgeul à la m^t de mère, brigandier au ban Niv.1467, baille à Villorgeul 1499, m^t 1500 célib. ; 2° Charles, suit ; 3° Pierre, écr, sgr de Montifaut, Murlin (c^{on} La Charité), la Chastière et de Turigny p^{ie} hérité de Robert, échanson du c^{te} Jean 1476-79, exempté du ban Niv.1478, a procès p. dixmes de Chasnay 1477, reçoit de Robert une maison à Donzy 1481, m^t 1511, ép^a 1° 11 mai 1484 M^{ie} *de Champs*, m^{le} 1493, fille de Philippe, sgr de Pesselières, 2° Marg^{te} de Marry ; eut du 1er lit : *a*, Jeanne, ép^a

IX. FRANÇOIS, écr, sgr de Suilly dont hmage 1620 et de Ferrière (c^{ne} Ste-Colombe), et de Magny hérité de s. frère Jean, maréchal-logis-gén^{al} de cav^{le} légère 1638, servit au siège de Montrond, m^t av. 1660, ép^a 1640 Marie Fradet (Berry), dont : 1° Guill^e, écr, sgr de Suilly p^{ie} et Ferrière 1665-75, sans posté.; 2° Guy, écr, sgr de Suilly p^{ie} et Magny 1661, m^t célib. 1674 ; 3° Fr^s, sgr d'*id.*, m^t célib. 1690 ; 4° Jeanne ; 5° Fr^{se}, ép^a 1665 Fr^s de Razille, écr, sgr de Marigny ; 6° Antoinette, ép^a 1684 Fr^s *de Chabannes*, chlr, sgr de Vergers ; 7° Marg^{te}, fme d'Ant. Colas de Laurière, dragon. En 1710 Suilly est saisi et vendu sur Jeanne et les enfants de ses sœurs. Un Jean DE PERNAY, écr, sgr de la Bretauche 1469,

ne peut être rattaché ; il est pannetier du c^{te} Nev. 1468-77, sert au ban Niv. 1469, en est exempte 1478, et est mari de Marg^{te} *du Deffand*.

Armes : D'argent, à trois tours de sable. (Arm^{al} gén Bourges, 1699.)

Sources : Cab^{et} Titres : Chérin, 115 ; dossier bleu, 517. — *Inv.* de Marolles. — Mss. chan. Hubert, à Orléans. — Arch. Niév. E et G. — Regis. Parl^t, copies de Chastellux. — Arch. chât. la Montagne, les Granges. — Arch. commu. Donzy. — D. Caffiaux, 1234. — Reg. parois. Cosne, Suilly-la-Tour, La Charité, Donzy, St-Andelain, Pouilly.

Éteints.

(*) Blanchard, Moréri, d'Hozier, la Chesnaye, etc., supposent un 3e fils, Jean ; c'est que pour complaire aux puissants LAMOIGNON, de Paris, ils leur donnèrent pour ancêtres des chlrs du XIIIe s. qui sont les sgrs de Pomay, dont nous avons parlé en montrant que Michel n'est pas de ceux-là (v. note p, 581). Puis, une seconde jonction fausse est celle de Jean (souche des illustres L.) qu'ils disent fils de Pierre, ci-dessus.

En avançant que des auteurs, qui font autorité, se sont trompés, nous avons le devoir d'en exposer les preuves : Pierre, dans son testament de 1424 ne parle pas d'un prétendu fils Jean, ni Jeanne de Troussebois dans le sien 1389 où elle donne à ses petits-fils. L'hérédité de Pierre approuve son test^t en 1424 pard^t J. Boule, notaire à Donzy, sans qu'il y ait traces d'un Jean. Renaut, frère de Pierre étant mort sans postérité, il y eut en 1444 des procédures entre ses neveux-héritiers et sa veuve ; on n'y voit pas figurer de Jean. En 1451 intervient une sentence pour la forge de Manay qui fut à feu Renaut et qui est adjugée à ses neveux Guyot de Lamoignon et Miles de Pernay ; il n'y est pas question de Jean. Pour avoir un semblant de rattachement, les généalogistes font ce Jean *sgr d'Arthel*; or jamais il ne posséda rien à Arthel qui était passé à Philippes de Lamoignon, sœur de Renaut, puis à son fils Miles de Pernay dont le fils l'échangea en 1494 à Jean de Chabannes-Dammartin ; aucune pièce du temps ne parle d'un Jean Lamoignon comme sgr d'Arthel, non plus que de son fils et de son petit-fils auxquels les auteurs donnent successivement cette qualification.

La vérité est que Jean *Lamoignon* était un bourgeois de Nevers, sans aucuns biens du côté de Manay ni d'Arthel, et d'une situation sociale toute différente de celle des ci-dessus avec lesquels il n'a aucun rapport de parenté ; son âge même s'adapterait mal avec celui d'un fils de Pierre. Cette autre famille tirait simplement son nom du lieu des Amoignes ; lorsqu'elle fut arrivée au comble des honneurs . et de la puissance, elle fit rechercher et recueillir, dans notre province, tous les vieux titres relatifs à des Lamoignon quelconques ; on fit une sélection de prétendus ancêtres qu'on mit simplement bout-à-bout, sans que rien n'appuie la filiation. Cet assemblage hétérogène n'échappa pas à Chérin, lorsque Chr^n-Fr^s de Lamoignon, garde des sceaux, voulut faire des preuves de cour ; il eut le courage de faire des objections à celui-ci qui « sans indignation, m'a forcé de sortir brusquement de chez lui, en refusant de m'entendre et en me menaçant, etc. » (Lettre de Chérin au roi, 1787 ; vol. 115). Il est regrettable qu'un Nivernais moderne ait combattu, à la légère, Chérin et Lainé, pour rééditer des supercheries.

Voici la période nivernaise de cette troisième famille :

JEAN LAMOIGNON, bourg^s de Nev. où il a une maison venant de son père et que vend sa fille 1483, secrétaire du c^{te} Jean, lieut^t du prévôt de Bourges 1462, contrôleur de la dépense extrord^{re} de l'hôtel du c^{te} Nev. 1477-81, figure dans le même compte qu'autre Jean, son fils, 1482 ; m^t au comm^t de 1483, épousa Jeanne Erard, dont : 1° Jean, suit ; 2° Huguete, fme de Pierre de la Salle, vend la m^{on} Nev. 1483.

JEAN LAMOIGNON, secrétaire et contrôleur de la dépense ordr^e de Jean, c^{te} Nev. 1482 puis de sa veuve, habite Nev. 1480, y reçoit pay^t 1482 ; sa belle-fille note son maage, etc. sur un livre d'heures : « Le 25e jour de novembre 1477 furent espousés Jehan Lamoignon, secrétaire du conte, et Marie Delestang, fille de feu h. h. Jean D., bourgeois de Nevers, tous natifs et paroissiens de St-Victour de Nevers. » ; il en eut : 1° Fr^s, suit ; 2° Jean, licencié-loix, lieut^t du prévôt de Bourges 1515, cons^{er} de la duch. de Berry et échevin de Bourges 1521, baille à Nev. 1505, eut de Jeanne Alabat : *a*, Jéan, ecclési. 1548 ; *b*, Claude, march^d à Bourges 1561-73 ; *c*, Georges,

1506 Ch. Chauvin ; *b*, Jeanne, jeune, dame de Montifaut p^ie^ et la Chastière, fme de Guill^e^ *David* (*),
écr, sgr de la Bruslerie ; *c*, F^se^, reçoit de gr^d^-mère 1491 ; et du 2° : *d, e*, Guill^e^ et Jean, m^ts^ célib.;
f, Madeleine, dame de Turigny p^ie^, ép^a^ 1° 1517 Charles de la Corcelle, écr, 2° Erard du Coudray,
écr ; 4° Jeanne, qui eut biens à Vielmanay, Nannay et Châteauneuf, ép^a^ 1461 J^n^ d'ARMES, écr,
sgr de Trucy-l'Org.

V. — CHARLES DE LAMOIGNON, écr, sgr de Manay, Vielmanay p^ie^ et Rivière par partage
1472, et de Bretignelles, Villorgeul, autre p^ie^ Vielmanay et la maison. Lamoignon à Donzy par
hérit. de Robert, min^r^ 1466 f. hmage p. Manay p^ie^, et p. Vielmanay, Villorgeul et Bretignelles
1507, transige p. dixmes à Chasnay 1477, teste 1516, ép^a^ Claude d'Auroux qui transige pour
s. enfants 1519 ; il eut : 1° Blaise, écr, sgr de Rivière dont hmages 1514 et 40, Vielmanay p^ie^, le
fief Lamoignon, la Brosse (c^ne^ Donzy), dont hmage 1540, les Avis dont hmage à St-Verain 1533,
et Thurigny, écr d'écurie de la c^tesse^ Nev. 1523, achète à frère 1/2 fief Lamoignon à Donzy où il
habite et meurt 1544, eut de Jeanne de Lavoine, gouvernante de c^tesse^ Nev. : *a*, Fr^se^, m^t^ célib. 1527 ;
b, Hélin, écr, sgr de Vielmanay p^ie^, Rivière, la Brosse, gentilh^o^ du duc Nev. 1549, m^t^ 1555 sans
posté. de Fr^se^ *de Clèves* (3), fille de Fr^s^, abbé du Tréport ; *c*, Etienne, chanoine d'Auxerre
1555-73 ; *d*, André, écr, sgr de Vielmanay p^ie^ dont hmage 1555, hérité d'Hélin, de la Brosse p^ie^
et des Avis par partage 1547, et de Champromain (c^ne^ Donzy), m^t^ sans posté., ép^a^ 5 fév. 1557
Marg^te^ DE VIELBOURG, fille de Pantaléon, sgr de Mocques ; *e*, Claude, hérita de tous ses

(3) DE CLÈVES DE FONTAINES. — Engilbert
de Clèves, c^te^ de Nevers, qui épousa 1489 Charlotte de
Bourbon-Vendôme, eut pour 3e fils : Fr^s^, chanoine
de Nevers 1513, abbé de Corbigny 1525-30, prieur de
de St-Eloi-Paris, abbé du Tréport 1523 et de St-Martin-
aux-Bois, m^t^ 1545, qui eut pour enfants naturels :
1° Louis, suit ; 2° Charles, reçut rente au test^t^ de Ch^te^
de Bourbon 1515, sans posté de N… de Blosset, dame
de St-Maurice (Ile-de-France); 3° Louis, le jeune,

abbé de Bourras 1562-1605, évêque de Béthléem-
Clamecy 1605-09, prieur de La Charité 1595-1606 et
de Cessy, St-Malo et Bony-s.-Loire, abbé de Toussaints
à Châlons-s.-M. 1574, aumônier du roi, m^t^ à Bony
1609 ; 4° Fr^se^, dame de Gicourt (pr. Beauvais), dame
de la duch^se^ Nev., puis de Cath. de Médicis, ép^a^ 1° Hélin
DE LAMOIGNON, écr, sgr de Vielmanay, ci-dessus,
2° 1561 Antoine *de Pernay*, écr, sgr de Nannay,
3° 1584 Jean de Bélestat, gentilh^e^ du duc Nev.; 5° Marie,

recev^r^ des tailles à Bourges 1684, etc., et leur posté. reste à Bourges où on trouve : Jean, march^d^ 1595 ; Etienne, notaire 1638 ; Pierre,
m^d^ 1645, etc.; 3° Marie, fme de Gilbert Boudot, av^t^.
FRANÇOIS, licencié-ès-loix, s^r^ du Grateix en p^ie^ (c^ne^ Axy-le-Vif), secrétaire de la comtesse Nev. 1507 et contrôleur de sa dépense 1508,
transige avec co-héritiers de son oncle P. Delestang 1519, m^t^ av. 1538, ép^a^ 14 janv. 1510 Marie *Ducoing*, fille de Vincent, march^d^ à
Nev., s^r^ du Grateix, dont : 1° Charles, suit ; 2° Hélin, bachelier en décret, prieur d'Abon 1556, et de St-Pierre-le-M^er^ 1567-73, abbé
de Bellevaux 1564-73, eut un fils nat. Louis, proc^r^ à St-Pierre qui de M^ie^ Seignoret eut Fr^s^ et Gilbert Lamoignon ; 3° Fr^se^, fme de
Pierre Lhuillier, march^d^ à Bourges 1538 ; 4° Marie, ép^a^ 1° 1538 Fr^s^ *du Broc*, sgr des Granges, 2° av. 1556 Louis *Olivier*, sgr de Surpalis.
CHARLES, écr, conser^r^ au Parl^t^ P^is^ 1557, né à Nev. 1514, chef du conseil du duc Nev. 1560, conser^r^ d'Etat 1572 (voir li^ms^ célèbres, sgr de
Launay-Courson (Seine-et-Oise) que lui donna le duc Nev. 1551, et de Basville, paye 1539 la dot promise à sa sœur, est au partage des
filles de Clèves 1566, m^t^ 1572, ép^a^ 25 juil. 1547 Charlotte *Bezançon*, dame de Vielmanay, conser^r^ au Parl^t^, et sa posté, se fixa à Paris, fournit
2 présidents au Parl^t^, un chancelier, un ministre, un garde des sceaux, etc. — Pour appuyer leurs prétentions de rattachement aux anciens
sgrs de Vielmanay, ils achetèrent au XVIIIe s. un petit fief dans la par^se^ de Ciez : le Château-Fumée, dont hmage en 1783 à la Motte-
Josserand. — Ils s'éteignirent au comm^t^ de ce siècle-ci, et les Ségur ont repris le nom de Lamoignon.
Armes : Losangé d'argent et de sable, au franc quartier d'hermine. Ils prirent ces armes des autres Lamoignon ; les leurs étaient au
XVIe s.: D'argent à trois hermines de sable (La Thaumassière, 171).
Sources : Arch. Cher. E, et chât. des Aix. — Cab^t^ Titres : dossier bleu 379 ; pièces origin. 1631. — *Inv.* de Marolles. — La Thau-
massière, l. III, XI et XII.— Min. not^res^ Bourges et des Aix.— Chérin, 115. — Lainé, *dict. des origines.*— Blanchard, *Les Présidents.* —
Arch. chât. Devay et Lépeau.— Reg. parois.: St-Pierre-le-M^er^.
Éteints.

(*) DAVID. — *De Gâtinois.* — Connus au XVe s.; aussi nommés : DAVY. — Henri, écr, sgr de la Bruslerie (pr. Bléneau), eut :
Guill^e^, sgr d'*id.* ép^a^ v.1510 Anne LAMOIGNON, dame de la Chastière, fille de Pierre, sgr de Montifaut, ci-dessus, dont : 1° Léon,
écr, sgr de Montifaut, sert au ban Niv. 1554, m^t^ jeune ; 2° Jean, chlr de Malte, commandeur d'Auxerre 1569-74 ; 3° Perrette, dame
de la Chastière, p^ie^ fme de Mathias *de la Croix*, écr, sgr de Vauclaix ; 4° Anne, dame de la Chastière p^ie^, ép^a^ 1° Ch. de Marconnay, écr,
2° 1596 Louis de Goulard, chlr de l'ordre.— Blanchet DAVID (cousin g^in^ de Guill^e^), écr, sgr du Mesnil (Gâtinois) 1544, eut de Barbe
de Lanvault : Jeanne, ép^a^ 1526 Jacques DE LA RIVIÈRE, écr, sgr de Besze, et il est frère de Blanche DAVID qui ép^a^ 1° Jean d'*Ouroüer*,
écr, sgr de Sichamps, 2° 1520 Guill^e^ DU LYS, écr, sgr de Choulot, 3° 1546 Pierre Cornillat. — D'une autre famille David, sgrs d'Escolives et Bellombre (pr. Auxerre) descend Marie David qui ép^a^ av.1575 Jacques DE LA FERTÉ-MEUNG, chlr, sgr de Boisjardin.
Armes : D'azur à la croix ancrée d'argent. (Preuves, Malte, Arsenal, III.) — *Sources* : *Inv.* de Marolles. — Mss. chan. Hubert, II, à
Orléans.— Arch. Niév. E.— Pièces origi. 1631.— Carrés de d'Hozier, 396.

frères, épⁿ 1527 Antoine DE MAUMIGNY, écr, sgr de la Boue ; 2º Etienne, suit; 3º Marie, fme de Phil. de Poisieux, écr, sgr de Chasnay pⁱᵉ, mᵗ 1517, Blaise hérita de leur fils; 4º Perrette, épⁿ av.1516 Jean Regnier (Berry) ; 5º Jeanne, fme de Pierre Marion ; 6º Jeanne, la jeune, épⁿ ₁º av.1519 André de Châteauvieux, 2º Cl. Le Cœur, sgr des Guyons.

VI. — ÉTIENNE DE LAMOIGNON, écr, sgr de Vielmanay pⁱᵉ, et Grandpré, capit. de Donzy 1549, partage av. frère et sœurs 1519, eut 1/2 de Lamoignon, transige av. cousins d'Armes 1533, hérite, avec Blaise, de Jeanne leur sœur 1546, mᵗ 1551, épⁿ ₁º Jeanne d'Anlezy, 2º Eugénie de la Grange (Berry), dont : 1º Blaise, écr, sgr de Vielmanay pⁱᵉ et Chasnay pⁱᵉ (cⁿ La Charité) hérité avec frère et sœur, de L. de Poisieux fils de Jeanne, tué au service célib. av.1561 ; 2º Edme, suit ; 3º Marie.

VII. — EDME DE LAMOIGNON, écr, sgr de Vielmanay, Grandpré, Chasnay, le Mée (cⁿᵉ la Chapelle-Sᵗ-André), transige 1561 p. succⁿ à Chasnay, achète pr. Beaumont-la-F. 1584, maintenu par Gén. d'Orléans 1599, acte 1615, mᵗ av. 1623, épⁿ 20 oct.1578 Anne *Anceau* (4), fille de Claude, sgr du Mée, dont : 1º Loup, écr, sgr de Grandpré 1622, maintenu élⁱᵒⁿ Clamecy 1634, vend à Sommecaize (pr. Joigny) 1638, mᵗ 1652, épⁿ ₁º 13 août 1623 Jeanne DE MULLOT, fille de Frˢ, sgr du Colombier, 2º 18 janv.1644 Catherine *de Lanoault*, fille de Charles, sgr de Sᵗ-Aubin, dont : a, Charles, écr, baptisé à Varzy 1645, sgr de Grandpré 1664, maintenu par conseil Etat 1670, mᵗ 1699, épⁿ ₁º 21 janv.1664 Frˢᵉ DE LAMOIGNON, fille de Gilbert, 2º 1692

abbesse de Sᵗ-Julien-d'Auxerre 1575 ; 6º Louise, fme av. 1561 de Jean *du Ruel* (*), écr, sgr de Fonteny.

LOUIS DE CLÈVES, écr, sgr de Fontaines (Berry) et Alligny-en-Donziois (cⁿ Cosne) 1566, eut de Margᵗᵉ de Sauzay (Berry) : 1º Claude, suit ; 2º Jean, prieur de La Charité 1606-19, abbé de Bourras 1606 et de Toussaints 1601-09, aumônier du roi, évêque de Bethléem 1615-19, mᵗ à La Charité 1619; 3º Renée, épⁿ 1595 André Desprez, écr, sgr de la Pointe ; 4º Marie.

CLAUDE, écr, sgr de Fontaines, d'Alligny 1594 et de Rozoy (Berry), achète 1602 Neuville en pⁱᵉ que revend sa veuve 1610, eut de Guyonne *de la Grange*, fille de Charles, sgr de Montigny : 1º Antoine, dit cᵗᵉ de Rozoy 1640, sgr de Fontaines 1612, n'est plus sgr d'Aligny, non plus que son fils Antoine-Henri, sans postéᵉ,; 2º Renée, fme de Louis de Culant, bn de Brécy.

Armes : De gueules, au ray d'escarboucle pommeté et fleurdelysé d'or de huit pièces, enté en cœur d'argent à l'escar-

boucle de sinople, qui est de *Clèves* ; parti de *la Mark* ; écartelé de *Bourgogne-Nevers* (et parfois contrécartelé de *Bourbon-Vendôme* et d'*Albret-Orval*) ; à la barre de sable brochant sur le tout.

Sources : Inv. de Marolles. — *Gallia Christᵃ* II et XII. — P. Anselme, III. — Mss. de D. Viole, à Auxerre. — La Thaumassière 1143. — Carrés de d'Hozier, 192. — Reg. parois. La Charité et Champlemy.

Éteints.

(4) ANCEAU. — *De Nivernois.* — Pierre ANCEAU (**), bourgˢ de Varzy, achète Rozière (cⁿᵉ Courcelles) 1293, f. hmage au cᵗᵉ Nev. 1312. Pierre, achète Villiers-le-Sec (cᵐ Varzy) 1320 et à Varzy 1321. Thomas, mari d'Isabeau de Blanzy, f. hmage près Sᵗ-Saulge 1323. On trouve comme bourgˢ de Varzy : Geoffroy, 1352-57; Guilleᵉ, 1357 ; Annet, dont le fils Guyot échange à Varzy 1367 ; Jacquelin, 1379; Jeoffrenin est bailli de Varzy 1380.

GUILLAUME ANCEAU, bourgˢ de Varzy, dénombre à

(*) DU RUEL.— Origin. *de Normandia.*— Connus au XVᵉ s. — Laurent DU RUEL, écr, sgr de Fonteny (pays de Caux) 1523, eut : I. JEAN, écr, sgr de Fonteny 1554, et de Cessy-les-Bois (cⁿ Donzy), écr du duc Nev. 1562, épousa av. 1561 Louise *de Clèves*-Fontaines, fille natur. de Frˢ, abbé du Tréport, possédant à Cessy. dont entre autres : CHARLES, écr, sgr de Fonteny en pⁱᵉ de Cessy-les-Bois 1594-1621 et du Plessis (cⁿᵉ Sémelay) 1599, gouvʳ de Clamecy, mᵗ à Cessy 1624, épⁿ av. 1593 Gabrielle DE REUGNY, fille de Claude, sgr du Plessis, dont : 1º Louis, écr, achète la Vallée-Bureau (cⁿᵉ Diennes) 1630, habite parˢᵉ Sᵗ-Mâlo 1631, père de Gabrielle, mᵗᵉ à Sᵗ-Mâlo 1699, épⁿ av. 1648 Jacques de Roux, écr sgr de Bruias ; 2º Gabriel, mort; 3º Gabrielle, teste 1652, veuve de Frˢ de Douhaut, écr sgr de Boisdemême ; 4º Margᵗᵉ, épⁿ v. 1630 Simon *Marion*, sgr de Coudes.— III. GABRIEL, chlr, sgr de Fonteny, le Plessis, Montécot (cⁿᵉ Sémelay), Moncharlon (cⁿᵉ Chiddes) et la Verchère (*id.*) 1639, plaide au Plessis 1652 et 74, épⁿ av. 1639 Frˢᵒ de Richeteau, fille de Jean, sgr de la cour d'Arcenay et Juillenay pⁱᵉ (châtⁱᵉ Liernais) dont elle hérita 1645 de son fr. Henri et qu'elle vendit 1649 ; il eut : IV. CHARLES-HENRI, chlr, sgr de Montécot 1657, etc., baille au Plessis 1677, mᵗ 1687, épⁿ av. 1670, Anne *de Paris*, fille de Jacques, sgr de la Bussière, dont : 1º Frˢ,curé de Sᵗ-Cy-Fertrève 1715, sgr Montécot et du Plessis 1703 qu'il donne 1715 à sa sœur ; 2º Josèphe, reçoit Montécot et le Plessis, de Frˢ, et les vend 1720 veuve d'Ant. *de Berger*, écr, sgr du Moulan ; 3º Jeanne-Elis. épⁿ 1713 Jean-Lˢ Tridon, sgr de Nannay ; 4º Marie-Etᵗᵉ épⁿ ₁º Frˢ Danthaut, marchᵈ à Chougny, 2º Frˢ Jaubert.

Armes : D'or, au lion naissant de gueules, issant du flanc sénestre de l'écu. (Preuves Malte, Arsenal, III.) — *Sources :* D'Hozier, reg. III.— Min. notaires Moulins-Englbert et La Nocle.— Arch. Nièv. B.— D. Caffiaux, 1234.— Arch. municip. Donzy. — Dossier bleu, Marion, 429.— Reg. parois. Cessy-les-Bois, Sémelay, Rémilly et Sᵗ-Mâlo.

Éteints.

(**) Le nom s'est écrit : Anceol, Anceaul, Anxeaul et Anceau.

F^{se} *du Chaffaut* (*), fille de Fr^s, eut du 1er lit : *a'*, Lazare, écr, sgr de Grandpré 1702 ; *b'*, Marie, épⁿ 1702 Nic. Simonot ; *b*, Fr^s, écr, dem^t à Varzy, eut de Marie de Chaume : Edme, né 1664 ; 2° Gilbert, suit ; 3° Louis, suivra ; 4° Jean, enseigne d'inf^{ie} 1615 ; 5° Claude, écr, sgr de Marné (c^{ne} Lormes), dem^t à Cœurs (c^{ne} Marcy) 1623-51, eut d'An^{tte} Fadel : *a*, Gilberte, épⁿ av.1652 J. Hennequin ; *b*, Louise, fme de L. Desmeaux ; *c*, Edmée, fme d'Edme Collyon ; 6° Fr^s, tué au siège La Rochelle 1628, célib. ; 7° Edmée, fme de Thibaut Farnault ; 8° Marie, ép^a 1620 Hugues *Coquille*, fils de Gilbert.

VIII. — GILBERT DE LAMOIGNON, écr, sgr de Vielmanay p^{ie}, Pernay p^{ie} (c^{ne} Nannay), Beaulieu (c^{ne} Chevannes-Changy), maintenu avec frères 1634, ép^a 13 juil. 1615 Madeleine DE CHARGÈRES, fille de Jean, sgr de la Goutte, dont :

IX. — GILBERT DE LAMOIGNON, écr, sgr d'*id.* 1652, bapt^é à Marcy 1618, f. hmage à sgr de Changy 1657, m^t 1668, épⁿ 10 nov.1642 Gabrielle DE VEILHAN, fille de Phil^t, sgr de Digogne, dont : 1° Jean, reçu à Malte 1677 ; 2° Fr^{se}, ép^a 1664 Charles DE LAMOIGNON, sgr de Grandpré (**).

VIII. — LOUIS DE LAMOIGNON (3° fils d'Edme), écr, sgr de Cœurs (c^{ne} Marcy), le Mée et la Bouille (près Varzy) 1622, m^t 1645, épⁿ Guill^{tte} Guinault, dont : 1° Loup, écr, sgr de Cœurs 1665, m^t av.1696, ép^a 1° J^{ne} du Bois, 2° 14 sept. 1665 Anne DE BERTHIER, fille de Jean, sgr de Vasnay, dont : *a*, Paul, écr, sgr de Cœurs et Vasnay p^{ie}, saisi 1696, capit. rég^t de Piémont 1711, chlr de St-Louis, m^t célib. av. 1749 ; *b*, Anne, épⁿ 1° av.1692 Achille Philippe, march^d à Frasnay, 2° N... *Pierre*, de Vaujoly ; 2° Étienne, écr, dem^t à Cœurs 1655, m^t 1680, ép^a Jeanne DE VEILHAN, sœur de Gabrielle ; 3° Claude, écr, sgr de Cœurs p^{ie} et la Bouille 1648, eut d'Edmée Billard : Jean, acte à Varzy 1705, marié v.1678 à Edmée Collesson, dont : Claude et Charles

l'évêque, Villiers-le-Sec 1380 ; son fils, Michaud, est alors écuyer et f. hmage p. la Brosse (c^{ne} Chevannes-Changy) 1382, fut échevin de Varzy, m^t av. 1401, mari de Marg^{te} de Prie, dont il semble avoir eu : 1° Geoffroy, qui partage avec Jean biens pr. Chevannes 1401 ; 2° Jean, écr, sgr de Cœurs (c^{ne} Marcy) 1405 et d'Ouagne (c^{ne} Clamecy) 1407, y échange 1412, achète 1403-05 Thurigny en p^{ie} (c^{ne} St-Germain-d.-Bois) qu'il revend 1407, eut de Digoine de Fonclaiz : Eudeline, fme de Jean *Coquille*.

PHILIBERT, écr, sgr de Villiers-le-Sec, y reçoit recon^{ce} 1408, eut : 2° Guille suit ; et 1° Philibert, écr, sgr de Villiers, où il affranchit des serfs 1462, et à Varzy 1457, lieut du capitaine de Varzy 1445, capit. 1446, sert au ban Niv. 1469, garde du scel de Varzy 1460, y baille 1455 et près Verou 1474, épousa av. 1462 Dominique D'ARMES, dont : Laurence, au nom de laq. il f. hmage à St-Sulpice-le-Châtel 1484 et qui porta Villiers-le-Sec à Jean de Bœuf, bourg^s de Varzy, m^t av. 1504.

GUILLAUME, écr, sgr de Migny (c^{ne} Varzy), dont hmage

1456, m^t av.1461, père de Guille, écr, qui baille à La Chapelle-St-André 1461, archer au ban 1469, m^t av. 1505, eut de Colette : Guille, baille avec sa mère 1512, et :

ÉTIENNE, écr, sgr du Mée (c^{ne} La Chapelle-St-André) 1505-23, y vend 1512, achète à Villiers 1516 ; de lui descendent : Claude, écr, sgr du Mée, mari de Marg^{te} *de Gayot*, fille d'Ant., sgr de Villette, dont Anne, ép^a 1578 Edme DE LAMOIGNON, ci-dessus ; Edme, sgr du Mée 1597 ; Aimée, qui ép^a 1568 Gilbert *de Juisart*, écr, sgr de Tamnay ; Abraham, écr, sgr du Pavillon (c^{ne} Billy-s.-Oisy) 1606, qui, d'Elisabeth du Montet, n'eut que des filles.

Armes : De gueules, à trois poissons d'argent en pal.

Sources : D. Villevieille, 92. — *Inv.* de Marolles. — D. Caffiaux, 1234. — Arch. Niév. E. — Arch. chât. des Bordes, Vandenesse, du Colombier-Étais. — Min. notaires Clamecy. — Reg. parois. Billy-sur-Oisy.

Éteints.

(*) DU CHAFFAUT. — Guille du Chaffaut, écr, f. hmage 1533 en châte Châteauneuf-Bargis. JEAN, écr, sgr des Couez (c^{ne} Champlemy) 1589, capit. de Varzy 1597, m^t 1626, eut d'Antoinette DE MULLOT : 1° Antoine, suit ; 2° Fr^s, célib. 1639 ; 3° trois filles ; 4° Anne, ép^a 1632 Jean *de Châlon*, écr, sgr de Pontereau, dont : 1° Fr^s, suit ; 2° Edmée, ép^a 1645 Fr^s *Boulé*, écr, sgr de Marcy ; 3° Charlotte, ép^a 1659 Fr^s *de Varigny*, écr, sgr du Chemin. — FRANÇOIS, écr, sgr des Couez 1640-48, maréchal-d.-logis de chevau-légers 1637, ép^a av. 1636 Renée *de Gourdon*, dont : Jean, sgr des Couez 1661, qui paraît sans posté.; Edmée, fme d'Ed. de Valence ; et Fr^{se}, ép^a 1692 Charles DE LAMOIGNON, écr, sgr de Grandpré, ci-dessus. — (Mss. chan. Hubert, à Orléans. — D. Caffiaux, 1234. — Arch. chât. Guichy. — Reg. parois. Champlemy, Varzy et St-Mâlo.)

Éteints.

(**) Les registres paroissiaux de Marcy et de Varzy de 1650 à 1700 indiquent de nombreuses naissances de Lamoignon, qui durent mourir jeunes, car on ne trouve pas d'actes les concernant ; nous ne mentionnons que les principaux. Ces diverses branches, dites de Cœurs, s'éteignirent dans la pauvreté au comm^t du XVIIIe s.

74

m^t 1702 ; 4° Hubert, suit ; 5° Jean, écr, demeurant à Cœurs, ép^n $_1$° av. 1663 Jeanne *de Violaines* (*), 2$_0$ 1668 Marthe de Bussière, veuve de Mareschet.

IX. — Hubert DE LAMOIGNON, écr, sgr de Cœurs p^{ie} et la Bourdonnière 1659, m^t 1670, ép^n $_1$° Urbaine du Pont-St-Pierre, 2° 1663 Anne de Cressonville (Auxer^s), eut du 1er lit : Hubert, lieut. rég^t de Poitou 1722.

Armes : Losangé d'argent et de sable, au franc quartier d'hermines.

Sources: Inv. de Marolles. — Arch. Nièvre E. — Arch. commu. de Donzy. — Cab^{et} Titres : Chérin, 115, dossier bleu, 379 ; nobili. d'Orléans, 758. — Arch. chât. de Guichy, Guerchy, Chastellux, Bizy, le Veuillin. — D. Villevielle, 63. — Preuves Malte, III, Arsenal. — Moréri. — Lachesnaye-des-Bois. — Pièces Regnard-Roux, à Beaumont. — D. Caffiaux, 1234. — Reg. parois. de Marcy, Varzy, Oudan, Champlemy, St-Mâlo, Surgy.

Éteints.

(*) Famille d'Auxerrois ; sgrs de la Cour-les-Mailly. — Hubert DE VIOLAINES, écr, sgr de Montgallion 1607, eut de Marie, fille d'Armand de Gontaut : Jeanne, fme de Jean DE LAMOIGNON, ci-dessus, et Daniel, écr, sgr de la Cour-les-Mailly, capit. d'inf., ép^a 1° 1631 Louise de Carrefour, dont Daniel, gouv^r de Philippeville 1680, brigadier des armées, et 2° 1654 Louise DE MULLOT, fille de Mathurin, sgr du Fey, dont : Claude, né à Varzy 1657, brigadier-ingénieur en chef 1712, chlr de St-Louis, ép^a 1700 Anne de Damoiseau, dont Claude-Isaac, ép^a 1734 M^{le}-Louise *de Juisard*, fille de J^n-Fr^s, sgr du Coudray. (Mss. du chan. Hubert. — Preuves St-Cyr, 308. — Reg. parois. de Varzy et Ruage.)

⚜⚜⚜⚜⚜⚜⚜⚜⚜⚜⚜⚜⚜
⚜⚜⚜⚜⚜⚜⚜⚜⚜
⚜⚜⚜

DE LANGE

amille de Nivernois. Prend son nom d'un fief com^{ne} St-Parize-le-Châtel (*).

Renaut DE LANGE, fils de Robert, vend 1264, sous scel de l'off. de Nevers, des bois par^{se} de Chevenon. — Guill^e, écr, sert dans la c^{ie} du bailly de St-Pierre-le-M^{er}, au siège de Chât.-Chinon 1412.

I. — Jean DE LANGE, écr, sgr de Lange en p^{ie} dont hmages 1441 et 64, et de Chevanne (c^{ne} Mars) et de l'Echenaut (c^{on} la Chapelle-d'Angillon, Berry), brigandinier à montre Nev. 1467, tué sous Nancy 1477, épousa Anne de Chaumont (Berry), dont : 1° Imbert, suit ; 2° Barnabé, écr, sgr de Lange p^{ie}. probabl^t père de : Nicolas, docteur-ès-droits, lieut. du juge de Lyon, concède usages en ses bois par^{se} Jaugenay 1509, f. hmage p. Lange 1524, y vend av. 1542 et sa veuve y transige avec E. Roux 1545, eut de Fr^{se} de Bellièvre : Nicolas, sgr de Lange p^{ie} dont hmages 1542 et 98, né 1525, lieut. gén^{nl} du présidial de Lyon, 1er prés^t Parl^t des Dombes 1728, cons^{er} d'Etat, sgr de Cuire, Vaise, la Croix-Rousse (pr. Lyon), m^t 1606, eut de Louise Grollier : Anne de Lange ép^a 1598 Philippe DE LANGE, sgr de Villemenant, ci-après ; 3° Michel, aurait fait la campagne de Naples 1528 ; 4° Fr^{se}, f. hmage p. 1/2 de Lange 1487 ; 5° peut-être Jeanne, fme av. 1503 de Jean de Champs qui est sgr de Lange p^{ie} 1509.

(*) Un mémoire fantastique que fit imprimer, en 1824, le dernier DE LANGE pour revendiquer des droits sur l'Albanie, fait descendre cette famille d'un officier d'Eacide, roi d'Epire au IIIe siècle, la fait passer en Arcanie, puis en Albanie, les assimile aux Ange-Comnène successiv^t empereurs de Constantinople, et dit qu'en 1466 Jean l'Ange-Comnène se réfugia en Italie, de là en Bourgogne, puis en *Nivernois*, et que c'est là son auteur. Or, on trouve des DE LANGE en Nivernois depuis le XIIIe s. et il est constaté, par l'*Inv.* de Marolles, qu'avant la prétendue immigration en Niv. Jean de Lange, dont le dernier du nom reconnaît descendre, faisait hmage en 1441 pour la sgrie de Lange près St-Pierre — A la fin du XVIIe s. ils avaient déjà, dans un mémoire, prétendu descendre des marquis de Saluces (ce qui fit sourire Guichenon), et parlé de leurs ancêtres en Berry depuis le XIVe s., en contradiction avec l'exode d'Albanie de 1466 ; ce factum, non moins faux que celui de 1824, indique, comme fils du 1er Jean de Lange, un Jean qui est un Château-Renaut (du Berry) et non un de Lange ; il fut grand-bailly de Malte en 1532 et oncle d'Isabeau de Château-Renaut fme de Bon de Lange, dont les fils et petits-fils suivirent à Malte la carrière que leur avait ouverte leur oncle ; celui-ci est dit dans une procuration qu'il donne en 1528 à Bon « son neveu » : Frère Jehan de Chasteau-Regnault, commandeur des Bordes.

II. — IMBERT DE LANGE, écr, sgr de l'Echenaut et Chevanne, mᵗ 1538, épⁿ 1494 Odile Maugis, dont : 1° Bon, suit ; 2° Louis, écr, sgr de l'Echenaut, chlr de Malte 1529, commandeur des Bordes (Berry) 1548, tué au siège de Chypre 1563 ; 3° Jean, écr, 1564 ; 4° probablᵗ Jeanne que la cᵗᵉˢˢᵉ Nev. mit religieuse à Bourges 1516.

III. — BON DE LANGE, écr, sgr de l'Echenaut, Château-Renaut (cⁿᵉ Germigny, Cher), Sᵗ Aubin, gentilhᵉ de la mᵒⁿ de Henri II, mᵗ av. 1571, épⁿ ₁° 15 janv. 1525 Isabeau de Château-Renaut, dame de ce lieu qu'elle lui apporta, et fille de Frˢ et de Jacqᵘˡᵉ de Chéry ; 2° 1530 Catherine du Chastel, fille de Miles, sgr de Chassy et de Margᵗᵉ Vizier, elle lui donna procurᵒⁿ 1532 ; il eut du 1ᵉʳ lit : 1° Frˢ, né v. 1525, dit « l'Echenaut », chlr de Malte 1546, grand-bailly de l'ordre 1587, gouvernʳ de La Charité-s.-L. 1561, la défend contre calvinistes 1588, blessé à mort au siège de 1590, inhumé à Germigny ; 2° Marie, épⁿ ₁° 1545 Frˢ du Chastel, écr, sgr de Chassy, 2° 1562 Pierre DE BERTHIER, écr, sgr de Vannay ; et du 2ᵉ lit : 3° Charles suit ; 4° Jean, reçu à Malte 1571, reçoit au cⁿᵗ maage de Charles 1563 ; 5° Perrette, célib. 1563 ; 6° sans doute Claude, religieuse à N.-D. Nev. 1570.

IV. — CHARLES DE LANGE, écr, sgr de Villemenant (cⁿᵉ Guérigny), Château-Renaut, partage ses enfants 1ᵉʳ lit 1575, mᵗ av. 1598, épⁿ ₁° 10 janv. 1563 Madeleine DE BRÉCHARD, dame de Villemenant hérité de son frère Louis, fille de Michel, sgr d'id. et de Gen. de Châtelus, 2ᵃ Anne de Lenferna, fille de Georges, sgr de Pruniers ; eut du 1ᵉʳ lit : 1° Philippe, suit ; 2° Jacques, reçoit rente de Bon 1563, reçu à Malte 1571, tué à Castelli 1604 ; 3° Louise, fme de Paul de Vieure, écr, sgr de la Salle ; 4° Madeleine, fme de Jacques DE CHÉRY, écr. sgr de Moulin-Porcher ; et du 2ᵉ lit : 5° Georges reçu à Malte 1598, tué 1604.

V. — PHILIPPE DE LANGE, écr, sgr de Villemenant, Marcy (cⁿᵉ Poiseux), Chevenon en pⁱᵉ (cᵒⁿ Nevers) hérité d'oncle Gaspard de Bréchard et dont hmage 1592, de Château-Renaut, y vend 1630, de la Croix-Rousse (Lyonnais), Vaise (id.), Cuire (id.), d'abord chlr de Malte 1584, commandeur de Bourgneuf, relevé de vœux 1597, sert au siège la Rochelle 1627, mestre de camp régᵗ de Nivernois, gentilhᵉ chʳᵉ du roi, reçoit reconⁿᶜᵉ à Villemenant 1598, y achète la part d'Anglure 1596, mᵗ 1635, épⁿ à Lyon, 1ᵉʳ avril 1598 Eléonore DE LANGE, sa cousine, fille et hérit. de Nicolas ci-dessus, dont : Arnaut, suit.

VI. — ARNAUT DE LANGE, chlr, dit baron de Villemenant, sgr de Marcy, Arriaut (cⁿᵉ Balleray), Ourouër en pⁱᵉ (cᵒⁿ Pougues) acheté 1629, Guérigny acheté au chapitre Nev. 1638, la Croix-Rousse, Vaise, Cuire, Château-Renaut vendu 1655, capit. chevau-légers d'Enghien 1639, mestre de camp infⁱᵉ, député de nobl. Nev. pour Etats 1650, bâtit la forge de Guérigny 1640, f. hmage p. Marcy 1629, mᵗ 1660 ; épⁿ 20 oct. 1621 Marie de la Grange d'Arquien (1), fille d'An-

---

(1) DE LA GRANGE D'ARQUIEN (*). — Origin. de Berry. — JEAN DE LA GRANGE, écr, sgr de Montigny (châtⁱᵉ des Aix-d'Angillon, Berry) 1442, épⁿ av. 1440 Hélène DE LA RIVIÈRE, dont (**) :

I. GEOFFROY DE LA GRANGE, écr, sgr de Montigny et d'Arquian (cᵒⁿ Sᵗ-Amand-Puisaye), lieut. génᵃˡ de l'artillerie sous Charles VIII, partage biens pat. 1498,

épousa 20 oct. 1474 Jeanne Guytois (***), fille de Georges, sgr d'Arquian, dont entre autres : 1° Frˢ, suit ; 2° Simon, dit « Guytois » par substitution au cᵃᵗ de maage maternel, écr, sgr d'Arquian et Prébaudière, est à Cosne 1523 à la délimitation du baage Nev., épⁿ 1512 Jacquelne de la Porte-Pesselière, dont : Claude, mᵗ jeune, et Gilbert, dit Guytois, écr, sgr d'Arquian 1557-65, mᵗ sans posté.,

(*) Actuellement : Arquian ; mais la famille écrivait ordinᵗ « Arquien ». Ce lieu avaitﬀdonné son nom, au XIIIᵉ s., à une famille chevaleresque qui posséda Bois (pr. Sᵗ-Verain) au XIVᵉ.

(**) Suivant le plan de cet ouvrage, nous ne mentionnons que les personnages ayant rapport au Nivernois.

(***) GUYTOIS. — De Nivernois. — Jean Guytois est bailli et garde du scel de Sᵗ-Verain 1364. Georges et Robert, paraissent frères et sgrs d'Arquian (cᵒⁿ Sᵗ-Amand), celui-ci, mari de Marie de Lage, est arbitre à Sᵗ-Amand 1492, et le 1ᵉʳ épᵃ v.1450 Perrette d'Avantois ci-dessus, dont : Jeanne, fille unique, dame d'Arquian qu'elle porta 1474 à Geoffroy de la Grange, écr, sgr de Montigny (Berry), dont le 2ᵉ fils, Simon, fut substitué au nom de Guytois, de sa mère, dont il eut : Arquian et biens pr.Cosne 1523, et est père de : Claude al. Jean servant aux 105 archers des ordonnᶜᵉˢ 1550, et Gilbert, dit de Guytois, écr, sgr d'Arquian 1557-65, mᵗˢ l'un et l'autre sans posté.et Arquian passa à la br. aînée des la Grange. —— Armes : De sable à trois têtes de léopard d'or. —— Sources : Inv.de Marolles. — Arch. Nièv. H. — La Thaumassière, 998. — Lebeuf, bʳᵉ d'Auxerre.

Éteints.

toine, sgr de Prie, dont : 1º Hubert, dit m^is de Lange, sgr de Villemenant p^ie, Guérigny, Marcy, Arriaut et sgries près Lyon, 1662-1703, reçu page 1655, chevau-léger de la garde 1680, reçoit recon^ce p. Demeurs 1676, tué à Ramillies 1706, ép^n 1669 Anne de Seive (*), fille de Guill^e, sgr de Laval, présid^t parl^t des Dombes, dont : *a*, Guill^e, m^is de Lange, sgr de Guérigny, Villemenant p^ie, etc., chlr de St-Louis, lieut. colonel rég^t du roi 1720, inspecteur des côtes en Bretagne, chlr d'honn^r de la reine de Pologne, chlr de St-Louis, eut un bras emporté à Nerwinde 1693, vend Guérigny p^ie 1722 et à A^rriaut 1739, m^t sans posté. de Charlotte de Puisieux, la branche de Villemenant en hérita ; *b*, Guill^e, chlr, sgr de Cuire, vend près Poiseux avec frère et sœurs 1720, m^t célib.; *c*, Louise, reçue à St-Cyr 1687, m^te célib. 1751 ; *d*, *e*, Jeanne et Fr^se ; 2º Nicolas, suit ; 3º Joachim, chlr, sgr en p^ie de Villemenant, Guérigny et d'Arriaut 1655, plaide contre Nicolas 1662, m^t av. 1664 sans posté., ép^n 1er fév. 1662 Jacquette DE BOURGOING, fille de Jean, sgr de la Douée ; 4º Louise, m^te célib. av, 1664.

VII. — NICOLAS DE LANGE, chlr, b^on de Villemenant, la Croix-Rousse, etc. 1660, capit. rég^t de Clermont cav^ie, m^tre d'hôtel du roi, plaide contre Hubert 1673 et 87, condamné à mort par contumace 1676, m^t 1688, ép^n 23 mai 1660 M^ie-Catherine Lévy (Lyon), dont : 1º Hyacinthe, suit ; 2º Marg^te, fme de Joseph de Salignac, écr, sgr de Moulin-Porcher ; 3e Gabrielle.

Charles, son cousin, en hérita ; 3º Anne, ép^n 1516 Jean DE TROUSSEBOIS, écr, sgr de Faye.

II. FRANÇOIS, écr, sgr de Montigny, ép^n 1515 Anne de la Marche, dont :

III. CHARLES, chlr, sgr de Montigny et d'Arquian, lieut. de 50 h^es d'armes, gouverneur de La Charité 1572-75, chlr de l'ordre, testa 1685, ép^n 3 mai 1541 Louise de Rochechouart, fille de Guill^e, sgr de Bréviande, 2º Anne de Brichanteau, eut du 1er lit : 1º Fr^s, dit : le maréchal de Montigny, soumit le Nivernois 1617 ; 2º Antoine, suit ; et du 2e lit : 3º Guyonne, fme de Claude *de Clèves*, écr, sgr de Fontaines et Alligny.

IV. ANTOINE, chlr, sgr d'Arquian 1603, Prie (c^ne La Fermeté), Imphy (c^on Nevers), Frasnay-l.-Chan. (c^ne St-Aubin) 1619, les Bordes p^ie (c^ne Urzy), dont hmage 1610, Chevenon p^ie (c^on Nevers), reçu de P. de Girard 1619, capit. de 50 h^mes d'armes, puis des gardes-de-la-porte 1590, lieut. colonel des gardes-fr^ses 1596, gouv^r de Sancerre qu'il garda à Henri III, de Calais, de Metz 1603, gentilh^e chr^e du roi, commande dans le Midi 1623, reçoit hmage 1613 à cause de Prie où sa veuve meurt 1650 ayant vendu Chevenon 1629, m^t 1626 ; ép^n 1º Marie de Cambray, dame de Soulangy (Berry), 2º Louise de la Châtre, fille du maréchal, 3º av. 1610 Anne *d'Ancienville*, dame de Prie, Imphy, etc., fille de Louis et de Fr^se de la Platière ; eut du 1er lit : 1e Jn-Jacques, suit ; 2º Marie, ép^n 1621 Arnaut DE LANGE, ci-dessus; et du 3e : 3º Achille, c^te de Maligny (Auxer^s), m^is d'Epoisses, maréchal de camp, bailly d'Auxois, séparé par sentence Nevers 1645 de sa fme qui fut dame des Bordes dont elle refait terrier 1653 et hmage 1678, de St-Sulpice (c^on Azy). St-Firmin (*id.*), Montigny p^ie (*id.*) dont aveu 1685, et Ourouër (c^on Pougues), et donna 1698 tous ses biens Niv. à sa nièce L^so-Marie ; il ép^a 1er sept. 1635 sa cousine Louise *d'Ancienville*, fille d'Achille, sgr des Bordes, dont : L^so-Madeleine de la Grange, ép^a

1661 Guill^e de Peichepeyrou, c^te de Guitaut, m^te 1667 sans posté., ayant donné Epoisses à son mari ; 4º Henri, suivra.

V. JEAN-JACQUES, chlr, v^te de Soulangy, sgr d'Arquian dont hmage 1632, y habitait ainsi que ses fils, gouvern^r de Calais 1610, gentilh^e chr^e du roi, m^t av. 1642, ép^n 1º 14 juin 1602 Gabrielle de Rochechouart, fille de Guy, sgr de Bréviande, 2º av. 1628 Catherine *d'Esterling*, fille d'Ant. sgr de Pigny, eut du 1er lit : 1º Antoine, suit ; 2º Fr^s, sgr de Bréviande et Arquian p^ie 1629-58, sans posté. d'Anne de Brachet ; 3e Jeanne, marr^ne à Arquian 1633-35, ép^n 1643 Fr^s de la Haye, écr ; et du 2e lit, 4º Gilles, chlr, sgr d'Arquian p^ie, la Bretauche (c^ne Arquian), la Sablonnière (*id.*) et Chazeaux (châti^u St-Verain) 1655-76, ép^n 1er juil. 1671 Suzanne de Rochechouart, fille de Louis, sgr de Jars, sans posté.; 5º Antoine, m^t 1661 célib.

VI. ANTOINE, dit c^te d'Arquian, acte 1631-84, mestre de camp inf^ie 1638, gouv^r de Cassal, 1er chamb^au du duc d'Orléans 1651, gentilh^e chr^e du roi, parrain de cloches d'Arquian 1652 et 76, ép^n 1º Charlotte Morand, 2º av. 1650 Louise Charpentier (Berry), dont : Paul-Fr^s, c^te d'Arquian, capit. de vaisseau, n'est plus sgr d'Arquian, non plus que ses frères et sœurs.

V. HENRI DE LA GRANGE D'ARQUIEN (dernier fils d'Antoine et d'A. d'Ancienville), dit m^is d'Arquien, sgr de Prie, Imphy, Beaumont-la-Fer^re (c^on La Charité), Grenant (c^ne Beaumont), Frasnay (c^ne St-Aubin-l.-Forges), mestre de camp, fait cardinal 1695 (voir h^es célèbres), achète Beaumont 1639, y reçoit aveu 1644 et à cause Grenant 1642 et 56, vend Linière (c^ne Imphy) 1674, refait terrier de Prie et Imphy 1682, plaide p. usages de Frasnay 1696, hérita en p^ie de sa nièce L^so-Madeleine 1667, m^t 1707 ; ép^n 1º av. 1642 Fr^se de la Châtre, fille de J^n-B^te, sgr de Brullebaut, 2º 1673 Charlotte *de la Fin*-Salins, fille de Philippe, sgr de la Nocle ;

(*) Famille de Lyonnais, dont un membre, Christophe DE SEIVE, chlr, m^tre d'hôtel du roi, fut sgr de la Montagne-St-Honoré, Marry et Montécot, 1659-78, par maage avec Jeanne *de Mathieu*, belle-fille d'Anne de Chandon, dame de ces terres. (Minut. notre^es Moul.-Engilbert. — Arch. Nièv. E et B.)

VIII. — HYACINTHE DE LANGE, chlr, dit bᵒⁿ de Lange, sgr de Villemenant, et Guérigny pᵗᵉ 1689, brigadier des chevau-légers de la garde 1700, acte à Nevers 1730, épᵃ 1º 24 nov. 1689 Hélène *de Forestier* (2), fille de Jacques, sgr de Villars, dont des enfants mᵗˢ jeunes, 2º 17 août 1708 Marie DE BERTHIER, fille d'Eustache, sgr de Bizy et d'Eli. Dupin, dont : 1º Joseph-Hyacinthe, suit ; 2º Claude, sous-brigadier des gardes-du-corps 1742, célib.; 3º Balthasar, chlr, major de troupes de Sᵗ-Domingue 1740, chlr de Sᵗ-Louis 1750, mᵗ à Sᵗ-Domingue sans posté., épᵃ 9 juil. 1736 Marie DE BERTHIER, fille de Marit, sgr de la More, séparée 1740 ; 4º Henriette, religi. à Paris 1742 ; 5º Elisabeth, reçue à Sᵗ-Cyr 1720.

eut du 1ᵉʳ lit : 1º Anne-Louis, cᵗᵉ de Maligny, sgr de Prie, capit. des gardes du roi de Pologne 1688, mᵗ célib.; 2º Louis, tué 1672 ; 3º Louise-Marie, dame d'atours de la reine, dame des Bordes, Ourouër, Sᵗ-Sulpice, Montigny par donᵒⁿ de sa tante Lᵗᵉ d'Acienville 1698, épⁿ 1668 Gaston-Frˢ mⁱˢ *de Béthune* (*); 4º Mⁱᵉ-Casimire, épⁿ 1ⁿ le prince Radziwil-Zamoïski, 2º 1665 Jean Sobieski, grᵈ maréchal de Pologne, élu roi 1674, morte à Blois 1716, elle eut Prie, Imphy et Frasnay que ses fils vendirent; 5º Mⁱᵉ-Anne, épⁿ 1674 Jean cᵗᵉ Wielopolski; 6º Jeanne, ursuline à Nev.; 7º Frᵗᵉ, religi. à Bourges.

Armes : D'azur, à trois ranchiers d'or.

Sources : La Thaumassière 472. — *Inv.* de Marolles. — P. Anselme, VII. — Arch. chât. des Bordes, Poiseux, Guichy. — D. Caffiaux, 1234. — Arch. Nièv. B. et E. — Le Pipre de Neeufville, *Mᵒⁿ du roy.* — *Mém.* de Sᵗ-Simon. — *Le chât des Bordes*, A. Bonvallet. — Reg. parois. d'Arquian.

Éteints.

(2) DE FORESTIER (**) — I. JACQUES FORESTIER, sgr du Fort-de-Lanty (cⁿᵉ Rémillly) e de Villars (cⁿᵉ Sᵗ-Parize) 1656, lieut. au régᵗ d'Enghien, plaide à Sᵗ-Pierre 1666 et 71, non maintenu 1668, mᵗ 1670, épⁿ 1651 Marie *Dufour* (**), fille de Louis, sgr de Villars, dont : 1º Jacques, curé de Mars 1679, mᵗ 1719, sgr de Villars qu'il donne 1699 à Pierre ; 2º Jean, s. lieut. tué en Hollande 1672 ; 3º Pierre, suit ; 4º Gabrielle, mⁱᵉ célib. 1710 ; 5º Hélène, épⁿ 1689 Hyacinthe DE LANGE, écr, sgr de Villemenant, ci-dessus ; 6º Madeleine, bᵉᵉ à Sᵗ-Parize 1657.

II. PIERRE, chlr, sgr de Villars et du Fort, lieut. d'infⁱᵉ 1674, maréchal-d-logis des mousquetaires 1707, chlr de Sᵗ-Louis, mestre de camp 1722, vend le Fort-de-Lanty avant 1726, mᵗ 17³¹, épⁿ 1696 Mⁱˢ-Germaine de Longuemort, dont :

III. MARIE-FRANÇOIS, chlr, sgr de Villars 1725, capit. Royal-Piémont-cavⁱᵉ 1720-28, mᵗ 1763, épⁿ 23 janv.

(*) DE BÉTHUNE. — Origin. de Flandre, XIᵉ s.; puis en Berry. — Philippe DE BÉTHUNE, frère du grand Sully, est père d'Hippolyte, mⁱˢ de Chabris (Berry) qui, d'Anne de Beauvilliers, eut pour 2º fils :

A. FRANÇOIS-GASTON DE BÉTHUNE, mⁱˢ de Chabris, ambassadeur en Pologne 1676 et en Suède 1691, chlr des ordres, mᵗ 1692, épousa 16 déc. 1668 Louise-Mⁱᵉ *de la Grange d'Arquien*, dame des Bordes, etc., ci-dessus, dont entre autres :

B. LOUIS-Mⁱᵉ-VICTOIRE, cᵗᵉ de Béthune, sgr d'Apremont (châtⁱᵉ Guffy), d'Omery-les-Gaux et les Strats (*id.*) et Serrigny (*id.*), qu'il acheta v, 1722, ses fils furent sgrs des Bordes qu'il administra, maréchal de camp 1726, grᵈ chambellan du roi Stanislas, mᵗ 1744, sa veuve refait terrier d'Apremont et Omery 1747; épⁿ 1º 1708 Henriette d'Harcourt, 2º 17 septembre 1715 Mⁱᵉ-Frˢᵉ Poihier de Gèvres, fille du duc de Tresme ; eut du 1ᵉʳ lit : 1º Frˢ-César, dit cᵗᵉ des Bordes, qu'il reçut direct⁺ de sa grᵈ'mère 1728, mestre camp cavⁱᵉ, tué 1735 ; et du 2º, 2º Armand-Lˢ-Frˢ hérita de s. frère, baille au Gué-d'Heuillon 1739, enseigne de vais. tué en mer 1741 ; 3º Joachim-C.-L. suit.

C. JOACHIM-CASIMIR-LÉON, cᵗᵉ de Béthune-Pologne, sgr d'Apremont, les 2 Omery, les Bordes, Sᵗ-Sulpice, Ourouër, Sᵗ-Firmin, Montigny, Baugy, colonel régᵗ Royal-Pologne 1756, brigadier des armées, lieut. génᵃˡ d'Artois, hérita de ses frères, transige aux Bordes 1758, reçoit hmage à cause Saint-Sulpice 1769, mᵗ 1770, sa veuve f. hmage p. Apremont et dép. 1778, p. Sᵗ-Sulpice 1785, p Montigny 1787, quitte les Bordes qu'elle afferme à l'Etat 1791 ; il épⁿ 1749 Mⁱᵉ-Lᵉⁿ-Antoinette Crozat de Thiers, dont : 1º Augustine, dame d'Apremont et dépend., épⁿ 1776 Charles-S.-A. Ferrero Fieschi, prince de Masserano, père de la mⁱˢᵉ de Sᵗ-Sauveur ; 2º Lˢᵉ-Charlotte, dame des Bordes vendues par son fils, épⁿ 1778 René mⁱˢ de la Tour du Pin de la Charce ; 3º Adélaïde, épⁿ 1783 Christian mⁱˢ de Deux-Ponts.

Dans la branche de Chabris, Louis DE BÉTHUNE acheta 1715 la baronnie de Châtillon-en-Bazois et Bernière ; sa veuve, Thérèse Martin, y reçoit hmages 1722 et 23 et la revend 1735.

Armes : D'argent à la fasce de gueules, au lambel de même de trois pièces.

Sources : André Duchesne. — Arch. chât. des Bordes, Châtillon, le Veuillin. — Arch. Nièv. E. — *Le chât. des Bordes*, Bonvallet.

Sortis du Nivernois.

(**) Le nom s'écrivait : Forestier, et de Forestier depuis le commᵗ du siècle dernier. — Il nous a été impossible de découvrir le pays d'origine. Ce nom est assez répandu dans les provinces voisines ; on en rencontre aussi à Donzy au XVIᵉ s., et Pierre FORESTIER est échevin de Nev. en 1559. La mémoire édité dans Lachesnaye-d-Bois est faux ; les Forestier ne figurent pas dans la maison des cᵗᵉˢ Nevers depuis 1490 ; ils semblent arriver par l'Autunois au XVIIᵉ s., mais il est hypothétique qu'ils soient les mêmes que les sgrs de Serée.

(***) Jean DUFOUR est secrétaire du cᵗᵉ Nev. 1583, mᵗʳᵉ des comptes Nev. en 1596 qu'il achète Villars (cⁿᵉ Sᵗ-Parize) à la duchesse Nev., y achète 1599, y fait reconnᵗᵉ 1616, échevin de Nev. 1600, eut d'Anne *des Jours*, dame du Fort-de-Lanty, fille de Gaspard : 1º Henri, écr, sgr de Villars, mᵗ av. 1641 sans posté., épousa 1631 Philiberte Le Camus ; 2º Louis, suit ; 3º Anne, épⁿ 1619 Jean DE MAUMIGNY, écr, sans posté. — LOUIS, mᵗʳᵉ des comptes Nev. 1621-25, sgr de Villars et du Fort-de-Lanty; eut de Jeanne *Marchand*, fille de Raoul et de Jeanne Rapine : Marie, née Nev. 1625, épⁿ 1651 Jacques *Forestier*, ci-dessus. (Arch. Nièv. E et B. — *Inv.* de Parmentier. — Terrier de Châteauneuf-s-Allier, à Soc. niv. — Reg. parois. de Nevers.)

Éteints.

IX. — Joseph-Hyacinthe B^on DE LANGE, sgr de Villemenant qu'il vend 1750 et quitte le Nivern., capit. d'inf^ie à St-Domingue 1742, partage biens de sa gr^d'mère de Berthier, 1742, ép^a av. 1750 M^ie-Renée d'Astier, fille de Thomas, command^t au Cap.-Fr^s, dont : 1° Charles, mestre camp cav^ie, chlr St-Louis 1771, célib.; 2° Denis-J.-Hyacinthe, sorti du Nivernois, publia 1824 un mémoire pour droits sur l'Albanie, n'eut que 3 filles.

Armes : D'azur, à l'étoile d'argent soutenue d'un croissant de même.

Sources : Inv. de Marolles. — Arch. Nièv. E et B. — Cab^et Titres : Carrés de d'Hozier, 370 ; dossier bleu; preuves St-Cyr, 301. — Mss de Guichenon. — — Arch. chât. de Bizy, les Bordes, la Belouze, Guichy. — D. Caffiaux, 1234. — Preuves de Malte. — *Notice sur Villemenant*, A. Bonvalet. — Reg. parois. de Guérigny, Parigny-les-Vaux, St-Parize, Poiseux.

Éteints.

1725 Claûde *Challemoux*, fille de Pierre, sgr de Marigny, dont : 1° François, suit ; 2^u Pierre, tonsuré 1756, diacre 1791 ; 3° Claude-Marie, ép^a 1756 Louis-Etienne *Brisson*, écr, sgr de Saincaize; 4° Catherine, célib. 1756.

IV. François, chlr, sgr de Villars et des Granges, mousquetaire 1746, lieut.-colonel 1768. maréchal de camp, à ass. noblesse Nev. 1789, command^t garde-nat. Nev. 1791, f. hmage p. Villars avec frère et sœurs 1774, m^t 1802, ép^a Claudine-Geneviève *Sallonnier*, fille de

J.-Joseph, sgr d'Avrilly, dont : Rosalie-Pierrette, ép^a 1813 Fr^t-Albert, v^te de Bouillé.

Armes : D'or, au chevron de gueules accompagné de trois glands de sinople tigés et feuillés de même.

Sources : Arch. Nièv. E et B. — *Inv.* de Parmentier. — Lachesnaye-des-Bois. — Reg. parois. de Nevers, St-Parize, Montapas et Mars.

Éteints.

⚜⚜⚜⚜⚜⚜⚜⚜⚜⚜⚜⚜⚜
⚜⚜⚜⚜⚜⚜⚜⚜⚜
⚜⚜⚜

DE LICHY

riginaires de Nivernois.

Tirent leur nom d'un fief comm^ne de Bona.

Guillaume DE LICHY figure en 1323 dans les tenant fief du sgr de Cougny (c^ne St Jean) (*). — Jean, damoiseau, fait aveu 1348 au sgr de St-Gratien de tout ce qu'il a à Beaumon (c^ne Beaumont-Sardolles) à cause de sa fme Guyotte d'Olanges (*al.* des Langes), fille de Pierre écr, tenant fief à Malvoisine (pr. Beaumont) 1343 ; il eut : Guill^e, écr, sgr de Beaumont en p^ie peut-être père de Jean (n° 1), et de Gauvain, écr, sgr de la Cave en p^ie (c^ne Beaumont-Sard. 1392, qui dénombre biens relevant de Malvoisine 1406, et d'autres à Lichy 1396 et à Thiange 1414, épousa 1° av. 1392 Jeanne de la Cave, m^te av. 1406, 2° av. 1416 Agnès DE CHAMPDIOU, (**) veuve de Pierre du Pré, écr ; eut du 1er lit : *b*, Antoine, mineur 1414, témoin à Decize 1441, e *a*, Jean, écr, sgr de la Cave 1437-59, et Malvoisine, baille avec Antoine paroisse Druy 1442, m av. 1466, ép^a av. 1437 Philiberte des Hermoys *al.* de Boys, dont il n'eut que 2 filles, dames de l Cave et Malvoisine 1461-75 : Jeanne, qui ép^n av. 1461 Hugues *Berthelon* (1), écr, sgr de Marcilly

(1) DE BERTHELON. — *Du Morvand.* — Jean BERTHELON, de Montreuillon, mourut comm^t du XIVe s., et Agnès, veuve de son fils 1322, fait hmage biens à Montreuillon (c^on Chât.-Chinon). Seguin f. hmage pr. Chât.-Chinon 1357. Hugues y est not^re 1357. Jean, témoin à Moul.-Engilbert 1389.

Guillaume, écr, sgr de Troncey (c^ne Marzy), châte-

lain Nevers 1389-1405, gruyer de Niv.-Donziois 139. 98. donne 2 quittances avec sceau semblable à cel d'Huguenin, reçoit aveu 1395 à cause Troncey Hugues, peut-être son fils, prêtre, baille près Germign^ s.-Loire 1424.

Huguenin, châtelain de Montreuillon, donne qui tance scellée 1392, f. hmage p. terres à Montreuillc

(*) *L'Invent.* de Marolles indique un hommage de 1320, à la chât^ie de St-Saulge, par Mérarde de Luchy, mais il se peut que ce s une « de Lucy ». Le lieu, c^ne de Bona, s'écrivait au XIVe s. : « Lixi »; on dit encore « l'Ixeure ».

(**) Nous rappelons que les noms en caractères romains sont l'objet d'une généalogie détaillée, et que ceux en italique ont une noti d'alliance.

et Marg^te, fme de Jean *Berthelon*, frère d'Hugues. — Un Gilbert DE LICHY, écr, fait échange pr. Sougy 1460, est témoin des dames Berthelon 1461 et 67, et brigandinier au ban 1469.

I. JEAN DE LICHY (peut-être fils de Guill^e, ci-dessus) (*), écr, sgr de Cougny et de biens à Lichy et à Beaumont, m^t av. 1457, épousa Marg^te de Saalis, fille de Jeanne *de Talaye* (**), dont : 1° Hugues, suit ; 2° Jeanne, dame de Cougny p^ie, ép^a av. 1451 Jean DE FRASNAY, écr, qui vend avec elle pr. Beaumont 1456 ; 3° Léonarde, ép^a av. 1457 Jean DE LA PERRIÈRE, écr, sgr de Chiffort qui vendit sa part de Cougny.

1409. Jacques B. de Montreuillon, écr, vend à Chougny 1433.

LOUIS, écr, sgr du Fort-de-Lanty (c^ne Rémilly), procur^r du c^te Nev. 1459, son m^tre d'hôtel 1476, f. hmage biens à Montreuillon 1464, h^me d'armes au ban Niv. 1467, paraît oncle de Charles, prêtre, garde scel de Luzy 1499, et père de : Guill^e, prêtre, David et Fr^s, écrs, co-sgrs du Fort-de-Lanty, qui vendent paroisse de Maulaix (c^ne Fours) 1506, ce Fr^s vend aux chartreux d'Apponay 1559, eut d'Etiennette d'Aultry : Vincent, vend avec père 1559, baille à Lanty 1574 avec sa sœur Isabeau, fme d'Alex. de la Vesvre, écr.

HECTOR, écr, sgr de Villars (c^ne Préporché) 1525 et de Champausserin (c^ne Dun-s.-Grandry), dont hmage avec maison à Montreuillon 1535, capit. de Luzy 1523, m^t av. 1567, que sa veuve vend à Montreuillon, eut de Marg^te DE MONTSAULNIN : Fr^s, écr, sgr de Villars 1560-71, h^me d'armes à mestre Nev. 1557, vend à Montreuillon 1566 et pr. Moul.-Engilbert 1571.

I. HUGUENIN BERTHELON, not^re à Moul.-Engilbert 1438, a biens parois. Beaumont-s.-Sardolles 1459, baille à Marcilly (c^ne Beaumont-s.-S.) 1475 avec ses fils qui sont : 1° Huguenin, suit ; 2° Jean, suivra ; 3° Pierre, prêtre 1494-1509.

II. HUGUENIN, écr, sgr de la Cave en p^ie (c^ne Beaumont-s.-Sardolle), Malvoisine (id.), Marcilly en p^ie, sert au ban 1469, f. aveu par^ee Beaumont 1466, baille à la Cave 1467, y transige 1475, vend à Marcilly 1478 et à Fertrève 1482, maintenu exempt de tailles avec Jean 1473, m^t 1482, ép^a av. 1461 Jeannette DE LICHY, fille de Jean, sgr de la Cave et de Ph. des Hermoys, ci-dessus, dont : 1° Jean, suit ; 2° Huguenin, écr, sgr la Cave p^ie, baille à Fertrève 1509 ; 3° Jacques.

III. JEAN, écr, sgr de la Cave p^ie, y reçoit aveu, mineur, 1494, baille à Fertrève 1509, paraît père de Jacques, suit.

IV. JACQUES, écr, sgr de la Cave p^ie 1556, Beaumont p^ie (c^on St-Benin), la Forêt (c^ne St-Gratien-Savigny) et Trougny p^ie (c^ne Saxy), h^me d'armes c^ie du duc Nev. 1555, a reconnu^ee pr. Montigny 1562 f. hmage p. Trougny 1570, m^t av. 1586, ép^a 1° Jeanne DES ULMES. 2° Jeanne *de la Forest*, dont : 1° Jean, suit ; 2° Jacques écr, sgr de la Forêt 1586 ; 3° Catherine, ép^a 1586 Esme DES ULMES, écr, sgr de Trougny p^ie.

V. JEAN DE BERTHELON, écr, sgr de la Cave p^ie, la Forêt et Matonge (c^ne St-Gratien), ép^a 1° 13 fév. 1569 Anne DE ROFFIGNAC, fille de Pierre, sgr de Meauce, 2° Marie Petit, avec laq. il baille 1595, dame de Villaine, Genay, Villars, Neuvelle et la Chaize qu'elle donna à Charles, son beau-fils ; eut du 1er lit : 1° Charles, écr, sgr de Villaine (c^ne Moul.-Engilbert), Villars-en-Long-Boux (c^ne St-Léger-du-F.). Genay, (c^ne Préporché), Neuvelle (id.) et la Chaize (c^ne Montambert) 1621-29, m^t célib. 1631 ; 2° Gilbert, écr, sgr de la Cave p^ie 1618, y baille 1629, hérita de Villaine et la Chaize de son frère, m^t 1632 sans posté., ép^a 30 janv. 1607 Marie du Plessis, (parente des Roffignac) ; 3° Pierre, suit ; 4° Reine, ép^a av. 1601 Charles *de Ponard*, sgr de Montchanin.

VI. PIERRE, écr, sgr de la Forêt, Matonge et Martigny en p^ie (c^ne Cercy) 1621, hérita 1632 des sgries de ses deux frères, vend à la Forêt 1626, partage ses filles M^ie et Per^te 1633, teste 1635 partant pour le ban et f. don. à ses bâtards, ép^a 28 juil. 1608 Madeleine DE LICHY, fille d'Adrien, sgr de Lichy, dont : 1° Marie, dame de la Forêt, 1/2 Villaine, la Cave p^ie et la Chaize p^ie, ép^a 1633 Fr^s *de Lanty*, écr, sgr de Maupertuis ;

(*) Ce Jean a été confondu avec l'autre Jean relaté plus haut et qui n'est pas ancêtre des de Lichy actuels, car il est certain qu'il n'eut que 2 filles, que sa fme était Philiberte des Hermoys (actes de 1469 et 70), qu'il était sgr de la Cave, vivait encore 1459, et que tous ses biens passèrent aux Berthelon ; tandis que Jean (du n° Ier) n'était pas sgr de la Cave, était mort av. le partage de 1457 où sa fme est dite : Marg^te de Saalis et ses enfants Hugues, Jeanne et Léonarde. (D. Caffiaux, 1234, et arch. chât. de Poiseux.)

(**) DE TALAYE. — Geoffroy DE TALAYE, chlr, f. hmage en chât^ie Nev. 1296. Guillaume, damoiseau, sgr de Cougny (c^ne St-Jean) et de la Forêt (c^ne St-Sulpice), m^t av. 1323 que sa veuve Mahaut des Bordes f. hmage p. ces 2 fiefs, ainsi que leur fils Guyot, qui refait hmage 1349 p. la Forêt seule, dont est sgr 1388, son fils Guyot damoiseau, qui donne quittance de guerres 1380. — Elie DE TALAYE (*de Talaya*), chlr, f. hmage 1328 p. biens à St^e-Marie-de-Flagelles (c^ne St-Saulge) et à St-Sulpice (c^ne Azy) 1347 et 68, donne quitt^ee guerres en Vermandois 1339, fut commis en 1362 par le c^te Nev., pour tenir les Grands-Jours, eut : Guill^e, damoiseau, qui f. hmage pour Bona (c^on St-Saulge) 1349. — Miles, m^t av. 1337, eut : Guillaume, damoisau, sgr de 1/2 Marancy (c^ne Bona) et de Jailly en p^ie, vend près Bona 1337, m^t av. 1350, ép^a d'abord Jeanne de Roches, puis eut d'Agnès de Mornay : Guill^e, Eustache et Pierre qui vendent Marancy 1350, ce Pierre est sgr de Cougny (c^on Azy), y affranchit 1363 et y reçoit reconn^ee 1365, il eut : Jeanne, m^te av. 1412, fme de Pierre de la Mothe, écr, sgr de Saalis (le Salay ? c^ne Saincaize) qui font hmage p. Cougny 1405, y échangent serfs 1411, et eurent : Marg^te, dite de Saalis, dame de Cougny, qu'elle porta à Jean DE LICHY, écr, ci-dessus. — Sceau d'Elie : ... à la croix ancrée, chargée d'un écusson en cœur. (Inv. des sceaux de Clairambault, v. 105, p. 8153.) — Sources : Inv. de Marolles. — D. Villevieille, 25 et 67. — Arch. chât. des Bordes, la Belouze, Vandenesse et Vauzelles.

Éteints

II. — HUGUES DE LICHY, écr, sgr de Lichy, y baille 1463, et de Cougny en p^{ie} dont hmage 1466, et de Montjalin (Avallonnais), brigandinier au ban Niv. 1467, partage avec ses sœurs 1457, m^t av. 1492, ép^a 1459 Jeanne *de Jaucourt*, dame de Montjalin, dont : 1° Adrien, suit ; 2° Chrétien, écr, sgr de Lichy p^{ie} et Montjalin p^{ie}, sert au ban Niv. 1503, baille à Cougny avec fr. et sœur 1490, et pour neveux 1514, y plaide 1527, m^t av. 1534 sans posté. 3° Agnès ép^a 1492 (pr. Châtillon-B^{ois}) Guillaume de Remoire (?), écr.; 4° peut-être Jeanne, fme 1496 d'Antoine Tillot, de Decize.

III. — ADRIEN DE LICHY, écr, sgr en p^{ie} de Lichy et Montjalin dont hmage 1486, m^t av. 1514, rappelé dans procédure d'Aubert son fils 1527, eut : 1° Jacques, mineur au bail Cougny 1514, m^t av. 1527 ; 2° Aubert, suit.

IV. — AUBERT DE LICHY, écr, sgr d'*id.*, vend à Lichy 1524, y délimite bois 1539, y plaide 1529 et 34, en f. hmage 1561, baille à Cougny 1542, vend à la Forêt 1557, f. hmage à Diennes p. enfants 1559, ép^n 10 mai 1531 Françoise *de la Forêt* (2), fille de Léonard, sgr de Tonnin, dont : 1° Aubert, mineur 1559, dénombre Lichy avec frères et sœurs 1561, m^t jeune ; 2° Jean, *id.*; 3° Imbert, écr, sgr de Tonnin (c^{ne} Montigny-s-Canne), Chandon (*id.*), et Mirbaut en p^{ie} 1586, m^t av. 1608, ép^n 1° Guillemette *Bureau* (*), 2° Christine d'Assigny, eut du 1er lit : Gilberte, fme

2° Perronne, dame de la Cave p^{ie}, 1/2 Villaine, Genay, Villars, Neuvelle, la Chaize p^{ie}, ép^a 1633 Hugues DU CREST, écr, sgr de Chigy ; 3e Christine, religieuse à la Fermeté 1621-46.

II. JEAN BERTHELON (2e fils d'Huguenin), écr, sgr de Monjardin (c^{ne} Fertrève), la Cave en p^{ie} 1469, y baille 1483, et de la Cour-de-Marcilly (c^{ne} Beaumont-Sard.), y transige 1475, vend avec fme, frère et belle-sœur pr. Druy 1461, baille pr. Beaumont 1470, eut de Marg^{te} DE LICHY, sœur de sa belle-sœur : 1° Jean, suit ; 2e peut-être Philiberte, abbesse du Réconfort, m^{te} 1522.

III. JEAN, écr, sgr de la Cave en p^{ie}, la Cour de Marcilly et Monjardin 1520, a lettres-gardiennes pour la Cave 1531, ép^n Marg^{te} du Chailloux, dont : 1° Jean, écr, sgr de la Cave p^{ie}, la Cour-de-Marcilly, dont hmage 1581, et de Beaumont en p^{ie} 1579, sans posté. connue ; 2e Madeleine, fme en 1585 de Guill^e DE LA PERRIÈRE, écr, sgr. de Chiffort.

Armes : A une fasce, accompagnée en chef de trois moucheteures d'hermine, et en pointe d'une rose (sceau de 1392, fruste; arch. de Dijon, comptes, 23).

Sources : D. Villevieille, XII. — *Inv.* de Marolles. — Comptes de Bourgogne, 23, Dijon. — Copies de Chastellux à Soc. niv. — Min. not^{res} Moul-Engilbert et Decize. — Arch. chât. Devay, Vandenesse, Poiseux. — Arch. Niév. E et B. — D. Caffiaux, 1234. — Reg. parois. Decize.

Éteints.

(2) DE LA **FORÊT**. — *Du Ba̧ois* (**). — Prennent leur nom d'un fief par^{se} de Savigny-s -Canne (act^t c^{ne} St-Gratien). Perrin DE LA FORÊT, écr, f. aveu à la tour de Vérou 1357 à cause d'Agnès *de Cossay*, sa fme, fille d'Hugues. Jean, mari d'Alips des Prez, veuve de J. Séat, f. hmage p. biens à Pouligny 1376. Autre Jean est au siège Chât.-Chinon 1412.

Guill^e et Pierre DE LA FORÊT, écrs, sgrs de la Forêt, en font aveu 1396 ; le 1er peut-être père de Jean, écr, sgr de Montapas en p^{ie} (c^{ne} St-Saulge) où il f. reconn^{ce} 1435, père d'autre Jean, sgr 1/2 Montapas, dont hmage 1462 et 66, y accorde droits d'usages 1475. au ban Niv. 1469, et de Guillemette, dame de Montapas et Neuzilly 1485 ; le 2e (Pierre) vivant encore 1406, eut de Marg^{te} de Rouneaux : 1° Jean. suit ; 2° Alips, échange pr. Savigny 1431 ; 3° sans doute Anne, f. hmage p. biens à Savigny 1448, 2e fme de Philibert *de Cossay*, écr, sgr Chaumigny.

JEAN, écr, sgr de Martigny (c^{ne} Cercy) dont hmage 1427 et 48, échange à Savigny-s.-Canne 1441, m^t av. 1455, eut d'Isabeau Vachet. possess^{ne} par^{ces} de Champvert et Diennes : 1° Philiberte, fme de Jacq. de Serizières ; 2° Jeanne, f. hmage à Cercy 1456, fme de Guill^e *Robin* ; 3° Jeannette ; toutes trois f. aveu à Verou avec leur mère 1458.

PHILIBERT (fils ou neveu de Jean), écr, sgr de la Forêt, Marquerault (c^{ne} Limanton), Tonnin (c^n Montigny), Champdou (c^{ne} Diennes), et Vaujoly (*id.*)

(*) BUREAU. — *Du Ba̧ois.* — Philibert BUREAU, écr, f. aveu de fief à Givry (c^{ne} Vandenesse) 1454, est père de : 1° Bertholomier écr, témoin à Reugny 1475, partage près Isenay 1480, écuyer du c^{tn} Nev. 1476, brigandinier au ban 1467 ; 2° Guyot, écr, 1482 témoin à Isenay 1507 ; 3° Fr^{se}, dame de Brienne (c^{ne} Brinay), ép^a 1° 1482 Bertrand *Roux*, éc., sgr de Palluau, 2° 1493, Guill^e *de Gayo* écr. — Jean, écr, sgr de la Vallée (c^{ne} Diennes), f. hmage 1530 p. la Motte-s-Loire (c^{ne} Decize). — Odot BUREAU, écr, sgr de Chevannes (c^{un} Moul.-Engilbert) 1520, teste 1541 nommant son frère Fr^a, curé de Maulaix, il eut : Guill^e, écr, sgr de Chevannes 1555-6: eut d'Isabeau Bertier (Bgogne) qui teste 1563 : 1° Philippe, suit ; 2° Guillemette, fme d'Imbert DE LICHY, écr, sgr de Tonnin, ci-dessus. — Philippe, écr, sgr de Chevannes-Bureau dont hmage 1575, et de Marqueraut p^{ie} dont il refait terrier 1583, le vend 1587, f. hmag à Givry 1614, teste 1616 donnant tout à son gendre, ép^a av. 1582 Jeanne DE LICHY, fille d'Aubert, sgr de Lichy, ci-dessus, dont a, Pierre, écr, sgr de Chevannes 1612, m^t av. 1616 sans posté.; b, Fr^se, dame de Chevannes, ép^a 1607 Imbert *de Castel*, écr, sgr $<$ Sichamps ; c, Guillemette, célib.

Armes : D'azur, au bouc rampant d'argent. — *Sources : Inv.* de Marolles. — Arch. chât. Vandenesse et Devay. — Arch. Niév. E. - Min. notaires Moul.-Engilbert.

Éteints.

(**) Voir la note page 567.

en 1628 de Philibert *de Boisthierry* (3), écr; 3° Adrien, suit ; 4° Guillemette, dame de 1/4 Cougny, ép⁎ av. 1570 Gilbert *des Moulins* écr, sgr de Moncenaut ; 5° Jeanne, dame de Marqueraut pⁱᵉ (cⁿᵉ Limanton), épᵃ av. 1583 Philippe *Bureau*, écr, sgr de Chevannes.

V. — ADRIEN DE LICHY, écr, sgr de Lichy 1574, baille à Matonge (cⁿᵉ Sᵗ-Gratien) 1579, obtient sentence baage Chât.-Chinon 1600, est au maage de son fils 1609, épᵃ 23 oct. 1574 Elisabeth DU LYS, fille de Pierre, sgr de Choulot et d'Elie de Sᵗ-Phalle, dont : 1° Eustache suit ; 2° Jeanne, épᵃ 1594 Léonard *de Chollet*, écr, sgr de Sᵗ-Benin-d.-Bois ; 3° Madeleine, *al.* Margᵗᵉ, épᵃ 1608 Pierre *de Berthelon*, écr, sgr de la Forêt.

VI. — EUSTACHE DE LICHY, écr, sgr de Lichy reçu de son père 1609, y baille 1616-28, y acte 1656, mᵗ av. 1658, épᵃ 26 févr. 1609 (recevant 1,000 l. de l'évêque du Lys) Claude DE MAUMIGNY, fille de Frˢ, sgr de la Boue et de Nic. d'Imonville, dont : 1° Eustache, suit ; 2° Michel, chanoine Nev. 1641, mᵗ 1673 ; 3°; François, suivra ; 4° Philippe, écr, sgr de l'Isle (cⁿᵉ Cercy) 1654, de Vilcray (cⁿᵉ Champvert) acheté 1658, de Champrobert (cⁿᵒ Sougy) 1674 saisi 1689, mort 1690 sans posté, épᵃ ₁° 14 juin 1650 Gabrielle DE REUGNY, veuve de Ch. de Maumigny et fille de Gabriel, sgr de Riégeot, 2° Etiennette *Berthelot*, veuve de J. de Chevigny, sgr de Champrobert ; 5° Jean, écr, sgr en pⁱᵉ de Lichy, Grandchamp (cⁿᵉ Druy) et Menoton (*id.*) dont sa veuve f. hmage 1677, et des Vignots (cⁿᵉ Vandenesse), mᵗ 1674,épᵃ 20 juil. 1660 Margᵗᵉ *de Grandchamp* (*), sœur de sa belle-sœur, dont : *a*, Frˢ reçoit avec frères au testᵗ 1681 d'oncle Phi-

resta indivis avec son frère Jean mᵗ célib. av. 1522 ; il f. hmage à Cercy 1461, prisonnier de guerre 1467, concède usages à Marqueraut 1486, plaide p. justice de la Forêt 1490, achète à Lancray 1490, baille pr. Montigny 1499, teste 1513, eut de Guillemette d'Angeliers : 1° Léonard, suit ; 2° Philibert, mᵗ 1533 ; 3° Jeanne, fme de Cl. *de Baçay* ; 4° peut-être Margᵗᵉ fme de Jean Doreau.

LÉONARD, écr, sgr d'*id.* et Lancray (cⁿᵉ Montigny) et Mirebaut (cⁿᵒ Sᵗ-Gratien) qu'il achète 1531, plaide pour Marqueraut 1522 et y affranchit 1540, baille à Lancray 1525 et près Savigny 1538, mᵗ av. 1544, épᵃ Gilberte *de Druy* possess. près Aubigny-Chétif, dont : 1° Jean, baille avec mère à Savigny, 1544, mᵗ av. 1561, eut de Philiberte Thaveł : Antoine, mineur 1561, f. hmage p. Marqueraut pⁱᵉ. sans posté.; 2° Frˢᵒ, dame de Marqueraut pⁱᵉ, fme d'Aubert DE LICHY, écr, sgr de Cougny, ci-dessus ; 3° Jeanne, dame de la Forêt qu'elle porta av. 1562 à Jacques *de Berthelon*, écr, sgr de la Cave.

Armes : De gueules, au chevron d'argent accompagné de trois croix ancrées de même.

Sources : Arch. chât. de Vandenesse, Limanton. — Inv. de Peincedé, 26. — *Inv.* de Marolles — Min. notaires, Decize et Moul.-Engilbert. — Arch. Nièv. E et B. — *Hist. de Montaron*, v. Gueneau.

Éteints.

(3) **DE BOISTHIERRY**. — *Du Baçois.* — Pierre DE BOISTHIERRY, écr, acte à Decize 1492, possède près Bernay (cⁿᵉ Brinay).

I. GILLES DE BOISTHIERRY, écr 1520, sgr de Marqueraut (cⁿᵉ Limanton), Mont-s.-Aron (*id.*), les Molles (*id.*), Grenesay pⁱᵉ (*id.*), achète à Marqueraut 1529, en f. hmage 1547, achète à Mont 1544, f. hmage p. Grenesay 1556, 1557 que sa veuve baille à Mont, épousa ₁° Frˢᵒ *du Chaillou*, fille d'Amorat, sgr du Beugnon, 2° Philippes Berruyer, mᵗᵉ av. 1542, 3° Catherine *des Paillards*, fille de Jean, sgr de Marqueraut pⁱᵉ; eut du 1ᵉʳ lit : 1° Léonard, baille avec père et belle-mère 1544 et avec celle-ci 1561 ; du 2° 2° Antoinette épᵃ av. 1578 Guion *Ponard*, écr, sgr de la Couldre ; et du 3° : 3° Jean, écr, sgr de Marqueraut, y constitue rente 1572, y vend sa part 1587, partage avec 2 frères 1578, vend dîmes de Bernay 1571, acte encore 1597, peut-être ancêtre de Jacques, demᵗ à Moul.-Engilbert 1629, qui crée rente à Marqueraut 1640, et de Jeanne mariée 1617 à Florent *de la Vigne*, écr, sgr de Bulcy ; 4° Antoine, suit ; 5° Pierre, écr, sgr Grenesay pⁱᵒ 1566, de Neuzilly (cⁿᵉ Montapas) 1571, mᵗ 1599, épᵃ av. 1571 Claude *d'Escorailles*, fille de Jean, sgr de la Gibaudière, dont : *a*, Antoine, mᵗ av. 1630, eut de Perrette DE LICHY : Christine, veuve 1630 de Pierre Douet, à Druy ; *b*, Jean, constitue rente au Briou, (cⁿᵒ Saincy-

(*) **DE GRANDCHAMP**. — *De Nivernois*. — Jean et Tristan DE GRANDCHAMP, servent au ban Niv. 1469 (a). — Jean, écr, reçoit reconnᶜᵉ à Grandchamp (cⁿᵉ Druy) 1585, acte 1598, eut : 2° Christophe, mᵗ av. 1612, père de Claude, laq. partage avec oncle Jean 1612, a biens à Menoton (cⁿᵉ Druy) qu'elle donne à Marc 1620 ; et 1° Jean, écr, sgr de Grandchamp 1598 et Menoton par partage 1612, baille à Grandchamp 1620, eut de N... de Mauvaige, dame de Varenne. (cⁿᵉ Sougy) : *a*, Louis, écr, sgr de Grandchamp pⁱᵉ et Varenne, mᵗ 1627, sans posté.; *b*, Marc, écr, sgr d'*id.* 1627, de Menoton 1631 et la Loge (cⁿᵒ Beaumont-Sard.) 1646, mᵗ av. 1660, eut de Margᵗᵉ Fournier : *a'* Etiennette, dame de la Loge, vendue 1666, épᵃ, av. 1650 Henri *de Vignes*, écr sgr de Sarazin ; *b'* Geneviève, dame de Grandchamp et Menoton, qu'elle porta à Frˢ DE LICHY, ci-dessus ; *c'* Margᵗᵉ dame d'*id.* épᵃ 1660 Jean DE LICHY, écr sgr de Lichy, frère de Frˢ. (Min. notaires Decize et la Nocle. — Arch. Nièv. E. — Reg. parois. de Druy, Beaumont-Sardolle et Sougy.)

Éteints.

(a) Il y eut aussi des Grandchamp au XIVᵉ s. dans les châties de Billy-s.-Oisy et de Châteauneuf-s.-Allier.

lippe de L., gendarme de la garde 1693, célib.; *b*, Michel, mort 1689; *c*, Samuel, écr, sgr de Grand-champ 1701, Parigny (c^ne Druy) 1712, Sougy p^ie (c^on Decize), chevau-léger de la garde 1692, m^t 1721 donnant à J^n-Pierre, sgr d'Avril, et sans posté. de M^ie-Ursule *Dollet* (4), fille de Fr^s, s^r de Saulière ; *d*, Marie, Nicole et autres filles ; 6°, Charlotte, ép^a 1° 1644 Hector *de Bongards*, écr, sgr de Selins, 2° 1660 Fr^s *de Clausse*, écr, sgr de Palluau ; 7° Marie, ép^a 1658 Balthazar *de Jui-sard*, écr, sgr de Tamnay.

VII. — EUSTACHE DE LICHY, écr, sgr de Lichy en p^ie et Bost (c^ne Rémilly) qu'il achète 1640 et dont hmage 1641, y baille 1664-72, maintenu avec frères par int^t Moulins 15 mars 1667, plaide à Lichy 1670, hérite avec frères 1673 de l. frère Michel, m^t av. 1681, ép^a 23 août 1637 Anne DU VERNE, fille d'Edme, sgr de la Varenne, et de Madel. de Pillemiers, dont : 1° Jean, suit ; 2° Fr^s, écr, sgr de Lichy en p^ie et Bost dont hmage av. Jean 1683, sert 1675, cornette au ban Niv. 1689, reçoit d'oncle Philippe 1681, m^t av. 1697, ép^a 31 août 1682 Elisabeth *d'Esmée*, sœur de sa belle-sœur ; 3° Madeleine, Geneviève, Claude et Marie, célibataires au partage 1697.

VIII. — JEAN DE LICHY, chlr, sgr de Lichy et Bost, chevau-léger de la garde 1691-1694,

Fertrève) 1620, m^t av. 1630; *c*, Philibert, mari de Gilberte DE LICHY, ci-dessus, dem^t au Briou où il est commun personnier de son frère Pierre 1629 et y transigent 1630 avec leur nièce Christine ; de l'un d'eux descend probabl^t : Gabriel, écr, sgr des Riaux (c^ne Lu-thenay) 1657-79, père de Fr^se qui ép^a 1661 Joachim-Jos. *de Rosel* (*), écr, sgr de Maltrace.

ANTOINE, écr, sgr de Marqueraut p^ie, y baille 1580, le vend 1605, ruiné, ép^a 1581 Odette *Le Bault*, fille de Simon, sgr de Romenay p^ie, dont : 2 fils m^ts jeunes, et Anne ép^a 1619, Pasquet Delenche, manœuvre à Nev.

Sources : Inv. de Marolles.— Arch. Nièv. E. — Terrier de Bellevaux, à Mlle Pougault. — Arch. chât. Limanton et Poiseux. — Min. notaires Moul.-Engilbert.— D. Caffiaux, 1234. — Reg. parois. de Decize et Luthenay.

Éteints.

(4) DOLLET. — *De Nivernois.* — Regnault DOLLET, paroissien de Parigny-les-Vaux (c^on Pougues) y achète 1512 en bordelage du sgr de Bizy. Jean Dollet, Jean jeune, Etienne et leur sœur Fr^se veuve de J. Marion vendent 1530 à Pinet (c^ne Parigny). Hugues, march^d à Nev. y achète 1532 avec Pierrette Des-chaumes, sa fme ; leur fils Huguet, m^d à Nev. a vigne à Coulanges 1551. Claude, laboureur à Bizy (c^ne Pari-gny) y reçoit investiture du sgr 1555 avec les filles de f. Claude Dollet « commungs parsonniers », et il y achète 1557, fait baptiser à Nev. Jean 1570. Nicolas et Jacques achètent à Bizy 1574. Victor, m^d à Nev. 1596-1625 est mari de Fr^se Desgranges. Esme, m^d à Nev. 1598-1636, possède à Villecour (c^ne Coulanges).

I. HUGUES DOLLET, m^d à Nev. 1592, eut de Cathe-rine Pascoux : 1° Étienne, suit ; 2° probabl^t Charles, suivra.

(*) DE ROZEL. — Origin. de *Basse-Normandie.* — Fr^s DE ROZEL, écr, épousa av. 1520 Renée de Vauldre (*a*) dame de Neuville en p^ie (c^ne Bulcy) et se remaria à Fr^se Marié, veuve 1545, qui vendit rente sur Neuville ; il eut du 2e lit : 1° Guill^e, écr, sgr de Neuville par partage 1548, y rembourse 1555 la rente de 1545, est au mange de frère 1558, m^t sans posté.; 2° Charles, suit.

II. CHARLES DE ROZEL, écr, sgr de Neuville p^ie et la Sablonnière (Berry), ép^a 24 avril 1558 Marie Cochon (Berry) fille de Christophe, dont :

GUILLAUME, écr, sgr d'*id.*, a sentence 1604, m^t 1612, ép^a 21 mai 1584 Perrette de Chastres-(Bourb^ais), dont : 1° Claude, suit ; 2° Pierre, écr, sgr de la Sablonnière et Maltrace (c^ne Chasnay) 1627-55, ép^a 1624 Louise Cochon, dont : *a*, Joachim-Joseph, écr sgr de Maltrace 1655, Mocque en p^ie (c^ne St-Martin-Tronsec) qu'il vend à Gilbert 1655, Soultrait p^ie (c^ne St-Parize), capit. régt de Turenne 1661, m^t 1673, ép^a 4 nov. 1661 Fr^se de *Boisthierry*, fille de Gabriel, ci-dessus, dont : *a'*, Marie, 1669-87; *b'*, Guy-Louis, chlr, sgr de Maltrace, Angly, reçoit biens à St-Parize dès de Chollet, 1685, capit. cav^ie, chlr St-Louis 1719, ép^a 1° av. 1695 Madeleine *de Foullé*, fille de René, sgr d'Angly, dont une fille, 2° 1719 Fr^se Parent ; *b*, Edme-Jean, chlr, sgr de la Sablonnière 1668, garde-du-corps 1676, f. don^on mut. avec sa sœur 1676, m^t sans posté ; *c*, Marie 1673-76.

CLAUDE, écr, sgr de Criange (auj. Crilange, c^ne Narcy), Mocque p^ie 1624, et Villardeau (c^ne St-Martin-Tronsec) 1643, capit. inf^ie, 1639, construit fourneau de Huez 1640, m^t 1653, ép^a 1° 13 janv. 1623 Marg^te *d'Aulezy*, fille de Jacques, sgr Villardeau et Mocque p^ie, 2° av. 1634 Suzanne d'Apremont, veuve de J. de Charry, sgr de Huez, eut du 1er lit : 1° Gilbert, suit ; 2° Antoine, écr, sgr de Vil-lardeau, et Port-Aubery (c^ne Cosne) 1655, m^t 1688, ép^a 5 juil. 1655 Eléonore *de Bussy*, fille de Louis, sgr de Port-Aubery, dont : *a*, Cl... Fr^s, m^t célib. 1677 ; *b*, Renée-M^ie, ép^a 1686 Lazare de Viry, écr, sgr de Malicorne ; *c*, Edmée-Eléonore, ép^a 1694, Henri *de Bligny*, écr sgr de Pousseaux ; et du 2e : 3° Marie, ép^a de Paul d'Orbessan, écr, sgr de Busque.

GILBERT, chlr, sgr de Créange et Mocque p^ie, reçoit à test^t pat. 1653, *maintenu* avec Antoine 19 août 1667, ép^a 3 sept. 1653 Marg^te Cochon, fille de Jean, dont : Jean et Paul, m^ts célib., et des filles.

Armes : D'argent, à trois roseaux de sinople, au chef de gueules chargé de trois besants d'argent. (D. Caffiaux 1234).

Sources : Mss. du chan. Hubert, VII, à Orléans. — D. Caffiaux, 1234. — Arch. Nièv., B et E. — Reg. parois. Pougny, Cosne, Colméry, St-Laurent, St-Martin-du-Tronsec, Varzy, Luthenay, St-Jean-Amog.

Éteints en Nivernois.

(*a*) Fr^s de Vauldre, écr, était sgr de Neuville en p^ie et en f. hmage à Donzy 1533 ; son fils Jean vendit cette partie de Neuville 1567. (*Inv.* de Marolles.)

maintenu noble 1693, f. hmage p. Bost 1683, y baille 1694, reçoit de Philippe 1681, partage avec
sœurs 1697, a reconn⁻ᵉ à Lichy 1700, mᵗ 1720, épᵃ 29 juillet 1680 Claude *d'Esmée*, fille de
Charles, sgr de Chanteloup et d'Anne de Monceau, dont : Eustache, suit.

IX. — Eustache de LICHY, chᵉʳ, sgr d'*id.*, concède droits à Bost 1727, y délimite la justice
1744, mᵗ à Lichy 1753, épᵃ 20 janvier 1698 Jeanne Cornu, fille de Michel, procʳ à Nev., dont :
1º Nicolas, chlr, sgr de Lichy pⁱᵉ, y plaide 1730, y nomme juge 1757, sert dans Bourbon cavⁱᵉ 1733,
main emportée 1734, ratifie vente de Vasnay 1750, vend Lichy 1762, mᵗ 1765 ; eut de Mⁱᵉ-Rose
de BERTHIER, fille de Phil.-Laurent, sgr du Veuillin : Jean, présenté à l'école milit. 1750,
mᵗ jeune, et deux filles ; 2º Jean-Eustache, écr, sgr de Bost (dit Lichy de Baux), y baille 1758-
76, le vend 1783, épᵃ 7 janv. 1756 Mⁱᵉ-Hyacinthe *de Failly*, fille de Jⁿ-Bᵗᵉ, sgr du
Saussois, dont : N..., officier au régᵗ Limousin 1787, et Paul-Joseph, reçu à l'école milit. 1787,
émigrèrent et disparurent, et Frᵈᵉ, religieuse ; 3º Margᵗᵉ, épousa 1754 Jⁿ-Bᵗᵉ *de Failly*, écr, sgr
du Saussois ; 4º Jⁿᵉ-Margᵗᵉ, fme de Paul de CHARRY, écr, sgr de Fourviel ; 5º Edmée-Charlᵗᵉ,
épᵃ 1755 Noël Sallonnier, de Cuffy.

VII. — François de LICHY (3ᵐᵉ fils d'Eustache et de Cl. de Maumigny), écr, sgr de Lichy
en pⁱᵉ, les Perras (cⁿᵉ Thianges), Grandchamp et Menoton pⁱᵉ, et de la Loge pⁱᵉ (cⁿᵉ Beaumont-

II. Étienne, mᵈ à Nev., échevin 1609, receveur de
ville 1628, achète à Chaulgnes 1623-46, et au Chazeau
(cⁿᵉ Chaulgnes) 1627, teste 1652, épousa Charlotte
Millin, fille de Robert, grènetier de Decize, dont :
1º Jacques, écr, sgr de Traizaigle (cⁿᵉ La Fermeté) 1655,
fourrier des logis du roi 1665-77, possède à Villecour
1670, achète à Germigny-s.-L. 1663, y plaide 1661,
mᵗ 1682, épⁿ av. 1657 Marie Mariette, veuve 1691,
dont : *a*, Charlotte, épⁿ 1690 Gilbert Coquelin, consᵉʳ
baage Sᵗ-Pierre ; *b*, Margᵗᵉ, carmél. à Nev. 1721 ;
c, Jeanne, célib. 1723 ; 2º Claude, sʳ de La Motte-Pal-
lais (cⁿᵉ Charrin) 1655, gendarme de la garde, condamné

à maintenue 1667, assassiné 1678 sans posté.; 3º Marcou, mᵗ av. 1656 ; 4º Louis, avᵗ, receveur de ville Nev.
1672 et des décimes, possède à Marzy 1682, mᵗ 1684,
épⁿ 1661 Mⁱᵉ-Margᵗᵉ Brisson, fille de Pierre, sgr du
Pontot, dont : *a*, Claude-Louis, prieur de Sᵗ-Étienne
Nev., bénédictin 1719 ; *b*, Charlotte-Frᵈᵉ épⁿ : 1º 1688
Guillᵉ Bernard (*), sʳ de Toury ; 2º Guillᵉ *Sallonnier*,
sgr de Rosemont ; 5º Esme, chan. Nev., mᵗ 1662 ;
6º Charlotte, reçoit don de Claude 1654, fme de Frˢ
Bordet, recevʳ des décimes.
II. Charles DOLLET, lieutᵗ au grenier Nev., échevin 1658, achète à Nev. et près Imphy 1655, a reconnᵉᵉ

(*) BERNARD. — *De Decize*, où Jean Bernard, veuf 1º de Marguerite, 2º de Jeanne *de Paris*, eut pour fils du 1ᵉʳ lit Pierre, 1440,
épⁿ 1444 Bonne de La Croix, fille de Perrotin, portier du chᵃᵘ de Decize. On trouve aussi à Decize : Thibault Bernard, contᵉᵘʳ des
deniers communs, et Catherine Sauvée, sa femme 1515, Guyonnin, Étienne 1574, Guillaume 1592, échevin 1602, Claude, écᵉʳ, gendarme de la compⁱᵉ du duc de Nivernois, et Claude Tillot, sa femme 1610 ; Michel, chirurgien, et Marie *Paillard*, sa femme, 1659 ;
Pierre, chirurgien, leur fils, et Anne *Dvcrny*, sa femme, 1659-1679. Une branche passa à Nevers : Guillaume, apothicaire 1599-1621 épⁿ
Claude Bourgoing, veuve de Jean *Flamen*, apothʳᵉ, dont : 1º Arnauld, suit ; 2º Marie, veuve de Germain Arbelat, avᵗ génᵃˡ de Nivernois,
partage ses biens 1659, et probᵗ 3º Imbert, avᵗ 1636-1659, épⁿ Mⁱᵉ Bellon et en eut Bernard Bernard, avᵗ, mentionné avec son père
au partage de Mⁱᵉ vᵉ Arbelat 1659, épⁿ à Paris 1671 Antoinette, fille de Claude Bernard, sa cousine germaine ; 4º Claude Bernard, apothʳᵉ
du roi à Paris, frère d'Imbert (mentionné au partage de 1659), épⁿ Antoinette Boucher, d'où Antoinette, épⁿ 1671 Bernard Bernard. —
Arnauld Bernard, médecin à Nev. 1627-1636, échevin de Nev. 1627, épⁿ Gabrielle Bouzitat, probabᵗ fille de Vincent *Bouzitat*, bois de
Nev., et de Mⁱᵉ Millin, d'où : 1º Guillaume suit ; 2º Vincent suivra ; 3º Philibert, mineur 1647 ; 4º Claude, femme de Mᵗʳᵉ Gilbert
Gaignat, mᵈ à Nev. 1647-1659. — Guillaume, médecin à Nevers 1647-1695, sgr de Toury-sur-Abron, Raix (cⁿᵉ Toury), La Forêt (*id.*),
reçus épⁿ Antoinette en 1649 de L. *Cochet*, son oncle, épⁿ Antoinette Enfert, fille de Pierre Enfert, maître en la chambre des comptes de
Nev., et d'Antoinette Cochet ; d'où Guillaume, écᵉʳ, sgr de Toury, capit. de dragons 1677-88 ; 2º Vincent, sgr de Toury en pⁱᵉ 1698,
échevin de Nev. 1705, paraît mari d'une Berthelot, sans posté.; 3º Frˢᵉ, épⁿ 1677 Frˢ BOURGOING, sgr de Sichamps ; 4º Marie, dame
de Toury, épⁿ 1702 Claude-Ch. Bourgoing, veuve élu à Nev.; 5º Catherine, fme de Frˢ Pérude, donne 1723 à Marie droits sur Toury.—
Vincent (fils d'Arnauld et de Gabrielle Bouzitat) 1647, avᵗ 1663-82, échevin de Nev. 1669, gruyer du chapitre, mᵗ av. 1692, père de :
1º Marie, épⁿ 1671 Claude *Prisye*, avᵗ et 2º de Pierre Bernard de Presle (près Cuffy, Cher), avᵗ 1679-1703, échevin de Nev. 1697, épⁿ
Étiennette Panseron, dont : 1º Vincent, suit ; 2º Vincent suivra ; 3º Charles Godin, sgr de Mussy, avᵗ ; 3º Catherine ; 4º Margᵗᵉ, épⁿ 1727
Gilbert Alixand. — Vincent, consʳ en l'Élᵗ de Nev., épⁿ 1723 Marie *de Lavenne*, fille d'Étienne, sgr de Sanizy, dont : 1º Charles
Vincent, mineur en 1744 ; 2º Hubert, suit ; 3º Marie-Perrette, mineure 1744. — Hubert, seigneur de Presle, procureurⁿau Parlᵗ, épⁿ
Anne-Margᵗᵉ Lanoze, veuve 1790.
On trouve encore : Marie-Agnès et Marie-Françoise, visitandines, et Étiennette, carmélite, toutes trois légataires en 1659 de Marie
Bernard, veuve Arbelat, leur tante.
Armes : D'azur, au cœur d'or, accompagné en chef de deux étoiles de même et en pointe d'un croissant d'argent.
Sources : Min. notaires de Decize. — Invᵗʳᵉ de Parmontier. — Arch. Nièvre B et E. — Arch. hospital. Nev. — Arch. chât. de Toury.
— Reg. parois. de Decize, Nevers, Toury-Lurcy, Sᵗ-Saulge, Sᵗ-Éloi.
Sortis du Nivernois.

Sard.), dont hmage par sa veuve 1688, m^t av. 1665, ép^a av. 1660 Geneviève *de Grandchamp*, fille de Marc, sgr de Grandchamp et la Loge p^{ie}, dont : 1° Michel, mort jeune ; 2° Paul-M^{ie}, suit.

VIII. — PAUL-MARIE DE LICHY, chlr, sgr de Parigny-s.-Sardolle 1692, Grandchamp, la Loge p^{ie}, et de petite p^{ie} de Lichy et de Chevroux (c^{ne} St-Quentin), chevau-léger de la garde 1692, commissaire du ban du Nivern. 1697, m^t 1702, ép^a 16 janv. 1693 M^{ie}-Anne de *la Barre*, fille d'Hervé, sgr de Chevroux et d'Avril-s.-Loire, dont :

IX. — JEAN-PIERRE DE LICHY, chlr, sgr de Lichy p^{ie}, Chevroux, Avril-s.-L. p^{ie}, reçut part de Lichy de Samuel 1721, y achète 1727, m^t 1765, ép^a 6 fév. 1714 Marie *de Dreuille* (5), fille de

à Pougues 1672 ; ép^a av. 1632 Guyonne Moquot, fille de Nicolas, m^{tre} cptes Nev. dont : 1° Nicolas, cons^{er} baage Nev. 1689-1712, baille à Nev. 1702, a directes pr. Imphy 1706, m^t 1716, ép^a 17 mars 1692 Cath. Damond (*), dont : *a*, Michel, cons^{er} baage Nev. 1715-52, échevin, maire de Nev. 1722, possède pr. Pougues et Garchizy 1722, et pr. Urzy 1751, m^t av. 1762 sans posté.; *b*, Cl.-Charles, dit de Billy, av^{at} à Paris 1751 ; *c*, Jacques, dit l'abbé de Varennes, chanoine Nev. 1727, gr^d archidiacre 1731, vicaire gén. 1748, prieur de St-Valière 1771 ; *d*, Ch.-Nicolas, dit de Chauroy, av^{at} à Paris 1755 ; 2° Fr^s, suit ; 3° Marie, ép^a 1661 Pierre *Brisson*, sgr du Pontot, fils de Pierre ; 4° M^{ie}-Josèphe, visitandine Nev., m^{te} 1711.

III. FRANÇOIS, avocat 1675, s^r de Saulière (lieudit c^{ne} de Pougues, poss. à Varennes 1680, achète pr. Magny 1685, m^t 1692, ép^a 11 juin 1675 Marg^{to} *Brisson*, fille de Pierre et de Cl. de Bongars, dont : 1° Louis-M^{ie} D. de Saulière, chanoine Nev. archidiacre 1712, doyen 1730, abbé de Bellevaux 1737, m^t 1756 ; 2° Nicolas, av^{nt}, s^r de Saulière, échevin Nev. 1718, posses. pr. Imphy 1706, m^t 1753, ép^a av. 1707 Anne-Fr^{se} *Prisye*, fille de Claude, s^r de Dracy, dont : *a*, Jean D. de Dracy, diacre, m^t 1743 ; *b*, Suzanne, ép^a 1737 J.-Dominique *Casset* (Sancoins) ; 3° Claude, suit ; 4° Anne, visitand. Nev., m^{te} 1741 ; 5° Marie-Ursule, ép^a 1° Samuel DE LICHY, écr, sgr de Grandchamp, ci-dessus, 2° 1727 Paul de Cazes, lieut. grenadiers.

IV. CLAUDE, proc^r du roi au grenier Nev., sgr de Chassenay (c^{ne} St-Germain) 1709, m^t 1723, ép^a 29 août 1709 Suzanne Tridon, fille de Nicolas (**), dont :

V. LOUIS, sgr de Chassenay et de Chevannes (c^{ne} Tresnay) 1736, receveur de chancellerie St-Pierre 1739, m^t 1759, ép^a 28 août 1736 Gabrielle *Blaudin*, fille de Nicolas, s^r de Pée, dont : 1° Louis-M.-A., suit ; 2° Marg^{te}, ép^a 1763 Fr^s Bon-Foussier, lieut. dragons.

VI. LOUIS-M^{ie}-ANDRÉ, sgr de Chassenay, Chavannes, la Croix (c^{ne} Varennes-Nev.), cons^{er} baage St-Pierre

1768-87, ép^a av. 1765 Anne-Germaine Verchère, dont : 1° Fr^s-Clément, ép^a 1795 Antoinette-Fr^{se} *Richard de Soultrait*, fille de Charles, sgr de la Motte-Farchat, dont : Armand, m^t célib., et Agathe, ép^a 1823 Ferdinand de Champs ; 2° Ursule, ép^a 1787 Étienne *Dubosc*, lieut. crim. à St-Pierre.

Armes : D'azur, au sautoir d'or.

Sources : Arch. Nièv. E et B. — *Inv.* de Parmentier. — Arch. chât. Clamour, la Montée. — Originaux collns de Soultrait et Roubet, à Soc. Niv. — Gallia chr^a, XII. — Reg. parois. de Nevers, St-Pierre, Tresnay, Huez, St-Éloi.

Éteints.

(5) DE DREUILLE. — Origi. *de Bourbonnais.* — Sgrs de Dreuille (c^{no} de Cressanges) depuis 1306 ; reçus à Malte depuis 1612 ; *maintenus* 5 oct. 1666. — Dans la branche de Chéry, Jeanne de Dreuille, fille de Cl.-Fr^s Sénetaire, épousa 1754 Jacques-Gabriel DE LICHY, chlr, sgr de Lichy ; dans celle de Cressanges, Jean, sgr de Dreuille et la Lande 1697, eut : Marie qui ép^a 1714 Pierre-Jean DE LICHY, chlr, sgr de Chevroux, dont : Jeanne de Lichy ép^a 1733 Jacques-Sén. de Dreuille de la Lande ; la branche de la Lande a formé le rameau d'Avril-sur-Loire (c^{on} Decize), qui suit :

A. FRANÇOIS-SÉNETAIRE DE DREUILLE, chlr, sgr de la Lande, Lorgues (c^{ne} Azy-le-Vif) 1694, et Champ-Chevrier (c^{ne} Chantenay) 1709, ép^a 17 nov. 1691 Perrette de la *Barre*, dame de Lorgues, fille d'Hervé d'Avril-s.-Loire, dont : 1° Jacques-H.-S. suit ; 2° M^{ie}-Fr^{se}, dame de la Forêt-de-Lurcy (c^{ne} Toury-Lurcy), y dem^t veuve 1756 de Cl.-Fr^s de Dreuille, sgr de Chéry, mère de Jeanne fme de J.-Gabriel de Lichy.

B. JACQUES-H.-SÉNETAIRE, chlr, sgr de Lorgues qu'il vend 1767, d'Avril-sur-Loire 1735, Lurcy-s.-Abron 1765, la Croix (c^{ne} Toury) 1752, Chally (*id.*), officier rég^t de Beaujolois, m^t à Lurcy 1771, ép^a 24 juin 1733 Jeanne DE LICHY, fille de Pierre-J. ci-dessus, dont :

(*) DAMOND. — Paraissent origin. de châtie Cuffy, où Jean Damond possède 1533 et Claude av. 1590. — Jean, cons^{er} du roi, ancien grènetier à Nev., ép^a Claude Pitoys, dont : 1° Jacques, 2° Marie, ép^a 1646 Pierre de France. — Jacques, receveur des deniers communs, d'octroi et patrimoniaux de la ville de Nev., teste 1669, fait unique héritière Catherine, sa fille. — Antoine, 1er valet de chambre du duc de Nevers, achète par décret Chevannes (c^{ne} Coulanges) 1673. — Claude, secr^o du roi, ép^a Françoise de La Lande, d'où : Michel Damond 1704, conseiller du roi, trésorier du marc d'or de ses ordres 1659-1672, ép^a Anne Aubourg, d'où Augustin-Nicolas, son fils unique, cons^{er} du roi au grand conseil, auquel son père donna la terre et baronnie des Marets (le Marais, c^{ne} de Lurcy-le-Bourg), située en Nivernois 1700 ; mort sans enfants de N. Tamisier.

Armes : D'azur, au chevron d'or, accompagné en chef de trois croissants d'argent, et en pointe d'un aigle éployé d'or.

Sources : Archives de la Belouze. — Arch. Nièvre B et E, Père Anselme, IX.

(**) Famille différente de celle du Morvand. Ce Nicolas Tridon était élu à Moulins-Bais, sgr de Chavannes (c^{ne} Tresnay) ; sa fille, Suzanne, d'abord veuve d'Étienne Brisson, sgr des Noues, se remaria en 3es noces 1731 à Fr^s Thomas-Maslin.

J.-Senneterre, sgr de Dreuille, dont : 1º J.-Gabriel, suit ; 2º Jeanne, épᵃ 1733 Jean-Hubert-S. *de Dreuille*, chlr, sgr de la Lande.

X. — JACQUES-GABRIEL DE LICHY, chlr, dit : cᵗᵉ de Lichy, sgr de Chevroux, Grandchamp, lieut. régᵗ Beaujolois 1735, maréchal-des-logis chevau-légers de la garde, mestre de camp 1786, chlr Sᵗ-Louis 1760, achète, de Nicolas, part de Lichy avec château 1762, est à assemblée nobl. Nev. 1789, emprisonné sous Terreur, mᵗ 1796, épᵃ 28 mars 1754 Jeanne *de Dreuille*, fille de Cl.-Fˢ, sgr de Chéry, dont : 1º Frˢ-Hyacinthe, chevau-léger-garde, capit. cavᵢᵉ, chlr Sᵗ-Louis, hérite de la Lande 1803, à ass. nobl. Nev. 1789, émigra, eut de Wilhelmine Strumpf de Serm : Jean-Henri, épᵃ 1834 Virginie de Villaines, sans posté.; 2º Mᵢᵉ-Joachim, suit ; 3º Paul-Frˢ, officier cavᵢᵉ, sans posté. de Mᵢᵉ Huguet ; 4º Mᵢᵉ-Madeleine, fme d'Amable DES ULMES, chlr, sgr de Trougny ; 5º, 6º Mᵐᵉˢ de Damoiseau et Aubry du Boutet.

XI. — MARIE-JOACHIM cᵗᵉ DE LICHY, né à Lichy 1766, y mᵗ 1838, émigra, lieut.-colonel cavᵢᵉ, chlr Sᵗ-Louis, épᵃ 1805 Louise Girod de Montrond, dont : 1º Amédée, cap. d'infᵢᵉ, n'eut de Clotilde Quarré d'Alligny que Mᵐᵉ du Clozel de Rochefort ; 2º Charles, épⁿ 1836 Séraphine Masson de la Véronnière, dont : Jacques et Pierre fixés dans la Hᵗᵉ-Vienne et dans l'Allier, et 2 filles ; 3º Auguste, ppre de Lichy, y mᵗ 1887, épᵃ 1840 Hortense *Aladane* de Paraize, fille de Georges-P., dont : la bⁿᵉ de Morthemar et Mᵐᵉ de Finance ; 4º Paul, mᵗ célib. 1882 ; 5º Octave, mᵗ 1883, épⁿ 1848 Caroline DE THOURY, dont : Louis, fixé dans l'Ain, épⁿ 1879 Charlotte Ducret de Langes, et la bⁿᵉ de Roubin et Mᵐᵉ de la Boissière ; 6º Hyacinthe, épⁿ 1858 Hᵗᵗᵉ Dupin de la Guérivière, dont Henri et Marthe ; 7º Eugénie épⁿ 1839 Arthur cᵗᵉ de Rochefort.

Armes : D'azur, à la bande d'argent accostée de trois losanges d'or, 2 et 1.

Sources : Inv. de Marolles. — D. Villevieille, 52 et 65. — Arch. Nièv. E et B. — Bétencourt. — Minutes notaires Moul.-Engilbert et Decize. — Cabᵗ Titres : Pièces origi. 1713 ; Nobili. Moulins, 450 ; preuves Ecoles en 1787. — Arch. chât. de Poiseux, Guichy, le Tremblay. — Reg. parois. de Bona, Rémilly, Sᵗ-Honoré, Avril, Sougy, Sᵗ-Pierre et Nevers.

Sortis du Nivernois.

1º Frˢ-Hync. suit ; 2º Frˢ-Sénet. sgr de Lurcy-s.-Abron, chlr de Malte 1766, chevau-léger de la garde ; 3º Jean-Frˢ-Hyacinthe, sgr de Chally, chlr de Malte, chevau-léger 1781, émigra, sans posté. de Jeanne de Genestoux ; 4º Mᵢᵒ-Amable, dame de la Barre (cⁿᵉ Livry) et Livry pᵢᵉ 1785, épⁿ 1781 Frˢ-Sén. de Dreuille d'Issards, sans posté.

C. FRANÇOIS-HYACINTHE, dit cᵗᵉ de Dreuille, sgr d'Avril, Lurcy pᵢᵉ, la Croix, le Vernoux, la Barre pᵢᵉ qu'il achète 1767, chevau-léger 1759, chlr Sᵗ-Louis 1778, capit. des chevau-légers de la garde 1784, partage av. sœur 1779, f. reconⁿᶜ à Dornes 1774, tué en émigration 1793, épᵃ 23 mars 1784 Mᵢᵒ-Madeleine DE LA BARRE des Troches, dame de l'Epeau (cⁿᵉ Donzy), fille de Michel-H., sgr de Vilatte, dont : 1º Henri-Amable cᵗᵉ de Dreuille, sgr de la Barre qu'il vendit, épᵃ

1811 Eugénie-Isaure *de Chabannes*, fille du pair de France, dont : Léon et 3 filles ; 2º Fˢ-L.-S. suit.

D. FRANÇOIS-LOUIS-SÉNETAIRE vᵗᵉ DE DREUILLE, ppre de l'Epeau, chef d'escadrons, épᵃ 1824 Eugénie d'Amonville, dont : Louis-Henri-Sén., eut de Delphine Bruère : 1º Raoul, suit ; 2º Réginald, et 3º Suzanne épᵃ le vᵗᵒ Étienne Éblé, capⁿᵉ de cavᵢᵉ ; Raoul épᵃ Adèle Voille de Villarnou, dont : Henri et François.

Armes : D'azur, au lion d'or, lampassé, armé et couronné de gueules.

Sources ; Arch. chât. de Segange et l'Epeau. — Laisné, *arch. nobl.* X. — Arch. Nièv. B. — Terrier de Dornes 1774. — Reg. parois. d'Avril-s.-Loire, Fleury-s.-Loire, Livry, Sᵗ-Pierre, Toury-Lurcy, Léré, Donzy.

Existants dans la Nièvre.

DE LORON

VIENNENT de Vézelay, où Marie LORON (*) habite 1347.

Jacques, bourgeois Vézelay, y a procès avec l'abbé 1362 ; exécuteur testᵣᵉ à Clamecy 1374. Jacques Loron de Vézelay obtint du roi lettres de rémission 1376. Était mort 1ᵉʳ jᵉʳ 1415 (n. st.), où un legs est fait « *à la sœur de feu Mᵗʳᵉ Jacques Loron* ».

Jacques Loron, de Vézelay, échanson du roi, achète à Champagne sous Metz-le-Comte 4 juillet 1403.

L'évêque Philippe de Moulins lègue, 1409, « *nepoti nostre Benevenute uxori Jacobi Loron* ». Jacques Loron, écuyer, donne quittance de gages pour guerres de Guyenne, 25 juillet 1413 ; demᵗ à Vézelay, a biens à Razou (cⁿᵉ Brassy) 1415. Peut-être le même que le consᵉʳ et mᵗʳᵉ d'hôtel de la duchesse de Bourgogne 1423 (**).

I. — ÉTIENNE DE LORON, dit « saige maistre », 1438, est héritier de Julitte *de Moulins* et reçoit paiement des échevins de Nevers ; f. hmage 1443 p. maison à Moulins-Engilbert venant de Catherine Maulmaing, sa femme (***) ; il est seigneur d'Achun (cᵒⁿ Châtillon-en-Bazᵃ) 1450, capitaine de Vézelay 1455. Il fait aveu avec Henri Boisserand pour Argoulais, Montsauche, etc., 1473. De son mariage avec Catherine Maulmaing, il a : 1° Jacques, suit ; 2° Étiennette, possédant à Moul.-Engᵗ 1491, est femme de Guyot LE TORT, écr, sgr de Champcourt (cⁿᵉ Moul.-Engᵗ), remariée avᵗ 1527 à Philibert *de Houppes* (****) ; 3ᵗ probablᵗ Guillaume de Loron, écuyer, homme d'armes compᵗᵉ de M. le Sénéchal de Guyenne, donne quittance de gages 10 mars 1471 (n. st.)

II. — JACQUES DE LORON, mineur émancipé, donne à bail avec son père héritages à Moul.-Engᵗ 18 juillet 1464 ; écr, sgr de la Forêt, f. hmage à Moul.-Engᵗ 1464 ; sert au ban Niv. 1467 et 1469, dénombre Tharot (cᵒⁿ Avallon) 1488, à cause d'Odette Chuffaing, sa femme ; écr, sgr d'Argoulais (cⁿᵉ Montsauche) et Chantereau (cⁿᵉ La Collancelle) ; capⁿᵉ de Vézelay 1493-1502. Acte avec Pierre son fils 1491, f. hmage p. Chantereau 1493 et p. Argoulais 1504. Est à Naples, au service du roi en 1497. Eut : 1° Étienne, écr, sgr de Domecy et Tharot, dénombre Tharot 1500 ; acte à Domecy 1504, mort sans postérité ; 2° Pierre, suit ; 3° Madeleine Loron, veuve de Jean DU VERNE, sgr de Cuy, 1516.

III. — PIERRE DE LORON, écr, sgr d'Argoulais et de Domecy-s.-Cure (élection de Vézelay), acte à Domecy 1526-1540, mᵗ avᵗ le 26 nov. 1536 ; épᵃ 2 juin 1511 Hippolyte de Gamaches, fille de Jean, sgr de Jussy (Berry), dont : 1° Jean, suit ; 2° Jacques de Loron, sgr d'Argoulais, Montsauche et Domecy en pᵗᵉ, curateur d'Adrien, son frère, 1547, archer de la compᵗᵉ du mⁿˡ de

(*) Ce nom s'est écrit « Loron » et « de Loron » depuis le milieu du XVᵉ siècle.

(**) Il scelle d'un sceau *à une fasce* la quittance qu'il donne 1423. (Peincedé, Inv., 24, Arch. Dijon.)

(***) Et non « de Maumigny », comme l'imprime l'Imᵗᵉ de Marolles. Les Maulmaing étaient possessionnés à Moul.-Engᵗ, où on les trouve garde-scel fin XIIIᵉ-XIVᵉ s., et Jacques Loron y fait encore hommage en 1454 p. Jeanne Maulmaing, sa pupille.

(****) ADENET DE HOUPPES est arbitre près Pouligny-s.-Aron (cⁿᵉ Montaron) 1454 ; châtelain de Moul.-Engilbert, y a maison 1461 ; sgr de Vermenoux (cⁿᵉ Chât.-Chinon) 1463, achète à Anisy (cⁿᵉ Limanton) 1465 et 1489. Épᵃ avᵗ 1461 Antoinette de La Jarrie, encore vivante 1479 ; dont : Charles DE HOUPPES, 1489 sgr de Vermenoux 1491, épᵃ Héliette DE FRANAY 1491, veuve 1501, fait aveu pour La Jarrie (cⁿᵉ Montigny-s.-Canne) avec sa belle-mère 1503, dont : Philibert DE HOUPPES, écr, sgr de Vermenoux, donne à bail à Anisy 1528, à La Chatonnière (cⁿᵉ Montigny-s.-Canne) 1531 ; épᵃ av. 1530 Étiennette LORON, dame de Champcourt ; veuve, baille à Thard (cⁿᵉ d'Onlay) 1550 ; dont : Marie DE HOUPPES, femme de Jean de La Garde (Mâconnais), qui donne quittance à ses père et mère 1542 ; vend Vermenoux 1544 et une maison à Moul.-Engilbert 1552. Ce Philibert est témoin à Lormes 1528 de Jeanne DE HOUPPES, veuve de Nicolas Cornillat, sœur d'Amorat DE HOUPPES, prieur de Donzy, infirmier de La Charité 1546. On trouve encore un Philibert DE HOUPPES, sgr de Chamonot (cⁿᵉ de Brinay) 1582.

(Arch. de la Nièvre et de M. Étignard. — Min. not. Moul.-Engilbert. — Invent. de Marolles.)

Éteints.

Bourdillon, sgr de Cervon en pⁱᵉ 1554, gouvʳ de Clamecy pour le roi 1569, fait hmage pour Argoulais 1575, tuteur des mineurs d'Adrien. Epᵃ : 1º Marguerite DE LANVAULT, sœur de Jeanne de Lanvault, femme d'Aubin DE MULLOT ; 2º Catherine Courson. Du 1ᵉʳ lit : *a*, Philibert, suit ; *b*, Léonarde, demeurant à Vézelay, épᵃ 1576 Jacques DE LA RIVIÈRE, sgr de la Garde, fils de Gabriel, sgr de la Borde et de Bénigne de Vingles. — Philibert de Loron, écr, sgr d'Argoulais 1571-1605, demᵗ à Domecy, achète Crain (Auxerrois) 1583, transige avec habitants d'Argoulais pour droits d'usage 1602. Epᵃ avᵗ 1575 Charlotte DE BLANCHEFORT, fille de Pierre, sgr d'Asnois, et de Léonarde de CLÈVES, d'où : *a*, Jacques, sgr de Crain 1616-1646, fit reprise de fief et dénombrement à Auxerre le 6 juillet 1619 ; sans postérité ; *b*, François de Loron, sgr de Fouronnes (Auxerrois) et de Looze (*id.*); fait hmage au roi pour Fouronnes 1632. Écuyer de la grande écurie du roi, teste 1635, encore vivant 1639, mᵗ avᵗ 1646. Epᵃ 1º N. d'où Charlotte, vivante 1635 ; 2º Edmée de Gauville, fille de Jean de Gauville, écr, sgr de Sᵗ-Maurice (Gâtinais) et de Marguerite de Piédefer, d'où Louise, née avᵗ 1635, héritière universelle de son père, épousa Charles de Boulainvilliers (*) et lui porta Fouronnes ; *c*, Catherine, épᵃ Baltazar d'Oyseau, écr, sgr de Vaujoly, hérita en pⁱᵉ de son frère Jacques ; *d*, Marguerite, épᵃ 1596 Claude de Bligny, sgr de Sᵗ-Georges. Elle hérita en pⁱᵉ de son frère Jacques ; *e*, Gabrielle, épᵃ Mᵗʳᵉ Jacques Rochery. Inhᵉᵉ à Dornecy 1624 ; 3º Philippe de Loron, sgr de Tharot, suivra ; 4º Adrien de Loron, sgr des Courtils et Bèze en pⁱᵉ, y demᵗ, fait hmage pour Crain en pⁱᵉ, c.-à-d. la Maison-Blanche 1548 ; archer de la compⁱᵉ du duc de Nevers ; baille à Surgy 1563 ; capitaine huguenot, prend part à la prise d'Auxerre 1567, mᵗ avᵗ 1575. Epⁿ : 1º le 16 fᵉʳ 1548 (n. st.) Claudine DE LA RIVIÈRE, fille de Jacques, sgr de Bèze ; 2º 2 jᵉʳ 1560 (n. st.) Marie CHEVALIER, fille de feu Antoine, sgr de Champ-Moreau. Du 1ᵉʳ lit : *a*, Pierre de Loron, vivant encore en 1571, mᵗ sans posté. avᵗ 1594 ; *b*, Philibert de Loron, né avᵗ 1563, mᵗ avᵗ 1594 ; *c*, Philiberte, mᵗᵉ avᵗ 1587. Du 2º lit : *d*, Jacques ou Jacob de Loron, né en avril 1565, sgr de la Maison-Blanche ; Jacques, son oncle, fit hmage pour lui et Judith sa sœur au duc de Nevers pour la moitié de Champ-Moreau 1575 ; assassiné par les ligueurs à Auxerre 1593, sans alliance ; *e*, Judith de Loron, hérita de ses frères et sœurs ; fut dame de la Maison-Blanche et Crain en pⁱᵉ ; épⁿ 1º Philibert DE LANVAULT, écr, sgr de Crain ; 2º 15 juillet 1585 Hardy DE LONGUEVILLE, écr, sgr de Domecy-sur-le-Vault ; 5º Pierre de Loron, écr, sgr de Chantereau (cⁿᵉ La Collancelle), épᵃ Louise DE BONGARS d'Arcilly ; veuve, elle se remaria avᵗ 1571 à Edme DE REUGNY, écr, sgr du Tremblay. Eut : Catherine de Loron, épⁿ 1º 3 sept. 1568 Charles DE REUGNY, écr, sgr du Tremblay ; remariée avᵗ le 4 juin 1605 à François SAULNIER (1), écr, sgr de Toury-s.-

(1) SAULNIER DE TOURY et DU FOLLET. — *Originaires du Bourbonnais.* — Jean Saulnier, sieur du Follet, chambⁿ de Charles V, acheta 1375 la sgʳⁱᵉ de Toury-sur-Abron ; en fit hmage la même année, bailly de Sᵗ-Pⁱᵉ-le-Mᵉʳ ; mᵗ 11 août 1389. Epᵃ Agnès de Bressolles, d'où : Jean Saulnier, sʳ de Toury, et probabᵗ Pierre Saulnier, prieur d'Asnois, âgé de 75 ans en 1448.

HENRI SAULNYER, sire de Toury (**) fait hmage au cᵗᵉ de Nevers pour Toury et la 6ᵉ pⁱᵉ de Lamenay 1407; pour Marency et Lathenon 1456 ; peut-être frère de Louis Saulnier, écr, sgr de Varennes 1421-1444, qui épᵃ Isabeau de Glevet, sœur de Louis, écr, sgr de Villecourt.

JEAN SAULNIER, écr, sgr de Toury-s.-Abron, fait hmage au cᵗᵉ de Nevers pour Toury, chⁱᵉ de Decize 1437 ; pour sa maison-fort de Toury 1464, comparaît

au ban et arrière-ban du cᵗᵈ de Nevers de 1467 comme homme d'armes à lance garnie ; fait fondⁿ en l'église de Toury 1468, vivᵗ encore 1477; épᵃ Isabeau *du Vernay*, d'où : 1º Henri, suit ; 2º Jean Saulnier, *alias* de Toury, religieux en l'abb. Sᵗ-Mⁱⁿ de Nevers 1480-1481 ; 3º Jeanne Saulnier, épⁿ 1º p. cᵃᵗ du 6 nov. 1454 Jean de Bellay, chᵉʳ, sgr dud. lieu ; 2º avᵗ 1465 Guyot *de Michaugues*, écr; 3º avᵗ 1470, Louis de Saint-Ville, écr ; 4º probᵗ Agnès Saulnier, femme de Jean D'AVRIL, écr, 1454-1465.

HENRI SAULNIER, écr, comparaît comme hme d'armes au ban de 1467 ; panetier du cᵗᵉ de Nevers 1468-1479 ; épᵃ avᵗ 1470 Jeanne de Beaucaire ; eut une fille naturelle, Jeanne, qui épᵃ avᵗ 1492 Huguenin Paige.

PHILIPPE SAULNIER, sʳ de Toury, Lathenon,

(*) Leur fils Charles-Louis de Boulainvilliers, sgr de Fouronnes, épᵃ 1697 Marie DE BLANCHEFORT, fille de Roger, bⁿ d'Asnois, et de Frⁱᵉ de Bèze.

(**) A partir de l'acquisition de Toury, les Saulnier sont souvent appelés simplement de Toury ou de Thoury, et la branche du Follet seulement du Follet.

Abron. Elle testa le 24 avril 1616 ; 6º Élisabeth, épᵉᵉ avᵗ 1565 Antoine D'AULENAY (2), écr, sgr d'Arcy-s.-Cure et de Chastenay ; 7º Sébastienne, religieuse de l'abbaye de Tard en Anjou, et

Marency, comparait au ban et arrière-ban de 1503 avec ses frères et sœurs, qui sont : Gilbert Saulnier, prêtre ; Charles Saulnier, Claude Saulnier et Jeanne Saulnier. Philippe eut pour enfants : 1º Philibert, suit ; 2º Gilles ; 3º Louis, auteur de la branche du Chailloux ; 4.ⁿ Gilbert, sgr d'Arcy, près Limanton 1538 ; fait hmage pour le Chailloux 1540, épᵃ Françoise *du Chailloux*, fille de feu Amorat, mᵗ sans posté.; 5º Jeanne, femme d'Antoine de Marcelanges, sgr de la Grange-Cossas.

PHILIBERT SAULNIER, page du cᵗᵉ de Nev. 1490 : fait hmage au cᵗᵉ pour Toury 1521, vivᵗ encore 1528 ; eut pour fils : 1º Louis, suit ; 2º Claude Saulnier, dit de Toury, sgr des Bordes et Montchevrin, demᵗ en Bourbonnais 1575, et d'autres fils et des filles.

Louis SAULNIER, écr, sgr de Toury, la Forêt, les Epoisses (cⁿᵉ de Toury), fait hmage au cᵗᵉ de Nevers 1575 ; « commandant ces derniers troubles sur toutes les troupes de gens de guerre levées au pays et duché de Bourbonnois et mesme l'avant-garde de l'armée de Sa Majesté à la journée de la bataille d'Issoire » 1604 ; capⁿᵉ de 50 hmes d'armes des ordᶜᵉˢ du roi 1607, leva un régᵗ d'infⁱᵉ 1617 ; épᵃ Antoinette du Breuil, d'où : I, François Saulnier, sieur de Toury, épᵃ : 1º en 1605 Catherine DE LORON, vᵛᵉ de Charles de Reugny, mᵗᵉ 1616 sans enfants ; 2º Charlotte d'Estienne, vendirent Toury ; II, Gaspard Saulnier, lieut. dans le régᵗ levé par son père 1617 ; III, Geneviève Saulnier, épᵃ 1º N. de Buffévent, sgr de Chaumont ; 2º en 1630 Jean d'Arcy, écr, sgr de Guesdin. Louis eut en outre un fils naturel, François-Louis Saulnier, gendarme de la garde, épᵃ en 1629 Lionelle de Bréchard, fille de Gabriel et de Perronnelle de la Souche, d'où Jean-Gilbert Saulnier, écr, sgr de Pé (cⁿᵉ Neuvy-le-Barrois), épᵃ 1679 Françoise de Los.

Louis SAULNIER, écr, sgr du Chailloux (Fertrève) 1544-1566, épᵃ Claude *du Chailloux* (*), fille d'Amorat du Chailloux, d'où : 1º Eugin, suit ; 2º Gilbert Saulnier de Toury, prieur de Biches 1573 ; 3º Guillaume Saulnier de Toury, écr, sgr du Chailloux et de la Chatonnière 1569-1582, vend à Saint-Cy 1582 ; épᵃ Edmée du Sollet ; 4º Jeanne, demᵗ à Montigny-s.-Canne 1584 ;

5º Perrette Saulnier de Toury, femme de Claude Daymont, demᵗ à Péranges, pˢᵉ de Rouy 1583 ; 6º probᵗ Claude Saulnier, veuve d'Adrien de la Logère, écr, fait hmage pour Lathenon et Marency 1598.

EUGIN SAULNIER DE TOURY, écr, sgr du Chailloux, de la Chatonnière et de Bussières (Montigny-s.-Canne) 1575-1606, épᵃ Jeanne *de Monfoy*, d'où : 1º Louis Saulnier, écr, sgr du Chailloux 1616 ; décédé à Moulins, inhᵉ dans le chœur de l'église de Toury 21 avril 1621 sans alliance ; 2º Gaspard Saulnier de Toury, écr, sgr du Chailloux et de Bussières en pⁱᵉ, demᵗ au lieu de Bussières 1625-1642, épᵃ Gilberte de Sᵗ-Julien, d'où Louise Saulnier de Toury, dame du Chailloux, mᵗᵉ sans alliance avᵗ 1664.

On trouve encore Hugues de Thoury, chlr, vend des coupes de bois à Lamenay 1386 ; Agnès de Thoury, femme de Humbert de Saulzet, *alias* de Chareil et Guicharde de Thoury, femme de Jean de Lespinasse, font hmage au cᵗᵉ de Nev. pour Lamenay 1407. — Jean Saulnier, dit de Chatinges, demᵗ à Montigny-s.-Canne, et Catherine Garilland, sa femme, sœur de Jean Garilland 1464 ; — Guillaume de Thoury et dᵉˡˡᵉ Alixand de Longue-Espée, sa femme, donnent dénᵗ de biens de la terre de la Cour de Marcilly, relevant de Sᵗ-Gratien 1494. — Pierre Saulnier, sgr des Roches, résilie le bail de la terre de la Baulme, près Cronat 1429, teste 1630, veut être inhᵉ en l'église d'Isenay, lègue à Catherine Charpin, sa femme, sœur de Charles, procⁱ d'office d'Isenay.

JEAN SAULNIER DU FOLLET, mᵗʳᵉ d'hôtel de Charles de Bourbon, archevêque de Lyon 1472, écr, sgr de la Motte-Farchat, épᵃ Suzanne du Breuil, d'où : 1º Antoine, suit ; 2º Philibert du Follet, écr, sgr de la Motte-Farchat 1476, qui semble père de Pierre Saulnier, bâtard de Fleury-sur-Loire 1515 ; 3º Denise du Follet 1472.

ANTOINE SAULNIER, sgr du Follet, écr d'écurie duc de Bourb. gouvʳ du Roannais 1472, capⁿᵉ de Chantelle 1486 ; reconnut que ses sgries de Chalaux, du Meix de Chalaux et de Richeberteau étaient tenues de Chastellux 1485 ; sgr de Bazoches, du Bouchet (Nuars),

(*) DU CHAILLOUX. — *Originaires de Decize.* — Hugues *du Chailloux*, bois de Decize, a pour fils : 1º Jean, clerc, fait hmage à cᵗᵉ de Nevers pour mⁿ de Vaux (Avril-s.-L.) 1347 dᵗ à Sᵗ-Privé, fait hmage à Druy pour héritages 1377 ; 2º Gaudry, clerc, de Sᵗ-Privé, fait hmage au cᵗᵉ de Nev. p. maison de Vaux 1352 ; 3º Perrin, bois, fait hmage pour Vaux 1377 et 1389. — Pierre du Chailloux, prêtre, 1438. — Guiot du Ch., écr 1441-1467, est frère d'Étienne du Ch., infirmier de l'abbaye de Corbigny et prieur de Sᵗ-Privé-lès-Decize 1441-1442. Guiot a pour femme Jeanne et pour fils : 1º Guiot, suit ; 2º Jean, sgr du Chailloux 1445-1467 ; 3º frère Guillaume du Ch., prieur de Sᵗ-Privé 1467. — Guiot du Chailloux épᵃ Adrienne de Veauce (avᵗ 1469), d'où Amorat du Chailloux, père de Françoise, femme 1º de Gilbert SAULNIER de Toury, 2º Gilles *de Boisthierry*, et Claude, femme de Louis SAULNIER de Toury. On trouve encore frère Guillaume du Chailloux, prieur de Lurcy-le-Bourg 1543 ; — Jean, sgr du Chaillou 1500-1506, mᵗ 1508, inhé à Saint-Cy (Fertrève), épᵃ 1502 Jacqueline de Baudiment. Jean du Chailloux, sgr dud. lieu, épᵃ 1539 Catherine Goussot.

Au XVIIᵉ s. une famille du Chailloux en Bourbonnais : Jean du Chailloux, sgr de Combes 1643-1677 (pˢᵉ Montplaisir), autorisé en 1650 à se marier à Châteauneuf-val-de-Bargis en Nivernais, épᵃ Marie *de Farou*, mᵗ avᵗ 1669, d'où Antoine du Chailloux, inhé à Châteauneuf en 1668 à sept ans.

Armes : De gueules à la tête d'homme d'or, liée d'argent, adextrée d'une bouterolle d'épée aussi d'argent en pal.

Bibl. nᵃˡᵉ, cabⁱ des titres, collⁿ dom Caffiaux ; Arch. Nièvre E, Marolles, *Invⁱʳᵉ des titres de Nevers ;* de Soultrait, *Armorial du Nivernais ; Épigraphie héraldique du Nivernais.*

Éteints.

prob^t 8º Claude de Loron, chanoine de Vézelay 1551. En outre, Pierre eut un fils naturel, Pierre de Loron, bâtard de Domecy, sgr de la Chaulme (Domecy-s.-Cure), qui ép^n : 1º Madeleine Jacob ;

de Chasseigne et du Chemin p^lo (Anthien), baille à Chasseigne 1494, sgr d'*id.*, du Mont de Marigny (Marigny-l'Église) et Ruère (St-Léger-de-Fourcheret, Yonne), baille 1495. Ép^a 1er mars 1472 Agnès *de Beauvoir de Chastellux*, fille du m^al de Ch., dame du Bouchet et de Bazoches, d'où : 1º Jean du Follet, m^t sans enfants de Catherine d'Amanzé, qui se remaria à Guill. de Nanton ; 2º Jeanne du Follet, ép^a par c^at du 9 mai 1493 Philippe de Beauvoir, sgr de Chastellux, son cousin germain.

Armes : D'argent, à 3 bandes d'azur.

Sources : Arch. de la Nièvre et de l'Allier E et B ; des ch^aux du Tremblay, de Poiseux, de Chastellux. — Minutes des n^res de Decize, Moulins-Eng^t, La Nocle. — Bibl. n^ale cab^et des Titres. — Coll^ons Villevieille, Caffiaux. — Carrés de d'Hozier. — Registres par^aux de Toury-s.-Abron, Moraches, Decize. — Marolles, *Inv^re titres Nev.* — De Soultrait, Armoriaux du Niv. et du Bourb., *Statistique monum.* ; *Épigraphie hérald. du Niv.* — Cte de Chastellux, *Hist. gén. de la maison de Chastellux.* — Baudiau, *le Morvand* ; Allier, *le Bourbonnais.*

Éteints.

(2) D'AULENAY (*). — *De Nivernois.* — Tirent leur nom du fief d'Aulenay, en la par^se de Ganay-s.-Loire (**). Pierre d'Aulenay, damoiseau, fit hmage pour ce lieu 1248 et 1266 ; autre Pierre *id.* 1272, 84 et 96 ; père de Jean, écr, sgr de St-Hilaire (c^on de Fours), dont hmage 1323 avec frères Raoul et Odelin, et d'Aulenay, dont hmage 1347. De l'un d'eux descendent : 1º Philibert, suit ; 2º Jean, écr, sgr d'Aulenay p^ie, vend pr. Decize 1389 ; père de Pierre qui fait hmage p. Aulenay 1406, ainsi que sa fille Marie 1456 ; 3º Marie « de Aulenayo, domicella », baille à Aulenay 1387-90 ; 4º Alips, femme d'Hugues de Ternant 1389.

PHILIBERT D'AULENAY, chlr, sgr d'Aulenay en p^ie, dont hmage 1406, et d'Agnon (c^ne St-Pierre-le-M^er) 1410, est au siège de Château-Chinon 1412 ; baille à Marrigny (c^ne Devay) 1387 ; ép^a 1º Jeanne de Sous-la-Tour, m^te 1408 ; 2º Marguerite d'Agnon, dame d'Agnon. Du 1er lit : 1º Gautier d'Aulenay ; 2º Agnès ; 3º Béatrix, mineurs en 1408. Du 2e lit : 4º Jean, suit ; 5º Philibert, sgr d'Agnon 1443 et La Fougière (c^ne Champvert) 1463, sans posté. connue.

JEAN, écr, sgr d'Aulenay en p^ie, dont hmage 1456 et

d'Agnon, transige avec frère Phil^t 1443 ; f. hmage à Ganay 1463, m^t av^t 1475 ; eut : 1º Jean, suit ; 2º Gilbert, baille avec frères à Agnon 1479 ; 3º Pierre, religieux 1493.

JEAN D'AULENAY, écr, sgr d'Agnon, dont hmage 1488 et du Grateix (c^ne d'Azy-le-Vif), dont hmage 1489, donne quittance à Devay 1495 ; acte à St-Pierre 1477, et à Decize 1488 ; eut de Colette Batard : Gilbert, écr, sgr d'Agnon, dont hmage 1505 et du Grateix 1503-1509 ; sert au ban Nivern. 1503, donne quittance 1516, sans postérité connue. Ép^a : 1º 22 janvier 1493 Jeanne LE TORT, fille de Jean, sgr du Marais ; 2º av^t 1509 Huguette *Berthelon*, veuve de feu Jehan Fillet, écuyer.

JEAN D'AULENAY, écr, sgr de Lys (c^on de Tannay) (***), descend sans doute de Jean, sgr d'Aulenay 1389 ; fait hmage pour Lys 1439 au nom de sa fme Alixand du Châtel, dame de Lys, qui acte veuve 1457. Il en eut :

CLAUDE, écr, sgr de Lys, d^t hmage 1464, d'Aulenay, de Curiot (c^ne St-Didier), hmages 1463-69, des Courtils (ch^ie de Monceaux-le-Cte), hmage 1463 ; de La Celle-sur-Loire (c^on Cosne) et d'Arcy-s.-Cure en p^ie (Auxerrois) ; hme d'armes c^ie du c^te de Nevers 1469 ; plaide avec les St-Aubin 1447, acte à Lys 1482, m^t 1483 ; ép^a av^t 1447 Charlotte *de Dangeul*, dame de La Celle et Arcy en p^ie, fille de Guillaume et de Jeanne de St-Aubin, dont : 1º Claude, suit ; 2º Pierre, écr, sgr de La Celle-s.-L. en p^ie 1480-86 ; m^t av^t 1505 ; 3º Guill^e, écr, sgr d'Arcy p^ie, à la montre Nev. 1469 ; acte avec frères 1483 ; 4º Jean, suivra ; 5º Marie, fme av. 1488 de Jean *de Lanvault* dit Rousseau, écr, sgr de La Brosse ; 6º Jeanne, ép^a v. 1470 (remariée 1488) Jean *de Chastellux*, v^te d'Avallon.

CLAUDE dit le jeune, 1472, écr, sgr d'Arcy-s.-Cure, Lys en p^ie et La Celle-s.-L. en p^ie 1483-89, accorde avec belle-sœur *d'Avantoys* 1505 ; paraît père de : 1º Claude, suit ; 2º Jean, écr, sgr du Beugnon (Arcy-s.-C.) 1547-63 ; 3º Marg^te, fme de Loup de St-Quintin, écr, sgr de Fouronnes.

CLAUDE, écr, d'abo:d sgr de Lys p^ie 1538, d'Arcy, Vermenton p^ie (Auxerrois) et Quincerot (Auxois) 1546, m^t av. 1559, ép^n av. 1526 Jeanne du Breuillard (pr. Vézelay), dame d'autre p^ie d'Arcy, venant des Digoine, dont : 1º François, écr. sgr de Lys en p^ie et Arcy p^ie, m^t

(*) Le nom s'est écrit *Aulenet*, *Aulnay*, *Aulenay* et *Aullenay.* Voir note page 396. — Il y eut des familles homonymes mais différentes en Angoumois, en Poitou, en Brionnais, en Champagne, où se trouvent les sgrs de Frampas et de Fligny, qui vinrent un moment en Auxerrois et portaient d'azur au coq d'or ; maintenus 1669 à Châlons-sur-Marne. (*Inv.* Peincedé XI. — Dossier bleu d'Aulnay. — Pièces origin., 138.)

(**) Aulenay s'appela depuis « Port-Tharaut » ; un acte de 1616 le dit situé près de Crosnat, et la vente de la Nocle et Ternant 1719 comprend « Olnay dit le Port-Tarreau », aujourd'hui c^ne St-Hilaire-Fontaine. C'est comme vassaux des c^tes de Nevers à cause de la ch^ie de Ganay-sur-Loire que les d'Aulenay font hmage durant les XIIIe, XIVe et XVe s. ; et les sgrs de Lys sont bien de la même souche, car en 1488 Jean de Lanvault, comme mari de la fille de Jean d'Aulenay, sgr de Lys, signifie retrait lignager à Jean de Bauchereau, grénetier de Bourbon-Lancy, pour la sgrie d'Aulenay près Ganay, vendue par ses beaux-frères. (Archives Nièvre E. — Notaires de Decize.)

(***) Il dut être aussi sgr d'une partie d'Aulenay, puisque ses petits-fils la vendent en 1488 à J. de Bauchereau, grénetier de Bourbon-Lancy, pour 300 écus.

2º Renée de Virey ; 3º Marguerite *de Chaugy*. Il eut : du 1ᵉʳ lit : *a*, Edmée, mariée en 1562 à Jean Dupré ; du 2ᵉ lit : *b*, Jean de Loron, sgr de la Chaulme 1562, mort sans alliance avᵗ 1570,

1574, mari de Jeanne *de Chastellux*, fille de Philippe, sgr de Bazarne ; 2º Edme, suit ; 3º Étienne, écr, sgr de Quincerot, mᵗ 1571 sans posté. de Martine Stuart, qui se remaria à Antoine de Humes ; 4º Reine, dame du Beugnon, épᵃ avᵗ 1546 Philippe DE LORON, écr, sgr de Tharot ; 5º Christine, épᵃ : 1º 1546 Claude de Brandon, sgr de Leugny (Auxerrois), puis J. de Michau, et 3º 1574 Jacques DE LA FERTÉ-MEUN, écr, sgr de Challement (*).

EDME, écr, sgr d'Arcy, Digoyne (cⁿᵉ d'Arcy), Vermenton pⁱᵉ 1547, calviniste, mᵗ avᵗ 1576, eut d'Antᵗᵗᵉ des Ruyaulx (Berry) : 1º Antoine, écr, sgr de Châtenay (cⁿᵉ d'Arcy), épᵃ 1582 Élisabeth DE LORON, fille de Phil., sgr de Tharot, ci-dessus, dont David, écr, sgr de Châtenay 1596, de Rhuère (cⁿᵉ Gâcogne) et Parjot (*id.*), dont la veuve, Fr. de Rieux, fait terrier 1654, elle vend à Lormes 1639, et baille à Ouroux 1644 ; 2º Claude, suit ; 3º René, sgr de Digogne ; 4º Samuel, sgr de Loze (cⁿᵉ d'Arcy) ; 5º Madeleine, dame de Digogne, qu'elle porta 1573 à Antoine DE VEILHAN, chlr, sgr de Pénacors ; 6º Edmée, dame du Lac-Sauvain 1585.

CLAUDE, écr, sgr d'Arcy, Loze, Vermenton pⁱᵉ 1578 et de Tamnay en pⁱᵉ (cᵒⁿ Châtillon-en-Bᵒⁱˢ), où sa veuve baille 1608, sert à Montbéliard 1586, alors mari de Marie *de Thianges* (des sgrs de Thurigny), dont :

RENÉ, chlr, sgr d'Arcy et de Tamnay, baille à Tamnay 1627, y vend 1642, acte 1665, mᵗ avᵗ 1667. Épᵃ p. cᵃᵗ du 10 août 1635 Marie Dantault, fille de Jean, mᵃⁿᵈ à Maux, et Jeanne Rignault, d'où : 1º Claude d'Aulenay ; 2º René d'Aulenay, nés avᵗ mariage ; 3º Hector-Frˢ, dit cˡᵉ d'Arcy 1674, sgr de Tamnay, plaide contre habˡˢ d'Ougny 1692, achète Digogne 1674, mᵗ avᵗ 1703 sans posté. ; 4º Claudine, dame de Beugnon, épᵃ avᵗ 1660 David DE LORON, écr, sgr de Châtenay, ci-dessus.

JEAN D'AULENAY (4ᵉ fils de Claude, sgr de Lys, et de Ch. de Dangeul), écr, sgr de La Celle et de Lys pⁱᵉ 1504 ; vend La Celle-s.-Loire en pⁱᵉ 1504, mᵗ 1505 ; épᵃ Odette *d'Avantois*, d'où : 1º Jean, suit ; 2º Marthe, mineure 1505, veuve 1534 de Jacques de Chuins, sgr de La Motte-du-Bois et de La Motte-de-la-Fontaine ; fait hmage à Druyes avec son frère 1534.

JEAN D'AULENAY, mineur 1505, écr, sgr de Lys pⁱᵉ, Meix-Richard (cⁿᵉ Ruages), Bouquetraut (chⁱᵉ Monceaux-le-Cᵗᵉ), Etrizy (cⁿᵉ Ouanne, en Auxᵒⁱˢ), mᵃˡ-deslogis compⁱᵉ duc Nev. 1554 ; acte 1565, mᵗ avᵗ 1569 ; épᵃ Anne *de Chalon*, d'où : 1º Claude, écr, sgr de Lys 1575, Etrizy, Meix-Richard, fait hmage avec son frère pʳ Lys et pⁱᵉ du Meix-Richard 1575 et 1599 ; *id.* pʳ biens en la chⁱᵉ de Monceaux 1600, mᵗ avᵗ 1608 ; 2º Guillaume, suit.

GUILLAUME D'AULENAY, sgr de Lys et de Meix-Richard 1599-1612, fait hmage à Monceaux avec frère 1575-1600 ; eut probablement pour fils : 1º Guillaume, suit ; 2º Charles, prêtre, 1636, tuteur de ses neveux, sgr et curé de Lys, mᵗ avᵗ 1677.

GUILLAUME D'AULENAY, sgr de Lys et de La Creule, mᵗ avᵗ 1624 ; épᵃ v. 1618 Louise *de Girard*, fille de Gilbert, sgr d'Azy ; veuve 1624, vend Lys pⁱᵉ ; réépᵃ 1632 Louis *de Bonin* ; eut :

CHARLES D'AULENAY, sgr de Lys et Beuvron 1652, et de Brison (cⁿᵉ de Brassy) 1654, teste, 2 mai 1652, avec sa 1ʳᵉ fme, mᵗ à Brassy 1689. Épᵃ : 1º Philiberte DE BONGARDS, de La Grenouillère, sans doute fille de Sébastien de Bongards, sgr de La Grenouillère ; 2º avᵗ 1657 Edmée Belin, fille d'Edme (Brassy) ; 3º 1670, Élisabeth *Grosjean*, fille de Léonard *Grosjean* (**), avᵗ Parlᵗ, procʳ fiscal de Lormes-Chᵃᵘ-Chinon. Eut du 2ᵉ lit : 1º Toussine d'Aulenay, dame de Brison,

(*) A cette branche auxerroise appartiennent : Anne, mᵗᵉ 1574 femme de Louis de Carroble, écr, sgr du Plessis ; Claude, sgr de Merry-les-Joux 1618-36 ; Antoine, sgr de Loze (cⁿᵉ d'Arcy), etc., se trouvent en Auxerrois jusque vers 1740.

(**) GROSJEAN. — *Originaires de Lormes.* — Mᵗʳᵉ Léonard Grosjean, sergᵗ rᵃˡ à Lormes, mᵗ avᵗ 1601, épᵃ Mathée Joffriot, veuve 1601. Paraissent avoir eu pour fils noble mᵗʳᵉ Léonard Grosjean, procʳ du roi au grenier à sel de Chᵃᵘ-Chᵒⁿ, mᵗ 1643 ; épᵃ Edmée Bergerat, vᵉ 1643, d'où : 1º mᵗʳᵉ Léonard Grosjean, avᵃᵗ en parlᵗ, procʳ fiscal Lormes-Chᵃᵘ-Chinon, mᵗ 1668, épᵃ Élisabeth Constenable, d'où : I, Nicolas Grosjean, avᵃᵗ en parlᵗ, juge du Montal, épⁿ 1671 Jeanne Charneau ; II, Philippe ; III, Augustin ; IV, Élisabeth, épᵃ 1670 CHARLES D'AULENAY ci-dessus ; V, Étiennette, épᵃ 1675 mᵗʳᵉ François Rondot, de Saulieu. — 2º Jean Grosjean, procʳ du roi en l'élᵒⁿ du Chᵃᵘ-Chᵒⁿ 1643, épᵃ 1º Anne Prescheur ; 2º Anne Collenot ; du 1ᵉʳ lit : I, Edme Grosjean, épᵃ Claude Cellerier ; II, Jacques Grosjean, prêtre 1674. — 3º Mᵗʳᵉ Pierre Grosjean, avᵃᵗ en parlᵗ, juge ordʳᵉ Lormes-Chᵃᵘ-Chinon ; épᵃ 1º Jeanne Lavache, mᵗᵉ 1673 ; 2º Catherine Sauget ; du 1ᵉʳ lit : I, Jean Grosjean, épᵃ Jeanne Tabouée ; II, Simon Grosjean, nᵉᵉ rᵃˡ, mᵗ 1659, épᵃ Marie Cordelier ; III, mᵗʳᵉ Gabriel Grosjean, juge de Villemolin, Auxois, La Grenouillère, procʳ fiscal de Cervon, nʳᵉ du cᵗᵉ de Chᵃᵘ-Chᵒⁿ, demᵗ à Lormes, épᵃ 1685 Jeanne Dorlet, vᵉ de mᵗʳᵉ Louis Marion, greffier de Lormes-Chᵃᵘ-Chon, d'où : *a*, Gabriel Grosjean, né 1686, chanoine de Cervon 1714 ; *b*, Blaise, né 1688 ; *c*, Jeanne-Louise, née 1691, épⁿ 1714 Foix *Delagrange*, fils de Foix, nʳᵉ et prʳ, et de Jeanne-Louise Belin ; *d*, Claude Grosjean, curé de Neuffontaines 1714 ; du 2ᵉ lit : IV, mᵗʳᵉ Pierre Grosjean, curé de Neuffontaines 1722 ; V, mᵗʳᵉ Jean Grosjean, procʳ dᵗ à Neuffontaines, épᵃ 1722 Françoise Berson ; VI, Catherine, née en 1680. — 4º Paul Grosjean, procʳ du roi au grenier à sel de Chᵃᵘ-Chᵒⁿ, mᵗ 1686, épᵃ 1º Anne Guillot ; 2º Léonarde-Marie Desbelins, fille de feu Mathurin et d'Anne Constenable, mᵗᵉ 1676. Du 1ᵉʳ lit : I, Paul, suit ; II, Philibert, né 1661 ; III, Anne, épᵃ 1680 mᵗʳᵉ Jacques Camuzat, chirurgien ; IV, Jeanne, épᵃ 1689 Louis Magdélénat ; du 2ᵉ lit : V, Marie, épᵃ 1696 Claude Camuzat. — Paul Grosjean, avᵗ en parlᵗ, épᵃ Perrette Clément, d'où : mᵗʳᵉ Léger Grosjean, épᵃ 1707 Marie-Jacquette Charry, fille de Jacques Charry, procʳ fiscal des terres de Mʳ du Montal, d'où : *a*, Marie, épᵃ 1729 mᵗʳᵉ Jacques *Gudin*, conserᵗ du roi, élu à Chᵃᵘ-Chᵒⁿ ; II, Paul Grosjean, procʳ fiscal de St-Brisson, mᵗ 1738 ; épᵃ Marie *Pétilier*, mᵗᵉ 1762, d'où : *aa*, Jacquette, épᵃ 1757 Étienne *Gudin*, sʳ de Raffigny ; *bb*, Marie-Anne, épᵃ 1753 mᵗʳᵉ Simon Moreau, bᵒⁱˢ à Moux.

Armes inconnues.

Sources : Archives Nièvre B. — Registres parᵃᵘˣ de Lormes, Neuffontaines, Ouroux, Gouloux, Dun-les-Places.

et *c*, Chrétienne, qui ép[t] 1° av[t] 1562 Sébastien Laurent ; 2° av[t] 1571 Denis *Doreau*, sgr de Vaujoly en p[ie] (Diennes) ; du 3e lit, *d*, Anne, vivant en 1570.

IV. — Jean de LORON, écuyer, sgr de Domecy 1538-1575, curateur de son frère Philippe

ép[a] v. 1685 Claude *Borne*(*), écr, sgr de Grandpré, m[al]
des logis des gendarmes du roi ; 2° Louise, ép[a] 1692
Jacques *Dorlet*, écr, sgr de Palmaroux. l[t] au rég[t] royal,
fils de F[ois], sgr de Palmaroux ; et du 3e lit : 3° Paul,
suit.

Paul d'AULENAY, écr, sgr de Serée et du Saulce,
m[t] 1692, par[se] d'Ouroux, inh[é] à Brassy ; ép[a] 1691 Élisabeth *Dorlet*, sœur de Jacques, d'où François, né en
1692, m[t] jeune.

Armes : D'argent, au lion de sable.

Sources : Inv. de Marolles. — Arch. de la Nièvre E et B,
de l'Yonne E. — Minutes des not[res] de Decize et de Moulins-
Eng[t]. — Arch. de Dijon : Inv[re] Peincedé XIII. — Bibl. N[ale]
cab[et] des Titres. — Dom Villevieille XXVII. — Dom Caffiaux
1234. — Carrés de d'Hozier. — Archives des ch[aux] du Tremblay,
de Chastellux. — Nobiliaire de la gén[té] de Moulins. — Généalogies d'Estut, de Chastellux, de Reugny. — Registres par[aux]
d'Accolay, Arcy-sur-Cure, Bazarne, Méry et Trucy-sur-Yonne,
Tannay, St-Didier, Brassy, Vauclaix. — De Soultrait, *Armorial
et Épigraphie historique du Nivernais.*

Éteints.

(*) BORNE. — Peut-être originaires de l'Auxerrois. — Edme Borne, drapier, ép[a] Guillemette Rousseau, d'où Jean, baptisé à Lormes
1672. — Edme Borne, boulanger à Lormes, ép[a] Mlle Tardy, d'où Edme, bapt. à Lormes 1720. — Laurent Borne, b[ois] d'Auxerre 1702,
ancien gouver[r] et juge consul 1711, m[t] av[t] 1715, ép[a] Cat[ine] Martin, d'où : 1° Louise-Germaine, ép[a] 1702 Edme Grasset, av[at] en Parl[t] à
Auxerre ; 2° Mlle-Cath[ine], ép[a] 1711 Barthélemy Disson, docteur-m[in] ; 3° Anne, ép[a] 1715 Etienne Hay, fils de Louis, officier de Mme ;
4° Laurence, ép[se] 1719 E[tne] Carrouge, fils de Simon, officier du roi. — Nicolas B., b[ois] d'Oanne (Auxerrois), m[t] av[t] 1713, ép[a] Mlle
Pointe, d'où Edme Borne, bailli de Chastenay (Auxerrois), ép[a] 1713 Laurence Créthé, fille de Pr[o], s[re] de l'hôtel de ville d'Auxerre. —
Claude B., bailli de St-Bris (Auxerrois), ép[a] Catherine Grasset, d'où : 1° Etienne Borne des Fourneaux, bailli de St-Bris, ép[a] à Marigny-
l'Eglise 1760 Pierrette-Antoinette Chauveau ; 2° Claude B., proc[r] du roi en la maîtrise des eaux et forêts d'Auxerre ; 3° Germain-
Lazare B. de Pierrefitte, officier au rég[t] de Normandie.
François Borne, écr, sgr de Gouvault (Brassy), gendarme du roi, dem[t] à Montreuillon, puis brigadier des gendarmes, m[t] à Montr[on]
30 nov. 1682 à 63 ans, ép[a] Antoinette Collin, m[te] 20 j[er] 1689 à 57 ans, d'où : 1° F[ois], suit ; 2° Claude Borne, écr, sgr de Grandpré
(Lormes), sous-brigadier des gendarmes du roi, dem[t] à Brassy, ép[a] : 1° Toussine *d'Anlnay* ci-dessus, m[te] à Brassy en 1695 à 30 ans ;
2° à Chât-Chon 22 janv. 1699 Mlle de *Champs*, fille de F[ois], sgr de St-Léger, m[te] à Brassy 1709 sans enf. Du 1er lit : I, Gabriel de Borne
de Grandpré, écr, sgr de Verscil, garde du corps, ép[a] 18 févr 1721 Cath[ine]-Angélique DE LA BUSSIÈRE d'Angeliers, qui se remaria en
1727 à Jean-Jacques d'Anglars, et en eut : *a*, M[le]-Anne B., m[te] 1727 à 4 ans ; *b*, Louise-Reine B., m[te] 1732 à 6 ans 1/2 ; II, M[ie], née 1688,
m[te] 1689 ; III, Anne, m[te] 1693 ; IV, M[ie], née 1694. Claude eut en outre de Marie *de Choiseul* de Villars un fils naturel, Jacques-Louis,
baptisé à Montr[on] en 1686 ; 3° Jacquette, m[te] 1688 à 35 ans ; 4° Marie, m[te] 1668 à 6 ans ; 5° Philibert, m[t] 1668 à 2 ans ; 6° M[ie], née
1668 ; 7° Philibert, né 1671, écr, sgr de Faye, m[t] à Brassy en 1693 sans alliance ; 8° Jean Borne, né 1674, ép[a] 27 avril 1695 Huguette
Petitier, fille de Philibert, proc[ur] fiscal de Brassy, d'où : I, M[ie], née 1697 ; II, Philibert, m[t] 1700 ; III, Jean, né 1705, m[t] 1706 ;
IV, Gabrielle-Adrienne, née 1707 ; V, Gilles, né 1710, sieur de Gouvault, l[t] de milice, m[t] 1747, ép[a] 30 août 1740 Gabrielle *de Thomassin*
du Vivier, fille de Gabriel ; VI, F[ois], née 1712, ép[a] 17 juillet 1737 Pierre Grosjean ; VII, René, né en 1714, sieur de Gouvault, ép[a]
1er août 1740 Louise-Jeanne *Dorlet*, fille de Jean, sieur de Palmaroux ; VIII, Antoinette, née 1720, m[te] 1747 ; IX, Jeanne, née 1722.
François I Borne eut encore de F[oise] Guin un fils naturel bapt. à Brassy en 1674. — François II B., sgr de G., gendarme de S. M., m[t]
à Montr[on] 1702 à 50 ans, ép[a] Mlle *Harmaut*, d'où : 1° Edme, m[t] 1692 à 10 ans ; 2° Claude, né 1685 ; 3° Jacques-Antoine-Fois-M[ie]-Anne,
suit ; 4° Joseph, né 1689, m[t] 1690 ; 5° Antoine, m[t] 1692 ; 6° Jean, né et m[t] 1690 ; 7° Gabrielle-Louise-Charlotte, née 1693 ; 8° Philibert, m[t] 1692 ; 9° M[ie]-Meine, née 1696, m[te] non mariée 1787 ; 10° Jeanne, m[te] 1708. — Jacques-Antoine-Fois-M[ie]-Anne B., bapt. à
Montr[on] 30 sept. 1687, écr, sgr de Gouvault, cap[ne] au rég[t] de la Sarre, chlr de S[t]-L[s], m[t] à Brassy 12 mars 1745, ép[a] à Lormes
22 j[er] 1726 Huguette-Louise *de Thomassin*, fille d'Ambroise, sgr de Maulois, m[te] à Brassy le 13 mars 1768 à 70 ans, d'où : 1° M[ie],
bapt. 1729, m[te] 1733 ; 2° Gabriel-César, suit ; 3° Marie-Charlotte, bapt. 1730 ; 4° Philibert, 1731, m[t] 1734 ; 5° Etienne, sr de Grandpré, suivra ; 6° Charles, 1733, m[t] 1765 sans alliance ; 7° Huguette-M[ie] 1737, m[te] non mariée 1782 ; 8° Charlotte-Huguette, née et m[te]
1739. — Gabriel-César B., né jumeau 1729, écr, sgr de Gouvault et Trélague, cap[ne] au rég[t] de la Sarre, chlr de St-Louis, maire de
Brassy, électeur du dép[t] de la Nièvre, m[t] 1791, ép[a] Jeanne Cochet de Trélague, d'où : 1° César-Louis-Gabriel, né 1762, m[t] jeune ;
2° César-Louis-Etienne, né 1763, m[t] 1764 ; 3° Louis-Etienne-César Borne de Gouvault, né 1766, off[er] de la légion du roi 1789, maire de
Brassy 1825, ép[a] Louise-Charlotte *Gudin*, d'où : I, Etienne, né 1797, offer dans la légion des Bouches-du-Rhône 1817 ; II, Frédéric-
Philibert, suit ; III, F[ois]-Félix, né et m[t] 1805 ; 4° M[le]-Louise, née 1806 ; 5° Claudine, ép[a] : 1° 1827, Bénigne-Marie Girardot ; 2° 1838,
Joseph Baroin. — Frédéric-Philibert, né 1803, m[t] 1891, ép[a] Jeanne Cantin, d'où Louis-Etienne Borne de Gouvault, né 1829, offer de
santé, m[t] 1891, ép[a] : 1° 1856, M[ie]-F[oise] Chevalier de Montrouont ; 2° 1871, F[oise] Ganyard ; du 1er lit, Philiberte-Henriette, née 1857,
et Sophie-Antoinette, née 1862. — Etienne Borne de Grandpré, né 1732, cap[ne] au rég[t] de la Sarre, chlr de St-Louis, ép[a] à Lormes
9 janv[er] 1777 Marie-Anne-Simonne Sallonnier, fille de Fois, cap[ne] au rég[t] de Vermandois, et de M[ie]-Charlotte Dubled, d'où : 1° M[ie]-
Anne, née 1778 ; 2° Philibert-François Borne de Grandpré, né 1780, maire de Lormes 1813-1821, ép[a] Claude Baudenet d'Annoux,
d'où : 1° Philibert-François-Edouard, né en 1800, m[t] 1866 ; 2° Louise-Charlotte-Félicité, née 1808, m[te] 1881 ; 3° Anne-M[ie]-Huguette,
ép[a] à Lormes 22 juillet 1834 Louis-Gabriel de Veyny d'Arbouze, m[te] à Lormes 26 déc. 1865 ; 4° Guillaume-François B. de Grandpré,
né à Lormes le 8 mai 1817, ép[a] à Nevers 21 août 1848 Camille-Cécile Lerasle, d'où : 1° Françoise-Cécile-Marie, ép[a] Léon-Camille
Achet ; 2° Hugues-Saint-Cyr-François-Félix Borne de Grandpré, né à Lormes 16 juin 1851.

Armes : De gueules à la bisse d'or.

Sources : Registres par[aux] de Brassy, Lormes, Montreuillon, Ch[au]-Chinon, Marigny-l'Église, Auxerre (par[ses] St-Eusèbe et St-Régnobert).

Existants dans la Nièvre.

1547, homme d'armes de la comp^ie du m^al de Bourdillon 1554; achète Limanton par décret 1559, en fait hmage au duc de Nevers 1559; obtient lettres patentes de François II pour création de deux foires et un marché à Limanton 1560; achète p. décret la sgrie de La Lye (c^ne Limanton) 1563; ch^er, b^on de Limanton, sgr de Domecy-sur-Cure, dem^t aud. Domecy, baille à Montambert (c^ne Limanton) 1569; achète la sgrie de La Chaume des h^ers de frère naturel Pierre 1570-1571; fait hmage au duc de Nevers p^r Domecy et Vignol, relev^t de Monceaux-le-Cte 1575; au même pour Limanton rel^t de Moulins-Eng^t 1575. Ep^a : 1o Marie Long; 2o p. c^at du 29 j^et 1538 Melchionne DE LA TOURNELLE, fille de Pierre, sgr de Beauregard. Du 1er lit : 1o Marie, ép^n p. c^at du 24 mai 1544 Jean *de Lanvault*, écr, fils de Pierre, sgr de La Brosse et de Crain ; du 2e : 2o Lazare, suit ; 3o François, suivra ; 4o Hugues de Loron de Domecy, diocèse d'Autun, reçu chevalier de Malte 1574 ; 5o Marguerite, ép^n Dieudonné *de Carouble*, sgr de Chassy, fils de Philippe, sgr de Chassy, et de Perrette *de St-Quintin ;* 6o Claude, ép^n N. de Tourve, à qui elle porta les sgries de Ferrière (c^ne de Challement) et de Villaine (c^ne de Germenay). Ces sgries revinrent aux de Loron après la mort de Dieudonné de Tourve, fils de Claude, survenue av^t 1595, mais restèrent peu dans la famille ; 7o Marie, ép^n p. c^at du 29 janvier 1589 Antoine *Odeneau*, sgr de Breugnon, fils de Jean, sgr dud. lieu.

V. — LAZARE DE LORON 1570-1586, hme d'arme des Ordonnances sous la charge du grand écuyer de France 1581 ; donne quittance au nom de son père 1572 ; sgr de Domecy, La Provenche, Certaine et Cervon en p^ie, assiste, le 5 juillet 1586, au c^nt de m. de Judith de Loron, sa cousine, avec Hardy *de Longueville ;* m^t av^t le 29 février 1588 ; ép^n v. 1570 Claude DE CERTAINE, fille d'Étienne, sgr de Certaine, remariée av^t 1595 à Jean de Carreau, sgr de Marcilly. En eut : 1o Jacques de Loron, suit ; 2o Lazare de Loron, chlr, sgr de Prévanche, assiste en 1600 au c^nt de m. de son frère, en 1606 à celui d'Edme du Verne, y est qualifié sgr de Domecy-s.-Cure ; 3o Marie, m^nine à Cervon 1598, ép^n 1606 Louis DE BLOSSET, sgr de Coulon et Villiers, dame de Certaine, encore vivante 1657 ; 4o Claudine de Loron, ép^n 1o av^t 1601 Jean de Barnault, sgr de Guipy, fils d'Anatoire *de Barnault* (3) et d'Adrienne *de Paris ;* 2o Maximilien de Clugny, b^on du Brouillard.

(3) DE BARNAULT (*). — Semblent originaires de la paroisse de Tazilly. — Hugues de Barnault, dit le Moine, dam^eau, vend à l'évêque d'Autun des biens en la par^se d'Issy-l'Évêque (Autunois) 1284 ; Perraut de Barnault est fidéjusseur d'une vente faite au même évêque au même lieu la même année ; prob^t le même que Pierre de Barnault, témoin 1327 à Montperroux. Une branche se fixa en Bourgogne dès le XIVe s. et subsistait encore à la fin du XVIe (**).

JEAN, sgr de Barnault, fait hmage au c^te de Nevers au nom de son fils Philippe pour St-Eloi près Nevers 1381 et pour la tour et motte de Barnault (c^ne de Tazilly) 1406 ; m^t av^t 1428. Peut-être le même que Jean de Barnaut, sgr de Crest, qui fait hmage au duc de Bourgogne 1366.

PHILIPPE, sgr de Barnault, représenté par son père pour hmage de St-Eloi 1381 ; f. hmage au c^te pour S^t-

Eloi et le Bois 1406. Est sgr de Montmort (Autunois) et de la h^te justice de Crécy (*id.*), qui avaient appartenu à son père 1428 ; fut prob^t père de : 1o Louis, suit ; 2o Catherine de Barnault, femme de Guyot de Brasiers, écr, sgr de Savigny-l'Etang (Autunois), et à cause d'elle, de St-Eloi-lès-Nevers, pour lequel fief il f. hmage au c^te 1440 ; m^t av^t 1459 ; elle vivant encore 1473 ; 3o Jeanne de Barnault, femme de Philippe Lobbe, écr, sgr d'Escutigny.

LOUIS, sgr de Barnault, fait hmage au c^te de Nev. pour la motte de Barnault 1466. Ep^n Guyonne de Thoisy, d'où : 1o Etienne, suit ; 2o Girard de Barnault, chlr, sgr d'Amanges et de Barnault, partagea avec frères 1538, tuteur des enfants de Philippe 1558, amodiateur de noble Charles de Barnault, sgr de Bussy, pour la motte de Barnault, où il était mort depuis sept semaines, le 13 août 1571, sans post^é, 3o Philippe,

(*) On trouve le nom orthographié *Barnault, Barnaut, Barneau, Barnau, Bernaut, Berneau,* aujourd'hui Barneau, c^ne de Tazilly.

(**) A cette branche appartenaient : Charles de Barnault, écr, sgr de Montmort 1480 et St-Seine-sur-Vigeanne (Bourgogne) 1521-1522, m^t sans post^é 1556, laissant ses biens à Philibert ou Gilbert de Barnault, sgr de Montmort, qui affranchit serfs à Villard-le-Boux (c^ne Préporché) 27 août 1539 ; ép^n Charlotte *de Boutillat*, dame de Villard-le-Boux, veuve de Guillaume *de Marry*, sgr de la Bussière. I^l eut prob^t pour fils : Jean de Barnault, chlr de l'ordre du roi, ép^n sgr de Montmort, Le Breuillard, Chevannes-sur-Arroux (Autunois) 1575 reprit de fief pour St-Seine-sur-Vigeanne 1576 ; ép^n en 2es noces 1574 Esther Damas, fille de Jean, b^on de Digoine, et de Jacquelin^e de Lévis-Ventadour. — Philiberte de Barnault, dame de Digoine, Montmort et Savigny 1595, fille de Jean et de Françoise du Choul sa première femme, épousa Antoine DAMAS, b^on de Digoine.

VI. — JACQUES DE LORON, sgr de Domecy, y dem¹ 1602, hme d'armes comp¹ᵉ de la reine 1608 ; ép⁴ 28 jᵉᵗ 1600 Anne *de Clugny*, fille de Georges, sgr d'Etaules, veuve et hᵃⁿᵗ Domecy 1621-1643, d'où : Anne de Loron, ép⁴ p. cᵃᵗ du 15 déc. 1625 Élie *de Jaucourt*, chlr, sgr de Plancy, fils de Gabriel et de Claude DE LA PERRIÈRE.

V. — FRANÇOIS DE LORON 1572-1633 (2ᵉ fils de Jean ét de Melchionne de La Tournelle), bᵒⁿ de Limanton, donne quittance pour son père avec frère aîné 1572 ; gentilhᵉ ordʳᵉ de la chambre du roi 1575 et 1586 ; achète la sgrie de Mont-sur-Aron et de Grénessay (Limanton) 1596 ; celle de Marquereau (*id.*) 1605 ; chlr de l'ordre 1618 ; donne aveu et dén⁴ à l'abb. de Bellevaux pour Mont-s.-Aron et moitié de Grénessay 1622 ; chlr, bᵒⁿ de Limanton, Mont, Marquereau, Bernay pⁱᵉ, Grénessay, Sozay, dem⁴ au chᵃᵘ de Limanton 1624 ; fait hmage au sgr d'Arcilly (Limanton) pour sgrie d'Arcy pⁱᵉ (auj. les Bouillots, *id.*) 1624 ; acquiert par décret autre pⁱᵉ de la sgrie de

suivra ; 4º Adrien, prêtre 1571 ; 5º prob¹ Isabeau de Barnault, femme d'Antoine de Chandiou, sgr dud. lieu 1503.

ÉTIENNE, sgr de Barnault, fait hmage au cᵗᵉ de Nevers pour Barnault en 1535 ; partagea avec frères 1538, épᵃ Isabeau Jouffroy, d'où : Claude, seigneur de La Motte de Barnault 1549, sgr de Bussy et La Chapelle pⁱᵉ 1552 ; vivᵗ encore 1571.

PHILIPPE DE BARNAULT, 3ᵉ fils de Louis, fait hmage au cᵗᵉ de Nevers avec son frère Et. 1535 ; partage avec frère 1538 ; sgr de Sᵗ-Bris pⁱᵉ (Auxerrois), reprend de fief en Bourgogne 1551. Epᵃ Jeanne *de Marry*, d'où : ʳº Louis de Barnault, mineur 1558 ; écr, sgr d'Amanges, les Baillys (Bourgogne) et Barnault 1573, épᵃ 1º Anne de Vichy ; 2º 1594 Charlotte DE MEUN DE LA FERTÉ ; du 1ᵉʳ lit : *a*, Guy de Barnault assiste au cᵃᵗ de mariage de sa sœur 1592 ; *b*, Jeanne de Barnault, épᵃ 18 jᵉᵗ 1592 Jean DU CREST, sgr de Montigny et Villette ; *c*, Bénigne de Barnault, dame dud. lieu, épᵃ 1607 Jean DU CREST, sgr de Monteuillon ; 2º Jean de Barnault, mineur 1558, sgr de Chassy 1571 ; 3º Anatoire de Barnault, suit ; 4º Claude de Barnault, dame en pⁱᵉ de la terre et sgrie de Barnault, pays de Bourgogne et Nivernais, épᵃ avᵗ 1575 Jacques de Glené, sgr de La Bergerie, et prob¹ 5º Bonne de Barnault, épᵃ 1º Pierre DE LA TOURNELLE, écr, sgr de Villaine ; 2º Baltazar DE LA TOURNELLE, sgr de Monjardin.

ANATOIRE DE BARNAULT, mineur 1558, écr, sgr de Guipy, Tressolles et Arthel (*) en pⁱᵉ 1575, épᵃ 4'sept. 1566 Adrienne *de Paris*, fille de Pierre, sgr de Philippières et d'Arthel, et de Françoise *d'Avril* ; d'où : 1º Jean, suit ; 2º François, 1594 ; 3º Adrien de B., mᵗ à l'armée ; 4º Baltazar, mᵗ à l'armée ; 5º Charles, 1594, mᵗ à l'armée ; 6º Marie, épᵃ 1600 EDME DU VERNE.

JEAN DE BARNAULT, écr, sgr de Guipy et d'Arthel 1594, mᵗ avᵗ 1618 ; épᵃ 26 déc. 1601 CLAUDINE DE LORON, d'où : 1º François de Barnault, écr, sgr de Girolles (Avallonnais), curateur des enf. b. s. frère 1653 ; épᵃ 1629 Clémence Quétard, dont : *a*, Claude, 1666-1669 ; *b*, Hélie, 1666-1669, sgr de Givry (Avallonnais), reprend de fief en Bourgogne 1676-1686 ;

1ᵉʳ capⁿᵉ du régᵗ de Vermandois. Après sa mᵗ sa femme vend Givry à l'abbé de Vézelay 1709 ; *c*, François, 1666-1669 ; *d*, Joseph, capⁿᵉ cⁿⁱ au régᵗ de Champagne, puis major de la citadelle de Perpignan et sgr de Blannay (Avallonnais), épᵃ après 1675 Alphonsine-Marie D'ESTUT D'ASSAY, dame de Blannay, fille de Georges et de Claude de Monceaux, sans postⁱ ; 2º Jacques, mᵗ à l'armée ; 3º Jean, suit ; prob¹ 4º Marit de Barnault, religieux, sacristain du prieuré de Sᵗ-Révérien 1653.

JEAN DE BARNAULT, écr, sgr de Guipy, 1627 ; épᵃ Marie d'Aymé, remariée à Jean DE LA TOURNELLE, sgr de Reugny. De ce mar.: 1º Antoine, suit ; 2º Jean de Barnault, bapᵗ à Guipy 4 mai 1634 ; 3º Etienne, bᵈ 7 jᵉʳ 1636, sgr de Guipy 1653 ; 4º Anne, bᵉᵉ à G. 9 nov. 1631 ; 5º Marie, épᵃ cᵃᵗ du 15 juin 1653 François DE MEUN DE LA FERTÉ, sgr de Challement.

ANTOINE DE BARNAULT, baptᵉ à Guipy le 23 fᵉʳ 1633, écr, sgr de Guipy et Tressolles (cⁿᵘ d'Héry) 1668; vend Tressolles 1670, encore vivᵗ 1684 ; épᵃ Jeanne *de Bonin*, fille de Baltazar, sgr du Fourviel, et d'Anne Testefort, d'où : 1º Charlotte, mᵃⁱⁿᵉ à Guipy 1673, encore vivᵗᵒ 1684 ; 2º Anne, 1684 ; 3º Gabrielle, 1684; 4º Marie-Françoise, bᵉ à Guipy le 8 mai 1668 ; 5º Jeanne, bᵉᵉ à Guipy le 12 fʳ 1673 ; 6º Claude, bᵉ à Guipy le 3 nov. 1671.

Paraissent avoir quitté le pays postérᵗ à 1684.

On trouve encore JEAN DE BARNAULT, sgr de Mignard (cⁿᵉ de Narcy), mᵗ avᵗ 1639, épᵃ Françoise DE LORON, d'où : 1º Paul, suit ; 2º Marie, teste le 27 mai 1652.

PAUL DE BARNAULT, écr, sgr de Mignard 1639-1640, épᵃ Jeanne de Charlier, d'où Elisabeth, dame de Mignard, épᵃ JEAN DE VEILHAN, écr, sgr de Bois-d'Arcy (Auxerrois), mᵗᵉ 28 jᵉʳ 1652, inhᵉᵉ en l'église de Narcy.

Armes : De sable, à la croix d'or.

Sources : Archives de la Nièvre B, de la Côte-d'Or E. — Bibl. Nᵃˡᵉ cabᵗ des Titres. — Minutes des nʳᵉˢ de Bourbon-Lancy, Montreuillon. — Arch. du château de Poiseux. — Registres parᵃᵘˣ de Guipy. — Marolles, *Invʳᵉ des titres de Nevers*.

Éteints.

(*) A Arthel même, il y avait trois châteaux, l'un appelé de Barnaud, transformé en ferme et dont il ne reste rien aujourd'hui. (DE SOULTRAIT, *Statistique monumentale*.)

Bernay 1630; encore vivant 1633, m¹ av¹ 1636. Ép^a : 1° Marie-Élisabeth *de Courtenay–Bléneau* (4), qui testa à Limanton 22 j^er 1595, m^te peu après ; 2° av¹ 10 avril 1596 Marie de Gauville, veuve de Jacques *de Courtenay*, chlr, sgr du Chêne, fille de Jean de Gauville, chlr, sgr de Javersy, et de Marie d'Estampes. Du 1er lit : 1° Charles, suit ; 2° Edme, assiste 1600 au c^at de mariage de Jacques de Loron, sgr de Domecy ; 3° Françoise, ép^a 13 f^er 1606 Jacques de Courtenay, sgr du Chesne ; 4° Marie, clarisse à Decize.

VI. — CHARLES DE LORON, écuyer, sgr de la Malgardière-en-Puisaye, acte pour son père 1604 ; sgr de Villars, du Chesne et du Pré (Puisaye) ; b^on de Limanton, Bernay, sgr de Mont, Marquereau, Grénessay, Formarville (Beauce), donne aveu et dén¹ à l'abbé de Bellevaux pour Mont et Grénessay 1642. M¹ 18 sept. 1660 à 86 ans. Inh^é à Limanton. Ép^a 13 f^er 1605 Claude *de Courtenay*, m^te le 22 avril 1657, inh^te le 24 en l'église de Limanton, d'où : 1° François de Loron, né à Saint-Eusoge (Puisaye) 1609, b^on de Limanton, m¹ en 1680 à 70 ans sans alliance ; 2° Joseph de Loron, né à Saint-Eusoge 1609, religieux à Corbigny 1624-1654, dit l'abbé de Limanton 1663 ; 3° Gasparde de Loron, pensionnaire à Gien en 1657 ; dame du Chesne 1666-1672, dame de Limanton 1670-1685, non mariée ; 4° Marie de Loron, dame du Chesne, du Pré, de Villars ; ép^a le 26 avril 1647 Pierre DE BAR, sgr de la Brosse et du Jarrier, m^te av¹ 1657. Ses fils héritèrent de leurs oncles et tantes des terres et sgries de Limanton, Bernay, etc. ; 5° Edmée, née à S¹-Eusoge 1608 ; 6° Louise, née en 1612. Charles de Loron laissait en outre plusieurs enfants naturels qu'il avait eus de Louise Gaultier : *a*, Michel de Loron, né à S¹-Eusoge en 1624, sgr de La Garenne, ép^a Jeanne Hirelay, d'où : I, Marie-Anne, née en 1658, et II François de Loron, né en 1661 ; *b*, Edme, né en 1628 ; *c*, Charlotte, née en 1620 ; *d*, Marie, née en 1623 ; *e*, Anne, née en 1631 ; *f*, Françoise, née en 1641, ép^a à S¹-Eusoge en 1657 Pierre Pérony.

IV. — PHILIPPE DE LORON, 3e fils de Pierre et d'Hippolyte de Gamaches, mineur 1534, reçoit la tonsure ecclésiastique en 1535 ; sgr de Tharot (Avallonnais) 1546, m¹ av¹ 1570 ; ép^a av¹

(4) DE COURTENAY. — Descendants en ligne directe et légitime de Louis VI le Gros :

PIERRE DE FRANCE, 6e fils de Louis VI, ép^a Élisabeth, fille de Renaud, sgr de Courtenay, qui lui apporta Courtenay, dont il prit le nom, et ses dépendances. Ils eurent entr'autres : 1° Pierre de Courtenay, c^te de Nevers et d'Auxerre, empereur de Constantinople, m¹ vers 1218, qui avait épousé en 1res noces Agnès fille unique de Guy Ier, c^te de Nevers et Auxerre, dont une fille, Mahaut, ép^a Hervé, b^on de Donzy, et lui porta le c^té de Nevers ; 2° Robert, suit.

ROBERT DE COURTENAY, sgr de Champignelles (Puisaye), Château-Renard, Charny (Gâtinais), Conches et Nonancourt (Normandie), bouteiller de France, 1183-1239 ; fit hmage à Guy de Forez, c^te de Nevers, pour la forêt de Lorent et le bois de Follens, 1227. Ép^a Mahaut, fille de Philippe, sgr de Mehun-sur-Yèvre et de Selles-en-Berry, d'où, entr'autres :

GUILLAUME DE COURTENAY, d'abord clerc, puis après la mort de Philippe, son frère, sgr de Champignelles, La Ferté-Loupière, etc. 1250 v. 1279, ép^a 1° vers 1252 Marguerite de Chalon ; 2° après 1259 Agnès *de Toucy*-Bazarne, fille d'Anséric, sgr de Bazarne et Pierrepertuis. Du 1er lit : 1° Robert de Courtenay, archevêque de Reims ; 2° Jean, suit ; 3° Isabeau, mariée à Guillaume *de Bourbon*, sgr du Bessay.

JEAN DE COURTENAY, sgr de Champignelles, La Ferté-Loupière, Cours-les-Barres (Berry-Nivernais), S¹-Brisson et Autry (Orléanais), fit hmage à l'évêque de Nevers pour Cours-les-Barres 1296, m¹ en 1318. Ép^a Jeanne de Sancerre, fille d'Étienne de Sancerre, sgr de S¹-Brisson (Loiret, près Gien), d'où : 1° Jean, suit ; 2° Étienne de Courtenay, élu archevêque de Reims, m¹ av¹ d'être consacré 1352 ; 3° Pierre de Courtenay, sgr d'Autry, Cours-les-Barres et Villeneuve-les-Genets (Puisaye), m¹ 1348, ép^a M^lte de La Louptière, d'où Jeanne de Courtenay, fille unique, dame d'Autry, Cours-les-Barres, etc., ép^a Jean de Beaumont, sgr du Coudray en Berry, décapité en 1367 ; 4° Jeanne, religieuse ; 5° Marguerite de Courtenay, ép^a par c^at du 18 nov. 1302 Robert, sire de Châtillon-en-Bazois. Cette M^lte est inconnue aux généalogistes.

JEAN DE COURTENAY, sgr de Champignelles, la Motte-lès-Champignelles, S¹-Brisson et Bléneau, m¹ 1337, ép^a Marguerite DE SAINT-VERAIN, dame de Bléneau (Puisaye), d'où : 1° Jean de Courtenay, sgr de Champignelles, de S¹-Brisson et de Champallement ; reçoit aveu pour biens tenus de Champallement 1379, m¹ sans enfants au ch^au de Champallement en juin 1392, inh^é à Champignelles, ép^a Marguerite DE THIANGES, veuve d'Hugues, sgr de Lespinasse ; 2° Pierre, suit.

PIERRE DE COURTENAY, écr, sgr de Champignelles, Saint-Brisson, Bléneau et Neuilly (près Joigny), m¹ en

1546 Renée *d'Aulenay*. Veuve, donna dén^t pour Tharot 1576 ; d'où : 1° René, suit ; 2° Étienne de Loron, m^t av^t 1575 ; 3° Françoise, ép^a 1576 Jean *de Barnault*, sgr de Mignart ; 4° Jeanne, ép^a 1581 Jean de Boisselet, sgr de La Cour ; 5° Élisabeth, épousa 1582 Antoine *d'Aulenay*, sgr de Châtenay.

V. — RENÉ DE LORON, éc^r, sgr de Tharot, reprit de fief pour Tharot dont il avait racheté les parts de ses sœurs 1582. Ép^a par c^{at} du 5 août 1581 Élisabeth de Janlis, fille de Philibert de Janlis, sgr de Dracy, d'où : 1° Gédéon, suit ; 2° prob^t Anne, v^e de Paul de Montballoux, éc^r, sgr de Santigny, 1627.

VI. — GÉDÉON DE LORON, éc^r, sgr de Tharot, Parjot et Ruère (c^{ne} de Gâcogne), m^t av^t 1636, ép^n le 23 avril 1611 Françoise de Rieux, veuve, partagea ses biens entre ses enfants 1666, et se remaria à David *d'Aulenay*, sgr de Chastenay. Eurent : 1° René ou Louis de Loron, suit ; 2° David de Loron, éc^r, sgr de Châtenay, Courtenay-en-Vermenton (Auxerrois) et de Parjot (c^{ne} Gâcogne) ; reprit de fief pour Courtenay-en-Verm^{on} 1667 ; maintenu avec son frère en sa noblesse 1667, et de nouveau 1698 ; ép^a par c^{at} du 15 septembre 1652 Claude *d'Aulenay*, fille de René d'Aulenay, chlr, sgr d'Arcy ; d'où Marie-Antoinette, ép^a par c^{at} du 8 j^{er} 1684 Edme-François D'ESTUT, chlr, sgr d'Assay, qui reprit de fief au nom de sa femme pour Courtenay-en-Vermenton après m^t de David 1708 ; 3° Marie de Loron, ép^a 1° 29 sept. 1642 Ravand DE BLOSSET, éc^r, sgr de Villiers et Certaine ; 2° av^t 1666 Gabriel Ducrot, éc^r sgr de Châteaunail, eut au partage des biens de sa mère en 1666 une maison à Lormes et des domaines par^{ses} d'Empury et d'Ouroux.

VII. — RENÉ ou LOUIS DE LORON, chlr, sgr de Tharot, cap^{ne} au rég^t d'Enghien 1644 ; entre aux États de Bourgogne 1665 ; eut, au partage de 1666, les sgries de Ruère et des Chaises (par^{ses}

mars 1395, ép^a Agnès de Melun, d'où : 1° Pierre de Courtenay, sgr de Champignelles, chamb^{an} de Charles VI, ép^a Jeanne Braque, fille de Blanchet Braque, chl^r, sgr de St-Maurice-sur-l'Averon, Châtillon-s.-Loing (Gâtinais), etc., d'où Jean, fils unique, dissipa ses biens, et mourut sans enfants légitimes de ses deux femmes, Isabeau de Châtillon et Marguerite David, veuve en 1res noces du célèbre Étienne de Vignolles dit La Hire ; mais il eut de Jeanne de La Brosse un fils naturel, Pierre, auteur de la branche des sgrs du Chesne et de Changy, dont l'arrière-petit-fils, Jacques de Courtenay, sgr du Chesne, Changy, etc., et l'arrière-petite-fille, Claude de Courtenay, enfants de Jacques de Courtenay, sgr du Chesne, et de Marie de Gauville, épousèrent Françoise et Charles DE LORON de Limanton, tandis que Marie de Gauville se remariait avec François DE LORON, b^{on} de Limanton ; 2° Jean, suit.

JEAN DE COURTENAY, sgr de Bléneau, Villars, Champignelles, La Ferté-Loupière, Chevillon (Gâtinais), Chassenay (c^{ne} Donzy, relev^t de St-Verain), Marquaut, Arrablay (près Gien), Croquetaine et Tannerre (Puisaye), m^t en 1460 ; ép^a janvier 1424 Catherine de L'Hospital, fille de François, sgr de Choisyaux-Loges (auj. Bellegarde, Loiret), cons^{er} et chamb^{on} du roi, d'où : 1° Jean, suit ; 2° Pierre de Courtenay, auteur des branches de La Ferté-Loupière, Chevillon et Bontin ; 3° Charles, auteur de la branche d'Arrablay.

JEAN DE COURTENAY, sgr de Bléneau, Villars, etc., acquit en 1472, par retrait lignager, la métairie d'Insèches (c^{no} Alligny-Cosne) et la revendit en 1482 avec ce qu'il avait à Alligny, St-Verain-des-Bois, St-Loup et

Pougny, à Richard Léger, sgr de la Terre-Noire (c^{ne} Alligny), dont la fille ou la petite-fille Françoise Léger les porta à son mari, Michel *de Buffévent*. Il ép^a en 1457 Marguerite de Boucart, fille de Lancelot de Boucart, sgr de Blancafort, d'où :

JEAN DE COURTENAY, sgr de Bléneau, etc., m^t en 1511, ép^a 1° Catherine de Boulainvilliers ; 2° en 1494 MADELEINE DE BAR-BAUGY. De ce 2° lit, entr'autres :

FRANÇOIS DE COURTENAY, sgr de Bléneau, etc., gouverneur et bailli d'Auxerre, mort en 1561. Ép^a 1° en 1527 Marguerite de La Barre, fille de Jean de La Barre, c^{te} d'Etampes ; 2° en 1547, Hélène *de Quinquet*, fille de Guillaume et d'Edmée de Courtenay-La Ferté-Loupière. Du 2° lit entr'autres : 1° Gaspard, suit ; 2° Marie-Élisabeth de Courtenay, ép^a FRANÇOIS DE LORON, b^{on} de Limanton, ci-dessus.

GASPARD DE COURTENAY, sgr de Bléneau, Villars, l'Hermite, La Motte-Messire-Raoul (Puisaye), fit hmage 1585 et 1598 au duc de Nevers pour les sgries de Neuvy-sur-Loire, Launay, La Cour et p^{ie} de Fouloy (c^{ne} de Neuvy), relevant de St-Verain, mort en 1609. Ép^a 1° en 1571 *Edmée du Chesnay*, dame de Neuvy-sur-Loire, m^{te} en 1604 ; 2° en 1605 Louise d'Orléans, fille de Louis, sgr de Rère. Du 1er lit : 1° François de Courtenay, sgr de Neuvy-s.-Loire, m^t jeune non marié, en Hongrie où il guerroyait contre les Turcs ; 2° Edme, suit ; 3° Claude de Courtenay, ép^a Antoine de Brenne, sgr de Bombon et Grégy. Son mari devenu veuf, revendit en 1612 à son beau-frère Edme les biens que ses enfants avaient à Neuvy-s.-Loire ; 4° Gasparde de Courtenay, partagea en 1612 les terres de Neuvy et de Mhère, Gâcogne et Brassy) ; maintenu dans sa noblesse 1667 ; partage en 1679 entre ses enfants, et fait testament mutuel avec sa seconde femme par lequel il veut être inh⁴ au cimetière protestant de Tharot et elle dans l'église. Ép^a 1º en 1642 Clorinde *de Jaucourt*, fille de Jacques, sgr de St-Andeux ; 2º le 26 avril 1645, Marguerite de Conquérant, fille de feu Gédéon, éc^r du duc de Longueville (Gâtinais). Du 2e lit : 1º Gédéon de Loron, abjure le calvinisme à Avallon 1667, m^t sans alliance ; 2º Marie-Françoise, ép^a p. c^at du 5 j^et 1673 Louis *de Jaucourt* de Domecy, fils d'Élie et d'Anne de Loron ; 3º Gabrielle, ép^a le s^r du Bordais ; 4º Marguerite, abjure le calvinisme en 1683, ép^a le 6 j^et 1687 Antoine de Bretagne, chlr, sgr de Marcilly, fils de feu Antoine, trésorier g^al en Bourgogne et Bresse, auquel, prob^t par suite de la mort sans enfants de ses sœurs, elle apporta Tharot, Ruère et tous les biens de sa famille. Elle et son mari vendirent Tharot en 1695.

Armes : De sable, à la fasce d'argent.

Sources : Bibl. N^ale cab^et des Titres, dossiers bleus.— Dom Caffiaux, extraits d'archives ; dom Villevieille ; pièces originales. — Arch. N^ales J. — Archives de la Nièvre B et E ; de l'Yonne E ; de la Côte-d'Or E. — Registres par^aux d'Arcy-sur-Cure, Rogny, Vermenton, Dornecy, Limanton. — Bibl. d'Orléans, ms du chanoine Hubert. — Minutes des n^res de Lormes. — Arch. des ch^aux de Limanton, Poiseux, Tintury. — *Invent.* de Marolles. — Père Anselme. — La Chesnaye-des-Bois.

Éteints.

dép^ces avec son frère Edme et son beau-frère ; ép^a 1º Claude *de Bigny*, sgr de Chandiou, des Barres, etc.; 2º Jacques Le Bossu, sgr de Longueval ; 3º Paul *de Thianges*, sgr du Creuzet.

EDME DE COURTENAY, sgr de Bléneau, de Villars, de Neuvy-s.-Loire, etc., tua en duel en 1608 dans le château de Neuvy, où il s'était introduit la nuit « avec dessein de lui oster et la vie et l'honneur », François DE LA RIVIÈRE, b^on de Migé ; ép^a Catherine du Sart, fille d'Adrian du Sart, d'où : 1º Gaspard de Courtenay, sgr de Bléneau et de Neuvy-s.-Loire, etc., mort sans enfants légitimes en 1655. Ép^a 1633 Madeleine de Durfort, fille de Geoffroy, sgr de Civrac, et de Margue-

rite de L'Isle. Il eut un fils naturel, Gaspard, lieut. d'inf^ie, qui ne paraît pas s'être marié : lui ou sa veuve vendirent la terre de Neuvy-sur-Loire à la famille de Guiscard, du Quercy, en 1655.

Armes : D'or, à trois tourteaux de gueules.

Sources : Bibl. N^ale, cab^et des Titres, titres originaux 895. — Archives de la Côte-d'Or E, Archives de la Nièvre E. — Société Nivern., coll^on de Soultrait. — Du Bouchet, *Histoire généalogique de la royale maison de Courtenay.* — Père Anselme, tome I. — De La Chesnaye-des-Bois. — Dictionnaire de la Noblesse.

Éteints.

DU LYS

araissent originaires de la Brie.

Jeanne DE LIE (*), femme de feu Guillaume d'Arcy, écuyer, a fiefs relevant d'elle à Arcy-s.-Cure 1330. — Guillaume du Lys, d^eur en droit canon, official de Sens, chanoine régulier de l'abbaye de St-Jean de Sens, élu abbé du Jard (Brie) 10 oct. 1349, m^t à Paris 22 janvier 1370.

· Colas du Lys, écr d'écurie de Louis XI, est peut-être père de :

I. — GUILLAUME DU LYS, écr, sgr de Sichamps p^ie 1505, vend à Anthien pour l'abbé de Corbigny 1523, cap^ne du ch^au de Chantelle (Bourb^uis). Louise de Savoie, régente, lui écrit le 6 février 1525 pour lui recommander de veiller à la garde de cette place, et le 5 décembre suivant d'envoyer p^ie de l'artillerie de cette place au vice-amiral de Bretagne. Acquit des bordelages à

(*) Ce nom, dans les titres les plus anciens, et jusqu'au milieu du XVIe s., s'écrit de Lie.

Sichamps, et cent arpents de bois en Bouy, justice de Sauvage, 1528 (origine du fief de Choulot); et en 1537, les 3/4 de la boucherie de Beaumont-la-Ferrière, qu'il bailla la même année à Cyr d'Avantois. M^t av^t 1541. Ep^o : 1° av^t le 10 août 1504 Jeanne *de Rimbert* (1) ; 2° le 1er déc. 1520 Blanche David, veuve de Jean *d'Ourouër*, sgr de Sichamps p^{ie}, fille de Guillaume, sgr de Per-thuis. Elle fait hmage au nom de Michel, son fils, au sgr de Grenant pour Sichamps en p^{ie} 1541; remariée av^t 1546 à Pierre de Cornillat, écr, sgr de Sommant. Du 1er lit : 1° Joachim, mentionné au 2e c^{nt} de mar. de son père, m^t jeune ; 2° et 3° Guillemette et Catherine, mentionnées au même cont., donnent dén^t pour Sichamps p^{ie} au sgr de Grenant 1530, m^{tes} sans alliance, Guillemette après 1556 ; 4°, 5° prob^t Isabelle et Jeanne du Lys, citées au nombre des dix religieuses fon-dées aux Annonciades de Bourges par Charlotte de Bourbon, veuve d'Engilbert de Clèves, c^{te} de Nevers 1516. Du 2e lit : 6° Michel du Lys, écr, sgr de Choulot (Beaumont-la-Ferrière), Sichamps et Plancy-en-Puisaye (Champignelles, Yonne), donna à bail la boucherie de Beau-mont-la-Ferrière 1551 ; archer de la comp^{ie} du maréchal de Bourdillon, comparaît à l'arrière-ban du Nivernais 1554 ; cap^{ne} de Nevers pour le duc par lettres du 19 déc. 1566 ; acquiert autre partie de Sichamps 1567 ; écr d'écurie de Madame, sœur du roi, fait reconnaissance avec sa 2e femme pour héritages tenus en bordelage à Sichamps 1568 ; fait montre comme cap^{ne} d'une comp^{ie} de cent hmes de pied en garnison à Nevers 1568 ; achète avec sa femme p^{ie} du fief de l'Etang de Vingeux, étant comm^{re} des guerres 1572 ; étant toujours cap^{ne} de Nevers rend dén^t à la duchesse de Nevers pour 2/3 d'une dîme à Sichamps, acquis par échange du prieur de La Charité 1578 ; cons^{er} et 1er maître d'hôtel de la reine de Navarre 1578 et 1583, m^t vers 1598. Ep^n 1° av^t 1546 d^{elle} Claude *de Cornillat*, fille de Nicolas et de Jeanne *de Houppes*, qui testa à Sichamps le 6 juillet 1556 ; 2° 13 oct. 1561 Françoise *de Quinquet* (2), veuve d'Edme *de*

(1) DE RIMBERT (*). — Regnault de RIMBERT, écr, m^t av^t déc. 1408, père de Jean de Rimbert le jeune, qui a biens à Sichamps 1407 et constitue rente sur terre de Contre (Urzy) 1408.

Hugues de RIMBERT, frère de Regnault, sgr de Sichamps p^{ie} 1390, m^t av^t 1407 ; eut : 1° Jean, suit ; 2° Thomas, 1407 ; 3° Huguenin, 1407 ; 4° Regnault, 1407 ; vend 1413 à Guillaume *de Billy* tous ses droits sur les s^{ies} de La Bobe (Rouy), Trougny (Saxy-Bour-don), La Cave (Beaumont-Sardolles) et Prémaison (Vignol).

Jean de RIMBERT, écr, rend dén^t au sgr de Grenant pour Sichamps p^{ie} 1406 et 1457 ; ép^a av^t 1457 Jeanne *d'Ourouër*, fille de Philibert, sgr de Grenant ; eut : 1° Mathieu, suit ; 2° Jean, prêtre 1504, curé de Montapas, sgr de Sichamps p^{ie} 1520 ; 3° Jeanne, femme de Guillaume du Lys.

Mathieu de RIMBERT, écr, sgr de Sichamps p^{ie}, Marcy-sur-Yonne (Chitry-les-Mines), baille à Sichamps 1504; m^t av^t le 7 déc. 1528. Ep^a Catherine *de La Forest*, prob^t fille de Droin *de La Forest*, sgr de Marcy-sur-Yonne, et de Jeanne de La Noue ; eut : 1° Jean, écr, sgr de Sichamps p^{ie}, vend bordelages à Sichamps 1548 ; 2° Jeanne, dame de Sichamps p^{ie}, ép^a David Macquedoy (Mac Donald), en était veuve 1537, ayant : a, Jacques Macquedoy, fait hmage au sgr de Grenant pour Sichamps p^{ie} 1538 ; vend redevances à Sichamps 1537 ; m^t av^t 1553, laissant de F^{oise} Guerry, sa fme, Claude et Catherine Macquedoy, au nom des-

quelles Jeanne de Rimbert, leur aïeule, fait dén^t au sgr de Grenant 1553 ; *b*, Guillemette Macquedoy ép^a 1° Michel Gousté, sgr de Parmentoy, donne dén^t au sgr de Grenant pour Sichamps p^{ie} 1534 et 1537 ; 2° av^t 1539 Robert de Vaubanel, hme d'armes de la comp^{ie} de M^r de St-André ; donne dén^t pour p^{ie} de Sichamps 1539 et 1540 ; baille à Sichamps 1548, m^t av^t 1567, laissant : *a'*, Jacques de Vaubanel, écr ; *b'*, Mlle de Vaubanel, ép^a Etienne Achard, écr ; vend sa part de Sichamps à Michel du Lys 1567 ; *c'*, Catherine de Vaubanel ; 3° Louise de RIMBERT, ép^a Guillaume Aliday, écr ; rend dén^t au sgr de Grenant pour Sichamps p^{ie} 1533, vivant encore 1544 ; 4° Catherine de RIMBERT, vend avec sa sœur Jeanne la sgrie de Marcy-s.-Yonne 1528 ; ép^a hon. h. Louis Saulieu, proc^r fiscal à Prémery, qui rend aveu et dén^t pour Sichamps p^{ie} à sgr de Poiseux 1533. Vivant encore 1553.

On trouve encore : Etienne de RIMBERT, brigan-dinier, à l'arrière-ban du Nivernais 1464 ; Gibaut de R. au contr. de mar. Andras-du-Gué 1481.

Sources : Archives de la Nièvre E et G. — Arch. des ch^{aux} de Guichy, La Belouse, Sichamps, Marigny. — Etude Gueneau, à Brinon. — V. Gueneau, *le Marquisat d'Espeuilles*. — G. Gau-thier, *Monographie de Beaumont-la-Ferrière*. — Marolles, *Inv^{re} des Titres de Nevers*.

Éteints.

(2) DE QUINQUET. — *D'origine écossaise ;* fixés d'abord près Gien. — Guillaume QUINQUET,

(*) Rimbert est la forme ancienne du nom de Rimbé (Cher, c^{ne} de Bannegon).

Montigny, qui est nommée dame ord^re de la reine de Navarre 1574, confirmée en cette qualité 1584. Du 1er lit : I, Jeanne, mariée av^t 1574 à Gilbert Barillet, b^on d'Alarde (Berry, près Sancoins) ; II, Gabrielle, ép^n par c^nt du 25 janvier 1574 Edme *de Montigny*, écr, sgr dudit lieu, gentilhomme servant de la reine de Navarre ; 7º Pierre, suit ; 8º Guillaume du Lys, moine clunisien du prieuré de La Charité, sous-prieur d'*id.*, prieur de Jailly 1560, nommé abbé de St-Martin de Nevers par le roi 1563, résigne 1583 ; abbé de St-Laurent-lès-Cosne, *id.*, âgé de 62 ans en 1592, et prieur de St-Sauveur de Nevers ; 9º Jeanne ; 10º Françoise, veuve en 1583 de Louis Le Doulx, écr, sgr des Bouys.

II. — PIERRE DU LYS, écr, sgr de Choulot p^ie, m^nl des logis de comp^ie du m^nl de Bourdillon, en garnison à Ste-Menehould 1552, maître d'hôtel de Monsr le maréchal de Bourdillon, assiste à la délimitation des bois de Mauboux 1563, sgr de Montivault (Gâtinais) 1558, l'un des cap^nes de l'inf^ie française en garnison à Courtenay 1568, l'un des cent gentilshommes de la maison du roi 1569 ; gouv^r de Villeneuve-le-Roi, reçoit du duc d'Alençon l'ordre de se rendre à Auxerre menacée par les huguenots 1569 ; un arrêt du conseil ordonne le maintien de la comp^ie de cent

fils de JAMES QUINQUET, archer de la garde écossaise, ép^a 1º Madeleine Graffard ; 2º Edmée *de Courtenay-Bléneau*, et eut de celle-ci : 1º Charles, suit ; 2º Georges, sgr de Montifault (c^ne Poilly, près Gien), ép^a Anne DE TROUSSEBOIS ; 3º Hélène, ép^a son cousin, F^ois *de Courtenay*, sgr de Bléneau ; 4º F^oise, ép^a 1º Edme *de Montigny* (*) ; 2º MICHEL DU LYS, ci-dessus.

CHARLES DE QUINQUET, sgr de La Vieille-Ferté (c^ne La Ferté-Loupière, près Joigny), ép^a F^oise d'Avantigny, d'où entr'autres : 1º Josias, suit ; 2º Anne, née 1565, dem^t à Choulot 1594, m^te non mariée av^t le 6 avril 1623.

JOSIAS DE QUINQUET, écr, sgr de La Vieille-Ferté et de La Chaîne (La Ferté-Loupière), ép^a par c^nt du 24 j^et 1594 Eugénie *de Montigny*, dame de Choulot, et en eut entr'autres : 1º Louis, suit ; 2º M^eino, ép^a 1º par c^nt du 21 janvier 1638 LÉONARD DE CHÉRY, sgr de Sancy ; 2º Erard *Bardin*, sgr de Champagne, proc^r g^al de Nivernais.

LOUIS DE QUINQUET, sgr de La Vieille-Ferté, Choulot, etc., ép^n Marie de Polliart et en eut, entr'autres :

CHARLES-ROGER, chlr, sgr de Choulot, né 1649, m^t à La Montoise (Ste-Colombe-des-Bois) 30 nov. 1727, ép^a

1º 1689, Marie Colas ; 2º 6 juillet 1694, Mlle-ANNE DE LA BARRE, dame de La Montoise, veuve d'Arnault DE LA PLATIÈRE, sgr de Villaines, fille de Claude de La B., sgr de La Montoise, et d'Edmée *de Ponnard*. Veuve, elle rendit dén^t pour La Montoise aux chartreux de Bellary 1715. Du 2º lit : 1º Louis-Charles, né 1695, m^t au berceau ; 2º Joseph, né 1696, m^t sans enfants av^t 1731 ; 3º Guillaume, né 1697 ; 4º F^ois, né 1698, appelé Charles-Roger lors de son mar., où il est dit âgé de 26 ans, sgr de Choulot, La Montoise, Travant (Druy-Parigny) ; appelé Charles-Michel en 1735 ; ép^a à Beaum^t-la-Ferrière 25 janv. 1724 F^oise *Doreau*, v^e de Charles *de Lavenne*, écr, sgr d'Olcy, sans enfants ; 5º Marie, née 1701, ép^a 9 oct. 1723 Florimond *de Lavenne* ; ses enfants héritèrent de leur oncle Choulot, La Montoise, Sichamps p^ie ; 6º Eustache, né posthume 1705, m^t au berceau.

Armes : De gueules, à une fasce d'hermine accompagnée en chef de 2 étoiles d'or et en pointe d'un château du même.

Sources : Archives Nièvre B. — Arch. du chât. de Bontin. — Registres par^aux de Beaumont-la-Ferrière, Ste-Colombe-des-Bois, Sépeaux, La Ferté-Loupière. — Du Bouchet, *Histoire gén. de la royale m^on de Courtenay.*

Éteints.

(*) DE MONTIGNY. — *Originaires de Champagne*, puis en Gâtinais.
Jean de M., écr, ép^a 1515 à St-Amand-en-Puisaye Didière, fille de Jean *de Bongars* l'aîné, écr, verrier, et d'Eugène de Reyaude.
GUILLAUME DE M., chlr, sgr de La Grange et La Doultre en Champagne, et dès Hâtes (auj. Montigny, c^ne Perreux, Yonne), m^t 1545, inh^é à Perreux, où son tombeau existe, ép^a Blanche *Martinet*, et en eût : 1º Edme, suit ; 2º Charles, commeur de Malte ; 3º Mlle, femme de Jean *de Corguilleray*, etc. — Edme I, sgr des Hâtes, ép^a 1554 F^oise *de Quinquet* ci-dessus, eut, entr'autres : Edme II, écr, sgr de Montigny, gentilhomme ord^re de la reine de Navarre, ép^a 1574 GABRIELLE DU LYS, ci-dessus, et en eut : 1º Guillaume, écr, sgr de Montigny, comm^ant la ville et citadelle de Dieppe, ép^a 1º Constance de Racault ; 2º Judith Séguier ; sa descendance n'a plus de rapports avec le Nivernais ; 2º Eugénie, ép^a Josias *de Quinquet*, ci-dessus ; 3º Joseph, chlr de Malte, chef d'escadre, dont les armes se voient au châu de Prémery.

Armes : Echiqueté d'argent et d'azur, à la bande de gueules, brochant sur le tout.

Sources : Bibl. N^ale, cabet des Titres. — Preuves de la Grande-Ecurie. — Clérembault, 280.— Bibl. de l'Arsenal, preuves de Malte. — Archives de l'Aube G, de la Nièvre et de l'Yonne E. — Reg. par^aux de Perreux. — Archives de Bontin, des Pierroux, du Colombier (Etais).

Existants.

hommes de guerre « dont y en a vingt harquebuziers à cheval et le surplus à pied » du cap^ne du Lys, qui sera mise en garnison dans les châteaux de Châtillon-sur-Loing, de Château-Regnard, de Courtenay et Dammarie-en-Puisaye, 5 août 1569. Reçoit lettres du roi lui recommandant de surveiller les huguenots en 1570 ; m^t peu après. Ep^a 1° Louise *Dauvet* (*) ; 2° c^nt 1er j^er 1545 Catherine Marié, fille de Jean Marié, s^r du Poirier (Gâtinais), et d'Anne de Vièvre ; 3° c^nt 31 j^er 1558 Elie *de St-Phalle* (3), v^e de Claude *du Deffand*, sgr de St-Loup-d'Ordon (Gâtinais).

(3) DE **SAINT-PHALLE**. — Cette famille tire son nom du château de St-Phalle, au sud de Troyes, dont elle avait la seigneurie au moins dès le XIIe s. (**).

L'auteur des différentes branches qui se sont prolongées jusqu'au siècle dernier et dont une seule subsiste aujourd'hui est PHILIPPE DE St-PHALLE, b^on de Cudot, qui ép^a en 1442 Claudine de Bailly, d'où, entr'autres : 1° Philippe II, sgr de Thou-en-Puisaye (Loiret) ; 2° Louis, b^on de Cudot, suivra. — Le petit-fils de Philippe II ép^a 1544 Jeanne *de Courtenay* de la Ferté-Loupière, dont le fils, Claude, hérita de cette branche des Courtenay. Son petit-fils, GEORGES DE St-PHALLE, sgr de Neuilly (près Joigny) et La Ferté-Loupière (id.), ép^a à Poiseux, 1686, Anne *Briçonnet*, d'où : 1° Joseph, m^is de St-Phalle, m^t sans enfants ; 2° Henri, c^te de St-Phalle, ép^a 1721 LOUISE DE LA BARRE des Troches, m^t sans enfants ; 3° Charles, prieur de Diey (Gâtinais), missionnaire au Tonkin ; 4° et 5° deux filles non mariées.

Louis DE St-PHALLE, b^on de Cudot, 2e fils de Philippe II, ép^a M^lo de Brichanteau, et en eut entr'autres RICHARD DE St-PHALLE, b^on de Cudot ; reçut par suite d'un transport à lui fait la terre de Jailly 1550 ; y baille 1563 et 1566, obtint délai pour faire au sgr de Ternant dén^t de p^ie de Jailly relev^t de Ternant 1563 ; m^t 1571, ép^a Jeanne Le Fort de Villemandeur et en eut : 1° Eustache, suit ; 2° Hélie de St-Phalle, ép^a a, 1545 Claude *du Deffand*, sgr de St-Loup-d'Ordon, et b, 1558 PIERRE DU LYS, sgr de Montlivault ; 3° M^ie de St-Phalle, ép^a F^ois DU LYS et lui porta Jailly ; 4° Antoinette, ép^a Jacques de Boisy ; 5° M^ie, ép^a Edme de Saisy, sgr de Vieillecourt, qui donna proc^on à F^ois du Lys, son beau-frère, pour faire foi et hmage de sa part de Jailly au sgr de Ternant et reçut dén^t de fief relev^t de Jailly 1573 ; 6° Charlotte, ép^a Artus *de Lenferna*, sgr de la Jacqueminière (Gâtinais).

EUSTACHE DE St-PHALLE, chlr, sgr de Cudot, St-Benin, St-Martin-d'Ordon (Gâtinais), cap^ne de gens d'armes, servit sous Henri II, François II, Charles IX, Henri III et Henri IV ; gouv^r de Joigny et Auxerre 1575, m^t 1602 ; ép^a 1567 Marthe *de Blondeau*, dame de.Villefranche (Gâtinais), fille d'Hector, 1^t pour le roi en Champagne, et de Renée de Rodon, dont, entr'-autres : 1° Claude, suit ; 2° Louis, chlr, sgr de Villefranche, m^t sans enfants de F^oise DE GRIVEL DE GROSSOUVRE.

CLAUDE DE St-PHALLE, b^on de Cudot, m^al des camps et armées du roi, cap^ne-l^t de sa comp^ie des mousquetaires, m^t de blessures à Agen 1621, ép^a en 1604 ÉLÉONORE DE GRIVEL DE GROSSOUVRE, dame de Montgoublin, d'où, entr'autres : 1° Edme, b^on de Cudot, dont le fils unique, de son 2e mariage avec Élisabeth de Chancy, DAVID DE St-PHALLE, m^t sans enfants, fit don de la baronnie de Cudot à Claude-Lié de St-Phalle-Montgoublin, son neveu à la mode de Bretagne, en 1719 ; 2° Claude, suit.

CLAUDE DE St-PHALLE, sgr de Villefranche et Dicy p^ie, hérita de sa mère la sgrie de Montgoublin (St-Benin-d'Azy) ; ép^a 1650 Isabelle *de Chastellux*, fille d'Alexandre, m^is de Coulanges ; hérita de son frère m^t sans post^e et eut entr'autres :

CHARLES DE St-PHALLE, chlr, sgr de Montgoublin, Villefranche et Dicy p^ie, m^t 1711 ; ép^a 21 j^et 1693 Marie *Thonnelier* (***), fille de feu Jean Thonnelier, sgr

(*) DAUVET. — La généalogie de cette famille, qui a donné un premier président au Parlement de Paris, trois grands fauconniers de France, etc., donnée par le père Anselme, ne mentionne pas Louise DAUVET. Elle devait être fille de Robert DAUVET, sgr de Rieux, conser au Parlement de Paris et président des comptes, et d'Anne Briçonnet. — Jean Dauvet de Rieux, petit-fils de Robert-Jean DAUVET, sgr de Rieux, b^on de Pins, et Marie Gaillard, sa 2e femme, furent sgrs de Champlevois (Cercy-la-Tour), de Fours, du Magny (Fours) et Montaron p^ie, baillèrent et vendirent des bois 1611, baillèrent les terres et sgries de Champlevois, de Fours, du Magny, de Maison-en-Longue-Salle, de Champrecon, etc., 1617.

Armes : Bandé de gueules et d'argent, de six pièces, la seconde chargée d'un lion de sable.

Sources : Père Anselme, *Histoire généalogique*, VIII, 775-776. — Minutes notaires Crosnat, à Bourbon-Lancy.

(**) Il y a si peu de documents qui aient été conservés des époques antérieures au XIIe siècle qu'un très petit nombre de familles, même des plus illustres et des plus titrées, peuvent faire remonter leur filiation d'une manière certaine au-delà de cette époque, bien peu même jusque-là. Les noms de famille tirés de la possession héréditaire d'une seigneurie n'ont commencé à être en usage qu'au XIe siècle, et encore exceptionnellement. Ce n'est qu'au XIIIe qu'ils ont acquis la fixité que nous leur connaissons aujourd'hui.

De Champagne, la famille de St-Phalle passa en Gâtinais par suite du mariage (1er quart du XIIIe s.) d'André de St-Phalle avec Jeanne *de Seignelay*, dame de Cudot, terre que la famille posséda sans interruption depuis lors. On voit encore dans l'église de Cudot (Yonne, arr^t Joigny, c^on St-Julien-du-Sault) les tombes de Pierre de St-Phalle, 1275, de Comtesse de Foix (et non pas N., comtesse de Foix), sa femme, et d'autre Pierre de St-Phalle, leur fils, 1297.

(***) THONNELIER. — Cette famille n'avait rien de commun avec les Le Tonnelier de Breteuil.

FRANÇOIS THONNELIER, entrepreneur de bois de charronnage à Montreuillon 1659. — Antoine, proc^r fiscal pour le duc de Nevers en la ch^ie de Montreuillon 1689, paraît père de : 2° F^ois, mand à Chassy 1673, assiste au mariage de sa nièce, et 1° JEAN, proc^r fiscal à

Il eut du 1ᵉʳ lit : 1º Charlotte, qui épⁿ Louis d'Escanevelle, sgr de Rocaut (Champagne) ; du 2ᵉ : 2ᵗ François, suit ; du 3ᵉ : 3º Eustache, suivit d'abord la carrière des armes, puis, entré dans les

de Chambrun, et de Madeleine *Pelletier* (*), mᵗᵉ 1733, d'où : 1º Claude-Lyé, suit ; 2º Anne-Louise, née 1695; 3º Mᵉⁱⁿᵉ, rel. à La Fermeté ; 4º Mⁱᵉ-Anne, née 1697, rel. à Montargis ; 5º Mⁱᵉ-Foⁱˢᵉ, née 1700 ; 6º Pierre, né 1704; 7º Michel, né 1705 ; 8º Louis, né 1707; 9º Anne-Edmée, née 1708, dame de Montgoublin, mᵗᵉ sans alliance 1776; 10º Michel-Jean, né posthume 1711, *alias* Charles-Michel, capⁿᵉ au régᵗ du roi 1736, eut pⁱᵉ des terres à Montgoublin et Montreuillon ; chlr de Sᵗ-

Louis, capⁿᵉ de grenadiers avec rang de lᵗ-col., tué en 1747 à la bataille de Lawfeld, sans alliance.

CLAUDE-LYÉ DE Sᵗ-PHALLE, sgr de Montgoublin pⁱᵉ, reçut en don de DAVID, mⁱˢ DE Sᵗ-PHALLE, la terre et baronnie de Cudot, avec Sᵗ-Benin, Sᵗ-Martin-d'Ordon, Le Het, au bailliage de Sens 1719 ; officier au régᵗ du roi 1733, mᵗ 1750 ; épⁿ 1736 Louise *Bardin de Champagne* (**), d'où : 1º Joseph, né 1737, mᵗ 1741; 2º Jᴀᴄǫᴜᴇs-Cʟ., né 1738, mᵗ jeune ; 3º Joseph-Louis,

Montreuillon, acquit sgrie de Chambrun (Montreuillon), mᵗ avᵗ 1693 ; épⁿ Mᵉⁱⁿᵉ *Pelletier*, dont : 1º Joseph, sʳ de Chambrun, procʳ fiscal de Montreuillon 1693, mᵗ sans alliance ; 2º Foⁱˢ le jeune 1693, sʳ de Chambrun 1739, mᵗ 1742 à 70 ans sans alliance ; 3ᵘ Marie, épⁿˢ 1693 Charles *de Sᵗ-Phalle*.

Armes : De gueules à la fasce d'or, accompagnée de 3 étoiles de même.

Sources : Registres parᵃᵘˣ de Montreuillon et de Lurcy-le-Châtel. — De Soultrait, *Armorial du Nivernais*.

Autre famille THONNELIER, connue dans la bourgeoisie de Nevers dès le XVᵉ s., tanneurs et faïenciers, à laquelle appartiennent entr'autres :

Hⁱ Thʳ, grènetier à Nevers, échevin 1573, épⁿ Claude-Mⁱᵉ *Coquille*, fille de Louis, sgr de Genay, mᵗᵉ avᵗ 1586 ; eut entr'autres : 1º Hⁱ, donne dⁿᵗ pour étang, pʳᵉ de Maison-en-Longue-Salle 1588 ; épⁿ avᵗ 1595 Anne Belon ; 2º Claude, tanneur à Nevers, épⁿ Mⁱᵉ Pascault.

Pɪᴇʀʀᴇ Tʜᵉʳ, bois à Nevers, mᵗ avᵗ 1696, épⁿ Jeanne Harlay et en eut entr'autres Etienne, écr, conser du roi en la marée de Nev., mᵗ avᵗ 1720, épⁿ 1696 Jeanne *Decolons*, dont : Jean-Bᵗᵉ, exempt de la marée de Nev. 1732 ; ancien officier de cavⁱᵉ invalide 1764, épⁿ avᵗ 1723 Marie-Claude *Bergeron*, dont : Pɪᴇʀʀᴇ-Rᴏʙᴇʀᴛ THONNELIER DE MARIGNY, directeur des aides à Issoudun, épⁿ 1764 Mⁱᵗᵉ *Chaillot*, veuve de Guillaume *Gascoing*, procʳ gᵃˡ au duché et pairie de Nivernois.

Cʜᴀʀʟᴇs THONNELIER DE VALIÈRE était brigadier de la maréchaussée de Sᵗ-Pierre-le-Moûtier en 1733.

Sources : Registres paᵘˣ de Nevers. — Minutes des notaires de Nevers.

(*) PELLETIER. — Originaires de Montsauche. — Eᴅᴍᴇ PELLETIER, notᵣᵉ et greffier à Montsauche, mᵗ 1636, eut de Jacquette Mathé : Marie P., fme de Louis Thibault, greffier à Montsauche ; Pierrette P., fme d'Andoche Morize ; Jean P., mᵃⁿᵈ à Palmaroux, mᵗ 1634, épⁿ Lazare Duvernoy, et Pierre P., notʳᵉ et procʳ fiscal de Montsauche, mᵗ 1652, qui d'Anne des *Belius*, eut : 1º Mᵉ P, fme de Pierre Clément, notʳᵉ ; 2º Jᴏsᴇᴘʜ P., prêtre, dirᵗ de l'hôpital de Beaune 1676 ; 3º Mᴀᴛʜᴜʀɪɴ P., sieur DE CHAMBURE, mᵃⁿᵈ à Saulieu 1671, épⁿ Mⁱᵉ Bizard, dont il eut probablement Hᴜɢᴜᴇs P. ᴅᴇ CHAMBURE, avᵗ 1718, procʳ du roi au cᵗᵉ de Château-Chinon 1748, épⁿ Angélique Delande. Les Pelletier de Chambure, passés en Auxois, revinrent au commencement du siècle dans leur pays d'origine. — Eᴜɢᴇ̀ɴᴇ P. ᴅᴇ CHAMBURE, mᵗ 1897, pᵖʳᵉ du chᵃᵘ de La Chaux (cⁿᵉ Alligny-Mᵈ), auteur du *Glossaire du Morvand*, épⁿ Claudine Dareau, dont il eut Mᵐᵉ de Balathier et Hᴇɴʀɪ P. ᴅᴇ CHAMBURE, qui épⁿ 1865 Louise d'Erp d'Holt. 4º Jᴇᴀɴ P. ᴅᴜ LAC, mᵃⁿᵈ à Montsauche, mᵗ 1711, épⁿ Elisabeth Choisnin, d'où : 4), Mᴀᴛʜᴜʀɪɴ P., mᵃⁿᵈ à Nataloux 1710, procʳ fiscal de Montsauche, épⁿ 1703 Mᵉⁱⁿᵉ *Charry*, fille de Fiacre, mᵃⁿᵈ à Montsauche, d'où : a', Jacquette, femme d'Etienne *Gudin* ; b', Andoche ; c', Madeleine, épⁿ 1731 Pierre *Béliard*, chirurgien ; d', Fʀᴀɴᴄ̧ᴏɪs P., sʳ ᴅᴜ LAC, bois de Nataloux, épⁿ 1746 Anne *Pellé*, dont il eut Jean-Philibert, Louis-Mathurin et François, présents en 1780 à l'inhumation de leur père ; b, Léonarde P. épⁿ 1694 Georges Mien ; c, Françoise P. épⁿ 1705 Esme Collet ; d, Paul P., chirurgien, mᵗ 1752, épⁿ Philiberte Genglaire, dont il eut Jean, Paul et François. — Un autre Jᴇᴀɴ P. ᴅᴜ LAC, notʳᵉ à Montsauche 1724, eut de Catherine Coquard : Anne P., fme d'Antoine Houdaille ; Paul P., curé d'Ouroux ; Joseph P., greffier 1747, et Jean P., mᵗˢ agent des affaires des Choiseul ; 5º Mⁱᵉ-Mᵉⁱⁿᵉ, née 1640, fme de Jean *Tonnelier* ci-dessus ; 6º Elisabeth P. épⁿ 1670 Claude *Martenne*, mᵃⁿᵈ à Bize. — Lᴇ́ɢᴇʀ P., sgr ᴅᴇ MONTBELIN, lᵗ auᵗ régᵗ de Catinat en 1692 et petit-fils d'Edme et de Jacquette Mathé. — Jean P., bois de Vauclaix, fils de Pierre, mᵃⁿᵈ, et de Jeanne Gin, épⁿ 1739 Marie Millot ; ils vendirent en 1761 un domaine finage de Montchanson (cⁿᵉ Montreuillon), qu'ils avaient acquis de Mᵐᵉ de Saint-Phalle.

Armes : D'azur, au chevron d'or, accompagné de trois pommes de pin de même, et surmonté d'une étoile d'argent.

Sources : Arch. Nièvre B. — Registres parᵃᵘˣ de Montsauche, Moux, Dun-les-Places et Chougny.

Existants dans la Nièvre.

(**) BARDIN. — Jᴀᴄǫᴜᴇs BARDIN, prêtre, Guillaume et Jean, ses neveux, fils de feu Gᴜʏᴏᴛ BARDIN, vendent en 1472 un pré situé parˢᵉ Sardolles. — Jean B. le jeune, paroissien de Garchizy, achète à La Croix en 1549. — Henri B., avᵗ Sᵗ-Pierre 1579, lors du décès d'Anne Dumontet, sa femme, épⁿ en 2ᵉˢ noces Françoise Jolly, sa vᵉ en 1596. Son neveu Mɪᴄʜᴇʟ BARDIN, orfèvre à Nevers, fait avec Marion, aussi orfèvre, l'inventaire des joyaux du chᵃᵘ Nevers en 1566 ; il épⁿ Imberte David, dont : 1º Pierre B., avᵗ Nevers, eut de sa 1ʳᵉ femme, Jeanne *Béliard*, mᵗᵉ 1634, fille de Philippe, juge de Montreuillon, Françoise B., femme d'Eustache *Goussot*, gᵈ mᵗʳᵉ des eaux et forêts de Nivernais, et Eʀᴀʀᴅ B., avᵃᵗ Nevers, mᵗ 1670, époux de Geneviève Lescourtieux. Pɪᴇʀʀᴇ B. vendit en 1636, comme tuteur de ses deux enfants, le domaine de Charnoy (cⁿᵉ Montigny-en-Mᵈ). Il épⁿ en 2ᵉˢ noces Foⁱˢᵉ, fille d'Eʀᴀʀᴅ BARDIN, sʳ de Champagne ; 2º Eʀᴀʀᴅ B., contrôleur du domaine du duc, échevin de Nevers 1664, eut de Louise Durand Pierre, avᵃᵗ, et Gilbert, bois de Nevers, qui épⁿ 1672 Jeanne Chouët.

Gᴜɪʟʟᴀᴜᴍᴇ BARDIN, sieur de Champagne (cⁿᵉ Champallement), avᵃᵗ à Nevers, échevin 1567, acte à Druy 1560 ; épⁿ Mᵉⁱᵘˢ *de Villaines*, sa vᵉ en 1576, dont : Catherine B., fme d'Antoine Pascoux, procʳ au bᵃᵍᵉ, et Eʀᴀʀᴅ B., sʳ de Champagne, avᵃᵗ, procʳ du

ordres, fut successiv¹ chanoine de Nevers, trésorier du chapitre, aumônier de Henri IV 1604, évêque de Nevers 1606, m¹ à 82 ans au ch^{au} de Prémery, le 17 juin 1643 ; 4° Marguerite-Madeleine, ép^a 1588 Nicolas de CHÉRY, sgr de Rigny p^{ie} (Poiseux), Mongazon (S¹-Franchy), etc. ; 5° Isabelle, ép^a Adrien de LICHY.

III. — François du LYS, écr, sgr du Poirier (Gâtinais, près Château-Renard), l¹ de la comp^{ie} de gens de guerre de son père 1569 et 1570, sgr de Montivault et de Jailly p^{ie} 1571, fait hmage

né 1742, m^{is} de S¹-Phalle, b^{on} de Cudot, l¹ d'inf^{ie}, a en partage les biens de Montreuillon et une maison à Nevers 1779 ; acquiert Beaulieu (c^{on} Brinon) 1790, m¹ 1820 sans enfants, ép^a 1° en 1767 M^{ie}-M^{eine} D'ESTUT, 2° 1790 M^{ie}-Germaine de Pagany, m^{te} 1805 ; 4° Jean-Vincent, suivra ; 5° Joseph-Louis, né 1749, officier d'inf^{ie} au rég¹ de Limousin, a au partage de 1779 la terre et sgrie de Champagne ; retiré du service en 1793, m¹ sans alliance 1835.

Jean-Vincent de S¹-PHALLE, né en 1743, chlr de S¹-Louis, cap^{ne} de dragons, partage avec frères 1779 et a le bien de Sardolle, émigré, rentré, m¹ le 18 août 1825. Ép^a par c. du 10 avril 1790 Charlotte-Hermine Bourgeois de Boynes, fille de feu Pierre-Etienne Bourgeois de Boynes, ancien ministre de la marine, d'où : 1° Charles, suit ; 2° Edouard-Charles, suivra ; 3° Louise-Aimée-Hermine, née en 1791, ép^a Georges, m^{is} de Chambray.

Charles, m^{is} de S¹-P., né à Dusseldorf 1794, propr^e de Montgoublin, cap^{ne} de cav^{ie}, chlr de la Lég. d'honr, m¹ 23 déc. 1875, ép^a 6 nov. 1821 Alexandrine Daniel de Boisdennemets, d'où : 1° Philippe-Arthur, m^{is} de S¹-P., né 1823, cap^{ne} d'inf^{ie} m¹ 20 mai 1890 sans enfants de M^{ile}-F^{oise}-Sarah Gougenot des Mousseaux, qu'il ép^a le 26 août 1858 ; 2° Mathilde, ép^a 1847 Claude-F^{ois} Préveraud de la Boutresse ; 3° Edgard-Charles, né 1826, ép^a 1853 Alice Leuillion de Thorigny, sans enfants ; 4° Gaston-Georges de S¹-P., né 1829, ingé-

nieur, ép^a le 26 j^{er} 1858 Isabelle de Ruolz, d'où : a, Jacques de S¹-Ph., officier de cav^{ie} ; b, Ferdinand ; c, Mme de Maumigny ; d, Mme de Boisgrollier ; e, M^{eine}, chanoinesse de Ste-Anne de Bavière ; 5° Alice-M^{ie} de S¹-Ph.. née 1832, ép^a 1854 Gaspard-Laurent Jacquelot de Chantemerle ; 6° H^l-M^{ie} de S¹-Ph., né 1834, l¹ de cav^{ie}, m¹ 1859 sans alliance ; 7° Max-Ange-H^l-Thomas, né 1835, l¹ de vaisseau, m¹ 1859 sans alliance.

Édouard-Charles, 2° fils de Jean-Vincent, né à Londres 1798, officier d'état-major en 1818, chlr de Ch. III d'Espagne et de la Légion d'honr, ép^a à S¹-Hilaire-en-M^d 10 j^{er} 1826 L^{ce}-Henriette-Pauline de CHABANNES, d'où : 1° L^s-Gaston, suit ; 2° Charles-Ernest-M^{ie}, suivra ; 3° Adèle, née 1830, chanoinesse de Ste-Anne de Bavière ; 4° Xavier, né 1831, aspirant de marine, tué par les néo-Calédoniens 1850 ; 5° M^{ie}, ép^a 27 j^{er} 1857 Louis, c^{te} de Bec-de-Lièvre, cap^{ne} chasseurs à pied, puis c^{ant} des zouaves pontificaux ; 6° Blanche, née 1835, ép^a 1858 le c^{te} Gaston de CHABANNES ; 7° et 8° Eugène et Denis, nés 1838, m^{ts} jeunes ; 9° Pauline, née 1847, ép^a Alfred, c^{te} de Serre.

Louis-Gaston, v^{te} de S¹-PHALLE, né 1827, l¹ de vaisseau, chlr de la Lég. d'honr, propr^e de Cudot, ép^a 25 j^{er} 1857 Alix-M^{ie}-F^{oise}-de-Paule-Marceline de Man d'Attenrode, d'où : 1° M^{eine}, née 1858, religieuse du Sacré-Cœur ; 2° Pauline, née 1859, religieuse du Sacré-Cœur ; 3° André, né 1861 ; 4° Catherine, née 1864,

domaine du duc, m^{tre} des cptes, bailli du chapitre S¹-Cyr, l¹ du bailli de S¹-Pierre au bourg S¹-Etienne, échevin 1576, m¹ 1628 ; ép^a M^{ie} Pyon, dont : 1° Michel B., s^r d'Origny (Coulanges-les-Nevers), av^{al}, échevin 1630, m^{tre} des cptes, bailli du chapitre ; ép^a en 1res noces Jeanne Brisson, dont : Antoinette B., ép^a Etienne Pommereul, et Jean B., av^{at} en parl¹ à Paris, qui ép^a 1640 Mlle Doulcet, fille d'Hector, s^r de Mongy, rec^r g^{al} au domaine d'Orléanais, dont prob¹ J.-B^{te} B. D'ORIGNY, m¹ 1718, proc^r au rég¹ du roi ; Michel, veuf de J^{ne} Brisson, ép^a Claude Carpentier, v^e de Michel Galoppe, av^{at} à Nevers, et en eut : Augustin B. D'ORIGNY, s^r de La Grange-Quarteau (Coulanges-les-Nev.), époux d'Anne Crété, dont Monique B., ép^a 1675 F^s Carpentier de Changy ; 2° Erard B., s^r de CHAMPAGNE, av^{at}, échevin 1632, proc^r au domaine, m¹ 1662, ép^a : 1° Thévenotte Gascoing, fille de P^re, sgr d'Apiry ; 2° Madeleine de Quinquet ; du 1er lit : a, F^{oise} B. ép^a vers 1643 P^{re} Bardin, veuf de J^{ne} Béliard ; b, P^{re} B. ; c, Joseph B., s^r DE CHAMPAGNE, av^{at}, proc^r du domaine de Nivernois, ép^a Barbe de Susleau, dont : a', Erard B. de CHAMPAGNE, l¹ crim^l en l'élon de Nevers 1698-1713 ; b', Joseph B. de CHAMP., s^r du Chosset, offic^r au rég¹ de Maumont en 1745, m¹ 1755, ép^a 1707 L^{se} Alixand de Maux, fille de F^{ois}, c^cr du roi, son médecin, dont : Joseph B. du CHOSSET, sans posté, et L^{se} B. du CHOSSET, dame de Champagne, m^{to} 1779, ép^a Claude-Lié m^{is} de S¹-PHALLE, ci-dessus ; 3° Jean BARDIN, b^{ois} de Nevers, s^r DE LIMONET (Mars), ép^a vers 1620 Hélène Rapine, dont : Joseph B., prêtre à Nevers 1667, et Florimond B., écr, sgr de Limonet, porte-manteau du roi 1662, déchargé les tailles 1667 comme valet de la petite garde-robe du roi, m¹ 1690, ép^a 1655 M^{eine} de Champs, dont : a, N^{as} B., écr, sgr de Limonet, chlr de S¹-L^s, major général de la marine, m¹ 1742 ; b, Jacquette B. ; c, M^{eine} B. ; d, Monique B., ursuline, donne par testament à son entrée au couvent 28,000 livres aux ursulines.

Isolés : Philippe BARDIN, qui, de Mathurine Benoît, eut Claudine, fme de J^n Métairie, dont il était veuf en 1652. — Jean B., proc^r fiscal à Cigogne, et Claudine B., enfants de Bénigne Bardin, praticien, et de J^{ne} de Lavenne, actent en 1674. — P^{re} B., curé de Bazolle, et son frère Claude B., curé de Mont-et-Marré, fils de feu Jean B., huissier aux tailles, vendent à l'hôpital 1720 vigne près des Murgers. — Claudine B., fme de Jean-Claude de Lamyrault, m^{aine} à S¹-Maurice-lès-S¹-Saulge 1745.

Armes : D'azur, au trèfle d'or soutenu d'un croissant d'argent.

Sources : Marolles, Invent. — Parmentier. — Pièces originales collon Soultrait. — Arch. Nièvre B et E. — Arch. hosp. de Nevers. — Arch. des ch^{aux} de Poiseux et Clamour. — Reg. paraux de Nevers, S¹-Saulge, Aubigny-le-Chétif, Beaumont-Sardolle.

en 1573 au c^{te} de Nevers et en 1574 au sgr de Ternant pour Jailly, chacun en ce qui les concernait ; partage Jailly avec son beau-frère et sa belle-sœur 1578 ; donna dén^t pour Jailly à la dame de Ternant 1583, et au duc de Nevers 1586 ; délimita sa justice de Jailly avec celle de St-Martin-de-la-Bretonnière 1601 ; reçut dén^t pour biens relevant de Jailly 1608 ; ép^a en 1571 Madeleine *de Saint-Phalle*, sœur de la 2e femme de son père, dont : 1° Léonard, suit ; 2° Claude, ép^a 1597 CLAUDE DE COTIGNON, écr, sgr de Mouasse.

IV. — LÉONARD DU LYS, écr, sgr de Jailly et Champmorot, ép^a 1° 1er avril 1604 Anne *de Bréchillat*, fille de feu Pierre *de Bréchillat* (*), sgr de Champmorot (c^{ne} Ouanne), et de d^{elle} Madeleine Filsjean, remariée à Charles de Gauville, écr, sgr de Paincuit et des Deux-Eglises (près Châteauneuf-en-Thimerait) ; 2° par c^{at} du 22 sept. 1616, Anne *de Mazilier*, fille de feu Albert *de Mazilier* (4), écr, et de Jeanne *de Cornillat*, qui en était veuve en 1656. Du 1er lit : 1° Anne-Madeleine du Lys, dame de Champmorot, mariée par c^{at} du 24 janvier 1624 à Louis *de*

ép^a : 1° Herman Langlois de Chevry, m^{is} du Roure par substitution ; 2° 1891,. Louis *Etignard de La Faulotte* (**).

CHARLES-ERNEST-M^{ie}, b^{on} DE S^t-PH., né 1826, cap^{ne} d'artillerie, ép^a 9 février 1858 Geneviève de Man d'Attenrode, m^{ie} carmélite 22 avril 1891, d'où Pierre, c^{te} de St-Phalle, suit ; 2° Marie, née en 1861, religieuse carmélite.

PIERRE, c^{te} DE St-PHALLE, né 1859, marié 30 août 1884 à Catherine-Virginie-Frédérique de Chabannes-la-Palice, d'où : 1° F^{ois}, né 1885 ; 2° Bernard, né 1886; 3° Thomas, né 1888 ; 4° Fal, née 1887 ; 5° Claude, né 1894.

Armes : D'or, à la croix ancrée de sinople.

Sources : Bibl. n^{ale}, carrés de d'Hozier.—Pièces orig.—Arch. Yonne et Nièvre B et E. — Reg. par^{aux} de Cudot, Villefranche.

Neuilly, Sougères, St-Loup-d'Ordon, St-Benin-d'Azy, Poiseux, Lurcy-le-Châtel, Nevers, Beaumont-Sardolle, St-Saulge, Clamecy. — Arch. Côte-d'Or. — *Inv^{re}* de Peincedé, II, 366, et XIII, 99. — Gougenot des Mousseaux, *Gén. de St-Phalle.* — Cte de Chastellux, *Gén. de Chastellux.* — Cte H. de Chabannes, *Gén. de Chabannes.*

Existants.

(4) MAZILIER. — *Originaires de Lormes.* — JEAN MAZILIER, av^{at}, bailli de Lormes, fut père de Gédéon Mazilier, av^{at}, b. de L. 1595, m^t av^t 1640, ép^a Suzanne Paillard, d'où : 1° Jean, suit ; 2° Paul, av^t, bailli d'Hubant, dem^t à Corbigny 1644-1652 ; ép^a 1° Élisabeth *Sémelé* ; 2° par c^{at} du 4 août 1654 Jacquette *Girardot*, v^e de F^{ois} *Sémelé.* Du 1er lit, Bénigne Mazilier, ép^a par c^{at} du 16 février 1677 à Coulon Pierre de Guichard, écr, sgr de Roison (Dauphiné), cap^{ne} au

---

(*) BRÉCHILLAT. — *Originaires d'Avallon.* — PARISOT Bréchillat, échevin d'Avallon 1523.

PIERRE B. distribue « la munition » aux gens de guerre logés à Av. 1528. Va à Auxerre « faire la monstre » ..... pour recouvrer les deniers de la dépense des gens de guerre 1529.

FRANÇOIS, receveur des deniers communs d'Avallon 1526-1529. François B. l'aîné, échevin d'A. 1537, 1544-1545, ép^{sa} Mlle Jaqueron, qui se remaria 1549 à Antoine Chevalier, sgr de Champmorot, châtelain de Clamecy, qui semble lui avoir donné Champmorot.

PIERRE B., sgr de Champmorot, échevin d'Avallon 1584-1585, p^{ain} à Ouagne 1580, m^t 1586 après le 26 mai qu'il est p^{ain}. Ep^a Mcine Filsjean, d'où : 1° Anne, ép^a 1584, ép^a LÉONARD DU LYS ; 2° Etienne, b^é 1585, m^t jeune.

Sources : Bibl. n^{nle}, cabet des Titres. — Dom Caffiaux, n° 1234. — Archives c^{ales} d'Avallon. — Registres par^{aux} de Clamecy.

(**) ÉTIGNARD. — Sont à Chât.-Chinon au commenc^t du XVIe s.; 1526, inh^{on} d'Odette, fme de M^{tre} Blaise Ethinard (*sic*) ; 1530, inh^{on} de Jean, père de Me Blaise Ethinard ; 1531, Philippe Ethignard, recteur des écoles de Moulins-Engilbert ; 1569, frère Marc Etignard, prieur de Chât.-Chinon. — I, BLAISE ÉTIGNARD, n^{re} à Ch.-Chinon en 1532, eut de Jeanne *Tridon* : II, CLAUDE ÉTIGNARD, né vers 1536, proc^r fiscal de Ch.-Chinon 1558, m^t 1608, ép^a Jeanne de Beaulieu, dont : 1° Paul, qui suit ; 2° Isaac, qui de Marie Duchesne eut Isaac Etignard, contrôleur, élu à Ch.-Chinon, sans posté de Jeanne Dubourg, sa fme, fille de Jean, médecin à Ch.-Chinon ; III, PAUL ÉTIGNARD, proc^r fiscal, révoqué comme protestant en 1654, achète le domaine de Précy 1627, ép^a Mlle Bonnard (Arnay-le-Duc), dont : 1° Jean, qui suit ; 2° Isaac, av^{at}, m^t 1684 ; 3° Jacques, médecin ; 4° Jeanne, fme de Claude Fourneret, av^{at} à Beaune ; IV, JEAN ÉTIGNARD, m^t 1676 à Corbigny, fait hmage pour Précy (mouv^t de Ch.-Chinon) 1675, ép^a Etiennette Maulmirey (Vézelay). La cl^{asse} de Ch.-Chinon rendit en 1688 à leurs trois fils « nouveaux convertis », Paul, qui suit ; Claude, s^r de Montcorbin, et Jacques, qui suivra, les provisions de bailli de Ch^{au}-Chinon précédemment révoquées. Deux filles : Mlle, fme d'Isaac Maulmirey, l^t élon Vézelay, et Marie, fme de Philippe Le Sobre, dem^t en Champagne ; V, PAUL ÉTIGNARD, bailli de Ch.-Chinon 1688, eut les domaines de Chamerot (Ouroux), La Fosse, Saingy, Valanget (Cervon), ép^a av^t 1685 Jeanne *Mazilier*, ci-dessus. Son fils, JACQUES ÉTIGNARD DE CORCY, eut les sgries de Coulon (Mouron) et de Chantereau (La Collancelle) du chef de sa mère par héritage 1740 de F^{se} Sémelé, veuve *de Jaucourt* ; il ép^a 1718 Madeleine Compérat, fille de Gédéon, av^{at}, dont : Claude-Gédéon, sgr d'*id.*, qui de Louise-Marg^{te} Roger de La Baume eut une fille unique, F^{oise}-Jacqueline-M^{ite}, qui m^t sans posté l'année de son mar. 1785 avec Claude Etignard de La Faulotte de Neuilly, qui eut Coulon par suite de don^{on} mutuelle par c^{at} de mar.

V, JACQUES ÉTIGNARD, s^r DE LA FAULOTTE (St-Hilaire-en-M^d), 3e fils de Jean et d'Et^{te} Maulmirey, lieut^t élon de Ch.-Chinon 1670, m^t 1749, ép^a 1686 Rachel Le Sobre, sœur de Philippe, ci-dessus, dont : 1° Paul, qui suit ; 2° Claude, propre de dom^{nes} de Précy et Salorge, m^t s. alliance ; 3° Henri Etignard du Martray, l^t rég^t du Maine 1718, et 6 filles restées également célibataires, qui, avec leur

Bonnet, chlr, b⁰ⁿ de Cours-les-Barres, de La Motte et de Givry, veuve 1644 ; du 2ᵉ lit : 2º Eustache du Lys, chlr, b⁰ʳ de Poiseux par héritage de son grand-oncle l'évêque de Nevers, mᵗ le 26 sept. 1645 sans enfants de Madeleine *Després*, fille de Guillaume, sgr de Chaillant, qu'il avait épousée par c⁰ᵗ du 2 février de la même année. Elle se remaria en 1647 à ADRIEN DE CHÉRY, sgr de Montgazon ; 3º Louis, suit ; 4º Pierrette, bapt. à Ouagne le 13 avr. 1619, épᵃ par c⁰ᵗ du 12 juin 1656 Thomas *de La Barre*, chlr, sgr de Lorgue et Chabé ; 5º Anne, bᵉᵉ *id.* 12 avril 1622 ; 6º Françoise, mariée par c⁰ᵗ du 13 août 1641 à ANTOINE DU VERNE, écr, sgr de La Roche.

V. — Louis DU LYS, chlr, sgr de Jailly, b⁰ⁿ de Poiseux après son frère, tué en duel par ADRIEN DE CHÉRY, le 15 juin 1656 ; épᵃ par c⁰ᵗ du 20 nov. 1644 Angélique *du Deffand*, fille d'Eustache *du Deffand*, chlr, sgr de Sᵗ-Loup-d'Ordon, cons⁰ʳ et mʳᵉ d'hôtel du roi, et de Mˡˡᵉ de Montberon, d'où : 1º Angélique du Lys, née en 1649 ; 2º Anne-Marie du Lys, épᵃ ¹⁰ le 19 dé-

rég¹ de Saulx ; 3º N. Mazilier, épᵃ N. Leseurre ; 4º Suzanne Mazilier, épᵃ n. h. Mᵗʳᵉ Jean Compérat, d⁰ᵘʳ en médecine, vivant encore 1644 ; du 2ⁿ lit : 5º Jeanne Mazilier, épᵃ Jacob Colon, avᵃᵗ en parlᵗ.

JEAN MAZILIER, né en 1606, juge ordⁿᵉ de Lorme-Chalon et en la grurie dud. lieu, épᵃ à Coulon le 28 janv. 1646 Jacquette, fille de Mᵗʳᵉ F⁰ⁱˢ *Sémelé*, sʳ de Chantereau, et de Jacquette *Girardot*. Mᵗ à Paris, inhᵉ au cimetière de ceux de la religion réformée le 22 juin 1675. Eut : 1º Jacquette, née 1646 ; 2º Jean, né 1647, mᵗ 1651 ; 3º Paul, né 1648 ; 4º Suzanne, née 1651, mᵗᵉ *i.f.* ; 5º Mˡᵉ, bᵉᵉ 1652, mᵗᵉ jeune ; 6º Jean, né 1653, parti le 2 oct. 1666 pour Genève pour continuer ses études ; mᵗ à Lormes le 3ᵗ mars 1679 sans alliance ; 7º Jeanne, née à Lormes 1654, femme de Mᵗʳᵉ Paul *Etignard*, avᵃᵗ en parlᵗ à Chⁿⁿ-Chⁿ 1689 ; 8º Gédéon, né 1656, mᵗ jeune ; 9º Jacques, né 1657, mᵗ jeune ; 10º Jacques, né 1658, mᵗ 1668 en la maison de Mᵗʳᵉ Boulenat, ministre en Vaux, inhᵉ aud. lieu, au cimetière de ceux de la religion réformée ; 11º Gédéon, né 1659, b⁰ⁱˢ de Lormes

1689, converti au catholicisme, parrain à Lormes 1722 ; 12º Louis, né 1660 ; 13º Israël, né 1663, mᵗ jeune ; 14º Mˡᵉ-Jeanne, née 1665 ; 15º Paul-Alexandre, né 1667.

ALBERT MAZILIER, bailli de Bazoches, puis écuyer, mᵗ avᵗ 1616, épᵃ ¹⁰ avᵗ 1580 F⁰ⁱˢᵉ Vesle, v⁰ d'EDME LEPRESTRE, bailli de Bazoches ; 2º Jeanne de Cornillat. Du 2ᵗ lit : 1º Anne de Mazilier, épᵃ LÉONARD DU LYS, ci-dessus, veuve, eut procès ainsi que sa sœur contre les héritiers de feu Mᵗʳᵉ Gédéon Mazilier, bailli de Lormes, pour la succession de Guillaume Mazilier ; 2º Marie M., épᵃ le 7 juin 1621 PIERRE DE COTIGNON, écr, sgr de Traclin.

Armes : Parti d'argent à deux fasces de sable, accompagnées en chef d'une étoile d'or, à la bande componée de sable et d'or de l'une en l'autre, et d'azur à la demi-croix ancrée d'argent.

Sources : Archives de la Nièvre B et E. — Archives du chau de Coulon. — Minutes des notaires de Lormes.

frères Claude et Hⁱ font, en 1772, acte de substitution à leur future succⁿ en faveur des enfants de J.-J. Étignard, leur neveu. VI, PAUL ÉTIGNARD DE LA FAULOTTE, l¹ élⁿ Ch.-Chinon, se fixa à Châlons-s.-Marne lors de son mariage, 1709, avec Anne-Mⁱᵉ Sarry, dont : 1º Jean-Jacques, entreposeur des tabacs à Rochechouart 1758, mᵃⁿᵈ de bois pour la provision de Paris 1772, épᵃ Jeanne-Lˢᵉ Bernier, dont Mⁱᵉ-F⁰ⁱˢᵉ, fⁿᵉ de Melchior Morvanchet, et Claude, avoué et maire de Ch.-Chinon, mᵗ 1818, épᵃ 1785 Fˢᵉ Millin de Donnartin, fille de F⁰ⁱˢ, recᵉʳ des tailles de Ch.-Chinon, dont : a, Pierre-F⁰ⁱˢ-Jⁿ-Lˢᵉ, né 1787, mᵗ à Autun 1852, épᵃ N. Berthomier de La Jeannetière, dont un fils, né 1820, percepteur dans l'Aube 1872 ; b, N. ÉTIGNARD-DOMMARTIN, né 1793, mᵗ 1852 à la Guadeloupe ; c, Mⁱᵉ-Anne, née 1789, épᵃ 1818 J.-Bᵗᵉ Morvanchet ; 2º CLAUDE ÉTIGNARD DE LA FAULOTTE, s'établit 1780 rue Basse-du-Rempart pour son commerce de bois, mᵗ à Tours 1809 ; épᵃ 1744 Elisᵗ Wyriot (Paris), dont : a, Jacques, né à Ch.-Chinon 1746, achète pour chantiers terrains d'un grand avenir entre la Madeleine et la Grange-Batelière ; épᵃ 1777 Suzanne-Mⁱᵉ Roger de La Baume, sœur de Lˢᵉ-Mˡˡᵉ ci-dessus, dont : a', JACQUES-CLAUDE ÉTIGNARD DE LA FAULOTTE, père du consᵉʳ à la Cour de cassation, auteur d'une généalogie de sa famille en 1887, lequel a une fille unique, Marie, propre du chau de Chaligny (St-Hilaire-en-Mᵈ) ; b' Louis, né 1786, épᵃ Germaine Bacot, d'où : Ernest, né 1819, audit au Cons. d'État, mᵗ 1872, épᵃ Mⁱᵉ Etignard de La Faulotte, fille d'Alexandre ci-dessous, d'où : 1, Louis, né 1847, auditeur au Cons. d'État, épᵃ : 1º 1875, Jeanne-Delphine Martin du Nord ; 2º 1891, Catherine de St-Phalle, ci-dessus ; du 1ᵉʳ lit : Alexandre, né 1876, lᵗ de cuirassiers, et Elisabeth, née 1880 ; du 2ᵉ : Marie, née 1894 ; II, Henri, né 1851, sᵉ d'ambassade, épᵃ 1874 Malvina Pajol, d'où Hélène, née 1880 ; III, Alexandre, né 1856, mᵗ 1868 ; c' Alexandre, né 1789, père de Marie ci-dessus ; d', Annette, née 1784 ; b, CLAUDE ÉTIGNARD DE LA FAULOTTE DE NEUILLY (mis en nourrice à Neuilly-s.-Marne, près Vincennes), propre de Vaussegrois (Brassy) et Coulon par sa 1ʳᵉ fⁿᵉ Fˢᵉ-Jaqᵗᵉ-Marᵍᵗᵉ ÉTIGNARD DE COULON, mᵗᵉ sans enfants l'année du mar. 1785 ; épᵃ en 2⁰ˢ noces N. Jurien, dont : a', Hippᵗᵉ, né 1804, épᵃ dᵉˡˡᵉ de Monti de Rézé, dont deux filles : la vⁱᵉˢˢᵉ du Bouchet et la clᵉˢˢᵉ de Romans, propres indivis de Coulon ; b', Honorine, épᵃ N. Garcemont de Fontaine (Sens), dont les enfants ont possédé Vaussegrois ; c', Blanche, née 1807, épᵃ le cᵗᵉ Ernest Le Peletier d'Aunay.

Armes : D'azur, à deux roses d'or tigées d'argent, mouvantes d'un croissant de même et un chevron d'or brochant sur les tiges de roses, surmonté d'une étoile aussi d'or.

Sources : Archives Nièvre B. — *Bulletin* Socᵗᵉ Niv., X. — Carrés de d'Hozier. — Min. notʳᵉˢ Bailezy, Bertho. — Reg. parᵃᵘˣ de Ch.-Chinon et Corbigny. — *Généalogie Étignard*, Paris, 1887.

cembre 1658 Antoine *Briçonnet* (5), chlr, sgr de Lessay et Piffonds (Gâtinais, Yonne).; 2° 19 déc. 1687 SAMUEL DE LA FERTÉ-MEUN, sgr de Challement. Vendit en 1707 Poiseux à PIERRE ANDRAS ; 3° Louis du Lys, posthume en janvier 1652, m¹ la même année.

Armes : D'azur, à trois chiens courants d'or l'un sur l'autre et une fleur de lys du même en chef.

Sources : Bibl. n^ale cab^et des Titres, titres origin. — Carrés de d'Hozier. — Dom Caffiaux, coll^on Clairembault. — Archives Nièvre B et E. — Arch. des ch^aux de Bontin et Guichy. — Parmentier, *Histoire des évêques de Nev.* — Marolles, *Inv^re des Titres de Nevers.*— Dom Bétencourt, *Noms féodaux.* — G. Gauthier, *Mon. de Beaumont-la-Ferrière.* — C¹ du Broc de Segange, *Extraits des archives de Segange.*

Éteints.

(5) BRIÇONNET. — *Originaires des confins du Berry et de la Touraine.* — JEAN BRIÇONNET, procureur des habitants de Celles, S¹-Aignan et Valençay en 1367.

Le P. Anselme commence leur généalogie à JEAN BRIÇONNET, mort à Tours en 1447, grand-père du chancelier de France, archevêque de Reims.

A la branche aînée, qualifiée sgrs de Glatigny, appartenaient Mlle B., fme d'ANTOINE TENON, b^on de Fonfay, fille de François B. et de Clémence d'Elbène, et sa petite-nièce Anne B., fille de Charles et de M^eine Pétau, qui ép^a Alexandre *Gillot*, sgr *d'Aligny* près Cosne.

CHARLES BRIÇONNET, écr, sgr de Lezay et de Piffonds, ép^a Isabelle Ménard, eut entr'autres : 1° Jean, sgr de Lezay, continua la filiation ; 2° Jacques B., sgr de Meusnières; 3° Nicolas B., sgr de Piffonds (Gâtinais),

m¹ à Poiseux 9 avril 1672 à 40 ans, inconnu au P. Anselme; 4° Antoine B., m¹ av¹ 1685, ép^a à Poiseux le 19 déc. 1658 ANNE-M^ie DU LYS, ci-dessus ; dont : 1° Joachim, né 1663, m¹ jeune ; 2° Léonard, né 1665, m¹ jeune ; 3° M^in-Anne, née 1668, ép^a Gabriel *de Lavenne*, sgr d'Olcy ; 4° Charles, né et m¹ 1669; 5° M^eine, née 1670, ép^a par c^at du 11 août 1686 Georges *de St-Phalle*, ci-dessus ; 6° Angélique, née 1675, m^te 1678 ; 7° Guillaume ; 8° Nicolas, m¹ 1685 à 9 ans ; 9° M^ie-Thérèse, née 1684, ép^a 24 sept. 1708 LAURENT DU VERNE.

Armes : D'azur, à la bande componée d'or et de gueules, de cinq pièces, chargée sur le 1er compon de gueules d'une étoile d'or, accompagnée d'une autre étoile du même en chef.

Sources : Archives de la Nièvre B et E. — Registres p^aux de Cosne, de Poiseux, de Piffonds. — Père Anselme, VI.

DE MAUMIGNY

FAMILLE de Nivernois : tire son nom du lieu dont elle est originaire.

En 1335, Jeannet de Roche, fils de feu GUYOT DE MAUMIGNY (*), damoiseau, fait hmage pour la maison de Roche, à cause de Champvert.

JEAN DE MAUMIGNY, damoiseau, épsa Agnès de Boux, au nom de laquelle il fit hmage et dént pour biens parse Thaix, en 1349.

GUYOT DE MAUMIGNY et HUGUES DE MAUMIGNY figurent dans un aveu dént rendu, en 1351, au sgr de Ch.-Chinon par Guy *Pioche*, chlr, sgr d'Aunay : Guyot pour la moitié d'un pré à Aunay, Hugues pour ce qu'il possède à Neyron, mouvant de la maison-fort d'Onay (**).

GUYOT et GOBIN DE MAUMIGNY sont mentionnés, en 1371, par Jean DE LA PERRIÈRE comme tenant fief dans ses tenures de sa terre de Verneuil. En 1381, *du Gué* rend aveu au sgr de Ch.-Chinon pour biens parse Diennes, et au « Craiz de Maumigny » et plusieurs terres tenant à la terre des hoirs de Gobin de Maumigny et à la terre des La Perrière. Un autre GOBIN DE MAUMIGNY, damoiseau, fait hmage au cte, én 1449, pour des héritages à Champvert.

GUY DE MAUMIGNY qu'on trouve dans un aveu dént fait à l'abb. de Bellevaux, en 1464, par Lordereaul, de biens touchant « Guy de Maumigny, *alias* Mareschal escuier » sur la rivière Dignette et au bois de Channay audit de Maumigny, et pte de blairie et justice de Chevannes-les-Crots dont a une portion ledit de Maumigny.

JEAN DE MAUMIGNY, chanoine de la cathédrale de Nevers en 1405.

GUILLAUME DE MAUMIGNY, écr, sgr de Bost (comne Rémilly), cède, en 1407, quelques

---

(*) Le nom s'est écrit de Maulmigny, de Molmigny, de Maumigny. A été quelquefois confondu avec de Maulmain, en latin Maumini : *Guido Maumini*, acte de 1311. Les mentions de l'*Invre* de Marolles, col. 187 et 191, où se trouve le nom de Maumigny, concernent des Maulmain. (V. p. 598.)

Baudiau, *Morvand*, I, 474, dit : « La maison de Maumigny remonte à Hugon de Maulmigny, que *nous remarquons* à l'assemblée de Vézelay, où il se croisa en 1146. » Lainé, très au courant puisqu'il a soutenu de longues polémiques au sujet des personnages ayant figuré aux croisades, n'a pas fait cette remarque lorsqu'il a établi la généalogie de Maumigny, qui figure au T. VI des *Archives de la Noblesse*. Pour lui, ce nom apparaît pour la première fois, en 1349, par Jean de Maumigny. Nous avons pu remonter à la génération précédente par Guyot, père de Jeannet de Roche, que nous serions tenté d'identifier avec Jean de Maumigny ci-dessus. Au moment de a donation Chevenon, Maumigny n'était pas encore considéré comme sgrie ; ce qui enlève de la vraisemblance à l'assertion de l'abbé Baudiau. Cet auteur est encore inexact en énonçant que cette maison « a fait ses preuves pour monter dans les carrosses du roi ». Il était facile, tout en restant véridique, de faire l'éloge d'une famille aussi ancienne et des plus distinguées par la qualité de ses alliances, depuis les temps les plus reculés jusqu'à nos jours.

(**) Ces terres au finage d'Aunay (con Châtillon) servirent quelquefois à qualifier ou à sustenter des bâtards. Ainsi en 1448, Jean d'Osnay, *alias* bastard de Maumigny, demt à Rémilly, obtient de la chre des cptes un bail à bordelage au finage de Monstereul (cne Rémilly). — En 1500, lors du contrat de mage d'Esme et de Marie de La Perrière, petite-fille de Philibert de Maumigny, celui-ci l'institue son héritière universelle, à charge d'entretenir Erard de Maumigny, son bâtard, ou bien de lui laisser jouir à vie d'Osnay.

héritages au curé de Rémilly pour la fondation d'un anniversaire. Fait reconnaissance à l'abb. de Bellevaux en 1429. Pourrait être le même que le suivant.

GUYOT DE MAUMIGNY, écr, reçut en 1412 des lettres de retenue comme écuyer du roi. En 1417, Jean *de Chevenon* et Philiberte *de Digoine*, sa fme, en considération et comme rémunération des services que Guyot leur avait rendus, lui firent donation de la terre de Maumigny, qu'ils avaient achetée et acquise de Jean DU VERNE, écr, ainsi que de l'étang Girard, assis en Champlevois, par^se Cercy. Serait, d'après Lainé, père de Guy et de Guyot, qui suivent.

GUY DE MAUMIGNY, écr, sgr de Bost (souvent écrit Boux), c^er 1er m^tre d'hôtel du c^te de Nevers, ép^sn Marguerite *du Bouchet*, fille de Jean, écr, sgr de Nuars, auquel ils donnent quittance, en 1429, pour quelque somme touchant la dot de Marguerite. Il partage avec le c^te de Nev. des serfs attachés à terres avoisinant Druy, 1454 ; est parmi ceux que Charles de Bourgogne charge, en 1455, de traiter de son maage avec Marie d'Albret ; fait hmage pour Bost 1455, 66, 67, pour Maumigny 1466 ; baille à b^ge à Verneuil 1468 ; mort sans postérité.

I. — GUYOT DE MAUMIGNY, écr, sgr de Bost, écr d'écurie du c^te de Nev. (*), ép^sn, c^at 12 juin 1419, da^elle Philiberte *de Chevenon*, alors veuve ; obtient du l^t de Moul.-Engil^t lettres de défaut contre Simon Ostringler, chlr, qui ne comparut pas aux ajourrements, 1424, pour un duel avec lui ; est mentionné dans un aveu du sgr d'Espeuilles, 1436, comme tenant arrière-fief en la par^se d'Aunay ; hmage p. Bost, en 1437, et même année érection de la basse justice de Bost par le c^te de Nevers ; échange champs à La Brosse, 1439 ; le c^te de Nev. lui donne permission de bâtir un château à Bost, 1444 ; achète rente à Moul.-Engil^t, 1460 ; mort avant le 5 janvier 1461, que sa veuve donne procuration pour vendre son douaire. Il eut : 1° Philibert, écr, sgr de Bost, dont hmage 1469 ; hme d'armes au ban 1467, 69 ; baille à b^ge à Chemery-les-Onay, 1488 ; fait hmage 1497 et 1501 à Claude *de Moroges*, écr, sgr du Plessis et Montécot, pour ce qu'il tient de lui à Mont et Rémilly ; abandonne ses dîmes de Bost pour fonder messes à Rémilly, 1501 ; baille à b^ge à Mont et Bost, 1502 ; mort peu après ; ép^sn Alixette BRÉCHARD, dont : *a*, Jeanne, ép^sa Jean DE LA PERRIÈRE, sgr de La Boue et St-Michel, dont la fille aînée, Marie de La Perrière, ép^su, 1500, Esme de Maumigny ; 2° Huguenin, qui suit.

II. — HUGUENIN DE MAUMIGNY, écr, sgr de Maumigny et de Chevannes-les-Crots (c^ne Diennes) en p^ie ; baille à b^ge à Verneuil et à Chevannes, 1472-87 ; ép^su, c^nt 25 mai 1473, da^elle Jeanne DU VERNE, fille de feu Jean et de Claude *de Miniers*. Il eut : 1° Esme, *alias* Esmond, qui suit ; 2° Philibert, grand prieur et secrétain de l'abb. de St-Léonard de Corbigny en 1538.

III. — ESME DE MAUMIGNY, écr, sgr de Maumigny, Bost, La Boue (c^ne Rémilly) ; ép^su, c^nt 10 nov^bre 1500, Marie DE LA PERRIÈRE, fille de Jean, écr, sgr de La Boue, et de Jeanne DE MAUMIGNY, et assistée de Philibert DE MAUMIGNY, son aïeul, qui l'institue son héritière universelle. Affranchit, en 1509 à Bost, Guyot *de Maulnourry* par acte portant pour l'avenir bail à b^ge ; vend bordelage à Verneuil 1517 ; sa veuve transige avec sa sœur Philiberte, 1518, au

(*) « Dans le mémoire pour preuves de Malte, on attribue à Guiot, père de Huguenin, la qualité d'écuyer du roi par brevet de 1412 ; mais la donation de 1417, les documents concernant Guy, et le contrat de mariage de Guyot II 1419, et sa qualité d'écuyer d'écurie du c^te de Nevers, montrent que Guiot, sgr de Maumigny, écuyer *du roi*, était le père de Guiot, co-sgr de Boux, écuyer du c^te de Nevers, et par la mort du premier le titre sgr de Maumigny échut à Guy, son fils aîné. » Note de Lainé.

Nous n'avons pas trouvé, dans les actes concernant Guyot, cette qualification d'écr d'écurie du c^te de Nevers, que Lainé a sans doute remarquée dans un document qui nous est inconnu. D'autre part, la donation 1417 et le contrat 1419, ne contiennent aucune indication qui permette de reconnaître qu'il s'agit de deux personnages différents ; et même rien ne prouve que Guyot I et Guyot II ne sont pas une seule et même personne. Le mode de transmission de Maumigny reste fort obscur ; car ce n'est qu'en 1466 — c'est-à-dire après la mort de Guyot II — que Guy, faisant hmage pour « plusieurs héritages à Maumigny », s'intitule pour la première fois sgr de Maumigny, qualification qui n'apparaît pas avant lui. Entre ces divers Guyot (Guy est aussi parfois appelé Guyot), uniquement sgrs de Bost, les confusions sont presqu'inévitables. Et, tout en considérant comme assez probable la filiation établie par Lainé depuis Guyot I, 1412, nous devons, faute de documents suffisants, la commencer en 1419 par l'époux de Philiberte *de Chevenon*. Il n'est pas exact que Guy soit mort avant 1468, il figure encore, comme m^tre d'hôtel, dans l'état de la maison de Jean de Bourgogne pour l'année 1468.

sujet de St-Michel-en-Longue-Salle (cⁿᵉ Rémilly). Il eut : 1º Antoine, suit ; 2º Philibert, écr, sgr de Bost, dont hmage 1540, sgr de Montautier, épᵃ, 23 juin 1539, daᵉˡˡᵉ Madeleine *de Juisard* (1), fille de Jean, écr, sgr de Montautier, et de Louise de Chuyn. Ayant acquis de Laurent de Juisard un pré que Jean *du Pont*, sgr d'Epiry, fit saisir faute d'hmage, le duc de Nev. le réclamant, Philibert obtint lettres du 11 juin 1555 pour rendre hmage aux mains du roi. Il mourut laissant une fille : Jeanne, dame de Bost, mariée cᵗ 19 novᵇʳᵉ 1571 avec Antoine *Le Long* (*), écr, sgr des Fougis (parˢᵉ Thionne en Bourbonnais), fils de Jacques.

(1) DE JUISARD. — *De Nivernois.* — On trouve aux cptes recette génˡᵉ de Bgogne pour 1382 : paiement pour dépens fait à Jean Juisart, procureur du cᵗᵉ de Nevers, à Moul.-Engilbᵗ.

Guillaume JUISSART, demᵗ à St-Léonard de Corbigny, et Jeanne Mathier, sa fme, nièce de Jean Gigny, sgr de Montautier, achètent, en 1396, la moitié de la terre et sgrie de Montautier (cⁿᵉ Epiry) ; ppal beois de Corbigny, requiert l'abbé de clore et fortifier la ville, 1407.

Guillaume JUISART, demᵗ à St-Léonard de Cʸ, vend rente sur Montreuillon, 1442.

Jean JUISART, demᵗ à St-Lᵈ de Cʸ, eut : 1º Reine, fme de Guiot Esperon, fils de Jean ; ils donnent, en 1406, à Gᵐᵉ de Beauvoir-Chastellux dénombᵗ de biens sis à Marigny (cᵒⁿ Lormes) ; 2º Robert, sgr de Montautier, affranchit, 1442, un habitant de Decize né sur sa terre de Montautier ; eut Pierre, écr, sgr de Montautier, attesté fils de Robert dans acte de 1491, portant reconcᵉ de fief pour biens à Marigny et Mazignien ; peut-être le même que le suivant.

I. PIERRE DE JUISART, écr, sgr de Montautier, épᵃ vers 1479 Laurence de La Cour, d'où : Laurent, qui suit, sans doute frère puîné de : 1º Jean, écr, sgr de Montautier, Challementeau (cⁿᵉ Challement), épᵃ daᵉˡˡᵒ Louise de Chuyn (Auxerrois), d'où : *a*, Benoîte, fme de Gilbert DE LICHY ; *b*, Madeleine, épᵃ cᵃᵗ en la maison-fort de Montautier, 23 juin 1539, Philibert DE MAU-MIGNY, ci-dessus, lui portant Montautier ; *c*, Marthe

eut Challementeau et épᵃ, avᵗ 1553, Claude *de Migno-tie* ; *d*, Catherine ; 2º Guillaume, gᵈ prieur de St-Martin de Nevers, 1531. On trouve encore, proche parente de Laurent : Anne, fme avᵗ 1535 de Jean *Hodeneau*, écr, sgr de Latrault.

II. LAURENT, écr, épᵃ, 11 juillet 1527 Jacqueline *de Mignotie*, fille d'Hérard, écr, sgr de Tamnay, d'où : 1º Gilbert, suit ; 2º Jean, écr, sgr de Chanteloup pⁱᵉ (cⁿᵉ Guipy), Chérigny (cⁿᵒ Biches), épᵃ, 11 août 1568, Louise d'Assue, fille d'Alexandre, écr, sgr de Chastenay, d'où : *a*, René, écr, sgr de Migé ; *b*, Charles, écr, sgr de Chérigny, épᵃ Cathⁿᵉ de La Courcelle, d'où probablᵗ : Edmée, épᵃ 1634 Edme DE BRÉCHARD et lui porta Chérigny ; *c*, Louise, fme avᵗ 1614 d'Alexandre *de Pergues* (**) ; *d*, Marthe, fme de François *de Marchand*, écr, sgr de Belleroche, ensemble achètent, en 1625, Boussegré (cⁿᵉ Lormes) ; 3º Guy, écr, sgr de La Cour (cⁿᵉ Biches), épᵃ Gilberte de La Planche, d'où : *a*, Elye, écr, sgr de La Cour, mort avᵗ 1630, épᵃ Etᵗᵉ de Billon (Bourbonnais), d'où Hector, écr, sgr *id.*, mort avᵗ 1644 s. ptᵉ ; *b*, Pierre, écr, sgr de Chamonot (cⁿᵒ Brinay), épᵃ Esmée *d'Ourouër* (qui se remaria avᵗ 1617 avec Dieu-donné *de Gourdon*) ; il avait laissé une fille, Françoise, qui épᵗᵃ, 1630, Jean DE BRÉCHARD, écr, sgr de Brinay ; *c*, Anne, épᵃ, 17 nov. 1596, Perceval *de Bon-gars*, fils d'Edme, écr, sgr de Selins.

III. GILBERT, écr, sgr de Tamnay, épᵃ v. 1562 Aimée *Anceau*, fille d'Etienne, écr, sgr du Meix, et de Marie

(*) LE LONG. — *Bourbonnais.* — Charles de Bgogne, cᵗᵉ de Nevers, eut d'Yolande *Le Long* une fille naturelle, Adrienne de Nevers, qui obtint de Louis XI lettres de légitimation, en 1463, lors de son mariage avec Claude de Rochefort, sire de Châtillon-en-Bazois. La famille n'est plus connue en Nivernais que par ses rapports avec les Maumigny. Jeanne DE MAUMIGNY, ci-dessus, porta Bost en 1571 à Antoine LE LONG, écr, sgr des Fougis (parˢᵉ Thionne en Bourbonnais) ; en 1575, lors d'hmage pour Bost, elle avait déjà recueilli, du chef de Madeleine *de Juisard*, sa mère, la sgrie de Montautier ; elle était veuve et demeurait avec son fils au châtel de Bost, en 1598, qu'elle fournit hmage pour Bost et Montautier. Il semble que Montautier a été aliéné peu après. Leur fils François LE LONG, écr, sgr de Bost, Les Fougis, etc., épᵃ Catherine de La Loüe, ou de La Loë, d'où : Louise Le Long, qui épᵃ 27 mai 1625, Philippe DE MAUMIGNY, auquel elle porta Bost, d'où : Gabrielle de Maumigny, qui épousa en 1647 Gilbert de Berthier-Bizy. Louise Le Long, devenue vᵉ de Ph. de Maumigny, épᵃ, en 1633, René *de Lanty*, écr, sgr du Meuble (Bourbais) ; ils vendent partie de Mᵗ de Diennes à Mᵗʳᵉ Jean Pierre, 1636 ; et René de Lanty, étant veuf, vendit, en 1640, à Eustache de Lichy, fils d'Eustache et de Clᵈᵉ de Maumigny, la sgrie de Bost sur laquelle Gabrielle avait aussi un droit.

Armes : D'azur au chevron d'or, accompagné de trois étoiles d'argent.

(**) DE PERGUES. — *De Bourgogne.* — NARDIN DE PERGUES, écr, sgr de Villiers-s.-Yonne et Auverly (chⁱᵉ Clamecy), épᵃ, avᵗ 1575, Eugénie *de Villaines*, fille de François, mᵗʳᵉ d'hôtel de la cᵗᵉˢˢᵉ de Nevers. Il est en 1563 curateur de Ph. de Dromont, fille de Guillmᵘ et de Cathⁿᵉ *de Salazar*. — ALEXANDRE DE PERGUES, écr, sgr de Nyon et de Migy, marié à Louise *de Juisard* ci-dessus ; achètent, en 1614, de Fois de Blanchefort, bᵒⁿ d'Asnois, et d'Etᵗᵉ Olivier, sa fme, qui l'avait en dot, la terre et sgrie de Nyon qu'ils revendent, en 1642, à Jean Sallonnyer, avᵗ à Nev., et Mⁱᵉ Gascoing, son épouse, moyennant 12,000 l. Ils y résidaient en 1638, qu'eut lieu à Ourouër l'ᵖⁱⁿhⁱᵒⁿ de leur fils François de P., âgé de 24 ans, et, en 1639, celle de daᵉˡˡᵉ Polyxène de Pergues, âgée de 72 ans, « sœur de Mʳ de Nyon ». Leur fille Henriette DE PERGUES épᵃ cᵃᵗ 17 juin 1630 Esme DE ROFFIGNAC, écr, sgr de Saincaize, fils de Guy, chlr, sgr de Meauçe. — En 1660, Suzanne DE LA BUSSIÈRE, demᵗ à Chougny, vᵉ de FRANÇOIS DE PERGUES, écr, fait donᵒⁿ de tous ses biens à Fois de Courvol, sgr de Grandvaux.

Armes : D'azur, au portail crénelé, flanqué de deux tours d'argent, placé sur un arbre arraché d'or, au chef d'or chargé d'un aigle de sable. —— *Sources :* Carrés de d'Hozier ; Chérin, 176. — Arch. Nièvre B. — Invᵗᵒ de Marolles. — Arch. ch. de Nyon.

IV. — Antoine de MAUMIGNY, écr, sgr de Maumigny, La Boue, St-Michel-l.-Salle, ép^{sa}, 12 juin 1526, Claude DE LAMOIGNON, fille de Blaise, écr, sgr de Rivière (c^{ne} Saints-en-Puisaye), La Brosse (c^{ne} Donzy), Les Avis (Donziois), toutes sgries qu'elle reçut, en 1564, de son frère Etienne, ch^{ne} d'Auxerre, après décès de ses autres frères morts s. p^{té}. Ils eurent : 1º Philibert, écr, sgr de Maumigny et La Boue ; baille à b^{ge} au village de La Rivière (c^{ne} Verneuil) 1567 ; mort s. all^{ce} ; 2º Antoine, écr, sgr de Rivière, ép^{sa} Claudine DE REUGNY, fille de Jacques, écr, sgr de Riégeot ; il mourut s. p^{té} et sa v^e se remaria, 5 mai 1560, avec Jean *de Ponard*, écr, sgr de La Verrerie, de La Boue ; 3º Etienne, écr, sgr de La Brosse et Vielmanay, ép^{sa}, vers 1565, Mad^{ne} *de Babute*, fille de Gaspard, écr, sgr de Froidefond ; d'où : *a*, Claude,

d'Arcy ; fait hmage, 1598, p. sa fme, hérit. universelle de Claude d'Arcy, sa cousine ; il eut : 1º Claude, peut-être père de Louise, mariée en 1624 avec Pierre *de Varigny*, écr, sgr du Chemin, et d'autre Claude, écr, sgr de Plotot (c^{ne} Epiry), m^t av^t 1648 époux de Claude *de Barraut*, fille de François, écr, sgr du Fay, d'où : *a*, François, écr, sgr de Plotot, ép^{sa} 29 janv. 1562 Reine DE LA FERTÉ-MEUNG, fille de Jacques, sgr de Challement, d'où : *a'*, Jeanne, ép^{sa} 6 oct. 1682 Léonard DU VERNE de La Varenne ; *b'*, François, sous la tutelle de sa mère en 1683, oncle ou père d'Edme-Ch.-Louis, lieut^t p. le roi à Condé-s.-Escaut, mort en 1787 à 79 ans ; *b*, Esmée, ép^{sa} 1º en 1664, Dominique Dantault ; 2º en 1685, Etienne *Guillier* ; *c*, Elie, v^e en 1673 de Pierre de Mazel, écr, sgr du Pin ; 2º Gilbert, suit ; 3º François, suivra.

IV. Gilbert, écr, sgr de Tamnay, ép^{sa}, c^{at} au Coudray 14 juin 1584, Gabrielle *Hodeneau*, fille de Pierre, écr, sgr de Latrault, d'où : 1º Gilbert, suit ; 2º Claude ; 3º François, sgr du Coudray ; 4º Louise ; 5º Guillaume.

V. Gilbert, écr, sgr de Chazelle (c^{ne} Marigny-s.-Y.), Tamnay, Charmoy (c^{ne} Billy-s.-Oisy), Arcy (c^{ne} Neuf-fontaines), maintenu ainsi que Claude, Guill^{me}, Léonard et Balthazard, le 29 juillet 1667 ; ép^{sa}, 16 fév. 1620, 1º Jacquette *de La Du₹*, dame de Charmoy, fille de Jean, écr, sgr de La Pommeraye ; 2º Marthe de Monthomer ; il eut du premier lit : 1º Charles, écr, sgr de Charmoy, qui de Mlle-Anne de Belle eut : *a*, Charles ; *b*, Jeanne ; *c*, Madeleine, ép^{sa} 1er fév. 1700 Jean DE MULLOT, fils d'Adrien-Louis, écr, sgr d'Aubigny, et lui porta Charmoy, ses frère et sœurs étant restés s. all^{ce}; *d*, Marie ; 2º Edmée, ép^{sa} 1º en 1649, Edme *de Masquin*, écr, sgr de l'Islevert ; 2º vers 1665 Guillaume de Juisard,

écr, sgr du Coudray, probablement fils de François, sgr du Coudray ; 3º Françoise, née 1624, ép^{sa} *Louis de Verdigny* (*) ; 4º Agathe, fme av^t 1658 d'André Gaillard, gend^{me} de la garde.

IV. François (2e fils de Gilbert et d'A. Anceau), écr, sgr de Tamnay, m^t 1628, ép^{sa} 20 fév. 1622 Toussine Robin, d'où : 1º Léonard, suit ; 2º Balthazard, ép^{sa} 8 janv. 1658 Marie DE LICHY, fille d'Eustache et de Cl^{de} DE MAUMIGNY ; il eut Claude, mariée 22 avril 1681 avec Paul-Bernard DE ROLLAND, fils de Louis, écr, sgr d'Arbourse.

V. Léonard, écr, sgr de Dirol et Tamnay, ép^{sa} 1º 21 fév. 1645, Françoise de Testefort, fille de J.-Jacques, écr, sgr du Mont (p. Corvol-Org^x) ; 2º av^t 1670 Marguerite *d'Aulnay* ; eut du 1er lit : 1º Claude, écr, sgr du Coudray, Dirol, maintenu ainsi que son frère Balthazard en 1703 ; ép^{sa} 27 nov. 1691 Marie *de Barraut*, fille de Jacques, sgr de Charmoy, d'où : Jean-Fr^{ois}, écr, sgr id., ép^{sa} 25 avril 1719 Marie *de Loiseau*, fille de J.-J., écr, sgr de Champs, d'où : Marie- Louise, ép^{sa} 1734 Cl^{de}-Isaac *de Violaine*, écr, sgr de La Courles-Mailly. Mlle de Loiseau devenue v^e se remaria avec René de Mullot de Charmoy, fils de Madeleine de Juisard, ci-dessus, et leur fille Marie de Mullot ép^{sa} en 1759 Balthazard de Juisard ; 2º Balthazard, suit ; 3º Louise.

VI. Balthazard, écr, sgr de Tamnay, ép^{sa} 8 mars 1684 Marthe Fontier, dame du P^t-Sozay (c^{ne} Corvol-Org^x), fille de J.-J. Fontier, sgr du Mont, d'où : 1º Balthazard ; 2º Georges, chlr, sgr de Tamnay, Boussegré, Moraches, capn^e rég^t Guyenne, ép^{sa} 1º 28 fév. 1718, Marie-Anne de Marchand, dame de Boussegré ; 2º 26 nov. 1742 Mad^{ue}-Cath^{ne} Hinselin, fille de Pierre-

(*) DE VERDIGNY. — En 1559, da^{elle} Apolline de Verdigny, v^e de M^{tre} Pierre Gremieux, notr^e et be^{ois} de Nevers, vend quelques pièces de terre à Cougny-aux-Amognes. François de Verdigny, écr, vend la coupe de bois de Champtaché, p^{se} Glux. En 1587, u. h. Léger de Verdigny, tuteur de Claude de Verdigny, sa fille, et de feue Marg^{te} Gerbault, sa fme, paient des droits d'accensures, ch^{nie} Cercy. — Charles, Gabriel et François de Verdigny, dem^t à Mont, par^{se} Rémilly, en 1625, se portent forts pour Louise de Chargères, leur mère. — Louise *Jacob*, dame de La Chatonnière et Buxières (c^{ne} Montigny-s.-Canne), veuve en 1625 de Jean de Verdigny. — Jean DE VERDIGNY, écr, sgr de Romenay, y d^t par^{se} Aubigny, ép^{sa}, 12 nov. 1619, Esmée *des Paillards*, veuve de Courvol et fille d'Hector, écr, sgr d'Assars ; fait vente de petits héritages à *Maulnourry*, sgr de Romenay 1634 ; ils eurent : 1º Anne, ép^{sa}, vers 1640, Jean *de Virgile*, écr, fils d'Honoré ; 2º Louis, écr, sgr d'Assars, ép^{sa} Fr^{se} *de Juisard*, ci-dessus, et mourut en 1659, âgé de 38 ans, laissant : 1º Claire, mariée av^t 1676 à Charles DL LA TOURNELLE, écr, sgr de Reugny ; 2º Mary-Joseph, écr, sgr d'Assars, ép^{sa} 27 janvier 1682 Louise LE PRESTRE DE VAUBAN. — ZACHARIE DE VERDIGNY, écr, sgr de Rabotières et Chanaut (c^{ne} Savigny-P.-Fol), ép^{sa}, av^t 1671, Claudine DE CHARGÈRES, fille de Hugues, écr, sgr de La Goutte ; d'où : 1º Georges, écr, sgr de Chanaux, ép^{sa}, en 1712, Madeleine Mérat, d'où : *a*, Catherine ; *b*, Angélique ; *c*, Marie, fme en 1746 de Jean Babeuf, be^{ois} de Fléty ; 2º Louise.

Sources : Arch. du Tremblay, de Cougny. — Min^{tes} notr^{es} Decize, Diennes. — Reg^{tres} par^x Savigny-Poil-Fol, Millay, Rémilly, Fléty, Bazoches, Reugny.

écr, sgr de Chevannes-les-Crots, tenu en fief de l'abb. de Bellevaux ; à sa mort cette sgrie passa à Henriette, à laquelle son oncle François la racheta ; *b*, Henriette, dame de La Brosse, épᵐᵃ, 25 juillet 1584, Guillᵐᵉ DE BAR, fils d'Antoine, chlr, sgr de Buranlure, lequel épᵇⁿ, 13 déc. 1584, Madⁿᵉ de Babute, devenue veuve d'Etienne ; 4° François, suit ; 5° Jeanne, épᵇᵃ, 20 mai 1549, Frᵒⁱˢ DE CHARRY, écr, sgr de Huez, mᵗʳᵉ d'hôtel du duc de Nevers, mort en 1571.

V. — FRANÇOIS DE MAUMIGNY, écr, sgr de La Boue, Rivière, Champromain (cⁿᵉ Donzy), Chevannes, La Motte, puis de Maumigny après Philibert, épᵇᵃ, 10 avril 1581, Nicole *d'Imon-ville* (*), fille d'Edme, écr, sgr de La Motte-les-Mezilles ; fait hmage, 1583, à l'év. d'Auxerre pour la sgrie de Rivière, et sa vᵉ fait, en 1601, même hmage où sont nommés leurs 9 enfants : 1° Antoine, écr, sgr de Sᵗ-Michel et La Boue, eut la maison de La Boue p. droit d'aînesse au partage de 1611 après décès de sa mère ; épᵇⁿ, 21 mai 1612, Anne DU PRÉ, fille de Pierre, écr, sgr de Guipy ; elle est en 1617 donataire de sa sœur Françoise, faisant ses vœux à La Fermeté ; ils eurent : *a*, Marie, mᵗᵉ 1637 fme de N. de Gerbaut, fils d'Annet, écr, sgr de La Serrée ; *b*, Charlotte,

René, chlr, sgr de Moraches ; d'où une fille unique du 1ᵉʳ lit, Edmée-Jeanne, épᵇⁿ 1755 Antoine *du Ques-nay* (**), chlr, sgr d'Agriez ; 3° Edme, suit ; 4° Marie, épᵇᵃ 1723 Pierre Morin, sieur d'Ouvrault, veuf de Jeanne du Mesnil-Simon ; 5° Madeleine, épᵇᵃ Gabriel *de Lavenne*, écr, sgr d'Olcy.

VII. EDME, chlr, sgr de Tamnay, du Pᵗ-Sozay, épᵇᵃ 21 fév. 1748 Marie *Baudot* (***), fille de Gabriel, notʳᵉ, d'où : 1° Balthazard, chlr, sgr du Pᵗ-Sozay, Charmoy

pⁱᵉ, capⁿᵉ et chⁱᵉʳ de Sᵗ-Louis, mort 1806, épᵇᵃ 19 février 1759 Marie DE MULLOT, dame de Charmoy, fille de René ; 2° Vincent ; 3° Madeleine.

Armes : Échiqueté d'azur et d'or.

Sources : Bibl. nat., dossiers bleus, 758. — D. Caffiaux 1234. — Arch. Nièvre B. — Regᵗʳᵉˢ px. — Min. notʳᵉˢ Mont-reuillon, Lormes, Clamecy, Moul.-Engilbert.

Éteints.

(*) D'IMONVILLE. — Voyau D'IMONVILLE, écr, « nourri et élevé » par Antoine de Chabannes, cᵗᵉ de Dammartin, favorise l'évasion de ce personnage enfermé, en 1465, à la Bastille ; est, en 1485, capⁿᵉ de Puisaye, sgr de La Motte de Mezilles, *alias* La Motte-Pous-. seaux (Yonne), tenu en fief d'Antoine de Chabannes ; il acte encore en 1501. — Antoine D'IMONVILLE, écr, sgr de La Motte-Pousseaux, 1520. — Pierre D'IMONVILLE, écr, fait accord, en 1526, pour terres à La Maison-Dieu. — Edme D'IMONVILLE, écr, sgr de La Motte-Pousseaux, fait bail en 1551, mort vers 1579, épᵇᵃ Jeanne de Givry ; il eut : 1° Antoine ; 2° Nicole, dame de La Motte, qui épᵇᵃ, 1581, François de MAUMIGNY, ci-dessus ; 3° Christine, qui épᵇᵃ, 1584, Jean DE LA BUSSIÈRE de Guerchy, capⁿᵉ des gardes du duc de Montpensier ; et probablement Claudine d'Imonville, fme avᵗ 1580 de François de Varènes. On trouve aussi à Mezilles Ravaud D'IMON-VILLE, époux, avᵗ 1576, de daᵉˡˡᵉ Cᵏˡᵉ Lecueur.

Sources : Hᵗᵉ *de la maison de Chabannes*, II, 64-100. — Arch. chᵉᵃᵘ de Guerchy, chᵉᵃᵘ du Fort. — Arch. natˡᵉˢ P 147. — Reg. parˢ de Mezilles (Yonne).

(**) DU QUESNAY. — *De Normandie.* — Détaché en Brie : Jacques DU QUESNAY, sgr de Varennes-les-Montereau et pⁱᵉ de Cour-celles-en-Brie (cᵒⁿ de Montereau) par Marie Guillard, sa fme, eut pour petits-fils : Louis, qui suit, et Hubert, sgr d'Agriez (cⁿᵉ Moraches). — I. Louis, écr, sgr de Varennes-les-Mᵉᵃᵘ et Courcelles, gentⁿᵉ de la chʳᵉ du roi, plaide, en 1655, contre habⁱˢ de Corbigny ; épᵇᵃ Louise du Val, et eut entr'autres : Thomas, qui suit, et Marie, qui vendent, en 1681, leurs terres en Brie. — II. Thomas, chlr, sgr d'Agriez, fonde messes en la chapelle chᵉᵃᵘ d'Agriez, 1693, mᵗ en 1605 ; épᵇᵃ Jeanne Berthier, d'où : 1° François, suit ; 2° Mⁱᵉ-Anne épᵇᵃ 1° Cˡ. *d'Anguy* ; 2° en 1733, Jacques *Josian de Grandval* ; 3° Louise, mⁱᵉ fille en 1774, âgée de 85 ans. — III. François, écr, sgr d'Agriez, mousquetaire du roi, épᵇᵃ Marie Picault, d'où : Marthe, chanoinesse de Leigneux, 1784, et le suivant. — IV. Antoine-Robert, dit mⁱˢ du Quesnay, chlr, sgr d'Agriez, Dirol pⁱᵉ (cᵒⁿ Tannay), Montfort, Moraches (cᵒⁿ Brinon), capⁿᵉ régᵗ Guyenne, à ass. nobl. Nev. 1789, légatᵉ universel, en 1782, de Mⁱᵉ-Cath. *Hinselin*, vᵉ de G. de Juisard ; épᵇᵃ, janv. 1755, Edmée *de Juisard*, ci-dessus, d'où : 1° Edme-Robert, lᵗ régᵗ de la marine, mort en émigration ; 2° Jacques-Hubert, émigra, mort à Moraches s. alliance ; 3° Mⁱᵉ-Thérèse, dame de Dirol, épᵇᵃ, après 1806, Jean DE LA BUSSIÈRE-Sembrèves, chlr, sgr des Barres, offʳ régᵗ Lyonnais.

Armes : Palé d'arg. et de g. au chef d'az. chargé d'une molette d'or, accostée de deux merlettes de même.

Sources : Cᵗˢ des Titres, dossiers bleus. — P. Quesvers, *Courcelles-en-Brie.* — Arch. Niév. B, G et Q. — Reg. parˢ Moraches, Dirol, Challement.

(***) BAUDOT. — Philibert Baudot, chanoine de Tannay, est frère de Pierre BAUDOT, lᵗ de Tannay, 1571, qui épᵇᵃ Anne *Boulé* et en eut : 1° Pierre, élu et procʳ du roi éliᵒⁿ Clamecy, sgr de Prémaison (cⁿᵉ Vignol), épᵇᵃ en 1597 Claude *Bolacre*, fille de Nicolas, sʳ de Seran, d'où : *a*, Antoine, avᵃᵗ à Clamecy, époux de Jeanne Goby ; *b*, Marie, fme d'Etienne Bossu ; 2° François, chⁿᵉ de Tannay, curé de Saizy ; 3° Philibert, procʳ fiscal de Metz-le-Cᵗᵉ, épᵇᵃ, 1609, Elisabeth *Courtois*, fille d'Antoine, sʳ de Turigny, et n'eut que des filles ; 4° Jeanne, fme de Claude *Faulquier*, procʳ du roi éliᵒⁿ Clamecy. — François BAUDOT, cⁱⁿ-germain des précédents, procʳ fiscal d'Amazy, épᵇᵃ Françoise Petit, d'où : 1° Jean, assʳ baage Tannay, épᵇᵃ Denise de Sᵗ-Marc, d'où : *a*, Pierre, praticien, épᵇᵃ, 1680, Marie Perruche, et eut Denise, François et Etiennette ; *b*, Nicolas, échevin de Tannay, épᵇᵃ, 1681, Agathe *Rossignol*, et eut : Frᵒⁱˢ, Jques, Marie, Lazare et Agathe ; 2° Louise, fme de Philippe Perrot ; 3° Pierre, mᵃⁿᵈ à Amazy, épᵇᵃ Marie Charbonneau, d'où : *a*, Gabriel, praticien à Tannay, épᵇᵃ, 1684, Barbe *Postallier*, fille de Vincent, bailli de Tannay, d'où : Marie, qui épᵇᵃ Edme *de Juisard*, ci-dessus ; *b*, Jean, épᵇᵃ Cléᵉ Rocheux ; *c*, Pierre, chirurgien, épᵇᵃ Mⁱᵉ Cliquet ; *d*, Philippe, épᵇᵃ Claire *Postallier*, sœur utérine de Barbe.

Sources : Bib. nat. D. Caffiaux. — Arch. Niév. B. — Reg. parˣ Tannay, Amazy.

religieuse aux dames de Ste-Marie de Nevers ; *c*, Anne, ép^{sa}, 11 juin 1638, Jacques *Desprez*, sgr de Charly, fils d'Anne, sgr *id.*, et lui porta La Boue ; *d*, Louise, ép^{sa} 3 mai 1642 Jean *de Druy*, écr, sgr d'Avril, et lui porta St-Michel ; 2° Charles, suit ; 3° René, mort v. 1609 ; 4° Philippe, écr, sgr de Bost, La Motte-Pousseaux (Puisaye), puis de La Motte-Vaujoly et Mont-de-Diennes p^{ie}, hérités de Fr^{sn} de Collonges ; cap^{ne} au rég^{t} de Langeron, 1628 ; ép^{sn}, 27 mai 1625, Louise *Le Long*, fille de Fr^{ois}, écr, sgr des Fougis, d'où : Gabrielle, ép^{sn}, 1647, Gilbert DE BERTHIER, écr, sgr de Bizy ; 5° Jean, écr, sgr de Maumigny, qu'il reçut au partage de 1611, ép^{sn}, 21 avril 1619, Anne *Dufour*, fille de Pierre, écr, sgr de Villars ; d'où : Françoise, ép^{sa} 1° 20 fév. 1654 Georges *de Bongards* (2), écr, sgr de Grosbois ; 2° Alexandre *de Goujon* (*) ; 6° Elisabeth, fme

(2) DE BONGARDS. — *Originaires de St-Amand-en-Puisaye* (**). — Jean Bongards, l'aîné, époux de da^{elle} Eugène de Reyaude, marie sa fille Didière avec Jean de Montigny, écr, par c^{at} du 6 j^{t} 1515 à St-Amand-en-Puisaye, présent Jean Broussard, écr verrier.

A. JEAN DE BONGARDS, viv^{t} en 1500 avec Madeleine DE LA BUSSIÈRE, sa fme, eut :

B. GABRIEL, écr, sgr de Courtois (c^{ne} Nolay). ép^{sa}, 8 nov. 1517, Marthe de Champfremeux, fille de Pierre et d'Huguette Lemoyne, d'où : 1° Robert, suit ; 2° Adrien, écr, sgr de Varennes (c^{no} St-Amand-Puisaye), convoqué, en 1578, avec Claude de Bongards, écr, sgr

de Grosbois, au conseil de famille des mineurs La Bussière de La Bruère ; 3° Blanche, fme de Pierre *des Paillards*, écr, sgr de Ratilly.

C. ROBERT, écr, sgr de Varennes, acquiert, 1582, près Nolay, de Charles de Frasnay, sgr de Mouches ; ép^{sa} 10 août 1562 Anne de Colonne (?), d'où :

D. JEAN, écr, sgr de Martangy (c^{ne} Nolay), ép^{sa}, 17 août 1603, Joachine Rousset, fille d'Etienne et de Gilberte Le Comte, d'où : 1° Georges, suit ; 2° Adrien, écr, sgr de Migny (c^{ne} Varzy); maintenu Orléans, 1668 ; ép^{sn}, 19 fév. 1643, Anne *de Nerville* (***), fille de François et de Jacq^{ne} de Clugny, d'où : *a*, François, écr, sgr

(*) DE GOUJON. — Alexandre DE GOUJON, époux de Françoise DE MAUMIGNY, ci-dessus, eut Anne, qui ép^{sa}, 15 sept. 1699, Edme de Mareschet, fils d'Alexandre, écr, sgr de La Bastide, et de Marthe de Bussière ; présent Joseph de Goujon, sgr de Roche et Vernisy, son neveu. — Charles DE GOUJON, écr, sgr de Bassay, près Coulonges, ép^{sa}, av^{t} 1676, Anne DU VERNE, fille d'Antoine, écr, sgr de Jailly, d'où : Joseph, écr, sgr de Vernisy (c^{ne} Cercy), cap^{ne} rég^{t} de Beaujolais, ép^{sa}, 23 sept. 1710, Mlle-Gabrielle *Pierre*, fille de Jean, sieur de Champrobert. — François DE GOUJON, écr, sgr de La Roche, proche parent de Joseph, ép^{sa}, 10 janvier 1719, Marie DE COTIGNON, de la par^{se} de Ch.-Chinon.

Sources : Reg. p^{x} Verneuil, Sougy, Savigny-s.-Canne. — Min. Goussot, ch^{bre} des not^{res} Nev.

(**) Au com^{t} du xvie siècle, cette famille, qu'il ne faut pas confondre avec les Bongards d'Arcilly (v. p. 434), a son centre principal à St-Amand, et exploite des verreries au N.-O. du Nivernais et en Berry ; c'est sans doute dans le même but que les Bongards-Grosbois viennent c^{ne} Nolay, s'y alliant aux des Paillards, gentilshommes verriers. Ceux du Berry ont formé les Bongards de Rémarais (c^{ne} Ivoyle-Pré) et les Bongards du Thorault, ceux-ci maintenus en 1668, dans l'él^{ion} de Gien, sur preuves depuis : I, René de Bongards, écr, acte 1518, eut : II, Pierre de B., écr, présent ainsi que Jean de B. au mange, 1552, de Catherine Cochon, v^{e} de Jean de B., écr, sgr de Rémarais, avec Jean de La Vigne, écr, sgr de Bulcy ; il ép^{sa} 21 juin 1553 Renée de La Vigne, dont : 1° Jacques, suit ; 2° Claude, écr, sgr de Grosbois, fait, en 1576, avec son frère Jacques une transaction, rappelée plus tard dans des preuves de Malte pour Mathias de Neufchèse. III, Jacques, écr, sgr du Torault, ép^{sa} 1575 Mad^{ne} de Carmelet, font, en 1582, vente à Nicolas de Chéry ; ils eurent : 1° Pierre, suit ; 2° Claude, sgr de Chapelles ; 3° Jean, sgr de Verin. IV, Pierre, sgr du Torault, ép^{sa} 1597 Suzanne de Bongards, sœur de Guy, écr, d'où : 1° Jacques, suit ; 2° Guy, sgr de Chapelles. V, Jacques, sgr du T. et de Chapelles, ép^{sa} 1638 Cath^{ne} La Leuvre, et fut maintenu par l'int^{t} d'Orléans.

. On trouve encore : Marie de Bongards, fme, en 1545, de Philippe de La Bussière, chlr, sgr de Vaudoisy. — Esme de Bongards, écr, sgr de Varennes, par^{se} St-Amand. — Agricol de B., écr, sgr de Varennes, mort en 1589 époux de Vérine d'Aspremont. — Claude de B., écr, sgr de Ville, marié vers 1598 avec Elisabeth d'Avantois. — Robert de B., sieur de Courtois, et Radegonde Lemoyne, sa fme, achètent des directes à Courtois et Orbec à Hubert de La Rivière en 1594 ; échangent à St-Amand en 1598. Adrien de B. et Barbe Le Comte, sa fme, vendent en 1602 à Georges de B., sgr de Grosbois, ce qui leur revenait de ce Robert décédé ; puis la même année a lieu un partage entre ce Georges et Adrien des Paillards, fils de Blanche de B. ci-dessus. — On remarquera, dans la filiation produite par les Bongards du Torault, Claude de B., sgr de Grosbois, sans doute père ou oncle de Georges, qui forme le 1er degré de notre généalogie des Bongards de Grosbois et de Maumigny.

(***) DE NERVILLE. — Le nom s'est d'abord écrit d'Ynerville et Dinnerville. — Jean DE NERVILLE, écr, sgr en p^{ie} de Cougny (c^{ne} St-Jean). ép^{sa} Mad^{ne} *des Préaux*, fille de Guillaume et de Charlotte de Frasnay, dame de Cougny ; eurent Cougny, en 1510, et en habitent le château ; ils eurent vraisemblablement : 1° Jean, écr, sgr de Cougny, né en 1491, mort av^{t} 1556, « a servi le roi aux guerres » ; acte en 1529 avec G. Berthier, sgr de Cougny p^{ie} ; 2° Claude, écr, sgr de Cougny p^{ie}, demeurant par^{se} St-Péraville, en 1567, avec Marie de (illisible), sa fme ; acte en 1553 au nom de F^{ois} et Jacques, ses frères ; 3° François, écr, sgr de Cougny p^{ie} ; 4° Jacques, écr, sgr de Cougny p^{ie}, y achète en 1560, m^{t} av^{t} 1569 que Léonarde, sa veuve, achète quelques terres à Jean des Réaux, sgr de Cigogne ; ép^{sa} Léonarde *du Castel*, d'où les quatre enfants suivants, qui, en 1591, vendent à G. Desprez le huitième de la sgrie de Cougny : 1° Louis, écr, sgr de Cougny p^{ie} ; 2° Pierre, écr, sgr *id.*, ép^{sa} Esmée *des Préaux*, d'où : *a*, Jeanne, ép^{sa} Jean *de Verdigny*, écr, sgr de Mont ; donnent quittance à Desprez, en 1625, pour Cougny ; *b*, Françoise, figure avec sa sœur dans cette quittance ; 3° Marie ; 4° Esme, ép^{sa}, 1588, Françoise *de Nerville*. — Esme DE NERVILLE (peut-être le précédent devenu veuf), ép^{sa} av^{t} 1599 Gilberte BERTHIER, fille de Jacques, écr, sgr de Vannay ; inhumée, 1640, dans le chœur de St-Jean-Amognes ; ils eurent : 1° Gilles ; 2° Marie ; 3° Jacques, et probablement le

de Jean DU PRÉ, écr, sgr de Guipy ; 7° Claude, ép^sn, 26 fév. 1609, Eustache DE LICHY, fils d'Adrien, écr, sgr de Lichy ; 8° Madeleine, ép^sn 17 avril 1617 F^ois de La Rochette, écr, sgr du Crouzeau, veuve en 1626, elle est, en 1644, fme de Mr de Bisson ; 9° Françoise.

VI. — CHARLES DE MAUMIGNY, écr, sgr de Rivière, Chevannes, Vilcray (c^ne Champvert). Moran (id.), vend, en 1615, L'Orme et le Colombier 318 l. à F. d'Agès, vic^te de St-Sauveur ; achète, 1622, à Ben^te Falgue, dame de Champlevois, la moitié de Moran 1,300 l.; produit dev^t int^t Moulins, 1635, pour régalement des tailles ; sert alors à l'escadron du ban sous le c^te de Bussy, l^t g^nl au g^t Niv.; ép^sa, 21 juin 1621, Gabrielle DE REUGNY, fille de f. Gabriel, sgr de Riégeot ; elle eut p. partage, 1628, la sgrie de Riégeot (c^ne Champvert) ; devenue v^e se remaria, 14 juin 1650, avec Philippe DE LICHY. Il eut : 1° Claude, hér^r avantagé par test^t mutuel de ses père et

de Migny, gendarme de la garde; ép^sn 1° Anne DE CHARRY, m^te 1692 à 28 ans; 2° Marie Garnier, inh^tée à Uxeloup 1701 ; du 1er lit : Germain, chlr, sgr de Migny, La Loge (c^ne Beaumont-S.), Valverin, major au rég^t de Mortemart, ép^sa, 31 j^t 1723, Anne-F^so-Nicole DE CHÉRY, fille de F^ois-Nicolas, chlr, sgr de Beaumont, La Loge, etc.; elle f. hmage, 1740, comme v^e, p. Levange (c^ne Decize), acquis de Hugues de Riollet ; ils eurent Anne-Cécile, née en 1729; b, Louis-Charles, gendarme de la garde ; c, Eustache, écr, témoin 1692 ; d, Elisabeth ép^sa, 1692, F^ois DE CHARGÈRES, écr, sgr de Vaux ; e, Marguerite, m^te à Varzy, 1707, 60 ans ; f, Louise, ép^sa, 1674, Laurent DU VERNE, écr, sgr de Jailly.

E. GEORGES, écr, maintenu Orléans, 1668 ; ép^sn 29 août 1638, Jeanne Millereau, d'où : 1° Adrien, chlr, d^t à Martangy en 1670, peut-être père d'Étienne, écr, qui ép^sa, vers 1695, F^se Baudot, d'où : Gabriel, m^t à 22 ans, et Geneviève, qui ép^sa, 1er août 1714, F^ois de Mareschet, écr, sgr de La Bastide, fils d'Alexandre et de Marie de Pireuille ; 2° Étienne, écr ; 3° Madeleine, ép^sn Jacques Colin, m^and à Saugny ; en 1686, Étienne, au nom de Jeanne Millereau, sa mère, leur vend divers héritages p^ar Gâcogne.

I. GEORGES DE BONGARDS, écr, sgr de Grosbois (c^ne Dampierre-s.-Bouhy) et de Courtois, qu'il eut au partage avec les des Paillards en 1602, ép^sn : 1° 10 nov. 1597 Marg^te Lemoyne, 2° en 1618 Jeanne Rapine, v^e de J. Marchand du Gué, et fille de G^me, sieur de St°-Marie. Eut du 1er lit : 1° Radegonde, ép^sa, 13 j^t 1620, Antoine de Neuchèze, écr, sgr du Plessis ; 2° Léonard; 3° Louise ; et du 2e lit : 1° Guillaume ; 2° Georges, suit.

II. GEORGES, écr, sgr de Grosbois, maintenu Moulins, 16 fév. 1667, ép^sa, 20 fév. 1654, Fr^se DE MAUMIGNY, ci-dessus, d'où : 1° François, suit ; 2° Georges.

III. FRANÇOIS, écr, sgr de Maumigny, ép^sa : 1° 6 sept.

1683, Phil^te de James, fille d'Henri, écr, sgr de Montcombroux (arr^t La Palice), et de Louise de La Ramas ; 2° 6 juin 1694, F^se Dubosc, v^e de Jean Rousseau, bois de Châtillon-Bazois ; ils vendent, en 1725, le domaine de Changy (c^no Villapourçon). Du 1er lit : 1° Anne, ép^sa, 30 sept. 1716, Léonard Méchine de La Mazille, l^t au rég^t de la Sarre; assassiné, en 1727, à l'instigation de sa fme et du prieur de Coulonges ; 2° Charles, écr, sgr de Maumigny, ép^sa, 9 janvier 1714, Jeanne de Mareschet de La Bastide, d'où : a, Anne, ép^sa Antoine Gondier des Aubus, fils de Gabriel, sieur de La Vallée, et lui porta Maumigny ; b, Catherine ; c, Gabrielle ; et du 2e lit : 1° François, suit ; 2° Jean-Louis ; 3° Joseph ; 4° Reine-Pétronille ; 5° Charlotte ; 6° Jean-Nicolas, mestre de camp de cav^rie, ch^ier de St-Louis, à l'ass^blée nob^se Nev. 1789.

IV. FRANÇOIS, écr, sgr de Chassy (c^ne Alluy), gendarme chez le roi, ép^sa : 1° 1722, Ét^te des Paillards, s. p^té ; 2° 6 mars 1734, Anne Jacob, fille de C. Jacob, m^and à Vitry-s.-Loire, d'où Jean, écr, l^t au rég^t de Bruxelles-Vallon au service d'Espagne, en 1767, lors de son maage avec Marie de La Codre, v^e, fille de Gabriel, maire de St-Pourçain, et d'Anne Causse, d'où : François, né à St-Pourçain en 1771, produisit pour Écoles mil^res.

Nous ne connaissons pas les auteurs de JEAN-F^ois-MARIE DE BONGARDS, né en 1760, chef d'escadrons au rég^t Noailles-dragons, cap^ne aux hussards de Damas en émigration, fait ch^ier de St-Louis pour le prince de Condé en 1795 ; marié sans enfants, fermier des forges de l'Eminence et maire de Donzy, en 1822 ; démissionnaire en 1825 quittant le dép^t de la Nièvre.

Armes : D'azur à cinq annelets d'argent, posés 2, 1, 2.

Sources : Bibl. nat. Preuves Éc^les mil^res, 33. — Arch. nat^les. — Arch. Nièvre B, E, M.— Ch^ne Hubert. — Reg^tres p^x. — Min. not. Lormes. — Mazas, H^re de l'O. de St-Louis.

Sortis du Nivernois.

suivant : François DE NERVILLE, écr, gendarme de la c^ie du roi, dem^t à Sury (c^ne St-Jean), achète en 1633 d'Henri de Montberon les sgries de Thonnin (c^ne Montigny-s.-Canne), Chandon (id.), Chevannes-les-Crots, provenant d'une saisie Lichy ; ép^sa Jacqueline de Clugny, d'où : Anne, qui ép^sa Adrien de Bongards, ci-dessus, qualifié dès lors sgr de Sury ; eut de graves litiges avec le prieur de St-Étienne, sgr de St-Jean-Amognes et de Sury, qui obtint en 1653 un décret de prise de corps contre Adrien de Bongards. Anne devenue veuve vendit, en 1673, « le domaine de Nerville autrement dit Sury ». Jean DE NERVILLE, écr, sgr de Boisgriffon, donataire de Marie de Nerville, plaide à ce sujet avec Adrien de Bongards en 1661.

Sources : Arch. Nièvre B. — *Carrés de d'Hozier*, 370. — Coll^on Soultrait à Soc^té Niv^se. — Arch. Cougny, ch. de Poiseux. — Min. not^re Prévost, à Diennes. — Reg^tres p^x St-Jean-Amognes, St-Firmin.

mère, 1641 ; sans p^lé ; 2° Paul, chlr, sgr de Riégeot, Moran, m^t 1681 s. p^lé ; ép^sa, 20 nov. 1670, Esmée *de Marcelanges*, qui se remaria, en 1683, avec J.-P. *Leroy* de Cuy, b^on d'Allarde ; 3° Hugues, suit ; 4° Angélique, abb^sse de Ste-Claire de Decize en 1686 ; 5° Catherine ép^sn, 1662, F^s-Léonard DE BONNAY, chlr, sgr de Neuville, Verneuil p^ie, d'où un fils m^t jeune dont elle hérita cette sgrie qu'elle donna à son neveu Paul ; 6° Marguerite, s. all^ce.

VII. — HUGUES DE MAUMIGNY, chlr, sgr de Rivière, Vilcray, Chevannes ; vend Rivière, en 1680, à J.-L. Moyeux, bailli de St-Sauveur ; sert en 1669, brigadier à l'escadron de la noblesse du Niv.; tué au combat de Leuze, 1691, dans les ch.-légers de la garde ; ép^sa, 30 j^t 1675, Marguerite DE GIRARD, v^e d'Eustache DE CHARRY ; inh^ée à Verneuil 1727, à 79 ans. Ils eurent six fils, dont un seul, Paul qui suit, eut p^lé, et six filles m^tes jeunes ou s. all^ce, parmi elles Jeanne-F^se, relig^se à Ste-Claire.

VIII. — PAUL DE MAUMIGNY, né 1676, m^t 1736, chlr, sgr de Riégeot, Vilcray, Moran, Verneuil en p^ie, Malicorne (c^ne Champvert), Rio-Gaillard (*id.*), fait aveu, 1724, pour 1/2 de Verneuil, l'autre 1/2 est à l'abb. N.-D. de Nevers ; ép^sn, 28 j^t 1699, Claude *de Las* (3), fille de

(3) DE LAS. — *Originaires de Las, en Armagnac.* — Damoiseaux en la chât^nie de Vic-Fezensac au XIVe s. — En 1422, un Perrenet de Las, écr, est à la montre à Avallon de l'armée du duc de Bgogne.

I. FRANÇOIS DE LAS, écr, sgr de La Coudre, gentilh^e m^on du roi, ép^sa da^elle Louise du Mont ; eut : 1° Marie qui ép^sa, c^at à Nevers 1547, Jean de Boulevrie, écr, sgr dudit lieu ; 2° Edme, suit.

II. EDME, écr, sgr de La Coudre et Valotte (c^ne St-B.-d'Azy), l^t d'une c^ie des gardes ; reçoit dén^t de Vannay mouv^t de Valotte, 1584 ; ép^sa, 16 août 1579, Savinienne de Giverlay ; eut : 1° Arnaud, suit ; 2° Edme, chlr, sgr de La Brosse, Fourcon (c^ne Montigny-Canne), Lancray (*id.*) Tonnin (*id.*), Champdoux (c^no Diennes), Fouquette (*id.*) ; ép^sa, 1628, Edmée *de Régnier*, dame de Champdou, Tonnin, Chevannes-les-Crots et Mirebeau, fille d'Adrien, écr, sgr de St-Gratien ; elle fonde une chapelle à Lancray, 1648 ; il mourut veuf en 1654 qu'il teste en faveur de son neveu, et léguant à ses bâtards de Jacq^to Cornu, sa servante, appelés de Champdoux ; 3° Charles, doyen de St-Yriès, prieur de Guipy, chan^ne de Nevers, achète Lancray 8,000 l. ; meurt 1636, son frère Edme en hérita.

III. ARNAUT, écr, sgr de La Coudre, Valotte, H^te-Cour (c^no Azy), Lancray, achète, en 1651, dîmes p^ses

Lichy et St-Péraville 1,500 l.; ép^sa, 26 nov. 1619, Jeanne *de Mauroy*, fille de Nicolas, sgr du Bellay ; il eut : 1° Charles, suit ; 2° Edmée, ép^sa 6 nov. 1653, Eustache DE CHARRY, sgr de Lurcy ; 3° Anne, ép^sa : 1° en 1662, Michel *Josian de Grandval*(*) ; 2° en 1677, F^ois de Chevigny, sgr de Montaugey (c^no St-Léger-s.-Beuvray).

IV. CHARLES, chlr, sgr *id.*, La Brosse, Trailles (c^ne Azy), Chéraut (*id.*), Mousseaux (*id.*), Champdoux, Tonnin, La Loge (c^ne Diennes), Les Doreaux (*id.*), m^t 1685 ; ép^sa : 1° 2 fév. 1654, Jeanne *de Menou*, fille de F^ois, sgr de Chiron, s. p^lé ; 2° 28 j^t 1659, Jeanne *de Chaugy*, fille de Jacques, chlr, sgr de Montigny-s.-Canne ; eut du 2e lit : 1° Arnaud, sgr d'Azy, m^t assassiné en 1683, âgé de vingt ans ; 2° Charlotte, ursuline à Moul.-Engilbert en 1701 ; 3° Michel, suit ; 4° Jeanne, ép^sa, 1681, Henri DE BAR, b^on de Limanton ; 5° Claude, née 1674, m^te 1765, ép^sa Paul DE MAUMIGNY, cidessus ; 6° Cécile, ép^sn, 1698, Jacques DU CREST, écr, sgr de Villaines.

V. MICHEL, chlr, sgr *id.*, dit b^on de Prye et Imphy ; vend avec ses sœurs, en 1699, à Jeanne Gascoing, v^e de Ludovic de Veilhan, Montigny, Bussières, Matonge, Mirebeau de succession de leur oncle H. de Chaugy, et aussi Lancray, Fourcon, La Loge, Vaujoly, Tonnin de

(*) JOSIAN DE GRANDVAL. — Le nom de cette famille est de Grandval, mais, dans le cours du XVIIe siècle, la plupart de ses membres sont dénommés simultanément de Grandval et Josian de Grandval. — PHILIPPE DE GRANDVAL, sgr de Fraize, p^se Vitry-sur-Loire, mort av^t 1591 époux de Jeanne de Buard, eut entr'autres : PIERRE de Grandval, sgr de Fraize et Montrouard, sans doute père d'ANTOINE de Grandval, *alias* de Josian de Grandval, écr, sgr d'*id.*, l^t dans la c^ie du ch^ier de Tavannes, b^on de Vitry-s.-Loire ; cap^ne, en 1630, qu'il baille à Pierre Lamartine, meunier à Cronat ; ép^sa Marguerite *de Chaugy*, d'où entr'autres : MICHEL de Josian, chlr, sgr de Grandval, Fraize, La Baume, Ambly, Maunoir, ép^sa, 20 fév. 1662, Anne *de Las*, ci-dessus. — JEAN DE GRANDVAL, ép^sa av^t 1609 Jeanne d'Ambly, dame de Champagny ; forma la branche de Champagny, à laquelle appartenait René de Grandval de Josian, époux d'Anne de Lhospital, fille d'Adrien, grènetier à Bourbon-Lancy, probablement père de JACQUES Josian, écr, sgr de Grandval, qui ép^sa, 16 sept. 1733, Marie *du Quesnay*, v^e de Claude *Danguy* ; elle fut inh^ée à Luzy, en 1762, âgée de 83 ans. — Dans la branche d'Arfois on trouve Régnier de Grandval dit Josian, veuf, en 1624, de M^te d'Ambly, et RENÉ de Grandval de Josian, mort avant 1620, dont la fille Jeanne, dame du Chambon, pr. Bourbon-Lancy, ép^sa Charles LE TORT, écr, sgr des Chèzes. — Péronne de Grandval, veuve, en 1601, sans enfants de Jean *de Ponard*, écr, sgr de la verrerie de la Boue, transmit aux Grandval la moitié de Noireterre, près Luzy, qu'ils vendent, 1636, à Pierre *Chaussin*, s^r de Serandey ; Jean de Ponard, neveu du précédent, ép^sa vers 1630 Charlotte de Grandval. — Jeanne Josian de Grandval, fille ou sœur de Pierre, sgr de Fraize, ép^sa, avant 1626, Robert *Mathieu*, sgr de Montanteaume et La Vallée (c^no Millay) ; leur fille Gabrielle ép^sa Robert DE GRANDVAL, avec qui elle vend Millay, en 1671.

Sources : Min. not^res Bourbon-Lancy, Cronat, La Nocle. — Arch. de l'Allier. — Reg. par^x Luzy, St-Benin-d'Azy.

Charles, chlr, sgr de Valotte, et de Jeanne *de Chaugy*. Il eut : 1º Paul-Jean, suit ; 2º Catherine-Michelle, m^le fille à 26 ans en 1726, s. all^ce ; 3º Anne-Marguerite, abb^sse de Ste-Claire en 1762 ; 4º Claude-F^s ; 5º Ch^te-Henriette de Maumigny de Bussy, reçue relig^se à Ste-Claire en 1727, m^te en 1785.

IX. — PAUL-JEAN DE MAUMIGNY, né 1703, m^t 1779, chlr, sgr de Verneuil en p^te, Riégeot, Vilcray, Sélines-s.-Loire, Patinges en p^te, reçu page de la g^de écurie 1723, l^t rég^t Poitou 1727 ; ép^su, 10 juin 1733, F^se-Marie *Bouzitat* (4), fille de Pierre, écr, sgr de Sélines, ancien mousque-

feu leur père, au prix de 66,000 l. ; entré, 1700, aux Etats de Bgogne comme possédant Bierry ; donne à son fils aîné les mines du Bouchot pour son fourneau d'Azy, 1735 ; ép^sa, 3 fév. 1698, Cath^ne Filzjean, fille de Pierre, sgr de Presle, et d'Anne Quantin ; eut : 1º Louis-Henri, chlr, sgr de Valotte, Trailles, Mousseaux, Chérault, dit m^is d'Azy ; ép^sa Cath^ne-L^se Cordier de Launay, m^t 1754 s. p^té ; 2º Jean-B^te-Cl^de, suit ; 3º Charles ; 4^u Marie ; 5º Cécile, prieure de La Fermeté en 1756 ; 6º Char^te-Michelle , prieure de Largentière en 1771 ; 7º Catherine ; 8º Anne-Cécile.

VI. JEAN-BAP^te-CLAUDE, chlr, dit : c^te de Prye; sgr d'Azy, Trailles, reçu page de la g^de écurie en 1720 ; ép^sa Jeanne-Marie *du Bourg* (*) ; il eut : 1º Catherine ; 2º Michel-Mathieu, m^is d'Azy, c^te de Prye, sgr de Valotte, Chérault, Traille, H^te-Cour, Mouceau, Sauvry, Bouchot, Rancy, Thiernay, Imphy, d^t ch. de Prye, afferme Azy en 1766; avec Louise, sa sœur, plaide contre leur mère v^e et h^t Paris, 1767, au sujet de l'héritage de Louis-Henri ; est tué à Azy, 1768, par des marauders bohémiens ; 3º Louise-Marie, seule héritière des de Las, était aux bénédictines de La Fermeté en 1769, qu'elle donne procuration à son cousin germain (qui devint son mari) pour administrer ses biens et faire rendre comptes à sa mère; ép^sa, 26 sept. 1771, Emmanuel Gaspard, m^is *du Bourg* de Bozas, cap^ne rég^t dragons de Damas.

Armes : De sable à trois coquilles d'argent 2 et 1.

Sources : Arch. nat. X^ia. — Bibl. nat., *Ecoles m^res*, vol. 278 ; *Pièces originales*, vol. 1654. — *Inv.* Peincedé, 26. — Arch. Nièvre B, E, G. — Reg. p^x St-Jean de Nev., St-Etienne, St-Benin-d'Azy. — V. Gueneau, *St-Benin-d'Azy.* — Min. Prévot, notr^e Diennes.

(4) **BOUZITAT**. — *De Nivernois.* — Guillaume Bozitat, curé de S^te-M^ie-Flagelles, m^t 1538, dont la pierre tombale se voit en l'égl. de Marzy.

JEAN BOZITAT, son frère, achète avec lui, 1522, un pré sis à Courcelles (Marzy), chargé de cens envers le chap. de Ste-Croix d'Orléans ; il eut : André, p^ien de Marzy, et Jean, laboureur à Courcelles, qui achètent bord^ees à Marcé (c^ne Marzy), 1530 ; ce dernier a pour fils Pierre Bouzitat, m^and dem^t à Courcelles, en 1583, père ou oncle de Grégoire Bouzitat, lab^r à Courcelles, qui achète, 1612, pré sis Chamont de Courcelles, tenant aux terres de Vincent, de Jean et de Guillaume Bouzitat.

PIERRE BOUZITAT, m^and à Nev., veuf de Phelippes Pajot, 1570, dont il a André et Jeanne, acquiert à Marcé de M^lo Morin, v^e de Guillaume Bouzitat, notr^e ducal.

MICHEL BOUZITAT, proc^r d'office de Marzy, 1639, sans doute père de : 1º Pierre, notr^e, procureur d'office d'*id.*, « m^tre et chef de sa communauté » ; ép^sa, 1677, Gabrielle Daguin, d'où Claude B., d^t à Marzy, en 1712 ; 2º Claude, marié av^t 1682 à Claudine Grénetier. — Jeanne Bouzitat, fille de feu Vincent, ép^sa, 1684, Jean Daguin, lab^r à Marzy.

I. VINCENT BOUZITAT, m^and à Nev., et Marie Millin, sa f^me, achètent, 1598, terre en Chamont chargée de bord^se envers Ste-Croix d'Orléans, puis autre bord^se du chap. St-Martin; échevin Nev. de 1606 à 1608 ; nommé, en 1610, commissaire pour la marine ; un des fondateurs de la Visitation Nev. 1620 ; plaide, 1636, contre M^ie Bouzitat, v^e de Pierre-Henri ; acte, 1639, avec Jacquette B., f^me de Léonard Delabrye, m^and Nev., et Michel B., proc. d'office. Il eut : 1º Pierre, suit ; 2º Françoise, ép^sa vers 1625 Jean *Guyot*(**), av^at Nev. ; 3º Jeanne, f^me de Claude Guyton.

(*) DU BOURG. — Originaires du Vivarais, où se trouve Bozas, érigé en marquisat, 1693, en faveur d'Emmanuel du Bourg, maréchal de camp, qui de M^ie-Anne de Ginestoux, dame de Bozas, eut : Emmanuel-Gaspard, m^is de Bozas, ép^sa, 1714, Mathieuve du Croc, fille de J.-Cl^de, c^te de St-Polgues, près Roanne, d'où entr'autres : Jeanne-M^ie DU BOURG, f^me de J.-B^te-Cl^de-Bernard *de Las*, ci-dessus, et Just-Henri DU BOURG, m^is de Bozas, c^te de St-Polgues, qui de Fr^se de La Roche-Aymon eut : Emmanuel-Gaspard-M^ie, m^is DU BOURG de Bozas, ép^sa, 26 sept. 1771, L^se-M^ie *de Las*, sa cousine germaine, dame d'Azy, Prye, etc. ; veuve, vendit en 1795 la terre d'Azy à Mr Brière ; ils eurent : H^te-M^ie mariée, 1794, avec L.-E.-P., c^te DE BERTHIER-BIZY, et Louis, c^te DU BOURG, m^is de Bozas, qui ép^sa, vers 1800, Pierrette *de St-Vallier*, dont il eut : 1º Charles-Louis, suit ; 2º Antoine, off^r, m^t célib. 1832 ; 3º Henriette, ép^sa N. Chamillard, m^is de La Suze. Charles-Louis, m^is DU BOURG de Bozas, off^r de cuirassiers, mort 1882, ép^sa Charl^e-Vict^re-Clém^ce Bajot de Conantre, d'où : 1º Antoine-Charles, m^is DU BOURG de Bozas, ancien écuyer de Napoléon III, ép^sa Adèle-L^se-M^ie Favard, d'où : *a*, Antoine, ép^sa, 1893, Marguerite Sipière ; *b*, Robert, pp^re de Prye ; 2º Antoinette, ép^sa le m^is de Rune ; 3º Marguerite, ép^sa Ch. Le Bœuf c^te d'Osmoy.

Armes : D'azur, à trois tiges d'épine d'argent, 2 et 1.

Sources : Bibl. nat. : *preuves g^de écurie*, t. 276 ; *dossier bleu*, 124. — Potier de Courcy. — Regt^res paraux St-Jean de Nevers. — Etat civil de La Fermeté.

(**) GUYOT. — Jean GUYOT, av^at baage Nev., époux de Fr^so *Bouzitat*, ci-dessus, mourut avant 1654, laissant : Jeanne, f^me de Jean *Arvillon* ; Charlotte, f^me de Pierre *Viau*, c^er au présidial ; Françoise, qui, en 1678, fait donation à Jean Guyot, av^al, dem^t à Paris, et

79

taire de la garde, et de Gabrielle Goury. Il eut : 1º Paul-Marie-François, suit ; 2º Claude-Madeleine-Pierrette, mᵗᵉ 1792, s. allᶜᵉ ; 3º Louis-François, capⁿᵉ régᵗ de Poitou, émigra

II. Pierre, sgr du Chasnay (cⁿᵉ Marzy), élu Nev.; échevin 1647 ; cᵉʳ mᵗʳᵉ d'hôtel du roi ; nommé, 1656, agent des affaires du prince de Conty pour ses terres de Berry et Nivernois ; épˢᵃ, 11 oct. 1624, Frˢᵉ *Gascoing*, dont il eut : 1º Vincent, sgr du Chasnay, Carroy en Brie, secʳᵉ des commandements du prince de Conty ; épˢᵃ, 1663, Elisᵗ Valentin de Wicardel, d'où : *a*, Claude, sgr du Chasnay, mᵗ s. allᶜᶜ, 1698, avᵃᵗ gᵃˡ au parlᵗ de Metz ; *b*, Henri-Auguste, garde de la marine, mᵗ s. allᶜᶜ; *c*, Elisᵗ-Genʳᵉ, dame du Chasnay, Carroy, épˢᵃ 22 jᵗ 1699 Abel de La Barre, écr, servant du duc d'Orléans, fils de Jean, gᵈ voyer de la génᵗᵉ de Paris ; vendirent le Chasnay à l'abbé Jean de Bèze, 1710 ; 2º François, chanⁿᵉ de Sᵗ-Cyr, cᵉʳ clerc au présidial, mᵗ 1685 ; 3º Pierre, écr, sgr de Courcelles, contrôleur maison du roi, maintenu à ce titre, en 1667, personnellement; épˢᵘ Mⁱᵉ Picard, d'où : *a*, Mⁱᵉ-Margᵗᵉ épˢᵃ, 1690, Bénigne du Trousset, trésʳ de Frᶜᵉ à Metz ; *b*, N., sgr de Courcelles, d'où un fils Pierre, écr, sgr *id.*, en 1726 ; 4º Jeanne, épˢᵃ, 1654, Clᵈᵉ *de Bèze*, sgr de Pignol ; 5º Jean-Bapᵗᵉ, prieur de Parai ; 6º Claude, suit ; 7º Philibert, chanⁿᵉ archidiacre de Nevers.

III. Claude, écr, sgr de Sélines, lᵗ régᵗ de Conty ; anobli par lettres de 1666, puis gentilhᵉ servant du roi ; épˢᵃ : 1º 30 janv. 1669, Gᵇˡᵉ *Litaud*, fille de

Frᵒⁱˢ, lᵗ pᵉʳ au présidial, dont il eut Françoise et Claudine, héritières, en 1682, de leur oncle Ch. Litaud, sgr de Boisvert ; 2º 26 avril 1677, Jeanne Piedenus, vᵉ de G. Vigier, procʳ du roi à Bourbon-l'Archᵗ, fille de Jacques et d'Anne Coupery, dont il eut : 1º Françoise, épˢᵃ Simon Girault, cᵉʳ au présidial de Moulins ; 2º Anne, relig. bénédictine à Nev.; 3º Pierre-Marie, écr, sgr de Sélines, Laubray (Cuffy), Malnoue (*id.*), Coudde (Patinges), acheté, en 1717, de J. de Marion 7950 l.; obtint modération de la nouvelle taxe sur les anoblis depuis 1600 ; comme fils de Claude, anobli, il réclame contre un droit de franc-fief auquel il est taxé, en 1729, pour la sgrie de Coudde valant 16,000 l.; épˢᵃ, 21 jᵗ 1716, Mⁱᵉ-Gᵇˡᵉ Goury, fille de Lazare et de Fˢᵉ-Gᵇˡᵉ Michel, dont il eut Fˢᵉ-Mⁱᵉ, qui épˢᵃ Paul-Jean de MAUMIGNY, ci-dessus ; 4º Vincent, capⁿᵉ d'infᵗⁱᵉ, tué en Italie ; 5º Clᵈᵉ-Amable-Fʳˢ, tué à La Rochelle ; 6º Marie, épˢᵃ, 11 nov. 1710, Joseph *de Bèze*, écr, sgr de La Belouze.

Armes : De gueules, au chevron d'or, accompagné de trois tours d'argent.

Sources : Arch. Nièv. B, E, G, H. — Arch. hospitʳᵉˢ. — Parmentier, *Invᵗ ᵉ*. — Arch. Allier B. — Bibl. nat. : *Carrés de d'Hozier*, v. 127 ; Chérin. — Regᵗʳᵉˢ parᵃᵘˣ Sᵗ-Jean de Nevers.

Sortis du Nivernois (*).

Vincent Guyot, avᵃᵗ, demᵗ à Bourges, ses frères. — Jean Guyot, sgr de Tars (cⁿᵉ Chougny), avᵃᵗ, dᵗ à Paris, achète en 1656, moyᵗ 600 l., les dîmes de Montchougny ; il eut (A) Nicolas Guyot, sgr du Chesne et Chenizot, taxé, 1688, comme décimateur pour parfaire la portion congrue du curé de Chougny ; épˢᵃ Antoinette Pelletier, d'où sans doute : Fois Guyot de Chenizot, secᵗᵉ du roi, recᵗ gᵃˡ des finances à Rouen, reçoit, en 1721, rembourˢᵗ par Léonor de Pracomtal, qui lui avait acheté à réméré la lieutenance du roi en Nivernais ; sortis à ce moment de la province ; (B) Léonard Guyot de Montchougny, sʳ de Tars, écr, sʳᵉ du roi, sgr de Sᵗ-Amand, qu'il acheta, vers 1710, de Remy de Bullion, chlr, mⁱˢ de Montbouet et Sᵗ-Amand ; épˢᵃ Anne-Cathⁿᵉ Pelletier dont il eut : 1º Nicolas-Léonard Guyot de Sᵗ-Amand, cᵉʳ pᵗ Paris, mᵗ 1732, épˢᵃ Mⁱᵉ-Anne Rousseau, d'où : Antoine-Léonard, dit mⁱˢ de Sᵗ-Amand, qui épˢᵃ Madⁿᵉ Guyot de La Boissière, dont il eut : *a*, Félicité-Antᵉ-Madⁿᵉ, fme séparée, en 1796, de Gilbert du Fraisse, émigré, épˢᵃ en 2ᵉˢ noces, 1799, Georges-Fˢ Duplès, comᵗᵉ du gouvᵗ à Clamecy ; *b*, Antoine-Vincent, mᵗ à Francfort, 1804, épˢᵃ Mⁱᵉ-Joséphine-Rosalie-Hᵗᵉ, baronne de Wimpfen, d'où : Antoine-Félix-Fˢ-Charles, épˢᵃ, 1823, Clémᵗᵉ-Margᵗᵘ de Sampigny d'Issoncourt ; le mⁱˢ de Sᵗ-Amand, leur fils, vendit Sᵗ-Amand ces dernières années ; 2º Antoine-Jean Guyot de La Boissière, cᵉʳ en la cour des aides, qui, avec sa fme, Mⁱᵉ-Madⁿᵉ de Frémont, vendit, en 1755, à Ch.-A. de Certaines la sgrie de Tars, avec la justice des domaines Huis-l'Ouvrau, Chenizot, Montchougny.

Une autre famille Guyot de Garembé est connue à Sᵗ-P.-le-Mᵘʳ depuis Guillaume, écr, sgr de Garembé (cⁿᵉ Tresnay), lᵗ du bailli de Sᵗ-Pierre en 1506. — Jean G. de Garembé, lᵗ au baage de Sᵗ-Pierre, époux avᵗ 1636 de Jeanne de Berne, sans doute père de Jean, sʳ de Garembé, avᵃᵗ à Sᵗ-Pierre, et de Gilbert, lᵗ sʳ (*id.*). — Etienne Guyot, sʳ de Garembé, avᵃᵗ en pᵗ, épˢᵃ, 1626, Marie de Saumaise, dont il eut : Charles, écr, sgr de Garembé, épˢᵃ 1662 Marie Rollet, et Jean, écr, docteur-médecin à Dijon, marié à Jeanne Delacorne, et peut-être aussi Samuel, mᵗ avᵗ 1650, époux de Suzanne Duchesne, d'où : Etienne, écr, sgr du Boulay, dont la veuve Judith Léveillé habite La Charité en 1686.

Les Guyot d'Amfreville, venus fin xviiiᵉ s., cᵒⁿ de Luzy, lors du maage de P. Guyot d'Amfreville avec Angélique *Corlet*, sont originaires d'Evreux ; ils portent : D'azur au chevron d'argent acc. de 3 champignons d'or.

Guyot de Sᵗ-Amand. — *Armes :* D'argent à 2 guyots ou poissons en fasce, celui du milieu contourné, et une mer ondée d'azur en pointe.

Guyot de Garembé. — *Armes :* D'or à la fasce d'azur, chargée de 3 fleurs de lys du champ, accompagnée en pointe d'un lion de gueules.

Sources : Arch. Nièvre E. — Origˣ collⁱᵒⁿ Soultrait. — Bibl. Arthur de Guerchy. — Regᵗʳᵉˢ parˣ Sᵗ-Jean de Nev., Sᵗ-Amand-Puisaye. — Etat civil de Gerzat (Puy-de-Dôme).

(*) Les Bouzitat de Sélines ont figuré à l'ass. de la nobl. de Saintonge et Aunis en 1789. Benoît Bouzitat de Sélines, lᵗ-colᵗ d'infᵗⁱᵉ, chⁱᵉʳ de Sᵗ-Louis, nommé, en 1759, comᵗ du corps des volontaires de l'Aunis, s'était fixé dans cette province, ainsi que son frèrᵉ Alphonse Bouzitat de Sélines, sgr de Chieuse (pr. La Rochelle), capⁿᵉ régᵗ de Navarre, chⁱᵉʳ de Sᵗ-Louis, qui épˢᵃ vers 1768 Anastasiᵉ Donat de Pujol, dont il eut : Louis-Joseph et Marie-Madeleine. — Les diverses branches du Chasnay, de Courcelles et de Sélines sonᵗ éteintes ; mais il existe encore en Nivernais des Bouzitat, qui proviennent sans doute de ceux, assez nombreux à Marzy, dont nouᵗ n'avons pu donner la filiation suivie.

avec son frère et ses neveux, maréchal des logis à l'armée de Condé, ch^{er} de St-Louis, 1796, m^t célibataire 1819.

X. — PAUL-M^{ie}-F^s DE MAUMIGNY, chlr, sgr d'*id.*, Moran, Malicorne, Fondjudas (Champvert), dit : c^{te} de Maumigny ; ch^{ier} de St-Louis, l^t-col^l rég^t ch^{rs} à cheval de Franche-Comté en 1789, à l'ass. nob^{se} Nev.; créé maréchal de camp en émigration, 1797 ; m^t en Styrie, 1801 ; ép^{sa}, 1er j^t 1765, M^{ie}-Mad^{ne}-Charl^{te} Barentin de Montchal, fille de Charles, brigadier des armées du roi, et de Louise Bertin de Vaugien. Il eut : 1° Ch^{te}-Pauline-Mad^{ne}, ép^{sa} 1° 1786, Martial-L^s, c^{te} de Marsanges, cap^{ne} dragons, fils de Jean, c^{te} de Vaury (H^{te}-Vienne) ; 2° Martial de La Bachellerie de Châteauneuf ; m^{te} s. p^{té} ; 2° Balthazard-Bruno-F^s, page g^{de} écurie, 1783 ; l^t rég^t de Quercy ; tué en émigration, 1794 ; 3° Charles-Paul-Nicolas-Cl^{de}, qui suit ; 4° Louis-F^s-M^{ie}, reçu ch^{ier} de Malte en 1778 ; page g^{de} écurie en 85, s^s-l^t rég^t Poitou en 88, ch^{ier} de St-Louis en émigration, m^t célib. 1802 ; 5° L^s-Aug^{te}, m^t à un an ; 6° Ch.-Jean-L^s-Guy, reçu ch^{ier} de Malte en 1779, âgé d'un an, et m^t même année.

XI. — CHARLES-PAUL-NIC.-CL^{de}, c^{te} DE MAUMIGNY, page p^{ie} écurie 1783, off^r rég^t Ségur en 86, émigra en 91 à l'armée des princes, puis à celle de Condé ; perdit un œil à Aïcha, ch^{ier} de St-Louis en 97 ; membre du cons. gén^{al} de la Nièvre ; reçut, en 1825, ainsi que Mme de Châteauneuf, indemnité pour les biens vendus révolutionnairement sur lui, sur leur père et mère, et sur L^s-F^s, leur oncle, aussi émigré ; ép^{sa}, 24 août 1803, Marg^{te}-Th^{se}-L^{se}-H^{te} des Maisons du Paland, fille de J^h-Guil^{mo}, et de Marg^{te} de Barbançois. Il eut : 1° M^{ie}-J^h-Victor, qui suit ; 2° Paul-Genest, s^s-l^t au 40° en 1829 ; 3° Louise-Gab^{le} ép^{en}, 1828, Hippolyte *du Pré de St-Maur* (*), fils de Georges, et de M^{ie}-Anne de Vigny ; 4° M^{ie}-Charlotte, ép^{sa}, 1834, Joseph-Amédée, fils de F^s-Antoine, c^{te} de Caissac, et de Charlotte de La Roche-Lambert ; 5° Th^{se}-Sophie, ép^{sa}, 1837, Charles-Philippe, m^{is} de Falaiseau, fils d'Etienne, et d'Adélaïde de Kerjean.

XII. — M^{ie}-J^h-VICTOR, c^{te} DE MAUMIGNY, né 1804, m^t en 95; off^r d'état-major en 1824;

(*) DU PRÉ DE St-MAUR. — *Originaires des environs de Melun.* — Nicolas DU PRÉ DE St-MAUR, chlr, sgr de Brinon, Argent, intendant du Berry, puis de Bordeaux, ép^{sa}, 1761, Cl^{de}-L^{se} Le Noir, dont il eut : Adélaïde, m^{to} à Limanton en 1825, ép^{sa}, 1780, Barthélemy, c^{te} DE BAR ; Nicolas, qui suit, et Georges-Bourges, qui suivra. — Nicolas DU PRÉ DE St-MAUR, av^{at} du roi au Châtelet, m^{tre} des requêtes honoraire, ép^{sa}, 1° 1794, Agnès-M^{ie} de Rivière de Riffardeau ; 2° 1809, M^{ie}-Anne de Rochefort-Luçay, dont il n'eut que deux filles m^{tes} sans alliance ; il eut du 1er lit : 1° Agnès-L^{se}-Aglaé, ép^{sa}, 1816, Louis *Bruneau*, m^{is} de Vitry ; m^{te} s. p^{té} ; 2° Mélanie, ép^{sa}, 1821, Jean *de Jarsaillon* ; 3° Ch.-Nic.-Victor, ép^{sa}, 1838, L^{se}-Isaure *Manblanc de Lavesvre* ; 4° Adélaïde, ép^{sa}, 1824, J^n-B^{te} DE COURVOL de Lucy. — Georges-Bourges DU PRÉ DE St-MAUR ép^{sa} M^{ie}-Anne-Hermine de Vigny, dont il eut : 1° Joseph-Nic.-Hipp^{le}, ép^{sa}, 1828, L^{se}-Gab^{le} DE MAUMIGNY, ci-dessus, d'où : la c^{tesse} de Montbel, Mme de Baudicourt, la m^{ise} de Bourran ; 2° Ernest, père de Georges et d'Alix, fme d'Henri DU VERNE ; 3° Jules, c^r gén^{al} d'Alger ; 4° Edouard, ép^{sa}, 1845, Ernestine-Claire *Benoist d'Azy* (a), dont il eut : la m^{ise} de Houdetot et René du Pré de St-Maur, pp^{re} de Saulières, ép^{sa} Suzanne *de Bourbon-Busset*, d'où : a, Louis, b, Charles, c, Richard, et deux filles.

Armes : D'argent à la fasce de sinople, accompagnée de 3 trèfles de même. — Lachesnaye-des-Bois leur donne pour armes : Mi-parti d'az. à la bande d'or, chargée de 3 cosses de pois de sinople, qui sont celles des sgrs de Cossigny, et d'arg. à la fasce de sinople, acc. de 3 trèfles de même. Mais les documents de la Bibl. nat. montrent que les du Pré, écrs, sgrs de Cossigny au XVe s., sont différents de ceux du Pré, cons^{ers} à la ch^{re} des cptes de Paris, dont les armes, telles que nous les donnons, sont décrites dans une enquête de 1530.

Sources : Bibl. nat., dossier bleu, 543 ; Carrés de d'Hozier, 513. — Lach.-des-Bois, XI. — Etat civil du Cher et de la Nièvre.

(a) *Benoist d'Azy.* — *Originaires d'Angers.* — Pierre-Vincent Benoist, l^t g^{al} au présidial d'Angers sous Louis XVI, anobli 1816, ministre s^{re} d'Etat, créé c^{te} en 1828, eut Denis B., autorisé à ajouter à son nom celui d'Azy par ord^{ce} de 1847 ; d^n *Benoist d'Azy* après la mort de son frère aîné ; était insp^r g^{al} des finances lors de son mariage avec Rose-Amélie, fille de J.-M.-L. Brière d'Azy, lequel avait une autre fille, Caroline, qui d'Alph. Brière de Montaudin, son cousin, eut Mme Chenest, dont le fils Alph. Chenest de Montaudin a vendu Cigogne en 1890. Le c^{te} Denis *Benoist d'Azy*, député de Ch.-Chinon, 1842, vice-p^t de la Chambre lors du coup d'Etat, député de la Nièvre, 1871, mourut en 1880, âgé de 85 ans, laissant : 1° Paul (ch. d'Azy), ép^{sa}, 1850, Claire, fille du c^{te} Jaubert, ancien ministre ; a, René, ép^{sa}, 1894, d^{elle} Carrie Jones ; b, Denise, ép^{sa}, 1874, Henri de Rocher ; c, Thérèse, ép^{sa} le m^{is} de Lépinay, député de la Vendée ; d, Claire, religieuse du Sacré-Cœur ; e, Marie, ép^{sa} son cousin Charles, b^n Jaubert ; Augustin (ch. de Faye) ép^{sa} 1° Alexandrine Daru, fille de l'ancien ministre, dont il eut Camille, mariée, 1866, à Robert, c^{te} de Quincey ; 2° en 1870, d^{elle} de Rességuier, dont il eut : a, René, ép^{sa} ; b, Albert, s^s-l^t 85e, m^t 1897 ; c, la c^{tesse} de Villeneuve-Esclapon ; 3° Charles (ch. de Limon), ép^{sa} 1° 1860, M^{ie} de Germiny, s. p^{té} ; 2° d^{elle} de Surville, dont il eut : Denis, l^t de vaisseau, ép^{sa} d^{elle} de Vogué ; 4° Ernestine, ép^{sa}, 1845, Edouard *du Pré de St-Maur*, ci-dessus, et lui porta Saulières, acheté par son père à M. Grangier de La Marinière ; 5° Adeline, ép^{sa}, 1849, Augustin, b^n Cochin.

Armes : D'azur au faucon d'or, essorant et enserrant un rameau du même.

épsa, 13 oct. 1834, Claudine-Genve-Zoé *de Bouillé* (*), fille d'Albert, victe de Bouillé. Il eut : 1° Paul-Pierre-Gabriel-Albert-Louis, né en 35, lt-coll d'état-major, chier Légion d'honneur ; épsa Jeanne *de St-Phalle*, dont il a : *a*, Marie, née en 82 ; *b*, Joseph ; *c*, Geneviève ; *d*, Marguerite-Mie ; 2° René-Ch.-Henri-Jh, né en 37, P. Jésuite ; 3° Marie, née en 43, épsa Joseph, cte de Cordon ; 4° Jean-Mie-Paul, né en 56, mt à vingt et qq. années.

Armes : D'argent, au chevron de sable, accompagné en pointe d'une étoile de gueules, au chef cousu d'or.

Sources : Bibl. nat. : *Carrés de d'Hozier*, 421 ; *preuves gde écurie*, 278 et 282 ; mélanges Clérambault. — Arch. Nièvre B, E, Q. — *Invre des Titres de Nev.* — Arch. des châteaux de Guichy, Devay, Espeuilles, Guerchy. — Origx collion Soultrait. — Copies cte de Chastellux à Socté Niv. — Lainé, *Arch. de la nobse*, t. VI. — Courcelles, *Dict. histque des généraux fais*. — Baudiau, *Morvand.* — P. Meunier, *Bailliage.* — Mintes notres Decize, Moul.-Engilbert, Bourbon-Lancy. — Regtres paraux Lichy, Cossaye, St-Etienne de Nev., St-B.-d'Azy, Verneuil.

Le Nobilre de la généralité de Moulins porte : 1667, Paul de Maumigny, sgr de Riégeau, demt parse de Champvert, *maintenu*.

Existants dans la Nièvre.

(*) DE BOUILLÉ. — Chlrs, sgrs du Chariol en Auvergne : se sont divisés, fin XVe siècle, en deux branches qui se sont perpétuées jusqu'à nos jours, l'aînée par Michel, cte de Bouillé du Chariol, pair de Fce en 1827, et la deuxième par la descendance du mis de Bouillé, bon d'Alleret, chier du St-Esprit, général en chef de l'armée de la Meuse en 1790. A une troisième branche, détachée de cette dernière, au commencement du XVIe s., appartenait Claude, vicle DE BOUILLÉ, qui épsa, 1786, Mie-Guillelmine Pinel du Manoir, dont il eut : Fs-Cl.-A.-R.-Albert, vte DE BOUILLÉ, maire de Nevers, chier de la Lég. d'Honneur, épsa, 2 janv. 1812, Rosalie-Pierrette *de Forestier*, dont il eut : 1° Charles, cte DE BOUILLÉ, offer Lég. d'honneur, sénateur de la Nièvre, mort en 1889 au ch. de Villars ; épsa Alix du Crozet, d'où : *a*, Raoul (ch. de Villars), épsa delle du Bouys de Praviés, dont il a six filles ; *b*, Albert, capne cavrie, épsa delle de Coulonges ; *c*, Eliane, épsa Edgard, mis DE CHARGÈRES ; 2° Roger, épsa delle de Tryon de Montalembert ; 3° Henri, général de divon, épsa delle Rossetto Roznovano ; 4° Genve-Zoé, épsa, 1834, Mie-J.-Victor, cte DE MAUMIGNY, ci-dessus ; 5° Blanche, épsa, 1849, Charles, cte DE MARCY ; 6° Yseult, épsa, 1863, le cte d'Aux de Lescout.

Armes, à la salle des croisades : De gueules, à la croix ancrée d'argent.

DE MELLO

ORIGINAIRES du diocèse de Beauvais.

Le 1er membre connu, Dreux, sgr de Mello, vivant fin XIe s. et commt XIIe, épa N., sœur du cte de Beaumont-sur-Oise. — Dreux, sgr de Mello, son fils aîné, épa Richilde, fille d'Hugues, cte de Clermont-en-Beauvoisis. Il alla à la croisade, où Rainaud, son 3e fils, qui y devint célèbre, fut tué par les Assassins en 1152. Guillaume, frère de Rd, fut abbé de St-Martin de Pontoise, puis de Vézelay en 1159, et y mourut très âgé 1171.

I. — DREUX, sgr DE MELLO, fils aîné du 2e Dreux, épa N., qui lui apporta des terres en Bourgogne, notamment St-Bris (Auxerrois).

II. — DREUX DE MELLO, leur 2e fils, eut St-Bris (Auxerrois), St-Maurice-Thizouailles (près Joigny), Voisines (en Sénonais). Il accompagna Philippe-Auguste dans toutes ses guerres et à la croisade, où il acquit une grande renommée. Après son retour en France, le roi le nomma connétable. Il fit de nombreuses donations aux abbayes et prieurés de l'Auxerrois et du Sénonais, et mourut le 3 mars 1218 (n. s.) à 80 ans. Epa Ermengarde de Moucy, veuve avant 1160 de Guillaume Ier, comte de Dampierre, d'où entr'autres : 1° Guillaume, suit ; 2° Dreux, à qui Philippe-Auguste inféoda, après l'avoir prise, la ville de Loches en 1205. C'est par erreur que le P. Anselme dit qu'elle fut inféodée à son père. Dans la succession de son père, eut la sgrie de St-Maurice-Thizouailles et pie de St-Bris. Accompagna saint Louis à la croisade de 1248. Mort en Chypre sans postérité le 8 janvier 1249. Par sa femme, Isabeau, fille du sgr de Mayenne, il fut sgr de cette ville.

III. — GUILLAUME DE MELLO, sgr de St-Bris, fait prisonnier par les Anglais dans un combat près de Gisors 1198 ; témoin 1209 d'accord entre Hervé, c^{te} de Nevers, et l'évêque d'Auxerre ; se porta garant en 1215 de la fidélité du c^{te} de Joigny envers le roi. En 1222, à Melun, il se porta caution de la fidélité envers le roi de la c^{tesse} de Nevers. S'obligea en 1223 avec le sire de Loches, son frère, et Thibaut, roi de Navarre, c^{te} de Champagne, pour la somme de 3,600 livres en faveur d'Archambault VIII, sire de Bourbon, son neveu (*). Il avait sans doute des fiefs en Nivernais, car en janvier 1243, faisant foi et hommage au comte de Champagne, il réserve la féauté et l'hommage au comte de Nevers. La même année, il notifie une transaction entre Archambaud, sire de Bourbon, son neveu, et Béraud de Mercœur. En 1248, son fils Guy, évêque d'Auxerre, lui inféoda le château de Beauche, près Auxerre ; mort 29 nov. 1249. Ep^u Elisabeth, dame d'Ancy-le-Franc (Tonnerrois), fille de Guillaume, sgr de Mont-St-Jean et de Bures. En eut : 1°)Guillaume II, sgr de St-Bris, suivit saint Louis à sa première croisade et mourut à Nicosie (Chypre) 1248, laissant de sa femme, dont on ignore le nom, une fille unique, Isabeau, dame de St-Bris en p^{ie} et de St-Maurice-Thizouailles ; ép^n : a, en 1257, Guillaume, c^{te} de Joigny ; b, Humbert II de Beaujeu, sgr de Montpensier, connétable de France ; 2°) Dreux, sgr d'Epoisses, Lormes et Château-Chinon, suit ; 3°)Guy, évêque de Verdun à la fin de 1244 ou au comm^t 1245 ; puis élu évêque d'Auxerre étant au concile de Lyon 1247 ; fit son entrée à Auxerre vers Pâques de cette année. Comme seigneur de Varzy, avec l'aide du bras séculier, il fit démolir les fortifications que Renaud Rongefer, sgr d'Asnois, avait fait élever autour de sa maison de St-Pierre-du-Mont, et à la requête de la comtesse Mahaut, consentit par une transaction du 31 mai 1249 à ce que la bretèche et les fortifications que Geoffroy de Corbelin, écuyer, avait fait édifier à sa maison de Corbelin (La Chapelle-St-André), restent en l'état où elles étaient, mais lui défendit d'y rien ajouter. Vers 1250, en qualité de suzerain, il se fit livrer par la comtesse Mahaut les châteaux de Châteauneuf-au-val-de-Bargis, Cosne, etc., les tint quelque temps en ses mains, coucha une nuit dans chacun, y nomma des officiers pour les garder en son nom, et après y avoir fait acte de suzerain, les rendit à la comtesse. Il fit construire à Villechaud, près Cosne, un château important dont les substructions et la chapelle, fort remaniée, existent encore ; cette construction fut achevée entre le 23 août 1254 et le 15 juillet 1262. Il répara aussi le château épiscopal de Varzy. Le 15 avril 1253, il donna des statuts à la collégiale de Cosne étant lui-même en cette ville. Il unit la cure de Marcy au prieuré du même lieu, à la requête d'Erard, son neveu, religieux de cette maison, et celle de Nannay au grand archidiaconé d'Auxerre. Fut légat du pape en 1265-1266 à l'armée de Charles d'Anjou contre Mainfroy ; refusa l'archevêché de Lyon en 1267 et mourut le 19 septembre 1269 ; 4°)Marguerite, ép^n Robert, sgr de Tanlay ; 5°)Isabelle, ép^n Hugues DE CHATILLON-en-Bazois, sgr de Jaligny ; 6°)Marguerite la jeune, ép^n Guillaume de Villehardouin, sgr de Lézines, connétable de Champagne ; inhumée en l'abbaye de Larrivour le 21 février 1254 (n. st.) ; 7° Agnès, ép^n Pierre de Rochefort, sgr de Bragelogne.

IV. — DREUX DE MELLO le jeune, sgr d'Epoisses, Lormes et Château-Chinon par son mariage. En mai 1245, à Nevers, lui et Guillaume de Moulins firent échange avec Hugues de Meauce, damoiseau, lui abandonnant tout le droit qu'ils avaient sur les terres et seigneuries de Montécot (prob^t Mènetou, c^{ne} Cuncy-les-Varzy), Mehers (Mhère, id.), Biennay, Brèves, Ouagne, Savigny (c^{ne} Billy-sur-Oisy), Colomers (Colméry) et Marcilly-sous-Monts (c^{ne} St-Pierre-du-Mont), et recevant en échange tout ce qu'il avait en la terre de Hugues de Lormes. Il se croisa à Lyon avec Guillaume, son frère, le 29 juin 1245. Par bulles du 13 décembre de la même année,

(*) Archambaud VIII de Dampierre, sire de Bourbon, était fils de Guy II, sgr de Dampierre, lequel était lui-même fils de Guillaume Ier, sgr de Dampierre, et d'Ermengarde de Moucy ci-dessus, et par conséquent frère utérin de Guillaume de Mello.

données également à Lyon, Innocent IV confirma un accord entre Dreux de Mello, sgr d'Epoisses, et Anséric de Montréal, intervenu après de graves dissensions et une guerre entre eux, et donna dispense pour le mariage de Dreux, fils du sgr d'Epoisses, avec A., fille d'Anséric. En 1247, D., sgr de St-Bris, de Lormes, etc., fait foi et hmage au cte de Nevers à cause de sa châtellenie de Monceaux-le-Comte, pour « la closture des murs appelée le Nouveau Charleis », la ville de Villiers-le-Bois (Villard, cne de Lormes) et le château de Lormes. Avec Elvis, sa femme, il fit donation, en 1247, à l'abbaye de Crisenon, de la dîme de leur vigne d'Oudan. Par bulle donnée à Lyon le 2 décembre 1247, Innocent IV ordonna au légat Eudes de Châteauroux de donner sur le vingtième des legs et rachats de vœux la somme de cinq cents marcs d'argent à D. de M., croisé, sgr de Chau.-Chon et d'Epoisses, qui s'était donné de grands mouvements pour le service de la Terre-Sainte. En janvier 1248, il reconnut que le château de Lormes était du fief de Mahaut, comtesse de Nevers; lui et la comtesse s'en remirent à Gaucher de Châtillon, sgr de St-Aignan en Berry, pour trancher le différend qu'ils avaient entre eux. En juin, il donna au chapitre d'Auxerre ce qu'il avait à Cuncy-lès-Varzy. Avant de partir pour la croisade, il fit diverses autres donations aux abbayes de l'Auxerrois et de la Bourgogne. Il accompagna saint Louis à la croisade, après son retour transigea avec le roi sur la succession de Dreux de Mello, sgr de Loches, son oncle, et était mort avt 1252. Epa: avt 1233 Helvis, dame de Lormes (*), de Château-Chinon et d'Epoisses, fille unique d'André, sgr d'Epoisses, et d'Huguette d'Arcis-sur-Aube, et héritière de son oncle Hugues, sgr de Lormes. Elle fit donation à l'abbaye de Reigny d'un clos avec pressoir et d'un pré situés à Anthien, 1233. Eurent: 1o Dreux, suit; 2o Guillaume, sgr d'Epoisses, suivra; 3o Isabeau, épa 1265 Guy III de Mauvoisin, sgr de Rosny.

VII. — DREUX DE MELLO, sgr de Lormes, Château-Chinon, St-Bris et Givry, accordé par bulles du 13 décembre 1245 à A. de Montréal; fit hmage à Guy, év. d'Auxerre, son oncle, pour Villiers-le-Sec, près Varzy, qu'il vendit ensuite à Agnès, veuve de Robert de Chevannes, chlr.

(*) DE LORMES. — Le 1er sgr de Lormes connu est SÉGUIN, qui, en 1095, partant pour la croisade, fit don à la cathédrale St-Cyr de Nevers de la dîme de sa terre de Château-Chinon; ce qui veut dire de la terre qu'il avait à Château-Chinon et non de la sgrie de Ch.-Chon. On doit sûrement le distinguer de Séguin, sgr de Château-Chinon, son beau-frère. Mourut avt 1157. Epe He....., fille de Hugues et sœur de Séguin, seigneurs de Château-Chinon. Celle-ci veuve, confirma en 1157 un accord avec l'abbaye de Reigny. Eurent: 1o Hugues, suit; 2o Simon, nommé dans l'accord de 1157; 3o Florence, mariée avt 1151 à Hugues, vte de Clamecy, prit part avec son mari à la donation faite par Hugues, son frère, cette année-là, à l'abbaye de Crisenon, et à la transaction de 1157 avec l'abbaye de Reigny. — (Hugues Ier,) sgr de Lormes, se croisa à l'assemblée de Vézelay, 1146, et prit part à la croisade de 1147; fit donation avec sa femme, sa sœur et son beau-frère, à l'abbaye de Crisenon de terres à Oudan pour y bâtir; consentit en 1157 à la transaction passée entre sa mère et l'abbaye de Reigny. Confirma en 1183 une donation faite à la même abbaye. Mt avt 1189. Epa Parise, sœur de Séguin de la Tournelle, sgr de Château-Chinon, et d'Hugues, sire de Glenne. Elle prit part à la donation faite en 1151 par son mari à l'abbaye de Crisenon, fit hmage à l'évêque d'Auxerre en 1189 pour Lormes. Eurent: 1o Hugues, suit; 2o Séguin de Lormes, nommé avec son père et son frère dans la donation de 1183. — (Hugues II,) sgr de Lormes et St-Martin-du-Puy, est mentionné en 1183 et dans l'hommage de 1189; prit part en 1214 à la bataille de Bouvines; fut caution la même année envers le roi pour Hervé, cte de Nevers, s'engageant à ne marier Agnès, sa fille, que du consentement du roi; et en juillet 1215 au traité de mariage de ladite Agnès avec un fils du roi; fit hmage lige à la ctesse de Nevers pour Lormes en 1217: hérita de la sgrie de Château-Chinon; fit donation en 1219 à l'abbaye de Reigny, en partant pour la croisade contre les Albigeois, du dîme de St-Germain-des-Champs, de droits de pacage en sa sgrie de Lormes, de l'étang de Lavault (Brassy), du moulin et de la pêche dans toute la vallée; jura en 1223, au château de Druyes, les privilèges accordés par la comtesse Mahaut aux habitants d'Auxerre; reçut en don de la ctesse en 1224 la sgrie de Cervon; lui fit hmage la même année pour Lormes, Cervon, la vallée d'Ocy et Grandry; fut témoin en 1226 d'une confirmation de donation par la ctesse de Nevers au prieuré de St-Etienne de cette ville; et la même année, à Montenoison, de l'octroi par la ctesse de privilèges aux habitants de La Marche. Fonda en 1235 la chartreuse du Val-St-Georges qu'il dota du bois des Espèces, de biens à Corcelles, d'une grange à Clamecy, etc. Epa Helvis de Montbard, dame d'Epoisses; donna en 1241 à l'abbaye de Reigny son clos d'Anthien avec pressoir et prés, à charge de son anniversaire, et fonda la même année son anniversaire en l'église d'Autun, à laquelle elle lègue 30 s. de rente sur sa terre de Michaugues. D'où une fille unique (Helvis,) épa Dreux de Mello et lui apporta les sgries de Lormes, Château-Chinon, Epoisses, Montécot, Marry, Brinay, Sembrève (Oisy), Ouaigne, Marcilly, et un fief près de Donzy (La Forêt de Lormes). — On trouve encore Bernard de Lormes, fils de feu Geoffroy de Lormes, qui ratifie avec Elisabeth, sa femme, en 1252 une vente faite par son père au prieuré de La Vernée (St-Martin-du-Puy).

Sources: Archives de l'Yonne H, fonds Reigny et Crisenon. — Bibl. Nale, Cartulaire de Crisenon et Cabinet des titres, dom Villevieille, dom Viôle, manuscrits. — Histoire d'Auxerre, bibl. d'Auxerre. — Marolles, Invre des titres de Nevers. — Gallia Christiana, XII. — Baudiau, Le Morvand.

Éteints.

Confirma en 1263 la fondation de la chartreuse du Val-Saint-Georges. Eut en 1274 un procès par-devant le c^te de Nevers avec l'abbaye de Corbigny au sujet d'une maison à Corbigny. En 1281, Guy, c^te de Flandres, pour lui et Robert, c^te de Nevers, son fils, donna pouvoir à son cher cousin Dreux de Mello de l'informer de certains lieux contencieux entre l'abbaye de Vézelay et lui et son fils. Fit un compromis le 25 mai 1282 avec Guillaume, sire d'Epoisses, son frère, par lequel ils s'en remirent à Guy de Toucy, sgr de Bazarne, Pierre des Barres, sgr de La Guerche, Guillaume des Barres, sgr d'Apremont, et Guillaume Chacedé, chlr, de terminer les différends qu'ils avaient ensemble au sujet du partage des biens de leurs parents fait entre eux par le c^te de Nevers. Le 7 novembre 1291, il apposa son sceau à un accord entre Henri, c^te de Bar, et sa mère, Jeanne de Toucy. En mai 1294, il transigea avec le prieur du Val-St.-Georges pour l'entretien de deux moulins construits sur les étangs de Gémigny (c^ne de Magny-Lormes). Est mentionné en 1296 au rôle des vassaux du comté de Nevers de la châtellenie de Monceaux-le-Comte. En 1306, il est au nombre des barons du roi convoqués pour l'armée de Flandres et appelé « le seigneur de Mellou ainsné ». M^t av^t 5 mai 1308, où Bertrand, abbé de Cluny, reconnaît avoir reçu 30 livres tournois pour la célébration d'un anniversaire anx intentions de D. de M., sgr de Ch^au-Ch^on. Ep^a : 1° après bulles de dispenses du 4° degré, du 13 décembre 1245, A., fille d'Anséric IV, sgr de Montréal, et de Mlle de Garlande ; 2° av^t 1283, Jeanne de Trye, fille de Philippe de Trye, chlr. Eut du 1er lit : 1° Dreux, qui suit ; 2° prob^t Jeanne, religieuse à l'abbaye de St-Julien-lès-Auxerre en 1301.

VIII. — Dreux de MELLO, chlr, sgr de St-Bris, de Château-Chinon et de Lormes, donna quittance le 26 septembre 1302, en qualité de chevalier banneret, de 151 l. pour ses gages et ceux de trois chevaliers et vingt-six écuyers de sa compagnie, servant « ès tentes de Vitry-en-Artois ». En 1304, il est au nombre des barons du roi convoqués pour l'armée de Flandres et appelé « Dreues de Mellou le jeune ». En juin 1309, reconnut tenir en fief lige du c^te de Nevers « la closture de murs appelée le Nouveau Charlis, la ville de Villers (Villard), le château de Lormes, la ville de Pouques et de Magny, le fief de Cholmery et le fief d'Aurigny ». M^t 21 avril 1310, inh^é à l'abbaye de Fontenay (Côte-d'Or). Ep^a Eustachie de Luzignan, dame de Ste-Hermine, fille de Geoffroy de Luzignan, sgr de Jarnac, Châteauneuf et Ste-Hermine, et de Jeanne, v^tesse de Châtellerault (*). Ils eurent : 1° Dreux de Mello, sgr de Ste-Hermine, qui suit ; 2° Mahis ou Mathieu de M., sgr de St-Bris, auteur de la branche de St-Parize-le-Châtel, suivra ; 3° Jeanne, ép^n Hugues, sire de St-VERAIN, lequel fut assigné le 27 janvier 1320 pour reprendre l'instance pendante entre le c^te d'Eu et sa femme, d'une part, et le c^te de Joigny, d'autre, à cause du don qui lui avait été fait des terres de Champlay et Longueron, près Joigny.

IX. — Dreux de MELLO, sgr de Lormes, Château-Chinon, Ste-Hermine, Jarnac, Châteauneuf. Prit part avec son frère, le 9 octobre 1308, à la bataille qui eut lieu entre Oudard, sgr de Montaigu, et Erard, sgr de St-Verain, au comté de Nevers et au diocèse d'Auxerre. Ils étaient du côté du 2°, qui remporta la victoire. Ce fut lui qui prit dans le combat Béraud de Mercœur. Le roi le fit emprisonner quelque temps avec son frère à l'hôpital de Corbeil. Fut quelque temps, à la suite de son 2° mariage, chargé du bail et gouvernement du c^td d'Auxerre par les enfants de sa fme, et rendit hmage pour eux à l'évêque de Langres 9 déc. 1306. Transigea en 1308 au nom de sa 2° femme avec Jean de Chalon, c^te d'Auxerre, en présence du roi, sur tous les droits qu'il prétendait avoir en la garde des biens et des enfants de Jean de Chalon, c^te d'Auxerre ; le château de Selles en Berry lui fut alors attribué. Le roi lui enleva alors la tutelle de ces mineurs pour la donner à Jean de Chalon, c^te d'Auxerre, leur grand-père. Par acte du 20 février 1310, Philippe-le-Bel ordonna qu'il lui serait payé 2,200 livres constitués en dot à sa

(*) Sur son inscription tumulaire en l'abbaye de Fontenay, on a lu : *Hic jacet illustris mulier Eustasia, uxor quondam domini Droconis de Merloto, Edoardi illustris regis Anglorum consanguina, qua apud Chartaginem migravit ad dominum, anno Dom..... CCLXX.....* La date est sûrement inexactement copiée. (Bibl. N^ale, Coll^on de Bourgogne, II, 232. — E. Petit, *Histoire des Ducs de Bourgogne*, V, 442.)

femme par Jean de Chalon, c^te d'Auxerre. Reconnut en 1310 tenir en fief du c^te de Nevers le ch^au de Lormes, les « villes » de Pouques, Migny et Villiers-le-Bois, les terres d'Aurigny et de Chevroches, et le fief de Cole. Acquit de Jean d'Aunay, prêtre, les droits qu'il avait sur le marché de Château-Chinon. Transigea en 1314 avec l'abbaye de Corbigny pour la motte de Villeray. Donna quittance le 17 septembre 1315 de 200 livres pour le service que lui et les hommes d'armes de sa compagnie avaient fait à la dernière guerre de Flandres. Passa vers cette époque accord au sujet du château de Trucy, à cause de Jeanne de Mello, sa fille du 1er lit étant sous sa tutelle, avec le comte de Nevers, qui le qualifie *son amé cousin*. Eut procès en 1319, comme tuteur de ses enfants, avec le chapitre d'Auxerre. Etait mort en 1323. Ep^a 1º Jeanne *de Toucy*, fille d'Othes de Toucy, amiral de France ; 2º 1305, Eléonore de Savoie, veuve de Guillaume *de Chalon* (*), c^te d'Auxerre, et fille d'Aimé IV dit le Grand, m^te 1325. Eut :

(1) DE **CHATEAUVILLAIN**. — Branche cadette de la maison de Broyes, en Champagne.

Simon de Broyes le jeune, sgr de Châteauvillain, eut de sa femme Alix :

Jean, sgr DE CHATEAUVILLAIN, Arc-en-Barrois, Baye, Pleurre (Champagne), et par sa fme Luzy, Semur-en-Brionnais, Huchon et Bourbon-Lancy (Bourgogne); chlr 1253 ; acquiert à Beaulon (Bourbonnais) 1266 ; reçoit à Autun, 1269, dén^t de Regnault de Cuzy pour fief à Cuzy, Luzy et Thil ; en 1272 autre dén^t de Guillaume, prévôt de Millay, pour maison à Luzy ; acquiert la même année de Perreau de Thil le banvin du lieu de Thil (Poil); fonda 1274 une collégiale à Semur-en-Brionnais ; transigea en 1282 avec Robert II, duc de Bourgogne, son cousin, au sujet d'une lettre de ce dernier scellée de son sceau sur le mariage de Simon, fils

aîné du sgr de Châteauvillain, avec Marie de Flandres ; donna en 1283 à Hugues d'Arcy, chanoine d'Autun, à Guy, docteur ès loix, son frère, et à Jean, leur neveu, des droits de justice et de juridiction dans toute la terre qu'ils tenaient de lui en fief sur le chemin de Luzy, à la réserve de l'exécution des voleurs et de la justice des grands chemins ; acquiert en 1284 de Guillaume de Couan, damoiseau, et d'Adeline, sa fme, tout ce qu'ils possédaient à Chevannes-d'Ozon, par^se de Cuzy. Devenu aveugle, il fit don à Guy, son 2º fils, la même année, de ses châtellenies de Luzy et Uchon. En 1286, il procéda au partage de ses biens entre ses enfants. Ep^a Jeanne, dame de Luzy, de Semur-en-Brionnais, d'Huchon et de Bourbon-Lancy, que l'on croit fille de Simon de Luzy, sgr de Semur, etc., d'où : 1º Simon, sire de Châteauvillain, continua la lignée des sgrs de ce lieu,

(*) DE CHALON. — Descendent des comtes de Bourgogne. — Etienne III, c^te de Bourgogne et d'Auxerre; ép^a av^t 1188 Béatrix, c^tesse de Chalon, fille unique et hère de Guillaume III, c^te de Chalon, qui était l'un des sgrs à qui le pape avait écrit en 1151 et 1153 pour réprimer les excès de la commune de Vézelay.
    Jean Ier, leur fils, c^te de Chalon, ép^a : 1º Mahaut, fille d'Eudes III, duc de Bourgogne; 2º vers 1230, Isabeau, fille de Robert de Courtenay, sgr de Champignelles ; 3º Laure de Commercy, 2e fille de Simon, sire de Commercy.
    Du 2e lit, entr'autres : 1º Jean de Chalon, sgr de Rochefort, tige des comtes d'Auxerre ; 2º Etienne, sgr de Rouvre, dont le 2e fils, Etienne de Chalon, sgr de St-Laurent, m^t sans enfants de Jeanne de St-Verain ; du 2e lit Jean de Chalon, sgr d'Arlay, dont le petit-fils, Jean de Chalon, sgr d'Arlay, Argueil, Cuisel et Viteaux, cher banneret, reprit de fief pour Lormes avec Raoul de Brienne, c^te de Guines, son beau-frère, en 1334 ; partagea la b^ie de Lormes avec Gauthier IV de Brienne, duc d'Athènes, son neveu, en 1355 ; la ville fut alors elle-même partagée entre les deux seigneurs, ce qui donna naissance aux deux baronnies de Lormes-Chalon et Lormes-Château-Chinon, la 1re mouvant de Nevers. Jean de Chalon bâtit à Lormes, sur la partie de la ville à lui advenue, un château et mourut en 1366. Ep^a 1º Marguerite DE MELLO, dame de Lormes, Château-Chinon et Ste-Hermine ; 2º Marie de Genève, dont il n'eut pas d'enfants. D'où, entr'autres : 1º Louis, suit ; 2º Henri de Chalon, eut la sgrie de Lormes ; reçut 1395 hmage de Guillaume de Chastellux pour le fief de Monterecon et mourut deux ans plus tard sans posté. à Nicopolis Louis, sgr d'Argeuil, eut de Marguerite de Vienne : Jean de Chalon, prince d'Orange, sgr d'Arlay, Argueil, Crisel, Viteaux, chambrier de France, hérita d'Henri, son oncle, la b^ie de Lormes-Chalon et reprit de fief du c^te de Nevers sa b^ie de Lormes. Fut lt-g^al du duché et comté de Bourgogne. Ep^a Marie des Baux, princesse d'Orange, d'où, entr'autres : 1º Louis, tige des princes d'Orange ; 2º Jean, sgr b^on de Viteaux, l'Isle-sous-Montréal, Chevannes et Lormes, confirma en 1441 la fondation de la chartreuse du Val-St-Georges, fit aveu en 1443 au c^te de Nevers pour Lormes, Pierre-Perthuis et Pouques ; accorda en 1461 des droits d'usage dans ses bois aux habitants de St-Martin-du-Puy. M^t 1480, inh^é à Vézelay. Ep^a : 1º 1424, Jeanne de La Trémoille, dame de Grignon, fille de Guy, sgr d'Antigny, et de Marguerite de Noyers, c^tesse de Joigny ; 2º av^t 1461 Marie d'Enghien, dont il n'eut pas d'enfants. Du 1er lit : 1º Charles, sgr de Viteaux, suit ; 2º Antoine de Chalon, doyen puis évêque d'Autun ; 3º Louis de Ch., sgr de l'Isle-sous-Montréal, m^t sans lignée ; 4º Bernard de Chalon, sgr de Grignon et Arcenay, ép^a Marie de Rougemont et en eut Thibaud de Chalon ; reprit de fief pour Lormes en 1508, m^t sans posté. en 1512 ; 5º Léonard, sgr de Lormes 1494 ; 6º Mlle, ép^a Jean de Beauffremont, sgr de Mirebeau ; 7º Isabelle, ép^a Liébaud de Choiseul, sgr de Dracy-le-Fort ; 8º Alix, ép^a N., sgr de Valengin.
    Charles de Chalon, sgr de Viteaux, l'Isle-sous-Montréal, hérita du comté de Joigny à la mort de Louis de La Trémoille, c^te de J., son oncle maternel. Ep^a 1470 Jeanne de Bainquerun, veuve d'Artus, sgr de Châtillon-s.-Marne, et en eut Charlotte de Chalon, c^tesse de Joigny, dame de Viteaux, Lormes, Pierre-Perthuis, etc. Ep^a : 1º Adrien de Ste-Maure, m^is de Nesles, fils de Charles de Ste-Maure, c^te de Nesles, et de Catherine d'Estouteville, sa 2e femme ; 2º François d'Aligre, sgr de Précy.
    Armes : De gueules à la bande d'or.
    La branche des sgrs de Landréville paraît tirer son origine de Jean, bâtard de Chalon, sgr d'Origny (Avallonnais), capitaine de l'Isle-

1º du 1ᵉʳ lit : Jeanne de Mello, dame de Lormes et Château-Chinon, mariée avant 1315 à Raoul de Brienne (*), cᵗᵉ d'Eu et de Guines, connétable de France, fils de Jean II de Brienne, cᵗᵉ d'Eu, et de

éteinte avant 1363 (**); 2º Guy, sire de Luzy, suit; 3º Jean de Châteauvillain, évêque-comte de Châlons-sur-Marne; 3º Alix, mᵗᵉ en 1334 sans alliance.

Guy DE CHATEAUVILLAIN, sgr de Luzy, mort en 1288, épⁿ : 1º Isabeau de Torote, fille de Gautier, châtelain de Torote et de Noyon, et de Marie de Coucy, mᵗᵉ sans enfants; 2º Isabeau de CHATILLON-EN-BAZOIS, dame de Jaligny, mariée avant juillet 1284, qui se remaria à Robert, cᵗᵉ de Clermont, dauphin d'Auvergne. Eurent: 1º Jean de Châteauvillain, suit; 2º Guillaume de Ch., sgr de Boissy et Villiers-sur-Romon, chanoine de Châlons, puis clerc-conseiller du roi et trésorier de l'église de Reims; 3º Alix; 4º Jeanne; 5º Marie, épⁿ Guillaume DE MELLO, sgr d'Epoisses.

JEAN DE CHATEAUVILLAIN, sire de Luzy, partagea, tant en son nom qu'en celui de ses frère et sœurs, les biens de leur mère avec Robert, cᵗᵉ de Clermont,

agissant comme tuteur de ses enfants et de la même Isabeau de Châtillon, 1301 ; racheta en 1303 du duc de Bourgogne les terres et châteaux de Bourbon-Lancy et de Semur, aliénés par son grand-père. En 1301 Geoffroy Le Vert, sire du Tronchet, damoiseau, et Marie, sa femme, lui vendirent tout ce qu'ils avaient au village de Coteyon, près Luzy ; en 1309 il reçut hmage de Guiot de La Roche, damoiseau, et d'Isabeau, enfants de feu Huguenin de La Roche, pour maisons et domaines de La Planche et de Dosne, parˢᵉ de Millay ; de Guillaume de Sapoy, d'Alix de Bosilles, fme de Nicolas Le Gallois, d'Agnès et Pernelle, ses sœurs, pour cens et tailles pˢᵉˢ de Luzy et Cuzy, de Jean de Millay, sgr de St-Christophe, pour domaine en la parˢᵉ de Millay ; de Perret de Ballet et Guillemette, sa fme, pour domaines et rentes à Luzy, Millay, etc.; en 1315 de Henri de Bost, fils de Perreau de Tyl, pour la maison de Bost et biens à

sous-Montréal (id.), qui comparut au procès-verbal de la coutume de Troyes en 1509. Il paraît être père d'Hector de C., qui épa Jeanne de Landreville, d'où : Jean, écr, archer de la compⁱᵉ du cᵗᵉ de Rethélois, dᵗ à Landreville 1543, sgr de Villeaux et Landreville, épa 26 nov. 1538 Perrette Bourgoin, d'où : Albert, écr, sgr de Seully, Grésigny (Auxois), témoin à une reprise de fief de Champien 1579, assista en 1602 au cᵗ de maage entre Guy de Chaugy et Diane de Chastellux, et à la prise de possession de l'abbaye de Crisenon par Angélique de Chastellux. Épa 24 fév. 1581 Anne de Bétoullat, d'où : 1º Jean de Chalon, écr, sgr de Seully, Pontereau, mᵗ à Champlemy 1671 à 90 ans, épa 26 juillet 1632 Anne du Chaffault, fille de Jean, sgr des Couez, et d'Antoinette de Mullot, d'où : 1º Marie, baptisée à Champlemy en 1636 ; 2º probˡ Nicole, qui épa 1629 Mathurin DE MULLOT, sgr du Fay. — D'autres Chalon, sortis de la même souche, existèrent en Avallonnais, Charollais et Bourbonnais jusqu'au milieu du XVIIᵉ s., sgrs de Seully, Landreville, etc. L'un d'eux, Charles, sgr de Seully, Landreville, etc., capⁿᵉ au régᵗ de Guyenne, épa avᵗ 1661 Anne DE CERTAINE, veuve de Pierre DE ROLLAND, sgr de Curiot.

Sources : Père Anselme, Hist. généal., VIII. — Baudiau, Le Morvand. — La Thaumassière, Hist. du Berry. — E. Petit, Avallon et l'Avallonnais. — Dom Bétencourt, Noms féodaux. — Cᵗᵉ de Chastellux, Histoire généalogique de la maison de Chastellux. — Registres paraux de Champlemy. — Manuscrits généalogiques du chanoine Hubert à la bibliothèque d'Orléans.

Éteints.

(*) DE BRIENNE. — Originaires de Champagne ; cᵗⁿˢ de Brienne-sur-Aube dès le Xᵉ siècle. — En 1208, Jean, cᵗᵉ de Brienne (se qualifiait cᵗᵉ de B. comme tuteur de ses neveux, enfants de feu Gauthier III, cᵗᵉ de Brienne, son frère aîné, décédé en 1205, et de Marie, reine de Sicile), vendit, du consentement de Blanche, cᵗᵉˢˢᵉ de Troyes, et de Guy de Dampierre, la sgrie de La Marche à Hervé, cᵗᵉ de Nevers. En 1209, il est présent à l'hmage de Guillaume, cᵗᵉ de Sancerre, au cᵗᵉ de Champagne, pour sa cᵗᵉ de Sancerre. En 1210, il vendit à Hervé, cᵗᵉ de Nevers, ce qu'il tenait de lui, c'est-à-dire Saints-en-Puisaye ; c'est lui qui devint roi de Jérusalem, puis empereur de Constantinople vers le 21 mars 1237, étant très âgé. — Son descendant direct, Raoul de B., cᵗᵉ d'Eu et de Guines, connétable de France (il était fils de Jean, arrière-petit-fils de l'empereur), fut sgr de Château-Chinon par son maage. Connétable de France 1332. Reprit de fief pour Lormes 1334. Mᵗ d'un maage de lance à un tournois à Paris 18 janvier 1344. Épa JEANNE DE MELLO, dame de Lormes et Château-Chinon, fille de Dreux, sgr de Ch., et en eut : 1º Raoul II, cᵗᵉ d'Eu, Guines, Château-Chinon, etc., connétable de France, décapité à Paris 19 nov. 1350, sans enfants de Catherine de Savoye, sa femme. Le cᵗᵉ de Château-Chinon, confisqué sur lui, fut rendu à sa sœur ; 2º Jeanne de Brienne, dame de Château-Chinon et de Lormes pⁱᵉ, épa : 1º Gauthier VI, cᵗᵉ de Brienne, duc d'Athènes, connétable de France (descendant au 5ᵉ degré de Gauthier, cᵗᵉ de B., frère aîné de Jean), dont elle n'eut pas d'enfants. Il partagea en 1357 avec Jean de Chalon les biens de sa femme, restés indivis avec Jean de Chalon, et eut : Château-Chinon, Ouroux, Lormes pⁱᵉ, Brassy, Dun-les-Places, etc. Tué à la bataille de Poitiers en 1356. Elle se remaria à Louis d'Evreux, cᵗᵉ d'Etampes. Il donna en 1360 procuration à sa femme, dame de Château-Chinon, pour administrer ses terres ou les vendre si elle voulait. Elle était encore dame de Château-Chinon en 1380 et 1381, époque où elle reçut nombre d'aveux et dénᵗˢ pour sa cᵗᵉ de Château-Chinon, mⁱᵉ 1389. A sa mort, Charles VI fit saisir ses biens, comme lui ayant été promis avec clause de réversion en cas de décès sans hoir. D'où procès, ses héritiers contestant la légalité de la confiscation des biens de son frère, décapité sans procès. En 1394, Charles VI échangea toute cette succession du cᵗᵉ de Château-Chinon avec Louis II, duc de Bourbon, son oncle, qu'il fit mettre en possession de Chᵃᵘ-Chⁿ et dépendances. Celui-ci dut néanmoins transiger avec les héritiers en 1395 et leur payer 25,000 livres tournois.

Armes : D'azur, semé de billettes d'or, au lion d'or brochant sur le tout.

Sources : Archives nationales P, et titres de Bourbon. — Bibl. nᵃˡᵉ, dom Villevicille, Trésor gén. — Père Anselme, Hist. gén., VI. — La Chesnaye-des-Bois, Dictionnaire de la noblesse.

(**) Simon de Châteauvillain, sgr de Baye, descendant au 5ᵉ degré de Simon, fils de Jean, sgr de Luzy, mourut en 1353 sans enfants, et Marguerite de Frolois, sa fme, fille de Jean de Frolois, sgr de Molinet, se remaria : 1º avec JEAN, sgr de CHATILLON-EN-BAZOIS ; 2º avec Guichard Dauphin, sgr de Jaligny, mᵗᵉ 1393. — Jean de Châteauvillain, sgr de Vaucler, neveu et successeur de ce Simon, épa Isabeau de Châtillon, sœur de Jean, sgr de Châtillon-en-Bazois, et mourut sans enfants avant 1372.

80

Jeanne, c^{tesse} de Guines. Elle donna aveu et dén^t pour chât. d'Hubans, fiefs de Grenois, Marné, Coux, Trucy-l'Org^x, Bussy-la-Pesle, Breugnon, Paroy (Oisy), Montreparé (Lainsecq), la rivière d'Yonne, etc., à Jean de Bar, sgr de Puisaye, en 1320 ; son mari rendit dén^t pour ces mêmes sgries en 1340. Donna en 1345 à Guillaume de Mello, sire d'Epoisses, une rente à prendre sur la terre de Château-Chinon, et lui céda depuis la terre d'Hubans. Donna en 1346 à Henri Le Tort, de Moulins-Engilbert, le moulin de La Brosse, près M^{ins}-Eng^t. Etait morte en 1351 ; 2° du 2e lit : Marguerite de Mello, dame de Ste-Hermine, ép^a 1° Maurice VII, c^{te} de Craon, fils d'Amaury III, sire de Craon ; 2° avant 1332 Jean III *de Chalon*, sire d'Arlay, b^{on} de Viteaux, fils de Hugues de Chalon, sire d'Arlay, et de Béatrix de La Tour du Pin. De ce mariage sont issus les princes d'Orange. En juillet 1334, Jean de Chalon, sire d'Arlay, et Marguerite de Mello, sa femme, donnèrent quittance à Louis, c^{te} de Nevers, de 8,000 florins de Florence, somme pour laquelle ils avaient cédé aud. c^{te} tout le droit qu'ils avaient en la ville de Lormes et dépendances ; et lesd. Jean de Chalon et sa femme reprennent de fief dud. c^{te} 300 livrées de terre.

VII. — GUILLAUME DE MELLO, sgr d'Epoisses (2e fils de Dreux et d'Elvis de Lormes), apposa son sceau, en 1260, à un accord entre Anséric, sgr de Montréal, et Miles, sgr de Noyers. Transigea en 1265 avec Dreux de M., sgr de Lormes, son frère aîné. Fit encore un accord avec celui-ci en 1282, mort vers 1284. Ep^a Agnès DE St-VERAIN, qui se remaria à Jean de Frolois. Eut : 1° Guillaume, suit ; 2° Jeanne, ép^a 1299 Aubert de Thorote, sgr du Chatelier.

VIII. — GUILLAUME DE MELLO, sgr d'Epoisses, damoiseau et mineur en 1295. Traita en 1317 au nom de sa femme, avec le sgr de Luzy, au sujet des droits qu'il avait sur Luzy. Il confirma en 1321 l'accord fait avec le sgr de Luzy, frère de sa femme, et mourut en 1326. Ep^n av^t 1311 Marie *de Châteauvillain* (1), fille de Guy de Châteauvillain, sgr de Luzy, et d'Isabeau DE CHATIL-LON, dame de Jaligny, encore vivante en 1356, d'où : 1° Guillaume, suit ; 2° Jean de Mello, sgr de Givry. Fit hmage au c^{te} de Nevers en 1329 pour la forêt de Lormes (*aliàs* La Maison-Fort, Bitry) et Colméry. Servit aux guerres de Gascogne 1337-1338, et en Picardie 1351 ; 3° Dreux de Mello, sgr de St-Bris et de Blaigny, suivra ; 4° Alips de Mello, femme de Guillaume Flotte, sgr de Revel, chancelier de France, m^{te} en 1339.

IX. — GUILLAUME DE MELLO, sgr d'Epoisses, paraît avoir été maître d'hôtel de la reine en 1340 ; fit hmage en 1315 au duc de Bourgogne pour Epoisses, et en 1326 au c^{te} de Nevers pour Garchy, ch^{ie} de Ch^{nn}-Neuf-Val-de-Bargis ; servit le roi de France en ses guerres de Gascogne et de Normandie 1331-1346. Reçut en don le 14 juillet 1346 de Jeanne de Mello, dame de Lormes

Luzy ; de Philippe de Tiregaige à cause de Guillemette, fille dud. Perreau de Tyl, pour une maison à Luzy ; en 1316 de Guillaume de Montfoul et de sa fme pour 1/4 dîmes de Luzy et 1/2 étang de La Planche ; de Jean des Choux pour four banal de Luzy ; en 1324 de Guy et Perrot de Morragne, enfants de feu Henriot de M., et Agnès de M., d^{elle}, pour leur maison de Morragne ; en 1324 de Guionnet de La Chapelle, damoiseau, pour biens à Millay et Cuzy. En 1325, il accorde à Jacquette de Sous-la-Tour, fille de feu Raoul, chlr, en augment de fief le droit d'établir une foire à Chevagny. En 1304 il avait pris part à la bataille de Mons en Pevelle ; en 1314, il fut convoqué aux Etats de Bourgogne ; en 1319, il est convoqué par le roi à Mâcon ; vivait encore en 1334 lors du mariage de son fils Jean ; était mort avant 1340. Il se maria : 1° à une femme dont le nom ne nous est pas parvenu ; 2° le 15 août 1305, à Catherine de Forez, fille de Louis de Forez, sgr de Beaujeu, et d'Eléonore de Savoie. Du 1er lit : Jeanne, ép^a Guichard V, sgr de Beaujeu, auquel elle apporta la sgrie

de Semur-en-Brionnais ; du 2° Jean de Châteauvillain, suit ; 3° Jeanne, ép^a Guy d'Autun, sgr de Dracy-St-Loup.

JEAN DE CHATEAUVILLAIN, sgr de Luzy, transigea en 1340 avec la dame de Beaujeu, sa sœur, pour la succession de leur père. Engagea en 1356 sa châtellenie de Luzy à Guy d'Autun, son beau-frère ; vendit le 23 avril 1361 le château et la terre de Luzy à Marguerite de Poitiers, dame de Perreux, veuve de feu Guichard de Beaujeu, et mourut sans enfants, léguant à GIBAUT DE MELLO, son cousin, ses terres de Bourbon-Laucy et Huchon.

Armes : De gueules semé de billettes d'or au lion du même brochant sur le tout.

Sources : Archives de la Nièvre E, 34 ; de la Côte-d'Or B ; n^{dles} P, 482. — Père Anselme, *Histoire généalogique*, II, 338. — E. Petit, *Histoire des Ducs de Bourgogne*, IV-VI. — L. Gueneau, *Histoire de Luzy.* — Dom Bétencourt, *Noms féodaux.* — Marolles, *Inv^{re} des titres de Nevers.*

Éteints.

et Ch^(au)-Ch^(on), sa cousine, 300 l. de rente à prendre sur les revenus de Ch^(au)-Ch^(on) ; elle lui donna plus tard la chât^(ie) d'Hubans. La donation de 1346 fut confirmée le 18 déc. 1351 par Gautier de Brienne, duc d'Athènes, fils de Jeanne, et la rente assise sur des serfs des environs de Moulins-Eng^(t), Montreuillon, Corancy, etc. De sa fme, dont le nom est inconnu, il eut : 1° Gibaut de Mello, chlr, sgr d'Epoisses, nommé au testament de Philippe, duc de Bourgogne, en 1361. Avait acquis en 1360 la terre et sgrie d'Etaules (Avallonais). Servit aux guerres de Flandres en 1355, 1357, 1367 et 1368. Succéda à Jean de Châteauvillain, son cousin, aux seigneuries de Bourbon-Lancy et Huchon. Fonda vers 1380 son anniversaire en l'abbaye de Reigny, mort av^t 1383 sans enfants d'Isabelle de La Tour, veuve d'Aimé Dauphin, sgr de Rochefort, et fille de Bertrand, sgr de La Tour en Auvergne, et d'Isabeau de Lévis, qu'il avait ép^(ée) en 1365 ; 2° Jean de Mello, sgr de Givry, évêque de Chalon-sur-Saône en 1354, puis de Clermont en 1357-1374 ; 3° Guy, suit.

X. — GUY DE MELLO, m^t av^t 1370. Ep^a Agnès, dame de St-Cléry et de Chezilles. Elle retira en 1379 de Philibert de Paillart, président au Parlement de Paris, une terre du Morvand que Gibaud lui avait vendue. Eut : 1° Guillaume IV, suit ; 2° Jeanne de Mello, ép^a 1391 Pierre II, sgr *d'Aumont* (*) dit Hutin, 1^(er) chambellan du roi, porte-oriflamme de France, mourut en 1408 ; 3° Marie de Mello, ép^a Guillaume *de La Trémoille* (**), chlr, m^(nl) de Bourgogne. Gibaud de M., son oncle, lui donna 1371 les terres de Bourbon-Lancy et d'Huchon. Testa en 1376.

(*) D'AUMONT. — Originaire de l'Ile-de-France. — Pierre d'Aumont, dit Hutin, sire d'Aumont, Méru, Chars, c^(er) et 1^(er) chamb^(an) de Charles VI, porte-oriflamme de France, 1397 et 1412, m^t 1413. Ep^a : 1° Marguerite de Beauvais ; 2° Jeanne de Châtillon-s.-Marne ; 3° après 1384, Jeanne DE MELLO, fille de Guy, sgr de Givry et Hubans, et d'Agnès, dame de Cléry et de Chézelle. Elle porta aux d'Aumont St-Amand-en-Puisaye et des terres en Berry que Guillaume de M., sgr de Givry, son frère, lui avait données en partage en 1380. Mourut 3 août 1408. De ce 3e lit : 1° Jean, suit ; 2° Jeanne, femme av^t 1401 de Louis DE MELLO, sgr de St-Parize ; 3° Marie, ép^a Arnoul de Gaure ; 4° Blanche, ép^a Jacques Le Brun ; 5° Catherine, ép^a Charles de Soyecourt ; 6° Blanche, dame de Montreuil. — Jean, sgr d'Aumont, Chars, St-Amand-en-Puisaye, etc., échanson du roi, ép^a 1404 Yolande *de Châteauvillain*, 2e fille et héritière de Jean IV de Ch., sgr de Thil, et de Jeanne de Grancey ; elle se remaria à Guy de Bar, sgr de Praëles. Eurent : 1° Jacques, suit ; 2° Guillaume ; 3° Bonne. — Jacques d'Aumont, sgr de Méru, St-Amand, etc., conser et chamb^(an) de Ph.-le-Bon, duc de Bourgogne, cap^(ne) en 1382 des gendarmes de Ph.-le-Hardi, prit part distinguée à bataille de Rosebecque, où fut fait chlr. Fait prisonnier avec Jean de Bourgogne, c^(te) de Nevers, à Nicopolis, m^t 1397. Ep^a Marie DE MELLO, dame h^(ère) d'Epoisses, Huchon et Bourbon-Lancy, d'où : 1° Guillaume, sgr d'Husson, m^t après 1398 sans alliance ; 2° Philippe, sgr de Montréal, tué à Nicopolis, ép^a Eléonore de Culant, fille d'Eudes, sgr de Culant en Berry, sans enfants ; elle se remaria à Guichard Dauphin, sgr de Jaligny et La Ferté-Chauderon ; 3° Guy, suit ; 4° Jean, tué près Tongres 1408 sans alliance ; 5° Jeanne, ép^a Jean de Rochefort, sgr de Châtillon-en-Bazois, et 2 autres filles mariées en Bourgogne. — Guy de La T., chlr, sgr de Joigny, b^(on) de Bourbon-Lancy, sgr d'Antigny, Huchon, Pouilly, Prémartin, m^t av^t 1438, ép^a Marguerite de Noyers, c^(tesse) de Joigny, d'où Louis, c^(te) de Joigny, m^t vers 1467 sans alliance ; 2° Jeanne, c^(tesse) de Joigny, ép^a Jean de Chalon, sgr de Vitteaux, Lormes, etc.; 3° Claude, dame d'Antigny, ép^a 1434 Claude de Vergy, sgr d'Antrey. — Pierre, b^(on) de Dours, 3° fils de Guy IV et de Radegonde Guenand , ép^a Jeanne de Longvillers, d'où, entr'autres, Jean de La T., b^(on) de Dours, m^t av^t 1453, épousa : 1° Renaude DE MELLO, fille de Louis, sgr de St-Parize ; 2° Jeanne de Créquy, sans postérité, n'intéresse pas le Nivernais.

Armes : D'argent, au chevron de gueules, accompagné de 7 merlettes de même, 4 en chef, 3 en pointe.

Sources : P. Anselme, *Hist. gén.*, IV. — La Thaumassière, *Hist. de Berry.* — Archives de la Nièvre E.

(**) DE LA TRÉMOILLE. — La terre de La Trémoille est située en Poitou. Les sgrs de La Trémoille, connus dès le XIe s., prirent part aux croisades. — Leur filiation suivie commence à Humbert, vivant en 1205. — Etaient sgrs de Rochefort et Berry à la fin du XIIIe s. — Guy IV, sire de La Trémoille, ép^a Radegonde Guenand, fille de Guillaume Guenand, sgr des Bordes et du Blanc en Berry, et en eut : 1° Guy V, sire de La Trémoille, fait prisonnier à bataille de Nicopolis avec c^(te) de Nevers 1396, qui continua la branche aînée ; 2° Guillaume, sgr d'Husson ; 3° Pierre, b^(on) de Dours. — Guillaume de La T., chlr, sgr d'Husson, Epoisses, Bourbon-Lancy et Antigny, conser et chamb^(an) de Charles V et VI, m^(al) de Bourgogne, cap^(ne) en 1382 des gendarmes de Ph.-le-Hardi, prit part distinguée à bataille de Rosebecque, où fut fait chlr. Fait prisonnier avec Jean de Bourgogne, c^(te) de Nevers, à Nicopolis, m^t 1397. Ep^a Marie DE MELLO, dame de La T., d'où : 1° Guillaume, sgr d'Husson, m^t après 1398 sans alliance ; 2° Philippe, sgr de Montréal, tué à Nicopolis, ép^a Eléonore de Culant, fille d'Eudes, sgr de Culant en Berry, sans enfants ; elle se remaria à Guichard Dauphin, sgr de Jaligny et La Ferté-Chauderon ; 3° Guy, suit ; 4° Jean, tué près Tongres 1408 sans alliance ; 5° Jeanne, ép^a Jean de Rochefort, sgr de Châtillon-en-Bazois, et 2 autres filles mariées en Bourgogne. — Guy de La T., chlr, sgr de Joigny, b^(on) de Bourbon-Lancy, sgr d'Antigny, Huchon, Pouilly, Prémartin, m^t av^t 1438, ép^a Marguerite de Noyers, c^(tesse) de Joigny, d'où Louis, c^(te) de Joigny, m^t vers 1467 sans alliance ; 2° Jeanne, c^(tesse) de Joigny, ép^a Jean de Chalon, sgr de Vitteaux, Lormes, etc.; 3° Claude, dame d'Antigny, ép^a 1434 Claude de Vergy, sgr d'Antrey. — Pierre, b^(on) de Dours, 3° fils de Guy IV et de Radegonde Guenand, ép^a Jeanne de Longvillers, d'où, entr'autres, Jean de La T., b^(on) de Dours, m^t av^t 1453, épousa : 1° Renaude DE MELLO, fille de Louis, sgr de St-Parize ; 2° Jeanne de Créquy, sans postérité, n'intéresse pas le Nivernais.

Jean, bâtard de La Trémoille, sgr p^(ie) de Brèche et Sully-s.-Loire, fils naturel de Louis, sgr de Sully-s.-Loire, ép^a Charlotte d'Autry, fille d'Olivier d'Autry, sgr de La Brosse, et de Catherine de Giverlay ; d'où entr'autres : 1e Louis, suit ; 2° René de La T., dit de Bresche, élu évêque de Coutances 1520, abbé de St-Bénigne de Dijon et de Flavigny, m^t 1530 ; 3° Ambroise, abbé de La Bussière. — Louis de La Trémoille, sgr de Brèche et p^(ie) de Sully-sur-Loire, ép^a Antoinette de Ternant, fille de Philippe de T., sgr de La Motte et d'Apremont, chlr de la Toison d'Or, et de Jeanne de Roye, d'où 22 enfants, entr'autres : 1° Jean de La T., suit ; 2° Claude de La Trémoille, qui d'Andriette de Crécy eut Elisabeth de La T., fme de Louis de Jaucourt, sgr de Villarnoul. — Jean de La Trémoille, sgr de Brèche et p^(ie) Sully, assassiné, ép^a : 1° Luce d'Autry, v^e d'Antoine d'Ancienville, sgr de Villiers-aux-Corneilles, fille de Louis d'A.,

XI. — GUILLAUME DE MELLO, sgr d'Epoisses, écr, à la montre passée par Gibaud de Mello, sgr d'Epoisses, son oncle, à Chalon en 1371. Chlr, sgr de Vy et de Chizelles, et de Gevrey en Charollais, passe accord au nom de sa fme avec Guillaume de Bourbon, sgr de Cluys 1374. Partagea, 1378, avec Aubars de Bourbon-Montperroux, veuve de Girard de Bourbon-Clessy et belle-mère de sa fme ; eut pour sa part pⁱᵉ de la sgrie de Vitry-sur-Loire et du chᵃᵘ. Servit en Flandres 1383 ayant 5 chevaliers et 99 écuyers de sa compⁱᵉ. Fit hmage au cᵗᵉ de Nevers pour sa terre d'Hubans et de Brinon-les-Allemands, en ce qui en relevait de Montenoison 1384. Rendit dénᵗ à son beau-frère Guillaume de La Trémoille, sgr de Bourbon-Lancy, pour Vitry-s.-Loire 1388. Fut inscrit 11 sept. *id.* au testᵗ de Jeanne d'Eu, cᵗᵉˢˢᵉ d'Estampes, qui lui avait confirmé le don de la terre d'Hubans en 1381. Etait mort en 1399. Epᵃ avᵗ 1374 Isabeau *de Bourbon*, dame de Clessy, La Rochemillay pⁱᵉ, Vitry-sur-Loire, veuve de Bernard *Aycelin de Montaigu-Listenois*, et fille de Girard de Bourbon, sgr de Clessy, et de Jeanne DE CHATILLON, dame de La Rochemillay pⁱᵉ, qui lui apporta la terre de Brinon-les-Allemands. Eut : 1° Guillaume, sgr d'Epoisses et de Gevrey, inscrit avec son père au testᵗ de Jeanne, cᵗᵉˢˢᵉ d'Eu, 1388. Fit transport par acte du 18 juillet 1401 à Jeanne d'Aumont, fille de Pierre d'Aumont dit Hutin, et de Jeanne de Mello, et fme de Louis de Mello, d'une rente. En 1409, Louis de Listenois, chlr, sgr de Montaigu, fut maintenu par arrêt du Parlᵗ en jouissance de moitié de la terre et sgrie dépendant du chᵃᵘ de La Rochemillay à l'encontre de Guillaume de Mello, son frère utérin. En 1410, le même, se disant hᵉʳ pour 1/2 d'Isabeau de Bourbon, voulut partager avec Guillaume la succᵒⁿ de celle-ci. Rendit dénᵗ de 1/2 de sgrie de Vitry-s.-Loire en 1412 à Guy de La Trémouille, sgr de Bourbon-Lancy. Mᵗ sans postérité ; 2° Jeanne de Mello, dame d'Epoisses, d'Hubans, de Brinon-les-Allemands, etc., épᵃ par contrat du 25 janvier 1505 Jean *de Montagu* (2), sgr de Couches.

IX. — DREUX DE MELLO, sgr de Sᵗ-Bris et de Briare-sur-Loire (3ᵉ fils de Guillaume, sgr

(2) DE MONTAGU. — Alexandre DE BOURGOGNE, sgr de Montagu 1179-1205, fils puîné d'Hugues III, duc de Bourgogne, et d'Alix de Lorraine, sa 1ʳᵉ femme, épᵃ Béatrix de Réon, dame de Gergy, remariée en 1207 à Itier de Toucy, d'où : 1° Eudes, suit ; 2° Alexandre, évêque de Chalon-sur-Saône 1245-1261.

Eudes, sgr DE MONTAGU et de Chagny 1220, mᵗ entre 1243 et 1247. Epᵃ Elisabeth *de Courtenay*, veuve de Gaucher, fils de Milon III, cᵗᵉ de Bar-sur-Seine, et fille de Pierre de Courtenay, cᵗᵉ de Nevers et empereur de Constantinople, et d'Yolande de Hainaut, sa 2ᵉ femme, d'où entr'autres : 1° Guillaume, suit ; 2° Philippe de Montagu, sgr de Chagny 1251-1270, épᵃ Flore d'Antigny et mᵗ laissant une fille unique, Jeanne, mariée à Thierry de Montbéliard.

Guillaume, sgr DE MONTAGU, de Sombernon et de Malain 1253-1263. Epᵃ Jacquette de Malain, d'où : 1° Guillaume, suit ; 2° Alexandre de Montagu, sgr de Sombernon, suivra.

Guillaume, sgr DE MONTAGU et de Malain, mᵗ après 1302, épᵃ avᵗ 1291 Marie des Barres, sœur de Jean des Barres, chlr, et en eut : 1° Eudes, suit ; 2° Alix, mariée avᵗ 1312 à Guillaume de Joigny, chlr, sgr de Sᵗ-Maurice-Thizouailles ; vivait encore 1333.

Eudes ou Odart DE MONTAGU livra bataille, à la tête d'une troupe armée, au diocèse d'Auxerre et au cᵗᵉ de Nevers, c'est-à-dire du côté de Cosne ou de Donzy, à Erart, sgr DE Sᵗ-VERAIN, à la tête d'une autre troupe, et fut vaincu. Enfermé par ordre de Philippe le Bel, il s'échappa et se réfugia en Allemagne ; obtint des lettres de rémission en 1312. Testa en 1331. Epᵃ 1° Jeanne de Sᵗᵉ-Croix ; 2° Jeanne de La Roche, et eut : du 1ᵉʳ lit : 1° Henry, sgr de M., testa 1347, laissant une fille unique, Huguette, morte jeune peu après son père ; 2° Odart, ecclésiastique ; 3° Jeanne de Montagu, mariée à Renaud Orsini, neveu du cardinal Napoléon Orsini, vivᵗ encore 1362 ; 4° Marguerite, épᵃ Jean Orsini, frère de Renaud ; 5° Isabelle, épᵃ ROBERT DAMAS, sgr de Marcilly ; 6° Jeanne, cordelière à Chalon-sur-Saône ;

sgr de Courcelles, et de Marguerite de Veausse ; 2° Mⁱˡᵉ de La Haye, fille de Charles, bᵒⁿ de Dormans ; elle se remaria à Louis d'Ancienville, bᵒⁿ de Réveillon ; du 1ᵉʳ lit : 1° Anne, dame de Brèche et pⁱᵉ Sully, épᵃ François de Menou, sgr de Turbeilly ; 2° Marie, épᵃ : 1° N. de Vanberger ; 2° René de Bodio, sgr de La Coudre, en Anjou ; du 2ᵉ lit : 3° Léonore, épᵃ Ambroise de Guérin, sgr de Poisieu.

Armes : D'or, au chevron de gueules, accompagné de 3 aiglettes d'azur becquées et membrées de gueules.

Sources : Archives de la Nièvre E, Côte-d'Or B, Saône-et-Loire E. — Père Anselme, *Hist. généal.*, IV. — La Chesnaye-des-Bois, *Dictionnaire de la Noblesse*, XII.

Existants.

.d'Epoisses, et de Marie de Châteauvillain), fit de 1337 à 1346 les guerres de Flandres et de Gascogne. Reçut 14 juin 1356 hmage de Guy du Pré pour sa terre du Pré (Puisaye, pᵃˢ Sᵗ-Eusoge, auj. Rogny), plus sa terre et maison-fort du Chesne (*id.*), relevant de Briare. Etait mᵗ 1374. Epᵃ MARGUERITE DE SAINT-VERAIN, qui eut le bail et tutelle de ses enfants depuis 1374 jusqu'à 1380, était mᵗᵉ 1387. Eurent : 1° Dreux, suit ; 2° Claude de Mello, plaidait 1387 avec son frère et ses sœurs contre Philippe de Trie, sgr de Mareil ; 3° Marguerite, *id.* ; 4° Isabelle, fme de Louis de Plancy 1389.

X. — DREUX DE MELLO II, chlr, sgr de Sᵗ-Bris et de Blaigny, servit en Flandres 1383, 86, 87 et 89. Plaidait au nom de sa fme comme hᵉʳ de feu Renaud de Noyers 1414. Etait mᵗ 1417. Epᵃ Isabeau de Noyers, dame de Vendeuvre, fille de Jean de N., sgr de Remaucourt et de Vendeuvre, et de Jeanne de Joinville. Eut : 1° Charles, suit ; 2° Claude de Mello, fme de Girard de Cusance, sgr de Belvoir.

XI. — CHARLES DE MELLO, sgr de Sᵗ-Bris, de Blaigny, de Vendeuvre, et par sa fme de La Rochemillay et de Vitry-sur-Loire, fit dénᵗ à Guy de La Trémoille, son oncle, le 10 juillet 1428, pour le chᵃᵘ de Vitry-sur-Loire et dépendances relevant de Bourbon-Lancy. Reçut en 1435 un compte de la recette et dépense de sa châtellenie de Vitry-s.-Loire, où l'on voit qu'il résidait à Vitry le 8 août 1334 ; et un 2ᵉ le 24 juin 1438, où il est dit qu'il était à Vitry le 27 juin et le 13 juillet, et aussi le 9 août 1437, où il envoya une lettre à sa fme étant à La Rochemillay ; que le 12 sept. il était à La Rochem. ; qu'il repassa à Vitry, allant à Chateldon, en décembre ; qu'il faisait des paiements à Perrinet Gressart, auquel il était redevable ; qu'en juillet 1438 il était de nouveau à Vitry. En 1439, lui et sa fme baillaient à Vitry. Il donna dénᵗ au duc de Bourbon en 1456. Epᵃ Isabeau *Aycelin*, dame *de Montaigu*, Listenois et Chateldon, fille de Louis Aycelin, sgr de Montaigu, et de Marguerite de Beaujeu, veuve de Jean *de Vienne* (*), sgr de Bonnencontre, d'où :

XII. — GUILLAUME DE MELLO, sgr de Sᵗ-Bris, de Blaigny, de Pacy, de Vendeuvre et de La

du 2ᵒ lit : 7° Agnès, femme de Jean de Villars, sgr de Monteiller.

ALEXANDRE DE MONTAGU, sgr de Sombernon et de Malain, 2ᵉ fils de Guillaume et de Jacquette de Malain, vivᵗ encore 1265, mᵗ avᵗ 1275, épᵃ Agnès de Neuchatel, d'où : 1° Etienne, suit ; 2° Eudes de Montagu, sgr de Marigny, 1314, paraît père ou grand-père de Guillaume de M., sgr de Marigny 1352-1368, qui eut pour fme Jeanne de Dracy, dame de la Grange de Germole.

ETIENNE DE MONTAGU, sgr de Sombernon, Malain et Couches, mᵗ 1315, épᵃ Marie de Beauffremont, dame de Couches, mᵗᵉ 1334. Eut : 1° Etienne, suit ; 2° Philibert, sgr de Couches, suivra.

ETIENNE DE MONTAGU, sgr de Sombernon, mᵗ

1330, épᵃ Jeanne de Verdun, d'où : 1° Guillaume, suit ; 2ᵃ Pierre, chlr, sgr de Malain, de Chapes, d'où : I, Eustache, religieux à Sᵗ-Bénigne de Dijon, mᵗ 1347 ; II, Mⁱᵒ, épᵃ 1ᵒ Henri de Sauvement ; 2ᵒ Guy de Boval.

GUILLAUME, sgr de Sombernon et de Malain, fit hmage 1343 au cᵗᵉ de Nevers pour Chalaux , au nom de Laure de Bordeaux, sa 2ᵉ fme ; reprit de fief du cᵗᵉ de Nevers pour Chastellux 1349 ; épᵃ 1ᵒ N. ; 2ᵒ Laure de Bordeaux, dame de Chastellux, veuve de Robert de Courtenay, sgr de Tanlay ; elle se remaria à Jean *de Bourbon*, sgr de Montperroux, et n'eut d'enfants d'aucun de ses trois mariages. Du 1ᵉʳ lit : 1ᵒ Jean, sgr de Sombernon, suit ; 2ᵒ Pierre, sgr de Malain, Chapes et Maison-Baude, mᵗ sans enfants après 1397.

(*) DE VIENNE. — Famille originaire de Bourgogne. — Filiation remontant au XIIᵉ s. D'abord sgrs d'Antigny et de Pagny, prit le nom de de Vienne au XIIIᵉ s. par suite du mar. d'Hugues III, sgr de Pagny, avec Béatrix, fille de Guillaume, cᵗᵉ de Vienne. Leur fils Hugues IV hérita du cᵗᵉ de Vienne. — Son arrière-petite-fille, Jeanne de V., épᵃ Pierre *de Bar*, sgr de Pierrefort, fils de Thibault II, cᵗᵉ de Bar, et de Jeanne, dame *de Toucy* ; mᵗᵉ avᵗ 1326. — Parmi les enfants de Philippe de V., sgr de Rollans (X de la branche V du P. Anselme), et de Philiberte de Maubec : 1ᵒ Jean, suit ; 2ᵒ Guillaume, suivra ; 3ᵒ Mⁱᵉ, épᵃ 20 juillet 1429 Jean *de Crux*, sgr de Trohans. — Jean de V., sgr de Bonencontre et de Listenois, consᵉʳ et chᵃⁿ du roi, sénéchal et maréchal de Bourbonnais, mᵗ 1425, épᵃ Jeanne *Aycelin*, dame de Montagu, Listenois, Vitry-s.-Loire et La Roche-Milay pⁱᵉ. Elle se remaria à CHARLES DE MELLO, sgr de Sᵗ-Bris, et vivait encore 1435. Eurent Philippe de Vienne , sgr de Listenois, Montagu, du Donjon, Vitry-sur-Loire, etc., mᵗ après 1463, épᵃ Perronnelle de Chazeyon, qui fit hmage au duc de Nevers avec son gendre en 1464 pour le Châtelier (Verneuil), relevᵗ de Decize. Y est qualifiée dame de Listenois, du Châtelier, de Vernizy (Cercy-la-Tour), Sᵗ-Sulpice-le-Châtel, etc. Eut une fille unique, Anne, qui épᵃ son cousin-germain, Jean de V., sgr de Montbis. — Guillaume, frère de Jean, fut sgr de Montbis, épᵃ Béatrix de Cusance et en eut Jean, qui épᵃ le 11 mai 1462 Anne de V. Le 17 janv. 1472 Jean et Anne s'opposèrent à la saisie de la bⁱᵉ de La Ferté-Chauderon, dont ils avaient hérité, qui cependant fut vendue par décret sur eux le 3 août 1485. Jean fit hmage au cᵗᵉ de Nev. en 1479 pour La Roche-

Rochemillay, plaidait 1464-1466 contre l'abbé de Clairvaux. Ep^a Jacqueline de Vendôme, fille de Jean, vidame de Chartres, et de Catherine de Thouars. Eut :

XIII. — CHARLES DE MELLO, sgr de St-Bris, etc., vivant en 1490, m^t sans enfants. Ep^a Catherine de Rougemont, qui se remaria à Jean de Neufchastel, sgr de St-Aubin, et lui apporta St-Bris.

IX. — MAHIS ou MATHIEU DE MELLO, sgr de St-Bris p^{ie} et St-Martin-du-Puy (2e fils de Dreux, sgr de Mello et Lorme, et d'Eustachie de Lusignan), eut part, avec son frère, à la victoire remportée le 9 octobre 1308 par Erard, sgr de St-Verain, sur Erard de Montagu et ses partisans, et fut quelque temps emprisonné à l'hôpital de Corbeil. Confirma par charte de 1313 la redevance de 2 tonneaux de vin due sur St-Bris au prieuré de Vieuxpou. Eut ordre, le 12 nov. 1318, de se trouver en armes et chevaux à Clermont en Auvergne ; plaidait en 1328 contre le comte d'Alençon et la c^{tesse} de Joigny, sa fme ; était m^t le 24 mai 1332. Ep^a Marguerite, dont la famille est inconnue. Avait le 24 mai 1332 la garde de ses enfants ; ce jour leurs parents furent ajournés pour leur tutelle ; le 24 décembre 1335, Erard d'Arcy, sgr de Chastenay, et Jacques de Pacy, leurs cousins, furent élus leurs tuteurs. Ces enfants furent : 1° Mathieu de Mello, nommé avec ses frères et sœurs dans l'acte de 1332 ; 2° Renaud de Mello, suit ; 3° Gauthier ; 4° Catherine ; 5° Isabelle.

X. — RENAUD DE MELLO, sgr de St-Parise-le-Chastel, de Chacenay et de La Forêt, près Clamecy. Etait de la comp^{ie} de Dreux de Mello, sgr de St-Bris, à la guerre de Gascogne, et se trouva au siège d'Aiguillon le 10 mai 1346. Fit donation en 1371 à la chartreuse du Val-St-Georges, près Lormes, de sa sgrie de La Forêt, que cette chartreuse céda par échange à celle de Basseville. Obtint rémission en 1377 à cause d'un enlèvement. Plaidait avec sa 2e fme contre Eudes de Savoisy en 1381. Etait m^t av^t 1390. Ep^a : 1° N.; 2° Yolande de Dinteville, dame de Vitry-le-Croisé et de Chacenay p^{ie} ; était veuve av^t 1390 et fit demande de son douaire. Remariée en 1391 à Jean d'Oiselet, sgr de Villeneuve. Du 1er lit : 1° Jean, suit ; 2° Hector de Mello ;

JEAN, sgr de Sombernon, Malain, fit hmage au c^{te} de Nevers pour le fief de Maison-Baude 1369, m^t 1391, ép^a Marie de Beaujeu, fille de Guichard, sgr de Beaujeu, et de Mlle de Poitiers, d'où : 1° Catherine, dame de Sombernon, ép^a Guillaume de Villars-Cerizy, dit de Villers-Seixel, sgr de Clervaut-en-Montagu ; 2° Odette, fme de Beraud de Coligny ; 3° Jeanne, fme de Guy de Rougemont, sgr de Ruffey.

PHILIBERT DE MONTAGU, sgr de Couches, 2° fils d'Etienne et de Marie de Beauffremont, dont l'alliance est ignorée. Fit en 1349 hmage au c^{te} de Nevers (peut-être au nom de son fils et de sa belle-fille, à moins qu'en 2es noces il n'ait épousé la mère de celle-ci,

Agnès), pour St-Péreuse, relevant de Moulins-Eng^t ; fut père de :

HUGUES, sgr de Couches et de St-Péreuse, fit hmage au c^{te} de Nevers en 1351 et 1353 pour St-Péreuse, viv^t encore en 1381. Ep^a Jeanne de Seignelay, dame de St-Péreuse, fille de Jean, chlr, et d'Agnès ; d'où : 1° Jean, sgr de Couches, 1377 ; 2° Philibert, suit ; 3° Alexandre, abbé de Flavigny 1361, puis de Saint-Bénigne de Dijon, 1386 et 1391, m^t 1417.

PHILIBERT, sgr de Couches, St-Péreuse et Nolay, encore vivant en 1401, ép^a Jeanne de Vienne, fille de Jacques, chlr, sgr de Longvy, et de Marguerite de La Roche-Nolay, d'où : 1° Jean, suit ; 2° Odot, partagea

Millay. Il reçut en 1484 et 1492 des comptes de sa sgrie de Vitry-s.-Loire, y est qualifié b^{on} de La Roche-Milay et La Ferté-Chauderon, maréchal et sénéchal de Nivernois. Reçut en 1489 dén^t pour le Graté (Azy-le-Vif), relevant' de La Ferté. Les enfants de Jⁿ et Anne furent : 1° François, suit ; 2° Gaspard, sgr de La Roche-Milay et Chaudenay, m^t sans posté. de Jeanne d'Aumont, qui reçut hmage en 1536 comme dame de La Roche-Millay ; 3° Jean, doyen d'Autun, qualifié dans le compte de Vitry de 1492 de Monsg^r le Protonotaire ; 4° Mlle, mariée 1493 à Jean de Beaufort, b^{on} de Montbuissier. — Françoise de Vienne, écr, sgr de Bétencourt, racheta par retrait lignager en 1499 (son père vivant probablement encore) la terre et sgrie de Précy en Nivernois (Livry), membre dépendant de la b^{ie} de La Ferté-Chauderon, vendue par décret sur ses père et mère à Jean de La Tour, c^{te} d'Auvergne ; il racheta aussi en 1518 la b^{ie} de La Ferté-Chauderon. M^t av^t nov. 1524. Ep^a en 1513 Bénigne de Granson, qui reçut aveu et dén^t pour St-Parize-le-Châtel 1524. Ils eurent : 1° François, sgr de Listenois, Vitry-sur-Loire, La Ferté-Chauderon, mineur 1525, m^t sans posté. 1536 ; 2° Anne l'aînée, ép^a Claude de Beaufremont et lui transmit le nom de de Listenois ; 3° Françoise, ép^a : a, Jacques d'Amboise, sgr de Bussy ; b, Jean de La Baume, c^{te} de Montrevel, m^{te} av^t 1531 ; 4° Anne la jeune, dame de Maumont et Chateldon, ép^a Louis Motier, sgr de La Fayette.

Armes : De gueules à l'aigle d'or.

Sources : P. Anselme, Hist. gén., VII. — Marolles, Inv^{re} des titres de Nevers. — Archives de la Nièvre E.

Éteints.

3° Dreux de Mello, sgr de Vitry-le-Croisé et de Sozay en Nivernais (cⁿᵉ d'Izenay), écr de la compⁱᵉ de Gibaud de Mello, sgr d'Epoisses, à Chalon le 7 février 1370. Fut reçu à Troyes avec 30 écrs de sa compⁱᵉ 2 sept. 1386 pour accompagner le roi au passage qu'il prétendait faire en Angleterre. Donna quittance à l'Ecluse en Flandres le 19 nov. de la même année pour lui, 5 autres chlrs et 30 écrs de sa chambre, mᵗ au voyage de Hongrie 1396. Epᵃ cᵃᵗ du 11 oct. 1381 Jeanne de Plancy, dame de Rigny-le-Ferron, fille de Jean, sgr de Plancy, et de Jeanne de Sully. Elle fit hmage au cᵗᵉ de Nevers en 1407 au nom de sa fille pour les maisons d'Arcy (auj. les Bouillots, cⁿᵉ Limanton) et de Sozay relevant de Cercy-la-Tour, et le 12 mai 1410 à Jeanne d'Artois, cᵗᵉˢˢᵉ de Dreux, pour les terres et sgries de Villaines (cⁿᵉ Varzy) et de Champeroux, relevant de Corvol-d'Embernard. Eut : Jeanne de Mello, dame de Rigny, le Ferron et Vitry-le-Croisé, épᵃ par cᵃᵗ du 16 juin 1408 Guillaume de Chaumont, sgr de Guitry, chambⁿ du roi, souverain maître et général réformateur des eaux et forêts de France, fils de Guillaume III de Chaumont, sgr de Guitry, et de Roline de Montagu. Il fit hmage au cᵗᵉ de Nevers au nom de sa fme pour Sozay, relevant de Cercy-la-Tour en 1452 ; 4° sans doute : Renaud de Mello, écr, donna quittance 22 déc. 1379 à Carentan pour gages de guerre, à Coutances puis à Carentan en 1380. Epᵃ N., veuve de Hue Grand, avec laquelle il fut cité aux grands jours de Troyes en 1381 ; 5° Marguerite de Mello, fme de Ferry de Chardoigne, sgr de Ricecourt, avec lequel elle vivait en 1391 ; du 2ᵉ lit : 6° Agathe de Mello.

XI. — JEAN DE MELLO, sgr de Sᵗ-Parize-le-Châtel, est l'un des écrs de la compⁱᵉ de Gibaud de Mello, sgr d'Epoisses, chᵉʳ à Chalon 1371. Chambⁿ du roi, vendit avec Dreux, son frère, 6 mars 1396, à Guillaume, sire des Bordes, porte-oriflamme de France, tout ce qu'ils avaient à Sauvages et Beaumont-la-Ferrière, au comté de Nevers. Plaidait la même année avec sa fme contre Hugues et Philibert de Chantemerle ; fit renouveler le terrier de Sᵗ-Martin-du-Puy 1406 ; mᵗ après 1406. Epᵃ Marguerite de Lespinasse, dame de Grisy, fille de Philibert de Lespinasse, sgr de La Clayette, et veuve de Philibert de Châtillon, sgr de La Palice. Eut : 1° Jean de Mello,

avec frère 1404, mᵗ sans alliance ; 3° Catherine, épᵃ 1404 Alexandre de Blésy ; 4° Odette, dame de Crecey, testa 1421.

JEAN, sgr de Couches, de Sᵗ-Péreuse, d'Espoisses, de Sully et de Marigny, chlr, servit sous le duc de Bourgogne 1411 ; rendit hmage au cᵗᵉ de Nevers pour Sᵗ-Péreuse en 1437 ; fut assigné en 1438 au Parlᵗ pour répondre d'excès. Epᵃ JEANNE DE MELLO et eut : 1° Claude, suit ; 2° Philippe, épᵃ 1436 Louis de La Trémouille, cᵗᵉ de Joigny. Jean eut encore deux fils naturels, Huguenin de Montagu, écr, qui obtint lettres de rémission de Charles VI en 1401, et Othenin, nommé dans les mêmes lettres.

CLAUDE DE MONTAGU, chlr, sgr de Couches, d'Epoisses, de Brinon-les-Allemands, d'Hubans, rendit hmage au cᵗᵉ de Nevers pour Brinon-les-Allemands 1457. Vendit à Hugues de Montagu, bachelier en décret, sans doute fils de Hugues ou d'Othenin, ses frères naturels, la seigneurie du Bouchet, en Auxerrois (cⁿᵒ Bazarnes) en 1460 (*) ; fut reçu chlr de la Toison d'Or par Charles le Téméraire 1468, fonda collégiale à Couches 1469 ; fit hmage au cᵗᵉ de Nevers pour La Ferté-Chaudron 1470, tué la même année au combat de Bussy sans enfants légitimes. Epᵃ 1432 Louise de La Tour, fille de Bertrand, sgr de La Tour, et de Marie

d'Auvergne ; mᵗᵉ 1472. Eut de Gilette, habitante de Couches, une fille naturelle, Jeanne, légitimée en 1460, mariée vers 1450 à Hugues de Rabutin, écr, sgr d'Epiry et de Balorre, auquel Claude de Montagu donna les terres de Brinon-les-Allemands et Hubans.

On trouve encore, sans qu'il soit possible d'affirmer qu'ils sont de la même famille : THIERRY de Montagu, chlr, qui de Sebille, sa fme, eut : 1° Pierre, chlr, chambⁿ de Louis Iᵉʳ, cᵗᵉ de Flandres et de Nevers, transigea en 1372 avec la chartreuse de Basseville pour l'exécution du testament de Jeanne, sa sœur, et eut la terre et sgrie des Barres (cⁿᵒ Sainpuits) ; 2° Marguerite, mᵗᵉ avᵗ 1366 ; 3° Jeanne, fme de Liébaut de Cure, chlr, testa en 1366, fit legs important à chartreuse de Basseville, où elle voulut être inhumée.

JEANNE DE MONTAGU, prieure de La Fermeté, puis abbesse de Crisenon de 1400 à 1452.

Armes : Bandé d'or et d'azur de six pièces, au franc quartier d'hermines.

Sources : Père Anselme, *Histoire généalog.*, I, 551. — Marolles, *Inv. des titres de Nevers*, éd. Soultrait. — Baudiau, *le Morvand.* — Petit, *Hist. des ducs de Bourgogne.* — Archives Côte-d'Or. — Invᵗᵒ Peincedé, XIII, 13.

Éteints.

(*) En 1546, Gérard d'Esterling, écr, mari d'Anne de Montagu, héritière de feu Hugues de Montagu, reprit de fief pour le Bouchet. (Invᵗᵉ Peincedé.)

sgr de St-Parize, m^t sans postérité ; 2° Louis, suit ; 3° Philiberte, mariée à Guy de St-Priest, avec lequel elle vivait 1398 ; 4° Guillemette de Mello, fme de Jean de St-Priest, sgr de St-Chamans.

XII. — LOUIS DE MELLO, sgr de St-Parize p^{le}, m^t av^t son père, ép^a av^t 18 juillet 1401 Jeanne d'Aumont, fille de Pierre II dit Hutin, sgr d'Aumont, 1er chamb^{an} du roi et porte-oriflamme de France, et de Jeanne de Mello, dame de Chappes et de Cléry, d'où : 1° Jean, sgr de St-Parize, suit ; 2° Pierre de Mello dit Hutin, sgr du Vaul de Chiseuil, ép^a Catherine de Bournan, d'où Jeanne de Mello, dame de Vitry-le-Croisé, ép^a Jacques de Lantages ; 3° Jeanne, ép^a Louis Aigrain, sgr de Poiseux, près d'Orval et de l'Estang, veuve le 31 juillet 1442 ; 4° Renaude de M., ép^a : 1° av^t le 27 juillet 1440 Charles de Servolles, écr, sgr d'Estrépy et de Ligno ; 2° Jean a, La Trémoille, sgr de Dours et d'Engoutien, fils de Pierre de La Trémoille, b^{on} de Dours, dont elle fut la 1re femme ; 5° probablement aussi Marguerite de Mello, religieuse à Poissy.

XIII. — JEAN DE MELLO, sgr de St-Parize et de St-Martin-du-Puy. Plaidait au sujet de droits à St-Parize 1410. Transigea avec Renaude, sa sœur, en 1440. Fit hmage au c^{te} de Nevers pour St-Parize 1464. Ép^a : 1° av^t 1423 Marguerite de Ventadour, fille de Jacques, c^{te} de Ventadour ; 2° en déc. 1439 Claude de Grancey, dame de Chacenay, veuve : 1° de Philippe de Chauverey, sgr de Bussières ; 2° d'Amé m^{is} de Choiseuil et fille de Robert de Grancey, sgr de Chassenay. Du 1er lit : (1°) Claude de Mello, dame de St-Parize, mariée : 1° par c^{at} du 10 février 1446 à Jacques DAMAS, sgr de Marcilly ; 2° à Erard de Digoine (*), sgr de Savigny et St-Gratien. Fit testament le 20 nov. 1478 ; était m^{te} le 10 janvier 1481 ; (2°) Jeanne de Mello, dame en p^{le} de St-Parize, ép^a : 1° le même jour que sa sœur, Jean DAMAS, sgr d'Anlezy ; 2° av^t 1477 Emard de Lay, sgr de Bellegarde. Transigea en 1486 avec le sgr de Marcilly, son neveu, pour

(*) DE DIGOINE. — Originaires du Charolais. — En 1170 Geoffroy de D., fils d'Hugues, est témoin de donation au chapitre de Montréal (Avallonnais). — Guy de D., chlr, sgr de Marmot (Bourgogne) en 1256, qu'il tenait en fief de Guillaume de D., et de Codes (Cercy-la-Tour), ép^a Jeanne de Limenton, veuve en 1270. Paraissent avoir eu : 1° Jean, suit ; 2° Guyot, suivra ; 3° Philippe, auteur de la branche de Champlevois-Thianges, suivra ; 4° Hugues, sgr du château d'Arcy-s.-Cure, mari d'Yolande de Verrières, fille d'Hugues, sgr de Saulière, et de Mahaut de [Courtenay]-Tanlay, d'où prob^t Hugues de D., écr, sgr de Château-d'Arcy, qui fit accord en 1332 avec Jean dit Baron, écr, et Mlle de Verrières, sa fme, nièce d'Yolande. — Jean de D., écr, prit part aux ligues des nobles de Bourgogne en 1314 ; avait des biens à Arcy-s.-Cure 1343 et 1351, m^t av^t 1365 ; eut Philippe, qui ép^a par c^{at} du 1er f^{er} 1355 (n. st.) Odette, fille de Geoffroy d'Anlezy, dam^{au}. — Guyot de D., frère de Jean, dit aussi Guyot de Codes, dam^{au}, reconnut en 1293 que sa maison de Codes était jurable et rendable à Robert, c^{te} de Nevers, et qu'il tenait en fief lige ce qu'il possédait à Ferrière, à La Tannière, à Foulenois ; prit part aux ligues des nobles et bourgeois de Bourgogne 1314 : sgr d'Arcy-s.-Cure, donna dénombrement au sgr de Noyers pour ce qu'il avait à Arcy 1326 ; sgr de Ternant, fit hmage au c^{te} de Nevers pour Ternant et Limenton 1327 ; chlr, rendit hmage au même pour sa maison du Petit-Rouffard 1353, m^t av^t 1357 ; ép^a Yolande de Boschivanon, fille de Pierre de B., d'où : 1° Jean, suit ; 2° Guiot de D. 1357. — Jean de D., écr, sgr de Boschivanon, fit fond^{on} en l'abbaye de St-Rigaud 1357, sgr de Codes 1362, ép^a par c^{at} du 9 déc. 1357 Guiette, fille de Jean de Pouilly, sgr du Palais, veuve en 1376 ; d'où : Robert, auteur de la branche du Palais, et Jean, sgr de Maleran, 1395 et 1402, sgr en p^{le} d'Arcy-s.-Cure, donna dén^t au duc de Bourgogne pour Arcy 1403. — Philippe de Digoine, chlr, fit hmage au c^{te} de Nevers en sept. 1276 pour sa maison-fort de Champlevois, Chausseror et Laigne, m^t av^t 1291, eut Hugues de D., dam^{au}, fonda anniversaire pour sa femme prob^t à Apponay et donna pour ce redevance à Fours 1291 ; ép^a Yolande de ....., d'où : Philippe de D., dam^{au}, sgr de Champlevois, fit hmage au c^{te} de Nevers pour Champlevois 1327 ; m^t av^t 1353 ; ép^a Agnès de Boisjardin, qui fait hmage au c^{te} de Nevers pour Champlevois en 1353 ; d'où : Hugues de D., chlr, rend hmage au c^{te} de Nevers pour Champlevois 1353, m^t av^t 1371 ; acquit Thianges, ép^a Alips la Vert ; était veuve et dame de Thianges en 1387 ; d'où : 1° Girard de D., chlr, sgr de Champlevois, fit hmage au c^{te} de Nevers pour cette sgrie relev^t de Cercy 1371, était aussi sgr du ch^{au} d'Arcy-s.-Cure et de Cussy-en-Morvand, viv^t encore 1389 ; ép^a Yolande de....., veuve de Guillaume de St-Franchy ; 2° Philibert, suit ; 3° Philiberte de D., dame de Champlevois p^{le}, ép^a Jean de Chevenon, écr, qui, au nom de sa fme, rendit hmage au c^{te} de Nevers pour Lain (Auxerrois), relevant de Druyes, et pour Champlevois, relevant de Cercy en 1371. — Philibert de D., chlr, sgr de Thianges, Demain et Savigny-sur-Canne, fit hmage au sgr de Château-Chinon à cause de l'étang de Sercy en 1380, reçut quittance pour la chevauchée de Bourbourg 10 sept. 1383 ; chamb^{an} du duc de Bourbon, fut chargé de la recherche des feux en Poitou, 1386, et de mettre le château de Chantoceaux en la main du duc 1391. Bailli de Nivernais 1407. Ép^a Mlle de La Rochette, qui, étant veuve, rendit hmage au c^{te} de Nevers pour Savigny-sur-C., relevant de Cercy. Eurent : 1° Huguenin ou Hugues, suit ; 2° Jean, auteur de la branche de Demain, suivra ; 3° prob^t Alexandre II de D., abbé de Corbigny 1441, m^t le 24 janvier 1453. — Huguenin de D., écr, sgr de Thianges et Savigny-s.-Canne 1415, le même que Hugues de D., chlr, acquit en 1441 une famille de serfs du sgr des Ecots, affranchit la même année un de ses serfs qui voulait entrer dans les ordres, partagea en 1442 une famille de serfs avec le sgr de Druy ; sgr des Barbets (Barbette, c^{ne} Sougy), y bailla 1442 ; sgr de Pouligny-sur-Aron, il transigea avec Pierre Mulatier, écr, 1444 ; m^t av^t 1449. Ép^a Marguerite Damas ; veuve, donna reconn^{ce} de somme d'argent avec Chrétien, son fils, 1451 ; vend 1460 sa terre de Sacenay, près Chalon-s.-Saône. Eurent : 1° Chrétien de D., écr, donna reconnaissance pour emprunt 1441, servant en paneterie le c^{te} de Nevers 1446 ; rendit hmage au c^{te} de Nevers pour les Barbets 1451, assigna avec Jean, son frère, une rente à leur mère 1460 ; fait hmage au c^{te} de N. pour Thianges 1467 ;

le partage de leurs terres. Emard de Lay reçut en 1477 aveu et dén[t] pour Soultrait en p[ie], relevant de St-Parize. Veuve en 1504, elle fut convoquée à Lyon pour le ban et arrière-ban.

Armes : D'or, à deux fasces de gueules et un orle de merlettes de même.

Sources : Père Anselme, *Hist. généal.*, VI, 57 et suiv. — Archives de la Nièvre, E ; de l'Yonne, G et H ; de la Côte-d'Or, H ; de Saône-et-Loire, H ; n[ales], J, 29, 256, 427 ; S, 2233. — Bibl. n[ale], titres origin. 44203. — Cartulaire des évêchés d'Auxerre et de Langres et de l'abbaye de Crisenon. — Bibl. d'Auxerre, Cartul. de Pontigny. — L. Delisle, *Catal. des actes de Ph.-Aug.* — Quantin, *Cartul. de l'Yonne et Recueil de pièces.* — De Lespinasse, *Cartul. de La Charité.* — Rigord, *Gesta Ph.-Aug.*, éd. Delaborde. — Benoît de Péterborough, *Hist. d'Henri II, roi d'Angl.* — Chantereau-Lefebvre, *Traité des fiefs.* — *L'Estoire de la guerre sainte*, d'Ambroise, éd. G. Paris. — Dom Bouquet, *Rec. des histor. de Fr.* — Marolles, *Invent. des titres de Nevers*, éd. de Soultrait. — E. Petit, *Hist. des Ducs de Bourgogne.* — Abbé Breuillard, *Mém. histor. sur une p[ie] de la Bourgogne.* — Dom Martène, *Thesaurus novus anecdotorum.* — Duru, *Bibliothèque histor. de l'Yonne.* — Huillard Bréholles, *Titres de la maison de Bourbon.* — Elie Berger, *Registres d'Innocent IV.* — Demay, *Inv[re] des sceaux de la collection Clairembault.* — Douet d'Arc, *Inv[re] des sceaux des archives de l'Empire.* — *Gallia Christiana*, XII. — Boutaric, *Actes du Parlement de Paris.* — Cte de Chastellux, *Histoire généalogique de la maison de Chastellux.* — *Bulletin* de la Soc. Nivern.

Éteints.

acquit la sgrie d'Asnois, moins le château 1469 ; comparut même année au ban et arrière-ban du Nivernais ; assista en 1471 au c[at] de maage entre Jean de Vignes et Jeanne de Moncoquier ; cons[er] et chamb[an] du roi 1482, commis au gouv[t] du c[té] de Nevers 1494 ; reçut commission en 1504 pour lever le ban et arrière-ban du Nivernais. Ep[a] Philippe des Barres, d'où : Anne de D., dame de Thianges, etc., ép[a] 13 nov. 1472 Jean de Damas ; 2[o] Erard de D., chlr, sgr de Migé (Auxerrois) 1466 ; comparaît au ban et arrière-ban du Nivernais 1467 ; chlr, sgr de Savigny-s.-Canne, Pouligny et St-Parize-le-Châtel, *id.*; reçut avec son beau-frère, Jean Damas, hmage pour Soultrait 1468 ; chamb[an] du c[te] de Nevers 1469, viv[t] encore 1473. Ep[a] Jeanne de Mello, d'où Marguerite, dame de Pouligny-sur-Aron, ép[a] par c[at] du 19 octobre 1508 Jean de Troussebois, sgr de Faye (Verneuil), dont elle fut la 1re femme ; 3[o] Jean de D., écr, donna reconnaissance à Gilbert Coquille, bourgeois de Decize, pour dette 1453 ; 4[o] Marie de D., fme de Jean de Neuvy, sgr de Migé, veuve 1466, entra aux Clarisses de Decize. — Jean de D., 2[u] fils de Philibert, fut sgr de Demain, St-André et Brugny (St-Martin-du-Puy) 1440 ; ép[a] Mlle de Ayne ou de Hayne, concéda à Claude d'Aringette, sgr de Razout, des droits d'usage dans les bois de Drugny 1443 ; eurent : 1[o] Philibert, suit ; 2[o] prob[t] Guy, sgr d'Uxeloup. — Philibert de D., chlr, sgr de Demain, Houste et Brugny, fit hmage au c[te] de Nevers pour Brugny 1463 ; concéda droits d'usage dans ses bois de Brugny 1490, père de : 1[o] Adrien de D., écr, sgr de Demain, acquiert de la cl[esse] de Nevers la terre de La Rivière, près Champallement, 1525 ; ép[a] Jeanne de Damas, fille de Jean, sgr d'Anlezy, qui prit part en 1520 à l'élection du tuteur des mineurs de Philippe, sire de Chatelux ; n'eurent pas d'enfants ; 2[o] Antoinette de D. ép[a] Claude Damas, chlr, sgr de St-Parize-le-Châtel et Anlezy, et lui porta Demain, Brugny, etc., dont elle hérita de son frère. — Guy de D., chlr, sgr d'Uxeloup et d'Ouches, témoin 1469 à la vente d'Asnois, comparaît même année au ban et arrière-ban du Nivernais comme hme d'armes, m[t] 14 sept. 1476 ; inh[é] en l'église d'Uxeloup (tombe transportée à Luthenay) ; ép[a] Catherine de La Rivière, fille de Jean, sgr de La R., et d'Alix de La Perrière ; m[te] 24 oct. 1511, inh[ée] avec son mari, d'où Philiberte de D., dame d'Uxeloup, Chassigny, St-Aubin, Champien, Islan, Villiers, etc., ép[a] Guillaume de Fontenay, sgr de la Tour de Vèvre, avec lequel elle bailla à Uxeloup 1496.

On trouve encore : Guillaume de D., chlr, fait hmage à la cl[esse] de Nevers en 1241, et au duc de Bourgogne 1257. — Philiberte de D., dame de Faulin et de La Grange, veuve d'Hugues de Blano, chlr, sgr de Faulin, fait hmage au c[te] de Nevers pour Challement et Congy relevant de Monceaux-le-C[lu] 1371. — Alix de D., fme de Jean, fils d'Etienne de la Tournelle et d'Eglantine du Bouchet, fin XIVe s., prob[t] sœur de Girard de D., écr, sgr de Champeron et de Beauregard (Arleuf), qui fit procès aux usagers de Beauregard 1426, vivait encore 1449 et ép[a] Yolande de la Tournelle, sœur de Jean.— Marguerite de D., veuve de Jean de Chaugy, chlr, rendit hmage au c[te] de Nevers pour sa maison de Peron, relevant de Cercy-la-Tour, 1406. -- Marguerite de D., fme de Guillaume Boisserand, sgr de Lamenay, 1461. — Jeanne de D. ép[a] Guillaume de Jaucourt, sgr de Villarnoul, av[t] 1473, était fille de Jean de D., sgr du Palais, d'une autre branche que ceux du Nivernais. — Jeanne de D., fme d'Huguenin de Clugny, XVIe s.

NOTA. — Une généalogie du siècle dernier (Bibl. N[ale], cab[et] des titres, dossiers bleus, vol. 1002, dossier 22733, pièce 4) donne la filiation suivante, sans l'appuyer de preuves : Guillaume, sgr de D., a pour frère Hugues de D., chlr, sgr du Chatelet, Oudry, etc., 1242, eut Huguenin de D., chlr, sgr de Chazelle et d'Oudry 1266, père de Guillaume de D., chlr, sgr de la Perrière et du Chatelet 1291-1310,. père d'Hugues, sgr d'Oudry, qui acquit Thianges en 1367 et ép[a] Alips La Vert.

Armes : Echiqueté d'argent et de sable.

Sources : Archives de la Nièvre E, archives du ch[au] de Vésigneux, du ch[au] de Marigny (Imphy). — Bibl. N[ale], cab[et] des titres, dossiers bleus, vol. 1002. — La Chesnaye-des-Bois, *Dictionnaire de la Noblesse.* — Père Anselme, *passim.*

DE MONTSAULNIN

ORIGINAIRES du c^té de Ch.-Chinon.

HUGUES DE MONTSAULNIN (*), frère de GUILLAUME DE MONTSAULNIN, était m^t en 1313, qu'eut lieu le partage de sa succession entre ses enfants : 1° Jean, prêtre, reçoit au partage 100 s. t. de rente sur Montsaulnin (c^ne Ch.-Chinon-Campagne) pendant la vie de Guillaume, son oncle ; 2° Guyot, qui suit, a pour sa part toute la terre de Montsaulnin, avec Marry et Précy (c^ne Ch.-Chinon-Campagne) ; 3° Renaud a la moitié de ces deux terres.

GUYOT DE MONTSAULNIN, dam^eau, sgr de Montsaulnin, m^t v. 1351, eut : 1° Pierre, dam^eau, sgr d'*id.*, teste, en 1361 et 63, instituant pour ses héritiers Jeannette, sa mère, et ses deux neveux (**) ; 2° Perrin, écr, sgr d'*id.*, fait, en 1351, deux aveus au duc d'Athènes, sgr de Ch.-Chinon, l'un pour la maison de Monceaunin et dépendances, et ce qu'il a par^ses Ch.-Chinon, St-Hilaire, Montigny-en-M^d et Chaumard, l'autre (à cause d'Hubans) pour 1/2 des maisons de Courcelles, partant avec Séguin d'Avallon, et 1/3 des justice et maison de Monceaunin ; il eut prob^t : Robert, écr, sgr de La Chaume (près Marancy), terre sur laquelle Guill^me du Chastel et Jacq^de d'Anlezy, sa fme, prétendaient la suzeraineté comme dépendant de Jailly, mais les arbitres déclarèrent cette terre franc-alleu, 1381 ; reçoit de Jean-Cyr Ithier dénombrement à cause de sa maison de Courcelles, 1394.

GUILLAUME DE MONTSAULNIN, écr, m^t av^t 1405, que sa v^e Isabeau de Bousson, fille de f. Guyot, écr, vend à Guill^me de Beauvoir-Chastellux une terre qu'elle a de f. Marg^te de Bretignelles, sa mère, en la par^se de Montigny-en-M^d.

Marg^te DE MONTSAULNIN, v^e de Regnault Loppin, rec^r des deniers de Niv. et Donziois pour le duc de Bgogne, donne, en 1400, procuration sous le scel de la prévôté de Clamecy à trois habitants de Beaune.

I. — GUILLAUME DE MONTSAULNIN, écr, ép^n, 4 juillet 1407, Philiberte *de Basso* (***), fille de Guyot, écr, sgr de Coulon, et de Jeanne de Marry ; v^e et remariée avec Guill^me de La Motte, écr, Phil^te fait, en 1448, transaction pour régler les différends qu'elle avait avec ses enfants du 1er lit, qui sont : 1° Guill^me, suit ; 2° Jean, écr, sgr de Coulon p^ie (c^ne Mouron), h^me d'armes au ban de Niv. 1467 et 69 ; lui et son frère cèdent à bail pard^t not^re à Clamecy des terres sises à Courcelles, 1466 ; m^t s. p^ie après 1491 ; 3° Jeanne, citée dans la transaction avec sa mère.

(*) Le nom s'est écrit de Monceaunin, de Monceaulnin, de Montsaulnin.

(**) Il avait eu de sa servante La Rousse une fille et un fils naturels ; ce dernier, nommé Guillaume, rappelé au testament de son père, 1363, serait d'après Lainé (*Dict^re des origines véridiques*) « la souche de toutes les branches existantes de cette maison ». Les preuves que le c^te de Montsaulnin fit en 1688, pour l'ordre du St-Esprit, donnent une filiation régulière de cette famille depuis 1407, mais ne permettent pas de se prononcer sur l'extraction du personnage qui en forme le 1er degré. On y voit, en effet, que Guill^me de Montsaulnin fut accordé, le samedi d'après la St-Pierre et St-Paul de l'an 1407, avec Phil^le de Vasso (*sic*), dame de Coulon, dont on nomme les père et mère, mais sans fournir d'indication semblable pour Guillaume. Il est bien certain qu'il ne possède plus les sgries primitives des Montsaulnin, mais il ne s'ensuit pas nécessairement que son père aurait été inhabile à les recueillir, comme étant le bâtard dont il est question dans les deux testaments de Pierre de Montsaulnin.

(***) DE BASSO. — Sgrs d'Epiry (c^on Corbigny) au XIVe siècle. — Huguenin DE BASSO ou de Basson, m^t av^t 1284, père de Guillaume, chlr, et de Jeannot qui, avec sa fme Isabeau, fille de Pierre de Flory, chlr, vend, en 1284, ce qu'il avait à Champasseron. Pierre DE BASSO, chlr, sgr d'Epiry, m^t av^t 1323, que son fils Guillaume, dam^eau, f. hmage pour sa maison-fort d'Epiry ; celui-ci, père de Guillaume II et d'Hugues, dameaux, qui, en 1334, fondent un anniversaire en l'église de Guipy au moyen d'une rente assise sur Précy (c^ue Cervon). Guillaume III, écr, sgr d'Epiry, Coulon (c^ne Mouron), Précy p^ie, amortit la terre d'Epiry, 1396 ; demeure à Corbigny, en 1410, qu'il termine un long procès avec Jean de St-Aubin, sgr de Chalaux ; semble avoir eu de Jeanne des Prés une fille mariée à Philippe de Brulle, qui, en 1415, est sgr d'Epiry, et dont le fils Pierre de Brulle, mari de Cath^ne DE MONTSAULNIN, est sgr d'Epiry en 1453. A cette branche appartenait Guyot DE BASSO, écr, sgr de Coulon, ép^a Jeanne *de Marry* et en eut : Philiberte, dame de Coulon p^ie, qui ép^a, 1407, Guillaume DE MONTSAULNIN, ci-dessus. — Henri DE BASSO, sgr de Moussy (c^on Prémery), dont aveu, 1340, au nom de sa fme Guye *d'Arthel*, fille de feu Gauthier, vic^te de Clamecy, dont il eut Guyot DE BASSO, écr, sgr de Moussy, hmage 1348, de Villiers,

II. — GUILLAUME DE **MONTSAULNIN**, écr, sgr de Coulon p[ie], dont hmage au sgr de
Lormes 1456 ; h[me] d'armes au ban de 1469 ; teste, en 1480, veut être inh[é] en l'égl. de Cervon, et
du consentement de Jean, son frère, il augmente le revenu jadis constitué pour un anniversaire
en cette église ; ép[a], 8 nov. 1453, Marg[te] *de Buffévent*, fille d'Odot, dont il eut : 1° Guill[me], suit ;
2° Madeleine, ép[a], av[t] 1491, Amador DE CHASSY, sgr du Marais.— Antoine DE MONTSAUL-
NIN, écr, qui, en 1479, figure comme témoin d'un échange fait à Pressy, près Cervon, par N. de
La Chaume, est proche parent des précédents, peut-être leur frère d'un 1er lit.

III. — GUILLAUME DE **MONTSAULNIN**, écr, sgr de Coulon, dont hmage au sgr de Lormes
1504, fut héritier de son oncle Jean ; acte sous le scel de la prévôté de Michaugues, 1501 ; ép[a],
27 fév. 1491, Jeanne LE TORT, dont : 1° François, écr, sgr de Coulon, dont hmage 1537, Courcelles (c[ne] Brinon), Marcy (c[on] Varzy), Fontenay (c[on] Nérondes, Cher) ; ép[a], 5 fév. 1535, Cath[ne]
DE FONTENAY, fille unique de Jean, sgr de Fontenay, et de Jeanne des Mazis, dont : *a*, F[ois],
m[t] en 1611 s. p[té] ; *b*, Adrien, sgr b[on] de Fontenay, ép[n], 22 fév. 1599, Elis[h] *d'Angeliers*, fille de
Jean, écr, sgr de Besze, et d'Edmée de Blanchefort ; sa postérité resta en Berry, où elle n'est
plus représentée que par F[ois]-Charles, né 1836, et Emmanuel-Louis, né 1840, frères et les derniers de leur nom, car ils n'ont que des filles ; *c*, Charles, parrain à La Charité en 1593 ; *d*, Guy,
dont Edmée Tizard, dame de Villiers, était v[e] en 1611 ; *e*, *f*, ... Antoinette, Charlotte, etc., qui,
de concert avec leurs frères et leur mère, vendent la sgrie de Coulon, en 1597, à Juliette Mige,
v[e] de Paul Tixier, qui la transmit aux de Blosset ; 2° Charles, protonotaire du St-Siège et abbé
de Cervon ; partage avec ses frères, 1536 ; fait hmage pour Courcelles-les-Brinon en 1540 ;
3° Edmond, suit ; 4° probab[t] Marg[te], v[e] d'Hector *de Berthelon*, écr, sgr de Villiers en 1567,
qu'elle vend à Montreuillon avec son fils, âgé de 25 ans.

IV. — EDMOND DE **MONTSAULNIN**, écr, sgr des Aubus (c[ne] Pouques), dont hmage en
1520 ; déclare, en 1540, pard[t] le 1[t] g[al] de St-P.-le-Moûtier, en son nom et au nom de Gervais
Boulier, écr, son beau-père, qu'il tient en fief de Lormes une maison aux Aubus, brûlée depuis

---

(1) DU **BOIS** (*). — *De Nivernois.* — I. N. du
Bois, écr, sgr de Pouilly (c[ne] Fontenay, près Vézelay),
eut : Léonard, qui suit, et Philippe, suivra.

II. LÉONARD DU **BOIS**, écr, sgr de Pouilly, ép[a],
11 nov. 1549, Albine *de Gourdon*, dont : 1° Philibert,
h[me] d'armes de la c[ie] de Listenois, f. hmage avec ses
deux frères pour Pouilly, 1575 ; 2° Richard, archer de
la c[ie] du c[te] de Charny ; 3° André, suit.

III. ANDRÉ, écr, sgr de Pouilly, ép[a], 31 août 1605,
Marg[te] *des Paillards*, dont : 1° Lazare, suit ; 2°,
3° Anne et Claire, vivantes en 1636.

IV. LAZARE, écr, sgr de Pouilly et de Beaulieu (c[ne]
Neuilly), maintenu 1668 ; ép[a], 24 août 1631, Anne *de
Carreau*, dont : Léonard, sgr de Marcilly (Auxois),
Beaulieu ; ép[a], 2 j[t] 1663, Jacq[ne] Gaigneau ou de
Garreau, dont : *a*, Fr[se] du Bois de Marcilly ; *b*, Joseph
du Bois de Marcilly, chlr, sgr dud. et de Beaulieu,
Le Chesnoy (c[ne] Entrains), qu'il vend en 1736 ; ép[a],
mars 1696, Mlle *du Roux*, dont : Anne-Léonarde, ép[a],
1734, F[ois] *de Bonin*.

II. PHILIPPE DU **BOIS**, écr, sgr de Pouilly p[ie], ép[a]
Hilaire Droyn, dont : 1° Edme, suit ; 2° David, h[me]

---

hmage 1357, ép[a] Marie DE VARIGNY, dont : Jeanne, ép[a] 13 janv. 1360, Jean de Bazarne, sire de Moresches, et fut dotée sur Villiers,
Montchauchon et Blismes. Autre Jeanne DE BASSO, m[lle] av[t] 1405, ép[a] Jean *du Bois*, écr, sgr d'Aunay, lui apportant le fief de Moussy,
que leur petite-fille transmit à Jean d'Armes.

Isabeau de Boussou, fille de feu Guyot, en v[e], en 1405, de Guillaume de Monceaunin (*sic*), était sans doute une de Basson ou de Basso.

Sources : Arch. Nièvre E, H. — Arch. ch. de Marcilly. — Marolles. — Chazot de Nantigny. — D. Villevielle. — Epigraphie héraldique.

Éteints.

(*) Lainé (*Arch. généal. de la noblesse*, I) a fait pour cette famille une généalogie, qu'il dit avoir dressée d'après des preuves qui auraient
été faites, en 1787, par le c[te] du Bois d'Aizy pour monter dans les carrosses. Mais il est visible que les premiers degrés concernent une
autre famille, les du Box, dits de Lanty, sgrs de Poussery, Pouligny et autres fiefs p[ees] Montaron et Vandenesse, aux XIVe et XVe siècles. Or les du Bois, qu'on trouve à Pouilly au commencement du siècle suivant, n'avaient absolument rien dans ces parages où leurs
prétendus auteurs étaient naguère possessionnés. Cependant, d'après cette généalogie, Jean II du Bois aurait été fils unique héritier de
Jean I du Bois (*lisez* du Box) et de Phil[te] du Tremblay, et celui-ci lui aurait donné sa maison de Pouilly, en 1459. On trouve en
effet dans Marolles, lay. Monceaux : 1469, Jean, bastard du Box, écr, hmage pour la maison de Pouilly. Le même Jean, bastard du Box,
figure aux brigandiniers du ban, 1469, et il est à remarquer que la généalogie mentionne que Jean II du Bois était brigandinier en 1469.
Il est donc fort possible que les du Bois de Pouilly soient issus d'un bâtard du Box, ce qui expliquerait pourquoi ils n'ont pu hériter les
sgries patrimoniales.

peu avec les titres que Guill^me de Montsaulnin, son père, y avait laissés ; ép^n Perrette Boulier, dont : 1° Jean, suit ; 2° François, écr, sgr des Aubus p^ie, dont hmage avec son frère, en 1567, à L^s de Bourbon-Condé, sgr de Lormes ; est sans doute père d'Adrien, écr, sgr de Luxéry (c^ne Pouques), qui ép^a, v. 1587, Marg^te DE CHASSY, fille d'Edme, sgr du Marais, et assiste, en 1601, au maage de Charles, son cousin-germain.

V. — JEAN DE MONTSAULNIN, écr, sgr des Aubus et de Saulcy (Sausy ? ch^ie Monceaux), ép^a, à Colombe, 30 oct. 1549, Elis^h de Changy, fille d'Antoine, sgr de Colombe, et de M^ie de Janly, dont trois fils auxquels il fait, en 1584, le partage des biens de leur mère défunte : 1° Claude, suit ; 2° F^ois, soutient avec Marg^te de Charry, v^e de Claude, procès contre Cl^de de Cotignon, sgr de Mouasse, 1595 ; 3° Charles, écr, sgr des Aubus, ép^a, en 1601, Elis^h *de Lanvault*, fille de Pierre, sgr de St-Thibault, et de Ph^te de Carroble ; achète de sa belle-sœur et d'Antoine, fils de celle-ci, des terres en la sgrie des Aubus, 1603 ; m^t s. p^té av^t 1641.

VI. — CLAUDE DE MONTSAULNIN, écr, sgr des Aubus, partage avec ses deux frères les biens maternels, 1584 ; tué à Coutras, 1587 ; ép^n, à St-Brisson, le 27 nov. 1583, Marg^te DE CHARRY, assistée d'Emilien de Charry, son frère, écr, sgr de Montsauche et de St-Brisson (*sic*) ; tutrice de ses enfants, vend à Luxéry, 1601. Il eut : 1° Antoine, suit ; 2° Adrien, suivra ; 3° I^se, fme av^t 1627 de Jean Marlot, m^and à Lormes ; 4° Marie, ép^n vers 1630 Ph^t DE COURVOL, sgr de Montas, lui portant Luxéry, dont elle fit ensuite don^ion aux frères de son mari. Ces deux filles ne figurent pas au partage de biens patrimoniaux qui eut lieu, en 1612, entre Antoine et Adrien.

VII. — ANTOINE DE MONTSAULNIN, écr, sgr des Aubus p^ie, dont hmage en 1608, dit sgr de St-Brisson (c^on Montsauche), y est simplement possessionné par suite du partage, 1612, où intervint sa mère ; ép^n, 28 oct. 1611, Adrienne de Brunfay ; dont : 1° Charles, suit ; 2° Marie, ép^u, 30 j^t 1634, Philippe *du Bois* (1), écr, sgr de Pouilly, fils d'Edme, sgr d'*id*., et de Nicole Paillette.

VIII. — CHARLES DE MONTSAULNIN, écr, sgr des Aubus, La Terre-Aumaire (c^ne St-Brisson), dem^t à St-Brisson et âgé de 50 ans lorsqu'il est maintenu avec son fils F^ois, âgé de 21 ans, par l'int^t de Moulins, 15 fév. 1669 ; ép^n, 27 fév. 1639, Martionne du Perron, sœur d'Antoine, sgr de Corcelles-sous-Grignon ; dont : François, écr, sgr de St-Brisson et de La Terre-Aumaire p^ie ; cor-

d'armes c^ie de Nemours, fait ainsi que son frère et ses cousins hmage p. Pouilly, 1575 ; ép^a Claire de Lanneau, dont : *a*, Saladin-Simon, dispensé du ban, 1597, comme servant sous Henri IV ; eut : Jeanne, dame de Pouilly, qui ép^a Simon de St-Clair, écr, sgr de Lormes, et fit en 1679 don^ion à F^ois du Bois, son cousin, de ce qui lui appartenait dans la terre et sgrie de Pouilly ; *b*, F^se, ép^a, av^t 1621, Pierre de Cockborne, écr, sgr de La Rippe.

III. EDME, écr, sgr de Pouilly p^ie, h^mo d'armes c^ie du duc de Mayenne, 1577, ép^a Nicole Paillette, dont : 1° Philippe, suit ; 2° F^so, ép^a Charles du Pré, sgr de l'Aubépin ; 3°, 4°, 5° L^se, Anne, Edmée, vivantes en 1598.

IV. PHILIPPE, écr, sgr de Pouilly p^ie, au ban de Niv. 1598, à l'armée de Champagne 1635, ép^n, M^ie DE MONTSAULNIN, ci-dessus, qui, étant v^e, fut maintenue ainsi que ses enfants, 1668 ; il eut : 1° F^ois, suit ; 2° Antoine, l^t régt d'Artois ; 3° Simon ; 4° Claude, fme de Jacques de Thoisy, chlr, sgr de Torcy, l^t régt de Montal ; 5° à 7° Charlotte, résidant à Givry, en Brie ; Catherine et Marie, résidant à Fontenay, en 1691, qu'elles se font don^ion mutuelle et vendent à Fontenay.

V. FRANÇOIS, chlr, sgr de Pouilly, La Neuville-au-Joux (baagé Semur), et peut-être Aisy ; aide-major de Charleroy, 1667, gouv^r de Lautreck puis d'Eberne-bourg, où il soutient un siège 1692 ; vend, en 1687, à Sébastien Le Prestre de Vauban la sgrie de Pouilly, moyennant 16,000 l. ; ép^a Jeanne Martin, dont : 1° Louis, cap. cav^ie, m^t en Allemagne, 1705 ; 2° Esprit, suit ; 3° Ch.-Gabriel, cap^ne en remplacement de son frère, 1705, puis major au régt de Lordat, chlr de St-Louis 1734, m^t s. p^té ; 4° à 7° Char^te, M^ie-Anne, M^ie-Jacq^te, Anne-F^se, dont l'une était relig. au Réconfort en 1755.

VI. ESPRIT-FRÉDÉRIC DU BOIS D'AISY, chlr, sgr d'Aisy (c^on Précy-s.-Thil, Auxois), Pont-d'Aisy, Dompierre (*id*.), né 1683, cap^ne régt de Lordat cav^ie ; ép^n, 1715, M^ie-L^so de Humes de Chérisy, dont : 1° Louis, suit ; 2° Jacqueline, ép^n, 1748, le c^te *de Damas-Cormaillon*, sgr de Courcelles et Fains-les-Montbard, cap^ne au régt de Nice ; 3° M^ie-Claudine, relig. au Réconfort.

VII. LOUIS DU BOIS D'AISY, major au régt d'Egmont cav^ie, chlr de St-Louis, m^t 1760 ; ép^a, 7 mars 1755, L^sr-M^ie-G^te DE LA FERTÉ-MEUNG, dont :

nette de cav^{rie} au rég^t de Bourbon en 1692 ; ép^a : *1º* à Dijon, en 1670, Anne Soyrot, fille d'Adam, écr, cons^{er} du roi, m^{tre} ord^{re} de sa ch. des cptes, et de Marg^{te} Blondeau ; *2º* 1er fév. 1671, Henriette Fouchenault, dont il eut : *1º* Antoine, né à St-Brisson 1676, écr, dem^t à Précy-sous-Thil en 1699, qu'il est maintenu par Ferrand, int^t de Bgogne ; et probab^t *2º* F^{ois}, écr et cap^{ne}, dont la ve Eugénie Baudouin d'Orville résidait à Semur en 1754.

VII. — Adrien de MONTSAULNIN (2e fils de Claude), écr, sgr des Aubus, dont hmage en 1641, comme héritier de Charles, son oncle ; maintenu, 1635, ou régallement des tailles par Caumartin en la gén^{té} de Moulins ; m^t 1er cap^{ne} rég^t de La Boulaye ; ép^n, c^{at} à La Motte-d'Hubine (Bgogne), 24 août 1615, Gabrielle *de Rabutin*, dame de Montal (c^{ne} Dun-les-Places), fille de Gabriel, sgr de Montal, et de Renée de Hubine, dont : *1º* Charles, suit ; *2º* Gilles, tué à Nordlingen, étant cap^{ne} rég^t d'Enghien ; *3º* F^{ois}-Léonard, cap^{ne} au rég^t de Condé, tué en Flandres (dossier bleu), c.-à-d. lors de la rébellion de Condé, qu'il avait, ainsi que son frère Charles, suivi hors du royaume ; m^t s. p^{té} ; 1,000 l. t. échues à sa mère par suite de ce décès, sont attribuées par elle, en 1663, à sa fille Claude ; *4º* Elisabeth , dame des G^{des}-Fourches (c^{ne} St-Brisson), ép^a, 25 juillet 1639, Jacques *Desbelins* (*), s^r de Palmaroux, fils de Mathurin et de Gasp^{de} Guille-

1º Jacques-Louis, sgr de Dompierre, off^r rég^t de Damas d'Anlezy, dragons , m^t célib. 1776 ; *2º* Charles-Esprit, dit c^{te} DU BOIS D'AISY, cap^{ne} au rég^t Royal-Etranger cav^{le}, 1778-84 ; aurait produit, en 1787, pour les honneurs de la cour ; émigré, chlr de St-Louis, maréchal de camp 1814 ; habita Dijon où il avait ép^{sé}, en 1788, Agathe de Brosses, fille du 1er prés^t du parl^t de Dijon ; il n'eut que trois filles ; *3º* Philippe-Germain , dit vic^{te} DU BOIS D'AISY, chlr, sgr de Guipy (c^{on} Brinon), Prélichy (c^{ne} Pazy) ; cap^{ne} rég^t de Champagne cav^{ie} ; à ass. nobl. Nev. 1789 ; reçu , en 1825, indemnité comme ancien émigré ; ép^a, 1785, Mlle-An^{te}-Mad^{ne} de Massol,

dont : Charlotte, ép^a, 1806, Robert *Dugon*, ancien garde du corps, fils d'Henri, c^{te} Dugon de Cessay.

Armes : D'azur à la fasce d'or, accompagnée en chef d'une étoile du même entre deux fleurs de lys d'argent, et en pointe d'un porc-épic d'argent.

Sources : Arch. Nièv. B, Q. — *Inv.* Marolles. — Chan. Hubert. — Lainé, *Arch. généalogiques*, I. — Min. not. Bazoches, Lormes — Arch. ch. de Vandenesse. — Reg. par^x Entrains, Menou, Brinon, Guipy, Neuilly.

Éteints.

(*) DESBELINS. — Originaires de Brassy, où se trouve L'Huis-Belin. — F^{ois} Belin, d^t à Montsauche, ép^n, av^t 1607, F^{se} Naudot , dont : Gaspard et Edme Belin. Edmée, fille d'Edme, d^t à Brassy, ép^a, av^t 1657, Charles *d'Aulenay*, sgr de Lys. En 1683, eut lieu une saisie sur les héritiers de f. Pierre Belin, m^{and} à L'Huis-Belin, sur Roger Belin et Ch. Belin, curé de Bazoches, son frère. — Mathurin BELIN, m^{and} à Palmaroux, dit DESBELINS, sgr de Palmaroux (c^{ne} Montsauche) et Champgazon (id.) après qu'il eut acquis ces deux fiefs, eut de Gasparde Guillemette, sa fme, fille d'un procr de Goulaux : 1º Mathurin DESBELINS, av^t à Lormes, ép^a Roberte Michaut, dont : Simon et Mathurin, qui ép^a, 1640, Anne Connestable, fille d'Edme, notr^e et greffier à Lormes, et en eut : Jacques , m^{and} au pays de Cologne (Allemagne) en 1681, qu'il vend tous ses droits successoraux à Paul *Grosjean*, veuf de Léonarde-Marie Desbelins, et à Augustin Desbelins, chirurgien à Lormes ; 2º Jacques DESBELINS, av^t en pl, sgr de Palmaroux , La Sauche et Champgazon, l^t d'une c^{ie} à Philipsbourg en 1647 ; ép^a Elith DE MONTSAULNIN, ci-dessus, dont : *a*, Charles, sgr de Palmaroux p^{in}, l^t au rég^t de Condé en 1669, ; *b*, F^{ois}-Gabriel ; *c*, Gabrielle, ép^a, av^t 1674 , F^{ois} *Dorlet* (*a*), s^r de Courcelles, et lui porta Palmaroux ; *d*, Marie-Anne , fme en 1674 de Paul Bouffet, écr, sgr du Vignou ; 3º Hubert, fme de Jean Rimbault, l^t de la maréchaussée ; 4º Dominique , fme de Guillaume *Desgranges*, m^{and} à Moul.-Engilbert ; 5º Anne, ép^a vers 1623 Pierre *Pelletier*, notr^e et procr fiscal de Montsauche ; 6º Madeleine , fme de Jean *Girardot*, prés^t de la prévôté de Coulanges-s.-Yonne ; Marie, fme de Jacques *Isambert*, apothicaire à Moul.-Engilbert.

Sources : Arch. Nièvre B. — Min. Millereau, notr^e Lormes. — Notes de M. Teste à Vésigneux. — Reg^{res} par^{se} de Montsauche.

Éteints.

(*a*) DORLET. — A Moul.-Engilbert dès le XVe siècle : m^{and}, procr^s fiscaux, notr^{es}, chirurgiens, apothicaires ; s'allient aux Ferrand, 1531, Lardereau, Guipier, 1598, Nault, Gueneau, Isambert, Duchemin, etc. — Une branche à Lormes : Jean DORLET, m^{and} à Lormes, eut de Léonarde *Gudin* : 1º F^{ois}, ép^a, 1680, Jeanne Duchas, fille d'Edme, l^t au baage de Lormes ; 2º Jean-Louis, m^{and} à Lormes, ép^a 1781 Mlle-Constable, fille d'Etienne, m^{and} à Lormes, dont : Jean, Madeleine, Claude et Charles ; 3º Jeanne , ép^a : 1º Louis Marion, greffier de Lormes ; 2º en 1685, Gabriel *Grosjean*, procr fiscal à Cervon. — Branche de Palmaroux : F^{ois} DORLET DE PALMAROUX, d'abord s^r de Courcelles (pr. M.-Engilbert) et procr à Moul.-Engilbert, avant son maage avec Gabrielle *Desbelins*, ci-dessus. Il eut : 1º Jean DORLET DE PALMAROUX, off^r chez le roi, ép^a, 1701, Anne *de Razout*, d'où : *a*, Jean-Bapte, cap^{ne} d'infrie, ép^a, av^t 1739, Ch^{te} *de Thomassin*, dont entr'autres : M^{le}-F^{se}, ép^a, 1751, J^n-Bapte Gagnereau de St-Victor, cap^{ne} d'infrie, fils d'Etienne, g^d bailli de Kerseloutre, et de Nicole de Fresnay ; résidaient au ch^{eau} de Palmaroux en 1784, qu'ils marient leur fils F^{ois}-Félix Gagnereau de St-Victor, écr, garde du corps, avec Gab^{le} *Petitier* de Chaumail ; *b*, Antoine, recr au gr. à sel de Montbrison ; *c*, Anne, ép^a, 1725, Jean Boussard, notr^e à Marigny-l'Eg^{se}, auteur des Boussard d'Hauteroche ; *d*, Louis ; *e*, Louise-Jeanne , ép^a : 1º 1740, René *Borne* de Gouvault ; 2º Alain Guyard, cabaretier à St-Martin-du-Puy ; 2º Elisabeth, ép^a, en 1691, Paul *d'Aulenay* ; 3º François, sgr de Palmaroux, l^t rég^t royal, ép^a, 1692, Louise *d'Aulenay*, fille de Charles et d'Esmée Belin, dont : *a*, Andoche, off^r de troupes aux Indes-Or^{les} ; *b*, Jean, ép^a L^{se} de La Corcelle, dont postérité ; *c*, F^{ois} ; *d*, Claude ; *e*, Charles ; 4º Jean, s^r de La Pommette ; 5º Adrienne, épⁿ, avᵗ 1658, Esme *Regnault* (*), bailli de Sᵗ-Martin-du-Puy ; 6º Claude, épⁿ, 1666, Florimond *de Lavenne*, écr, sgr d'Olcy, veuf de Clᵈᵉ de Saleine.

VIII. — CHARLES DE MONTSAULNIN, dit le cᵗᵉ de Montal, chlr, sgr de Montal, les Aubus, Salle (Gévaudan), bᵒⁿ de Venarey (Auxois), acheté des héritiers de Claude de Torcy, 1662, sgr d'Island (*id.*), Bazolles, Menestreux-le-Pitois (Auxois), acheté de Clᵈᵉ Espiard, consᵉʳ au parlᵗ de Bgogne, 1675, Dun pⁱᵉ, Bonnaré (cⁿᵉ Dun) et Gouloux (cᵒⁿ Montsauche), achetés 1680 ; acquiert à la même époque Nataloux, Les Tapis, Les Gaumonts, les Branlasses, Les Avoinières et autres domaines parˢᵉ Montsauche ; sgr de Sᵗ-Brisson, y ayant acquis, en 1682, les droits du duc de Nevers, qui ne se réserve que la mouvance ; sgr de Thôte (Auxois), y avait, dans la cour du chᵉᵃᵘ, 4 canons pris sur l'ennemi et donnés par Louis XIV ; enseigne puis capⁿᵉ au régᵗ d'Enghien, 1640 ; suivit Condé à Sᵗᵉ-Menehould et hors du royaume, où en combattant l'armée royale il s'acquiert un grand renom de bravoure et révèle ses qualités militʳᵉˢ ; en 1667, le roi le nomme gouvʳ de Charleroy ; maréchal de camp en 72 ; commande les troupes dans l'électorat de Cologne, oblige le prince d'Orange à lever le siège de Charleroy, force les lignes de Maëstricht et s'en empare, en 73 ; nommé commᵗ en chef des troupes entre Sambre et Meuse, Sᵗ-Quentin et Rocroy, en 74 ; reçoit, même année, le brevet de lᵗ-gᵃˡ pour S. M. en Bgogne, Auxois, Auxerrois,

(2) MARION. — *De Nivernois.* — Jean Marion, paroissien de Varennes-les-Nev., et Alips, sa fme, achètent en 1419 une pièce de terre tenue en bordgᵉ du chap. de Sᵗ-Cyr. — Fᵒⁱˢᵉ Dollet, vᵉ en 1530 de Jean Marion, fait recᵉⁿ de bordgᵉˢ parˢᵉˢ Varennes et Parigny.

Philippe Marion, en 1482, et son fils Jean, en 1493, étaient horlogers de la ville de Nevers. Pierre Marion fut horloger de la ville de 1498 à 1545. — Philippe succéda à ce Pierre et eut son fils pour successeur en 1562. Jean Marion, notʳᵉ à Nevers, est présent, en 1466, à un accord entre le cᵗᵉ de Nev. et Perrette de La Rivière.

I. PHILIPPE MARION, notʳᵉ à Nev. 1450, épⁿ Cathⁿᵉ Dijon, fille de Philibert, avᵃᵗ ; il eut : 1º Jean, suit ; 2º Benoît, mort s. pᵗᵈ ; 3º Michel , épⁿ Fᵒⁱˢᵉ de Corbigny, dont il eut peut-être : Jean, notʳᵉ en 1565, et Philippe, orfèvre orlogeur, qui épᵃ : 1º Denise François ; d'où Pierre, orfèvre ; 2º avᵗ 1555 Josèphe Lappier, d'où Sébastien, chapelier, épᵃ Jeanne N., d'où Miles, meneusier, qui de Fᵒⁱˢᵉ Duplex eut Claire, Pierre et Marie; 4º Claude, mort à Paris en 1531.

II. JEAN, notʳᵉ Nev. en 1509, épⁿ Marie Bouat, d'où : 1º Simon, vécut à Paris s. allᵉᵒ ; 2º le suivant :

III. MILES, clerc juré de la clᵉˢˢᵉ de Nev. 1532, éche-

mercée, capⁿᵉ au régᵗ de la marine ; poursuivi pour escroqueries entraîna la déchéance de sa descendance ; épⁿ, 1716, Jⁿᵉ-Lˢᵉ *de Razout*, fille de Charles et de Louise Caillat, dont : *a*, Jean, épᵃ, 1756, Cathⁿᵉ Laurence, fille de Louis, manœuvre ; dont Marguerite et Catherine , domestiques au chᵉᵃᵘ de Vésigneux ; *b*, Charles, domestique chez son cousin Montsaulnin, épⁿ Jⁿᵉ Peschin, vᵉ d'Edme Magdelénat, laboureur ; *d*, François, inhᵈ en 1752 dans le chœur de l'église Sᵗ-Martin-du-Puy ; 5º Lazare ; 6º Marianne, fme de Ch. *Borne* de Grandpré ; 7º Gabrielle, épᵃ, 1702, Jean Regnaudot, notʳᵉ à Sᵗ-Martin-du-Puy.

Sources : Arch. Nièvre B, E. — Min. notʳᵉˢ et regtʳᵉˢ parˣ de Decize, Moul.-Engilbert, Montsauche, Lormes, Brassy. — Notes de M. Teste à Vésigneux.

Existants dans la Nièvre.

(*) REGNAULT. — En 1494, Vincent REGNAULT, paroissien de Lormes, obtient de Pierre Forny (?), sgr de Razout, cession à bordgᵉ d'un meix nommé la Grange-Naulais et depuis la Grange-Regnault (cⁿᵉ Lormes) ; il eut Jean REGNAULT, qui, avec Philippotte, sa fme, est condamné, en 1509, à payer des droits à Sébastien de Vésigneux, alors sgr de Razout. On trouve Jean Regnault, prêtre, notaire en 1509 ; Edme, curé de Neuffontaines, 1580. — Jean REGNAULT, procʳ fiscal de Lormes, bailli de Sᵗ-Martin-du-Puy, 1610, eut : Françoise, fme d'Innocent *Houdaille* ; Léonarde, fme en 1636 de Jean Delagrange, notʳᵉ à Lormes, et Esme REGNAULT, bailli de Lormes , qui de Mⁱᵉ Salomon , fille de Fᵒⁱˢ et d'Anne de Lauvaux, eut : 1º Edme , bailli de Sᵗ-Martin-du-Puy, épᵃ Adrienne DE MONTSAULNIN , ci-dessus, dont : *a*, Jean-Louis , sʳ d'Esneux ou des Neaux, lᵗ de dragons ; *b*, Barthélemy ; *c*, Edme, sʳ du Vignoux, capⁿᵉ régᵗ de Languedoc ; *d*, Gabrielle, dite des Méloizes (les Granges-Méloizes, cⁿᵉ Lormes), mᵗᵉ 1731 à 71 ans ; *e*, Charles, filleul du cᵗᵉ de Montal ; *f*, Jean, curé de Sᵗ-Mⁿ-du-Puy, puis de Sᵗᵉ-Colombe, près Avallon ; *g*, Marie, présente en 1697 à l'inhᵗⁱᵒⁿ de sa mère ; il y aurait encore, d'après une généalogie publiée en 1858 dans l'*Annuaire de la Noblesse*, François-Marie, auteur des Renaud des Méloizes , actuellement en Berry ; 2º Marie, fme d'Etienne Dangost, sʳ d'Esnots, lᵗ de la maréchaussée d'Autun ; 3º Jeanne, fme de Georges Bonnars, lᵗ marséᵉ de Vézelay ; 4º Marguerite, épᵃ : 1º Jean Petit, assʳ maréchˢˢᵉ Ch.-Chinon et échevin de Lormes ; 2º Jean Colin, mestre de la maréchˢˢᵉ Ch.-Chinon ; 5º Barthélemy, bailli de Lormes, épᵃ, avᵗ 1664, Jⁿᵉ-Lˢᵉ Connetable, dont : Edme, Philibert, Jeanne et Louise. — Thomas REGNAULT, mᵃⁿᵈ à Lormes, épᵃ, avᵗ 1634, Elisᵗ Marion, dont : 1º Jacques, procʳ fiscal de Marcilly ; 2º Fˢᵗᵉ, épⁿ 1670 Jean Guillaume ; 3º Pierre, chirurgien à Bazoches, épᵃ, 1698, Margᵗᵉ Foulenet. — Parmi les divers Regnant que l'on trouve pendant assez longtemps à Lormes et environs : François REGNAULT, marié vers 1750 avec Mⁱᵉ *Borne* de Gouvault, dont François, épᵃ en 1786 Mⁱᵉ Bonnamour, fille de Fᵒⁱˢ, sieur du Tartre, et de Mⁱᵉ-Genᵛᵉ Létouffé.

Autres alliances : de Grand, Raiot, Frottier, Belot, Maillot, Darcy, de Razout.

Sources : Notes de M. Teste à Vésigneux. — Regtʳᵉˢ parˣ Lormes, Pouques-Lormes, Sᵗ-Martin-du-Puy.

Sortis du Nivernois.

Autunois ; l^t-g^{al} des armées en 76 ; nommé gouv^r de Maubeuge en 79, et de Mont-Royal en 88 ; promu ch^{ier} du St-Esprit et commandeur des ordres, 31 déc. 1688 ; commande l'inf^{rie} à Steinkerque en 92 ; prend Dixmunde en 95 ; m^t à Dunkerque le 28 sept. 96, et inh^é dans le chœur de l'égl. de St-Brisson. Ep^a, c^{at} à Villefranche de Rouergue 16 août 1640, Gabrielle de Solages, fille de Jean-Albert de S. de Frédaut, sgr de Combolaret, et de Cassandre de La Fare, dont : 1° Louis, suit ; 2° F^{ois}, chlr de Malte, tué en Flandres, 1672 ; 3° F^{ois}-Ignace, d'abord abbé de Régny, 1680, puis cap^{ne} de cav^{rie} (*clero vale dixit, G^{ia} christ^{na}*), 1687 ; ép^a, malgré sa famille, Hen^{te} Baillet, fille de Claude, sgr d'Aucourt en Champagne ; mourut à Landau, 1691, ne laissant qu'un fils : Louis, né 1688, filleul de Louis XIV, chlr, m^{is} de Montal, cap^{ne} de cav^{rie}, sgr des Aubus et La Salle, ces deux sgries, plus le dom^{ne} de Gien (c^{ne} Pouques) et 20,000 l., lui étaient échues par suite du testament mutuel, fait à Paris, en 1693, par le c^{te} de Montal et G^{le} de Solages, h^t l'hôtel de Sens, et ord^t le ch. des Aubus, révoquant les dispositions antérieures qui visaient F^{ois}-Ignace, décédé ; il fait, en 1715, reprise de fief de Menestreux par transaction entre lui et Ch.-L^s, son cousin-germain, légataire universel de Charles, son aïeul, cette transaction pour fournir la légitime de Louis ; mourut s. p^{té} en 1743, ayant institué les Baillet d'Espence ses légataires universels, qui, en 1749, plaident contre Etignard, s^r de Coulon ; 3° M^{ie}-Cassandre, ép^a, 1er mars 1669, F^{ois}-Eustache *Marion* (2), c^{te} de Druy.

vin 1567 ; ép^a Paule Guillaume, fille de Jean, m^{and} Nev., et de Perrette *Destrappes*, dont : 1° Simon, suit ; 2° Miles, s'établit en Languedoc, y était trésorier g^{al} en 1586 ; 3° Jean, suivra ; 4° Claude, not^{re} Nev. 1574.

IV. SIMON MARION, b^{on} de Druy (c^{on} Decize), né 1541, m^t 1605 ; av^{nt} g^{al} de Cath^{ne} de Médicis et du duc d'Alençon, anobli en 1583 ; acquit en 1585 la baronnie de Druy ; en refait le terrier, 1593 ; reçu, en 1608, c^{er} au parl^t sans examen « vu sa notoire suffisance » et dans la charge de prés^t aux enquêtes, « bien que Jacques Pinon, son beau-frère, et Simon Marion, son fils, soient déjà conseillers » ; av^{at} g^{al} et cons^r au g^d conseil en 1597, cédant alors à Samuel *Spifame* son office de cons^r au parl^t. Ep^a Cath^{ne} Pinon, fille de Nicolas, s^{re} du roi et payeur des gages de sa ch^{bre} des cptes. Il eut : 1° Simon, suit ; 2° Catherine, eut en dot la sgrie d'Andilly, ép^a, 1585, Antoine Arnauld, auditeur des cptes, dont elle eut de nombreux enfants tous marquants dans l'histre de Port-Royal. Elle-même y prit le voile des mains de la mère Angélique Arnault, sa propre fille, et y mourut en 1641, âgée de 68 ans ; inh^{ée} égl. St-Merry, près tombe de son frère.

V. SIMON, b^{on} de Druy, né 1572, m^t 1628 ; vend, en 1605, son office de cons^r au parl^t 34,500 l. ; prés^t au g^d conseil 1607 ; cons^r d'Etat 1618 ; contr^r g^{al} des finances 1626 ; suivit le roi au siège de La Rochelle ; ép^a : 1° 22 mars 1601, Mad^{ne} de Montescot, fille de Claude, s^{re} du roi ; 2° Marg^{te} du Fay. Il eut du 1er lit : 1° Robert, b^{on} de Druy, sgr de Villeneuve et Massonvilliers, g^{hme} ord^{re} ch^{bre} du roi ; ép^a Gab^{le} de Pluvinel, fille d'Antoine, cons^r d'Etat, dont il n'eut qu'un fils, François, m^t à six ans en 1639, sa mère étant alors remariée depuis 1635 avec Ch. *de Biencourt* ; par suite la b^{nie} de Druye passa à Claude ; 2° Claude, suit ; 3° Bernard ; 4° François, ecclésiastique ; 5° Madeleine ; 6° Catherine, relig^{so} à Port-Royal.

VI. CLAUDE, c^{te} de Druy, sgr de Villeneuve et Massonvilliers, hérités de son neveu ; obtint, en 1658,

l'érection de b^{nie} de Druy en titre de comté ; reçut, 1661, lettres de c^{er} d'Etat privé et des finances, pour ses services milit^{res}, ses lumières et avoir écrit un livre contre les duels ; fut maintenu, Moulins 3 mars 1667 ; ép^a, 4 nov. 1643, Marie DE DAMAS, dont : 1° François-Eustache, c^{te} de Druy, mestre de camp, 1678, par démission de M. de Montal ; lt g^{al} des armées en 1702, et com^t pour S. M. dans le duché de Luxembourg, où il mourut en 1712, âgé de 68 ans ; ép^a, 1er mars 1669, M^{ie} Cassandre DE MONTSAULNIN, ci-dessus ; séparée de biens par sentence de 1680, elle mourut cinq ans après. Ils eurent : a, Jean-Bapt^e, c^{te} de Druy, reçu page de la p^{te} écurie 1688 ; lt de la 1e c^{ie} des gardes du corps et brigadier des armées, mort célib^{re} à Paris en 1729 ; le c^{té} de Druy passa alors à la m^{ise} de Guerchy, sa sœur ; b, Charles, abbé command^{re} de St-Seine, m^t 1709 à 36 ans ; c, Jeanne-Louise ; ép^a, 1707, Louis *Régnier*, m^{is} de Guerchy ; elle vendit le c^{té} de Druy au président Coste de Champéron, qui en fit aveu à l'évêque en 1741, et le donna ensuite à sa fille, épouse de Louis-F^{ois} de Soudeille ; 2° Claude-Louis MARION DE DRUY, abbé de Régny en 1687, par délaissement de F^{ois}-Ignace de Montsaulnin ; mourut en 1727 ; 3° Eustache-Louis MARION DE DRUY, m^{is} de Courcelles et de Bonencontre, major général de la gendarmerie, tué à La Marsaille, 1693 ; ép^a, 9 juillet 1686, H^{te}-Marg^{io} de *Saulx-Tavannes*, v^e de Louis de MONT-SAULNIN, m^{is} de Montal. Ils eurent : a, Louise-G^{le}-H^{te}, abbesse de Ste-Marie de Metz en 1724 ; b, M^{ie}-Anne-Félicité, chanoinesse de Poulangis, prieure de Tournon ; c, Char^{te}-Bénédicte-Vict^{re}, ép^a, 1719, Antoine-Joseph D'ESTUT, c^{te} de Tracy.

IV. JEAN MARION (fils de Miles, not^{re}), sgr de Coudes p^{te} (Patinges), acquise en 1578 de Cl^{de} BRES-CHARD, sgr de Bernay ; secr^e et argentier du duc, 1570, puis m^{tre} des cptes ; fait, 1575, rec^{eo} de bord^{ses} à Parigny-les-Vaux ; échevin 1579 et 80 ; ép^a Jeanne de La Fosse, dont : 1° Jacques, suit ; 2° Marie, ép^a G.

IX. — Louis DE MONTSAULNIN, chlr, m^is de Montal, sgr de Vénarey et Menestreux, reçus en dot, et de la b^nie de Courcelles-les-Semur, apport de sa fme, c^te de Bonnencontre, sgrie héritée par sa fme, 1682 ; m^t mestre de camp de cav^rie, en 1686 ; ép^n, 27 mars 1678, Hen^te *de Saulx–Tavannes* (*), fille de Noël, m^is de Miribel, et de Gab^le Jaubert de Barrault ; elle ép^a en 2^es

Ravel, av^nt à Paris ; 3° Catherine, ép^a Jacques Marquet, av^nt bailli de Druy. En 1605, Simon, b^on de Druy, leur cède sa part indivise avec eux dans diverses maisons à Nev.; 4° Jeanne, ép^a F^ois *Descolons*, m^and feronnier, s^r de Demeurs ; 5° Claude, ép^a P. Lucas, av^nt Nev.

V. JACQUES, sgr d'*id.*, garde du scel et prés^t ch^re des cptes Nev. ; a qq. terres p^so Varennes ; ép^a, vers 1593 (qualifié alors m^and, s^r de Coudes), Marie *de Lucenay*, fille de Jean, s^r de La Jarrie, dont : 1° Jeanne, ép^a Jacques DE GROSSOUVRE, sgr de Pougues, *alias* de Sichamps ; 2° Marie, née 1599, le père est alors cont^r au gr. à sel ; 3° Simon, suit ; 4° Henri ; 5° Jacquette.

VI. SIMON, sgr d'*id.*, né 1603 ; se qualifie écr, sgr de Coudes, dans l'aveu qu'il rend, en 1649, à Léonard *de Bonnet*, écr, sgr de Lupy, et autres enfants de feu Loup, sgr b^on de Cours-les-Barres. Ep^a Marg^te *du Ruel*, fille de Charles, écr, sgr du Plessis, dont : 1° Robert, suit ; 2° Gabrielle, réside au ch. de Codes en 1689, qu'elle teste étant v^e de Ch. de Tripier, sgr de Pierry.

VII. ROBERT, né 1632, m^t 1694, sgr de Coudes et Malnoue, mousquetaire du roi ; condamné par l'int^t de Moulins, en 1667, faute de produire ; acquiert, 1686, d'Eust. de Bonnet, b^on de La Mole, qq. héritages sis à Laubret (Cuffy) ; ép^a M^le de La Saigne de St-Georges, dont : 1° Gabrielle, née 1682 ; 2° Guillaume, né 1683 ; 3° Claude, né 1686, condamné à être brûlé vif et exécuté, en 1705, pour crime sacrilège ; 4° Jean, né 1690, écr, sgr de Malnoue et Coudes ; ép^n, 1717, Claire Paillehort, v^e de Pierre de Chargères, et, même année, restant seul survivant des frères de Robert, il vend les 3/4 de la sgrie de Coudes à P. Bouzitat de Sélines, qui avait déjà acquis l'autre quart en 1715.

III. PIERRE MARION (3e fils de Jean et de M^le Bouat), m^and orfèvre en sa maison, rue du Château, horloger de la ville jusqu'en 1545, eut de Perrenelle Dulac : 1° Pierre, auteur de rondeaux, émigra en Pologne ; 2° Pierre, suit ; 3° Philibert, orfèvre ; ép^n,

av^t 1590, Et^te Morin, dont 14 enfants, parmi lesquels : *a*, Jeanne, qui v^e de Marc Chevalier, ép^a, 1642, Denis de Bacque, serg^t royal ; *b*, Philiberte, ép^a, 1632, Nicolas Testeleste, m^tre orfèvre à Nev. après son maage ; *c*, Pierre Marion, orfèvre ; ép^a, 1626, Jeanne Dechouys, fille de Michel, m^and Nev. ; il en eut 6 enfants, entr'autres : Jacquette, v^e en 1692 de Hiérome Guilleraut, fayencier, et Pierre Marion, orfèvre, qui de M^le *Tonnelier* eut : *a*, Jeanne, ép^a, 1684, F^ois Gilbert, notr^e et proc^r ; *b*, Antoine, curé de Meauce ; *c*, Pierre, orfèvre, ép^a J^ne-M^te Gasque, morte en 1707, laissant un fils mineur : Pierre-Antoine Marion.

IV. PIERRE, orfèvre, ép^a Anne Closier, dont : Simon, qui suit.

V. SIMON, orfèvre, ép^a, av^t 1601, Jeanne *Duplex*, fille de Philibert, orfèvre, dont : 1° Jean, suit ; 2° Claire ; 3° Anne ; 4° Philibert ; 5° Jacquette.

VI. JEAN, orfèvre, ép^a M^le Reuche-Pinchard, sa v^e, en 1678, qu'elle teste instituant héritiers Jean et Ignace, ses fils. Il en eut : 1° Jean, s^r du Lieu, m^t 1692 b. p^é ; 2° Ignace, suit ; 3° Marie, ép^a, 1664, Guill^me Fontaine, fils de Guill^me, apoth^re ; 4° Françoise, ép^a Cl^de Marquet, av^at, petit-fils de Cath^ne Marion ; 5° Guillemette ; 6° Marie, fme, née en 1693, de Jacques Callot, orfèvre.

VII. IGNACE, né 1644, s^r du Lieu, av^at, m^tre des cptes Nev. et subdélégué de l'intendant, sgr de La Môle, Cours-les-Barres et Givry, par suite de la vente par décret des biens d'Eust. de Bonnet, sgr b^on desdits lieux, qui lui est faite en 1697 ; possédait aussi l'Eperon (Nevers) en 1702, qu'il meurt à Paris après avoir testé, désignant nommément Benoît, son 3e fils. Ep^a : 1° 12 j^t 1672, Cath^ne Panseron, dont il eut trois enfants morts avant son 2e maage, 30 avril 1696, avec Gabrielle *Brisson*, fille d'Aré, sgr du Sallay, dont : 1° Louis-Mary ; 2° Aré-Ignace ; 3° Benoît, suit.

VIII. BENOÎT, né 1699, m^t 1769, écr, sgr de Givry, La Môle, Cours-les-Barres, Gascogne et Le Lieu ; achète, en 1723, la charge de c^or corr^t ch^ro des cptes de Dôle, dont il reçoit les lettres d'honneur en 1745, qu'il-

(*) DE SAULX-TAVANNES. — *De Bourgogne*. — Les de Saulx, marquants dès le XIIe s., sont devenus de Saulx-Tavannes par maage avec Marg^te de Tavannes (Suisse). — Gaspard DE SAULX, sgr de Tavannes, l^t g^al au gouv^t de Bgogne, maréchal de F^ce en 1570, était sgr en p^ie de La Ferté-Chauderon par sa fme, F^se de La Baume-Montrevel. Leur fils aîné, Guillaume DE SAULX, c^te de Tavannes, l^t g^al *id.*, dénombre en 1575 la moitié de Marcy (c^on Varzy), au nom de sa fme Cath^ne Chabot, fille de Léonard, c^te de Charny, et de Cl^de Gouffier ; il eut : Claude DE SAULX, c^te de Tavannes, bailli de Dijon, sgr en p^ie de Marcy, venant des Gouffier ; ép^a F^se Bruslard, fille de Nicolas, 1er prést au parl^t de Bgogne, d'où entr'autres : 1° Jacques, chlr, sgr de Tavannes, Marcy, etc., l^t g^al des armées, bailli de Dijon ; ép^a M^le-Hen^te Potier de Tresmes, marne à Marcy en 1657, d'où : Charles-Marie, chlr, sgr c^te de Marcy et Mehers, ép^a 1683 M^le-Cath. d'Aguesseau, dont il eut entr'autres : Henri-Louis, c^te de Tavannes, c^te de Marcy, l^t g^al de la Bgogne, ép^a 1712 Ursule Amelot ; vendit Marcy, en 1715, à Ch. Andras, chlr, sgr de Serre ; 2° Noël, sgr de Miribel, qui de G^le Jaubert de Barrault eut : Marg^te-Henr^te, fme en 1res noces de Louis de MONTSAULNIN ci-dessus, et en 2es noces d'Eust.-Louis *Marion* de Druy ; elle vendit en 1714 la bar^nie et sgrie de Vitry-s.-Loire à Pierre Bruneau, écr, sgr de Champlevrier, moy^t 86,000 l.

Armes : D'azur au lion d'or.

Sources : Paillot, H^re p^t *de Bourgogne*. — D. Plancher. — P. Anselme. — D. Caffiaux. — Marolles. — Arch. Nièvre. — Reg. p^x Marcy, Beuvron.

noces Eustache-Louis *Marion* de Druy, et avait eu de son 1ᵉʳ maage : 1° Charles-Louis, suit ;
2° Charlotte-Gabᵗᵉ, née 1680, mᵗᵉ 1748, épⁿ Agathange-Ferdᵈ de Brun, mⁱˢ de Roche, maréchal
de camp ; elle eut Vénarey et Bonnencontre ; 3°, 4° Mⁱᵉ-Nicole et Louise, religieuses.

X. — CHARLES-LOUIS DE MONTSAULNIN, né 1681, cᵗᵉ de Montal, puis mⁱˢ après la mort
de Louis, son cousin-germain, dont il hérita Menestreux, bᵒⁿ de Courcelles-les-Semur, sgr de Sᵗ-
Brisson, Islan, Dun, Montsauche, Gouloux, Nataloux, La Terre-Aumaire, Thôte, Beauregard,
Genouilly (pˢˢ Dompierre-en-Mᵈ), qu'il affranchit de tous droits en 1727 ; affranchit, même année,
Michelle Seguenon, vᵉ d'A. Dupotet, à cause de sa considération pour cette dame, moyᵗ 100 l.,
l'indemnité pour le roi est fixée à 50 l. ; ces sgries à lui échues comme légataire de son grand-
père ; colonel régᵗ de Poitou, 1702, puis maréchal de camp ; lᵗ-gᵃˡ des armées, 1734 ; gouvʳ de
Villefranche en Roussillon et de Guise ; chlr des ordres en 1745 ; surpris dans Asti avec une
garnison de 6,000 h. et 3,000 chevˣ ; mᵗ 1758 ; épᵃ, 20 avril 1705, Mⁱᵉ de Colbert-Villacerf, fille
d'Edouard, mⁱˢ de Villacerf, et de Genᵛᵉ Larcher ; dont deux filles : 1° Mⁱᵉ-Genᵛᵉ, épⁿ Antoine
du Bois, mⁱˢ de La Rochette ; 2° Anne-Mⁱᵉ, eut la bⁿⁱᵉ de Courcelles par testᵗ de son père, épⁿ,
15 avril 1736, Ch.-Paul, cᵗᵉ DE LA RIVIÈRE, vicᵗᵉ de Tonnerre ; vendirent, en 1767, Menestreux à Ch.-Clᵈᵉ de Vichy, capⁿᵉ régᵗ Piémont, et à Mⁱᵉ Courtot, son épouse.

Armes : De gueules, à trois léopards d'or, couronnés de même, l'un sur l'autre.

Sources : Arch. Nièvre E, B ; arch. Yonne et Côte-d'Or. — Arch. natˡᵉˢ P. — Bib. nat., dossier bleu, 470. —
Carrés de d'Hozier, pièces origˡᵉˢ, 2005. — Preuves du Sᵗ-Esprit. — Chérin, 50. — D. Villevieille, t. 62. — D.
Caffiaux. — P. Anselme, VII, IX. — *Inv.* Marolles. — *Inv.* Peincedé. — Courtépée. — Chazot de Nantigny,
Tablettes. — La Chesnaye-des-Bois, X. — La Thaumassière. — D. Plancher, *Histᵣᵉ de Bgogne.* — Beaune et
d'Arbaumont, *Etats de Bgogne.*— Béthencourt. — Lainé, *Dictᵣᵉ véridique des origines des maisons nobles de Fᶜᵉ,*
t. II. — Arch. ch. de Chastellux. — *Gallia christiana,* II, XII. — Min. not. Lormes. — Cᵗᵉ de Soultrait, *Epigraphie.* — Baudiau, *Morvand.* — Reg. parˣ Beaumont-la-Fᵣᵉ, Cervon, La Charité, Sᵗ-Martin-du-Puy, Lormes,
Montsauche, Dun-les-Places, Pouques, Sᵗ-Brisson, Nuars.

vend cet office à P. Richard de Soultrait. Epᵃ Madⁿᵉ
Jogues (Orléans), dont : 1° Madⁿᵉ-Philᵗᵉ, non mariée
en 1779 lors du partage par lequel elle reçut l'Eperon,
etc.; 2° Claude-Pierre MARION DE GIVRY, écr, sgr Givry,
La Môle, Cours-les-Barres, Gascogne, capⁿᵉ cavʳⁱᵉ, chlr
de Sᵗ-Louis, comᵗ du bᵒⁿ de la milice à Moulins en
1741 ; présenté ainsi que ses deux frères à ass. nobˢᵉ
1789 ; épⁿ, 27 juin 1764, Margᵗᵉ-Victⁿ MARION DES BARRES, dont :
a, Céleste-Mⁱᵉ, épⁿ 1789 Foⁱˢ-Phⁱᵉ DE BOURGOING ;
b, Agathe-Gabˡᵉ, épᵃ : 1° le cᵗᵉ de Bruc, 2° le général
Sorbier ; *c,* Benoît, né 1771 ; son émigration causa la
saisie d'une partie des biens de son père ; *d,* Marie-José-
phine, née 1773 ; 3° Lⁿ-Clᵈᵉ MARION DES BARRES, écr,
sgr de Boisvert (Magny) (venant de Philᵗ Brisson),
Aublenay ; épᵃ, 18 août 1765, Lᵗᵉ Godefroy, fille d'Augustin, capⁿᵉ régᵗ de Chartres, et de Lⁿ-Cathⁿᵉ Flamen
d'Assigny. Morts s. pᵗᵉ vers 1792 ; 4ᵘ Philippe-Benoît,
suit ; plus trois filles religˢᵉˢ au Réconfort, en 1779,
lors du partage qui attribue 200 l. de rente à chacune
d'elles.

IX. PHILIPPE-BENOÎT MARION DE LA MOLE, écr,
mᵗʳᵉ des eaux et forêts du duché, eut les biens d'Usseaux,
Satinges, Margat, legs des Brisson, plus des rentes et

biens sur Pougues, Parigny, Chaulgnes, Neuville,
Azy-le-Vif et Luthenay ; guillotiné à Paris le 4 ther-
midor an II. Epᵃ 2 janv. 1761, Adélaïde Millochin,
fille de Nicolas, recʳ des tailles, et d'Etᵗᵉ Bodin, dont :
1° Benoît-Louis, né 1773, mᵗ s. pᵗᵉ ; 2° Alexᵈʳᵉ-Pierre
MARION DU ROSAY, épᵃ Gabˡᵉ *Aupépin* de La Motte de
Dreuzy, dont il eut : Léon Marion du Rosay, qui de
Gabˡᵉ de Martenne n'eut que deux filles : *a,* Isabelle,
épᵃ 1858 Paul Bernard, cᵗᵉ de Danne ; *b,* Gabrielle, épᵃ
1863 N. Demaᶜtin du Tyrac, cᵗᵉ de Marcellus.

Armes : D'azur, au croissant d'argent surmonté d'une étoile
d'or.

Les Marion de Druy écartelaient aux 2 et 3 d'un arbre terrassé.

Sources : Bib. natˡᵉ, *dossier bleu,* 429 ; *Carrés,* 414 ; pièces
originales ; preuves pᵗᵉ écurie, t. 286. — Arch. Nièvre, B, E, Q.
— Parmentier. — Marolles. — Chazot de Nantigny, *Tablettes,*
VI. — Papiers Roubet à la Socᵗᵉ nivernaise. — Arch. chât.
Poiscux, Devay, Le Tremblay, Le Veuillin. — Origˣ colliⁿ de
Soultrait. — *Epigraphie nivernaise.* — Min. notⁿˢ Marion,
Pascaud, Petit. — Regⁱˢ parˣ Nevers, Druy, Patinges. —
Nobil. gᵗᵈ de Moulins, 451. — Lach. des Bois, Moréri.

Éteints.

DE MOROGUES

ORIGINAIRES du Berry.

I. — JEAN DE MOROGUES acquiert la terre des Landes (ch^ie St-Verain), 30 avril 1488 ; ép^a Isabelle *Pommereul*, v^e de lui en 1500, dont il eut :

II. — JEAN DE MOROGUES, n. h. et s. m^tre lic. ès lois, sgr des Landes, dont hmage 1533, Sauvages (c^ne Beaumont-la-F^re), La Forest (c^ne Frasnay-les-Ch^nes) acquis en 1531 de G^me de La Platière moy^t 10,350 l. t., Longfroy (c^ne Varennes-les-Narcy), Ouvrault (c^ne Champvoux) ; acquiert de Cath^ne de La Fayette, v^e de Ph. de La Platière, moy^t 4,000 l., la terre de St-Martin-d'Ourouër, qui, en 1529, est reprise par retrait lignager par G^me de La Platière ; élu en l'élection de Gien et La Charité en 1514 ; not^re sec^re du roi maison et couronne de France ; c^er m^tre des cptes de Nev. 1532, président en 1541 ; nommé, en 1533, com^re de la duchesse à la rédaction de la coutume du Nivernais ; ép^a, vers 1514, Marg^te *Perreau* (1), fille d'Adrien, et de Jeanne de Corbigny, dont : 1° Jacques, suit ; 2° Isabelle, ép^a, 1544, Jean *Burdelot* (2), sgr de Montfermeil et du Plessis, cons^r au Parl^t de Paris ; 3° Marie, ép^a Jacques Bochetel, chlr de l'ordre, sgr de La Forest, s^re des finances.

III. — JACQUES DE MOROGUES, écr, sgr d'*id.*, fait hmage en 1579 à H. d'Avantois pour Ouvrault à cause de Grenant ; en 1550, ses père et mère lui font donation de leur maison à La Charité où ils demeuraient, avec survivance de l'office de sec^re du roi ; des lettres de la reine Catherine, 1566, le qualifient sec^re des finances du roi et son résident près de l'empereur ; gent^me ord^re de la ch^bre du duc d'Alençon ; chlr de l'ordre 1576, et gouverneur de La Charité, qu'il livre aux huguenots ses coreligionnaires ; la ville ayant été reprise par le duc de Nevers, il se retire à Sauvages où il entretient intelligences et correspondance avec le roi de Navarre ; chambellan d'Henri IV, 1595, est déchargé, en raison de services et de ses fonctions, de la contribution qu'il devait au ban de Nivernois à cause de ses terres de Sauvages et La Forest ; ép^a, Paris 30 août 1569, Marie Bochetel, v^e de Jean Bourdin, sec^re d'état, chlr, sgr de Villaines, et de M^ie de Morvilliers. M^ie Bochetel se fit aussi calviniste et Jean de Morvilliers, garde des sceaux, son oncle, la déshérita, lui laissant seul^t 100 écus. Ils eurent : 1° Alexandre, suit ; 2° Henri, auteur de la branche de Longfroy.

(1) PERREAU. — *De Nivernois.* — En 1478, Jean Perreault, m^and, b^eois à Cosne, et Jacques, lic. ès lois, son fils, achètent de L^se d'Argenton, moy^t 800 l. t., Cosme (c^ne Bouhy) et Bouhy (c^on St-Amand), rachetés l'année suivante par le c^te de Nevers ainsi que les autres aliénations faites par lad. dame. Jacques Perreau, lic. ès lois, bailli de St-Verain, est témoin d'une acquisition que Jean Perreau, fils de f. Germain, d^t à Corbigny, fait en la par^se d'Anthien, 1497.

I. JEAN PERREAU, possessionné à St-Léonard de Corbigny, eut : 1° Etienne, suit ; 2° Marie, fme de G^me *Guillemère ;* 3° probabl^t Germain, châtelain de Clamecy, m^t avant 1481, laissant Jean, lic. ès lois.

II. ETIENNE, m^and, b^eois à Corbigny, sgr d'Agriez (c^ne Moraches), ép^a Simone Bouchard, fille de G^me, b^eois de Saulieu, dont : 1° Jean, sec^re du roi, clerc de la ch^re des cptes de Paris ; ép^a : 1° Mahaut Laurens, *alias* Loron ; 2° N. Romesoire, Espagnole ; sa postérité se continua en Normandie, où Jacques, écr, sgr de Villiers, son petit-fils, ép^a Ant^te DE PRIE ; 2° Antoine, suit ;

3° Adrien, sgr d'Agriez, grènetier d'Avallon, ép^a Jeanne *de Corbigny*, v^e de G^me Guillemère ; elle acquit des Damas 1/5 d'Asnois (c^on Tannay) ; ils eurent : *a*, Marg^te, ép^a Jean DE MOROGUES, ci-dessus ; *b*, Léonarde, ép^a 1509, Herman, bâtard *de Clèves ;* 4° Etienne, prieur de Beffes en 1497 ; 5° Marie, ép^a Et^ne de Tournes, bailli de Vézelay ; 6° Marg^te, ép^a, 1479, Pierre *Le Breton*, sgr d'Eugny ; 7° Cath^ne, ép^a Pierre *Garnier*, contr^r au gr. à sel Nev. ; 8° Jeanne, ép^a Robert Cheval, b^eois de Beaune.

III. ANTOINE, b^eois de Corbigny, ép^a Cath^ne *Guillemère*, dont : 1° Jeanne, dame de Surpalis (c^ne Sardy), ép^a Joachim *Olivier*, sgr d'Arraux ; 2° Marg^te, ép^a Gaspard de Tintry (B^gogne).

JEAN PERREAU, écr, sgr du Bouquin (c^ne Chaumot), dont hmage 1535 ; vend un moulin par^se Lurcy-le-Bourg 1559 ; eut Jacques, écr, sgr du Bouquin et de Chaumot (c^on Corbigny), dont hmage 1575, époux de Marie *de La Varenne*, dame du Parc (c^no Dun-les-Places) et du Marais p^ie (c^ne Lurcy-le-B.), dont :

IV. — ALEXANDRE DE MOROGUES, chlr, sgr de Sauvages, fait aveu dén^t au sgr de Beau-mont pour La Forest en 1620 ; bâtit le ch^{eau} de Sauvages ; ép^a, 1594, Louise de Mouchy ou Monchy, dame d'Elcourt, Cobert, St-Tricard près Calais, fille de Louis, sgr d'Elcourt, et de Marg^{te} de Fleurigny, dont : 1º Guy, suit ; 2º Françoise, son père lui assigne une rente sur ses terres qu'il donne en totalité à Guy, en 1645 ; 3º Anne, s. all^{ee}, décédée à Paris en 1665.

V. — GUY DE MOROGUES-BOURDIN, chlr, sgr d'*id.*, Médan près Poissy, Beaulieu, Elcourt ; donataire de son oncle Jean Bourdin, sgr de Médan, qui lui donna tous ses biens avec substitution de nom et armes ; ép^a, Paris 1er juillet 1636, M^{le} Lhoste, fille d'Hilaire, secr^e du roi, sgr de Montornet, et de M^{le} Arnault, dont : 1º Jean-Alexandre, suit ; 2º Marie, ép^u Jean de Filebert, chlr, sgr de Ventérolles ; 3º Françoise, ép^a J.-A. de Pascal, sgr de Rouze ; 4º Joachine, ép^a J. de Pascal, sgr de St-Félix ; 5º Louise, majeure en 1679.

VI. — JEAN-ALEXANDRE DE MOROGUES-BOURDIN, vic^{te} d'Elcourt, chlr, sgr d'*id.*; fournit, en 1670, dén^t au nouveau sgr de Beaumont, Louis Le Vau, 1er architecte du roi ; ép^a Anne Bazin, tutrice en 1679 de leurs enfants mineurs : 1º Jean-Olivier, m^t s. all^{ee} ; 2º Anne, ép^a, c^{ut} 8 oct. 1685, F^{ois} DE MOROGUES, chlr, sgr de Guichy ; 3º Marie, ép^a, 12 déc. 1700, Pierre DE MONTSAULNIN, chlr, sgr de Raveau, etc., cap^{ne} cav^{rie}, fils de Claude, b^{on} de Fontenay, et de Cath^{ne} Hurtault.

IV. — HENRI DE MOROGUES (2º fils de Jacques), chlr, sgr de Longfroy, Sauvages p^{ie}, Les

1º Charles, écr, sgr de Chaumot, ép^a F^{so} *de Chollet*, dont plusieurs enfants bap^{sés} à Lurcy-le-B. de 1589 à 1600 ; 2º Jacques dénombre, 1415, la sgrie de Vignes-le-Bas (c^{ne} Neuffontaines) qu'il avait eue de La Varenne, sa tante ; ép^a, 1603, L^{se} *de Carroble*, dont : *a*, Charlotte, dame de Vignes, ép^u, 1627, Ch. *de Bonin*; *b*, Bénigne, dame du Bouquin, ép^a, 1642, Gabriel *de Bonin*, frère de Charles.

Autre Jacques Perreau, châtelain de Monceaux et Neuffontaines en 1542, ép^a Jeanne BOURGOING, fille de Guil^{me}, et de Marg^{te} de Corbigny, dont : Jean P., écr, sgr du Bouquin, et Albin P., sgr de Bois-Lebeuf (ch^{le} Monceaux), majeurs en 1552. — Léonard Perreau de Neuffontaines est inh^e à Lurcy-le-B. en 1584.

Armes : D'or à la bande de sable accompagnée de 3 corbeaux de même (aveu par Jacques, sgr du Bouquin, 1598). — D'or, au chevron d'az. acc. de 3 roses de g. (d'après les *Mémoires de Castelnau*).

Sources : Dossier bleu, 517. — D. Caffiaux, 1234. — Carrés de d'Hozier, vol. 489. — Marolles, *Invre*. — *Mémoires de Castelnau*, III, 200. — Teste, *Notice sur Vignes-le-Bas.* — Marillier, *Corbigny*. — Arch. Nièvre B, E. — Reg. parois. de Corbigny, Cervon, Lurcy-le-Bourg.

Éteints.

(2) DE BURDELOT. — *Originaires de l'Auxois* (*). — Marie Burdelot, m^{te} av. 1524, ép^a Pierre *de Bèze*, bailli de Vézelay. Elle est sœur de N. Burdelot, père de : 1º Pierre, qui de Paule Bordier eut : *a*, Edme ; *b*, Jean, c^{er} m^{tre} des requêtes de la reine-mère ; *c*, Colombe, ép^a Gabriel Garcement ; *d*, Anne, ép^a Maximilien Michon ; 2º Etienne, ép^a Marie Ouzier.

I. ETIENNE BURDELOT, écr, sgr de Fontenilles (c^{ne} Brosses, Yonne), grènetier de Vézelay ; reçoit du c^{te} de Nevers, en 1515, l'office de gardien des mines de Chitry, vacant par décès de J. de Bèze ; fait, en 1522, hmage et dén^t de Fontenilles, mouvant de Malfontaine, à E. et A. de Masquin, écrs, sgrs de Malfontaine ; acquiert p^{ie} de La Borde, près Châtel-Censoir, 1532, et transige avec Philibert du Verne, écr, sgr d'Etaules, pour les limites de leurs sgries ; ép^n Anne Berthier (vraisemblablement de la famille Berthier de Grandry), dont il eut le suivant :

II. ALEXANDRE BURDELOT, écr, sgr de Fontenilles et La Borde, dont hmage au duc, 1575 ; transige, 1561, avec n. h. Jean Tricon, veuf de Catherine Burdelot ; ép^a, 21 déc. 1570, Marie DE BLOSSET, dont : 1º Philippe, suit ; 2º Samuel, m^t s. p^{lé} av^t 1621 ; 3º Anne, relig^{se} ; 4º Marie, m^{te} av^t 1621.

III. PHILIPPE DE BURDELOT, écr, sgr d'*id.*, cap^{ne}

(*) Des Burdelot ou Bordelot ont des rentes et des dîmes à Grosbois, baage de Semur en Auxois, en 1284 et 1305. — Regnault Burdelot, lic. ès lois, c^{er} de Ph. le Hardi, duc de Bcgogne, c^{te} de Nevers, son proc^r aux recettes de Donziois, donne, en 1382, 94 et 96, des quittances scellées de son sceau : une fasce acc. de 2 étoiles en chef et une en pointe. Autre Regnault B., lic. ès lois, châtelain de Clamecy, garde du scel des ch^{ies} de Chastellux, Chalaux, Marigny et Bazoches, pour Guill^{me} de Beauvoir, en 1405. Pierre B., grènetier de Vézelay en 1452 (sceau à peu près identique), sans doute ancêtre d'Etienne B. de Fontenille, grènetier de Vézelay. Renaude B. ép^a, en 1490, Pierre de Ganay, bailli du Berry, neveu du chancelier. — D'autres Burdelot, portant les mêmes armes, et que l'on dit issus de bourgeois de Tours, nous semblent provenir de la même souche : Jean Burdelot, sgr de Montfermeil, c^{er} au parl^t de Paris 1480, proc^r g^{al} 1498, ép^a : 1º Radegonde Lhuilier ; 2º M^{le}-Thomine Ruzé, qui se remaria avec Adam Fumée, garde des sceaux, aussi veuf. Il eut du 1er lit : 1º Radegonde B. ép^a, 1527, Guil^{me} de Marle, chlr, sgr de Versigny ; du 2e lit : 2º Cath^{ne} B., ép^a Adam II Fumée, fils d'un 1er lit d'Adam, garde des sceaux ; du 1er ou 2e lit : 3º Jean Burdelot, sgr de Montfermeil, c^{er} au parl^t de Paris, ép^a Isabelle DE MOROGUES, ci-dessus ; leur fille, Marie B., ép^a Jean Leconte, écr, sgr de Voisinlieu, Agriez (c^{ne} Moraches), qui acquiert près Corbigny en 1597.

Landes, La Celle-s.-Loire, acquise de la v⁰ de Louis Grène, sgr de Courcelles, dont hmage à la barⁿᵉ d'Huban 1598 ; gentᵐᵉ de la chᵇʳᵉ du roi ; épⁿ, 16 sept. 1601, Mⁱᵉ Le Valois, fille de Louis, sgr de Fontaine, et de Cathⁿᵉ Bourdin, dont : 1⁰ Henri-Louis, suit ; 2⁰ Anne, épⁿ Jacques *de Cossay*, chlr, sgr de Lucy ; 3⁰ Marie, épⁿ Gédéon *de Rimbert*, sgr de Tauvenay ; héritière d'Anne, sa sœur, légua, en 1671, 50 l. à Anne, sa nièce, ses autres neveux ayant Lucy et les autres terres ; 4⁰ Louise, épⁿ Gaspard *de Cossay*, sgr de Cizely, frère de Jacques.

    V. — Hᴇɴʀɪ-Lᴏᴜɪs ᴅᴇ MOROGUES, chlr, sgr d'*id.*, Toury, Guichy, Fonfaye (cⁿᵉ Châteauneuf-val-de-Bargis), acquis de Jean Tenon en 1656 ; maintenu Moulins 12 mai 1667 ; épⁿ,

au régᵗ de Rambures, 1626 ; épⁿ, 15 fév. 1597, Marie *de Giverlai*, dont : 1⁰ Olivier, suit ; 2⁰ Edmée, épⁿ Jacques Charpentier de La Barre, sgr de Fouronnes ; 3⁰ Adrienne, épᵃ, 8 janv. 1630, Claude *de Vathaire* (*), écr, sgr de Boistaché ; 4⁰, 5⁰ Anne et Charlotte figurent, en 1645, au partage des biens patrimoniaux.

    V. Oʟɪᴠɪᴇʀ ᴅᴇ BURDELOT, écr, sgr de Fontenilles, Boistaché pⁱᵉ et Malfontaine, arrière-fief près Merry-s.-Yonne, et dont Jean de Masquin tient la sgrie ; servit sous le duc d'Enghien ; 1ᵉʳ capⁿᵉ au régᵗ de Rambures, et mᵗʳᵉ d'hôtel du roi, 1654 ; épⁿ, 30 avril 1645, Fˢᵉ *de La Coudre* (**), fille de Jacques, écr, sgr de Vincelles, et d'Anne de Palluau. Il eut : 1⁰ François, suit ; 2⁰ Marie épⁿ, 20 juillet 1676, Henri de Cure, fils de Toussaint, écr, sgr de Champs, et d'Edmée de Mullot ; 3⁰ Isabelle, épᵃ Dieudonné *de La Borde*, chlr, sgr dud. lieu.

    VI. Fʀᴀɴçᴏɪs ᴅᴇ BURDELOT, écr, sgr d'*id.* et du Petit-Bazot ; fait hmage p. Malfontaine au prince de Conti, en 1682 et 91, comme héritier de son père et par achat d'Anne de Veilhan, vᵉ d'Armand, cᵗᵉ de Melun, capⁿᵉ au régᵗ de Condé en 1674 ; sert au ban du baage d'Auxerre en 91 et 93 ; maintenu, avec ses enfants, par

    (*) ᴅᴇ VATHAIRE. — *Originaires d'Ecosse.* — 1, Mɪᴄʜᴇʟ ᴅᴇ Vᴀᴛʜᴀɪʀᴇ, écr, sgr de Champcorneille (cⁿᵉ Brèves) 1527, père de : II, Nᴏᴇʟ, écr, sgr d'*id*, trésorier de cavⁱᵉ du duc de Mercœur ; épⁿ, en 1563, Mⁱᵘ de Monceaux, dont : 1⁰ César, suit ; 2⁰ Claude, écr, sgr de Champcorneille, épᵃ, 1599, Jeanne de Blondeau ; 3⁰ N., fme de G. de Villeneuve. III, Cᴇsᴀʀ, écr, sgr de Boistaché (cⁿᵉ Brosses, Yonne), épⁿ, 1604, Jeanne de *Boisselet*, dame de Boistaché, dont : IV, Cʟᴀᴜᴅᴇ, écr, sgr de Boistaché et Champcorneille, épᵃ : 1ᵉ Adrienne *de Burdelot*, ci-dessus ; 2⁰ en 1653, Mⁱᵉ *de Lenferna*, dame de Guerchy ; 3⁰ Jeanne *de Biencourt* ; eut du 1ᵉʳ lit : 1⁰ Loup, qui de Mⁱᵉ de Dampierre eut : Claude, épᵃ Suzanne Moyeux, s. plᵉ, et Cathⁿᵉ, épⁿ 1705 Fᵒⁱˢ *Piétresson de St-Aubin* ; 2⁰ Michelle, fme de Fᵒⁱˢ de Crécy ; du 2ᵉ lit, Georges, suit, et du 3ᵉ lit : 4⁰ Marie, épᵃ, en 1698, Fᵒⁱˢ de Lᴀ Bᴜssɪᴇʀᴇ. V, Gᴇᴏʀɢᴇs, écr, sgr de Guerchy (cⁿᵉ Treigny, Yonne), épᵃ : 1⁰ Madⁿᵉ *de Farou*, mᵗᵉ s. plᵉ ; 2⁰ en 1686, Mⁱᵉ-Henrⁱᵉ *d'Assigny* ; eut de ce 2ᵉ lit : 1⁰ Nic.-Fᵒⁱˢ, suit ; 2⁰ Mⁱᵉ, fme de Louis Bellanger, sgr de Rebourseaux. VI, Nɪᴄᴏʟᴀs-Fᵒⁱˢ, écr, sgr de Guerchy, épᵃ : 1⁰ Edme-Louis, écr, sgr de Montreparé (cⁿᵉ Lainsecq, Yonne), épᵃ, en 1739, Lˢᵉ-Reine Luciot ; père de Jean-Georges, écr, sgr d'*id*, qui épᵃ, en 1770, Mⁱᵉ-Lˢᵉ Borel de Miraile, d'où Charles-Henri, écr, sgr d'*id.*, épᵃ, vers 1800, Mⁱᵉ-Lucie-Andrée ᴅᴇ Mᴜʟʟᴏᴛ de Jussy, dont il n'eut que deux filles : Lucie, mᵗᵉ s. allᵉᵉ, et Virginie, mⁱᵉ en 1865, v⁰ Fᵒⁱˢ-Aldⁿᵉ Chardon ; 2⁰ Jean-Georges, écr, sgr de Charmoy (cⁿᵉ Billy-s.-Oisy), épᵃ, en 1752, Louise ᴅᴇ Mᴜʟʟᴏᴛ de Charmoy ; eut : a, Claude, écr, sgr de Charmoy, épᵃ Marie Doë, d'où : a', Louis, épᵃ Emilie de Vathaire de Guerchy, dont Henri et Ludovic, s. allᵉᵉˢ ; b', Alexandrine, fme de G.-Ph.-Léon Bellanger de Rebourseaux ; b, Joseph, chlr de St-Louis, épⁿ, en 1789, Félicité *de Lavenne*, d'où 2 filles s. allᵉᵉˢ ; 3⁰ Anne-Genᵛᵉ, épᵃ, en 1741, Jⁿ-Bapᵗᵉ *de Finance* de Rozay ; 4⁰ Mⁱᵉ-Anne, épᵃ, en 1751, Jⁿ-Fᵒⁱˢ *Gentil de La Breuille* ; et du 2ᵉ lit le suivant : VII, Eᴅᴍᴇ-Pᴀᴜʟ, écr, sgr de Guerchy, aide-major au régᵗ d'Auvergne, chlr de St-Louis, épᵃ, en 1769, Mélanie Poterat de Billy, fille de J.-J.-Bapᵗᵉ, cᵉʳ au baage d'Auxerre, et de Mⁱᵉ Regnault ; eut : Pierre-Jules-Joseph, suit, et Jacques-Jⁿ-Bapᵗᵉ, suivra. VIII, Pɪᴇʀʀᴇ-Jᴜʟᴇs-Jᴏsᴇᴘʜ de Vathaire de Guerchy épᵃ, en 1793, Delphine *Le Caruyer de Beauvais*, dont il eut : 1⁰ Alfred, épⁿ Berthe Barbier d'Aucourt, d'où : a, Arthur de V. de Guerchy, épⁿ Adrienne de Durat ; b, Jeanne, épᵃ, 1886, le bⁿ Hubert de La Porte (Normandie) ; 2⁰ Edmée, mᵗᵉ 1872, vᵉ de Louis *de Vathaire* de Charmoy ; 3⁰ Eugénie, épᵃ Jules de Villaine du Fort, d'où : a, Adélaïde, épⁿ Léon de V. du Fort ; 5⁰ Elisabeth, épⁿ N. de Montarby ; 6⁰ Léontine, épⁿ Amédée *Le Caruyer de Beauvais.* — VIII, JᴀᴄQᴜᴇs-Jⁿ-Bapᵗᵉ de Vathaire du Fort, épᵃ, 1795, Rose-Joséphine Gaumé de Cazau, fille de Fᵒⁱˢ, sgr du Fort (cⁿᵉ Mezilles, Yonne) ; il eut : Jules, épⁿ Eugénie de Vathaire de Guerchy, dont : Ferdinand, officier de cavⁱᵉ, épᵃ 1854 Emilie de Gislain de Bontin, dont : a, Roger, épⁿ 1884 Alix O'Poix, dont plᵗ ; b, Pierre ; c, Thérèse ; 2⁰ Léon, épᵃ Adélaïde de V. de Guerchy, dont : a, Gaston, épᵃ v. 1860 Mⁱᵉ Duchesne de Denan, d'où : la vⁱᵉˢˢᵉ du Mesnil de Maricourt, Mᵐᵉ Favin Lévesque, Mᵐᵉ de Cosnard ; b, Edmond, épᵃ Berthe Dreska, dont plᵗ en Bordelais ; c, Albert, épᵃ Emma Blanquet de Rouville, dont plᵗ dans le Midi ; 3⁰ Eugène, épᵃ Amélie de Montarby, dont il a Mᵐᵉ Henri de Bouteiller ; 4⁰ Octave, ancien page de Louis XVIII, épᵃ, 1829, Zoé Adam de Flamare, dont : a, Georges, chef d'esc., mⁱ s. plᵗ de Mathilde de Fontaine-Solars ; b, Victor, chef de batᵒⁿ, épᵃ Cécile Vattier de Bourville, s. plᵗ ; c, Octavie, épᵃ Alfred Adam de Flamare, veuf de Caroline ; d, Irène, épᵃ Auguste O'Callagan ; 6⁰ Alphonse, épᵃ N. de Gouvenain, s. plᵗ ; 7⁰ Clémentine, épᵃ Ad. Duchesne de Denan ; 8⁰ Louise, épᵃ Ernest de Gislain de Bontin ; 9⁰ Caroline, épᵃ Alfred Adam de Flamare.

    Armes : D'azur au chevron d'or accompagné de 3 roses de même.

    Sources : St-Allais, *Nob. univᵉˡ*, XVIII, 200. — Chanⁿᵉ Hubert, VII, 256. — Reg. parois. Brosses, Treigny, Lainsecq, Mezilles.

    (**) ᴅᴇ LA COUDRE. — *Auxerrois.* — Robert de La Coudre est au ban de Niv. en 1467, et Jean de La Coudre en 1503. JᴀᴄQᴜᴇs ᴅᴇ Lᴀ COUDRE, écr, sgr de La Coudre (cⁿᵉ Dracy, Yonne), gentᵐᵉ de la mⁿ du roi, chlr de l'ordre, épᵃ, 1563, Nicole *du Roux* de Sigy, dont entr'autres : Roch, écr, sgr de Beaurin (cⁿᵉ Dracy), Molesmes (cᵒⁿ Courson), épᵃ : 1⁰ en 1599, Mⁱᵉ ᴅᴇ Lᴀ Fᴇʀᴛᴇ-Mᴇᴜɴɢ ; 2⁰ Edmée *de Reveillon*. — Deuxième branche : I, JᴀᴄQᴜᴇs ᴅᴇ Lᴀ COUDRE, écr, sgr de Vincelles et Fontenailles (Yonne), épᵃ, vers 1622, Anne de Palluau, dont entr'autres : Gabriel, qui suit, et Fˢᵉ, qui épᵃ, 1645, Olivier *de Burdelot*, ci-dessus. II, Gᴀʙʀɪᴇʟ, écr, sgr d'*id*, Villeprenois (cⁿᵉ Andryes, Yonne), épⁿ, 1669, Elisabeth *de Moncorps* de Chéry, dont : 1⁰ René, suit ; 2⁰ Jacques, sgr de La Thui-

Avallon 1629, M^{ie} de Caramane, fille de F^{ois}, sgr de Toury, et de Suzanne de Tianges, dont : 1° Henri-Louis, suit ; 2' Jacques, sgr de Toury, cap^{ne}, tué s. all^{ce} ; 3° François, sgr de La Celle, sans enfants de F^{se} de Laubéran, avec laquelle il émigra en Hollande, lors de la révocation de l'édit de Nantes ; 3° Guy, chlr, sgr de Fonfaye, La Celle, cap^{ne} au rég^t de Langalerie, ép^a, 26 oct. 1679, Edmée *de Jaucourt*, fille de Pierre, sgr de Brinon, et de Madeleine du Faur de Courcelles, dont : *a*, Pierre, l^t rég^t de marine, tué à Luzara 1702 ; *b*, Armand, l^t g^{nl} d'artillerie, brigadier des armées 1748, inh^é aux Cordeliers d'Angers 1750, s. p^{té} ; *c*, François-Gabriel, sgr de Fonfaye, La Celle, Dreigny (c^{ne} Colméry), ép^a en 1res noces, 17 mars 1713, Elis^h du Faur, fille de Jean, sgr de Courcelles-le-Roy (Berry), et d'Anne de Guéribalde, et en 2mes noces, à Orléans, 29 août 1725, L^{se}-F^{se}-Léontine de Prunelé, m^{te} 1806 à Fonfaye, fille de Parfait, m^{is} de Prunelé en Beauce, dont il eut : Parfait-M^{ie}-F^{ois}-Gabriel, dit le m^{is} de Morogues, né à Fonfaye 1758 ; *d*, François-Hector, chanoine de Chartres ; *e*, Madeleine, née à Fonfaye 1681 et emportée

l'int^t de la g^{ld} de Paris le 2 juillet 1700 ; ép^a, 23 fév. 1677, M^{ie} DE LA BUSSIÈRE, dont : 1° Louis-Edme, enseigne au rég^t de Thiérache en 1700, ép^a Cath^{ne}-Ant^{te} d'Alouise, dont il n'eut pas d'enfants ; en 1745, il donna à Gabriel, son frère, le fief et sgrie de Fontenilles ; 2° Gabriel, chlr de St-Louis, cap^{ne} au rég^t de Rouergue, inh^é à Brosses en la sépulture de ses ancêtres, 1764 ; ép^a : 1° L^{se}-M^{ie}-J^{ne} du Vicquet, fille d'Antoine, chlr de St-Louis, com^t la citadelle d'Arras, m^{te} s. enfants en 1740 ; 2° le 25 sept. 1742, Marguerite *Leroy*, dont deux fils m^{ts} en bas âge ; 3° le 11 août 1748, Marie-Anne Morin, fille de Jean, subdélégué à Vézelay, et de F^{se} Antoine ; eut de ce 3e lit : *a*, Jean-Alexandre, entré à l'école mil^{re} en 1761 ; *b*, Alexandre ; *c*, Anne ; *d*, Charlotte, ép^a, 11 nov. 1770, Augustin-Bernard de La Barre du Carroy, cap^{ne} d'artillerie, fils d'Abel, c^{er} à la cour des aides de Paris, et de Laurence Barce ; ses des-

cendants eurent et habitèrent Fontenilles ; 3° Madeleine-F^{se}, ép^a : 1° le 11 janv. 1707, Nicolas DE LA BARRE, chlr, sgr des Troches ; 2° en 1715, François *de Sauvage*, écr. sgr de Nuars, gendarme de la garde ; 4° Elisabeth, ép^a, 31 août 1706, François *de Savelli* (*), chlr, sgr de Maupertuis.

Armes : D'azur à la bande d'or, chargée de trois fers de dard de gueules et accompagnée de deux besants d'argent, un en chef et un en pointe.

Sources : Bibl. nat., dossiers bleus, 145. — Carrés de d'Hozier. — D'Hozier, regi^{tre} I. — Chérin, 42. — Bibl. d'Auxerre, ms 194, *Nobiliaire*. — Marolles. — Arch. de Dijon, invre Peincedé. — H^{re} *de Charles VII*, de Beaucourt. — Arch. Nièvre B. — Reg. parois. Cervon, Nuars. — Arch. Yonne B et reg. parois. Coulanges, Merry-s.-Yonne, Brosses, Vézelay.

Éteints.

lerie, ép^a, 1731, L^{se} d'*Assigny* ; 3° Hélène, ép^a, 1704, René DE MULLOT, sgr de La Poise. III, RENÉ, chlr, sgr de Villeprenois, ép^a, 1709, L^{se} *de La Roche-Londm*, dame de Taingy, dont : 1° Jacques, cap^{ne}, chlr de St-Louis, ép^a, 1752, M^{te} *Prisye* de Limoux, dont Mlle-Ursule, ép^a, 1784, J^{n}-B^{te} Leroux de Larmane ; 2° Ursule, ép^a, 1753, Lazare DE MULLOT DE VILLENAUT, sgr de La Gallarderie ; 3° le suivant. IV, PIERRE-AMBROISE, chlr, sgr d'*id.*, cap^{ne}, chlr de St-Louis, ép^a, 1753, Mlle-Edmée DE COURVOL, dont : 1° M^{ie}-Hyacinthe, ép^a, 1788, J^{n}-Claude DE COURVOL ; 2° Edouard, off^r en 1785 ; 3° M^{ie}-Anne, ép^a, 1797, Jacques-Edouard d'*Ennery de La Chesnaye* ; 4° Jacques-Ambroise, off^r rég^t de Piémont, émigré, chlr de St-Louis, ép^a N. *Chevalier* de Minières, dont il n'eut que des filles : Mme *de Lavenne*, m^{te} 1877 ; Mme de Mangin ; Mme de Serbonnes, m^{te} 1875.

Armes : De gueules à deux chevrons d'or surmontés d'une foy d'argent.

Sources : Bibl. nat., pièces originales, vol. 876. — Marolles, *Inv^{re}*. — Maintenue en Bgogne 1698. — Arch. Yonne, reg^{tres} par^x.

Éteints

(*) DE SAVELLI. — Leur dossier, au cabinet des titres, les donne comme issus de l'illustre famille romaine. On y rappelle que « cette maison était l'une des quatre barons romains », qu'elle a fourni deux papes, le cardinal Centio Savelli, pape, en 1216, sous le nom d'Honoré III, le cardinal Jacques Savelli, pape, en 1285, sous le nom d'Honoré IV, et que l'un des princes Savelli, Jules, en 1625, prince d'Albano et de Venafre, chlr de la Toison d'or, était maréchal perpétuel de l'Eglise, gardien du conclave. Mais on y trouve fort peu de renseignements sur les Savelli français. D'après Courcelles, les Savelli vinrent en France avec leur parent Alexandre Farnèse, cardinal-archevêque d'Avignon, et évêque de Cahors en 1554. Quoi qu'il en soit, cette famille était fixée en Auxerrois dès la fin du seizième siècle. — HORACE DE SAVELLI, écr, sgr de Champeaux (c^{ne} Toucy, Yonne), eut de Charl^{te} de Montberon, fille de Guy, sgr ds Selles et Champeaux, deux fils : Claude, né en 1600, F^{ois}, né en 1601, et une fille, Charlotte, qui ép^a, 15 fév. 1609, F^{ois} de Richouf, écr, sgr de Beauchamp et Champgauthier. — Charles de S., écr, sgr de Champeaux en 1643. — François de S. ép^a, av^t 1652, F^{se} de Soyer. — Philippe-Alexandre de S. ép^a, av^t 1660, Elis^h *de Biencourt*. DOMINIQUE DE SAVELLI, écr, sgr de Champeaux, ép^a, 1667, Jeanne de Drouard, fille d'Esme, écr, sgr de Curly, et de Jeanne de Masquin ; eut : François, écr, sgr de Maupertuis, La Guistelle (c^{ne} Lainsecq), ép^a Elis^h *de Burdelot*, ci-dessus, d'où : 1° M^{ie}-L^{se}, ép^a, 1722, Bon *de La Borde*, fils de Dieudonné, et d'Isabelle de Burdelot ; 2° Jeanne, ép^a, 1727, F^{ois}-Nicolas-Nicolas DE MULLOT DE VILLENAUT, cap^{ne} cav^{rie}, chlr de St-Louis, veuf de Mlle-Barbe de Masquin.

Armes : Bandé d'or et de gueules de 6 pièces, et un chef d'arg. chargé de 2 lions affrontés de gueules, soutenant une rose sur laquelle est un oiseau de même, le chef soutenu d'or à une anguille d'azur.

Sources : Bibl. nat., cabinet des titres. — Courcelles, pairs. — Arch. Nièvre E. — Arch. Yonne. — Reg. parois. Toucy, Thury, Taingy, Lalande.

Éteints.

au ch^{eau} de Sauvages pour y être bap^{sée} par le ministre calviniste ; reçue à St-Cyr en 1688, m^{te} en 1768 ; *f*, Louise-Edmée, relig^{se} à Avallon ; 4° Anne, ép^a Jacques d'Yse, p^t à mortier au parl^t de Grenoble.

VI. — HENRI-LOUIS DE MOROGUES, chlr, sgr d'*id.*, ép^a, 19 janv. 1658, Madeleine de Filebert de Ventérolles, fille de F^{ois}, sgr de Ventérolles, et de Lucrèce du Puy-Montbrun, en Dauphiné, dont : 1° François, chlr, sgr de Guichy, ép^a, c^{at} 8 oct. 1685, Anne DE MOROGUES, fille de Jean-Alexandre, dont trois enfants morts en bas âge ; 2° Henri, chlr, sgr de Sauvages, mort garde-marine en 1689, ayant légué ses biens à la c^{tesse} d'Aspremont, sa sœur ; 3° Scipion, m^t s. all^{ce} ; 4° Marie-Anne, ép^a : 1° 21 mars 1687, F^{ois}-Romaric DE ROFFIGNAC, c^{te} d'Aspremont ; 2° en 1695, Pierre *de Neufchèze ;* elle hérita de ses frères Sauvages, Guichy, Nannay, le fourneau de Chautay, etc., que son petit-fils, J.-B^{te} de Neufchèze, vendit successivement peu avant 1789 ; elle mourut en 1743 âgée de 86 ans.

Armes : D'azur au chevron d'or accompagné d'une étoile de même en pointe, au chef cousu de gueules à 3 étoiles d'or.

Sources : Cabinet des titres, dossiers bleus, 474. — Carrés de d'Hozier. — Nobiliaire de Bourges, 316. — Chan^{ne} Hubert, VII, 176. — La Chesnaye-des-Bois. — Arch. Cougny. — Actes de Beaumont, par Regnard-Roux. — Gauthier, *Monographie de Beaumont.* — Arch. Nièvre. — Reg. parois. Beaumont, Donzy, Châteauneuf-val-de-Bargis.

Éteints.

DE MULLOT DE VILLENAUT

FAMILLE originaire de la Puisaye nivernoise.

I. — REGNAULT DE MULLOT (*), écr, sgr du Colombier (c^{ne} Etais), La Motte-Panardin, Aubigny (c^{ne} Taingy) ; capitaine et gouv^r de Druyes, valet de chambre de Françoise d'Albret, c^{tesse} de Nevers et duchesse de Brabant, dont il reçoit les lettres du 3 sept. 1500, portant « donation à Regnault de Mullot, écuyer, et à Aubine d'Espeuilles, sa fme, de 240 arpents de terres et bois, à titre de fief et justice h^{te}, moy^{ne} et basse, appelée Aubigny, en sa chât^{nie} de Druyes, à charge d'y faire bâtir des maisons ». (Arch. Yonne, D. 12.) Etait mort av^t le 17 déc. 1522, que sa v^e reçoit, de la même princesse, lettres portant don^{ion} d'un bois sis à St-Etienne-les-Billy. Aubine d'Espeuilles, ayant procédé à la recherche des terres usurpées sur le domaine des c^{tes} par leurs censitaires des chât^{nies} de Druyes et d'Etais, reçut, par lettres du 15 fév. 1526, de la c^{tesse} Charlotte d'Albret, don^{ion} à titre de plain fief de 310 arpents ainsi usurpés ; en outre ces lettres érigent en fief 343 arpents sis à La Poëse et au Fey, que feu Regnault et sa fme tenaient auparavant à cens et rentes. Il avait ép^é, vers 1491, Aubine d'Espeuilles, fille de Guill^{me} *de Beaumont*, écr, sgr d'Espeuilles, échanson du c^{te} de Nevers ; elle figure parmi les fmes de la c^{tesse}, dans l'état, pour 1491, de la maison de Jean de Bourgogne, dont F^{se} d'Albret

(*) Le nom s'est écrit : de Mullot, quelquefois de Meullot, de Mulot, exceptionnellement Mullot, Mulot. Par jugements des tribunaux de Nevers, Cosne, Auxerre, le nom patronymique « de Mullot » a été rétabli dans certains actes postérieurs à la Révolution, qu portaient « Mullot de Villenaut ».

Les mss du chanoine Hubert donnent à la suite d'une généalogie de cette famille, la maintenue d'une autre famille de Mullot, sgr du Bouchet, au pays chartrain, étrangère à celle-ci, et qui portait des armes tout à fait différentes. Mahuet Mulot, sommelier du c^{te} d Nevers en 1477, et Jean Mullot, qui figure, en 1484 et 88, aux montres et revues de 68 h. d'armes chargés de la défense d'Harfleur sous le commandement du c^{te} de Dammartin, appartenaient plus vraisemblablement à la famille nivernaise.

Nous rappelons que les noms en capitales ont, dans cet ouvrage, une généalogie spéciale, et ceux en italiques une notice.

était vᵉ quand elle fit les donⁱᵒⁿˢ précédentes. Ils eurent : 1° Charles, écr, sgr du Colombier pⁱᵉ, Maupertuis, Sementron, dont hmage en 1533 ; capⁿᵉ de Sᵗ-Sauveur-en-Puisaye, 1531, et garde du scel des châtⁿⁱᵉˢ de Druyes, Etais, Billy, Corvol-l'Orgueilleux, Sᵗ-Sauveur ; épᵃ, avant 1533, Renée *du Deffand* (1), fille de Guillaume, écr, sgr de Sementron, et de Gilberte *de Cossay ;* 2° Alain, qui suit.

(1) DU DEFFAND. — *Orig. de la Puisaye.* — Hugues du Deffend, damᵉᵃᵘ, épᵃ, en 1291, Margᵗᵉ *de Sᵗ-Aubin*, fille de Jean, chlr, sgr de Chalaux. — Guy du Deffend, écr, mᵗ avᵗ 1309, que sa vᵉ avoue les dîmes de Fley, psᵉ Sᵗ-Pierre-du-Mont. En 1318, « le seignor dou Deffans » est convoqué à Clermont avec autres nobles du cᵗᵉ de Nevers et bⁿⁱᵉ de Donzy, pour la guerre de Flandres. Henri du Deffend servait, en 1343, dans la cⁱᵉ d'Edouard, sire de Verdun.

I. GUILLAUME DU DEFFAND, écr, sgr du Deffand (cⁿᵉ Saints, Yonne), Coulon (cⁿᵉ Sementron), dont hmage en 1390, épᵃ Colette de Fougeroy, dont : 1° Pierre, suit ; 2° Margᵗᵉ, fme de Renaud DE LAMOIGNON.

II. PIERRE, écr, sgr d'*id.*, La Brosse, Le Tremblay (cⁿᵉ Fontenay, Yonne), épᵃ Agnès *de Marry*, qui lui porta la sgrie de Niault (cⁿᵉ Onlay), qu'ils échangèrent, en 1408, avec Hugues Trissonneau, écr, contre Le Tremblay ; mᵗ en 1410 laissant des mineurs, entr'autres le suivant.

III. JEAN, écr, sgr d'*id.*, et Sᵗ-Loup d'Ordon (Sénonais), épᵃ, en 2ᵒˢ noces, Perrine *de Longueville*, dont : 1.° Guillᵐᵉ, suit ; 2° Gilbert, sert en 1498 dans la cⁱᵉ du duc de Bourbon.

IV. GUILLAUME, écr, sgr du Deffand, Ordon. Sementron, Fontenay, sert en 1498 dans la cⁱᵉ du mⁱˢ de Saluces ; épᵃ, 1489, Gilbᵗᵉ *de Cossay*, dont : 1° Jean, suit ; 2° Etienne, suivra ; 3° Louise, épᵃ Alexandre *d'Assᵘᵉ*, écr, sgr de Chastenay ; 4° Renée, dame de Sementron, qu'elle vendit, en 1558, aux fils de son frère Etienne ; épᵃ, avᵗ 1533, Charles DE MULLOT, ci-dessus.

V. JEAN, écr, sgr du Deffand pⁱᵉ, Sᵗ-Loup-d'Ordon, épᵃ, 1522, Madᵘᵉ Potin, fille de Louis, écr, sgr de Buzély (Orléanais), et de Fᵗᵒ Potin ; eut : 1° Claude, suit ; 2° François, capⁿᵉ de Mailly-le-Chᵉᵃᵘ 1568, mestre de camp régᵗ de Piémont, gouvʳ de Sᵗ-Jean-d'Angély ; épᵃ Louise Aux-Epaules ; 3° Jeanne, vᵉ, en 1571, d'Edme de Noyers ; 4° Louise, vᵉ, en 1571, de Pierre d'Esterling, écr, sgr du Bouchet.

VI. CLAUDE, écr, sgr d'*id.*, archer de la cⁱᵉ de Châtillon 1552 ; épᵃ, 1545, Hélie *de Sᵗ-Phalle*, dont : Claude, écr, sgr d'*id.*, archer de la cⁱᵉ du duc de Nev. en 1575 ; capᵗᵒ de 200 arquebusiers à pied et 100 à cheval 1578 ; épᵃ, 2 jᵗ 1579, Madⁿᵉ DE BRÉCHARD, qui se remaria avec René de Vielchastel, ayant eu de son 1ᵉʳ mange : Eustache du D., chlr, sgr de Sᵗ-Loup-d'Ordon, mᵗʳᵉ d'hôtel du roi, capⁿᵉ de chev.-légers, épᵃ Margᵗᵒ de Montberon, dont entr'autres : Angélique, épᵃ, 1645, Louis du LYS, écr, sgr de Jailly.

V. ETIENNE DU DEFFAND (2° fils de Guillᵐᵉ et de Gilbᵗᵉ de Cossay), écr, sgr du Deffand, Sementron, Le Tremblay, qu'il eut en 1531 par partage après décès de son père ; épᵃ, 1523, Jeanne Potin. sœur de Madeleine, dont : 1° Loup, suit ; 2° Jean ; 3° Imbert, reçoit Le Tremblay au partage 1567 ; 4° Louise, épᵃ, 1561, Jean du Perron.

VI. LOUP, écr, sgr du Deffand, Le Tremblay, Fontenay, Sementron, Bize, écr du mⁱˢ de Nesle ; maintenu à Orléans 1586 et 1599 ; épᵃ, 1565, Antᵗᵉ de Blécourt, fille de Fᵒⁱˢ, sgr de Bétencourt (Soissonnais), dont : 1° Antoine, suit ; 2° Gallois, sgr de La Lande pⁱᵉ, Montreparé (cⁿᵉ Lainsecq, Yonne), acquis par échange de Cl. de La Ferté en 1609, Sᵗᵉ-Colombe ; capⁿᵉ et gouvʳ du duché de Sᵗ-Fargeau 1639 ; épᵃ Charlotte des Marets, dont plusieurs enfants, morts jeunes ; 3° Germain, sgr de La Lande pⁱᵉ, Le Tremblay, cᵉʳ mᵗʳᵉ d'hôtel du roi ; maintenu en 1640 ; épᵃ, 1610, Suzanne de Quénel (Normandie) ; auteur du rameau des mⁱˢ de La Lande en Auxerrois, qui a produit plusieurs offʳˢ généraux et lieutˢ généraux au gouvᵗ de l'Orléanais ; l'un d'eux, Jean-Bapᵗᵉ, épᵃ en 1718 Marie *de Vichy*-Champrond, la célèbre mⁱˢᵉ du Deffand ; 4° Guillaume, écr, sgr de Chastenay, le Deffand pⁱᵉ, épᵃ, 1565, Jacqueline de Grailly, dont : *a*, Antoine ; *b*, Germain, sgr de Franville, partage 1658 ; 5° et 6° Jacques et Hector, mⁱˢ s. allⁿᵒ ; 7° Antoinette, épᵃ 1583 Renaut *d'Assigny*, écr, sgr des Guyons ; 8° Charlotte, épᵃ en 1604 Edme ANDRAS, écr, sgr de Chassy ; 9° Marie, épᵃ avᵗ 1606, Raymond *Gentil*, écr, sgr de La Breuille ; 10°, Edmée, dame du Deffand pⁱᵉ, épᵃ Balthazard *de La Borde*, écr, sgr de La Chainault.

VII. ANTOINE, chlr, sgr du Tremblay, Fontenay, Sementron, Montcorbon ; maintenu 1599 et 1640 ; épᵃ, 1585, Margᵗᵉ du Plessis-Liancourt, dont 7 enfants bᵗⁱˢ à Thury, entr'autres Suzanne, épᵃ vers 1653 Charles de Sᵗᵉ-Maure, écr, sgr d'Origny, et Guillaume du D., fils aîné, chlr, sgr du Tremblay, etc., capⁿᵉ régᵗ de Normandie ; épᵃ en 2ⁿˢ noces Charlotte D'ESTUT, dont il eut Louis, page de la chᵇʳᵉ du roi, 1667, maintenu Orléans 7 juillet 1667 ; lᵗ aux gardes, tué au siège de Courtray, 1684, sˢ allᵉᵉ ; avec lui s'éteignit la branche du Deffand du Tremblay.

Armes : D'argent à la bande de sable, accompagnée en chef d'une merlette de même. — L'*Epigraphie héraldique* et l'*Armorial du Nivernois* ont confondu cette famille avec les de Varigny, qui avaient la sgrie du Deffand, châtⁿⁱᵉ de Ganay.

Sources : Bibl. natⁿᵉ : D. Villevieille, t. 34 ; D. Caffiaux.— Carrés de d'Hozier, 225. — Preuves pour Sᵗ-Cyr, V, 294. — P. Anselme, *passim*. — Marolles. — Chanoine Hubert, VIII, 94.— Arch. Yonne E. — Arch. Nièvre E. — Reg. parois. Marcy, Menou, Poiseux. — *Epigr. hérᵗᵃᵘᵉ*, J. de Sornay. — *Bulletin* de la Sᵗᵉ archqᵉ de Sens, t. XII.

Éteints.

II. — ALAIN DE MULLOT, écr, sgr de La Motte-Panardin, Le Colombier p^ie, Aubigny, Maupertuis p^ie, La Poëse ; cap^ne et gouv^r de Druyes ; rend f. et hmage au duc en 1557 ; m^t av^t le 4 fév. 1574, qu'eut lieu le partage de ses biens entre ses enfants ; ép^a, c^at 21 janv. 1538, Jeanne *de Lanvault* (2), dont : 1° Charles, écr, sgr du Colombier, La Motte-Panardin, Monfroin (ch^ie Etais), Sougnères p^ie (*id.*), dont av. dén^t, avec son blason peint au bas de l'acte, en 1575, étant alors cap^ne de Druyes et de Montenoison ; en 1588, il est guidon de la c^ie de 50 h. d'armes d'ord^ces de F^ois de La Rivière, chlr de l'ordre ; en 1597, il est qualifié g^d écuyer de Nivernois ; ép^u, c^at 10 juin 1559, Et^ie *de Corguilleray*, fille de Jean, écr, sgr de Sommecaize, et de Marg^te *de Montigny* ; elle lui portait 2,000 l. t. de dot ; ils eurent : *a*, Antoinette de M., ép^a, c^at 18 fév. 1588, Jean *du Chaffaut*, écr, sgr du Genest, fils de Pierre, écr, et de M^ie *de Carreau* ; *b*, Louise de M. ; *c*, et probab^t Claude de M., écr, sgr de La Motte-Panardin, Le Colombier p^ie, qui, de Valentine *de Tespes*, eut : *a'*, Esmée, ép^a Toussaint de Cure, écr, sgr de Champs et Sommecaize p^ie ; *b'*, Marie, ép^a, 30 janv. 1640, Léonard DE CERTAINES, écr, sgr de Pinabaux ; *c'*, Barbe, ép^n, 27 avril 1648, Edme *de Masquin*, écr, sgr de Malfontaine ; *d'*, Edmée, ép^a, 10 fév. 1653, Loup *de Bligny* (3), écr, sgr de Pousseaux ; 2° Richard, qui suit ; 3° Jean, auteur de la

(2) DE LANVAULT. — Le nom primitif est Rousseau. — Jean Rousseau, écr, cap^ne du ch^eau de Monceau-le-Cte, en 1433, acquiert près Saisy. — Jean Rousseau, écr, et Phil^te d'Ormeaux, sa fme (famille d'Ormeaux, écrs, sgrs dud. lieu. p^se Perroy), baillent à b^re des terres sises à Perroy (c^on Donzy). — Guill^me Rousseau, écr, sgr de La Brosse (c^ne Ruages), 1468. — Pierre de Lanvaulx, *aliàs* Rousseau, prieur de Lucenay-les-Aix, 1477, est élu en 1494 abbé de St-Martin de Nev.; il bâtit tout le cloitre de cette abbaye. — Michel de Lanvaulx, grand prieur de St-Martin, en 1505. — Barbe de Lanvault, fme v. 1500 de Blanchet *David*, écr, sgr du Mesnil.

I. JEAN DE LANVAULT, *aliàs* Rousseau, écr, sgr de La Brosse, retire par retrait lignager, en 1488, des terres d'Aulenay (Ganay-s.-Loire) vendues par ses beaux-frères ; intervient contre la vente de Lys et La Celle-s.-Loire, faite en 1505 par l'un d'eux, Jean d'Aulenay ; ép^a Marie *d'Aulenay*, dont : 1° Jean, écr, sgr de La Brosse p^ie, Cur.ot (c^ne St-Didier), St-Thibault (c^ne Nuars), acte pour biens à Lys et à Teigny en 1516 ; 2° Pierre, suit ; 3° Louis, prieur de St-Georges de Monceau ; 4° Edme, relig. et aumônier de St-Léonard de Corbigny.

II. PIERRE, écr, sgr de Mons-les-Monceau, Dirol, Crain (Auxerrois), La Brosse p^ie, mort av. 1565, ép^a Isabeau *David*, dont : 1° Jean, écr, sgr de Crain, La Brosse p^ie, Dirol, comparaît au ban de 1554 comme archer de la c^ie du duc de Nev.; gouverneur pour le roi à Clamecy ; ép^a, 1544, Marie DE LORON, dont : *a*, Philibert, écr, sgr de Crain, ép^a Judith DE LORON ; *b*, Ant^le, ép^a, 1574, Nicolas DE CHÉRY ; *c*, Antoine, écr, sgr de La Brosse, vend Crain à Ph^te de Loron, 1599 ; ép^a Jeanne DE REUGNY, dont il eut : Marguerite et Léonard, lequel habite le ch^eau de Pouligny-s.-Aron en 1526 ; 2° Pierre, écr, sgr de Mons, St-Thibault ; ép^a Phil^te *de Carroble*, dont : *a*, Edmée, fme de Louis *de Sauvage*, écr, sgr de Monbaron ; *b*, Anne, fme de F^ois Salomon, prést él^ion de Ch.-Chinon ; *c*, Charlotte ép^a, 1601, G.-P. *de Bonin ; d*, Elisabeth ép^a, 1601, Charles DE MONTSAULNIN, écr, sgr des Aubus ; et prob^t 3° Marg^te, ép^a Jacques DE LORON, écr, sgr d'Argoulais ; 4° Jeanne, ép^a Alain DE MULLOT, ci-dessus.

CHARLES DE LANVAULT, m^t en 1628, écr, sgr de St-Aubin (c^ne St-Brancher, Yonne), Islan et autres terres en Avallonnais, qu'il eut de sa 1re fme, Jeanne *de Babute ;* ép^n en 2es noces Marg^te *de Chalon* ; eut du 1er lit : 1° Marie ép^a, 1626, Denis DU CREST, sgr de Ponay ; 2° Jeanne ép^a, 28 fév. 1628, Philippe DU CREST, écr, sgr de Pontdevaux ; 3° N., fme de Jean *Piétresson de St-Aubin* (*) ; du 2e lit : 4° Catherine ép^a, 1664, Loup DE LAMOIGNON, veuf de Marie de Mullot ; en 1652, Catherine de L. est fme d'Antoine *de Viry*, écr, sgr de Malicorne ; peut-être 5° Anne, v°, en 1676, de Jean *de Carreau*, écr, b^on de Marcilly.

Non placés : Jeanne de Lanvault, ép^a v. 1545 Aloph DE CERTAINES. — Sébastien de Lanvault, écr, h. d'armes de la c^ie de M. de Rochefort, m^t à Avallon en

(*) PIÉTRESSON DE St-AUBIN. — *D'origine écossaise.* — N. Peterson ou Piétresson est cap^ne (pour la Ligue) de la garnison d'Asquins sous Vézelay, pris sur lui par Ludovic de Gonzague, en 1589. I, Jean PIÉTRESSON, sgr de Durot (Avalonnais) et de St-Aubin par sa fme N. *de Lanvault*, ci-dessus, dame de St-Aubin ; eut : 1° Fois, suit ; 2° Jean, écr, sgr de St-Aubin p^ie, cap^ne régt de Pontoise. II, Fois PIÉTRESSON DE St-AUBIN, ép^a Jeanne d'Haranguier, dont : III, Fois, ép^a en 2es noces, 1707, Cath^ne *de Valhaire*, dame de Boistaché, dont : IV, Claude, vend Boistaché en 1756 ; ép^a 1740 à Treigny M^ie-Anne Lemoine ; il eut : 1° Jean-Bap^te, dont le petit-fils, Guy-J^n-Bap^te, ép^a, 1825, Henriette Morio (Lormes), dont : *a*, Eugène ; *b*, Emile, ép^a, vers 1870, M^ie *de Finance* de Clairbois, dont Louis ; *c*, Charles, notaire, père de Henri, notre à Cosne, et de Maurice, notre à Bourges ; 2° le suivant. V, Fois PIÉTRESSON DE St-AUBIN, m^d tanneur, b^euls d'Entrains, ép^a, 1774, Elis^h Dugué, dont : Et^ne-Fois, qui d'Edmée .Grignard eut Paul-Augustin, né en 1800, ép^a Eugénie Paillard, dont : Mme Jullien, et Amédée qui ép^a, 1857, Cécile *Pernin* du Verdier, dont : 1° Paul, ép^a, 1892, M^ie-Marg^te *Gudin* de Vallerin ; 2° Louis.

Existants dans la Nièvre.

branche d'Aubigny, suivra ; 4° François, auteur de la branche de Villenaut, suivra ; 5° Marie, épᵃ, cᵃᵗ 6 avril 1575, Jean *de Masquin* (4), écr, sgr de Malfontaine et de Maupertuis ; 6° Albine, épᵃ, cᵃᵗ 26 fév. 1582, Philᵗ DE VARIGNY, écr, sgr du Chemin. — Charles, Jean, François et Richard de Mullot, écrs, frères, ont été confirmés dans leur noblesse, par ordᶜᵉ du 11 fév. 1599.

III. — RICHARD DE MULLOT, écr, sgr du Fey, dont hmage en 1598 ; paraît avec ses frères dans l'acte du 21 oct. 1574, pour transaction avec les habitants de Billy ; épᵃ, cᵃᵗ 8 oct. 1563, Margᵗᵉ *de Martinet* (*), fille de Conrad, écr, sgr de Pinabeaulx, et d'Antᵗᵉ de La Teule, dont :

1599. — Jeanne de Lanvault épᵃ, avᵗ 1588, Jean DE BRÉCHARD, écr, sgr d'Aligny.

Armes : Fascé de cinq pièces de chaque ; d'après le sceau par lequel François de Lanvault, sgr de Beaulieu, enseigne d'une cⁱᵉ de 50 h. d'armes des ordonnances du roi, a scellé une quittance de 100 l. t. pour un quartier (3 mois) de ses appointements, en 1569.

Sources : Bibl. nat., pièces origᵉˢ, vol. 1648. — Cabinet de d'Hozier, dossier 5614; carrés 315. — Chérin 31. — D. Caffiaux. — Collⁱᵒⁿ Clairambault 1109. — Peincedé, IX, XIII. — Marolles. — *Gallia* chᵃⁿᵃ, II, XII. — Marillier, *Corbigny.* — Arch. chᵉᵃᵘˣ du Tremblay, Limanton, Chastellux, La Chasseigne.— Arch. Nièvre B, E. — Reg. parois. Cervon, Clamecy, Nuars.

Éteints.

(3) DE BLIGNY. — Orig. de l'Auxerrois. — Leur nom, de Beligny, est devenu de Blégny puis de Bligny.

I. HUGUES DE BLIGNY épᵃ Margᵗᵉ de Courtet, vᵉ de lui en 1553, dont : 1° Jean, suit ; 2° Philippe, écr, acte en 1555.

II. JEAN, écr, sgr de Pousseaux (cⁿᵒ Surgy), épᵃ : 1° Jⁿᵉ de Brion : 2° en 1553, Nicole de Raffay ; eut du 1ᵉʳ lit : 1° Claude, suit ; et probᵗ 2° daᵘˡˡᵉ Philippes de Beligny, fme de Pierre de Robier, écr, en 1574, qu'ils font hmage pour Pousseaux.

III. CLAUDE, écr, sgr de Pousseaux, h. d'armes de la cⁱᵉ de Mgr de Montpensier; épᵃ, 20 mai 1596, Margᵗᵉ

DE LORON, dont : 1° Lazare, écr, sgr d'*id.*; épᵃ, 16 nov. 1637, Suzⁿᵉ *Guillier*, fille de Jean, pᵗ en l'élⁱᵒⁿ de Clamecy, dont : *a*, Roger, écr, sgr de Gérigny, mᵗʳᵉ d'hôtel du duc de Bellegarde, gᵈ écuyer de Fr., épᵃ Edmée DE MULLOT; *b*, Lazare ; *c*, Fᵒⁱˢ ; *d*, Charᵗᵉ; épᵃ, 1668, Jean de Lavau ; 2° Edme, écr, sgr de Pousseaux pⁱᵉ ; 3° Loup, suit ; 4° Henriette, vend pⁱᵉ de Crain, en lègue le prix à sa nièce Jeanne.

IV. LOUP, écr, sgr d'*id.* et Sᵗ-Georges (cⁿᵉ Corvol-l'Orgˣ), épᵃ : 1° en 1634, Clᵈᵉ DE BLOSSET, fille de Fᵒⁱˢ, écr, sgr de Sᵗ-Georges ; 2° 10 fév. 1653, autre Edmée DE MULLOT, fille de Claude, ci-dessus ; mᵗᵒ vᵉ de Loup de B. en 1683 ; il eut du 1ᵉʳ lit : Marthe, épᵃ, 1662, Paul-Fᵒⁱˢ *d'Orbessan* (**), écr, sgr de Busque ; et du 2ᵉ lit : trois fils mᵗˢ s. allᶜᵉ, et 1° Henri, écr, sgr de Pousseaux, à l'armée de Flandre en 1689 ; épᵃ : 1° en 1685, Chᵗᵉ-Mⁱᵉ *d'Oyseau* (***); 2° en 1694, Eléonore-Edmée *de Roʒel;* eut du 1ᵉʳ lit : *a*, Gabriel-Charles ; *b*, Edmée, fme en 1712 d'Et. Juliot, mᵃⁿᵈ ; *c*, Charles, cav. au régᵗ d'Anjou en 1712 ; du 2ᵉ lit : *d*, Marie, bapᵗᵉ à Champlemy en 1698 ; 2° Jeanne (*alias* fille d'une d'Orbessan), épᵃ : 1° Fᵒⁱˢ DE VEILHAN, écr, sgr de Mignard, et 2° avᵗ 1695, Clᵈᵒ Gonat, mᵃⁿᵈ.

Sources : Chⁿᵉ Hubert, vol. VIII, 274. — Marolles. — Arch. Nièvre. — Reg. parois. Surgy, Varzy, Champlemy.

Éteints.

(*) DE MARTINET. — Originaires du Sénonais, où ils tenaient fief parˢᵉ Charny au XVᵉ siècle. — Jean DE MARTINET, écr, sgr des Pinabeaux, Fricambault (cⁿᵒ Perreux, Yonne), dont aveu en 1493, épᵃ Chᵗᵉ de Bray, dont il eut entr'autres : Blanche, fme de Guillmᵉ *de Montigny* ; Marthe , fme d'Antoine de La Ferté , et Conrad DE MARTINET, écr, sgr d'*id.*, dont aveu en 1560, fut aux guerres d'Italie dans les cⁱᵉˢ d'ordonnances de l'amiral de Bonnivet ; épᵃ Antᵗᵉ de La Teulle, dont : 1° Edme, écr, sgr d'*id.*, épᵃ Philippe d'Edouard, dont : Jeanne, épᵃ, 1608, Aloph DE CERTAINES, écr, sgr de Villemolin ; 2° Edmée, fme de Barthélemy de Cassandre, écr, sgr de La Brosse ; 3° Margᵗᵉ, fme de Richard DE MULLOT, ci-dessus ; et trois fils mᵗˢ s. allᶜᵉ.

Armes : De... à 3 chevrons de..., le 1ᵉʳ brisé supportant 2 palmes (sceau de Conrad de Martinet, 1560).

Sources : Arch. du ch. de Bontin, relevées par H. de Flamare.

Éteints.

(**) D'ORBESSAN , sgrs de Busque. — Du Languedoc, maintenus en l'élⁱᵒⁿ de Clamecy. — Alliances : d'Aziniac, 1549 ; DE LA BARRE, 1572 ; de Laitil ; DE GRIVEL, 1633 ; de Bocasse, 1657. — Paul-Fᵒⁱˢ D'ORBESSAN , écr, sgr de Busque, et sgr de Sᵗ-Georges par sa fme, Marthe *de Bligny*, ci-dessus, dont il eut : Mⁱᵉ-Marthe, dame de Sᵗ-Georges, qui épa, en 1702, Jⁿ-Camille *de Masquin.*

Éteints.

(***) D'OYSEAU. — Jacques D'OYSEAU, écr, sgr des Raboulins et Crain pⁱᵉ, épᵃ, av. 1660, Suzanne *Guillier*, sœur du Bois-d'Olnay, lᵗ régᵗ Villeroy cavⁱᵉ, épᵃ, 1679, Jⁿᵉ de Dampont, fille de Charles, sgr de Sommecaize pⁱᵉ, et de Paule *de Montigny* ; 2° Louise ; 3° Elishᵗ, épᵃ, 1689, J.-Fᵒⁱˢ Lessoré, écr, sgr de Sᵗᵉ-Croix. — Franzois D'OYSEAU, écr, sgr de Vaujoly, maintenu en 1670, épᵃ Chᵗᵉ *de Longueville*, fille d'Edme, et d'Anne de Blanchefort; eut : 1° Hubert-Edme, né 1651 ; 2° Fᵒⁱˢ ; 3° Marie, épᵃ, 1683, Jacques *de Masquin* ; 4° Charlⁱᵉ-Mⁱᵒ, épᵃ, 1685, Henri *de Bligny*, ci-dessus ; 5° Anne , épᵃ Fᵒⁱˢ Febvre , juge de Sᵗ-Amand ; 6° Charlotte , épᵃ Edme Gauthier, mᵃⁿᵈ. En 1712, elles partagent comme héritières pour 1/4 de leur mère ; les fils ont disparu , sans doute tués dans les guerres de Louis XIV, et le nom s'éteint, comme il advint, à la même époque, aux de Masquin, de Bligny, de Martinet, etc. Les vides ainsi produits parmi les gentilshommes de cette région ont peut-être donné lieu aux singuliers mariages que font alors les filles.

Éteints.

83

1º Mathurin, suit ; 2º Huberte, inh^{ée} à Etais en 1652 ; 3º Edmée, vendit en 1616 son tiers à son frère aîné.

IV. — MATHURIN DE MULLOT, écr, sgr du Fey et de La Poëse, ép^a : *1º* c^{at} 11 nov. 1608, Jeanne *de Sauvage* de Mégny, fille de F^s, sgr de Jailly, dont il eut 2 filles, Marie et Louise, et un fils, Jean, né en 1611, écr de la grande écurie du roi en 1647 ; 2º par c^{at} 22 avril 1629, Nicole *de Chalon ;* en 1631, rachète par retrait lignager des terres vendues par J. de Masquin et Ph^{te} de Sauvage, sa fme ; achète, en 1633, différentes rentes de Valentine *de Tes, es,* vº de Claude de Mullot, écr, sgr du Colombier, et de Jean du Pont-St-Pierre, époux d'Edmée de Varigny, fille d'Albine de Mullot ; eut du 2º lit : 1º Guillaume, suit ; 2º Louise, ép^a : *1º* Jean *d'Escorailles*, écr, sgr de La Gibaudière et Turigny ; 2º par c^{at} 23 juillet 1654, Daniel *de Violaine,* écr, sgr de La Cour-les-Mailly, veuf de Louise de Carrefour ; 3º Jeanne, fme d'Hubert Lemblot, en 1654.

V. — GUILLAUME DE MULLOT, sgr du Fey et La Poëse, maintenu par ord^{ce} de M. de Machault, int^t d'Orléans, 2 mai 1669 ; ép^a : *1º* c^{at} 6 avril 1654, Gab^{le} de Vasvin, fille de F^{ois}, écr, cap^{ne} de Marcy, dont il eut : Jacques, m^t jeune, et Antoine, qui suit ; 2º Catherine *de Violaine*, dont il eut 2 filles, Fr^{se} et Edmée.

(4) DE MASQUIN. — *D'Auxerrois.* — Agnusse Masquin, écr, sgr de Malfontaine (Merry-s.-Yonne), reprend de fief la sgrie de Malvoisine, p^{se} Mailly-le-Chatel, 1493. Edmond et Amisse Masquin, écrs, cousins, reçoivent hmage, en 1522, pour Fontenille, tenu d'eux par Et. Burdelot, sgr de Fontenille. Jean Masquin, écr, sgr de Malfontaine et Malvoisine, vend en 1556 à Antoine de Veilhan, b^{on} de Giry, 1/4 de la terre et sgrie de Malfontaine, indivise avec Edme Masquin, m^t av^t 1561 ; épⁿ Jeanne *Le Muet,* dont : Reine, fme av^t 1556 de Guil^{me} *de Gordon,* archer de la c^{ie} du duc de Nev. — Florent de Masquin, prêtre, chan. de Châtel-Censoir, Esme le jeune, écrs, sgrs de Malfontaine p^{ie}, et Huguette, leur sœur, fme de Louis de Fougères, écr, sgr du Souchet, vendent en 1561 leurs parts de Malvoisine. — Barbe de Masquin, vº en 1567 de Cl^{de} *de Sauvage,* écr, sgr de Montbaron.

I. Edme de MASQUIN, écr, sgr de Malfontaine, eut : 1º Edme-F^{ois}, suit ; 2º Jean, écr, sgr de Malfontaine p^{ie}, Maupertuis ; ép^a Marie DE MULLOT, ci-dessus, qui lui porta Maupertuis, dont hmage au duc en 1578 et 98 ; eut : Jean, écr, sgr de Maupertuis, ép^a,

av^t 1627, Phil^{te} *de Sauvage ;* acte en 1630, témoin Richard de Masquin, écr.

II. EDME-FRANÇOIS, écr, sgr de Malfontaine, confirmé dans sa noblesse avec Jean, son frère, et Esme, son cousin, en 1583 ; ép^a, c^{at} 20 août 1568, Imberte DE LA BUSSIÈRE, dont : 1º Edme, suit ; 2º Jean ; 3º F^{ois} ; 4º Phil^{te}, ép^a, 1611, Cl^{de} *de Lenferna,* écr, sgr de La Motte-Gurgy.

III. EDME, écr, ép^a, c^{at} 3 nov. 1610, F^{se} *Hodeneau,* dont : Esme, qui suit, partage en 1644 avec F^{ois} et autres ses frères, qui sont prob^t Charles, écr, sgr de L'Isle-Vert, et Louis, sgr d'*id.,* suivra.

IV. ESME, écr, sgr du Colombier p^{ie}, maintenu Orléans 1668 ; ép^a, 1648, Barbe DE MULLOT, fille de Claude, sgr du Colombier ; eut : 1º Anne-Edmée, ép^a Adrien DE LA BUSSIÈRE, sgr de La Rippe ; 2º M^{ie}-Barbe, ép^a, 1694, F^{ois}-Nicolas DE MULLOT DE VILLENAUT, alors cornette au rég^t d'Aumont cav^{ie}.

IV. LOUIS, écr, sgr de L'Isle-Vert, m^t av^t 1669, ép^a M^{ie} *de Sauvage,* dont : 1º Edme, ép^a, 1649, Edmée *de Juisard,* dont F^{se}, m^{te} s. allé^e ; 2º Marie, ép^a, av^t 1653, F^{ois} *de Lanty* (*), en 1es et 2es noces, 1668, Jean Bailly,

(*) DE LANTY. — Proviennent peut-être des L'Hospital (a), sgrs de Lanty et Montanteaume. — Etienne DE LANTY et Guillaume, son fils, actent en 1455 ; ce dernier figure avec Henri et Jean DE LANTY au ban de 1469. Tristan et Jean de L., écrs, frères, actent en 1493, témoin Jean de L., leur oncle. Jean DE LANTY, écr, sgr du Moulan (c^{ne} La Roche-Millay) 1539, eut : 1º Gabriel de L., écr, sgr de Lavault (c^{ne} Flez-Cuzy), dont hmage 1575, ép^a Jeanne *de Berger,* dont : *a,* Philippe, écr, sgr de Lavault, m^t en 1633, sans doute père d'Huguette, fme en 1638 de Louis d'Haste, écr, sgr d'Essanlis ; et de Phil^{te}, fme en 1644 de Gilbert de Ramilly, écr, sgr de St-Aubin-s.-Loire ; *b,* Charles, écr, sgr de Montgillard, ép^a Jeanne *de Jacquinet,* dont Jean, chlr, sgr de Lavault, qui de Marg^{te} de *Mathieu* eut : *a',* Claude, garde du corps, aliène Lavault en 1724 ; *b',* François, écr, sgr de Lavault, ép^a, 1686, Bénigne DE LA BUSSIÈRE, m^t s. p^{té} ; *c,* Hugues, écr, sgr de La Creuzille (c^{ne} Millay), eut : *a',* Jean, off. rég^t d'Enghien, veuf en 1644 de F^{se} de Toulongeon, m^t s. p^{té} ; *b',* autre Jean, écr, sgr de La Creuzille, ép^a Marg^{te} DE CHARGÈRES, m^{te} en 1652 laissant une fille, Roberte ; 2º François de L., écr, sgr du Moulan, ép^a Perrette Pelletier, dont prob^t René, écr, sgr d'*id.* et de Champlois (c^{ne} Montaron), qui de Marg^{te} de *Berger,* sa vº en 1637, eut F^{se}, m^{te} s. allé^e. Philippe DE LANTY ép^a, av^t 1574, Perrette de La Porte, qui lui porta Servandey p^{ie} (c^{ne} Rouy). Claude DE LANTY ép^a, 1576, F^{se} *de Boisselet,* fille de Guy, sgr de La Cour-les-Mailly (Auxerrois), dont : 1º Claude, écr, sgr de La Cour-les-Mailly, 1621 ; 2º Jeanne-L^{se}, héritière de son père en 1641, ép^a Edme de Carrefour ; 3º Claude, fme de Roger Marin, m^{tre} coutelier à Auxerre. Marie de L., m^{te} en 1636 vº d'Imbert des Mollins, semble sœur de Philibert DE LANTY, écr, sgr de Railly (Auxerrois), du Meuble, p^{se} Baulon, Maupertuis, p^{se} Dompierre ; reçu aux états de Bgogne en 1590 ; ép^a Cath^{ne} de Buard (Bourb^{ais}), dont : 1º René, écr, sgr du Meuble, ép^a, 1633, L^{se} *Le Long,* dont : F^{ois}, écr, sgr du Meuble, maintenu à Moulins, en 1668, avec Jean, sgr de La Creuzille ; il doit être l'auteur des Lanty, sgrs de Nomazy, près Moulins ; 2º François, écr, sgr de Maupertuis, ép^a, 1633, M^{ie} *de Berthelon,* dont Pierre, m^t s. p^{té} en 1664. Olivier

VI. — Antoine de MULLOT, écr, sgr d'*id.* et de Savigny (c^{ne} Billy), ép^a, c^{at} 7 août 1687, Catherine Fontier, fille de Jean-Jacques, sgr de Mont, dont : 1° Guillaume-Antoine, prêtre, prieur de St-Richou et curé de Châteauneuf-val-de-Bargis, eut dans son lot les biens sis à Billy, lieux dits : le Vault de Savigny, le Vault de Charme, le Fonteau Gourdon, le Verger Oudot ; m^t 1756 âgé de 67 ans ; 2° Edme-René, qui suit ; 3° Jean-Jacques, écr, sgr du Fey, m^t 1773, âgé de 80 ans ; ép^a Angélique Dugas, fille de Jacques, et de Marie Roché, dont une fille unique : Marie-Anne-Constance de MULLOT du Fey, née 1728, m^{te} 1792, qui ép^a, 15 fév. 1751, Jean–Claude de COURVOL, et lui porta le Fey et Savigny.

VII. — Edme-René de MULLOT, écr, sgr de La Poëse, b^{sd} à Billy 1692, inh^d à Thury 1722 ; ép^a, 7 juin 1704, Hélène *de La Coudre*, dont : 1° Adrien-Louis, suit ; 2° René, sgr de La Poëse, ép^a : *1°* en 1727, Colombe Geoffroy ; *2°* le 17 juin 1732, Marguerite *de Viry*, v^e de J.-Jacques de Mullot, écr, sgr de La Galarderie ; *3°* le 24 oct. 1752, Françoise de Champs, dont il eut Jeanne-F^{se}-Julienne, qui ép^a, en 1782, Edme-Jean-Geoffroy, av^{at} en parl^t ; 3° Marguerite de Mullot de La Poese ép^a, 1740, Lazare de MULLOT, fils de Jean-Jacques, et de Marg^{te} de Viry.

VIII. — Adrien-Louis de MULLOT, écr, sgr de La Poëse, ép^a, 12 sept. 1730, Anne *Houdaille*, dont : 1° Hyacinthe-Anne, s. all^{ce} ; 2° Louis-F^{ois}, chlr, sgr de Jussy p^{ie} ; à l'assemblée de la noblesse du baage d'Auxerre en 1789 ; 3° Lucie-M^{ie}-Madeleine, ép^a Jean-Hilaire Amelot, chirurgien ; 4° René, b^{sd} 1750 à Etais, mort en 1789, chlr, sgr de Jussy, cap^{ne} aux dragons Conti, démissionnaire en 1786, l^t des maréchaux de France ; ép^a, 20 fév. 1781, Lucie-Marie ANDRAS, fille d'André, chlr, sgr de Jussy, et de Lucie *de Lenferna*, dont : M^{ie}-Lucie-Andrée de Mullot de Jussy, ép^a, 1800, Henri *de Vathaire*, fils de Jean-Georges, écr, sgr de Montreparé.

III. — Jean de MULLOT (3e fils d'Alain et de Jeanne de Lanvaulx), écr, sgr d'Aubigny, dont aveu au duc 1er juin 1578, au bas de l'acte est son blason ; en 1588 eut lieu sur lui la saisie

prévôt de Moulins-s.-Ouanne ; 3° Jacques, écr, sgr de L'Isle-Vert, ép^a, 1655, M^{le} de BLANCHEFORT, dont : *a*, Jacques, ép^a, 1683, M^{le} *d'Oyseau*, dont : *a'*, Gen^{ve}-Charlotte, fme de René Thibault, employé à Clamecy dans les fermes du roi ; *b'*, M^{le}, fme de Godefroy Badin, m^{and} de bois ; *c'*, Jeanne, fme de P. Leclerc, huissier royal ; *b*, Jean-Camille, écr, sgr de St-Georges (c^{ne} Corvol-l'Org^x), ép^a, 1712, M^{le} *d'Orbessan*, dame de St-Georges, dont Edme ; *c*, Hélène, v^e en 1720 d'Edme Serre ; *d*, Roger, garde du corps, m^t en 1700 ; 4° Jacques

le jeune, écr, sgr de L'Isle-Vert, ép^a F^{se} de La Ribourde, dont Julienne, née en 1658 ; 5° Madeleine, ép^a, 1661, Jacques Huet, m^{and}.

Armes : Écartelé aux 1 et 4 de sable à un lion, et aux 2 et 3 d'or à une croix.

Sources : Chan^e Hubert, VI, 205. — D. Caffiaux, 1234. — Marolles. — Peincedé, *Inv^{re}.* — Arch. Nièv. E. — Reg. paroiss. Dornecy, Billy-s.-Oisy, Varennes-les-Narcy, Surgy, Varzy, Etais, Andryes.

Éteints.

de Lanty, écr, sgr de Railly, Gorge (c^{ne} Quarré-les-Tombes), guidon de la c^{ie} de gendarmes du prince de Condé, 1638, ép^a Madne Espiard, fille de Pierre, écr (Auxois) ; leur fille Cath^{ne} ép^a N. *d'Escorailles.* François de Lanty, écr, sgr du Vivier, par^{ae} Léré, ép^a Marie *de Masquin*, ci-dessus, dont : Charles, écr, sgr d'*id.*, ép^a, 1678, Suzanne de Dampierre.

Armes : D'argent, à la fasce de gueules accompagnée de 5 merlettes de même, 3 en chef et 2 en pointe.

Sources : Bibl. nat. : pièces orig^{les} 1648. — D. Caffiaux. — Carrés de d'Hozier. — Marolles. — Peincedé, *Inv^{re}.* — Beaune et d'Arbaumont. — Baudiau, *Morvand.* — V. Gueneau, *Montaron.* — Min. not. Moul.-Engilbert, Bourbon-Lancy, Decize. — Arch. ch^{eaux} de Vandenesse, Le Tremblay, Devay. — Arch. Côte-d'Or, Allier, Nièvre.

Éteints.

(a) Huguenin Hospital ou L'Hospital, écr, sgr de Lanty (c^{ne} Rémilly), Montanteaume (c^{ne} La Roche-Millay), en 1405. Jean Lhospiteau, écr, 1441. Huguenin Hospital, écr, sgr de Lanty et Montanteaume, nommé écr de cuisine du c^{te} de Nevers en 1455 ; au ban 1467 et 69 ; ép^a Guillemette du Breul, dont : 1° Jeanne de Lhospital, ép^a Pierre *de Bauldouin* ; 2° Gilbert de L. ép^a, 1499, Marg^{te} de Villeneuve ; 3° Loyson de L., fme de Mathelin de Faultrières, écr, sgr d'Oudry. Louise de L'Hospital figure dans un acte de 1595 avec Balthazard *de Druy*, peut-être son mari.

Il y eut auparavant dans les mêmes parages une autre famille de Lanty, dont le sceau présente un losangé ; une alliance lui apporta, au XIVe s., La Motte-Sciat, relevant de Vandenesse. Son dernier représentant, Philibert de Lanty, ép^a Alips de Poussery, fille de Jean *Le Bidault de Montaron* ; ils reçurent Poussery, en 1404, par suite d'un partage avec la sœur d'Alips, Jeanne, fme de Gaucher de Courvol. En 1438, La Motte-Sciat et Poussery sont à Jean du Box, dit de Lanty. Son fils Jean du Box, dit de Lanty, écr, sgr de Poussery, acte en 1459, témoin Hugues de Lanty, bâtard ; il figure au rôle du ban, ainsi que Jean, bâtard du Box ; en 1486, il n'est plus qu'usufruitier de Poussery, qu'il a cédé aux du Pontot. Ces du Box peuvent être des Lanty, ou leur avoir été substitués.

féodale du fief de St-Etienne-les-Billy, faute de foi et hmage ; ép^n, 19 déc. 1578, Charlotte *de Montigny*, dont : Annibal qui suit, et probablement Etienne, époux de Gillette de Mussy, dem^t par^{se} Taingy en 1607.

IV. — ANNIBAL DE MULLOT, écr, sgr d'Aubigny, inh^d à Taingy 1642, ép^n, 25 fév. 1604, Jeanne de Sarmant, dont : 1° Jean ; 2° Léonarde ; 3° Gabriel ; 4° Pierre, qui suit ; 5° Antoine, acte en 1643.

V. — PIERRE DE MULLOT, écr, sgr d'Aubigny, dont p^{ie} saisie par décret, en 1642, fut adjugée au sieur de Goisel moy^t 2,000 l.; par lettres du 9 oct. 1656, la princesse de Mantoue lui fait don de la charge de cap^{ne} et gouv^r de Druyes ; fut maintenu par ord^{ce} de M. de Machault, du 21 nov. 1671 ; ép^n, 10 déc. 1646, Anne *de Vignon*, fille de Toussaint, écr, sgr de Preux (Yonne), et de Jeanne de Gibuy, dont : 1° Adrien-Louis, suit ; 2° Elisabeth, b$^{ sée}$ en 1666.

VI. — ADRIEN-LOUIS DE MULLOT, sgr d'Aubigny, La Motte-Froussard, reçut certificat de services militaires par M. de Dracy, com^t l'escadron de la noblesse de Bourgogne ; ép^n, c^{at} 6 sept. 1671, Marg^{te} de Drouard, fille d'Edme, et de Jeanne de Masquin, dont : 1° Jean, suit ; et Marie, Marie-Jeanne, Charles, bap^{sés} à Thury de 1679 à 1684, m^{ts} en bas âge ou sans alliance.

VII. — JEAN DE MULLOT, écr, sgr d'Aubigny et de Charmoy (c^{ne} Billy), né 1673, inh^d à Thury 1747 ; gentilhomme servant à l'escadron de la noblesse de Bgne en 1690 ; maintenu par l'intendant J. de Bouville, 21 nov. 1671 ; ép^n, 1er fév. 1700, M^{ie}-Madeleine *de Juisard*, fille de Charles, écr, sgr de Charmoy, et de M^{ie}-Anne de Belle, dont : 1° René, suit ; 2° Marie-Anne, ép^n, 15 juin 1728, Charles *Parent* (*), b^{eois} de Clamecy ; 3° Charlotte, m^{te} s. all^{ce}.

VIII. — RENÉ DE MULLOT, écr, sgr de Charmoy, né 1700, m^t 1754 ; ép^n, 19 juin 1727, Marie *de Loiseau*, v^e de J.-F^s de Juisard, écr, sgr du Coudray, et fille de Jacques *de Loiseau*,

(5) DE CORGUILLERAY. — *Gâtinais.* — JEAN DE CORGUILLEROY, chlr, figure au ban réuni à Vierzon en 1253.

ROBERT DE CORGUILLEROY, cousin des deux suivants, écr du baage d'Orléans, donne quittance de gages pour les guerres de Vermandois, datée de 1339, scellée de son sceau.

JEAN DE CORGUILLEROY, écr, sgr de Marnay (près Joigny), du Chesnoy (c^{ne} St-Fargeau) et autres terres p^{ses} St-Fargeau et Mezilles, dont aveu en 1337 ; donne quittances scellées de son sceau pour les mêmes guerres, puis pour l'ost d'Arras en 1347.

GUYOT DE CORGUILLEROY, écr, frère du précédent, donne pareilles quittances scellées, 1339 et 1355.

JEAN DE CORGUILLERAY, écr, m^{tre} veneur du régent en 1355, puis m^{tre} et enquesteur des eaux et forêts du roi ; m^t av^t 1365, laissant 9 enfants, parmi

lesquels il faut sans doute ranger la plupart des personnages suivants, marquants dans la 2e moitié du XIVe s. — GALEHOT de C., un des écrs de la c^{ie} de Geoffroy, sire du Boichat, cap^{ne} des gendarmes imposés au diocèse d'Auxerre en 1364. — JEAN de C., sire de Chastres, dont hmage 1368. — GUILLAUME de C., écr, f. av. dén. au duc d'Orléans pour fiefs par^{se} Douchy 1353. — Agnès de C., v^e de Jean Douart, écr, f. aveu mêmes parages, en 1389. — DENIS de C., écr, sgr de Chastres et du Mesnil, dont aveu au duc d'Orléans, 1389 et 1403. — ADAM de C., écr de la ch^{bre} de Pierre de Courtenay, 1383, écr sert porte-oriflamme de la c^{ie} de Guillaume des Bordes, passée en revue à Châlons en 1388. — Autre (?) JEAN de C., l'un des 47 écrs de la c^{ie} de Ph. de Lignières, chlr banneret, passés en revue en 1385.— PHILIPPE de C., chlr, sgr de Chesne-Arnoul (Gâtinais), m^{tre} veneur du roi, par lettres de 1377, et m^{tre} forestier

(*) PARENT. — Louis PARENT, l^t du baage d'Auxerre, ép^a Mlle Jomier, dont : (A) François, suit ; (B) Edme-Claude, suivra. — (A) F^{ois} PARENT, b^{eois} de Clamecy, ép^a 1683 Angélique Bessin, fille de Christophe, l^t de Clamecy, et de J^{ne} de La Saleine ; eut : 1° F^{ois}, l^t de Clamecy, ép^a Mlle *Grasset*, dont : *a*, Mlle, ép^a 1734 J.-B. *Tenaille* des Prés ; *b*, Paul, ép^a 1745 Cath^{ne} Parent de Chassy, d'où Nicole-Mad^{ne}, qui ép^a Louis Parent ; *c*, F^{ois}, ép^a 1759 Cl^{de} *Grasset*, dont Cl^{de}-F^{ois}, sans p^{té} ; 2° Christophe Parent des Vallées, s. p^{té} de F^{se} *Grasset* ; 3° Charles Parent de La Plante, b^{eois} de C^y, ép^a 1717 Mlle Lemoyne, d'où Charles, échevin de C^y, qui de J^{ne} Cibot eut : *a*, Et.-Jean (Bias), ép^a Tullie Jouanin, d'où : Bayle, Tullie et Auguste ; *b*, Cl^{de}-Sébastien, ép^a, v. 1787, Reine *Millereau*, d'où Louis et Nicolas, qui épousèrent Justine et Marie Duplès ; *c*, Et.-Laurent, ép^a Augustine *Faulquier*, semble auteur des Parent-Champtorin et Parent-Desbarres : 4° Charles (prob^t le 3° devenu veuf), ép^a 1728 M^{ie}-Anne DE MULLOT, ci-dessus, m^{te} en couches 1731, s. p^{té} ; (B) Edme-Cl^{de} PARENT, av^{at} en p^t, ép^a Cath^{ne} Courdavault, dont : 1° André, av^{at} en p^t, ép^a 1720 L^{se} *Barbier de Vignes*, dont : *a*, Cath^{ne} ép^a Paul Parent ; *b*, Mlle ép^a Cl^{de} *Barça*, greffier en chef à Tannay ; *c*, Pierre-Ch. Parent de La Garenne, l^t de St-Saulge, ép^a Agathe Thomas de Chandoux ; eut L^s-F^{ois}, m^{tre} de forges, ép^a 1780 Hélène Gavard, d'où J^n-Bapte-Et^{ne}, m^{tre} de forges, ép^a 1813 Cécile Maugue ; c'est le g^d-père d'Et.-L.-Gustave, né 1846, notre à Cosne ; 2° Cl^{de}-F^{ois}, ép^a, 1728, Elis^h Morin de Cérisy, d'où Louis PARENT DE CHASSY, sgr de Chassy-Carrouble (c^{ne} Vignol), député du Tiers aux Etats généraux, eut de Nicole-Mad^{ne} Parent : Char^{te}-Augus-

écr, sgr de Champs, et de M^ie-Parâtre de Chanserin ; elle mourut en 1731 ne laissant que deux filles, Marie et Louise DE MULLOT DE CHARMOY. Marie, née en 1729, ép^n en 1759 Balthazard *de Juisard*, elle mourut s. enf^ts en 1779. Louise, née en 1730, ép^n en 1752 Georges *de Vathaire*, auquel elle porta 1/2 de Charmoy, puis l'autre 1/2 qu'elle hérita de sa sœur.

III. — FRANÇOIS DE MULLOT (4e fils d'Alain et de Jeanne de Lanvault), écr, sgr de Villeneau (c^ne Etais), Le Colombier p^ie, La Galarderie (*id.*), Montfroin p^ie et Paulmier (ch^nie Etais), dont hmage au duc le 24 fév. 1575 ; fournit, en 1578, av. dén^t des mêmes sgries, plus 1/3 des dîmes de Faye, droit pêche en la rivière de Druyes, droit de chasse ès bois et forêts du duc en les ch^nies de Druyes et de Donziois ; h. d'armes en la c^ie de M. de Giry 1580 ; maintenu par ord^ce de la cour des aides, 15 juin 1586 ; ép^n, c^at 23 nov. 1573, Claude *de Corguilleray* (5), dont : 1° Louis, suit ; 2° Jeanne, ép^a, c^at 13 août 1623, Loup DE LAMOIGNON, écr, sgr de Grandpré, fils d'Edme, écr, sgr d'*id.*, et d'Anne *Anceau* ; 3° Anne, ép^n, av^t 1629, Jean DE BERTHIER, écr, sgr de Vannay, fils de F^ois, et d'Anne de Berthier de Bizy. En 1638, Jeanne et Anne de M., assistées de leurs maris, vendirent à Nicolas de Boucasse, moy^t 3,300 l., la maison du Pont, droits de justice, greffe et tabellionage, étang et moulin, situés en la sgrie de Sommecaize.

en 1385, puis m^tre et enquesteur des eaux et forêts du roi jusqu'en 1399 qu'il devint m^tre d'hôtel de Charles VI ; semble père de Gilles de C., écr, sgr du Plessis, baage de Vitry au c^te, dont aveu en 1407, m^tre forestier au duché d'Orléans, ép^a Isabeau, v^e de Jean D'ARMES.

PIERRE DE CORGUILLERAY, écr, varlet tranchant du roi en 1450, m^tre d'hôtel du roi en 1472, prévôt des maréchaux en Bgogne 1484. — GUILLAUME de C., baage Vitry, prévôt des maréchaux de Fr., ayant la conduite de 15 archers des ordonnances du roi, actes de 1494 à 1501 ; vient à Auxerre faire la revue des troupes cantonnées en Auxerrois en 1482. Dans l'av. dén^t qu'Antoine de Chabannes fournit au roi, en 1485, il cite le fief du Chesnois et le fief de Nailly (c^no Mezilles) tenus par Guillaume de Corguilleray. — GAUCHER de C., écr, sgr de Chenevières (Gâtinais), ép^a Marg^te de Molon, fille de Jean de Molon dit Moireau (Montargis) ; eut : 1° Thomas, chlr, sgr de Chenevières, m^t en 1490 ; 2° Adam, prêtre, acte avec son frère à Châtillon-s.-Loing en 1447.

GUILLAUME DE CORGUILLERAY, écr, sgr des Barres (St-Sauveur), dont hmage en entrant en poss^ion de cette terre, 1460 ; meurt en 1473 laissant pour unique héritier son frère Raymond — RAYMOND de C., écr, sgr de Neuvy (c^on Cosne), les Barres, transige, en 1473, avec l'abb^re de Roches au sujet d'une rente précédemment fondée par Marg^te de Rochechouart, alors dame des Barres ; eut entr'autres : 1° Thomas, chlr, sgr de Neuvy, Champdoiseau, Von ; servait Louis XI en la c^ie du sire de Torcy, en 1474 ; ép^a M^lo de Marcilly, fille d'honneur de la duchesse d'Orléans, mère de Louis XII, en 1462 ; elle déposa dans l'enquête pour le divorce de Louis XII, 1498 ; 2° Agnès de C., dame des Barres, ép^a Guyot *du Chesnay*, c^er m^tre d'hôtel du roi. Une Claude de C. figure avec Aubine d'Espeuilles parmi les fmes au service de la c^tesse de Nev. en 1491.

PIERRE DE CORGUILLERAY, écr, sgr de Tracys.-Loire, Les Ormes (p^se Sommecaize, Yonne), Lain (ch^nie Druyes), 1523, frère de Louise, fme de Gaspard *de Champs*, sgr de Pesselières. — Marg^te de Corguilleray, v^e de F^ois Pelorde, chlr, sgr d'Ourouër, fait hmage pour Lain, 1525.— JEAN DE CORGUILLERAY, écr, sgr de La Boulévric (c^ne Neuvy), eut d'Adrienne de Louzeau : 1° Jeanne, ép^a, 1583, J.-C. DE LA RIVIÈRE, fils de Gaspard, écr, sgr de La Borde ; 2° Gilberte, ép^a Edme DE LA RIVIÈRE, frère du précédent.

PHILIPPE DE CORGUILLERAY (*), écr, sgr du Pont (près Joigny), usufruitier de Sommecaize (*id.*),

tine, qui ép^a : 1° le v^te de Bragelonne ; 2° Elie c^te *Camus de Pontcarré* (a), auquel elle légua le ch. de Chassy et la terre de Lys (c^ne Vignol), n'ayant pas eu d'enfants de ces deux mariages.

Armes : D'or au pal de gueules.

Existants dans la Nièvre.

(a) CAMUS DE PONTCARRÉ. — Orig. de Bgogne. — L^s-F^s-Elie Camus de Pontcarré, m^is de Viarmes, 1er prés^t du parl^t de Rouen, m^t à Londres en émigration ; ép^a : 1° N. des Gallois de La Tour ; 2° M^le-Paule de Vienne ; eut du 1er lit : a, L^se-Ch^te-Aglaé, ép^a le m^is d'Aligre ; Ch.-Chinon et Bourbon-Lancy leur doivent leurs hospices et d'importantes libéralités ; du 2e lit : b, Elie c^te Camus de Pontcarré, ci-dessus, ép^a Ch^te-Aug. *Parent de Chassy* ; c, Antoinette, ép^a le m^is de Pontoi ; leur fils, m^is de Pontoi-Pontcarré, autorisé à ajouter à son nom celui de Pontcarré, hérita la terre de Lys de son oncle Elie.

(*) Une déposition, faite quarante ans après sa mort, nous apprend qu'il était fils naturel, sans doute d'un des Corguilleray possessionnés près Joigny au XVe siècle, auxquels nous ne connaissons ni allees ni posté. En 1566, F^ois de Courtenay s'étant opposé, avec sévices et violences, à l'inh^ion de Jean de Corguilleray dans le chœur de l'égl. de Sommecaize, subit un interrogatoire sur les informations faites contre lui à la requête de Marg^te de Montigny, v^e du défunt. « Il dit avoir connu Jean de Corguilleray, fils de Philippe, qui était bâtard de la maison de Corguilleray, et de Mlle Néel....., que les prédécesseurs dudit s^r du Pont (le défunt) avaient été inh^és non dans le chœur, mais dans une chapelle de l'égl. appelée la chapelle du Pont. »

IV. — Louis DE MULLOT, écr, sgr de Villeneau et du Colombier, inh[é] en l'égl. d'Etais en 1649, âgé d'environ 72 ans; reçut, en 1641, certificat du s[r] Brisson, trésorier de Fr. en la g[té] d'Orléans, attestant qu'il a justifié de ses titres de noblesse; ép[n], c[at] 23 janv. 1624, M[ie] DE BERTHIER-Bizy, fille de Jean, et de Charl[te] de La Ballue; elle apportait 3,000 l. t. et acqué-rait ainsi le droit de communauté. Ils eurent : 1° Esme, suit; 2° Jacques, suivra.

V. — Esme DE MULLOT, écr, sgr de La Galarderie et La Motte-Froussard; inh[é] égl. Etais 1663; partage avec son frère, en 1654, les biens de leurs père et mère; ép[n], c[at] 28 sept. 1649, M[ie] *de Vignon* (*), dont : Edmée, Anne-M[ie], Cath.-M[ie] et J[n]-Jacques, qui suit, sous la tutelle de leur mère, en 1668, lors de la production dev[t] l'int[t] d'Orléans.

VI. — Jean-Jacques DE MULLOT, écr, sgr de La Galarderie, Villeneaux p[ie]; né 1656, inh[é] égl. Etais 1731; maintenu à Moulins le 9 déc. 1702, avec Anne-M[ie], sa sœur, sans doute seule survivante; ép[n] : 1° c[at] 23 août 1678, F[se] *Hodeneau de Breugnon* (6), fille de Charles, et

app[t] à l'abb[ye] de St-Germain d'Auxerre, m[t] en 1526; ép[n], peu après 1489, M[ie] Néel, fille de Pierre, écr, et de Perrette du Bois; eut : 1° Philippe, écr, sgr d'*id.*, ép[a] Marg[te] de Machault, vend à F[ois] de Courtenay, sgr de Bontin, ses droits dans Sommecaise, en 1548; se retire à Genève, puis, sollicité par Coligny, il conduit, en 1556, une expédition de réformés au Brésil; revient à Paris en 58, et meurt vers cette époque; 2° Jean, écr, sgr du Pont et de Sommecaise, qu'il achète de moitié avec F[ois] de Courtenay, en 1554, m[t] en 1566; ép[a] Marg[te] *de Montigny*, fille de Guill[me], chlr, sgr de La Grange, et de Blanche de Martinet; il eut : *a*, Etiennette, ép[n], en 1559, Charles DE MULLOT; et prob[t] *b*, Claude de Corguilleray, ép[a], 1573, François DE MULLOT, ci-dessus; *c*, N. de Corguilleray, ép[a], 1572, N. de Richouf, écr, sgr de Tramport.

François DE CORGUILLERAY, écr, sgr du Pont, Sommecaise p[ie], la Motte de Naples, y meurt en 1623, ayant pour héritier Jean de C., marié à Esmée de La Forest. Madeleine de Corguilleray, dame de la Motte de Naples, v[e], en 1672, de P. de Guiraut, écr, sgr de Bois-Robert, était, croyons-nous, la dernière de son nom.

Armes : D'or, à trois fasces ondées de gueules. — Les trois sceaux, dont nous avons fait mention, sont décrits dans Demay, *Invre des sceaux.*

Sources : Bibl. nat., collion Clairambault, 36, p. 2689. — Titres orig[x], dossier de Corguilleray. — D. Villevieille, t. 32. — D'Hozier, reg. I. — Arch. nat. P. 147, pièce XVI. — P. Anselme, *passim.* — Douet d'Arcq, *Cptes de l'argenterie des rois de France.* — Peincedé, *Invre.* — Marolles, *Invre.* — H. de Flamare, *Les Courtenay de Bontin.* — Arch. du Loiret A. — Arch. Yonne E. — Arch. Nièvre H. — Reg. paroiss. de Neuvy.

Éteints.

(6) HODENEAU DE BREUGNON. — *De Nivernois.* — En 1345, Agnès et Thévenin, enfants de feu Jean Odeneau de Latrault, font recon[ce] au chap. de Clamecy pour biens à Latrault (c[no] Breugnon). Guibert Odeneau, prévôt de Coulanges-s.-Yonne, 1365. Pernin Odeneaul, parmi les b[ois] de Varzy taxés en 1379 pour la réfection des fortifications de cette ville. En 1380, n. h. Michel Odeneau, veuf de Catherine, fonde anniversaire en l'égl. de Clamecy où elle est inh[ée]; fait av. dén. de terres tenues en fief à Latrault, 1389. Jean Odeneau, garde du scel, jur[é] du c[to] en la prévôté de Clamecy, meurt en 1416, et sa fme Marie en 1417, ayant légué au chap. de Clamecy pour leur ann. et celui de Jean de Paroy, aïeul de M[ie]. Etienne Odeneau, prieur de Sane, m[t] en 1408 léguant plusieurs héritages à Philibert, qui suit.

I. Philibert ODENEAU, écr, sgr de Latrault, m av[t] 1461, eut : 1° Pierre, suit; 2° Guillaume, acte en 1497, m[t] av[t] 1503; ép[a] M[ie] DE BAR, qui se remaria avec G. *de St-Quentin*, écr, sgr de Fouronnes.

II. Pierre, écr, sgr de Latrault, baille à Breugnon et Latrault 1461; témoin d'un acte du chap. Clamecy 1482; ép[a] Cath. de Chantière, qui, v[e] en 1503, dénombre la terre et sgrie de Latrault, relevant de Corvol-Dambernard. De Pierre ou de Guill[mn] vinrent : 1° Jean, suit; 2° Pierre, ép[a] Perrette *de Gayot*, dont : Gabrielle qui ép[a] 1584 Gilbert *de Juisard*, écr, sgr de Tamnay; 3° F[se], fme en 1532 de Jean *d'Esmé*, écr, sgr de Chanteloup; 4° prob[t] Jeanne, fme en 1535 de Raymond d[e] La Gasche, écr, sgr de La Motte-Billy.

III. Jean, écr, sgr de Latrault, dont il refait le ter rier en 1538 et hmage en 1530; h. d'armes de la c[ie] d[u] duc de Nevers; ép[a] Anne *de Juisard*, dont : 1° Louis écr, sgr d'*id.*, m[t] av[t] 1551, ép[a] Phil[te] de Bazaton, dont

(*) DE VIGNON. — Orig. du Dauphiné. — Marie Vignon, v[e] d'un b[eois] de Grenoble, fut la 2e fme du connétable de Lesdiguières et leurs deux filles, nées avant maage adultérines légitimées, épousèrent l'une en 1619 F[ois] de Créquy, l'autre en 1623 le maréchal du de Créquy. L'origine dauphinoise des Vignon de Preux semble attestée par le surnom porté tout d'abord par celui qui vint se fixer à St Romain-le-Preux (Yonne). En 1610, Anne de La Roche, v[e] de Guill. de Gibuy, écr, sgr de Gibuy, écr, sgr de St-Romain, n. h. Pierre Vignon, dit Grenoble, m[tre] d'hôtel d'Anne de Barbançon, v[e] d'Antoine du Prat de Nantouillet, sgr de St-Romain. En 163[.] Jeanne de Gibuy, v[e] de Pierre de Vignon, écr, sgr de La Brosse, reconnaît ce bail de 1610 fait à son mari. Jeanne de Gibuy est dite, e[n] 1655, v[e] de Toussaint DE VIGNON, écr, sgr de Preux, père d'Anne DE VIGNON, fme de Pierre DE MULLOT d'Aubigny, et Marie [?] Vignon, ci-dessus, fme d'Esme DE MULLOT de La Motte-Froussard, qui toutes les deux, assistées de leurs maris, vendent en 1655 Alex. de Ramesay, écr, sgr de La Vésanderie, et à Madeleine DE VIGNON, sa fme, le domaine de Preux moy[t] 6,000 l. Esme Mull[ot] et sa fme firent cession et transport de leur part dans cette créance à Jacques de Villenaut, leur frère et beau-frère.

d'Edmée *de Boisselet ;* 2° Mᵉˡˡᵉ DE COURVOL, mᵗᵉ s. enfᵗˢ en 1719 ; *3°* Margᵗᵉ *de Viry* (*), qui se remaria, en 1732, avec René de Mullot, sgr de La Poëse. Il eut du 1ᵉʳ lit : Véronique et Claude, mᵗˢ en bas âge ; du 3ᵉ lit : Lazare, qui suit, et Guillᵐᵉ, s. all.

VII. — LAZARE DE MULLOT, écr, sgr d'*id.*, né 1722, mᵗ 1783 ; épᵃ : 1° 29 sept. 1740, Margᵗᵉ DE MULLOT, fille d'Edme-René, et d'Hélène de La Coudre ; 2° 24 juil. 1753, Ursule *de La Coudre*, fille de René, écr, sgr de Villeprenois, et de Lˢᵉ *de La Roche-Loudun ;* eut du 1ᵉʳ lit : 1° Hyacinthe ; 2° Marie-Ursule, épᵘ, 1776, Edouard Prévost, chirurgien, mᵗ s. pᵗᵈ 1778, fils de Jacques, mᵗʳᵉ en chirurgie, et de Fˢᵉ Guion ; 3° Adrien ; et du 2ᵉ lit : 4° Jⁿᵉ-Hyacinthe, fme en 1786 d'Edme Javon, mᵃⁿᵈ, veuf de Jⁿᵉ Foulquier.

V. — JACQUES DE MULLOT DE VILLENAUT (2ᵉ fils de Louis et de Mⁱᵉ de Berthier-Bizy), chlr, sgr dud. lieu, Angly (cⁿᵉ Ville-les-Anlezy) et autres ; maintenu avec son frère par ordᶜᵉ de l'intᵗ de Moulins du 26 mars 1667, et avec tous les autres membres de sa famille par l'intᵗ d'Orléans, en 1668 ; fonde en l'égl. de Reugny un anniversaire pour lequel il donne une haste de pré, 1678 ; au rôle d'une cⁱᵉ de chev.-légers pour le Niv. 1697 ; inhᵈ égl. Reugny 1703 ; épᵃ : 1° cⁿᵗ 26 juin 1663, Lˢᵉ Marques, fille de César, bailli d'Euchon, et de Margᵗᵉ de Forestier ; 2° cᵃᵗ ch. de Rovray 2 avril 1670, Péronne de Sauldon, fille d'Antoine, écr, sgr de La Chapelle, et de Péronne de Marcheseuil ; *3°* cᵃᵗ Paris 1ᵉʳ avril 1684, Jⁿᵉ de Moroi ou Maron ; eut : 1° (1ᵉʳ lit)

Jean et Pierre, qui partagent Latrault en 1592 ; 2° Jean l'aîné, mᵗ au service ; 3° Jean le jeune, qui suit ; 4°, 5° deux filles, dont l'une épᵃ Marcellin *de Tespes,* l'autre Antoine *de Gayot.* Une Germaine Odeneau, fille de Jean, épᵃ, 16 janv. 1545, Thibault de Breulle, écr, sgr de Davion.

IV. JEAN, écr, sgr de Latrault pⁱᵉ, dont hmage avec son père 1550 ; peu après vendent ensemble à Jean de Sᵗ-Père la sgrie de Latrault ; archer de la cⁱⁿ d'ordᵉᵘˢ de M. de Ragny ; épᵃ 10 mars 1549 Huguette de Courtignon (?), dame de Breugnon, dont le suivant.

V. ANTOINE, écr, sgr de Breugnon, Latrault pⁱᵉ ; archer des ordᵉˢ cⁱᵉ de Fᵒⁱˢ de La Magdelaine de Ragny 1585 ; servit pendant 3 mois en 1588 « avec son équipage d'armes et de chevaux » sous Fᵒⁱˢ de La Rivière, l' gᵃˡ p. le roi en Niv. ; exemptᵉ du ban par lettres d'Henri IV 1597 comme étant depuis longtemps dans sa cornette ; confirmé dans sa noblesse 4 juin 1586 et 9 fév. 99 ; épᵃ : 1° Mⁱᵉ DE LORON, fille de Jean, sgr de Domecy, et de Melchionne de La Tournelle ; 2° 25 fév. 1601, Anne *de La Borde*, fille de Pierre, sgr de Magny, et de Chᵗᵉ d'Embrun ; eut du 1ᵉʳ lit Fˢᵒ, s. allᵉᵉ, et du 2ᵉ lit le suivant.

VI. JACQUES HODENEAU DE BREUGNON, écr, sgr dud. lieu et de Magny, h. d'armes de la cⁱᵉ de la

reine 1633 ; capⁿᵉ de 100 h. de pied en 1635 ; maintenu par sentence de l'élⁱᵒⁿ de Clamecy 1634 ; Fᵒⁱˢ de Bigny, devenu sgr de Latrault, lui achète 1/2 de justice de Breugnon en 1641 ; épᵃ 1643 Edmée *de Boisselet*, dont : 1° Charles, suit ; 2° Françoise, épᵃ 1678 Jⁿ-Jᵠᵘᵉˢ DE MULLOT, ci-dessus ; 3° Louis, sgr de Magny, garde du corps, mᵗ s. pᵗᵈ ; 4° Claude, sgr de Gourdon, fit en 1698 donⁱᵒⁿ de ses biens à Ch.-Joseph Hodeneau de Breugnon, son neveu ; 5°, 6°, 7° Jacques, Anne et Jeanne, s. allᵉᵒˢ.

VII. CHARLES, écr, sgr d'*id.*, comᵗ le brûlot La Marguerite en 1669 ; capⁿᵉ des vaisseaux du roi, mᵗ 1688 ; épᵃ Mⁱᵉ Rospié du Mesnil-Clisson, dont un fils unique : Charles-Joseph, écr, sgr de Breugnon ; garde-marine 1698, enseigne 1702, capⁿᵉ des vaisseaux du roi, chlr de Sᵗ-Louis ; épᵃ Marie-Pauline Oriot, dont il eut 6 enfˢ : Pierre-Clᵈᵉ et Gilles-Fᵒⁱˢ, dont l'un commandait à Brest comme offʳ de marine en 1770, et 4 filles, tous nés à Brest.

Armes : D'azur, à un chevron d'or, accompagné de 3 étoiles de même, 2 en chef, 1 en pointe.

Sources : Arch. nat. 11, 97. — D'Hozier, reg. 2. — D. Caffiaux, 1234. — D. Villevieille, t. 65, 141 *bis.* — La Chesnayedes-Bois, t. VIII. — Arch. Nièvre. — Reg. parois. Billy-s.-Oisy.

Éteints.

(*) DE VIRY. — Suivant les données les plus probables, sont orig. de Viry-sur-l'Arconce. — Guillaume DE VIRY, de naissance obscure, chef de bande devenu chambellan de Jean-sans-Peur, épᵃ 2 août 1428 Jⁿᵉ de Putay, fille de Philippe, écr, sgr dud. l., et de Cathⁿᵉ de La Forêt ; devint ainsi sgr de La Forêt et de Putay (Bourbⁿⁿⁱˢ) C'est par lui que commence la filiation produite en 1667 pour le maintenue des Viry du Bourbonnais. L'un d'eux, Antoine de Viry, écr, sgr de Putay, est paîn à Poiseux en 1607, et la marne est Fˢᵉ de Viry, fme de Jean de Douet, écr, sgr de Poiseux. — Fᵒⁱˢ de Viry, écr, sgr de Reugny, inhé à Reugny en 1665, âgé de 50 ans. — Antoine de Viry, écr, sgr de Malicorne (Colméry), épᵃ : 1° av. 1652 Cath. de *Lauvault ;* 2° vers 1654 Margᵗᵉ *de Farou*, dont il eut : Lazare, écr, sgr d'*id.* et Port-Aubry (Cosne), épᵃ : 1° 29 juillet 1686 Mⁱᵉ *de Rozel*, mᵗᵉ 1697 ; 2° Anne *de Bigny*, née 1704, qui épᵃ en 1ᵉˢ noces Jⁿ-Jacques DE MULLOT de La Galarderie, ci-dessus, et en 2ᵉˢ noces, 1732, René DE MULLOT de La Poëse. — Gilbert-Henri DE VIRY, écr, sgr de La Barre et du Vernay (Bourbⁿⁱˢ), épᵃ, 7 juin 1694, Gab.-Margᵗᵉ *Pierre de Frasnay* dont : Gilbert, écr, sgr d'*id.*, épᵃ, 19 avril 1722, Marg.-Lˢᵉ-Hᵗᵉ *Flamen* du Coudray ; mᵗ à La Barre s. pᵗᵈ, en 1737, laissant tous ses biens à sa fme.

Armes : De sable à une croix ancrée d'argent. —— *Sources :* Bulletin de la Sᵗᵉ d'émulation de l'Allier, t. X. — *Les fiefs du Bourbonnais,* par La Faige et de La Boutresse. — Reg. par. Poiseux, Colméry, Sᵗ-Martin de Nevers, Etais (Yonne).

Nicolas-François, suit ; 2° (1er ou 2e lit) Philiberte, épⁿ Louis *de Mauroy* (*), né à Marcheseuil en 1655 ; 3° (2e lit) Marie-Agnès, dame d'Angly, ép^a : *1°* 7 août 1691, Jacques de Paillehort, fils de Jacques, et de Marg^{te} de Maron ; 2° v. 1695 Jacques *de Failly*, écr, sgr du Saussois, cap^{ne} de dragons.

VI. — Nic.-F^{ois} DE MULLOT DE VILLENAUT, chlr, sgr dud. lieu, Le Colombier, Le Tremblay, La Motte-Panardin, né 1667 ; cavalier au rég^t Dubordage 1683 ; successivement m^{al} des logis, cornette, lieut^t ; cap^{ne} rég^t d'Aumont cav^{rie} 1704 ; ses états de services énumèrent 17 campagnes en Flandres et en Allemagne de 1684 à 1713, et mentionnent qu'il eut un bras emporté, en 1709, à la bataille de Malplaquet ; chlr de St-Louis ; obtint lettres de terrier données en chancellerie de Paris, 1732, pour la terre et sgrie de La Motte-Panardin et fiefs du Colombier et Montillot ; inh^é égl. Etais 1737 ; ép^u : *1°* c^{at} 29 janv. 1694, M^{ie}-Barbe *de Masquin*, m^{te} s. p^{té}, fille d'Edme, écr, sgr du Colombier, et de Barbe de Mullot ; il reçut en dot les dom^{nes} de Bonineau et de Julien, sis à Chissey-en-Glénon, et 1,000 l. en préciput ; 2° c^{at} 6 janv. 1727, Jeanne *de Savelli*, fille de F^{ois}, chlr, sgr de Maupertuis, et d'El^h de Burdelot ; elle avait reçu la terre de La Guistelle (c^{ne} Lainsecq), qu'elle vendit en 1768 ; ils eurent : 1° Louis-Nicolas-M^{ie}, suit ; 2° Nicolas-Edme, dit le chevalier de Villenaut (sur les contrôles du m^{re} de la guerre : chevalier de Villeneau, C^{de}-F^{ois}), sgr du Colombier p^{ie}, La Motte-Panardin, Montfroin, La Bretonnière, Moulins, né 1736 ; était à la bat. de Lawfeld l^t au rég^t de Nice, cap. même rég^t en 59 ; cap. en pied rég^t de Lyonnais en 62 ; destitué le 24 mars 69, il avait tué en duel Boismilon, l^t-colonel de ce rég^t ; passé en Russie, s'acquit du renom pendant la campagne de Souvarof contre les Turcs, notamment par la prise de Bender, 1789 ; par suite, fort en faveur à la cour de Catherine II ; gouverneur fondateur des pages, et qualifié marquis ; m^t à St-Pétersbourg v. 1800, s. p^{té} ; avait ép^é, 11 sept. 1764, Cath.-Gen^{ve} DE LA FERTÉ-MEUNG, fille de Samuel, et de Cath. de La Bussière ; 3° M^{ie}-Jeanne, née 1728, m^{te} en bas âge.

VII. — L^s-Nic.-M^{ie} DE MULLOT DE VILLENAUT, chlr, sgr du Colombier p^{ie}, Montillot et autres, né à Paris 1733 ; nommé l^t au rég^t de Nice 20 oct. 1746, blessé et laissé pour mort à Lawfeld 1747 ; cap. de grenadiers au rég^t provincial de Dijon, chlr de St-Louis ; convoqué à Nevers et à Auxerre aux assemblées nobl. en 89, se rendit à Auxerre ; m^t 1799 ; ép^a, c^{at} 12 sept. 1770, Elis^h *de La Borde* (7), fille de Bon, et de M^{ie}-L^{se} de Savelli, dont : 1° Edme-Antoine-

(7) DE LA BORDE. — *Auxerrois.* — En 1277, Jeanne, fille de feu Gauthier de La Borde, chlr, et Jean de Valjean, son mari, font hmage au c^{te} de Nevers pour rentes à Entrains. — Renaud de La Borde, écr, hmage au c^{te} pour biens à Fontenelles et Sementron (c^{ne} Courson, Yonne) 1327 ; même hmage en 1330 par Agnès, sa v^e ; et en 1531 Jean de La Borde, écr, leur fils, f. hmage pour des bois relevant de Druyes, il vend l'un d'eux au c^{te} de Nev. en 1338. — Jeannot de La Borde, écr, avoue au c^{te} des biens près Crisenon, 1310. — Guyot de La Borde, dam^{eau}, fils de f. Guy de La B., chlr, avoue fief tenu de Jean de Chastellux, 1326. — Autres hmages rendus aux c^{tes} à cause de Druyes et de Donzy : par Et^{ne} de La B., écr, 1348 ; par Huguenin de La B., écr, 1355 ; par Jean Jossiers, sire de Semen-

tron p^{le}, au nom d'Isabeau de La B., sa fme, 1385. — Agnès de La B., v^e de Regnault de Champmorot, acte en 1343.

Et^{ne} de La Borde, écr, mandé en 1414 par le duc de Bgogne pour guerre en Artois. Guill^{me} et Pierre de La B., écrs, à l'armée du duc de Bgogne en 1422. Jean de La B., écr, reçu aux gages ch. de Montréal 1429. N. de La B., cap. de grosse tour de Bourges pour Charles VII, défend la ville contre les c^{tes} de Clermont et de Richemond, 1428. Jean de La B., écr, sgr de Serin (La Borde et Serin sont c^{ne} de Chevannes, pr. Auxerre), au rôle du ban 1469, acte à Auxerre en 84. Guill^{te} de Villeneuve, v^e de Ph^t de La B., écr, 1493.

Branche de Magny. — I. SACRE DE LA BORDE, écr, sgr de Magny (c^{ne} Merry-s.-Yonne), transige en

(*) DE MAUROY. — De Champagne. — Alliances nivernaises : Jeanne de Mauroy, fille de Nicolas, écr, sgr de Bellay, et de Jeanne de Haut, ép^a, c^{at} 1619 à Troyes, Arnault *de Las*, écr, sgr d'Azy. — Séraphin de Mauroy, intendant des finances, ép^a v. 1645 Marie *de Babute*, fille de Hugues, b^{on} de St-Pierre-du-Mont. — Jeanne-Marie de Mauroy ép^a, 1671, Paul-Cl^{de} *des Paillards*, écr, sgr de Bussières ; Louis de Mauroy, son frère, cap. aide-major au rég^t de Mauroy en 1697, ép^a Ph^{le} DE MULLOT, ci-dessus ; leur père était sgr de Marcheseuil (Côte-d'Or). Au c^{at} de maage 1670 entre Jacques de M. de Villenaut et Pétronille de Sauldon, fille d'Antoine, et de Péronne de Marcheseuil, le s^r de Mauroy est témoin comme beau-frère de la future. Le nom de la 3e fme de Jacques de M. de Villenaut, ci-dessus, est écrit tantôt de Moroi, tantôt Maron, de Maron.

Armes : D'azur à trois couronnes d'or, 2 et 1.

Nicolas-Pélerin, suit ; 2º Pierre, suivra ; 3º Pierre-Fᵒⁱˢ, mᵗ à 16 ans en 92 ; 4º Françoise, admise
à Sᵗ-Cyr en 1780 ; épᵃ 1805 Jʰ-Georges *de Lenferna,* fils de Jʰ-Guill., chlr, sgr de La Motte-
Gurgy, et d'Elisʰ-Sophie Le Muet de Bellombre.

VIII. — Eᴅ.-Aɴᴛ.-Nɪᴄ.-Péʟ. ᴅᴇ MULLOT ᴅᴇ VILLENAUT, né 1774, mᵗ ch. du Colombier
1831 ; épᵃ 11 juin 1798 Elisʰ-Mⁱᵉ-Madⁿᵉ ᴅᴇ CHARRY, fille de Hugues-Michel, cᵗᵉ de Charry,
sgr de Lurcy, Boulon et autres, et de Mⁱᵉ-Madⁿᵉ de La Bussière, dont : 1º Adolphe-Nicolas, né
1799 ; garde du corps cⁱᵉ de Noailles 1819 ; chlr de la Lég. d'honneur, chef d'esc. au 7ᵉ cuirʳˢ ;
épᵃ 11 oct. 1841 Adèle *de Chabannes,* fille du cᵗᵉ L.-J.-Henri, et d'Adélaïde Limanton de Jaugy ;
il eut en partage le ch. et la terre de Boulon ; mourut s. pᵗᵉ en 1857 ; 2º Louis-Gustave, suit ;
3º Lˢᵉ-Fˢᵉ-Zoë, née 1803, mᵗᵉ en 73 ; épᵃ 30 janv. 1826 Pierre-Laurent *Chambrun* d'Uxeloup de
Rosemont, chlr de Sᵗ-Louis, off. de la Lég. d'honneur ; 4º Elisʰ-Eléonore, mᵗᵉ à Nevers 1816.

IX. — Lˢ-Gᵛᵒ ᴅᴇ MULLOT ᴅᴇ VILLENAUT, né 1805, mᵗ ch. de Lupy en 82 ; épᵃ 11 janv.
1836 Cath.-Luce *d'Ennery de La Chesnaye,* fille de Jᵠᵘᵉˢ-Edouard, et de Cath.-Elisʰ de La
Ferté-Meung, dont : 1º Adolphe, né 1836, mᵗ en 97 ch. de Vauzelles ; ingʳ des arts et manufac-
tures ; épᵃ 30 mai 1865 Elisʰ *Maublanc de Lavesvre,* fille d'Edme, et d'Hélène du Verne, dont :
a, Armand, né en 1866 ; *b,* Mⁱᵉ-Elisʰ, née en 67, épᵃ en 88 le vᵗᵉ Joseph *de Gaulmyn,* fils de Lˢ,
cᵗᵉ de Gaulmyn, et de Mⁱᵉ-Cath. d'Ennery de La Chesnaye ; *c,* Lˢᵉ-Henrᵗᵉ, née en 82 ; 2º Octave-
Lˢ-Jules, né 1841 ; entré à Sᵗ-Cyr en 59 ; lᵗ d'infʳⁱᵉ démisʳᵉ ; vendit en 84 le chᵉᵃᵘ et 1/2 de Boulon ;
épᵃ 1ᵉʳ mai 1876 Mⁱᵉ-Lˢᵉ-L.-Laure de Lauzanne, fille de J.-A. Philippe, cᵗᵉ de Lauzanne, et de

1529 avec Jeanne, sa sœur (?), fme de Léonard de
Surienne, pour partage de la justice de Magny avec les
de La Chasse ; cité avec ses 3 fils au procès-verbal de la
coutume d'Auxerre, 1561 ; épᵃ Guillᵗᵉ de La Chasse,
fille de Pierre, écr, sgr de Magny, et de Margᵗᵉ de La
Forêt ; il eut : 1º Louis, suit ; 2º Jean (*), acte avec son
frère Louis 1543 ; 3º Nicolas ; 4º Louise, épᵃ Adam *de
Coqueborne,* écr, sgr de La Rippe ; 5º probᵗ Jeanne, vᵉ
de Bernard des Noyers en 1549, qu'elle dénombre
Magny pⁱᵉ.

II. Lᴏᴜɪs, écr, sgr de Magny, Mouffy, et de Serin en
1548, qu'il reçoit comⁱᵒⁿ du duc de Guise pour emme-
ner à Vézelay les troupes cantonnées à Auxerre ; épᵃ
Cath. de Lespinasse, dont probᵗ le suivant ;

III. Lᴏᴜɪs, écr, sgr de Magny, Mouffy, 1604 ; mᵗ avᵗ
1646 qu'Antoine, qui suit, reprend de fief de 1/6 de la
sgrie de Magny, « appelée vulgairement la justice de
La Borde ».

IV. Aɴᴛᴏɪɴᴇ, écr, sgr de Magny pⁱᵉ, épᵃ Louise
d'Assigny, sa vᵉ en 1668 qu'elle dénombre Magny,
dont : 1º Dimanche ; 2º Germain, suit ; 3º César ;
4º Cathⁿᵉ épᵃ 1681 Georges de La Vilette, écr, sgr de
Chemigny ; 5º Philᵗᵉ, pᵗᵉ au maage de son neveu
Georges en 1718.

V. Gᴇʀᴍᴀɪɴ, écr, sgr de Magny, épᵃ Chᵗᵉ de Bellanger, mᵗᵉ vᵉ en 1691, dont : 1º Nicolas-Germain, épᵃ en

2ᵉˢ noces 1734 Fˢᵉ-Julienne de Pothière, dont il eut :
Suz.-Julⁿᵉ, qui épᵃ 1761 Et. Sallat, marie de Sᵗ-Flo-
rentin ; 2º Georges, épᵃ 1718 Anne de La Georgette,
fille de Fᵒⁱˢ, bailli de Vézelay, s. pᵗᵉ ; 3º Edmée ;
4º François.

Hᴜʙᴇʀᴛ ᴅᴇ Lᴀ BORDE, écr, sgr dud. lieu, eut de
Germaine Chalmeaux, mᵗᵉ en 1616 : 1º Fᵒⁱˢ, mᵗ en 1611,
âgé de 11 ans ; 2º Lazare ; 3º Bon, suit ; 4º Dieudonné ;
5º René ; 6º Barbe, fme de Jacques *de Longueville ;*
elle donna en 1673 tous ses biens à Dieudonné de La
B., son neveu.

Bᴏɴ ᴅᴇ Lᴀ B., écr, sgr de Fays, mᵗ avᵗ 1644, père de
Dieudonné, chlr, sgr de Fays et de La Borde, maintenu
1668 et 1710, qui d'Isabelle *de Burdelot* eut : Bon,
qui suit ; et Simon.

Bᴏɴ ᴅᴇ Lᴀ B., chlr, sgr de Fays, Montillot (cᵒⁿ Vézelay), épᵃ 17 fév. 1722 Mⁱᵉ-Elʰ *de Savelli,* fille de Fᵒⁱˢ,
chlr, sgr de Maupertuis, et d'Elʰ de Burdelot ; eut :
1º Ed.-Fˢᵉ ; 2º Lˢᵉ-Jeanne, épᵃ avᵗ 1752 Pierre *Boulé,*
écr, sgr de Marcilly ; 3º Elisʰ, qui épᵃ Lˢ-Nicolas-Mⁱⁿ
ᴅᴇ MULLOT ᴅᴇ VILLENAUT, ci-dessus, par cᵗ du
12 sept. 1770, portant dᵒⁿ à la mariée par Fˢᵉ de
La Borde de Boistaché, sa sœur, de tous ses biens, à
charge de pension viagère.

Branche de Serin. — I. Bᴀʟᴛʜᴀᴢᴀʀ ᴅᴇ Lᴀ BORDE,

(*) Serait, d'après Stein et Quévert, le capitaine Jean de La Borde, sgr de Serin et La Borde, un des ppaux chefs du calvinisme en
Auxerrois, qui s'acquit une grande notoriété par la prise et le sac d'Auxerre en 1567. Dès 1562 il avait levé une cⁱᵉ, qu'il renforça plus
tard par les soldats qu'il fit venir de Champagne, et les cavaliers recrutés par Maraffin, de Loron, etc. et s'étant emparé d'Auxerre le
27 sept. 1567, la ville fut saccagée ; resté maître de la ville il fut nommé gouverneur d'Auxerre et remplacé peu après par Antoine
Marafin de Guerchy. Les hostilités ayant repris en sept. 68, il unit sa troupe à celle du prince de Condé, qui se dirigeait sur La Rochelle ;
rejoint les gentilshommes de Puisaye qui s'étaient portés à Bony-s.-Loire pour favoriser le passage ; suit Condé dans sa marche vers
l'Ouest, se distingue particulièrement à la prise de Mirebeau, et le prince de Condé lui en donne le comᵗ avec une garnison de 400 h. ;
mais les cᵗᵒˢ du Lude et de Brissac, à la tête de 7.000 h., vinrent l'y assiéger en 1569, forcèrent la ville, et le cap. de La Borde fut massacré ainsi qu'un de ses parents et la plupart des h. de la garnison. (A. Cʜᴀʟʟᴇ, *Les guerres du calvinisme dans l'Auxerrois.)*
On ne lui connaît ni all. ni postᵉ, et il est difficile de le distinguer sûrement parmi divers Jean, ses contemporains. (V. les *non placés.*)

Victorine-L^{se} de St-Didier, dont : *a*, Henri-M^{ie}-Gust., né en 79 ; *b*, Alain-Gab.-Jos., né en 82 ; *c*, M^{ie}-Louise-L., née en 77 ; *d*, M^{ie}-Mad^{ne}-Eliane-Is., née en 87 ; 3° Henri-M^{ie}-Edouard, né en 1846 ; chlr dela Lég. d'honneur, off^r du Nicham et du Cambodge; l^t de vaisseau retraité, s. all^{ce}.

VIII. — PIERRE DE MULLOT DE VILLENAUT (2e fils de L^s-Nic. et d'Elis^h de La Borde), né 1775 ; produisit pour les écoles mil^{res} ; ép^a 1801 M^{ie}-Anne-Em.-Victoire DE LA FERTÉ-MEUNG, fille de Jacques-Gabriel, m^{is} de La F^{té}-Meung, et de Marg^{te}-Agnès de Saulieu, dont : 1° Charles-F^{ois}-Alexandre, suit ; 2° L^s-J^{ques}-Gab^l, m^t ch. du Colombier 1883, s. all^{ce}.

IX. — CHARLES-F^s-AL. DE MULLOT DE VILLENAUT, né 1802, m^t 1891 ; ép^a Huberte-Alex^{ne}-Xavie *de Comeau*, dont : 1° Pierre-M^{ie}-Joseph, né 1842, m^t en 65 ch. du Colombier s. all.; vendit en 1863 l'hôtel La Ferté, à lui légué par son aïeule pat^{le} ; 2° Paul-Ant.-Simon, né 1843, m^t en 74 ; ép^a 3 mars 1869 M^{ie} d'Orlier de St-Innocent, fille de Léon-J.-B^{te}, m^{is} de St-Innocent, et de Laure du Breuil de Ste-Croix, dont : *a*, Gabriel, ép^a 26 avril 1899 Thérèse Renaud de Fréminville, fille d'Edgar, et de Cécile Roudelle ; *b*, Jeanne, ép^a 30 avril 1895 le v^{te} Alfred de Buyer-Mimeure ; *c*, Yolande, née posthume.

Armes : D'azur à la bande d'argent, chargée de trois coquilles de gueules et accostée de deux étoiles du second émail, l'une en chef et l'autre en pointe.

Sources : Bibl. nat., cab. des Titres. — *Carrés* de d'Hozier, v. 460 ; mss nouv. d'Hozier, v. 250. — Mss nob. de l'Orléanais, t. 21, n° 758. — *Pièces originales.* — D. Caffiaux, 1234. — Mémoires de Langeron. — Arch. du ministère de la guerre. — Bibl. d'Orléans, mss du chanoine Hubert. — Marolles, *Inv^{re} des titres de Nevers.* — Arch. de la famille. — Arch. du ch. du Colombier. — Arch. Nièvre B, E, H, G. — Arch. Yonne B, E, D. — Reg. parois. Billy-s.-Oisy, Champlemy, Oudan, Marcy, Varzy, Dirol, Châteauneuf-val-de-Bargis, Pousseaux, Reugny, Anlezy, Prémery, Nevers ; et dans l'Yonne : Etais, Andryes, Taingy, Thury, Brosses, Jussy, Lalande.

Existants dans la Nièvre

écr, sgr de Serin p^{le}, La Chainaut (c^{ne} Charbry, Yonne), comparaît avec son frère Claude, écr, sgr de Mouffy et Serin p^{lo}, à la rédaction de la coutume d'Auxerre ; ép^a : 1° J^{ne} de La Fontaine, fille de Regnault, et d'Ant^{te} de Blosset ; 2° le 4 mai 1579, M^{lo} DE BLOSSET, dame de La Chesnaye (Auxerrois) ; eut du 1er lit : 1° Claude, suit ; 2° Balthazar, écr, sgr de La Chesnaye et de La Chainaut p^{le}, ép^a Edmée *du Deffand ;* 3° Louise, ép^a Jean de Gaillard, écr, sgr de Fleury (pr. Joigny) ; 4° Jeanne, dame de La Chesnaye, semble avoir ép^é av^t 1610 Edme *d'Assigny ;* du 2e lit : Jacques et L^{se}, sous la tutelle de leur mère en 1603, qu'eut lieu une transaction entre Ch. de Malain, b^{on} de Seignelay, et ces enf^{ts} des 2 lits, pour différents droits sur la justice de La Chesnaye.

II. CLAUDE, écr, sgr d'*id.*, ép^a v. 1600 Anne de La Chapelle, dont : 1° Jean, suit ; 2° F^{se}, ép^a 1622 Pierre de Totail, écr, sgr de La Brosse ; 3° Cl^{de} ; 4° Louis.

III. JEAN, écr, sgr d'*id.*, h. d'armes de la c^{ie} de Monsieur ; ép^a v. 1623 L^{se} de Chevry, dont : 1° P.-Balthazar, suit ; 2° L^{se} ; 3° Esmée.

IV. PIERRE-BALTHAZAR, écr, h. d'armes des ord^{ces} ; ép^a M^{ie}-F^{so} *de Lenferna*, dont : 1° Henri, écr, sgr de Fays, au rôle d'une c^{ie} de ch.-légers 1697 ; ép^a 1667 M^{ie} de La Cour ; 2° J^n-Bapt., cap. des vaisseaux du roi, m^t 1699 ; 3° prob^t M^{ie}-Anne de La B. de La Chainaut, sup. du couvent N.-D. de Donzy en 1692 et 1714. En 1723, la sup. est Mad^{ne} de La B. de La Chainaut.

Non placés : Louis de La Borde, écr, sgr de Serin et Montiffaut (ch^{le} Donzy), et Isabeau de Savigny, sa fme, font hmage p. Montiffaut en 1533 ; ils eurent : 1° Esmée, ép^a av. 1559 Fois *d'Escorailles ;* 2° N., ép^a Jean *d'Escorailles ;* 3° Anne, ép^a 1564 Eloy DU VERNE. — Jean de La Borde et F^{se} de Chuyn, sa fme, actent à Beaumont-Sardolles, où ils habitent, 1552. — Pierre de La B., écr, sgr de Serin, Magny (ch^{te} Ch^{te} d'Embrun, d'où Anne, qui ép^a 1601 Ant. *Hodeneau de Breugnon*, veuf de M^{ie} de Loron. — Jean de La B. et Barbe Triboulé, sa fme, partagent en 1542 avec L. de Lenferna, sgr de Pesteau, et Mad^{ne} Triboulé, sa fme. — Jean de La B., écr, sgr de Serin, ép^a 1563 Nicole de St-Quentin, v^e d'Erard de Merbury. — Jean de La B., sgr de Serin, ép^a av^t 1572 J^{ne} de Cullon. — Jean de La B., sgr de Pesteau ; et Jean de La B., sgr de Mouffy, p^{ts} au c^{al} de maage de Balthazar, 1579. — Jean de La B., sgr de Miséry 1565 ; en 1600, M^{ie} de La B., fme de Loup de La Ferté, sgr de Miséry, Pesteau, etc. — Daniel de La B., écr, sgr de Serin, Brenches, Hauteroches, et Barthélemie de Barbançon, sa fme, alliée aux La Ferté, 1599. — Toinette de La B., mariée v. 1600 à Jean *de la Roche-Loudun.*

Armes : De La Borde, sgrs de Serin : D'azur au chevron d'or accompagné de 3 roses d'argent. — Dieudonné de La B., sgr du Fay et de La Borde, fit enregistrer : D'azur à un chevron d'argent accompagné de 3 étoiles de même, 2 et 1.

Sources : Bibl., nat., dossiers bleus ; coll. Gaignières. — D. Plancher. — Leboeuf, H^{re} d'Auxerre. — Challe, *Guerres du calvinisme dans l'Auxerrois.* — Marolles, Inv^{re}. — Peincedé, Inv^{re}. — Stein et Quévert, *Insc. du dioc. de Sens.* — Arch. Yonne E, fonds de La Borde, sgrs de Magny. — Arch. Nièvre. E.

Éteints.

DE NOURY

SONT originaires de Brinay en Bazois (*).

En 1453, ROLAND, bâtard DE NORRY, écr, Jeanne *de Champfeur* (**), sa fme, et Guyot de Champfeur, écr, frère de Jeanne, vendent à Erard D'AUNAY, sgr de Bernay, un bordelage et une ouche de cinq boisselées finage Marquereau, moy^t 10 l. t. En 1460, Roland et sa fme baillent à bord^ge une terre de six boisselées, sise à Pallau (c. Brinay) ; en 1461, Jean *de Bauldoin* leur donne quittance des arrérages de certaine rente qu'ils lui devaient ; en 1463, ils vendent des héritages finage Pallauu.

PIERRE DE NORRY, écr, fait hmage à Guil^me *de Rochefort*, pour ce qu'il tient dudit sgr de Châtillon, 1456.

(1) DE CLAUSSE. — Jean Clausse, not. royal sous le scel des prévôtés de Metz, Monceaux et Neuffontaines, 1478. — Léonard Clausse, chanoine du chap. de Saintes, est à Nevers en 1499. — Jean Clausse, trésorier gén. du c^to de Nevers, et correcteur en la ch. des cptes à Paris, en 1501, qu'il reçoit procuration de Ph. de Clèves, év. de Nevers et d'Amiens, pour prendre possession réelle et actuelle de l'évêché d'Amiens. — Jeanne de La Roche, v^e d'Antoine Clausse, écr, grénetier de St-Saulge, remontre, en 1517, le grand déchet occasionné par l'eau entrée dans le grenier à sel.

I. ANTOINE CLAUSSE, écr, cap. de St-Saulge, m^t en 1520, ép^n Jeanne Le Riche, dont : 1° Esme, suit ; 2° Charlotte, ép^n Guill. DE NOURRY, ci-dessus ; 3° Marg^te, ép^n Alexandre *de Nerville*.

II. ESME CLAUSSE, écr, sgr de Puiseux, qu'il recueillit de la succ. de ses père et mère, avec Béthry, 1/2 terre N.-D.-des-Champs, près Paris, et une maison à Paris ; ép^n M^le de La Boube, dont le suivant :

III. NICOLAS CLAUSSE, écr, sgr Pallau p^io ; m^tre d'hôtel du sire de Châtillon, 1586, sert dans sa c^ie de 50 lances ; reconnu noble lors du régalement des tailles,

(*) Leur nom s'est écrit de Norry, de Nourry, et plus tard de Noury.

(**) DE CHAMPFEUR. — *Du Morvand.* — Perrotte DE CHAMPFEUR ép^n en 1es noces Guillaume de Barges, écr, sgr dud. l. (c. St-Martin-du-Puy) et du Chas (c. Arleuf), qui lui légua l'usufruit de la moitié de ses biens ; en 1333, étant alors remariée avec Guillaume de La Baume, écr, elle rend à Simonne de Chastellux av. dén. de Barges, tant pour elle que pour ses enfants du 1er lit. L'un d'eux, Jean de Barges, a la terre de Barges de moitié avec sa mère, dont av. dén. en 1341 ; l'autre a le Chas, partant avec lad. Perrotte de Champfeur, dont hmage, en 1337, au c^to d'Eu, connétable, sgr de Ch.-Chinon. En 1350, Guiot de Pallau, écr, fait hmage pour Marguerite de Barges, sa fme, peut-être sœur des précédents, pour la terre du Chas et arrière-fiefs p^so d'Arleuf. — Guillemette DE CHAMPFEUR, fille de feu Jean, ép^n Monins de Courpoclemoyne, av. 1357, qu'ils rendent à la duchesse d'Athènes, dame de Ch.-Chinon, av. dén. de Champfeur, auj. Champ-Cheur (c. Ch.-Chinon-Campagne). — Une pièce datée de 1416 montre que les Champfeur ont été amenés à Pallau par maage avec Jeanne de Pallau, c'est une transaction entre Isabeau de Pallau, v^e de Jean La Foudre, écr, Jeanne La Foudre, sa fille, et Jean DE CHAMPFEUR, écr, père de feu Humbert de Champfeur, fils de lui et de Jeanne de Pallau, d'une part, avec les héritiers de feu Humbert Benoist, écr (2e mari de la mère d'Isabeau et Jeanne de Pallau), qui reçoivent des biens à St-Péreuse ; cet Humbert Benoist avait été inh^é à Brinay. — Autre Jean DE CHAMPFEUR, écr, vraisemblablement père de Guiot et de Jeanne, fme de Roland, bâtard de Norry, ci-dessus, ép^n Jeanne de Montanteaume, à cause de laquelle il rend, en 1450, av. dén. au sgr de Châtillon et Bernière : « la maisonfort, assise à Pallau, le jardin, le colombier, la grange ; item 1/2 des héritages partant avec Jeanne des Prés ». Le nom se retrouve plus tard en Morvand et disparaît bientôt, sans doute éteint par postérité féminine : m^tre Jean DE CHAMPFEUR, greffier au baage d'Ouroux, qui d'Isabelle Gerbault, eut : 1° Jeanne, née à Ouroux 1669 et inh^é à Planchez 1737, en présence d'Andoche et Jean Myen, ses neveux ; 2° Anne, a pour mar^ne Anne de Champfeur, fme de F^ois Longbois ; 3° F^se, a pour mar^ne Mad^ne de Champfeur, fme de Claude Pitoys, l^t du baage d'Ouroux ; 4° Nicole ; 5° Jean, b^té à Ouroux 1679, p^ain Jean de Choiseul, sgr de Montsauche, rep^té par F^ois de Champfeur, oncle.

Sources : Arch. chât^x de Devay, Chastellux. — Copies du c^te de Chastellux à la S^té nivernaise — Reg. par^x Ouroux, Planchez.

JEAN DE NORRY, écr, témoin d'un bail pour une terre près Châtillon, 1471.

En 1481, Guill^me D'AUNAY donne quittance à Jean et Charles DE NOURRY frères, écrs, de la somme de 10 l. t. pour le rachat d'une ouche jadis vendue à réméré par feus Roland, bâtard de Nourry, et Jeanne de Champfeur, à Erard d'Aunay, père de Guill^me. Ce dernier en fit l'échange, en 1492, contre une pièce de terre que lui cédaient Jean, Philbert, Georges, Guillaume, Claude et Charles DE NORRY frères, écrs, et Lucette, leur sœur. Dès 1514, Lucette était v^e d'Antoine Michel ; elle vivait encore en 1523, qu'elle et Vincent Michel, son fils, vendent à Guill^me DE NORRY, écr, et à Lucette DE NORRY, sa mère, alors fme d'Huguet Gayot, écr. A noter qu'on trouve en outre une Lucette DE NORRY, v^e en 1504 de Gilles Bernaud, et qu'en 1552 il est fait mention de Guill^me Bernaud, aliàs de Norry.

GUILLAUME DE NOURRY, écr, sgr de Palluau p^ie, et Charlotte Clausse (1), sa fme, actent ensemble dès 1540 ; en 1555 ils vendent à réméré la sgrie de La Motte-Palluau, moy^t 250 l., à Ant. Courtois, m^d à Moulins-Engilbert. En 1574, Claude DE NOURRY, écr, fils de f. Guill^me, ayant droit à la succession de ses père et mère, frère et sœurs, fait transaction avec Ch. de Gayot qui, en 1573, avait acheté du sgr de Châtillon des biens advenus par confiscation sur f. Jacques DE NOURRY, fils de f. Guill^me, biens qui étaient restés indivis entre de Nourry, Jean Mourguin et Georgette DE NOURRY, sa fme. En 1574, Claude DE NOURRY, natif de Palluau, de présent à Paris, Jean Mourguin, royer, Georgette DE NOURRY, sa fme, et Barbe DE NOURRY, v^e de Guill^me de Montjou, vendent à Jeanne de Nourry, fille de Philibert, les héritages qu'ils possèdent à Brinay, moy^t 200 l.

ÉTIENNE DE NORRY, écr, ép^a Marg^te Le Bault, aliàs Mathie, av^t 1505, qu'ils vendent sept boisselées de terre moy^t cent s. t. En 1528, Mathie, sa v^e, vend de concert avec Gilles, Noël et François DE NORRY frères, écrs (peut-être ses fils), une pièce de terre sise à Palluau, tenant à celle de m^tre Jean DE NORRY.

Ce dernier est, en 1508, m^tre ès-arts, notaire juré sous le scel de la prévôté de Châtillon, et, en 1522, garde du scel de cette prévôté pour Cl. de Pontailler, sgr de Châtillon. Autre (?) Jean DE NORRY, m^t vers 1566, clerc, lieut^t de la justice de Sozay 1535, puis notaire sous le scel de St-Pierre-le-Moûtier, avait pour enfants, en 1549, Claude, Jean et Marie, fme de Lambert de La Roche en 1578.

Une transaction, en date du 23 mars 1504 (n. st.), eut lieu entre Jean de La Vigne, écr, et Ant^te DE NOURRY, son épouse, d'une part, et : a Jean, b Charles, c Philibert, d Guillaume, e Georges, f Claude DE NOURRY, écrs, ses frères, déjà mentionnés ci-dessus (1492) avec Lucette, leur autre sœur.

en 99 ; ép^a, 18 sept. 1575, Jeanne DE NOURRY, dont le suivant :

IV. ANATOIRE DE CLAUSSE, écr, sgr d'id. ; h. d'armes servant Henri IV au siège d'Amiens ; achète à Ch. de Gayot La Motte-de-Palluau, puis, en 1514, la ruine de la maison sgriale de La Motte-Palluau ; achète, en 1635, p^ie de Palluau aux Nourry ; ép^a : 1° par c^at passé à Turigny 1597, Anne d'Escorailles, fille de F^ois, écr, sgr de Turigny et La Gibaudière, dont il n'eut qu'une fille, F^so ; 2° par c^at à Champagny 1607, Florence d'Ambly, m^te s. enfants, lui donna tous ses biens ; 3° par c^at ch. de Précy 1611, F^se de La Courcelle, dont : 1° F^ois, suit ; 2° Cath^ne, ép^a, 1639, Claude de Foullé, écr, sgr d'Angly.

V. FRANÇOIS, écr, sgr de Palluau, qu'il réunit en entier par achat 1638 ; gendarme de la c^ie du duc d'Enghien, 1636, sert en Catalogne de 41 à 49 ; maintenu

hors tailles, en 35 et 43 ; ép^a : 1° 1638, Fr^se Lelarge ; 2° en 1660, Charlotte DE LICHY, v^e d'Hector de Bongars de Selins ; eut du 1er lit : 1° Pierre, suit ; 2° Jean, écr, sgr de La Motte-Palluau, chevau-léger rég. du Mesnil, tué aux armées en 1675, ayant testé en faveur de Claude, sa sœur ; 3° F^ois, écr, sgr de Palluau, garde du corps du roi, c^io de Lorges, 1597 ; 4° Claude, ép^a 1660 Jean de Coulon, écr, sgr de Moncenault.

VI. PIERRE, écr, sgr d'id., sert au ban de 1674 sous le c^to du Tremblay ; m^t à Nancy, en 77, revenant des armées ; ép^a Charlotte de Bongars, fille d'Hector et de Ch^te de Lichy ; d'où : 1° F^ois ; 2° Nicolas, clerc tonsuré 1680 ; 3° Jean ; 4° Gasparde ; 5° Ant^te-Louise, ép^a 1707 Guill. DE NOURRY de Turigny ; elle a les héritages de ses frères et sœur décédés.

Sources : Marolles. — Arch. Nièvre B. — Arch. Devay. Éteints.

a. JEAN DE NORRY, écr, acte pour lui et ses frères 1477 et 81 ; il est présent, en 1485, à une transaction de G. de Bauldoin, sgr de Palluau p^ie, pour La Motte-de-Palluau ; l'année suivante il reçoit du commandeur de Bisches concession d'un droit d'usages dans la forêt de Vincence ; mourut av. 1514, laissant une fille, Lucette, fme d'Antoine de La Cour, en 1520, qu'elle vend une grange et une ouche tenant d'une part à m^tre Jean de Norry, d'autre à Claude de Norry, son oncle ; la vente est faite à Jean *des Paillards* et à Barbe *de Bauldoin*, sa fme, laquelle avait reçu en dot la terre et sgrie de Palluau, non comprise La Motte-de-Palluau, qui fut achetée vers 1532 par Claude de Bauldoin, beau-frère d'Antoine de Nourry.

b. CHARLES DE NORRY, écr, figure au partage qui eut lieu en 1514 ; il eut : 1° Antoine, écr, sgr de Palluau p^ie, qui ép^a, 1518, Marg^te *de Bauldoin*, fille de Guill^me, écr, sgr de Palluau, et d'Anne de Courvol ; 2° Claude, p^t au maage de son frère, acte en 1528 ; 3° Louis, témoin avec Claude d'un acte pour leur cousin Philbert, 1530.

c. PHILBERT DE NORRY, écr, m^t s. p^ld avant 1514.

d. GUILLAUME DE NORRY, écr, sgr de Palluau p^ie, m^t av. 1514, ép^o Agnette, dont il eut : 1° Jean, dit le jeune, ép^a Jeanne Arthus, dont Adrienne, qui ép^a en 1529 André de Laubépain, d^t à Moulins-Eng^t ; 2° Pierre ; 3° Mathieu ; 4° Léonard ; tous majeurs en 1515 qu'ils ratifient une vente faite à Jean Arthus, p^ien de Brinay.

e. GEORGES DE NORRY, écr, m^t av. 1514 ; figure en 1491 avec Jean, son frère, comme témoin d'un bail par Bertrand *Roux*, écr, sgr de Palluau ; ép^u Jeanne de Crésancy, dont : 1° Gilles, écr, d^t à Fleury-la-Tour avec Marguerite, sa femme, et ses communs personniers, en 1528, qu'il vend à son cousin Philbert, moy^t 80 l., tout ce qui lui est advenu à Brinay tant par succession de son père que de son oncle Philbert et d'autres ; 2° Jean, dit l'aîné, d^t à Palluau en 1529, achète en 1545 la part héréditaire de son cousin Léonard.

f. CLAUDE DE NORRY, *aliàs* DE NOURRY, qui suit.

Le partage, fait à Palluau le 26 juillet 1514, établit six lots : pour Charles, Claude, Lucette, fme d'Ant. Michel, les hoirs de f. Guillaume, ceux de f. Georges, et le droit de f. Philbert. Ni Antoinette, ni Jean ou leurs hoirs n'y figurent ; les héritages partagés sont attenants à ceux d'Etienne et de m^tre Jean de Norry.

I. — CLAUDE DE NOURRY, écr, sgr de Palluau p^ie, et Huguette, sa femme, actent en 1503 pour divers héritages p^se Brinay ; le lot qui leur échut, lors du partage, 1514, consistait en une maison à Palluau, dite la maison neuve, six pièces de terre contenant ensemble 15 boisselées, deux quartiers de pré et six hommes de vigne. De Claude et Huguette vinrent : 1° Philbert *aliàs* Philibert, qui suit ; 2° Gilbert, acte en 1569 après décès de son frère.

(2) PINET. — *Originaires de St-Saulge.* — En 1578, le c^ul de maage entre Ch. Le Tort et Mad^no de Monfoy est passé pard^t Pierre Pynet, not. royal. — Denys Pinet, par^ien de Montigny-s.-Canne, réside au village d'Esperon, 1566. — Jean Pynet, fils de feu Claude, est m^and à St-Saulge, en 1572, que lui et Cath. Pyault, sa fme, prennent à b. à bord^e une maison et ténement, rue de la Fontaine, à St-Saulge. Jean Pinet, m^and à St-Saulge, p^ain, en 1586, d'Odette Rapine. — N. Pinet et Jeanne Giffard, sa fme, d^t à St-Saulge, eurent : Jean, qui suit, et prob^t Perrette, fme de Claude Berthelot, que l'on voit chargé de la tutelle de Madeleine et de F^ois Pinet ; ce dernier, qui hérita de Mad^ne, sa sœur, ép^a Cl. Thonnelier, dont il eut, en 1634, une fille, Jeanne, sans doute identique à Jeanne Pinet, v^e en 1682 de Ch. Théveneau, av^nt au grenier à sel de St-Saulge. — Une autre Perrette Pinet, fme de Pierre Dadier, d^t à Nevers, avait pour sœur Elis^h Pinet, fme, en 1647, du peintre Paul Liébault.

1. JEAN PINET, m^and, b^ools de Nev.; plaide en 1595, de concert avec Jeanne Giffard, sa mère, contre Ant. Coquille, d^t à St-Saulge ; en 1602, il prend à bail le revenu de la terre de La Guerche ; achète coupes de bois p^se Rémilly, 1631 ; nommé receveur de la ville en 1611, et échevin en 1633 ; ép^a Florence *Moquot*, dont : 1° Nicolas, suit ; 2° F^ois, av^nt en parl^t, échevin 1651 ; afferme la sgrie de Grossouvre en 1657 ; achète en 59 tout le fer produit par la forge de La Guerche, et afferme le fourneau du Chautay en 1666 ; ép^a M^ie Quartier, dont : *a*, Jean, s^r de La Charnaye (Cuffy), chanoine, en 1662, qu'il fait don^ion à son père de tous les biens qu'il a hérités de f. Achille du Broc, dépen-

II. — PHILBERT DE NOURRY, écr, sgr de Palluau p^{ie} et de Thaconnay en 1532 qu'il en fait hmage, au nom de sa fme, à Sébastien *de Rabutin*, sgr d'Hubans ; achète, de 1526 à 44, diverses pièces de terre à Lucette, v^e d'Ant. Michel, à Jean et Mathieu, fils de f. Guill^{me} de Norry, et à tous les enfants de f. Georges de Nourry ; rend f. hmage au duc, 1540 ; transige avec Erard Bouhault, sieur de Chazault, 1547 ; ép^a par contrat reçu Jean de Norry, notaire, le 21 février 1529, Antoinette Bouhault, dont il eut : 1° Guillaume ; 2° Léonard, suit ; 3° Jeanne, cède, en 1569, sa part à son frère Léonard moy^t 200 l., somme qu'elle employa ensuite pour acheter à Claude, Georgette et Barbe de Nourry tous leurs héritages p^{ee} Brinay, dont hmage au sgr de Châtillon en 1575 ; elle ép^a, 18 sept. 1575, Nicolas *Clausse*, écr, d^t à Bernay ; 4° Françoise, ép^a av. 1569 Léonard Foullé, écr, sgr du Forty.

On trouve à cette époque, et sans lien apparent avec les précédents, Antoinette DE NOURRY, fme en 1592 de Jean Meusnier, d^t à Neuzilly, et Léonarde DE NOURRY qui, v^e en 1598 de Pierre Gibaut, acte pour un bien à St-Benin-des-Champs.

III. — LÉONARD DE NOURRY, écr, sgr de Palluau p^{ie} ; compris dans le rôle des nobles de l'El^{ion} de Nivernais dressé par les commissaires députés, 1599 ; ép^a 1° Marg^{te} du Fournet, avec laquelle il acte de 1569 à 74, pour achats d'héritages à Palluau, de directes à Neuzilly, pour f. hmage au sgr de Châtillon ; 2° par c^{nt} du 8 déc. 1577 Marie *d'Angeliers*, dont il eut : 1° Gilbert, écr, sgr de Palluau, partagea avec ses frères et sœur, en 1616 ; Eugin et Perrette eurent Neuzilly (c. Montapas), Guillaume et lui eurent Palluau, dont aveu dén^t au sgr de Châtillon, où figure « une maison basse appelée d'ancienneté maison neuve, un colombier en pied, un portail au-dessus duquel il y a une chambre à feu..... le tout tenant aux fossés de La Motte » ; il ép^a, 27 janv. 1620, F^{se} DE LA RIVIÈRE, dame de Diennes et Chevannes p^{ie}, fille de Laurent, écr,

dants du lieu de Veninges ; mourut doyen du chapitre en 1707 ; *b*, F^{ois}, av^{at}, s^r de Beaune (Cuffy), ép^a 1667 Cl^{de} *Gascoing*, dont il eut Jacquette, qui ép^a 1689 Jean *Gascoing* de Patinges ; *c*, F^{se} ép^a Gilb^t *Gascoing* du Chazault ; elle hérita La Charnaye et autres biens de son frère le doyen ; 3° Joseph, prêtre inh^é à St-Didier, 1678 ; 4° F^{se}, ép^a Henri Chasseigne, m^d à Nevers ; 5° Etiennette, v^e de Victor *Quartier*, en 1652, ép^a en 2es noces Cl. *Bourgoing*, notaire à Nevers.

II. NICOLAS, sgr de Mantelet (ch^{ie} Cercy), m^d b^{enis} de Nev., échevin 1655 : ép^a 1° Gab^{le} *Pérude*(*), m^{to} 1645 ; 2° F^{se} *Ferrand*, qui lui porta Mantelet ; eut du 1er lit : 1° F^{ois}, suit ; 2° Guillemette-F^{se}, ép^a 1677 Jn-F^{ois} *Carpentier*, écr, sgr de Ratilly ; 3° Jean, av^{at} g^{al} du duché ; ép^a, 1683, Marg^{te} *Nicot*, s. post. ; du 2e lit : 4° Nicolas-F^{ois}, av^{at} ; ép^a, 1683, Marg^{te} *Berthelot* ; m^t s. post. en 1687, qualifié alors sgr de Serrées, et proc^r

du roi en l'El^{ion} de Nevers ; 5° Joseph Pinet de Mantelet, sgr de Montigny à la part de Marcilly, av^{at} à la cour, filleul de Guy Pinet, curé de Châteaumeillant ; fut échevin 1692 et 1700 ; ép^a, 1685, Léonarde *Pernin*, dont : *a*, Rémy-F^{ois}, prévôt de la connétablie, ép^a, 1736, Et^{te} Jourdier ; s. post. ; *b*, F^{ois}, cap. rég^t de Piémont ; *c*, Joseph Pinet de Tronsin (c. Decize), proc. du roi en l'El^{ion} de Nev. ; échevin 1755 ; ép^a, 1734, Cl^{de}-Mad^{ne} Chatellain, dont : *a'*, Claire, ép^a, 1765, Gabriel *Gauthier*, cons^r au présidial de Bourges ; *b'*, M^{ie}-Claude qui ép^a, 1765, J^n-Bapt^e *Gauthier* d'Aubeterre, c^{er} changeur du roi, puis en 2es noces, 1785, Claude Bertrand, s^r de Chaumont, fils du directeur de la monnaie de Bourges ; *d'*, Michel Pinet de Montigny, assassiné à Nevers, 1718, âgé de 24 ans ; *e*, Jeanne-M^{ie}, ép^a, 1720, Louis-Cl^{de} *Mayou* de Commercy (**), inspecteur des haras ; *f*, M^{ie}-Rose, ép^a, 1734, Joseph-Géréan *Mayou* de Commercy

(*) PÉRUDE. — Pierre Pérude est notaire à Nev. en 1517. — Toussaint Pérude, m^{and}, receveur de la ville en 1577, puis échevin, ép^a F^{se} Gascoing, dont il eut Fois, chevaucheur d'écurie tenant la poste à Nevers, échevin 1618, ép^a M^{ie} Quartier, dont : 1° Jean, m^{tre} des courriers en la g^{té} de Moulins, qui ép^a Jeanne Tillot, sa v^e av. 1698, eut Jean, s^r de Nifond (c. Urzy) ; 2° Gabrielle, ci-dessus, qui ép^a Nicolas *Pinet* vers 1636. — Michel Pérude, substitut et enquêteur au présidial, m^t 1634, eut de Toussine Seignoret : Noël, m^t av. 1692, proc^r du roi à St-Pierre-le-M., époux de Jeanne Bernot. — Autres alliances : Roy, Fontaine, Laubépain, Bernard, Sacré.

Éteints.

(**) MAYOU DE COMMERCY. — Claude Mayou de Commercy, s^r de La Baratte (c. St-Eloi), ancien contrôleur des décimes de la reine d'Espagne, int^l du duc de Nevers ; m^t 1736 âg^é de 77 ans ; eut d'Adrienne Crescent : 1° L^s-Claude, ci-dessus, s^r de Tilleul (c. Luthenay), inspecteur des haras de Bourbonnais et Nivernais, com^{re} de la descente aux sels, puis garde-marteau de la maîtrise ducale, ép^a M^{ie}-Jeanne *Pinet* de Mantelet, dont : Claude-Crescent, s^r du Montot, cap. de grenadiers roy^x, qui, de Sophie Lhéraud de St-Germain, eut Louise-Flore, mariée à Uxeloup 1792, avec Florent Frebault, fils de feu Charles, m^{and} fermier, et de Jeanne Maringe, de la p^{se} de Jaugenay ; 2° J^h-Gerson, contrôleur des écuries de la reine d'Espagne, maire de Nevers 1722, échevin en 43, ép^a en 34 M^{ie}-Rose *Pinet* des Ulmes ; 3° Léandre, s^r de Gondière (c. St-Eloi), cap. cav^{ie}, ch. de St-Louis, m^t à Nevers 1756.

Éteints.

sgr de Chevannes, et de Mad^{ne} de Montfoy ; il mourut en 1634, et, en 1638, sa v^e vendit 1/2 de Palluau à Anatoire de Clausse, qui possédait déjà l'autre moitié ; ils eurent : *a*, Guillemette ép^a 1° Louis *de Virgille*, écr ; 2° F^{ois} de La Godine, écr (sans doute fils de Léonard et d'Et^{te} du Paret), av. 1676, qu'elle donne sa part dans Chevannes à Jean de Virgille, son fils du 1er lit ; *b*, Perrette, ép^a Louis *de Galline* (*), écr ; 2° Guillaume, écr, sgr de Palluau, d^t à Mellet (c.

de Chaluzy ; 6° Nicolas Pinet du Deffend (ch^{le} Decize), proc^r du roi en l'El^{ion} de Nevers, élu prévôt des m^{ands} en 1710, échevin en 1713 ; ép^a, 1688, Anne *Moquot*, dont : *a*, Jean-Cyr, officier chez le roi, ép^a, 1727, F^{so}-L^{se} Pintard, fille de Louis, offr chez le roi, et 1er secrétaire de l'intendant de Moulins, dont : *a'*, F^{se}-Cl^{de}, ép^a, 1743, Jacques *Panseron* de La Moussière ; *b'*, Henriette-Julie, ép^a, 1751, Regnault de Cressac de La Bachellerie, négociant à Orléans ; le dame Pintard, mère de l'épouse, était alors remariée avec F^{ois} Letourneur, intéressé dans les fermes du roi, et avait une sœur, Elis^h Pintard, fme de Pierre-Louis Pinet, prés^t de l'El^{ion} de Clermont en Beauvoisis ; *b*, Philippe ; *c*, Mlle-Anne, ép^a, 1721, L^s-Gabriel *de La Chasseigne*, écr, cap. au rég. de Bretagne ; *d*, Anne-Jacquette, ép^a, 1724, Cl^{de}-Philibert *Gueneau*, l^t de la maîtrise des eaux et forêts.

III. FRANÇOIS, s^r des Perrins (c. Limon), av^{at} en p^t, achète Tabourneau (c. Azy-le-Vif), dont il exploite les forges ; ép^a, 1658, Marie *Prisye* (**), dont : 1° Jean-Louis, suit ; 2° F^{re}-Cath^{ne}, ép^a, 1687, Hugues-Nicolas *de Chaugy*, chlr, sgr de Montigny-s.-Canne, les Ecots, Chouy, Bussières, Mirebeau, Matonge, m^t s. post. en 1695, léguant tous ses biens à sa fme, qui mourut en 1712, léguant les Ecots à Pierre, son neveu.

IV. JEAN-L^s, s^r de Tabourneau, l^t particulier au baage de Nev.; échevin 1705 ; en 1712 F^{se} Seignoret, cous. germaine de sa mère, lui fit don^{ion} de tous ses biens ; ép^a, 1693, Mlle-Mad^{ne} *Cotignon*, qui lui porta Vauzelles (c. Varennes), dont : 1° Jⁿ-Pierre, chlr, sgr des Ecots (c. La Machine), trésorier de Fr. en la gén^{té} de Moulins, m^t s. all. peu après avoir testé, 1761 ; 2° Cl^{de}-Charles, suit ; 3° Mlle-Edmée-Guyonne, ép^a,

(*) DE GALLINE. — *D'origine italienne.* — Hiérosme DE GALLINE, écr du duc de Nevers ; dès 1628, sgr de Boisroserin (La Guerche), vendu par décret sur les héritiers des Barres ; ép^a Anne Desprez, dont : 1° Louis, maréchal-logis de chevau-légers, écr, sgr des Chaises (Diennes). par sa fme Perrette DE NOURRY, dont il eut : F^{ois}, écr, sgr d'*id.*, ép^a Et^{te} de Chargères ; vendit, en 1678, la justice de Diennes à son cousin Jean de Virgille ; 2° Charles, écr, sgr de Boisroserin, ép^a, 1661, Anne du Paret, fille de Louis, écr, sgr de La Grange-Arthuis, et d'Anne de La Grange ; 3° Jean ; 4° F^{ois}, écr, sgr de Champneuf, cessionnaire de son frère Charles, en 1651. — *Éteints.*

Armes : D'or, à trois fasces d'azur, accompagnées en chef d'une aigle de..., et en pointe d'une aigle de...

(**) PRISYE. — *D'origine italienne.* — Claude Prisy, lic. ès loix, bailli du prieuré de La Charité, 1548. — Jean PRISYE, m^{and} à Nev., échevin 1581 ; ép^a Perronnelle Guillier, dont : 1° F^{ois}, ép^a av. 1598 Marg^{te} de Favardin ; 2° Claude, suit ; 3° Jean, d^r en médecine, ép^a Gen^{ve} Dessinats ; émigra à Avignon peu après 1602 ; 4° Gaspard, suivra ; 5° Perrette, ép^a à Chaulgnes Jean Creuzet. — Claude PRISYE, m^{and} à Nev., rec^r du taillon et échevin en 1611 ; ép^a Anne Lythier, dont : 1° Claude, d^r en médecine, ép^a M^{le} Desprez, dont : *a*, Philippe, sgr de Curty (Imphy), proc^r du fait commun ; ép^a, 1683, M^{le} Moquot, d'où : *a'*, Claude, chn^e de St-Cyr, 1753 ; *b'*, F^{ois}, sgr de Curty, La Boue (Rémilly), Les Aubus (Chaulgnes), cap. rég. de Champagne, 1718 ; *c'*, Nicolas, sgr de La Boue, offr chez le roi ; ép^a, 1751, L^{se}-Mad^{ne} Bouys, fille de F^{ois}, rec^r g^{al} des domaines du Bourbonnais, et de M^{le} Prisye de Curty ; *b*, Claude, chn^e de St-Cyr, 1683 ; *c*, F^{ois}, prêtre ; *d* Robert, m^{and} à Nev., échevin 1655, rec^r des décimes du diocèse ; ép^a Cath. Challudet, dont : *a*, Claude, s^r de Dracy (Sauvigny-les-Bois) ; ép^a, 1674, Gilb^{te} Dupin, d'où : Catherine, fme de Jean Thomas-Maslin ; et Anne, fme de Nicolas Dollet de Sanlière ; *b*, Marie, ci-dessus, ép^a F^{ois} Pinet ; 3° F^{se}, ép^a, 1640, Gilbert Seignoret, av^{at} à St-Pierre-le-Moûtier.

Gaspard PRISYE (4° fils de Jean), m^{and} à Nev., échevin 1631 ; ép^a Jeanne Roux, dont il eut Gaspard, av^{at}, échevin 1660, qui de M^{le} Moquot eut : Claude, qui suivra, et Nicolas, d^r en médecine, ép^a, 1682, Jeanne Richou, dont il eut : Jeanne, fme de Jean Chaillot de Lugny, et Claude PRISYE DE CHAZELLE (Chaulgnes), bailli des justices du chapitre, qui ép^a, 1711, Anne Lorot, fille de Jacques, fayencier à Nev., d'où : 1° Guill., s^r de Chazelle et de Froidfond (Sancoins), écr, cr à la ch. des cptes de Dôle, 1768 ; achète, en 1727, Le Chazault (Imphy) à Gilb. de Viry, moy^t 25.000 l.; ép^a, 1737, Anne Casset, dont : Mlle-Anne, fme de Gilbert-M^{le} Pinet des Ecots, et Cl^{de}-Charles, écr, sgr de Froidfond et de La Marche, m^{tre} des cptes du duché ; ép^a, 1775, M^{le} Simonnin du Vernay, d'où : Jean, ép^a, 1802, Ann^e, c^{te} de Chabrol-Chaméane, et Agathe, qui ép^a, même jour, Denis Durozier b^{on} de Vertpré ; *b*, Pierre-Cl^{de}-Gabriel, off. rég^t de La Fère, chef de brig^{ade} en 1800 ; en 1792 il acheta Vauzelles de N. Gueneau de St-Péraville ; m^t s. alliance.

Claude PRISYE (2° fils de Gaspard), bailli du chapitre et de La Guerche ; ép^a, 1671, M^{le} Bernard, dont : Gilbert, suivra, et Pierre PRISYE DU RIS (Varennes), subdélégué de l'intendant ; ép^a, 1708, M^{le} Joully, dont : 1° Claude-Gaspard, écr, maréchal de camp, commandeur de St-Louis, m^t s. post. en 1785 ; 2° Jacques Prisye de Cheugny (Varennes), m^t 1763 ; 2° Claude Prisye du Ris, m^{tre} des cptes du duché ; ép^a, 1747, F^{se}-M^{le} Pinet, dont : *a*, Pierre-Claude, cap. rég. de Bgogne, cav^{ie}, sgr du Sallay (Saincaize), Pomay (Magny), Barges, achetés aux Faure, en 1771, par sa mère alors v^e; cap. rég. de Berry-cav^{ie}; chef de brig^{ade} aux armées de la République, y fut exécuté en 1794 ; *b*, Gilbert-M^{le} Prisye de Nifond, off. rég. de La Fère ; ép^a Mad^{ne}-Cécile Leroy de Prunevaux (*a*), d'où : F^{ois}-Victor, qui d'Anne-Philippine Marchand eut Félix, Maria et Blanche ; *b'*, Félix, né en 1797, m^t 1850, eut de Célestine Morin un fils, Auguste, qui ép^a, 1849, Henriette Laroche, et en eut Armand de Prisye, père d'une fille unique ; *c*, Mlle-Victoire, ép^a, 1776, F^{ois} de Saulieu, chlr, sgr de Soulangis.

Gilbert PRISYE DE LIMOUX (2° fils de Claude), ép^a : 1° M^{le} Joly ; 2° en 1716, Mlle-Anne Marquis ; eut du 1er lit : Marie, qui ép^a, 1740, Et. Lepain de Clamecy, et du 2e lit : Mlle-Anne, fme d'Edouard Gascoing de Bernay ; Marg^{te}, fme de Jacques de La Coudre, chlr, sgr de Villeprenois, et Vincent-Claude Prisye de Limoux, élu ; ép^a, 1742, Mlle-Anne Grasset, dont : 1° Charles ; 2° Lt-Edouard, chn^e, inh^é à

Neuvy-le-B^{ois}), en 1619, avec Cath^{ne} de Crécy, sa fme, nièce héritière pour 1/3 de Christophe de Crécy, écr, sgr du Val (Berry) ; ils eurent : *a*, Pierre, écr, sgr de Palluau, d^t en la p^{se} du Saultet ; ratifie, conjointement avec sa sœur, la vente de Palluau que leur mère avait faite à Anatoire de Clausse en 1635 ; ép^a M^{le} *de Boisselet ; b*, Gilberte, v^e de Gaspard de La Roche et d^t à Neuvy, en 1651, qu'elle fait réglement avec les de Clausse ; 3° Eugin, suit ; 4° Pierrette.

Après sentence rendue en leur faveur par les Elus de Nevers, et sur le vu de leurs titres de noblesse, MM. de Nourry sont maintenus par Lefebvre de Caumartin, en 1635.

IV. — EUGIN DE NOURRY, écr, sgr de Neuzilly, y dem^t, Vaujoly et Chevannes p^{le} (c. Diennes) ; ép^a, 20 août 1619, Jeanne DE LA RIVIÈRE, dame de Turigny (c. Aunay), sœur de F^{se} ; transige, en 1626, avec les enfants que Mad^{ne} de Montfoy avait eu d'un 1er lit avec Charles LE TORT, avant d'épouser Laurent DE LA RIVIÈRE ; eut : Pierre, qui suit, et peut-être Jean, qui achète un bien à Semelin, p^{se} Maingot, en 1648, et semble père d'Et^{te}, fme de Jean Chapelin, en 1685, que ceux-ci actent ensemble à Maré.

V. — PIERRE DE NOURRY, écr, sgr de Chevannes, puis de Chambrun (Montreuillon) et Turigny qu'il reçoit par licitation et testament de sa mère en 1651, et dont il fait hmage au duc en 1668, ainsi que d'un cinquième du fief de Champs (c. Montreuillon), qu'il vendit, en 1675, à F^{ois} de Choiseul, déjà possesseur des 4/5 de cette terre ; produisit, le 5 juillet 1658, au commis-

---

1717, Cl^{de}-Philbert *Gueneau* de Marcé, assesseur au baage ; elle mourut, en 1722, lui légant Vauzelles ; 4° F^{se}-Cl^{de}, ép^a, 1723, Jⁿ-Bapt. *Richard* de Soultrait, cap. au rég. de Piémont ; 5° F^{se}-Guill^{te}, ép^a, 1723, L^t-F^{ois} *Simonnin* (*), et lui porta Tabourneau.

V. Cl^{de}-CHARLES, s^r des Perrins, l^t particulier au baage de Nev. et échevin en 1730 ; écr, cons^r correcteur en la ch. des cptes de Dôle, par provision de 1758 ; en 1762, partage entre ses enfants ses biens et ceux de son frère décédé, sauf les terrains et dépôt de charbons de Charbonnières, près Decize, qui restent en commun, de même d'assez nombreuses dettes ; ép^a, 1724, Mlle *Godin* de La Joncière, dont : 1° Gilbert-M^{ie}, suit ; 2° M^{ie}-F^{se}, ép^a, 1747, Cl^{de} *Prisye* du Ris ; elle eut au partage : maison p^{se} St-Etienne, vigne des Carpots, pré aux Murgers, et 3.000 l. en préciput par sa mère ; 3° L^{se}-

F^{se}, ép^a, 1749, L^s-F^s *Simonnin* du Vernay ; elle eut au partage : maison p^{se} St-Martin, provenant de l'oncle Pinet des Ecots, des vignes, et le bien de Tabourneau, avec ses fontes, fers et marchandises, pour 110.000 l., à charge de rendre soultes à son frère et à sa sœur.

VI. GILBERT-M^{ie}, écr, sgr des Ecots, Chouy (c. Ville-les-Anlezy), Champrobert (c. Sougy), par c^{at} de maage, les Perrins et le domaine de L'Hugues (c. Beaumont), par le partage de 1762, Curty par sa fme ; ép^a, 1758, M^{ie}-Anne *Prisye*, dont : 1° Cl^{de}-Charles-Augustin, suit ; 2° M^{ie}-F^{se}, ép^a, 1776, Nicolas de Maupas, offr rég. Royal-Normandie, cav^{le}, fils de Pierre, écr, sgr de St-Martin, et d'Elis^h Vautier, d^t à Châlons-s.-Marne ; 3° Suzanne, ci-dessus, qui ép^a L^s-Alexandre DE NOURY, chlr, sgr de Turigny, cap. rég. de Limousin.

VII. Cl^{de}-CH^s-AUGⁿ PINET DES ECOTS, ép^a, 1791,

St-Cyr, 1787 ; 3° Claude-Antoine, assiste à Nevers à l'assemblée du Tiers-Etat ; guillotiné en 1794 ; ép^a, 1782, F^{se} Gondier de Craye, dont : Antoine-Gaspard, m^t à Villars 1861 ; avait reconnu trois filles, nées hors mariage, Mmes Adolphe Moret, Lefebvre et Mathieu.

Armes : De gueules, à trois épis de bled d'or, au chef cousu d'azur, chargé de trois étoiles du second émail.

(a) LEROY DE PRUNEVAUX. — Cl^{de}-F^{ois} Le Roy, écr, g^d m^{tre} des eaux et forêts de la province de Normandie, vint se fixer à Nevers, vers 1750, avec M^{ie}-Anne Bérault, sa fme, sœur de Madelaine, fme d'Eust. de Chéry ; il acheta des créanciers du Foullé de Martangis la terre et marquisat de Prunevaux, dont hmage au duc, en 1764 ; acheta de Laurent de Chéry, en 1766, Poissons, Chaillant, Grenant, moy^t 244.000 l. Son fils F^{ois} Leroy de Prunevaux, chlr, sgr de Nolay, Martangis, Prunevaux, Poissons, l^t-coll rég. Royal-Cravates, g^d bailli de Nivernois, présida à Nevers la séance d'ouverture de l'ass. de la noblesse, en 89 ; ép^a Cécile-Adélaïde-Ph^{ne} Alixand de Maux, qui divorça en 94 et ép^a en 95 J.-B. Coudert, av^{at} à Decize ; du 1er maage : 1° Adélaïde, ép^a, 1784, Ch. Desprez, chlr, sgr de Roches, qui émigra, et sa fme ayant divorcé se maria avec Socrate Damours ; 2° Henriette, ép^a Ant. Marchand du Gué ; leur fille ép^a Victor Prisye, son cousin germain ; 3° Cécile, ci-dessus, ép^a Gilbert-M^{ie} Prisye, et lui porta Prunevaux. — *Eteints.*

(*) SIMONNIN. — A Decize depuis 1525. — F^{ois} Simonnin, not. et procr à Decize, ép^a, 1621, Jeanne Quantin, dont : 1° Louis, av^{at} d^t à Decize et juge de La Nocle, ép^a en 1es noces, en 1654, F^{se} Esmalle, et en 2es noces, 1673, Cl^{de}-Edmée Coppin, qui lui donna deux filles : Gabrielle, qui ép^a, 1700, Louis Lizarde de Radonvilliers, cap. d'inf., et Marie, qui ép^a, 1714, Cl^{de} Belard, son cousin germain, fils de Pierre, av^{at}, et d'An^{tte} Coppin ; de son 1er maage avec F^{se} Esmalle, Louis avait eu : Philbert, s^r de Vauvrille (Champvert), c^r au présidial, ép^a, 1696, Michelle Sallonnier, d'où : a, L^s-F^{ois}, s^r du Vernay (Challuy), assesseur g^{al} à la pairie, échevin 1729, ép^a, 1723, F^{se}-Guill^{te} Pinet, ci-dessus, d'où L^s-F^s, s^r du Vernay, prés^t trésorier de Fr. en la g^{té} de Moulins, qui ép^a, 1749, L^{se}-F^{se} Pinel, d'où L^{se}-M^{ie} Simonnin du Vernay, qui ép^a, 1775, Cl^{de}-Gaspard Prisye de Chazelle ; b, Edouard, s^r de La Motte, ép^a, 1734, Gabrielle Blaudin de Pée, qui bientôt v° s. enfants ép^a L^s Dollet de Chassenay ; c, J^h-Gaspard, s^r de Verrières, échevin en 1757, ép^a, 1733, Marg^{te} Rousset, s. post.; 2° Christophe, av^{at} d^t à Decize, ép^a, 1665, Anne Pignier, d'où Jeanne, qui ép^a, 1686, Jean Pougault.

Armes : D'azur, au chevron d'or, accompagné en chef de deux roses de même, et en pointe d'un croissant d'argent.

Eteints.

saire départi pour l'exécution de la déclaration de S. M. du 31 déc. 1656, des titres généalogiques dont la première et plus ancienne pièce est la transaction du 23 mars 1504, où figure Claude, son trisayeul, par lequel commence la filiation ; fut maintenu, en 1667, par l'intendant de Moulins ; épⁿ, 7 sept. 1652, Mad^{ne} *Desprez*, fille de Jean, sgr de Torteron, et de Mad^{ne} Delaporte ; fut inh^é à St-Pierre de Nev., en 87, peu après sa fme ; ils eurent : 1° Jean, écr, sgr de Turigny, m^t s. p^{té}, en 1721, léguant à ses neveux Jean de Nourry, Honoré et F^{ois} de Virgille ; 2° Guillaume, suit ; 3° Joseph, écr, sgr de Turigny ; 4° Anne, épⁿ, 3 mars 1676, F^{ois} *de Champs*, écr, sgr de Champcour, fils de F^{ois} et de Cath^{ne} de Bourgoing ; 5° Marie, épⁿ, 12 avril 1689, F^{ois} *de Virgille*, écr, sgr de Mont, fils de Jean et d'Anne de Verdigny.

VI. — GUILLAUME DE NOURRY, écr, sgr de Turigny, Amazy (c^{on} Tannay), Palluau apporté par sa fme ; commissionné cap^{ne} au rég. de la Reine en 1689, y sert pendant 10 ans, breveté en 1701 cap. au rég. de Solre, puis cap. au rég. de Sillery, en 1706, qu'il fait campagne en Espagne ; épⁿ, par c^{at} passé au ch. de Palluau le 5 sept. 1707, Ant^{te}-L^{se} *de Clausse*, fille de Pierre, écr, sgr de Palluau, et de Ch^{te} de Bongars de Selins ; dont : 1° Jean-Charles, né 1708, m^t en bas âge ; 2° M^{ie}-Pierre, né 1710, suit ; 3° Louis-Balthazard, né 1711, inh^é en 75 dans le chœur de l'égl. de Cercy, chlr, sgr de Plancheville, Amazy, chlr de St-Louis, brigadier des gardes du corps, c^{te} de Luxembourg ; 4° F^{ois}-Charles, né 1713, inh^é en 68 dans le chœur de l'égl. de Cercy, chlr, sgr de Palluau, brigadier des gardes du corps, chlr de St-Louis ; 5° Jean-M^{ie}, né 1717, m^t en 91 s. p^{té}, chlr, sgr de Palluau, y dem^t en 1775, que lui et ses deux frères, Pierre et Balthazard, obtinrent des habitants de Brinay concession de la chapelle N.-D. de Pitié, à droite du chœur, avec faculté d'y ajouter extérieurement un vestibule avec entrée particulière et d'y avoir leur sépulture, sous l'offre que faisaient les Nourry de réparer l'église et de construire une sacristie ; mais Pierre de Bréchard, sgr de Brinay, ayant fait opposition sous prétexte que la chapelle appartenait à sa famille, une transaction homologuée par le Parlement intervint en 1779, par laquelle P. de Bréchard ratifia la concession ; 6° Guill^{me}-Pierre, né 1719 ; 7° Anne-L^{se}, née 1715, m^{ie} prieure de La Fermeté en 87.

VII. — M^{ie}-PIERRE DE NOURY, chlr, sgr de Turigny et La Gibaudière, dont hmage au duc en 1777, de Chaumigny (c. Cercy) et Verou p^{ie} (c. Thaix). pour lesquels il obtient, en 1745, lettres à terrier portant qu'il y a tous droits de justice h^{te}, moyenne et basse ; fait hmage, en 79. à la dame de Reugny pour la dimerie de Chaumigny, relevant de Péron, p^{sse} Montigny-s.-Canne ;

Geneviève-Suzanne *Casset* (*) de Verville, dont : 1° Jean-Jules, épⁿ L^{se}-Vict^{re} de Maupas, fille de Nicolas, et de M^{ie}-F^{se}, ci-dessus, d'où : *a*, F^{ois}-Paul-Edouard, épⁿ Isaure de Toytot, sa cousine germaine, d'où Henri, qui ép^a 1895 M^{ie}-Thérèse *Flamen* d'Assigny, dont il a Robert ; *b*, Anatole, épⁿ, 1862, Pauline Picard du Chambon (Allier), dont : *a'*, Marg^{te}, épⁿ, 1889, G. Penet v^{te} de Monterno (Ain) ; *b'*, Mad^{ne}, épⁿ, 1892, René Brossier b^{on} de La Roullière (Lyonnais) ; *c*, Amélie, ép^a, 1850, Adrien d'Abbadie de Barrau (Béarn) ; *d*, Henriette, s. all ; 2° Hippolyte, épⁿ 1830 Charl^{te} Labbé, dont : Marie, s. all.; 3° Cl^{de}-Paul, consr à la cour de Bourges, m^t s. all.; 4° L^s-Jⁿ-Bapte, qui épⁿ Mathilde DE NOURY,

dont : *a*, Paul, épⁿ, 1889, Margth Toutée (Auvergne), dont il a : Louis et Denise ; *b*, Mⁱⁿ-L^{se}, ép^a, 1885, Charles Loppin b^{on} de Gemeaux (Bgogne) ; *c*, Léonie, épⁿ, 1888, Léon d'Abbadie de Barrau, son cousin-germain ; 5° Angélique-L^{se}, épⁿ, 1829, Armand de Toytot (Franche-Comté).

Sources : Arch. Nièvre B, E, G. — Arch. ch. de Vandenesse. — Papiers Roubet à La Guerche. — De Laugardière, *Le peintre Paul Liébault.* — Parmentier. — Min. not. Moulins-Eng^t, Prémery, Nevers. — Reg. par^x St-Saulge, Montigny, Thianges, Imphy et toutes les par^{sses} de Nevers.

Armes : D'azur, à trois pommes de pin d'or.

Existants dans la Nièvre.

(*) CASSET. — Gaspard Casset eut de Philippe Conquérat, sa v^e en 1614, un fils Claude, notaire r^{al} à Nevers, époux de F^{se} Guynet en 1639. — Sébastien Casset, m^{and} à Nev., eut de Jeanne Bourgoing, Jacques, né en 1616, not. r^{al}, ép^a Elth Luzy, dont Claude, not. r^{al}, succède à son père en 1682, épousa Jeanne Taillandier, qui bientôt v^e vendit cet office. — Jean Casset (qui paraît frère de Claude), m^{and} drapier à St-Pierre, ép^a Marg^{te} Sionnet, fille de Naclou, m^{and} drapier de Nev., et en 2es noces, 1686, Gabrielle Dhéré, dont Jacques. — Jean Casset, m^{and} à Sancoins, eut d'Elth Chaillot : 1° Jⁿ-Dominique, l^t en l'élion de Nev., ép^a, 1737, Suzanne Dollet de Verville, d'où L^s-Jⁿ Casset de Verville, cap. du génie, qui d'Ant^{te}-Thècle Poisson des Londes, eut Gen^{ve}-Suzanne, ci-dessus, femme de C.-C.-A. *Pinet des Ecots* ; 2° Anne, ép^a, 1737, Cl^{de}-Guill. Prisye de Chazelles.

Éteints.

m^t ch. de Chaumigny en 84, et transporté dans le caveau de la famille en l'égl. de Brinay ; ép^n, par c^{at} passé au ch. de Chaumigny le 25 nov. 1743, Eugène-Gilberte *Millot* de Montjardin, dame de Chaumigny, v^e de Michel *Pellé*, et fille de Guillaume, chlr, sgr de Montjardin, trésorier de Fr. à Moulins, et de Madeleine Gascoing ; dont : 1° Pierre, né 1745, chlr, sgr de Chaumigny et Verou p^{ie}, enseigne puis cap. c$_{0}$m^t au rég. de Picardie, cap. de grenadiers rég. Colonel-Général, en 84, et chlr de St-Louis ; émigré, en 91, ses biens sont confisqués ; fait toutes les campagnes à l'armée des princes jusqu'au licenciement, rentre en Fr. en 1802, et se fixe à Nevers, où il compa:.aît pour un acte de l'état civil, en 1810, ancien cap. de grenadiers, dem^t à Nevers, rue Aublanc ; 2° Louis-Alexandre, né 1749, suit ; 3° Madeleine, née 1744, ép^n, 21 juin 1786, Charles-Léonor du VERNE, cap. rég. de Limousin, fils de Thomas, chlr, sgr de Jailly, et de M^{ie} Méchine ; 4° Catherine-F^{se}, née 1751, m^{ie} 1839 à Moulins-s.-Allier, 30 juillet 1776, Lazare de Jarsaillon, chlr, sgr de Franchèze (Bourbonnais), garde du corps, fils de Pierre-Claude, sgr b^{on} de Jarsaillon, et de Jacqueline du Crest ; était juge de paix à Montet-aux-Moines (Allier) en 1821, lors du maage d'Hippolyte de J., son fils, avec Mélanie du Pré de St-Maur ; 5° Anne-Edouard, née 1753 ; religieuse au couvent de La Fermeté ; m^{te} à Nevers 1829.

VIII. — Louis-Alexandre de NOURY, chlr, sgr de Turigny, cap. au rég. de Limousin en 1784, cap. au rég. Colonel-Général et tenant garnison en Corse en 91 ; bénéficiaire de l'indemnité des émigrés conjointement avec Anne-Edouard, sa sœur, comme héritiers universels de feu Pierre de Noury, émigré, leur oncle ; ép^n, 30 janvier 1788, Suzanne *Pinet* (2), fille de Gilbert-M^{ie}, écr, sgr des Ecots, et de Marie-Anne Prisye ; dont : 1° Charles-Alexandre, né 1798, suit ; 2° M^{ie}-Mad^{ne}-Joséphine, née 1790, m^{te} à Champrobert 1862 ; 3° Léonide-Pierrette, née 1807, m^{te} en 84, ép^n, 29 janv. 1829, Auguste *Tiersonnier* (3), fils d'Eloy, et de Monique Moreau de Meauce.

(3) TIERSONNIER. — *Originaires de Beauvais*. — Charles TIERSONNIER, fils de Simon, c^{er} au présidial de Beauvais, et de M^{ie}-Anne Poquelin, écr, trésorier de la gendarmerie à Moulins-Bourb^{nis} ; succéda à son beau-père comme rec^r des tailles de l'El^{ion} de Moulins ; ép^a, 1753, M^{ie}-J^{nne} Petitjean de Lafond, d'où : Eloy, qui suit, et Charles-Eloy, qui ép^a, en 1790, à Moulins, M^{ie}-J^{ne} L'Hermite, d'où : 1° Charles, garde du corps de Louis XVIII, ép^a, 1818, Agathe *Caballe* de Lisle, dont il eut : Adèle, qui ép^a, 1847, Ch^s-L^s Le Sergeant v^{te} d'Hendecourt, et Alphonse, qui ép^a, 1849, Léonie Ruflin, dont il eût : *a*, Jeanne, ép^a, 1873, Ambroise Jacobé de Haut m^{is} de Sigy ; *b*, Gabriel, ép^a, 1884, Geneviève Filleul ; *c*, Marie, ép^a, 1886, René

Davy de Chavigné de Balloy ; 2° Gabriel, g^d-père de Philippe, qui ép^a, 1901, Cécile *Bernot* de Charant.

Eloy, écr, c^{er} du roi, receveur des imposition en l'El^{ion} de Moulins, ép^a, 1781, F^{se}-Monique-Thérèse *Moreau* (*) de Meauce, d'où : 1° J^{nne}-L^{se}, ép^a, 1804, le général Hulin ; 2° Benoît, chef d'esc. aux dragons de la g^{de} impl^{e} : reçut en 1810 une dotation de 500 fr. de r^{te} sur le canal du Loing ; ép^a, 1818, Herminie *Sallonnier* de Tamnay, d'où : *a*, Charles, chef de bat^{on}, tué à la bataille de Solférino ; *b*, L^s-Jules, ép^a, 1863, Laure de Nairac, s. post. ; *c*, Eloy, colonel d'état-major, ép^a, 1854, Augustine-M^{ie} Gobin, d'où Elis^h, ép^a, 1876, Arthur Guérin d'Agon, général de br^{de} ; *d*, Laurence, ép^a, 1844, Alfred Lemaire de Marne, ing^r en chef des p^{ls} et ch^{sées} ; *e*, Blanche, ép^a,

(*) MOREAU. — Des Moireau sont à St-Amand-en-Puisaye dès 1565. — Charles Moireau *alias* Moreau, d^t à St-Amand, marié avant 1592 avec Anne Defferre, dont il n'eut que des filles, sgr de La Bertauche, Montchereau et de La Vaul (St-Père-les-Nuzy), dont hmage au c^{te}, en 1609, étant alors c^{er} s^{re} du roi. — Denis MOREAU, m^{and} à St-Amand, eut de M^{ie} Dubuisson : 1° André, m^d à St-Amand, ép^a, 1678, M^{ie} Massard, d'où : *a*, André, s^r de Milleroy, m^d de bois et contrôleur, ép^a, 1711, Mad^{ne} Butet, d'où : *a'*, Armand, sgr de Milleroy, Le Briou, L'Espinoy (St-Martin-du-T.) ; *b'*, Genv^e, ép^a, 1735, Et. Tenaille d'Etais, m^d de bois ; *c'*, Thérèse, ép^a F^{ois} Marie, sgr des Savoyes ; *b*, Genv^e, ép^a, 1716, Jean Tenaille ; 2° F^{ois}, s^r des Raviers, écr, fourrier de la g^{de} écurie, ép^a Mad^{ne} Chicoineau (Orléans), d'où : *a*, F^{ois}-Ant. MOREAU DES RIVAUX, rec^r au gr. à sel de Clamecy, sgr de Ris, acheté d'Edme Berault, de Crain et La Maison-Blanche, achetés des Longueville en 1744 (un L^s Moreau, d^t à Paris, écr, s^{re} du roi, avait été administrateur des biens des Longueville à Crain, en 1698) ; ép^a, 1729, Mad^{ne} Tenaille, d'où : *a'*, Ursule, ép^a, 1757, Michel de Garrault, chlr, sgr de Tiberges ; *b'*, Et.-A.-F^{ois}, écr, sgr de Ris, ch^{lier} de St-Louis, m^t s. post. en 88 ; *b*, Benoît MOREAU DES MARETZ, né 1715, écr, c^{er} s^{re} du roi m^{on} c^{ne} de Fr., sgr de Bouy, qu'il acquiert, en 1767, des Gascoing moy^t 77.400 l., de Meauce et Trémigny, à lui adjugés 93.500 l., en 1772, lors de la vente sur J.-B de Mérigot, interdit, de Travant et Passençay, acquis des Lavenne ; m^t à Meauce 1798 ; ép^a Thérèse Taillet avant 1754, qu'il demeure avec elle au ch. des Bordes, ayant affermé, du c^{te} de Béthune, Les Bordes et dépendances 1.400 l., les forges du Gué-d'Heuillon et de Sauvage 6.600 l. ; un C^s Moreau de Bouy, ép^a Mad^{ne} Petit de Nanteau, qui bientôt ve s. enfants se remaria avec J^n-F^{ois} de Saulieu-Saincaize ; *b'*, F^{se}-M.-M.-Thérèse, ci-dessus, qui ép^a Eloy *Tiersonnier*.

Armes : De sable, au chevron d'argent chargé d'une étoile de..... et accompagné en pointe d'une ro:e aussi d'argent.

Éteints.

TABLE DES FAMILLES

FIGURANT DANS LE PRÉSENT VOLUME

A

Andras de Marcy.	369
Andrault de Langeron.	377
d'Anlezy.	384
d'Armes.	389
d'Aunay.	396

B

de Bar.	399
de la Barre.	404
des Barres.	409
de Beaujeu.	412
de Berthier.	414
de Blanchefort.	423
de Blosset.	429
de Bongards.	434
de Bonnay.	437
de Bourgoing.	443
Le Bourgoing.	450
de Bréchard.	455
de la Bussière.	462

C

de Certaines.	465
de Champdiou.	473
de Chargères.	477
de Charry.	485
de Chassy.	496
de Châtillon.	499
Chauderon.	503
de Chéry.	506
de Cotignon	512
de Courvol.	518
du Crest.	526

D

de Damas.	531
de Donzy.	540

E

d'Estut.	542

F

de la Ferté-Meung.	548
de Fontenay.	563
de Frasnay.	567

G

de Girard.	572
de Grivel de Grossouvre.	576

L

de Lamoignon.	580
de Lange.	586
de Lichy.	590
de Loron.	598
du Lys.	608

M

de Maumigny.	617
de Mello.	628
de Montsaulnin.	642
de Morogues.	650
de Mullot de Villenaut.	654

N

de Noury.	667

Nevers, Imp. G. VALLIÈRE

www.ingramcontent.com/pod-product-compliance
Lightning Source LLC
Chambersburg PA
CBHW050505270326
41927CB00009B/1912

9782012942776